大变革时代的中国刑法问题研究

——赵秉志自选集

Study on Chinese Criminal Law Issues in the Era of Major Changes:

An Academic Anthology of ZHAO Bingzhi

赵秉志 著

法律出版社
LAW PRESS·CHINA

献 给

先父

赵 振 纲

（1918—1996）

先母

樊 耿 忱

（1917—2005）

前　言

岁月如梭　人生当歌

——刑事法治进步是我毕生的事业追求

人们说,20 世纪 50 年代出生的一代人,是与我们共和国同呼吸、共命运的一代。他们的人生命运,犹如漂泊的小船,始终伴随着共和国前行的波涛,跌宕起伏。他们是共和国 60 余年历史的见证者和参与者,他们在青少年时代经历了迄今共和国曲折多难的前 30 载,他们在中壮年时代更参与了共和国改革开放大发展的晚近 30 余年,他们的人生丰富而多彩。

我是一位"50 后"的刑法学者,今年年满 60 岁。我迄今 60 年的人生深深地打上了共和国 60 年曲折发展的烙印。我 1956 年出生于历史文化名城河南省南阳市一个普通知识分子家庭,父亲是农科所研究人员,母亲是小学教师,姊妹四人中我是最小的,上面有一个哥哥和两个姐姐。尽管当时家境一般,10 岁之前我还是在父母兄姊的呵护下度过了无忧无虑的童年。后来 10 年的"文化大革命"岁月,由于全社会所遭受的浩劫和我父亲作为南阳地区农科所副所长被打成"走资派""反动学术权威"给家庭所带来的株连,我倍尝人间疾苦、世态炎凉,曾荒疏学业,并成为一名下乡知青。知青岁月虽然艰苦迷茫,但也使我真切地了解与感受到我国农村的贫寒和农民的朴实,从而成为我人生宝贵的财富。

10 年"文化大革命"结束后,我有幸首批通过高考,成为郑州大学政治系 77 级本科生,且在大三时分配到新成立的法律系,并被保送到中国人民大学法律系作为代培生学习法律专业课,从此走上法学之路。我在人大法律系勤奋求学八年,两年本科生法律专业课学习阶段得以聆听各科名师教导,打下了较为扎实的法学基础;六年刑法学专业硕士生、博士生阶段有幸得到我国著名刑法学家高铭暄教授、王作富教授的培养扶持,成为新中国首届(两位之一)刑法学博士并留校任教,走上刑法学教学研究的道路。自 1987 年年底至 2005 年 8 月,我在中国人民大学法律系、法学院任教18年，其间先后破格晋升为副教授、教授并担任法律系副主任、法学院副院长，1999年主持创建国家人文社科重点研究基地中国人民大学刑事法律科学研究中心并兼任该基地两届主任，又先后担任了中国法学会刑法学研究会的副会长、会长，长期参与了国家立法机关的刑法立法研拟工作和最高司法机关的司法咨询工作，可以说个人学术事业发展顺利。

2005年8月，我做出了人生和学术事业上的重大抉择：为谋求我所带领的学术团队体制的创新并以此带来我们学术事业更大的发展平台和空间，在年近五旬之际，我毅然选择离开已学习和工作26载并有雄厚实力的人大法学院，与数位志同道合的团队骨干成员共同加盟虽为综合实力雄厚的百年名校但法学基础异常薄弱的北京师范大学，开始了北师大法学的创业跋涉。这一年我们创建了全国高校首家具有独立性、实体性、综合性的刑事法学教学研究机构——北京师范大学刑事法律科学研究院（刑科院），第二年我们又在原来力量极为单薄的北师大法律系的基础上经充实壮大成立了北京师范大学法学院。十余年来，北师大法学两院（刑科院和法学院）以体制创新为基础，在艰苦创业的征途上通力协作、奋力前行，一路高歌着《从头再来》《精忠报国》《感恩的心》《友谊地久天长》和《我们走在大路上》这几首院歌，再创别开生面的《刑科 style》，实现了十年的"跨越式发展"，成为我国高等法学教育尤其是刑事法学教学研究的重镇之一，得到了社会各界的关注与赞赏，我也从年近五旬迈入了花甲之年。抚今追昔，不仅感慨万千：人生难得几回搏？如果没有当年以事业为重信念下的放胆一搏，既不会有这十余年创业的艰辛，也不会达到今天学术事业发展的高度，更不会有我们团队堪称辉煌的贡献与业绩。

回首我迄今60载的人生，大体上可以分为三个阶段：一是上大学前的21年，包括了幼儿阶段、中小学时代、知青岁月和短暂的工人时期，这一阶段我的经历是我国社会动荡下千百万同龄人的一个缩影；二是我进入大学求学的10年和在中国人民大学任教的18年，这一阶段我在法学道路上一步一个脚印地奋力前行、发展顺利；三是我到北京师范大学任教的晚近11年，这是我人生最为重要的阶段，其间充满了人到中年再次创业跋涉的艰辛、快乐与成就感。我人生的上述后两个阶段的近40年也是新中国历史上以改革和发展为主线的极其重要的时期，是国家逐步重视建设法制（法治）、繁荣发展法学的阶段，我有幸躬逢盛世，伴随着国家实行改革开放和建设社会主义法治的步伐而成长起来，并在我人生中最宝贵的这近四十载春秋中贯穿刑法学和刑事法治的主题，这是时代的安排，也是我人生的选择与追求。作为法律人，我热爱法学，崇尚法治，国家刑事法治进步是我毕生的事业追求。

作为终生致力于刑法学研究的学者，多年来我常常注意思考和探索法学研究之道，并逐步形成了自己的研究特点和学术风格。20年前，在我的第一套个人文集的自序中，关于刑法学的治学之道我曾有过初步而粗浅的探讨："在我看来，不同类型的学科应当有不同的治学特点，一门学科科学的治学之道，应当受其性质和内容所制约，并有助于促进其价值之实现。刑法学是应用性突出的实体部门法学，是研究罪刑规范（最基本的禁止性的社会行为准则）的设置、运用及其发展变化规律的理论。因此，刑法学研究之第一要义，是要坚持理论联系实际、研究和解决实践问题的研究道路与学风，应当力戒脱离国家法治发展现实、脱离刑法立法与司法实务的经院哲学式的研究道路与方法。这样，刑法学研究才能切实担当起引导和促进国家刑事法治建设与社会进步的使命。脱离实践的刑法理论研究必将是灰色的，而根植于实践的刑法理论研究才会生机盎然。我认为，刑法学研究中的理论联系实际，有其丰富而合理的内涵，值得努力挖掘和大力弘扬。择其要者，至少应当正确地把握以下三对关系：第一，刑法实务与刑法理论。……第二，法治实践与法治发展。……第三，刑法实践与社会实践。……”[1] 6 年前，在我的第三套个人文集前言中，我归纳了自己在多年的学术研究中推崇并着力坚持和追求的四点学术风格：一是关注法治现实问题，认为法学研究关注法学现实才有生命力和实际意义，关注刑事法治现实问题不仅应当是刑法学者的正确学风，而且也是其责任所在；二是重视法治改革和法学前沿问题，认为法治改革应当是我国法治进步和法学发展的最强音，而法治改革往往需要法学前沿课题的开拓与伴随；三是强调理论联系实际，认为刑法学研究领域的理论联系实际事关学术研究的方向、道路和方法；四是注意心态开放暨视野开阔，认为注意结合中国国情及其发展需要研究借鉴外部先进的刑事法治经验和刑法理念，无疑会有益于我国刑事法治的进步和刑法学理论的繁荣发展。[2] 在当今年届花甲之际，回首自己近 40 年学习研究刑法学的道路，我更加坚定而深刻地认为，实践性、前沿性、开放性应当是我国刑法学研究应有的学术品格和正确的研究方向，也是我本人的学术追求。惟有如此，刑法学研究才能切实担负起繁荣发展刑法学理论和促进刑事法治事业的使命。

我首先是一个刑法学者，因此，数十年来，我始终坚持以学术为本，对学术研究不敢稍有懈怠。同时，得到组织上和师长的培养以及同事们的信任，这些年来我也担任了本单位和全国性学术团体一定的领导职务，对本单位的学术事业和全国刑法学的发展负有责任。多年来，在组织上和有关方面的领导与关心下，在同事们的支持与帮助下，我怀着强烈的使命感与责任心，在本单位（中国人民大学法律系和法学院、中国人民大学刑事法律科学研究中心，北京师范大学刑事法律科学研究院暨法学院）暨全国刑法学界的学术平台（中国法学会刑法学研究会、中国刑法学研究会、国际刑法学协会中国分会）上勤勉工作，奋力进取，取得了为社会所认可的显著业绩。我感到踏实的是，由于我们的清醒认识和一贯坚持，我所在单位和学术团队的学术事业，以及以全国刑法学研究会为主要平台的我国刑法学界，始终坚持了理论联系实际、关注与促进中国刑事法治进步的学术道路，贯彻了改革、开放、发展的理念，这一学术道路和事业发展理念我们还要继续坚持下来并传承下去。

人生有限，岁月如梭。我走上法学道路仿佛还是昨天的事，转瞬已过去了近 40 年，我已度过 60 春秋。按照中国传统文化和习俗，花甲之年是人生的重要年份，鉴于此，我的部分弟子们曾打算按照我国北方惯例在 2015 年（我年满 59 岁时）组织一个庆贺我 60 华诞的聚会，被我诚挚谢绝，他们遂改变为学术形式，邀约我培养的博士生和博士后研究人员合作出版了

[1] 赵秉志：《刑法改革问题研究》，中国法制出版社 1996 年版，第 2～3 页。

[2] 参见赵秉志：《刑法基本问题》（“现代刑法问题新思考”第 1 卷），北京大学出版社 2010 年版，前言第 1～3 页。

一本内容丰富、装帧精美的祝贺文集。[1] 我深深地感谢弟子们的师生情意，同时也感到，花甲之年我也应当为自己留下一份学术纪念，而最恰当的方式还是出版一本学术文集（选集）。因为在我看来，学术论文是学者学术研究的主要表现形式之一，而收录学术论文的学术文集（选集）乃是学者学术成果的主要组成部分，是学者一定时期学术探索历程的集中体现。学术文集（选集）在很大程度上体现作者学术研究的广度和深度，反映作者的学术敏感性和学术见解水准。[2] 在我近 40 年的学术生涯中，自 1994 年出版第 1 本个人文集[3]算起，迄今一共出版了 19 本个人文集，其中除第 1 本文集《改革开放中的刑法理论与实务》和第 11 本文集《死刑改革探索》[4]这 2 本外，其余 17 本均为按论文发表的年份而编辑，包含了 4 套加 1 本，时间截至 2015 年。[5]

感慨自己的学术生涯适逢这样一个我国社会急剧发展转型和变革的时期，我将这本花甲之年的纪念文集之书名确定为《大变革时代的中国刑法问题研究——赵秉志自选集》，在论文编选上贯彻以下几点：一是在范围上选自我年届 60 岁以前发表的论文，大体上就是选自已经出版的 19 本文集（2015 年以前）和 2016 年发表的论文；二是选取我本人为唯一作者的论文，以往文集中包含的我与弟子或同事等合作的作品一概未选，以更为集中地反映我个人的学术见解；三是选择我在不同时期有代表性的作品，以历史地、客观地反映个人当时的学术主张和贡献；四是只选择了有关中国刑法问题的研究论文，至于我发表的关于国际刑法、外国刑法和比较刑法的论文则一概没有选入，以更为鲜明地体现我的研究专长和学术特色；五是论文编选秉承本人既往之做法，即以保持原文发表时的观点和基本内容为原则，主要是进行规范性、技术性的编辑整理，必要时以注释作补充说明。

按照上述编选原则，几经斟酌，共选出 60 篇论文，分成四编，编成这本论文选集。第一编“刑法立法问题”收入 21 篇论文，既记载了我于不同时期关于我国刑法立法及其改革的学术主张，也是我长期参加国家刑法立法研拟工作的思考与心得，同时还在一定程度上对不同时期国家的刑法立法活动有所反映；第二编“刑法理论问题”收入论文 15 篇，反映了我对于我国刑法学整体研究如何发展的基本见解，以及我关于犯罪总论一些重要领域和专题的研究心得；第三编“刑法实务问题”收入 15 篇论文，反映了我关于刑法实务的宏观问题、刑法总则某些制度暨刑法分则某些热点、疑难犯罪类型的关注和学术见解；第四编“区际刑法问题”收入 9 篇论文，反映了我关于中国区际刑法的静态领域和动态问题的学术探讨与见解。总之，这四编的题目其实也就是本人数十年间学术研究的几个主要学术方向和领域，也是作者重视研究刑法立法及其改革问题、穿行于刑法理论与司法实务之间、并关注中国区际刑法

---

[1] 参见刘志伟、王秀梅主编：《时代变迁与刑法发展——赵秉志教授六秩华诞祝贺文集》，法律出版社 2015 年版。

[2] 参见赵秉志：《刑法总则问题专论》（赵秉志刑法学文集Ⅰ），法律出版社 2004 年版，前言第 1 页。

[3] 参见赵秉志：《改革开放中的刑法理论与实务》，吉林人民出版社 1994 年版。

[4] 参见赵秉志：《死刑改革探索》，法律出版社 2006 年版。

[5] 我的这 17 本文集依次为：第一套“刑法研究系列”（5 本，收录论文 1983 ~ 1996，中国法制出版社 1996 ~ 1997 年版）；第二套“赵秉志刑法学文集”（4 本，收录论文 1997 ~ 2002，法律出版社 2004 年版）；第三套“现代刑法问题新思考”（4 本，收录论文 2003 ~ 2008，北京大学出版社 2010 年版）；第四套“社会变迁与刑法发展系列”（3 本，收录论文 2009 ~ 2013，中国人民大学出版社 2014 年版）；第 17 本《当代刑法问题新思考》（收录论文 2014 ~ 2015，中国法制出版社 2016 年版）。

新领域之学术特点和学术风格的写照。这些论文涵盖的时间跨度近40年，不同时期的理论与实务问题有所差异，发表论文的要求和学术规范也有所不同，个人的学术成长也有个过程，乃至个人学术风格也会有发展变化，因而这本文集所收录的论文在学术水平上也不尽一致，而这些差异正是作者数十年学术生涯孜孜不倦探索的足迹。这些论文在其发表的年代可能产生过一定的理论或实务影响，其中有些见解在今天也可能还有一定的参考价值，有些见解则已过时或落伍。编选出版这本个人文集，不仅是想为自己60载的人生和近40年的学术岁月留下一份学术纪念，回眸自己迄今的学术道路；也想要借此检讨既往的学术收获与缺憾，以提升今后的学术研究水平。“吾生也有涯，而知也无涯。”（《庄子·内篇》）“路漫漫其修远兮，吾将上下而求索。”（屈原《离骚》）

一个人的成长进步除自身不懈努力外，还需要多方面的条件和因素。回首自己迄今60年的人生之旅和近40年的学术道路，我首先要真诚地感谢我们这个伟大的时代，改革开放和全面建设现代法治给祖国和中华民族振兴带来了希望，给我们20世纪50年代这一代人带来了人生发展的机遇，更给我们法律人带来了与现代国家法治和法学共同成长的事业保障，没有这个时代和社会的条件，个人的发展和进步则无从谈起；其次，我还要由衷地感谢我的工作单位多年来对我的培养和信任，感谢国家政法机关领导、法学界和实务界、我所在团队的领导、师长、同事、同仁、朋友以及我的弟子们多年来对我的扶持和帮助，没有这些支持和帮助，我也会一事无成；再者，我尤其要深深地感谢我的父母家人和学业导师。我已经辞世的父母是我国基层普通知识分子的典范，他们不仅生育我和养育我长大成人，而且以言传身教引导我志存高远、自强不息、踏实做事、正直为人；妻子儿子和哥哥姐姐等家人则一直关注、支持我的工作和事业。可以说，父母家人对我事业的关心支持和对我工作成就所带来喜悦的分享，是我努力奋斗的重要动力之一。我在大学求学十年间受到多位老师（其中不乏各科名师）的教导，我对老师们都心存感激；而带领我进入刑法学殿堂的，是我国刑法学界两位德高望重的新中国培养的第一代刑法学家高铭暄教授和王作富教授，两位恩师终生献身法学、信仰法治、教书育人、诲人不倦，均被中国法学会授予“全国杰出资深法学家”称号，是新中国刑法学的主要奠基人和我国老一代知识分子的典范，他们对我学业的培养奠定了我终生刑法学专业的理论基础和治学方法；而恩师高铭暄先生不仅是我读硕士生和博士生时期的导师，他也是我工作30年来事业发展、人生进步的导师和坚强后盾，尤其是我带领团队骨干成员加盟北师大进行二次创业跋涉的晚近十余年来，恩师高老顶住压力和干扰，出任北师大刑科院的名誉院长和法学两院的特聘教授，全程指导和参与北师大法学两院尤其是刑科院的学术事业，情深义重，犹如山高水长！恩师已臻米寿之年（年满88岁），仍壮心不已，精神矍铄地活跃在法学和法治建设第一线，恩师是我们中青年晚辈终生学习的榜样！衷心祝愿恩师健康长寿，学术之树长青！

最后，诚挚感谢法律出版社领导和张岩编辑对本文集出版所给予的鼎力支持。法律出版社是我和我们学术团队之学术事业一贯的支持者和知音伙伴，尤其是在我们加盟北师大后的艰苦创业过程中，法律出版社尽其所能地给我们捐书出书，给我们的学术事业以宝贵的支持，对这份学术友谊我和我们学术团队会永志不忘。北京师范大学刑事法律科学研究院博士生张拓同学协助我整理本文集贡献良多，刑科院博士后孙倩与硕士生詹奇玮、殷圣欣、杨奕、高娃、陶野、李佳燚等同学帮助我参与校对工作，刑科院同事周振杰教授帮助翻译文集的英文目录，在此一并致谢。

祝愿北师大刑科院的学术事业蒸蒸日上。祝愿国家的现代法治和法学事业繁荣昌盛。

赵秉志

2016 年 12 月于北京师范大学

刑事法律科学研究院

目录

Contents

第一编　刑法立法问题

第二编　刑法理论问题

第三编　刑法实务问题

第四编 区际刑法问题

Contents

Part I Issues on Criminal Legislation

Part II Theories of Criminal Law

Part III Enforcement of Criminal Law

第一编
刑法立法问题

导　言

在我国建设现代法治的宏伟事业中,刑事法治扮演着极其重要的角色。而刑法立法及其改革乃是刑事法治进步的基础。改革开放30多年来,我国刑法立法的发展进步成绩斐然:1979年第一部刑法典标志着我国刑法立法的基本具备,奠定了我国刑事法治的基础;经全面系统修订的1997年刑法典取得了重大改革和多方面的进展,成为我国刑法立法现代化的重要里程碑;而1997年刑法典颁行之后晚近20年来一系列刑法修正案的相继出台,则使我国刑法立法得以与时俱进,不断完善,呈现出鲜明的时代特色。我国刑法立法的改革进步,为我国刑事司法提供了坚实的法律基础,并给我国刑法学研究注入了活力与动力。数十年来,我国刑法学理论关于刑法立法及其改革的研究成为一道长盛不衰的风景线,这是我国刑法学者的使命感使然。

由于我学习、研究刑法学的历程伴随着国家刑法立法的不断变革,加之我对刑法立法之重要作用早有认识,因而在学术生涯中我始终对刑法立法及其改革问题情有独钟,关注较多。特别是我刚博士毕业留校任教的1988年,国家立法机关启动了修改1979年刑法典的工作,承蒙恩师高铭暄先生推荐和国家立法工作机关的信任,我有幸于1988年至1997年间应邀成为全国人大常委会法制工作委员会刑法修改小组成员,全程参与了国家立法机关主持的对1979年刑法典系统修订的研拟工作。在1997年刑法典颁行之后20年以来,我又得以应邀参与了国家立法机关历次局部修改刑法典、创制一系列刑法修正案的修法工作,并于2016年受聘担任了全国人大常委会法制工作委员会首届立法专家委员会的立法专家顾问。在迄今30多年的学术生涯中,尤其是本人参与刑法修法工作的过程中,我围绕刑法立法及其改革完善问题撰写发表了一系列论文,主持完成了若干科研项目,[1]主持完

---

〔1〕 如"中国特别刑法研究"(国家教委"八五"博士点项目);"妨害司法活动罪研究"(1990年国家社科基金青年项目);"中国刑法改革问题研究"(1994年国家社科基金项目);"中国死刑制度改革研究"(2006~2009年度欧盟民主与法治促进项目)。

成了多份研究咨询报告,并且结集出版了两本个人文集。[1] 我的相关研究涉及刑法改革的理念、根据、原则、刑法体系结构调整等宏观问题,以及犯罪主体、犯罪形态、死刑制度、犯罪类型等总则重要制度和分则具体罪刑规范的改革问题。可以说,关于刑法立法及其改革问题的研究,乃是我学术生涯的极其重要的方面。

收入本编的是我于不同时期发表的有关刑法立法及其改革的21篇论文,按其内容大体可以分为四个方面:

一是关于1979年刑法典修改的论文(第1~5篇),其中,**《关于完善我国刑法典体系和结构的研讨》**一文,在当时我国立法机关启动79年刑法典修订工作不久,即对刑法典体系结构应如何完善进行了全面系统的设计和论证,提出了若干具有前瞻性的建设性意见,其中一些见解为97年刑法典所采纳;**《关于完善刑法典分则体系结构的新思考》**一文,在当时国家立法工作机关曾重点考虑拟将79年刑法典分则中犯罪分类之大章制改成小章制体例的背景下,在论述现行刑法典分则体系需要完善以及应当贯彻全面充实、科学分类、合理排列等三项完善原则的基础上,提出了我国新刑法典分则若采小章制模式下可设立26章的构想,并对其中的一些争议问题进行了探讨。后来虽然97年刑法典的分则仍采取了大章制的模式,但97年刑法典分则第三章破坏社会主义市场经济秩序罪一章下设八节犯罪,第六章妨害社会管理秩序罪一章下设九节犯罪,这两章之下的各节犯罪实际上相当于小章制模式下的若干小章。因而这篇论文的见解在当时和现在都还具有一定的学术价值;**《刑法修改中的宏观问题研讨》**一文,对关涉当时刑法典修订完善中的几个重要的宏观争议问题,包括立法指导思想上的超前立法与经验立法之争、立法技术上的粗疏与细密之争、刑法调控范围上的犯罪化与非犯罪化之争、刑罚轻重上的轻刑化与重刑化之争,在评论的基础上发表了研讨见解,对刑法修改的方向与方法有所裨益;**《略论罪刑法定原则立法化的价值》**一文,在当时罪刑法定原则应否载入刑法尚有争议的情况下,旗帜鲜明地主张罪刑法定原则应载入刑法典,并集中论述了罪刑法定原则立法化的立法价值、司法价值和社会价值,力倡罪刑法定原则应由刑法典明文规定的主张;**《积极促进刑法立法的改革与完善》**一文,系为纪念我国97年刑法典颁行10周年所作,介述了本人参与我国刑法立法活动尤其是97年刑法典修订工作的情况及相关感悟,并对97年刑法典及其颁行后10年来的发展和今后的刑法改革发表了理论见解,可以说这是一篇具有立法史料价值和刑法立法问题探讨意义的作品。

二是关于我国刑法变革历程的系统梳理及其发展愿景的展望研究(第6~9篇)。其中,**《全球化时代中国刑法改革中的人权保障》**一文,鲜明地提出了在全球化时代刑法应当重视人权保障的命题,并就中国刑法发展对人权保障的强化及其完善问题进行了论述,旨在促进我国刑法学研究对刑法改革中的人权保障问题的重视和关注;**《中国刑法的百年变革》**一文,系为纪念辛亥革命100周年而作,该文勾勒了自辛亥革命百年来中国刑法立法演进的历程,评述了期间的六部代表性刑法典,归纳反思了进步的刑法立法应当处理好的几个基本关

[1] 其一为《刑法改革问题研究》(中国法制出版社1996年版);其二为《刑法立法研究》(中国人民大学出版社2014年版)。

系;**《当代中国刑法体系的形成与完善》**一文,在我国社会主义法律体系基本完备的背景下,梳理了新中国刑法体系创立与完善的历程,研析了我国现行刑法体系的基本结构与主要特点,并探索了我国刑法体系进一步完善的方向、途径和重点问题;**《当代中国刑法法典化研究》**一文,在概述我国刑法法典化的进程和特点的基础上,论述了我国刑法法典化多方面的价值和目标,并探讨了我国刑法法典化发展应采纳的内外策略,从而提出和深入研究了我国刑法的立法模式及其发展方向这一重要问题。

三是关于我国刑法改革主要是死刑改革的论文(第10~18篇)。其中,**《当代中国刑罚制度改革论纲》**一文,对我国刑罚体系调整以及刑罚种类、刑罚制度的完善进行了纲要式的探讨,提出了一系列具有引领性、超前性的建言。而其余八篇**专论死刑改革方面的论文(第11~18篇)**,发表的时间跨度达25年(1991~2015),包含了1997年刑法典修订研拟过程中以及晚近十余年来死刑改革高涨的不同时期,涵盖了死刑的观念变革、司法改革和立法改革等层次和方面,对现阶段我国死刑改革的国际国内背景、改革根据、政策调整、观念更新、方向和目标明确、道路和步骤设计、难点梳理分析及对策设计、立法措施和司法措施建言、发展趋势展望等一系列死刑改革进展必须面对和解决的问题,进行了全面、系统、深入的研究,较为全面地展现了我的死刑改革见解。死刑改革无疑是当代中国刑事法领域最受关注的重大现实问题之一。我对于死刑和死刑改革的关注,始于20世纪80年代中后期,以后随着1997年刑法典修订研究中死刑改革作为热点而逐步加强,尤其自新世纪初中国死刑改革作为国家人权保障的重大问题之一而成为我的主要研究领域,我也努力推动了我先后所主持的中国人民大学刑事法律科学研究中心和北京师范大学刑事法律科学研究院学术团队对中国死刑改革研究的关注和积极参与,死刑改革成为我们学术团队晚近十余年来最重要的学术领域而活动丰富、成果显著,在全国刑法学界走在前列,密切配合和推动了我国死刑制度的立法改革与司法改革实践,也繁荣、拓展与深化了相关的学术研究。至于我个人关于死刑改革方面的学术活动和学术成果,也是贯穿我30余年刑法学研究生涯的最显著的一条主线,进入21世纪的晚近十余年来尤其是如此。也许可以说,我是我们学术团队中对死刑改革领域最为坚持不懈和相关论著最多的研究者。[1] 为什么我要对死刑改革研究如此长期重视和坚持?我认为,法律学人基于事业使命感应当关注死刑制度改革这样的重大现实法治问题。[2] 由于中国死刑制度改革方兴未艾、任重道远,因而可以预言,死刑改革问题仍将是今后相当长的时期内我国刑法学界需要不懈地关注的重大现实法治问题。

四是关于刑法分则具体犯罪之立法完善方面的论文(第19~21篇)。其中,**《环境犯罪刑法立法完善研究》**一文,对我国环境犯罪立法模式的选择、罪名体系和犯罪构成要件的完

〔1〕 据粗略统计,我迄今在报刊上共发表了130多篇有关死刑及其改革的论文和文章,其中约有半数收入了我的两本死刑文集中,即《死刑改革探索》(法律出版社2006年版)和《死刑改革之路》(中国人民大学出版社2014年版);此外我还主编出版了13本死刑改革方面的著作或文集,主译了1本死刑书籍;并先后主持完成了有关死刑改革的10多项中外科研项目,主持撰写了10多份死刑改革研究报告。

〔2〕 参见赵秉志:《死刑改革研究与时代发展——我的相关学术经历暨反思》,载《京师法律评论》(第1卷),北京师范大学出版社2007年版。

善以及刑罚适用原则、刑罚种类、刑罚力度的调整诸问题作了较为系统的研究，提出了一系列立法完善性建言。另两篇是反腐败刑法完善的论文：**《论我国反腐败刑事法治的完善》**一文，系统梳理和分析了我国反腐败刑事法治的基本特点和主要缺陷，并对如何改革完善我国反腐败刑事法治提出了若干建言；**《论中国贪污受贿犯罪死刑的立法控制及其废止》**一文，对《刑法修正案（九）》关于贪污受贿犯罪死刑立法控制的最新进展进行了分析和论证，并探讨了未来从立法上废止贪污受贿犯罪死刑的相关问题。这些见解对我国环境刑法和反腐败刑法的完善具有一定的参考价值。

总之，收入本编的论文，大体上反映了我多年来关于刑法立法及其改革的基本立场和重要观点，也是我长期参与国家刑法立法工作的学术写照。

关于完善我国刑法典体系和结构的研讨*

目　次

前言

最近一个时期，刑法界要求修改刑法典[1]的呼声不断高涨，有关国家机关根据七届全国人大常委会的五年立法规划，也正在为刑法典的修改积极地作一系列准备工作。我认为，要使刑法典经过修改得到系统和全面的完善，需要有正确的指导思想和修订原则，从体系结构、立法技术、立法内容诸方面进行努力。其中，体系和结构的完善对刑法典的整体完善具有头等重要的意义。

---

* 原载《中国社会科学》1989年第4期；中国人民大学《复印报刊资料·法学》1989年第8期转载；此文上篇被收入高铭暄、赵秉志主编：《新中国刑法学五十年》，中国方正出版社2000年版；收入赵秉志主编：《刑法新探索》，群众出版社1993年版；全文上下篇分别成文并略加修改后收入梁美芬、卢永鸿编：《中国法制改革》，（香港）广角镜出版社有限公司1994年版。

〔1〕 本文所称我国现行刑法、刑法典均系指1979年刑法典——作者编辑本书时补注。

所谓刑法典体系和结构的完善,是指其编、章、节这些宏观层次的设立及其排列的科学合理。衡量刑法典体系和结构的完善与否,主要应当考察两个方面:一是其设定的层次内容是否必要和完整,二是其层次内容的排列是否科学和便于适用。从“编”这一最宏观的层次上看,我国现行刑法典总则与分则两编的设定与划分,在层次内容上既必要也完整,在排列上具有内在的科学逻辑,也便于司法适用,因而并无不妥而需完善之处。但进一步考察刑法典两编之下的章节层次的体系和结构,就会发现从内容到排列均有不完善之处。内容上的主要问题是不够完整,排列上的主要问题是有失科学与合理。因而系统全面地修改刑法典,从体系和结构方面而言,就是指完善其章、节的内容与排列。下面分总则和分则两部分,提出笔者的初步设想,并加以简略的论证与说明。

上篇:刑法典总则体系和结构的完善

可考虑将刑法典总则分为九章,各章、节的名称与内容大体设想如下:

第一章:刑法的任务和基本原则。可分为两节。第一节:刑法的任务;第二节:刑法的原则。原则包括:罪刑法定原则、刑事法制的统一原则、刑法面前人人平等原、主观与客观相统一的刑事责任原则、罪责自负原则、刑事责任的不可避免性原则、刑事责任人道主义原则、刑事责任公平原则和惩罚与教育相结合的原则。

第二章:刑法的适用范围。可分为五节:第一节规定刑法的一般空间效力和时间效力的内容;第二节增设对国际犯罪行使普遍管辖权以及引渡方面的内容;第三节载明刑法典总则之规定适用于其他刑法规范的内容;第四节载明民族自治地方可以依法制定对刑法的变通或补充规定的内容;第五节增设对现阶段港澳台人涉大陆犯罪适用刑法方面的内容。

第三章:犯罪。可分为四节。第一节:犯罪的概念和构成要件,依次规定犯罪概念、刑事责任年龄与刑事责任能力、犯罪主观要件和犯罪客观要件的内容;第二节:故意犯罪过程中的犯罪形态,依次规定既遂犯、预备犯、未遂犯和中止犯的构成特征及处罚原则;第三节:共同犯罪,依次规定共同犯罪的概念与一般处罚原则、共同犯罪的形式和共同犯罪人的分类及其处罚原则;第四节:阻却犯罪性的行为,依次规定正当防卫、紧急避险、依法律或命令之行为、业务上的正当行为等内容。

第四章:刑事责任。可分为三节。第一节:刑事责任的概念和根据;第二节:刑事责任的追究和承担;第三节:刑事责任的免除和终结。

第五章:刑罚。可分为四节。第一节:刑罚的概念、根据和刑罚权;第二节:刑罚的体系和种类;第三节:主刑;第四节;附加刑。

第六章:刑罚的适用与免除。可分为四节。第一节:量刑原则。规定量刑的一般原则、从轻原则、从重原则,以及适用于特定情况的加重原则。第二节:量刑制度。依次规定累犯、惯犯、自首、立功、坦白、数罪并罚、缓刑等制度。第三节:行刑制度。规定减刑、假释制度;第四节:刑罚免除制度。规定因犯罪性质和情节而免除刑罚的制度,以及时效、赦免制度。

第七章:未成年人犯罪的特殊处遇。可分为三节。第一节:未成年人犯罪的概念和处罚原则。第二节:对未成年人犯罪适用刑罚种类的特殊规定。包括不适用死刑、无期徒刑和剥夺政治权利的刑种,限制有期徒刑的最高刑期等内容。第三节:对未成年人犯罪适用刑罚的特殊规定。包括对未成年犯罪人在量刑、行刑以及刑罚免除制度上的从宽规定。

第八章:保安处分。可分为三节。第一节规定保安处分的概念、性质、适用对象、适用权、种类和适用原则;第二节依次规定各种保安处分的具体适用;第三节规定保安处分的免除和终结。

第九章:刑法中某些名词与用语的含义。分条明确规定刑法中的以上、以下、以内、国家工作人员、司法工作人员、集体经济组织工作人员、公共财产、个人财产、重伤、轻伤等名词、用语的具体含义。

上述设想,对现行刑法典总则的体系和结构在编排上有所调整,在内容上有所增删,其中的主要问题如下:

(一)关于"刑法的基本原则"的增设

1. 为什么要增设"刑法的基本原则"?

主要理由有三点:第一,从性质上看,刑法的基本原则可以由立法加以规定。不管刑法典是否载明,各个国家的刑法都必然有其基本原则。刑法的基本原则是贯穿于刑法规范和刑法适用中的准则,是刑法基本性质、基本特点和基本思想的集中体现,它具有比刑法的指导思想和任务都更加实在和具体的内容。这种性质,使其可以通过立法加以明确。

第二,从功效上看,明确规定刑法的基本原则具有积极意义。在刑法典上载明刑法的基本原则,这一立法活动本身就会促进立法机关对刑法基本性质和基本精神的认真研究与概括,从而使刑法的基本原则得以确定和明示;而刑法基本原则的立法化,又无疑会促进刑法典本身和其他刑法规范的制定更加全面地贯彻我国刑法应有的基本精神,会推动司法实践中对刑法规范的正确理解与适用,从而有助于提高刑事立法水平和改善刑事司法效果。

第三,从比较借鉴的角度看,明确规定刑法的基本原则也是可行的和必要的。在外国刑事立法例中,有将刑法的原则明文规定的例子,如民主德国 1968 年颁行的《刑法典》第一章即为"刑法的原则"[1],苏联 1986 年 12 月 16 日公布的新的《苏联和各加盟共和国刑事立法纲要〈草案〉》的第二章为"刑法典的原则"[2]。这些新的外国刑事立法例所以要规定刑法的原则,正是基于对刑法原则立法化之可行性与功效的考虑。另外,从我国的刑事诉讼法、民事诉讼法和民法通则这些基本法律来看,它们都明确规定或者包含了"基本原则"的内容。因此,刑法也同样需要和能够规定其基本原则,而且,由于刑法内容的特殊重要性,将其基本原则进行明文规定,对保护公民、社会和国家的合法权益甚至具有更为重要和突出的意义。

---

〔1〕 1986 年前《德意志民主共和国刑法典》第一章规定的"刑法的原则"有:犯罪者必须承担刑事责任、保护人的尊严和权利、罪刑法定并禁止类推、在法律面前人人平等、刑事判决的正义性和合理性、刑法的效力范围原则等。参见张仲绛《德意志民主共和国刑法典》,谭镜心译,广州中山大学 1982 年印。

〔2〕 1988 年 12 月 16 日公布的《苏联和各加盟共和国刑事立法纲要(草案)》第 3 条为"刑事立法的原则",规定的内容包括:法制、民主、责任的不可避免性、公民在法律面前人人平等、罪责自负、公正、人道主义、无罪推定等原则。参见苏联《苏维埃国家和法》1989 年第 1 期。

2. 以什么标准来衡量和确立刑法的基本原则？

我认为，这一标准必须受到刑法基本原则的性质、功能与特点的制约。这里又引出了刑法的基本原则应该如何理解的问题。从近年来我国刑法学界的有关研讨情况看，有一点是明确的，即基本原则不是局部原则（如空间效力和溯及力的原则、处罚共同犯罪人的原则等，它们仅仅体现在刑法的部分内容里），只有那些能够体现刑法基本精神、指导全部刑事法律活动始终的准则，才称得上是刑法的基本原则。

但是，刑法基本原则是否只限于为刑法部门所特有，而不能包括国家法制整体和其他基本部门法所共有的一些原则呢？我认为不是这样的。这是因为：第一，从逻辑上分析，法制的一般原则与各个部门法的基本原则，是一般与特殊、抽象与具体的关系，法制一般原则指导和制约各部门法基本原则的确立，各部门法基本原则则具体体现法制的一般原则，二者相互依存、密切关联。如果离开了各部门法基本原则的具体体现，法制一般原则就难免空泛无用。譬如，法律面前人人平等这一社会主义法制的基本原则，如果不能作为各个部门法的基本原则而得到切实的体现，就成为一句空话。第二，从其他部门法关于基本原则的规定看，刑事诉讼法和民事诉讼法（试行）中的“以事实为依据，以法律为准绳”“适用法律上一律平等”等基本原则，以及民法通则中的“当事人在民事活动中的地位平等”的基本原则，都是我国社会主义法制的一般原则或者是这些一般原则在各法律中的具体体现。因此，刑法也不宜完全排斥把法制的一般原则作为其基本原则。当然，这并不是说要把法制的一般原则原样照搬过来作为刑法的基本原则，而是要把它们具体化为刑法的基本原则。如法律面前人人平等的法制一般原则作为刑法基本原则时，应具体化为刑法面前人人平等的原则。

简言之，凡贯穿全部刑法和刑事司法并体现我国刑事法制的基本性质与基本精神的准则，便应该是我国刑法的基本原则。据此标准，参考近年来我国刑法理论中关于刑法基本原则的研究，并借鉴国外的有关立法例，我在前面提出了可以考虑规定为刑法基本原则的 9 条原则。至于这些原则的立法表述及其排列，仍需认真研究。

3. 是否应该明确规定罪刑法定原则？如果规定，那么如何对待现行刑法中的类推制度？

罪刑法定原则是资产阶级在刑法领域里反对封建时代的罪刑擅断原则所取得的一项划时代的进步成果。由于这一原则符合现代社会民主与法治的发展趋势，因而已为当代不同社会制度的绝大多数成文法国家的刑事立法所接受并加以立法化。如 1940 年《巴西刑法典》、1968 年修订的《意大利刑法》、1971 年修正的《瑞士刑法》、1974 年《奥地利刑法》、1976 年修订的《联邦德国刑法》等，都在其第一条明确规定了罪刑法定原则；苏联、东欧和亚洲绝大多数社会主义国家的刑事立法，也都载明或实行罪刑法定原则[1]。这种客观事实，充分证明了罪刑法定原则的进步性和巨大生命力。由于各种条件的限制，我国现行刑法典中并未载明罪刑法定原则，但我国的刑事立法思想至少是倾向于罪刑法定主义的，目前的刑法理

〔1〕 如 1986 年修订本《苏俄刑法典》第 6 条规定：“行为是否构成犯罪和是否应受刑罚，根据实施该行为时的现行法律予以确定。”1968 年《罗马尼亚刑法典》第 10 条规定：“本法适用于本法有效时间内实施的犯罪”；第 11 条规定：“行为时不认为犯罪的行为，不适用本法。”

论也把罪刑法定作为我国刑法的一项基本原则来看待。笔者认为，在设立刑法的基本原则时，应当把罪刑法定明列为我国刑法首要的基本原则，这对于我国刑事法制向着更加科学和民主的方向发展，对于刑事立法的统一和正确实施，都具有极其重要的意义。

我国现行刑法中设有类推制度[1]。刑法学界对类推制度一般也持肯定态度，认为刑法不可能把一切犯罪都毫无遗漏地予以明文规定，类推制度有利于及时同法无明文规定的产重危害社会的行为做斗争，又可以使刑法典保持相对的稳定性。其中有些学者认为罪刑法定是我国刑法的基本原则，而类推是罪刑法定原则的补充或例外[2]；还有些学者认为类推在我国刑法中具有长期保留的价值[3]。近年来，刑法学界甚至还出现了扩大类推适用的观点，主张从宽解释类推适用的条件，或者通过立法修改放宽类推适用的程序控制条件。笔者主张，刑法修改应当坚决地否定和删除类推制度，明确规定彻底的罪刑法定原则。主要理由如下：

第一，罪刑法定在本质上否定类推。罪刑法定原则要求对什么是犯罪、对各种犯罪科处什么刑罚，都要预先由法律加以明确规定。而类推恰恰是对刑法无明文规定的行为定罪判刑的制度，这就在本质上与罪刑法定原则背道而驰，因而理所当然地为罪刑法定原则所排斥。我国现行刑法中的类推，虽然有了较为严格的适用条件和程序上的限制，与封建刑法的罪刑擅断和第二次世界大战时期纳粹德国刑法中的类推有本质区别，也较苏联早期刑法中的类推进步，但它毕竟脱离不了类推制度的本质和基本内容，因而不可能不与罪刑法定原则相矛盾。要在刑法中真正彻底地实行罪刑法定原则，就必须否定和删除类推制度。

第二，类推制度在本质上不利于法制。类推制度实际上是允许司法机关对法无明文规定的行为定罪判刑，尽管这种定罪判刑是立法机关许可的，但在性质上仍属于司法活动侵入立法领域，这有悖于立法权与司法权分立的原则，不利于立法的统一。类推制度的设立，还造成形法典创制的粗放；类推制度的运用，又掩盖了一些本该通过立法修改补充加以解决的问题。因而类推也不利于立法的完善。

第三，类推制度不利于对公民权利的有效保护。马克思曾经指出："法律是肯定的、明确的、普遍的规范，在这些规范中自由的存在具有普遍的、理论的、不取决于个别人的任性的性质。法典就是人民自由的圣经。"[4]刑法典不仅也应当以保护人民的民主自由权利为其首要的和根本的宗旨，而且由于其内容和手段的特殊严厉性，还要求其罪刑规范具有更为肯定、明确和普遍的性质。允许对法无明文规定的行为定罪判刑，就会使人们无法确知什么行为将受到刑事制裁，使刑法规范有失于确定性和民主性，从而难免司法的专横和错断，不利于充分有效地保护公民的基本权利。

---

〔1〕《中华人民共和国刑法》第 79 条规定："本法分则没有明文规是的犯罪，可以比照本法分则最相类似的条文定罪判刑，但是应当报请最高人民法院核准。"这就是中国现行刑法中的类推制度。

〔2〕参见高铭暄主编：《新中国刑法学研究综述（1949～1985）》，河南人民出版社 1986 年版，第 52～53 页、129～130 页的介绍。

〔3〕参见侯国云、薛瑞麟主编：《刑法的修改与完善》，中国政法大学出版社 1989 年版，第 18～28 页；侯国云：《刑法中应继续保留类推制》，载《人民检察》1991 年第 2 期。

〔4〕《马克思恩格斯全集》第 1 卷，第 71 页。

类推制度本身所固有的弊端是不可能通过规定适用类推的条件加以根除的。正因为如此,苏联东欧等社会主义国家才相继在立法中取消了类推制度[1]。事实上,我国目前也已具备了取消类推的客观需要和实际条件。从刑法典颁行近10年的实践情况看,由于最高人民法院在核准类推上的慎重,适用类推定罪量刑的案件确实很少,有的年度甚至只有几件,而且主要集中在因通奸严重妨害他人婚姻家庭这类行为上。其中还存在适用不当的情况。从案件的类型和数量看,在立法中继续保存类推制度的必要性已经很小。另外,我国刑法中类推制度的存在以及司法实践中很少数量的类推适用,难免使国外和港澳台地区欲同我们交往的人们对我国刑法是否真正实行罪刑法定、是否会任意出入人罪产生疑虑和担心,不利于我国的对外开放。

(二)关于刑法适用范围独立成章及其内容的充实问题

在现行刑法典中,刑法的适用范围问题与指导思想和任务一同规定在第一章中,占了该章9条中的7条。由于其内容是规定刑法的效力范围及其管辖权,是一类独立的问题,而且也有相当的条文,因而我认为可以考虑单列一章,并调整、充实一些条文,加以完善。关于该章内容的调整或充实,有以下四个问题应予以研讨和明确。

1. 把刑法典第80条和第89条的内容移入本章。

我认为,现行刑法典第80条关于民族自治地方可以制定对刑法的变通或补充规定的条文,以及第89条关于刑法典总则应适用于其他刑法规范的条文,实质上均属刑法的效力范围方面的内容,而且,这些具有实质意义的条款也不宜与名词术语的解释条款一并规定在"其他规定"一章里,因而应当将之归入刑法的适用范围一章。

2. 增设对国际犯罪行使普遍管辖权的规定。

刑法的普遍管辖权,即一国刑法不考虑犯罪发生地域、犯罪人国籍和犯罪所侵犯的具体利益如何,而对犯罪一概行使刑事管辖的主张。这种主张若不加任何限制,难免成为强国干涉弱国司法管辖和称霸世界的工具。但是,现代国际社会刑事法制的实践证明,全盘否定刑事普遍管辖权是不妥的,对特定的犯罪行使普遍管辖权,有着积极而重要的意义。第二次世界大战结束以后,国际社会在惩办法西斯战犯的实践中,确立了对犯有反和平罪、战争罪和反人道罪的战争罪犯,各国均可行使刑事普遍管辖权的原则。20世纪50年代尤其是60年代以来,危害国际和平与安全的空中劫持、海上劫持、绑架人质、侵犯外交代表等恐怖性的国际犯罪,以及国际性的贩毒、盗窃珍贵文物、贩卖妇女儿童、贩卖淫秽出版物、诈骗等犯罪日趋加剧。据此,国际社会及时提出积极对策,制定了一系列国际条约,规定参加条约的各国有义务对国际犯罪尤其是恐怖性国际犯罪行使普遍管辖权。许多国家还在国内的刑法或其他法律中,载明对其参加的国际条约所规定的犯罪行使普遍管辖权的内容。例如,1958年《苏联和各加盟共和国刑事立法纲要》和现行的《苏俄刑法典》第5条第4款,1961年《蒙古

[1] 1922年和1926年的《苏俄刑法典》,皆规定有类推制度,而1958年的《苏联和各加盟共和国刑事立法纲领》和1960年的《苏俄刑法典》则取消了类推制度;东欧、亚洲的一些社会主义国家,在20世纪40年代至50年代的新中国成立初期,都曾一度规定有类推制度,至50年代末则基本予以废除。

人民共和国刑法典》第3条第3项，1968年《罗马尼亚社会主义共和国刑法典》第6条，1968年《民主德国刑法典》第80条第3款第2项，1968年《意大利刑法》第7条第5项，1976年《联邦德国刑法典》第6条第9项，以及美国宪法第3条第2款，法国宪法第55条、法国刑事诉讼法典第696条等，都有这方面的规定。国际条约与各国国内法的配合，增强了国际社会和各国对国际犯罪的制裁力量，有力地保护了国际社会的和平安全和各国人民的共同利益。

近年来，根据犯罪实际情况的发展变化和对外开放、加强国际交往的需要，我国已先后加入《关于在航空器上犯罪及其他某些行为的公约》《关于制止非法劫持航空器的公约》《关于制止危害民用航空安全的非法行为的公约》和《关于防止和惩处侵害应受国际保护人员包括外交代表的罪行的公约》[1]。这些条约要求，对于其所规定的恐怖性的国际犯罪，不论犯罪人国籍如何、不论犯罪行为或结果发生在何地、不论犯罪行为侵害的具体对象是谁，只要罪犯进入本国境内，条约缔结国和参加国均有义务对犯罪人行使刑事司法管辖，或起诉或引渡，以使其受到刑事制裁。我国既然加入或批准了这类条约，就应该对有关国际犯罪承担普遍管辖的义务，并在国内法中予以相应的配合。由于历史条件的限制，我国现行刑法典的适用范围中，并未载有对这类犯罪行使普遍管辖权的规定，从而"出现了我国承担的国际义务同我国刑法规定的适用范围不相衔接的问题"。[2] 针对这个问题，全国人大常委会根据国务院的建议，于1987年6月23日作出决定："对于中华人民共和国缔结或者参加的国际条约所规定的罪行，中华人民共和国在所承担条约义务的范围内，行使刑事管辖权。"[3]我们认为，修改现行刑法典时，自然应在刑法的适用范围一章中吸收全国人大常委会上述决定的内容，规定对国际犯罪行使普遍管辖权的条款，同时在刑法典分则的有关章节中，具体规定主要的国际性犯罪的罪与刑，以顺应世界刑法的发展趋势，满足我国的实际需要。

3. 为什么要增设引渡制度？

引渡，就是一国应别国的请求而将在本国境内的被告人或被判刑人移交给对其拥有管辖权的请求国的制度。它是国际刑事司法协助中的一项主要内容和典型表现形式。建立引渡制度包括两方面的内容：一是国家间缔结引渡条约或公约；二是国内立法中予以规定。目前世界上多数国家都同别国订有引渡条约，美国甚至与一百多个国家订有引渡条约；在国内立法中，许多国家也都在刑法、刑事诉讼法甚至宪法中规定有引渡制度的内容，或是制定了专门的引渡法。我国目前虽然已加入了一些有引渡条款的国际公约，但并未缔结或加入专门的引渡条约，在国内法中也未制定有关引渡的法律规范，[4]对实践中一些需要引渡的案犯，都是通过外交途径个案处理，这就使有关法律问题的处理受到很大的影响和削弱。为了有效地维护我国刑事司法管辖权及时妥善地处理涉外刑事案件，加强国际社会的司法合作，在对外开放中促进我国的法制建设事业，我国亟须在国际条约和国内法律两个方面建立引

〔1〕 参见王怀安等主编：《中华人民共和国法律全书》，吉林人民出版社1989年版，第2263页、2267页、2270页、2217页。

〔2〕《全国人大常委会公报》1987年第4号，第99页。

〔3〕《全国人大常委会公报》1987年第4号，第96页。

〔4〕《中华人民共和国引渡法》于2000年12月28日生效——作者在编辑本书时补注。

渡制度,就国内法律建立引渡制度方面来讲,在系统修改刑法典之时,参照现代某些国家的立法例,在刑法效力范围中增设有关引渡的原则性规定,似不失为一种可以考虑采用的方案。

4. 关于港澳台人涉大陆犯罪刑法适用内容的增设。

随着我国对外开放政策和"一国两制"国策的推行,加速了祖国大陆与港澳台地区交流和统一的进程。目前,港澳地区与祖国大陆处于"一国两制"前的过渡时期,[1]台湾地区与祖国大陆处于民间交流和逐步走向"三通"(通邮、通商、通航)的时期。随着祖国大陆与港澳台地区交往的不断增加,近年来在刑法方面出现了一系列问题。如应否承认港澳台地区刑法的效力?对在港澳台地区犯罪后跑到祖国大陆的人应如何处置?港澳台人在祖国大陆犯罪后逃回港澳台或逃到外国的应如何处置?港澳台居民在外国犯罪后进入祖国大陆的应如何处理?港澳台居民于中华人民共和国建立前在祖国大陆犯有罪行而今天来到祖国大陆的,是否予以刑事追究?在大陆已有配偶的去台人员到台湾又结婚的,是否要追究其重婚罪的刑事责任?中华人民共和国成立后非法越境去港澳台的人今天回到祖国大陆,是否处理?等等。其中有不少问题亟须解决。

在1987年11月2日台湾当局开放台湾民众赴祖国大陆探亲后,为适应司法实践的迫切需要,最高人民法院和最高人民检察院曾于1988年3月14日联合发布了《关于不再追诉去台人员在中华人民共和国成立以前的犯罪行为的公告》[2],最高人民法院副院长马原又于1988年8月9日在新闻发布会上宣布:对于台胞涉及的双重婚姻案件,考虑到海峡两岸长期分离的实际情况,不以重婚罪对待,不会追究刑事责任。[3] 上述处理原则无疑是正确的,但采取司法解释的方式,效力和权威性毕竟不如法律;而且从根本上说,这些涉及刑法效力范围而法无明文规定的问题,也不宜由司法解释而应由立法加以解决。因此,为了推动现阶段港澳台地区与祖国大陆的交往,正确处理祖国大陆涉港澳台地区的刑事案件,在修改刑法时,应当考虑在效力范围中补充规定港澳台人涉祖国大陆地区犯罪的刑法适用方面的条款。另外,鉴于港澳地区与祖国大陆实行"一国两制"的日期已相当迫近,在系统全面地修改祖国大陆刑法时,也有必要据宪法和香港基本法草案的精神,对"一国两制"时期港澳特别行政区刑法与全国性刑法的关系、港澳人犯罪的刑法适用等问题,进行系统研究和基本构思设计,以便将来"一国两制"时期及时制定或充实这方面的立法。

(三)关于刑事责任专章的增设

刑事责任是依照刑事法律规定,针对犯罪行为及其他影响犯罪社会危害性程度的案件事实,犯罪人应当承担而国家司法机关也强制犯罪人接受的刑法上的否定评价(刑事责难),它是确定刑事法律制裁(刑罚处罚)的标准。刑事责任是架于犯罪和刑罚之间的桥梁,犯罪产生刑事责任,刑事责任又决定刑罚的适用及其轻重,因此,刑事责任与犯罪和刑罚既

---

[1] 香港和澳门已先后于1997年和1999年回归祖国而成为中华人民共和国的香港特别行政区和澳门特别行政区,港澳两个特别行政区与我国内地实行"一国两制"——作者在编辑本书时补注。

[2] 参见《最高人民法院公报》1988年第2号,第16页。

[3] 参见《人民日报》1988年8月10日。

密切联系又相互区别，是一个独立的范畴。现行刑法典在第二、三两章中分别规定了“犯罪”和“刑罚”，第二章第一节为“犯罪和刑事责任”。很明显，这在结构上有悖刑法理论，而且在条文中也未对刑事责任本身的内容作出明确规定。我认为，在修改刑法典时，应增设刑事责任专章，规定刑事责任本身的应有内容，将其置于犯罪章与刑罚章之间，这样才能使刑法总则的体系更为完整，使其结构具有内在逻辑而更为科学，也会有助于司法实践中正确地执行法律。

（四）关于未成年人犯罪特殊处遇专章的增设

现代世界各国刑法理论普遍认为，未成年人犯罪有其年龄因素所决定的不同于成年人犯罪的特点，对未成年人犯罪的处理，既要适用刑事惩治，更要注重感化教育，要注意适应其生理心理特点和有助于其改恶从善，健康成长。为此，大多数国家都在刑法或未成年人保护法中对未成年人犯罪规定了不同于成年人犯罪的惩处措施。有些国家（如民主德国、罗马尼亚、瑞士等）的刑法典，还设立专篇、专章，集中地规定有关未成年人犯罪的特殊惩处方面的内容。[1]

我国一贯对未成年人犯罪实行教育感化为主和惩罚为辅的政策，这一政策既合乎未成年人犯罪及其改恶从善的特点，符合社会主义刑罚人道主义的要求，也顺乎现代世界刑法对未成年人犯罪从宽处理的趋势，因而应当予以充分肯定。但在现行刑法中，对未成年人犯罪从宽处理的规定过于概括、原则，在刑种、刑度和刑罚制度适用上还缺乏将未成年犯罪人区别于成年犯罪人的规定，从而难免造成司法实践中对未成年犯罪人适用刑罚的不适当、不合理甚至过于严厉，影响了刑法适用的社会效果。因此，为了正确地贯彻对未成年人犯罪从宽和合理处理的政策，达到刑法适用的最佳社会效果，在刑法典修订时，可以考虑借鉴某些国家的立法经验和立法方式，在刑法典中增设对未成年人犯罪的特殊处遇专章，集中而较为详细地规定未成年人犯罪的概念、处罚原则等宏观问题，以及在刑种、刑度、刑罚制度、行刑乃至刑事责任和刑罚免除方面的一系列具体的从宽内容。

（五）关于保安处分专章的增设

在刑法典中应该增设保安处分专章的理由，主要有以下几点：

首先，这符合当今世界刑事立法的趋势。早在古罗马法中，就已有了保安处分的规定，但古代法中的保安处分规定侧重于惩罚，在性质上与重在改善的现代保安处分还大不相同。随着19世纪末20世纪初资产阶级新派刑法理论的崛起和形成，其倡导的教育刑论（目的刑论）为现代保安处分制度的建立逐步奠定了理论基础。1893年，著名刑法学家斯托斯主持制定了《瑞士刑法草案》，把保安处分与刑罚并列地加以规定，从此拉开了现代保安处分立法的帷幕。在其后不到百年的时间里，尤其是第二次世界大战结束以来，保安处分制度疾步迈入各国的刑事立法之中。现代各主要资本主义国家，以及苏联、东欧、亚洲绝大多数社会

---

〔1〕 参见《德意志民主共和国刑法典》，张仲绛、谭镜心译，广州中山大学1982年印；《罗马尼亚社会主义共和国刑法典》，邱兴隆、全其理译，重庆西南政法学院1983年印行；《瑞士刑法》，胡侨莱等译，载台湾“司法行政部”1980年编印：《各国刑法汇编》（上册）；《越南法律汇编》，陈伶译，广西教育出版社1991年版。

主义国家,都在刑事立法中确立了保安处分制度。可以说,保安处分制度的发展之迅猛,影响之深远,意义之重大,甚至超过了现代刑法中的其他任何制度。之所以如此,就在于保安处分制度以保卫社会与改善行为人并重为宗旨,顺应和促进了世界刑法向文明、民主、人道方向的发展。

其次,这是健全我国法制的需要。在我国现行的法律规范或法律实践中,实际上也规定或存在有一系列保安处分的内容,这主要集中在行政法规及其实践中,包括劳动教养、少年犯管教、工读学校、强制留场就业、注销城市户口、收容遣送和收容审查等制度。此外,在刑法中也分散地规定有一些条款,如《刑法》第 14 条第 4 款对实施危害行为而又不满 16 岁的人责令管教或由政府收容教养的规定;第 15 条对造成危害结果的无责任能力的精神病人责令其家属或监护人严加看管或医疗的规定;第 30 条对于轻微犯罪免予刑事处分时可予以非刑罚处置的规定;第 60 条关于对犯罪分子违法所得财物予以追缴或责令退赔的规定,对于违禁品和供犯罪所用的本人财物予以没收的规定等。但是,所有这些内容在立法上都还很不系统和很不完整,有些甚至很不明确,主要靠内部政策调整,而且,属于行政法范畴的保安处分(包括剥夺人身自由的劳动教养、收容审查等制度),缺乏法律监督,决定和执行机关都是公安机关,监督也是公安机关自我进行。这样,就难免产生各种弊端。因此,为健全我国社会主义法制,有必要在立法上系统地建立和完善保安处分制度。我认为,作为其中的一个重要方面,就是有必要在借鉴外国有关立法和研究总结我国有关规定与实践的经验教训的基础上,在我国刑法典中用专章系统地规定保安处分制度。

最后,这是有效地综合治理社会治安的需要。综合治理社会治安是我国的一项基本刑事政策,这一政策是对刑罚预防犯罪目的的积极发展和有力配合。当今世界刑法中的保安处分制度的基本宗旨,是通过改善危害行为实施者使之复归社会并正常地生活来预防违法犯罪、保卫社会,因此,它在处置手段上注意社会学、心理学、医学、精神病学等手段的综合运用,在具体运用上特别注重违法犯罪者自身的特殊性,从而作为刑罚强有力的辅助手段,有效地服务于综合治理社会治安的目的。现代各国刑法中保安处分制度的实践也已证明,这一制度对综合治理社会治安具有积极而有效的作用。

总之,我认为,在刑法典修改时,可以考虑增设保安处分一章,将保安处分纳入刑事制裁的范畴,作为刑罚这种基本刑事制裁方法的辅助手段。至于保安处分制度的内容,应当在研究、借鉴外国立法例和分析、总结我国有关规定与实践的经验教训的基础上,给予系统、全面、明确和尽可能具体的规定,以保证立法的科学性,并为执法提供正确有效的法律依据。

下篇:刑法典分则体系和结构的完善

笔者建议对现行刑法典分则的一些章进行调整、修改,并增设一些新章,形成如下 12 章的内容和排列:第一章:危害国家安全罪;第二章:危害公共安全罪;第三章:侵犯公民人身权利罪;第四章:侵犯公民民主权利罪;第五章:渎职罪;第六章:妨害司法活动罪;第七章:破坏社会主义经济秩序罪;第八章:破坏自然资源罪;第九章:侵犯财产罪;第十章:妨害社会管理秩序罪;第十一章:妨害婚姻、家庭罪;第十二章:危害国防罪(危害军事利益罪)。

下面对分则修改涉及的主要问题予以简要论述。

(一)关于将反革命罪更改为危害国家安全罪[1]

近年来,我国刑法界对现行的刑法典中反革命类罪的更改问题进行了热烈的研讨,多数论者都主张予以更改;[2]也有少数论者反对更改反革命罪名。[3] 笔者坚决主张更改反革命罪的罪名,主要理由如下所述:

1. 罪名规范化之要求

首先,反革命罪不符合罪名规范化的法律要求。法律对罪名规范化的要求意味着,罪名作为罪状本质的集中体现,要体现明确的犯罪构成,具有确定的规格和标准,不能任意解释或含义模糊。革命与反革命根本上是社会发展史学和政治学上的概念,而不是法律上的概念。以这样的概念来确定罪名,从根本上就难以使罪名符合规范化的要求。这种先天不足的罪名概念,尤其是其中作为区分反革命罪与其他犯罪关键的"反革命目的",由于模糊不清,很难科学地和准确地加以认定,必然给司法实践造成困难,容易导致主观归罪或客观归罪。而且,根据社会主义刑法关于犯罪分类的原理,不同章即不同类型的罪名,它们之间应当在危害性质上有本质的区别,但我国现行刑法里反革命罪一章中的反革命杀人、反革命伤人、反革命破坏等犯罪,与其他章的普通故意杀人、故意伤害等相应犯罪相比较,从危害性质上看实际并无本质区别,所谓的本质区别不过是人为界定而非客观存在的。这种不科学的叠床架屋式的规定,也是由于反革命罪名的设置造成的。

2. 对外开放之需要

其次,反革命罪名已不能适应当今我国对外开放形势的需要。因为反革命是个政治概念,在国际上也历来被作为政治犯罪看待,由于存在"政治犯不引渡"的国际惯例和国际法原则,就使我国很难惩处那些逃到国外去的实施了劫机、特务、间谍等各国公认的犯罪而危害了我国安全的所谓"反革命罪犯"。同时,近年来,我国实行对外开放的政策,为解决祖国大陆与港澳台地区的统一和发展问题,确定了"一国两制"的基本国策。这样,一些过去能认定为"反革命"的行为,现在很难认定了。如对一些外国机构刺探、搜集我国情报的,往往不宜说成是"敌国",对一些外国人或者港澳地区的人刺探、搜集大陆情报的,难以一概说成是"敌人",因而适用我国现行刑法反革命罪一章中的"资敌罪"的规定,存在困难和问题。

3. 其他社会主义国家立法例之借鉴

再次,更改反革命罪的罪名,也有其他社会主义国家的法例可资借鉴。一般地说,把反

---

〔1〕 本部分因当年情况在最后出刊时被删掉。为历史地反映作者当时的学术探讨见解,数年后在将本文收入作者文集《刑法改革问题研究》(中国法制出版社 1996 年版)一书时,作者将原被删掉的本部分补入并增加了注释。现按该文集的补充收录本文——作者编辑本书时补注。

〔2〕 参见高铭暄、赵秉志:《1988 年刑法学研究进展概览》,载《政法论坛》1989 年第 3 期;中国法学会刑法学研究会组织编写:《刑法发展与司法完善》,中国人民公安大学出版社 1989 年版,第 6 页、23 页、32 页;中国法学会刑法学研究会组织编写:《刑法发展与司法完善(续编)》,吉林大学出版社 1990 年版,第 125~146 页;等。

〔3〕 参见何秉松:《一个危险的抉择——对刑法上取消反革命罪之我见》,载《政法论坛》1990 年第 2 期;何秉松:《我国刑法为什么不应当取消反革命罪》,载《阵地》1991 年第 1 期;中国法学会刑法学研究会组织编写:《刑法发展与司法完善(续编)》,吉林大学出版社 1990 年版,第 431~449 页。

革命这一政治概念纳入刑法典，主要是社会主义国家的做法。但也有一些社会主义国家的刑法，在创制之初便没有这类罪名，如保加利亚、朝鲜、阿尔巴尼亚、越南等都是如此，这些国家的立法例是将这类危害国家根本利益的犯罪规定为危害国家罪、反国家罪或叛国罪等。[1] 苏联等社会主义国家在革命胜利之初的立法中虽也规定有反革命罪，但后来基本都已改为国事罪或危害国家安全罪。[2] 这种立法变化趋势，表明了社会主义各国刑法向着科学、严谨的方向发展，值得我国刑法修改时研究和借鉴。

4. 反革命罪名更改之设想

总之，从法律科学性的要求和我国坚持对外开放的需要出发，并考虑到顺应社会主义国家刑法发展的趋势，我国立法机关修改刑法分则时，应当坚决果断地更改反革命罪的罪名。

应当明确指出，更改反革命罪的罪名，决不是说对危害我国观政权和制度安全的行为可以不治罪了，任何政权都不会容忍危害本身安全的行为。建议更改反革命罪名，是为了对真正危害我国现政权的行为更加科学和妥当地予以刑事制裁。

那么，取消反革命罪的罪名以后，对于这类危害政权和制度的行为应确定何种罪名？目前各国法例中大致有两种名称，一为国事罪，一为危害国家安全罪。我国刑法界也有这两种修改的主张。[3] 笔者主张采取危害国家安全罪的名称，因为这种名称较国事罪的含义明确和通俗易懂，而且也揭示了这类行为的根本危害性质。若将该章更名为危害国家安全罪，应将该章的犯罪限于符合这类特定的危害性质的行为。对于一些不具备这种危害性质的犯罪，如我国现行刑法反革命罪一章中的聚众劫狱罪、组织越狱罪、反革命破坏罪、反革命杀人罪、反革命伤人罪等犯罪行为，应移入其他章或与其他章的同类犯罪合并；对于不具备现实危害性和危害未达犯罪程度的行为，则不应认定为犯罪。

（二）关于侵犯公民民主权利罪专章的增设

在现行刑法典颁行前的刑法草案中，直到 1963 年比较成熟的刑法草案第 33 稿，虽然在有关章节中规定有属于侵犯公民民主权利的一些具体犯罪条文，但在章的层次即类犯罪名称上，都只有侵犯公民人身权利而无侵犯公民民主权利的内容。这是当时我国社会民主发展要求还比较低的情况在立法上的反映。在 1978 年年底至 1979 年上半年创制现行刑法典的过程中，鉴于“文化大革命”中任意践踏公民人身权利和民主权利的惨痛教训，在立法指导思想上，对公民民主权利的保护得到了进一步强调，故刑法草案第 33 稿的“侵犯人身权利罪”一章的章名被改为“侵犯公民人身权利、民主权利罪”。应当说，这是一个历史的进步。但是，当时为什么要把侵犯公民民主权利与侵犯公民人身权利这两类犯罪规定在一章中呢？一般认为，这是由于侵犯公民民主权利罪的条文较少，若列为单章，与其他各章不相协调，而

---

〔1〕 参见《保加利亚人民共和国刑法典》，中国社会科学院法学研究所译，法律出版社 1963 年版，第 19 页；《朝鲜民主主义人民共和国刑法》，金峰玉等译，法律出版社 1956 年版，第 16 页；《阿尔巴尼亚人民共和国刑法典》，全国人大常委会办公厅编译室译，法律出版社 1956 年版，第 21 页；《越南法律汇编》，陈领译，广西教育出版社 1991 年版，第 65 页。

〔2〕 如 1926 年《苏俄刑法典》分则第一章为“反革命罪”，1960 年《苏俄刑法典》分则第一章改为“国事罪”。参见[苏]盖尔青仲教授编：《苏联和苏俄刑事立法史料》，法律出版社 1962 年中译版，第 30 页。

〔3〕 参见赵秉志主编：《刑法修改研究综述》，中国人民公安大学出版社 1990 年版，第 80 页。

民主权利又与人身权利存在着密切联系，因而立法时把它们合并规定在一章中。也就是说，这样规定主要是出于立法技术上的考虑。〔1〕我认为，即使从立法技术上考虑，把这两类犯罪合并为一章也是不科学、不恰当的，修改刑法时，应当把侵犯公民民主权利罪单列一章，并充实这方面的罪名。

首先，这是对犯罪进行科学分类的需要。我国刑法分则对犯罪进行分类的依据是犯罪所侵犯的同类客体的不同。但在刑法分则中，唯独第四章把侵犯公民人身权利与侵犯公民民主权利这两类不同客体的犯罪合并规定在一起，致使分则中犯罪分类体系不协调。因而从犯罪科学分类上考虑，理应把侵犯公民民主权利罪与侵犯公民人身权利罪分开，各自单列一章。这样也可以体现出刑法对公民不同类型权利（人身权利、民主权利、财产权利、婚姻家庭权利）的普遍重视与保护。

其次，更为重要的，这是社会主义民主政治建设的需要。在我国，出于各种原因，公民的民主权利往往得不到应有的重视，现实生活中侵犯公民民主权利的各种违法犯罪行为还时有发生，社会主义民主政治建设的任务还相当艰巨。因此，必须在刑法中把侵犯公民民主权利的犯罪独立成章，并充实这方面的内容，以更加有效地惩治严重侵犯公民民主权利的危害行为，加强对公民民主权利的刑法保护，适应社会主义民主政治建设的迫切需要与长远要求。

再次，现行刑法把侵犯公民民主权利罪与侵犯公民人身权利罪合并规定，即使是从立法技术方面讲，也是经不起推敲的。现行刑法典第四章中属于侵犯公民民主权利罪的有 4 个条文（142、146、147、149）、5 个罪名（破坏选举罪、报复陷害罪、非法剥夺宗教信仰自由罪、侵犯少数民族风俗习惯罪、侵犯公民通讯自由罪），此外，第 114 条的非法侵入他人住宅罪，也基本属于这方面的犯罪；第五章侵犯财产罪是 7 条 7 罪；第七章妨害婚姻、家庭罪是 6 条 6 罪。相比之下，它们的罪名和条文数量差距很小，为什么侵犯财产罪和妨害婚姻家庭罪就可以单列成章？公民的财产权利和婚姻家庭权利也是与其人身权利密切相关的，也是先有人身权利才有财产权利与婚姻家庭权利，为什么不把侵犯公民财产权利的犯罪或妨害婚姻、家庭的犯罪与侵犯公民人身权利的犯罪归为一章，而单单要把侵犯公民民主权利的犯罪与侵犯公民人身权利的犯罪合并？这些问题都是难以讲通的。在我看来，现行刑法中侵犯公民民主权利罪的罪名和条文虽少一些，也决不能妨碍其单独成章，因为在这里首先和主要应考虑的，是分类标准的科学与否和单列有无重要意义，而不是条文、罪名的多少，何况对于现行刑法中的侵犯公民民主权利罪的条文和罪名，可以而且应该通过调查研究，根据需要，作出一些增补和充实。

（三）关于妨害司法活动罪专章的增设

在刑法分则中应该增设妨害司法活动罪专章的主要理由如下：

首先，这是为了对犯罪进行科学的分类。妨害司法活动的犯罪，在现行刑法分则中散见于几章，如反革命罪一章中的组织越狱罪和聚众劫狱罪，侵犯公民人身权利、民主权利罪一

---

〔1〕 参见王作富主编：《中国刑法适用》，中国人民公安大学出版社 1987 年版，第 65 页。

章中的刑讯逼供罪、诬告陷害罪、伪证罪、非法拘禁罪、非法管制罪和非法搜查罪，妨害社会管理秩序罪一章中的拒不执行法院判决裁定罪、脱逃罪、窝藏包庇罪和窝赃销赃罪，渎职罪一章中的徇私枉法罪、体罚虐待被监管人罪和私放罪犯罪等。把这些犯罪分散规定于各章，显得分类杂乱无章，甚至有自相矛盾之处。例如，刑讯逼供罪在刑法草案第22稿、第33稿时均被放在“渎职罪”一章中，现行刑法之所以把它移入侵犯公民人身权利、民主权利罪一章，立法思想上是考虑到它主要侵犯的是公民的人身权利。[1] 但是，体罚虐待被监管人罪同样侵犯公民（尽管是被监管人）的人身权利，为什么将之规定在渎职罪一章，而不与刑讯逼供罪一起规定在侵犯公民人身权利罪一章？我们认为，上述这些犯罪虽然形形色色，内容和表现各不相同，但都有一个显著的特征，即它们都妨害了国家司法活动的正常进行，这可以说是这些犯罪的同类客体。把这类妨害司法活动而散见于数章的犯罪集中起来单列一章，符合犯罪分类的要求，能够克服现行刑法在这些犯罪分类上的混乱。

其次，这是保障国家司法活动顺利进行，加强法制的需要。在刑法分则中设立妨害司法活动罪专章，将现行刑法中分散于各章的有关犯罪进行集中归类，并增设一些新的罪名，就能为国家司法活动的正常进行和良好执法环境的形成，提供更为有力的保障，从而就在一个很重要的方面强化了社会主义法制。

最后，现代不少国家的刑法中都有妨害司法活动这类犯罪的专门规定。例如，1968年修订的《意大利刑法典》分则第三章，1971年修正的《瑞士刑法》分则第17章，1973年修正的《加拿大刑法》第三章，1942年《巴西刑法典》分则第十一篇第三章，1971年修订的《西班牙刑法典》分则第四集，1974年修正的《奥地利刑法》分则第二十一章，1956年《泰国刑法》分则第三章，1984年修订版《印度刑法典》第十一章，1952年《阿尔巴尼亚刑法典》分则第十章，1961年《蒙古刑法典》分则第八章，1968年《罗马尼亚刑法典》分则第六篇第二章，1986年修订版《苏俄刑法典》分则第八章，1975年修正的《法国刑法典》第三卷第三章第四节，1950年《捷克斯洛伐克刑法典》分则第三章第一节，1951年《保加利亚刑法典》分则第七章第二节，1968年《民主德国刑法典》分则第八章第三节，等等，都有这方面犯罪的专门规定。虽然这类规定从名称上看不尽相同，有妨害司法罪、妨害司法行政罪、关于司法之犯罪、妨害司法管理罪、妨碍（害）审判罪、违反公正审判的犯罪等，但究其实际内容，都是属于对妨害司法活动类型的犯罪所作的专门规定，而且绝大多数还是专章规定。外国刑事立法例的这种做法及其经验值得我们研究、借鉴和吸收。

（四）关于破坏自然资源罪专章的增设

在目前修改刑法的酝酿中，有一种意见主张把破坏社会主义经济秩序罪中属于破坏自然资源类型的犯罪抽出来，再增加一些这方面的罪名[2]，增设一章破坏自然资源罪。[3] 我赞同这种主张，因为这不仅是加强国家对自然资源保护的迫切需要，而且也是进一步完善有

---

〔1〕 参见高铭暄编著：《中华人民共和国刑法的孕育和诞生》，法律出版社1981年版，第182页。

〔2〕 包括破坏矿产资源罪，破坏耕地罪，非法侵占，买卖、转让土地罪，破坏水资源罪，破坏珍贵野生动物罪，破坏珍贵野生植物罪，破坏草原罪等。

〔3〕 参见赵秉志主编：《刑法修改研究综述》，中国人民公安大学出版社1990年版，第85页、第452页。

关刑法规范的要求。目前我国有关破坏自然资源类型的犯罪大致规定在三处:一是刑法典分则破坏社会主义经济秩序罪一章中的盗伐、滥伐林木罪、非法捕捞水产品罪、非法狩猎罪;二是森林法、渔业法、矿产资源法、土地管理法、水法等非刑事单行法律中的刑事条款;三是单行刑事法律,目前已有1988年1月8日通过的《关于惩治捕杀国家重点保护的珍贵、濒危野生动物犯罪的补充规定》。由于规定比较分散、杂乱,司法实践中适用起来很不方便,因此有必要将非刑事法律和单行刑事法律的这类规范纳入刑法典并加以系统、集中的规定。再者,由于破坏经济秩序罪一章的条文已经较多,如将这类犯罪条文纳入会使该章过于庞大,同时更因为各种破坏自然资源的犯罪具有共同的客体特征,它们都侵犯了国家对自然资源的保护和合理利用方面的利益,与各种破坏经济秩序罪的同类客体特征不同,因而应该把它们集中起来,在刑法典分则中单列一章。

(五)关于危害国防罪专章的增设

军人违反职责罪是危害国防即危害国家军事利益方面的主要犯罪。我国现行刑法典创制过程中的立法思想是:"军人违反职责罪有其特殊性,而且又有平时、战时的区别,情况相当复杂,因此以另搞一个单行法为好。"[1]于是,在刑法典颁行之后,全国人大常委会于1981年6月10日另行通过了《惩治军人违反职责罪暂行条例》。从现代各国关于军人违反职责罪的立法形式看,大体有两种类型:一是以专门的法律加以规定,其中除我国采用单行条例这种形式以外,还有一些国家如欧美国家采用军事刑法的形式;二是纳入刑法典中,苏联、东欧、亚洲的社会主义国家都是如此,其中绝大多数国家是直接将军职罪纳入刑法典作为独立的一章,置于刑法分则最后。此外,《罗马尼亚刑法典》是在其分则最后一编即第十编规定了危害国防这一大类犯罪,其中一章为军职罪,另有两章不属于违反军职但危害国防的犯罪(主体也不限于军人)。[2] 在目前修改我国刑法的研讨中,对军人违反职责罪法律形式的发展完善问题,主要有三种意见:一是将军人违反职责罪纳入刑法典分则作为一章;二是将《惩治军人违反职责罪暂行条例》修改补充后制定成一部系统的军事刑法;三是将《惩治军人违反职责罪暂行条例》修改、补充后删去"暂行"二字,仍采用条例的形式。[3] 从目前国家立法起草机关修改刑法的酝酿和初步设想看,没有打算把军人违反职责罪纳入刑法典,也没有考虑制定军事刑法的问题。[4]

我认为,从完善我国刑法典分则体系和更全面有效地保卫国家军事利益的需要来考虑,在刑法修改中,可以借鉴和采用罗马尼亚刑法典的规定方式,在刑法典中规定危害国防罪(危害军事利益罪)专章,并将该章分为两节,一节为军人违反职责罪,另一节集中规定不属于军人违反职责而在性质上是危害国防(军事利益)的各种犯罪。

---

〔1〕 高铭暄编著:《中华人民共和国刑法的孕育和诞生》,法律出版社1981年版,第135页。

〔2〕 参见《罗马尼亚社会主义共和国刑法典》,邱兴隆、仝理其译,西南政法学院1983年11月印,第100~105页。

〔3〕 参见图们、盖新琦:《关于完善保护军事利益的刑事法律的探讨》,载中国法学会刑法学研究会组织编写:《刑法发展与司法完善》,中国人民公安大学出版社1989年版,第121页。

〔4〕 参见高西江:《进一步完善我国刑法的初步设想》,载中国法学会刑法学研究会组织编写:《刑法发展与司法完善》,中国人民公安大学出版社1989年版,第3~16页。

首先,这有利于军职犯罪立法的成熟和完善。如前所述,把军职罪纳入刑法典是各社会主义国家立法中的普遍做法,这一经验值得我国借鉴。我国《惩治军人违反职责罪暂行条例》已颁行近八年,经过这么多年的实践检验和理论研究,目前已经具备了进一步完善的条件。若将《惩治军人违反职责罪暂行条例》经过修改、补充纳入刑法典,就能使其从形式到内容都更加成熟,从而为军职罪的司法提供更加科学、有力的法律根据。

其次,这有利于刑法典内关于犯罪内容规定的充实完善和对国家军事利益的全面保护。除军人违反职责罪是当然的危害国防(军事利益)的犯罪以外,客观上还存在一些非军人或军人非违反军职而危害国防的犯罪。如果在刑法典中增设危害国防罪专章,将军人违反职责罪纳入其中,再规定一类不属于军人违反职责但在性质上是危害国防的犯罪(将现行刑法典分则各章中属于这种性质的犯罪划过来,再根据实际需要增设若干种新罪名),则不仅直接促进了刑法典分则关于具体犯罪立法内容的完善,而且有利于全面有效地保护国家的军事利益。

最后,这也是保证刑法典体系的完整性和作用的权威性的需要。刑法典是专门、系统规定犯罪与刑罚内容的国家基本法律之一,其体系的完整性和作用的权威性紧密相关。危害国家军事利益的犯罪是任何一个国家都必然客观存在的一类犯罪,如果这类犯罪在刑法典分则中没有规定,就很难说刑法典分则的体系是完整的,从而必然使刑法典作用的权威性受到影响。

(六)关于刑法典分则各章的排列顺序问题

刑法分则各章即各类犯罪的设立,是根据犯罪的同类客体确定的。在各章的排列顺序上,要力求既科学又实用。因此,一方面要按照同类客体的重要程度予以排列,另一方面也要照顾到一些特殊问题。关于各章排列顺序的建议,本文下篇开篇已有论列,此不赘述,关于"特殊问题",现以"危害国防罪"为例。我主张把危害国防罪一章置于刑法分则的最末,并不是基于其同类客体的重要性程度的考虑,也不是照搬别国立法例,而是因为这类犯罪的客体具有特殊性,其犯罪情况也颇为复杂,与其他各类犯罪有较大区别,因此,规定在分则最后一章,更利于把握和运用。

关于完善刑法典分则体系结构的新思考*

目　　次

一、前言

在近年来国家立法机关正在进行的刑法典的修改中，刑法典分则是修改的重点。而刑法典分则体系结构的完善，无疑对刑法典分则的整体完善具有首要的意义。刑法学界已就此作过一些有益的研究，笔者也曾发表文章予以研讨。[1] 本文拟结合刑法典修改及其研究的最新动向和有关情况，对刑法典分则体系结构的完善问题再予以探讨。

二、关于现行刑法典分则体系结构的基本估价

1979 年颁布、1980 年起施行的我国现行刑法典的分则，以犯罪侵犯的同类客体为依据对犯罪进行分类，基本上以各类犯罪的危害性质和危害程度轻重为序并适当考虑一些特殊情况而对各

---

* 原载《法律科学》1996 年第 1 期；中国人民大学《复印报刊资料·刑事法学》1996 年第 4 期转载；收入杨春洗、高格主编：《我国当前经济犯罪研究》，北京大学出版社 1996 年版；收入陈宝树等主编：《市经济与刑法完善》，中国人民公安大学出版社 1996 年版。

〔1〕 参见赵秉志：《关于完善我国刑法典体系和结构的研讨》，载《中国社会科学》1989 年第 4 期。

类犯罪进行排列，从而形成了现有的八类犯罪的格局与序列：第一章反革命罪，第二章危害公共安全罪，第三章破坏社会主义经济秩序罪，第四章侵犯公民人身权利、民主权利罪，第五章侵犯财产罪，第六章妨害社会管理秩序罪，第七章妨害婚姻家庭罪，第八章渎职罪。应当怎样评价现行刑法典分则这八章犯罪的体系结构？我认为应从以下两个方面给予实事求是的估价：

一方面，应当肯定，现行刑法典分则体系结构所确立的依照同类客体对犯罪进行分类，基本上按照危害性质和危害程度轻重对各类犯罪进行排列的标准，是科学的；现行刑法典分则的八类犯罪，也基本上涵盖了立法当时除军职犯罪以外社会上所发生的形形色色的犯罪种类。

另一方面，又应当看到，现行刑法典是在1976年结束"文化大革命"十年动乱后不久匆匆制定的，基本上是以1963年的刑法草案第33稿为蓝本略加修订而成，分则八章犯罪的体系结构完全沿袭了刑法草案第33稿，甚至在1957年的刑法草案第22稿中该体系结构已基本成型，[1]因而主要反映的是20世纪70年代末期乃至更早些时期的社会情况和立法水平，加之刑法典颁行16年来我国改革开放巨大进展所带来的新情况、新问题及其对刑法发展的需求，现行刑法典分则在体系结构上就日益显露出其缺陷与不足，主要问题是：在犯罪分类上过于粗略，有些章的内容过于庞杂，有的章不是一类同类客体，有些具有侵犯同类客体性质的犯罪被分散纳入多类犯罪中，有的章名不够科学，有些已有的犯罪类型未纳入刑法典，市场经济条件下出现的一些新类型的犯罪尚未独立成章；在各类犯罪排列上未能完全贯彻科学的排列标准，内在逻辑性不明确、不统一，有的章的排列不符合现行宪法的价值取向，有的章的排列未突出时代特色和我国刑法对其应有的重视程度，如此等等。

综上，在目前正在进行的修改刑法典的宏大工程中，刑法典分则的体系结构亟须完善，此乃刑法典分则之内容完备、技术科学的基础和前提所在；但在完善刑法典分则体系结构时，应当坚持和切实贯彻现行刑法典分则之立法所确立的对犯罪进行分类和排列的科学原理。

三、完善刑法典分则体系结构的原则

为使刑法典分则之体系结构经过修改得以真正完善，我认为主要应当注意坚持全面充实，科学分类和合理排列三条原则：

（一）全面充实

全面充实，即要求刑法典分则之体系结构内容完备、涵盖全面。为此，不仅应将现有的特别刑法中科学合理的具体罪刑规范全部吸收到刑法典分则中，而且要从社会的实际犯罪情况及其惩治防范需要出发，在刑法典分则中全面系统地增补应有的罪刑规范，从而使刑法

---

[1] 1957年6月28日《刑法草案》第22稿的分则体系结构与现行刑法典分则之体系结构仅有两处明显的不同：一是第22稿分则第四章为"侵犯人身权利罪"而无"民主权利"之内容；二是第22稿分则第六、七章的顺序在现行刑法典分则中作了调换。

典分则在现实条件下具备应有尽有的完备性。此乃罪刑法定原则对刑法典之立法完备性的当然要求,也是保证刑法典分则体系的完整性和作用的权威性的实际需要。刑法典作为系统地、专门地规定犯罪与刑罚内容的国家基本法律,其在刑事法制领域应有的权威性作用离不开其体系的完整性。

(二)科学分类

科学分类,即要求刑法典分则对犯罪的分类坚持以同类客体原理为依据。因为同类客体的原理揭示了同一类型犯罪侵犯的客体即法益之同类性质,既便于认识同类型犯罪的共同危害性质,也有助于从立法上到司法中正确区分不同类型的犯罪。舍此标准对犯罪进行分类,不是只见表象而不见犯罪之内在危害特性,便是杂乱无章、彼此交叉重复。科学分类,还要求在坚持同类客体原理之基础上,对犯罪类型作科学的界定和合理的划分。

根据立法完备性的要求和近年来我国改革开放进展、市场经济发展对刑法调整的实际需要,刑法典修改中会增加大量的罪种,原有的经济犯罪、妨害社会管理的犯罪作为修订的重点会充实很多罪名,从而使现行刑法典粗放的大章制的犯罪分类方法显得难以适合需要。鉴此,刑法理论界和国家立法工作机关提出了一些完善犯罪分类方法的方案:一是章节制,即对内容庞杂、条文过多的犯罪类型,可以在章下设节,每节实为不同的犯罪类型;二是小章制,即章下不设节,将原来内容庞杂、条文过多的犯罪类型划分为若干章,每章条文少,分则章数多。经过比较,国家立法起草机关和刑法学界均比较倾向于采小章制的分类方法。我亦赞成此种方案。因为刑法分则不可能各章均采章节制,这样若有的章用章节制,有的章不用章节制,显得体例不统一,不同章之间罪种、条文的数量也差别过大而不够协调;同时,采取章节制的犯罪类型虽在章下又作了若干节的划分,仍存在内容庞杂、不便于适用和研究的弊端。而采用小章制的分类方法,可以避免上述弊端,维持各章之间体例的统一和罪种、条文的协调,有助于司法之适用。但采用小章制时,要特别注意仍应以同类客体为分章之基本依据。

现行刑法典颁行后,尤其是近几年来,国家立法机关迄今已通过了23个单行的特别刑法。从对刑法典的修改补充上看,这些单行的特别刑法之意义不尽相同:有些是侧重对已有的犯罪加重其处罚的;有些是对已有的犯罪之罪与刑均作出明细化之修改补充的;有的是总则性补充规范;有些是补充规定了一两种具体犯罪;有些是补充规定了一类或一个方面的若干种犯罪。这些单行特别刑法中成熟的分则罪刑规范应当纳入刑法典。但应怎样纳入?见解不一。一种意见主张将规定一类或一个方面犯罪的单行特别刑法原则上作为一章犯罪纳入刑法典分则,以维持立法的衔接性。我认为不宜笼统地将一些单行特别刑法作为整章犯罪直接纳入刑法典分则,而应坚持以同类客体对犯罪进行分类的标准来衡量某个单行特别刑法是否独立的犯罪类型:只有少数确实符合此标准的,才可直接将之作为刑法典分则的一章犯罪;否则,便应在纳入刑法典分则时将其进行适当的归并或合并。

(三)合理排列

合理排列,即要求各章犯罪的排列顺序应当具有内在的逻辑性,正确体现立法的时代特色和价值取向,从而保证立法上对犯罪类型排列的科学性和逻辑性,并便于司法实务中准确把握立法精神，正确适用法律。

四、关于刑法典分则体系结构的新构想

（一）关于刑法典分则采小章制的体系结构建言

根据上述三项原则，并结合近年来刑法学界的有关理论见解和国家立法工作机关全国人大常委会法工委的有关主张来研究，在采取小章制的格局下，我初步设想，未来刑法典分则的体系结构可以设立为以下26章：

第一章　危害国家安全罪
第二章　危害国防罪
第三章　军人违反职责罪
第四章　危害公共安全罪
第五章　贪利型渎职罪（贪污罪与贿赂罪）
第六章　普通渎职罪
第七章　侵犯公民人身权利罪
第八章　侵犯公民民主权利罪
第九章　侵犯公民劳动权利罪
第十章　侵犯财产罪
第十一章　妨害婚姻、家庭罪
第十二章　危害资源、环境罪
第十三章　非法生产、经营罪
第十四章　妨害企业管理罪
第十五章　妨害海关管理罪
第十六章　破坏金融秩序罪
第十七章　妨害证券、票证管理罪
第十八章　侵犯知识产权罪
第十九章　妨害公平竞争罪
第二十章　妨害税收罪
第二十一章　妨害司法活动罪
第二十二章　妨害社会管理秩序罪
第二十三章　毒品罪（违反禁毒法规罪）
第二十四章　妨害风化罪
第二十五章　妨害文物管理罪
第二十六章　妨害国（边）境管理罪

（二）关于小章制新构想中若干问题的探讨

上述关于刑法典分则体系结构的构想，涉及刑法典分则修改及其研讨中的一些焦点问题、争议问题和见解不一的问题，对这些问题均有必要加以认真、深入的研究。限于本文篇

幅,这里择要对其中几个问题略加探讨:

1. 关于危害国防罪和军人违反职责罪应否纳入刑法典

广义的危害国防罪,是指一切侵害国防利益的犯罪行为,包括军人违反职责罪和其他侵害国防利益的犯罪行为。但从多数国家立法例看,危害国防罪都是取其狭义,即特指军人违反职责罪以外的一般的侵害国防利益的犯罪。我国立法中也将危害国防罪与军人违反职责罪作为两种犯罪类型来看待。在现行刑法规范中,军人违反职责罪独立于刑法典分则之外,系刑法典颁行之后由全国大大常委会于 1981 年 6 月 10 日通过的《惩治军人违反职责罪暂行条例》所规定。关于军人违反职责罪的法律形式之发展方向,在近年来刑法学界的研讨中曾提出过三种意见:一是主张将之纳入刑法典分则作为一章;二是主张单独制定成一部军事刑法;三是主张将《惩治军人违反职责罪暂行条例》进行修改、补充后删去"暂行"二字,仍保持条例的形式。从国家立法起草机关修改刑法典的情况看,没有考虑把军人违反职责罪纳入刑法典,而主张采取另行立法之形式;从目前承担军人违反职责罪立法修改具体工作的有关军法部门的意见看,倾向于另行制定一部系统的军事刑法。关于危害国防罪,现行刑法典分则或其他刑法规范中均无专门的规定,尚系我国刑法规范中一项亟须填补的空白。在 1993 年 10 月开始上马的由中央军委主持的我国《国防法》的研拟中,设置了危害国防罪这类犯罪,并建议在刑法典分则危害国家安全罪首章后,设专章规定危害国防罪;如果刑法典修改不能在《国防法》颁行前或与此同时通过,研拟中认为可考虑先行制定并通过危害国防罪的单行刑法以与《国防法》配套施行,进而在将来刑法典分则中再设立为危害国防罪专章。

笔者赞同将危害国防罪纳入刑法典分则的建议,主张在目前进行的刑法典修改中,将危害国防罪和军人违反职责罪作为两章(两类)犯罪一并纳入刑法典分则,主要理由是:第一,这是保证刑法典体系的完整性和作用的权威性的需要。刑法典作为专门和系统地规定犯罪与刑罚内容的国家基本法律,它在刑事法制领域无疑应当具备作用的权威性。而刑法典作用的权威性与其体系的完整性紧密相联。危害国防罪和军人违反职责罪是现代任何国家都必然存在的两类犯罪,如果这两类犯罪在刑法典分则中尚付阙如,就很难说刑法典分则的体系是完整的,从而势必影响到刑法典作用的权威性。第二,这样有利于危害国防罪和军职罪立法的协调与成熟。这两类犯罪均属危害国防(军事)利益的犯罪,且均为长期存在的犯罪类型,危害国防罪已被决定亦应当纳入刑法典,若将与其性质相近的军人违反职责罪置于刑法典之外,则这两类犯罪在立法形式上就明显地不协调;同时,若将《惩治军人违反职责罪暂行条例》予以修改、补充后纳入刑法典分则,也会促使其从形式到内容都更加成熟,甚至地位也得到提升。第三,将这两类犯罪纳入刑法典,亦有助于军内外对这两类犯罪的了解与防范。

否定把军职犯罪纳入刑法典的观点的理由之一,是恐怕军职犯罪之立法研拟会影响刑法典修改和出台的进度。我认为这主要是一个立法起草工作方式的问题,可以采取委托立法起草的方式来解决。即国家立法起草部门可以将危害国防罪和军职犯罪的立法起草工作委托给军法部门承担,军法部门完成这两类犯罪的立法研拟、修改工作后,交由国家立法起草机关审查和修改,成熟后再并入刑法典草案。这样,只要军法部门和国家立法起草机关配合得当,就能既保证这两类犯罪的立法质量,也不至于耽搁整个刑法典的修改进度和出台时间。

2. 关于贪利型渎职罪与普通渎职罪的分立

现行刑法把贪污罪置于侵犯财产罪中,立法思想上是强调其侵犯财产权利的一面。但实际上,侵犯职务的廉洁性是贪污罪更突出的危害特征所在,也是贪污罪与贿赂罪作为公职人员腐败犯罪的共同特征。1988 年 1 月 21 日全国人大常委会《关于惩治贪污罪贿赂罪的补充规定》之所以将贪污罪与贿赂罪规定在一起,也正是考虑到二者都具有贪利型渎职的特征,需要一并规范以从严惩治。在未来的刑法典分则体系中,把贪污罪贿赂罪作为贪利型渎职罪与普通渎职罪分立并将其置于普通渎职罪前面,主要理由和益处有三:一是兼顾了这两种犯罪作为渎职罪的共性及其作为贪利型渎职罪的特性,明确了其犯罪同类客体是公共职务的廉洁性,从而既符合我国刑法要求的对犯罪进行科学分类的原理,又突出了现阶段我国运用刑法武器惩治与防范腐败犯罪的迫切需要。二是吸收了已有的比较成熟的立法及其经验,考虑了已有的司法经验乃至有关司法机构之设置(我国检察院系统内部目前已普遍设立有侦查检控贪污贿赂犯罪的专门机构),专章设置贪污罪贿赂罪显然有利于对其作较为详细的规定。从而有助于司法实务之操作。三是这样也顺应了当代世界各国均强调惩治与防范贪污贿赂犯罪的潮流和趋势。

3. 关于侵犯公民民主权利罪和侵犯公民劳动权利罪两章的增设与分立

如所周知,现行刑法典分则第四章把侵犯公民人身权利罪与侵犯公民民主权利罪合并规定,主要是由于立法时考虑到侵犯公民民主权利罪的条文较少,恐列为单章与其他章不相协调,实际上是把两个同类客体的犯罪合二为一了。在近年来刑法典修改的研讨中,将侵犯公民民主权利罪单列专章的呼声很高,已引起国家立法机关的注意。在国家立法起草机关最近进行的刑法典分则修改的研拟中,在侵犯公民人身权利罪一章之外,拟增设"侵犯公民民主权利和其他权利罪"一章,该章除侵犯公民人身权利方面的犯罪之外,还拟包括侵犯公民劳动权利方面的犯罪条文。

我主张在侵犯公民人身权利罪一章之外,再另行增设侵犯公民民主权利罪和侵犯公民劳动权利罪两章,主要理由如下:

首先,这是对犯罪进行科学分类的需要。如前所述,同类客体的原理是我国刑法对犯罪进行科学分类的依据。民主权利是与人身权利不同的两类权利,因而侵犯这两类权利的行为构成不同类型的犯罪。因此,我们才说现行刑法典分则第四章将侵犯公民人身权利罪与侵犯公民民主权利罪规定在一起是不科学的,应分设为两章;同样的道理,侵犯公民民主权利的犯罪与侵犯公民劳动权利的犯罪也是两类不同客体的犯罪,不宜合并规定在一章,而应分立为两章。所以,将这两类犯罪合并规定为一章,从内容上看就不符合对犯罪进行科学分类的要求,从名称上看,称为"侵犯公民民主权利和其他权利罪",也显得极不恰当,因为"其他权利"的范围极其广泛,可以是该章章名所排除的公民民主权利以外的公民其他各种权利;即使按其内容称为"侵犯公民民主权利和劳动权利罪",也显系不当,因为章名上已经表明是两类犯罪，既然如此，为何不按照犯罪分类标准将其科学地分设两章？显然没有道理。因此，不宜出于某种权宜的考虑而将侵犯公民民主权利罪与侵犯公民劳动权利罪合并规定为一章。我们不能一方面根据犯罪分类的科学原理要纠正现行刑法典分则第四章将侵犯公民人身权利罪与侵犯公民民主权利罪合并规定之不当，另一方面又违背这一原理而制造将侵犯公民民主权利罪与侵犯公民劳动权利罪合并规定为一章这样的新错误。

其次，更为重要的，这是我国现阶段以刑法规范切实保护公民民主权利和劳动权利的迫切需要。由于历史原因等因素的影响，我国公民的民主权利往往得不到应有的重视，实践中肆意践踏乃至严重侵犯公民民主权利的违法犯罪行为还时有发生，而且往往得不到严肃的法律惩治；由于在近年来经济繁荣发展中劳动保护法制的不健全和缺乏刑法强有力的后盾保障，一些生产、经营经济实体（尤其是个体企业和“三资”企业）只顾营利而对公民的劳动权利严重忽视、漠视，加之一些公民的劳动权利意识淡薄，因而实践中也时常发生侵犯公民劳动权利的违法犯罪现象，查处起来往往因缺乏刑法依据而难以追究行为人本已属严重危害社会行为的刑事责任。以刑法武器切实保护公民的民主权利和劳动权利，是我国社会主义现代化建设的必然要求和重要基础所在。在未来的刑法典分则中增设侵犯公民民主权利罪和侵犯公民劳动权利罪两个专章，有助于促进这两类犯罪之立法完善，突出和加强对公民民主权利和劳动权利这两项基本权利的刑法保护。这就为对这两类犯罪的有效惩治与防范提供了必要的法律依据，也适应了我国社会主义现代化建设的迫切需要与长远要求。

4. 关于妨害司法活动罪的增设及司法渎职罪的归属

现行刑法典分则把妨害司法活动的犯罪分散规定于第一、四、六、八诸章中。在近年来修改刑法典的研讨中，一些学者认为这不符合我国刑法根据同类客体对犯罪分类的立法原则，也不利于对司法活动的有力保护，与现代许多国家刑法中普遍设立有妨害司法活动类型犯罪的通例也不协调，因而建议在刑法典分则中增设妨害司法活动罪专章。笔者也是较早提出并论证和坚持上述见解的学者之一。据悉，国家立法起草机关在目前刑法典分则修改稿的研拟中已增设妨害司法罪一章，应当说，这将是我国刑法立法的一个重要进步。增设妨害司法活动罪专章，不但有助于我国刑法典分则体系的科学性，更重要的是加强了对国家司法活动和执法秩序特殊的、强有力的法律保护，从而从一个重要方面强化了我国社会主义法治。

妨害司法活动罪，从其应有的范围上看，应当包括两个方面的犯罪：一是形形色色的非司法渎职性质的妨害司法活动的犯罪，包含非司法人员从外部对司法活动的妨害，以及司法人员非渎职性质的对司法活动的妨害；二是司法人员渎职性质的妨害司法活动罪。对妨害司法活动罪、主要是司法渎职罪的立法归属，在刑法典修改及其研讨中主要有两种主张：一是将所有的妨害司法活动罪（包括非司法渎职性质的妨害司法活动罪和司法渎职罪）统一规定于妨害司法活动罪一章中，如笔者就曾提出过此种主张；[1]二是妨害司法活动罪一章

---

〔1〕 参见赵秉志：《关于完善我国刑法典体系和结构的研讨》，载《中国社会科学》1989 年第 4 期；赵秉志主编：《妨害司法活动罪研究》，中国人民公安大学出版社 1994 年版，第 1 ~ 18 页、第 785 ~ 790 页。

仅规定司法渎职罪以外的妨害司法活动罪，司法渎职罪则规定于普通渎职罪一章中。如国家立法起草机关在日前修改刑法典的研拟中即采此主张。可见，关键在于司法渎职罪的立法归属问题。经过重新思考和认真比较，笔者认为：第一种主张，即将所有的妨害司法活动罪统一规定于一章的方式，是一种比较理想的立法模式，这种模式彻底贯彻了按照同类客体对犯罪进行分类的立法原则，犯罪分类统一，合理而清晰，立法上体现了对国家司法活动的集中而统一的保护，也便于司法实务中对形形色色的妨害司法活动犯罪及其惩治的一体把握。第二种主张，即将妨害司法罪一分为二，妨害司法罪专章仅规定非司法渎职性质的妨害司法活动罪，而把司法渎职罪纳入普通渎职罪一章的方式，也有其合理之处和现实的需要：其合理之处在于，司法渎职罪属于双重客体的犯罪，既妨害司法活动，也亵渎司法职务，这里关键在于如何看待司法渎职罪双重客体的主次，上述第一种方式是视妨害司法活动为司法渎职罪的主要客体，而第二方式则是视渎职为司法渎职罪的主要客体，两种方式的强调侧重不同，各有其合理之处。因而将司法渎职罪划归普通渎职罪一章，也可以说符合按同类客体对犯罪进行分类的原则。其现实需要在于，强化对职务犯罪的惩治应当是刑法修改要注意贯彻的一个原则，而司法渎职罪无疑是渎职犯罪中的一个重要方面。如果把司法渎职罪纳入妨害司法活动罪一章而不在渎职罪一章中规定，则渎职罪一章就难免显得单薄，似多少会影响对职务犯罪强化惩治之立法精神与现实需要。综合考虑，笔者认为，现阶段采上述第二种立法方式也许更为适宜。

5. 关于刑法典分则各章犯罪的排列问题

如前所述，刑法典分则各章犯罪之体系结构应当贯彻合理排列的原则。详言之，我认为刑法典分则各章犯罪之排列尤其应当注意贯彻三点：其一，应当大体上按照犯罪同类客体的重要程度予以排列，亦即按照类犯罪的社会危害程度由重至轻顺序排列；其二，应当切实体现现代刑法应有的时代特色和价值取向，注重对职务犯罪、侵犯公民基本权利犯罪的惩治，适当提升其在刑法典分则体系中的地位，改变传统刑法过分注重国家对社会管理与控制而相对不注重对公民权利和廉洁政制维护的过时观念；其三，26 章犯罪之排列应当具有清晰合理的内在逻辑顺序，相邻犯罪类型应当具有相近、彼此有密切联系的共性而形成一组犯罪类型。据上所述，我认为，本文前述的刑法典分则 26 章犯罪之体系结构，大体上可以依次划分为五组相近似的犯罪类型，其组合和排列顺序之考虑如下：

第一组犯罪类型为第一章至第四章。其同类客体分别为国家安全、国家国防安全、国家军事利益以及社会的公共安全，关系到国家的根本利益和社会的重大利益。此组类型犯罪的危害性质和危害程度之严重性，为其他任何类型的犯罪均无法比拟。因而将这四类犯罪作为第一组犯罪类型依次置于刑法典分则第一章至第四章，以强调对它们的重视和严厉惩治。

第二组犯罪类型为第五章和第六章，即渎职犯罪。其犯罪客体为公职的廉洁性。严厉惩治职务犯罪，是现阶段世界各国政府均面临的重要任务，是运用刑法武器维护国家机关的正常活动和威信、建立健全廉洁政制的重要措施，我国刑法不能不予以应有的重视。因此，将两章渎职犯罪紧接着危害国家根本利益和公共安全这些极其严重的犯罪类型而置于其后,以示立法之重视。

第三组犯罪类型为第七章至第十一章。其同类客体为公民的人身、民主、劳动、财产、婚姻家庭等方面的基本权利。社会主义国家法律应当突出保护公民的基本权利,我国宪法把公民基本权利置于仅次于总纲的显要地位,我国刑法也应切实贯彻这一宪法精神,重视对公民各项基本权利的维护,加强对各类侵犯公民基本权利之犯罪行为的惩治。因此,把各类侵犯公民基本权利的犯罪置于上述两组性质和危害颇为严重的犯罪之后,以及下述两组主要体现国家对经济生活和社会秩序之管理的犯罪类型之前,应当说是必要的和适宜的。

第四组犯罪类型为第十二章至第二十章。本组的九章犯罪系将现行刑法典分则第三章破坏社会主义经济秩序罪的范围加以内容充实和类型分解而来。其中第十二章危害资源、环境罪的同类客体为国家对自然资源、环境的保护和合理利用方面的利益,本来就与破坏经济秩序犯罪之客体有别,但二者又有密切的联系,故将其独立成章但仍与妨害经济秩序的犯罪作为一组犯罪类型相邻排列;又由于资源、环境是经济发展的重要基础,甚至是影响国计民生的重要因素,所以将危害资源、环境罪置于各类妨害经济秩序的犯罪之前。其余第十三章至第二十章,系大体上按照经济领域生产、经营、流通、消费的环节,并考虑到经济秩序运行的一些特殊领域之特点,以及我国现行刑法(主要是一些单行刑法)对经济秩序的规范格局,再适当参酌目前刑法典分则修改的研拟意见,而将形形色色、内容复杂的妨害经济运行秩序的犯罪划分为八类,以收对经济秩序的全面保护和对错综复杂的经济犯罪之规范与惩治明细化之功效。考虑到社会主义国家刑法对公民基本权利的保护应较国家对经济运行的管理更为优先和重要,且本组犯罪类型较为庞杂,因而将本组犯罪置于上组侵犯公民基本权利的犯罪之后。

第五组犯罪类型为第二十一章至第二十六章。本组犯罪基本上是将现行刑法典分则第六章妨害社会管理秩序罪的范围加以内容充实和类型分解而来的。其同类客体,第二十一章为国家的司法活动及其秩序,其余几章则分别为国家对社会不同方面的管理秩序。考虑到前述四组犯罪类型的性质和危害程度从总体而言比本组犯罪类型也较为庞杂,因而将本组犯罪类型置于末组。但这丝毫也不意味着本组犯罪在立法上和司法中可以予以忽视。

五、结语

关于未来刑法典分则的体系结构如何完善,既是一个非常重要的刑法立法课题,也是一个涉及诸多刑法理论问题和广泛司法实务问题的重大课题,限于篇幅和笔者研究之欠缺,本文的上述探讨尚不够深入和细致,难免有疏漏乃至谬误之处,但笔者愿以此粗浅见解作为引玉之砖,与刑法界同仁共研讨,以为我国刑法典的完善贡献绵薄之力。

刑法修改中的宏观问题研讨*

目　次

一、前言

1979年刑法典的创制及其1980年的施行，是新中国刑法规范基本具备的标志。此后近17年来，为适应国家改革开放中的新情况新问题和惩治防范犯罪的实际需要，国家立法机关又陆续颁布了24部单行刑法，并在80余个非刑事法律中增设一系列附属性刑法条款，从而形成了现行刑法规范的以刑法典为主体、以单行刑法和附属刑法为两翼的基本格局。17年来的实践检验和理论研究证明，由于种种原因，中国现行刑法规范在体系格局、立法内容、立法技术诸方面，都存在一些缺陷和不足，亟须予以全面的完善，针对这一客观需要，中国刑法理论界和司法实务界近年来积极围绕刑法修改开展了一系列的研讨活动，国家立法机关也已将全面修改刑法的工作列入了立法规划，有关工作正在紧锣密

---

* 原载《法学研究》1996年第3期。

鼓地进行。

从完善刑法研究的情况看,其内容几乎涉及了刑法修改的宏观和微观方面各种各样的问题。其中,关于完善刑法的指导思想和原则等宏观问题的研讨,一直受到中国刑法界的高度重视。广大刑法学者对这些问题的研究富有探索、创新精神,并提出了许多大胆而新颖的见解和建议。例如学者们一致地认为:完善刑事立法首先必须更新刑法观念。在总体立法方向上,学者们也较为一致地主张:刑法的修改要适应体制改革和建设社会主义市场经济新秩序的需要;适应对外开放的需要;要坚持立足本国实践经验和借鉴国外立法经验相结合;要贯彻立法创制的民主性;等等。但值得注意的是,关于完善刑事立法宏观方面的不少问题,虽经刑法界较长时间的探索,有的在基本主张上至今仍未取得共识、争议颇大;有的虽然在基本观点上趋向一致,但在具体见解上还存在不少差异。对这些争议问题进行系统、深入的再探讨,不仅仅是总结与评价以往研究成果的需要,更重要的是,由于这些问题关乎刑法完善之全局,本着"真理愈辩愈明"的精神,对之进一步探讨,对于当前的刑法修改工作及其研究,当具有重要的现实意义。

二、立法指导思想:超前立法与经验立法之争

(一)观点争鸣

在认识论的角度上,立法途径有经验立法与超前立法之分。完善刑事立法应当超前化还是经验化?这是刑事立法指导思想中的一个重要问题。对此,中国刑事立法实践历来都主张"成熟一条制定一条",实行经验立法。在中国现行刑法典制定过程中,这种指导思想表现得十分突出。例如,在刑法起草讨论过程中,对刑法典分则第三章破坏社会主义经济秩序罪,有人主张增加一些罪名,如明知是劣质品、废品而冒充合格产品出厂发售;以假冒真、以次充好;以少充多,欺骗顾客;等等犯罪。后来立法者考虑到这些问题情况和原因很复杂,加之我国经济管理体制正在调整改革之中,对这些经验还不成熟,认为不必匆忙在刑法中加以规定,最终这些罪名在刑法中均未作规定。又如环境污染、侵犯发明权和著作权等问题,虽然立法过程中曾提出过,但认为情况比较复杂,目前很难用刑法解决,因而最终并未规定入刑法典,而是打算待经验成熟后再考虑补充到刑法中。[1] 这里虽然只是涉及一些具体犯罪行为的取舍,但至少反映了立法者经验立法的明显思想痕迹。

在近年来刑法修改及其研讨进程中,许多刑法学者鉴于中国现行刑法严重滞后于社会生活的状况,纷纷主张超前立法,认为刑事立法不但要强调实践性,而且要有超前性;[2] 如果片面强调"刑法只能解决成熟的问题",只能被动地应付现阶段出现的犯罪新情况;[3] 而超前立法则能充分反映社会未来的发展趋势和未来的犯罪变化特点,适应历史发展的要求,保证刑事立法的相对稳定性。[4] 但也有些学者认为,站在合理控制犯罪化立法规模的角

---

[1] 参见高铭暄编著:《中华人民共和国刑法的孕育和诞生》,法律出版社1981年版,第178页、第20页。
[2] 参见应后俊:《修改刑法宏观问题的几点建议》,载《法律学习与研究》1989年第3期。
[3] 参见孙国祥:《初论中国刑法的现状与改革》,载《南京大学学报》1988年第2期。
[4] 参见陈兴良:《我国刑法立法指导思想的反思》,载《法学》1992年第7期。

度，要从实际出发，刑事立法应当特别慎重，不应脱离本国实际过度"超前立法"。[1] 有的学者在探讨中国立法总体指导思想时，也当然地论及刑事立法途径，认为立法可先导而不可超前。[2]

在刑事立法思想上，对于"超前立法"和"经验立法"究竟应如何看待？我们认为，经验立法论注重在积累成熟经验的基础上进行立法，即只有对一定的社会关系内容具备比较丰富的实践经验后，才能以法律规范的形式对这部分社会关系加以调整。这种观点无疑具有正确的一面。但是，由于经验立法论过于强调立法对现实生活的反映和维持，因而在这种思想指导下的立法难免存在无法适应社会发展趋势及其需要的弊病，其结果只能是滞后立法。针对经验立法论的上述缺陷，超前立法论发掘社会基本矛盾运动与法律运行的内在规律，摆脱了"先实践、后立法"的传统观念之束缚，从刑事立法的长期效应出发，论证了立法超前的必要性。可以说，超前立法论的观点正确地揭示了刑事法律规范的功能及其对于完善刑法的积极意义，即刑法既具有短期效应，又具有长期效应；完善刑法既要总结既往之经验，又要促进现实之发展，并引导未来之生活。唯有如此，才能协调刑事法律短期效应与长期效应二者之间的关系。因此，超前立法论是更为科学合理的。

（二）超前立法之论证

我们认为，超前立法的思想在完善刑事立法中的具体体现，就是坚持立足现实与预见未来相结合。从理论上讲，超前立法有其充分合理的依据。

1. 超前立法符合立法方法科学性的要求

"立法者应该把自己看作一个自然科学家。他不是在制造法律，不是在发明法律，而仅仅是在表述法律，他把精神关系的内在规律表现在有意识的现行法律之中。"[3] 马克思的这一经典论断，强调了立法应当从实际出发，即尊重客观实际，从客观存在的经济、政治、文化等实际情况出发进行立法，而不能从主观臆想出发。这对于我国社会主义立法（包括刑事立法）来说，无疑是行动的指南。然而，令人遗憾的是，经验立法论者往往将上述观点加以引用，用来说明立法只能反映已有的客观实际，此实为一大误解。对于这种错误的认识，我国法学界已有人予以中肯的批驳：社会主义立法是客观实际的反映，也是改造客观世界的武器，如果立法仅仅是反映实际，仅仅是既有成果的看守人，不反映社会发展的趋势，那就无法体现社会主义立法的特点和优点。[4] 这一见解精辟地论证了包括刑事立法在内所有立法，在方法原则上都应具有一定的纲领性。亦即立法既要全面观察和认识实际，对实际需要给予特别重视，又不能刻板地反映现存状况，否则立法就不可能真正具有生命力。否定超前立法的学者认为，"超前立法"的提法本身是不恰当的，因为超前的字义即是超越现实总体，而法律在总体上丝毫也不能超越现实。[5] 我们认为，这种指责是没有根据的，也是对超前立

[1] 参见苏惠渔、游伟：《社会转型时期我国刑事立法思想探讨》，载《法学》1994 年第 12 期。

[2] 参见胡川：《立法可先导不可超前》，载《法学》1991 年第 4 期。

[3] 参见《马克思恩格斯全集》第 1 卷，第 183 页。

[4] 参见周旺生：《立法学》，北京大学出版社 1988 年版，第 242 页。

[5] 参见胡川：《立法可先导不可超前》，载《法学》1991 年第 4 期。

法观点的曲解。事实上，主张超前立法的观点从来就没有也不可能将“超前”的含义理解在超越现实的范畴之内。恰恰相反，所谓刑事立法的超前与从实际出发并不矛盾，立法超前本身就是建立在现实基础之上的。立法超前作为一种社会客观存在，是指立法者通过对社会发展的趋势和规律以及自己依此而要达到的社会秩序的愿望，转化为明确的法律规范，以引导、规范人们行为的活动。[1] 可见，超前立法并非脱离实际，它完全根植于现实生活，只不过与经验立法不同，超前立法不是仅仅对已经成熟的经验做法的法律认可，除此之外，它还积极充分发挥了立法者的主观能动性，在立法预测的基础上将必然产生的新的社会关系纳入法律规范调整的范围，实际上讲求的是“现实”与“未来”“应该”与“可能”的统一，完全符合立法方法科学性的内在要求。

上述否定超前立法的观点同时又提出，立法虽不能超前，但可以先导。在我们看来，立法的超前与先导并无实质的区别，二者强调的都是立法对社会生活的促进和引导功能，只是用语的角度不同而已。顺便说明的是，虽不能说用语的争论都是没有意义的，但我们应当认识到，对于超前立法的观点或肯定或否定，不必停留于像“超前”还是“先导”这一类的纯概念之争中；探讨此问题的根本在于，明确法律的制定和完善是仅仅以现实为依据的，还是在立足现实的基础上还要充分地考虑未来的发展趋势。

2. 超前立法是刑法改革的需要

随着社会主义市场经济体制的建立和完善，我国现行刑法和刑事司法的滞后性与日益深化的社会政治、经济改革越来越不适应，一场全面性的刑法变革势在必行。作为刑法改革的重要内容之一，刑事立法的完善在思想上是趋向于超前还是同步，必然影响到完善后的刑事立法的实际效果。反之，法律实施后的效果则是检验立法影响社会的尺度。从这一立场出发，我们认为，经验立法，对于法律适用来说，固然操作稳妥、偏差不大，但这样的立法毕竟只是以已有的经验为基础而制定的，必定会落后于社会生活的需要，尤其是在当前社会变革剧烈、社会经济关系发展迅速的时期，其滞后的弊端更加突出。在完善刑法的过程中，如果过于强调经验的积累，停留在对现存生活的认识上，那么刑事立法就会永远处于被动的地位，一些新的立法措施出台后不久，惩治某些犯罪无法可依的局面又难免随之产生，这样的立法其社会效果如何，不难想象。以经济领域的犯罪为例，随着我国经济体制改革的不断深入，各种经济关系日益错综复杂，大量的新型经济犯罪，诸如证券犯罪、期货犯罪、环境犯罪、计算机犯罪等等也会层出不穷。这些犯罪中，有的已经出现，有的必然要出现。立法者在制定相应的刑法规范时，显然既要顾及社会生活中已有且司法经验丰富的犯罪的立法，又要充分考虑未来犯罪变化发展的趋向，在把握犯罪规律的基础上预见未来，合理地在法律规范中规定各种可能或必然出现的犯罪，并根据其社会危害性程度设置必要的刑罚，以免在这些危害行为发生时因无法可依而放纵犯罪。当然，完善刑事立法的内容还远不止是具体犯罪的罪刑设置。如果以经验立法论的观点为理论基础，仍囿于立法必须是“稳定的社会关系的调节工具”之传统观念，那么，刑事立法调整存在盲区和空白的结果会在所难免。总之，面对日

---

〔1〕 参见何勤华：《立法超前——法律运行的规律之一》，载《法学》1991 年第 4 期。

益复杂的犯罪现象,仅凭"成熟"的经验立法而忽视前瞻性的超前立法,刑事法律滞后性的程度只会日益加剧;若刑事立法工作远远落后于社会需要的状态,对于刑法改革、刑法在社会主义市场经济体制下的功能发挥,也都会带来极大的妨碍。

当然,我们强调超前立法,并不是主张在没有客观依据和可行性前提下的贸然立法。因为,超前立法应当建立在刑事立法预测的科学性之基础上。也只有这样,刑事立法才既能高瞻远瞩,又不脱离现实的可行性。在这个意义上,有的学者指出,超前立法应当对各种不法越轨行为的危害量做实事求是的估计,分析其之所以大量增长的深层原因,并在科学测定刑法介入后司法承受能力的基础上做出规范,才能避免因纸面上的立法内容远离司法实际而产生的各种不良社会效果。[1] 我们认为,这种观点是正确的。换言之,只要刑事立法工作经过科学的预测和论证,法律的可行性是有保障的。

3. 超前立法有利于刑事立法的相对稳定性

对于当前我国刑法的完善,有的学者认为,在社会生活剧烈变动的情况下,特别是对市场经济缺乏经验,系统地修改完善刑法有困难,宜继续采用对某些突出的犯罪作出补充、修改的办法来解决。[2] 这种观点实际上亦是经验立法思想的表现。其言下之意,超前立法可能会因经验的缺乏而使立法的内容侵蚀法律的权威性和稳定性,因而我国刑法立法的修改完善只能在社会主义市场经济体制发育成熟后才能全面展开。我们认为,在法律的稳定性问题上,恰恰相反,影响法律稳定性的不是超前立法,而主要是经验立法。经验型刑事立法出于一时或相对较短时期的需要,对今后的发展往往缺乏应有的考虑。一旦时过境迁,据以经验立法的法律之公正合理性的基础便不复存在,对于某些社会关系应调整而缺乏调整、不应介入却不当介入、应这样调整却那样作了调整等立法与社会发展相左的现象也随之发生,法律的严肃性和稳定性必然遭到破坏。而超前立法如前所述一方面并不排斥经验的积累,另一方面又注意到立足现实与预见未来相结合的关系。这样的刑事立法以动态、发展的眼光把握刑法机制的完善,与经验立法相比,它既不失时机地总结成熟经验,又杜绝畏首畏尾、消极被动的做法。反映在刑事立法的内容上,其公正合理性的基础超越于一时,在立法后较长一段时期,法律的权威性和稳定性自然会得以较好的保证。

需要指出的是,社会生活的多变性和法律静态性质之间的矛盾是固有的,我们说超前立法有利于刑事立法的稳定性,只是在相对意义上而言的。因为任何立法都不可能是一劳永逸的。上述不赞成系统修改完善我国现行刑法的观点,实际上是将法律的稳定性绝对化而得出的结论,这种看法未免过于机械。事实上,全面、系统地修改完善我国刑法已具备了较为成熟的各种主客观条件:比如我国社会主义市场经济体制目标业已确立;17 年的司法实务检验为刑法修改提供了充分的实践根据和需要,有关完善刑法的理论研究已有充分准备;国家立法机关对于系统完善刑法的迫切性已有清醒的认识,并在制定现行刑法典及其后的

---

〔1〕 参见苏惠渔、游伟:《社会转型时期我国刑事立法思想的若干问题》,载马克昌、丁慕英主编:《刑法的修改与完善》,人民法院出版社 1995 年版,第 31 页。

〔2〕 转引自赵长青:《社会主义市场经济与刑法改革走向》,载苏惠渔、单长宗主编:《市场经济与刑法》,人民法院出版社 1994 年版,第 153 页。

一系列特别刑法规范的过程中,逐步摸索和积累了较为丰富的刑事立法经验,也发现、总结了一些教训,尤其是1988年以来已进行了一系列的刑法修改的起草和研讨工作;此外,还有国外有关刑事立法的先进经验可资借鉴。总而言之,从经验立法论的观点出发,认为我国现行刑法的完善只能是"小改小补"的主张,不容置疑地要予以摒弃;在超前立法的思想指导下,只要我们把立足现实与预见未来的关系处理好,通过全面、系统的修改,一部具有相对稳定性、较为完善的刑法典就能出台。当然,这并不意味着未来刑法典颁布实施后,刑事立法就不会或不应再有新的发展,随着社会的变革,立法机关仍然可以也有必要及时地对其予以完善。

三、立法技术:粗疏立法与细密立法之争

立法技术的科学与否,直接关系到刑事立法内容的可行性,同时影响到司法实务对法律的准确理解和适用。近些年中国刑法学界在探讨刑法典的完善问题时,许多学者对刑事立法技术方面应当采取粗疏立法还是细密立法展开了比较深入的讨论。

作为中国现行刑事立法主体或主要部分的刑法典,在立法技术上最大的缺点之一,就是弹性大、不具体、可操作性差。这已是中国刑法学界的共识。针对这种情况,广大刑法学者较为一致地认为,对"宜粗不宜细""宁疏勿密"的立法技术原则有必要进行认真的反思,主张完善中国刑法,应当在条文和用语上讲求科学性,即繁简精细服从立法技术科学性的要求,该繁则繁,该简则简,繁简得当。[1] 但是,在如何具体完善中国现行刑事立法技术、处理"粗疏"和"细密"的关系这一问题上,学者间仍存在不同的见解。如有的指出,摒弃"宜粗不宜细"原则,应当删除法律条文中的原则条款、弹性条款,任意条款;[2]有的则认为,改进立法技术,有限制地运用模糊性的弹性构成要件等刑事立法方法也是必要的;[3]还有的认为,刑法的规定"应当"明确,不等于刑法的规定"事实上"明确,因为刑法是人制定的,它总会出现一些不明确的规定,对此一味斥责刑法或立法者的做法并不可取,正确的态度是通过各种解释方法使刑法的规定得以明确。[4]

我们认为,在完善刑事立法技术、处理"粗疏"与"细密"的关系问题上,首先应当对中国现行刑事立法技术"宜粗不宜细"原则及其产生的原因有一个客观、公正的评价,因为认识问题是解决问题的前提和基础。其次,针对中国现行刑法典立法技术粗疏的现状,完善刑法应当重视立法技术的细密化,尽可能地做到详备具体、明确严谨。但是,对立法技术的细密化又不宜作机械的理解,不能认为立法应当不分场合地一律予以细密化,甚至法律的规定越细致就越好。

---

〔1〕 参见高铭暄:《修改刑法势在必行》,载《法报》(深圳)1994年试刊第2期,陈兴良:《我国刑事立法指导思想的反思》,载《法学》1992年第7期。

〔2〕 参见刘守芬:《反思"宜粗不宜细"原则,完善刑事立法》,载杨敦先、赵秉志、王勇主编:《刑法发展与司法完善》,中国人民公安大学出版社1989年版,第107页。

〔3〕 参见储槐植:《论刑事立法方法》,载《中外法学》1992年第4期。

〔4〕 参见张明楷:《刑法的基础观念》,中国检察出版社1995年版,第167页。

(一)"宜粗不宜细"原则及其产生原因之评析

毋庸讳言,我国现行刑法典的制定,明显地体现了"宜粗不宜细"的立法技术原则。具体而言,无论是在整体结构上,还是犯罪构成要件、罪状的表述,以及法定刑幅度、处罚情节的规定等方面,刑法典粗疏化的缺点和不足都大量存在。如何认识中国现行刑法典在立法技术上的这一缺陷?不少学者往往将之归结为立法者当时的错误指导思想。我们认为,这种评价至少是不全面、也是不公正的。应该说,立法者制定刑法典当时的指导思想是其原因之一。比如,在现行刑法典起草过程中,刑法草案第22稿除在总则中对罚金刑作出一般原则的规定外,在分则有关条文中就具体犯罪的罚金数额也曾作了规定,后来在修改过程中考虑到我国地广人多,情况复杂,认为如果把罚金数额限定死了,未必适合斗争需要,故又将分则条文中罚金具体数额的规定予以删除。[1] 这反映了立法者指导思想上的失误。但是,中国现行刑法典粗疏立法的主要原因,仍在于制定刑法当时所处的特定历史条件之限制。对此,有学者曾作了比较中肯的分析:其一,在长期的内忧外患、战乱频繁的历史条件下,共和国的缔造者——中国共产党强调的是组织纪律性,集中统一的领导,采取下级服从上级、全党服从中央、党政不分的首长制,形成上级指示、领导人讲话就是政策,就可以代替法律的局面。在这种情况下,即使作为正式法律制定出来,也难免有随意、粗略、疏漏的弊端。其二,新中国脱胎于半封建、半殖民地的旧中国,两千多年的封建传统、习惯深深地渗透在各个方面,这种影响也决定了制定法律"宜粗不宜细"原则之遵循。[2] 其三,新中国成立后经历的政治、经济、文化等许多方面的剧烈变革,对立法工作产生了直接的影响,使"宜粗不宜细"原则有着"广阔的市场"。总而言之,"宜粗不宜细"原则是刑法典制定当时中国特定的历史背景和条件下的产物。[3]

随着中国社会主义法制建设的不断发展和健全,现行刑法典"宜粗不宜细"原则的弊端越来越充分地显露出来。例如在刑法条文总数上,现行刑法典[4]总共仅192条。与世界各国刑法相比差距悬殊;在分则类罪的划分上也呈现"粗线条"立法原则,如将"侵犯公民人身权利罪"和"侵犯公民民主权利罪"合为一章;不适当地追求精减法律条文,将本应分立的条文硬性合并,如将数个独立罪名甚至不同性质的犯罪拼凑糅合在一个条文中;对于某些具体犯罪的构成要件缺乏必要的描述、罪状过于简单;法定刑幅度过大;等等。现行刑法典颁布实施以来的中国刑事司法实践证明,这种"宜粗不宜细"的立法原则越来越不能适应司法实务的需要,亟须予以改革;一言以蔽之,这种立法技术原则下制定的刑事法律既不便于适用,又容易导致刑事司法的随意性,甚至导致法律虚置和有法不依现象的产生。

为了解决立法规定粗疏与司法实践可操作性需要之间的矛盾,司法机关不得不颁布大

---

[1] 参见高铭暄编著:《中华人民共和国刑法的孕育和诞生》,法律出版社1981年版,第78页。

[2] 笔者认为,在此所说的封建传统的影响,不应简单理解,以为封建法律均为粗疏。实际上,封建社会中的某些法规,尤其是关于定罪与量刑的具体规定,有的十分细密,甚至可以说是到了繁琐的地步。在此所指的影响,应是指封建社会诸种便于司法专横而存在的问题以及立法的任意性等不良影响。

[3] 参见刘守芬:《反思"宜粗不宜细"原则,完善刑事立法》,载杨敦先、赵秉志、王勇主编:《刑法发展与司法完善》,中国人民公安大学出版社1989年版,第98页。

[4] 指1979年刑法典——作者补注。

量的司法解释。虽然从刑法解释论的角度看,任何立法的适用都离不开解释,但我们应当注意的是,司法解释的功能和地位毕竟是有限的。在“宜粗不宜细”原则指导下制定出来的刑法,虽然通过制定司法解释,法律规范可以在一定程度上细密化,但如果过多依赖于司法解释适用刑法,势必存在两个问题:其一是立法权能和司法权能混淆,司法权难免侵入立法领域。为弥补粗疏化立法过于原则、笼统的缺陷,司法解释无论数量和篇幅上都远远超过立法规范本身。在这种情况下,司法实践依据的主要是司法解释而非刑法条文(至少可以说刑法条文的引用愈加形式化),这种局势显然与立法决定司法、立法权能制约司法权能的现代法制进步要求相悖。从中国现行刑法司法解释的内容看,某些刑法司法解释越权的现象之所以屡屡产生,关键在于立法技术的粗疏而致使立法漏洞百出,司法机关无法可依却又不能不予以干预。殊不知这样的司法解释一面追求法律规范的细密性,另一方面却付之以破坏法制统一的惨重代价。其二,强调以司法解释的方式谋求刑事法律的缜密细致,易于误导人们:法律只要原则性的规定,通过制定司法解释,法律的可行性目的同样可以达到。显然,无论是在加强立法权的统一行使和促进刑事法治进步方面,还是在培养公民健康的法律意识方面,这种误导所产生的消极影响都是十分有害而且相当危险的。因此,我们认为,寄法律的明确性于司法解释的观点是值得商榷的。

应该承认的是,国家立法机关晚近十几年来不断总结司法实践中的教训,在刑法典颁布实施后,尤其是近年来所制定的一系列单行刑事法律中,已逐渐在摒弃“宜粗不宜细”的立法技术原则,使立法向着细密化的方向迈进,这是一大进步,也说明了由粗疏到细密是刑事立法历史发展的必然趋势。例如在罪名及犯罪构成要件方面,1988 年全国人大常委会《关于惩治贪污罪贿赂罪的补充规定》对贪污、受贿、行贿、挪用公款等罪作了明确规定;1991 年全国人大常委会《关于严惩拐卖、绑架妇女、儿童的犯罪分子的决定》对拐卖妇女、儿童罪等罪的构成特征也作了具体描述。1995 年全国人大常委会通过的《关于惩治违反公司法的犯罪的决定》和《关于惩治破坏金融秩序的犯罪的决定》,对其中大多数犯罪的构成特征均采用了叙明罪状的规定方式。有关单行刑法对一些与罪名有关的重要概念也作了明确解释,如对“淫秽物品”“毒品”“偷税”“抗税”“假药”等概念均有解释。此外,在刑罚处罚情节具体化等方面,有关单行刑法的规定也比较细密。例如对罚金刑的数额规定,某些单行刑法根据犯罪的不同特点和情节轻重,采用了固定数额、百分比数额、倍比数额等多种限额形式。凡此种种,都大大增强了刑法规范的可操作性,值得修改我国刑法典时所借鉴。当然,单行刑法中不适当的粗疏化的现象并非不存在,这主要表现为法条用语的含混。例如,1990 年全国人大常委会《关于惩治走私、制作、贩卖、传播淫秽物品的犯罪分子的决定》第 3 条第 1 款规定:“在社会上传播淫秽的书刊……”其中“在社会上”就是个极为含混的用语,司法实务往往难以把握。限于篇幅,类似的问题不一一列举。

由上述分析,我们得出的结论是:中国现行刑法典“宜粗不宜细”原则作为特定历史条件的产物,固然有其一定的道理,但在中国社会已经发生历史性转变的今天,这种原则不应继续保留;晚近十几年来,立法机关对刑法典所作的各种修改补充虽然难免受到“宁疏勿密”思想的一定影响,但在总体上已在逐渐摒弃“宜粗不宜细”的原则,完善刑事立法技术已有丰富的经验可资借鉴。

(二)完善刑事立法技术:力求详备具体、明确严谨

如前所述,在完善刑法时,摒弃“宜粗不宜细”原则而代之以具体化、细密化,直接根源于刑事司法实践的需要。不仅如此,立法细密化还有其理论依据,这就是刑法的明确性原则。明确性是罪刑法定原则的重要要求之一,也是刑事立法所必须遵循的原则。[1] 刑事立法的明确性原则的重要内容之一,即在立法中应尽可能地采用具体的规定,减少抽象的规定。对此,西方刑事古典学派创始人、著名刑法学家贝卡里亚在其名著《论犯罪与刑罚》一书中指出:“如果说对法律进行解释是一个弊端的话,显然,使人不得不进行解释的法律含混性本身是另一弊端,尤其糟糕的是:法律是用一种人民所不了解的语言写成的,这就使人民处于对少数法律解释者的依赖地位,而无从掌握自己的自由,或处置自己的命运。”[2] 贝氏要求法律的明确性达到不必解释的程度固然言之过分,但他道出了法律条文明确性的重要意义:让民众熟悉法律,使刑法典真正成为“人民自由的宪章”;让罪刑法定原则在立法和司法中真正得到贯彻。

基于上述认识和分析,我们认为,结合中国现行刑法粗疏有余、细密不足的现状,在立法技术上应力戒粗疏,并从实际出发,着重解决好以下几个方面的问题:

第一,刑法每个条文之前应设定标题,概括地明示该条条文的内容,分则条文的标题即是罪名。明示式标题,是目前世界许多国家刑法典所采用的一项立法技术。采用此项立法技术,有助于立法的规范和科学性,也有利于司法实践对条文的准确理解和正确适用。

第二,在分则的整体结构上,应克服目前刑法典有些章犯罪分类粗略、内容过于庞杂的缺陷,按照科学分类的原则作较为细致的类罪划分。如可考虑将现行刑法典分则第三章破坏社会主义经济秩序罪分解,在全面充实、合理调整的基础上,分别设立危害资源环境罪、非法生产经营罪等章。[3] 在分则条文的体例上,原则上应当采取一个条文规定一种具体犯罪的规定方式,这样便于分清一罪与数罪的界限,有利于正确定罪量刑。

第三,对于具体犯罪的构成要件或罪状,应尽可能地明确规定于条文之中,尽量少用简单罪状,多用叙明罪状。切忌在条文中使用笼统、含混的语词。当然,对于某些经济犯罪条文,考虑到其情况复杂、常有变化的特点,也可适当采用空白罪状的方式规定,以使刑法的条文可以利用经济法规的相关内容,保持刑法条文本身的相对稳定性的和超前性。

第四,针对现行刑法典对各种犯罪之法定刑幅度规定过简过宽的状况,可以根据不同的犯罪情节,规定轻重不同而又相互衔接的量刑档次和幅度,以适应罪刑相适应原则的要求。在这方面,一些单行刑法已有成功的做法,如1991年全国人大常委会《关于严禁卖淫嫖娼的决定》第2条对强迫他人卖淫罪的处罚规定,1991年全国人大常委会《关于严惩拐卖、绑架妇女、儿童的犯罪分子的决定》第1条对拐卖妇女、儿童罪的处罚规定,都详细列举了有关情

---

[1] 参见赵秉志:《略论罪刑法定原则立法化的价值》,载《法学》1995年第3期;张明楷:《刑法的基础观念》,中国检察出版社1995年版,第134页。

[2] 参见[意]贝卡里亚:《论犯罪与刑罚》,黄风译,中国大百科全书出版社1993年版,第15页。

[3] 详见赵秉志:《简论我国刑法典分则体系结构的完善》,载《中国法学》1995年第5期。

节,并在此基础上有区别地设置了相应的法定刑。这种具体、明确的立法方式,应当在进一步完善我国刑法典中得到重视和推广。

值得注意的是,在近年来我国刑法典修改研讨的过程中,有的学者对罪刑规范列举式(例示式)的立法方式持怀疑甚至否定态度,认为由于客观犯罪现象多种多样,至繁的法律也难以网罗具体犯罪的形式、手段、情节等因素,因而倒不如采用概括式的立法方式,进行总体概括。我们认为,这种观点是不正确的。综观世界各国刑法典对罪刑的规定,莫不重视列举式的立法方式,这是因为对犯罪行为方式、对象、处罚情节等方面进行逐一列举,使人易于知晓,也便于司法操作,而概括式的立法方式企图追求法律的"天衣无缝",实则简短抽象,会增加司法人员的执法任意性。从总体上看,中国现行刑法典是概括有余而列举不足。鉴此,在完善现行刑法典时,凡能采用列举式表达的,原则上就不要用概括式。特别是对那些常见多发的犯罪,如故意杀人罪、故意伤害罪、强奸妇女罪、抢劫罪、盗窃罪、诈骗罪、贪污罪、挪用公款罪、受贿罪等,均应采用列举式。当然,我们强调列举式的重要性,并不排斥概括式的立法方式。事实上,列举式无法涵盖全面时,以概括式补充有时是完全必要的。例如,对于故意杀人罪的条文完善,为便于具体运用.我们可以借鉴外国立法例的先进经验,对处刑最重的故意杀人行为可作如下列举:"(一)为隐匿,毁灭罪证杀人灭口的;(二)因违法犯罪行为被揭发而报复杀人的……"显然,对于现实生活中各种严重情节的故意杀人行为,我们无法一览无遗地在刑法条文中罗列,对此再采用概括式的"(三)有其他严重情节的"之规定予以补充无疑十分必要。在此,"其他"的表述虽有概括的特征,但与其前所列具体情形既然并列。在情节和社会危害程度上就已有相当的可比性,较之于不作任何列举、笼统抽象地完全采用概括式的立法方式,显然要进步得多。

概括式与列举式两种立法方式的正确运用,可以说最具代表性地体现了立法技术"该繁则繁、该简则简"的科学合理性。依此原理,完善中国刑事立法技术所要求的详备具体、明确严谨,都不是要求刑法条文做到绝对确定。因为刑法不仅不可避免地存在概括式的规定,而且立法者在某些场合出于严密法网的目的,还往往有必要使用模糊性的用语,如我国刑法中常见的"数额较大""情节严重""情节恶劣"等模糊概念,并非在任何场合均不可取,而需要通过详加列举得以完善。只是在事情的另一面,如前所述,这种立法方式应尽量少用。由此以观,有的学者主张在完善刑事立法时排除一切弹性条款的观点,也非为可取。

四、刑法调控范围:犯罪化与非犯罪化之争

在西方发达国家,刑事立法犯罪化与非犯罪化之争由来之久。近年来,中国刑法学界在研究刑事立法的完善、刑法功能的发挥及防治犯罪的刑事对策中,也越来越重视刑法调控范围的问题,其中的核心内容,即是如何在全面修改刑法时正确对待犯罪化与非犯罪化的问题。犯罪化与非犯罪化问题,关系中国刑事政策的制定和刑事立法及刑事司法的未来发展,意义十分重要。然而,在此问题上,学者间的见解却不尽一致。

(一)观点争鸣

一种观点为"非犯罪化说"。有学者指出,将轻微犯罪行为非犯罪化是当今各国刑法发展

的趋势,吸取外国刑事立法的这种有益经验,是刑法现代化的要求。[1] 还有的学者在论及轻刑化问题时指出,轻刑化的概念包括非犯罪化和轻刑化两层含义,非犯罪化,是指立法机关或司法机关将一些对社会危害不大,没有必要予以刑事惩罚的但又被现时法律规定为犯罪的行为,通过立法不再作为犯罪或通过司法不予认定为犯罪,从而对它们不再适用刑罚。持这一观点的学者进一步指出,包括非犯罪化在内的轻刑化是中国刑法发展的必由之路。[2]

另一种观点为"犯罪化说"。如有的学者认为,国外非犯罪化是西方国家解决犯罪率上升、监狱人满为患、社会矛盾激化的一种措施,不能学习借鉴。[3] 学术界还有个别学者指出,随着经济犯罪的日益增多和复杂化,刑法介入经济生活无论在广度和深度上都要加大分量。[4] 因而犯罪化是明智的选择。

第三种观点为折中说。认为主张犯罪化和主张非犯罪化的观点都是片面、不足取的。但在具体表述上,持此观点的学者又各有侧重。有的指出,我国刑法典颁布后,立法机关不断通过修改、补充的形式增补新罪名,在某种意义上反映了立法者对当前我国社会发展特点缺乏足够认识的盲目性,如此大规模的犯罪化立法势头应当得到合理控制。[5] 有的则主张,犯罪化与非犯罪化都应予重视,但从我国国情和现行刑事立法的现状出发,主要的问题不是非犯罪化,而当务之急是犯罪化。[6]

从上述关于犯罪化与非犯罪化问题的各种观点来看,我们认为,在讨论这一问题之前有必要明确一点,即犯罪化和非犯罪化的应有含义是什么?上述有的观点将非犯罪化纳入轻刑化的概念并将司法机关也视为非犯罪化主体,在我们看来是值得商榷的。其一,因为犯罪化和非犯罪化所言者为"罪",而轻刑化和与之相对的重刑化所言者为"刑",非犯罪化与轻刑化虽然都在一定程度上体现刑法的谦抑,但犯罪化与重刑化之性质却迥异,犯罪化并非必然排斥轻刑化。将非犯罪化纳入轻刑化的概念既不符合事物的本意,也不利于理论研究的需要。对于轻刑化问题,我们将在下文讨论,故不在此赘述。其二,犯罪化与非犯罪化只能指立法活动,无论是进行犯罪化还是非犯罪化,其主体只限于立法机关。主张司法机关对法律已经规定为犯罪的行为也可通过"不予认定为犯罪"之手段进行非犯罪化的观点,是不符合法制要求的。而且,需要进一步明确的是,在我国当前探讨犯罪化与非犯罪化问题,是相对现行刑法规定而言的。基于上述认识,我们认为,犯罪化是指立法者将现行刑法尚未规定为犯罪但有必要施以刑罚的行为规定为犯罪;非犯罪化即是对于那些现行刑法已规定为犯罪的行为,立法者通过立法创制活动将之予以剔除,不再作为犯罪规定。[7]

---

〔1〕 参见马克昌:《借鉴刑法立法例 修改和完善我国刑法》,载《法学评论》1989年第2期。

〔2〕 参见王勇:《轻刑化:中国刑法发展之路》,载赵秉志、张智辉、王勇:《中国刑法的运用与完善》,法律出版社1989年版。

〔3〕 转引自高格:《刑法思想与刑法修改完善》,载马克昌、丁慕英主编:《刑法的修改与完善》,人民法院出版社1995年版,第20页。

〔4〕 转引自李国明:《95中国刑法学年会综述》,载《人民检察》1995年第12期。

〔5〕 参见苏惠渔、游伟:《社会转型时期我国刑事立法思想探讨》,载《法学》1994年第12期。

〔6〕 参见陈兴良:《刑法哲学》,中国政法大学出版社1992年版,第8页。

〔7〕 参见马克昌、李希慧:《完善刑法典的两个问题》,载马克昌、丁慕英主编:《刑法的修改与完善》,人民法院出版社1995年版,第36~37页。

(二)观点研讨

完善我国刑事立法,究竟是应倾向于犯罪化还是非犯罪化呢?我们认为,根据我国客观实际情况和目前我国刑事立法的现状,片面强调犯罪化或非犯罪化均有失偏颇,因而上述第一种观点和第二种观点都不可取。上述第三种观点中各种主张总体上都认为我国刑事立法的完善应当犯罪化与非犯罪化兼而有之,其基本见解值得赞同。但综合比较,我们认为其中后一种主张更为科学、合理,即针对我国现行刑事立法状况而言,其完善之主要任务是犯罪化而不是非犯罪化。确切地说,在刑事立法的完善进程中,除有必要将现行刑法中个别犯罪剔除外,刑事立法的调控范围应予适当增强和扩大。

1. 着重进行犯罪化

在刑法调控范围上或犯罪化或非犯罪化,不是由立法者的主观意志决定的。相反,它建立在社会现实需要的基础之上。中国刑法的完善之所以要着重进行犯罪化,正是社会现实需要在刑法调控范围调整方向上的必然要求。

首先,犯罪化是中国目前刑事立法状况完善的客观要求。从我国现行刑法对犯罪的规定来看,由于立法者长期以来基本上贯彻经验立法的原则,许多本应规定为犯罪的行为在刑法中未作规定,致使中国现行刑法呈现"犯罪圈"偏小的状况。对于这类未被实际规定为犯罪而依其社会危害性程度理应作为犯罪规定的行为,通过制定新的刑法规范将其纳入刑法调控范围甚为必要。例如刑法典第 148 条规定了伪证罪,立法者却未考虑到将拒不作证这种行为也规定为犯罪。属于此类情形的还应有恐吓罪、哄抢罪、侵占罪、滥用职权罪、重大医疗事故罪等,这些行为都有必要予以犯罪化。毋庸讳言,晚近十几年来,全国人大常委会先后颁布了一系列单行刑法,新增了为数不少的罪名,但应当肯定,这些新增犯罪都是具有相当严重的社会危害性的行为,都反映了惩治犯罪(尤其是经济犯罪)的实际需要。而且,与同犯罪作斗争的实际需要相比,这种立法状况还是远远不够的。据统计,近年来围绕刑法的修改与完善问题,到 1990 年上半年为止,理论上就提出了增加 90 多种新罪的要求。[1] 这些新罪的增设建议虽然不尽合理。但至少从一个方面反映了我国刑事立法犯罪化的任务还相当艰巨,进一步扩大刑法调控范围也是刑法界的普遍愿望。

其次,犯罪化是社会主义市场经济体制下充分发挥刑法调控功能的重要途径。在刑法理论界有一种主张,认为市场经济是自由经济,不需要国家干预,包括刑事干预。对此,我们不敢苟同。诚然,市场经济的本质在于以市场机制为基础和主导,社会资源的配置服从于市场调节。但市场经济的理论和实践证明,完善的市场经济体制必然要求有与之相适应的法律体系作保障,即它的形成与运作需要有良好的法律调控机制。中国社会主义市场经济刚刚起步,民法、经济法和行政法的调控对发展市场经济来说无疑占有重要的地位,但同时也必须清楚地认识到,刑法作为强有力的"最后防线",在经济建设、发展市场经济中同样具有不可替代的作用。与民商法律以正面规划市场规则相配合,刑法调控通过惩治违反市场经

[1] 参见赵秉志主编:《刑法修改研究综述》,中国人民公安大学出版社 1990 年版,第 229~429 页。

济运作规则、严重破坏市场经济秩序的行为,以保障向市场经济的转型和市场经济的顺利发展。[1] 由此可见,刑法调控在市场经济条件下决不可削弱,而必须加强。

认识到市场经济条件下刑法调控的必要性和重要性,完善我国刑事立法应当着重进行犯罪化便是顺理成章的举措。众所周知,随着新旧体制的转型和社会主义市场经济的实行,经济领域内各种违法犯罪现象不仅以前所未有的速度和数量增加,而且出现了许多新情况、新问题。从整个市场体系看,各种新型犯罪如证券犯罪、期货犯罪、金融犯罪、不正当竞争犯罪、环境犯罪、破产犯罪、侵犯商业秘密犯罪等,已应运而生,目前这些行为大多数只是作为人们观念中或理论上的"犯罪",立法内容上尚较少涉及。对于这些行为如不在刑法中作犯罪化的处置,而仅仅依靠民事,经济或行政的制裁,显然无法予以有效的遏制,这势必严重地破坏市场秩序。此外,随着市场经济体制的建立,刑法传统的犯罪观也受到挑战。例如,在计划经济条件下,刑法只重视对公有财产权的保护;在市场经济条件下,为实现刑法的公平观,把某些严重侵犯个体经济、私营经济和外资经济等各种经济成分合法财产权益的行为规定为犯罪,也有必要。

综上所述,完善刑法应着重进行犯罪化,这是中国现行刑事立法状况以及社会现实需要所决定的。当然,我们主张着重进行犯罪化。并不意味着犯罪化的范围可以任意地、人为地扩大。事实上,如何合理适度地在刑法中增设犯罪,仍是值得进行认真的、理论与实际相结合的研究的一个问题。

这里需要指出,在犯罪化与非犯罪化问题上,有人认为,在我国现行刑法的基础上继续实行犯罪化,与国际社会上非犯罪化的潮流是背道而驰的,因而应当予以否定。我们认为这种看法并不中肯。这里首先涉及一个犯罪观念的差异问题。由不同的犯罪观念所决定,我国与当今世界许多国家刑法中所规定的犯罪在内容上有很大的不同。与西方国家相比,我国刑法已经将犯罪限定在最小乃至过小的范围内,即只是将危害性很严重的行为作为犯罪处理,危害性不很严重的行为均由其他法律处理。而西方国家刑法中的犯罪范围是较为宽泛的。例如西方国家刑法典或单行刑法中规定的"轻犯罪"或"违警罪",在我国往往只是在《治安管理处罚条例》中规定的一般违法行为,有的甚至只是一般违反道德的行为。西方国家非犯罪化主要也就是将某些违警罪非犯罪化,而这些行为在我国根本谈不上非犯罪化的问题。再者,西方国家的刑事立法也从未单向地进行非犯罪化。他们在一方面将个别犯罪转化为非犯罪化的同时,更多的亦是在另一方面不断扩大刑法的调控范围。如随着资本主义经济关系日益复杂化,当今西方国家刑法不断增加经济犯罪的惩治内容。以日本战后的刑事立法为例,该国在废除通奸等罪的同时,1958 年增加了斡旋受贿罪,1987 年增加了损坏电子计算机等妨害业务罪、使用电子计算机诈欺罪、不正当作出电磁记录罪、不正当供用电磁记录罪等。[2] 其刑事立法的犯罪化趋势可谓十分明显。由此看来,以"国际化"为由主张我国刑事立法的非犯罪化,反对犯罪化,是缺乏事实根据的。

---

〔1〕 参见王作富、孙力:《论市场经济与刑法调控》,载苏惠渔、单长宗主编:《市场经济与刑法》,人民法院出版社 1994 年版,第 14~15 页。

〔2〕 参见张明楷:《市场经济下的经济犯罪与对策》,中国检察出版社 1995 年版,第 360 页。

2. 个别进行非犯罪化

与犯罪化问题同理，在中国刑法完善中非犯罪化在多大程度上进行，仍然取决于中国的实际情况。从中国现行刑法关于犯罪的内容看，绝大多数犯罪都有必要予以保留。但是，也有个别犯罪随着社会的发展已失去了其存在的基础。对这些犯罪予以非犯罪化，从现行刑法中剔除出去，有其合理的依据。例如刑法典第 118 条规定的投机倒把罪，作为计划经济的典型产物，在当今市场经济条件下，其内涵外延已很不明确，实际上形成了“口袋罪”，在全面修改刑法典时此罪就不应再作规定。又如刑法典第 137 条规定的聚众“打砸抢”罪，作为特定历史条件下的产物，其罪名的设立只是为了总结“文化大革命”的教训，防止类似事件的发生。在社会主义民主法制日益健全的今天，这种带有明显时代烙印、过时的罪名，自然应从刑法中删除。类似的罪名还有刑法典第 125 条规定的破坏集体生产罪和第 120 条规定的伪造、倒卖计划供应票证罪等。

总之，中国刑事立法的完善面临的主要任务是犯罪化。当然，个别罪名的非犯罪化也不可否定和忽视。

五、刑罚轻重：轻刑化与重刑化之争

刑罚轻重的设置和选择，是刑法创制和完善中的一个重要课题。怎样在立法上对各种不同的犯罪规定适当的刑罚，以及如何在司法上对不同的犯罪和犯罪人适用不同的刑罚，一直是刑事立法和司法工作者所关注的重要问题。尤其是在刑事立法中，刑罚轻重的取舍关系到刑法内容的科学正确与否，同时也影响着整个刑法体系特别是刑罚能否在预防和惩治犯罪中发挥最佳功能与效益。

关于刑罚轻与重的选择，中国历史上早就提出过“刑新国用轻典”“刑平国用中典”“刑乱国用重典”的“刑罚世轻世重”的刑罚思想。近年来，在完善我国刑事立法的研讨过程中，我国刑法学界对于刑罚轻与重的选择问题上，出现了“轻刑化”与“重刑化”的激烈争论。争论的内容主要体现在两个方面：一是我国现行刑法是否存在重刑主义或重刑化的倾向；二是刑法的完善与发展应轻刑化还是重刑化。下面分别予以研讨。

（一）中国现行刑法是否存在重刑化的倾向

大多数学者认为，我国现行刑法存在重刑化的倾向，这种重刑主义的思想不仅表现于刑事司法中，而且更主要地体现在刑事立法内容中。如有的学者指出，近年来我国刑事立法中出现了刑罚量与犯罪量同步增长的趋向：为了遏制犯罪率急剧上升的势头，十多年来，全国人大常委会颁布的一系列《决定》和《补充规定》大大提高了一些犯罪的法定刑，形成了犯罪率上升和法定刑提高的“两高”局面。[1] 但亦有个别论者对我国现行刑罚采取一概肯定的态度，认为我国十几年来增加的重刑与死刑，都是“正确和必要的”，刑事立法在战略思想上

---

〔1〕 参见王作富、桑红华：《新时期刑事立法的反思及若干改进构思》，载《中国法学》1991 年第 5 期；王友才：《试论刑罚轻与重的选择》，载《法律科学》1994 年第 1 期。

也不存在重刑治国的重刑主义。[1]

我们认为,评价我国现行刑罚体系是否具有重刑比的倾向,一要全面、正确地理解重刑与轻刑的内涵,二要辩证、历史地看待重刑与轻刑的关系。在刑法研究中,重刑与轻刑可以按照不同角度划分。例如我国刑法学界有人认为,衡量刑罚轻重的标准有六:刑种的严厉性程度,严厉性较强的刑种的使用程度,严厉性较强的刑种的使用方法,刑罚处罚面的大小,刑事责任年龄的高低以及追诉时效的长短;有的则提出重刑的定量标准,认为5年以上有期徒刑、无期徒刑和死刑均属重刑;有的还从起刑点、死刑线和罪刑对应关系的角度界定重刑与轻刑。[2] 这些对重刑与轻刑不同含义和标准的理解,均有其价值和意义。就刑法对具体犯罪规定的刑种及法定刑幅度而言,在一个科学合理的刑罚体系中,毫无疑问地既有重刑也有轻刑。但作为立法思想的范畴,重刑与轻刑的界定只能是以罪刑等价为标准、以刑事立法内容的整体为评判对象,即根据刑罚的公正合理性原则,就刑法的总体而言,轻罪重罚,刑大于罪,为重刑;反之则为轻刑。从刑罚公正合理的意义上界定重刑与轻刑,正是客观评价我国现行刑法是否存在重刑主义倾向的前提。

我们认为,对我国现行刑法总体上进行实事求是的分析,我国1979年刑法典基本上体现了罪刑相适应、罪刑等价原则的要求。但是,应该承认,在刑法典颁布实施后创制的一系列单行刑法中,重刑主义的刑法思想有一定的倾向性。特别是自20世纪80年代初确定严厉打击严重刑事犯罪和严重经济犯罪分子的"严打"方针后,我国刑事立法明显地表现出一种重刑主义倾向:全国人大常委会制定的几个单行刑法,或是大幅度提高某些罪的法定刑,或是规定"加重"处罚的刑罚内容,或是大量增加死刑条文,无不呈现重刑主义的特点。自1988年全国人大常委会通过《关于惩治走私罪的补充规定》和《关于惩治贪污罪贿赂罪的补充规定》后,我国刑事立法对经济犯罪和危害治安的犯罪继续奉行从严的方针,死刑、无期徒刑和长期徒刑的适用持续扩大,涉及的条文和罪名不断增多。可以断言,就我国现行刑事立法内容而言,无论从绝对数和比例数看,适用死刑、无期徒刑等刑种的条文罪名之多之广,在当今世界各国刑法中并不多见,对许多犯罪的刑罚设定得过于严厉,这也是不争的事实。此外,在刑罚结构上,轻刑种类的管制和罚金在刑罚体系中的地位偏低,也从一个侧面反映了刑事立法的重刑主义思想。总之,不正视上述事实,不承认我国刑事立法重刑化的倾向,显然是缺乏科学态度、不作客观分析的主观臆断。

否定我国现行刑事立法有重刑化倾向的学者所持的主要理由是:第一,我国刑事立法增加重刑和死刑,符合我国政治经济情况的变化和同犯罪作斗争的形势要求;第二,刑法上规定重刑或死刑的数量,与它们在司法实践中的具体适用并非一回事。[3] 我们认为,回顾晚近十几年来我国刑事立法的历程,重刑或死刑量的不断加大,固然有其一定的现实依据,即随着我国改革开放和经济建设的发展,经济犯罪也大量增加,一些刑事犯罪活动日益猖獗,

---

〔1〕 参见何秉松:《我国的犯罪趋势、原因与刑事政策(下)》,载《政法论坛》1989年第6期。
〔2〕 参见王晓燕等:《"刑法改革与重刑"学术讨论会综述》,载《法学研究》1989年第4期。
〔3〕 参见何秉松:《我国的犯罪趋势、原因与刑事政策(下)》,载《政法论坛》1989年第6期。

从重从快惩治这些犯罪,对于保护社会主义改革成果,保护公民人身权利和合法权益,维护社会安定,具有不可低估的积极作用。但我们更应该知道,事物不但有质的规定性,而且有量的规定性,在质和量的结合上还有一定的度,超过一定的度,事物的性质就会发生变化。刑罚也是如此,超过客观需要所应有的范围一味从严,必然走向重刑主义。我国多年来刑事立法注重严刑峻罚,崇尚乃至迷信刑罚的威慑和报应功能,因而在惩治犯罪的立法思想上,重刑主义的存在是不容否认的。否定说的观点只片面地认识到社会治安状况恶化、经济犯罪严重等因素对刑罚轻重设置的影响,而对我国现行刑事立法在一定程度上忽视罪刑等价、过分追求刑罚苛厉以期重刑止罪的事实全然不顾,这是不符合辩证法的观点的。

那么,判断刑事法律是否重刑主义,应当侧重于立法上的规定还是司法实践中的应用呢?否定说的观点强调的是后者,依其主张,尽管立法上重刑或死刑条文增加,但只要在司法实践的具体适用中贯彻"惩办少数,争取教育改造多数"的政策原则,就不能说这是重刑主义的偏向或表现。这种观点实际上错置了刑事立法与司法的关系。众所周知,刑事立法决定刑事司法,刑事立法推崇重刑,司法实践怎能不反映重刑的倾向?反之,立法对刑罚的轻重进行公正合理的选择,至少在执法依据上保障了司法实践中罪刑相适应原则贯彻的可能性。我国司法实践经验亦已证明,执法趋于严厉,根本仍在于它赖于存在的立法严厉性的基础。因此,判断刑事法律是否重刑化,既要看刑事立法,也要看它在司法实践中的应用,但关键仍在于前者。把握这一点,考察我国现行刑事立法,就可以说,重刑主义倾向的存在是无可否认的。进而言之,十几年来我国司法实务中对死刑、重刑的过分依赖与积极贯彻也可以说是不争的客观事实。但是,事实又近乎无情地证明,我国重刑主义的刑事立法与司法实务,并未收到其所期望的良好的社会效果。

需要指出的是,承认我国现行刑事立法存在重刑主义倾向并不可怕。可怕的是漠视乃至有意无意地掩盖这种事实的存在,进而又促使这种倾向继续发展和强化。从这种错误的认识出发,势必不利于正确评价我国刑事立法的得失利弊,也不利于更新刑罚观念以进一步完善我国刑法。当然,认识到我国现行刑法的重刑主义倾向,并非我们的最终目的。更重要的,是如何从中进行反思、得到启迪,并在此基础上确定完善我国刑事立法的正确指导思想。

(二)我国刑法完善应采轻刑化还是重刑化

如果说我国现行刑事立法是否有重刑化倾向是一个"已然"的问题,那么我国未来刑法完善在刑罚的轻重选择方面就是个"应然"的问题。比较而言,"应然"问题更具现实意义。对于我国刑事立法在刑罚设置的总体方向上究竟应走轻刑化还是重刑化的道路,我国刑法学界存在不同的见解:

一种观点是"轻刑化说"。认为我国现行刑事立法所规定的刑罚体系具有重刑主义倾向,故完善刑事立法应当使刑罚趋于缓和。其主要理由是:第一,轻刑化是刑法发展的必然趋势。中外刑法发展的规律证明,刑罚总是由重刑向轻刑转变。第二,轻刑化是商品经济的反映。只有放宽一些刑事上的限制,才能促进商品经济蓬勃发展。第三,轻刑化是社会民主的保障。只有确定一个较缓和的刑法,才能切实保障人民民主权利。第四,轻刑化是科学刑法的要求。重刑无法遏制犯罪,轻刑才能发挥刑罚效用。[1]

另一种观点是"重刑化说"。认为我国现行刑事立法严刑重罚虽然未能有效地遏制犯罪的增长,但决不意味着它的失败。在当前犯罪活动十分猖獗的情况下,立法要坚定不移地贯彻执行从严惩办的政策;刑法的宽严程度以及刑法关于重刑和死刑的规定,大体应保持目前的水平。[2] 持此观点的论者还指出,虽然历史上统治阶级从来没有以重刑成功地预防犯罪,但今天我们使用重刑是维护广大人民群众的利益,必定得到广大人民的拥护和支持;重刑对于犯罪预防具有重要的威慑作用。[3]

针对重刑化说与轻刑化说的主张,近年来刑法学界又有人提出第三种观点,即主张在刑罚的设定上,既要反对重刑化说,又要反对轻刑化说,法定刑应该基于罪与刑的等价关系,以适度与协调为原则,使罪刑之间建立一种相当的对应关系。[4] 这种观点可以称之为"适度化说"。

上述三种主张中,重刑化说在我国是具有传统性的刑罚观念,刑法理论界持此观点者不在少数。如前所述,我国现行刑事立法也深受其影响;轻刑化说是在反思我国刑法领域刑罚量与犯罪率同步增长这一非良性循环现象的基础上产生的,作为一种限制重刑化的理论构想,具有一定的积极意义。但是,轻刑化说从一出台就没有在理论界占据优势地位,更不为我国的刑事立法和司法实践所认可与采纳。在我们看来,重刑化说与轻刑化说在立法思想上都是片面的、非科学性的。因为无论是重刑还是轻刑,它们在控制和预防犯罪中的作用都是有限的,任何国家的刑罚体系也都是由性质不同、轻重有别的刑罚组合而成的。如果在刑事立法中根据重刑化说的观点一味实行重刑,或是根据轻刑化说的观点片面追求轻刑,显然均会有失刑罚的公正,有悖于罪刑相适应的刑法基本原则。具体而言,在刑事立法中选择重刑化或选择轻刑化,其弊端明显地体现在以下几个方面:

其一,重刑化和轻刑化均与刑罚目的的原理背道而驰。在刑事立法中,刑罚体系的确立、刑罚制度的设立,乃至具体犯罪的法定刑的选择,都与立法者确立的刑罚目的密切相关。我国刑罚的目的是既要惩办犯罪又要最大限度地预防犯罪。重刑化的立法思想片面、机械地强调刑罚的苛厉,显然带有惩办主义的色彩,与我国刑罚的本质格格不入。轻刑化的立法思想单纯追求刑罚的缓和,同样难以实现刑罚目的。

其二,重刑化和轻刑化都必然有损刑罚的权威性,最终导致刑罚的无效。重刑化思想过分迷信与依赖刑罚的威慑力,过高地估计了刑罚的作用,不仅降低刑罚效用,而且使公众心理对残忍感受麻木,削弱公众对法律的尊重和支持,破坏刑罚固有的强化道德禁忌和伦理教化的效果。诚然,我们无法否认严刑峻罚具有一定的威慑力,但重刑主义会不可避免地排斥罪犯改恶从善的愿望,淡化刑罚威慑和教育、感化、挽救关系的平衡与协调。刑事古典学派的鼻祖贝卡里亚曾说过:"严峻的刑罚造成这样一个局面:罪犯所面临的恶果越大也就越敢

---

〔1〕 参见王勇:《轻刑化:中国刑法发展之路》,载赵秉志、张智辉、王勇:《中国刑法的运用与完善》,法律出版社 1989 年版,第 323 ~ 329 页。

〔2〕 参见何秉松:《对我国刑事政策的再认识》,载《中国法学》1989 年第 6 期。

〔3〕 参见向小林:《论重刑主义与预防犯罪》,载《预审工作通讯》1994 年第 1 期。

〔4〕 参见刘华:《论法定刑的适度与协调原则》,载《政法论坛》1993 年第 3 期。

于规避刑罚”,“对于犯罪最强有力的约束力量不是刑罚的严酷性,而是刑罚的必定性。”[1]这些至理警句都充分论证了刑罚在一般预防和特殊预防中,只有适度才能与伦理保持和谐,刑罚的功能才能达到最佳化状态。持重刑化说者认为目前我国犯罪率依旧上升,其原因仍在于刑罚量不够,因而只有加重刑罚才足以遏制犯罪的增长。这种主张无疑是想利用严刑重典的心理强制作用来使社会上的不稳定分子不敢以身试法,以达到预防犯罪的目的。孰不知,随着重刑的膨胀,刑罚结果必定贬值,人们对刑罚的威慑会日益淡漠。我国刑事立法近十几年来实行从重的刑事政策后,各种犯罪总体上不但未有削减反而呈现不断上升的趋势,便是重刑化思想错误倾向的最好印证。“严打”斗争在取得一度的短期效应后,我国社会治安状况依然相当严峻的局势充分证明了重刑化说的短见和弊端,因而必须予以摒弃。否则,任凭刑罚的设置日益严酷和不加区别地从重治罪,则为减少与控制犯罪创造良好社会环境就只能是一种奢望,更谈不上像重刑化说论者所说的那样得到“广大人民的拥护和支持”!

轻刑化说的观点虽然并不否认对某些严重犯罪如杀人、抢劫等施以重刑,但总的来说,它只是单方面地考虑降低刑罚强度。同重刑化思想一样,这样主张必定导致刑罚功能的失效。众所周知,刑罚具有惩罚与威慑两大功能,对于已然之罪,如果不给予适度的刑罚,不使犯罪人产生一定的痛苦,惩罚的效应便难以实现。轻刑化如果在立法中得以确定,势必使犯罪人不再惧怕刑罚,甚至可以轻视刑罚。可以说,重刑化因过于强调刑罚对人的心理强制作用,可能使犯罪人滋生复仇与对抗情绪,从而再次实施犯罪;轻刑化则必定走向另一个极端,因其适用刑罚过于轻缓而使犯罪人更肆无忌惮地再次犯罪。可见,走轻刑化的刑法发展之路,仅就刑罚功能的实现而言,也不能说是刑法科学性的要求;将之付诸刑事司法,其结果必定不利于惩治和预防犯罪,因而无法切实保障国家、社会和公民的利益。

其三,重刑化和轻刑化均不符合我国惩治犯罪的实际需要。如前所述,在重刑化说中比较普遍的有影响的观念,即是把近年来犯罪率增高与社会治安日趋恶化的原因归于刑罚太轻,认为重刑的选择顺应了打击犯罪的斗争形势之需要。这既是对刑法功能作用的错误认识,也是对我国刑事立法抗制犯罪所实际需要刑罚强度的错误估计,兹不赘述。但是,与重刑化说针锋相对的轻刑化说主张通过轻刑化建立一个宽松、缓和化的刑事制裁体系,又是否符合中国的国情呢?答案也是否定的。因为从我国当前与今后较长一段时期的犯罪形势来看,犯罪形势的确不容乐观,在这种背景下,如果在立法上大幅度减轻刑罚,势必不利于抑止犯罪,甚至造成社会心理的失衡,难以满足惩治和预防犯罪的需要。

通过上述分析可知,作为一种立法思想,重刑化与轻刑化都不足取。尤其是重刑主义刑法思想,在我国目前刑事立法和刑法理论中均具有一定市场的情况下,必须坚决予以清除。

值得注意的是,在重刑化与轻刑化问题上,既反对“重刑化说”又反对“轻刑化说”的“适度化说”是否妥当呢?我们认为,这种观点表面上体现了罪刑等价的思想和罪刑相适应的刑法基本原则,貌似有理,其实却解决不了任何问题。因为问题的焦点在于,完善我国刑法,并非从零开始,而是需要在审视、检讨现行刑法内容的基础上进行。在刑罚轻重的设置方面,

---

〔1〕 参见[意]贝卡里亚:《论犯罪与刑罚》,黄风译,中国大百科全书出版社 1993 年版,第 43、59 页。

如前所述,我国现行刑法已经存在重刑化的趋向,而轻刑化毕竟只是一种理论上的构想。这样,在重刑化已成为立法现实而轻刑化尚停留于纸面的情况下,如果只是简单地将“重刑化说”与“轻刑化说”的观点予以折中,笼统地强调刑罚的设置应当适度与协调,那么,对于克服重刑主义思想、避免重刑化立法仍然无济于事;以此为指导来完善刑法,刑罚轻重的天平必定仍朝“重刑化”方面倾斜,这怎么又能达到刑罚的“适度与协调”、建立罪刑之间的“对应关系”呢? 由此可见,适度化说的观点主张刑罚轻重应当适度与协调、体现罪刑等价关系,总的方向并无不妥,但是这种观点忽视了我国现行刑法重刑化的现实,犯了前提性的错误。

我们认为,在刑罚轻重的设置方面,完善我国刑事立法关键,是要克服现存的重刑主义思想;其次,应当在摒弃重刑化立法内容的基础上,按照罪刑相适应原则的要求,建立轻重适度的刑罚体系和法定刑幅度。具体而言,基于现行刑法的现状,刑罚的合理设置主要应注意以下几个方面:

第一,严格控制死刑,并逐步减少死刑的适用范围,刑法的修改应尽量不增加死刑。一是要对某些犯罪废除死刑。如现行刑法对传授犯罪方法罪、强迫他人卖淫罪等均有死刑的规定,考虑到这些犯罪的社会危害性程度,死刑的设置应予以废除;又如对于经济犯罪,我国现行刑法在死刑布局上范围过宽,应当有所减少,甚至可以考虑取消经济犯罪的死刑设置。二是严格限制适用死刑的对象。对于配置有死刑的具体犯罪,犯罪情节或适用标准应当具体化、立法化,以防止死刑的滥用。对于现行刑法关于已满 16 岁不满 18 岁的未成年人可以适用“死缓”的规定予以删除,以彻底体现对未成年人犯罪从宽处罚的政策精神。三是严格对死刑立即执行案件的复核程序。对于死刑立即执行的案件,应一律由最高人民法院判决或核准,复核权不应下放至省、市、自治区高级人民法院。

第二,在刑种比例上,应当扩大管制、拘役以及罚金刑等轻刑种的适用范围,避免现行刑法片面强调生命刑和严厉性自由刑地位的不良倾向。对于经济犯罪和财产犯罪,罚金刑的设置应予以高度重视;考虑到刑罚的针对性,对于某些利用职务、职业或资格而构成的犯罪,可以增设限制职务、职业或剥夺一定权利的资格刑,以缓解自由刑比例过大的状况。

第三,完善刑罚具体执行制度。如删除现行刑法中“加重”处罚的规定;明确规定自首、坦白、立功的概念和成立条件;规定完备的缓刑、假释考验制度;等等。

第四,在具体犯罪的法定刑方面,应当注意协调平衡。重罪、轻罪在法定刑配置上应有显著区别;危害性相近的犯罪在法定刑上应大体接近;根据实际需要,对当前社会危害性较大,而现行刑法规定的法定刑幅度又偏低的犯罪,应适当提高其法定刑,但应力戒在法定刑调整上“就高不就低”“比高不比低”的做法。

总之,在反对重刑化立法的前提下,设立刑罚体系和法定刑幅度,既要足以遏制和预防犯罪,又不能造成多余和浪费;一方面要摒弃重刑化立法,另一方面又不能矫枉过正、不切实际地搞轻刑化。

略论罪刑法定原则立法化的价值*

目　次

一、立法价值

在刑法乃至宪法上明确规定罪刑法定原则，必将促进或有助于刑法立法上的一系列完善和进步。

首先，罪刑法定原则的立法化，会促进刑法立法内容的完备。刑法立法内容的完备，要求现阶段存在和必然会发生的犯罪活动均有相应的罪刑规范调整，这既是有效地惩治防范犯罪的现实需要，也是罪刑法定原则的必然要求。因为罪刑的法定化乃罪刑法定原则的基本要求之一，而所谓罪刑的法定化之含义，不仅在于罪与刑的问题要以法律加以明文规定，更在于法定的罪刑规范要全面、客观、准确地反映现实的犯罪情况及同犯罪作斗争的实际需要。但是，毋庸讳言，我国现行刑法规范是很不完备的。不仅15年前颁行的刑法典中罪刑规范缺乏的现象颇为严重；即使有了15年来国家立法机关创制的一系列特别刑法规范，也还是不能完全适应社会发展对刑法规范的需求。刑事立法尚不足以完整、全面地惩治和防范已经存在甚至相当严重的犯罪现象，更谈不上具有适当的前瞻性和预见性了。刑法立法内容的这种不完备，大大降低了刑法对社会进步应有的保障与促进功能的发挥，即降低了刑事法治的水平。而在刑法上明确规定并切实贯彻罪刑法定原则，首要的要求就是要完备刑法内容，不仅要将特别刑法中科学合理的罪刑规范全部吸收到刑法典中，并且要从社会的实际犯罪情况和惩治防范犯罪的实际需要出发，全面系统地增补应有的罪

---

* 原载《法学》1995年第3期；《华东政法学院学报》2002年第6期转载；收入华东政法学院司法研究中心2002年编印：《罪刑法定原则与我国刑事司法研讨文集》。

刑规范,从而使刑法立法在现实条件下具备应有尽有的完备性。

其次,罪刑法定原则的立法化,亦会促进刑法立法内容与立法技术的科学性。罪刑立法的明确化,是罪刑法定原则的又一基本要求。在刑法中明确规定罪刑法定原则,贯彻罪刑立法明确化的要求,必将从一个重要方面促进刑法立法的科学性。例如,有助于促进刑法分则条文立法模式的完善。现行刑法分则条文未明定罪名,而且存在一条数罪和一罪数条的情形,这种有悖于罪刑立法明确化的不科学的立法,难免造成司法实务中和理论上对罪名与法条适用的不同见解及相异做法。若贯彻罪刑法定原则之要求,犯罪之法定,当然应当包含犯罪行为之名称即罪名之法定;同条同罪、异条异罪、一条一罪,亦是罪刑立法明确化的需要。因此,刑法分则条文理应采取一条一罪、明列罪名的立法模式。再如,现行刑法典创制时,由于立法经验不足加上当时立法思想上主张"宜粗不宜细""宁疏勿密"的粗放立法原则和技术,导致立法内容和立法技术上的不科学之处比比皆是:如许多常见多发犯罪均采纳了简单罪状,投机倒把罪、流氓罪、玩忽职守罪等由于罪状规定得过于笼统、含糊而成为什么均可往里装的"口袋罪";有些用语不合逻辑,有失统一或模棱两可;有些表述不确切、有漏洞或过于原则;一些犯罪的刑种刑度又跨度很大,如此等等,不一而足。这些有违于明确化要求的罪刑立法,必然对司法的正确运作造成不良影响。若能在刑法修改时贯彻罪刑法定原则明确化之要求,较为详备地规定犯罪(尤其是常见多发和复杂罪种)的构成特征,设置刑种刑度适当并与罪责协调的法定刑,并注意法条表述、用语上的确切、严谨、统一,必定会大大促进立法的科学性,进而会有助于正确司法。

再次,罪刑法定原则的立法化,必然要求废止类推制度。类推是对刑法无明文规定的行为定罪判刑的制度,它在本质上与罪刑法定原则背道而驰,因而必然为罪刑法定原则所排斥。笔者坚决主张在设立罪刑法定原则的基础上果断地废止类推制度,主要理由有三:(1)类推制度在本质上不利于法治。类推制度实质上是司法侵入了立法领域,有悖于现代法治要求的立法权与司法权的统一;类推制度乃"不教而诛",使刑法规范有失于民主性和确定性,并助长立法的粗放,掩盖一些本应由立法补充来解决的问题,从而不利于法治及刑法的完善和发展。这些弊端乃类推制度本身所固有,规定类推适用的严格条件可以缩减这些弊端的作用,但无法根除这些弊端。因而要实行法治,就必须摒弃类推。(2)类推制度失去了实际价值。某项立法制度的存在价值,离不开司法实践的检验。据统计,从刑法施行的1980年到1993年的13年间,最高人民法院一共核准类推案件73件,占全部已判决的刑事案件的万分之零点二左右,平均每年仅5.2件。类推案件的性质多是轻罪,有些案件不需要类推,有些属于类推错误。从案件的类型和数量看,可以说类推制度几乎已形同虚设,正面作用甚微,失去了存在的实践根据。(3)类推制度有悖于世界刑法发展潮流,不利于中国刑法与国际接轨。目前世界上除极个别小国家外,类推制度在各国刑法中已荡然无存。废止或禁止类推,实行罪刑法定,实乃世界刑法之通例和发展之大势。中国要实行对外开放,要步入法治国之行列,在涉及类推制度存废这样的大是大非泾渭分明的问题上,必须与国际接轨,与世界各国刑法协调,而不能以中国独特国情为理由来独树一帜,以致成为众矢之的,损害中国刑法乃至整个法治的国际形象,进而损害中国改革开放事业的进展。因此,中国刑法修改时，应当果断地废止实际积极作用甚微、与法治和世界潮流相悖的类推制度，坚决实行罪刑法定原则。

最后，罪刑法定原则的法定化，还要求杜绝刑法溯及力上的从新原则。我国刑法典第9条关于溯及力的规定，采用了符合现代多数国家立法通例的“从旧兼从轻”的原则。质言之，我国刑法典对溯及力以“从旧”为基本原则，正是罪刑法定原则的要求与体现，在“从旧”的基础上以“从轻”为补充，实质上是有利于行为人的，是考虑到了新法更加宽缓的正确理由及其适用的积极社会效果，从而使溯及力的解决全面、辩证地贯彻罪刑法定原则及其精神，效果更加积极。但是，后来的单行刑法并未完全遵循刑法典总则关于溯及力的这一基本规定，1982年3月8日《关于严惩严重破坏经济的罪犯的决定》则采用了有条件的从新原则，1983年9月2日《关于严惩严重危害社会治安的犯罪分子的决定》采用了完全的从新原则。由于这两个单行刑法设定的刑罚都较刑法典严厉，因而“从新”实质上也就是“从重”。“从新”原则以事后法来规范和惩治法律施行之前的行为，完全违背了罪刑法定原则“法无明文规定不为罪、法无明文规定不处罚”的最基本的要求，会造成法治秩序的混乱，导致人们产生对法律和法治的不信任感，因而要确立罪刑法定原则，就必须禁止任何刑法规范采取“从新”原则。

二、司法价值

罪刑法定原则的立法化，不仅会促进或有助于刑法立法上的完善与进步，还会有力地改善和强化刑事司法。

首先，有助于强化执法意识。不可否认，刑事司法实务中存在有意无意曲解法律、忽视法律乃至无视法律的错误观念，以至于有法不依、执法不严、违法不究、究不依法的现象有一定的普遍性。而按照罪刑法定原则的要求，刑事司法人员必须树立严肃执法的意识，司法实务中对行为的罪与非罪、此罪与彼罪，以及行为人罪责大小和应判刑罚轻重，均应严格依照刑法条款的规定处理。坚持严肃执法的观念，强化依法定罪判刑的法治意识，才能树立刑法及刑事法治的权威，进而通过正确的司法活动来达到保护人民、惩罚罪犯、预防犯罪的刑罚目的。

其次，有助于提高司法水平。罪刑法定原则的立法化强化了执法意识，这无疑有助于提高司法水平；罪刑法定原则各项内在要求的立法贯彻，又必然促进刑法立法的完备和明确，为刑事司法提供完备、科学、便于操作的法律武器，这更是直接有助于刑事司法水平的提高。

最后，有助于完善司法解释。近年来刑法学界普遍注意到，由于刑法立法不完备、立法修改不及时和立法解释欠缺等原因，最高司法机关的一些刑法司法解释中，时常有侵入立法领域的越权解释的内容。这类越权司法解释的产生虽然事出有因，但也不能予以肯定。司法解释是司法权的行使方式，它不仅要贯彻法律的基本原则和基本精神，而且还要受到刑法条文立法原意的制约，其解释不能超出、违背或者修改、补充刑法条文的原意，此乃罪刑法定原则的当然要求。如果违背罪刑法定原则，任由司法解释超越司法权限而侵入立法领域，不管该解释在司法中解决了什么具体问题，从根本上而言，都是对法治原则和法治协调统一的妨碍。因此,将罪刑法定原则立法化并在司法领域里切实予以贯彻,就不能不严肃认真地检讨和坚决纠正司法解释侵入立法领域的错误现象;而随着罪刑立法的完备和科学,最高司法机关也将会在客观上不再需要进行越权解释。司法解释如能与立法划清界限并在司法的权限和领域内逐步完善,必然更加有力地指导和促进刑事司法工作。

三、社会价值

罪刑法定原则的法定化及其在立法、司法中的切实贯彻体现,亦会产生显著的社会积极效应。

首先,有助于提高全社会的法治观念。“有法可依,有法必依,执法必严,违法必究”是现代法治的要求。罪刑法定原则的立法化及其在刑法中的全面贯彻,会给刑事法治提供科学的刑法规范,解决“有法可依”的问题;而罪刑法定原则在司法实务中的切实遵行,进一步贯彻了“有法必依,执法必严,违法必究”的法治精神。这样,通过罪刑法定原则的立法与司法体现,就从刑事法治这一重要的领域向全社会昭示:某种行为是否构成犯罪以及构成何种犯罪,对犯罪人是否判处刑罚以及处刑轻重,均需由国家立法机关按照立法程序和行为的性质、危害程度等事先以刑法规范加以明文规定,并进而由司法机关遵循刑事诉讼程序、依照刑法规范加以衡量、判定和处理,即罪刑必须法定,司法活动必须依法裁量,刑法面前人人平等,不允许有任何凌驾于法律和法治之上的特权。这无疑会有助于提高和强化全社会的法治观念;例如,广大公民一方面知道了应当严格遵守刑法的规定,若予违背可能构成犯罪而被依法追究刑事责任;另一方面也会懂得其人身、财产、民主、自由是受刑事法治保护的,若有人违法侵犯而又达到刑法所禁止的危害程度的,便可以要求司法机关追究其刑事责任。从而提高了公民遵守刑法和运用刑法保护自身、追究犯罪的水平。再如,新闻媒介也可以罪刑法定原则及其是否切实贯彻为基本标尺,来报道、衡量刑事司法活动,动员社会舆论和有关方面予以检查和督促,从而强化全社会的法治意识。而全社会整体法治观念的真正形成和提高,无疑是建立法治社会、促进国家文明民主发达的现代化建设最基本的条件之一。

其次,有助于强化现代法治国家所需要的制约机制。现代法治国家的立法权、司法权、行政权应由不同的国家机关行使,彼此各司其责,互相配合又互相监督、制约,形成一个合理的制衡和促进机制。但是,我国刑事法治领域里还存在有悖于现代法治原则要求的现象,如行政权侵入立法权、司法权,司法权侵入立法权,以及行政官员乃至党的干部干扰司法活动,等等。罪刑法定原则的立法化及其在立法、司法中的充分贯彻,会有助于克服或减少上述弊端,促进行政机关、党政官员尊重刑事立法和刑事司法,促进司法部门及司法官员尊重和遵循刑事立法,亦促进立法机关充分考虑司法实务的需要,及时创制、修改和完善刑事立法,同时还会促进立法、司法、行政机关之间对刑事立法及其适用的监督,从而形成一个良好的刑事法治制约机制。

积极促进刑法立法的改革与完善*

——纪念1997年刑法典颁行十周年感言

目　次

一、前言

十年前，国家立法机关通过了经系统修订的1997年刑法典（以下简称97刑法典），标志着我国刑事法治取得了划时代的进步。光阴似箭，十年岁月匆匆而过，十年期间我国刑法伴随国家和社会前进的步伐又取得了骄人的成绩。刑法立法是刑事法治

* 原载《法学》2007年第9期；又载《刑法评论》2008年第1卷；收入赵秉志、郎胜主编：《和谐社会与中国现代刑法建设》，北京大学出版社2007年版。

的基础,因而刑法立法的改革与完善应当受到我们充分的重视。站在97年刑法典走过十载春秋的今日之端,抚今追昔,我们对我国97刑法典充满了情感。值此97刑法典颁行十周年之际,笔者特撰文略述本人参与我国刑法立法活动及从事刑法立法问题研究的情况和若干浅见,以此作为纪念。

二、参与刑法立法活动和从事刑法立法研究概况

(一)相关背景和条件

我是国家恢复高考制度后的首届大学生,1977年考入郑州大学政治系本科学习,两年后转入新建的郑州大学法律系并被选派到中国人民大学法律系代培学习完成法学本科学业。1982~1987年在中国人民大学法律系刑法专业攻读法学硕士和法学博士学位,师从著名刑法学家高铭暄教授,1988年3月通过博士学位论文答辩而成为新中国首届刑法学博士。自1987年底博士生毕业留人大法律系(法学院)任教达18年,先后破格晋升为副教授、教授,并先后担任法律系副主任和法学院副院长,1999年11月~2005年8月同时担任国家重点研究基地中国人民大学刑事法律科学研究中心主任。我之所以得以直接参与国家刑法立法活动并有较多相关研究成果,主要原因大体上有以下三个方面:

其一,老师的培养引导和单位的地位影响。在人大法律系代培读本科阶段,我就有幸聆听了我国著名刑法学家高铭暄教授的刑法总论课和王作富教授的刑法各论课,两位教授深入浅出的精彩授课尤其是他们结合自己参与刑法立法活动对刑法立法原意的阐发和对刑法立法有关问题的商榷,使我这个刚刚步入法学殿堂的年轻学子对刑法立法有了初步的了解,也开始破除对刑法立法活动的神秘感;在研究生学习阶段,我读到了高铭暄教授忠实记载我国刑法孕育和诞生过程的著作。[1] 在该书中,高教授结合他自1954年至1979年间自始至终参与我国第一部刑法典即1979年刑法典(以下简称79刑法典)起草工作的情况和体会,系统而清晰地论述了我国第一部刑法典的创制历程及法条含义,极大地方便了我们学习研究刑法,同时也进一步加深了我对刑法立法问题的了解与兴趣;在研究生阶段和留校任教后,导师高铭暄教授、王作富教授也总是以言传身教培养引导我们年轻一代重视对刑法立法问题的研究。同时,我所在的中国人民大学法律系刑法专业是国家重点学科点,后来又建立了国家人文社会科学重点研究基地,其刑法学研究基础扎实、力量雄厚,而且有长期重视和参与国家刑事立法活动的优良传统。

其二,个人的学术兴趣和学术见解所在。在导师的培养引导下,我在研究生阶段即对刑法立法及其发展完善问题产生了浓厚的兴趣,撰写发表了一些有关刑法立法的缺憾分析及其完善建言的论文;及至毕业留校任教后又适逢国家修改刑法并得以参与有关立法活动,刑法立法完善问题更成为我在1988~1997年刑法典修改十年间研究的重点领域。我认为,科学而完善的刑法立法是健全而有力的现代刑事法治的基础,关注刑法立法问题是刑法学者的使命和职责所在,也是做好一个刑法理论工作者尤其是刑法教师的必备素养所在。

---

〔1〕 参见高铭暄编著:《中华人民共和国刑法的孕育和诞生——一个工作人员的札记》,法律出版社1981年版。

其三，国家修改刑法提上日程暨国家立法机关的器重。1988 年我博士生毕业刚刚留校任教，国家立法机关全国人大常委会正好于此时将刑法典修改提上工作日程并由此展开了十年的修法研拟活动。国家立法工作机关全国人大常委会法工委在修改刑法典的研讨活动中注意吸收了一些青年学者参与，我有幸应邀参与其中；更由于我所在单位及人大法律系刑法学科点主持人高铭暄教授的推荐和全国人大常委会法工委的器重与培养，使我得以更深入地参与到法工委的刑法修改小组之中，从而有了把刑法学理论和参与刑法修改实践活动结合起来的条件与动力。

综上，正是在各种主客观有利因素的结合和影响下，加上自己的热爱，使我自从事刑法学学习研究以来数十年间，得以并坚持把刑法立法及其改革完善问题始终作为自己的主要学术领域之一予以探索和积累。

（二）参与刑法立法活动概况

在国家立法机关 1988 ~ 1997 年研拟修订我国第一部刑法典的相关活动中，我的参与主要体现在以下四个方面：

其一，两度参与国家立法工作机关的刑法修改小组。1988 年 7 月刑法典修改被纳入国家立法机关工作日程后，同年 12 月全国人大常委会法工委成立了刑法修改小组，我应邀成为该小组的成员。〔1〕 该小组前后活动约半年，具体参与先后拟定出了 1988 年 11 月 16 日和同年 12 月 25 日的两份《刑法修改稿》，并进行了有关刑法修改的其他一些资料整理和研讨工作。后来，由于 1989 年北京“6・4”事件的发生，国家立法机关的修改刑法工作停顿下来，刑法修改小组也停止了活动。1993 年八届全国人大常委会又将刑法典修改工作提上日程后，全国人大常委会法工委在当时还主要致力于刑事诉讼法典修改工作的情况下，于 1993 年 9 月抽调部分力量并邀约数位刑法学者再度组成了刑法修改小组。〔2〕 该修改小组的活动时间大体为 1993 年 9 月至 1996 年 4 月，其研究重点是刑法分则部分，在多次集会研讨的基础上，修改小组先后于 1993 年 10 月和 11 月、1994 年 3 月和 1995 年 8 月分别整理出了 4 份具有草案性质的《刑法分则条文汇集》，以此作为国家立法工作机关研究刑法典分则修改的基本资料和框架。〔3〕 我在修改小组中除参与全面的研拟工作和刑法典分则体系结构的设计之外，还承担了侵犯公民基本权利和妨害司法方面有关章节犯罪的法条设计和论证研究工作。〔4〕 1996

〔1〕 该小组由全国人大常委会法工委原副主任、时任顾问高西江同志主持，由法工委刑法室几位领导和业务骨干（刑法室李福成副主任、李淳副主任、郎胜处长、王尚新处长和黄太云、滕炜同志等）以及刑法学界 3 位中青年学者（中国社科院法学所崔庆森副研究员、中国人民大学法律系赵秉志副教授和中国政法大学薛瑞麟讲师）参加组成。

〔2〕 该小组由全国人大常委会法工委原副主任、时任咨询委员高西江同志主持，法工委刑法室副主任李淳同志协助主持，刑法室徐霞、宋海波同志参加；修改小组的刑法学者有 7 位：储槐植教授（北京大学法律系）、赵秉志教授（中国人民大学法律系）、陈宝树研究员（中国社科院法学所）、李文燕教授（中国人民公安大学）、陈泽宪副研究员（中国社科院法学所）、侯国云副教授（中国政法大学）和王世洲副教授（北京大学法律系）。

〔3〕 参见赵秉志主编：《新刑法典的创制》，法律出版社 1997 年版，第 14 ~ 15 页。

〔4〕 我于 1995 年 6 月 19 日完成这方面的草拟研究稿并呈报法工委刑法修改小组作修法参考。这个设计研究稿涉及“侵犯公民人身权利罪”“侵犯公民民主权利罪和劳动权利罪”“妨害司法活动罪”三章暨“渎职罪”章中的“司法渎职罪”部分。博士生赫兴旺和硕士生肖中华协助我参与了此项研究工作。参见高铭暄、赵秉志编：《新中国刑法立法文献资料总览》（中册），中国人民公安大学出版社 1998 年版，第 2961 ~ 3003 页。

年3月刑事诉讼法修改稿在八届全国人大四次会议通过后，自同年4月起全国人大常委会法工委即将主要精力迅速转入刑法典的全面修改工作，刑法修改小组成员就转而参与到法工委主持的刑法典修改研拟活动中了。

其二，协助主持中国人民大学刑法总则修改小组的工作。在上述全国人大常委会法工委刑法修改小组成立并开始研拟刑法典分则修改问题之后不久，1993年12月间，当时主持刑法修改小组的高西江同志在经我转达与高铭暄教授商定的基础上，代表全国人大常委会法工委委托中国人民大学法律系刑法学科点研究和提出刑法典总则修改草案。接受委托后，人大法律系刑法学科点成立了刑法总则修改小组，由高铭暄教授和王作富教授主持，我协助主持并负责具体协调工作。[1] 该小组从1993年12月至1994年9月，进行了10个月的较为集中的研讨和修改工作，先后向全国人大常委会法工委提交了1份《刑法总则大纲》和4个稿本的《刑法总则修改稿》，[2]期间全国人大常委会法工委高西江同志、李淳同志等数次参加了人大法律系刑法总则修改小组的讨论。我除负责协助高铭暄教授、王作富教授总体设计刑法典总则体系结构和协调修改研拟工作外，还具体承担了一些章节的内容设计工作。后来，全国人大常委会法工委在参考人大法律系刑法总则修改小组提交的刑法总则修改方案的基础上，于1995年8月起草出了《刑法总则修改稿》。[3]

其三，参与国家立法机关关于修改刑法的会议。在十年的修改刑法典的过程中，全国人大常委会法工委除两度组成刑法修改小组进行修法研拟活动外，还召开了有关刑法修改的多次座谈会、研讨会，邀请的专家学者从数人、数十人乃至百余人规模不等，我有幸应邀参加了其中的大部分会议，并且每次会议都认真准备，就有关问题积极发表意见。令人记忆犹新的是全国人大常委会于1996年11月11日至22日在北京召开了长达12天并颇具规模的刑法修改座谈会，邀约了全国政法机关和法学界的150余位专家学者与会，集中研讨全国人大常委会法工委1996年10月10日编印的《中华人民共和国刑法（修订草案）》（征求意见稿）。领导刑法修改工作的全国人大常委会副委员长王汉斌同志和全国人大常委会法工委主任顾昂然同志在此次大会上作了重要讲话，高铭暄教授、马克昌教授和我本人以及司法实务机关的代表等十余位专家学者被安排在大会上发了言，记得我发言的题目是关于我国刑法典分则体系结构的完善问题。[4] 在此次会议研讨的基础上，全国人大常委会法工委又经过进一步修订，形成了提交1996年12月下旬召开的八届全国人大常委会第23次会议审议和1997年2月中下旬召开的八届全国人大常委会第24次会议审议的《中华人民共和国刑法（修订草案）》，进而在1997年3月召开的八届全国人大五次会议上通过了经修订的刑

[1] 中国人民大学刑法总则修改小组的其他成员还有陈兴良教授、姜伟教授、黄京平副教授和鲍遂献副教授，博士生赫兴旺、颜茂昆担任小组的学术秘书。

[2] 参见高铭暄、赵秉志编：《新中国刑法立法文献资料总览》（下册），中国人民公安大学出版社1998年版，第2877～2961页。

[3] 参见赵秉志主编：《新刑法典的创制》，法律出版社1997年版，第15页。

[4] 该发言稿的要点以《论刑法修改中分则体系结构的完善》为题发表于《中国律师报》1997年3月12日；后又经修改充实，形成《关于完善刑法典分则体系结构的新思考》一文，载《法律科学》1996年第1期。

法典。[1]

其四，主持撰写并向国家立法机关提交刑法修改研究报告。在1996年4月底全国人大常委会法工委加紧刑法典的全面修订研拟工作而使刑法修改进入关键时期以后，为更好地配合国家立法工作机关对刑法重点问题的修改工作，我提出专门研究一些重点问题的构想并得到当时主持刑法修改工作的领导人之一法工委副主任胡康生同志的支持和鼓励，遂在我的主持下，邀请中国人民大学法学院刑法专业的博士生赫兴旺、颜茂昆和硕士生肖中华参加，我们自行组成了刑法修改专题研究小组，对刑法典修改与完善中的一些基本而重要的问题进行针对性的研究，历时两个多月，完成了十余万言的、包含11个专题研究报告《中国刑法改革与完善基本问题研究报告》，并将这份研究报告的要点概括整理成了万余言的《关于修改刑法若干基本问题的建议》。这份《报告》和《建议》于1996年7月15日呈送全国人大常委会法工委暨刑法室领导参考，同时也分呈给了最高人民法院刑法修改小组、最高人民检察院刑法修改小组、公安部刑法修改领导小组暨办公室参考。[2]

在1997年刑法典颁行以来的十年间，国家立法机关又陆续通过了六个刑法修正案、三个单行刑法和九个刑法立法解释文件，并在其他有关法律中涉及刑法立法问题，对刑法典进行了局部的修改、补充和完善。我本人应邀参与了其中一些刑法立法文件起草过程中的研讨，并组织本人所在单位的刑法学者对一些刑法立法文件草稿提出了系统的研究咨询意见。我所领导的刑法学术团队还就一些重要的刑法立法改革与完善问题向国家立法机关和最高司法机关提交了多份研究报告。

（三）从事刑法立法研究概况

我从事刑法立法研究方面的情况和成果，大体可分为三个时期：

一是1988年刑法修订工作开始之前，此时为我读硕士和博士期间，这一阶段可以说是我对刑法立法完善问题研究的初步涉猎。我大约撰写和发表了十余篇有关刑法完善的论文，并在由我对硕士学位论文和博士论文修订而成的两本个人专著中均专门研究了相关专题的刑法立法完善问题。[3]

二是在1988～1997年参与刑法典修改活动的十年间，刑法修改问题的研究自然也成为我此一时期学术研究的重点领域，我在国内外报刊上发表了八十余篇相关论文和文章，协助王作富教授主持完成了国家社科基金项目“改革开放与刑事立法完善研究”，个人主持完成了国家社科基金项目“中国刑法改革问题研究”，并出版了几本相关的专著和专题

---

〔1〕 参见赵秉志主编：《新刑法典的创制》，法律出版社1997年版，第17～22页。

〔2〕 该《研究报告》和《建议》所涉及的11个问题是：（一）罪刑法定原则的立法化；（二）关于刑法对我国公民在国外犯罪的适用范围问题；（三）增设未成年人犯罪特殊处理专章的建议；（四）单位犯罪的立法对策问题；（五）正当行为的立法完善问题；（六）刑种的调整和完善；（七）死刑的立法完善；（八）累犯制度的立法完善；（九）增设保安处分专章的构想；（十）刑法分则完善的共性问题；（十一）特别刑法的编纂与刑法典的完善。参见高铭暄、赵秉志编：《新中国立法文献资料总览》（下册），中国人民公安大学出版社1998年版，第3052～3071页。

〔3〕 参见赵秉志：《犯罪未遂的理论与实践》（第十章），中国人民大学出版社1987年版；赵秉志：《犯罪主体论》（第十章），中国人民大学出版社1989年版。

文集。[1] 这一时期我的相关研究比较全面系统，涉及刑法立法改革与完善的诸多宏观问题、具体问题和立法技术问题。

三是1997年刑法典颁行迄今的十年。这一时期我在前几年撰写发表了一批阐述、评论1997年刑法典改革与进展的文章；后来逐渐转向围绕重点问题对刑法立法进行研究，涉及人权保障与刑法改革、和谐社会与刑法改革、刑法立法的现代化、刑法完善的方式等宏观重要问题，以及死刑制度的立法改革、腐败犯罪的立法完善、恐怖犯罪的立法完善、侵犯知识产权的立法改进等具体的重要问题。这一时期我在国内外报刊上发表了近百篇相关论文和文章，并出版了涉及刑法立法的数本书籍。[2]

三、参与刑法立法活动和从事刑法立法研究的感悟

回顾和反思是提高与升华的重要途径。回顾自己参与刑事立法活动近20年的历程和从事刑法立法研究20多年的情况并予以反思，我有以下五点粗浅认识和感悟：

（一）刑法立法是刑事法治的基础

诚然，“徒法不足以自行”，刑事司法是刑事法治运行的中心环节和关键所在；但刑法立法无疑是刑事法治的基础和起点，是刑事司法的根据和指南。可以说，在现代法治社会，没有刑法立法，就没有刑事司法和整个刑事法治；没有科学完善的刑法立法，就没有有力有效的刑事司法，就没有良美的刑事法治。因此，刑法立法对于刑事法治是极为重要的，刑法立法工作必须得到充分的重视。

（二）刑法立法工作是一门科学

按照马克思主义法学原理的正确揭示，法律从根本上是受到社会经济状况及其发展需要制约的。刑法作为事关国家、社会和个人重大利益的国家基本法律，其创制和修订等立法工作无疑要受到国家经济、社会、文化等基本因素和社会治安、犯罪状况等特定因素的制约，还要受到本国法治传统和国际社会法治发展进步趋势的影响。负责任的立法者不能也不是随心所欲地创制刑法，刑法立法工作必须探寻、总结和遵循同犯罪作斗争的客观规律，理性地对待犯罪，讲究立法的科学性、合理性和切合实际，从而保证创制出科学有效的刑法规范，为刑事司法和整个刑事法治奠定良好的法律基础。因此，刑法立法是科学性要求很强的工作，也可以说刑法立法工作是一门科学。

（三）刑法立法工作是一门艺术

首先，在立法的指导思想层面，刑法立法工作要正确地看待、科学地平衡和艺术地处理

---

〔1〕 参见赵秉志主编：《刑法修改研究综述》，中国人民公安大学出版社1990年版；赵秉志：《改革开放中的刑法理论与实务》，吉林人民出版社1994年版；赵秉志、鲍遂献：《大陆刑法的改革与趋势》，台湾中庸出版社1994年版；赵秉志：《刑法改革问题研究》，中国法制出版社1996年版；王作富主编、赵秉志副主编：《刑法完善专题研究》，中央广播电视大学出版社1996年版。

〔2〕 参见高铭暄、赵秉志编：《新中国刑法立法文献资料总览》，中国人民公安大学出版社1998年版；赵秉志：《刑法总则问题专论》，法律出版社2004年版；赵秉志：《刑法分则问题专论》，法律出版社2004年版；赵秉志：《刑法基本理论专题研究》，法律出版社2005年版；赵秉志：《死刑改革探索》，法律出版社2006年版；高铭暄、赵秉志编著：《中国刑法立法之演进》，法律出版社2007年版；高铭暄、赵秉志编：《中国刑法立法文献资料精选》，法律出版社2007年版。

立法活动中所面对的一系列重大关系，诸如刑法立法着眼点上的立法现实性与立法超前性的关系，刑法机能方面的有力惩治犯罪与有效保障人权的关系，刑法立法根据和参酌上的立足本国实际与参考国际社会刑法立法思潮的关系，刑法立法调控范围上的适度犯罪化与非犯罪化的关系，刑法立法配刑上的轻刑与重刑设置衔接方面的关系等，以及刑法立法对于司法实践经验和理论研究成果的取舍，刑法立法对于犯罪基本思想中的主观主义、客观主义、折中主义以及刑罚基本思想中的报应刑论、目的刑论、折中论等刑法学说的认识与取舍，刑法立法对于历史经验与现实经验的取舍，刑法立法中对于古今中外的有关经验、实践、理论中具有科学性、可行性之精华的甄别与吸纳等，都需要刑法立法者在科学性的基础上，艺术地予以对待和处理。其次，在立法技术的层面，刑法立法要处理好立法简明与立法细密的关系，要求法典的体系结构科学合理、布局良美，要求法条内容充实、逻辑清晰、排列科学，要求法条之间尤其是罪名之间界限分明，要求罪名中的罪刑单位区分衔接合理，要求法条用语正确、准确、明确，要求恰当地处理好法律用语与日常用语的关系等等，技术性很强，应当科学而艺术地处理。因此可以说，刑法立法工作不但是一门科学，而且也是一门艺术。

（四）刑法立法完善是一个过程

由于刑法立法要受到时代发展、国情民意、犯罪状况、理论发达程度乃至国家政治决策层观念、立法者认识和立法技艺水准以及立法程序的科学性、立法参与者情况等多种因素的制约与影响，因此，刑法立法的科学性总是相对的，刑法立法的科学和完善也必然是一个不断演进的过程。这就要求我们要理性地看待刑法立法的科学与完善，一方面我们要看到今日刑法相对于昨日刑法的发展完善，充分肯定今日刑法取得的进步，并且历史地看待和理解昨日刑法之不足；另一方面我们又要以发展的眼光和时代进步的要求来审视今日之刑法，要勇于正视和评论今日刑法之不足，并且立足于发展完善建言献策，以促进刑法立法的继续改革和完善。惟有与时俱进，刑法立法才能为刑事法治进步和社会发展提供科学有力的法律基础。

（五）刑法学者参与刑法立法活动具有重要意义

刑法学者参与刑法立法活动具有多方面的重要意义：首先，刑法学者参与刑法立法，是刑法理论服务于法治实践并接受立法实践检验的重要体现，也为刑法立法提供了理论的支持，从而有助于刑法立法的科学性。其次，刑法学者参与刑法立法，也是刑法立法活动民主化的重要形式。相对于国家立法机关的专职工作人员而言，参与刑法立法的刑法学者兼具法学专家和普通公民的双重身份；而以法学专家与普通公民的双重身份和眼光来参与刑法立法活动并发表意见，显然有助于刑法立法活动的民主性。再次，刑法学者参与刑法立法，对刑法学者也是一个极为重要的锻炼提高的途径。通过参与刑法立法活动，有助于刑法学者增强使命感、责任感，开拓眼界与思路，深刻而辩证地认识立法与司法、实践与理论、理想与现实等法治的基本问题，提高思维能力和文字素养等。因此可以说，刑法学者参与刑法立法活动，对刑法立法工作和刑法学者个人都是非常重要的。当然，有机会参与刑法立法活动的刑法学者毕竟是少数，但关注刑法立法进展、研究刑法立法问题却是刑法学者都能做到的。

四、对于97刑法典及其发展的认识

(一)关于97刑法典的认识

由于时代的局限和多种因素的影响,我国第一部刑法典即1979年刑法典仅有192个条文。79刑法典颁行后的17年间,国家立法机关通过了25部单行刑法并在百余部非刑事法律中规定有刑事条款,以修改补充79刑法典。97通过的刑法典在甄别、修改原有刑法规范的基础上又予以大量补充,法律条文增加到452个,其修法幅度之大,涉及范围之广,都颇为鲜见。那么,对97年刑法典应作怎样的总体评价?在97年刑法典颁行后的一段时间里,对此曾有着见仁见智的不同看法:有的认为97刑法典有着多种不完善不科学之处,不宜评价过高;有的认为97刑法典没有解决好限制减少死刑、整合保安处分等重要问题,存在重大不足;主流观点则认为对97刑法典从总体上应给予充分的肯定,但也要实事求是地看到其存在的缺陷与不足。笔者当时即是主流观点阵营中坚定的一员,十年后的今天,笔者仍然坚持此一看法,并且认为时间和实践的检验证明了我国刑法学界主流观点对97年刑法典的评价是站得住的。

首先,必须充分肯定,97刑法典是一部充满时代特色的、具有重大改革和多方面进展的刑法典。这是97刑法典的主导方面。其主要表现如下:(1)97刑法典整合各种刑法规范为一体,从而实现了刑法典的统一性和完备性,为我国刑事法治的统一和有效运作奠定了法律基础;(2)97刑法典明确规定了罪刑法定、适用刑法人人平等和罪责刑相适应三项现代刑法的基本原则并废止了有罪类推制度,对死刑有所限制,强化了对未成年人犯罪的从宽处遇和对公民正当防卫权利的保护,取消或分解了法条内容宽泛模糊的投机倒把罪、流氓罪和玩忽职守罪三大"口袋罪",从而基本实现了刑法典的现代化并强调和突出了其人权保障的机能;(3)97刑法典增设了普遍管辖规则并扩大了中国刑法的域外管辖权,增设了一些国际罪行和当代新型犯罪,将过时和不合时代立法精神的反革命罪更改为危害国家安全罪,从而显著地促进了中国刑法的国际化;(4)97刑法典注意了体系结构的完备、法条内容的合理和切实可行,对一些原来比较笼统、原则、有所含糊的规范尽量作出明确而具体的规定,从而提高了刑法典的科学性和可操作性;(5)97刑法典以79刑法典和原有的其他刑法规范为基础而进行修订工作,注意了法律和法治的连续性与稳定性。1997年3月6日八届全国人大五次会议审议97刑法典草案时,时任全国人大常委会副委员长王汉斌同志在其所作的《关于〈中华人民共和国刑法〉(修订草案)的说明》中曾指出,97刑法典的修订力图贯彻法典的统一性和完备性、法律的连续性和稳定性以及立法内容的科学性和可操作性等三项修法原则。[1]我们认为,97刑法典较好地贯彻了这三项科学、进步、稳妥的修法原则。

其次,毋庸讳言,由于多种因素的影响,97刑法典从基本制度、法条内容到立法技术等方面都还存在一些疏漏和不足之处。例如,刑法总则中关于罪数的规定暨除正当防卫、紧急避险外的其他正当行为的规定尚付阙如,未成年人犯罪之特殊处遇未设立专章,刑罚体系与

---

〔1〕 参见高铭暄、赵秉志编:《新中国刑法立法文献资料总览》(中册),中国人民公安大学出版社1998年版,第1828页。

种类方面还存在若干缺失、不协调之处，死刑限制与减少的力度不够，赦免制度尚属欠缺等等；刑法分则中没有对犯罪罪名作出明示的规定，不科学地增设了绝对确定的死刑规定，有些罪名的规定不切合实际等。97刑法典的这些缺陷与不足虽然是其非主导方面，但也要予以正视和重视，要通过立法的途径予以纠正、弥补和完善。

（二）关于晚近十年来刑法立法发展的认识

众所周知，97刑法典颁行以后的十年来，国家立法机关又先后通过了六个刑法修正案、三个单行刑法和九个刑法立法解释文件，并在其他非刑事法律中规定了一些刑事条款，对97刑法典进行了局部的修改、补充和完善。而且据悉，《刑法修正案（七）》也正在加紧研拟中并有望不久获得通过。那么，应当怎样看待和评价97刑法典以来十年间刑法立法的发展？笔者提出以下两个方面的基本认识：

其一，应当怎样看待国家立法机关对97刑法典又进行的局部修改补充？

我们肯定97刑法典修订实现了刑法典的统一性和完备性，但这种完备性是相对于此前的刑法规范状况而言的，刑法典的完善是一个不断发展的过程，97刑法典当然也有其局限而需要不断完善。97刑法典颁行以来十年间，基于社会情况和犯罪形势的发展变化，基于我国刑事法治经验的不断总结和立法认识的逐步深化，国家立法机关又对刑法典进行了一系列必要的修改完善，从而促进了刑法的发展，促进了刑事法治和社会进步。实践证明，十年来我国刑法立法的发展是必要的也是及时的，应当予以充分肯定。

其二，应当怎样看待十年来刑法立法发展的几种模式？

关于局部修订刑法典的模式，虽然理论界早有建议主张采取刑法修正案的方式，[1]但在79年刑法典颁行之后的17年间，国家立法机关主要是采取单行刑法的方式修改补充刑法典，同时辅之以在非刑事法律中设置附属性刑法条款的方式。上述特别刑法尤其是单行刑法的修法方式虽可收简便快捷、针对性强之功效，但却造成对刑法典的统一性、完备性、稳定性和常态法治的严重冲击，此一弊端在对79刑法典进行系统修订时已被充分认识，因而国家立法机关才将实现刑法典的统一和完备作为97刑法典的第一修法原则予以强调。

但令人遗憾的是，97刑法典颁行之后，在1998～2000年间，国家立法机关又颁行了三个单行刑法文件，[2]这样就在立法形式和立法内容上又制定了独立于刑法典的特别刑法规范，从而妨碍了刑法典的统一性和完备性；而且第二个单行刑法即关于邪教的决定可以说是徒具宣言式的法条内容而并无修法之实，第三个单行刑法即《关于维护互联网安全的决定》基本上是解释刑法的内容而并无对刑法的修改补充，因而这两个单行刑法的自身存在形式也是值得质疑的。

除了三个单行刑法之外，97刑法典之后十年来国家立法机关颁布了六个刑法修正案，

---

〔1〕 如笔者就曾较早提出此种主张。参见赵秉志：《论刑法典自身的完善的方式》，载《法学杂志》1990年第4期；赵秉志：《论完善大陆刑事立法的根据、原则和方式》，载台湾中国文化大学《华冈法萃》第21期（1992年7月）。

〔2〕 即全国人大常委会1998年12月29日通过的《关于惩治骗购外汇、逃汇和非法买卖外汇犯罪的决定》，1999年10月30日通过的《关于取缔邪教组织、防范和惩治邪教活动的决定》，2000年12月28日通过的《关于维护互联网安全的决定》。

通过了九个刑法立法解释文件,这两种模式则是值得充分肯定的。

先看刑法修正案。1999 年 12 月 25 日全国人大常委会通过了我国第一个《刑法修正案》,以后又相继通过了五个刑法修正案。从立法实践及其发展趋势看,采用刑法修正案的形式已成为我国立法机关修改补充刑法典的基本模式。笔者早在 20 世纪 90 年代初期即极力主张局部修改刑法应采取刑法修正案的方式[1],在我国第一个《刑法修正案》出台不久即又撰文对之予以充分肯定。[2] 我们之所以赞同并极力主张修改补充刑法典采取这种刑法修正案的模式,是因为这种修法模式有以下三大优点:(1)刑法修正案是由全国人大常委会通过立法修改程序对刑法典进行的局部修改补充,因而具有灵活、及时、针对性强、立法程序相对简便的特点。当然,这也是单行刑法方式所具有的特点。(2)刑法修正案在创制、通过的形式上类似于单行刑法,但在实质上又不同于单行刑法。在与刑法典的关系上,刑法修正案是对刑法典原有条文的修改、补充、更换或者在刑法典中增补新的条文,这样,它不但可以直接促成刑法典的改进,而且它并不能像单行刑法那样独立于刑法典而存在和被适用,它颁行后就要纳入刑法典中而成为刑法典的组成部分,从而方便理解与适用。刑法修正案这种直接完善刑法典和便于理解与适用的优点是单行刑法所不具备的。(3)刑法修正案不但直接纳入刑法典,而且其立法技术使其并不打乱刑法典的条文次序,从而有利于维护刑法典的完整性、连续性和稳定性,有利于刑事法治的统一和协调,这一重大优点也是单行刑法所不具备的。总之,刑法修正案既有单行刑法的优点,又有单行刑法所不具备的其他突出优点,同时又避免了单行刑法的严重弊端,因而是现代法治语境下局部修改完善刑法典比较理想的模式。我国立法机关应当坚持和重视此种修改刑法的模式。

再看刑法立法解释文件。2000 年 4 月 29 日,全国人大常委会通过了《关于刑法第九十三条第二款的解释》,这是全国人大常委会首次作出的刑法立法解释,笔者在此后不久就撰文予以高度评价,认为这个《解释》不但是以立法解释的形式解决了最高人民法院与最高人民检察院在司法适用中的一个重要的争议问题,而且是国家立法机关弥补刑法立法技术不足、完善刑法立法的一种良好的模式,是国家刑事法治化所迈出的重要步伐。[3] 后来,全国人大常委会又陆续通过了八个刑法解释文件,对刑法典有关条文的含义及其适用问题作了阐释。刑法立法解释是全国人大常委会依据《宪法》和《立法法》的有关规定对刑法立法的某些内容之含义所作的阐明,由于刑法立法总是相对概括、原则,刑法立法技术上也还难免存在一些问题,加之司法实践中最高人民法院、最高人民检察院这两个拥有司法解释权的最高司法机关也会发生对刑法法条理解的不一致,这样在刑事法治实践中就会不断产生由全国人大常委会解释刑法的需要,因而国家立法机关应当重视和充分运用刑法立法解释这种完善刑法、促进刑事法治的方式。

这里有必要附带说明一个问题。据说是由于实践的需要,全国人大常委会法制工作委

---

[1] 参见赵秉志:《论刑法典自身完善的方式》,载《法学杂志》1990 年第 4 期;赵秉志:《论完善大陆刑法立法的根据原则和方式》,载台湾中国文化大学《华冈法粹》第 21 期(1992 年 7 月)。

[2] 参见赵秉志、蒋熙辉:《试论〈刑法〉修正案》,载《贵州法学论坛》,贵州人民出版社 2000 年版,第 17 ~ 32 页。

[3] 参见赵秉志、时延安:《略论关于刑法典第 93 条第 2 款的立法解释》,载《法制日报》2000 年 5 月 28 日。

员会在97刑法典前后都曾就刑法的理解适用问题与中央有关政法机关联合或单独作出过关于刑法的某些解释。[1] 对这类解释,有的认为是立法解释,有的认为不是立法解释。笔者认为,按照我国《宪法》和《立法法》的规定,只有作为国家立法机关的全国人大常委会才有权解释法律;而全国人大常委会法制工作委员会是全国人大常委会的工作机构和法律起草部门,它并没有解释法律的权力。因而不仅有多家非立法机关参与的解释当然不能是立法解释,而且即使是全国人大常委会法制工作委员会独家所作的解释也不是立法解释,而只是国家立法工作机关的解释性意见,这种意见可以为司法机关所参考,但却不像立法解释文件那样具有法律效力。而且,笔者还认为,作为国家立法工作机关的全国人大常委会法制工作委员会,由于其性质和职权所限,作出这种解释性意见应当非常慎重,一般也不宜出台此种解释意见,以免引起理解与适用上的歧义,并有碍法治的统一性。

应当指出,我们认为要充分肯定国家立法机关创制刑法修正案和发布刑法立法解释文件这两种完善刑法的模式,但这并不等于说以往这两种模式的运用都是科学的。实际上,以往这两种模式的运用也还存在种种不足之处。例如,已有的六个刑法修正案都限于是对刑法分则内容的修订,而未有涉及刑法总则的;有的刑法修正案显得内容繁杂无章;有的刑法立法解释文件超越解释刑法的界限而有修改补充刑法之处;已有的刑法修正案和刑法立法解释中的某些规定、某些用语之科学性、合理性、明确性方面也都还有可议可改之处,如此等等。对这些不足之处,建议国家立法机关进行研究并在今后的修法中予以改进。

五、关于今后刑法改革的若干思考

改革开放是当代中国的主旋律。刑法改革是时代的要求,是建设社会主义法治国家的需要。我国97年新刑法典及其颁行十年以来的刑法立法改革可谓成就辉煌,但这些成就并未终结刑法立法改革的道路,而是在新的社会发展时期和更高的法治水准上开拓了刑法立法进一步改革的前景,提出了新的更大力度的刑法改革的任务。值此纪念97刑法典颁行十周年的重要历史时刻,展望中国刑法立法的未来改革,笔者试就若干重要问题略抒浅见。

(一)关于刑法改革的方向问题

刑法改革的方向决定于刑法改革的宗旨。刑法改革的宗旨,是为了实现刑事法治的科学化和现代化,以维护和促进社会的发展进步。当今中国确立了建设社会主义和谐社会的基本国策,社会主义和谐社会的构建是一项关涉政治、经济、法治、文化、社会生活诸多方面的系统工程,而和谐的刑事法治之构建是其中不可或缺的重要方面;放眼今日全球,人权保障为国际社会和各国极为重视,也是现代刑事法治的鲜明主题,中国也确立了"国家尊重和

---

[1] 这类解释在97刑法典之前有全国人大常委会法制工作委员会、最高人民法院、最高人民检察院、公安部、司法部、民政部《关于正在服刑的罪犯和被羁押的人的选举权问题的联合通知》(1984年3月24日);全国人大常委会法制工作委员会、最高人民法院、最高人民检察院、司法部《关于劳教工作干警适用刑法关于司法工作人员规定的通知》(1986年7月10日);97刑法典之后有:全国人大常委会法制工作委员会《关于对"隐匿、销毁会计凭证、会计账簿、财务会计报告构成犯罪的主体范围"问题的答复意见》(2002年1月14日);全国人大常委会法制工作委员会《关于已满十四周岁不满十六周岁的人承担刑事责任范围问题的答复意见》(2002年7月24日)。

保障人权”的宪政原则并认识到了刑事法治中的人权保障的重要意义；为了促进和谐社会建设和人权保障事业，国家政治决策层提出要在刑事法治领域确立和贯彻宽严相济的基本刑事政策，这一政策对于理性地惩治防范犯罪，实现刑事法治的科学化和现代化，具有特别重要的意义。综上，我们认为，现阶段我国刑法的改革，应当以有助于构建和谐社会和强化人权保障、有助于贯彻宽严相济的基本刑事政策为发展方向；凡有悖于、有碍于这个发展方向的，均应予以纠正或者摒弃。

（二）关于刑法改革的重点问题

刑法与时俱进的应有发展涉及方方面面，许多是内容与技术的改进，一些重要问题的重大改变才称得上是改革。刑法发展当然要兼顾改革与改进，但涉及重点问题的改革无疑是需要着重抓好的。那么，我国现阶段的刑法之立法改革涉及哪些方面的重要问题？举其要者：(1)死刑制度的改革问题。首先是死刑罪名的大幅度削减，尤其是经济犯罪、职务犯罪和其他非暴力犯罪死刑的废止问题；其次是严重暴力犯罪、毒品犯罪等死刑适用“大户”罪名的死刑立法限制问题；再次是与限制、减少死刑相配套的刑罚制度的改革问题；最后是立法上分阶段逐步全面废止死刑的问题。(2)人权保障方面的刑法改革问题。上述的死刑制度改革当然也是人权保障方面的重要问题，因其极为重要而已首先专门论及。除死刑制度改革外，旨在强化人权保障的刑法改革之重要问题还有若干，诸如未成年人犯罪之特殊处遇应在刑法总则中设立专章的问题，保安处分制度尤其是劳动教养制度应纳入刑法予以整合重构的问题，社区矫正制度立法化的问题，以及合理调整刑法典分则体系结构以突出对公民基本权利的保护问题等。(3)应对时代发展和犯罪新型化、全球化的挑战，及时而合理地增设新型犯罪和国际犯罪的种类，并在刑法中切实贯彻联合国刑事法治准则。

（三）关于刑法改革的方式问题

关于我国今后刑法立法改革发展的方式，笔者提出以下几点认识和建言：(1)今后我国刑法的局部修改、补充和完善主要应限于刑法修正案和刑法立法解释两种方式，而摒弃单行刑法的方式，附属刑法也宜限于呼应刑法典或刑法修正案的方式。但要严格区分和准确运用刑法修正案与刑法立法解释；还要认真贯彻刑法基本原则和基本原理对这两种方式的要求，提高其内容的科学性和语言的准确性、明确性；并且要注意改变以往的刑法修正案仅关注刑法分则规范的局面，根据需要创制刑法总则方面的刑法修正案，以促进刑法基本规则和制度的发展完善。(2)国家立法机关要适时地进行刑法典的编纂工作，吸纳已颁行的刑法修正案，并将刑法立法解释文件编附在相应条文之后，以方便刑法的适用、研究和宣传。(3)在适当的时机，国家立法机关还可以考虑将对刑法典集中而系统、全面的修改提上立法工作的日程，以修订出更加科学、完备因而具有更长久的适应性的刑法典。

六、结语

古人云：“路漫漫其修远兮，吾将上下而求索。”刑法的改革完善决非可以一蹴而就，而是一个与时代共进的过程；刑法学者对于刑法改革完善的追求和贡献也应当是坚持不懈的，笔者愿以此理念自勉。

全球化时代中国刑法改革中的人权保障*

目　次

一、前言

晚近十多年来，“全球化”逐渐成为当今各国政界、经济界、社会舆论界乃至法学界使用频率最高的词语之一。当经济全球化浪潮席卷亚洲这一有着数千年文明史的古老土地时，中国抓住了这一千载难逢的契机，创造了一个个令世人瞩目的经济奇迹。而经济全球化不仅带来资本、技术及其他资源，同时也带动制度文明的跨国传播，促进法治的发展与人权的弘扬。伴随着人类社会的全球化发展，人权已成为当今世界各国和国际社会处理政治、经济、法律等事务时必须优先予以考虑的问题。而在法治社会的刑事法治这一重要领域，刑法立法的完善与刑事司法的发展当然也必须切合人权保障之时代要求。本文即以全球化为背景，着力探讨中国刑法中的人权保障问题。

---

* 原载《吉林大学学报（社会科学版）》2006年第1期；收入赵秉志主编：《全球化时代的刑法变革——国际社会的经验及其对中国的启示》，中国人民公安大学出版社2007年版。

二、全球化时代的刑法与人权保障

(一)全球化时代刑法对人权保障日益重视

人权的改善和进步需要多层次全方位的保障,法律保障是其中重要的方面。在人权的法律保障中,刑法由于其所保护利益的广泛性、重要性及其对违法制裁的特殊严厉性,而对人权的全面保障具有特别重要的意义。可以说,强化对人权的保障是全球化时代刑法改革的主旋律。

作为国家法治的重要组成部分,刑法直接关涉公民的基本人权,人权保障是刑事法治理念的基础性要求,是当代刑法机能所蕴含的重要内容。刑法不仅可以通过依法惩罚犯罪来维护社会正常秩序,也保障无罪的人不受刑罚处罚,防止惩罚权的滥用,甚至在惩罚罪犯时也维护其应有权益,使其所受到的惩罚与其犯罪行为和刑事责任相适应,保证其免受不公正之惩罚,并通过刑罚的执行来感化和改造犯罪人,促使其重新回归社会。因此,诚如日本刑法学者所言:刑法既是"犯罪人的大宪章",也是"善良公民的大宪章"。其所谓刑法是"犯罪人的大宪章",是指在行为人实施犯罪的情况下,保障罪犯免受刑法规定以外的不正当刑罚;而刑法是"善良公民的大宪章",意即只要公民没有实施刑法所规定的犯罪行为,就不能对该公民处以刑罚。[1] 在此基础上,我们还认为,以刑法保护公民免受犯罪的侵害,也应为刑法是"善良公民的大宪章"之题中应有之义。刑法对人权的保障,既包括对犯罪人人权的依法保障,同时更应当包括对被害人及广大守法公民人权的依法保障。

鉴于刑法对人权保障特别重要,所以不仅各种国际规约日益注重以刑事措施保障人权,当代各国立法者一般也都根据本国实际情况尽可能充分有效地利用刑法对人权加以保护。就国际规约而言,其人权保障的条款涉及了刑事法领域诸多问题。例如,联合国1948年的《世界人权宣言》、1966年的《公民权利和政治权利国际公约》等对罪刑法定原则作了明确的规定。联合国大会1985年通过的《为罪行和滥用权利行为受害者取得公理的基本原则宣言》,以文书的形式集中规定了保障受害者的基本原则。此外,诸多联合国规约还旗帜鲜明地反对酷刑和其他残忍、不人道或有辱人格的待遇或处罚,并对限制和废止死刑提出明确的要求。就当代各国国内法而言,其刑法的修订与制定,也充分反映了刑法随时代变迁和社会进步而改革发展的世界性潮流与趋势。尤其是20世纪90年代以来,随着人权保障的呼声日益高涨,各国、各地区在以刑法手段强化人权保障方面迈出了更大的步伐。1992年法国对其1810年刑法典的全面修订,1995年《澳门刑法典》的颁布,1996年俄罗斯联邦刑法典的出台并与原苏俄刑法典的分离,2002年德国刑法典与奥地利联邦刑法典的修订,2003年瑞士联邦刑法典的修订等,无不彰显了人权保障之精神。

同样,本着国家性质及刑事政策之考量,为秉承人权保障之宪政精神而进一步强化刑法对人权的全面而有效的保障,无疑也应是全球化背景下中国刑法改革发展的鲜明主题之一。而在以往的刑法立法与刑事司法实践中,由于过度强调刑法的社会保护机能,忽视了其人权保障机能,因而中国刑法未能很好地发挥其在人权保障中的重要作用。不过,经全面系统修

---

〔1〕 参见[日]木村龟二主编:《刑法学词典》,顾肖荣等译校,上海翻译出版公司1992年版,第9页。

订的中国1997年刑法典的颁行及中国刑事司法改革的逐步深入，不仅标示着中国刑事法治的发展与社会文明的进步，而且有助于中国在人权保障领域开展更为广泛的国际交往，有助于中国全面融入国际社会，从而与国际社会共同搭建人权保障之对话平台与合作机制，应该说基本上顺应了刑事法治发展之尊重与保障人权的旨趣。

(二)全球化时代中国刑法中人权观念的确立

当然，人权保障在全球化时代中国刑法中的确立并不能仅仅依靠简单的"移植"，它首先有赖于人权观念之变革。没有相应的人权观念为基础，人权保障根本不可能在刑事法治领域得到真正的贯彻。审视中国1997年刑法典颁行之前人权保障方面的刑法立法与刑事司法实践，可以看出，立法者与司法人员人权观念之缺失是刑事法治领域曾经普遍漠视人权的重要根由。在以往的刑法立法与刑事司法实践中，更侧重于强调刑法的社会保护机能，力图通过刑罚权的动用来惩罚犯罪，以刑罚这种不得已的"恶"否定犯罪之"恶"，从而维护社会秩序，保护社会的稳定发展。这种片面强调刑法社会保护机能之做法，虽似可以换得社会表面的安宁，然而却是以公民权利被漠视乃至被践踏为代价的。其实，人权保障亦是现代刑法另一重要机能，它强调的是对公民人权的维护，以对犯罪人人权之保障为首要目标，并以此为基础实现对全体公民权利的保障。从权力运作角度看，刑法的人权保障机能起到了限制国家刑罚权的动用之功效，避免了无限度动用刑罚权对公民权利带来的侵害。而且，在市场经济体制下，刑法的价值构造应当顺应全球化时代的发展，兼顾社会保护和人权保障双重机能，并适当向人权保障机能倾斜，加重刑法的人权蕴涵。这不仅是民主政治与人权理论的要求，也是衡量一部刑法先进与否的判断标准之一。[1] 这一价值取向不仅应该在刑法立法中确立和贯彻，更应在刑事司法运作中得到充分体现。

一方面，以人为本、尊重和保障人权是全球化时代刑法立法的必然含义。而中国以往刑法立法对人权的保障尚存有某些观念障碍。惟有认真梳理、反思和检讨刑法立法在观念层面的误区，并在价值观念上真正融入人权保障之意蕴，真正实现刑法立法中人权观念的嬗变和更新，中国刑法立法才能最终走上良性发展的轨道。相对而言，在中国1997年刑法典的修订过程中，人权观念得到了较为明显的改善。类推制度的废除、罪刑法定原则等基本原则之确立、刑法分则体系的改进、未成年人等社会特殊群体权利保障之强化等，都充分说明，立法者已把人权保障这一刑法价值提到了极其显要的位置。另一方面，如果没有相应刑事司法观念的变革，关涉人权保障的刑法立法的真正贯彻也必然会举步维艰、流于形式。"立法或许是非常重要的教育因素，但这并不是说只要通过一项法律就能在一夜之间造成意识形态的基本改变，或把法律当作神奇的魔杖，可以在弹指之间把一个社会的偏见或内在情绪化的态度悉数扫除"。[2] 所以，虽然中国刑法立法中对公民人权的保障已日臻完备，但刑法对公民人权的切实保障依然离不开刑事司法观念之革新。

循着社会分工的沿革历程观之，刑事司法的本源功能便在于惩治犯罪。因此，在相当长

---

〔1〕 参见陈兴良：《刑法的价值构造》，载《法学研究》1995年第6期。

〔2〕 [英]Dennis Loyd：《法律的理念》，张茂柏译，台湾经联出版事业公司1984年版，第319页。

的历史时期内，世界各国都把惩治犯罪作为刑事司法的基本价值定位。然而随着人类社会的发展和文明的进步，保障人权的观念愈益受到各国的关注与重视，并相继在一些国家被确立为刑事司法活动的价值目标之一。毋庸讳言，受强调社会利益之传统价值观念的影响和阶级斗争思维定式的制约，中国以往的刑事司法活动长期偏重于追求惩治犯罪，而忽视了对犯罪嫌疑人、被告人、犯罪人甚至普通公众权利的保障。然而，现代司法活动应该崇尚公正、公平与公开，人类社会的发展和文明的进步应该表现为对人权的尊重。而在刑事司法中重视人权保障，就要求司法人员改变过去那些带有偏见的办案思路和习惯，不要再用对待“阶级敌人”的态度和手段去对待犯罪嫌疑人、被告人和犯罪人，而应当尊重和保障其依法享有的基本权利。[1]

可喜的是，中国近年来逐步确立了依法治国的基本方略，提出了司法改革的任务。加强对公民人权尤其是犯罪嫌疑人、被告人乃至犯罪人的人权保障已成为中国刑事司法改革的重要目标。而随着刑事司法改革的深化，人权保障的观念也逐渐深入人心。2004 年 3 月 10 日，时任最高人民法院院长、中国首席大法官肖扬在十届全国人大二次会议上所做的《最高人民法院工作报告》中，更是罕见地将保障人权的观念放置首位。肖扬院长在工作报告中提出，要切实保障群众的合法权益，深入落实“司法为民”的要求。[2] 而最高人民检察院检察长、中国首席大检察官贾春旺在《最高人民检察院工作报告》中，亦强调要严肃查办侵犯公民人身权利、民主权利案件。[3] 而 2004 年 3 月十届全国人大二次会议把“国家尊重和保障人权”载入宪法，则给人权之刑法保障奠定了坚实的宪政基础。限于篇幅，下文仅就全球化时代中国刑法立法演进过程中即改革与发展中的人权保障问题作专门研析。

三、全球化时代中国刑法发展对人权保障之强化

由于种种原因，中国第一部刑法典直到新中国成立后 30 年即 1979 年 7 月 1 日才通过，并于 1980 年 1 月 1 日起施行。因为这部刑法典创制于中国改革开放前夕的计划经济时代，且基本上是以 1963 年高度计划经济时代的刑法草案第 33 稿为基础略加修改而成的，[4] 而自 20 世纪 80 年代初中国实行改革开放政策之后，不仅国内政治、经济形势逐步发生了深刻变化，而且国际环境及与国际交往也开始出现新的格局，所以 1979 年刑法典施行不久，涉及刑法立法的新问题便接踵而至，这使得国家立法机关早在 1982 年便开始考虑研究修改这部刑法典，只是当时鉴于大规模修改刑法典的条件尚不成熟，立法机关便决定根据实际需要，以制定特别刑法（主要是单行刑法，也包括附属刑法条款）的方式来解决刑法典存在的问题。[5] 这样，从 1980 年到 1996 年，国家立法机关先后颁布了 24 部单行刑法，并在百余部经济、民事、行政、军事、文化教育、环境卫生、社会保障等方面的法律中附设了一系列刑事条款。[6] 虽然这

[1] 参见何家弘：《刑事证据制度改革与司法观念的转变》，载正义网 2003 年 11 月 17 日。
[2] 参见王德军：《高法报告突出保障人权》，载香港《大公报》2004 年 3 月 11 日。
[3] 参见《最高人民检察院检察长贾春旺在十届人大二次会议上的报告（摘登）》，载《人民日报》2004 年 3 月 11 日。
[4] 参见高铭暄编著：《中华人民共和国刑法的孕育和诞生》，法律出版社 1981 年版，第 7 页。
[5] 参见赵秉志主编：《新刑法典的创制》，法律出版社 1997 年版，第 6 ~ 7 页。
[6] 参见赵秉志主编：《新刑法教程》，中国人民大学出版社 1997 年版，第 1 页。

些单行刑法和附属刑法是对 1979 年刑法典的发展和完善，但当时的刑法仍不能适应社会发展的需要，无论是对政治与经济制度的保护方面，还是对社会秩序的保护方面，尤其是对于公民权利的保障方面，原刑法规范均表现出很大的局限性和滞后性。为彻底改变这种状况，国家立法机关自 1988 年起将刑法典的修订工作逐步提上工作日程，经过近 10 年的努力，在广泛听取并吸收司法机关、专家学者、社会各界和广大民众意见的基础上，于 1997 年 3 月 14 日公布、1997 年 10 月 1 日施行了新的《中华人民共和国刑法》（以下简称 1997 年刑法典），对原刑法规范进行了全面系统的修订和多项改革。

中国 1997 年刑法典立足于全球化之背景，注重体现保障人权的时代要求，为此进行了一系列重大改革和诸多完善。简而言之，这主要体现在如下几个方面：

（一）确立刑法的三大基本原则

1. 废除类推制度，确立罪刑法定原则

罪刑法定来自于拉丁文的著名法谚：Nullum crimen sine lege 与 Nulla ponea sine lege，意即“无法无罪”与“无法不罚”。其立法渊源可以追溯到中世纪 1215 年英国大宪章第 39 条的规定。[1] 近代意义上的罪刑法定的思想与原则则是 18 世纪新兴的资产阶级反对封建社会的罪刑擅断，以保障人权的口号而由西方启蒙思想家提出来的，是资产阶级反封建革命在法治领域取得的一项划时代的成果。学术界一般认为，近代最先明确倡导罪刑法定之刑法思想的是意大利著名的刑法学家贝卡里亚，[2] 而使之法典化的则是德国著名刑法学者冯·费尔巴哈。[3] 由于罪刑法定原则体现法治文明与人权保障，因而已被国际社会普遍认可而成为现代刑法最重要的基本原则。

作为现代刑法的首要原则，罪刑法定原则以人权保障为核心内容，对于不利于被告人、犯罪嫌疑人的制度如类推定罪、重法有溯及既往的效力、不定期刑、习惯法、模糊用语等，均绝对排斥。由于中国 1979 年刑法典中规定有类推制度，且受当时“宜粗不宜细”立法思想的影响，诸多条文含混不清，而在有关单行刑法中，还设置了处刑较重的新法即重法具有溯及力的规定，[4] 这就极大地削弱了刑法对人权的保障（特别是对被告人、犯罪嫌疑人权利的保障）作用。[5] 中国 1997 年刑法典毅然摒弃了类推制度、重法有溯及力等一系列不利于人权保障的规定，其第 3 条明确规定：“法律明文规定为犯罪行为的，依照法律定罪处罚；法律没

---

〔1〕 1215 年英皇约翰在贵族、僧侣、平民等各阶层结成的大联盟的强烈要求下，共签署了 49 条的特许状，这就是著名的大宪章。其第 39 条规定：“凡自由民除经其贵族依法判决或遵照内国法律之规定外，不得加以扣留、监禁、没收财产、剥夺其法律保护权，或加以放逐、伤害、搜索或逮捕。”这被修特兰达认为是罪刑法定原则的渊源。而此一观点亦为后世很多学者所接受，成为刑法学界的通说。参见赵秉志：《罪刑法定原则研究》，载高铭暄主编：《刑法专论》（上编），高等教育出版社 2002 年版，第 63 页。

〔2〕 贝卡里亚在 1764 年便指出：“只有法律才能规定犯罪的刑罚”。See An Essay on Crimes and Punishments By Cesare Beccaria, International Pocket Liberary, Division of Branden Publishing Company, 1992, p. 21。

〔3〕 费尔巴哈在 1813 年起草的《巴伐利亚刑法典》中，第一次将罪刑法定思想法典化。

〔4〕 全国人大常委会 1982 年通过的《关于严惩严重破坏经济的罪犯的决定》规定了附条件的从新溯及力的原则；全国人大常委会 1983 年通过的《关于严惩严重危害社会治安的犯罪分子的决定》，则规定了无条件的从新溯及力的原则。但在后来全国人大常委会通过的其他单行刑法中，这种从新溯及力原则的规定得到了纠正和避免，从而贯彻了刑法典总则所确立的体现罪刑法定主义要求的从旧兼从轻的溯及力原则。

〔5〕 参见赵秉志主编：《新刑法教程》，中国人民大学出版社 1997 年版，第 6～7 页。

有明文规定为犯罪行为的,不得定罪处罚。”从而在刑法中确立了罪刑法定的原则。

罪刑法定原则的确立,被认为是中国刑法改革进程中的一个里程碑,表明中国刑法由偏重对社会整体利益的保护向保护社会整体利益与保障个人权利并重转变的价值取向,从而对刑法规范的完备和科学,对刑事司法的改善和强化,乃至对于提高全社会的法治意识,均至关重要和大有助益。这就为中国刑法及刑事法治的现代化奠定了良好的基础。当然,罪刑法定原则要求罪刑规范的设置明确化、具体化,而中国 1997 年刑法典在此方面还存在一些欠缺,诸如还存在含糊、不确切、笼统的用语,分则条文未明定罪名,有些犯罪的法定刑幅度过大,等等。在立法中纠正和避免这些弊端,将有助于提高立法的科学水平,从而也会有益于人权的刑法保障。

2. 反对特权司法,确立适用刑法人人平等原则

适用刑法人人平等原则,是法律面前人人平等这一法治一般原则在刑法中的具体化,它也是罪刑法定原则的必然要求。中国 1997 年刑法典第 4 条规定:“对任何人犯罪,在适用法律上一律平等。不允许任何人有超越法律的特权。”根据这一规定,适用刑法人人平等原则当然也包含对被害人权益保障之意,但其更侧重于对犯罪公民适用刑法上的平等。这一原则对犯罪公民的人权保障意义在于:任何犯罪人均应当平等地承担刑事义务,并平等地享有刑法所规定的刑事权利。所谓平等地承担刑事义务,包括两方面的含义:一是要求对犯罪人严格以罪论刑,决不允许因犯罪人社会地位、受教育程度、财产、性别、种族等不同而加重或减轻刑罚或不予处罚;二是要求不得因被害人的社会地位、受教育程度、财产、性别、种族等不同而对犯罪人加重或者减轻刑罚或不予处罚。所谓平等地享有刑事权利,是指每一个犯罪人依法享有法定的刑事权利,只要符合法定条件,不论个人地位、受教育程度、财产、性别、种族状况如何,均应让其享受正当的刑事权利。例如,中国现行刑法典中规定有各种法定从轻、减轻或免除刑罚的情节,只要犯罪人具有法定从轻、减轻或免除刑罚的情节,他便依法享有受到从轻、减轻或免除刑罚的刑事权利,司法机关不能以其社会地位、受教育程度、财产、性别、种族以及任何其他理由剥夺其刑事权利。

应当承认,由于多种因素的影响,现阶段中国社会还存在相当严重程度的妨碍公正、平等地司法的特权现象。明文规定适用刑法人人平等的原则,会有助于促进司法的公正与平等,并进而强化中国刑法对人权的保障。虽然法律条文中适用刑法人人平等的原则要在刑事司法中得到切实贯彻并非易事,尚需要司法官员乃至全社会不懈的努力;但适用刑法人人平等原则的立法化,毕竟昭示与强调了法治公正、公平的精神、方向和要求,从而为刑事法治强化人权保障创造了立法的基础。

3. 追求合理公正,确立罪责刑相适应原则

罪责刑相适应原则,是由近现代刑法与刑法学中的罪刑相适应原则演化和进步而来的。罪刑相适应,亦可称为罪刑相当、罪刑均衡、罪刑相称,其基本意义是重罪重罚、轻罪轻罚、罪刑相称,罚当其罪。17、18 世纪资产阶级启蒙思想家和强调客观主义的西方刑事古典学派曾力倡罪刑相适应的刑法观念,如作为刑事古典学派创始人之一的意大利著名刑法学家贝

卡里亚曾在其传世名著《论犯罪与刑罚》中,精彩地提出和论述了罪刑相称的主张。[1] 资产阶级革命胜利后,作为一项进步的法律成果,罪刑相适应被贯彻于其刑法之中。传统的罪刑相适应原则,以客观主义的犯罪观和报应主义的刑罚观为基础,机械地强调刑罚与已然之罪即犯罪的客观实害相适应,因而从19世纪末期开始,随着西方刑事人类学派和刑事社会学派的崛起,其内容已逐步得到重大的修正:从单纯强调刑罚与已然之罪的相适应,发展为刑罚之适用兼顾已然之罪与未然之罪即再犯可能性,同时注重刑罚与犯罪行为及犯罪人的个人情况(主观恶性与人身危险性)的相适应。这时,罪刑相适应实际上已经逐步演进为罪责刑相适应。这是现代刑法思想和刑法原则的一项重大的合理化变革。

中国刑法典顺应世界刑事法治的新进展和新观念,在其第5条明确规定:“对犯罪分子量刑的轻重,应当与其所犯罪行和承担的刑事责任相适应。”从而确立了罪责刑相适应这一合理公正的现代刑法原则。按照罪责刑相适应的原则,法院对犯罪分子适用刑罚时,一方面要依据其所犯罪行及其危害后果的轻重,另一方面又要依据犯罪分子实施犯罪行为时及其犯罪前后所具备的主观罪责的轻重,主客观相统一地裁量和确定刑罚,从而兼顾惩罚已然之罪和预防未然之罪的综合需要。罪责刑相适应原则对于刑事法治的科学、合理、文明和效益,具有广泛而重要的意义。其人权保障的意义也是其中一个重要的方面。罪责刑相适应原则的人权保障意义就在于:要求追究刑事责任和适用刑罚的公正,从而使犯罪人的权利得到法律合理的剥夺、限制与保障,使被害人的权利也得到合理的刑法保障。因此,任何违反罪责刑相适应原则的司法裁量,都是对公民(犯罪人或被害人)权利的不尊重和践踏。中国刑法典确立罪责刑相适应的原则,也必然会促进刑法的人权保障。

(二)刑罚更加人道化

刑罚人道无疑是刑法保障人权的极其重要的方面。封建刑法以野蛮残酷为特征,资本主义战胜封建主义在刑法方面取得的革命性成果之一,便是以刑罚人道取代了封建刑法中的刑罚残酷。虽然欧陆诸国的刑法典中鲜见把刑罚人道作为一项刑法基本原则而明确规定,但近现代以来,西方立法者和司法界一直把刑罚人道努力贯彻于其刑罚立法和司法实务中。刑罚人道也是近现代以来世界刑罚改革的基本目标和主要价值观之一。值得注意的是,1997年1月1日起生效的《俄罗斯联邦刑法典》第7条,很可能是在各国刑法立法例中首开先河地把“人道原则”作为刑法的一项基本原则而明文规定在其刑法典中。[2] 中国和大多数国家一样,并没有在刑法典中明文规定刑罚人道的原则。但刑罚人道,一直是中国刑法学界所主张并为中国立法者在刑法中贯彻和司法界在实务中注意奉行的刑罚基本精神。中国1997年刑法典进一步努力贯彻了刑罚人道主义的精神:

1. 保留并更加重视人道性的刑罚种类“管制”

管制是中国1979年刑法典规定的最轻的主刑,属于限制自由刑的范畴,是一种对犯罪分子不予关押,但限制其一定的自由,由公安机关予以执行的刑罚方法。管制作为一种刑罚

---

〔1〕 参见[意]贝卡里亚:《论犯罪与刑罚》,黄风译,中国大百科全书出版社1993年版,第65、66页。

〔2〕 参见《俄罗斯联邦刑法典》,黄道秀译,中国法制出版社1996年版,第4~5页。

方法，是新中国刑罚制度的创举。[1] 作为一种开放性的刑罚方法，管制的人道性特征十分显著：首先，它仅仅限制犯罪分子的部分自由而并非剥夺其自由；其次，被判处管制的犯罪分子未与社会隔离，而是仍在其工作岗位上，也不离开自己的家庭和亲人；再次，被判处管制的犯罪人还可以享受同工同酬的劳动待遇。但是，在中国1997年刑法典的修订研拟过程中，关于管制刑的存废却成为激烈争论的问题。一种观点认为，多年来随着经济的发展带来了流动人口的增加，加之其他种种不利的因素，管制刑执行起来很困难，近年来法院判处管制刑的已很少，因而管制刑应当予以废除；另一种观点则认为，管制刑作为开放性、人道性的刑罚方法，具有其他刑罚方法所无法取代的优越性，而且符合世界刑罚开放性发展的基本趋势，因而管制刑应当予以保留并完善其执行制度。[2] 中国立法机关经过研究，在1997年修订的刑法典中坚决地保留了管制刑，完善和严格了其执行制度，并且在刑法典分则中显著地扩大了管制刑适用的范围。

从世界范围来看，刑罚向开放性、人道化方向发展已成为趋势，很多国家都在积极进行这方面的探索。例如，在当今的德国，机动灵活的处分方式替代剥夺自由刑的刑罚已成为一种非常普遍的倾向，德国汉堡地区早在1986年开放式执行本地区生效判决的比重已高达40%。[3] 中国1997年刑法典对管制这种开放性、人道性刑罚种类的重视和完善，无疑是应当充分肯定的，是符合世界刑罚改革发展方向的。

2. 努力限制和减少死刑

死刑是剥夺犯罪分子生命的最为严厉的刑罚方法。死刑在古代社会的刑罚体系中曾占据重要的乃至中心的地位。由于死刑的特殊严厉性及其不可克减之弊端，古代崇尚死刑的传统刑罚观念在近代资产阶级革命中受到刑罚人道主义新思潮的冲击和影响，特别是意大利著名刑法学者贝卡里亚于1764年在其名著《论犯罪与刑罚》中首倡废除和限制死刑的主张以来，死刑存废之争已达近两个半世纪之久，而且废除死刑的呼声日渐高涨。如今，死刑的限制与废除已被越来越多的国际法律文件所认可。1948年《世界人权宣言》作为人权国际保障的纲领性文件，强调了生命、自由和人身安全的权利，为死刑的限制和废除奠定了法理基础。1966年联合国《公民权利和政治权利国际公约》第6条首次在国际公约中对死刑的适用明确加以限制。随后《美洲人权公约》以及《关于保障面临死刑的人的权利的措施》对死刑的限制作了进一步的规定。20世纪80年代，《〈欧洲人权公约〉关于废除死刑的第六议定书》《旨在废除死刑的〈公民权利与政治权利国际公约〉第二项任择议定书》以及《〈美洲人权公约〉旨在废除死刑的议定书》先后问世，废除死刑在一定范围内遂开始成为国际法规范。上述国际性法律文件不仅为限制或废除死刑确立了国际法依据，使成员国在限制或废除死刑问题上承担了相应的法律义务，也为限制或废除死刑的运动建立了国际保障机制。死刑不但已失去了其在刑罚体系中的核心地位，而且限制、减少死刑乃至废除死刑已成为世

〔1〕 参见高铭暄编著：《中华人民共和国刑法的孕育和诞生》，法律出版社1981年版，第64页；高铭暄主编：《刑法学》，法律出版社1982年版，第223页。

〔2〕 参见赵秉志等：《中国刑法修改若干问题研究》，载《法学研究》1996年第5期。

〔3〕 参见徐久生等著：《德国监狱制度》，中国人民公安大学出版社1993年版，第23～26页。

界的潮流与趋势。据统计，截至2004年12月31日，世界上已有85个国家与地区在法律上明确废除了所有罪行的死刑，10个国家和地区废除了普通犯罪的死刑（军事犯罪或战时犯罪除外），还有39个国家和地区在实践中事实上废除了死刑（过去10年内没有执行过死刑、并且确信其不执行死刑的政策将继续下去或者它已向国际社会作出承诺不再使用死刑）。换言之，现今在法律上或事实上废除死刑或者废除普通犯罪死刑的国家和地区已多达134个，而相应地只剩下相对少数的61个国家和地区依然积极的保留死刑。[1] 虽然我们不能简单地认为死刑的存与废就是一个国家刑法文明与人道与否的标志，因为死刑的存废要根据一个国家或地区的历史文化传统、基本价值观念尤其是犯罪现实状况等因素来决定；但在现阶段还需要保留死刑的国度，严格控制和合理减少死刑的立法与司法，无疑已是刑罚向人道化方向发展的共识与大势。

中国现阶段在死刑问题上一贯坚持的刑事政策是：保留死刑，限制死刑，坚持少杀，防止错杀。这一政策是符合中国现阶段社会的实际情况及其发展进步需要的。中国1979年刑法典较好地贯彻了这一正确的死刑政策：严格规定了死刑的适用对象、适用条件及核准程序；设置了"死刑缓期二年执行"的行刑制度；分则设置死刑的罪种也很有限，仅为28种罪名，而且基本限制在性质和危害非常严重的犯罪范围之内，其中还有15种属于危害国家安全性质的基本上是备而未用死刑的罪名，从而鲜明地体现了慎用死刑的立法思想。但在1982年之后，面对严重经济犯罪和严重危害社会治安犯罪的严峻形势，为配合严惩严重犯罪的司法需要，中国立法机关在单行刑法中较多地增设了死刑，急剧膨胀的死刑立法又导致了死刑在司法中被广泛地适用。在1997年刑法典的修订过程中，如何合理地设置死刑成为各界关注的热点问题，刑法学界的普遍主张是应当严格限制和减少死刑。中国立法机关在中国现阶段社会治安形势还相当严峻、自上而下的看重死刑的观念尚有很大影响因而还无法大幅度地减少死刑的情况下，还是进行了严格限制和削减死刑的积极努力。这主要表现在：其一，进一步限制了死刑的适用条件。一是将1979年刑法典规定的死刑只适用于"罪大恶极"的犯罪分子修改为死刑只适用于"罪行极其严重"的犯罪分子，从而使其标准更加严格和规范；二是删除了对已满16岁不满18岁的未成年犯罪人可以判处死缓的规定。其二，放宽了死缓减轻为无期徒刑的条件，将1979年刑法典规定的"确有悔改"修改为"没有故意犯罪"。其三，削减了死刑罪名。[2] 中国1997年刑法典关于限制和削减死刑的改革措施，无疑在一定程度上增强了中国刑罚的人道主义色彩。

在仍然保留死刑的国家，死刑的立法与司法状况当然是其刑法之人权保障的一个重要标志。中国1997年刑法典在限制和减少死刑方面作出的积极努力，无疑是应当充分肯定的。但是，刑法界乃至法学界和法律界的普遍看法，还是认为中国现阶段的死刑立法还是偏多，核准程序也不完善。中国立法机关应当站在引导社会向文明、现代化道路发展的高度，

---

〔1〕 此外，原为事实上废除死刑的塔吉克斯坦，已于2005年2月废除了死刑。转引自［英］Roger Hood：《"最严重"罪行之探解》，载《中英"死刑适用标准及死刑限制"学术研讨会论文集》，中国人民大学刑事法律科学研究中心2005年3月印，第92页。

〔2〕 参见赵秉志、肖中华：《论死刑的立法控制》，载《中国法学》1998年第1期。

深入调查研究中国的司法实务并参考借鉴外国立法例，对中国现行刑法典中的死刑罪种进行认真的甄别和考量，进一步限制和削减死刑，将死刑限制在非用不可、合乎法理情理的极其严重的犯罪上，并依据刑法、刑事诉讼法和总结多年来的经验教训，严格死刑的核准程序，从而使中国刑法中的死刑及其适用更加科学、文明、合理和人道。就现阶段综合情况而言，我们认为，中国死刑的废止应本着谨慎、务实的态度，遵循先易后难、逐步发展的法治变革之规律，以废止罪责刑严重失衡、长期备而不用或很少适用、社会心理反应不大的死刑条款为起点，分阶段、分步骤地进行。根据中国社会发展的前景预测及国家所提出的在21世纪的阶段性发展目标，我们设想，中国可以经过如下三个阶段逐步废止死刑：一是及至2020年中国全面建成小康社会之时，基本废止非暴力犯罪的死刑；二是再经过一二十年的发展，在条件成熟时进一步废止所有非致命性暴力犯罪的死刑；三是在社会文明和法治发展到相当发达程度时，至迟到2050年新中国成立100周年亦即中国建成富强民主文明的社会主义国家之际，全面彻底地废止死刑。〔1〕

（三）完善保安处分制度

保安处分作为刑罚之外的一种辅助性的刑事制裁方法，因其具有不但同犯罪现象作斗争而且更注意消除犯罪原因的积极功效，因而为现代各国在刑事法治体系中所普遍采用。中国存在散见于刑法、治安法、行政法等法律中不够系统完整的保安处分之内容，而且在保安处分之适用上主要由公安机关决定而缺乏必要的诉讼程序与法治监督机制。因而保安处分尤其是其中具有剥夺人身自由性质的劳动教养制度被认为有违现代法治之精神和人权保障之要求。在中国1997年新刑法典的修订过程中，曾就保安处分是否应纳入刑法典总则设立专章而进行热烈的讨论，最高人民法院和最高人民检察院均曾主张在刑法典中设立保安处分专章。〔2〕后因保安处分纳入刑法典的问题较为复杂且需要具备充分的条件，而新刑法典需要通过的时间又比较急迫，中国1997年新刑法典中因而并未增设保安处分专章。但从建立现代法治和充分保障人权的长远需要看，保安处分的实体和程序问题均应尽快创造条件在立法上解决。解决的方案可以有多种，其中最理想、最完备的，我们认为还是应当在刑法典中设立保安处分专章，并在刑事诉讼法中予以程序上的配合。同时，特别要指出的是，要确立符合现代法治精神的保安处分制度，显著地改善中国法治中的人权保障状况，改革现行劳动教养制度更是势在必行。

劳动教养是中国特有的一种法律制度。根据现行的劳动教养法律、法规的规定，劳动教养是对有违法和轻微犯罪行为，不够或不需要予以刑事处罚而需要劳动教养的人，由省（区、市）和大中城市下设的劳动教养管理委员会审查批准，由司法行政部门的劳动教养管理所收容并进行教育改造1～3年，必要时可以延长1年的行政措施。作为一种非司法性剥夺公民人身自由的制度，劳动教养制度不仅涉及刑法的相关内容，而且涉及刑法与行政法等部门法

〔1〕 参见赵秉志：《中国逐步废止死刑论纲》，载《法学》2005年第1期。

〔2〕 参见高铭暄、赵秉志编：《新中国刑法立法文献资料总览》（下卷），中国人民公安大学出版社1998年版，第2409～2410页、第2598～2600页。

之界限,它尤其与刑法的立法完善密切相关。

诚然,劳动教养制度在中国的确立和发展有其特定的历史背景和价值基础。40多年来,该制度在维护社会治安,稳定社会秩序,预防和减少犯罪,教育和挽救轻微违法犯罪人员等方面曾在一定程度上起到过积极的作用。但是,随着中国政治、经济、文化等各方面的发展变化,特别是在依法治国、建设社会主义法治国家基本方针的确立和对人权保障的日益重视的背景下,该制度中存在的诸多问题和缺陷日益暴露出来。概言之,目前中国的劳动教养制度存在性质定位模糊、收容对象宽泛、审批程序不严、当事人缺乏必要的司法救济、劳教期限过长等弊端。从价值理念上看,它不符合现代国家保障人权的观念,有违公平、正义原则;从法律根据上看,与中国的《立法法》直接相违背,与《治安管理处罚条例》《行政处罚法》不相协调,与国际人权公约的要求明显不符合,背离了依法治国的内在要求。劳动教养制度设计的严重缺陷带来了操作、执行过程中出现的种种诟病,成为国际社会指责中国人权保障状况的口实。劳动教养作为"强制性教育改造"的初衷已经被其现实劳教教养运作过程中所体现出来的严厉处罚性所取代,作为"安置就业的一种办法"的最初考虑,更是荡然无存。可以说,劳动教养作为中国控制社会秩序的重要手段,其具体实施过程所造成的对法治原则和正义理念的不良影响,已超过它对于维护社会治安所能发挥的积极作用。[1]

事实上,劳动教养作为一种具有中国特色的法律制度,显然是以维护社会秩序为其基本价值取向的;但是兼顾维护社会秩序和保障公民人权两种价值,乃是现代法治精神对各项具体法律制度的基本要求。中国是共产党领导的人民民主专政的社会主义国家,维护和保障人权是国家的基本政策。劳动教养制度由于存在上述种种问题和缺陷,不仅成为中国社会法治化进程中特别是刑事法治建设中的一个突出问题,而且是中国民主与人权事业及国际人权斗争中的一个焦点和热点问题。在对1979年刑法典修改的研拟过程中,现行劳动教养制度的处置虽然是一个争论较大的问题,但无论学界还是司法、公安部门基本上都对其持改革的立场,只是由于当时准备不足,配套制度一时难以落实到位而暂时搁置。如今,中国早于1998年即签署了《公民权利和政治权利国际公约》,而该公约第9条第1款规定:除非依照法律所规定的根据和程序,任何人不得被剥夺自由(此处的法律,当指由国家立法机关制定的法律);而党的十六大在关于中国司法体制改革中亦明确提出,"社会主义司法制度必须保障在全社会实现公平和正义"。因此,对现行劳动教养制度进行改革,不仅是实现党的十六大报告所提出的"按照公正司法和严格执法的要求,完善司法机关的机构设置、职权划分和管理制度,进一步健全权责明确、相互配合、相互制约、高效运行的司法体制"目标的要求,而且是承担中国参加的《公民权利和政治权利国际公约》等有关人权国际公约所规定之义务所需,也是中国现代法治文明进步的需要,更是维护和保障人权,"保障在全社会实现公平和正义"的要求。

我们认为,将劳动教养的决定权由公安机关转由法院来行使,使之纳入诉讼程序化运作过程,对于避免劳动教养决定的随意性,保障当事人的合法权益,尤其是保障其充分行使辩

---

〔1〕 参见赵秉志等:《中国劳动教养制度司法化改革论纲》,载《检察日报》2003年6月25日。

护权利,具有很大的积极作用;但劳动教养的固有缺陷并非诉讼程序化改进所能够完全解决的,而必须对劳动教养的实体问题进行彻底的变革。

具体而言,对劳动教养制度的实体变革应从中国目前的国情和法治国家的长远目标两个方面着眼。也就是说,可以从保留劳动教养制度和废除劳动教养制度两个阶段对劳动教养问题进行改革。在保留劳动教养制度的阶段,在现行法院体制架构下,可以借鉴当前的一些专门审判庭、法庭如少年犯罪审判庭的成功做法,在人民法院内部设立独立的治安审判庭,专门负责审理劳动教养案件。此一改革方案不仅简便可行,符合现行法制框架下对劳动教养性质的定位,而且能有效地将劳动教养纳入司法体制和正当程序之中,解决并克服现行劳动教养决定权、适用程序、权利救济等诸多问题和弊病,充分体现中国现代法治对公民人权保障与维护社会秩序并重的价值取向。而从建设法治国家的长远目标考虑,我们主张废除劳动教养制度,而在规范上代之以"违法行为处罚法",并对当前劳动教养的对象、措施等,根据其具体情况、不同特点,分别处理。行为人之行为实际已构成犯罪的,应予刑罚处罚;仅达到治安违法程度的,给予一般的治安管理处罚;如果既不可能犯罪化,只给予一般治安处罚又过轻且达不到教育目的的,则可以考虑纳入行政强制措施。例如:可以把目前对吸毒、卖淫、嫖娼人员所采取的强制戒除、收容教育与对这些人员的劳动教养合并,归并为一个体系,使之成为行政强制措施。

(四)进一步完善未成年人刑事责任之范围

未成年人因为其生理、心理尚不成熟、责任能力不完备暨易于教化等特点,成为现代各国刑事政策和刑事法律上普遍予以从宽处理的特殊对象,其刑法处遇也成为人权法律保障程度的重要标志之一。根据中国1979年刑法典第14条第1、2款的规定,未成年人是否负刑事责任分为三种情况:一是未满14岁的未成年人的任何行为,均不负刑事责任;二是已满14岁不满16岁的未成年人,只对特定的严重犯罪负刑事责任;三是已满16岁的人,对所有的犯罪均应负刑事责任。同时,中国1979年刑法典对未成年人犯罪适用两条重要的原则:一是从宽处罚的原则,即对已满14岁不满18岁的未成年人犯罪,一律应当从轻或者减轻处罚(第18条第3款);二是原则上不适用死刑或者确切言之为不适用死刑立即执行的原则,即对犯罪时不满18岁的人不判处死刑立即执行,已满16岁不满18岁的人如果所犯罪行特别严重的,至多可以判处死刑缓期二年执行(第44条)。应当肯定,中国1979年刑法典已经对未成年犯罪人的基本权利作出了特别保障性的规定,但也有不尽完善之处。

中国1997年刑法典对未成年人的犯罪及其刑事责任作了进一步合理性的改进,主要包括以下两个方面:其一,将已满14岁不满16岁未成年人负刑事责任的范围予以明确化、合理化的规定。中国1979年刑法典第14条第2款规定,已满14岁不满16岁的未成年人"犯杀人、重伤、放火、惯窃罪或者其他严重破坏社会秩序罪,应当负刑事责任。"在多年的司法实践中,对于该款的"杀人、重伤"是限于故意犯罪还是也包括过失犯罪,尤其是对于"其他严重破坏社会秩序罪"如何理解与把握,往往产生不同的主张,[1]因而影响了司法统一和对未

---

[1] 参见赵秉志主编:《刑法争议问题研究》(上卷),河南人民出版社1996年版,第234~240页。

成年人的特殊保护。鉴于此,中国 1997 年刑法典第 17 条第 2 款明确规定:"已满十四周岁不满十六周岁的人,犯故意杀人、故意伤害致人重伤或者死亡、强奸、抢劫、贩卖毒品、放火、爆炸、投毒罪的,应当负刑事责任。"从而使已满 14 岁不满 16 岁未成年人负刑事责任的犯罪范围明确具体和比较合理,解决了原来立法所造成的司法中的歧见,进一步贯彻了罪刑法定原则,强化了对未成年犯罪人权利的法律保障。其二,中国 1997 年刑法典删除了 1979 年刑法典中关于对已满 16 岁不满 18 岁的未成年人可以判处死刑缓期两年执行的规定,即对不满 18 岁的未成年人在任何情况下都不得判处死刑,包括不得判处死刑缓期二年执行。这就彻底贯彻了对未成年犯罪人不适用死刑的原则,从而与中国近年来参加的有关国际公约的规定相符,也充分体现了中国刑法的人道主义精神与对未成年犯罪人生命权利的依法保障。与宣称高度维护人权却在立法和司法中还允许对未成年人适用死刑的某些西方国家相比,中国刑法典在对未成年犯罪人人权保障方面的进步是显而易见的。

不过,为充分体现对未成年人犯罪的特殊处遇,世界上一些国家在刑法典总则中设立有此专章。[1] 在中国 1997 年刑法典的修订过程中,中国刑法学界和最高司法机关均曾提出过此种建议。[2] 但中国 1997 年刑法典由于侧重于分则的修订而未能在总则中增设此章。我们认为,中国 1997 年刑法典虽然在有关条文中规定有对未成年人犯罪的特殊处遇之内容,但受到个别条文之规范方式的限制,其应有的内容还不完整。若能于刑法典总则中增设未成年人犯罪的特殊处遇专章,就可以全面地设置对未成年人犯罪从刑事责任之追究、刑罚裁量之原则到刑种适用、刑罚制度适用乃至保安处分措施之配合等一整套必要的特殊处罚措施,从而会有助于对未成年人犯罪的合理、有效的处理,并增强刑法对此一需要特殊保护之弱势群体的人权保障。[3]

四、结语

当然,全球化时代中国刑法改革中的人权保障并非仅仅停留于刑法立法层面,其在刑事司法运作中也需要得到切实的贯彻。随着中国近年来刑事司法改革的深化,人权保障之现代法治理念亦逐渐根植于刑事司法领域,并在司法解释、刑罚适用等具体刑事司法活动中得到了较为充分的体现。可以说,这是中国依法治国方略在刑事法治领域的重大进展,也充分彰显了中国人权法律保障机制的日趋完备和社会文明的不断进步!但是,仍有必要指出的是,1997 年和 1998 年,中国政府先后签署了联合国《经济、社会、文化权利国际公约》和《公民权利和政治权利国际公约》,而中国全国人大也已于 2002 年正式批准加入《经济、社会、文化权利国际公约》。按照上述人权两公约中的规定,中国刑法立法乃至刑事司法制度中依然存有诸多亟待修改完善之处。而且,中国共产党的十六大报告在党的正式文件中第一次明确提出,保证人民依法享有广泛的权利和自由,尊重和保障人权。这一精髓如今亦已为宪法

---

〔1〕 参见赵秉志:《关于完善我国刑法典体系和结构的研讨》,载《中国社会科学》1989 年第 4 期。

〔2〕 参见高铭暄、赵秉志编:《新中国刑法立法文献资料总览》(下卷),中国人民公安大学出版社 1998 年版,第 2905 ~ 2907 页、第 2426 ~ 2428 页。

〔3〕 参见赵秉志等:《中国刑法修改若干问题研究》,载《法学研究》1996 年第 5 期。

修正案所吸纳，从而将中国的人权事业推进到一个新的阶段。因此，如何将人权领域所出现的新形势、新精神贯彻于刑法立法与刑事司法中，现在已经成为中国刑法理论与实务界必须直面并着力完满完成的重大课题。我们相信，在全球化进程中，在世界人权与现代法治进步的影响下，随着中国法治的发展和人权事业的进步，中国刑事法治在人权保障方面尚存的诸多缺陷与不足也必将得到逐步的弥补并日臻完善。

中国刑法的百年变革*

——纪念辛亥革命一百周年

目　次

一、前言

中华民族，上下五千年，源远流长。五千年来，秉承自强不息的民族精神，中国各族人民在中华大地上滋长生息，历经数十个朝代，创造了光辉灿烂的文明；其间有起有落、有兴有衰，波澜壮阔、扣人心弦。一个民族的法律是民族历史发展的重要组成部分。回眸过去，五千年的中华历史，既是一部文明史，也是一部法制史、刑法史。从"夏有乱政，而作禹刑"到现代法治文明，从"德主刑辅"到"依法治国"，中华民族"立刑以明威，防闲于未然"[1]，创造了令世界瞩目的中华法制文明。

---

* 原载《政法论坛》2012 年第 1 期；收入赵秉志主编：《刑事法治》，社会科学文献出版社 2016 年版。

〔1〕《旧唐书·刑法》。

在中国五千年的发展历程中,1911年的辛亥革命因其推翻了没落的清王朝暨两千多年的封建统治而具有划时代的意义,并因此成为中国现代社会发展的重要转折点。从此,中国各族人民克服重重磨难,逐渐走上了民族解放、人民独立、国家富强的康庄大道。也正是由此开始,中国刑法经历了由清末民初、民国政府到新中国的变革,实现了从传统刑法、近代刑法到现代刑法的历史性转变,完成了从理念到体系、从内容到技术的重大变革,建立起了理念先进、体系完善、结构合理、内容科学的现代刑法体系。

古人云:"以史为鉴,可以知兴替。"回顾辛亥革命以来中国刑法变革发展的百年历程并总结其历史经验,对于深入把握中国刑法的历史命运和现实机遇,并进一步推动当代中国刑法立法的发展与进步,无疑具有积极意义。

二、清末民初中国近代刑法之初创

近现代中国刑法的百年变革始于清末民初。这期间的主要刑法立法有清王朝1911年颁布的《大清新刑律》、北洋政府1912年颁行的《暂行新刑律》及之后的两次刑法修正草案。其中,1911年《大清新刑律》的颁布成为中国刑法走上近代化道路的标志〔1〕,并成为中国法制从传统刑法向近现代刑法过渡的分水岭。〔2〕

(一)《大清新刑律》

清朝末年,西方列强的入侵引发了中国的民族危机,内忧外患交织,清政府的统治岌岌可危。为了继续维护其专制统治,清朝政府甚至"考虑在另外的基础上组织政体的可能性"。〔3〕 在此背景下,变法成为清王朝末年的必然选择。

1902年,时任直隶总督袁世凯、两江总督刘坤一、湖广总督张之洞联衔会奏,建议从速修订法律,并保举沈家本主持修律工作,得到清政府的应允。沈家本认为,"各法之中,尤以刑法为切要。"在修律过程中,他始终以制定新刑律为主要任务,并于1907年制定了《大清新刑律草案》。〔4〕 不过,由于沈家本的《大清新刑律草案》大量引进了资产阶级的刑法文化,草案的体例和内容较旧律变化极大,因而遭到了以张之洞为首的礼教派的激烈攻击,他们称沈家本"用夷制夏",违背了中国传统的礼教与民情。〔5〕 由于反对的声音太大,新刑律的修订工作被迫延缓。

不过,考虑到在当时的社会背景下,"旧律之删订,万难再缓",作为过渡,沈家本奏请清政府同意,对《大清刑律》进行删改和局部调整,并且根据"总目宜删除也""刑名宜厘正也""新章宜节取也"和"例文宜简易也"的"办法四则",于1909年10月12日编订成了《大清现行刑律》,并于1910年颁行。〔6〕 这部《大清现行刑律》在当时虽然只是一部过渡性的刑法,

---

〔1〕 参见李秀清:《法律移植与中国刑法的近代化——以〈大清新刑律〉为中心》,载《法制与社会发展》2002年第3期。

〔2〕 参见朱昆:《〈大清新刑律〉与中国法制现代化的启动》,载《河南大学学报(社会科学版)》1998年第2期。

〔3〕 [美]费正清:《剑桥中国晚清史》(下卷),中国社会科学出版社1985年版,第321页。

〔4〕 参见张晋藩:《中国近代社会与法制文明》,中国政法大学出版社2003年版,第294页。

〔5〕 参见张晋藩:《中国近代社会与法制文明》,中国政法大学出版社2003年版,第311页。

〔6〕 参见张晋藩:《中国近代社会与法制文明》,中国政法大学出版社2003年版,第296~299页。

但它较之于旧律仍有两点突破：一是删除吏、户、礼、兵、刑、工等总目，并将纯粹的民事性质的条款析出，打破了中国古代长期以来的"诸法合体、民刑不分"的立法格局；二是以罚金、徒、流、遣、死取代原来的封建制五刑，并废除凌迟、枭首、戮尸、缘坐、刺字等酷刑，使得刑罚更加人道。[1]

而在删定现行刑律的过程中，《大清新刑律》的修订工作并未中断。为了适应世界法治文明发展的需要，清政府还从多种渠道引进了西方国家的刑法作为参照，并且聘请了日本法学博士冈田朝太郎"帮同考订，易稿数四"。[2] 1911 年 1 月 15 日，清政府颁布了《大清新刑律》，议定 1913 年施行；但未及施行，宣统皇帝就在辛亥革命的次年初宣布退位了。[3]

《大清新刑律》分总则和分则两编，计 53 章，411 条，后附《暂行章程》。其中，总则共 17 章，88 条；分则共 36 章，323 条；《暂行章程》5 条。[4] 尽管《大清新刑律》的最终颁布历经曲折，其内容也一改再改，但沈家本在 1907 年的《修订法律大臣沈奏修订刑律草案告成摺》中所阐述的"更定刑名""酌减死罪""死刑唯一""删除比附"和"惩治教育"五大主张，仍基本得以保留。[5]

客观地说，受当时政治、经济、文化等各种因素的制约，《大清新刑律》的修订存在很大的局限性，如对于究竟是要"参酌各国法律"变革"义关伦常诸条"还是要维护作为"刑法之源"的礼教，清政府的态度前后矛盾。[6] 清政府 1902 年的上谕要求："参酌各国法律，悉心考订，妥为拟议，务期中外通行，有裨治理。"[7] 1909 年的上谕则称："惟是刑法之源，本乎礼教。……凡我旧律义关伦常诸条，不可率行变革，庶以维天理民彝于不敝。"[8] 这使得在具体修律过程中，以张之洞为首的礼教派和以沈家本为首的法理派对"无夫奸"和"子孙违反教令"应否入律争论不休，并且双方最终不得不相互妥协，将维护礼教的"和奸无夫妇女罪"纳入了新刑律的《暂行章程》5 条，而将有关"子孙违反教令"的"对尊亲属有犯不得适用正当防卫"规定不入律。[9]

不过，历史地看，由于沈家本修订《大清新刑律》是以德国、日本刑法为原型，奉行的是"我法之不善者当去之"和"彼法之善者当取之"的原则[10]，因此，与中国传统的封建刑法相比，《大清新刑律》仍然具有很大的历史进步性。这主要体现在：(1) 它抛弃了旧律"诸法合体、民刑不分"的编纂形式，以罪名和刑罚等刑法范畴作为法典的唯一内容，是一部纯粹的刑

---

〔1〕 参见李贵连：《沈家本与中国法律现代化》，光明日报出版社 1989 年版，第 95～126 页。

〔2〕 高铭暄、赵秉志：《中国刑法立法之演进》，法律出版社 2007 年版，第 17 页。

〔3〕 参见周密：《中国刑法史纲》，北京大学出版社 1998 年版，第 352 页。

〔4〕 参见李贵连：《沈家本与中国法律现代化》，光明日报出版社 1989 年版，第 127 页。

〔5〕 参见李秀清：《法律移植与中国刑法的近代化——以〈大清新刑律〉为中心》，载《法制与社会发展》2002 年第 3 期。

〔6〕 参见周少元：《从〈大清新刑律〉看中西法律的冲突与融合》，载《江苏社会科学》1997 年第 2 期。

〔7〕 《大清法规大全·法律部》，卷首。

〔8〕 《大清法规大全·法律部》，卷首。

〔9〕 参见张晋藩：《中国近代社会与法制文明》，中国政法大学出版社 2003 年版，第 326 页。

〔10〕 参见沈家本：《寄簃文存》卷 4，第 214 页。

法典。(2)它抛弃了旧律的结构形式,采用近代西方刑法典的体例,将整部法典分为总则与分则两部分,实现了"总则为全编之纲领,分则为各项之事例"[1],"显属刑法体系史上空前的变化和进步"[2]。(3)它规定了罪刑法定、法律面前人人平等等现代刑法原则。[3] 而其对重法、酷刑的删除,对未成年人犯罪的惩治教育等,则体现刑罚的人道主义精神。[4](4)它以死刑、无期徒刑、有期徒刑、拘留、罚金为主刑,褫夺公权、没收为从刑,规定"死刑用绞,于狱内执行之"[5],"死刑非经法部复奏回报,不得执行"。[6] 同时,在罪名方面,删除了封建刑律中的"八议""十恶"等名目,增加了一些新的罪名,是刑法史上的一大进步。

总之,《大清新刑律》是对中国古代刑律的一大突破,也是中西方刑法文化融合的产物,因此被称为中国刑法史上"古今绝续之交"的集大成之作,并为我国后世的刑事立法奠定了基础。[7]

(二)《暂行新刑律》

1911年的辛亥革命一举推翻了清王朝的统治,也让《大清新刑律》胎死腹中,使其虽然颁布但未能施行。不过,《大清新刑律》的历史使命并未因此而终结。1912年3月10日,袁世凯在就任中华民国临时大总统的当天,即以《临时大总统令》指示:"现在民国法律未经议定颁布,所有以前施行之法律及新刑律[8],除与民国国体抵触各条应失效外,余均暂行援用,以资遵守。"[9]1912年4月30日,在对《大清新刑律》予以直接删改的基础上,北洋政府颁布了《暂行新刑律》。

《暂行新刑律》除了删除《大清新刑律》中"侵犯皇帝罪"一章和《暂行章程》5条外,主要是把《大清新刑律》律文中的"帝国""臣民""复奏""恩赦"等具有封建色彩的词语改为"中华民国""人民""复准""赦免"等,同时还增加规定了一些反动内容,如专设"妨害国交罪"一章,严禁广大人民进行反帝爱国活动。[10] 此外,袁世凯政府还于1912年和1914年针对《暂行新刑律》颁布了《暂行新刑律施行细则》和《暂行新刑律补充条例》,大大加重了原定刑罚。

尽管刑法史上对于《暂行新刑律》究竟是北洋政府颁布的还是南京临时政府颁布的尚

---

〔1〕 赫善心:《中国新刑律论》,载王健编:《西法东渐——外国人与中国法的近代变革》,中国政法大学出版社2001年版,第141~150页。

〔2〕 蔡枢衡:《中国刑法史》,广西人民出版社1983年版,第332页。

〔3〕 《大清新刑律》第10条规定:"法律无正条者,不问何种行为,不为罪。"第2条规定:"本律于凡在帝国内犯罪者,不问何人适用之。"而为了贯彻罪刑法定原则,《大清新刑律》第1条还规定法律不溯及既往的原则,即"本律于凡犯罪在本律颁行以后者,适用之。"

〔4〕 参见张晋藩:《中国近代社会与法制文明》,中国政法大学出版社2003年版,第332~333页。

〔5〕 《大清新刑律》第38条。

〔6〕 《大清新刑律》第40条。

〔7〕 参见张国华、李贵连合编:《沈家本年谱初编》,北京大学出版社1989年版,第228页。

〔8〕 新刑律即《大清新刑律》——笔者注。

〔9〕 周密:《中国刑法史纲》,北京大学出版社1998年版,第371页。

〔10〕 参见高铭暄、赵秉志:《中国刑法立法之演进》,法律出版社2007年版,第17页。

存在不同观点[1]，但毫无疑问，《暂行新刑律》的删修工作是由南京临时政府司法总长伍廷芳主持进行的，而伍廷芳的呈文是经孙中山同意后咨送参议院议决的。因此，《暂行新刑律》的颁行实际上是因为孙中山当时仍然面临着国内外反动势力的强大威胁和来自同盟会内部的妥协倾向的压力。为了保住"民国"形式，孙中山被迫在其他方面作出了妥协和让步，他对待清朝法律的态度也因此发生了转变。[2] 而北洋政府基于自身政权的统治基础以及现实形势的需要，既想对满清刑律中的礼教纲常予以保留，也需要做出适应新形势的变化。[3] 所以，《暂行新刑律》是孙中山与袁世凯之间斗争的妥协产物，具有过渡性，其历史局限性也显而易见。

（三）两次刑法修正草案

1912年颁行《暂行新刑律》之后，北洋政府考虑到该法的过渡性，遂于1914年法律编查馆成立后，即着手对其进行修订。修正要旨有三，即"立法自必依乎礼俗""立法自必依乎政体"和"立法必视乎吏民之程度"。[4] 1915年，北洋政府的《刑法第一次修正案》起草完成。该草案分为总则、分则两编，共55章、432条。其结构、章目与《暂行新刑律》相比，变化不大，只是在总则中增加亲族加重一章，在分则首次增设侵犯大总统罪一章，并增加私盐罪一章。[5] 《刑法第一次修正案》的这些改变是当时袁世凯所强调的"以礼教号召天下，重典胁服人心"的体现，是一种政治需要的体现。它较之于《暂行新刑律》实际上是一种倒退。[6] 最终，这部刑法修正草案因袁世凯宣布恢复帝制而被搁置。

袁世凯政府垮台后不久，鉴于社会形势的变化，且当时的《暂行新刑律》内容陈腐不堪，不同时期颁布的特别法众多，导致法令体系繁杂，为此，北洋政府改定法律馆于1919年在《刑法第一次修正案》的基础上编成了《刑法第二次修正案》。该草案仍分为总则、分则两编，共49章、393条。与该时期的《暂行新刑律》《刑法第一次修正案》相比，《刑法第二次修正案》主要有四个方面的变化：一是确定了从新兼从轻的溯及力原则；二是采用外国刑法的先进经验和新立法例；三是克服了《暂行新刑律》和《刑法第一次修正案》的缺陷并弥补了其不足；四是改删《刑法第一次修正案》的"侵犯大总统罪"和"私盐罪"两章。[7]

---

[1] 关于《中华民国暂行新刑律》的颁布，主要有三种观点：第一种观点认为，《暂行新刑律》是袁世凯为首的北京政府于1912年4月30日公布的。第二种观点认为1912年3月10日的临时大总统令，是孙中山为临时大总统的南京临时政府公布的，3月30日孙中山又批准了经过法部拟定的对新刑律删除章条字句的呈文，并随文发下。第三种观点则认为，1912年3月10日临时大总统令是北京的袁世凯公布的，不是南京的孙中山公布的。该令是准予援用清末新刑律的，而不是公布《暂行新刑律》。《暂行新刑律》不是3月10日或4月30日公布的，而是3月30日由北京临时大总统颁布。该律公布后，4月3日，北洋政府法部便通令京外司法机关遵照施行。参见张希坡：《也谈〈暂行新刑律〉的颁行诸问题》，载《法律学习与研究》1990年第6期，第56页。

[2] 参见柯钦：《〈暂行新刑律〉是南京临时政府颁布的吗?》，载《法学杂志》1987年第1期。

[3] 参见丁德春、陶昆：《传统的"礼"与近代的"法"——由〈暂行新刑律〉评北洋政府刑事立法》，载《安徽警官职业学院学报》2007年第3期。

[4] 李秀清：《点校导引：近代中国刑法法典化及1928年〈中华民国刑法〉》，载"中国刑事法律网"，2011年8月7日访问。

[5] 参见高尚：《潮流与传统间的徘徊——20世纪早期的中国刑事立法》，载《人民法院报》2004年7月21日。

[6] 参见李秀清：《点校导引：近代中国刑法法典化及1928年〈中华民国刑法〉》，载"中国刑事法律网"，2011年8月7日访问。

[7] 参见华友根：《略论近代中国法学家王宠惠的刑事立法思想》，载"中国社会科学网"，2011年8月7日访问。

因上述的《刑法第二次修正案》广泛地参考了西方晚近的立法例,大量移植了较符合当时潮流的西方法律制度和内容,"其修正内容,对于学说、法例,既概取其新,而习惯民情,则兼仍其旧,准酌至善,采择极精,诚为一代法典之大观也。"[1]因此,该修正草案被认为"实较前有显著之进步,为民国以来最完备之刑法法典"。[2] 不过,因为种种原因,尤其是顾虑南京国民党政府未必首肯,该部刑法修正草案也终被搁置。[3]

三、国民政府时期的刑法立法及其发展

在历史上,国民政府有广州、武汉和南京政府之分。在刑法史上,南京国民政府时期制定的1928年《中华民国刑法》和1935年《中华民国刑法》最为令人关注。同时期的共产党革命根据地也进行了不少刑法立法,这是新中国刑法的萌芽,其中有些立法后来成为了新中国刑法立法的基础。

(一)1928年《中华民国刑法》

1927年,国民政府定都南京后,仍然沿用1912年北洋政府颁布的《暂行新刑律》,但同时任命司法部长王宠惠主持草拟刑法。王宠惠对北洋政府1919曾拟定但未颁行的《刑法第二次修正案》详加研究,并略予增损后,编成了《刑法草案》。[4]

1928年2月,国民政府中央执行委员会在对王宠惠编订的刑法草案及其他委员具报的审查意见书一并进行讨论后,决议交付中央常委会审议。当时国民党政府法制局也就该草案及意见书存在的问题出具了意见书,呈请中央常务委员会核察改定,中央常务委员会即将该意见书交司法部核复。1928年3月10日,经国民党中央讨论通过后,由南京国民政府公布了《中华民国刑法》(史称"旧刑法"),同年9月开始施行。[5] 在体例上,该刑法典分总则、分则两编,共48章,387条。同年6月,南京国民政府还公布了《中华民国刑法施行条例》。[6]

在国民政府时期的刑法立法中,1928年《中华民国刑法》实际上只是民国此前十多年刑事立法实践的持续,是《暂行新刑律》和1935年《中华民国刑法》之间的过渡。其编次、章次、章名与《刑法第二次修正案》并无大的差异。要论其进步之处,主要有二:一是删除了"侵犯大总统罪"一章,从而向人人平等的法律原则方面又迈进了一步;二是在罪刑法定原则、正当防卫与紧急避险的构成要件、故意与过失的概念方面吸收了当时最新的刑法理论和立法潮流。[7] 但该部刑法典的缺陷也显而易见,如其关于通奸罪之"有夫之妇与人通奸者"

[1] 吴镇岳:《对于改定刑法第二次修正案之意见》,载《法律评论》1923年第8期。

[2] 谢振民编著:《中华民国立法史》(下册),中国政法大学出版社2000年版,第903页。

[3] 参见黄源盛:《从传统律例到近代刑法——清末民初近代刑法典的编制与冈田朝太郎》,载《月旦法学杂志》2001年第8期。

[4] 参见段彩华:《民国第一位法学家——王宠惠传》,近代中国出版社1982年版,第188页。

[5] 参见马克昌、杨春洗、吕继贵主编:《刑法学全书》,上海科学技术文献出版社1996年版,第540页。

[6] 参见李秀清:《点校导引:近代中国刑法法典化及1928年〈中华民国刑法〉》,载"中国刑事法律网",2011年8月7日访问。

[7] 参见高尚:《潮流与传统间的徘徊——20世纪早期的中国刑事立法》,载《人民法院报》2004年7月21日。

的规定，有违男女平等的原则；而其对杀害尊亲属规定较一般杀人罪更严厉的刑罚，则是对传统伦理的过度尊崇。[1] 这些都与现代法治的基本精神相悖。

（二）1935年《中华民国刑法》

作为国民政府立法的一个过渡，1928年的《中华民国刑法》实施后不久，即暴露出一系列问题：一是刑法条文繁复，施行以后应各地请求，最高司法机关不得不作出许多司法解释，影响了刑法的适用；二是由于时势的变化和刑事政策的变更，在刑法之外不断颁布各种刑事特别法虽然也能弥补刑法典之不足，但也造成了刑事立法和司法的混乱；三是随着《中华民国民法》于1931年的全面实施，刑法中体现传统重男轻女的宗族亲属制，与民法所规定的血亲与姻亲制存在矛盾。[2]

鉴此，南京国民党政府很快着手对1928年的刑法进行修订、补充。经过一系列讨论和审议，新的刑法典最终于1935年1月1日正式公布（史称“新刑法”），同年4月还公布了《刑法施行法》，二者都于同年7月1日起施行。新刑法仍分总则和分则两编，共47章，357条。其中，总则12章，99条；分则35章，258条。[3] 这部新刑法也是我国最后一部资产阶级刑法典，它的颁布标志着中国刑法近代化的基本完结。

与1928年的旧刑法相比，1935年的新刑法主要有三点变化：一是参酌历年国际刑法会议精神及最新的外国立法例，包括1932年波兰刑法、1931年日本刑法修正案、1930年意大利刑法、1928年西班牙刑法、1927年德国刑法草案、1926年苏俄刑法等；二是考虑了当时中国各地的司法状况，按照法官程度、监狱设备、人民教育及社会环境等状况，进行了相应的修正；三是汲取了1930年国际刑法会议关于保安处分的决议，增设了“保安处分”专章。[4]

不过，与1928年的旧刑法相同的是，1935年的新刑法仍然十分注重宗法伦理，并因其特定的阶级属性而体现出一定的反人民性。如该法规定，对于直系亲属犯“侵害坟墓尸体罪”“遗弃罪”“伤害罪”“妨害自由罪”等，要“加重其刑至二分之一”。又如该法虽然规定了重婚罪，但由于国民党政府司法机关的判例认为：“娶妾不得谓为婚姻。故有妻复纳妾者，不成重婚之罪。”[5] 这使得新刑法关于重婚罪的规定形同虚设，也有违男女平等的原则。而该刑法对“内乱罪”及其“预备犯”“阴谋犯”的惩治，则具有明显的反人民性。[6]

（三）共产党革命根据地的刑法立法

这一时期，为了保护革命的成果，共产党领导的革命根据地政府也进行了大量的刑法立法，并因第一次国内革命战争时期、第二次国内革命战争时期、抗日战争时期和第三次国内革命战争时期的任务不同而在内容上有所差异。

第一次国内革命战争期间，国共两党的合作多于冲突。在此期间，为了维护工农民众的

---

[1] 参见高尚：《潮流与传统间的徘徊——20世纪早期的中国刑事立法》，载《人民法院报》2004年7月21日。

[2] 参见李秀清：《点校导引：近代中国刑法法典化及1928年〈中华民国刑法〉》，载“中国刑事法律网”，2011年8月7日访问。

[3] 参见张晋藩主编：《中国法制通史》（第9卷 清末·中华民国），法律出版社2002年版，第648页。

[4] 参见高尚：《潮流与传统间的徘徊——20世纪早期的中国刑事立法》，载《人民法院报》2004年7月21日。

[5] 参见钱大群主编：《中国法制史教程》，南京大学出版社1987年版，第457页。

[6] 参见钱大群主编：《中国法制史教程》，南京大学出版社1987年版，第456页。

基本权益，一些工农运动高涨的南方革命根据地通过当时有共产党人参加的执行革命统一战线的国民党省党部、省政府制定了不少惩治土豪劣绅的条例。这其中主要有：1927年1月，湖南省组成了有谢觉哉参加的起草委员会，制定了《湖南省惩治土豪劣绅暂行条例》；1927年3月，在董必武的领导下，由邓初民参加的起草委员会制定了《湖北省惩治土豪劣绅暂行条例》。[1] 在当时背景下，这些条例对惩治土豪劣绅起到了积极作用。

第二次国内革命战争期间，当时工农民主政权的主要任务是坚决及时地摧毁一切反革命组织，严厉打击各种反动破坏活动。这一时期，共产党革命根据地惩治反革命的刑事立法很多，主要有《中华苏维埃共和国惩治反革命条例》(1934年4月)、《赣东北惩治反革命条例》(1931年3月)、《闽西承办反革命条例》(1930年6月)、《闽西反动政治犯自首条例》(1931年2月)、《湘赣省苏区惩治反革命犯暂行条例》(1932年4月)等。这一时期，革命根据地刑事立法的基本原则是讲究斗争策略，"分清首要与附合"，实行区别对待；对自首自信者施行减免刑罚和立功者受奖；罪刑法定主义与刑事类推相结合；罪责自负反对株连；诬陷者治罪，废止肉刑。[2] 这些刑事立法和刑事政策有力地打击了反革命犯罪分子，保护了革命成果。

抗日战争时期，许多地方都出现了汉奸并严重影响了抗日活动的开展。为此，各抗日根据地政府纷纷制定了惩治汉奸的立法。其中较有代表性的有陕甘宁边区政府1939年正式制定的《抗战时期惩治汉奸条例(草案)》。该草案共13条，明确规定了18种汉奸行为及其处罚。[3] 这对于准确认定和惩治汉奸，彻底肃清陕甘宁边区的汉奸分子，巩固边区的抗战成果，起到了重要作用。除此之外，抗日根据地政府还制定了有关盗匪罪、妨害军事罪与妨害公务罪、盗毁空室清野财物罪、破坏金融罪等的专门刑法。这期间，晋冀鲁豫边区太岳区抗日根据地还创造了一种新的刑罚制度——"死刑保留"，即对应判处死刑而有可能争取改造者，可判处"死刑保留"。保留期间长短，根据具体情节，可定为1年至5年。如果经过了保留期限行为人没有再犯罪，则其"死刑保留"即为失效。这一制度可以说是我国现行的死缓制度的萌芽。[4]

第三次国内革命战争时期，为了适应战争形势发展的需要，各解放区人民政府根据"首恶者必办，胁从者不问，立功者受奖"的方针，分别制定了有关危害解放区秩序的紧急治罪办法(如1946年6月苏皖边区政府公布的《苏皖边区危害解放区紧急治罪暂行条例》)，有关肃清土匪的治罪办法[如《辽北省惩治土匪罪犯暂行办法(草案)》]，有关镇压地主恶霸的条例(如1948年1月晋冀鲁豫边区公布的《破坏土地改革治罪暂行条例》)，有关惩治战争罪犯的规定(如1947年10月10日公布的《中国人民解放军宣言》)、有关取缔特务组织的办法(如1949年3月《北平市国民党特务人员申请悔过登记实施办法》，1949年3月《关于登记

---

〔1〕 参见张希坡、韩延龙主编：《中国革命法制史》，中国社会科学出版社2007年版，第252页。

〔2〕 参见张希坡、韩延龙主编：《中国革命法制史》，中国社会科学出版社2007年版，第261~265页。

〔3〕 参见蓝全普编：《解放区法规概要》，群众出版社1982年版，第68~69页；张希坡主编：《革命根据地法制史》，法律出版社1994年版，第481页。

〔4〕 参见张希坡、韩延龙主编：《中国革命法制史》，中国社会科学出版社2007年版，第301~302页。

内蒙古自治区域内反动党派人员的布告》),有关解散反动会道门封建迷信组织的公告(如1949年1月华北人民政府发布的《解散所有会门道门封建迷信组织的布告》)等。[1] 这一时期共产党革命根据地的刑法立法有一个创新,即创设了一个新的刑种——管制,1948年11月《中共中央关于军事管制问题的指示》规定,在宣布反动党团解散之后,"对登记后的少数反动分子实行管制(每日或每星期须向指定的机关报告其行动)"。这时的"管制"是对某些不予关押的反革命分子,在一定时期内,限制其行动自由,交由当地政府和群众加以监督改造的措施。这可以说是新中国现行刑法规定的管制刑的雏形。[2]

总的来看,共产党领导的革命根据地的刑法立法还比较粗浅,零散而不成系统,并且很多都是临时性的。但这些立法是新中国刑法立法的萌芽,其中有些规定经过实践的摸索、检验和改造后,后来成为了新中国刑法立法的重要内容。

四、新中国60余年来的刑法立法及其改革

1949年新中国的成立是我国社会发展的重要里程碑,标志着中国的政权建设和法制建设进入了一个新的历史时期。由此开始,我国先后经历了1979年刑法典的创制、1997年刑法典的修订和1997年以来刑法立法的完善三个重要阶段,逐步构建了一个形式基本统一、内容相对完备、结构较为科学的刑法体系。

(一)1979年刑法典的创制

1979年以前,新中国的刑法立法历经坎坷和曲折:一方面,新中国成立之初的主要任务是稳定政权、发展经济,法制建设没有被及时提上议事日程;另一方面,十年"文化大革命"对新中国法制的毒害至深,也影响了刑法立法。因此,自1949年新中国成立至1979年刑法典通过之前的30年间,中国的刑法立法十分缺乏,只有少量零乱的单行刑法和附属刑法。其内容主要涉及三个方面:一是为适应惩治反革命犯罪形势发展的需要,中央人民政府委员会于1951年2月20日通过了《中华人民共和国惩治反革命条例》;二是为配合土地改革运动,实行土地改革的各大行政区军政委员会颁发了惩治不法地主的单行条例,如1950年9月19日的《华东惩治不法地主暂行条例》,同年11月15日的《西北军政委员会惩治不法地主暂行条例》等;三是为配合"三反""五反"运动,中央人民政府委员会1952年4月21日公布施行了《中华人民共和国惩治贪污条例》,1952年3月11日政务院公布了《在五反运动中关于商业户分类处理的标准和办法》等。[3] 除此之外,这一时期的刑法立法还有一些包含刑事罚则的非刑事法律,如《消防监督条例》《爆炸物品管理规则》和《中华人民共和国国境卫生检疫条例》等。[4]

显而易见,由于立法的零散、不完备,我国1979年以前的刑法立法还不成系统,刑法规范很不健全,刑事司法更多的是依靠政策。不过,这一时期我国的刑法立法也有一个优点,

---

〔1〕 参见张希坡、韩延龙主编:《中国革命法制史》,中国社会科学出版社2007年版,第313~314页。

〔2〕 参见高铭暄主编:《刑法学原理》(第1卷),中国人民大学出版社1993年版,第46页。

〔3〕 参见高铭暄、赵秉志:《中国刑法立法之演进》,法律出版社2007年版,第31~37页。

〔4〕 参见高铭暄、赵秉志:《中国刑法立法之演进》,法律出版社2007年版,第37页。

即立法的针对性非常强,任务很明确,这对于保证新中国成立初期我国社会主义改造和建设的顺利进行起到了积极保障作用,同时也为1979年刑法典的制定打下了一定的基础。

1979年颁布的刑法典是新中国的第一部刑法典。但事实上,早在1950年,我国就在原中央人民政府法制委员会的主持下进行了刑法典的起草准备工作。从1950年到1954年9月,草拟了两部立法草案:一部是1950年的《中华人民共和国刑法大纲草案》,共157条;另一部是1954年的《中华人民共和国刑法指导原则草案(初稿)》,共76条。[1] 后因抗美援朝、改革土地制度、镇压反革命以及"三反""五反"等运动,上述两部稿子始终没有提上立法程序。1954年我国第一部宪法的通过推动了我国刑法立法的工作。同时,当年刑法典起草工作即改由全国人大常委会办公厅法律室负责。1954年10月到1957年6月28日,我国已草拟出刑法典草案第22稿,含总则、分则两编,共215条。[2] 该稿经过中共中央法律委员会、中央书记处审查修改,又经过全国人大法案委员会审议,并在第一节全国人大第四次会议上发给全体代表征求意见,并根据人大代表和其他方面所提的意见进行修改后,准备作为草案公布试行。后因1957年"反右派"运动以后"左"的思想倾向急剧抬头,起草工作被迫停顿。1962年3月22日,毛泽东主席就法律工作明确指出:"不仅刑法需要,民法也需要,现在是无法无天。没有法律不行,刑法、民法一定要搞。不仅要制定法律,还要编案例。"[3] 从1962年5月开始,全国人大常委会办公厅法律室在有关部门的协同下,对刑法典草案第22稿进行全面修改工作,到1963年10月9日,拟出当时已比较成熟的刑法典草案第33稿,该稿包含总则和分则两编,共13章,206条。[4] 这个稿本经中共中央政治局常委审查后曾考虑公布,后终因"四清"和"文化大革命"等政治运动的冲击而被搁置。[5]

粉碎"四人帮"以后,1978年2月的第五届全国人大第一次会议对法制工作开始有所重视。1978年10月,邓小平在一次谈话中,就民主与法制问题专门指出:"法制问题也就是民主问题。""过去'文化大革命'前,曾经搞过刑法草案,经过多次修改,准备公布。'四清'一来,事情就放下了。"现在"很需要搞个机构,集中些人,着手研究这方面的问题,起草有关法律。"[6] 从10月中旬开始,中央政法小组组成刑法草案的修订班子,对第33稿进行修改工作,先后搞了两个稿子。[7] 1979年2月下旬,全国人大常委会法制委员会成立,在彭真同志的主持下,从3月中旬开始,对包括刑法典起草在内的相关立法工作抓紧进行。刑法典草案以第33稿为基础,结合新情况、新经验和新问题,征求了中央有关部门的意见,作了一定的

---

[1] 参见高铭暄、赵秉志编:《新中国刑法立法文献资料总览》(上册),中国人民公安大学出版社1998年版,第136~188页。

[2] 参见高铭暄、赵秉志编:《新中国刑法立法文献资料总览》(上册),中国人民公安大学出版社1998年版,第252~281页。

[3] 《人民日报》1978年10月29日。

[4] 参见高铭暄、赵秉志编:《新中国刑法立法文献资料总览》(上册),中国人民公安大学出版社1998年版,第337~365页。

[5] 参见赵秉志主编:《刑法总论》,中国人民大学出版社2007年版,第75页。

[6] 高铭暄编著:《中华人民共和国刑法的孕育和诞生》,法律出版社1981年版,第4页。

[7] 参见高铭暄、赵秉志编:《新中国刑法立法文献资料总览》(上册),中国人民公安大学出版社1998年版,第365~434页。

修改，先后又拟了三个稿本。[1] 其中，第二个稿本于1979年5月20日获得中央政治局原则通过，接着又在法制委员会全体会议和第五届全国人大常委会第八次会议上进行审议，审议中又作了一些修改和补充，最后在1979年7月1日五届全国人大二次会议上通过。同年7月6日正式公布，并规定自1980年1月1日起施行。至此，新中国第一部刑法典正式起草工作前后历时25年，凡38个稿本，终于诞生，殊为来之不易。

1979年刑法典分两编，13章，共192条。其中第一编是"总则"，下设"刑法的指导思想、任务和适用范围""犯罪""刑罚""刑罚的具体运用"和"其他规定"共五章，89条；第二编是"分则"，下设"反革命罪""危害公共安全罪""破坏社会主义经济秩序罪""侵犯公民人身权利、民主权利罪""侵犯财产罪""妨害社会管理秩序罪""妨害婚姻、家庭罪"和"渎职罪"共八章，计103条。总体上看，虽然该部刑法典只有192个条文且条文大多很简短，无疑是一部粗放型的刑法典，但它在新中国历史上第一次系统地规定了犯罪、刑罚的基本原理原则和各类具体犯罪及其法定刑，标志着当代我国刑法体系的初步形成，是一部具有当时中国特色的社会主义刑法典。

从在内容上看，1979年刑法典具有两方面的显著特点：一方面，它较广泛地参考借鉴了苏联的刑法立法。这是由当时的社会背景所决定的。新中国成立之初，刑法与其他法律领域一样，彻底抛弃了民国时期形成的大陆法系刑法模式，再加上中苏两国意识形态一致、阶级斗争环境相同、我国创建国家和法制时的紧迫政治形势、两国关系友好等方面的因素，因此，新中国成立之初的刑法立法"以苏俄为师"具有历史的必然性。[2] 而十一届三中全会之后，由于立法筹备时间较短，1979年刑法典主要是以1963年的刑法典草案第33稿为基础制定的，较多地借鉴了苏联的刑法，如强调刑法任务、刑法目的和犯罪概念的阶级性，肯定类推制度，突出反革命罪等。[3] 这既是一种历史的必然，同时在当时立法经验不足、司法实践匮乏的情况下，又是一种现实的选择，具有历史的积极意义。另一方面，它紧密结合了当时中国社会的新情况、中国刑法立法的新经验和中国亟须解决的新问题，并在很多方面保留了中国的特色，如管制与死缓的创立、区分两类不同性质的犯罪等。这既是对共产党根据地时期和新中国成立之初刑法立法经验的总结，也大体上考虑了当时我国社会主义现代化建设的需要。

总之，1979年刑法典结束了新中国成立近30年来没有刑法典的历史，它与同期颁布的1979年刑事诉讼法典结合起来，标志着我国刑事法治的基本具备，从而成为我国在加强社会主义法制方面迈出的非常重要的一步。[4]

（二）1997年刑法典的修订

1979年刑法典作为新中国的第一部刑法典，具有划时代的意义。不过，受制定当时的政治、经济、文化及社会治安形势的限制，加上立法时间的仓促，1979年刑法典也存在一些

---

〔1〕 参见高铭暄、赵秉志编：《新中国刑法立法文献资料总览》（上册），中国人民公安大学出版社1998年版，第435～524页。

〔2〕 参见李秀清：《新中国刑事立法移植苏联模式考》，载《法学评论》2002年第6期。

〔3〕 参见李秀清：《新中国刑事立法移植苏联模式考》，载《法学评论》2002年第6期。

〔4〕 参见赵秉志、王俊平：《改革开放三十年的我国刑法立法》，载《河北法学》2008年第11期。

问题,如观念上比较保守,内容上有失粗疏,以致在很短时间内便显露出与社会现实生活的诸多不适应。[1] 加之1979年制定刑法典时就曾考虑过是否在刑法典中规定军职罪,但后来考虑到来不及研究清楚,决定另行起草军职罪暂行条例。[2] 因此,1979年刑法典颁布实施后不久,国家立法机关即开始着手刑法典的补充、完善工作,并很快于1981年6月10日通过了《中华人民共和国惩治军人违反职责罪暂行条例》。而随着改革开放的不断深入和我国社会政治、经济的不断发展,新型犯罪不断出现。为了适应社会发展的这种新形势需要,国家立法机关又进行了大量的刑事立法。自1981年至1997年新刑法典通过前,全国人大常委会先后通过了25部单行刑法,并在107个非刑事法律中设置了附属刑法规范。[3]

应当说,这些单行刑法和附属刑法是我国应对社会发展的新形势、新问题的需要,也是我国完善刑法内容、促进刑法体系科学发展的需要。通过这些单行刑法和附属刑法的立法,不仅使我国刑法的空间效力、溯及力、犯罪主体、共同犯罪、刑罚种类、死刑案件的核准、量刑制度、罪数、分则罪名、罪状、法定刑、罚金适用、法条适用[4]等内容得到了进一步补充、完善,而且也使我国刑法的结构得到了进一步的充实,形成了刑法典、单行刑法、附属刑法规范相互补充、相互配合的格局。

但这种立法完善模式和刑法规范格局也存在一些缺陷,如刑法的内容不完善、有些罪刑关系的规范不协调、刑法规范过于粗略、刑事立法缺乏总体规划、立法解释极为欠缺等[5],打破了1979年刑法典的完整体系,使得整个刑法规范显得有些零乱,再加上单行刑法过多,难免出现法条交叉、刑罚轻重失衡的现象;更重要的是,随着社会的发展及其对刑法规范的需要,有一些问题仅仅依靠单行刑法的修修补补难以解决。为此,我国亟待制定一部全面系统的新刑法典。[6]

而事实上,早在1982年,我国最高立法机关就曾提出了修改刑法典的主张并开始着手相关的调研工作。1988年7月1日,《七届全国人大常委会工作要点》明确指出,抓好立法工作是七届人大常委会任期五年的首要任务,根据新情况、新经验对法律及时作出修改是立法工作的一个重要方面。同时,还特别指出了把刑法的修改工作正式列入立法规划,这标志着刑法修改工作已经正式列入议事日程。[7] 之后,经过近9年的研究和修订,1997年3月14日第八届全国人大第五次会议表决通过了一部新的《中华人民共和国刑法》,这部刑法典分总则、分则和附则,共15章,452条。尽管这部刑法典在总体上基本延续了1979年刑法典的体系,但它全面、系统地整理、吸收了1981年至1997年期间的25部单行刑法和107个非刑事法律中的刑法规范,并在刑法理念、体系、结构和内容上有了较大的突破和超越。这主

---

[1] 参见赵秉志、赫兴旺:《中国新刑法典的修订与分则的重要进展》,载《吉林大学社会科学学报》1997年第6期。

[2] 参见赵秉志主编:《中国特别刑法研究》,中国人民公安大学出版社1997年版,第749页。

[3] 参见高铭暄、赵秉志:《中国刑法立法之演进》,法律出版社2007年版,第42页。

[4] 参见高铭暄、赵秉志:《中国刑法立法之演进》,法律出版社2007年版,第44~52页。

[5] 参见赵秉志:《刑法改革问题研究》,中国法制出版社1996年版,第5页。

[6] 参见高铭暄、赵秉志:《中国刑法立法之演进》,法律出版社2007年版,第53页。

[7] 参见赵秉志主编:《新旧刑法比较与统一罪名理解与适用》,中国经济出版社1998年版,第9页。

要体现在:[1](1)规定了罪刑法定、刑法面前人人平等、罪责刑相适应等现代刑法的三项基本原则,强化了刑法的人权保障机能。(2)加强了对犯罪的惩治,确立了属人管辖权,将单位犯罪的法定化,放宽了累犯的条件,严格了缓刑、减刑、假释条件,修改反革命罪以强化对一般刑事犯罪的惩治,同时放宽了正当防卫限度标准,增设追诉时效延长的规定,强化了对被害人的保护。(3)适应国内改革的需要,将惩治破坏社会主义市场经济犯罪和危害社会治安的犯罪作为惩治的重点,其中破坏社会主义市场经济秩序罪一章包含八节 92 个条文,妨害社会管理秩序罪一章包含九节 91 条,两章共计 183 个条文,占全部分则 350 个条文的 52%强,刑法打击犯罪的重点突出。(4)适应对外开放的需要,扩大了属人管辖权的范围,确立了普通管辖原则,并规定了一些具有跨国跨地区性质的犯罪,如走私毒品、洗钱、劫机、恐怖组织活动以及境外黑社会组织方面的犯罪,促进中国刑法的国际化。(5)"分则"由原来的八章增加为十章,并进一步扩充、完善了刑法典分则的体系,如将"军人违反职责罪"以专章的形式纳入刑法典,并且增加了"危害国防利益罪"专章,实现了刑法体系的统一;在"分则"的一些大"章"下设"节",其中第三章"破坏社会主义市场经济秩序罪"下设八节,第六章"妨害社会管理秩序罪"下设九节,从而避免了大章的内容过于庞杂、条文过多的不足。[2]

总之,经过全面修订的 1997 年刑法典是一部观念、内容、罪名、体例和技术都有所创新和显著进展的刑法典,较之 1979 年刑法具有历史性的进步意义[3],有利于促进刑法规范的合理协调、发挥刑法典的权威作用、促进刑事司法的统一和公民知法、守法与用法。[4]

(三)1997 年以来的刑法立法完善

尽管 1997 年刑法典是一部较为完备的刑法典,但在 1997 年以后,我国社会又出现了一些新的变化:一方面,随着社会的发展,一些新的严重危害人们社会生活的行为不断出现,需要增设新的犯罪,同时为了适应惩治犯罪的需要,一些犯罪的构成要件和法定刑也难以满足司法实践的要求,需要进行调整;另一方面,中央于 2006 年明确提出贯彻宽严相济的刑事政策的要求,与此同时,随着司法实践和法治理念的不断演进,人们对犯罪和刑罚的认识也有一些新的变化,这些都需要国家对刑法及时作出相应调整。

为了适应社会发展的需要,自 1997 年刑法典颁布以来,全国人大常委会先后对新刑法典作了 9 次重要的立法修改,出台了 1 部单行刑法[5]和 8 个刑法修正案[6];同时,全国人大

---

〔1〕 参见赵秉志、赫兴旺:《新刑法典的重大发展及其总体评价》,载《法律适用》1997 年第 5 期。

〔2〕 参见赵秉志:《当代中国刑法体系的形成与完善》,载《河南大学学报(社会科学版)》2010 年第 6 期。

〔3〕 参见陈兴良:《一部具有创新意义的刑法》,载《法学家》1997 年第 3 期。

〔4〕 参见赵秉志:《一部统一的、比较完备的新刑法典》,载《法学家》1997 年第 3 期。

〔5〕 即全国人大常委会 1998 年 12 月 29 日通过的《关于惩治骗购外汇、逃汇和非法买卖外汇犯罪的决定》。

〔6〕 分别是 1999 年 12 月 25 日第九届全国人大常委会第 13 次会议通过的《中华人民共和国刑法修正案》,2001 年 8 月 31 日第九届全国人大常委会第 23 次会议通过的《中华人民共和国刑法修正案(二)》,2001 年 12 月 29 日第九届全国人大常委会第 25 次会议通过的《中华人民共和国刑法修正案(三)》,2002 年 12 月 28 日第九届全国人大常委会第 31 次会议通过的《中华人民共和国刑法修正案(四)》,2005 年 2 月 28 日第十届全国人大常委会第 14 次会议通过的《中华人民共和国刑法修正案(五)》,2006 年 6 月 29 日第十届全国人大常委会第 22 次会议通过的《中华人民共和国刑法修正案(六)》,2009 年 2 月 28 日第十一届全国人大常委会第 7 次会议通过的《中华人民共和国刑法修正案(七)》和 2011 年 2 月 25 日第十一届全国人大常委会第 19 次会议通过的《中华人民共和国刑法修正案(八)》。

常委会还通过了9个刑法立法解释文件[1]，这些刑法立法解释实际上也在一定程度上和相关方面促进了我国刑法规范的完善。应当说，我国1997年以来的刑法立法，无论是修法的形式、技术还是修法的内容，都具有了显著的进步。

第一，在修法形式方面，确立了以刑法修正案为主的修法模式。1997年刑法典颁行之后，国家立法机关虽然也于1998年颁行了1部单行刑法，但自此之后，全国人大常委会就再也没有颁行过单行刑法，而主要采取的是刑法修正案的方式。“相比于单行刑法和附属刑法，这种修法模式兼顾修法的及时性、科学性和维护刑法典的统一性，受到了刑法理论界和实务界的一致认同。从一定意义上讲，刑法修正案模式的确立，标志着我国刑法修法模式的基本成熟。”[2]

第二，在修法技术方面，呈现出渐趋成熟并不断发展的趋势。这主要表现在两个方面：一是刑法立法更注重语言的准确性和涵括性。以《刑法修正案（七）》第3条为例，该条对原偷税罪中的具体偷税手段用“欺骗、隐瞒”进行概括，同时对定罪量刑的具体数额作概括化表述，修改为“数额较大”“数额巨大”，表述更为准确。二是刑法立法更强调条文内容的明确性与可操作性。在一般情况下，规定内容越是明确，对司法机关就越有指导性。在明确性原则的指引下，这一时期刑法立法内容的明确性与可操作性得到了进一步加强。[3]

第三，在修法的内容方面，突出了刑法的时代性、实践性和科学性。1997年以来，我国通过的1部单行刑法和8个刑法修正案对1997年刑法典作了许多重要的修改。其中，1部单行刑法和前7个刑法修正案主要采取增设新罪种、调整某些犯罪的构成要件和法定刑的方式，对1997年刑法典的分则条文进行了修改。《刑法修正案（八）》则在修改分则条文的基础上，首次对刑法典总则内容也进行了修改补充，如增设对老年人犯罪从宽暨原则上免死、调整刑罚结构、扩大累犯的范围、将坦白上升为法定情节、规范管制刑的执行等，引发了社会的广泛关注和刑法学界、实务界的充分肯定。[4] 具体而言，这一时期刑法的修法内容主要有三个特点：一是立足于经济和社会发展的需要，调整刑法立法的内容，增设了许多新的犯罪类型，具有很强的时代性。二是立足于司法实践的需要，积极完善刑罚结构和刑罚制

---

〔1〕 这九个刑法立法解释分别是：2000年4月29日第九届全国人民代表大会常务委员会第十五次会议通过的《关于〈中华人民共和国刑法〉第九十三条第二款的解释》，2001年8月31日第九届全国人民代表大会常务委员会第二十三次会议通过的《关于〈中华人民共和国刑法〉第二百二十八条、第三百四十二条、第四百一十条的解释》，2002年4月28日第九届全国人民代表大会常务委员会第二十七次会议通过的《关于〈中华人民共和国刑法〉第二百九十四条第一款的解释》，2002年4月28日第九届全国人民代表大会常务委员会第二十七次会议通过的《关于〈中华人民共和国刑法〉第三百八十四条第一款的解释》，2002年8月29日第九届全国人民代表大会常务委员会第二十九次会议通过的《关于〈中华人民共和国刑法〉第三百一十三条的解释》，2002年12月28日第九届全国人民代表大会常务委员会第三十一次会议通过的《关于〈中华人民共和国刑法〉第九章渎职罪主体适用问题的解释》，2004年12月29日第十届全国人民代表大会常务委员会第十三次会议通过的《关于〈中华人民共和国刑法〉有关信用卡规定的解释》，2005年12月29日第十届全国人民代表大会常务委员会第十九次会议通过的《关于〈中华人民共和国刑法〉有关出口退税、抵扣税款的其他发票规定的解释》和2005年12月29日第十届全国人民代表大会常务委员会第十九次会议通过的《关于〈中华人民共和国刑法〉有关文物的规定适用于具有科学价值的古脊椎动物化石、古人类化石的解释》。

〔2〕 参见赵秉志：《刑法修改的四特点和两方向》，载《检察日报》2009年3月2日。

〔3〕 参见赵秉志：《刑法修改的四特点和两方向》，载《检察日报》2009年3月2日。

〔4〕 参见赵秉志：《〈刑法修正案（八）〉宏观问题探讨》，载《法治研究》2011年第5期。

度，不断调整相关犯罪的构成要件和法定刑，体现出很强的实践性。三是立足于刑法发展的内在需要，充分运用刑法立法原理，总则修改与分则修改相结合，入罪规定与出罪规定相补充，从严规定与从宽规定相配合，保证了刑法立法内容的相互协调，体现了刑法立法的科学性。

总之，新中国60余年来的刑法立法历程，是我国社会主义刑法由初创、发展到完善的过程，也是我国社会主义法治建设整个进程的一个鲜明写照，已经并将继续不断地推进我国社会主义刑事法治建设的发展和完善。

五、结语：几点反思

辛亥革命以来中国刑法的百年变革，是一个刑法因应社会变迁而不断制定、修正的过程，也是一个以现实为基础，批判和继承中国古代刑法文化，参考和借鉴外国刑法文化的过程。经过百年的变革和发展完善，中国刑法完成了构建现代刑法的历史使命，并将随社会发展而继续完善和改革。中国刑法的百年变革历程告诉我们，优良的刑法立法必须正确处理好以下几个关系：

第一，合理处理刑法立法中的批判与继承、借鉴的关系。中国刑法的百年变革，在某种意义上其实是一个批判、继承传统刑法，并合理借鉴国外先进刑法立法经验的过程。其中，对批判、继承与借鉴关系处理得比较好的刑法立法，往往都能够在刑法历史上留下浓墨重彩的一笔。《大清新刑律》如此，1935年的《中华民国刑法》如此，新中国1979年尤其是1997年的刑法典亦如此。因此，中国刑法的未来发展，必须审慎处理好中国的本土刑法文化和外来刑法文化的融合关系。只有这样，我们才能制定出更加科学、更加符合中国社会现实需要并且能充分发挥其功效的刑法。

第二，审慎处理刑法立法的科学性与政治性之关系。在任何一个社会，刑法都不是孤立的存在，它是国家意志的体现。一旦一个国家的政权形式发生更迭，其刑法也必然要改变。因此，刑法立法的政治性毋庸置疑。但刑法也有其内在的科学性，其逻辑、结构、内容、体系乃至立法技术的发展、变化都有其自身的规律。尤其是在一定的社会背景下，受社会观念、经济、文化等因素的影响，刑法的这种内在规律更是无法逆转，必须在刑法立法中加以考虑。因此，如果刑法立法仅仅为实现其政治目的而忽视其内在规律，则不仅难以产生应有的社会效果和法律效果，而且也难以长久。

第三，正确处理刑法立法的现实性与超前性之关系。刑法立法首先是要解决社会发展过程中遇到的现实问题，因而现实性是刑法立法的基本特性。但是，刑法立法也不能过分囿于现实，还必须具有一定的超前性。否则，刑法立法的成果将可能因现实情况的变化而很快失去其生命力，《暂行新刑律》如此，1928年的《中华民国刑法》如此，从一定意义上说我国1979年刑法典亦如此。中国刑法的百年历史告诉我们，刑法立法是有其自身的规律和趋势的。如自辛亥革命以来，中国刑法百年变迁的一个极其重要的方面，就是围绕罪刑法定原则所体现的人权保障思想、刑法面前平等原则所体现的平等精神以及刑罚人道主义所反映的刑罚轻缓化观念而发展、演进的。因此，中国未来的刑法立法也需要从把握刑法的核心规律出发，合理设置刑法的制度、罪名和刑罚，正确处理好刑法立法的现实性与超前性的关系。

第四，恰当处理刑法立法的价值与技术之关系。价值有内外之分，刑法立法的价值亦不例外。对外，刑法立法的价值体现为其对社会需求、立法目的实现的效用；对内，刑法立法的价值则体现为其对刑法自身规律和内在品格的遵守与坚持。中国刑法的百年变迁历程表明，刑法立法的外在价值会随着社会的变迁而有较大的反复和差异，如《大清新刑律》十分注重对皇权和封建伦理的维护，《暂行新刑律》和两部《中华民国刑法》都具有反人民性，新中国1979年刑法典则主要强调对我国政治、经济的保驾护航。但刑法的内在价值则相对稳定，如刑法的人权保障、人道价值自《大清新刑律》确立以来，虽然在不同的刑法典中立法的侧重程度不一，但他仍旧贯穿了中国百年刑法立法的始终。与刑法的价值不同，刑法立法的技术主要体现为一种立法的形式要求，同时也是刑法价值的载体。不过，正如内容离不开形式一样，没有相应的刑法立法技术支撑，刑法的价值也就无从体现和实现。从内涵上看，刑法立法的技术一般体现为刑法编纂体例构架、篇章结构的设置、刑法用语的选择、具体制度的安排和罪名刑名的配置等。总体上看，自《大清新刑律》采取“民刑分立”的编纂体例以来，我国各部刑法典在立法技术体现出了一定的共性，如刑法典在总分则模式、刑法基本制度、刑种等方面都保持了一定的联系性，但也存在一些区别，如在不同的历史时期，刑法的立法模式（我国在多个时期都曾存在刑法典与单行刑法、附属刑法规范并存的局面）、刑法条文的繁简与协调（1928年《中华民国刑法》就因条文的繁复而影响了刑法的适用）、刑法的用语等都会存在一定的差别。这些技术选择的不同会对刑法价值的实现产生一定的影响。因此，中国未来的刑法立法，既要有刑法立法价值的追求，需要不断提升和协调刑法的内外价值，加强对恐怖主义、黑社会性质组织犯罪、网络犯罪、贪污贿赂等严重危害国计民生行为的惩治，强调刑法谦抑，又要注重刑法立法技术的发展，积极实现刑法立法的价值和技术的融合，进而促进刑法立法的科学发展。

总之，辛亥革命以来中国刑法的百年变革，可以说是迄今中国刑法史上最为重要的一段历程。对此，我们应当站在社会变迁与法律改革的高度，以客观的立场，科学、理性地审视晚近百年来我国刑法演变的背景、过程、内容和意义，只有这样，我们才能真正做到“以史为镜”，并进一步推进我国刑法的改革与进步。

当代中国刑法体系的形成与完善*

目　次

一、前言

十一届三中全会以来，按照"健全社会主义民主，加强社会主义法制"的目标和"有法可依，有法必依，执法必严，违法必究"的方针，我国有计划、有步骤地开始了一系列立法活动，目前已基本形成包括宪法及各部门法在内的门类齐全、层次完备的社会主义法律体系，为依法治国、建设社会主义法治国家、实现国家长治久安提供了有力的法制保障。[1] 作为社会主义法律体系的重要组成部分，十一届三中全会以来，我国刑法立法也得到了极大发展，刑法的内容不断充实，刑法的体系不断完善，积极地为我国社会主义现代化建设发挥着保驾护航的作用。

---

* 原载《河南大学学报》2010年第6期；《新华文摘》2011年第5期转载；收入李林主编：《依法治国与法律体系形成》，中国法制出版社2010年版。

〔1〕 参见夏良田：《改革开放30年来我国法治建设成就回顾》，载《中共四川省委省级机关党校学报》2008年第3期。

刑法体系是刑法的组成和结构[1],也是刑法目的与功能的承载。完备而科学的刑法体系有利于刑法目的的顺利实现和刑法功能的良好发挥,并且"对立法规划、立法实践、司法实践、法律汇编、法律编纂、法律清理、法学研究规划、法学图书资料分类以及法学工具书的编辑等工作,都具有直接或间接的意义"[2]。相反,"倘若人们不正确地构建或者安排了刑法体系的要素,那么,就有可能导致有缺陷的结果"[3]。因此,如何构建一个科学、完备而协调的刑法体系为各国刑法立法所关注。

当代中国的刑法体系始于新中国成立。新中国成立以来,中国刑法体系经历了一个漫长的形成过程,并随着中国刑事法治建设的不断发展,刑法体系的内容更为完备、结构更为科学。不过,中国刑法体系也存在一定的不足,有待于进一步充实、调整。因此,如何根据中国刑法体系形成和发展的特点,合理确定中国刑法体系完善的方向,并采取适当的路径,解决中国刑法体系完善中的重点问题,是当代中国刑法发展过程中所必须面对的问题。

二、当代中国刑法体系构建与完善的历程

当代中国刑法体系的形成与完善大体上经历了三个主要阶段,即1949年新中国成立至1979年刑法典通过的形成阶段,1979年刑法典的实施至1997年新刑法典通过的发展阶段,以及1997年新刑法典实施至今的进一步发展和完善阶段。

(一)当代中国刑法体系的形成

自1949年新中国的成立至1979年刑法典的通过,是当代中国刑法体系的初步形成阶段。其中,1979年刑法典的颁行是当代中国刑法体系初步形成的标志。

1949年新中国的成立,标志着中国的政权建设和法制建设进入了一个新的历史时期。不过,由于新中国成立之初的主要任务是稳定政权、发展经济,法制建设没有被及时提上议事日程,加之受十年"文化大革命"运动的影响,因此在新中国成立至1979年新中国第一部刑法典通过之前,中国的刑法立法还十分缺乏,主要的刑法立法只有中央人民政府委员会于1951年2月20日通过的《中华人民共和国惩治反革命条例》、中央人民政府委员会1952年4月21日公布施行的《中华人民共和国惩治贪污条例》、全国人大常委会1956年11月16日颁布的《关于宽大处理和安置城市残余反革命分子的决定》和《关于对反革命分子的管制一律由人民法院判决的决定》以及一些包含刑事罚则的非刑事法律,如《消防监督条例》《爆炸物品管理规则》和《中华人民共和国国境卫生检疫条例》等。[4] 由于立法的零散、不完备,这一时期的中国刑法规范还不成体系。

当代中国完整刑法体系的建立始于1979年。1979年7月1日五届全国人大二次会议通过的刑法典是新中国成立后的第一部刑法典。该刑法典共分为两编、192条。其中,第一编是"总则",下设"刑法的指导思想、任务和适用范围""犯罪""刑罚""刑罚的具体运用"和

[1] 参见赵秉志主编:《刑法总论》,中国人民大学出版社2007年版,第36页。

[2] 李国如、杨春洗:《当代中国刑法体系功能研究——兼及系统论方法的运用》,载《浙江社会科学》2000年第1期。

[3] [德]克劳斯·罗克辛:《构建刑法体系的思考》,蔡桂生译,载《中外法学》2010年第1期。

[4] 参见高铭暄、赵秉志:《中国刑法立法之演进》,法律出版社2007年版,第32～37页。

“其他规定”共五章;第二编是“分则”,下设“反革命罪”“危害公共安全罪”“破坏社会主义经济秩序罪”“侵犯公民人身权利、民主权利罪”“侵犯财产罪”“妨害社会管理秩序罪”“妨害婚姻、家庭罪”和“渎职罪”共八章。总体上看,虽然该部刑法典只有区区192个条文且条文大多很简短,是一部粗放型的刑法典,但是它毕竟第一次系统地规定了犯罪、刑罚的基本原理原则和各类具体犯罪及其法定刑,是一个体系相对完善、结构相对合理的刑法典,标志着当代我国刑法体系的初步形成。

(二)当代中国刑法体系的发展

1979年刑法典的实施至1997年新刑法典的通过,是当代中国刑法体系的初步发展阶段。

受制定该部刑法典当时的政治、经济、文化及社会治安形势的限制,加上立法时间的仓促,使得这部刑法典在观念上比较保守,在内容上失于粗疏,以致在很短时间内便显露出与社会现实生活的诸多不适应。[1] 加之1979年制定刑法典时就提出要在刑法典中规定军职罪,但后来考虑到来不及研究清楚,决定另行起草军职罪暂行条例。因此,1979年刑法典颁布实施之后不久,国家立法机关即开始着手刑法典的补充、完善工作。1980年,中国全国人大常委会通过了《中华人民共和国惩治军人违反职责罪暂行条例》。而随着改革开放的不断深入和我国社会政治、经济的不断发展,新型犯罪不断出现。为此,国家立法机关进行了大量的刑事立法。自1980年至1997年新刑法典通过前,全国人大常委会先后通过了25部单行刑法,并在107个非刑事法律中设置了附属刑法规范。通过这些单行刑法以及非刑事法律中的附属刑法规范,不仅刑法体系的空间效力、溯及力、犯罪主体、共同犯罪、刑罚种类、死刑案件的核准、量刑制度、罪数、分则罪名、罪状、法定刑、罚金适用、法条适用[2]等要素内容得到了进一步补充、完善,而且刑法体系的结构也得到了进一步的充实,形成了刑法典、单行刑法、附属刑法规范相互补充、相互配合的格局。但是,这一时期的刑法立法也存在一系列的缺陷,如刑法的内容不完善、有些罪刑关系的规范不协调、刑法规范过于粗略、刑事立法缺乏总体规划、立法解释极为欠缺等[3],因而影响了刑法体系的完整和统一。

1997年新刑法典的通过,是当代中国刑法体系发展历程中具有里程碑意义的事件。1997年3月14日通过的新刑法典尽管在总体上基本延续了1979年刑法典的体系,但是在具体设计上更为完备。这主要体现在:(1)将“总则”第一章的章名由“刑法的指导思想、任务和适用范围”更改为“刑法的任务、基本原则和适用范围”,增加了有关刑法基本原则的规定,规定了现代刑法的三项基本原则,强化了刑法的人权保障机能。(2)在“总则”第二章“犯罪”中增加了“单位犯罪”一节,进一步扩大了犯罪主体的范围,严密了法网。(3)“分则”由原来的八章增加为十章,并进一步扩充、完善了刑法典分则的体系:一是将“军人违反职责罪”以专章的形式纳入刑法典,并且增加了“危害国防利益罪”专章,实现了刑法体系的

---

〔1〕 参见赵秉志、赫兴旺:《中国新刑法典的修订与分则的重要进展》,载《吉林大学社会科学学报》1997年第6期。

〔2〕 参见高铭暄、赵秉志:《中国刑法立法之演进》,法律出版社2007年版,第44~52页。

〔3〕 参见赵秉志:《刑法改革问题研究》,中国法制出版社1996年版,第5页。

统一；二是将“妨害婚姻、家庭罪”并入“侵犯公民人身权利、民主权利罪”一章，并根据惩治贪污贿赂犯罪的需要，将贪污贿赂犯罪分别从原“侵犯财产罪”“渎职罪”中分离出来成为独立一章“贪污贿赂罪”，突出了对贪污贿赂犯罪的打击；三是将“分则”第一章的章名由“反革命罪”更改为“危害国家安全罪”，将第三章的章名由“破坏社会主义经济秩序罪”更改为“破坏社会主义市场经济秩序罪”，充分体现了刑法的时代性；四是在“分则”的一些大“章”下设“节”，其中第三章“破坏社会主义市场经济秩序罪”下设八节，第六章“妨害社会管理秩序罪”下设九节，从而避免了这两个大章的内容过于庞杂、条文过多的不足。经过这些修改，整个刑法典的体系显得更为统一、完备。

（三）当代中国刑法体系的完善

1997 年新刑法典颁布实施之后，我国刑法体系进入了深入发展、完善的阶段。在这一阶段，因应社会实践发展的需要，我国刑法体系的变化当前主要体现在两个方面：一是单行刑法继续存在但已不再是主要的刑法补充、完善方式。1997 年新刑法典颁行之后，在 1998～2000 年间，国家立法机关又颁行了 3 个单行刑法文件，它们分别是全国人大常委会 1998 年 12 月 29 日通过的《关于惩治骗购外汇、逃汇和非法买卖外汇犯罪的决定》、1999 年 10 月 30 日通过的《关于取缔邪教组织、防范和惩治邪教活动的决定》和 2000 年 12 月 28 日通过的《关于维护互联网安全的决定》。[1] 但自此之后，全国人大常委会就再也没有颁行过单行刑法，目前单行刑法已经不再是一种主要的刑法完善方式。二是刑法修正案逐渐成为我国刑法补充、完善的主要方式。“相比于单行刑法和附属刑法的修法模式，这种修法模式兼顾修法的及时性、科学性和维护刑法典的统一性，受到了刑法理论界和实务界的一致认同。从一定意义上讲，刑法修正案模式的确立，标志着我国刑法修改模式的基本成熟。”[2] 自 1997 年新刑法典颁行之后迄今，全国人大常委会先后颁行了 8 个刑法修正案，刑法修正案已经成为当前我国刑法修改的主要方式。

三、中国现行刑法体系的基本结构与主要特点

新中国成立至今，当代中国刑法体系历经数十年的发展，其结构已经基本成形，并呈现出一些主要特点。

（一）中国现行刑法体系的基本结构

中国现行刑法体系是由 1997 年的刑法典以及 1997 年至今的 3 部单行刑法和 7 部刑法修正案共同组成。总体上看，单行刑法和刑法修正案只是对刑法典分则涉及的具体犯罪及法定刑的修改和补充，而且刑法修正案一经通过即融入刑法典而成为其有机组成部分，因而刑法体系仍主要体现为刑法典的体系。从结构上看，中国现行刑法体系的基本结构主要体现为：

第一，总体上采取的是编、章、节的层次结构。其中，章、节不是在每编、每章下均设有，

〔1〕 参见赵秉志：《积极促进刑法立法的改革与完善——纪念 97 刑法典颁行 10 周年感言》，载《法学》2007 年第 9 期。

〔2〕 赵秉志：《刑法修改的四特点和两方向》，载《检察日报》2009 年 3 月 2 日。

而是根据条文的需要进行设计的，如“附则”下就没有章节，总则和分则的部分章下没有设节。这样，整体上基本上形成了由编到章再到节的一个完整结构，整个刑法体系层次分明、结构严谨，一目了然。

第二，编是中国刑法体系中的最高层次，共分三编。其中，第一编是“总则”，主要规定的是刑法的任务、基本原则和适用范围以及犯罪、刑罚的基本原理、原则；第二编是“分则”，主要规定的是各类具体的犯罪及其法定刑；第三编是“附则”，其一是规定刑法典的生效时间，其二是规定刑法典与以往单行刑法的关系，宣布刑法典生效后某些单行刑法的废止，以及某些单行刑事法律中有关刑事责任的内容的失效。

第三，除了附则外，总则、分则都下设章，其中总则共分五章，分别是“刑法的任务、基本原则和适用范围”“犯罪”“刑罚”“刑罚的具体运用”和“其他规定”；分则共分十章，分别是“危害国家安全罪”“危害公共安全罪”“破坏社会主义市场经济秩序罪”“侵犯公民人身权利民主权利罪”“侵犯财产罪”“妨害社会管理秩序罪”“危害国防利益罪”“贪污贿赂罪”“渎职罪”和“军人违反职责罪”。

第四，总则、分则的部分章下设节。如“总则”的第二、三、四章下均设节，其中第二章“犯罪”下设四节，分别是“犯罪和刑事责任”“犯罪的预备、未遂和中止”“共同犯罪”和“单位犯罪”；第三章“刑罚”下设八节，除了有期徒刑、无期徒刑合为一节，刑罚的种类、其他三种主刑以及三种主要的附加刑各为一节；第四章“刑罚的具体运用”也下设八节，分别是“量刑”“累犯”“自首和立功”“数罪并罚”“缓刑”“减刑”“假释”和“时效”。“分则”的第三、六章下设节，其中第三章“破坏社会主义市场经济秩序罪”下设八节，分别是“生产、销售伪劣商品罪”“走私罪”“妨害对公司、企业的管理秩序罪”“破坏金融管理秩序罪”“金融诈骗罪”“危害税收征管罪”“侵犯知识产权罪”和“扰乱市场秩序罪”；第六章“妨害社会管理秩序罪”下设九节，分别是“扰乱公共秩序罪”“妨害司法罪”“妨害国（边）境管理罪”“妨害文物管理罪”“危害公共卫生罪”“破坏环境资源保护罪”“走私、贩卖、运输、制造毒品罪”“组织、强迫、引诱、容留、介绍卖淫罪”和“制作、贩卖、传播淫秽物品罪”。

总体上看，作为中国刑法体系的宏观层次，编、章、节共同构筑了中国刑法的完整体系，保证了整个刑法体系的结构完整。

（二）中国现行刑法体系的主要特点

综观中国现行刑法体系的形式、内容和结构，可以发现，它主要具有以下几个方面的鲜明特点：

1. 刑法体系的形式趋于统一

经过 1997 年的系统修法及之后的不断修改，中国现行刑法体系在形式上基本上实现了统一。具体而言，这主要体现在：第一，1979 年刑法典以及其后的单行刑法和附属刑法等，经过研究、修改、整合，都统统被纳进了 1997 年修订的刑法典，在刑法典之外已经不再存在可以独立成体系的刑法规范，从而比较圆满地实现了刑法的统一性。[1] 第二，1997 年以后

---

〔1〕 参见高铭暄：《中国 1997 年修订的刑法典及其修改补充》，载《欧洲法律与经济评论》2002 年夏季卷。

的刑法修改主要采取的是刑法修正案的方式，进一步有效地保证了刑法的统一性。虽然1997年新刑法典颁行之后，全国人大常委会也曾进行过单行刑法的立法，但总体上看，中国刑法修改的主要方式还是刑法修正案，并且迄今已先后颁行了8个刑法修正案。事实上，"以修正案的方式对刑法进行必要、及时的修改和补充，既能保持刑法典基本原则和主体结构、内容的稳定性，又具有良好的适应性，能够针对实践需要作出及时、恰当的反应，从而为解决刑法稳定性与适应性之间的关系，提供了一个重要的技术平台。"[1]

2. 刑法体系的内容比较完备

刑法体系的完备性是相对于1997年刑法典修改之前的刑法规范状况而言的。[2] 从刑法体系所体现的内容上看，中国现行刑法体系的完备性主要体现在：第一，将1997年新刑法典修改前拟制定、较为成熟的反贪污贿赂法和中央军委提请全国人大常委会审议的惩治军人违反职责罪条例编入了1997年刑法典，分别成为刑法典分则第八章的贪污贿赂罪和第十章的军人违反职责罪，同时增设危害国防利益罪为专章。[3] 这样，在章的层次上，刑法体系显得更为完备。第二，在刑法典分则的第三章"破坏社会主义市场经济秩序罪"和第六章"妨害社会管理秩序罪"增设了节，其中破坏社会主义市场经济秩序罪一章中下设八节，妨害社会管理秩序罪一章中下设九节。这进一步充实了刑法体系的章的结构，使得刑法体系的内容更为完备。

3. 刑法体系的结构相对科学

除了形式的统一与内容的完备外，中国现行刑法体系在结构上还具有科学性的特点。这主要体现在：第一，总则与分则相互配合。中国现行刑法体系援用了现代大陆法系刑法的基本框架，采取了总则分则式的立法体例。其中，总则规定的是有关刑法、犯罪和刑罚的基本原理、原则，而分则规定的是具体犯罪及其法定刑。这样，总则规范与分则规范相互配合、相互作用，共同形成了一个严密的结构体系。第二，总则的各章节之间逻辑严密。一方面，刑法总则的五章基本上遵循了由刑法基本原理到犯罪的基本原理再到刑罚基本原理的顺序，逻辑严密；另一方面，刑法总则各章内的各节之间在排列上也遵循了严格的逻辑顺序，如第二章"犯罪"内的各节就基本上按照的是从犯罪的一般条件再到犯罪的特殊形态的顺序，第三章"刑罚"内的各节按照的是主刑、附加刑的排列顺序，第四章"刑罚的具体运用"内的各节则是按照从量刑到行刑再到刑罚消灭的顺序排列，逻辑严谨。第三，分则的各章节之间设置科学。一方面，分则根据犯罪侵害的同类客体的不同，将各种具体的犯罪分为十大类，并且又根据其侵害具体客体的不同，将一些大的犯罪（如第三、六章）再分为若干小类。另一方面，分则大体根据危害的性质和危害程度的轻重对各类犯罪进行了排列。

---

〔1〕 雷建斌：《1997年以来我国刑法的新进展——写在刑法修正案（六）通过之际》，载《中国人大》2006年第13期。

〔2〕 参见赵秉志：《积极促进刑法立法的改革与完善——纪念97刑法典颁行10周年感言》，载《法学》2007年第9期。

〔3〕 参见赵秉志、肖中华：《中国刑法的最新改革》，载《现代法学》1998年第2期。

四、当代中国刑法体系的进一步完善

关于中国刑法体系的完善,笔者过去曾经进行过一些专题研究,并提出了诸多有关的完善建议。从内容上看,笔者认为,其中有些建议在当前仍有继续坚持的必要。在此,笔者拟在之前相关研究的基础上,着重探讨当代中国刑法体系完善的方向、途径及其要解决的重点问题。

(一)当代中国刑法体系完善的方向

笔者认为,当代中国刑法体系的完善应当坚持内容完备、结构科学的方向进行补充、调整。所谓内容完备,是指刑法体系的完善应当在章、节的层次上进一步充实有关内容,如不仅可以考虑增设"适用范围""未成年人犯罪的刑事责任""国际犯罪"等专章,还可以考虑在刑法典总则第二章"犯罪"下增设"罪数"专节等,以进一步充实刑法典体系。所谓结构科学,是指刑法体系的完善应当注重结构的合理调整,进一步强化刑法体系结构的逻辑性和科学性。对此,一方面要选择适当的标准,合理排列刑法体系内各章及章内各节的顺序,以体现刑法的价值追求;另一方面要根据各章、各节的内容,合理确定各章、各节的名称,以使其准确反映各章、各节的同类客体,强化对相关客体的特别保护。

(二)当代中国刑法体系完善的途径

目标的实现总是离不开一定的途径。中国刑法体系的完善要实现其内容完备、结构科学的目标,主要应注意采取以下两种途径:一是采取刑法修正案的方式修改、充实刑法体系;二是全面、系统地修改刑法典。

关于刑法的完善应当采取刑法修正案的方式还是单行刑法的方式,中国刑法理论界和立法界曾经有过一些不同的认识,并且在过去很长的一段时间内,中国刑法的修改都更倾向于采取单行刑法的方式,如中国不仅在 1979 年刑法典颁行之后至 1997 年新刑法修订之前陆续制定了 25 部单行刑法,而且在 1997 年新刑法典修订之后也先后颁行了 3 部单行刑法。不过,随着认识的不断深入,刑法修正案的方式逐渐成为人们的共识,目前也已经成为中国刑法修正的主要方式。比较刑法修改的两种方式,笔者以为,与单行刑法相比,刑法修正案具有许多明显的优势,应当成为中国刑法体系未来完善的主要方式:刑法修正案是由全国人大常委会通过立法修改程序对刑法典进行的局部修改补充,因而具有灵活、及时、针对性强、立法程序相对简便的特点;在与刑法典的关系上,刑法修正案是对刑法典原有条文的修改、补充、更换或者在刑法典中增补新的条文,不但可以直接促成刑法典的改进,而且不能像单行刑法那样独立于刑法典而存在和被适用,它颁行后就要纳入刑法典中而成为刑法典的组成部分,从而方便人们理解与适用;刑法修正案不但直接纳入刑法典,而且其立法技术使其并不打乱刑法典的条文次序,从而有利于维护刑法典的完整性、连续性和稳定性,有利于刑事法治的统一和协调。[1]

---

〔1〕 参见赵秉志:《积极促进刑法立法的改革与完善——纪念 97 刑法典颁行 10 周年感言》,载《法学》2007 年第 9 期。

不过，除了刑法修正案的方式，中国刑法体系的完善在必要的时候还需要采取全面、系统修改刑法典的方式进行。一方面，刑法体系的完善不可能总是小修小补，当刑法结构需要作较大调整的时候，就应当采取系统修改刑法的方式；另一方面，刑法是以一些基本原则、原理作为基石的，如果随着刑法观念的变化，需要对这些基础性的刑法要素进行调整，就也应采取系统修改刑法的方式。比较而言，系统修改刑法是完善刑法体系的最有效也是最全面、最根本的方式。事实上，从技术上讲，不系统修改刑法，也往往难以对刑法典的相关章节作顺序上的调整，进而有可能影响整个刑法体系完善目标的实现。

（三）当代中国刑法体系完善的重点

当前，对中国刑法体系的完善，除了要解决完善的方向和途径外，还需要针对中国刑法体系中的重点问题，从总则和分则两个方面分别加以完善。

1. 刑法总则问题

刑法总则规定的是有关刑法、犯罪和刑罚基本原理、原则，是中国刑法体系的重心所在。从体系完善的角度看，中国刑法体系总则需要完善的重点问题有：

（1）关于刑法适用范围之独立成章。

中国刑法关于刑法适用范围的规定是放在刑法总则第一章“刑法的任务、基本原则和适用范围”中，既非独立的一章，也非独立的一节。从体系完善的角度看，笔者主张将刑法的适用范围独立成章。这主要有三方面的考虑：一是刑法的适用范围涉及的是刑法的效力范围及其管辖权，是一类独立的问题，应当独立成章；二是在现行刑法典的“刑法的任务、基本原则和适用范围”一章，刑法的适用范围占到了该章 12 条中的 7 条之多，从条文的数量上看，已经具备了独立成章的条件；三是将刑法的适用范围独立成章便于进一步调整、充实刑法适用范围的内容，如可以将现行刑法典第 90 条关于民族自治地方得制定对刑法的变通或者补充规定的条文以及第 101 条关于刑法总则应适用于其他刑法规范的条文调整纳入刑法的适用范围一章，同时增加有关国际犯罪暨中国区际犯罪刑事管辖权的规定。这样既能保证刑法适用范围独立成章的内容充实，又能保持章内的合理平衡。反之，如果将这些内容都纳入总则第一章中，将导致该章内有关刑法适用范围的条文过多，不协调。

（2）关于增设罪数专节。

当前，尽管中国刑法在一些分则性条文中有关于罪数的规定，但严格来说，中国刑法中并没有关于罪数的总则性规定。这也导致了刑事司法实践中对罪数问题处理的不统一。对此，笔者认为，中国刑法体系中应当在总则第二章“犯罪”下设“罪数”专节。一方面，罪数问题既是中国刑法理论研究中的疑难问题，也是中国刑事司法适用中会经常碰到的难题，将罪数问题立法化并且专章化，有利于刑事司法的统一；另一方面，罪数问题归根结底是一个定罪问题，属于犯罪论的范畴，将其置于“总则”第二章“犯罪”中作为一节，比较合适。

（3）关于正当行为之独立成章。

中国现行刑法沿袭了 1979 年刑法典的规定，在总则第二章“犯罪”的第一节“犯罪和刑事责任”中规定了正当防卫和紧急避险两种正当行为。对此，笔者以为，从体系完善的角度看，中国刑法体系中应当增设“正当行为”专章。这是因为：一方面，包含正当防卫和紧急避险在内的一切正当行为,并非犯罪行为或应当追究刑事责任的行为,而是排除、阻却犯罪性的行为。将正当防卫和紧急避险行为归入"犯罪"一章的"犯罪和刑事责任"一节,缺乏内在的逻辑性和科学性。[1] 另一方面,无论是在中国刑事司法的实践中还是在许多国家和地区的刑法典中,正当行为都不仅限于正当防卫和紧急避险两种行为,还包括了正当业务等行为。将正当行为专章化,有利于进一步充实、完善中国刑法体系中的正当行为内容,如可以考虑将正当业务行为、执行命令行为等纳入正当行为一章。

(4)关于保安处分专章之增设。

关于保安处分的立法,中国刑法典中只有一些零散的规定,如刑法典第17条第4款关于未成年人管教、第37条关于非刑罚处罚方法和第64条关于没收违禁品和犯罪物品的规定,立法的数量少而分散,在整个刑法典中的地位很不突出,容易被忽视。[2] 为了完善保安处分的立法,笔者以为,应在刑法典中设立"保安处分"专章。这有三个方面的考虑:一是在刑法典中设立保安处分专章,势必要对现行刑法典中规定的保安处分措施予以增补,形成一个较为完整的具有内在逻辑关系的体系,这样有利于提高保安处分在中国刑法中的地位。二是在刑法典中设立保安处分专章,与刑罚一章分列规定,使得保安处分与刑罚之间的关系更加清晰。相反,如果不设专章,而是将保安处分措施分散规定于有关刑事责任的条文之中,将使刑罚与保安处分的关系混淆不清,不符合当今各国刑法的一般观念。三是在刑法典中设立保安处分专章,可以对中国的劳动教养制度进行合理的二元化处置,一方面可以将劳动教养的部分措施纳入刑罚的范畴,另一方面可以将劳动教养的其他一些制裁措施,如强制解毒、责令管教、对物处分等纳入保安处分的范畴,从而合理解决劳动教养制度的归属问题。

(5)关于未成年人犯罪的刑事责任专章之设立。

基于未成年人生理和心理上的特殊性,世界各国刑法都对未成年人犯罪规定了一些特殊处遇措施,中国也不例外。中国也在刑法典中对未成年人犯罪作了一些特别的规定,如对未成年人犯罪的从宽处罚规定、对未成年人犯罪不得适用死刑的规定等。不过,总体上看,中国刑法对未成年人犯罪的规定还十分概括、分散,并在一定程度上影响了刑法适用的社会效果。为了突出对未成年人的特别保护,中国可以借鉴某些国家的立法经验和立法方式,在刑法典中增设对未成年人犯罪的刑事责任专章,集中、详细地规定未成年人犯罪的概念、处罚原则等宏观问题,以及对未成年人犯罪在刑种、刑度乃至刑事责任和刑罚的免除等方面的一系列具体的特殊从宽内容。这样不仅有利于贯彻我国处理未成年人犯罪的一贯政策,促进整个社会对未成年人犯罪的惩治与防范的关注,也有利于我国刑事立法与强化和重视对未成年人犯罪给予特殊处遇的先进世界趋势协调发展。[3]

此外,关于刑法体系的完善,刑法典总则还可以考虑将宽严相济刑事政策立法化,将其纳入刑法典总则第一章,作为刑法的根据;将刑法总则第二章第二节的"犯罪的预备、未遂和

[1] 参见赵秉志等:《中国刑法修改若干问题研究》,载《法学研究》1996年第5期。

[2] 参见高铭暄、赵秉志:《中国刑法立法之演进》,法律出版社2007年版,第158页。

[3] 参见赵秉志等:《中国刑法修改若干问题研究》,载《法学研究》1996年第5期。

中止”节名更改为“犯罪的停止形态”，以方便将犯罪既遂的内容纳入其中。

2. 刑法分则问题

对于我国刑法典分则体系的完善而言，不仅需要增设新型类罪、合并相关类罪，而且还需要贯彻章节体例，并调整逻辑顺序。

(1)增设新型类罪。

综观中国刑法典分则的体系，同时借鉴国外立法及相关国际条约的规定，笔者以为，在宏观层次上，中国刑法体系应增设一些新型类罪，其中特别是有关国际犯罪、恐怖活动犯罪和计算机网络犯罪的规定。

第一，增设国际犯罪。中国现行刑法典中关于国际犯罪已有一些零星的规定，如刑法典第122条的劫持航空器罪。但总体上看，中国刑法典关于国际犯罪的规定十分零散，部分国际犯罪在刑法典中虽然有所体现但被分解，缺乏明确、系统的规定，无法体现国际犯罪的特点。因此，在采取章节制的前提下，可以考虑在刑法典分则中增设“国际犯罪”一章，详细规定诸如劫持航空器罪、海盗罪、侵略罪等相关的国际犯罪。这样一方面有利于中国全面履行其加入国际公约所应承担的义务，另一方面也有利于进一步完善中国刑法典的分则体系，实现国内犯罪与国际犯罪的统一，增强刑法体系的完备性。

第二，增设恐怖活动犯罪。恐怖活动犯罪是当今世界各国面临的共同难题。为加强对恐怖活动犯罪的惩治，2001年12月29日通过的《中华人民共和国刑法修正案(三)》明确规定了组织、领导、参加恐怖活动组织罪和资助恐怖活动罪。不过，由于中国刑法并没有规定恐怖活动组织的概念，也没有规定专门的恐怖主义行为罪，这使得中国刑法在惩治恐怖主义犯罪的犯罪认定、刑罚裁量和恐怖组织认定等方面都面临着很多的困难。[1] 为了加强对恐怖活动犯罪的惩治力度和惩罚的针对性，在采取章节制的前提下，中国有必要在刑法分则中增设恐怖活动罪专节。这样，一方面，刑法可以在恐怖活动罪专节中对相关概念作出明确界定，完备恐怖活动犯罪的罪名体系，完善相关的刑罚制度，以增加刑法惩治恐怖活动犯罪的针对性和系统性；另一方面，刑法典关于恐怖活动犯罪的规定还可以和未来的反恐法相互配合，既充分发挥反恐的刑罚和非刑罚措施的综合作用，又能有效地保证刑法体系的完整和统一。

第三，增设计算机网络犯罪。计算机网络犯罪是当前中国社会面临的一类新型犯罪。在刑法上，经过《刑法修正案(七)》的修改，中国现行刑法典中关于计算机网络犯罪的条文已经较为丰富。不过，为了突出对计算机网络犯罪的刑法惩治，在采取章节制的前提下，有必要在刑法分则中增设计算机网络犯罪专节。一方面，计算机网络犯罪不同于传统的扰乱公共秩序犯罪，具有明显的隐蔽性，将其放在扰乱公共秩序罪一节，不能充分体现其犯罪特点，应当单独设节；另一方面，在中国刑法典分则中，侵犯知识产权犯罪、破坏环境资源犯罪、妨害文物管理犯罪等新型犯罪均已独立成节，因此将计算机网络犯罪独立成节符合中国刑

---

〔1〕 参见赵秉志、杜邈：《中国惩治恐怖主义犯罪的刑事司法对策》，载《北京师范大学学报(社会科学版)》2008年第5期。

法典的立法取向。

(2)合并相关类罪。

除了增加新型类罪外，为了提高刑法体系的严谨性和科学性，我国有必要对刑法典分则的部分章进行合并。

第一，应将“危害国防利益罪”和“军人违反职责罪”合并为“危害国家军事利益罪”一章。我国现行刑法典将“危害国防利益罪”和“军人违反职责罪”分别成章，其中“危害国防利益罪”一章是按照同类客体进行归类，而“军人违反职责罪”一章则是按照犯罪主体进行归类。不过，笔者以为，从客体上看，危害国防利益罪和军人违反职责罪的同类客体都是国家军事利益，且均为长期存在的犯罪类型。〔1〕 因此我国现行刑法典依照不同的标准将其分为两章，不仅与我国刑法典分则的整体分类标准不符，而且容易造成两章内容之间的交叉、重复，从科学的角度，应当将“危害国防利益罪”和“军人违反职责罪”合并为“危害国家军事利益罪”一章。

第二，应将“贪污贿赂罪”和“渎职罪”合并为职务犯罪一章。为适应反腐败斗争的需要，强化对贪污贿赂罪的打击，我国现行刑法典将1979年刑法典中有关贪污贿赂犯罪的条款合并，并独立成章。〔2〕 但是，从类型上看，贪污贿赂罪与渎职罪均属于职务犯罪，都具有亵渎职务的共性，因此从体系完善的角度，在采取章节制的前提下，应当将贪污贿赂罪与渎职罪合并为职务犯罪一章，同时为了突出对贪污贿赂犯罪的惩治，可以将贪污贿赂罪与渎职罪在职务犯罪的章下分别设节。

(3)贯彻章节体例。

关于刑法典分则体系的安排，中国刑法学界和国家立法机关曾经提出了三种方案：一是大章制，即只对犯罪进行大的分类，设立大章，章下不设节，每章的内容比较丰富、条文也很多；二是章节制，即对内容庞杂、条文过多的犯罪类型，可以在章下设节，每节即为不同的犯罪类型；三是小章制，即章下不设节，将原来内容庞杂、条文过多的犯罪类型划分为若干章，每章条文少，分则罪章增多。〔3〕 最终，中国刑法典分则体系采取的是章节制。应当说，在大章制格局下采取章节制的做法是中国刑法的一种现实选择。因为采取小章制来调整刑法典分则体系结构固然是一种比较理想的选择，可以使刑法典分则各章犯罪的特色鲜明，条文的数量易于平衡，便于研究和司法适用，但是在1979年刑法典已采取大章制的立法架构下，小章制对刑法典分则体系结构的变动过大，显然不是一种现实的选择。〔4〕

不过，章节制在中国现行刑法典分则中的贯彻并不彻底，刑法分则的绝大多数章下都没

---

〔1〕 参见赵秉志：《关于完善刑法典分则体系结构的新思考》，载《法律科学》1996年第1期。

〔2〕 为适应反腐败斗争需要，强化对贪污贿赂罪的打击，中国最高立法机关曾设想制定反贪污贿赂犯罪的专门规范性文件——反贪污贿赂法，并由最高人民检察院负责起草。从制定一部统一的、比较完备的刑法典的原则出发，1997年中国刑法修订时将1988年由中国全国人大常委会制定的《关于惩治贪污罪贿赂罪的补充规定》与最高人民检察院正在起草的反贪污贿赂法合并编为新刑法典分则的一章，并增设了私分国有资产罪、私分罚没财物罪等新罪名，使贪污贿赂犯罪的罪刑规范更为丰富、缜密。参见赵秉志、肖中华：《中国刑法的最新改革》，载《现代法学》1998年第2期。

〔3〕 参见高铭暄、赵秉志：《中国刑法立法之演进》，法律出版社2007年版，第162页。

〔4〕 参见高铭暄、赵秉志：《中国刑法立法之演进》，法律出版社2007年版，第164页。

有设节。这显然不利于刑法典分则体系的平衡与协调。对此，笔者以为，从贯彻章节制的角度，我国刑法典分则应当在每章下都设节。这主要有三个方面的考虑：一是在所有的章下都设节有利于保证刑法典分则体例的统一，也有利于在体系结构上保持各章的平衡；二是一些章下的同类客体在类型上存在一定的差异，应当采取节的方式予以分立，如现行刑法典分则第四章的客体就包括了公民的人身权利、民主权利、劳动权利和婚姻、家庭权利等，采取节的方式将侵犯这些同类客体的犯罪有针对性地统一规定有利于强化刑法对相关客体的特别保护；三是在各章下都设节有利于司法人员和广大人民群体更好地了解、掌握刑法典分则的罪名，从有利于更好地促进刑法的适用，发挥刑法的行为规制功能。

(4)调整逻辑顺序。

刑法典分则的逻辑体系主要体现为刑法典分则各章节顺序的合理排列。从总体上看，我国现行刑法典分则的逻辑顺序是合理的，但也存在一些不足，在进一步增补、合并相关类罪的基础上，应对相关章的顺序作如下调整：

第一，应将"危害国防利益罪"和"军人违反职责罪"合并后的"危害国家军事利益罪"放在"危害国家安全罪"之后、"危害公共安全罪"之前，成为调整后的刑法典分则的第二章。其主要的考虑是，在客体的重要性上，国家军事利益应当高于公共安全、低于国家安全。

第二，将"侵犯公民人身权利、民主权利罪"一章更名为"侵犯公民基本权利罪"后，应在排列顺序上将其提前到"破坏社会主义市场经济秩序罪"之前，作为调整后的刑法典分则的第四章。这是因为，按照现代人权的一般理念，公民基本权利应当高于经济权利，因此在排列顺序上应将其置于"破坏社会主义市场经济秩序罪"之前[1]，同时将"破坏社会主义市场经济秩序"一章挪后作为调整后的刑法典分则的第六章。

第三，应将"贪污贿赂罪"和"渎职罪"合并后的"侵犯职务罪"作为调整后的刑法典分则第五章，在顺序上位居"侵犯公民基本权利罪"之后、"破坏社会主义市场经济秩序罪"之前，这是为了强调对贪污贿赂犯罪以及渎职犯罪等侵害公职行为的刑法惩治。

第四，应将新增的国际犯罪专章放在刑法典分则的最后，作为调整后的刑法典分则的第九章。这一方面是参照、借鉴了国外许多刑法典的通行做法，另一方面也是因为国际犯罪所侵害的是国际利益，与其他章所侵害的国内利益在性质和类别有所不同，而将其放在刑法典分则体系的最后，有利于与刑法典分则前八章所规定的国内犯罪相对照。

五、结语

作为一个整体，刑法体系关乎一个国家的基本价值取向，也关乎刑法立法的科学性以及刑法目的的实现和刑法功能的发挥。从总体上看，中国现行刑法体系的形式相对统一，内容相对完备，结构相对科学，是一个相对合理、完善的体系。但严格来说，中国现行刑法体系无

---

〔1〕 笔者曾主张侵犯公民人身权利罪宜置于侵犯公民民主权利罪等以公民人身权利以外的其他基本权利为同类客体的犯罪、各类妨害经济秩序的犯罪之前(参见赵秉志、肖中华：《关于侵犯公民人身权利犯罪立法完善之探讨》，载《中国刑事法杂志》1996年第4期)。现在看来，从权利的重要性上看，这种排列仍然是合适的。

论是在内容上还是在结构上也都存在一定的缺陷。这在一定程度上影响了刑法功能的发挥。不过，笔者相信，依照内容完备、结构科学的发展方向，通过刑法修正案或者系统修改刑法典的方式，中国的刑法体系一定能够随着社会的不断发展而进一步充实、完善。作为刑法内容和立法技术完善的基础和载体，中国的刑法体系也只有根据社会发展的需要不断充实内容、完善结构，才能为中国刑法的完善打下坚实的基础，并进而不断地推动中国刑事法治建设的完善。

当代中国刑法法典化研究*

目　次

一、前言

有日本学者认为，法典是依照各自制度目的，按照科学、逻辑或实际、方便的顺序分类排列，以“编”为单位系统组织起来的成文法规的整体。[1] 从类型上看，法典既可以是针对一国所有法的综合性法典，如古罗马的《十二铜表法》；也可以是针对一国某部门法的单一性法典，如宪法典、刑法典。[2] 与法典的概念相对应，法典化是一国对属于同一法律部门或调整特定领域的法律、法规进行系统收集和整理的过程。[3] 它既是把其他形式的法律编纂为法典的过程，也是一种制定法典的风气、趋势和运动。[4]

---

* 原载《法学研究》2014 年第 6 期。

〔1〕 参见[日]我妻荣等：《新法律学辞典》，董璠舆译，中国政法大学出版社 1991 年版，第 877 页。

〔2〕 参见严存生：《对法典和法典化的几点哲理思考》，载《北方法学》2008 年第 1 期。

〔3〕 See Black's law Dictionary, fifth edition. St Paul Minn: West publishing Co., 1979. 234.

〔4〕 参见严存生：《对法典和法典化的几点哲理思考》，载《北方法学》2008 年第 1 期。

刑法的法典化是专门制定刑法典或者将单行刑法、附属刑法等特别刑法规范编纂纳入刑法典的过程。它反映的是一国刑法典从无到有、从不完善到完善的过程。刑法法典化能"使刑法形成一个内容完整、形式统一的规范体系,克服因立法上的过度分散而导致的混乱、重叠和冲突"。[1] 因此,刑法的法典化通常代表着较高的刑法立法技术、较完善的刑法内容和较合理的刑法体系。中国现代意义上的刑法法典化的努力始于1949年中华人民共和国成立后,在1979年取得标志性成果即颁布了第一部粗略但不失为法典的1979年刑法典,并在1997年全面修订刑法典时得到了充分体现。不过,随着中国社会主义法律体系的形成和立法科学化要求的不断提升,中国现阶段的刑法法典化面临着更高的要求和更多的挑战。如何进一步深化刑法的法典化,已经成为中国刑法立法和刑事法治建设亟须解决的重要问题。笔者早在20世纪90年代初即关注中国刑法的法典化问题,并对其中的诸多问题进行过专门研究。[2] 在此基础上,本文拟结合中国刑法立法近年来的发展,对当代中国刑法的法典化问题作进一步探讨。

二、中国刑法法典化的历程和特点

虽然法典在古代早已出现,但"法典化"作为一种运动、一种思潮和一种趋势,却是近现代所特有的社会现象。[3] 历史地看,中国现代刑法的法典化经历了一个曲折的历程,并呈现出独特的特点。

(一)中国刑法法典化的历程

中国第一部比较系统的封建法典,可追溯至《法经》。"魏文侯师于李悝,集诸国法典,造《法经》六篇。"[4]此后,中国历经数十个朝代,制定了数十部以刑法内容为主体的成文法典。1911年,由清末政府颁布的《大清新刑律》标志着中国刑法走上近代化的道路。[5] 1912年,北洋政府颁行了《暂行新刑律》。国民政府时期制定的1928年《中华民国刑法》尤其是1935年《中华民国刑法》则是中国近代刑法典的典范。但尽管如此,中国现代意义上的刑法法典化,则乃是始于1949年中华人民共和国成立之后,并经历了一个艰难而曲折的初创、发展和完善过程。

1. 新中国刑法法典化的初创

1979年刑法典是中华人民共和国成立后新中国的第一部刑法典,也是中国现代刑法法典化的重要标志。此前,新中国只有少数几部单行刑法和内容分布零散的一些附属刑法规范。不过,作为一种立法运动和趋向,新中国刑法的法典化始于中华人民共和国成立之初。1950年,在原中央人民政府法制委员会的主持下,新中国开始了刑法典的起草准备工作,并

---

〔1〕 刘之雄:《单一法典化的刑法立法模式反思》,载《中南民族大学学报(人文社会科学版)》2009年第1期。

〔2〕 参见赵秉志:《刑法改革问题研究》,中国法制出版社1996年版;赵秉志:《刑法总则问题专论》,法律出版社2004年版。

〔3〕 参见严存生:《对法典和法典化的几点哲理思考》,载《北方法学》2008年第1期。

〔4〕 于语和、董跃:《〈法经〉与〈十二铜表法〉之比较研究》,载《南开学报》2000年第4期。

〔5〕 参见李秀清:《法律移植与中国刑法的近代化——以〈大清新刑律〉为中心》,载《法制与社会发展》2002年第3期。

拟定了《中华人民共和国刑法大纲草案》(共157条)[1]。到1957年6月28日,新中国已草拟出刑法典草案第22稿,含总则、分则两编,共215条。[2] 此后尽管因“反右派”“四清”和“文化大革命”等政治运动此起彼伏的不断冲击,新中国刑法典的制定工作数次中断,几起几落,历经波折,但新中国追求刑法法典化的步伐并未曾真正停止。至1979年7月1日第一部刑法典通过,前后近30年间,新中国先后出台了38个刑法典稿本。[3]

1979年刑法典的颁行是中国刑法法典化进程中取得的重大成就,但这并不意味着中国刑法法典化的完全实现:一方面,1979年制定刑法典时虽曾准备在刑法典中规定军职罪,但后来考虑到来不及研究清楚,决定另行起草军职罪暂行条例;[4]另一方面,受当时政治、经济、文化及社会治安形势的限制,加上立法时间仓促,1979年刑法典存在着观念上比较保守、内容上有失粗疏等突出的问题,[5]刑法典内部结构也不甚科学、平衡。因此,无论是形式还是实质,1979年刑法典都没有真正实现中国刑法的法典化。

2. 新中国刑法法典化的发展

1979年刑法典之后不久,我国单一刑法典的格局很快被打破。1981年6月10日,中国五届全国人大常委会第十九次会议通过了《中华人民共和国惩治军人违反职责罪暂行条例》。此后,为适应社会发展的需要,中国立法机关又进行了大量的单行刑法和附属刑法立法。据统计,自1981年至1997年刑法典全面修订前,中国全国人大常委会先后通过了25部单行刑法,并在107部非刑事法律中设置了附属刑法规范。[6] 当时单行刑法和附属刑法规范在条文数量上远远超过了刑法典,并且各种刑法规范相互交织,罪刑关系很不协调、刑事立法缺乏总体规划等矛盾十分突出[7],因而我国刑法学界和司法部门要求制定一部统一的、全面而系统的刑法典的呼声日益高涨。

1988年,修订刑法典的工作被正式提上国家立法工作日程。当年7月1日,中国《七届全国人大常委会工作要点》明确指出,抓好立法工作是七届全国人大常委会的首要任务,并将刑法典的修改工作正式列入立法规划。[8] 此次修订刑法的目的就是“要制定一部统一的、比较完备的刑法典”。[9] 之后,经过近9年的广泛调查和深入研究,1997年3月14日中国八届全国人大五次会议表决通过了一部经全面系统修订而面貌一新的《中华人民共和国刑法》。这部1997年刑法典全面吸收了1979年刑法点和既往的各个单行刑法暨附属刑法规范,在观念、内容、罪名、体例和技术方面都取得了显著进展,是一部真正意义上的统一刑

---

〔1〕 参见高铭暄、赵秉志编:《新中国刑法立法文献资料总览》(上册),中国人民公安大学出版社1998年版,第136~188页。

〔2〕 参见高铭暄、赵秉志编:《新中国刑法立法文献资料总览》(上册),中国人民公安大学出版社1998年版,第252~281页。

〔3〕 参见赵秉志:《中国刑法的百年变革——纪念辛亥革命一百周年》,载《政法论坛》2012年第1期。

〔4〕 参见赵秉志主编:《中国特别刑法研究》,中国人民公安大学出版社1997年版,第749页。

〔5〕 参见赵秉志、赫兴旺:《中国新刑法典的修订与分则的重要进展》,载《吉林大学社会科学学报》1997年第6期。

〔6〕 参见高铭暄、赵秉志:《中国刑法立法之演进》,法律出版社2007年版,第42页。

〔7〕 参见赵秉志:《刑法改革问题研究》,中国法制出版社1996年版,第5页。

〔8〕 参见赵秉志主编:《新旧刑法比较与统一罪名理解与适用》,中国经济出版社1998年版,第9页。

〔9〕 王汉斌:《关于〈中华人民共和国刑法(修订草案)〉的说明》,载《人大工作通讯》1997年第7期。

法典，其颁行有利于促进刑法规范的合理协调、发挥刑法典的权威作用、促进刑事司法的统一和公民知法、守法与用法，标志着中国刑法法典化的进一步发展。[1]

3. 当代中国刑法法典化的完善

1997 年之后迄今，为了适应社会发展和刑事政策调整的需要，中国立法机关迄今又先后对 1997 年刑法典进行了九次修正。其中，1998 年 12 月 29 日，为适应惩治骗购外汇、逃汇和非法买卖外汇犯罪以维护国家外汇管理秩序的需要，中国全国人大常委会通过了《关于惩治骗购外汇、逃汇和非法买卖外汇犯罪的决定》。这是 1997 年全面修订刑法典之后出台的第一部也是迄今唯一一部真正的单行刑法。[2] 此后迄今十余年间中国又先后对刑法典进行过八次专门修正，并且采取的都是刑法修正案的方式。

与单行刑法和附属刑法规范不同，"刑法修正案虽然对刑法典的有关内容进行了修改，以修正案内容代替刑法典被修改的有关内容，但形式上刑法典被修改的有关条款依然存在且适用着。刑法修正案与刑法典之间的关系不是相互独立的"。[3] 刑法修正案是刑法典的组成部分，一旦被通过其内容即被直接纳入刑法典。因此，刑法修正案既有利于保证刑法典的完整和统一，维护刑法典的权威，又有利于发挥刑法的引导功能，是刑法法典化的具体表现形式。[4] 可以说，1997 年以来中国刑法修改主要采用刑法修正案的方式，表明中国刑法法典化正朝着更加统一的刑法典方向不断迈进，标志着当代中国刑法法典化进入了逐步完善时期。

(二) 中国刑法法典化的特点

综观当代中国刑法法典化的历程，可以发现，它具有以下三个方面的显著特点：

第一，刑法的法典化程度与社会形势的变迁息息相关。社会形势是政治形势、经济形势、文化形势等的总称。"从现实的角度看，一国刑法立法模式的形成取决于其现实的需要。"[5] 而社会形势反映的正是一国的现实需要。在社会形势中，政治、经济形势对刑法立法模式的影响最为直接。法典"是社会或政治改革的象征，也可以是新国家创建、独立和统一的标志，还可以是对一个国家国力强盛、治理良好的状态的反映。"[6] 而"经济形势的变化会影响犯罪态势和犯罪模式，从而影响刑事立法模式。"[7] 由此我们可以看到，在政治运动压倒一切的时期，法律本身都形同虚设，因此更谈不上刑法的法典化了。而在改革开放快速

---

[1] 参见赵秉志：《一部统一的、比较完备的新刑法典》；陈兴良：《一部具有创新意义的刑法》，均载《法学家》1997 年第 3 期。

[2] 除此之外，中国全国人大常委会还先后于 1999 年 10 月 30 日通过了《关于取缔邪教组织、防范和惩治邪教活动的决定》、2000 年 12 月 28 日通过了《关于维护互联网安全的决定》和 2011 年 10 月 29 日通过了《关于加强反恐怖工作有关问题的决定》。其中，《关于取缔邪教组织、防范和惩治邪教活动的决定》是宣示性的，并未对相关犯罪作具体规定；《关于维护互联网安全的决定》主要是明确侵犯互联网安全行为的法律适用，而《关于加强反恐怖工作有关问题的决定》则是关于反恐怖工作的刑法适用及资产处置程序等问题的规定，并非严格意义上的单行刑法。

[3] 黄京平：《如何适用刑法修正规范》，载《检察日报》2004 年 3 月 11 日。

[4] 参见黄京平：《如何适用刑法修正规范》，载《检察日报》2004 年 3 月 11 日。

[5] 柳忠卫：《刑法立法模式的刑事政策考察》，载《现代法学》2010 年第 3 期。

[6] 封丽霞：《法典编纂论》，清华大学出版社 2002 年版，第 230 ~ 231 页。

[7] 参见柳忠卫：《刑法立法模式的刑事政策考察》，载《现代法学》2010 年第 3 期。

发展时期，社会形势急剧变化，各种犯罪不断变换，要求立法快速、及时地应对，此时单行刑法和附属刑法是现实的选择。相反，社会形势稳定、犯罪态势相对平稳时期，统一的刑法典则更能发挥其功效，刑法的法典化程度就会有所提高。可见，社会形势变化越快，刑法的法典化程度通常越低；社会形势越稳定，刑法的法典化程度通常越高。两者息息相关。

第二，刑法的法典化程度与法治的整体发展进程相一致。历史地看，中国刑法的法典化是伴随着当代中国法治的发展进步而逐步前行的。“法治国的基本精神在于：一个受法约束的国家。”〔1〕刑法典作为刑法规范的系统化，既是刑事司法的指南，也是刑事司法的约束。一般而言，在一个法治欠缺的时代，执政者总要扩充行政权，减少法律的束缚，立法萎缩，真正意义上的法典化更是不可能。中国历史上也曾经历过这样一个法治欠缺的时期：法律被抛弃，公检法机关被砸烂，行政权高于一切，法治荡然无存。好在后来中国进行了拨乱反正，法治被重拾和更加强调，并很快出台了刑法典。此后，随着改革开放的日益深入，法治进一步健全，中国刑法的法典化也得以进一步发展和完善。可以说，中国现代法治的历史，实际上也是一部伴随着刑法法典化的历史，两者同呼吸，共命运。

第三，刑法的法典化程度与立法技术水平的高低相关联。法典化不仅是一种立法形式，更是一种立法技术。“没有符合刑法立法要求的立法技术，就难有合理的刑法立法。”〔2〕作为法的体系化存在，法典具有高度的普遍性、确定性和完整性，需要有较高的立法技术予以支持。总体而言，当代中国的刑法立法技术也经历了一个由粗疏到精细、由分散到集中、由不科学到比较科学的过程。在此过程中，中国刑法逐步走向法典化。例如，中华人民共和国成立伊始，由于立法技术水平较低，只能根据社会治理的需要制定简单的单行刑法和附属刑法。1979 年中国虽然制定了刑法典，但当时立法技术仍较为粗疏，立法理念比较落后。之后犯罪形势的变化也表明，应急之需创制的许多犯罪难以被直接纳入刑法典，制定单行刑法和附属刑法遂成为必然。后来，随着立法技术水平的不断提高，中国终于在 1997 年出台了一部比较系统、全面和现代化的刑法典。“从 79 刑法的‘宜粗不宜细’，到 97 刑法的尽量‘详尽、明确’，刑事立法技术相较以前有了长足的进步。”〔3〕此后中国逐步确立了以刑法修正案为主渠道的修法模式。这种修法模式的“立法技术使其并不打乱刑法典的条文次序，从而有利于维护刑法典的完整性、连续性和稳定性，有利于刑事法治的统一和协调。”〔4〕可以说，立法技术的提升为当代中国刑法的法典化提供了更大的空间。

总之，中国刑法的法典化是一个随着社会形势的变迁、法治的进步和立法技术的提升而不断深化的过程。法典化已经成为当代中国刑法立法的重要趋势。

三、中国刑法法典化的价值和目标

中国刑法法典化是中国历史与现实的必然选择，具有重要价值。长远来看，中国应当制

〔1〕 陈兴良主编：《刑法理念导读》，法律出版社 2003 年版，第 2 页。

〔2〕 李洁：《遏制重刑：从立法技术开始》，载《吉林大学社会科学学报》2009 年第 3 期。

〔3〕 王玉珏：《对刑法修正案模式之再思考》，载《社会科学家》2011 年第 3 期。

〔4〕 郭泽强：《从立法技术层面看刑法修正案》，载《法学》2011 年第 4 期。

定一部形式合理、内容科学的统一刑法典。

(一)中国刑法法典化的价值

关于刑法的立法模式,中国刑法理论上曾有三种不同的观点:第一种观点认为,集中性、统一性的刑事立法模式并不现实,中国应由刑法典、单行刑法、附属刑法、轻犯罪法分别规定不同性质的犯罪;[1]或者认为中国应建立刑法典、特别刑法和刑法修正案相结合的刑法立法模式。[2] 第二种观点认为,中国应采取以刑法典为主、以特别刑法为辅的立法模式。[3] 第三种观点则认为,刑法修正案是中国修正刑法的唯一行之有效的典型模式。[4] 客观地看,刑法典、单行刑法和附属刑法各有其独特的功能,因而上述三种观点各有其合理性。不过,比较而言,刑法法典化更契合中国社会发展的需要,具有更显著的价值,因而应当成为当代中国刑法立法坚定不移的发展方向。

1. 刑法法典化的法律文化价值

"法律根植于文化之中,它在一定的文化范围内对特定社会的特定的时间和地点所出现的特定需求作出回应。从根本上说,法律是人们认识、阐述和解决某些社会问题一定的历史方法。"[5]历史地看,中国法律文化与政治形态的发展密不可分。

总体而言,中国在历史上虽然也有长期的政权分裂和地方割据时期,但总是"以统一为常情,分裂为变态"。[6] 与此相对应的是"大一统"国家主义观念的根深蒂固。[7] 所谓"大"即光大、尊重之意,"一统"是指地方要统一于中央。[8] "大一统"注重国家和民族的统一,加强中央集权和弱化地方势力,以中央为本、地方为末,以君为本、民为末,要求皇帝垄断国家立法权,强调法自君出。在此背景下,中国注重法律的统一,法典因其统一性和完整性而被赋予了特殊的历史使命。"法典为政治权力的使用者确立了一套明确的规则,因而就增强了权力使用的效率与权威性,减小了其使用的风险。"[9]由此可以看到中国刑法之所以延续了两千多年的法典模式。其间虽有道德、宗教、外来文化等各种冲击,但以《法经》《秦律》《汉九章律》《唐律》《宋刑统》《大清刑律》等为主线和代表的统一律令形式始终不曾中断。即便是在饱受外来凌辱和战火侵袭的近代,以《大清新刑律》《中华民国刑法》为代表的刑法典仍是中国刑法立法的主要模式。

1997 年刑法典之前,中国虽在刑法典之外保留了大量的单行刑法和附属刑法,但这与

---

〔1〕 参见张明楷:《刑事立法的发展方向》,载《中国法学》2006 年第 4 期。

〔2〕 参见柳忠卫:《刑法立法模式的刑事政策考察》,载《现代法学》2010 年第 3 期。

〔3〕 参见孙力、付强:《对我国刑事立法模式的反思与重构》,载戴玉忠、刘明祥主编:《和谐社会语境下刑法机制的协调》,中国检察出版社 2008 年版,第 34 ~ 36 页。

〔4〕 参见杨辉忠:《我国刑法修正案实践与思考》,载戴玉忠、刘明祥主编:《和谐社会语境下刑法机制的协调》,中国检察出版社 2008 年版,第 68 ~ 69 页。

〔5〕 [美]约翰·亨利·梅利曼:《法系》(第 2 版),顾培东、禄正平译,法律出版社 2004 年版,第 155 ~ 156 页。

〔6〕 纵使长期分裂,人心仍趋向统一,即使是流亡的朝廷,仍以统一为职志。参见黄仁宇:《赫逊河畔谈中国历史》,三联书店 1997 年版,第 6 ~ 7 页。

〔7〕 参见封丽霞:《偶然还是必然:中国近现代选择与继受法系法典化模式原因分析》,载《金陵法律评论》2003 年春季卷,第 148 页。

〔8〕 参见郝铁川:《中华法系研究》,复旦大学出版社 1998 年版,第 198 页。

〔9〕 严存生:《对法典和法典化的几点哲理思考》,载《北方法学》2008 年第 1 期。

当时大量新型犯罪不断涌现、刑法立法技术不甚成熟等因素有关,并且这种立法模式也饱受了各方面的诟病。如今,影响中国刑法体系完整性的这些问题已基本得到改善,中国应当维护刑法体系的完整与统一,坚持刑法的法典化发展方向。而这也是顺应和发展中国法律文化传统的需要。[1]

2. 刑法法典化的比较法价值

"从最早的有记录的历史时期起,法律移植——即一条法规,或者一种法律制度自一国向另一国,或自一族向另一族的迁移——却一直是屡见不鲜的。"[2]中国近代法律文明的发展也已充分地证明了这一点。客观地看,当今世界的两大主要法系在立法模式上存在较大的差异。其中,"拥有条理清晰、概念明确的成文法典"一直是大陆法系国家的追求。"早在查帝编纂《国法大全》时,'完整、清晰、逻辑严密'就成了大陆法系法学家们孜孜不倦的追求。"在他们看来,"只有明确、确定的法典才是法制的保障,除此以外别无其他。"[3]自此,法典一直是制定法的中心。在理性主义的指引下建立一个内部和谐一致、没有内在矛盾的法律体系,一直是大陆法系国家的法典编纂者们所追求的目标。[4] 与大陆法系国家不同,英美法系国家的主要法律渊源是判例法,缺乏法典化的传统。不过,随着法律融合趋势的日益加强,英美法系国家的成文法也不断增加,甚至也诞生了不少法典。如在美国,几乎所有的州都制定了刑法典。[5] 而同属英美法系的印度、新加坡、马来西亚等许多国家,也都制定了各自专门的刑法典。

比较而言,中国的法律文化与法系国家更易融合。"中国近代选择与继受法系法典化模式不是一种偶然或巧合,而是中国深厚的传统观念、文化背景、当时的民族境遇,一衣带水的日本的影响,以及法典法和判例法的特点等诸多因素共同决定的历史必然。"[6]事实上,法典化仍然是当代成文法系国家刑法立法的主要模式。在刑法法典化程度尚显不足、现代刑事法治理念尚未完全确立的当下,中国刑法无疑应当借鉴法系国家的成功模式,坚持法典化的前进道路。

3. 刑法法典化的社会价值

与其他法律形式相比,法典具有许多优越性:概括、明确,便于理解、把握和操作;覆盖面广,能把大量、极其复杂的法律信息高度浓缩和统一,减少相互之间的矛盾和冲突;能给人们一个看得见摸得着的法律文本,从而有利于树立法的权威和克服法律的神秘性。[7] 当然,在刑法立法模式问题上,也有学者认为,单一刑法典存在不能及时适应犯罪态势与刑事政策变化的要求、不能满足不同类型犯罪对刑事立法模式的不同要求等一些难以克服的缺陷,因

---

〔1〕 参见赵秉志、袁彬:《建议将惩治外汇犯罪决定纳入刑法典》,载《法制日报》2012年2月22日。

〔2〕 [英]阿兰·沃森:《法律移植论》,贺卫方译,载《比较法研究》1989年第4期。

〔3〕 周倍良:《也许正在发生——〈法系〉书评》,载"法律图书馆"网,2012年3月30日访问。

〔4〕 参见朱景文:《关于立法发展趋势的几个问题——一个比较研究》,载《法学杂志》2005年第4期。

〔5〕 参见刘兆兴:《比较法视野下的法典编纂与解法典化》,载《环球法律评论》2008年第1期。

〔6〕 封丽霞:《偶然还是必然:中国近现代选择与继受法系法典化模式原因分析》,载《金陵法律评论》2003年春季卷,第148页。

〔7〕 参见严存生:《对法典和法典化的几点哲理思考》,载《北方法学》2008年第1期。

而主张我国刑法立法走多元化的立法模式。[1] 不过笔者认为，上述反对刑法法典模式的认识并不客观。刑法法典化具有明显的社会价值，其立法模式应当得到遵从和坚持。

第一，刑法典通过自身体系的完善能容纳各种新型犯罪。刑法法典化面临的第一个诘难，是一些新型犯罪可能难以融入既定的刑法典体系。"当要增加的新犯罪行为不能纳入刑法典分则已有的罪名体系时，就不宜采用刑法修正案。"[2] 以中国现行刑法典为例，刑法典根据同类客体分设了十类犯罪。但若出现一种新型犯罪不能为这十类犯罪客体所容纳时，立法者要将该行为纳入刑法典将面临体系上的困难。不过，笔者认为，这种担心并无必要。一方面，以客体的性质进行区分，任何行为侵害的客体都无非是个人法益、社会法益或国家法益几种类型（在特定的情况下也可涉及全人类的法益或者国际法益）。而一部成熟的刑法典必然要将这些类型的法益均纳入其保护的范围。因此，从客观上看，不能将某种犯罪纳入刑法典体系只是一种理论假设，在刑法法典化程度的较高阶段，同类客体涵盖的广泛性决定了这种情形不会出现。另一方面，即便存在刑法典既定的罪名体系不能容纳某类犯罪的情况，也可通过刑法修正案或者全面修订刑法典的方式增设新的分则罪名章节，以容纳新出现的犯罪类型。

第二，法典化的修正案方式能快速应对犯罪形势的变化。刑法法典化面临的第二个诘难，是刑法典的立法程序较为繁琐，难以对急剧变化的犯罪形势作出快速反应。不过，中国十余年来的修正刑法经验表明，除了全面修订刑法典，刑法修正案也是一种颇为合理的法典化方式，它能够根据修法幅度的大小调整修法程序：对于修法幅度较大的修正案，可提请全国人大表决通过（如 2012 年 3 月 14 日十一届全国人大第五次会议通过的《刑事诉讼法修正案》采取的就是这种立法方式）；对于修法幅度较小的修正案，则可提请全国人大常委会表决通过。其中，后者的修法程序简单，其灵活性并不亚于单行刑法和附属刑法，完全能够应对犯罪态势迅速变化的需要。

第三，刑法保护范围的全面性决定了单行刑法和附属刑法功能的有限性。刑法法典化面临的第三个诘难，是单一刑法典难以满足犯罪治理的一体化和综合化要求。有学者认为，"对于反黑社会组织犯罪的立法，除刑事法内容之外，还有必要涉及金融、财政、基层组织建设等内容。显然，这些内容不可能规定在刑法典中，而只能作为相关内容规定在单行刑事法中。"[3] 不过，刑法是其他所有法律的保护法，其保护范围具有全面性。因此，几乎所有的犯罪规范都有相对应的民事、行政法规范，可将其纳入相应的民事、行政法律作为附属刑法规范（即便是传统意义上的故意杀人、强奸、抢劫等亦如此）。若如此，刑法作为独立法律部门的价值将丧失殆尽。进一步讲，一体化或综合化的单行刑法、附属刑法，其作用多是形式意义上的。将其规范分散到刑法、刑事诉讼法以及民事、行政法律中，并不会影响其功能的发挥。

---

[1] 参见柳忠卫：《刑法立法模式的刑事政策考察》，载《现代法学》2010 年第 5 期。

[2] 黄京平、彭辅顺：《刑法修正案的若干思考》，载《政法论丛》2004 年第 3 期。

[3] 刘之雄：《单一法典化的刑法立法模式反思》，载《中南民族大学学报（人文社会科学版）》2009 年第 1 期。

第四,刑法典的统一性能够充分适应刑事政策变化的需要。刑法法典化面临的第四个诘难,是刑法典不能适应刑事政策变化的需要。从类型上看,刑事政策有基本刑事政策与具体刑事政策之分。而中国近年来的修法经验表明,刑法修正案既能满足基本刑事政策变化对刑法立法的要求,也能满足具体刑事政策变迁对刑法立法的要求。事实上,中国2011年2月通过的《刑法修正案(八)》不仅较好地贯彻了宽严相济的基本刑事政策和对黑社会性质组织犯罪从严惩处的具体刑事政策,而且还在制度上进行了统筹协调,实现了不同制度之间的充分融合,表明了刑法修正与刑事政策之间的良好互动,有利于促进公民知法、守法和用法,充分实现刑法典的社会价值。

4. 刑法法典化的现代法治价值

“法典是制度文明的显赫篇章”。[1] 当代社会最大的制度文明莫过于法治。法治意味着法的统治和最高权威。“法治的核心在于:确信法律能够提供可靠的手段来保障每个公民自由地合法地享用属于自己的权利。”[2]事实上,“如果在一种制度安排中,最高权力机构的关注点主要在于政府治理方面而不在法律方面,那么这种制度安排只会使政府治理的工作越来越压倒法律的工作。”[3]

保障和促进现代刑事法治是中国刑法典化最重要的价值所在。刑法法典化的现代法治价值主要在于:既有利于发挥刑法的权威力量,也有利于促进刑法的科学性。正如有论者所言,统一的刑法典能解决刑法分散所带来的不严密,填补刑法规范空白,使刑法做到“疏而不漏”,充分发挥刑法的威力。[4] 而这也是树立刑法在社会生活中的权威的重要途径。与此同时,“在大陆法系国家,法治还意味着一种科学精神和形式理性,大陆法系近代以降的法典编纂运动,试图制定内容完备、形式统一、逻辑自足的大一统的完美法典的追求,正是其在社会领域追求科学精神与形式理性的具体体现。”[5]事实上,一部统一的刑法典要实现其形式理性,必然要求其内容和体系科学。刑法的法典化对形式理性的追求,有利于促进刑法的科学化,进而推动现代刑事法治的科学发展。

5. 刑法法典化的规范价值

规范价值是刑法法典化的基本价值所在。“法不仅必须适应于总的经济状况,不仅必须是它的表现,而且还必须是不因内在矛盾而自己推翻自己的内部和谐一致的表现。”[6]但是,单行刑法和附属刑法规范的零散性、独立性破坏了法律的整体性、协调性和完整性,造成单行刑法、附属刑法与刑法典对某种犯罪的双重规定,不利于司法实务部门正确有效地适用刑法,不利于公民学法、知法、守法,也不利于实现刑法的规范、指引和评价功能。[7] 相反,统一的刑法典既可以最大限度地减少刑法规范之间的重复与冲突,也有助于推动刑法内容

---

[1] 封丽霞:《法典编纂论——一个比较法的视角》,清华大学出版社2002年版,第3页。

[2] 参见公丕祥:《法制现代化的理论逻辑》,中国政法大学出版社1999年版,第67页。

[3] [英]弗里德里希·冯·哈耶克:《法律、立法与自由》,邓正来译,中国大百科全书出版社2000年版,第313页。

[4] 参见李玉臻:《刑法法典化的重大意义》,载《政法论坛》1997年第3期。

[5] 刘之雄:《单一法典化的刑法立法模式反思》,载《中南民族大学学报(人文社会科学版)》2009年第1期。

[6] 《马克思恩格斯选集》第4卷,第483页。

[7] 参见黄华平、梁盛源:《论刑法修正案的立法模式》,载《中国人民公安大学学报》2005年第3期。

的完善和结构的协调。“在修订刑法典时对现有特别刑法规范进行编纂取舍,纳入其中,这是各国刑事法治发展完善的一条基本规律。”[1]因此,就刑法法典化的规范价值而言,它能通过内部体系的合理构建,解决不同刑法规范之间的冲突,从而创立一个内容完备、结构合理、体系科学的刑法规范体系。而这既是中国发挥刑法的指引、评价、引导等规范作用的基本要求,也是中国社会主义法治建设的重要内容。

英国著名法社会学家科特威尔曾在其《法律社会学导论》中指出:“西方自近代以来,其实法治的被接受,仅仅因为法制构建了一个可预见的规范体系。由于规范体系的可预测性,使得每个人都能够为实现其目标而采取合理的社会行动。”[2]刑法的法典化所具有的科学规范体系有助于促进法治理念的接受和法治目标的实现,因而应当予以坚持。

(二)中国刑法法典化的目标

在形式上,法典化包含了多层含义:一是指将涉及同一类社会关系的法律尽可能地集中在一个法律文件中,减少搜检的难度;二是指立法时应尽可能多地注意到社会关系彼此的联系,对关联紧密的社会关系尽可能用同一法律文件来容纳;三是明确法的层次性,不能用部门规章或行政法规来代替国家的法律,以实现法的权威性。[3] 换言之,法典化首先必须有法典的形式,其次该法典还必须是真正的法律。

不过,法典只是刑法法典化的外衣,是一种形式要求。如果仅以法典的出现作为法典化的标志,中国刑法立法已多次实现了该过程。但实际上,中国刑法的法典化任务远未完成。这是因为,作为一种运动,刑法的法典化既要追求法典的形式合理性,更要追求法典的实质合理性。而就当前中国的现实而言,刑法的法典化应以制定一部形式合理、内容科学的统一刑法典为目标。

第一,形式合理是刑法法典化的形式要求。韦伯指出,“法律之所以可能达成现代意义上的特殊专门的、法学上的提升纯化,唯因为其具有形式的性格。”[4]在韦伯看来,形式理性是一种纯形式的、客观的,不包含价值判断的合理性,它主要表现为形式的合理逻辑、手段和程序的可计算性。[5] 对于刑法的法典化而言,“形式合理”要求刑法立法在形式上符合基本逻辑,并主要体现在以下三个方面:一是刑法立法采取的是法典的形式,而未采取单行刑法或者附属刑法形式。这是刑法法典化最基本的形式要件。二是刑法典的结构划分合理,不存交叉或冲突,符合逻辑的自洽性要求。三是刑法典的条文设置适当,不存在矛盾或重复。

第二,内容科学是刑法法典化的实质要求。韦伯眼中的实质理性是立足于某一信念、理想的合理性,为达此目的可不考虑其他的因素。[6] 对于刑法的法典化而言,实质理性要求

---

〔1〕 赵秉志:《刑法改革问题研究》,中国法制出版社1996年版,第315页。

〔2〕 [英]罗杰·科特威尔:《法律社会学导论》,潘大松等译,华夏出版社1989年版,第213页。

〔3〕 参见乔新生:《中国法典化之路》,载《政治与法律》1998年第2期。

〔4〕 [德]马克斯·韦伯:《法律社会学》,康乐、简惠美译,广西师范大学出版社2005年版,第28页。

〔5〕 参见倪斐:《法律形式理性化的历史逻辑及其经验启示》,载《安徽师范大学学报(人文社会科学版)》2009年第5期。

〔6〕 参见倪斐:《法律形式理性化的历史逻辑及其经验启示》,载《安徽师范大学学报(人文社会科学版)》2009年第5期。

刑法典在内容的设置上力求科学。这主要体现在以下两个方面:一是刑法典必须有一个合理的立法理念。该理念是整个刑法典的核心,对刑法典的立法起提纲挈领作用。就中国的现实而言,中国刑法的法典化应强调人权保护与人权保障的有机结合,即既要注重运用刑法惩治犯罪,又要防止刑法的滥用,保障当事者的合法权益。二是刑法典的立法理念在刑法条文和结构中得到有效贯彻。刑法典要保证其实质上的合理性,必须在刑法典的条文和结构上较好地贯彻刑法的立法理念。这也是维护刑法科学体系和促进刑法目的实现的基本要求。

第三,刑法修正案是除全面修订刑法典之外的唯一科学的修正刑法的方式。刑法的法典化要求刑法立法必须采取法典的形式。但这并不意味着刑法典就不能修改。否则,一部固化、僵硬的刑法典必然无法适应一国社会发展的需要。而在刑法典的修正过程中,除了全面修订刑法典外,刑法修正案也是一种审慎而适当的局部修法的方式。"发布刑法修正案的方法不但灵活、及时和针对性强,而且明确了其与刑法典的关系,载明了其时刑法典的某一条文作出什么修改,对刑法典某条文予以废除,或者对别法典何处补充什么条款,一经颁行,其内容即被刑法典吸收。这样,既促进了立法的协调完善,又便于司法中对立法的正确适用。"[1]事实证明,作为刑法典的一部分,刑法修正案既能保持刑法典的完整性和统一性,又能快速应对犯罪态势和犯罪类型的变化。相反,单行刑法和附属刑法虽然也具有这种灵活性,但因其打破了刑法的统一性而不能作为刑法典的修正方式。这是保证刑法典的统一的基本要求。

因此,一部形式合理、内容科学的统一刑法典能实现刑法典的形式理性与实质理性的有机结合,从而能最大限度地发挥刑法典的价值,所以应当成为当代中国刑法法典化发展的目标。

四、中国刑法法典化的策略

要实现中国刑法法典化的目标,合理的策略至关重要。在当前情况下,中国应着重采取以下两方面的策略:

(一)中国刑法法典化的外部策略

英国著名刑法学家边沁曾言:"法律的改革应着重于两个方面:一是改变法律的本质,即改变衡量法律好坏的标准及其价值;二是改变法律的形式,即制定和编纂法典。"[2]中国刑法要实现其法典化目标,首先应从外部入手,实现刑法典在形式上的统一。这方面突出的问题,是需要将全国人大常委会1998年12月29日通过的《关于惩治骗购外汇、逃汇和非法买卖外汇犯罪的决定》(以下简称《决定》)尽早纳入刑法典。

该《决定》是中国为适应惩治骗购外汇、逃汇和非法买卖外汇犯罪的需要而出台的一部单行刑法。它是中国1997年之前刑法主要修法模式的延续(1981年至1997年间中国先后

---

〔1〕 赵秉志:《论刑法典自身完善的方式》,载《法学杂志》1990年第4期。

〔2〕 转引自何勤华:《西方法学史》,中国政法大学出版社2000年版,第307页。

出台了25部单行刑法)。不过,随着中国刑法体系的完备和法典化程度的加强,这一立法方式与中国刑法法典化目标之间的冲突日益突出。这主要体现在:[1]

第一,该《决定》与中国刑法体系完整性的要求不符。法典作为法的体系化存在,具有高度的普遍性、确定性和完整性,有利于公民学法、知法、守法和司法机关适用法律,以更好地实现刑法的规范、指引和评价功能。自1999年12月25日颁行第一个刑法修正案以来,中国刑法立法采取的都是刑法修正案的方式。作为对刑法典的修正,这些修正案都属于刑法典的一部分,从而保持了刑法典从总则到分则、从章节到条文之间的完整性。但是,该《决定》是一部单行刑法,是刑法典之外的立法,具有独立性。这使得中国刑法在客观上形成了一个刑法典与单行刑法并存的格局,破坏了刑法典对社会生活调整的完整性,与刑法体系的完整性要求不符。

第二,该《决定》破坏了中国刑法体系的统一性。从内容上看,该《决定》除了明确规定非法买卖外汇等行为的刑法适用外,还包括两方面内容:一是对刑法典条文的修改,它修订了刑法典第190条关于逃汇罪的规定;二是对刑法典的补充,它增设了骗购外汇罪。前者属于对刑法典的修正,可将其直接纳入刑法典体系。但后者则是一个独立的条款,在体系上不属于刑法典的任何一条,因而难以纳入刑法典。我们注意到,中国全国人大常委会法制工作委员会曾在其编审的刑法汇编中将该骗购外汇罪规定纳入刑法典,放在刑法典第191条之后。[2] 这反映出中国立法工作机关将该规定纳入刑法典的主张。但这毕竟不是立法。客观地看,该《决定》的存在影响了中国刑法体系的统一性。

因此,为了保证刑法体系的完整和统一,中国应将该《决定》纳入刑法典。至于具体的完善方式,则既可以采取刑法修正案的方式,也可以采取全面修订刑法的方式。同时,在今后的刑法修改与完善过程中,我国立法机关应当坚定地坚持刑法法典化的方向和原则,而不宜以犯罪治理的专门需要为由,制定诸如环境刑法、食品安全犯罪刑法、经济刑法、反贪污贿赂法等单行刑法。[3]

(二)中国刑法法典化的内部策略

外部策略只能解决中国刑法法典化的外在形式要求。除此之外,中国刑法的法典化还应注重采取以下内部完善策略:

第一,适度犯罪化与非犯罪化。

随着社会的发展,犯罪的态势通常会发生两种不同的变化:一是新的犯罪类型不断出现,即一些过去未曾出现或者虽然出现但危害不大的行为,因社会环境的变化而大量涌现,社会危害性日益显现;二是部分原有犯罪不断弱化,即一些过去经常出现且被认为危害严重

---

〔1〕 参见赵秉志、袁彬:《建议将惩治外汇犯罪决定纳入刑法典》,载《法制日报》2012年2月22日。

〔2〕 参见郎胜主编:《中华人民共和国刑法解读》,中国法制出版社2009年版,第188页。

〔3〕 笔者认为,尽管基于反恐怖工作的特殊重要性以及其涉及问题的全面性和多样性,我国可以考虑制定一部综合性的反恐怖法,将与反恐怖有关的刑法、刑事诉讼法、金融法、行政法、军事法等相关法律规范集中予以规定。但即使是在综合性的反恐法中,也可以通过科学的立法技术来妥善地处理反恐法与刑法典的关系,以尽可能地不在根本上妨碍刑法的法典化。此问题尚可另行撰文专门研究。

的犯罪因社会环境的变化而较少出现或危害明显降低。在这两种变化中,对前者应考虑刑法的补充性和调整范围的不完整性,侧重采取适度犯罪化的做法[1],即根据行为的现实危害、影响范围、发展趋势等状况和中国法律制度的配套情况,有选择地将一些严重危害民生的行为予以犯罪化[2];对后者则应侧重采取非犯罪化的做法,适时地把一些过时的、不宜再处罚的行为从刑法典予以剔除,及时调整法定犯罪圈的大小,以免侵犯或不适当地限制公民的权利和自由。[3] 当然,无论是犯罪化还是非犯罪化,都应当坚持法治的原则和刑法立法的基本理念。惟其如此,刑法典才能保持其强大的生命力,进而最大限度地发挥其法典价值。

第二,适当完善现行刑法典的结构。

刑法典结构的科学性是刑法法典化的重要要求。从科学化的角度看,中国现行刑法典需注重从以下两个方面完善其结构:

一是适当扩充刑法典分则体系。这集中体现在国际犯罪类型方面。从刑法所保护的法益类型上看,中国刑法典对侵犯个人法益、社会法益或国家法益的犯罪都有较为系统的规定。但对侵害全人类法益或国际法益的犯罪,则只有一些零星的规定(如第122条的劫持航空器罪)。为此,中国立法机关有必要在刑法典分则中增设"国际犯罪"专章,详细规定诸如劫持航空器罪、海盗罪、侵略罪等国际犯罪。这样既有利于中国全面履行其加入相关国际公约所应承担的义务,也有利于扩充并完善刑法典的分则体系,避免体系漏洞。当然,考虑到国际犯罪所侵害的法益与其他各章犯罪所侵害的法益在性质和类别上有所不同,可将其放在刑法典分则体系的最后。[4]

二是适当整合并增设部分章节。合理的内部结构既是刑法典的形式理性要求,也是刑法典实质理性的贯彻。对此,中国应适当整合并增设部分章节,以合理调整刑法典的总则和分则结构。而根据中国的现实需要,中国刑法典应侧重于以下两个方面的结构调整:(1)在刑法典总则结构方面,应将"刑法适用范围""正当行为""未成年人犯罪的刑事责任"独立成章[5],增设"保安处分"专章和"罪数"专节,以突出并扩充相关章节的内容,同时将"犯罪的预备、未遂和中止"节名更改为"犯罪的停止形态"以方便将犯罪既遂的内容纳入。[6] (2)在刑法典分则结构方面,应增设"恐怖活动罪"和"计算机网络犯罪"专节,以完善这两类犯罪的刑法惩治;将"危害国防利益罪"和"军人违反职责罪"合并为"危害国家军事利益罪"专章,将"贪污贿赂罪"和"渎职罪"合并为职务犯罪专章,以突出同类客体;同时贯彻章节制,在刑法典分则每章之下都设节,以合理平衡刑法典分则的章节结构。[7]

---

[1] 参见赵秉志:《刑法调控范围宜适度扩大》,载《检察日报》2004年3月25日。

[2] 参见赵秉志:《中国刑法改革新思考——以〈刑法修正案(八)(草案)〉为主要视角》,载《北京师范大学学报(社会科学版)》2011年第1期。

[3] 参见尹东华、谢焱:《从四个方面完善刑法修正案立法模式》,载《人民检察》2009年第12期。

[4] 参见赵秉志:《当代中国刑法体系的形成与完善》,载《河南大学学报(社会科学版)》2010年第11期。

[5] 参见赵秉志:《关于完善我国刑法典体系和结构的探讨》,载《中国社会科学》1989年第4期。

[6] 参见赵秉志:《刑法改革问题研究》,中国法制出版社1996年版,第339~363页。

[7] 参见赵秉志:《当代中国刑法体系的形成与完善》,载《河南大学学报(社会科学版)》2010年第11期。

第三,适时全面修改刑法典。

中国应当根据社会形势变化和刑事政策调整的需要,及时全面地修订刑法典。目前中国刑法典的修正主要采取的是刑法修正案的方式。这具有相当的合理性。但客观地看,随着社会形势的发展和刑事政策的调整,全面修订刑法典也将是未来必要的选择。一方面,刑法是以一定的基本原则、原理为基石,随着社会的发展和刑法观念的变化,部分基础性的刑法要素可能需要调整,对此只能采取系统修改刑法典的方式。另一方面,从技术的角度看,当刑法典结构需要作重大调整时,系统修改刑法是最有效、最全面的方式,否则既难以对刑法典的相关章节进行整合,更难对其作章节顺序上的调整。[1]

五、结语

立法是国家政治意志影响社会变迁的最明显方式,而法典则是固化社会秩序和社会改革成果的有效形式。美国著名法理学家庞德在担任民国政府法律顾问期间曾对于中国民法的法典化有专门研究,之后提出:"中国的法典应当既是现代化的,又是中国化的,它能够吸取当今世界最先进的法律研究成果,但并不是简单的复制和模仿,简单的复制和模仿在中国的情境之下将是徒劳。"[2]中国刑法的法典化道路是历史与现实的共同选择。事实上,对于中国这样一个现代法治精神欠缺、法治资源尚待积累的国家而言,统一的刑法典更是具有号召力的文化力量和造就共同法律文化的有利因素。未来,中国刑法的法典化也必将是促进中国刑法体系改革、推动刑事法治建设和提升现代法治水平的重要途径。

---

〔1〕 关于刑法典分则章节的顺序,笔者曾进行过专门而系统的探讨,参见赵秉志:《关于完善刑法典分则体系结构的新思考》,载《法律科学》1996年第1期。

〔2〕 Roscoe Pound. The Chinese Civil Code in Action. Tulane University, 1955. 290.

当代中国刑罚制度改革论纲*

目　　次

一、前言

21世纪之初的中国，正处于传统社会向现代社会转型的重大历史关头，经济繁荣、文明昌盛的步伐越迈越快。在这样的时代背景下，中国决策领导层正确而及时地提出了全面构建和谐社会的发

---

* 原载《中国法学》2008年第3期；收入陈泽宪主编：《刑事法前沿》（第四卷），中国人民公安大学出版社2008年版。

展命题。围绕这一命题,中国在政治、经济、法治、文化等各个领域都在进行着改革和调整。

刑事法治从来都是法治文明的重要组成部分。刑法制度的改革与完善,刑事立法、司法水平的提升,都是当代中国贯彻科学发展观、全面构建和谐社会不可或缺的重要环节。近年来,在刑事法学者和刑事法实务工作者的共同努力下,中国的刑事法治取得了有目共睹的重大进步。但是,随着当今世界法治水平日新月异的发展,中国社会转型期新问题、新情况的不断出现,中国现有刑事制度中的某些缺陷及不合理因素,正越来越明显地成为中国刑事法治建设中的制约性因素。可以说,中国刑事法治水平的提升暨刑法制度的改革,已迫在眉睫,势在必行。

毫无疑问,刑罚制度是刑事立法、刑事司法中的重要问题。数千年来的刑法发展历史已经证明,人类社会文明的进步、法治发展水平的提高,集中反映到刑法制度中,就是刑罚制度的更新和变革。因此,在当今中国法治文明不断发展的大背景下,吸收现代刑事法律科学的理论成果,顺应国际趋势、借鉴国际社会经验,对当代中国刑罚制度进行系统改革和完善,可谓刻不容缓,意义重大。

有鉴于此,本文拟以中国刑罚制度改革为视角,对当代中国刑罚制度中的缺漏及不合理之处进行全面检视,并试就如何完善既有制度缺陷、构建科学的刑罚制度体系,提出较为系统而简要的建议性探讨意见。

二、刑种完善及刑罚体系调整

在中国现行刑法典中,刑罚种类分为主刑和附加刑两类。主刑包括管制、拘役、有期徒刑、无期徒刑、死刑五种;附加刑则有罚金、剥夺政治权利、没收财产三种;此外,对外国人犯罪,还可适用驱逐出境的特殊附加刑。这些刑罚目前均存在一些有待完善之处;整个刑种之间关系的衔接、刑罚体系的设计,也还需要进一步调整。

(一)死刑的严格限制

基于死刑一系列不可克服的重大缺陷,严格限制死刑已成为国际社会的共识,努力废止死刑也已是强大的国际潮流。中国刑法学界近年来同样对死刑问题进行了深入的研究和热烈的讨论,并已取得基本一致的意见:即中国目前尚不具备全面废除死刑的条件,但应严格限制死刑的适用,并逐步废止死刑。

因而在刑罚制度改革中,对于死刑来说,当前中国的要务就是顺应国际趋势,以联合国一系列人权公约为参照,多角度、多渠道地严格限制和努力减少死刑的适用。具体来说,对死刑限制,主要可以从立法与司法两个途径进行。其中,立法控制死刑,主要是应当在法律上削减中国刑法中相当部分罪名特别是非暴力犯罪死刑的设置,并在法律上提高尚需保留死刑的罪名适用死刑的标准;而司法限制死刑,则是需要通过在实践中树立慎用死刑的理念,完善死刑案件的实体规则和证据规则,改革死刑诉讼程序、审判方式等,尽可能少地适用死刑,特别是尽可能少地判处死刑立即执行。

在这两个途径中,司法上对死刑的限制具有最直接、最现实的意义。2007 年 1 月 1 日,中国最高人民法院依法全面回收死刑复核权,标志着死刑程序正当化已迈出重要的一步。

目前,中国司法中实际适用死刑的数量已开始大幅度减少。在这一背景下,适当的时候,司法上对死刑的限制应进一步推动死刑的立法控制,其中最为重要和最为现实的立法改革举措,莫过于要考虑及时废止中国现行刑法中大部分非暴力犯罪的死刑。中国现行刑法中设置有68种死刑罪名,其中44种属于非暴力犯罪死刑罪名。非暴力犯罪不涉及生命权利,民众报应要求不是特别强烈;其发生原因又很复杂,死刑的威慑效应亦极为有限;对其判处死刑不符合死刑价值衡量原则的要求;此外,国际人权公约也明确将非暴力犯罪排除在死刑适用范围之外。[1] 因而在中国刑罚制度改革中,可以考虑先在司法上明确宣布停止这些罪名的死刑适用,继而待条件成熟时再在立法上废止非暴力犯罪的死刑。另一方面,与死刑的司法限制相比,死刑的立法控制当然更彻底,更具有宣示意义、里程碑价值,因而死刑之立法控制应当是当代中国死刑制度改革乃至整个刑罚制度改革的根本所在。

此外,特别值得指出的是,在目前中国的死刑限制中,死缓制度发挥着重要的作用。所谓死缓制度,是指根据中国刑法规定,对于罪行极其严重,应当判处死刑的犯罪分子,如果不是必须立即执行的,可以判处死刑同时宣告缓期二年执行,二年考验期满,如果没有故意犯罪,则不再执行死刑。死缓作为一种有效的死刑立即执行的替代措施,对于减少死刑实际执行的数量,起到了重要的作用。但是,目前刑法及实践中对死缓犯的减刑规定和掌握存在过于宽松的问题,值得引起重视。根据有关司法解释规定,对死缓犯经过一次或几次减刑后,其实际执行的刑期,只需不少于12年(不含死刑缓期执行的2年)。[2] 而实践中,死缓犯被剥夺自由的年限,平均一般为17~18年。这就造成死缓制度作为死刑立即执行的替代措施,其严厉性明显不够,与死刑立即执行的悬殊过大,难以起到平息被害人情绪、有效惩罚犯罪的作用。因而当前有必要对死缓制度作适当严厉化的调整,可考虑在将来立法修改时,对死缓犯考验期满后减为的无期徒刑,设置相对于普通无期徒刑更为严格的假释、减刑期限等规定。

(二)自由刑的调整完善

自由刑是当今世界各国普遍适用的最主要的刑罚种类,中国刑法也不例外。中国刑法中的自由刑包括无期徒刑、有期徒刑、拘役、管制四种。在这四种刑种中,根据剥夺自由的时间不同,可将自由刑分为长期自由刑(无期徒刑及10年以上有期徒刑),中期自由刑(3年以上10年以下有期徒刑),短期自由刑(3年以下有期徒刑、拘役和管制)三类。目前中国自由刑存在的问题是,长期自由刑上限过低,而短期自由刑适用范围过宽、过泛。

就长期自由刑来说,对于长期自由刑中的无期徒刑,根据相关司法解释,在中国司法实务中,无期徒刑实际执行的上限是22年,下限是10年,通常实际执行15~16年。[3] 在未来

---

〔1〕 参见赵秉志:《论中国非暴力犯罪死刑的逐步废止》,载《政法论坛》2005年第1期。

〔2〕 1997年11月8日最高人民法院《关于办理减刑、假释案件具体应用法律若干问题的规定》第9条第2款规定:"对死刑缓期执行罪犯经过一次或几次减刑后,其实际执行的刑期,不得少于12年(不含死刑缓期执行的2年)。"

〔3〕 根据1997年11月8日最高人民法院《关于办理减刑、假释案件具体应用法律若干问题的规定》第6条的规定:"无期徒刑罪犯在执行期间,如果确有悔改表现的,或者有立功表现的,服刑2年以后,可以减刑。减刑幅度为:对确有悔改表现的,或者有立功表现的,一般可以减为18年以上20年以下有期徒刑;对有重大立功表现的,可以减为13年以上18年以下有期徒刑。"而"确有悔改表现"是实践中的常态,因此,无期徒刑的上限通常就是22年(2年加20年)。减刑次数还可以不止一次,在经过数次减刑后,根据刑法第78条的规定,实际执行的期限,只需不少于10年。

的刑罚制度改革中，如果立法上能够实现对某些犯罪废止死刑或者停止死刑适用，那么，这些犯罪中的严重情形，就只能判处无期徒刑了，此时，无期徒刑必须具有相当的严厉性。因此，我们设想，可以改革无期徒刑，区分出严格的无期徒刑与一般的无期徒刑两种类型，对严格的无期徒刑设置相对于一般无期徒刑更为严格的减刑、假释条件和较长的实际执行期限，从而将严格的无期徒刑作为某些废止死刑的犯罪中切实可行的替代措施。

就短期自由刑而言，短期自由性的弊端已为世界刑事法学界所公认。但是，在中国目前的司法实践中，短期自由刑的适用还非常普遍。为避免短期自由刑的消极作用，中国未来的刑罚制度改革中，有必要以宽严相济的刑事政策为指导，对于轻微犯罪，在立法上可以规定短期自由刑易科非监禁刑制度，具体可包括易科罚金、易科社区服务、易科资格刑等；其次，还应健全短期自由刑执行犹豫制度，并在司法中尽量减少短期自由刑的宣告；改革短期自由刑的执行方式。[1]

（三）财产刑执行难的立法破解

财产刑在中国刑法中包括罚金与没收财产两种。随着世界刑罚改革非监禁化、整体轻缓化趋势越来越明显，财产刑特别是其中的罚金刑以其独特的优点，在刑罚体系中的地位越来越重要。中国现行刑法中的财产刑近年来也日渐占据较为重要地位，1997 年全面系统修订刑法典时，立法者大幅度地增加了财产刑在刑法分则中的比重。但目前从总体来说，财产刑的适用状况并不尽如人意，存在的最大问题是，财产刑执行难成为实践中极为棘手的问题。因而未来中国的刑罚制度改革中，有必要对财产刑加以改进，尽可能为财产刑执行难问题的解决设计出路。

具体来说，就罚金刑而言，可以考虑进一步科学地规定罚金刑的数额；将罚金刑最普遍的“并处制”修改为“选处制”；尽可能地设计罚金刑的多种执行方法；并可考虑设置罚金刑易科执行制度，等等。而对于没收财产刑，应当明确的是，由于其具有财产范围难以界定、过于严厉等弊端，因而是一种具有较大负面效应的刑罚，[2]不宜在财产刑中占据主导地位。将来中国的刑罚制度改革中，在经过充分论证后，可考虑取消没收财产刑这一附加刑刑种；即使不废除没收财产刑，也应当通过设计针对被告人的财产规定查封、冻结、扣押、担保等保全措施，在法院内部设立专门的执行机构，增设有关没收财产刑执行程序与执行措施的规定等多重渠道，解决没收财产刑执行难的问题。[3]

（四）资格刑的内容完善

资格刑是指剥夺犯罪人享有或行使一定权利的资格的刑罚。在中国刑法中，典型的资格刑即指剥夺政治权利。根据中国现行刑法典第 54 条的规定，剥夺政治权利包括剥夺以下四个方面的权利：(1) 选举权和被选举权；(2) 言论、出版、集会、结社、游行、示威自由的权利；(3) 担任国家机关职务的权利；(4) 担任国有公司、企业、事业单位和人民团体领导职务

---

〔1〕 参见赵秉志、陈志军：《论我国短期自由刑问题的应对方案》，载《人民司法》2003 年第 8 期。

〔2〕 参见李洁：《论一般没收财产刑应予废止》，载《法制与社会发展》2002 年第 3 期。

〔3〕 参见刘志伟：《完善没收财产刑执行制度的若干建议》，载《中州学刊》2006 年第 2 期。

的权利。资格刑具有政治上对犯罪人加以否定评价,限制或消除犯罪人对特定犯罪的再犯可能性的功能,且符合世界刑罚改革非监禁化、轻缓化的趋势,因而在中国未来的刑罚制度中,必将仍然占有一席之地。目前中国刑法中的剥夺政治权利,存在的不合理之处主要在于其内容设计不尽科学,政治色彩过于浓厚,因而有必要对资格刑的内容加以增删调整,淡化其政治色彩,使之更加适应现代社会发展的需要。

具体来说,中国刑法典第54条规定的剥夺政治权利的四项内容中,第一项的选举权和被选举权是剥夺政治权利的核心,应予以保留。第二项"言论、出版、集会、结社、游行、示威自由"的权利中,其核心应是出版权,但即使是出版权,也应仅仅限于政治性论著的出版,如果纯粹是科技成果的出版权利,则显无剥夺的必要。此外,言论权与结社权,同样应当仅仅限于发表政治性言论与参加政治性社团方面。因此,修改后,这一项可变更为剥夺"发表政治性言论、出版政治性论著、参加政治性社团以及集会、游行、示威自由"的权利。在对既有资格刑内容进行修改的基础上,借鉴国外经验,资格刑中还可增加"剥夺从事特定职业的权利""剥夺特定的荣誉权利"等内容。最后,对资格刑的适用方式,不宜再采取笼而统之的一并规定,而是应考虑资格刑的分立制,即"将资格刑所要剥夺的各种权利内容分别规定,单独适用,彼此之间不发生连带关系"。[1] 而资格刑的名称,也宜修改为"剥夺特定资格"或"剥夺公权"。

(五)刑罚体系的整体调整

在对各刑种予以完善的基础上,可进一步探讨各刑种之间的组合及整体刑罚体系的调整问题。对于刑种之间的组合,我国刑法学者储槐植教授曾提出"刑罚结构"的概念。他认为,所谓的刑罚结构就是指各种刑罚方法在刑罚系统中的组合形式,更具体地说,即刑种配置比例。而中国现行刑法中的刑罚整体结构呈现出明显的重刑化状态,具体表现为死刑过多,罚金刑替代功能未受到充分重视,资格刑与其他刑种组合不科学,具体犯罪中法定刑幅度跨度过大等方面。[2]

这一见解很有见地。未来中国刑罚制度的改革,随着死刑的进一步严格限制,自由刑的调整完善,罚金刑的扩大适用,非监禁刑的充分重视,刑罚整体结构应进一步趋于宽和。根据我们的构想,这种刑罚结构应当是一种"锐三角形"的形式:极为严厉的死刑将仅仅只是三角形顶点处极小的一部分;长期自由刑作为相当部分死刑的替代措施或严重犯罪的惩罚措施,占据三角形上部较小的部分;而中期自由刑和上升为主刑的罚金刑,将作为最主要的刑罚形式,处于三角形的底部,为最主要的刑罚种类;资格刑仍应作为特定犯罪中附加适用的附加刑而出现。在此整体思路下,可进一步考虑死刑、无期徒刑、有期徒刑、罚金刑、资格刑在分则具体罪名中的搭配、衔接和协调问题。总之,未来中国的刑罚体系,应当进一步实现惩罚适度、结构合理、内容科学。

---

〔1〕 参见马克昌主编:《刑罚通论》,武汉大学出版社2001年版,第244页。

〔2〕 参见储槐植:《刑罚现代化:刑法修改的价值定向》,载《法学研究》1997年第1期。

三、刑罚裁量制度改革

刑罚裁量，即量刑，通常认为，是指法院在定罪的基础上，依法确定对犯罪人是否判处刑罚、判处何种刑罚以及判处多重刑罚，并决定所判刑罚是否立即执行的审判活动。[1] 量刑，是一个极为复杂的问题，对此，美国刑法学家 Andew Von Hirsch 曾指出，“量刑是一个令人迷惑和沮丧的问题”。（“Criminal sentencing is a puzzling and often frustrating subject.”）[2]但同时，量刑又是极为重要的问题，量刑制度是否科学，不仅直接关系到落实在犯罪人身上的刑罚轻重是否合理，而且还最为集中地反映出一国的刑罚制度是否先进，刑事法学研究水平是否精深。

中国刑法学界近年来对量刑问题进行了深入研究，出版的专著、论文不胜枚举。然而，不无遗憾的是，刑法立法对学术成果的吸收转化并不充分，目前，中国刑法中有关量刑的规定仍处于相对粗放的状态，集中表现在量刑原则未以立法明确宣示；量刑标准相对笼统；量刑情节法定化不够等三个方面，未来的刑罚裁量制度改革应重点从这三方面着手。

（一）量刑原则的明确化

量刑原则即量刑时必须普遍遵守的准则。世界上许多国家如大陆法系的德国就在刑法典中明确规定了量刑原则；[3]美国的模范刑法典“第 7 节　法庭的量刑权”，也有很多类似量刑原则的内容。[4]

然而，中国现行刑法典中并无量刑原则的明确规定，大致能起到量刑原则作用的，只有其第 61 条“对于犯罪分子决定刑罚的时候，应当根据犯罪的事实、犯罪的性质、情节和对于社会的危害程度，依照本法的有关规定判处”的规定。但从该条的具体表述来看，将其作为量刑原则的法律根据，不仅内容缺乏全面性，而且概括性不够、指导性不强。由于立法中并未明确指出量刑原则的内容，导致理论上有关量刑原则的各种观点长期争执不休，[5]实践中无所适从。因此，我们认为，为解决目前中国刑事法治中量刑原则上的混乱局面，进一步实现量刑制度和量刑活动的科学化、精确化，有必要在将来的刑法修改中增加规定明确的量刑原则的内容。

具体而言，我们认为，中国刑法中的量刑原则，最重要的应包括依法量刑原则和责任原则两项。其中，依法量刑原则是罪刑法定原则在量刑中的直接反映，规定依法量刑原则，具

---

[1] 参见高铭暄主编：《新编中国刑法学》（上册），中国人民大学出版社 1998 年版，第 355 页。

[2] Andew Von Hirsch: *Doing Justice: The Choice of Punishment*, Northeastern University Press, p. X.

[3] 《德国刑法》第 46 条的名称即为“量刑的基本原则”，该条载明，行为人的责任是量定刑罚的基础。必须考虑刑罚对行为人在社会中的未来生活所期望发生的作用。（参见《德国刑法典》，冯军译，中国政法大学出版社 2000 年版，第 20 页）

[4] 参见《美国模范刑法典及其评注》，刘仁文等译，法律出版社 2005 年版，第 102～119 页。

[5] 例如，高铭暄教授较早地根据 1979 年中国刑法典第 61 条，将中国刑法中的量刑原则概括为“以犯罪事实为根据的实事求是原则”；“以刑法为准绳的法制原则”（参见高铭暄：《论量刑的一般原则》，载《中国政法大学学报》1983 年第 1 期）。但马克昌教授则认为，刑罚裁量的一般原则为“刑责相适应”“刑罚个别化”“依照刑事法律政策量刑”三项（参见马克昌主编：《刑罚通论》，武汉大学出版社 2001 年版，第 264～281 页）。此外，其他一些学者也还提出过诸如罪刑相适应、刑罚法定化、依法量刑等各种量刑原则。

有极大的宣示意义。责任原则则是借鉴德日刑法中的责任主义,反映量刑科学性的原则,也是中国刑法中罪责刑相适应之基本原则在量刑中的直接要求。责任原则应包括两个方面的含义:其一,刑罚的轻重必须受到"罪责"即罪行轻重、犯罪社会危害性大小的上限限制,刑罚不能突破罪行制约予以加重;其二,刑罚轻重应当与犯罪人的刑事责任大小相适应。这是由我国"罪—责—刑"的刑法理论体系所必然决定的。我国刑法理论中,罪行大小—责任大小—刑罚轻重具有前后相继的关系,犯罪人的刑事责任大小以罪行为基础,但又必须在罪行的基础上,结合犯罪人个人的人身情况及其他罪前、罪后情节予以修正,而修正后的刑事责任大小应成为量刑的直接参照。

(二)量刑标准的具体化

量刑失衡是刑罚裁量中最为棘手的问题之一。理想的量刑状态应当是犯罪性质、犯罪情节相同时,量刑结果大致相当。然而,在司法实践中,受法官业务水平、个人喜好,国家刑事政策波动,社会形势变化,对犯罪的民情反映等诸多不确定因素的影响,同罪异罚的现象在世界各国都较为普遍。

为解决这一难题,美国最早开始实行量刑指南制度。1977 年,美国加利福尼亚州制定了《统一确定量刑法》;随后,明尼苏达州、华盛顿州、宾夕法尼亚州也相继制定了《量刑指南》,并建立了量刑委员会等专门机构指导量刑;1980 年,美国律师协会制定了《量刑修正标准》;在此基础上,最终于 1987 年,美国联邦制定了详细的《联邦量刑指南》。《联邦量刑指南》将美国联邦规定的罪行分为 43 个等级并规定相应的刑罚,要求法官必须按照统一的标准判刑,如果法官认为某一罪行需要加重或者减轻刑罚,必须提供陈述其理由的书面报告。[1] 在笔者于 2007 年 4~5 月作为美国死刑制度考察团成员赴美国考察期间,据美国维拉刑事司法研究所的专家们介绍,迄今美国已有 20 多个州的司法系统制定了自己的量刑标准。

美国促进量刑标准具体化的做法对中国具有一定的借鉴意义。在我们看来,虽然美国的《联邦量刑指南》可能存在诸多缺陷,[2] 但其制定初衷,在于以数字化表格的形式,对不同罪名及相同罪名中的不同情形规定一种相对明确的量刑标准,以有效地指导法官公正量刑。在目前中国刑法分则中各罪名法定刑幅度过大、法官素质整体不高的情况下,我们认为,这样的立法意图乃至一些具体内容都是值得中国借鉴的。未来中国刑罚制度改革,如果能够在立法上确立相对具体的量刑标准,必然会有效地指导法官行使自由裁量权,为解决量刑失衡问题,实现罪责刑相适应,提供一条很好的出路。

---

〔1〕 Michael Edmund O'Neill, Linda Drazga Maxfield: *Judicial Perspectives on the Federal Sentencing Guidelines and the Goals of Sentencing: Debunking the Myths*, Alabama Law Review, Fall, 2004; Kirby D. Behre, A. Jeff Ifrah: *Perspectives on theFederal Sentencing Guidelines and Mandatory Sentencing Forward: You be the Judge: The Success of Fifteen Years of Sentencing under the United StatesSentencing Guidelines*, American Criminal Law Review, Winter, 2003.

〔2〕 实际上,量刑指南从制定之日起,就不断受到各方的批评,美国司法界认为量刑指南太不确定;很可能不合乎宪法,难以施行,与现有的司法实践相比过于严厉,甚至使用量刑指南后,反而导致了比无量刑指南时更大的差异性。由于面临多方批评,美国的量刑指南从制定之日起,就处于不断的修改之中(参见王雨田博士后研究报告:《美国〈联邦量刑指南〉研究》,北京师范大学刑事法律科学研究院 2007 年 5 月印行,第 18 页)。

因此，我们认为，未来中国刑罚裁量制度的改革中，有必要适当参考借鉴美国联邦和一些州的量刑指南，结合中国具体国情及既有的实践经验，[1]总结出有中国特色的科学的量刑标准。这一改革首先可以从一些特殊的刑罚制度，如死刑、缓刑；某些常见的罪名，特别是配置有死刑的罪名开始。对于可能判处死刑、缓刑的具体标准，可以在量刑标准中加以进一步的具体化、明确化；此外，对于故意杀人罪、故意伤害罪、抢劫罪、毒品犯罪等判处死刑较多而又量刑幅度过大的罪名，可以将实践中常见的量刑情节予以标准化，在立法中确定各量刑情节可能对量刑结果产生的影响。如此，不仅对于实现量刑公正具有极大的指导性意义，而且从另一个方面说，也能有效地起到限制死刑适用的作用。

（三）量刑情节的法定化

刑罚裁量过程，从根本上说，就是在犯罪性质确定之后，量刑情节运用的过程。因而量刑情节在刑罚裁量制度中的作用可谓至关重要。

中国刑法中的量刑情节包括法定量刑情节和酌定量刑情节两类。所谓法定量刑情节，是指法律明文规定量刑时必须考虑的各种情节，如中止犯、未遂犯；自首、立功；累犯、未成年人犯罪等；而酌定量刑情节则与法定量刑情节相对，通常认为，是指“刑法认可的，从审判实践经验中总结出来的，对行为的社会危害性和行为人的人身危险性程度具有影响的，在量刑时灵活掌握、酌定适用的各种事实情况”。[2]

正如法谚所指出：“法有限，情无穷”。在实行成文法的国家，犯罪具体、复杂的情形是不可能被抽象、概括的法条网罗尽收的，因而酌定量刑情节作为调节法官自由裁量权，由法官灵活掌握、具体适用的量刑情节，有其必然的合理性。但是，在中国现行刑法典分则中许多罪名法定刑幅度过大，法官素质参差不齐的状况下，酌定量刑情节过于宽泛，无疑为法官自由裁量权的滥用埋下了伏笔，容易导致实践中一些本应当影响量刑的情节被有意无意地忽略，最终造成量刑的偏差。因而就量刑制度的改革而言，中国目前亟须做的就是应当将一些普遍存在的对犯罪性质、犯罪人人身情况具有重要影响的酌定量刑情节予以法定化。

我们认为，实践中常见的酌定量刑情节，主要包括：犯罪动机和犯罪目的；犯罪对象；犯罪手段；犯罪的时间和地点；犯罪人犯罪前的一贯表现；犯罪后的态度；初犯；偶犯；被害人过错等。对于这些酌定量刑情节，在将来刑罚制度改革中，可参照其他国家的规定，[3]将其中某些典型的、普遍存在的酌定量刑情节进一步转化为法定量刑情节，并在立法中予以明确规定，在司法中要求必须考虑。

---

〔1〕 值得注意的是，目前，中国一些地方法院已经制定出类似量刑指南的量刑标准并予以施行，如江苏省高级人民法院即于2004年5月9日发布《量刑指导规则（试行）》，要求全省各级人民法院参照执行。

〔2〕 参见马克昌主编：《刑罚通论》，武汉大学出版社2001年版，第358页。

〔3〕 如《德国刑法》第46条就规定，在量刑时，法院应考虑行为人的动机和目标，行为人以前的经历、行为之后的活动特别是其补偿损害的努力及实现与被害人和解的努力等。而中国台湾地区“刑法”第57条规定：科刑时应审酌一切情状，尤应注意左列事项，为科刑轻重之标准：一、犯罪之动机。二、犯罪之目的。三、犯罪时所受之刺激。四、犯罪之手段。五、犯人之生活状况。六、犯人之品行。七、犯人之智识程度。八、犯人与被害人平日之关系。九、犯罪所生之危险或损害。十、犯罪后之态度。

四、刑罚执行制度改革

中国刑事法治中的刑罚执行,是指国家司法行政机关依法对生效刑事裁判所确定的刑罚付诸实施的刑事司法活动。这一环节是整个刑罚运作过程中的最后一环,刑罚执行对于法院裁判的最终落实,国家惩罚、改造犯罪人目的的实现,都具有极为重要的意义。广义的刑罚执行泛指死刑、自由刑、财产刑、资格刑等各类刑种的执行;而狭义的刑罚执行则专指自由刑的执行。囿于篇幅,本文不讨论死刑、财产刑、资格刑的执行问题,而仅仅讨论自由刑的执行问题。目前中国刑罚执行制度特别是自由刑执行中,过于依赖监禁隔离犯罪人的传统刑罚执行模式,而对国际上近年来流行的开放性行刑方式、社区矫正模式等尚重视不够,因而需要从多方面加以改革和完善。

(一)开放性行刑理念的确立

在刑法发展史上,刑事古典学派强调刑罚应当是对犯罪人痛苦的报应或对社会一般民众的威慑。这种对刑罚痛苦性的强调,在资本主义迅速发展的20世纪初遭遇失败。实践证明,片面强调报应和一般威慑,无助于解决汹涌的犯罪浪潮,高比例的累犯、再犯。在这种困境中,刑事实证学派应运而生。刑事实证学派主张,刑罚不应当专注于惩罚犯罪人,而应当以矫正、改造犯罪人为己任。

现代刑法思潮无疑是刑事古典学派与刑事实证学派的折中与调和。而在刑事实证学派的矫正、改造理念支配下,刑事实践中发现,过于封闭地、片面地剥夺犯罪人的人身自由,不仅无助于犯罪人犯罪恶性的消除,而且还会给被关押者留下巨大的心理阴影,使其再社会化极为困难,刑满释放后难以顺利地回归社会。

有鉴于此,国际社会近年来对行刑开放化、社会化的理念予以高度重视。联合国1955年通过的《囚犯待遇最低限度标准规则》(SMR)即始终贯彻这一理念。如该《规则》第61条规定:"囚犯的待遇不应侧重把他们排斥于社会之外,而应注重他们继续成为组成社会的成员。"第65条规定:"对被判处监禁或类似措施的人所施的待遇应以在刑期许可范围以内,培养他们出狱后守法自立的意志,并使他们有做到这个境地的能力为目的。此种待遇应该足以鼓励犯人自尊,培养他们的责任感。"[1]此外,英国、美国、澳大利亚、日本等西方发达国家和俄罗斯近年来都采取了一系列措施旨在促进自由刑执行的开放化、社会化。以美国为例,美国近年来为推行行刑社会化就采取了缓刑(probation)、假释(parole)、转向方案(diversion),家中监禁(home confinement),中途之家(halfway house),间歇监禁(intermittent imprisonment),社区矫正(community corrections)等许多措施。[2]

当代中国刑罚执行制度的改革,也有必要顺应国际趋势,借鉴国外经验,逐渐改变传统自由刑执行一味封闭性关押的做法,树立开放性行刑的理念。并且,目前可从设置开放式或

---

〔1〕 杨宇冠、杨春晓编:《联合国刑事司法准则》,中国人民公安大学出版社2003年版,第464~465页。

〔2〕 Robert M. Carter Daniel Glaser Leslie T. Wilkins: *Probation Parole and Community Corrections* (third edition), Library of Congress Cataloging, 1984.

半开放式监狱、完善罪犯的外出与归释制度、建立半自由刑制度和改进分级处遇制度等方面加以具体贯彻实施。[1]

(二)社区矫正制度的建立

作为开放性行刑理念最集中体现的一项制度，社区矫正在现阶段中国刑事法治改革中备受关注、讨论热烈。

所谓社区矫正，是与监禁矫正相对的一种行刑方式，通常认为，社区矫正是指将符合社区矫正条件的罪犯置于社区内，由专门的国家机关在相关社会团体和民间组织以及社会志愿者的协助下，在判决、裁定或决定确定的期限内，矫正其犯罪心理和行为恶习，并促进其顺利回归社会的非监禁刑罚执行活动。美国是较早实施社区矫正的国家，1879年，美国马萨诸塞州制定了一项法案，授权波士顿市设置专职矫正社会工作者。1925年，美国国会通过了《联邦关护法案》，从而在全国范围内形成了社区矫正工作制度。[2]“二战”后，社区矫正得到了快速发展，欧洲国家、日本、澳大利亚等，都相继通过立法建立了社区矫正制度。

相对于传统的监狱行刑模式而言，社区矫正制度有利于犯罪人顺利地回归社会，能够极大地节约刑罚执行成本。因而一经在中国引进、试点后，就立即在刑事法实务界产生了巨大的影响并引起了刑事法理论界的高度关注，2003年7月10日最高人民法院、最高人民检察院、公安部、司法部更联合发布了具有标志性意义的《关于开展社区矫正试点工作的通知》。该《通知》对社区矫正的概念、意义、范围、任务以及具体工作部署都作出了详细的规定。根据该《通知》的界定，社区矫正的适用对象主要为被判处管制的；被宣告缓刑的；被暂予监外执行的；被裁定假释的；被剥夺政治权利并在社会上服刑的等五类罪犯，并且，对于罪行轻微、主观恶性不大的未成年犯、老病残犯，以及罪行较轻的初犯、过失犯等，应当作为重点对象，实施社区矫正。根据最新的统计数据，自2003年7月以来，中国至今已有24个省(自治区、市)的102个地(市)、507个县(区、市)、4085个街道(乡镇)不同程度地开展了社区矫正的试点工作。累计接受社区服刑人员100,923人，其中解除矫正37,779人，现有社区服刑人员63,153人。[3]

由此可见，中国刑事司法实践中已经对社区矫正进行了一些初步的构想和具体的安排。未来的中国刑罚执行制度改革，可以以此为依据，汲取既有经验，借鉴国际做法，进一步在刑法中或以专门法律明确社区矫正的地位，确定社区矫正的对象、条件、执行机构，并就社区矫正与其他刑罚惩罚方式、监狱内行刑方式之间的衔接等问题在立法上予以体现。

五、刑罚消灭制度改革

刑罚消灭，是指由于一定的法定原因或事实原因，致使国家对犯罪人的刑罚权的某一项内容归于消灭。刑罚消灭是国家刑罚权运作的最后一环，刑罚消灭制度的建立，能够有效地

---

〔1〕 参见冯卫国：《行刑社会化研究——开放社会中的刑罚趋向》，北京大学出版社2003年版，第165～170页。

〔2〕 Mark A. R. Kleiman: *Community Corrections as the Front Line in Crime Control*, The Regents of the University of California UCLA Law Review, 1999 August.

〔3〕 参见王钰：《社区矫正试点工作进展情况》，2007年5月28日中国司法部“社区矫正专家座谈会”发言。

节约司法资源,促进社会和谐稳定,彰显宽容人道的价值,因而刑罚消灭制度的完善在整个刑罚制度改革中意义重大。

从各国立法例来看,刑罚消灭的法定原因大致包括超过追诉时效;经特赦令免除刑罚;告诉才处理的犯罪,没有告诉或者撤回告诉;等等。目前,在中国刑罚制度中,存在问题、亟待完善的,主要是时效制度和赦免制度两项。

(一)时效制度的完善

时效是指根据刑法规定,经过一定期限,对犯罪不得追诉或者对所判刑罚不得执行的一项制度。时效制度是刑罚消灭制度的重要内容。中国刑法对时效的规定,主要集中于刑法典总则第87~89条。其中,第87条规定了追诉时效;第88条规定了追诉时效期限的延长;第89条规定了追诉时效期限的计算与中断。

从目前刑法规定来看,中国刑法中有关时效规定的缺陷首先表现在行刑时效的规定尚付阙如。完整的时效制度应当包括追诉时效和行刑时效两个不可或缺的组成部分。追诉时效是指犯罪发生后,经过法律规定的时间没有被追诉的,司法机关便不再进行追诉的制度;行刑时效则与之相对,是指在判决确定后,超过法定期限没有执行刑罚,不得再予以执行。1957年草拟的中国刑法典第22稿曾经有过行刑时效的规定,但后来讨论过程中,基于认为"判决没有执行……在我国司法实践中还没有遇到过这种情况。"因而"这一条没有实际意义,相反地还可能对被判刑后的犯罪分子的逃跑,起鼓励作用,害多利少。"最终,"删除了这条"。[1] 这种理解在今天看来显然有片面之处,判决宣判后刑罚没有得到执行,特别是财产刑、附加刑因各种原因没有得到执行明显有可能出现,实际上,实践中甚至发生了判决宣判后,有期徒刑未得到执行的案例,[2]因此,不管是基于理论分析,还是实践经验,从完善时效制度的角度出发,都应当在刑法立法中对行刑时效制度作出规定。

除此之外,中国现行刑法中时效制度的另一缺陷是,刑法中有关追诉时效制度的规定,是以自然人犯罪为基础设定的,显然只能适用于自然人犯罪;而1997年修订后的新刑法典中,单位作为独立的犯罪主体,是与自然人并列而同时出现的,因而单位犯罪中如何适用时效制度,就成为一个亟待解决的问题。而从立法现状来看,中国现行刑法典中单位犯罪所涉及的条款达百余条,涉及的罪名也有百余项,并且,单位犯罪的处罚方式是与自然人存在区别的,很多情况下不仅需要对单位判处罚金,同时还需要对单位直接负责的主管人员和其他直接责任人员判处其他刑罚,因此,单位犯罪的时效,应当有不同于自然人犯罪的特别之处。为解决这一问题,我们认为,在未来时效制度的改革中,可以对单位犯罪的时效制度作出补充性规定,并且在一般情况下,可以依据单位犯罪中的直接负责的主管人员和其他直接责任人员的法定刑来确定犯罪单位的追诉时效期限。

---

〔1〕 参见高铭暄:《中华人民共和国刑法的孕育和诞生》,法律出版社1981年版,第124页。

〔2〕 2000年中央电视台《社会经纬》节目披露了发生在安徽省灵璧县的漏刑补刑案:李某犯贪污罪被法院判刑7年,宣判后没有任何司法人员理会李某,李径自回家了。刑期过后才发现李某未服刑。李遂被收监执行原判刑罚(参见赖德亮:《我国应当设立行刑时效制度》,载《人民检察》2003年第1期)。

（二）赦免制度的激活

与时效相同，赦免制度也是刑罚消灭的重要方式之一。所谓赦免，是指国家元首或者国家最高权力机关宣告对犯罪人免除其罪，或者虽不能免除其罪，但免除或者减轻其刑，进而消除刑事追诉权、刑罚裁量权或者刑罚执行权的法律制度。[1] 历史上，赦免制度无论在中外均广泛存在。在西方，早在公元前403年古希腊 Aharasybulus 就曾颁布赦免法令，并对后世欧洲产生了重要影响。[2] 其后，大陆法系的德国、法国、日本，英美法系的英国、美国都存在过形式多样的赦免制度。中国古代同样存在颇具特色的赦免制度。受中国儒家传统慎刑思想及阴阳五行学说的影响，中国历代帝王为祈求上天福佑，或遇到皇室喜丧大事、灾异病患、丰年祥瑞、祭祀典礼等特殊事件时，都会普施恩德、大赦天下。

在当代刑法制度中，美国的死刑赦免制度极具特色。在美国，死刑赦免是死刑救济程序中十分重要的一环。美国学者认为，所谓死刑的赦免（clemency），包括三个方面的内容：缓期执行（reprieve）、减刑（commutation）、完全赦免（pardon），或者是三者的结合。[3] 在美国，死刑赦免是刑事司法制度之外的行政制度，死刑赦免权由行政长官掌握，联邦总统对联邦司法系统的死刑犯享有完全的赦免权，而各州州长也完全或在赦免委员会的建议下，对各自司法管辖区内的死刑犯享有行政赦免权。死刑赦免的原因可能是罪犯实际上是无辜的；对罪犯执行死刑明显不适宜（如罪犯心智能力丧失，精神障碍或者是少数人种）；等等。[4]

虽然中外历史上赦免制度都曾广泛存在，并且直至今日，凡保留死刑的国家几乎都设置了死刑赦免的救济程序，《联合国公民权利和政治权利国际公约》等国际人权法也明确指出，必须对一切判处死刑的案件给予大赦、特赦或减刑，但是，遗憾的是，虽然新中国1954年第一部宪法中曾有大赦的规定，但一直没有大赦的实践。而仅在1957年至1975年间针对战争罪犯、反革命罪犯和普通刑事犯实施过七次赦免，其后至今的30多年间再没有进行任何赦免的实践，改革开放20多年来也没有再进行过赦免的立法。目前中国整个法律体系中，除宪法第67条第17项和第80条第4项对特赦作出原则性规定外，刑法中几乎没有赦免的具体内容。[5]

因此，为完善当代中国的刑罚制度，有必要激活中国的赦免制度。具体来说，可以以死刑特赦为突破口，通过完善刑法中死刑赦免的相关立法，并选择合适的时机，对一些具有特殊情况的死刑犯实施特赦，进而激活整个赦免制度。就立法而言，可以借鉴美国的死刑救济措施，在刑事立法中增加规定，在特殊的情况下（如生效死刑判决明显错误、判决生效后死刑犯患上严重精神疾病，或出于国家外交、政治方面事由的考虑），可依法由死刑犯本人或其近亲属、监护人提出申请，最高人民法院进行审查，全国人大常委会作出赦免决定，最后由国家主席颁行特赦令予以赦免。

---

〔1〕 参见阴建峰：《现代赦免制度论衡》，中国人民公安大学出版社2006年版，第123页。

〔2〕 参见陈东升：《赦免制度研究》，中国人民公安大学出版社2004年版，第52页。

〔3〕 Cathleen Burnett, *Justice Denied: Clemency Appeals in Death Penalty Cases*, Northeast University Press, 2002, p. 14.

〔4〕 Cathleen Burnett, *Justice Denied: Clemency Appeals in Death Penalty Cases*, Northeast University Press, 2002, p. 158.

〔5〕 参见赵秉志主编：《刑法总论》，中国人民大学出版社2007年版，第571～575页。

六、特殊人群刑罚适用的完善

在刑罚运行过程之外,就刑罚适用对象来看,当代中国刑法中对于某些特殊人群的刑罚适用也还存在一些亟须完善之处,这集中体现在对未成年人犯罪和老年人犯罪的刑罚适用方面。

(一)未成年人犯罪刑罚适用的完善

鉴于未成年人(不满18周岁)特殊的生理、心理特征,应当针对未成年人犯罪实行特殊的刑事政策,并在刑罚处罚措施上区别于成年人,这既是中国一贯对未成年人犯罪"教育为主、惩罚为辅"的刑事政策的要求;也是国际社会的共识及国际人权法中的鲜明态度。以"教育为主、惩罚为辅"的刑事政策为指导,并参照国际人权法中的具体规定,可以看出,中国目前刑罚制度中,对未成年人犯罪在以下一些方面需要进一步加以完善:

首先,对未成年人犯罪,需要明确无期徒刑不能适用。中国现行刑法明确禁止对未成年人犯罪适用死刑,但对未成年人犯罪能否适用无期徒刑则未置可否。2005年12月12日最高人民法院通过的《关于审理未成年人刑事案件具体应用法律若干问题的解释》第13条规定:"未成年人犯罪只有罪行极其严重的,才可以适用无期徒刑。对已满十四周岁不满十六周岁的人犯罪一般不判处无期徒刑。"由此可见,实践中对未成年人犯罪适用无期徒刑虽严格限制,但还是允许适用。在我们看来,这一现状亟待改革,未成年人犯罪应绝对不适用无期徒刑。其原因在于,根据中国刑法典第17条第3款的规定,对未成年人犯罪,司法中"应当从轻或者减轻处罚",而在未成年人犯罪之死刑适用绝对禁止的情况下,不存在刑期档次之分的无期徒刑,无从体现出对未成年人犯罪从轻或减轻处罚,因而对未成年人犯罪科以无期徒刑不符刑法典第17条的明文规定和有关法理。不仅如此,从国际人权法的视角看,中国已经批准的《联合国儿童权利公约》第37条亦明确指出,缔约国应确保对未满18岁的人所犯罪行不得判以无释放可能的无期徒刑。结合这两个方面可以得出结论,在中国刑罚制度中,应当进一步禁止对未成年人犯罪适用无期徒刑。

此外,在其他刑种的适用中,由于未成年人一般尚不具备行使政治权利的资格,也不具备足够的财产,因此,对未成年人犯罪,还应当尽可能严格地限制乃至考虑禁止资格刑、财产刑的适用。

除刑罚措施外,对未成年人犯罪来说,非刑罚处罚措施具有天然的优势,能更好地契合未成年人身心发展的要求,消除刑罚措施的不利影响,国际人权法中也历来对未成年人犯罪的非刑罚处罚措施持支持、鼓励的态度。因而非刑罚处罚措施在未成年人犯罪中具有特殊的重要意义。然而,目前中国刑法中针对未成年人犯罪规定的非刑罚处罚措施存在规定零散、方法偏少、系统性不强等诸多缺陷,因此,从完善未成年人犯罪处罚措施的角度出发,应当扩大非刑罚处罚措施在未成年人犯罪中的适用。适当的时候,可以通过立法修改,以专条或专节的形式,在刑法中增设有关未成年人犯罪非刑罚处罚措施的内容;建立形式多样、轻重有序、逐级递进的非刑罚处罚方法体系;强化非刑罚处罚措施在未成年人犯罪中的适用。[1]

(二)老年人犯罪刑罚适用的宽恤

不满18周岁的未成年人犯罪,中国刑法中已明确其刑罚处罚应与成年人犯罪存在区别;但除此之外,当犯罪人年龄超过一定的上限限制(如70周岁),成为老年人时,其刑罚处罚同样应从宽从轻,而中国现行刑法典中此方面的规定尚付阙如,亟待补充。

对老年人犯罪刑罚适用宽恤人道,首先是由中国矜老恤老的传统文化所决定的。中国封建时期历代刑律中都有对老年人刑罚适用从宽的规定。早在汉代文帝时,就曾规定,对年龄80岁以上的老人,犯罪当鞫系时,可以不带刑具;唐律中也有"八十以上应死者,上请","九十以上,虽有死罪,不加刑"的规定;直至清末1911年的《大清新刑律》、旧中国1935年国民党政府的《中华民国刑法》中均有类似规定。其次,对老年人犯罪从宽处罚,也是中国当前和谐社会建设的需要。老年人对社会、对家庭奉献良多,而又生逢晚年,应当是和谐社会中最受尊重和关怀的群体;即使是犯了罪的老年人,无论是从预防犯罪所需,还是从刑罚人道主义考虑,都应予以从宽对待。此外,从国际社会来看,当代很多国家或地区,如希腊、西班牙等国家,中国台湾地区等,都有对老年人犯罪刑罚处罚从宽的规定,值得我们借鉴。

以上述理由为根据,为体现对老年人犯罪刑罚适用的宽恤人道,当前应在中国刑罚制度改革中完善以下两个方面:首先,应当增设对已满70周岁的老年人不适用死刑的规定。将来的刑罚制度改革中,可在死刑对象限制条款中,将审判时已满70周岁的老年人与犯罪时不满18周岁的未成年人、审判时怀孕的妇女并列,一并排除在死刑适用对象之外。其次,对老年人犯罪的减刑尤其是假释,应考虑有所从宽。将来的刑罚制度改革中,可考虑对认真遵守监规,接受教育改造,确有悔改表现,假释后不致再危害社会的70周岁以上的、被判处有期徒刑、无期徒刑的老年罪犯,降低假释时实际执行刑期期限的要求,提前假释。[2]

七、结语

本文对中国刑罚制度改革的概括性论述,很多建议还是探索性的,一些设想是否可行,尚待进一步的理论研究和实践检验;囿于篇幅,许多观点的论证也不很充分。但我们坚信,改革是制度发展嬗变的内在要求,正是通过一次次或激进或和缓的改革,人类社会才得以不断革故鼎新,逐步走向完善和文明。在刑事法治领域,同样是在一代代刑法专家学人的呼吁和推动下,刑法制度才能够不断顺应时代的发展需要,日臻完善。由此看来,在当代中国全面建设和谐社会的大背景下,以宽严相济的基本刑事政策为指导,顺应国际趋势,全面推动中国刑罚制度改革,不惟是中国刑法自身完善的必需,更是时代的呼唤,社会的要求。愿中国的刑法学人积极担负起引导和促进中国刑事法治改革的使命。

---

〔1〕 参见高铭暄、张杰:《中国刑法中未成年人犯罪处罚措施的完善——基于国际人权法视角的考察》,载《法学论坛》2007年第6期。

〔2〕 参见赵秉志:《犯罪主体论》,中国人民大学出版社1989年版,第160~162页。

关于死刑存废及其发展趋势的思考*

目　次

死刑,又称生命刑,是以剥夺犯罪人生命为内容的最为严厉的一种刑罚方式。它有着悠久的历史,经历了近现代巨大的变迁,承受着纷繁的论争和不同的评价。特殊的性质、作用和影响,使其在近现代刑法学研究中颇受重视,同时也正日益成为现代国际社会和各国政府乃至广大民众所关切瞩目的一个国际性、社会性热题。

一、死刑的历史考略

死刑是人类进入阶级社会后,随着国家和法的产生,而由统治阶级以国家的名义所创制的第一批刑罚方法之一。在古代即奴隶制和封建制时代,死刑成为统治阶级残酷镇压被统治阶级,巩固其统治秩序和维护其阶级利益的利器。种类和数目繁多的死刑条款,其矛头首先集中指向危害奴隶主阶级和封建主阶级根本利益的行为,同时也广泛涉及对奴隶主和封建主国家的社会治安、行政运行、财产权属、风化道德、家庭伦理等各方面秩序和利益的维护,可谓恢恢法网中,死刑比比皆是。而且,古代社会的死刑适用显失平等,法律公开规定对某些贵族官吏不适用死刑,执行死刑的方法和场所因被执行者的阶层和身份的不同而迥然相异,法定的死刑赎刑制度致使"富者得生,贫者独死,是贫富异刑,

* 原载《法律科学》1991 年第 1 期;中国人民大学《复印报刊资料 · 法学》1991 年第 5 期转载;收入高铭暄等编:《刑法学参考资料》,中央广播电视大学出版社 1994 年版。

而法不一"[1]。古代社会的死刑适用还具有随意性:操有生杀予夺大权的帝王君主,可以乱立罪名或者不要任何罪名而随心所欲地处死臣民;司法官吏(在地方政权中往往是行政官与司法官集于一身)的法外滥施死刑和刑讯拷掠致死也不绝于史。同时,古代社会死刑的执行方法更是名目繁多,极其野蛮残酷,如中国古代的醢(剁成肉酱)、脯(杀死后将尸体晒成肉干)、烹(煮杀)、车裂(五马分尸)、焚、生埋、剖腹、枭首、腰斩、凌迟、弃市以及广泛株连杀戮的族诛(夷本族、夷三族、夷九族、夷十族)等刑,以及外国古代死刑执行方法中的活烧、钉十字架、投入大海、鞭笞至死、与猛兽决斗而被之撕吃等皆是惨绝人寰。可以说,古代刑法所具有的罪刑擅断、等级森严、刑罚残酷这三大特征,无一不在其死刑制度上得到了最鲜明的体现。死刑被奴隶主阶级和封建主阶级用来作为镇压和恫吓反抗与扰乱其统治的行为的一种重要的刑罚武器,但是事与愿违,严刑峻罚的镇压和恫吓非但未能成功,反而从一个方面加速了其统治的垮台。

从法国大革命开始,新兴的资产阶级在经济、政治、军事、法律、文化、社会生活等各方面向封建主阶级发动了全方位的进攻。经过激烈的搏斗和反复的较量,终于将腐朽反动的封建主阶级赶下了历史的舞台。这场伟大的资产阶级革命在至关重要的法律领域里的战斗旗帜和重要成果之一,便是否定封建刑法中的罪刑擅断、等级森严和刑罚残酷这三项原则,而代之以资产阶级刑法中的罪刑法定、罪刑等价和刑罚人道这三大原则。其中,对封建刑法中死刑的否定和变革,当然是其首要任务之一和辉煌战绩所在。经过资产阶级的变革努力,死刑这种特殊严厉的刑罚方法向着文明和审慎适用的方向前进了一大步;但是毋庸置疑,死刑当然仍是资产阶级国家维护其统治秩序和阶级利益的一种最严厉的刑罚手段。

二、近现代的死刑存废之争

深受资产阶级自然法学派的理性主义和资产阶级启蒙运动中的刑罚人道主义思想影响的意大利刑法学家贝卡里亚,在其《论犯罪与刑罚》这本名著中,首次在理论上比较系统和尖锐地论证了死刑的残酷性、非人道性和不必要性,明确提出了废除死刑或者严格限制死刑适用的主张,这一主张在西方国家逐渐产生了相当的影响;同时,随着资产阶级法律制度取代封建法律制度,世界各国的刑罚制度也开始从以死刑、肉刑为中心的体系迈入以自由刑为中心的体系的新时代。此后,在不断发展的废除死刑理论的影响下,主要从 19 世纪中叶开始,一些国家和地区根据其自身情况,在法律上或者实践中陆续开始了废除死刑或者实际不适用死刑的尝试和努力。而且自 21 世纪 70 年代和 80 年代以来,在一些国际组织和国际条约、公约的推动下,废除死刑逐渐向国际性趋势发展。据有关的国际组织 1987 年 5 月在意大利召开死刑问题国际学术讨论会上提供的数字,当时在法律上宣布废除死刑的国家已达 48 个,这一个数字还不包括实际上不适用死刑的国家。当然,保留死刑的国家目前仍占绝对的多数。

从理论上看,死刑究竟应当废除,还是应予保留?这已经成为近现代西方国家刑法学研

---

[1] 《汉书·肖望之传》。

究中争议最为热烈的论题之一，而且这一争议呈现出截然对立乃至二律背反的有趣情形，对垒分明的废除死刑论和保留死刑论者提出的理由针锋相对，往往基于同样的事实而得出截然相反的结论。例如：

其一，废除死刑论者认为死刑违背了社会契约，因为社会契约中不可能包含死刑；保留死刑论者则认为死刑符合社会契约，因为人们订立社会契约时交给国家了包括生命权在内的全部权利。

其二，废除死刑论者认为死刑的适用违反人道；保留死刑论者则认为废除死刑才是不人道的，因为这样就贬低了犯罪所侵害的个人权益或社会利益的价值。

其三，废除死刑论者认为，死刑的适用断绝了犯罪人改过自新之路，而且对确实不堪改造者来说，终身监禁刑也已足以剥夺其再犯罪的能力，同时，死刑的适用与否并无特殊的威吓效果，因而死刑对于犯罪的特殊预防和一般预防都是不必要的；保留死刑论者则认为，死刑是剥夺某些特定犯罪人再犯罪能力所必需的和最有效的手段，同时，死刑适用确实具有其他刑罚方法所不能替代的特殊的威慑效果，因而死刑对于犯罪的特殊预防和一般预防都是需要的。

其四，废除死刑论者认为，死刑犯的犯罪情节亦有轻重之别，而死刑并无幅度和差别可言，因而适用死刑有悖于罪刑等价的原则；保留死刑论者则认为，对重罪犯不处死刑才是显然违背了罪刑等价的原则，同时，废除死刑论者所主张的用以代替死刑的终身监禁刑也无幅度和差别可言，因而以违背罪刑等价来责难和要废除死刑是不能成立的。

其五，废除死刑论者认为，死刑导致浪费了本可利用的廉价劳动力，是不经济的刑罚方法；保留死刑论者认为，自由刑的适用要使社会花费更大量的财富，与之相比死刑反而比较经济。

其六，废除死刑论者认为，死刑误判难以避免，而且一旦误判便不可挽回；保留死刑论者则认为，死刑误判的可能性可以通过司法努力得到最大程度的避免，而且其他刑罚如自由刑也存在着误判的可能性和误判的效果无法挽回（如已被剥夺自由的时间无法挽回）的问题，因而可能误判和不可挽回难以成为废除死刑的理由。

其七，废除死刑论者认为，死刑往往被上台的反动政府作为实施暴政和镇压革命志士的血腥工具；保留死刑论者认为，死刑同样也往往被取得政权的革命势力作为镇压反动势力反扑和复辟，巩固其统治的有力武器。

两种主张的争论如此等等，不一而足。可谓仁者见仁，智者见智，争论方兴未艾，旗鼓相当，难解难分。

三、关于现代国际社会死刑存废之争的认识

面对纷繁复杂的世界死刑发展变化情况和相持不下的死刑存废之争，我们初步提出以下两点粗略的认识：

其一，怎样认识现代国际社会的死刑存废状况及其发展趋势？

一方面，要实事求是地看到，现代在法律上废除死刑的国家已达几十个，而并非个别或

者很少,还有一些国家在实践中已有若干年未适用死刑,而且从法律上废除死刑的国家数目仍在不断地增加。因此应当承认,废除死刑确实是当代死刑发展的一种重要动向,一股潮流,也可以说是一种国际趋势,至少可以说是日益具有国际趋势的倾向。

另一方面,事实表明,现代世界范围内保留死刑的国家尚有100多个,所有大国和相当一些中等国家仍属保留死刑之列;一些国家虽然曾在法律上宣布废除死刑,但后来又根据其遏制犯罪的实际需要以及民众的强烈要求,重新恢复了死刑,如苏联等;还有一些在法律上废除了死刑的国家,其民众和舆论要求恢复死刑的呼声不断高涨,如加拿大、英国等。因此应当说,保留死刑仍是现代国际社会死刑问题上较为普遍的主张与实践。也可以说,在当代死刑存废之争中,保留死刑仍占据相对主导的地位。

同时,尤其应当重视的是,从现代保留死刑的世界各国的情况看,在保留死刑的基础上严格限制和逐步减少死刑的适用,已成为得到普遍认同的主张。在刑事立法上主要表现为:各国都比较注意严格控制和逐步减少死刑罪的条款;以死刑作为绝对确定刑的条款已逐渐为以死刑作为选择刑种之一即相对确定刑的条款所代替;禁止死刑适用于某些特定的对象(一般是指未成年人、精神病人、孕妇,有些国家还包括老年人、哺育婴幼儿的母亲甚至所有妇女);死刑具有严格的审级、判决、核准和执行程序;等等。在刑事司法上,注意慎重判决死刑,而且采用多种制度和基于一些特殊情况尽量减少死刑的实际执行。可以说,严格限制和逐步减少死刑的适用,无疑更是当代国际社会死刑发展的一种重要动向,更是死刑发展的国际趋势。

简言之,现代国际社会死刑的发展的两种潮流、两股趋势:一是完全废除死刑;二是在保留死刑的基础上严格限制和逐步减少死刑适用,而且后者是相对占主导地位的潮流和趋势。如果认为只有废除死刑才是现代国际社会死刑发展的潮流和趋势,那就会犯以偏概全,无视当下大多数国家关于死刑的主张与实践的错误。

同时,还应当特别指出,衡量一个国家是否真正废除了死刑,我们认为应当坚持法律规定与客观事实相结合的标准。有些国家,其法律上宣布废除了死刑或者根本没有规定死刑,但在司法实践中仍以各种名义适用死刑,甚至抛开诉讼程序而实施法外死刑,这些国家的废除死刑可以说是有名无实,不能认为已真正废除死刑;还有些国家,尽管实践中已若干年未适用死刑,但法律上仍保留着死刑,显然也不能将之归入废除死刑国家之列,因为死刑毕竟还是其法律中规定的一种刑罚方法,只要存在于法律中就有可能付诸司法实践,而且若实际适用之也是合法的。因此,真正废除死刑不但应在法律中有规定,而且须在实践中确实予以遵循,舍此标准就会不真实地夸大废除死刑国家的数字。

其二,如何评价死刑存废和死刑扩张与限制的优劣?

首先,关于死刑的存废问题。“刑罚不外是社会对付违反它的生存条件(不管这是些什么样的条件)的行为的一种自卫手段。”[1]死刑这种刑罚方法当然亦不例外。从社会历史发展的远景看,一切刑罚都将随着犯罪的消灭而归于消灭,而死刑这种最为严厉的刑罚必将在

---

〔1〕 参见《马克思恩格斯全集》第8卷,第579页。

所有刑罚种类中率先被废止。对于一定的社会阶段、对于一个国家及其发展的一定时期来说,死刑能否和应否被废止,集中到一点而观之,就在于一定阶段、一定时期的这个国家和社会是否必须将死刑作为其必备的自卫手段。若回答是否定的,就可以和应当废止死刑;反之则应保留死刑。具体而言之,一定时期的某个国家和社会是否必须废止死刑,取决于诸多方面的因素,如内部社会治安情况、外部安全状况,死刑的实际作用,历史传统及其影响,现代关于人的价值观念等方面的异同。因此可以说,在条件具备的情况下,废止死刑固然是社会向进步、文明发展的需要和标志;在条件不成熟的情况下,保留死刑也正是促进社会向文明、进步方向发展的需要,而勉强废止死刑反而会带来阻滞社会发展的不利后果。所以在现阶段,我们不应该抽象地评说死刑存废孰优孰劣。一个国家对死刑应存还是应废,应当看死刑的存与废对该国家发展进步的实际作用如何,进而才能据此得出该国家死刑应存还是应废的正确判断。简言之,死刑的存与废都可能是优或者是劣。一切以某个特定国家的具体情况及其发展进步的现实需要为转移。“废除死刑皆优,保留死刑皆劣”的价值观念是片面的和不正确的。

其次,关于死刑的扩张与限制问题。死刑扩张是死刑万能思想和重刑主义的反映,是与罪刑相适应原则背道而驰的。而“不论历史或是理性都同样证实这样一件事实:不考虑任何差别的残酷手段,使惩罚毫无效果,因为它消灭了作为法的结果的惩罚……如果犯罪的概念要有惩罚,那么实际的罪行就要有一定的惩罚尺度。实际的罪行是有界限的……惩罚也应该有界限……任务就是要使惩罚成为真正的犯罪后果。”[1]因此,违背现代刑法罪刑相适应这一进步原则的死刑扩张自当予以否定和摒弃。另一方面,限制死刑由于既使死刑的特殊功能得以保存和发挥,又注意减少死刑的适用和力戒误判,贯彻了罪刑相适应原则,同时又为死刑的最终废止积极地创造了条件,因而理应予以肯定。

四、关于我国死刑现状及其发展趋势的思考

中国现阶段关于死刑的刑事政策是“保留死刑,坚持少杀,严禁错杀。”这一政策在1979年通过的我国《刑法》和《刑事诉讼法》中得到了明确的体现。按照《刑法》的规定,“死刑只适用于罪大恶极的犯罪分子。”刑法分则规定死刑的条文仅有7条,涉及放火、爆炸、破坏交通工具、故意杀人、强奸、抢劫、贪污等性质严重的普通犯罪,以及背叛祖国、阴谋颠覆政府和分裂国家等9种危害国家安全性质的反革命犯罪,而且死刑仅限为适用于这些犯罪中危害极其严重的情况,死刑对这些犯罪均是选择性刑种而不是唯一的刑种。《刑法》禁止对犯罪时不满16岁的未成年人和审判的时候怀孕的妇女适用死刑,禁止对犯罪时已满16岁不满18岁的未成年人判处死刑立即执行。《刑法》中还独创了死刑缓期执行的制度,给犯了死罪但尚有一线改造希望的犯罪分子以改恶从善的最后机会,从而大大减少了死刑犯实际被执行死刑的人数。《刑事诉讼法》则对死刑适用规定了严格的审判、核准和执行程序。当然,也应当实事求是地看到,在《刑法》颁行之后陆续制定的数个单行刑事法律(《惩治军人违反

---

[1] 参见《马克思恩格斯全集》第1卷,第139~141页。

职责罪暂行条例》《关于严惩严重破坏经济的罪犯的决定》《关于严惩严重危害社会治安的犯罪分子的决定》等)中,中国立法机关又根据特殊情况的需要,增设了几十种死刑的条文和罪名,从而使死刑条文在全部具体犯罪条文中所占比例有了较大的提高。

关于中国的死刑问题,我认为至少应当明确以下两个要点:

其一,中国现阶段保留死刑并对死刑采取严格限制和慎重对待的措施是正确的明智的,是符合现阶段中国社会的实际情况及其发展进步的要求的;是合乎中国人民的意愿的。正如 1987 年 5 月参加在意大利举行的死刑问题国际学术讨论会的中国代表高铭暄教授在发言中所阐明的那样:中国是一个有 10 亿人口的大国,社会治安搞好了,对全人类就是一个贡献,而中国的犯罪率与外国相比是很低的,这至少说明中国的死刑制度有一定的效果;中国着眼于保护绝大多数人的生命财产权利以防止其受犯罪侵犯,目前中国要为社会不受侵犯而奋斗,而不急于为没有死刑而奋斗;决不能认为只有废除死刑才是文明的,文明与否不能以是否废除死刑为标志。[1]

其二,中国现阶段的死刑制度应当继续坚定不移地朝着"有严格限制的保留"之方向发展和完善。这也正是在目前修改刑法典的讨论中中国刑法学界占主导地位的共识。我们认为,中国刑法典的修改在保留死刑的前提下,应当明确地反对片面依赖重刑、死刑万能的错误倾向,坚决贯彻"少杀"方针,在立法上对死刑适用的罪名加以必要的、严格的限制,并在司法中正确地适用死刑和"死缓"制度。从立法方面来看可以考虑采用以下几条立法修改和完善措施:一是对近年来单行刑事法律增加的死刑条文,鉴于这是在特定情况下制定的,而且创制时一般未经过周密、科学的论证,实践效果又不甚理想,因而原则上不应纳入刑法典而宜予以废止。二是原则上不应再增设新的死刑条文。在以上两种情况下,只有对经过充分论证,确认某种具体犯罪的危害特别严重的,才可以考虑规定死刑。三是对经济犯罪和非暴力的财产犯罪,除个别危害特别严重的犯罪情况(如武装走私、大量走私毒品、武器弹药的)可以考虑保留死刑外,原则上均不宜规定死刑,已规定死刑的可以考虑删除。

---

〔1〕 参见高铭暄:《关于参加国际死刑问题学术讨论会的情况报告》,载《法讯》1987 年 10 月 26 日专刊。

中国刑法修改中死刑的立法完善*

目　　次

一、前言

死刑作为最严厉的刑罚，历来受到立法者及刑法学家的重视。自18世纪意大利著名刑法学家、刑事古典学派代表人物之一贝卡里亚在他的名著《论犯罪与刑罚》一书中，首次从理论上提出限制乃至废止死刑的论断以来，西方国家刑法领域中就出现了死刑存废之争。这场已长达二百余年的争论迄今尚未停息。就中国而言，死刑存废的争论并未产生根本性的影响，这主要是因为，在中国当前及今后相当一段时期内，废除死刑的社会物质生活条件尚不具备，而运用死刑惩罚极少数怙恶不悛、罪大恶极的犯罪分子，则是切实保卫国家安全和人民利益、保障社会主义现

---

* 原载高铭暄等著：《西原春夫先生古稀祝贺论文集》，中国法律出版社和日本成文堂1997年联合出版，第121～136页。

代化建设顺利进行的必要手段。那么,在保留死刑的基础上,中国未来刑法典对于死刑的立法应当如何合理地设置呢?自20世纪80年代中期以来,我国刑法理论与司法实务界一直对此予以关注且颇有争议。笔者对此再作理论上的进一步探讨,希望引起我国立法机关的重视。

二、死刑立法完善的方向

(一)观点争鸣

围绕死刑罪名的增加与减少,死刑适用的扩大与限制,我国刑法理论界与司法实务界主要有两种看法:一是主张对现行刑法中的死刑罪名与条文作严格限制,在完善刑法中尽量减少死刑的立法。[1] 二是与上述观点截然相反,主张广泛适用死刑符合我国政治、经济情况及同犯罪作斗争的形势要求;对刑法的修改,在战略指导思想上,应当坚持从严惩办的政策,在此原则下,刑法关于死刑的规定不仅大体上应保持目前的水平,而且不能排除适量增加的可能。[2] 有的论著还对新设大量死刑条款提出了具体建议。[3] 上述关于我国死刑立法抉择的两种主张和看法,第一种观点可以说是绝大多数刑法学者的共识,而第二种观点虽然在理论界赞成与支持者为数不多,但在司法实务界和普通公民中有相当的共鸣,近年来的死刑立法在很大程度上亦受到这种观点的影响。

(二)问题研讨

我们认为,从防止错杀、尊重人的生命权利、推进刑罚的文明与进步以及建设有利于市场经济发展的宽松环境等诸方面看,尽量减少死刑的立法,应当成为我国现行刑法完善死刑制度的一个主导动向;扩张死刑的观点既不符合我们党和国家关于"保留死刑,限制适用,严禁错杀"的死刑政策,在我国司法实践和刑法理论上也是缺乏根据的,应当予以严正的否定评价。

死刑是要严格限制还是要有所扩张,首先需要从我国现行刑法中的死刑立法审视入手,并且只有在对之进行正确估价的基础上,才能得出正确的结论。就我国现行刑法典而言,其规定可以判处死刑的共计15个条文27种罪名,从死罪之数量及罪名之分布上看都应该说是无可厚非的。但是,现行刑法典1979年颁布后,特别是20世纪80年代初确定从严打击严重刑事犯罪和严重经济犯罪的"严打"方针后,全国人大常委会制定的一系列单行刑法中,适用死刑的罪名和条文以惊人的速度增长,这的确是不容忽视、无可争辩的事实。据我们初步统计,截止到1995年全国人大常委会《关于惩治虚开、伪造和非法出售增值税专用发票犯罪的决定》为止,包括《惩治军人违反职责暂行条例》中11个可以判处死刑的罪名,我国现行刑法规定可判处死刑的罪名,已高达90余种。在当今世界各国刑法中,适用死刑条款和罪名如此之多、比例如此之大者,颇为鲜见。持死刑扩张论者指出,全国人大常委会在

---

〔1〕 参见赵秉志、鲍遂献:《我国刑法改革若干热点问题论略》,载《河北法学》1993年第4期。

〔2〕 参见何秉松:《我国的犯罪趋势、原因与刑事政策(下)》,载《政法论坛》1989年第6期;刘远:《试论死刑不应削减的根据》,载《河北法学》1994年第1期。

〔3〕 参见赵秉志主编:《刑法修改研究综述》,中国人民公安大学出版社1990年版,第176~177、181~182页。

先后颁布制定的一系列单行刑法中提高各种犯罪的打击力度乃至广泛地设置死刑,乃针对社会治安状况恶化、刑事犯罪发案率呈上升趋势所作的积极措施,是完全正确的。[1] 在我们看来,根据某一时期犯罪率上升、犯罪分子猖獗的形势之变化,适当加强刑法调控力度以打击犯罪分子的嚣张气焰和警戒社会上一些不稳定分子,确有必要。但是,片面、过分地强调刑罚的苛厉,甚至动辄扩大死刑的适用来制止犯罪,是极不明智的。我们不能否认对于某些犯罪(尤其是刑法典规定的刑罚过轻而其社会危害性严重到非以死刑遏制不可的某些犯罪)增设和强化死刑的必要性,但也应清醒地认识到,刑法典颁行后单行刑法增加的死刑罪名中,有相当一部分是只着眼于现象而缺乏全面与长远的考虑。[2] 从立法指导思想的层面以观,这些死刑的立法内容,实质上是重刑主义思想的鲜明体现;以死刑为手段的重刑化立法,虽然在短期内有利于遏制犯罪,但由于其与刑罚应有目的相左,最终必然导致死刑威慑力的减弱甚至刑罚公正性的丧失。[3] 晚近十余年来,随着死刑等重刑立法内容的增长,各种严重犯罪非但没有明显下降趋势,反而在总体上有所上升。这种刑罚量与犯罪量同步增长的"两高"的局面,就足以证明重刑化立法的失效,不能不引起立法者的反思。[4] 事实上,死刑并非控制和预防犯罪的唯一手段,更不是最佳、最重要的手段,死刑的多少与犯罪率升降之间并无必然联系。正视我国现行刑法中死刑立法过于宽泛的局面,尽可能地限制和减少死刑罪名及其适用数量,不仅符合当今世界限制死刑适用并在条件成熟时最终废止死刑的先进刑罚思想和发展趋势,而且也是对我国现行立法中死刑虽然广泛适用但实际收效甚微之实践进行理性思考的应有结论。值得注意的是,反对削减死刑的论者指责说,死刑多少与犯罪率升降"无关"的事实,并不能否定死刑多少与犯罪率上升幅度的大小"有关"之事实;此外,死刑广泛存在还有以下两个重要根据:一是在中国目前刑罚的不可避免性和及时性尚得不到保障的条件下,死刑以其严厉性可以弥补由于缺乏刑罚必定性和及时性所造成的刑罚威慑力的不足;二是在报应观念根深蒂固的中国,人民群众要求增加死刑、多用死刑所表现出的民族确信,是死刑广泛存在并且合乎人性与正义要求的心理根据。[5] 我们认为,上述论者的观点及其理由是十分值得商榷的。首先,上述论者的第一点理由,其目的无非在于说明,广泛适用死刑虽然未曾收到有效防治犯罪的良好效果,但它毕竟能"尽其所能"地控制和预防犯罪。试问,在实践业已证明扩张死刑立法并不能从根本上扭转犯罪率上涨的客观事实面前,仍然寄遏制严重犯罪发展趋势之希望于广泛适用死刑的实证根据又何在呢? 显然,企图靠死刑来控制犯罪率上升幅度也只能是一种空想。其次,上述观点的理由之二,一方面不恰当地高估了死刑的威慑力,另一方面亦混淆了刑罚的必定性、及时性与刑罚的严厉性之间的性质差异。死刑的威慑力之极为有限,在此不必赘言。必须明确的是,刑罚的必定性、及时性指的是有罪必罚、有罪应及时惩罚,它们与刑罚的严厉性是性质完全不

---

[1] 参见何秉松:《对我国刑事政策的再认识》,载《中国法学》1989 年第 6 期。

[2] 参见胡云腾:《死刑导论》,中国政法大学出版社 1995 年版,第 299 页。

[3] 参见赵秉志:《刑法修改中的宏观问题研讨》,载《法学研究》1996 年第 3 期。

[4] 参见王作富、桑红华:《新时期刑事立法的反思及若干改进构思》,载《中国法学》1991 年第 5 期。

[5] 参见刘远:《试论死刑不应削减的根据》,载《河北法学》1990 年第 1 期。

同的范畴,也非同一层次之事物。“对于犯罪最强有力的约束力量不是刑罚的严酷性,而是刑罚的必定性。”[1]刑罚的必定性和及时性得不到保障,怎么能用刑罚的严厉性予以弥补呢?至于上述论者以中国民众报应观念之根深蒂固为由而反对削减死刑,表面上似乎合理,其实不然。在此问题上,正如有的学者所正确指出,对于人民群众要求扩张死刑的呼声,理应作理性分析,不可一味迁就;立法本身具有一种引导民意的作用,通过限制和减少死刑立法将民意向正确的方向引导,正是立法者义不容辞的责任。[2] 如果立法者仅仅从感性出发,满足部分民众的情绪性报应要求而大量增设死刑,只能事与愿违。

综上所述,在立法上限制和减少死刑,是完善我国刑法中一个应当予以充分肯定和高度重视的问题。尤其是在现行刑法的刑罚设置方面尚存在重刑主义倾向的情况下,国家立法机关应当对死刑的立法控制有一个科学、正确的态度。当然,死刑的立法控制,同时也要考虑到我国目前严重刑事犯罪发案率较高而对某些犯罪确有必要适用死刑的客观需要,死刑的限制和减少也不能与打击犯罪的要求相脱节。

三、死刑立法完善的原则

基于上述关于我国死刑立法完善方向的总体思考,我们认为,当前我国刑法修改中的死刑立法之完善,应当坚持以下几项原则:

(一)总则与分则规定相结合控制死刑

在我国现行刑法中,死刑立法的范围,以刑法分则死刑条文与罪名的规定为侧重点,死刑立法的总则性规定相对薄弱。在近年来修改刑法的研讨中,许多刑法理论与实务工作者也往往只注重以若干死刑条文与罪名的增减为内容的死刑立法完善,对于如何通过总则性规定来完善死刑立法,未予以应有的重视。我们认为,刑法总则对于分则具有重要的指导与约束作用,就死刑的立法而言,对于其适用范围的合理设置,总则性的规定也必然具有纲领性和导向性的功能。我国现行刑法中死刑总则性规定相对薄弱的现状,无疑影响到立法进而也影响到司法对死刑的总体控制,而现行刑法中死刑条文与罪名之所以如此之多之广,在一定程度上实乃由总则性规定对死刑适用缺乏强有力控制之不足所致。鉴此,死刑立法的首要问题之一,就是从刑法总则性规范入手,通过完善死刑适用的原则、对象条件、死刑执行制度及死刑复核程序等内容,严格限制和减少死刑的适用;在此基础上,通过总则与分则规定相结合的方式,方能有效地对死刑立法予以控制。

(二)分则死刑条款切实贯彻总则死刑立法精神与条件

分则条文是定罪处刑的直接依据,因而分则性规定的死刑罪种的多少,最为直接地反映死刑立法的范围大小。在采取总则与分则规定相结合控制死刑的前提下,分则死刑条款的规定,关键是要切实贯彻总则死刑立法精神及总则对死刑适用所规定的各项条件。我们认为,针对现行刑法死刑条文与罪名过多过繁的现状,立法在设置死刑条款时尤其要更新死刑

---

〔1〕 参见[意]贝卡里亚:《论犯罪与刑罚》,黄风译,中国大百科全书出版社 1993 年版,第 59 页。
〔2〕 参见陈兴良:《刑法哲学》,中国政法大学出版社 1992 年版,第 375 页。

观念,注意克服重刑主义倾向。首先,以罪刑等价为标准,在确定死刑之条款时,要认真考察和科学论证犯罪的危害性质与危害程度,以确定这种犯罪是否应当规定死刑。申言之,在"全面衡量、逐罪研判、充分论证"的基础上,对于一些罪质相对较轻、发生较少而为现行刑法规定有死刑的罪种,应当取消其死刑;即使罪质严重的重大犯罪,也要考虑到犯罪的实际危害程度,不属罪大恶极的,也不要规定死刑。其次,对于确有必要保留死刑的罪种,亦要尽可能地通过提高死刑适用标准,具体明确死刑适用情节等立法手段,将死刑的适用控制到最低程度。最后,在对现行刑法中的死刑条文与罪名加以必要的、严格的限制的同时,未来刑法典原则上不宜再增设新的死刑条文和罪名,因为现行刑法中死刑之罪的涵盖已相当广泛,鲜有遗漏。且明显过多过繁。

（三）单行刑法之死刑慎入刑法典

我国现行刑法规范中的死刑罪名共90余种,其中由单行刑法增设的就达近70种之多。此外,一些单行刑法还通过提高刑法典原有罪名的法定最高刑的方式,增加了可适用死刑的罪种范围。由此可见,单行刑法中的死刑立法在整个现行刑法的死刑立法中占有非常大的比例。毋庸讳言,单行刑法对于某些犯罪增设或规定的死刑,确实是在经过充分论证的基础上所作出的慎重选择,实践证明这些犯罪的死刑立法也起到了有效预防和减少犯罪的积极作用。如对受贿罪、走私毒品罪、绑架勒索罪等犯罪的死刑规定,可以说基本上是在考虑犯罪危害性质、危害程度等多方面因素并在正确衡量死刑功能的基础上,根据实际需要而作出的立法抉择。但不可否认的是,单行刑法中大量的死刑立法设置明显缺乏应有的审慎态度,甚至使我国死刑立法有"头痛医头、脚痛医脚"和急功近利之嫌,从而有悖于我国一贯坚持的少杀政策和限制适用死刑的原则,也同时造成了我国刑法分则的条文关系、法定刑方面的严重失调、不平衡。[1] 仅以全国人大常委会较早颁布施行的两个单行刑法(1982年《关于严惩严重破坏经济的罪犯的决定》和1983年《关于严惩严重危害社会治安的犯罪分子的决定》)为例,这两个《决定》中对盗窃罪,故意伤害罪,引诱、容留、强迫妇女卖淫罪,传授犯罪方法罪等所增设或设立的死刑,就缺乏深入调查研究和科学论证,乃急于一时之用、仅仅根据实践中个别严重犯罪现象所作出选择的结果,这些死刑立法从一出台就引起刑法理论界与司法实务界的非议,而且也难免引起境外国外对我国死刑适用范围不断扩大、少杀的方针是否还要坚持等问题的疑问和误解。如日本教授浅井敦在其于20世纪80年代末撰写的《中国刑事立法的变迁及其展望》的研究报告中就含蓄地指出:"在中国立法时(指1979年制定刑法典时)的死刑观念,在立法后发生了很大的变化"。[2] 这不能不引起我国刑法立法、司法与理论界的反思。

总而言之,我国现行单行刑法中的死刑立法占整个死刑立法之大部,而死刑滥设的不合理现象亦主要体现在单行刑法的有关规定中。在未来刑法典中,现行单行刑法中科学合理的罪刑规范将被吸收于其中。与此同时,不可忽视的是,对单行刑法中的死刑规范内容,需

[1] 参见李云龙等著:《死刑制度比较研究》,中国人民公安大学出版社1992年版,第147页。

[2] 转引自侯国云、薛瑞麟主编:《刑法的修改与完善》,中国政法大学出版社1989年版,第131页。

要进行重新认识和检讨,不可轻率地予以肯定,甚至原封不动地纳入刑法典。

(四)从犯罪种类上排除或基本排除死刑

在现行刑法典中,死刑条文比例最大的是危害国家安全犯罪。此外,规定有死刑的罪名还散见于危害公共安全罪、侵犯公民人身权利罪和侵犯财产罪各类犯罪中。刑法典颁布后由立法机关制定的单行刑法中的死刑立法,除部分涉及危害社会治安的犯罪外,主要是针对各种经济犯罪。我们认为,考虑到各类犯罪的实际社会危害程度,在犯罪种类上,死刑立法应着重把握以下两点:

一是应当将死刑的适用范围限制在以下几类犯罪之内:(1)某些特别严重的危害国家安全罪;(2)某些特别严重的危害公共安全罪;(3)侵犯人身权利、涉及人身权利的特别严重的暴力犯罪;(4)特别严重的毒品犯罪;(5)危害特别严重的贪污贿赂犯罪;(6)危害特别严重的战时军职犯罪;(7)某些特别严重的国际犯罪,如海盗罪等。这些犯罪,除其侵犯的客体本身具有相当的重要性外,其社会危害性较之于其他同类犯罪而言也特别巨大。如特别严重的危害国家安全罪,严重地侵犯了国家安全即国家的最高利益;侵犯人身权利罪中特别严重的暴力犯罪,具有危及公民的生命权等严重危害性。

二是对于现行刑法中死刑规定较多的经济犯罪和财产犯罪原则上删除死刑。现行刑法中规定有死刑的经济犯罪和财产犯罪的种类非常之多,如走私,投机倒把,盗窃,盗运珍贵文物出口,抢劫,绑架勒索,贪污,受贿,制造、销售假药,制造、销售有毒食品等;伪造货币,集资诈骗,金融票据诈骗,信用证诈骗等金融犯罪;以及抗税,伪造、虚开、出售增值税专用发票罪等税收犯罪。我们认为,经济犯罪和财产犯罪,尤其是经济犯罪,其成因是多方面的,受到经济、政治、法律等各种因素的影响,靠死刑是无法有效遏制的。这一点与许多严重的自然犯罪,如故意杀人罪、强奸妇女罪有很大不同。况且,单纯的经济犯罪和财产犯罪的社会危害性,一般都要低于侵犯他人生命权利、国家安全和公共安全的犯罪,对之适用死刑显有过重之嫌。此外,由于对这些犯罪适用死刑的主要依据是犯罪数额,其死刑的适用无异于贬低人的生命价值,有悖于死刑的刑罚等价观念。从国家和社会的利益考虑,对经济犯罪和财产犯罪适用死刑亦是极不经济的,因为科以严重经济、财产犯罪分子长期徒刑或无期徒刑,至少可以通过强制罪犯以无偿劳动来尽可能地弥补因其犯罪给国家、社会和人民造成的经济损失;而死刑从肉体上消灭罪犯,事实上同时也剥夺了罪犯以无偿劳动弥补其所造成的经济损失之机会。综观世界上保留死刑的国家之立法,也极少有对单纯贪利性犯罪规定死刑的。

当然,对于经济犯罪和财产犯罪原则上删除死刑的规定,并不排除对个别少数危害特别严重的犯罪保留死刑。就现行刑法已有规定而言,我们考虑当下中国除可以保留前述贪污罪、受贿罪及严重毒品犯罪即走私、贩卖、运输、制造毒品罪的死刑外,还应保留抢劫罪、绑架勒索罪的死刑。

四、死刑立法削减的措施

根据我们主张的我国死刑立法完善的总体方向和上述死刑立法完善的四项原则,我们认为,死刑立法之削减,主要应当采取以下有效的措施:

(一)明确增设限制死刑适用的原则

在现阶段,死刑不可废止与死刑不可滥用是我国死刑立法的基本要求的两个方面。“死刑不可废止”,在我国刑法立法、司法及理论界可以说是共识;“死刑不可滥用”,在刑事立法、司法中则尚未得到实际重视。而且更令人担忧的是,死刑在立法和司法上适用范围的不断扩大,引发了民众盲目崇尚死刑和依赖死刑的心态的滋生和膨胀;崇尚死刑的社会心理的进一步强化,又或多或少地反过来左右死刑立法及司法的情绪。鉴此,在最近刑法修改研讨中,有论者从正确树立死刑适用的政策导向出发,提出了在刑法中明确增设限制死刑适用原则之规定的建议。[1] 我们认为这一主张甚为可取,且值得立法者采纳。其积极意义在于,不仅可以在刑法上鲜明地体现我国坚持少杀的死刑政策方针,而且为死刑的立法本身及司法严格限制死刑提出明确要求。

(二)完善死刑制度

其一,明确死刑适用范围条件中“罪大恶极”的含义。在死刑适用范围的限制条件上,现行刑法典第43条规定:死刑只适用于“罪大恶极”的犯罪分子。什么是罪大恶极?刑法理论上有种种理解。但一般认为,所谓罪大恶极,包括两个方面,即犯罪客观危害性质及后果特别严重;犯罪人的主观恶性特别巨大。二者缺一不可。我们认为,将死刑(包括死缓)适用范围限制在“罪大恶极”的犯罪分子之范围完全正确;为了更大程度地降低死刑之罪的立法及死刑的司法适用,宜将现行刑法中“罪大恶极”之表述具体化为“犯罪性质和危害后果特别严重,而且犯罪人的主观恶性特别巨大。”

其二,完善死缓制度。主要有两点:一是对有死刑之罪扩大死缓的适用范围。现行刑法规定的死缓适用条件是“不是必须立即执行的”,其语义含糊、不易操作,客观上难免导致实践中忽视对死缓的适用。为此,建议立法对死刑立即执行与死刑缓期执行的界限作出尽可能具体地规定;将死缓适用的范围尽可能地扩大,最大限度地缩小死刑立即执行的对象。二是放宽死缓犯改判无期徒刑或者有期徒刑的条件。现行刑法典第46条对被判处死缓的罪犯在缓刑期满后的处理作了规定。但这一规定的不足之处是,死缓犯的“抗拒改造情节恶劣”之要件含义不清。对此,刑法理论界与实务界认识也极不一致,如有人认为,它是指故意犯有组织越狱、脱逃拒捕等严重新罪的行为;[2] 有人则认为,它是指抗拒改造情节恶劣的违反监规行为及又犯新罪的行为;[3] 另有人则认为,只要有不认罪服法、妨害其他罪犯改造的行为等,均应视为“抗拒改造情节恶劣”。[4] 此外,现行刑法典第46条对于死缓执行期间既无悔改或立功表现又无“抗拒改造情节恶劣”表现的罪犯如何处理,未有明文规定。我们认为,死缓犯的“抗拒改造情节恶劣”,应指死缓犯又故意犯有较为严重的罪行的情形。1996

〔1〕 参见沈德咏:《我国刑法对死刑应确立“限制适用”原则——兼谈刑法上的死刑政策导向》,载《中国法学》1995年第5期。

〔2〕 参见林准主编:《中国刑法教程》(修订本),人民法院出版社1994年版,第145页。

〔3〕 参见赵长青:《死缓犯“抗拒改造情节恶劣”析》,载《法学研究》1985年第1期;陈兴良主编:《刑种通论》,人民法院出版社1993年版,第137~138页。

〔4〕 参见袁作喜、崔庆森:《略论死刑缓刑》,载北京市法学会1981年编印《法学论文集》。

年3月17日修正后的我国《刑事诉讼法》第210条,对死缓犯执行死刑的条件作了如是规定:被判处死刑缓期2年执行的罪犯,在死刑缓期执行期间,如果没有故意犯罪,死刑缓期执行期满,应当予以减刑,由高级人民法院报请最高人民法院核准,无疑,与我国《刑事诉讼法》的规定相应,我国刑法也应当明确规定死缓犯执行死刑的条件;同时,对于死缓执行期间没有实行故意犯罪的死缓犯罪,应一律减刑,其中对确有悔改并有立功表现的,减为有期徒刑,其余的应减为无期徒刑。

其三,对未成年犯罪人一概不适用死刑。根据现行刑法典第44条前段的规定,犯罪的时候不满18岁的人不适用死刑。但该条后段又规定:"已满十六岁不满十八岁的,如果所犯罪行特别严重,可以判处死刑缓期二年执行。"这一条文前后在逻辑上矛盾。按后段的规定,实际上对不满18岁的未成年犯罪人仍可适用死刑,因为死缓是死刑的执行判度,而并非独立于死刑之外的一个刑种。为全面、彻底地体现对未成年犯罪人以教育为主、惩罚为辅的政策,宜将上述关于对已满16岁不满18岁的未成年犯罪人可以适用死缓的规定予以删除。

(三)统一死刑复核权的行使

为贯彻"少杀"的死刑政策,我国现行刑法典第43条规定死刑复核权一律由最高人民法院行使。但鉴于社会治安形势严峻,20世纪80年代初,我国开始确立"从重从快"打击严重刑事犯罪的刑事政策,立法上对死刑核准权的规定作了重大修改:1981年6月10日全国人大常委会《关于死刑案件核准问题的决定》第1条规定,1981年至1983年,因杀人、抢劫、强奸、爆炸、放火等罪行被判处死刑的案件,可由省、自治区、直辖市高级人民法院核准,不必报请最高人民法院核准。为将这一限时特别法的规定延续下去,1983年全国人大常委会通过修改《中华人民共和国人民法院组织法》,对死刑核准权作了重大修改:即规定:"死刑案件除由最高人民法院判决的以外,应当报请最高人民法院核准。杀人、强奸、抢劫、爆炸以及其他严重危害公共安全和社会治安判处死刑的案件的核准权,最高人民法院在必要的时候,得授权省、自治区、直辖市高级人民法院行使。"随后,最高人民法院根据这一规定,于1983年9月7日发出了《关于授权高级人民法院核准部分死刑案件的通知》,将严重危害公共安全和社会治安判处死刑的案件的核准权,交由省、自治区、直辖市高级人民法院和解放军军事法院行使。1991年6月6日和1993年8月18日,最高人民法院还分别发出通知,决定云南省和广东省的毒品犯罪死刑案件的核准权,依法授权分别由云南省高级人民法院和广东省高级人民法院行使。

众所周知,死刑复核程序是对死刑案件所实行的特殊审判监督程序;死刑复核权在整个国家审判权中,可谓是一种最高权力。也正因为如此,我国1979年颁布的《人民法院组织法》第13条、《刑事诉讼法》第144条及《刑法》第43条均明确规定,死刑案件由最高人民法院判决或核准。然而,与上述立法精神相悖,晚近十余年来,我国立法机关却不断大范围地长期下放死刑复核权。对此,刑法理论界和司法部门认识不一,有褒有贬。我们认为,死刑复核权大范围地长期下放,具有极大的弊端,这主要体现在:由各个省、自治区、直辖市、高级人民法院分别行使死刑复核权,不利于有效地控制和减少死刑的适用。此外,死刑复核权的下放,实际上使死刑案件的二审程序与死刑复核程序合而为一,死刑复核流于形式,必然影响到死刑案件的质量。鉴于死刑的严厉性和错杀的不可挽回性,以及为今后进一步从立法与司法两方面有效地控制死刑起见,将死刑复核权恢复由最高人民法院统一行使甚有必要。

(四)摒弃绝对死刑法定刑之立法

为限制死刑的适用,在1979年刑法典分则规定死刑的条文中,都没有绝对判处死刑的规定,而是将其作为一种可供选择的刑种。这包括两种情况:一种情况是规定"可以判处死刑";另一种情况是同其他刑种相并列,可供选择适用。[1] 然而,在我国晚近颁行的一些单行刑法中,对于某些犯罪死刑的立法已出现绝对死刑法定刑之内容。例如,全国人大常委会1991年《关于严禁卖淫嫖娼的决定》第1条规定的组织他人卖淫罪、第2条规定的强迫他人卖淫罪之死刑,均是"情节特别严重的,处死刑,并处没收财产";1991年全国人大常委会《关于严惩拐卖、绑架妇女、儿童的犯罪分子的决定》第1条规定的拐卖妇女儿童罪、第2条规定的绑架妇女儿童罪、绑架勒索罪等,也分别作了"情节特别严重的,处死刑,并处没收财产"之规定。此外,绝对死刑之法定刑也见诸1992年全国人大常委会《关于惩治劫持航空器犯罪分子的决定》。我们认为,将死刑作为情节特别严重的上述几种犯罪的唯一的、无自由裁量余地的法定刑,是极不科学且有悖于现代刑罚观念及制度的做法。且不论绝对死刑法定刑的弊病如何,就任何刑种的绝对确定法定刑而言,对于同一种犯罪;不考虑其差异而一律科处完全相同、毫无选择斟酌余地的刑罚,亦显然有失公平,有悖于罪刑相适应原则和刑事责任的公平原则之要求。不可否认,在近代刑法发展史上,绝对确定的法定刑乃是罪刑法定主义的产物,但运用绝对确定法定刑的长期审判实践使立法者认识到,严格、绝对地限制法官的自由裁量权反而有悖于罪刑法定保障人权的宗旨。正因为如此,现代各国刑法对法定刑的规定已普遍采用相对确定的法定刑,绝对确定的法定刑已受到排斥。反观我国上述单行刑法中的绝对死刑之法定刑,不仅与现代各国普遍采用相对确定法定刑的进步趋势背道而驰,而且它将绝对确定法定刑用于死刑这一最为严厉的刑种,其缺乏灵活性和违背刑罚公平、公正的弊端就更加突出。我国上述单行刑法对于组织他人卖淫罪等犯罪规定的绝对死刑之法定刑,虽然只限于"情节特别严重"的情形,但是,在"情节特别严重"之范围内,总还有轻重程度之分,并非一律都应当判处死刑。绝对死刑法定刑的规定,无疑剥夺了司法机关根据案件具体情况,对情节特别严重的这几种犯罪选择是否适用死刑的权力,无异于为扩大死刑适用大开方便之门。事实上,绝对死刑之法定刑在实践中也给司法机关处理案件带来极大的不便。比如对于情节特别严重的拐卖妇女的罪犯,不论主犯、从犯,不论是否有自首、立功表现,依分则法条均应无一例外地适用死刑。这样,罪刑相适用的刑法基本原则还如何体现?惩办与宽大相结合的刑事政策还如何贯彻?刑法总则所规定的法定从宽之处罚原则又如何运用?因此,我们建议,在未来刑法典中涉及死刑法定刑的规定时,应当坚决取消绝对确定法定刑的形式;在规定有死刑的量刑档次中,还应当规定有与其情节相适用的其他刑种,以便于和死刑选择适用。

---

[1] 参见高铭暄主编:《刑法学原理》(第3卷),中国人民大学出版社1994年版,第144页。

（五）删除不必要的死刑条文与罪名

如前所述，未来刑法典分则条文中死罪的确立，需要全面衡量、逐罪研判和充分论证。由于这一问题涉及对整个现行刑法分则死刑规范的评价与调整，限于篇幅，对于每一种犯罪是否规定死刑和怎样规定死刑，本文不可能一一做详细论述。在此，基于前文有关从犯罪种类上排除或基本排除死刑原财的思考，就现行刑法中某些死刑条文与罪名的删减、合并问题，略作论述。对现行刑法典及单行刑法中规定死刑的罪名和条文进行削减：一是对创制时未经周密、科学论证而实践效果并不理想，或者根据形势发展变化实践中长期极少发生、基本备而不用的死刑罪名，应废除其死刑；二是将一些死刑罪名加以合并，或者通过技术处理删除某些能够以其他死刑条款包含的死刑条文。具体而言，除原则上废除单纯性经济犯罪和财产犯罪的死刑外，主要包括：

第一，删除危害国家安全罪中组织、利用反动会道门、封建迷信进行反革命活动罪的死刑；将聚众劫狱罪与组织越狱罪分别并入新设的"妨害司法活动罪"专章的劫狱罪和逃离监所罪之中，如有用暴力致人死亡，或者以放火、爆炸等方法劫狱的，可按故意杀人罪或有关危害公共安全罪适用死刑。

第二，删除一些社会危害性不是特别严重的暴力犯罪或治安犯罪的死刑。这些罪名包括：传授犯罪方法罪，非法制造、买卖、运输枪支弹药罪，盗窃、抢劫枪支弹药罪，强迫他人卖淫罪，组织他人卖淫罪，拐卖人口罪（包括拐卖妇女儿童），流氓罪。[1] 这几种犯罪社会危害性虽然较大，有的还有一定的侵犯人身权利的暴力性，但尚未达到非动用死刑不可的程度。犯罪分子如果实施上述犯罪故意造成被害人死亡的，可以引用故意杀人罪的条款适用死刑。

第三，将危害公共安全罪中的死刑罪名削减为4种。除上述有关枪支弹药方面的犯罪废除死刑外，危害公共安全罪中还有9种死刑罪名，即放火罪，决水罪，爆炸罪，投毒罪，以其他危险方法危害公共安全罪，破坏交通工具罪，破坏交通设备罪，破坏易燃、易爆设备罪和劫持航空器罪。笔者主张，对这些犯罪的死刑均应保留。但是，放火罪，决水罪，爆炸罪，投毒罪与以其他危险方法危害公共安全罪可合并为一个罪名，即以危险方法危害公共安全罪[2]；破坏交通工具罪与破坏交通设备罪也可合并为一选择性罪名。这样，危害公共安全罪中的死刑罪名将在形式上减为4种。

值得注意的是，在对现行刑法中不必要的死刑条文与罪名进行删减、合并后，对有保留死刑必要的罪名，亦应提高其死刑适用标准或具体明确其死刑适用情节，以利于进一步有效地控制死刑立法。例如，现行刑法典第132条对可以判处死刑的故意杀人行为之具体情节，并未明确规定，为便于具体运用，在修改刑法时，可以在故意杀人罪条文中单列一款，将具有为隐匿、毁灭罪证杀人灭口等情形之一的，作为可以判处死刑的故意杀人罪之情节。[3] 又

---

〔1〕 笔者建议，在未来刑法典中有必要取消流氓罪罪名。同时设立寻衅滋事罪、聚众斗殴罪、猥亵罪等罪名。对于聚众斗殴而杀人、情节特别严重的，可以按故意杀人罪适用死刑。

〔2〕 合并设立以危险方法危害公共安全罪罪名的益处还在于，可以避免"以其他危险方法危害公共安全罪"这一外延不明的罪名之存在。合并后条文可拟为："以放火、决水、爆炸、投毒等危险方法危害公共安全的……"

〔3〕 参见赵秉志、肖中华：《关于侵犯公民人身权利罪立法完善的探讨》，载《检察理论研究》1996年第4期。

如在保留贪污罪、受贿罪死刑的基础上，对其适用死刑的条件应作严格限制，在现行刑法有关规定的基础上有所提高。具体而言，贪污罪适用死刑的，应仅限于那些数额特别巨大且影响特别恶劣的，或者贪污数额特别巨大、因无法返还巨额赃款而使公共财产遭受特别严重损失的；受贿罪适用死刑的，应仅限于数额特别巨大且手段非常恶劣，给国家、社会和人民利益造成特别严重危害后果的。

中国逐步废止死刑论纲*

目　次

一、前言

自意大利刑法学者贝卡里亚于1764年在其名著《论犯罪与刑罚》中首倡废除和限制死刑的主张以来，死刑存废之争已达近两个半世纪之久。时至今日，死刑存废问题亦已成为中国刑事法治领域的热点话题。尽管探讨中国死刑存废的学术论著犹如雨后春笋般涌现，但却甚少涉及如何切实废止死刑问题。本文拟在考察死刑存废理论与相关立法的基础上，对中国逐步废止死刑问题提出纲要式的构想与论述，以期促进我国刑事法学界对此一重要问题的关注。

---

* 原载《法学》2005年第1期；中国人民大学《复印报刊资料·刑事法学》2005年第4期转载；《高等学校文科学报文摘》2005年第2期转载。本文于2008年12月荣获第二届“钱端升法学研究成果奖”三等奖。

二、关于死刑限制暨逐步废止的立法与理论

(一)中外死刑立法概览

晚近数十年来,随着人权观念的日益弘扬,生命权日益被视为不可剥夺、不可克减的"天赋人权";死刑之存废也愈益成为与社会文明程度、法治发展状况乃至人权发展水平等攸切相关之重要问题。[1] 可以说,死刑废止问题,不仅仅是一个刑法问题,更是一个复杂的社会问题。就中国社会的现实而言,中国死刑立法和司法现状可谓问题颇多。在1997年修订刑法典之前,我国刑法立法中的死刑罪名多达71种。尽管1997年刑法典在分则编对可处死刑的罪种数略作减少,但仍保持了68个罪名。[2] 应该说,中国刑法中死刑罪名的泛滥乃至司法实践中对死刑的过度适用之现状,与当今世界的法治发展进步趋势是背道而驰的。据大赦国际的最新统计,截止到2008年6月,世界上已有91个国家和地区在法律上明确废除了所有犯罪的死刑;11个国家和地区废除了普通犯罪的死刑,仅保留了军事犯罪或战时犯罪的死刑;33个国家和地区在实践中事实上废除了死刑(过去10年内没有执行过死刑,并且确信其不再执行死刑或者已经向国际社会承诺不再执行死刑);仅有62个国家保留了对普通犯罪的死刑。[3] 即现今在法律上或事实上废除死刑或者废除普通犯罪死刑的国家和地区已多达135个,这其中包括了英国、法国、德国、加拿大、澳大利亚、意大利、南非和俄罗斯等大国。显而易见,全面废止死刑或者采取措施严格限制死刑的适用已经成为世界上大多数国家的选择。

(二)中国死刑问题之理论反思

中国死刑立法和司法现状与世界法治发展进步趋势的强烈反差,引发了关乎中国现行刑事法治中死刑的配置与适用问题的深刻反思。如今,越来越多的有识之士逐渐认识到,中国的死刑立法过多,死刑司法状况也令人堪忧。刑法学界对死刑弊端之批判日趋增多,开始出现探讨死刑逐步废止甚至立即废止的诸多见解。[4] 刑法学者乃至高层次的实务专家逐渐趋于一致地认为,中国目前应通过完善刑事立法和司法的方式努力减少与严格限制死刑,在未来则一定要顺应世界法治发展进步的潮流而全面废止死刑。但是,如何对现行死刑制度进行改革,切实推动中国废止死刑的进程,是值得认真思考和研究的重大课题。我们认为,对待这个问题,采取谨慎、务实的态度是很有必要的,这有利于循序渐进地实现法治进步的目标,同时可避免导致不必要的社会震荡。因此,就中国现阶段的综合情况而言,我们认

---

〔1〕 参见赵秉志:《论中国非暴力犯罪死刑的逐步废止》,载2004年5月18日《中美刑法热点问题学术研讨会文集》。

〔2〕 参见高铭暄:《略谈我国的死刑立法及其发展趋势》,载赵秉志主编:《中国废止死刑之路探索——以现阶段非暴力犯罪废止死刑为视角》,中国人民公安大学出版社2004年版,第16~17页。

〔3〕 参见大赦国际网站 http://www.amnesty.org。

〔4〕 国家重点研究基地中国人民大学刑事法律科学研究中心与英国大使馆文化处合作项目"中国非暴力犯罪废止死刑问题研究",本着务实而审慎的态度,对死刑逐步废止问题开展了系统的研究,并出版了《中国废止死刑之路探索——以现阶段非暴力犯罪废止死刑为视角》(赵秉志主编,中国人民公安大学出版社2004年版)一书,产生了较大的社会影响。而邱兴隆教授则响亮而鲜明地提出了中国应立即废止死刑之主张(参见邱兴隆:《死刑的德性》,载《政治与法律》2002年第2期),其观点虽说多少带有些理想主义之色彩,但确实可谓振聋发聩,也得到了曲新久教授等少数学者的呼应(参见陈兴良主编:《法治的使命》,法律出版社2003年版,第218~221页)。

为，死刑的废止应该分阶段、分步骤地进行。遗憾的是，虽然也有个别学者提出过一些设想[1]，但刑法学界至今还鲜有人提出废止死刑的具体步骤和相关配套制度之构建。我们认为，死刑废止不能仅仅停留于方向性探讨呼吁，如果不设计废止死刑的具体路径，则无助于问题的解决，至少可以说其作用极其有限。鉴此，我们应本着理智、务实之态度，寻求一个从现阶段开始即切实、逐步废止死刑的具体步骤。下文即以此为基点，以刑法立法改革为视角，着力探讨中国分阶段废止死刑的初步构想与配套制度之构建问题。

三、关于中国分阶段废止死刑的具体构想

步入21世纪后，中国进入了全面建设小康社会、加快推进社会主义现代化的新的发展阶段。全面建设小康社会，是连接或贯通邓小平同志提出的"三步走"战略前两大步和后一大步的关键阶段，是实现第三步战略目标必经的承上启下的发展阶段。经过"三步走"战略的前两大步，我们已经达到了总体小康[2]。这一巨大成就，为我国在21世纪的发展奠定了新的起点。基于这个新起点，中国共产党的十五大报告初步把第三步战略部署具体化，提出了到2010年、建党一百周年和新中国成立一百周年的发展目标，形成21世纪第一个十年、第二个十年一直到世纪中叶的三段划分。[3] 到了党的十六大，则对这一目标进行了充分论证和全面部署。[4] 该报告明确指出，"二十一世纪头二十年，对我国来说，是一个必须紧紧抓住并且可以大有作为的重要战略机遇期。""我们要在21世纪头二十年，集中力量，全面建设惠及十几亿人口的更高水平的小康社会。""经过这个阶段的建设，再继续奋斗几十年，到21世纪中叶基本实现现代化，把我国建成富强民主文明的社会主义国家。"[5]

我们认为，中国死刑的废止进程应与社会文明程度、法治发展状况乃至人权发展水平相适应，与中国社会主义现代化建设的上述不同发展阶段相适应。根据党中央所提出的在21世纪的阶段性发展目标，我们设想，中国也可以经过如下三个阶段逐步废止死刑：一是及至2020年亦即建党一百周年，先行逐步废止非暴力犯罪的死刑；二是再经过一二十年的发展，在条件成熟时进一步废止非致命性暴力犯罪（非侵犯生命的暴力犯罪）的死刑；三是在社会文明和法治发展到相当发达程度时，至迟到2050年亦即新中国成立一百周年之际，应全面废止死刑。

---

〔1〕 有学者曾主张，经过百余年的努力，至2100年在中国实现"法律上没有死刑，实践中不执行死刑"之目标，从而全面废止死刑。这一观点是基于当时具体的时代背景提出的，尽管略显空泛而久远，但也颇具启迪意义。参见胡云腾：《死刑通论》，中国政法大学出版社1995年版，第304页。

〔2〕 参见《全面建设小康社会，开创中国特色社会主义事业新局面——在中国共产党第十六次全国代表大会上的报告》，载人民网2002年11月17日。

〔3〕 在十五大报告中，江泽民同志代表党中央提出了如下目标：第一个十年实现国民生产总值比2000年翻一番，使人民的小康生活更加宽裕，形成比较完善的社会主义市场经济体制；再经过十年的努力，到建党一百年时，使国民经济更加发展，各项制度更加完善；到世纪中叶新中国成立一百年时，基本实现现代化，建成富强民主文明的社会主义国家。参见《高举邓小平理论伟大旗帜，把建设有中国特色社会主义事业全面推向二十一世纪——在中国共产党第十五次全国代表大会上的报告》，载人民网1997年9月12日。

〔4〕 参见张全新：《全面建设小康社会：新的里程碑与新世纪的奋斗目标》，载《人民日报》2003年1月16日。

〔5〕 参见《全面建设小康社会，开创中国特色社会主义事业新局面——在中国共产党第十六次全国代表大会上的报告》，载人民网2002年11月17日。

(一)关于逐步废止非暴力犯罪死刑之构想

我们完全有理由相信,及至2020年亦即建党一百周年之际,中国将步入小康社会,“经济更加发展、民主更加健全、科教更加进步、文化更加繁荣、社会更加和谐、人民生活更加殷实”[1]。而随着小康社会目标之达成,民众的人权观、金钱观、价值观定会有很大的改善,社会公众对于废止非暴力犯罪的死刑已具有相当的承受能力,废止非暴力犯罪死刑的社会环境业已形成。届时,中国完全有条件也有能力彻底废止非暴力犯罪的死刑,而仅仅保留少数暴力犯罪的死刑。

从许多国家大幅度限制死刑和逐步废止死刑的进程看,先行废除非暴力犯罪的死刑乃是一条成功之路,也符合社会发展的基本规律。中国废止死刑之路,也应以逐步而及时地废止非暴力犯罪的死刑为突破口和切入点。[2] 中国逐步废止非暴力犯罪之死刑,不仅是积极应对限制和废除死刑的国际趋势的必然要求,也是中国现行死刑政策的具体体现,是遵循合理配置死刑之必要性原则与价值衡量原则的要求,更是由非暴力犯罪自身所具有的诸多特点所决定了的。[3] 当然,中国现阶段废止非暴力犯罪的死刑,也并非可以一蹴而就的,而应该在充分考量中国现实综合国情的基础上,有步骤、分阶段地进行。我们初步设想,中国现阶段废止非暴力犯罪的死刑之立法步骤,应区分以下三种情形逐步进行:

其一,对于侵犯个人法益的侵犯财产型非暴力犯罪,以及无具体被害人的侵犯社会法益型非暴力犯罪,诸如破坏市场经济秩序型非暴力犯罪、妨害社会管理秩序型非暴力犯罪等,应当从立法上及时全面地废止其死刑规定。应当注意的是,中国1979年刑法典中对这两类犯罪中的非暴力犯罪也一概没有规定死刑。废止这些犯罪的死刑,较易为公众所接受而不至于引起较大的负面社会影响。

其二,对于侵犯社会法益的危害公共安全型非暴力犯罪,以及侵犯国家法益的危害国家安全型、危害国防利益型、军人违反职责型非暴力犯罪,通过逐步限制、减少死刑的适用,在2020年前完全废止其死刑条款。就前者而言,由于其对人身安全具有潜在的危险,从刑罚一般预防角度考虑,废止其中的死刑条款还需要更为慎重一些;但是考虑其尚未对社会造成直接损害,因而在条件成熟的时候,也应当废止其死刑规定。就后者而言,由于其触犯了社会整体的安全利益,严重危及国家赖以存立的基本秩序,其社会危害性与严重暴力犯罪基本相当或非常接近,加之此类犯罪的死刑条款多为备而不用,一般不会影响执行死刑的实际数量,因而在没有全面废止死刑的前提下,保留其死刑规定也是现实的选择。当然,在社会文明和法治发展到相当发达程度时,这类犯罪的死刑也应相对于严重暴力犯罪而言先行废止。

其三,对于贪污罪、受贿罪等贪利型职务犯罪以及毒品犯罪,在现阶段亦应首先通过提高其死刑的适用标准以严格限制与减少死刑之适用,并根据社会发展状况作持续深入的努

---

[1] 参见《全面建设小康社会,开创中国特色社会主义事业新局面——在中国共产党第十六次全国代表大会上的报告》,载人民网2002年11月17日。

[2] 这是笔者所主持的“中国非暴力犯罪废止死刑问题研究”项目的基本观点,具体可参见赵秉志主编:《中国废止死刑之路探索》,中国人民公安大学出版社2004年版。

[3] 参见赵秉志:《论中国非暴力犯罪死刑的逐步废止》,载《政法论坛》2005年第1期。

力，力争在2020年前废止其死刑规定。因为从特别预防的角度分析，其必要性也值得检讨。对于这类犯罪人，只要剥夺其犯罪能力和条件即可防止其再犯；但是，中国历来有“从严治吏”的传统，而在目前腐败现象还比较严重的情况下，短时间内即废止其死刑，会与国家基本的政治形势和刑事政策不相吻合。因而废止贪污罪、受贿罪的死刑规定应当保持相当的理性并采用科学合理的方法与步骤。可以考虑目前先在立法与司法上提高其适用死刑的条件，再逐步过渡到废止其死刑。而且，我认为，受贿罪相对于贪污罪而言，其社会危害性要小一些，因为贪污罪不仅侵犯了职务行为的廉洁性，更侵犯了公共财产所有权，而受贿罪往往只侵犯了公务人员职务行为的廉洁性，何况司法实践中有很多犯罪人并未为他人谋取利益或者其谋取利益行为对社会未造成严重危害，而且受贿罪在1979年刑法典中也没有死刑，因此，受贿罪相对于贪污罪来说应更早废除其死刑。而对毒品犯罪来说，毕竟目前对社会的危害仍很大，且有日益严重之趋势。贸然即行废止毒品犯罪之死刑，恐引起较大的社会震荡，不利于遏制毒品犯罪之泛滥态势。因此，毒品犯罪死刑的废止也应逐渐为之。当务之急应提高毒品犯罪适用死刑之标准，改变完全以毒品数量决定是否适用死刑之做法，而代之以反映社会危害性及行为人人身危险性和主观恶性之综合性的指标。等到社会条件成熟时，再废止毒品犯罪之死刑。

（二）关于逐步废止非致命性普通暴力犯罪死刑之构想

由于暴力犯罪以直接或者借助自然、物理之力对他人人身施加强力打击或者强制行为为特征[1]，因而其轻则给被害人造成身体伤害，重则会导致被害人死亡之结果。对于暴力犯罪，以发生的具体时间是否系战时为标准，我们可以将之区分为普通暴力犯罪和战时暴力犯罪。以普通暴力犯罪是否导致被害人死亡之结果为标准，我们可以将其分为致命性普通暴力犯罪和非致命性普通暴力犯罪。对于致命性普通暴力犯罪，则又可以根据行为人对死亡结果所持的具体罪过心理，区分为故意致命性普通暴力犯罪和过失致命性普通暴力犯罪[2]。在上述分类之基础上，我们设想，未来中国废止非致命性普通暴力犯罪死刑之立法步骤，应区分以下情形逐步进行：

其一，对于某些暴力程度相对较低通常不危及被害人生命的普通暴力犯罪，也可不必等到2020年，而可伴随着某些非暴力犯罪的死刑废止进程而先行废止其死刑。在此有必要指出的是，我们主张分阶段逐步废止中国的死刑是从整体上而言的，而并非将每一阶段截然割裂开来。对于此类普通暴力犯罪，比如：拐卖妇女、儿童罪，强迫卖淫罪，因为从整体上讲其社会危害性相对较低，当然便可以在条件成熟时即行废止其死刑。

其二，对于某些过失致命性普通暴力犯罪，在适当时机也应先行废止其死刑。尽管此类暴力犯罪后果不可谓不严重，但毕竟行为人对于被害人死亡之结果完全是一种过失的心理态度，其主观恶性相对较小，根本不能与故意致命性暴力犯罪等同视之。比如，强奸过失致

---

〔1〕 参见赵秉志主编：《中国废止死刑之路探索》，中国人民公安大学出版社2004年版，第6页。

〔2〕 此处所谓过失致命性普通暴力犯罪之行为人在主观方面应体现为复合罪过，即对于普通暴力犯罪是出于故意，但对于被害人死亡之结果则系出于过失。因而不能将其与纯粹过失犯罪混为一谈。

死、抢劫过失致死，故意伤害致死，绑架过失致死等。中国已于1998年10月签署了联合国《公民权利和政治权利国际公约》，该公约第6条明确规定，不得任意剥夺人的生命，并强调，在未废除死刑的国家，只能对犯有“最严重罪行”的人判处死刑。而这类犯罪的范围，按照联合国有关文件，应该理解为“不超出有致死或者极其严重后果的故意犯罪”[1]。而过失致命性普通暴力犯罪显然不在其列。因此，我们认为，可以通过刑法立法提高死刑适用标准的方式，对上述过失致命性暴力犯罪排除适用死刑。

其三，对于大部分原本属于故意致命性的普通暴力犯罪，可以通过立法技术的调整，将其转以故意杀人罪论处，从而从立法技术的角度废止其死刑条款。结合现行立法与司法实务而言，故意致命性普通暴力犯罪主要包括：放火故意致死，爆炸故意致死，绑架故意致死，抢劫故意致死等。在条件成熟时，完全可以通过调整立法技术，将故意致命性普通暴力犯罪以转致的立法方式，转以故意杀人罪论处。易言之，凡是故意侵犯生命的犯罪情形，一律都按故意杀人罪论处，从而将现行故意致命性普通暴力犯罪都转化为非致命性暴力犯罪。例如，危害公共安全的爆炸行为本属危害公共安全罪，但是爆炸过程中，故意致人死亡的，应转以故意杀人罪定罪处罚，而不再论以爆炸罪。这实际上即是刑法理论中所谓“转化犯”的立法方式。而转化犯的立法例在1997年刑法典中已经有较多的体现。例如，根据1997年刑法典第247条规定，如果刑讯逼供致人死亡的，就应转以故意杀人罪定罪从重处罚。此一立法举措不仅可以彻底废止除故意杀人罪外所有普通暴力犯罪的死刑条款，而且也与许多国家废止、减少死刑之实际路径相吻合。[2]

总之，经过上述逐步努力，在2020年全面废止非暴力犯罪死刑后，再经过一二十年的发展，伴随着“全面建设小康社会”之进程，中国的法治持续发展和人权不断张扬，届时中国将基本废除普通暴力犯罪的死刑，而在立法上只保留故意杀人罪和战时暴力犯罪的死刑条款。

（三）关于废除致命性暴力犯罪与战时暴力犯罪死刑之构想

通过前两个阶段的努力，中国死刑立法和司法状况将大为改观。根据我国现行刑法，挂有死刑的战时暴力犯罪主要包括阻碍执行军事职务罪与战时残害居民、掠夺居民财物罪。由于战时暴力犯罪相对于和平时期来说，完全属于备而不用的虚置条款，因而实际执行死刑的罪名就只有故意杀人罪了。我们认为，在中国刑法立法上基本废除普通暴力犯罪死刑后，再经过一些年的发展，至迟到2050年亦即新中国成立一百周年之际，废除故意杀人罪和战时暴力犯罪之死刑亦应提上日程。当然，在此一过程中，也可根据社会的发展和法治的完善程度，将战时暴力犯罪中非致命性犯罪先行废止。在此基础上，再考虑彻底而全面地废止死刑，最终完成死刑废止之漫漫征途。而这一废除死刑之最后阶段，也是伴随着中国社会的不断发展而出现的。在达成小康社会之宏伟目标后，再通过几十年的继续奋斗，中国到21世纪中叶将基本实现现代化，跻身于世界中等发达国家行列，并将成为“富强民主文明的社会

---

〔1〕 联合国经济与社会理事会：《保证面临死刑者权利的保护的保障措施》第1条之（1）。

〔2〕 很多国家大幅度减少死刑适用条款的途径，往往是通过立法技术的调整，将死刑限制在谋杀、战时犯罪等少数几种性质极其严重的犯罪上。例如，意大利1947年对死刑的废止即首先以普通犯罪和非战时的军事犯罪为开端。参见[英] Roger Hood, The Death Penalty: A worldwide Perspective, Third Edition, Oxford University Press, 2002, pp. 30 – 31。

主义国家”。而已为人类文明和现代法治所摒弃的死刑,届时在中国当然便毫无立足之地了。其实,当今世界绝大多数中等发达国家均已废除死刑之现状,从某种程度上也揭示了中国未来废除死刑的发展方向。

四、关于中国分阶段废止死刑配套制度之设计

中国从立法层面分阶段逐步废止死刑,无疑需要辅以一系列相关配套制度。就刑事程序而言,死刑核准权回收于最高法院、死刑案件审理方式的改革、被宣告死刑者在死刑复核程序中的辩护权之强化等,都是关乎中国死刑废止进程的不可或缺的制度保障。本文仅从刑事实体法角度提出如下构建死刑废止配套制度之设想:

(一)中国分阶段逐步废止死刑进程中的制度配合

中国死刑的废止不可能一蹴而就[1],其在废止死刑的进程中,离不开刑事实体法方面补充完善各项制度的配合。

其一,应不断提高具体犯罪适用死刑之标准,严格限制死刑的适用。1997 年刑法典对于某些具体犯罪的死刑适用条件已进行了诸多限制,这对于限制和减少死刑的适用具有非常重要的意义。例如,1997 年刑法典对于盗窃罪、抢劫罪等常见多发的犯罪,明确列举了死刑适用的特定情形,收到了很好地减少死刑适用之功效。据某高级人民法院自新刑法典施行后一年多的死刑司法统计,以盗窃罪判处死刑的仅有一人。[2] 当然,立法者限制死刑的努力仍是有限的,还远不能适应废除与限制死刑之国际趋势。在中国逐步废止死刑的进程中,对于那些条件尚不成熟而一时难以废止之具体犯罪的死刑条款,应对其适用条件及时作趋严修正,以为未来废止该罪的死刑创造必要的条件。

其二,修改设置有绝对死刑的相关罪名,代之以选择性刑罚之条款。1988 年全国人大常委会《关于惩治贪污罪贿赂罪的补充规定》第 2 条第 1 款第 1 项明确规定,个人贪污数额在 5 万元以上,情节特别严重的,“处死刑,并处没收财产”。此举乃新中国刑法典中设置绝对死刑之先声,并在此后多个单行刑法中被沿用。及至 1997 年刑法典,亦有 6 个条文 7 种罪名采用了此一死刑立法方式。[3] 我们认为,绝对死刑这一彻底剥夺法官自由裁量权的立法方式值得反思。尽管在近代刑法发展史中,绝对确定的法定刑乃是出于保障人权、实行严格的罪刑法定主义的产物,但各国的刑事司法实践表明,绝对地限制法官的自由裁量权反而有悖于罪刑法定主义的人权保障机能。正因为如此,现代各国刑法已普遍采用相对确定的法定刑,而将绝对确定的法定刑予以摒弃。[4] 而我国现行刑法却仍采用绝对死刑的立法方式,将死刑适用标准只限于“情节特别严重”等情形,这不仅与慎刑之理念极不吻合,而且也

---

〔1〕 尽管当今一些国家在废除死刑时一步到位,而不像过去那样先废除普通犯罪的死刑,最后再废除所有犯罪的死刑,但是基于社会治安的严峻形势、经济犯罪的严重情况乃至中国目前死刑观念的基本状况等现实国情,我们仍然主张,中国废止死刑之路应本着务实、审慎之态度分阶段逐步为之。

〔2〕 参见钊作俊:《死刑限制论》,武汉大学出版社 2001 年版,第 209 页。

〔3〕 参见钊作俊:《死刑限制论》,武汉大学出版社 2001 年版,第 232 页。

〔4〕 参见赵秉志:《刑法改革问题研究》,中国法制出版社 1996 年版,第 216 页。

剥夺了司法机关根据案件的具体情况选择适用死刑之权力，为扩大死刑的适用大开方便之门，与严格限制死刑的刑事政策格格不入。[1] 鉴此，我们主张，应废止绝对死刑之立法方式，而代之以选择性刑罚之条款，将死刑与无期徒刑或者有期徒刑并列为可以选择之刑种。

其三，死缓制度应得到充分有效的运用。在我国，死刑缓期执行作为隶属于死刑刑种的一种执行制度，它保留了死刑作为极刑对犯罪人最为严厉的否定性社会政治和法律评价；同时，作为生命之刑又给受刑人以生的希望，从而最大限度地减少了死刑立即执行所固有的弊端。因此，我们建议，在中国逐步废止死刑的进程中，应将死缓制度适用的范围尽可能地予以扩大，以最大限度地缩小死刑立即执行的范围。[2]

（二）中国死刑逐步废止后的制度建构

中国死刑的逐步废止，不仅需要在其进程中不断创造有利条件，更需要在死刑废止后有完善的配套制度。我们认为，应从如下方面努力建构死刑废止后的相关配套措施：

1. 适当提高有期徒刑的刑期。根据现行1997年刑法典第45条、第69条之规定，有期徒刑的期限为6个月以上15年以下，数罪并罚时最高不能超过20年。这一关于有期徒刑期限的规定，使得有期徒刑与无期徒刑之间存在一定的脱节，不符合罪责刑相适应原则的要求。因此，在死刑废止后，应适当提高有期徒刑的最高刑期，这不仅可以切实贯彻罪责刑相适应的原则，而且多少可以缓冲民众的压力。事实上，尽管考察意大利、法国、西班牙等国的刑法典，有期徒刑的最高刑期均有所不同，但都远高于我国刑法典所规定的15年。[3] 我们认为，可以将我国刑法中的有期徒刑最高刑由15年提高到30年，数罪并罚时不超过40年。进而言之，甚至对于有期徒刑数罪并罚时所采取的限制加重原则，也应给予必要的反思。以往理论界对英美刑法中所采取的绝对相加之原则予以全盘否定，应该是显失公平的。实际上，该原则在维护法律尊严的同时，也极大地减少了犯罪者享受违法犯罪收益的机会，因而似乎在根本上更有利于预防犯罪。[4] 因此，可否改变现行限制加重之原则，而代之以绝对相加的原则，也值得进一步深入研究。

2. 对本该判处死刑的严重犯罪，在废止其死刑后应严格限制减刑、假释的适用。而且，应该提高减刑、假释后实际执行的刑期，例如可以将现行刑法典所规定的“不能少于原判刑期的二分之一”提高到“四分之三”。判处无期徒刑的，则可将其实际执行的刑期，由10年提高到20年或30年。甚至可以对本该适用死刑的某些极其严重的犯罪情形，在废止其死刑后，禁止适用减刑或者假释。立法机关也可以在必要时，授权法官可根据犯罪人之罪行排除减刑、假释的适用。

---

〔1〕 参见钊作俊：《死刑限制论》，武汉大学出版社2001年版，第237页。

〔2〕 参见赵秉志：《刑法改革问题研究》，中国法制出版社1996年版，第213页。

〔3〕 根据意大利刑法典第23条、第73条之规定，有期徒刑的期限为15日至24年；当对于数罪中的每一项犯罪均应科处24年以上有期徒刑时，适用无期徒刑。西班牙刑法典第36条、第70条的规定，监禁的时间不得低于6个月，亦不得高于20年；加重一级后的期限不得超过30年。法国刑法典第131－1条规定，对自然人所判处有期徒刑之刑期，最短为10年，最高为30年。

〔4〕 参见湖舟：《法律可以打折扣么？——反思数罪并罚的原则》，载《法学家茶座》2003年第2辑。

五、关于影响中国逐步废止死刑的两个社会因素之考量

中国逐步废止死刑的进程，无疑会受到诸多社会因素的影响。而“民意”的作用乃至立法者、决策领导层的认识，则是其中无法回避的两个重要问题。

(一)关于民意问题

长久以来，我们似乎已经习惯了“以人民的名义”“群众拥护和支持”来证明某一项政策的合法性。许多司法机关往往被“民愤”——包括“受害人亲友之愤”“官愤”乃至“舆论之愤”等所左右。所谓“不杀不足以平民愤”即充分彰显了其中之意蕴。理性而言，民意要适当考虑，但绝不能盲从，更不能以民意公投来决定是否废止死刑。以死刑“平民愤”不啻是对民众原始报复本能的放纵。[1] 更何况，考察那些已经废除死刑的国家，也并非都是建立在民意的基础上的。1981 年，当法国废除所有犯罪死刑时，国内要求保留死刑的民意还很强烈，高达 62% 的民众反对废除死刑，但当时的总统密特朗和司法部长巴丹戴尔等人认为，法国作为在世界人权历史上起过伟大作用的国家，却成为西欧唯一一个适用死刑的国家，这是一种很不光彩的记录，不符合他们的政治信仰，因此，死刑应当立即地、无条件地、一步到位地废除。故法国政府依然坚定地推动死刑的废除，并最终实现此一目标。[2] 其实，国家不仅仅需要聆听民众的声音，更负有引导民意循着理性方向发展之职责。历史经验表明，在废止死刑的过程中，大多数民众起初是不赞成废止的；但是实践也证明，在废止死刑后一段时间，大多数民众又不赞成恢复死刑。这说明民意是可以引导、进步的。

(二)关于立法者和决策领导层的认识问题

作为立法者的民意代表乃至国家决策领导层，更应把握社会进步的脉搏，始终站在时代潮流之前列，对法治发展、人权进步乃至死刑所固有的弊病有清醒的认识，竭力推动中国废止死刑的进程。尤其是国家决策领导层，对于死刑废止无疑具有举足轻重的作用。南非废止死刑的进程可能对我国废止死刑有很好的启迪。南非在结束种族隔离制度后，先是暂停所有死刑的执行，后又通过宪法法院裁决死刑违宪，最后终于在 1997 年修改刑法时废除了所有犯罪的死刑。由于在废除死刑时南非的社会治安形势不好，尤其是暴力犯罪严重，因此社会上反对废除死刑的呼声非常之高，但南非国会还是顶住压力，同意了宪法法院院长的意见，即“减少暴力犯罪应通过创造一种尊重生命的‘人权文化’来实现”。[3] 我国 1989 年政治风波后，国家决策领导层毅然排除反对修改反革命罪罪名之干扰，从国家改革开放和社会进步的大局出发，鲜明地支持国家立法机关将反革命罪修改为危害国家安全罪之事例[4]，亦充分说明，中国国家决策领导层完全有能力顺应死刑废止之国际趋势，以坚定的“政治意志”逐步而渐进地废止中国的死刑。

---

[1] 参见贾宇：《中国死刑必将走向废止》，载《法学》2003 年第 4 期。

[2] 参见[法]巴丹戴尔：《为废除死刑而战》，罗结珍、赵海峰译，法律出版社 2003 年版，第 194 页。

[3] 参见[英]Roger Hood, The Death Penalty: A worldwide Perspective, Third Edition, Oxford University Press, 2002, pp. 37－38。

[4] 参见赵秉志主编：《新刑法典的创制》，法律出版社 1997 年版，第 11～13 页。

论中国非暴力犯罪死刑的逐步废止*

目　　次

一、前言

晚近数十年来，随着人权观念的日益弘扬，生命权已经被视为不可剥夺、不可克减的“天赋人权”；死刑之存废也日益成为与社会文明程度、法治发展状况乃至人权发展水平等密切相关之重要问题。在现代法治社会里，死刑的设置与适用应极为慎重；而死刑的废止与否，应当以一个国家、一个社会的历史传统、社会心理、民众意愿为基本根据。立法者应当全面考察社会的价值取向，从有利于推动社会发展和文明进步的需要出发，决定是否保留死刑，或者决定保留哪些犯罪的死刑；司法者应当从具体案件的基本危害事实出发，并客观而全面地评价犯罪人的人格，既要考虑维护社会秩序、公共利益的一面，又要充分考虑犯罪人的基本人权和可改造性，严格把握死刑的适用条件。

---

* 原载《政法论坛》2005年第1期；收入陈兴良、胡云腾主编：《中国刑法学年会文集（2004年度）》，中国人民公安大学出版社2004年版。

从中国社会的现实出发，尽管保留死刑已经受到一些质疑和挑战，但是全面废止死刑的社会条件目前显然尚不成熟。立法者为适应民众普遍而持久的报应心理，还不可能在死刑废止方面采取过于激进的举措；而中国社会仍处于转型期，犯罪率居高不下、治安形势不容乐观的客观现实，也使立法者希望保留死刑以加强刑罚的威慑力。但是，我们应该看到，死刑的确是一种利害攸关的刑罚，其自身确实存在不可克服的弊端。因此，以长远的眼光观之，死刑的命运必然是走向终结。就中国现阶段的综合情况看，我们认为，死刑的废止应该有阶段、分步骤地进行。具体而言，我们设想，可以经历如下三个阶段逐步废止中国的死刑：一是先行逐步废止非暴力犯罪的死刑；二是进一步在条件成熟时废止非致命犯罪（非侵犯生命的犯罪）的死刑；三是在社会文明和法治发展到相当发达程度时，全面废止死刑。目前，应提倡大力限制死刑，坚决贯彻"少杀慎杀""可杀可不杀的坚决不杀"的刑事政策，并及时将非暴力犯罪死刑的逐步废止问题提上日程。本文即拟就中国非暴力犯罪的死刑废止问题予以研析，并在此基础上提出初步构想。

二、中国的非暴力犯罪及其死刑立法

（一）非暴力犯罪及其分类

探讨非暴力犯罪死刑废止之首要前提，即是对非暴力犯罪予以准确界定，否则极易引起普通民众不恰当的心理反应。例如：《法制日报》曾于2003年6月27日以专版讨论"非暴力犯罪逐步废止死刑"的问题。某些网民基于对"非暴力犯罪"这一概念本身存有模糊的认识，从而对该专版文章进行了激烈的攻击。[1] 事实上，非暴力犯罪是与暴力犯罪相对而言的，非暴力犯罪之准确界定有赖于对暴力犯罪内涵的把握。而对于所谓暴力犯罪，以往理论界多从犯罪学角度予以揭示，而鲜有从实体刑法学角度加以论述的。不过，由于1997年刑法典第20条第3款、第81条第2款明确提及暴力犯罪，因而从刑事实体法角度对之予以准确界定就显得甚为必要，刑法理论界也就此展开了一定的探讨。如今，通常认为，所谓暴力犯罪可以从以下两个方面来确定：一方面，从暴力犯罪的范围来看，只要刑法分则中规定的明确或隐含的包括以暴力为手段的犯罪即属之。明确规定者如刑法典第123条规定的暴力危及飞行安全罪等；隐含者如刑法典第240条规定的拐卖妇女、儿童罪等。另一方面，从暴力犯罪的程度来看，则可以从具体罪名、法定刑以及是否"严重危及人身安全"等方面进行考察。[2] 在此基础上，我们认为，此处所谓"暴力"，应采广义理解，即直接或者借助自然、物理之力对他人人身的自由权、健康权、生命权施加强力打击或者强制行为，其范围不仅包括捆绑、拘禁、殴打、伤害、杀害、决水、爆炸等有形力，亦应包括施行催眠、麻醉、用酒灌醉等无

---

〔1〕 有网民即认为，相当一部分走私贩私是伴随着暴力的，又怎能谓之非暴力犯罪？甚至有网民进而奉劝专家们"尽可以去锻炼身体、养鱼种花，不要明知不可为而非要为之地以'胡说八道'来哗众取宠一鸣惊人，根本不顾及所发'宏论'给社会造成的恶劣影响"。尽管其字里行间弥漫着非理性的情绪宣泄，但这也从某种意义上对刑法学者行文的严谨性与科学性提出更高的要求，尤其是关涉死刑这样一个敏感的话题。参见《质疑〈法制日报〉的〈废止经济犯罪死刑〉专版》，载http://viewjinghua.qianlong.com/00/00/27/94/279484.html。

〔2〕 参见高铭暄主编：《刑法专论》（上编），高等教育出版社2002年版，第450页。

形力,而暴力的程度则不仅包括对他人人身自由、健康或者生命造成损害,也包括尚未对他人人身安全造成损害,但对他人人身安全形成危险。与之相应,所谓非暴力犯罪的标准,亦应当同时满足以下两个条件:(1)其犯罪基本构成要件中不包含暴力内容,即其犯罪实行行为不能以暴力方法实施;(2)不以他人人身为犯罪对象,即对人身安全不能形成直接的损害或者危险。[1]

以上述标准考量目前中国刑法规定的421种犯罪,可以发现,其中的非暴力犯罪多达358种。对于这些非暴力犯罪,依不同的标准可以从不同角度进行分类:

(1)以行为属性为标准,可以将非暴力犯罪区分为侵犯个人法益型非暴力犯罪、侵犯社会法益型非暴力犯罪以及侵犯国家法益型非暴力犯罪。其中,侵犯个人法益型非暴力犯罪以侵犯公民民主权利型非暴力犯罪和侵犯财产型非暴力犯罪为典型;侵犯社会法益型非暴力犯罪包括破坏市场经济秩序型非暴力犯罪、妨害社会管理秩序型非暴力犯罪、贪污贿赂型非暴力犯罪和渎职型非暴力犯罪;侵犯国家法益型非暴力犯罪则包括危害国家安全型非暴力犯罪、危害国防利益型非暴力犯罪以及军人违反职责型非暴力犯罪。

(2)以有无具体被害人为标准,可以将非暴力犯罪划分为有被害人的非暴力犯罪和无被害人的非暴力犯罪。毒品犯罪、风化犯罪、走私犯罪等妨害社会管理秩序、破坏市场经济秩序的犯罪,虽然也侵犯了一定的管理制度,但均未侵犯具体的被害人,因而都属于无被害人的非暴力犯罪;而侵犯财产型非暴力犯罪等则往往会侵犯具体被害人的合法权益,所以又可归诸有被害人的非暴力犯罪。

研究非暴力犯罪之分类,有助于深入揭示非暴力犯罪的内涵以及各种具体非暴力犯罪之特性,而且,这也可以为我们进一步研究非暴力犯罪的死刑废止问题准备必要的理论前提。

(二)非暴力犯罪的死刑立法

中国刑法中关于非暴力犯罪的死刑立法,经历了一个由少至多,再到有限削减并基本稳定之嬗变过程。在1979年刑法典中,非暴力犯罪的死刑条款较少,只有背叛祖国罪、贪污罪等寥寥几种犯罪。但自1982年全国人大常委会颁行的《关于严惩严重破坏经济的罪犯的决定》之后,非暴力犯罪的死刑立法可谓急剧增加。而1997年刑法典则通过直接废止死刑、分解罪名、提高死刑适用条件等方式,对非暴力犯罪的死刑立法进行了有限的削减。此后迄今的《关于惩治骗购外汇、逃汇和非法买卖外汇犯罪的决定》和四个刑法修正案均没有增加非暴力犯罪的死刑条款,《刑法修正案(四)》更是取消了走私废物罪之死刑规定。

概言之,中国现行刑法中共有68种犯罪规定有死刑,其中非暴力犯罪为44种,占全部死刑罪的64.7%,占全部358种非暴力犯罪的12.3%。而且,只有侵犯公民人身权利、民主权利罪和渎职罪中的非暴力犯罪没有设置死刑条款,其他类罪则均有涉及。具体而言,法定最高刑为死刑的非暴力犯罪包括:(1)危害国家安全型非暴力犯罪5种,即背叛国家罪,分裂

---

[1] 参见黄京平、石磊:《简析中国非暴力犯罪及其死刑立法》,载赵秉志主编:《中国废止死刑之路探索》,中国人民公安大学出版社2004年版,第6页。

国家罪,投敌叛变罪,为境外窃取、刺探、收买、非法提供国家秘密罪和资敌罪。(2)危害公共安全型非暴力犯罪3种,即非法制造、买卖、运输、邮寄、储存枪支、弹药、爆炸物罪,非法制造、买卖、运输、储存危险物质罪和盗窃、抢夺枪支、弹药、爆炸物、危险物质罪。(3)破坏市场经济秩序型非暴力犯罪16种,即生产、销售假药罪,生产销售有毒有害食品罪,走私武器、弹药罪,走私核材料罪,走私假币罪,走私文物罪,走私贵重金属罪,走私珍贵动物、珍贵动物制品罪,走私普通货物、物品罪,伪造货币罪,集资诈骗罪,票据诈骗罪,金融凭证诈骗罪,信用证诈骗罪,虚开增值税专用发票、用于骗取出口退税、抵扣税款发票罪和伪造、出售伪造的增值税专用发票罪。(4)侵犯财产型非暴力犯罪1种,即盗窃罪。(5)妨害社会管理秩序型非暴力犯罪5种,即传授犯罪方法罪,盗掘古文化遗址、古墓葬罪,盗掘古人类化石、古脊椎动物化石罪,走私、贩卖、运输、制造毒品罪与组织卖淫罪。(6)危害国防利益型非暴力犯罪2种,即破坏武器装备、军事设施、军事通信罪和故意提供不合格武器装备、军事设施罪。(7)贪污贿赂型非暴力犯罪2种,即贪污罪、受贿罪。(8)军人违反职责型非暴力犯罪10种,即战时违抗命令罪,隐瞒、谎报军情罪,拒传、假传军令罪,投降罪,战时临阵脱逃罪,军人叛逃罪,为境外窃取、刺探、收买、非法提供军事秘密罪,战时造谣惑众罪,盗窃、抢夺武器装备、军用物资罪与非法出卖、转让武器装备罪。

进一步来说,其中危害国家安全型非暴力犯罪、贪污贿赂型非暴力犯罪和军人违反职责型非暴力犯罪中的战时造谣惑众罪,将死刑设置为单独的法定刑档次,而没有其他刑种可供选择。例如:刑法典第383条即规定,对犯贪污罪,个人贪污数额在10万元以上,情节特别严重的,处死刑,并处没收财产。可见,贪污罪的死刑条款即被设置为单独的法定刑档次,法官根本没有选择其他刑种的余地。而其余规定有死刑的非暴力犯罪,则均将死刑与其他刑种规定在同一法定刑档次中,从而形成了一定的幅度,可供司法适用时选择。[1] 例如:刑法典第232条前段规定,故意杀人的,处死刑、无期徒刑或者10年以上有期徒刑。死刑与无期徒刑、10年以上有期徒刑被规定在同一法定刑档次中,法官可以根据案件的具体情况选择适用。

此外,就死刑适用条件而言,中国刑法中非暴力犯罪的死刑立法则呈现为四种立法模式:(1)选择式,即规定死刑适用的几种具体情形,行为人的行为必须符合具体情形之一的,才可以适用死刑。例如刑法典第263条便列举了抢劫罪适用死刑的八种情形,有具体情形之一的,即可根据案件的具体情况选择适用死刑。(2)并列式,即规定行为人的行为必须同时符合几个条件时,才可以适用死刑。例如:刑法典第199条规定,犯集资诈骗罪、票据诈骗罪、信用证诈骗罪,“数额特别巨大并且给国家和人民利益造成特别重大损失的,处无期徒刑或者死刑,并处没收财产”。换言之,只有同时符合“数额特别巨大”和“给国家和人民利益造成特别重大损失”两个条件,才能够对集资诈骗、票据诈骗、信用证诈骗之行为人适用死刑。(3)确定式,即只规定死刑适用的一种具体情形,行为人的行为符合该情形的,才可以适用死刑。例如,刑法典第423条第2款对于投降罪适用死刑只规定有一种情形,即“投降

---

〔1〕 参见赵秉志主编:《中国废止死刑之路探索》,中国人民公安大学出版社2004年版,第7页。

后为敌人效劳的"。(4)模糊式,即只简单地将"情节严重""情节特别严重"作为死刑适用的条件,但其具体内容则留待有关司法解释加以明确或由法官予以具体掌握。例如,根据刑法典第295条之规定,传授犯罪方法罪适用死刑的条件即为"情节特别严重"。至于何谓"情节特别严重",在目前缺乏相关司法解释的情况下,由法官根据案件的具体情况自由裁量。

三、非暴力犯罪逐步废止死刑的可行性论证

中国死刑立法和司法现状存在诸多问题,由此引发了关于现行刑事法治中死刑的配置与适用问题的深刻反思。刑事法理论与实务界越来越多的人士认识到,中国的死刑立法过多,中国的死刑司法状况也令人堪忧。如何对死刑制度进行改革,推动中国废止死刑的进程,是值得认真思考和研究的重大课题。对待这个问题,采取谨慎、务实的态度是必要的,这有利于循序渐进地实现法治进步的目标,同时避免导致不必要的社会波动。因此,我们认为,目前在死刑存废问题上中国应采取的对策是:通过完善刑事立法和司法的方式努力减少与严格限制死刑;同时,关于死刑存废的目标也应当是十分明确的,也就是说,中国在未来一定要全面废止死刑。从许多国家大幅度限制死刑和逐步废止死刑的进程看,先行废除非暴力犯罪的死刑乃是一条成功之路,也符合社会发展的基本规律。中国废止死刑之路,也应以逐步而及时地废止非暴力犯罪的死刑为切入点。

(一)积极应对限制和废除死刑的国际趋势之必然要求

死刑在古代社会的刑罚体系中曾占据重要的乃至中心的地位。但是,由于死刑的特殊严厉性及其无可避免之弊病,古代崇尚死刑的传统刑罚观念在近代资产阶级革命中受到刑罚人道主义新思潮的冲击和影响,特别是意大利著名刑法学者贝卡里亚于1764年在其名著《论犯罪与刑罚》中首倡废除和限制死刑的主张以来,死刑存废之争已达近两个半世纪之久,而且废除死刑的呼声日渐高涨。如今,死刑的限制与废除已被越来越多的国际法律文件所认可。1948年《世界人权宣言》作为人权国际保护的纲领性文件,强调了生命、自由和人身安全的权利,为死刑的限制和废除奠定了法理基础。1966年联合国《公民权利和政治权利国际公约》第6条,首次在国际公约中对死刑的适用明确加以限制。随后的《美洲人权公约》以及《关于保障面临死刑的人的权利的措施》,对死刑的限制作了进一步的规定。20世纪80年代,《〈欧洲人权公约〉关于废除死刑的第六议定书》《旨在废除死刑的〈公民权利与政治权利国际公约〉第二项任择议定书》以及《〈美洲人权公约〉旨在废除死刑的议定书》先后问世,废除死刑在一定范围内遂开始成为国际法规范。上述国际性法律文件不仅为限制或废除死刑确立了国际法依据,使成员国在限制或废除死刑问题上承担了相应的法律义务,也为限制或废除死刑的运动建立了国际保障机制。死刑不但已失去了其在刑罚体系中的核心地位,而且限制、减少死刑乃至废除死刑已成为世界性的潮流与趋势。据大赦国际的最新统计,截止到2004年1月,世界上已有79个国家与地区在法律上明确废除了所有罪行的死刑,15个国家和地区废除了普通犯罪的死刑(军事犯罪或战时犯罪除外),还有23个国家和地区在实践中事实上废除了死刑(过去10年内没有执行过死刑,并且确信其不执行死刑的政策将继续下去或者它已向国际社会作出承诺不再使用死刑)。易言之,现今在法律上或事

实上废除死刑或者废除普通犯罪死刑的国家和地区已多达117个，这其中包括了英国、法国、德国、加拿大、澳大利亚、意大利、南非和俄罗斯等大国，而相应地只剩下相对少数的78个国家和地区依然保留死刑。[1] 日益增多的废除死刑的国家及其废除死刑后正常或基本正常社会秩序的运行实践，无疑也给死刑废止理论提供了相当有力的佐证。

虽然我们不能简单地认为死刑的存与废就是一个国家刑法文明和人道与否的标志，因为死刑的存废要根据一个国家或地区的历史文化传统、基本价值观念尤其是犯罪现实状况等因素来决定；但在现阶段还需要保留死刑的国度，严格控制和合理减少死刑的立法与司法，已是刑罚向人道化方向发展的共识与大势。况且，中国已于1998年10月签署了联合国《公民权利和政治权利国际公约》，该公约第6条明确规定，不得任意剥夺人的生命，并强调，在未废除死刑的国家，只能对犯有"最严重罪行"的人判处死刑。而这类犯罪的范围，按照有关联合国文件，应该理解为"不超出有致死或者极其严重后果的故意犯罪"[2]。而不危及人身权利的非暴力犯罪显然不在其列。事实上，即便存置死刑的国家和地区，绝大多数国家的死刑也是以谋杀罪为主要对象甚至唯一对象的，而对经济犯罪等非暴力犯罪适用死刑的则少之又少。[3] 中国签署上述公约的目的是批准、加入公约，承担并履行相应的国际义务，进而把中国建设成为物质文明、精神文明、政治文明和制度文明的社会主义现代化国家，跻身世界强国之林。因此我们认为，应考虑对非暴力犯罪及时废止死刑。而且在中国，伴随着思想解放，人们也开始对死刑进行反思，特别是近几年刑法学界对死刑的存废展开了热烈的讨论，限制适用死刑的观念已逐步深入人心，为刑法理论与司法实务界所普遍接受。而这无疑亦为非暴力犯罪先行废止适用死刑准备了思想基础和理论前提。

（二）贯彻中国现行死刑政策的要求

死刑政策是由党和国家制定的对死刑的设置与适用具有普通指导意义的行动准则，是中国刑事政策的重要内容。中国现行死刑政策可概括为"少杀、慎杀，可杀可不杀的坚决不杀"，它是中国"惩办与宽大相结合"的基本刑事政策在死刑设置与适用方面的重要体现。我们认为，由该死刑政策的内涵所决定，逐步废除非暴力犯罪的死刑应尽早提上议事日程。

尽管中国立法与司法实践中曾一度背离"少杀、慎杀，可杀可不杀的坚决不杀"的死刑政策，但中国刑法理论与实务界却始终认为这依然是中国现行的死刑政策。1997年刑法典的修订过程中，很多有识之士主张，应显著减少死刑立法，切实贯彻该死刑政策。虽然国家立法机关最终基于社会治安的严峻形势、经济犯罪的严重情况乃至中国目前死刑观念的基本状况，而确立了对已有死刑之罪"原则上不减也不增加"的立法精神或曰策略思想；但是中国1997年刑法典的立法状况表明，该法典仍在限制死刑立法方面进行了诸多努力，从而实际上重新确立和强调了"少杀、慎杀，可杀可不杀的坚决不杀"的死刑政策。其具体表现如下：(1)将死刑适用的对象由"罪大恶极"改为"罪行极其严重"，表明了立法者意图从适用

---

[1] 参见"Abolitionist and Retentionist Countries"，载 http://www.deathpenaltyinfo.org/article.php。

[2] 联合国经济与社会理事会：《保证面临死刑者权利的保护的保障措施》第1条之(1)。

[3] 参见钊作俊：《死刑限制论》，武汉大学出版社2001年版，第188页。

条件上严格限制死刑的初衷。(2)规定对犯罪时不满 18 周岁的人不适用死刑,删除了 1979 年刑法典中对已满 16 岁不满 18 岁的未成年人可判处死刑缓期 2 年执行的规定,从而从犯罪主体上限制了死刑的适用,彻底贯彻了对不满 18 周岁的未成年人一律不适用死刑的国际准则。(3)明确规定死刑核准权由最高人民法院行使,从核准程序上限制了死刑的适用。(4)从罪名设置上降低了死刑条款、死刑罪名在分则条文与罪名体系中的比例。(5)对故意伤害罪、盗窃罪等常见多发性犯罪的死刑适用进行了严格的限制。(6)通过适当的途径削减了部分死刑罪名。例如:1979 年刑法典所规定的设置有死刑条款的流氓罪,被 1997 年刑法典分解为强制猥亵妇女罪、侮辱妇女罪、聚众斗殴罪、寻衅滋事罪和聚众淫乱罪,而这几种罪均未设置死刑。1979 年刑法典中的反革命杀人罪在修订刑法典时也被取消,而将相关行为纳入故意杀人罪之调整范畴。

当然,1997 年刑法典对现行死刑政策的体现还是不完全、不充分的。姑且不论其死刑条款与死刑罪名数目依然相当可观,也不论其中有绝对死刑条款的存在,单是其对经济犯罪、财产犯罪等非暴力犯罪仍较大范围地设置死刑,即有违"少杀、慎杀,可杀可不杀的坚决不杀"的现行死刑政策。其实,根据现行死刑政策和刑法典总则的规定,死刑只应适用于罪行极其严重的犯罪分子,而所谓罪行极其严重,应当是犯罪的性质极其严重、犯罪的危害程度极其严重、犯罪的情节极其严重和犯罪分子的人身危险性极其严重的统一或曰齐备。易言之,死刑只应配置于那些侵犯公民、社会和国家重大法益的极其严重的犯罪。由该死刑政策的内涵所决定,即便是危害最严重的非暴力犯罪,也应基本归诸不可杀、不宜杀之列,这才是"少杀、慎杀"刑事政策思想的真正体现。

(三)遵循合理配置死刑之必要性原则的要求

必要性原则是合理配置死刑的基本标准之一。所谓必要性原则,即从正面看,对特定犯罪规定死刑是否必要;从反面看,对特定犯罪已经规定的死刑予以废止是否必要。判断是否必要,主要看对特定犯罪设置死刑是否"过量"。[1] 必要性原则与刑罚预防犯罪之目的有着内在的一致性。如果设置无期徒刑或者有期徒刑即可以达到消除犯罪人的犯罪能力,起到一般预防和特殊预防之作用,即不必以死刑作为威慑潜在犯罪人或者惩罚犯罪人的手段;相反,如果对这类犯罪规定死刑,那么其刑罚配置就属于"过量"的刑罚,是不合理的。运用这一原则,对于解决合理配置特定犯罪的死刑问题具有重要意义。同时,这一原则也可以被用于解决死刑的司法适用问题,这符合中国刑法典第 48 条关于死刑立即执行适用条件的规定。

具体到非暴力犯罪而言,从其发生机理来看,原因是多方面的,既有个体原因、被害人原因,也有社会原因、制度原因。其中在很大程度上是制度原因,如经济管理上的混乱、政策上的漏洞、法律法规的不健全等。而这与许多严重的暴力犯罪,如故意杀人罪、强奸罪、抢劫罪、爆炸罪等,有着很大的不同。因此,对非暴力犯罪的遏制,应重在加强管理、堵塞漏洞和完善法制上,而不应寄希望于适用极刑。否则,刑罚配置便会"过量",就有违合理配置死刑

[1] 参见赵秉志主编:《中国废止死刑之路探索》,中国人民公安大学出版社 2004 年版,第 4 页。

之必要性原则。

而且，从司法实践来看，死刑对非暴力犯罪的遏制作用也极其有限。以非暴力犯罪中的盗窃罪为例，盗窃罪死刑保留论者认为，对盗窃罪适用死刑，对于有效地阻止严重盗窃犯罪的猖獗势头是有着重要的积极作用的。[1] 我们认为，这是缺乏实证研究的纯理性论断。事实上，我国全国法院 1980 年新收盗窃案件 57,723 件；1981 年新收盗窃案件 75,268 件。从 1982 年 4 月全国人大常委会颁行《关于严惩严重破坏经济的罪犯的决定》对盗窃罪增补死刑之后，中国司法机关开始对盗窃犯适用死刑，依法处决了一批盗窃犯，但却并未能切实遏制盗窃犯罪。1982 年，全国法院新收盗窃案件确实略有减少，为 73,372 件。但是，1983 年全国法院新收案件即猛增至 163,100 件，1984 年新收案件也达到 128,539 件。[2] 可见，从死刑对盗窃罪的实际威慑效果看，其遏制犯罪的成效远未如人愿。而 1997 年刑法典对于盗窃罪的死刑适用进行严格的限制，也并没有导致司法实践中盗窃犯罪的急剧增加。1996 年，全国法院新收盗窃案件 203,637 起，判决 178,791 起。其中，重大盗窃案件 58,850 起。1997 年，全国法院新收盗窃案件 136,180 起，判决 135,443 起；其中，重大盗窃案件 41,897 起。1998 年，全国法院新收盗窃案件 131,512 起，判决 123,732 起。[3] 统计数据表明，对盗窃罪减少适用死刑，并没有造成盗窃犯罪泛滥。相反，无论新收盗窃案件，还是重大盗窃案件却均有下降之势。据某高级人民法院自新刑法典施行后一年多的死刑司法统计，以盗窃罪判处死刑的仅有一人。[4] 事实上，从其他设置死刑的非暴力犯罪的相关司法统计数字来看，同样难以展现死刑的实际威慑效果。而且，中国现在每年因非暴力犯罪而被判处死刑的数量少之又少，相对于因暴力犯罪而被判处死刑的数量而言，几乎不成比例。与其让现行大部分非暴力犯罪的死刑条款近乎虚置，逐步予以废止又何尝不可？

（四）遵循合理配置死刑之价值衡量原则的要求

价值衡量原则是合理配置死刑的另一基本标准。所谓合理配置死刑的价值衡量原则，即以刑法的人权保障机能和社会保护机能相平衡为基点，对特定犯罪人的人格进行法律评价，充分考虑犯罪人的价值；对于虽造成严重的客观危害，但是对社会或被害人仅造成单纯的物质损害，且不触犯社会基本政治秩序和重大利益的犯罪，鉴于犯罪人人身危险性相对较轻、具有可改造性，应当废止其死刑规定。[5] 人的生命价值是至高的；只有严重侵犯社会公共利益和他人权益，并且潜在地对社会公共利益形成巨大危险时，为了确认和保护更高的价值，才有必要动用死刑这种严厉的刑罚；在这种情况下，并非漠视或者放弃了犯罪人个人权益的保护，也不是藉此否定犯罪人的生命价值，而只是出于价值衡量考虑，考虑到对更高价值的维护，才不得已设置并适用死刑。当然，关于人的价值考量是建立在具体的历史条件和

---

〔1〕 转引自赵秉志主编：《侵犯财产罪研究》，中国法制出版社 1998 年版，第 207 页。

〔2〕 参见最高人民法院研究室编：《全国人民法院司法统计历史资料汇编 1949 - 1998》（刑事部分），人民法院出版社 2000 年版，第 170、176、188、208 页。

〔3〕 参见最高人民法院研究室编：《全国人民法院司法统计历史资料汇编 1949 - 1998》（刑事部分），人民法院出版社 2000 年版，第 382、387 页。

〔4〕 参见钊作俊：《死刑限制论》，武汉大学出版社 2001 年版，第 209 页。

〔5〕 参见赵秉志主编：《中国废止死刑之路探索》，中国人民公安大学出版社 2004 年版，第 4 页。

社会条件基础之上的;就现今中国社会所处的发展阶段以及公众关于人权的理解来考量,运用价值衡量原则来解决死刑配置问题具有积极的意义。

同时,立足于罪刑均衡这一现代刑法的基本精神,刑罚配置的正当性不仅要求做到有罪必罚,无罪不罚,轻罪轻罚,重罪重罚,而且要求刑罚所剥夺的犯罪人的权益与犯罪行为所侵害的权益大致相当。否则,即是对公正这一刑法追求的终极价值目标的背离和违反。由此决定,死刑只有分配于所侵犯的权益与死刑所剥夺的权益相似的犯罪,才具有合理性和正当性。而非暴力犯罪不仅在犯罪基本构成特征中不包含暴力因素,而且不以他人人身为犯罪对象,其社会危害性显然有别于故意杀人罪等暴力犯罪,尚不能视为罪行极其严重。但两者之法定最高刑却同为死刑,这无疑有悖于罪责刑均衡的原则;而且,中国现行刑法中对非暴力犯罪适用死刑的主要依据是犯罪数额,这无异于贬低人的生命价值,显有轻罪重罚之虞,既不符合刑罚等价性原则的要求,也背离了合理配置死刑之价值衡量原则。

(五)非暴力犯罪之诸多特点也决定不应对其适用死刑

首先,非暴力犯罪主要是侵犯财产权益,或者破坏市场经济秩序,其造成的损失往往是经济性、财产性的损失。从国家和社会的利益考虑,对非暴力犯罪适用死刑是极不经济的。因为科处非暴力犯罪分子长期徒刑或无期徒刑,至少可以通过强制罪犯以无偿劳动来尽可能地弥补因其犯罪给国家、社会和人民造成的经济损失;而死刑则在从肉体上消灭罪犯之同时,事实上也剥夺了罪犯以无偿劳动弥补其所造成的经济损失之机会。

其次,非暴力犯罪不具有明显的外显性、反伦理性、残酷性等暴力犯罪的特征,造成的社会危害主要通过财产的数量来体现,而数字相对较为抽象,不易引起社会公众的激愤情绪。[1] 而且,在中国1979年刑法典中对非暴力犯罪基本上是不规定处死刑的,在20世纪50至70年代的中国司法实践中,对非暴力犯罪也极少有处死刑的。因此,对非暴力犯罪不适用死刑,亦较易得到公众的认同。

最后,非暴力犯罪大多并不侵犯具体的被害人,其侵害的往往只是国家、集体或者社会,而被侵害的国家、集体或者社会相对于具体被害人而言更为理智,从而更多的是着眼于对犯罪的控制,而非仅仅立足于报应,因而侧重于追求对非暴力犯罪主体适用自由刑、财产刑或者资格刑。

四、中国非暴力犯罪废止死刑之步骤设计

当然,如前所述,我们主张中国现阶段废止非暴力犯罪的死刑,也并非可以一蹴而就的,仍然应该在充分考量中国社会文明程度、法治发展状况乃至人权发展水平等现实综合国情的基础上,有步骤、分阶段地进行,而不能脱离历史传统、社会心理及民众意愿。我们初步设想,中国现阶段废止非暴力犯罪的死刑之立法步骤,应区分以下三种情形逐步进行:

其一,对于侵犯个人法益的侵犯财产型非暴力犯罪,以及无具体被害人的侵犯社会法益

---

〔1〕 参见卢建平:《试论中国非暴力犯罪死刑的废止》,载赵秉志主编:《中国废止死刑之路探索》,中国人民公安大学出版社2004年版,第47页。

型非暴力犯罪,诸如破坏市场经济秩序型非暴力犯罪、妨害社会管理秩序型非暴力犯罪等,应当从立法上及时全面地废止其死刑规定。事实上,中国1979年刑法典中对这两类犯罪中的非暴力犯罪也一概没有规定死刑。废止这些犯罪的死刑,较易为公众所接受而不至于引起较大的负面社会影响。

其二,对于侵犯社会法益的危害公共安全型非暴力犯罪,以及侵犯国家法益的危害国家安全型、危害国防利益型、军人违反职责型非暴力犯罪,通过逐步限制、减少死刑的适用,在2020年前完全废止其死刑条款。就前者而言,由于其对人身安全具有潜在的危险,从刑罚一般预防角度考虑,废止其中的死刑条款还需要更为慎重一些;但是考虑其尚未对社会造成直接损害,因而在条件成熟的时候,也应当废止其死刑规定。就后者而言,由于其触犯了社会整体的安全利益,严重危及国家赖以存立的基本秩序,其社会危害性与严重暴力犯罪基本相当或非常接近,加之此类犯罪的死刑条款多为备而不用,一般不会影响执行死刑的实际数量,因而在没有全面废止死刑的前提下,保留其死刑规定也是现实的选择。当然,在社会文明和法治发展到相当发达程度时,这类犯罪的死刑也应相对于严重暴力犯罪而言先行废止。

其三,对于贪污罪、受贿罪等贪利型职务犯罪以及毒品犯罪,在现阶段亦应首先通过提高其死刑的适用标准以严格限制与减少死刑之适用,并根据社会发展状况作持续深入的努力,力争在2020年前废止其死刑规定。因为从特别预防的角度分析,其必要性也值得检讨。对于这类犯罪人,只要剥夺其犯罪能力和条件即可防止其再犯;但是,中国历来有"从严治吏"的传统,而在目前腐败现象还比较严重的情况下,短时间内即废止其死刑,会与国家基本的政治形势和刑事政策不相吻合。因而废止贪污罪、受贿罪的死刑规定应当保持相当的理性并采用科学合理的方法与步骤。可以考虑目前先在立法与司法上提高其适用死刑的条件,再逐步过渡到废止其死刑。而且,我们认为,受贿罪相对于贪污罪而言,其社会危害性要小一些,因为贪污罪不仅侵犯了职务行为的廉洁性,更侵犯了公共财产所有权,而受贿罪往往只侵犯了公务人员职务行为的廉洁性,何况司法实践中有很多犯罪人并未为他人谋取利益或者其谋取利益行为对社会未造成严重危害,而且受贿罪在1979年刑法典中也没有死刑,因此,受贿罪相对于贪污罪来说应更早废除其死刑。而对毒品犯罪来说,毕竟目前对社会的危害仍很大,且有日益严重之趋势。贸然即行废止毒品犯罪之死刑,恐引起较大的社会震荡,不利于遏制毒品犯罪之泛滥态势。因此,毒品犯罪死刑的废止也应逐渐为之。当务之急应提高毒品犯罪适用死刑之标准,改变完全以毒品数量决定是否适用死刑之做法,而代之以反映社会危害性及行为人人身危险性和主观恶性之综合性的指标。等到社会条件成熟时,再废止毒品犯罪之死刑。

五、结语

从世界尤其是当今法制发达国家刑罚史的历史嬗变来看,其经历了一个从古代生命刑为中心,到近代的自由刑为中心,再到现代的自由刑与财产刑、资格刑并重,并逐步向财产刑、资格刑为中心过渡的过程。如今伴随着此一刑罚改革之历程,废除或者严格限制死刑已成为世界性的潮流。面对此一国际潮流和趋势,我们应当积极革新中国现行的以自由刑为中心且在一定程度上还偏重于生命刑之刑罚体系,勇于直面目前国内还较为普遍存在的对死刑过度迷信与依赖之现状,并予以理性的反思。司法实践已充分说明,重刑包括死刑并未遏止持续上升的犯罪率,社会治安形势也并未得到根本好转,死刑的威慑力非常有限。其实,正如中国清末法学家沈家本所指出的,“重其刑诛谓可止奸而禁暴,究之奸能止之乎?暴能禁乎?朝治而暮犯,暮治而晨亦如之,尸未移而人为继踵,治愈重而犯愈多”。[1] 尽管目前在中国尚不能奢谈全面废止死刑,但基于死刑本身确实存在诸多不可克减之诟病,“少杀、慎杀,可杀可不杀的坚决不杀”的现行死刑政策应当得到切实的贯彻执行。遵循此一死刑政策,对于设置死刑显然过于严苛或者由此导致价值失衡的犯罪,应当及时从立法上废止其死刑。在中国现阶段,非暴力犯罪死刑的逐步废止问题应首先被提上日程,尤其对于非暴力犯罪中没有具体被害人的犯罪和对他人人身基本权利不存在潜在危险的犯罪,完全应该通过立法即行废止其死刑。我们期待,在2020年中国全面建成“小康社会”之时,中国的死刑问题能够得到一个较大的改观,全部的或者至少是绝大部分非暴力犯罪的死刑可以予以废止;再经过若干年(譬如二三十年)的社会文明发展和法治进步,其中经过逐步将死刑限制于侵犯生命之犯罪的立法进展阶段,到21世纪中叶,当中国步入或基本步入比较发达的国家行列之时,就可以考虑全面废止死刑。

---

〔1〕 参见赵秉志主编:《中国废止死刑之路探索》,中国人民公安大学出版社2004年版,第13页。

我国现阶段死刑制度改革的难点及对策*

——从刑事实体法视角的考察

目　次

一、前言

死刑在人类历史上有着悠久的历史。但是，自第二次世界大战以来，尤其是进入21世纪之后，限制与废止死刑就成为非常响

---

* 原载《中国法学》2007年第2期；中国人民大学《复印报刊资料·刑事法学》2007年第3期转载；又载《厦门大学法律评论》2007年上卷（总第13辑）；收入最高人民法院2007年编印：《刑事审判法官培训讲义》；收入赵秉志主编：《改革开放30年刑法学研究精品集锦》，中国法制出版社2008年版。本文2014年荣获第五届"钱端升法学研究成果奖"二等奖。

亮和强劲的时代命题。这一命题不仅为越来越多的国际法律文件所认可，而且逐步成为诸多国家，尤其是西方发达国家的刑事立法实践。死刑显然已经失去了其在以往刑罚体系中的核心地位。限制、减少乃至废止死刑日益成为当今世界各国保障人权的重要举措。在这样的形势之下，中国刑事法理论界与实务界对死刑也进行了深刻的研究和探讨，取得了很多有益的成果，从而对中国切实减少死刑适用的数量、保障死刑案件的质量产生了深远影响。其中，最为重大的成就是：理论界已经达成现阶段中国应当逐步废止非暴力犯罪死刑，并朝着全面废止死刑之方向努力的基本共识；最高人民法院业已决定全面收回以前下放的死刑核准权。这就为中国刑事法治中死刑制度的改革与完善创造了良好的开端。但是，这毕竟只是开端。在中国朝着保障人权、以人为本的现代和谐社会方向迈进的过程中，中国死刑制度还面临着诸多的难题，如死刑罪名繁多、死刑适用泛滥、死刑适用标准有失明确、民众报应观念根深蒂固、死刑正当程序不健全尤其是死刑复核程序缺漏较大等等。这些问题并存于死刑的刑事实体法规范和刑事诉讼法规范中。对于这些问题及其解决进行全面的分析研究，当有助于促进中国死刑制度的改革与完善。本文试图在已有的死刑问题理论研究的基础上，主要以刑事实体法为视角来考察中国死刑制度改革完善中所存在的难点问题，并进而对这些难题提出对策建言，期望能对中国死刑制度的改革及刑事法治的发展进步有所助益。

二、当今中国的死刑制度亟须改革

（一）国际社会废止与限制死刑的潮流和趋势

在延续不断的人类文化中，死刑长期处于历史舞台的耀眼位置。直到18世纪初，英国著名思想家托马斯·莫尔才在其著作《乌托邦》中可能是最早地指出，应该废止窃盗罪的死刑。[1] 1764年，才华横溢、意气风发、当时年仅26岁的意大利青年刑事法学家贝卡里亚首次在其名著《论犯罪与刑罚》中系统而又鲜明地提出了废除死刑的理论主张，[2]当即引发了人们对死刑存废的激烈争论。遂后死刑废止论逐渐开始产生广泛的影响，推动了很多国家采取废止死刑或者削减死刑罪名的立法改进措施。如欧洲的托斯卡纳即在法律上停止死刑的适用，1786年完全废止死刑；奥地利于1787年废止死刑。[3] 1837年前后，英国的死刑罪名减少到了8种；法国也在大革命之后减少了死刑罪名。19世纪90年代至20世纪初期，欧洲的意大利、挪威等国家先后在刑法中废止了死刑。当然，这些废止死刑的立法活动在后来都出现了反复，不少国家因为各种原因又恢复了死刑。

但是，在第二次世界大战结束后，限制与废止死刑、保障人权的观念逐步获得了国际社会更为广泛的关注和坚定的支持。1948年《世界人权宣言》作为人权国际保护的纲领性文件，强调生命、自由和人身安全的权利，为死刑的限制和废除奠定了法理基础。联合国《公民

〔1〕 参见[日]团藤重光：《死刑废止论》，林彦辰译，台湾商鼎文化出版社1997年版，第120～125页。
〔2〕 参见[意]贝卡里亚：《论犯罪与刑罚》，黄风译，中国大百科全书出版社1993年版，第49～51页。
〔3〕 参见[德]弗兰茨·冯·李斯特：《德国刑法教科书》，徐久生译，法律出版社2000年版，第412页。

权利和政治权利国际公约》(1966 年 12 月 26 日通过,1976 年生效)第 6 条第 2 款规定,在未废除死刑的国家,判处死刑只能是对最严重的罪行的惩罚,首次明确以国际法律文件的形式限制死刑的适用。而按照《保证面临死刑者权利的保护的保障措施》(联合国经济与社会理事会 1984 年 5 月 25 日第 1984/50 号决议)规定,最严重的罪行是指致死或者其他严重之后果的故意犯罪。1989 年,联合国又通过了《联合国废除死刑公约》(第二选择议定书),要求每一缔约国应采取一切措施在其管辖范围内废除死刑。1997 年 4 月 3 日,联合国人权委员会在其 1997/12 号决议中敦请所有尚未废除死刑的国家从完全废除死刑着眼,考虑暂停处决犯人。联合国经济与社会委员会秘书长关于死刑的第六个五年报告(1999 年)中指出,毒品犯罪、绑架罪、强奸罪、经济犯罪、职务上的犯罪、宗教犯罪等不属于适用死刑的最严重犯罪。除此之外,其他地区性国际组织也颁布了一系列有关死刑的国际公约。如《美洲人权公约》《欧洲人权公约》《〈欧洲人权公约〉关于废除死刑的第六议定书》《〈美洲人权公约〉旨在废除死刑的议定书》等等。《欧洲人权公约》有关全面废除死刑的第 13 款也从 2003 年 7 月 1 日起正式生效,在和平时期禁止极刑的第 6 条款进一步扩大到战争时期。上述国际性法律文件不仅为限制或废除死刑确立了国际法依据,使成员国在限制或废除死刑问题上承担了相应的法律义务,也为限制或废除死刑的法治改革运动提供了国际法律保障机制。

据有关组织的统计,截至 2005 年 10 月,世界上已有 86 个国家与地区在法律上明确废除了所有罪行的死刑;11 个国家与地区废除了普通犯罪的死刑,仅保留军事犯罪或者战时犯罪的死刑;至少 24 个国家和地区在实践中事实上废除了死刑(即过去 10 年内没有执行过死刑,并且确信不再执行死刑或者已经向国际社会承诺不再执行死刑);仅有 75 个国家和地区在法律上对一般犯罪还规定有死刑。[1] 显然,全面废止死刑已经成为世界上相对多数国家的政治选择;停止死刑的执行或者限制、减少死刑的适用更是很多国家的实际法治状况。限制与废止死刑已经成为当今世界各国在刑事法治领域中的强大潮流与显著趋势。

(二)中国死刑制度的立法与司法现状

在中国范围内,香港和澳门两个特别行政区的刑事立法全面废止了死刑,而中国大陆地区和台湾地区的刑法典中都还比较广泛地规定有死刑。笔者在此仅介述中国大陆的死刑立法与司法状况。

1. 死刑的立法状况

新中国成立后,因为各种原因,国家在相当长的时间内都没有颁布刑法典。但是,在多种单行刑法中规定有死刑,如 1951 年《惩治反革命条例》《妨害国家货币治罪暂行条例》、1952 年《惩治贪污条例》等。对于杀人、强奸、爆炸等犯罪,司法机关也适用死刑,但缺乏法律上的明文规定,很多时候直接依据的是"惩办与宽大相结合"的刑事政策精神及一些内部的司法文件。[2]

---

〔1〕 参见大赦国际网站:http://web. amnestyl. org。

〔2〕 参见高铭暄:《略谈中国的死刑立法及其发展趋势》,载赵秉志主编:《中国废止死刑之路探索》,中国人民公安大学出版社 2004 年版,第 15 页。

新中国的第一部刑法典,即1979年刑法典中规定了28种死刑罪名。[1] 其中,第一章反革命罪中的死刑罪名基本上是备而不用。在普通刑事案件中,死刑适用较多的罪名是杀人、放火、强奸、抢劫等。可以说,1979年刑法典分则关于死刑罪名的规定,比较鲜明地反映出慎用死刑的立法思想,有利于限制死刑的适用。后来,由于维护社会治安的实际需要,全国人大常委会又颁布了一系列单行刑法,其中一些也规定有死刑,如1983年颁布的《关于严惩严重危害社会治安的犯罪分子的决定》对多达10种犯罪规定有死刑。据统计,自1981年至1995年,中国立法机关颁布的25部单行刑法中,规定死刑罪名或者补充规定某些犯罪死刑适用的有18部,而死刑罪名就这样又增加了33种。连同我国《惩治军人违反职责罪暂行条例》中的相关死刑规定,[2] 在1997年修订刑法典之前,中国刑法立法中可处死刑的具体犯罪,总共达72种之多。[3]

1997年刑法典的修订是在中国十多年来开展"严打"的背景下进行的。不可否认,"严厉惩治严重刑事犯罪"的重刑主义思想影响了刑法典的修订,因而死刑罪名在数量上并没有显著的减少,规定有多达68种死刑罪名,分布在刑法典分则除渎职罪之外的其他九章犯罪中。[4]

---

〔1〕 1979年刑法典规定的28种死刑罪名具体是:

第一章反革命罪中15种死刑罪名:(1)背叛祖国罪;(2)阴谋颠覆政府罪;(3)阴谋分裂国家罪;(4)策动叛乱罪;(5)策动叛变罪;(6)投敌叛变罪;(7)持械聚众叛乱罪;(8)聚众劫狱罪;(9)组织越狱罪;(10)间谍罪;(11)特务罪;(12)资敌罪;(13)反革命破坏罪;(14)反革命杀人罪;(15)反革命伤人罪。

第二章危害公共安全罪中8种死刑罪名:(1)放火罪;(2)决水罪;(3)爆炸罪;(4)投毒罪;(5)以其他危险方法危害公共安全罪;(6)破坏交通工具罪;(7)破坏交通设备罪;(8)破坏易燃易爆设备罪。

第四章侵犯公民人身权利、民主权利罪中3种死刑罪名:(1)故意杀人罪;(2)强奸妇女罪;(3)奸淫幼女罪。

第五章侵犯财产罪中2种死刑罪名:(1)抢劫罪;(2)贪污罪。

〔2〕 《惩治军人违反职责罪暂行条例》规定的11种死刑罪名,具体是:(1)窃取、刺探、提供军事机密罪;(2)盗窃武器装备或盗窃军用物资罪;(3)破坏武器装备或破坏军事设施罪;(4)阻碍执行军务罪;(5)战时造谣惑众罪;(6)临阵脱逃罪;(7)违抗作战命令罪;(8)谎报军情罪;(9)假传军令罪;(10)自动投降罪;(11)掠夺、残害无辜居民罪。

〔3〕 学者们因对某些刑法条文理解不同而确定不同的罪名,因此理论上对死刑罪名的个数也有多种看法。有论者认为,1979年刑法典分则规定了27种死刑罪名,《惩治军人违反职责罪暂行条例》规定了11种死刑罪名,其他单行刑法规定了33种死刑罪名,共计71种死刑罪名,参见高铭暄:《略谈中国的死刑立法及其发展趋势》,载赵秉志主编:《中国废止死刑之路探索》,中国人民公安大学出版社2004年版,第16页。还有论者则认为,1979年刑法典规定了28种死刑罪名,《惩治军人违反职责罪暂行条例》规定了13种死刑罪名,其他单行刑法规定了50余种死刑罪名,共计90余种死刑罪名,参见胡云腾:《死刑通论》,中国政法大学出版社1995年版,第120页。笔者则认为,1997年刑法典生效前,死刑罪名共有72种,具体罪名如前所述。

〔4〕 1997年刑法典规定的68种死刑罪名具体是:

第一章危害国家安全罪:(1)背叛国家罪;(2)分裂国家罪;(3)武装叛乱、暴乱罪;(4)投敌叛变罪;(5)间谍罪;(6)为境外窃取、刺探、收买、非法提供国家秘密罪;(7)资敌罪。

第二章危害公共安全罪:(1)放火罪;(2)决水罪;(3)爆炸罪;(4)投毒罪;(5)以危险方法危害公共安全罪;(6)破坏交通工具罪;(7)破坏交通设施罪;(8)破坏电力设备罪;(9)破坏易燃易爆设备罪;(10)劫持航空器罪;(11)非法制造、买卖、运输、邮寄、储存枪支、弹药、爆炸物罪;(12)非法买卖、运输核材料罪;(13)盗窃、抢夺枪支、弹药、爆炸物罪;(14)抢劫枪支、弹药、爆炸物罪。

第三章破坏社会主义经济秩序罪:(1)生产、销售假药罪;(2)生产、销售有毒有害食品罪;(3)走私武器、弹药罪;(4)走私核材料罪;(5)走私假币罪;(6)走私文物罪;(7)走私贵重金属罪;(8)走私珍贵动物、珍贵动物制品罪;(9)走私普通货物、物品罪;(10)伪造货币罪;(11)集资诈骗罪;(12)票据诈骗罪;(13)信用证诈骗罪;(14)虚开增值税专用发票、用于骗取出口退税、抵扣税款发票罪;(15)伪造、出售伪造的增值税专用发票罪。

第四章侵犯公民人身权利、民主权利罪:(1)故意杀人罪;(2)故意伤害罪;(3)强奸罪;(4)奸淫幼女罪;(5)绑架罪;(6)拐卖妇女、儿童罪。

第五章侵犯财产罪:(1)抢劫罪;(2)盗窃罪。

第六章妨害社会管理秩序罪:(1)传授犯罪方法罪;(2)暴动越狱罪;(3)聚众持械劫狱罪;(4)盗掘古文化遗址、古墓葬罪;(5)盗掘古人类化石、古脊椎动物化石罪;(6)走私、贩卖、运输、制造毒品罪;(7)组织卖淫罪;(8)强迫卖淫罪。

第七章危害国防利益罪:(1)破坏武器装备、军事设施、军事通信罪;(2)故意提供不合格武器装备、军事设施罪。

第八章贪污贿赂罪:(1)贪污罪;(2)贿赂罪。

第十章军人违反职责罪:(1)战时违抗命令罪;(2)隐瞒、谎报军情罪;(3)拒传、假传军令罪;(4)投降罪;(5)战时临阵脱逃罪;(6)阻碍执行军事职务罪;(7)军人叛逃罪;(8)为境外窃取、刺探、收买、非法提供军事秘密罪;(9)战时造谣惑众罪;(10)盗窃、抢夺武器装备、军用物资罪;(11)非法出卖、转让武器装备罪;(12)战时残害居民、掠夺居民财物罪。

综而观之，中国现行刑法典中死刑立法方面的问题主要呈现出下述几个特点：

（1）关于死刑适用的总则性规定还不完善。这主要表现为刑法典总则条文没有规定死刑的基本刑事政策，死刑适用标准的表述还不够科学，死刑缓期两年执行撤销的条件还有缺陷等等。

（2）死刑罪名数量繁多。从20世纪80年代至今，中国死刑罪名之立法显然有扩大化之势。至1997年刑法典修订前，中国刑事法中的死刑罪名多达72种。即便经过修订，1997年刑法典中的死刑罪名仍有68种之多，这在世界上也是比较罕见的。

（3）非暴力犯罪之死刑罪名过多。1997年刑法典中规定的68种死刑罪名中，非暴力犯罪达44种，占全部死刑罪名的64.7%，占全部358种非暴力犯罪的12.3%，仅侵犯公民人身权利、民主权利罪和渎职罪两章中的非暴力犯罪没有设置死刑条款。

（4）规定绝对死刑作为某些犯罪加重犯的法定刑。1997年刑法典对劫持航空器罪、绑架罪的结果加重犯规定了应当判处死刑的绝对法定刑，对武装叛乱暴乱罪、拐卖妇女儿童罪、暴动越狱罪及聚众持械劫狱罪4种犯罪的加重犯规定了在情节特别严重情况下判处死刑的法定刑。这就使得这些犯罪在特定情况下只能适用死刑，无法选用其他刑种。

2. 死刑的司法状况

关于死刑的适用，中国长期以来坚持"少杀慎杀，可杀可不杀的坚决不杀"的刑事政策，为限制与减少死刑的适用提供了明确的指导思想，对中国的刑事司法活动具有极为重要的指导意义。但是，在改革开放过程中的某些时期，严重经济犯罪与严重刑事犯罪日益猖獗，社会治安形势趋于恶化，加上认识上的偏差，导致重刑主义一度甚嚣尘上，法律实务部门对死刑的迷信与依赖心理日益严重，对"少杀慎杀"的刑事政策没有彻底、全面地予以贯彻。因而死刑的司法适用产生了不少问题，主要表现在如下几个方面：

（1）严格控制死刑适用的司法观念淡薄。在某些时期，某些司法机关或者司法官员因为打击刑事犯罪的要求比较迫切，就对死刑的作用产生了错误的认识。他们认为，要遏制与减少犯罪，不仅需要从立法上多规定死刑罪名、加重某些犯罪的法定刑，还要在司法上强调"严打"的作用，多适用死刑，多杀长判，并以"严打"为由认为"可杀可不杀的要杀"。个别地方甚至将判处与执行死刑的数额作为考察地方政法机关工作业绩的指标。这些显然是与严格控制死刑适用的司法观念背道而驰的。有些法院甚至在"严打"时只严不宽，担心被扣上严打不力的"帽子"，违心地判处了一些死刑。[1]

（2）对死刑适用标准掌握得比较宽松。对于死刑适用标准，1979年刑法典规定为"罪大恶极"，而1997年刑法典则修改为"罪行极其严重"。理论上认为，二者都是要求仅对社会危害性极其严重、主观恶性极其恶劣、人身危险性极大的犯罪人才适用死刑。[2] 但是，在刑事司法实务活动中，因为严格控制死刑适用的司法观念淡薄，某些司法人员并没有严格按照死刑适用的标准来适用死刑，很多时候仅侧重于犯罪人的客观危害，甚至变相地降低"罪行极

[1] 参见钊作俊：《死刑的司法现状及其展望》，载《河南政法干部管理学院学报》2002年第2期。
[2] 参见高铭暄：《中国死刑的立法控制》，载《刑法评论》（第8卷），法律出版社2005年版，第3页。

其严重”的认定标准,对本不该适用死刑的犯罪人适用了死刑。

(3)最高法院将死刑核准权长期下放到高级法院。为适应严厉打击严重刑事犯罪、维护社会治安的需要,加之以犯罪案件数量压力过大,1979 年刑法典生效后不久,第五届全国人大常委会第十三次会议即于 1980 年 2 月 12 日做出决定,在 1980 年内,对于杀人、强奸、抢劫、放火等严重危害社会治安的现行刑事犯罪分子,由最高人民法院将死刑核准权授权给省、自治区、直辖市高级人民法院行使。此后,全国人大常委会于 1981 年 6 月 19 日颁布了《关于死刑案件核准问题的决定》,于 1983 年 9 月 2 日又修改了《中华人民共和国人民法院组织法》的相关内容,将最高人民法院把部分犯罪的死刑核准权授权给高级法院的做法予以合法化、常规化。此后,最高人民法院就依据此规定,发出了一系列下放死刑核准权的通知。[1] 1996 年修订的刑事诉讼法典和 1997 年修订的刑法典又重新规定和强调:死刑案件除最高法院判决的以外,都应当报请最高法院核准。即便如此,最高法院仍然于 1997 年 9 月 26 日即刑法典生效前夕发布通知,继续将部分死刑案件的核准权授权给高级法院、解放军军事法院行使。[2]

死刑核准权的下放,虽然有利于及时打击严重刑事犯罪案件,但也使得高级法院仅仅根据本地区的情况来核准死刑。这导致严重刑事犯罪案件之死刑适用缺乏全国性的统一标准,各地在死刑适用标准的理解与认定方面存在较大差距。

(4)死刑的司法适用数量较大。上述三种情形必然导致中国死刑适用的绝对数量较大。大赦国际所作的不完全亦不准确的统计显示,1998 年全世界有 37 个国家执行了至少 1625 人的死刑,其中中国至少 1067 人;1999 年中国执行死刑 4367 人;2000 年中国执行死刑超过 1000 人;2001 年全世界执行死刑 3048 人,中国执行死刑 2468 人;2002 年全世界有 31 个国家执行了至少 1526 人的死刑,其中中国至少 1060 人;2004 年全世界有 3797 人被执行死刑,其中,97%的死刑执行发生在中国,至少有 3400 人被处死。[3] 一般认为,这些关于中国适用死刑的数字只少不多。与中国适用死刑的实际数字相比较,还有相当大的差距。这在一定程度上表明,与其他保留并适用死刑的国家相比较,中国刑事司法活动中适用死刑的数量还是相当多的。

(三)中国死刑制度改革的必要性与迫切性

中国死刑的立法与司法虽然有很大进步,但还存在不少问题。这与国际潮流、国家刑事法治进步的趋势还不够协调。中国死刑制度的改革与完善显然已成为一个非常必要与迫切的重大现实课题。笔者认为,这种必要性与迫切性主要表现在如下几个方面:

---

〔1〕 这些通知主要有:《最高人民法院关于授权高级人民法院核准部分死刑案件的通知》(1983 年 9 月 7 日)、《最高人民法院关于授权云南省高级人民法院核准部分毒品犯罪死刑案件的通知》(1991 年 6 月 6 日)、《最高人民法院关于授权广东省高级人民法院核准部分毒品犯罪死刑案件的通知》(1993 年 8 月 18 日)、《最高人民法院关于授权广西壮族自治区、四川省、甘肃省高级人民法院核准部分毒品犯罪死刑案件的通知》(1996 年 3 月 19 日)、《最高人民法院关于授权贵州省高级人民法院核准部分毒品犯罪死刑案件的通知》(1997 年 6 月 23 日)等。

〔2〕 参见《最高人民法院关于授权高级人民法院和解放军军事法院核准部分死刑案件的通知》(1997 年 9 月 26 日)。

〔3〕 参见大赦国际网站 http://web.amnesty.org。

1. 顺应国际潮流、履行国际义务之需要

限制与废止死刑，已被联合国诸多国际公约、美洲人权公约、欧洲人权公约等国家法律文件所认可，为限制或者废止死刑确立了国际法依据，使得成员国在限制或者废止死刑方面承担了相应的法律义务。如前所述，相当多的国家已经废止死刑，不少国家向国际社会公开承诺不适用死刑，保留死刑并适用死刑的国家已是相对少数。显然，日益增多的废止死刑的国家及其废止死刑后正常或者基本正常的社会秩序的运行实践，无疑也给死刑废止理论提供了相当有力的佐证。限制、减少乃至废止死刑，已经成为世界性的刑事法治潮流。

虽然我们不能仅以死刑存废作为判断一个国家文明进步与否的标准，但是，严格限制并努力减少死刑的适用，却无疑是促进该国家人权事业进步的重大举措之一。自 1949 年以来，中国在人权事业方面有很大的进步。截至 2004 年 4 月底，中国政府签署或者加入的人权类国际公约共有 19 部，其中，经全国人大常委会批准生效的有 17 部，正在研究批准的有 2 部。[1] 在这些人权国际公约中，有多部与限制或者废止死刑的问题紧密相关，如联合国《公民权利和政治权利国际公约》《禁止酷刑和其他残忍、不人道或有辱人格的待遇或处罚公约》等。中国有义务将已经签署批准的人权公约的有关内容在国内法律中做出全面的规定，也应加紧研究并积极创造条件早日批准所签署的人权领域最为重要的《公民权利和政治权利国际公约》。而促进中国死刑制度的改革，无疑是中国顺应上述国际潮流、履行相关国际法律义务所必需的基本举措。

2. 促进国家刑事法治进步之需要

1999 年 9 月，中国共产党第十五次代表大会明确提出了依法治国的伟大方略，并在后来写入宪法序言。发展社会主义法治成为当代中国的基本国策之一。而刑事法治的进步与发展是中国社会主义法治建设的重要组成部分之一。1997 年刑法典确立了罪刑法定、适用刑法人人平等、罪责刑相适应三大基本原则，标志着中国刑事法治取得了重大进步。但是，中国死刑制度在立法与司法等方面的实际状况却表明，死刑制度在一定程度上偏离了刑事法治进步的发展目标。按照有利于促进刑事法治进步的原则促进死刑制度的改革与完善，已经成为中国刑事法治发展的迫切要求，也是促进中国刑事法治进步的重要途径。

3. 促进国家人权事业发展之需要

国家尊重与保障人权在 2004 年 3 月写进中国宪法，成为中国的宪政原则。中国刑法也有必要在各项制度中充分贯彻保障人权的宪法要求。而死刑作为依法剥夺犯罪人生命权的

---

〔1〕 这 19 个国际人权公约具体是：《经济、社会、文化权利国际公约》《公民权利和政治权利国际公约》《禁止并惩治种族隔离罪行国际公约》《消除对妇女一切形式歧视公约》《消除一切形式种族歧视国际公约》《关于难民地位的公约》《关于难民地位的议定书》《禁止酷刑和其他残忍、不人道或有辱人格的待遇或处罚公约》《儿童权利公约》《男女工人同工同酬公约》《1949 年 8 月 12 日日内瓦四公约》及其两个《附加议定书》《关于战俘待遇之日内瓦公约》《关于战时保护平民之日内瓦公约》《就业政策公约》《禁止和立即行动消除最有害的童工形式公约》《儿童权利公约关于儿童卷入武装冲突的任择议定书》《儿童权利公约关于买卖儿童、儿童卖淫和儿童色情制品问题的任择议定书》《反对体育领域种族隔离国际公约》。中国政府已经签署但尚未批准生效的两部人权公约是：《公民权利和政治权利国际公约》《儿童权利公约关于儿童卷入武装冲突的任择议定书》。上述资料引自中华人民共和国外交部网站 http://www.fmprc.gov.cn/chn/wjb/zzjg/tyfls/default.htm。

刑罚种类,与保障人权的问题直接关联。从保障人权、以人为本的角度出发来完善死刑制度,显然是中国刑法义不容辞的时代使命。这就要通过严格把握死刑适用条件,限制并减少死刑的适用,逐步废止死刑罪名来实现。

在此需要特别指出,废止非暴力犯罪的死刑,已经是世界上很多尚保留死刑的国家刑事立法的共同抉择。中国基于保障人权的立场,也有必要逐步而及时地、有策略地废止非暴力犯罪的死刑。而暴力犯罪的死刑则关系到死刑的最终命运,关系到死刑应存应废的争论根本点,关系到死刑与公民的生命价值问题。对于该问题,要从根本上考虑:到底能不能动用国家权力通过剥夺公民生命权的办法来维护国家利益?特别是在当前中国死刑适用有失泛滥的情况下,对该问题的分析与研究会有助于冷静反思死刑的实际作用,促动司法机关与司法官员抛弃对死刑的迷信,切实地促进国家对人权的保障。因此,死刑制度的不断改革与完善,有利于促进中国人权事业的健康发展。

4. 构建和谐社会,促进社会稳定与发展之需要

中共中央提出的建设社会主义和谐社会的构想,具有重要的理论价值和实践意义。和谐社会也必然是现代法治社会;健全、理性、高效的社会主义法治是实现和谐社会构想的基石。作为现代法治的重要组成部分,现代刑事法治对于构建和谐社会具有重要的促进和保障作用。相应地讲,刑法的各种制度也应该以建设和谐社会作为基本的出发点。死刑制度显然也不能例外。只有从构建和谐社会的宏伟目标出发来改革与完善中国死刑制度,才能顺利地发挥刑法制度包括死刑制度所具有的"保驾护航"作用,不断巩固建设和谐社会中的阶段性成果,有效地促进社会的稳定与发展。从这个角度看,在现阶段改革与完善中国死刑制度,也是我国构建和谐社会过程中迫在眉睫的重大任务。

三、中国死刑制度改革的难点问题

中国死刑制度问题涉及理论、立法、司法与社会环境等方面的诸多因素,与其所应对的各种犯罪现象一样,表现出复杂、疑难的特点。这就决定了中国死刑制度的改革也势必会遇到各种各样的难题。而准确定位中国死刑制度改革中的难点问题,是准确确定中国死刑制度改革之内容与方向的必要前提,也为有针对性地提出死刑制度改革的方案与措施提供了基本条件。

(一)中国死刑制度改革难点的确定

中国死刑制度改革是中国刑事法律制度改革的重要组成部分,是在刑事法治发展的宏观环境中进行的。对其难点问题的确定,既可以从刑事法治改革的角度出发,也可以从死刑制度本身入手,还可以从改革活动的自身规律出发。可以说,从不同的角度考察,中国死刑制度有着不同的难点问题。笔者在此仅从如下两个角度来确定死刑制度改革的难点问题。

1. 以死刑制度改革的规划为视角的分析

改革是在一定的观念与原则指导之下对特定制度进行系统的改造与变革,以实现特定的目标。中国死刑制度的改革也是如此。由此以观,中国现阶段死刑制度的改革面临着如

下诸多难题：

(1)改革目标的确定。尽管保障人权、以人为本以及建立和谐社会是死刑制度改革的重要方向，但这毕竟是中国社会主义法治发展的宏观目标。在现阶段和未来社会发展进程中，中国死刑制度改革应该确立什么样的总体目标、阶段性目标与具体目标，还是一个需要深入分析探讨的问题。

(2)改革时机的确定。中国死刑制度改革是刑事法律领域里牵一发而动全身的重大问题。准确确定改革的时机，关系到中国死刑制度改革的成败得失。故而必须弄清楚，死刑制度的改革应于何时启动？该问题需要社会各界理智的思考，更需要国家政治决策领导层的慎重而又及时的决策。

(3)改革进程、步骤的确定。如前所述，中国死刑制度是刑事法治领域中非常复杂而又重大的问题。其改革问题也是刑事法治发展中的重要组成部分。如何规划与设计死刑制度改革的进程，设定哪些步骤来实现死刑制度的改革，则是死刑制度改革的重大策略性问题，决定着死刑制度改革的全局。然而，这些问题尚未引起理论界与法律实务界的足够重视，相关的研究与分析还不是很多。

(4)改革条件尚需齐备。中国死刑制度的改革需要多方面条件的配合。只有在具备充分条件的情况下，中国死刑制度改革才能顺利进行。然而，中国现阶段死刑制度改革所需要的各种条件，如政治、经济、社会、立法、司法等制度还并不完善，社会文化环境、民意、法治观念等都还有较大的局限性，还会影响死刑制度改革的顺利进行。因此，改革所需的各种条件尚不充分具备，乃是中国死刑制度改革中的又一难点问题。

(5)改革的内外部环境尚需配合。中国现阶段的死刑制度改革是在中国发生重大转型、建设有中国特色社会主义的进程中展开的。其外部环境，不管是全球的国际环境，还是中国所处的亚洲的区际环境，以及中国的国内区际环境，都表现得比较复杂。要顺利推进死刑制度改革，就需要对这些环境进行深入的分析，明确有利因素与不利因素，因势利导地理顺各种复杂关系。这显然也是中国死刑制度改革中的难点问题之一。

2. 以死刑制度改革所涉领域为视角的分析

死刑制度是刑事法治中的重要组成部分，涉及到社会环境、立法、司法、价值观念等多领域、多方面的问题。从所涉领域为视角来分析，中国现阶段死刑制度改革所面临的难题主要有：(1)国内外尤其是国内的重大社会环境条件并不充分。(2)死刑的刑法立法难题。(3)死刑的司法难题。(4)死刑观念变革的难题。而每个方面都存在阻碍或者不利于顺利推进死刑制度改革的因素或者问题。下面将着重对这些领域的难点问题进行分析。

(二)难点之一：国内外尤其是国内重大社会环境条件问题

1. 国际环境的压力与促进

废止死刑或者停止死刑的适用，已经成为世界上多数国家的现实选择。另有不少国家严格限制死刑的适用，年均适用数量保持在非常低的水平，甚至不超过两位数。其中，不乏人口众多、社会矛盾也比较尖锐的发展中国家(如印度)，以及如中国一样社会发生重大转型、社会治安压力也比较大的国家(如俄罗斯)。[1] 这种情形对保留死刑的国家无形中就会产生一定的影响,即应严格限制、切实减少死刑的适用。

中国是社会主义国家,又是发展中国家,经济、文化、社会发展状况比发达国家落后,适用死刑的传统观念根深蒂固,使得中国成为世界上判处与执行死刑较多的国家。这种情况受到某些怀有偏见的发达国家、人权组织的指摘。不管这些指摘有无道理,对中国的死刑制度毕竟形成了改善与改良的压力和动力。但是,这里就产生了一个问题,即在国际社会无形或者有形压力与国内较为严峻的犯罪形势并存的情况下,该如何正确确定中国的刑事司法政策与死刑政策、死刑制度改革的立法、司法措施呢?这是我国刑事法律所面临的实际问题,也是死刑制度改革无法避开的难点之一。

2. 国内政治体制与政治决策问题

中国的政治体制改革还处在逐步探索的过程中,而国家的政治决策还需要不断科学化。中国现存的死刑制度毕竟有着深厚的传统文化与民意基础,其运作也常常受制于社会治安形势变化状况。因而中国死刑制度改革必须具有相当的力度、深度和广度,是当前社会发展过程中非常重大而需要慎之又慎对待的现实问题。在当前政治体制改革的进程中,要做出严格限制死刑、切实减少死刑适用、逐步废止死刑的政治抉择,特别需要决策者具有全球性的眼光以及相当的政治魄力与政治自信。[2] 尽管刑法修改与完善的历史经验已经证明,中国国家领导层具有顺应现代刑事法治进步的前瞻意识与坚定的政治意志,[3]但是,在死刑制度改革的重大问题上,国家决策领导层会做出什么样的政治决策尚未可知。死刑制度的改革势必要取决于我国政治体制与政治决策问题。

3. 国家经济发展与经济状况问题

虽然中国现阶段社会经济不断发展,综合国力不断增强,但是,中国经济发展中还存在很多问题,经济犯罪现象也日趋严重,各项经济制度还要不断完善。既要维护人们追求经济利益的正当权利,又要通过惩治经济犯罪为经济健康发展保驾护航,是现代刑法必须完成的双重任务。而刑法制度只有在特定的范围内发挥应有的作用,才能实现保持经济活力、促进经济良性发展的目标。但是,在现行刑法典中,破坏社会主义市场经济秩序罪一章规定的死刑罪名竟达16种之多,在所有配置死刑的犯罪章节中居于首位。而世界各国,尤其是发达国家,对经济犯罪较少规定或者不规定死刑。实际上,在我国司法实践中,破坏经济秩序犯罪的死刑罪名适用得并不是很多。本来,合理利用刑罚手段打击经济犯罪,尤其是危害国家经济安全的犯罪,对于保障经济可持续发展具有重要作用。但也应该冷静考虑死刑对促进经济良性发展的有限作用以及副作用,以改革死刑制度来使刑事法律与经济发展状况相协调。

---

〔1〕 参见刘仁文:《死刑限制及其路径》,载赵秉志主编:《中国废止死刑之路探索》,中国人民公安大学出版社2004年版,第27页。

〔2〕 参见陈兴良:《中国死刑的当代命运》,载《中外法学》2005年第5期。

〔3〕 如经历1989年政治风波之后,中国在修订刑法时,国家决策领导层仍坚定地支持立法机关将反革命罪修订为危害国家安全罪。参见赵秉志主编:《新刑法典的创制》,法律出版社1997年版,第11~13页。

4. 国内社会治安与严重犯罪状况

现阶段中国社会还处在重大转型的过程中,贫富差距有所扩大,地区发展状况很不平衡,社会保障措施与国民福利制度还很落后,各项法律制度与保障措施还有待于完善。而与此同时,某些人法制观念淡薄,为追求个人物质利益而不遵守法律与社会规范。这些因素必然导致复杂的社会问题不断发生,也使社会治安处在变化之中,从而致使严重暴力犯罪案件屡屡发生。在不少犯罪案件中,被害人数之多、犯罪手段之残忍、犯罪动机之卑劣,都令人发指,不仅严重侵犯了被害人的合法利益,也严重影响了社会公众的心理,使公众对社会安全的认同大大降低。因而依法严惩严重暴力犯罪,不仅是维护社会秩序的需要,也是提高公众对社会安全认同感、稳定社会心理、维护社会各项事业平稳发展的需要。

对于惩治严重暴力犯罪,普通民众与为数不少的司法机关及司法人员都不由自主地寄希望于对犯罪分子较多适用死刑的治理措施。但是,即便对于严重暴力犯罪来说,死刑也并非灵丹妙药,其作用的有限性也非常明显。[1] 遏制严重暴力犯罪的频繁发生,并不能一味地依赖于死刑。因此,本着依法严厉惩处严重暴力犯罪的立场,如何强调慎重适用死刑、减少死刑适用,也是现阶段死刑制度改革中的基本内容。

5. 国家政权稳固与外部安全问题

随着全球化的进一步深入,跨国、跨境犯罪的危害程度也日益严峻。时至今日,中国与其他国家交往的紧密程度已经超过历史上任何时期,而且中外的相互依存、相互交流还将继续拓宽和深化,加之中国有漫长的海岸线和陆路边境,中国面临的跨国、跨境犯罪在今后相当长时期里仍将居高发态势。另外,中国也是遭受恐怖活动犯罪危害比较严重的国家,有效打击恐怖活动犯罪对于维护国家安全也具有重要意义。刑法典第 2 条规定,维护政权稳固以及国家外部安全,是我国刑法的重大任务之一。刑法发挥这方面的作用,主要是通过对严重危害国家安全的犯罪判处严厉的刑罚。但对此类犯罪,刑罚该严厉到何种程度,则是刑事司法机关需要认真思考与对待的问题。在这种情况下,能否强调限制、减少死刑对此类犯罪的适用,乃至不适用死刑,也是中国现阶段死刑制度改革中所必然遇到的难点问题之一。

(三)难点之二:死刑之刑法立法问题

1. 死刑立法不断膨胀之轨迹的影响

中国国家立法机关在制定 1979 年刑法典时,较好地坚持了“少杀、慎杀”的刑事政策,死刑罪名仅限于严重危害国家政权或者严重危及公共安全、公民人身权利的犯罪。尤其是在除危害国家安全的犯罪外的普通犯罪之领域,死刑罪名除贪污罪外,大都在犯罪手段上具有严重的破坏性或者暴力性。但是,从 1981 年之后,中国所制定的各种单行刑法中,死刑的适用范围持续扩大,涉及的条文和罪名不断增多,也出现了绝对死刑的法定刑模式。死刑立法呈现出严重的膨胀之势。

在 1997 年修订刑法典时,虽然限制、削减死刑的呼声很高,但立法者在这种死刑立法膨胀的轨迹与惯性的影响下,着重考虑社会治安形势的严峻性,并未在死刑立法上做出太大的

[1] 参见[意]贝卡里亚:《论犯罪与刑罚》,黄风译,中国大百科全书出版社 1993 年版,第 52 页。

变革,死刑制度仍然不尽如人意。[1] 目前,在我国社会中,犯罪的形势依然很严峻,严重刑事犯罪仍呈现出上升的趋势。刑事立法能否削减死刑罪名,还是个疑问。因此,在限制、减少死刑适用方面,中国死刑立法还面临着相当大的挑战和任务。

2. 刑法总则严格控制死刑与分则扩张死刑的矛盾突出

中国国家立法机关在修订刑法典时,在刑法典总则中对死刑适用采取了非常谨慎的态度,有意识地限制与减少死刑的适用。如进一步限制了死刑适用的条件,删除对未成年人可适用死缓的规定、放宽了死缓减为无期徒刑或者有期徒刑的条件。但是,在刑法典分则中,立法机关并没有太多地限制与削减死刑,如1997年刑法典中仍规定了68种可以判处死刑的具体罪名,很多具体犯罪适用死刑的情节很模糊,仅表述为"情节特别严重"等。这样看来,刑法总则的立法精神是严格控制死刑,而刑法典分则却仍在扩张死刑及其适用,二者之间的冲突与矛盾非常明显,也很突出。这种冲突与矛盾,也是中国著名刑法学家高铭暄教授2006年2月在一次重要的中美死刑会议上鲜明地指出的。[2]

3. 刑法总则规定的死刑适用标准过于概括且有失片面

1997年刑法典将死刑适用的标准从"罪大恶极"修改为"罪行极其严重"。该表述虽为法言法语,但却并不完全科学。对于该规定的含义,理论上存在很大争论,不过基本上趋向一致地认为,应该从犯罪性质、犯罪后果、犯罪人的主观恶性等方面综合考虑。[3] 此外,不少学者参考《公民权利和政治权利国际公约》《关于保护死刑犯权利的保障措施》等国际法律文件,对中国死刑的适用条件提出批评,认为公约所指的"最严重的罪行"与中国刑法典中规定的"罪行极其严重"是不同的。[4] 可见,我国刑法典所规定的死刑适用标准,在具体内容方面还有待于完善。

4. 刑法总则的死缓适用标准笼统且死缓撤销标准并不科学

1997年刑法典规定,死缓的适用条件是"判处死刑,不是必须立即执行"。对于"不是必须立即执行",刑法典与各种司法解释文件中并没有作出明确的规定,理论与司法实务界都有较大的争议。甚至有论者建议,可以删去"不是必须立即执行",对所有判处死刑的犯罪人均适用死缓。[5] 可见,虽然扩大死缓的适用不失为限制与减少死刑适用的良好办法,但死缓的适用条件还需要改进与完善。另外,刑法典第50条规定,撤销死缓的标准是死缓期间罪犯"故意犯罪,查证属实"。理论界对此提出了严厉的批评,即认为该规定没有考虑犯罪人故意犯罪的情节,不适当地扩大了死刑立即执行的适用,严重违背了限制死刑的立法精

---

〔1〕 参见赵秉志:《刑法总则问题专论》,法律出版社2004年版,第554页。

〔2〕 2006年2月25日,北京师范大学刑事法律科学研究院与纽约大学法学院、美国律师协会在北京友谊宾馆召开了"关注中国死刑改革"的学术座谈会。高铭暄教授在会议上的发言中提出了该观点,并受到学者们的广泛关注。

〔3〕 参见赵秉志:《刑法总则专论》,法律出版社2004年版,第548页。

〔4〕 参见卢建平:《死缓制度的刑事政策意义及其扩张》,载陈兴良、胡云腾主编:《中国刑法学年会文集(2004年度)第一卷:死刑问题研究(下册)》,中国人民公安大学出版社2004年版,第721~727页。

〔5〕 参见卢建平:《死缓制度的刑事政策意义及其扩张》,载陈兴良、胡云腾主编:《中国刑法学年会文集(2004年度)第一卷:死刑问题研究(下册)》,中国人民公安大学出版社2004年版,第721~727页。

神。[1] 而如何准确界定死刑缓期执行适用条件以及撤销的标准，仍是当下需要认真对待的重要问题。

5.“生刑”过轻造成刑罚体系严重不协调

中国刑罚体系中“生刑”过轻是一个突出的问题。这里的“生刑”主要是指死缓、无期徒刑、有期徒刑。中国刑法中的死缓，实际上相当于14年以上22年以下有期徒刑，因为犯罪人被判处死缓的，一般实际关押18年左右，死缓成为变相的期限不是很长的有期徒刑。无期徒刑则相当于12年以上22年以下有期徒刑，罪犯一般被实际关押15年左右。有期徒刑的法定期限最高为15年，数罪并罚时也不超过20年。[2] “生刑”普遍地表现出期限过短、与死刑落差太大的特征。与中国刑法典规定过多死刑罪名、司法机关较多适用死刑的实际情况相比较，保留生命的刑罚（如绝大多数的死缓以及无期徒刑、有期徒刑）就显得过于轻缓。情节严重程度略有差距的不同犯罪人，却面临生死两重天的不同命运。这不仅使得刑罚体系在轻重上非常不协调，也导致刑罚打击犯罪的效果大打折扣。因此，有效地协调“生刑”与死刑之间的关系，是当前中国死刑制度改革必须关注的重要问题，而这也是一个颇为棘手的立法完善问题。

6. 刑法典分则中死刑罪名过多过滥

如前所述，中国刑法典分则中规定了68种死刑罪名。这样的死刑罪种在世界各国中都是比较罕见的。而且，不直接侵犯人身安全与公共重大安全的非暴力犯罪，如税收犯罪、发票犯罪、盗窃犯罪等，也都较多地配置有死刑。按照前述国际公约所规定的对最严重的犯罪才能设置死刑作为最高法定刑的要求，中国现行刑法典分则规定的死刑罪名中有很多都是不必要的，死刑罪名显然过多过滥。这也是死刑立法完善所面临的重要问题。

（四）难点之三：死刑之司法适用问题

1. 实体上缺乏限制死刑适用的规则

死刑是中国刑法典总则中规定的主刑之一。刑法典分则中又规定有大量死刑罪名。司法实务中较多地适用死刑。可以说，“少杀、慎杀”的刑事政策并没有在中国死刑的立法与司法活动中得以有效贯彻，对司法机关及司法官员缺乏法律约束力。之所以产生这样的问题，很大程度上是由于缺乏限制死刑适用的实体规则造成的。因为关于如何严格把握死刑适用的标准，从而限制死刑的适用，以及如何对具体犯罪准确、妥当地适用或者不适用死刑，最高法院至今都没有出台明确的规定，死刑的适用缺乏明确、细致、具体的规则。

这样一来，严格控制死刑适用标准，限制死刑的适用，就要依赖于司法机关与司法官员的自觉选择。是基于保障人权而限制死刑适用，还是因为严惩严重刑事犯罪、维护社会治安的需要而放宽死刑适用，完全由司法机关与司法官员掌握。这就意味着，司法机关与司法官员可以在相当程度上随意决定是否严格限制死刑的适用。因此，死刑的司法适用缺乏明确、

---

〔1〕 参见高铭暄主编：《刑法专论》（上卷），高等教育出版社2002年版，第552页。
〔2〕 参见陈兴良：《刑罚改革论纲》，载《法学家》2006年第1期。

全面的实体法方面的司法规则。这无疑不利于限制、减少死刑的适用。

2. 司法中崇尚、依赖死刑的观念还有很大影响

受到“治乱世用重典”这种传统思想的影响，中国不少司法官员认为，对于社会治安形势有所恶化、严重刑事犯罪频频发生的情况，应该强调死刑的功效。只有对严重刑事犯罪分子较多地适用死刑，才能有效地打击犯罪分子嚣张的气焰，遏制严重刑事犯罪率上升的势头。这种崇尚、依赖死刑的错误观念使得某些司法人员忽视现代刑法所应具有的人权保障机能，在刑事司法活动中有意无意地抛弃严格适用死刑的意识，放宽死刑适用的标准，甚至借口“严打”活动对尚不完全具备死刑适用条件的犯罪人适用死刑，从而导致死刑的严重滥用。所以，改变司法中的死刑观念，既是中国现阶段死刑制度改革的重要内容，也是死刑制度改革得以顺利进行的基本保障。

3. 对死刑案件的非法干扰因素还相当严重

当今中国，虽然依法治国的理念正日益深入人心，但是，违反法治原则的现象还是时有发生。就死刑制度来讲，很多情况下，司法机关在处理死刑案件时还会受到各种非法干扰，有时还相当严重。这主要表现为司法实践中存在的两种内部制度：一是案件请示。很多死刑案件都比较复杂、疑难，下级法院在审判时往往请示上级法院，请上级法院提出处理的意见，使得死刑案件的二审、复核乃至核准等程序都失去原本的功能与意义。二是案件协调。对于是否判处死刑存在较大争议或者案件的证据有一定问题的死刑案件，某些地方领导、政法机关违背司法职能分工的原则在处理案件的各机关之间进行协调，甚至召集各机关的代表一起召开协调会。这两种于法无据、有悖情理的内部制度不仅严重干扰了人民法院独立行使审判权的法定职责，而且也严重影响了司法机关适用死刑的数量与案件质量。这当然也是死刑制度改革所不得不面对的棘手问题。

4. 死刑核准权回收后的成功运作还有重重困难

2005年春夏之交，最高法院决定将多年来下放到高级法院的部分死刑核准权全部收回。对于死刑核准权收回后能否成功运作，有人抱怀疑态度，也有人持反对态度。但是，不必讳言，死刑核准权回收最高法院后能否成功运作，确实还存在相当多的困难与问题。例如，如何以有限之人力应对全国众多之死刑案件？如何有效地减少死刑案件数量以及提高死刑案件的审判质量？死刑核准究竟应采用何种形式？死刑核准案件的审理范围有无限制？死刑复核程序的性质应如何确定？[1] 这些问题关系到最高法院对死刑核准权的顺利行使。

（五）难点之四：死刑之观念改变问题

1. 崇尚死刑报应的观念根深蒂固

死刑在中国历史上由来已久，历代统治者都把死刑作为威慑民众的有力工具。早在战国时代，荀子就指出：“杀人者死，伤人者刑，百王之所同，其所由来尚矣。”[2] 在中国古代刑

---

〔1〕 参见赵秉志、王超：《中国死刑制度的程序困惑及其出路》，载《中国刑事法杂志》2006年第3期。

〔2〕 转引自（唐）长孙无忌等撰：《唐律疏议》，中华书局1983年版，第4页。

法中,死刑始终处于刑罚体系的中心地位。在这种法律传统的影响下,对严重犯罪适用死刑的观念也逐渐深入人心,普通民众对于死刑习以为常。而且,死刑报应观念还受到现实状况的影响。如前所述,当前社会发生重大转型,各种矛盾比较突出,严重刑事犯罪时有发生,人们为安全计而本能性地依赖死刑。中国刑事法治还不完善,司法机关也容易依赖死刑来惩治与预防严重刑事犯罪。这就强化了依赖死刑遏制犯罪的社会意识。因此,死刑观念的形成与存在,不仅受到传统文化的深刻影响,而且与中国当前的犯罪状况、司法制度状况直接相关。利用死刑来报应严重刑事犯罪的观念,在中国社会中可谓根深蒂固。例如,不少人都认为,死刑以剥夺人最宝贵的生命为内容,能够有效地威慑犯罪人,防止不稳定分子铤而走险,从而有利于维护稳定、良好的社会秩序。在严重刑事犯罪案件中,只有死刑才能全面平息民愤,安抚被害人,真正实现司法的公正。还有人认为,死刑剥夺了罪犯的生命,彻底消除其再犯可能性,能以最小成本获得最大的刑罚效果,符合刑罚经济观。可见,崇尚死刑的观念过分地看重死刑的作用,甚至夸大这种作用。冰冻三尺,非一日之寒。经过数千年历史积淀的死刑观念之改变,实非易事,需要我们做出相当大的努力。

2. 社会各界的死刑观念不尽相同

在中国,虽然死刑报应的观念还根深蒂固,但是社会各界的死刑观念却并不相同,主要表现为如下几种情况:

(1)国家决策领导层的死刑观念。

对于死刑,新中国成立后各个历史时期的国家主要领导人大体上都还保持着冷静的态度,但在具体的认识及政治决策上也有所不同。

新中国成立后,以毛泽东主席为核心的第一代国家决策领导层以人民民主专政学说为思想基础,准确认识死刑在阶级斗争中的作用,合理地吸收我国古代历史上的慎刑思想,提出了"少杀慎杀,可杀可不杀的坚决不杀"的政策,并在各种政治斗争中坚持贯彻该政策,同时以此为思想基础创造性地建立了死缓制度。[1] 在此后的社会主义建设时期,毛泽东同志提出的慎用、少用死刑的刑事政策,在刑事司法实践中基本上得以全面贯彻与落实,对死刑的司法适用起到了非常重要的指导作用,在一定程度上严格限制了死刑的适用。不过,因为种种原因,这些重要认识与宝贵的司法实践经验并没有及时转化成较为完整、系统的法律制度。但这些合理性的认识后来深刻地影响了新中国成立后第一部刑法典(即1979年刑法典)的死刑立法。1979年刑法典总则对死刑适用的基本条件作出了较为严格的规定,并正式规定了死缓制度,分则也仅规定了28种死刑罪名。

20世纪70年代末80年代初,我国进入改革开放的历史时期,社会主义建设在各个领域中如火如荼地展开,社会发展进步迅速。但犯罪案件随之也有大量增长,甚至在某些时期某些地区严重干扰了经济建设的正常进行,社会治安形势较为严峻。对此,以邓小平同志为核心的第二代国家决策领导层非常重视刑事法律对社会与经济发展的保障作用,于1983年提

〔1〕 参见赵秉志:《毛泽东死刑思想研究》,载《法学家》2001年第4期。

出了严厉打击严重刑事犯罪的方针,[1]在强调慎用死刑的同时也阐明了死刑对于社会经济发展的重要意义,主张强化死刑的适用。在这样的政策方针指引下,死刑的立法与司法适用都呈现出扩张之势。客观而论,在改革开放过程中,为保障社会稳定与经济发展,严厉打击日益猖獗的犯罪活动确有必要,上述指导思想以及相关的立法、司法措施确实起到了较为显著的作用,取得了一定的成效,但也在一定程度上造成和强化了司法实务部门乃至社会民众对死刑的依赖与迷信,致使重刑主义、重用死刑的观念一度甚嚣尘上。

以江泽民同志为核心的第三代国家决策领导层坚定不移地贯彻并发展第二代国家决策领导层所制定的各项路线方针。其在法治领域内也进一步做出了诸多伟大决策,如依法治国、保障人权等。在死刑问题上,第三代国家决策领导层继续执行第二代决策领导层的死刑政策,注重死刑对打击暴力犯罪、严重经济犯罪、严重腐败犯罪的作用,但也注意到了当时立法与司法扩张死刑适用的现实情形,并以法治原则为方针采取措施做出了一定的改进,即不仅在刑事诉讼法典中规定最高人民法院对死刑拥有核准权,而且在刑法典中对该规定予以重申,对1979年刑法典中的某些死刑规定予以改进,删减了一些死刑罪名。

以胡锦涛总书记为核心的第四代国家决策领导层在死刑的认识及政治决策上表现得更为冷静和理智。第四代国家决策领导层继承并发扬了第三代国家决策领导层所做出的保障人权的伟大决策,在坚持依法治国之基本国策的同时将国家尊重和保障人权规定为宪法原则,并且提出了构建社会主义和谐社会的政治构想。基于这样的政治思想基础,第四代国家决策领导层在强调当今中国不废止死刑的同时,也明确阐述了严格依法适用死刑,慎重和公正适用死刑的立场。[2]

这些重大的政治决策明确反映出中国国家决策领导层慎重适用死刑的政治态度,也为中国死刑制度改革确定了基本的方向,有助于现阶段中国顺利推进死刑制度的改革。其中尤其是以毛泽东主席为核心的第一代国家决策领导层明确强调"少杀"政策,引人注目。

(2)立法者及民意代表的死刑观念。

全国人民代表大会及其常委会虽然也是始终坚持"少杀、慎杀"的刑事政策,但在某些具体立法工作中,并没有切实地以严格限制死刑之政策与理念作为死刑立法的指导。不少全国人大代表对死刑也有误解。立法者在相当程度上还崇尚死刑的观念,突出表现为:一是从20世纪80年代初开始通过法律形式规定死刑核准权可由最高法院下放给高级人民法院来行使;二是在很多单行刑法中规定了较多的死刑罪名。时至今日,这种情况也没有明显的改观。由此可见,立法者及民意代表对死刑还有相当程度的依赖。

---

[1] 中共中央于1983年8月25日发布了《关于严厉打击刑事犯罪活动的决定》。1983年8月25日至9月2日召开的第六届全国人大常委会第二次会议通过了关于打击严重刑事犯罪的两个决定,即《关于严惩严重危害社会治安的犯罪分子的决定》《关于迅速审判严重危害社会治安的犯罪分子的程序的决定》。

[2] 2005年3月19日,温家宝总理在全国人大会议期间的记者招待会上明确表示,现阶段中国虽不会废止死刑,但要用各种制度保障死刑适用的慎重与公正。参见《温家宝总理记者招待会答中外记者全文》,载新华网 http://news.xinhuanet.com/newscenter/2005-03/14/content_2696724.htm。

(3)普通民众的死刑观念。

当今中国之普通民众对死刑还有较强的依赖乃至迷信的观念,主要表现为两种情形:一是对具体严重刑事犯罪案件的罪犯予以严惩(即适用死刑)的强烈民愤;二是一般性地反对废止死刑,甚至非理性地主张扩大死刑的适用。改变普通民众对死刑的依赖与迷信,是改造社会中死刑观念的基础性工作。中国现阶段死刑制度的改革当然也无法绕开这个关键问题。

四、中国死刑制度改革难点之对策建言

中国现阶段死刑制度的改革所面临的上述诸多难点问题,直接关系到刑事法治的发展与完善。虽然目前已经有了最高人民法院全面回收死刑核准权的破冰之举,但是,死刑制度改革的道路还很漫长。从以人为本的精神出发,对死刑制度改革的诸多难点问题提出有效的应对之策,才能使得死刑制度的改革顺利启动、稳步进行。下面就前述中国死刑制度改革难点的解决对策提出若干建言。

(一)司法改革与立法改革相结合并以死刑的司法改革为中心

从法律制度的层面上看,死刑制度的改革不外乎两个方面:死刑的立法改革与司法改革。死刑的立法改革具有基础性、决定性的作用。在刑法立法中,对死刑制度进行改革,能在源头上实现限制与减少死刑适用的目标,因为规定更为严格的死刑适用的一般标准与更为宽松的死缓适用标准,减少死刑罪名,并在法律上严格限制具体犯罪死刑的适用规格,显然能够直接产生减少死刑适用的法律效果。但是,死刑的立法改革却是一个复杂而又程序繁多的重大工程。死刑改革本身就牵涉诸多难题,如果每个难点的解决都要依赖于立法活动,那么,死刑制度的改革步伐与力度就可能会受到较大的限制,改革的进度也可能会比较缓慢。

相对来说,死刑的司法改革是在司法领域中由司法机关进行的,并不涉及复杂的立法程序。很多问题能够在司法实践领域做出积极的探索,并有可能取得较好的效果。例如,非暴力犯罪没有规定绝对法定刑的死刑,从限制、减少死刑的立场出发,司法机关就可以基于犯罪情节尚未达到适用死刑的程度的理由对非暴力犯罪尽可能不适用死刑,从而使非暴力犯罪的死刑基本予以虚置,起到严格控制死刑数量之功效。另外,对死刑适用的基本标准予以严格把握,放宽死刑缓期两年执行的适用条件,对具体犯罪适用死刑的具体规格合情节从严掌握,也是司法机关在其职责范围内能够做到的。以此限制、减少死刑的适用,显然是推进死刑制度改革的更为方便、快捷、适宜的途径。所以,现阶段中国死刑制度的改革,虽然需要死刑立法改革与死刑司法改革齐头并进,但更有必要以司法改革为中心。

(二)观念变革与制度改进相配合并以死刑的观念变革为基础

观念是行动的先导。仅有制度的变革显然是不够的,因为在促进死刑制度改革的过程中,加强死刑观念的转变同样具有重要的地位。只有具备与制度相一致的思想观念,制度才能够得以顺利的执行。[1] 可见,死刑观念的变革是死刑制度改善的重要配合措施。中国死

---

〔1〕 参见[美]道格拉斯·C.诺思:《经济史中的结构与变迁》,陈郁、罗华平等译,上海三联出版社1994年版,第27~29页。

刑制度改革并不能仅限于制度层面,还需要在社会观念的层面上深入地展开。

对于死刑,刑事法治应立足于保障人权、以人为本的立场,倡导严格限制死刑适用、切实减少死刑适用,并逐步废止死刑的基本理念。中国现阶段死刑制度的改革有必要采取措施,促使人们对死刑的认识发生根本性的变化,即从死刑是报应的必要手段转化为死刑仅仅是不得已的社会最后治理措施。这样才能使得现阶段中国死刑制度改革具备应有的思想基础。而且,立法者只有真正树立限制死刑的法治观念,才能够在立法工作中切实地控制死刑,而不是有意无意地扩张死刑。1997 年刑法典总则严格限制死刑与分则扩展死刑罪名的突出矛盾就揭示了这一点。而司法机关及司法官员只有确立严格控制死刑适用的法治观念,才能够从严掌握死刑适用的标准,做到"可杀可不杀的,坚决不杀",杜绝死刑滥用现象的发生。因此,不管是死刑的立法改革,还是死刑的司法改革,都需要立法者、司法者具备并坚持以严格限制死刑为内容的法治理念。所以,在这个层面上讲,死刑观念的变革是中国现阶段死刑制度改革的必要基础。

(三)促进决策者认识与民意的提升并以促进决策者观念变革为重点

促进死刑观念的变革,除包括法治工作者与法学理论工作者的理论发展外,还有两个重要的方面:促进决策者认识与民意的提升。

首先,应促使决策领导层对死刑的认识发生改进。国家决策领导层往往能够把握到社会进步的脉搏,对法治发展、人权进步、社会稳定繁荣有着高屋建瓴的认识。他们如何看待死刑与社会治安、国家发展的关系,对死刑的限制与废止有着举足轻重的作用。提升国家决策领导层对死刑的认识,使其明确地提出限制、减少死刑适用,将来逐步废止死刑的主张,就有利于他们做出限制、减少死刑适用的根本性决断,对立法、司法产生重大影响,产生保障人权的实际效果。

其次,提升民众对死刑的认识,使得民众从理性角度看待死刑。如前所述,在传统文化、现实犯罪状况、司法制度等因素影响下,当今中国绝对多数的社会民众还比较崇尚死刑,认为死刑是对严重刑事犯罪予以报应预防的必要手段,甚至迷信死刑是万能的。对于社会文明的发展、法治的进步来说,这显然是一个不利的因素。因为死刑制度作为法律制度,要对整个社会起到规范的作用,死刑制度与每个社会成员息息相关。扩大而不是限制死刑,实际上不利于保障所有民众的人权。只有促使民众认识到死刑的局限性、犯罪发生、遏制犯罪的规律性,并使得其对死刑有冷静的理性态度,不再依赖死刑来维护安全,才有利于为死刑制度改革创造良好的宏观社会环境。

最后,需要指出的是,促进国家决策领导层死刑观念的转变,尤为重要。因为国家决策领导层有关死刑的认识发生进步,会起到教育民众的作用,引导民意循着理性的方向发展,使之逐步走出崇尚死刑乃至迷信死刑的认识误区。因此,中国现阶段死刑制度的改革有必要将促进国家决策领导层观念的变革作为重点。

(四)确立死刑限制与逐步废止的方向、路径与步骤

从保障人权、以人为本出发来看,死刑的限制与废止都是死刑制度改革中非常重要的内容。死刑的限制与废止之间也存在紧密的联系。死刑的限制应以死刑的逐步废止为归宿,

通过限制死刑适用来为逐步废止死刑创造条件。但是,无论是限制死刑,还是逐步废止死刑,均非一日之功,不可能通过某项措施或者活动一蹴而就。相反,现阶段中国死刑制度的改革与完善,需要在准确定位发展方向的前提下沿着正确的路径,有步骤分阶段地逐步进行。

对于死刑制度改革的方向,不管是理论界还是司法实务界,都没有太大的争论,即认为应严格限制死刑的适用,并且努力逐步废止死刑。在朝着该目标迈进的过程中,需要注意的是,死刑制度改革应该稳扎稳打,步步为营,每一项具体的改革措施应该能够巩固已有的成果,能为以后的改革创造良好的法律条件与社会环境条件。否则,稍有不慎,就可能前功尽弃。这不仅要求死刑的立法改革稳中有变,而且要求死刑的司法改革更为慎重,确保死刑案件的质量,引导民众在具体死刑案件和死刑问题上的认识不断进步。

要实现这一点,就需要在死刑制度改革中,妥当、合理地确定改革的步骤,每个步骤的措施也要注意适当性。目前,理论上对死刑制度改革的步骤基本上有了较为成熟的看法,即(1)通过保障死刑案件质量,严格控制死刑案件的数量来逐步减少死刑的司法适用,改变判处死刑的罪犯数量太多的现状。(2)完善刑法典关于死刑适用方面的各种规定,改变司法对死刑的依赖。(3)确立逐步废止死刑的基本策略,先行削减非暴力犯罪的死刑罪名,逐步废止非暴力犯罪的死刑。(4)在条件成熟的情况下,废止非致命性暴力犯罪的死刑。(5)在社会文明与法治发展到相当发达程度时,废止所有的死刑。[1]

(五)研究与死刑制度改革配套的立法和司法措施问题

在限制死刑适用乃至逐步废止某些犯罪死刑的同时,必须解决不适用死刑后适用何种刑罚才能贯彻罪责刑相适应原则的问题。这也是改变目前中国刑法典及刑事司法中“生刑”过轻、死刑过重、轻重不协调的现实需要。对该问题予以妥当解决,可以合理地满足民众严厉惩罚严重暴力犯罪的心理需求,引导民众之死刑观念走向理性。

在此方面,需要注意两个重大问题:第一,要完善死刑替代措施。减少乃至废止部分犯罪的死刑,就要对这些犯罪适用死缓、无期徒刑或者较长的有期徒刑。为贯彻罪责刑相适应的原则,应该注意这些“生刑”的严厉性要与死刑的严厉性相差不要太远,与犯罪的危害、罪犯的主观恶性相一致。因而对死缓、无期徒刑以及较长期的有期徒刑,应该保持较长的实际执行期间。这样来看,中国现行刑法典及相关司法解释中所确定的上述“生刑”及其具体执行制度,就有必要予以改进,延长“生刑”的法定期限,如规定真正意义上(不得减刑、假释)的无期徒刑(即终身监禁)、上限为25年的有期徒刑、数罪并罚上限延长到30年等。第二,要完善相关的配套措施。如完善减刑、假释制度,对极为严重的刑事犯罪分子不适用或者少适用减刑、假释,对其执行较长时期的徒刑。再如,完善死刑犯罪赦免制度,全面保障死刑犯的人权。另外,拉开法定刑为死刑的犯罪与法定刑为无期徒刑的犯罪之间在追诉时效上的差距,赋予死刑犯减刑权等等,也是可以考虑的重要举措。

---

〔1〕 参见赵秉志:《中国逐步废止非暴力犯罪死刑论要》《从中国死刑政策看非暴力犯罪死刑的逐步废止问题》,分别载《法制日报》2003年6月26日、7月17日理论专版;赵秉志:《中国逐步废止死刑论纲》,载《法学》2005年第1期。

五、结语

死刑制度改革是当代中国刑事法治发展进程中至关重要的重大课题，对我国的社会发展与进步会产生重大而又深远的影响。由于死刑制度的改革涉及诸多方面的复杂因素，因而必须慎重而又适当地逐步推进死刑制度的改革。这就需要对这些复杂因素所表现出来的难点问题予以认真分析、准确把握，进而提出可行的应对之策，从而推动死刑制度改革顺利进行。

从死刑制度改革所涉及的领域和范围来看，死刑制度改革的疑点问题主要表现在国内外尤其是国内重大社会环境、死刑立法、死刑司法、死刑观念四个方面。解决这些难点问题的具体策略则可从制度改进、观念变革两个角度入手。死刑的制度改进表现为死刑司法制度的改进与立法制度的改进，而死刑的观念变革则主要表现为决策领导者认识的提升与民众死刑意识的改变。而且，在死刑的制度改进中，还应该确定限制与废止死刑的方向、路径与切实可行步骤，注意构建并完善死刑的替代措施及限制死刑适用的配套措施等。

通过上述分析，我们阐明了死刑制度改革中应该着力突破的难点问题，并就解决对策提出了初步的建言。当然，这些解决对策落实为可操作的具体措施，还需要更为深入、细致的分析与研究。而且，随着死刑制度改革的进程向前推进，其难点问题也可能会有所变化，我们有必要根据不断出现的新问题、新情况对解决对策做出适时的调整与完善。

论全球化时代的中国死刑制度改革*

——面临的挑战与对策

目　次

一、前言

当前，中国正处于全球化时代的世界结构之中。“全球化既是一种客观现实，也是一种发展趋势，无论承认与否，它都无情地影响着世界历史的进程，无疑也影响着中国的历史进程。”〔1〕自第二次世界大战之后，尤其是进入21世纪以来，限制与废止死刑就成为非常响亮和强劲的时代命题。这一命题不仅为越来越多的国际法律文件所认可，而且逐步成为诸多国家尤其是西方发达国家的刑事立法和司法实践。〔2〕死刑的全球化发展趋势，特别是中国加入的有关国际公约对死刑适用的严格限制，对中国死刑制

* 原载《吉林大学社会科学学报》2010年第2期。

〔1〕 俞可平：《全球化：西方化还是中国化》，社会科学文献出版社2002年版，第183页。

〔2〕 参见赵秉志：《我国现阶段死刑制度改革的难点及对策——从刑事实体法视角的考察》，载《中国法学》2007年第2期。

度提出了新的要求和挑战。但是,“除了一切人所共有的准则以外,每个民族的自身都包含着某些原因,使它必须以特殊的方式来规划自己的秩序。”[1]中国的死刑制度也有其自身的特殊原因。因此,在中国特定的死刑历史、文化、法律、民意、社会实践等条件和死刑全球化发展趋势的双重压力下,中国死刑制度的发展面临着如何有效地整合这两方面要求的重任。对此,本文拟从全球化的视角,研析中国死刑制度在当今全球化时代面临的挑战与改革对策。

二、全球化时代死刑演进的国际趋势暨死刑适用的国际标准

尽管由于政治、经济、历史、文化、法律制度等方面的差异,世界各国的死刑状况存在一定的差异,但随着全球化进程的不断深入,国际死刑的发展出现了不断趋同的趋势,并形成了死刑适用的国际标准。

(一)全球化时代死刑演进的国际趋势

在中外刑法立法史上,死刑都曾经泛滥一时。但是,伴随着人权思想的复兴,死刑逐渐受到质疑。18 世纪初,英国著名思想家托马斯·莫尔在其著作《乌托邦》中指出,应该废止窃盗罪的死刑。[2] 1764 年,意大利刑法学者贝卡里亚首次在其名著《论犯罪与刑罚》中系统而又鲜明地提出了废止死刑的理论主张。[3] 随后,限制与废止死刑论开始产生广泛影响,并进而推动了很多国家废止死刑或者削减死刑罪名的立法。在 18 世纪 80 年代,贝卡里亚的观点首先被托斯卡纳和奥地利的开明统治者所采纳,他们在几年之内将死刑暂时搁置了起来。美国、英国和其他一些欧洲国家也开始面临将死刑限制在最严重犯罪范围内的压力。1794 年,宾夕法尼亚州成为美国第一个除了对一级谋杀以外其他所有犯罪都废止死刑的州。1861 年,出于实践的需要,英国也将死刑限制于谋杀罪。[4] 20 世纪初期,一些欧洲国家和拉丁美洲国家在和平时期对所有的罪行都废止了死刑。但是,由于 20 世纪中期发生了诸如第二次世界大战等重大国际事件,原来一些已经废止了死刑的国家,又重新恢复了死刑。到 20 世纪 60 年代,即在贝卡里亚系统提出废止死刑主张近 200 年之后,全世界仅有 25 个国家废止了死刑,其中 11 个国家彻底废止,14 个国家废止和平时期普通犯罪的死刑。但此后 30 多年中,又有 52 个国家废止了所有犯罪的死刑。[5] 截止到 2000 年 10 月,在全世界范围内,彻底废止死刑的国家有 78 个,事实上废止死刑的国家大约有 37 个,仅对普通犯罪废止死刑的国家有 10 个,而保留死刑的国家有 71 个。[6] 进入 21 世纪后,世界废止死刑运动得到了进一步的发展。

世界废止死刑运动是相关国际环境与各国国内力量综合作用的产物,它深刻地影响着

---

[1] [法]卢梭:《社会契约论》,何兆武译,商务印书馆 1980 年版,第 71 页。

[2] 参见[日]团藤重光:《死刑废止论》,林彦辰译,台湾商鼎文化出版社 1997 年版,第 120 ~ 125 页。

[3] 参见[意]贝卡里亚:《论犯罪与刑罚》,黄风译,中国大百科全书出版社 1993 年版,第 49 ~ 51 页。

[4] 参见[英]罗吉尔·胡德、刘仁文:《限制与废止死刑的全球考察》,载《人民检察》2005 年第 5 期(上)。

[5] 参见苗延波:《20 世纪世界各国死刑废止运动的回顾及评述》,载《法学论坛》2005 年第 6 期。

[6] 参见杨春洗、张庆方:《世界范围内的死刑存废现状和中国的死刑问题》,载《刑法论丛》(第 4 卷),法律出版社 2000 年版,第 163 页。

世界死刑的格局,并导致了国际死刑制度发展的新趋势。总体而言,随着全球化程度的不断加深,当代国际死刑制度的发展主要呈现出以下特点:

第一,废止死刑是国际死刑发展的主要潮流,并呈现出进一步扩大的趋势。现代国家关于死刑的实践主要有四种:完全废止死刑、对普通犯罪废止死刑、事实上废止死刑以及保留死刑。当前,世界上绝大多数国家都废止了死刑,并且这一现象有进一步扩大的趋势。据有关文献记载,1965 年,诺威尔·莫里斯教授向联合国报告了死刑在世界上的状况,在当时,仅有 25 个国家废止了死刑。到 2001 年 12 月,废止死刑的国家增加到了 89 个。[1] 到 2006 年 9 月 5 日,88 个国家对任何情况下的任何犯罪都废止了死刑;11 个国家对普通刑事犯罪废止了死刑;另外,至少有 30 个国家已经 10 年或者更久的时间没有对任何人适用死刑。全世界仅余 68 个国家没有废止死刑。[2] 废止死刑的国家占据了全世界的绝大多数。而截至 2009 年 4 月 30 日,世界上超过三分之二的国家和地区已经在法律上或事实上废止了死刑,其中,废止所有犯罪死刑的国家和地区多达 92 个,废除了普通犯罪死刑的国家和地区为 10 个,而事实上废止死刑的国家和地区为 36 个(以过去 10 年未执行一例死刑为标准)。也就是说,在法律上或事实上废止死刑的国家和地区已多达 138 个,而在法律上保留死刑并在实践中适用死刑的国家和地区现在仅为 59 个。[3] 可见,全球范围内废止死刑的趋势得到了进一步扩大。

第二,国际死刑的发展变革受到国际人权观念和人权运动的深刻影响。国际死刑的发展变革与国际人权的发展密不可分。而"国际人权法上限制死刑的态势的形成,最明显不过地打上了国际人权研究的烙印。"[4] 从历史的角度,无论是国际限制与废止死刑思想的萌芽,还是国际限制与废止死刑思想和运动的不断勃兴,都与国际人权的观念和人权运动密不可分。在 20 世纪 60 年代,西方国家关于人权的观念有了一个飞跃式的发展,这主要是"二战"后,人们对战争、和平等问题进行了重新审视,对国家权力进行了重新定位,进而在人权观念方面有了新的认识,这一阶段死刑的限制与废止形成了一个大的潮流,其背后支持的基本理念,最重要的就是尊重人权。[5] 20 世纪 80 年代以后,人类社会开始进入全面废止死刑时代。而这也与 1983 年欧洲理事会通过《关于废止死刑的第六附加议定书》、1989 年联合国大会通过《旨在废止死刑的〈公民权利和政治权利国际公约〉的第二任择议定书》和 1990 年《美洲人权公约》的成员国通过《〈美洲人权公约〉旨在废止死刑的议定书》密不可分。"这三大人权公约的出台提升了人类社会废止死刑的速度,世界范围内掀起了一轮废止死刑的高潮。"[6]

第三,国际死刑的发展受多种国际组织力量的影响和制约。作为一种国际潮流和全球

---

〔1〕 参见[英]罗吉尔·胡德、刘仁文:《限制与废止死刑的全球考察》,载《人民检察》2005 年第 5 期(上)。

〔2〕 http://www.amnesty.org/pages/deathpenalty-countries-eng.

〔3〕 www.amnesty.org,2009 年 5 月 4 日访问。

〔4〕 邱兴隆:《国际人权与死刑——以国际人权法为线索的分析兼及中国的应对》,载《现代法学》2001 年第 2 期。

〔5〕 参见徐建波:《限制死刑的适用是世界各国的共识——访中国人民大学法学院副院长、博士生导师赵秉志教授》,载《人民检察》2005 年第 5 期(上)。

〔6〕 杨高峰:《国际人权法与我国的死刑政策的调整》,载《甘肃社会科学》2004 年第 5 期。

化趋势，国际死刑的发展除了各国自身的努力外，还受到了多种国际组织力量的影响和制约。在各种组织中，联合国、欧盟、美洲国家和国际组织、非洲联盟等对国际死刑的发展都起到了重要的影响作用。如联合国 1966 年 12 月通过的《公民权利和政治权利国际公约》、1989 年 12 月通过的《旨在废止死刑的〈公民权利和政治权利国际公约〉第二任择议定书》以及 1984 年 12 月联合国经济与社会理事会通过的《关于保障面临死刑的人的权利的措施》等法律文件都对国际社会限制死刑产生了重要影响。而 1983 年欧洲理事会通过的《〈欧洲人权公约〉关于废止死刑的第六议定书》和 2002 年通过的《欧洲人权公约关于全面废止死刑的第十三议定书》等国际文件对欧洲乃至全世界废止死刑运动都产生了重要影响。除此之外，美洲国家和国际组织、非洲联盟都致力于废止死刑运动。如 1990 年美洲国家组织大会通过了《美洲人权公约废止死刑议定书》，仅允许成员国在战争时期保留死刑，且仅限于极其严重的战争罪;2008 年 12 月 5 日，非洲人权委员会通过决议号召非洲国家中止执行死刑。所有这些都显示，国际组织对国际死刑的发展有着深远的影响。

第四，国际死刑的发展呈现出国际法制化的倾向。死刑的国际法制化倾向主要体现为越来越多的国际条约都对死刑进行明确，并因此对条约签署国具有公约约束力，从而进一步促进了死刑的全球化发展。在国际条约方面，1966 年 12 月联合国通过的《公民权利和政治权利国际公约》开启了国际死刑废止历史的进程。该公约第 6 条明确规定，死刑只适用于"最为严重的犯罪"。1989 年 12 月 15 日联合国第 43 届大会通过的《旨在废止死刑的〈公民权利和政治权利国际公约〉第二任择议定书》则进一步推动了世界废止死刑运动向前发展。该议定书第 2 条规定："本议定书缔约国管辖范围内，任何人不得被处死刑。"与此同时，该条第 2 款还确立了一个重要原则："已经废止死刑的国家不得恢复适用死刑"。除此之外，一些区域性国际条约，如《欧洲人权公约》《〈欧洲人权公约〉关于废止死刑的第六议定书》《欧洲人权公约关于全面废止死刑的第十三议定书》《美洲人权公约》和《〈美洲人权公约〉旨在废止死刑的议定书》等，也都对死刑进行了严格的限制性规定。在国际法制的影响下，国际上死刑废止的国家不断增加，死刑实际执行数不断下降，死刑废止已成为影响国家之间关系的媒介因素，并直接影响了国际刑事司法协助的开展。[1]

（二）全球化时代死刑适用的国际标准

死刑适用的国际标准是指国际机构和国际组织制定与通过的有关死刑适用的国际规范。[2] 当前，国际社会在推动死刑废止的同时，也为没有废止死刑国家的死刑适用制定了一些国际标准。从刑事实体法的角度，这些标准主要包括以下六个方面：

第一，关于死刑适用的罪种标准。联合国《公民权利和政治权利国际公约》第 6 条第 2 款中规定："在未废止死刑的国家，判处死刑只能是作为对最严重的罪行的惩罚"。可见，该公约明确地将死刑适用的罪种限定为"最严重的罪行"。而何谓"最严重的罪行"，联合国经济与社会理事会《关于保障面临死刑的人的权利的措施》第 1 条规定："在未废止死刑的国

---

〔1〕 参见韩玉胜、沈玉忠：《联合国国际公约对死刑的规定及中国的应对》，载《政法论丛》2008 年第 3 期。

〔2〕 参见黄芳：《论死刑适用的国际标准与国内法的协调》，载《法学评论》2003 年第 6 期。

家,判处死刑只能是作为对最严重的罪行的惩罚,应当理解为其适用范围不应超过致命的或其他极度严重后果的故意犯罪。”与此同时,在2005年4月20日通过的联合国2005/59号决议中,联合国人权署敦促各国对死刑的适用必须“确保死刑不被适用于如金融犯罪、宗教活动或意识形态的表达以及成年人间经同意的性行为。”联合国经济与社会理事会秘书长1999年关于死刑的第六个五年报告列举的不属于最严重的犯罪的情况(即指不应分配死刑的情形)主要有:毒品犯罪、强奸罪、绑架罪、经济犯罪(包括我们所称的财产犯罪)、职务上的犯罪、宗教犯罪等。这进一步明确了死刑适用的罪种范围。

第二,关于死刑适用的对象标准。对此,联合国有关法律文件主要从四个方面对死刑适用的对象进行了限制:(1)对未成年人不得适用死刑。联合国《公民权利和政治权利国际公约》第6条第5款规定:“对十八岁以下的人所犯的罪,不得判处死刑。”联合国经济与社会理事会《关于保障面临死刑的人的权利的措施》第3条对此予以了重申。对未成年犯罪人不适用死刑体现了对未成年人权益的保护。(2)对孕妇或新生婴儿的母亲不得执行死刑。联合国《公民权利和政治权利国际公约》第6条第5款规定:“对孕妇不得执行死刑。”与此同时,联合国经济与社会理事会《关于保障面临死刑的人的权利的措施》第3条规定:“对孕妇或新生婴儿的母亲不得执行死刑。”(3)对弱智人与精神病患者不适用或不执行死刑。联合国经济与社会理事会《关于保障面临死刑的人的权利的措施》第3条规定:“对已患精神病者不得执行死刑。”与此同时,联合国经济与社会理事会1989/64号决议通过的《对保障措施的补充规定》第3条规定:“在量刑或执行阶段停止对弱智人与精神严重不健全者适用死刑。”(4)提倡对超过一定年龄的老年人不适用死刑。联合国经济与社会理事会1989/64号决议通过的《对保障措施的补充规定》第3条提出了“确定不可判处或执行死刑的上限年龄。”虽然这没有具体规定不得判处或执行死刑的上限年龄,但是它体现了国际社会进一步限制死刑的精神。

第三,关于死刑适用的效力标准。死刑适用的效力标准主要体现为死刑适用的溯及力标准。联合国《公民权利和政治权利国际公约》第6条第2款规定,应按照犯罪时有效的法律判处死刑。对此,联合国经济与社会理事会《关于保障面临死刑的人的权利的措施》第2条进一步明确规定:“只有犯罪时法律有明文规定该罪行应判死刑的情况可判处死刑,应理解为如果在犯罪之后法律有规定可以轻判,该罪犯应予轻判。”可见,关于死刑适用的溯及力,联合国有关法律文件采取的是从旧兼从轻原则。

第四,关于死刑适用的救济标准。从当前国际社会的死刑实践来看,判处死刑的人数与实际执行死刑的人数之间往往存在很大的差距,这是因为罪犯从被判处死刑到被执行死刑期间还可能获得很多救济,并因而得以免除死刑的执行。当前,这种救济也成为死刑适用的国际标准之一。联合国《公民权利和政治权利国际公约》第6条第4款规定:“任何被判处死刑的人都有权要求赦免或减刑。对一切判处死刑的案件均得给予大赦、特赦或减刑。”联合国经济与社会理事会《关于保障面临死刑的人的权利的措施》第7条也规定:“任何被判处死刑的人有权寻求赦免或减刑,所有死刑案件均可给予赦免或减刑。”通过赦免或者减刑,被判处死刑的人最终可能免予死刑的执行。这体现出了国际社会对死刑的限制和对死刑犯权利的保障。

第五，关于死刑执行的方式标准。联合国经济与社会理事会《关于保障面临死刑的人的权利的措施》第9条规定："判处死刑的执行应尽量以引起最少痛苦的方式为之。"与此同时，联合国经济与社会理事会1996/15号决议通过的《对保障措施的补充规定》第5条进一步要求："催促可能执行死刑的成员国适用《囚犯待遇最低限度标准规则》，以将被判处死刑囚犯所受痛苦降至最低，并避免此种痛苦加剧。"虽然两个法律文件并没有明确规定死刑执行的具体方式，但是其所强调的最大限度地减少死刑执行的痛苦，体现了对死刑犯的人权保障。

第六，关于公开死刑判决和执行的数字标准。联合国《公民权利和政治权利国际公约》第40条第1款规定："本公约各缔约国承担在(甲)本公约对有关缔约国生效后的一年内及(乙)此后每逢委员会要求这样做的时候，提出关于它们已经采取而使本公约所承认的各项权利得以实施的措施和关于在享受这些权利方面所作出的进展的报告。"据此，虽然与死刑相关的国际公约并没有明确要求各国公开死刑判决和执行的数字，但是考虑到联合国《公民权利和政治权利国际公约》第40条第1款规定的报告义务，以及各国在报告死刑情况时都不可避免地要涉及死刑判决和执行的数字，因此，笔者认为，联合国《公民权利和政治权利国际公约》第40条第1款的规定实际上包含了各缔约国有报告本国死刑判决和执行数字的义务。

三、全球化时代的中国死刑制度及其改革面临的挑战

全球限制与废止死刑的浪潮和有关死刑适用的国际标准，是国际社会注重罪犯人权保障乃至由此推动人权普遍保障的体现。在全球化不断发展的今天，死刑的这种全球化发展趋势和要求也对中国现有的死刑制度提出了新的挑战。

(一)全球化时代中国死刑制度的现状[1]

死刑在中国有着悠久的历史。中国现有的死刑制度主要规定在1997年的刑法典中。[2]总体而言，中国现有的死刑制度状况主要体现为以下几个方面：

第一，关于死刑适用的对象。中国现行刑法典第48条第1款前半段规定："死刑只适用于罪行极其严重的犯罪分子。"刑法典第49条同时规定："犯罪的时候不满十八周岁的人和审判的时候怀孕的妇女，不适用死刑。"在这里，刑法典并没有明确"罪行极其严重"的具体

---

〔1〕 中国香港和澳门两个特别行政区的刑事立法已经全面废止了死刑，而中国大陆和台湾地区的刑法典中都还比较广泛地规定有死刑。在此仅简要介绍中国大陆的死刑状况。

〔2〕 2001年12月29日通过的《中华人民共和国刑法修正案(三)》也涉及死刑。其中，该修正案第1条、第2条将原来刑法典第114条、第115条所规定的投毒罪修改为"投放危险物质罪"，仍适用第114条、第115条所规定的法定刑，因而没有增加死刑罪名。而第5条对刑法典第125条第2款的非法买卖、运输核材料罪作出修改，将行为对象从原来的"核材料"修改为"毒害性、放射性、传染病病原体等危险物质"，并增加了"制造、储存"行为；对刑法典第127条"盗窃、抢夺枪支、弹药、爆炸物罪"和"抢劫枪支、弹药、爆炸物罪"也作出修正，补充规定"危险物质"的犯罪对象，实际上新增设了"盗窃、抢夺危险物质罪"和"抢劫危险物质罪"。刑法典对这三种犯罪都配置有死刑。刑法典第125条第2款规定的犯罪适用该条第1款的法定刑，该条第1款本身就配置有死刑，因而没有增加死刑罪名。参见赵秉志：《中国当前死刑制度改革的现状和展望》，载《河北法学》2007年第12期。

内涵。对此,刑法学界一般认为,所谓罪行极其严重,是犯罪的性质极其严重、犯罪的情节极其严重、犯罪分子的人身危险性极其严重的统一。[1]

第二,关于死刑适用的罪种。死刑适用的罪种在中国现行刑法典中主要体现为刑法典分则的具体死刑罪名。[2] 据统计,1997 年通过的我国现行刑法典中的死刑罪名数量多达 68 种[3],由于后来相关司法解释取消了奸淫幼女罪而将之并入强奸罪[4],所以中国现行刑法中的死刑罪名为 67 种,其中非暴力犯罪达 44 种,占全部死刑罪名的 65.67%,占全部 358 种非暴力犯罪的 12.29%;仅侵犯公民人身权利、民主权利罪和渎职罪这两章中的非暴力犯罪没有设置死刑条款。

第三,关于死刑的法定刑设置。关于死刑的法定刑,中国现行刑法典主要规定的是相对确定的死刑,但也对少数几种犯罪的加重犯规定了绝对确定的死刑。其中,现行刑法典对劫持航空器罪、绑架罪、暴动越狱罪、聚众持械劫狱罪以及拐卖妇女、儿童罪等罪的加重犯就规定了应当判处死刑的绝对法定刑。绝对死刑立法使法官在对罪犯的量刑无自由裁量的余地,而只能不加区别地适用死刑,这不利于死刑的司法控制,同时也不利于区别对待和"少杀"刑事政策的贯彻。[5]

第四,关于死刑的执行方式。中国现行刑法典规定了两种死刑执行方式,即死刑立即执行和死刑缓期二年执行。其中,关于死刑缓期二年执行,中国现行刑法典第 48 条第 1 款后半段规定:"对于应当判处死刑的犯罪分子,如果不是必须立即执行的,可以判处死刑同时宣告缓期二年执行。"在中国,死缓制度的确立是为了减少死刑的执行,从而贯彻"少杀"政策,而不是为了减少死刑的适用,因为死缓仍然属于死刑的范畴。[6]

第五,关于死刑的溯及力。关于刑法的溯及力,中国现行刑法典第 12 条规定:"中华人民共和国成立以后本法施行以前的行为,如果当时的法律不认为是犯罪的,适用当时的法律;如果当时的法律认为是犯罪的,依照本法总则第四章第八节的规定应当追诉的,按照当时的法律追究刑事责任,但是如果本法不认为是犯罪或者处刑较轻的,适用本法。"这一规定同样适用于死刑。因此,中国死刑适用的溯及力采取的是从旧兼从轻原则。

第六,关于公开死刑判决和执行数字。关于中国判决和执行的死刑数字,基于国际和国内等多方面的原因考虑,至今尚未向公众公开。虽然也有一些国际组织(如国际特赦组织)经常会通过各种渠道(如新闻媒体的报道等)了解并公开其所知道的中国死刑判决和执行的数字,但这也仅仅是有关国际组织的粗略统计,并不准确。实际上,中国政府从没有正式

---

〔1〕 参见赵秉志主编:《刑法总论》,中国人民大学出版社 2007 年版,第 458 页。

〔2〕 中国刑法典总则第 48 条第 1 款前半段关于"罪行极其严重"的规定也可理解为是刑法典对死刑适用罪种的限制,但是由于"罪行极其严重"的概念极其抽象,因此刑法典关于死刑适用罪种的规定还是主要体现在刑法典分则关于具体犯罪的规定中。

〔3〕 参见赵秉志:《我国现阶段死刑制度改革的难点及对策——从刑事实体法视角的考察》,载《中国法学》2007 年第 2 期。

〔4〕 参见 2002 年 3 月 26 日起施行的《最高人民法院、最高人民检察院关于执行〈中华人民共和国刑法〉确定罪名的补充规定》。

〔5〕 参见赵秉志、邱兴隆主编:《死刑正当程序之探讨》,中国人民公安大学出版社 2004 年版,第 111 页。

〔6〕 参见高铭暄主编:《新编中国刑法学》,中国人民大学出版社 1998 年版,第 254 页。

公开每年的死刑判决和执行数字。

（二）全球化时代中国死刑制度改革面临的挑战

对照死刑发展的国际趋势和死刑适用的国际标准，我们认为，中国的死刑制度在死刑适用的效力标准和死刑执行的方式标准两个方面基本符合死刑国际化的要求，但在死刑的价值、罪种、对象、救济、公开死刑数字等标准方面，还面临着诸多挑战。具体而言，这些挑战主要体现为：

第一，在死刑的价值标准方面，注重人权保障的价值理念仍有待加强。有学者认为，全球化法律思维最重要的影响，表现在各个民族国家的发展必须承认、维护和促进世界政治体系的共同价值标准，比如法治、公正、人权等等。这就要求各个民族国家必须把自己的法律发展纳入全球化的轨道中。[1] 作为国际限制与废止死刑运动的最主要理念，人权观念对死刑制度的发展有着深远影响。近年来，虽然中国的人权理念得到了不断加强，国家尊重与保障人权还在2004年3月写进宪法而成为中国的宪政原则；但是与西方发达国家相比，中国的人权理念仍存在一定的差距，有待进一步加强。

第二，在死刑适用的罪种方面，刑法典分则规定的死刑罪种与刑法典总则的规定未完全对应，死刑适用的罪种范围出现泛化倾向。虽然中国现行刑法典总则第48条第1款将死刑适用的罪种限定为“罪行极其严重的犯罪”，有利于限制死刑适用的罪种范围，但是从刑法典分则设置的死刑罪名来看，其对死刑罪种的规定并未与总则完全对应，出现了一定程度的泛化倾向。这主要表现在：（1）刑法典分则规定的死刑罪名中，有些并没有达到性质极其严重的程度，如走私淫秽物品罪、走私普通货物、物品罪、组织卖淫罪等犯罪都难以堪称性质极其严重。尤其是传授犯罪方法罪也被列入死刑罪名之中，更是不能令人接受。[2] （2）有些罪种如盗窃罪，行为人采取秘密窃取，并未使用暴力或者其他强制手段。对行为方式较为轻缓、尚未至极的罪种设置死刑，至少在犯罪的客观层面上难以体现与具有暴力性质的抢劫罪的区别，背离了刑法公正。（3）将故意伤害致人重伤或者死亡均设置为死刑条件，不利于抑制杀人犯罪，反而可能使行为人进而杀人；[3] 等等。基于中国死刑罪名设置的现状，我国有学者认为，与中国1998年签署的联合国《公民权利和政治权利国际公约》等国际人权公约的规定相比，中国当前宽泛地设置死刑罪名，尤其是对经济犯罪等非暴力性质的犯罪设置死刑，明显与国际人权公约的要求相冲突。[4]

第三，在死刑适用的对象方面，现行刑法典对死刑适用对象的限制不够。如前所述，中国现行刑法典对死刑适用与执行对象的禁止仅限于“犯罪的时候不满十八周岁的人”和“审判的时候怀孕的妇女”。但是，联合国《公民权利和政治权利国际公约》等国际法律文件已经将不得适用或执行死刑的对象范围扩大到了“新生婴儿的母亲”“弱智人”和“精神病患者”，甚至提倡对超过一定年龄的老年人不适用死刑。因此，在死刑适用与执行的

---

〔1〕 参见潘伟杰、王岩：《全球化进程与中国法律发展的价值选择》，载《社会科学》2002年第9期。

〔2〕 参见赵秉志主编：《刑法总论》，中国人民大学出版社2007年版，第458页。

〔3〕 参见钊作俊：《中国死刑制度改革论纲》，载《甘肃政法学院学报》2005年第2期。

〔4〕 参见高铭暄：《略论我国死刑制度改革中的两个问题》，载《法学家》2006年第1期。

对象方面，中国应当扩大禁止的范围，以便从死刑适用对象方面进一步限制和减少死刑的适用。

第四，在死刑适用的救济方面，当下中国的赦免制度名存实亡，死刑判决的救济手段十分有限。由于中国存在死刑缓期二年执行这一死刑执行制度，对于被判处死刑缓期二年执行的罪犯，只要在缓期二年执行期间没有故意犯罪，就可以通过减刑而免予一死，这有利于实行“少杀”，是对死刑犯的一种救济。但是被判处死刑立即执行的罪犯，却很难通过有效的救济手段免予执行死刑。实际上，中国的宪法中虽然规定了特赦，但是由于晚近30余年来中国一直未实施过特赦，赦免制度名存实亡。这与联合国《公民权利和政治权利国际公约》第6条第4款关于“对一切判处死刑的案件均得给予大赦、特赦或减刑”的规定大相径庭，有待于进一步完善。

第五，在死刑判决和执行数字的公开方面，中国一直没有公开死刑判决和执行的数字。实际上，笔者以为，公开死刑判决和执行的数字，不仅有利于中外了解当前中国涉及死刑的犯罪状况，满足公民对中国死刑状况的知情权，而且有利于加强民众对我国死刑制度及其改革的监督，促进民众对我国死刑改革制度的认同，同时也是履行联合国《公民权利和政治权利国际公约》第40条第1款规定的报告义务的需要。而不公开死刑判决和执行的数字，显然是弊端丛生、令人质疑的。

四、全球化时代中国死刑制度改革的策略

针对死刑制度在全球化时代面临的挑战，中国首先应当正确确立死刑制度改革的方向，选择合适的改革路径，并通过积极的制度建设，促进中国死刑制度朝着国际死刑发展的潮流和方向，不断完善。

（一）全球化时代中国死刑制度改革方向的确立

关于中国死刑制度改革的方向，概括而言，无外乎三种主张：一是主张保留现有的死刑制度不变；二是主张以现有的死刑制度为基础，逐步限制和减少死刑，但不废止死刑；三是主张以现有的死刑制度为基础，逐步限制和减少死刑，并最终废止死刑。其中第二、三种主张在路径上会有阶段性的重合，但由于最终目标的不一致，因此即便在相同阶段其对死刑的限制和减少幅度等也会存在一定的区别。

我们认为，从应对死刑全球化挑战的角度，中国死刑制度改革的方向应当是以现有的死刑制度为基础，逐步限制和减少死刑，并最终废止死刑。其中，限制和减少死刑可以作为中国死刑制度改革的近期目标，而全面和彻底废止死刑则可以作为中国死刑制度改革的远期目标。这是因为：

第一，从国际方面看，限制和废止死刑是当前国际社会的主流，并为许多国际法律文件所规定，中国应当顺应死刑发展的国际潮流并切实履行有关死刑的国际义务。据统计，截止到2008年6月底，中国政府签署或者加入的人权类国际公约共有23部。在这些人权国际公约中，有多部与限制或者废止死刑的问题紧密相关，如《公民权利和政治权利国际公约》

《禁止酷刑和其他残忍、不人道或有辱人格的待遇或处罚公约》等。[1] 这些公约都无一例外地强调了对死刑的限制。与此同时,一些国际性法律文件还号召在全世界范围内中止或废止死刑,如2007年12月18日联合国大会就通过了第62/149号决议号召世界范围中止执行死刑。对此,中国应当履行有关死刑的国际义务,逐步限制和减少死刑,并最终废止死刑。

第二,从国内方面看,中国民众对限制与废止死刑并非完全不能接受,限制与废止死刑逐渐在当今中国开始有了一定的社会基础。虽然当前许多调查表明,中国绝大多数民众都赞成死刑,但也有的调查得出了一些积极结论。如有调查显示,关于对死刑的总体态度,虽然主张保留死刑的人数占到了被调查对象的90%,但是其中主张"完全保留死刑"的仅有29.9%,有60.1%的人主张"限制和减少死刑的适用"。而当被问及"有学者主张用其他的方法来代替死刑,如用不可减刑、假释的无期徒刑代替死刑(对原本应当判处死刑的罪犯不判处死刑,而是改将他一辈子都关在监狱里)等。对此,您是否能接受"时,有62.2%的人表示可以接受。[2] 该调查表明,在具备一定条件的情况下,民众对限制与废止死刑的接受度还是比较高的。而我们相信,随着中国社会的进一步发展和人权意识的不断提高,能够接受限制和废止死刑的民众还会不断地增多。

可见,中国死刑制度改革以现有的死刑制度为基础,逐步限制和减少死刑,并最终废止死刑。这一方向符合全球化时代对中国死刑制度的要求,也具有一定的中国国情民意基础。

(二)全球化时代中国死刑制度改革路径的选择

关于中国死刑制度改革的路径,当前中国刑法学界主要有三种不同的主张:一是主张完全采取死刑制度改革的司法路径,如有学者主张以死缓全面替代死刑立即执行[3],也有学者主张以立功这一法定从宽情节作为司法实践中限制死刑的非常规路径。[4] 二是主张完全采取死刑制度改革的立法路径,如有学者认为,中国死刑在步入现代化的征途中需要实现与本土化的有机结合,需要在罪名设置上大力压缩,并在刑法修订中禁止增设新的死罪;重置死刑条件予以严格规范;在死刑适用对象上人道地缩减适用范围;在法定刑模式上重新定位,力避重刑倾向;在死刑核准上革新机制,收归核准之权;在死刑执行上革新方法,强力弱化"司法杀人",并以理性和人性代替感性和冲动。[5] 三是主张采取死刑制度改革的立法与司法并进的路径,如有学者认为,从法治的层面上看,死刑制度的改革不外乎两个方面:死刑的立法改革与司法改革。死刑的立法改革具有基础性、决定性的作用。与此同时,通过司法来控制和减少死刑不仅是可能的,而且也是必需的。死刑制度的改革应当立法和司法并进。[6]

对于中国死刑制度改革的具体路径,笔者认为,从应对死刑全球化挑战的角度,应当采

---

[1] 参见赵秉志、彭新林:《我国死刑制度改革的路径与步骤》,载《法学》2009年第2期。
[2] 参见袁彬:《死刑民意及其内部冲突的调查与分析》,载《法学》2009年第1期。
[3] 参见杨忠民:《死刑制度改革的一条可行路径》,载《中国人民公安大学学报》2005年第3期。
[4] 参见潘庸鲁:《中国语境下死刑限制非常规路径探讨》,载《东方法学》2009年第4期。
[5] 参见钊作俊:《中国死刑制度改革论纲》,载《甘肃政法学院学报》2005年第2期。
[6] 参见赵秉志:《我国现阶段死刑制度改革的难点及对策——从刑事实体法视角的考察》,载《中国法学》2007年第2期。

取立法改革与司法改革并进的路径。这是因为:一方面,死刑制度的立法改革,能在源头上实现限制与减少死刑适用的目标,因为规定更为严格的死刑适用的一般标准与更为宽松的死缓适用标准,减少死刑罪名,并在法律上严格限制具体犯罪的死刑适用规格,显然能够直接产生减少死刑适用的法律效果,从而能有效缓解中国当前所面临的限制和废止死刑的国际压力;另一方面,考虑到死刑的立法改革是一项复杂而又程序繁多的重大工程。死刑制度的改革步伐与力度就可能会受到较大的限制,改革的进度也可能会比较缓慢。而死刑制度的司法改革可以避开很多障碍,从而能够更为方便、快捷地限制死刑的适用,因此在对死刑制度进行立法改革之前,应充分利用现行刑法典的规定,运用司法的手段限制和减少死刑的适用。

不过,尽管中国死刑制度的改革应当立法和司法并进,但是就中国死刑制度改革的最终目标而言,死刑制度的司法改革应被定位为仅仅是一个过渡手段,因为死刑制度改革目标的实现最终必须借助立法手段。

(三)全球化时代中国死刑制度改革对策的建构

就中国死刑制度改革的终极目标而言,要实现废止死刑的最终目标,只需在刑法典中规定一条"不得适用死刑"即可。但是考虑到中国大陆地区当下还缺乏立即全面废止死刑的文化条件,尚不具备在短期内废止死刑的必要社会基础,还不能立即废止死刑。[1] 因此,在全球化不断发展的今天,中国死刑制度改革需要顺应死刑发展的国际趋势和死刑适用的国际标准,从立法和司法两个方面寻找限制和减少死刑的对策。

第一,在死刑立法改革方面,中国死刑制度可以考虑从以下几个方面加以完善:(1)严格限制死刑适用的罪种范围。对此,一方面需要对现行刑法典第 48 条第 1 款中的"罪行极其严重"作进一步限定;另一方面则需要对现行刑法典分则中的罪名进行大幅度削减,尤其是要删除对某些具体犯罪(如传授犯罪方法罪等)所配置的设而不用、近乎于虚置的死刑。同时可以考虑分阶段逐步削减与删除非暴力犯罪的死刑罪名,从而为最终废止死刑创造条件。(2)严格限制死刑适用的对象范围,可以考虑规定对哺乳婴儿的妇女、精神病人、精神障碍者和老年人(具体年龄可通过研究论证并借鉴国外相似规定以后予以确定)不得适用死刑。(3)努力建立和健全死刑替代措施。针对当前有期徒刑期限过短、对无期徒刑犯罪人实际关押时间仅 10 余年的实际情况,对废止死刑的罪名可考虑配置期限显著超过现行刑法典关于有期徒刑最高为 15 年的规定,并考虑对那些不适用死刑或者死刑缓期 2 年执行的严重犯罪人限制适用减刑或者假释,甚至适用不得减刑并需执行相当期间后(如 20 年)方能假释的终身监禁刑,为切实减少死刑适用创造必要条件。(4)建立完善的死刑赦免制度,明确规定赦免的条件和程序,允许被判处死刑的人申请赦免,从而有利于"弥补刑法规则的刚性不足、纠正可能发生的司法裁判错误、缓和一般认为过于严厉的刑罚、舒缓社会矛盾、促进

---

〔1〕 参见赵秉志:《中国短期内能否废止死刑问题要论》,载《法学杂志》2009 年第 8 期。

社会团结的刑事政策的需要”。[1] (5)明确规定适用死刑缓期2年执行的标准,归纳总结司法实践经验,将“不是必须立即执行”的情节尽可能地列举出来,增强该标准的可操作性。(6)完善撤销死刑缓期2年执行的条件,对如何处理有一般立功表现的死缓犯的问题也作出明确规定。

第二,在死刑司法改革方面,中国死刑制度可以考虑从以下几个方面加以完善:(1)随着中国死刑制度改革的进展和死刑数量的不断下降,应当努力改变观念并创造条件,尽早定期公开死刑判决和执行的数字,让国际社会和中国公民了解中国死刑判决和执行的数字,加强对死刑司法的监督。(2)对非暴力犯罪尽量不适用死刑或者以刑法司法解释的方式宣布停止适用死刑,使得这些死刑规定逐步成为虚置的条文,在司法实践中失去适用的机会,从而在事实上废止这些犯罪的死刑。(3)对暴力犯罪的死刑罪名,尽可能重视和扩大死刑缓期2年执行的适用,以死刑缓期执行来逐步替代死刑立即执行的大部分适用,使得死刑立即执行逐步成为备而不用或者至少是备而少用的制度。(4)对具体犯罪的死刑适用标准进行更为深入的研究,尽可能制定出较为统一的具体犯罪(尤其是判处死刑较多的罪名)的死刑适用标准,至少将不适用死刑或者适用死刑缓期2年执行的情形,明确地规定出来。(5)对于严重刑事案件,在减少适用死刑或者扩大适用死刑缓期2年执行的情况下,根据罪责刑相适应原则,尽可能严格控制减刑、假释的适用,适当延长不适用死刑的严重罪犯的羁押期限,以便与减少死刑适用的情形相协调。(6)积极推进注射刑的实施,以最大限度地降低死刑犯执行的痛苦,同时培育民众对死刑执行的淡化及其容忍之心和善良情感,减少和弱化死刑的威慑效应。

五、结语

死刑改革是一项宏大的系统工程,需要各方面、各部门及各项制度的协同进行。在全球化程度不断发展的今天,中国死刑制度的改革必须面对全球化的挑战,确立自己的改革方向和路径,同时综合运用死刑改革的立法和司法手段,制定各种改革对策,不断地限制和减少死刑的适用,逐步废止死刑。只有这样,中国的死刑制度才能顺应当前死刑发展的国际趋势和死刑适用的国际标准,并切实履行中国应当承担的有关死刑的国际义务。在这个过程中,中国死刑制度的改革,既要面向世界,又要突出本国国情;既要勇于探索,又要慎重选择;要学会在不断改革、借鉴中逐步完善中国的死刑制度。我们相信,随着中国社会各方面的全面发展进步和人权意识的不断提高,在不远的将来,中国的死刑制度一定能逐步限制、减少乃至最终废止,从而实现与国际社会废止死刑主流的全面接轨。

---

〔1〕 梁根林:《中国死刑控制论纲——立足于具体国情的制度设计》,载《北大法律评论》(2005年第6卷),法律出版社2005年版,第399页。

当代中国死刑改革的争议问题*

目　　次

一、前言

死刑改革是当代中国刑法改革过程中最受关注且最具现实意义的重大问题。历史地看，历经 1979 年刑法典的初步限制〔1〕、

---

* 本文由作者的两篇论文整合而成：一为《当代中国死刑改革争议问题论要》（原载《法律科学》2014 年第 1 期）；二为《再论我国死刑改革的争议问题》（原载《法学》2014 年第 5 期）。

〔1〕 中国 1979 年刑法典对死刑持非常谨慎的态度，从多个方面对死刑的适用进行了较为严格的限制：一是在刑法典总则中对死刑的适用作了严格限制，包括：严格死刑适用的条件，规定“死刑只适用于罪大恶极的犯罪分子”；限制死刑适用的对象，规定“犯罪的时候不满十八岁的人和审判的时候怀孕的妇女，不适用死刑”；设立死缓制度，实行死刑执行的分流；严格死刑的复核程序，规定“死刑除依法由最高人民法院判决的以外，都应当报请最高人民法院核准”。二是在刑法典分则中对死刑的罪种作了严格限制，仅规定了 28 种可判处死刑的罪名。

1981 年至 1997 年刑法典颁行前的膨胀扩张[1]和 1997 年刑法典颁行至今的重新限制[2]等阶段的发展,其中尤其是经过 2011 年《刑法修正案(八)》原则上废止老年人犯罪死刑和取消 13 种经济性、非暴力性犯罪的死刑罪名,中国死刑制度改革已经迈入了限制、减少死刑的良性发展轨道,并逐步与国际限制和废止死刑的潮流接轨。限制和减少死刑已经成为当代中国决策领导层、法律人和普通大众的普遍共识。

不过,正如许多已经废止死刑的国家都要经历一定的社会争论一样[3],中国死刑制度改革过程中也出现了一些不同的意见和主张,并因此产生了较为激烈的观点碰撞。这既反映出影响中国死刑制度改革因素的复杂性,也表明中国死刑制度正逐渐步入改革的深水区。合理看待并正确引导中国社会关于死刑改革的争论,对于促进各方达成改革共识并进而推动中国死刑制度改革的深入,无疑具有重要意义。鉴此,本文拟以推进死刑改革为目标,简要归纳分析当前中国死刑制度改革过程中争议较大的若干重大热点问题,并表明和论述作者的基本立场。

二、死刑改革的政策:应否明确提出废止死刑?

(一)相关争议

目前,限制、减少乃至最终废止死刑已成为中国社会各界尤其是刑法理论界的普遍共识。但从政策层面上看,保留死刑依然是当前中国死刑政策的基本内容和立场。2010 年 2 月 8 日最高人民法院发布的《关于贯彻宽严相济刑事政策的若干意见》第 29 条就明确规定:"要准确理解和严格执行'保留死刑,严格控制和慎重适用死刑'的政策。对于罪行极其严重的犯罪分子,论罪应当判处死刑的,要坚决依法判处死刑。"而在理论上,对于应否将废止死刑明确纳入中国死刑制度改革的政策内涵,以此为废止死刑而着手准备,则存在一定争议。

一种观点认为,就目前的中国社会而言,全面废止死刑言之尚早,不应在死刑政策中明确提及废止死刑。如有论者认为,死刑的废止在当今社会早已不只是法律的问题,从某种意义上说它更是一个社会问题、政治问题,民意、政治策略都在很大程度上影响着死刑的发展

---

[1] 1981 年《惩治军人违反职责罪暂行条例》颁行至 1997 年刑法典颁行前,是现阶段中国死刑制度演进的膨胀扩张阶段。这一阶段,中国死刑的立法罪种大幅增加(由 1979 年刑法典的 28 种增至 72 种),死刑复核权大范围下放,死刑的适用数量明显增加。

[2] 这一时期,中国不仅通过 1997 年全面系统地修改刑法典以及制定刑法修正案对死刑进行立法限制,而且还通过由最高人民法院全面收回死刑核准权等措施,严格了死刑的司法适用,死刑得到了进一步控制。这主要体现在:进一步限制了死刑的适用条件,将死刑的适用条件进一步限定为"罪行极其严重的犯罪分子";进一步限制了死刑的适用对象,明确将"犯罪的时候不满十八周岁的人"排除出死刑缓期二年执行的范围,原则上废止老年人的死刑;放宽了死缓减为无期徒刑或者有期徒刑的条件;进一步削减了死刑罪名,将死刑的立法罪名减至 55 种;进一步加强了死刑的程序控制;死刑的执行数量大幅下降。

[3] 国际社会关于死刑的争论针锋相对,其中死刑废止论的主要论点有:(1)死刑违反社会契约;(2)死刑没有威慑效果;(3)死刑侵犯人性尊严,不人道;(4)死刑违背现代刑事政策的宗旨;(5)死刑和禁止杀人的法律自相矛盾;(6)死刑误判难纠;(7)死刑不具有可分性。死刑保留论则针锋相对地提出以下论点:(1)死刑并不违反社会契约;(2)死刑是满足人民自然的报应情感和实现社会正义的必然要求;(3)死刑既不侵犯人性尊严,也非不人道,更非不文明;(4)死刑具有强大的威慑效果;(5)死刑具有一劳永逸的除害效果,是防止罪大恶极、不可改悔的罪犯继续危害社会的最经济的刑罚手段;(6)死刑可以防止私刑报复;(7)死刑和禁止杀人的法律并不矛盾;(8)误判难纠不能成为废除死刑的理由。参见梁根林:《刑事制裁:方式与选择》,法律出版社 2006 年版,第 110~117 页。

命脉，要想在当下的刑事法治状况下实现死刑的废止，只能走一条渐进式的发展道路，不能强求民众在一夜之间接受死刑的彻底废止，更不能指望他们会对这种骤变做出拥护的举动。[1] 中国目前的刑事案件发案率尤其是涉及剥夺生命的刑事案件发案率仍居高不下，社会无法迅速接受立即废止死刑的巨幅改革，彻底废止死刑欠缺相应的社会基础。[2] 因而认为在此背景下，在死刑政策中明确提出废止死刑，显得不合时宜。

另一种观点则认为，当前中国应着手废止死刑，并将废止死刑纳入中国死刑政策的内涵。如有论者认为，死刑缺乏道德伦理基础，也不能对犯罪行为起到特别的吓阻作用，废止死刑不需要实现绝大多数民众的社会共识，为保障死刑犯的生命权，应立即废止死刑，或着手为立即废止死刑做准备，寻找能够确保社会安全的替代方案取代死刑，强化司法制度设计，让抽象的废止死刑理论争议走向实惠的政策实践。[3] 据此，主张我国应在政策层面上明确提出废止死刑。

（二）基本立场

客观地说，从社会的现实条件看，中国社会问题十分复杂，且中国迄今尚没有过停止适用死刑或较少适用死刑的司法实践，也缺乏对民众死刑观念的必要引导。[4] 但这并不意味着中国不应将废止死刑纳入其政策内涵。笔者建议可考虑对我国现阶段的死刑政策作更加积极的合理调整，将其修改调整为“现阶段暂时保留死刑，但严格控制和慎重适用死刑，并且逐步减少死刑和最终废止死刑。”即不仅要在死刑政策中规定只是“现阶段暂时保留死刑”，明确要“逐步减少死刑”，而且更要明确提出“最终废止死刑”。这将有助于进一步明确中国死刑制度改革的方向和目标，有力地推动当下的中国死刑改革，并使中国的死刑法治发展前景与国际社会的死刑改革大趋势相一致。

第一，将废止死刑纳入中国死刑政策的内涵符合死刑发展的最终趋势。总体而言，影响一国死刑废止的因素无外乎社会秩序、政治环境、法治状况、人权观念和国际因素等。当前中国社会稳定、政治较为开明、法治比较健全、人权观念日益深入、国际废止死刑运动仍如火如荼，综合影响死刑制度演进的这些主要因素可知，进一步限制、减少乃至最终废止死刑无疑是未来中国死刑制度改革的基本趋势和目标。[5] 明确我国现阶段只是暂时保留死刑并将废止死刑纳入中国死刑政策的内涵符合中国死刑制度发展的最终趋势和目标。

第二，中国正处于死刑制度改革的关键期，将废止死刑纳入死刑政策内涵，有助于进一步明确中国死刑制度的改革方向和目标。经过改革开放迄今30余年来的改革，限制和减少死刑已成为当前中国死刑立法和司法改革的重要内容。但迄今为止，废止死刑仍然主要限于中国刑事法学界的理论倡导，并未得到国家决策领导层的明确认可和支持。中国在限制

〔1〕 张心向：《在悄无声息中进行的死刑变革——作为我国死刑替代性措施的死缓制度考量》，载《刑法论丛》，法律出版社2009年版，第183页。

〔2〕 王勇：《中国死刑研究的三个误区与路径调整》，载《吉林大学社会科学学报》2012年第5期。

〔3〕 王伟、李云峰：《短期内废止死刑的正当性分析》，载《人民论坛》2012年第4期。

〔4〕 赵秉志：《中国短期内能否废止死刑问题要论》，载《法学杂志》2009年第8期。

〔5〕 赵秉志：《当代中国死刑改革的进展与趋势——纪念〈法学〉复刊30周年》，载《法学》2011年第11期。

和减少死刑之后的道路该如何走，仍然是一个有待进一步明确的问题，并进而导致了当下的不少争论。而将废止死刑纳入中国死刑政策的内涵，无疑有助于向社会明示该制度的改革方向和目标，减少无谓的猜测和争论。

第三，将废止死刑纳入死刑政策内涵有助于进一步推动死刑制度改革。虽然就目前而言，中国尚不具备完全废止死刑的社会条件，但无论在哪个国家或者地区，死刑的废止都不是一朝一夕之功，而是需要经过一个相当长的社会酝酿和改革准备过程。明确我国现阶段只是暂时保留死刑并将废止死刑作为中国死刑政策的内容，将有助于发挥该政策的指导作用，调动国家立法机关、司法机关以及其他相关单位、部门的力量，加强废止死刑的政策宣传，完善相关立法和司法的配套制度建设，以促进中国死刑制度改革进一步朝着最终废止死刑的方向和目标迈进。

三、死刑废止的主要根据：功利抑或人道？

（一）相关争议

死刑的废止，要受到社会的历史、文化、传统、价值观念、伦理道德、宗教信仰、社会经济发展水平、政治结构、法治状况特别是犯罪态势等诸多因素的制约。[1] 但就废止死刑的内在根据而言，则主要可归结为功利和人道两个方面，论者们对此的侧重各有不同。

一种观点认为，死刑废止的主要根据是功利。如有论者认为，根据“边际效益递减法则”，刑罚的威慑力并不一定随刑罚严厉性的增加而一直增加，在达到一定程度后，刑罚的威慑力会随其严厉性的增加而减少，即当增加一单位的刑罚的严厉性时，所获得的边际威慑力相等后，如果再增加刑罚的严厉性，威慑的收益将不仅不再增加，反而会减少。所以，在一些特殊的情况下，死刑的威慑力并非最强。[2] 更多的论者则是引用相关的实证研究，如美国苏斯坦·塞里关于死刑对谋杀罪毫无威慑力的结论[3]，许多国家在废止死刑前后的杀人犯罪数据并没有发生显著的变化甚至在废止死刑后还有所下降的事实[4]等，以此证明死刑并无特别的威慑力。

另一种观点则认为，死刑废止的主要根据在于人道。如有论者认为，从应然性上看，死刑废止是刑罚人道主义思想的必然结果；从实然性上看，它又是一个漫长而曲折的过程，不能一蹴而就。[5] 意大利著名刑法学家贝卡里亚也认为，“死刑并不是一种权利，而是一场国家同一个公民的战争，因为，它认为消灭这个公民是必要的和有益的。然而，如果我要证明死刑既不是必要的也不是有益的，我就首先要为人道打赢官司。”[6]

---

〔1〕 梁根林：《刑事制裁：方式与选择》，法律出版社2006年版，第126页。

〔2〕 孙广坤：《死刑威慑力的经济学分析》，载《黄河科技大学学报》2011年第3期。

〔3〕 [美]罗伯特·考特、托马斯·尤伦：《法和经济学》，张军译，上海三联出版社1991年版，第712~725页。

〔4〕 参见《死刑的除威慑以外的预防效果》《杀人与死刑——对一个遏制假设的一种跨国比较》《死刑是对杀人的一种短期遏制吗？——对美国近年来的四起处决的效果的研究》等文章，载邱兴隆主编：《比较刑法》（第1卷），中国检察出版社2001年版。

〔5〕 陈兴良：《死刑存废之应然与实然》，载《法学》2003年第4期。

〔6〕 [意]贝卡里亚：《论犯罪与刑罚》，黄风译，中国方正出版社2004年版，第59页。

(二)基本立场

尽管关于死刑存废的功利、人道之争由来已久,且死刑废止论者也均可从中找到一定的根据,但从现代国家死刑废止的趋势看,人道性无疑是当代全球死刑废止最为重要的内在根据。据此,人道性也应当成为中国死刑限制、减少乃至最终废止最主要的根据

第一,人道性是现代法治发达和文明进步国家废止死刑的主要根据。历史地看,第二次世界大战之后形成的人权法理论和人权公约为死刑废止提供了一种新思路:死刑彻底侵犯了公民(包括犯罪人)的生命权以及免受酷刑和其他残忍、不人道或有辱人格待遇或处罚的权利,因此必须被废止;即使有实证证据证明死刑能有效抚慰被害人及其家属,用再次夺去一个宝贵的生命的方式来弥补社会和被害方的损失,也无疑是荒谬和徒劳的。[1] 这也是国际社会废止死刑的重要根据。以欧洲为例,欧洲彻底废止死刑的立场依据,正是"基于这样一种信念,即死刑是残忍、不人道、有辱人格的,并且侵犯了《欧洲人权公约》和《世界人权宣言》所载基本人权,尤其构成对其中人的尊严和生命权的侵犯。"[2]

第二,中国人权观念的发展状况能为死刑废止提供必要的空间。有论者认为,死刑与人道的悖逆问题是一个需要历史地来看待的问题,因历史、文化和发展阶段不同,每个国家都有权根据自己的实际情况确定自己的基本人权标准和所要优先保护的权利。[3] 历史地看,中国社会过去更注重刑法的社会保护功能。但随着中国人权意识的逐渐觉醒,民众的人权观念有了较为明显的提升,人们对死刑错判等可能导致严重侵犯人权的因素更为警觉。中国人权观念的这种变化状况能为中国死刑的废止提供相应的观念空间和社会基础。因此,从人道的角度切入,无疑更有利于促进死刑制度改革的深入。

第三,功利性是死刑废止的根据,但存在难以证实的缺陷。一方面,作为刑罚的一种,死刑的威慑力是客观存在的,但要证明死刑具有较之长期自由刑的特别威慑力,无论是要证伪还是要证实,都十分困难。另一方面,死刑的威慑力因地区治安、文化等因素而异,要得出一个普遍的结论十分困难。如有论者利用经济学分析方法进行研究,结果发现是每增加一起死刑案件,可以使杀人罪减少 4 ~ 8 起。[4] 当然,这一结论无疑过于绝对,科学性值得质疑,但这恰恰说明,以功利性论证死刑废止的根据十分困难。

四、死刑改革的路径之争:立法、司法抑或两者兼顾?

(一)相关争议

关于中国死刑制度改革的路径,中国刑法学界主要有三种不同的主张:

第一种观点主张死刑制度改革应采取司法改革的路径。这种观点在司法实务中有一定

[1] 赵秉志、苗苗:《论国际人权法规范对当代中国死刑改革的促进作用》,载《吉林大学社会科学学报》2013 年第 4 期。

[2] [德]汉斯 – 约格·阿尔布莱希特:《欧洲的死刑制度》,载《刑法论丛》2010 年第 2 卷,法律出版社 2010 年版,第 29 页。

[3] 周少华:《作为"中国问题"的死刑》,载《华东政法大学学报》2009 年第 2 期。

[4] [美]罗伯特·考特、托马斯·尤伦:《法和经济学》,张军译,上海三联出版社 1991 年版,第 186 页。

的认同。如曾有最高法院大法官认为,死刑改革完全可以通过司法控制达到少用甚至不用死刑的目标,而根本不必依靠立法削减死刑。不过,在司法路径的具体选择上,论者们之间也存在一些差别。例如,有学者主张以死缓全面替代死刑立即执行[1];但也有学者主张以立功这一法定从宽情节作为司法实践中限制死刑的非常规路径。[2]

第二种观点主张死刑制度改革应采取立法改革的路径。如有学者认为,中国死刑在步入现代化的征途中需要实现与本土化的有机结合,需要在罪名设置上大力压缩,并在刑法修订中禁止增设新的死罪;重置死刑条件予以严格规范;在死刑适用对象上人道地缩减其适用范围;在法定刑模式上重新定位,力避重刑倾向;在死刑核准上革新机制,最高法院收回核准之权;在死刑执行上革新方法,强力弱化“司法杀人”,并以理性和人性代替感性和冲动。[3] 目前我国法院系统尤其是最高法院的一些法官普遍认为,我国死刑的司法控制已经尽了最大的努力甚至可以说是遇到了瓶颈,死刑的进一步控制和改革只能依靠刑法立法上有新的举措。

第三种观点主张死刑制度改革应当采取立法与司法并进的路径。认为从法治的层面上看,死刑制度的改革不外乎两个方面:死刑的立法改革与司法改革。死刑的立法改革具有基础性、决定性的作用。与此同时,通过司法来控制和减少死刑不仅是可能的,而且也是必需的。死刑制度的改革应当立法和司法并进。[4]

(二)基本立场

笔者历来主张死刑制度改革应当采取立法与司法并进的改革路径。[5] 而就当前中国死刑制度改革而言,笔者持这一主张主要还有以下三个方面的特别考虑:

首先,从以往实践的角度看,立法与司法并进是中国死刑制度改革的成果经验总结。中国晚近十多年来的死刑制度改革都始终坚持了立法与司法并进的道路。1997 年,国家立法机关针对之前死刑司法中存在的现实问题,不仅在刑法典总则中进一步严格了死刑适用的标准[6],删除了对不满 18 周岁的未成年人可适用死缓的规定,而且还在刑法典分则中调整和减少了部分犯罪的死刑,将死刑罪名的数量由之前的 72 种减至 68 种。此后十余年间主要是晚近几年来,中国主要进行的是死刑制度的司法改革。2006 年 12 月 28 日,最高人民法院发布了《关于统一行使死刑案件核准权有关问题的决定》,宣布自 2007 年 1 月 1 日起将死刑复核权全面收归最高人民法院行使。[7] 2010 年 2 月 8 日,最高人民法院发布的《关于贯彻宽严相济刑事政策的若干意见》第 29 条规定:“要依法严格控制死刑的适用,统一死刑案

---

〔1〕 参见杨忠民:《死刑制度改革的一条可行路径》,载《中国人民公安大学学报》2005 年第 3 期。

〔2〕 参见潘庸鲁:《中国语境下死刑限制非常规路径探讨》,载《东方法学》2009 年第 4 期。

〔3〕 参见钊作俊:《中国死刑制度改革论纲》,载《甘肃政法学院学报》2005 年第 2 期。

〔4〕 参见赵秉志:《中国现阶段死刑制度改革的难点及对策——从刑事实体法视角的考察》,载《中国法学》2007 年第 2 期。

〔5〕 参见赵秉志:《中国现阶段死刑制度改革的难点及对策——从刑事实体法视角的考察》,载《中国法学》2007 年第 2 期;赵秉志、王鹏祥:《中国死刑改革之路径探索》,载《中州学刊》2013 年第 6 期。

〔6〕 中国 1979 年刑法典第 44 条规定:“犯罪的时候不满十八岁的人和审判的时候怀孕的妇女,不适用死刑。已满十六岁不满十八岁的,如果所犯罪行特别严重,可以判处死刑缓期二年执行。”

〔7〕 参见《最高人民法院关于统一行使死刑案件核准权有关问题的决定》,载《司法业务文选》2007 年第 2 期。

件的裁判标准,确保死刑只适用于极少数罪行极其严重的犯罪分子。"[1]2010 年 6 月 13 日,最高人民法院、最高人民检察院、公安部、国家安全部和司法部联合发布了《关于办理死刑案件审查判断证据若干问题的规定》和《关于办理刑事案件排除非法证据若干问题的规定》,[2]严格了死刑适用的证据标准。这些司法改进措施极大地推动了中国死刑制度的总体改革。在此基础上,2011 年 2 月 25 日全国人大常委会通过的《刑法修正案(八)》一次性废止了 13 种经济性、非暴力罪名的死刑。[3] 这既是对中国死刑制度之司法改革的总结和提升,也是中国死刑制度之立法改革对司法改革的呼应和强有力的支持。这充分表明,坚持死刑制度改革之立法与司法并进的路径,在中国经过实践检验被证明是行之有效的。

其次,从理论的角度看,死刑制度改革之立法与司法并进的路径是实现两者优势互补、减少死刑改革阻碍的需要。这主要体现在两个方面:(1)死刑制度的立法改革能在源头上实现限制与减少死刑适用的目标。因为规定更为严格的死刑适用的一般标准与更为宽松的死缓适用标准,减少死刑罪名,并在法律上严格限制和提高那些现阶段尚必须保留死刑的严重暴力犯罪、严重毒品犯罪等的死刑适用规格,显然能够直接产生显著减少死刑适用的法律效果。同时,死刑制度立法改革的进展会引起更大的关注和获得国内外的肯定,从而亦能够有效地缓解中国当前所面临的限制和废止死刑的国际压力。(2)考虑到死刑的立法改革是一项复杂而又程序繁多的重大工程,死刑制度立法改革的步伐与力度往往可能受到较大的限制,立法改革的进度也可能会比较缓慢。而死刑制度的司法改革可以避开立法改革所无法避开的很多障碍,从而能够更方便、更快捷地限制死刑的适用。因而在对死刑制度进行立法改革的同时或者之前,应充分利用中国现行刑事法的相关规定,运用司法的手段努力控制和减少死刑的适用,尤其是切实减少死刑立即执行的适用。应当实事求是地承认,死刑的司法控制虽已付出了很大的努力和显著的效果,但仍有相当的空间,要继续挖掘死刑司法控制的潜力。

最后,从策略的角度看,死刑改革采取立法与司法并进的路径是符合立法与司法特点的理智举措。死刑的立法改革是分批而间断的,而死刑的司法改革则应是持续不间断的,并且要防止反弹。在立法上,2011 年通过的《刑法修正案(八)》开启了我国 1997 年刑法典之后立法废止死刑的大门,通过立法废止死刑越来越成为现实且可期待。但从策略上看,在我国现实国情下,死刑的立法改革不可能一蹴而就,而只能分批进行。这决定了我国死刑立法改革的间断性,其在时间上也许一年一次,也许两年甚至更长时间才有一次。但死刑的司法改

[1] 参见《最高人民法院印发〈关于贯彻宽严相济刑事政策的若干意见〉的通知》,载《司法业务文选》2010 年第 16 期。

[2] 参见《最高人民法院、最高人民检察院、公安部、国家安全部、司法部印发〈关于办理死刑案件审查判断证据若干问题的规定〉和〈关于办理刑事案件排除非法证据若干问题的规定〉的通知》,载《司法业务文选》2010 年第 26 期。

[3] 废止死刑的这 13 种罪名为:(1)9 种破坏市场经济秩序罪分别是:走私文物罪(第 151 条第 4 款),走私贵重金属罪(第 151 条第 4 款),走私珍贵动物、珍贵动物制品罪(第 151 条第 4 款),走私普通货物、物品罪(第 153 条),票据诈骗罪(第 194 条第 1 款),金融凭证诈骗罪(第 194 条第 2 款),信用证诈骗罪(第 195 条),虚开增值税专用发票、用于骗取出口退税、抵扣税款发票罪(第 205 条),伪造、出售伪造的增值税专用发票罪(第 206 条)。(2)1 种侵犯财产罪,即盗窃罪(第 264 条)。(3)3 种妨害社会管理秩序罪,即传授犯罪方法罪(第 295 条),盗掘古文化遗址、古墓葬罪(第 328 条第 1 款),盗掘古人类化石、古脊椎动物化石罪(第 328 条第 2 款)。

革则不然，它由于司法活动的持续性而可以持续进行。在司法上持续不间断地控制乃至不适用死刑，并且极力防止死刑适用范围和数量的反弹，对我国死刑制度改革而言也具有极其重要的现实意义。进言之，在主张死刑改革应当采取立法与司法并进的基础上，基于立法工作与司法活动的不同特点，笔者认为，对于死刑的立法改革与司法改革并非应当平分秋色、等同对待，而应有适应立法与司法的不同的策略和特点。就司法层面而言，由于司法活动的持续性特点，死刑的司法控制和改进工作也应当是常抓不懈的，是应当始终贯彻于死刑个案中和死刑司法督导、死刑司法解释中的。刑事法理论界对于死刑司法控制的关注和研究也应当是持续不间断的。就立法层面而言，针对立法活动间断进行的特点尤其是死刑立法改进有可能纳入立法日程的时机，我们也应当配合刑法修法时机而对死刑立法改革予以集中关注和鼎力推进。例如，当国家立法机关将修改刑法提上立法工作日程尤其是修改刑法方案中包含有修改死刑内容时，法学界和法律实务界应集中加强对死刑立法改进与改革的研究，积极建言献策，而最高司法机关也应当及时为死刑立法改革提供死刑司法实务情况、统计数字和实务经验、实务认识等方面的参考与支持。在死刑改革的路径上，通过分批而间断进行的死刑立法改革与持续不间断的死刑司法改革之间的相互配合、相互补充，进而实现死刑司法改革之量的突破和死刑立法改革之质的飞跃，对实现中国死刑改革的目标而言可谓功莫大焉。

五、死刑改革的步骤之争：立即废止抑或逐步推进？

（一）相关争议

死刑改革的推进需要一定的步骤。关于死刑改革的步伐，目前我国国内主要有两种不同的主张：

第一种观点主张我国应当在短期内立即全面废除死刑。持这种观点的论者认为，从传统刑罚理论中的报应与功利两个视角进行考察可以发现，死刑是一种在道德上不能证明其正当性的刑罚。死刑不仅从报应正义的角度是不必要的，而且从功利的角度也是不必要的，经不起道德检验，是应该废除的。同时，从节俭性的角度考察死刑，因无论从个别预防还是从一般预防的角度，均无法证明死刑具有大于终身监禁的边际效益，死刑是不符合节俭性要求的刑罚。立足于刑罚效益价值的要求，我国应在短期内立即废止死刑。[1]

第二种观点主张我国应当废止死刑但不能在短期内立即废止死刑，而应采取渐进的方式逐步废止死刑。例如，有论者主张我国应首先废止经济犯罪的死刑，然后再逐步废止其他犯罪的死刑。[2] 也有论者主张我国应当先逐步废止非暴力犯罪的死刑，然后在条件成熟时进一步废止非侵犯生命的暴力犯罪的死刑，最终全面而彻底地废止死刑。[3]

---

〔1〕 参见邱兴隆：《死刑的德性》，载《政治与法律》2002 年第 2 期；曲新久：《推动废除死刑：刑法学者的责任》，载《法学》2003 年第 2 期。

〔2〕 高铭暄、苏惠渔、于志刚：《从此踏上废止死刑的征途——〈刑法修正案（八）草案〉死刑问题三人谈》，载《法学》2010 年第 9 期。

〔3〕 参见赵秉志：《中国逐步废止死刑论纲》，载《法学》2005 年第 1 期。

(二)基本立场

关于我国死刑废止的步骤,笔者曾进行过长期的研究,并形成了以下两个基本立场:

1. 我国不宜也不可能在短期内立即全面废止死刑

限制和减少死刑是当前国际社会对保留死刑国家的普遍要求,也是中国近年来死刑制度改革的基本立场。在未来相当长的一段时间内,中国都应把进一步限制和减少死刑作为其死刑制度改革的近期目标。但中国的现实国情民意决定了目前不宜立即全面废止死刑。这主要体现在两个方面:

第一,从历史文化的视角看,中国目前还缺乏立即废止死刑的文化条件。著名国际死刑专家罗吉尔·胡德教授曾很有见地地指出:"欧洲废止死刑的根源在于其政治文化"。[1] 但是,中国有着完全不同于目前世界上已废止死刑的国家和地区的文化观念。"杀人偿命""冤有头、债有主"的报应观念还在一定程度上主导着中国的社会心理和文化,并且不可能在短期内予以祛除。在此情况下,中国不宜在短期内全面废止死刑,否则将会影响民众关于社会公正的观念,甚至有可能导致"私力救济"现象的出现和泛滥,从而影响社会的基本秩序。

第二,从社会的现实条件看,中国尚不具备在短期内全面废止死刑的必要基础。当今世界上已经全面废止死刑的国家和地区大多都有一个共同点,即有着长时期不执行死刑或者很少执行死刑的司法实践,或者其死刑废止的文化在该国或该地区有着比较深厚的影响。与此不同,中国地域辽阔,人口众多,不同地区社会发展程度差异较大,很多社会问题在人口、地域、文化等因素的作用下变得更为复杂,并且中国迄今尚没有停止或很少适用死刑的司法实践,也缺乏对民众死刑观念的必要正确引导,因而不宜也难以在短期内全面废止死刑。[2]

2. 我国应在21世纪上半叶分三个阶段逐步废止死刑

关于中国死刑制度改革的发展步骤,笔者曾在2005年根据中国国家领导机关21世纪初所提出的中国在21世纪的阶段性发展目标,并考虑到中国死刑的历史传统、社会心理及民众意愿状况,参考国外的死刑制度改革经验,设想中国应分三个阶段逐步废止死刑:一是及至2020年中国计划实现小康社会之发展目标之时,先行逐步废止非暴力犯罪的死刑;二是再经过一二十年的发展,在条件成熟时进一步废止非侵犯生命的暴力犯罪的死刑;三是在中国社会文明和法治进步发展到当今中等发达国家程度时,至迟到2050年亦即新中国成立一百周年之际,全面而彻底地废止死刑。[3] 笔者迄今仍坚持这一基本立场,在此再作些论述。

第一,先行废止非暴力犯罪的死刑。从许多国家大幅度限制和逐步废止死刑的进程看,先行废止非暴力犯罪的死刑乃是一条成功之路,也符合社会与法治发展的基本规律。中国

---

〔1〕[英]罗吉尔·胡德:《死刑的全球考察》,刘仁文、周振杰译,中国人民公安大学出版社2005年版,第30页。

〔2〕参见赵秉志:《中国短期内能否废止死刑问题要论》,载《法学杂志》2009年第8期。

〔3〕参见赵秉志:《中国逐步废止死刑论纲》,载《法学》2005年第1期。

废止死刑之路,也应以逐步而及时地废止非暴力犯罪的死刑作为突破口和切入点。[1] 中国逐步废止非暴力犯罪之死刑,不仅是中国积极应对限制和废止死刑的国际趋势的必然要求,更是中国现行死刑之刑事政策[2]的具体体现,是遵循合理配置死刑之必要性原则与价值衡量原则的要求,也是由非暴力犯罪自身所具有的诸多特点所决定了的。[3] 当然,中国现阶段废止非暴力犯罪的死刑,也并非可以一蹴而就,而应当有步骤、分阶段地进行:(1)对于侵犯个人法益的侵犯财产型非暴力犯罪,以及无具体被害人的侵犯社会法益型非暴力犯罪,应当尽快地从立法上全面废止其死刑规定。(2)对于侵犯社会法益的危害公共安全型非暴力犯罪,以及侵犯国家法益的危害国家安全型、危害国防利益型、军人违反职责型非暴力犯罪,应通过逐步限制、减少死刑的适用及至最终完全废止其死刑条款。(3)对于严重的贪污罪、受贿罪等贪利型职务犯罪以及严重的毒品犯罪,应首先通过提高其死刑的适用标准以严格限制与减少其死刑适用,并根据社会和人权发展状况考虑废止其死刑的时间,争取在2020年前废止其死刑,或者至少将其死刑限制为极少适用的情形。[4]

第二,在先行废止非暴力犯罪死刑的基础上,继而逐步废止非致命性暴力犯罪的死刑。由于暴力犯罪以直接或者借助自然、物理之力对他人人身施加强力打击或者强制行为为特征[5],因而其轻则给被害人造成身体伤害,重则会导致被害人死亡之结果。对于暴力犯罪,以发生的具体时间是否系战时为标准,可以将之区分为普通暴力犯罪与战时暴力犯罪;以普通暴力犯罪是否导致被害人死亡之结果为标准,可以将其分为致命性普通暴力犯罪与非致命性普通暴力犯罪。对于致命性普通暴力犯罪,则又可以根据行为人对死亡结果所持的具体罪过形式,区分为故意致命性普通暴力犯罪与过失致命性普通暴力犯罪[6]。据此,未来中国废止非致命性普通暴力犯罪死刑之立法步骤,应区分以下情形逐步进行:(1)对于某些暴力程度相对较低通常不危及被害人生命的普通暴力犯罪,可伴随着某些非暴力犯罪的死刑废止进程而先行废止其死刑。对于此类普通暴力犯罪,如拐卖妇女、儿童罪和强迫卖淫罪等,因为从整体上讲其社会危害性相对较低,当然应在条件成熟时即行废止其死刑。(2)对于某些先行系故意非致命但却过失致命性普通暴力犯罪,在适当时机也应先行废止其死刑。这类犯罪如强奸过失致死、抢劫过失致死,故意伤害致死,绑架过失致死等等。考虑到行为人对于被害人死亡之结果完全是一种过失的心理态度,其主观恶性相对较小,故应择机适时废止其死刑。(3)对于大部分原本包含故意致命行为及结果的普通暴力犯罪,如抢劫罪中的故意致死、强奸罪中的故意致死、绑架罪中的故意致死以及危害公共安全犯罪中的故意致

---

〔1〕 这是笔者所主持的"中国非暴力犯罪废止死刑问题研究"项目的基本观点,具体可参见赵秉志主编:《中国废止死刑之路探索》,中国人民公安大学出版社2004年版。

〔2〕 中国现行死刑之刑事政策的表述为:"保留死刑,严格限制和慎重适用死刑。"参见赵秉志:《关于中国现阶段慎用死刑的思考》,载《中国法学》2011年第6期。

〔3〕 参见赵秉志:《论中国非暴力犯罪死刑的逐步废止》,载《政法论坛》2005年第1期。

〔4〕 参见赵秉志:《中国逐步废止死刑之建言——以废止非暴力犯罪死刑为中心》,载赵秉志主编:《刑事法治发展研究报告(2004-2005年卷)》,中国人民公安大学出版社2005年版,第1~20页。

〔5〕 参见赵秉志主编:《中国废止死刑之路探索》,中国人民公安大学出版社2004年版,第6页。

〔6〕 此处所谓过失致命性普通暴力犯罪之行为人在主观方面应体现为复合罪过,即对于普通暴力犯罪是出于故意,但对于被害人死亡之结果则系出于过失,如故意伤害而过失致人死亡的罪行。因而不能将其与纯粹过失犯罪混为一谈。

死等,可以通过立法技术的调整,将其规定转以故意杀人罪论处,从而从立法技术的角度废止多种非单纯故意杀人犯罪行为的死刑规定。

第三,至迟在2050年前最终废止致命性暴力犯罪与战时暴力犯罪的死刑。根据中国现行刑法,规定有死刑的战时暴力犯罪主要包括阻碍执行军事职务罪与战时残害居民、掠夺居民财物罪。由于战时暴力犯罪在和平时期完全属于备而不用的虚置条款,因而和平时期实际适用死刑的罪名就只有故意杀人罪了。我认为,在中国刑法立法上基本废止普通暴力犯罪之死刑后,再经过一些年的发展,废止故意杀人罪和战时暴力犯罪之死刑亦应提上日程。当然,在此过程中,也可根据社会的发展和法治的完善程度,将战时暴力犯罪中非致命性犯罪先行废止。在此基础上,再考虑彻底而全面地废止死刑。而这一废止死刑最后目标的实现,应当与中国社会的发展程度相适应。随着中国到21世纪中叶基本实现现代化,建设成为"富强民主文明的社会主义国家",相信届时已为人类当代文明和法治所普遍摒弃的死刑在中国当然也因无立足之地而被废止了。

六、死刑制度改革与观念变革的关系之争:是制度引导观念变革还是制度迎合观念?

(一)相关争议

关于死刑改革中制度变革与民众观念变革的关系,我国学者之间存在较大争议,并形成了以下三种不同的观点:

第一种观点主张死刑制度变革应当适应民众的死刑观念。认为只有民众的死刑观念发生了转变,死刑制度才能进行大的变革。如有论者认为,废除死刑需要观念先行。要在全社会范围内用心培养和牢固树立"废除死刑"的观念,必须在宗教上、人权上、国家治理结构上、报应刑理念上进行深刻反思。[1]

第二种观点主张民众死刑观念是死刑制度变革的重要因素,应当在死刑改革中加以考虑。如有论者认为,我国废除死刑不仅依赖于司法大幅度减少死刑适用和立法者、政治家的及时抉择,而且也应该获得民众对废除死刑的广泛认同。[2]

第三种观点主张死刑制度变革与民众的死刑观念保持适当的距离,死刑制度变革可以先行。如有论者认为,死刑的废除不必过多注重民意,因为民意对死刑的认识是非理性的,遏制、迷信是支持死刑民意的功利性驱动力,复仇、冲动是支持死刑民意的道德驱动力。[3]而且许多国家和地区废除死刑不完全是建立在全体或者绝大多数民众认同的基础上。[4]

(二)基本立场

民众的法治观念是法治得以牢固确立和顺利运行的基础,民众死刑观念与死刑制度的关系也是如此。仅有制度的变革显然不够,因为在促进死刑制度改革的过程中,促进民众死

〔1〕 杜兆勇:《废除死刑需要观念先行》,载《青少年犯罪问题》2011年第9期。

〔2〕 孙国祥:《死刑废除与民意关系之审视》,载《华东政法大学学报》2009年第2期。

〔3〕 祁胜辉:《支持死刑民意的内在驱动力分析:死刑存废论的命运》,载陈兴良主编:《刑事法评论》(第15卷),中国政法大学出版社2004年版。

〔4〕 [法]罗贝尔·巴丹戴尔:《为废除死刑而战》,罗结珍等译,法律出版社2003年版,第194页。

刑观念的转变具有同样重要甚至更为重要的地位。只有具备与制度改革相一致的社会思想观念,制度改革才能得以顺利执行。[1] 但这并不意味着,制度改革就要一味地迎合、顺应现存的民众观念。实际上,制度作为一种强制力量,只要不与民众的观念形成强烈的对立,它的变革就会对民众的观念产生积极的引导作用。因此,笔者主张通过适度超前的死刑制度改革引导民众死刑观念的转变。这有以下三个方面的具体依据:

第一,观念具有较强的非理性和易变性,制度改革无法完全迎合观念。与其他许多观念相似,民众死刑观念包含了人们对待死刑的情感体验,即由死刑适用而产生的积极或者消极情绪与情感。例如,在邱兴华故意杀人案、药家鑫故意杀人案、李昌奎故意杀人、强奸案等恶性案件中,对被告人适用死刑平复了民众由对被告人的愤怒而导致的道德情感伤害和心理失衡,从而能产生较积极的情感体验。这是民众死刑观念的重要心理基础。但在现实中,民众对待死刑的这种情感体验也会因案件因素的变化、与被告人关系的变化等而发生改变。例如,在药家鑫案中,后来披露的事实表明,药家鑫后并非传言中所称的官二代也非富二代,而且药家鑫系家里独子。对药家鑫适用死刑后,民众对药家鑫的父母就产生了较明显的同情心理,进而反思对药家鑫的死刑判决。死刑观念的这一特性决定了它具有很强的非理性和易变性,在不同的社会时期,民众的死刑观念会出现较大的反复。这决定了死刑制度改革不能也无法完全迎合民众的死刑观念。

第二,民众的死刑观念具有较强的保守性。心理学和社会学研究表明,人的观念都是经验性的,是过去的知识经验、生活经历和情感体验(包括直接体验和间接体验)在人们内心的积累。人们对事物的态度都是以这种经验为基础的。这决定大多数人的观念都带有明显的保守性,除非受某种重大的社会事件或生活事件的影响,人们的观念往往难以发生大的改变。死刑观念亦如此,它是传统死刑文化和人们与死刑有关的经历的主观反映,因此它主要是过去经验式的。死刑制度的改革如果完全迎合人们的死刑观念,则必将导致死刑制度改革停滞不前,更难推动死刑制度的革新。

第三,死刑制度改革具有引导死刑观念转变的作用。在观念的影响因素中,制度作为一种强制性的社会规范,对人们的观念具有重要的影响作用。人们的社会化过程实际上也就是对以制度为代表社会规则的接纳过程。据此,制度变革只要不与社会一般规则发生重大冲突,人们通常都会因为制度的强制力而逐渐接受并遵守制度的规定。死刑观念亦如此,并已为域外许多国家和地区的死刑改革实践所证明。历史资料显示,在德意志联邦共和国1949年废止死刑之前,该国多数民众对死刑都持支持态度,但在废止死刑之后,民众对死刑的热情逐渐消退,支持死刑的比例逐渐降低。据有关统计,在1964年到1971年之间,民众支持死刑比率从52%下降到了43%;到1972年更是下降到了33%;1980年,民众对死刑的支持率则下降到了28%。[2] 类似的情况也出现在了法国。这都现实地反映出死刑制度改

[1] 参见[美]道格拉斯·C.诺思:《经济史中的结构与变迁》,陈郁、罗华平等译,上海三联出版社1994年版,第27~29页。

[2] See Richard J. Evans. *Rituals of Retribution*: *Capital Punishment in Germany* 1600 - 1987. Oxford University Press (1996), p. 802.

革对民众死刑观念的积极引导作用。

七、死刑个案民意:能否作为量刑的依据?

(一)相关争议

民意是近年来中国死刑立法和司法中的热点问题,受到众多学者关注。其中,对于死刑个案中是否应当考虑民意问题,存在较大争论。

一种观点认为,民意不是量刑的依据,死刑个案中不应考虑民意。如有论者认为,死刑判决考虑民意会形成集体暴力,造成民意杀人。[1] 民意所反映的"正义感"是不稳定的。"'正义感'具有明显的感情色彩,因而不足以保持规范的稳定性。它是导致非理性判决的诸因素之一"。[2] 民意对于死刑判决的"绑架",因为不同时期、不同案件的传播范围与程度差别,使得案件的判决无形之中偏离了死刑适用的法律标准,充满了不确定性;更为严重的是,通过所谓的"民意"来干预死刑案件的审判,隐含着以特定时期的形势取代法律作为审判依据的思维,构成了对司法独立的极大干扰,偏离了司法改革的正常轨道。[3]

另一种观点则认为,死刑个案中应当考虑民意。如有论者认为,专业性固然是现代刑事司法的重要特征,但以司法的专业性去完全割裂司法与民意的联系是不恰当的。司法的民主化也是现代刑事司法的蕴意。刑法不是专家们独享的秘笈,刑法适用过程中,每一个人都有权依据自己的生活经验去解释刑法,表达自己对刑法适用的看法。所以死刑司法中应适当考虑民意。[4]

(二)基本立场

关于死刑个案处理与民意的关系,笔者认为,在死刑案件的裁决中适当考虑民意具有正当性和合法性,应当得到支持。

第一,民意对死刑案件的处理而言具有合理性。正如有论者所言,与民意对立法废止死刑的单向性反对态度不同,民意对个案司法适用死刑所作的表达,不仅有因为行为人罪行恶劣激起民愤而要求判处死刑的情况,也包括民众因对罪犯的广泛同情、怜悯或对被害方的反感、愤怒而反对个案适用死刑的情形。[5] 应当注意,死刑案件中适当考虑民意并不一定会导致死刑案件处理结果的偏颇。

第二,中国刑法中有死刑裁决考量民意的空间。中国刑法典第 61 条规定:"对于犯罪分子决定刑罚的时候,应当根据犯罪的事实、犯罪的性质、情节和对于社会的危害程度,依照本法的有关规定判处。"一般认为,该条中的"对社会的危害程度"即包括了对社会心理的伤害。民意属于社会心理的范畴,能在一定程度上反映死刑案件对社会心理的伤害程度。可见,中国刑法典第 61 条的量刑原则中留有民意的空间,死刑裁决中应对民意作适当考虑。

---

〔1〕 贾宇:《死刑研究》,法律出版社 2006 年版,第 67 页。
〔2〕 [德]马克斯·韦伯:《论经济与社会中的法律》,张乃根译,中国大百科全书出版社 1998 年版,第 71 页。
〔3〕 王勇:《中国死刑研究的三个误区与路径调整》,载《吉林大学社会科学学报》2012 年第 5 期。
〔4〕 孙国祥:《死刑废除与民意关系之审视》,载《华东政法大学学报》2009 年第 2 期。
〔5〕 唐煜枫:《论民意与死刑实践——一个互动关系的视角》,载《辽宁大学学报》2006 年第 2 期。

第三,适当的制度设计可以保证民意在死刑判决中得到合理运用。其中,比较实际的选择就是通过制度设计在民意与具体的死刑判决之间拉开距离,设置合理的制度屏障,保证对民意的考虑是一种在法律之内的经过一定程度抽象的社会正义,是受制于罪责刑相适应原则的,而不是民众对具体犯罪人、具体罪行的一时好恶的情绪反映,以免不公正地适用死刑。这需要对死刑案件的审判程序进行精心设计以实现这样的目标。[1]

第四,法治发达国家的司法亦会考虑民意。例如,日本判例认为,"在综合考虑犯罪行为的罪质、动机、形态特别是杀害手段方法的执拗性、残酷性,结果的重大性特别是被杀害的被害人人数、被害者家属的被害感情、社会影响、犯人的年龄、前科、犯行后的情节等各种情况之后,认为其罪责确实重大,无论是从罪刑均衡还是从一般预防的角度出发,都不得不处以极刑时,可以选择死刑。"日本学者据此认为,当作为一般国民之处罚情感的公共舆论能够还原为具体犯罪的社会影响时,在此限度内是存在对其进行考虑的余地的。[2]

八、死刑的替代措施:死缓、无期徒刑还是有期徒刑?

(一)相关争议

死刑替代措施是基于限制死刑适用的目的,对于立法上特定性质的犯罪,司法中特殊情况下的罪犯,不适用死刑立即执行,而代之以其他刑罚处罚方法。[3] 死刑替代措施是限制死刑中不可或缺且被证明行之有效的方法。近年来,死刑替代措施也引起了中国学者的关注,但在替代措施的选择上则存在多种意见分歧。

第一种观点主张以无期徒刑替代死刑。其中又有三种不同的具体主张:一是以不可减刑、亦不可假释的无期徒刑来替代死刑;二是将无期徒刑分为两种,即可以减刑、亦可以假释的无期徒刑和禁止减刑、亦禁止假释的无期徒刑,二者均可替代死刑的适用;三是符合人道主义要求但能严厉惩罚犯罪人的无期徒刑,即以25年内不得假释或者减刑的无期徒刑替代死刑的适用。[4]

第二种观点主张以有期徒刑代替死刑。如有论者认为,面对被害方激愤的心情,金钱却又未尝不是抚平被害方心灵创伤,弥补被害方物质损失的极好方式。因而就死刑替代性措施而言,某些犯罪中,在充分尊重被害方意愿的前提下,可以以附赔偿的长期自由刑(例如,15年以上20年以下有期徒刑)替代死刑立即执行。[5]

第三种观点主张以死缓代替死刑,即以死刑缓期二年执行来替代死刑立即执行的适用。具体又有两种不同看法:(1)全面替代说。如有论者认为,死缓制度呈现的死刑性和非死刑性两种品格特征,使其本身就是死刑立即执行和无期徒刑及较长时间的有期徒刑之间的选

---

[1] 赵秉志、彭新林:《我国死刑适用若干重大现实问题研讨》,载《当代法学》2012年第3期。
[2] [日]内田幸隆:《日本死刑适用中公共舆论的影响》,郑军男译,载《吉林大学社会科学学报》2012年第5期。
[3] 高铭暄:《略论中国刑法中的死刑替代措施》,载《河北法学》2008年第2期。
[4] 赵秉志:《中国死刑替代措施要论》,载《学术交流》2008年第9期。
[5] 高铭暄:《略论中国刑法中的死刑替代措施》,载《河北法学》2008年第2期。

择性过渡制度。[1] 为减少死刑,应该扩大死缓的适用,甚至可考虑对所有的死刑犯一律判处死缓。[2] 有论者进而认为,可以将死缓逐步作为一种独立的刑种,使其具有终身监禁的内容,从而替代现有的死刑执行。[3] (2)必经程序说。如有论者提出,应把死缓作为死刑立即执行的必经程序,任何死罪都先判处死缓,经过考验期后,如果确定犯罪人有非常危险的人格,加上其罪行极其严重,可以考虑执行死刑。[4]

(二)基本立场

在当前中国保留有死刑的背景下,死刑替代措施无疑有助于推动中国死刑的限制和减少。但是,基于理解的不同,死刑替代措施有立法上的死刑替代措施与司法上的死刑替代措施之分,对此应区别对待。

第一,从司法层面上看,死缓可以作为中国死刑立即执行的替代措施。尽管中国刑法典视死缓为死刑的执行制度,但由于被判处死缓的绝大多数犯罪人均可免予死刑的执行,因而其呈现在价值功能上,既具有在形式上保留死刑的刑种存在的价值功能,又具有在实质上限制死刑被实际适用的价值功能。[5] 在当前中国立法上保留有死刑的情况下,死缓无疑具有司法限制死刑立即执行适用的效果,可以作为死刑立即执行的替代措施。

第二,从立法层面上看,无期徒刑可作为中国死刑的替代措施。一方面,根据中国现行刑法典的规定,有期徒刑的最长期限为不超过25年[6],其实际执行的最低刑期只10年有余。这种惩罚强度与死刑立即执行相比,差距过大,即便对现行的有期徒刑制度进行改革,但在中国刑法典中无期徒刑大量存在的情况下,其也很难发挥应有的死刑替代作用。另一方面,由于不可减刑亦不可假释的无期徒刑近乎于终身刑,在违反人道、摧残犯罪人人格尊严方面似并不亚于死刑,因此终身刑在立法上并不是替代死刑的可取措施。[7] 而在一定期间内不得减刑、不得假释的无期徒刑,并没有湮灭犯罪人追求自由、改恶从善后出狱的希望,因而相比较而言更具可取性。因此,作为立法上替代死刑的无期徒刑,主要是指被限制减刑、假释的严格的无期徒刑。

九、死刑赦免:要否构建死刑赦免制度?

(一)相关争议

死刑赦免是指国家对符合一定条件的被判处死刑的人予以免除或减轻其罪或刑的制度,具有限制死刑的执行量、减少死刑错案率、保障死刑犯的人权及促进死刑最终废止等积

---

[1] 张心向:《在悄无声息中进行的死刑变革——作为我国死刑替代性措施的死缓制度考量》,载《刑法论丛》2009年第1卷,法律出版社2009年版,第187页。

[2] 陈兴良:《刑法哲学》,中国政法大学出版社1992年版,第379页。

[3] 钊作俊:《中国死刑现状与走向》,载《郑州轻工业学院学报》2004年第2期。

[4] 张文、黄伟明:《死缓应当作为死刑执行的必经程序》,载赵秉志主编:《死刑正当程序之探讨》,中国人民公安大学出版社2004年版,第140页。

[5] 张心向:《在悄无声息中进行的死刑变革——作为我国死刑替代性措施的死缓制度考量》,载《刑法论丛》2009年第1卷,法律出版社2009年版,第188页。

[6] 即数罪并罚总和刑期超过35年的,数罪并罚决定执行的刑期最高不超过25年。

[7] 高铭暄、王秀梅:《死刑替代利弊分析》,载《江苏行政学院学报》2008年第1期。

极作用。[1] 中国虽然有赦免制度但并未规定死刑赦免。对于应否构建死刑赦免制度，理论上存在一定的争论。

一种观点认为，中国应当建立死刑赦免制度。如有论者认为，联合国《公民权利和政治权利国际公约》规定了“任何被判处死刑的人应该有权要求赦免或减刑。”作为该《公约》的签署国，中国需要在死刑案件中增设特别赦免程序，以满足《公约》的要求。[2] 也有论者认为，在中国目前废止死刑的时机不成熟的情况下，严格限制死刑应是理性的选择。赦免以其特有的刑事政策功能对于限制死刑的适用具有不可忽视的价值；激活并完善中国赦免制度对于中国死刑的限制有着重要意义，中国应当依据国际人权公约完善赦免制度，其内容包括完善立法体例、赦免程序、赦免对象、赦免条件等方面。[3]

另一种观点则认为，中国不应当建立死刑赦免制度。有论者认为，赦免制度弊端甚多：(1)它会助长犯罪分子的侥幸心理，期望赦免的降临，对教育改造罪犯不利。(2)赦免是对犯罪人无原则的宽大，会降低国家的威信，破坏法律的尊严，于建立法治国家不利。(3)犯罪分子被赦免以后，会在社会上产生不良的反映，被害人由于没有得到慰藉而产生不满或者求助于私人报复从而导致犯罪率上升，不利于对犯罪分子的控制，可能影响社会的稳定。[4] 死刑赦免作为赦免制度的一种，不应提倡。也有论者以贪官赦免为视角反对死刑赦免，认为赦免贪官只会助长腐败，而不是消除腐败。只有查办已经发生的腐败行为，才能够起到预防腐败的作用。[5] 而大赦贪官之后，会造成社会一般公众的心理失衡，它只会促使贪官在腐败隐蔽化、财产合法化的道路上拼尽全力，并会使“大赦贪官”之后反腐败的难度增大。[6]

(二)基本立场

笔者认为，在中国当前继续保留死刑的背景下，创建死刑赦免制度有助于加强死刑的限制和控制，值得倡导。

第一，构建死刑赦免制度是中国履行其国际公约义务的要求。中国目前已签署的《公民权利和政治权利国际公约》第6条第4项明确规定：“任何被判处死刑的人应有权要求赦免或者减刑。对一切判处死刑的案件均得给予大赦、特赦或者减刑。”这一死刑犯的权利保障条款，不仅赋予死刑犯“要求赦免或者减刑”的权利，而且也蕴涵着国家具有对一切判处死刑的案件给予赦免或者减刑之义务。但中国现行刑事司法制度中关于死刑之赦免制度的规定尚付阙如，需要完善相关立法。

第二，构建死刑赦免制度有助于推进中国死刑适用的实际减少和逐步走向废止。在未来一段时间内中国仍将保留死刑的现实之下，要有效限制和减少死刑的适用，除了要从实体上进一步加强死刑的适用限制外，程序的限制亦十分重要。对此，除了要在程序上严格死刑

---

[1] 蒋娜：《宽严相济刑事政策下的死刑赦免制度研究》，载《法学杂志》2009年第9期。

[2] 刘仁文：《废除死刑的三个理由，吁请建立死刑特赦制度》，载《南方都市报》2011年6月27日。

[3] 刘健、赖早兴：《我国赦免制度的激活与完善——基于限制死刑的思考》，载《现代法学》2004年第4期。

[4] 张文学主编：《刑罚执行变更理论与实务》，人民法院出版社2000年版，第377页。

[5] 钱炬雷：《大赦天下贪官俱欢颜?》，载《法制日报》2008年2月24日。

[6] 李清：《“大赦天下贪官”行得通吗?》，载《法制日报》2008年2月24日。

的裁判程序和证据标准,死刑赦免程序能为死刑提供一条免除的通道,必将有助于推进中国死刑适用的实际减少和逐步走向废止。

第三,中国的赦免实践可以为死刑赦免制度的建构提供制度和经验支持。根据中国宪法第 67 条、第 80 条规定,全国人大常委会有权决定特赦,国家主席则根据其决定,发布特赦令。中国过去曾因此进行过 7 次特赦,取得较好的效果。在此基础上,借鉴其他国家死刑赦免的立法,中国应当建立并完善相应的死刑赦免制度,包括明确赋予被判处死刑者的赦免申请权,并将赦免之申请权授予检察机关,由具体担负死刑案件公诉职责的检察官提出;在全国人大常委会下设专门的赦免委员会,以接受和处理赦免包括死刑赦免之申请;授权最高人民法院具体执行死刑赦免。[1]

十、死刑和解:死刑案件能否和解?

(一)相关争议

死刑和解,是指在死刑案件中,加害人(被告人或犯罪嫌疑人)以认罪、赔偿、道歉等方式与被害人及其亲属达成和解协议以后,国家专门机关对加害人从轻处罚的一种案件处理方式。死刑案件能否适用刑事和解是近年来中国死刑司法中的一个热点争议问题。

一种观点认为,死刑案件和解具有正当性,应当允许。如有论者认为,死刑和解具有正当性。刑事和解在死刑案件中适用的法律根据是刑法典第 5 条规定的罪责刑相适应原则以及刑法典第 61 条规定的量刑依据,政策依据是宽严相济的刑事政策,而中国有关刑事和解在死刑适用上的司法实践也表明了其合理性。[2]

另一种观点则认为,死刑案件和解不具有正当性,不应当允许。如有论者认为,重罪和解不符合和解的实质。对和解来说,国家权力与个人权利之间的和谐化是本质,而被害人与犯罪人的和谐化只是一种延伸。公权力的边界需要维护,不能将重罪归纳为私人之间的关系。被害人死亡的案件中更不存在和解的可能。[3] 而从法治层面分析,死刑和解在当下主流刑事司法模式下缺乏运作的法理逻辑根据,庸俗化地理解了构建和谐社会的治国方略,违背了罪刑法定原则,超越了能动司法允许的合理限度,转移了国家对犯罪的发生本应承担的社会集体罪责。[4]

(二)基本立场

基于严格控制和慎重适用死刑的政策要求,在尚未废止死刑的背景下,笔者认为,死刑和解对中国死刑制度改革具有积极意义,应当倡导。

第一,死刑和解具有积极的现实意义。一方面,它为中国严格控制死刑、逐渐减少死刑提供了一条可选择的路径,有助于落实宽严相济的刑事政策;另一方面,它使被害人与加害

---

[1] 赖早兴:《中美死刑赦免制度及其比较——兼论我国死刑赦免制度之完善》,载赵秉志、邱兴隆主编:《死刑正当程序之探讨》,中国人民公安大学出版社 2004 年版,第 226 页。

[2] 马松建:《试论刑事和解在死刑案件中适用的正当性》,载《郑州大学学报(哲学社会科学版)》2011 年第 1 期。

[3] 孙万怀:《死刑案件可以并需要和解吗?》,载《中国法学》2010 年第 1 期。

[4] 梁根林:《死刑案件被刑事和解的十大证伪》,载《法学》2010 年第 4 期。

人双方的权益得到平衡的保护，并有利于实现个案平和裁决，减少上诉、申诉、上访，促进社会和谐、安定。[1] 事实上，在涉及人身的如故意杀人罪、故意伤害罪中，死刑适用的一个重要理由是，如果不判处死刑，就难以满足被害人及其亲属的报复心理，无法抚平犯罪给被害方造成的精神痛苦。在这样的案件中，如果犯罪人能给予被害人（包括其近亲属）一定数额的金钱赔偿，那么在一定程度上可使被害方要求判处犯罪人死刑的强烈心理有所缓和，死刑适用亦可得到控制。[2]

第二，死刑和解具有普遍的正当性。中国死刑和解面临的最大风险在于其可能走向“以钱买命”的质疑。但客观地看，死刑和解与“以钱买命”存在本质区别。刑事和解制度是为保障因犯罪行为而受到侵害的被害人的合法权益而设计的，刑事和解必然以被害人利益的救济和弥补为重要内容。通过加害人的积极赔偿表明他真诚悔过的人格变化，同时换取被害人的原谅，由此反映到具体影响刑罚裁量的要素就是加害人之人身危险性的降低。死刑案件中的刑事和解并不是用钱来购买刑罚的减免，而是通过金钱或者其他方式来表明加害人危险人格的变化、寻求被害人的谅解并获得司法者的认可。[3]

第三，中国刑法有死刑和解的制度空间。从规范的层面上看，死刑和解具有两个方面的重要表征：一是死刑和解通过赔偿被害人及其亲属的损失，能在一定程度上弥补或者减少犯罪的社会危害性，尤其是对被害人及其亲属的心理创伤；二是死刑和解通过与被害人及其亲属的和解，反映出犯罪人真诚的认罪、悔罪态度，表明其再犯罪之人身危险性的降低。这两者都是中国刑法中的酌定从轻情节，对具有该情节的犯罪人从宽处罚符合中国刑法典第5条规定的罪责刑相适应原则的基本要求。可见，中国刑法中存在着死刑和解的制度空间，死刑和解也因此具有重要的刑法价值。

十一、贪污罪受贿罪的死刑：应否尽快废止？

（一）相关争议

随着死刑制度改革的深入，废止贪污罪受贿罪的死刑是必然的趋势。但对于中国是否应当在当下就尽快废止贪污罪受贿罪的死刑，则有不同的认识。

一种观点对此持否定态度，认为现代刑法注重刑罚与犯罪之间内在性质（价值）上的统一性，而不是量上的简单类似。在贪污贿赂与死刑之间，不能简单地说因为贪污贿赂没有剥夺人的生命就认为对其不该判处死刑。贪污贿赂犯罪不是一种简单的经济犯罪，而是归属于独立的类型，其侵犯的客体是“国家的廉政制度”，不是仅仅用所贪污受贿的金钱的数量可以衡量的。在保留死刑的情况下，首先废止贪污贿赂罪的死刑，没有足够的依据。[4]

另一种观点则主张，中国应当尽快废止贪污罪受贿罪的死刑。这是因为，废止贪污罪受贿罪的死刑既有利于惩罚这类犯罪的国际司法合作，进而有利于打击贪污受贿犯罪，也有利

[1] 陈光中：《刑事和解是否适用于死刑案件之我见》，载《人民法院报》2010年8月4日。
[2] 高铭暄：《略论中国刑法中的死刑替代措施》，载《河北法学》2008年第2期。
[3] 王志祥、张伟珂：《死刑案件中刑事和解的正当性探究》，载《北方法学》2011年第4期。
[4] 高一飞：《目前对贪污贿赂罪不能废除死刑》，载光明网2007年7月10日。

于保留证据。而作为“活口”的知情人的存在,在废止贪污罪受贿罪的死刑的情况下无疑会增加相关人犯罪的风险成本,进而能从一个方面遏制犯罪的冲动。[1]

（二）基本立场

应当说,在腐败犯罪形势严峻、社会反映强烈、反腐败任务异常艰巨的时代背景下和中国刑法仍对多种非暴力犯罪配置了死刑的立法现状下,在一定时期内保留对贪污罪受贿罪的死刑确有其必要性和合理性。但基于中国死刑改革的目标和贪污罪受贿罪自身的特性,笔者认为中国应当在废止非暴力犯罪死刑的最后阶段果断地废止贪污罪受贿罪的死刑。

第一,若一直或长期保留贪污罪受贿罪的死刑将延缓中国死刑制度的改革进程。从当前中国加强反腐败斗争的力度、保持对腐败犯罪的高压态势的要求出发,对罪行和罪责极其严重的贪污罪受贿罪配置和适用死刑是必要的。但也应当认识到,限制和废止死刑是当代世界刑事法治发展的潮流,也是中国死刑改革和人权事业发展的大势所趋。对作为非暴力性犯罪的贪污罪受贿罪保留死刑,必将延缓中国对暴力性犯罪的死刑改革进程。这是因为,在没有取消非暴力性犯罪死刑的情况下,要取消暴力性犯罪的死刑,显然不符合民众死刑观念发展的一般规律。因此,从推进死刑制度改革的需要并结合贪污罪受贿罪的特性考虑,中国应当在废止非暴力犯罪死刑的最后阶段果断地取消贪污罪受贿罪的死刑。

第二,对贪污罪受贿罪设置和适用死刑,与贪污罪受贿罪的罪质不符。贪污罪受贿罪的本质特征在于其贪利性和侵犯职务廉洁性,而死刑是剥夺犯罪人生命的刑罚。两者在性质上具有明显的不对等性。正因为如此,国际社会废止死刑的趋势和中国已经签署的联合国《公民权利和政治权利国际公约》等国际公约都清楚地表达了反对对贪污罪受贿罪适用死刑的立场。但中国基于其特有的死刑文化和民众对腐败犯罪的痛恨等因素考虑,保留了对贪污罪、受贿罪的死刑。这既与贪污罪受贿罪的罪质不符,也不利于履行相关国际人权公约的义务,因而应尽快废止贪污罪受贿罪的死刑。

第三,死刑并非遏制贪污罪受贿罪的最有效方式。相关理论研究和司法实践经验反复证明,最严厉的刑罚并不是遏制犯罪最有效的刑罚。刑罚在预防犯罪方面能够发挥的作用的大小,主要不是由刑罚的严厉性所决定,而是由刑罚的及时性和确定性所决定。刑罚越及时、越不可避免,其威慑作用就越强大,预防犯罪的效果也就越好。这也是西方近代刑法启蒙学者贝卡里亚所揭示一个刑罚原理,[2]这一原理曾得到革命导师列宁的充分肯定。[3] 因此,死刑并不是最有效的遏制贪污罪受贿罪的手段。中国多年来反腐败斗争的实践也印证了这一点。事实上,尽管中国现行刑法典对贪污罪、受贿罪都配置了死刑,司法实践中对严重的贪污、受贿犯罪分子适用死刑的数量也一度较多,但是,这两种腐败犯罪却一直呈高发态势,并没有得到有效的遏制。究其原因,显然不在于对这两种犯罪安排的刑罚还不够严

---

〔1〕 周永坤:《为反贪贿,应除贪墨罪死刑》,载《法学》2006年第5期。

〔2〕 贝卡里亚说:“对于犯罪最强有力的约束力量不是刑罚的严酷性,而是刑罚的必定性”。参见[意]贝卡里亚:《论犯罪与刑罚》,黄风译,北京大学出版社2008年版,第62页。

〔3〕 列宁说:“有人早就说过,刑罚的防范作用,均不在于刑罚的残酷,而在于有罪必究,重要的不是对犯罪行为处以重刑,而是要把每一桩罪行都揭发出来。”参见《时评》,载《列宁全集》第4卷,人民出版社1984年版,第364页。

厉,而在于相当数量的同类犯罪并没有得到揭露和严肃处理,因而即便加大对贪污罪受贿罪的死刑适用,也不能起到有效地遏制腐败犯罪的效果。

十二、死刑执行数字:应否公开?

(一)相关争议

死刑执行数字公开问题是当前中国死刑制度改革面临的一个重大现实问题,饱受国际社会诟病。而关于中国应否公开死刑执行的数字,则存在不同认识。

一种观点主张公布死刑的数字。认为公布死刑人数利大于弊,这是保障公民知情权的需要,是人民对司法机关行使监督权的一个保障,也是顺应国际趋势的体现。公布死刑人数,更能体现出我国对待死刑案件的合法、公开、透明,体现我们坚定执行"宽严相济"刑事政策和"严格控制,慎重适用死刑"政策的决心和信心,也让全国人民和世界人民看到我们在死刑控制上取得的进步;反之,如果不公布,可能会招致各种不同的猜测,毁损我国的国际形象。[1] 也有学者认为,中国应当公开死刑统计数据,因为它具有多方面的重要意义:(1)有利于发挥死刑的威慑作用,符合设置死刑的目的;(2)有利于保障死刑的地区之间和个案之间的平衡,达到罪刑均衡;(3)有利于实现被告人辩护权,被告人可以在对自己可能判处死刑的案件中,以类似案件没有处死刑作为自己不应当被判处死刑的理由;(4)有利于听取对死刑判决的意见,检讨死刑在具体设置上的适当性;(5)有利于防止其他国家和国际人权机构的恶意攻击。[2]

另一种观点则认为,基于国家利益的考虑可以不公开死刑执行数字。如有论者认为,《保守国家秘密法》第2条规定:"国家秘密是关系国家安全和利益,依照法定程序确定,在一定时间内只限一定范围的人员知悉的事项。"目前中国死刑的判处与执行的整体情况都是国家秘密,人们无从知道全国死刑的判处与执行的完整数据。这是因为中国死刑执行数量过大,一旦公开,必然要招致来自善意方面的批评和来自恶意方面的攻击。[3]

(二)基本立场

在当前中国法院的司法统计中,死刑和死刑缓期二年执行的数字是与被判处五年以上有期徒刑的罪犯的数字合并统计的。[4] 这种统计方法掩盖了死刑执行的数字,虽然公开,但对死刑执行数量的公开并无意义。笔者赞同中国应尽早单独公开死刑执行数量的主张。

第一,公开死刑执行数字是我国履行相关国际公约的要求。联合国《公民权利和政治权利国际公约》第40条第1款规定:"本公约各缔约国承担在(甲)本公约对有关缔约国生效后的一年内及(乙)此后每逢委员会要求这样做的时候,提出关于它们已经采取而使本公约所承认的各项权利得以实施的措施和关于在享受这些权利方面所作出的进展的报告。"据

---

〔1〕 陈光中:《公布死刑人数利弊考》,载《南方周末》2010年1月20日。

〔2〕 高一飞:《死刑统计数据应当公开》,载《同舟共进》2006年第1期。

〔3〕 王世洲:《关于中国死刑制度的反思》,载《北京大学学报》(哲学社会科学版)2004年第3期。

〔4〕 参见《死刑与5年以上有期徒刑罪犯数字合并统计并公开发布》,载"央视国际 www. cctv. com",2007年3月13日访问。

此,虽然与死刑相关的国际公约并没有明确要求各国公开死刑判决和执行的数字,但是考虑到联合国《公民权利和政治权利国际公约》第40条第1款规定的报告义务,以及各国在报告死刑情况时都不可避免地要涉及死刑判决和执行的数字,联合国《公民权利和政治权利国际公约》第40条第1款的规定实际上包含了各缔约国有报告本国死刑判决和执行数量的义务。中国作为该公约的签署国,应当履行该公约所设定的义务。

第二,中国死刑执行数量已有较大幅度的下降。自2007年1月1日起将死刑立即执行案件的核准权收回最高人民法院以后,中国加强了对死刑案件判决的控制,死刑的执行数量大幅下降。据报道,仅2007年一年,最高人民法院因原判决事实不清、证据不足、量刑不当、程序违法等原因不核准死刑立即执行的案件,就占到复核终结死刑案件的15%左右。此后5年来也大体上保持了不核准死刑立即执行的这一比率。不可否认,地方法院还有很多原本可能要判处死刑的案件,因担心判死刑质量不过硬而不敢判处死刑立即执行。据了解,近几年,很多省份的死刑案件下降了1/3以上,一些省份甚至下降了接近一半。[1] 随着中国死刑执行数量的进一步下降,中国死刑执行数量公开所可能面临的国际压力也将明显降低,甚至有可能小于中国不公开死刑执行数量所面临的国际压力。

第三,公开死刑执行数量有利于更好地促进限制和减少死刑适用的死刑政策的贯彻落实。当前,中国限制和减少死刑的政策更多地体现在关于死刑的立法和司法制度设计上,但死刑执行的数量也是考量一国死刑政策贯彻落实状况的重要方面。而且公开死刑执行数量有利于加强社会对死刑执行的监督,防止死刑执行数量出现过大的起伏或者反弹,进而更好地督促中国限制和减少死刑政策的贯彻和落实。当前中国不公开死刑执行的数量,这在很大程度上削弱了社会各方对中国落实死刑政策的监督,不利于死刑制度改革的深入。

十三、结语

在一个多元化的社会里,不同意见之间的争论是常态。对于死刑制度而言,基于不同的价值立场和思维视角,争论亦属难免。但是,当前的国际和国内因素决定了中国死刑制度改革必将围绕限制、减少乃至最终废止死刑而展开。基于此立场,笔者认为,无论是中国社会的决策领导层还是法律人,都应当具有大局观和历史责任感,要站在社会发展潮流的高度,合理看待中国死刑制度改革过程中所可能出现的各种问题和分歧,并且通过深入研究、开诚布公地讨论和辩论,对死刑改革问题达成积极性的共识,以推动我国死刑改革研究的不断深入,积极引导和促进中国进一步限制、减少死刑的适用并坚定地朝着逐步全面废止死刑的目标迈进。唯有如此,我们才不能辜负时代的希望,通过推动中国死刑制度改革进而促成国家人权事业和法治现代化的进步。

---

〔1〕 赵秉志:《收回死刑复核权显著减少死刑数量》,载《法制日报》2012年8月31日。

中国死刑立法改革新思考*

——以《刑法修正案(九)(草案)》为主要视角

目　次

一、前言

死刑制度改革关乎人的生命和刑罚体系的整体变革,是近年

---

* 原载《吉林大学社会科学学报》2015 年第 1 期;中国人民大学《复印报刊资料·刑事法学》2015 年第 4 期转载;收入李永升、朱建华主编:《历史变革中的刑法新思维》,法律出版社 2015 年版。

来中国刑法制度改革的重要领域。自1997年全面修订刑法典迄今,中国在死刑的立法和司法改革方面都取得了令世人瞩目的成就,其中特别是2007年最高人民法院将之前下放至地方高级法院和军事法院的死刑复核权收回统一行使,进一步严格了死刑适用的证据和程序标准;2011年《刑法修正案(八)》一次性取消了13种经济性、非暴力犯罪的死刑,迈开了中国逐步废止死刑的步伐。这些死刑改革举措都产生了积极成效,包括促进了刑法观念的更新,带动了无期徒刑、有期徒刑等相关刑罚制度的改革,推动了中国与其他国家和地区的刑事司法合作。同时,死刑制度的大幅改革并没有给社会治安形势造成不利影响。正如国家立法工作机关负责人所言,"2011年出台的《刑法修正案(八)》取消13个经济性非暴力犯罪的死刑以来,中国社会治安形势总体稳定可控,一些严重犯罪稳中有降。"[1]社会各方面对减少死刑罪名等死刑改革举措反应正面、积极。

2014年10月27日,第十二届全国人大常委会第十一次会议初次审议了全国人大常委会委员长会议提交的《刑法修正案(九)(草案)》。《刑法修正案(九)(草案)》在2011年《刑法修正案(八)》的基础上,对中国刑法典又进行了多方面的重要修改。其中,在死刑制度方面提出从两个方面严格限制死刑:一是进一步减少死刑适用的罪名,取消走私武器、弹药罪等9种犯罪的死刑;二是进一步提高对死缓犯执行死刑的门槛。在《刑法修正案(九)(草案)》的研拟过程中,还涉及要进一步改革死刑适用标准和严格限制死刑适用对象的问题。这些问题都对中国死刑立法改革至关重要。鉴此,笔者拟在过去相关研究的基础上,以《刑法修正案(九)(草案)》为主要视角,对当前中国死刑立法改革中涉及的减少死刑罪名、死缓制度改革、死刑适用标准改革和死刑适用对象限制等四个重要问题作进一步的研究。

二、关于减少死刑罪名问题

(一)《刑法修正案(九)(草案)》的相关规定分析

关于死刑罪名,当代中国经历了一个由少到多、再由多到少的复杂过程。新中国第一部刑法典(1979年刑法典)只规定了28种死刑罪名,加上1981年《惩治军人违反职责罪暂行条例》规定的11种死刑罪名,当时中国刑法中可适用死刑的罪名共计39种。之后,随着中国社会转型期犯罪形势的变化,特别是"严打"刑事政策的实施,中国的死刑罪名急剧上升,至1997年刑法典颁行之前,中国可适用死刑的罪名已多达71种。1997年刑法典修订过程中,在刑法学界的呼吁下,国家立法机关已经意识到中国的死刑罪名过多,但鉴于当时的犯罪状况和刑事政策而难以大幅削减死刑,经过努力,1997年刑法典通过时保留了68种死刑罪名,并对盗窃罪等罪名严格限制了其死刑适用的条件。之后,中国刑法理论界和实务界经过十多年的不懈努力,终于达成应当"逐渐减少适用死刑罪名"的共识,并在加强人权保障和推进司法改革的背景下,对适用死刑的罪名进行了有力削减:2011年通过的《刑法修正案(八)》一次性取消了13种经济性、非暴力犯罪的死刑,将死刑罪名减至55种。

---

〔1〕 参见李适时:《关于〈中华人民共和国刑法修正案(九)(草案)〉的说明——2014年10月27日在第十二届全国人民代表大会常务委员会第十一次会议上》,载中国人大网,http://www.npc.gov.cn/,2014年11月8日访问。

此次《刑法修正案(九)(草案)》在《刑法修正案(八)》的基础上,拟定要取消9种犯罪的死刑,即走私武器、弹药罪、走私核材料罪和走私假币罪(刑法典第151条第1款),伪造货币罪(第170条),集资诈骗罪(第192条),组织卖淫罪和强迫卖淫罪(第358条第1款),阻碍执行军事职务罪(第426条)和战时造谣惑众罪(第433条第2款)。这标志着中国在削减死刑罪名的道路上又迈出了重要一步。概括地看,此次拟取消的9种死刑罪名具有三个方面的显著特点:一是以经济性、非暴力犯罪为主,同时包括部分非致命性暴力犯罪。9种犯罪中,破坏社会主义市场经济秩序类犯罪5种,妨害社会管理秩序类犯罪2种,军人违反职责类犯罪2种。其中,强迫卖淫罪、阻碍执行军事职务罪都包含了暴力手段;同时,刑法典第151条第1款(三种走私罪)的死刑取消,将导致刑法典第157条第1款武装掩护走私犯罪死刑的取消。[1] 二是这些犯罪的死刑多属备而不用、备而少用。其中,走私核材料罪、阻碍执行军事职务罪、造谣惑众罪这三种犯罪的死刑基本上是备而不用,而走私武器、弹药罪、走私假币罪等其他6种犯罪的死刑则属于备而少用。类似于集资诈骗罪、组织卖淫罪、强迫卖淫罪等犯罪的死刑适用还在实践中引发过较大的反对声音。[2] 对这些犯罪取消适用死刑,符合中国死刑司法的实际,容易得到社会各界的支持。三是取消的死刑罪名数量成批量,这与《刑法修正案(八)》类似。《刑法修正案(八)》一次性取消了13种死刑罪名,占当时死刑罪名总数的19.1%。此次拟取消9种死刑罪名,占现存死刑罪名总数的16.3%,都具有一定的规模。

《刑法修正案(九)(草案)》提出取消9种死刑罪名,是切实落实党的十八届三中全会关于“逐步减少适用死刑罪名”的要求,有助于进一步推进中国死刑改革和人权保障事业的发展。[3] 如何在立法上更加积极而有力地贯彻“逐步减少适用死刑罪名”的政策和策略,笔者认为,中国应通过《刑法修正案(九)》和之后的刑法修改工作,在策略上坚持以非暴力犯罪死刑的取消为重点,成批量地削减死刑罪名,同时逐步减少非致命性暴力犯罪的死刑;并在范围上通过削减严重腐败犯罪、毒品犯罪和非致命性暴力犯罪的死刑,减少死刑罪名的数量。

(二)进一步减少死刑罪名的策略

《刑法修正案(九)(草案)》拟一次性取消9种死刑罪名,这是《刑法修正案(八)》取消死刑罪名步伐的延续和发展,但绝不会是终结。我认为,中国应积极探索死刑改革的路径,进一步减少死刑罪名。对此可从以下三个方面着手:

1. 成批量地取消死刑罪名

关于死刑罪名取消的数量,在《刑法修正案(九)(草案)》研拟过程中曾存在一定的争议。曾有方案提出取消四种或五种死刑罪名,也有部门建议只取消一种死刑罪名。而提交

---

〔1〕 我国刑法典第157条第1款规定:“武装掩护走私的,依照本法第一百五十一条第一款的规定从重处罚。”因此刑法典第157条第1款死刑的取消,将直接导致刑法典第157条第1款武装掩护走私犯罪的死刑取消。

〔2〕 近年来,在多个具有重大社会影响的死刑案件中,民众对其死刑适用都有较大的反对声音。例如,吴英集资诈骗案、曾成杰集资诈骗案就引发了人们对集资诈骗罪适用死刑的质疑;唐慧女儿被强迫卖淫案引发了人们对强迫卖淫罪适用死刑的质疑。

〔3〕 参见殷泓、王逸吟:《解码刑法第九次修改》,载《光明日报》2014年10月28日。

全国人大常委会审议并向社会公布的《刑法修正案(九)(草案)》延续了《刑法修正案(八)》的模式,拟一次性取消9种罪名的死刑。这是值得充分肯定的。笔者主张,从中国死刑改革的现实需要出发,《刑法修正案(九)》和中国今后若干年的刑法改革都应当不断地成批量成规模地取消死刑罪名。这是因为:

第一,中国死刑罪名数量众多的现状决定了中国应成批量成规模地取消死刑罪名。中国现有死刑罪名55种,若《刑法修正案(九)(草案)》通过后减少9种死刑罪名,中国死刑罪名的数量仍高达46种。这在世界上保留死刑罪名的国家和地区中,数量仍然名列前茅,而且与当今保留死刑国家大多仅有几种死刑罪名的立法状况相比差距甚远。在此背景下,中国死刑立法改革的任务仍然任重而道远。中国要实现严格控制、慎重适用死刑直至最终废止死刑的目标,仅靠每次刑法修改取消一两种死刑罪名,那还需要很多年才能达到,从而会严重影响中国社会文明发展对死刑减少乃至废止的要求之实现。因而当下中国应该不断地成批量成规模地取消死刑罪名。

第二,中国死刑改革的进度决定了中国应成批量成规模地取消死刑罪名。中国死刑罪名的取消始于1997年全面修订刑法典之后,迄今已有17年。但过去17年间,中国只是在2011年通过《刑法修正案(八)》取消了13种死刑罪名。按年度计算的话,平均每年取消死刑罪名不足1种。即便从2011年开始计算,至《刑法修正案(九)》通过(预计要到2015年),前后间隔4年才启动一次刑法修正。如果按照每4年取消一次死刑罪名的做法,每次如仅取消少量的几种(如1~2种),中国未来要取消余下的46种死刑罪名仍将是一个过于漫长且难以期待的过程。因此,中国很有必要不断地成批量成规模地取消死刑罪名。

第三,中国死刑适用的实际状况决定了中国可以成批量成规模地取消死刑罪名。中国现有的死刑罪名虽然较多,且中国死刑适用的数量在国际上也可能是最多的,但从死刑罪名适用的实际情况看,中国适用死刑较多的罪名主要是故意杀人罪、毒品犯罪、故意伤害罪、抢劫罪、强奸罪等少数几种严重危害人身和社会的犯罪。[1] 有统计显示,这五种主要罪名判处死刑的数量占到了所有死刑判决的90%以上。[2] 可见,绝大多数死刑罪名都属于备而不用或备而少用。成批量成规模地取消那些备而不用、备而少用的死刑罪名,不会对中国刑事司法和社会治安形势造成太大的冲击和影响。

2. 以非暴力犯罪为废止死刑的重点

以非暴力犯罪为废止死刑的重点,这是《刑法修正案(八)》和《刑法修正案(九)(草案)》取消死刑罪名的共同之处,这也应当是中国未来相当长的一段时间内废止死刑罪名的基本策略。这是因为:

第一,中国非暴力犯罪的死刑罪名众多决定了中国死刑罪名的取消应以非暴力犯罪为重点。中国现有死刑罪名55种,除去《刑法修正案(九)(草案)》涉及的9种,仍有46种死

---

〔1〕 参见赵秉志等:《五种常见多发犯罪之立法完善研究》,载赵秉志主编:《刑事法治发展研究报告(2005-2006年卷)》,中国人民公安大学出版社2006年版,第22页。

〔2〕 参见苏永通、任重远:《152份死刑复核裁定书分析报告公开的中国死刑密码》,载《南方周末》2014年4月16日。

刑罪名,包括:危害国家安全罪7种(其中非暴力犯罪6种),危害公共安全罪14种(其中非暴力犯罪4种),破坏社会主义市场经济秩序罪2种(均属非暴力犯罪),侵犯公民人身权利罪5种(其中非暴力犯罪1种),侵犯财产罪1种,妨害社会管理秩序罪3种(其中非暴力犯罪1种),危害国防利益罪2种(其中非暴力犯罪1种),贪污贿赂罪2种(均属非暴力犯罪),军人违反职责罪10种(其中非暴力犯罪7种)。可见,在上述46种死刑罪名中,非暴力犯罪仍有24种,占据了死刑罪名的52%以上,可谓数量众多。因而当下中国死刑罪名的取消应当以非暴力犯罪为重点。

第二,非暴力犯罪与死刑的不对等决定了中国死刑罪名的取消应以非暴力犯罪为重点。与暴力犯罪不同,非暴力犯罪不直接危害人的生命。从罪责刑相适应的角度看,这类犯罪的社会危害性与死刑剥夺的生命不具有均衡性和对等性[1]。因而以非暴力犯罪作为中国死刑罪名取消的重点非常必要。而且,当代中国人权保障观念的发展和人们对生命的重视强化了生命的重要性。取消非暴力犯罪的死刑总体上更容易被社会和民众所接受。

第三,非暴力犯罪死刑适用率颇低的状况决定了中国死刑罪名的取消应以非暴力犯罪为重点。如前所述,中国的死刑适用主要集中于故意杀人罪、故意伤害罪等少数几种严重的犯罪。除严重的毒品犯罪外,大多数罪名的死刑适用率极低。许多非暴力犯罪(包括部分严重危害国家安全的犯罪、危害国防利益犯罪、军人违反职责犯罪),自1997年刑法典施行至今都未曾适用过死刑,其死刑基本上属于备而不用。一些过去死刑适用相对较多的非暴力犯罪(如贪污罪、受贿罪),近年来也很少适用死刑(主要是指死刑立即执行)。从司法实务的角度看,取消这些非暴力犯罪的死刑不会对司法中确有必要适用死刑(立即执行)的犯罪造成冲击。

3. 迈开非致命性暴力犯罪死刑废止之步伐

非致命性暴力犯罪与致命性暴力犯罪是暴力犯罪内部的区分。其中,非致命性暴力犯罪主要指那些犯罪手段具有暴力性但不足以侵犯和剥夺他人生命的犯罪。此次《刑法修正案(九)(草案)》拟取消死刑的强迫卖淫罪和阻碍执行军事职务罪即属此类。这意味着中国已经开启了取消非致命性暴力犯罪的先例。未来,中国应该进一步迈开取消非致命性暴力犯罪死刑的步伐。这是因为:

第一,非致命性暴力犯罪与死刑不具有对等性,有废止的必要。与非暴力犯罪相比,非致命性暴力犯罪在犯罪的手段上更具可谴责性,其犯罪的危害性通常更大,但以死刑所剥夺的生命为对照,非致命性暴力犯罪与非暴力犯罪一样,其危害性与死刑所要剥夺的生命相比都不具有对等性,因而有废止其死刑的必要。

第二,加强非致命性暴力犯罪的死刑废止举措是中国死刑制度改革的必然。如前所述,中国现有死刑罪名55种,除去《刑法修正案(九)(草案)》涉及的9种,余下的46种死刑罪名中有22种属于暴力犯罪。从犯罪的危害程度和民众接受死刑取消的程度上看,有些非致命性暴力犯罪与非暴力犯罪死刑废止的难度相比可谓伯仲之间。例如,贪污罪受贿罪的死刑废止与强迫卖淫罪的死刑废止相比,人们可能更容易接受后者。中国要合理而有效地逐

[1] 参见赵秉志:《论中国非暴力犯罪死刑的逐步废止》,载《政法论坛》2005年第1期。

步减少直至最终废止死刑，不可能等到非暴力犯罪都取消死刑后才考虑非致命性暴力犯罪的死刑。因而适时逐步取消非致命性暴力犯罪的死刑也是中国死刑制度改革的必然。

第三，加快非致命性暴力犯罪的死刑废止是推动致命性暴力犯罪死刑限制乃至将来废止的需要。从犯罪手段的严重性上看，非致命性暴力犯罪介于非暴力犯罪与致命性暴力犯罪之间。虽然从死刑具体罪名废止的顺序上看，不一定完全遵循非暴力犯罪、非致命性暴力犯罪和致命性暴力犯罪的顺序，但在总体上，非致命性暴力犯罪因其危害性相对较轻而理应先于致命性暴力犯罪废止死刑。[1] 而在非致命性暴力犯罪的死刑尚未完全或者基本废止之前，严格限制乃至废止致命性暴力犯罪的死刑，难度必然更大。相反，如果非致命性暴力犯罪的死刑完全或者大部分被废止了，致命性暴力犯罪死刑的严格限制乃至废止所遇阻力才会减小。从这个角度看，非致命性暴力犯罪的死刑废止有助于促进致命性暴力犯罪死刑的严格限制乃至废止，从而有助于适时实现中国彻底废止死刑之任务。

（三）进一步减少死刑罪名的范围

客观地说，《刑法修正案（九）（草案）》能在《刑法修正案（八）》的基础上再进一步废止9种犯罪的死刑，乃是我国现阶段死刑立法改革的莫大进步。但在现实背景下，中国仍有必要在《刑法修正案（九）》或下一步的刑法修正中进一步减少死刑罪名。

1. 余下的非暴力犯罪之死刑废止

如前所述，在《刑法修正案（九）》很快取消9种死刑罪名之后，中国尚有24种非暴力犯罪保留有死刑。在这些非暴力犯罪中，有两类犯罪的死刑废止虽具争议但仍有及时废止的必要。此即严重的腐败犯罪和毒品犯罪。

第一，严重腐败犯罪的死刑废止问题。严重腐败犯罪是指贪污罪和受贿罪（其他腐败犯罪都未规定有死刑）。关于严重腐败犯罪的死刑废止，刑法理论上过去主要有保留论和废止论之争。笔者持废止论，主张适时予以废止，认为保留严重腐败犯罪的死刑会阻止中国死刑制度改革的进程，也与腐败犯罪的罪质和犯罪原因不对应。[2]

此次《刑法修正案（九）（草案）》拟调整贪污罪受贿罪的定罪量刑标准。这既是贪污罪受贿罪定罪量刑标准设置科学化和合理化的需要，客观而言也在一定程度上合理地降低了对贪污罪受贿罪的处罚力度。其中，草案对贪污罪受贿罪的死刑适用予以了严格限制，包括取消原来绝对确定的死刑和提高了死刑适用的标准。[3] 笔者认为，这是中国对贪污罪受贿罪量刑标准（包括死刑适用标准）的重大改革和进步。不过，就推动中国死刑立法改革而言，中国有必要进一步考虑在下一步的刑法修正中取消严重腐败犯罪的死刑。其理由除了

---

〔1〕 在近10年前，笔者曾主张，就中国现阶段的综合情况而言，可以经历如下三个阶段逐步废止死刑：一是先行逐步废止非暴力犯罪的死刑；二是在条件成熟时进一步废止非致命犯罪（非侵犯生命的犯罪）的死刑；三是进而在社会文明和法治发展到相当发达程度时，全面废止死刑（参见赵秉志：《论中国非暴力犯罪死刑的逐步废止》，载《政法论坛》2005年第1期）。不过，从中国死刑改革的实际需要来看，这三个阶段的区分是总体上、大致的区分，并不是绝对的，其中第一个阶段和第二个阶段可能会出现一定的交叉。

〔2〕 参见赵秉志：《当代中国死刑改革争议问题论要》，载《法律科学》2014年第1期。

〔3〕 关于贪污罪受贿罪的死刑，《刑法修正案（九）（草案）》第39条第1款第3项规定："（贪污）数额特别巨大，并使国家和人民利益遭受特别重大损失的，处无期徒刑或者死刑，并处没收财产。"

因为严重腐败犯罪属于非暴力犯罪，与死刑的罪质不符，且与联合国相关公约关于死刑适用的标准不符外，还有以下两个方面的考虑：(1)在余下的设置有死刑的非暴力犯罪中，严重腐败犯罪的罪质最弱，有尽快取消其死刑的必要。从罪质上看，严重腐败犯罪侵害的主要是国家工作人员职务的廉洁性。[1] 这在余下的非暴力犯罪死刑罪名中，其罪质基本上是处于最弱的地位，既不能与为境外窃取、刺探、收买、非法提供国家秘密、情报罪、资敌罪等危害国家安全罪和隐瞒、谎报军情罪、投降罪等军人违反职责罪的罪质相比，甚至也不能与生产、销售假药罪、生产、销售有毒、有害食品罪等破坏社会主义市场经济秩序罪的罪质相比。从罪质比较的角度考虑，中国要进一步取消非暴力犯罪的死刑，严重腐败犯罪应该首当其冲。(2)取消严重腐败犯罪的死刑是推动死刑立法改革的必需。目前，《刑法修正案(九)(草案)》已着手取消强迫卖淫罪等非致命性暴力犯罪的死刑，严重腐败犯罪作为非暴力犯罪，其危害性总体上无疑要低于暴力犯罪，在现实性上完全有必要在暴力犯罪之前取消其死刑，或者至少不应过于滞后。否则，它必将成为中国取消死刑罪名的障碍，会阻碍暴力犯罪死刑的废止。

第二，严重毒品犯罪之死刑存废问题。毒品严重危害人们的身心健康。对严重毒品犯罪予以严惩直至适用死刑是过去中国刑法立法和刑事司法长期坚持的刑事政策。中国刑法典第347条专门针对走私、贩卖、运输、制造毒品罪列举规定了可以适用死刑的情形。不过，与走私、贩卖、制造毒品罪相比，运输毒品罪的危害更小，中国应考虑在《刑法修正案(九)》或之后的刑法修正中取消运输毒品罪的死刑。理由主要有：(1)从社会危害性上看，单纯的运输毒品只是整个毒品犯罪的中间环节，社会危害性相对较小。在整个毒品犯罪过程中，制造毒品是毒品犯罪的源头，也是整个毒品犯罪的肇始；贩卖毒品则是毒品直接向社会扩散的环节；相比之下，单纯的运输毒品行为只是毒品由制造走向贩卖的中间环节[2]，其社会危害性相对较小，没有适用死刑的必要。(2)从行为特点上看，单纯的运输毒品行为具有从属性、辅助性特点。在整个毒品犯罪过程中，制造、贩卖毒品是毒品犯罪的两个关键环节，而单纯的运输毒品行为是为制造毒品、贩卖毒品服务的，具有从属性和辅助性的特点。这决定了单纯的运输毒品行为在毒品犯罪中的作用较小、地位较弱。如果刑法典未将运输毒品单独成罪，它只能算是制造、贩卖毒品罪的从犯。因而对单纯的运输毒品行为没有保留死刑的必要。(3)从司法实践上看，中国司法严格控制了运输毒品罪的死刑适用。目前，中国不仅在司法上严格区分了单纯的运输毒品罪与走私、贩卖、制造毒品罪，而且很少有针对单纯的运输毒品犯罪判处死刑的做法。对此，最高人民法院2008年12月1日发布的《全国部分法院审理毒品犯罪案件工作座谈会纪要》有较为明确的规定。[3] 在此司法背景下，废止运输毒

---

[1] 参见王作富主编：《刑法分则实务研究(下)》，中国方正出版社2012年版，第1539页。

[2] 参见王捷明：《对运输毒品罪死刑适用的把握》，载《人民司法》2014年第12期。

[3] 2008年12月1日最高人民法院《全国部分法院审理毒品犯罪案件工作座谈会纪要》规定："毒品犯罪中，单纯的运输毒品行为具有从属性、辅助性等特点，且情况复杂多样。部分涉案人员系受指使、雇佣的贫民、边民或者无业人员，只是为了赚取少量运费而为他人运输毒品，他们不是毒品的所有者、买家或者卖家，与幕后的组织、指使、雇佣者相比，在整个毒品犯罪环节中处于从属、辅助和被支配地位，所起作用和主观恶性相对较小、社会危害性也相对较小。因此，对于运输毒品犯罪中的这部分人员，在量刑标准的把握上，应当与走私、贩卖、制造毒品和前述具有严重情节的运输毒品犯罪分子有所区别，不应单纯以涉案毒品数量的大小决定刑罚适用的轻重。"

品罪的死刑是对刑事司法的支持和认同,亦不会对运输毒品犯罪的刑法控制产生冲击。[1]

2. 非致命性暴力犯罪死刑的逐步废止

《刑法修正案(九)(草案)》取消非致命性暴力犯罪的死刑是中国在减少死刑罪名上迈出的重要步伐。未来中国必将进一步取消非致命性暴力犯罪的死刑。而从现实的角度看,中国可以进一步考虑在《刑法修正案(九)》中或者下一步修改刑法时取消盗窃、抢夺枪支、弹药、爆炸物、危险物质罪等部分非致命性暴力犯罪的死刑。这是因为:

第一,这类犯罪的社会危害性主要是其对社会的威胁,没有保留死刑的必要。以盗窃、抢夺枪支、弹药、爆炸物、危险物质罪为例,其"抢夺"行为客观上包含了趁人不备、暴力夺取的方式,但与刑法典第 267 条的抢夺罪相比,其不同之处只在于该罪的对象"枪支、弹药、爆炸物、危险物质"对社会的威胁很大。从死刑配置的角度看,对社会的这种威胁、危险与死刑所要剥夺的生命相比,具有明显的不对称性。

第二,这类犯罪配置的自由刑总体上非常高,没有保留死刑的必要。同样以盗窃、抢夺枪支、弹药、爆炸物、危险物质罪为例,该罪的法定刑有两档,即"三年以上十年以下有期徒刑"和"十年以上有期徒刑、无期徒刑或者死刑"。其中,适用"十年以上有期徒刑、无期徒刑或者死刑"的情形有两种,即"情节严重"和"盗窃、抢夺国家机关、军警人员、民兵的枪支、弹药、爆炸物"。与刑法典第 267 条的抢夺罪相比[2],这种刑罚幅度的配置可谓非常之高,其自由刑的配置就足以威慑相关犯罪,没有必要再规定死刑。

第三,这类犯罪的危害性并不大于《刑法修正案(九)(草案)》拟决定取消死刑的组织卖淫罪、强迫卖淫罪,没有保留死刑的必要。根据中国刑法典第 358 条的规定,组织卖淫罪、强迫卖淫罪包括了"造成被强迫卖淫的人重伤、死亡或者其他严重后果的"。换言之,组织卖淫罪、强迫卖淫罪包含了"致命"(含故意杀人、故意伤害致人死亡和过失致人死亡)的情节。与此相比,非致命性暴力犯罪,如盗窃、抢夺枪支、弹药、爆炸物、危险物质罪,客观上并不包括故意致命甚至故意伤害的情节。在《刑法修正案(九)(草案)》拟取消组织卖淫罪、强迫卖淫罪死刑的情况下[3],笔者认为,应考虑进一步取消盗窃、抢夺枪支、弹药、爆炸物、危险物质罪等其他危害性相当的非致命性暴力犯罪的死刑。

3. 致命性暴力犯罪死刑的立法严格限制适用

致命性暴力犯罪自身的特点和各国死刑废止的立法经验表明,对其死刑的废止将是一国死刑废止最难攻克的堡垒。客观地说,中国现阶段要废止致命性暴力犯罪的死刑面临的

---

[1] 最高人民法院在《刑法修正案(九)(草案)》的研拟过程中曾建议,"将运输毒品罪与走私、贩卖、制造毒品分别规定,限制运输毒品罪适用死刑的条件"。笔者认为,如废止运输毒品罪死刑的阻力过大,作为替代方案,也应考虑在立法上对严格限制运输毒品罪的死刑适用问题作专门规定。

[2] 我国刑法典第 267 条对盗窃罪、抢夺罪规定的法定刑分别为三档,即"三年以下有期徒刑、拘役或者管制""三年以上十年以下有期徒刑"和"十年以上有期徒刑或者无期徒刑"。

[3] 《刑法修正案(九)(草案)》对此作了适当的技术处理,其第 38 条第 3 款规定:"犯前两款罪,并有杀害、伤害、强奸、绑架等犯罪行为的,依照数罪并罚的规定处罚。"这实际上相当于保留了部分强迫卖淫致人死亡行为的死刑,但总体上看,其仍然反映了立法者对暴力犯罪(特别是强迫卖淫过失致人死亡的情形)死刑废止的趋向。对其他非致命性暴力犯罪的死刑废止,也可采取这一立法模式。

困难很大,但从立法上对致命性暴力犯罪的死刑适用作更严格限制则十分必要,也比较可行。其具体措施可重点考虑以下两个方面:

第一,取消绝对确定死刑的立法。中国现行刑法典规定了不少绝对确定的死刑(亦称绝对死刑)。例如,刑法典第121条规定:"(劫持航空器)致人重伤、死刑或者使航空器遭受严重破坏的,处死刑。"第239条第2款规定:"犯前款罪,致使被绑架人死亡或者杀害被绑架人的,处死刑,并处没收财产。"这些绝对确定的死刑立法剥夺了司法者对该类罪行适用其他刑罚的自由裁量权,在不具备减轻处罚情节的情况下,法官只能判处被告人死刑。这既不利于"严格控制和慎重适用死刑"政策的司法贯彻,也无法体现刑法的罪责刑相适应原则。因此,绝对确定死刑的立法与中国"严格控制和慎重适用死刑"政策不符,有调整的必要。从严格限制死刑的立场,笔者主张改变这种绝对确定的死刑立法,如可以考虑在其中增加"无期徒刑"这一刑种,将其法定刑由"处死刑"修改为"处无期徒刑或者死刑"。

第二,严格部分致命性暴力犯罪的死刑适用标准。死刑的适用必须要有相应的情节与其匹配。但目前中国刑法典对一些致命性暴力犯罪的死刑适用条件设置过宽。以抢劫罪为例,中国刑法典第263条规定了八种可判处死刑的情形,分别是"入户抢劫""在公共交通工具上抢劫""抢劫银行或者其他金融机构""多次抢劫或者抢劫数额巨大""抢劫致人重伤、死亡""冒充军警人员抢劫""持枪抢劫"和"抢劫军用物资或者抢险、救灾、救济物资"。客观地说,虽然这八种抢劫行为的危害性都较为严重,但从立法上看,将这八种情形都作为抢劫罪可以适用死刑的条件,显然范围过宽,甚至完全起不到限制和控制死刑适用的作用。笔者认为,与其将对死刑适用的限制交由司法者掌握,不如从立法上对致命性暴力犯罪的死刑适用标准作严格限制,如可以明确规定致命性暴力犯罪的死刑只适用于造成他人死亡的情形。这既与当前中国加大取消非暴力犯罪和非致命性暴力犯罪死刑的趋势相吻合,也是贯彻"严格控制和慎重适用死刑"政策的需要。

三、关于死缓制度改革问题

(一)《刑法修正案(九)(草案)》的相关规定分析

中国的死缓虽然只是一种死刑执行制度,但客观上具有限制死刑立即执行制度适用的功能。中国刑法典第50条第1款规定:"判处死刑缓期执行的,在死刑缓期执行期间,如果没有故意犯罪,二年期满以后,减为无期徒刑;如果确有重大立功表现,二年期满以后,减为二十五年有期徒刑;如果故意犯罪,查证属实的,由最高人民法院核准,执行死刑。"为更好地发挥死缓制度在死刑制度改革中的积极作用,《刑法修正案(九)(草案)》对死缓犯执行死刑做了两点重大调整:一是提高了死缓犯执行死刑的门槛,将死缓犯执行死刑的门槛由"故意犯罪"提高至"故意犯罪,情节恶劣的";二是增设了死刑缓期执行期间重新计算制度,规定"对于故意犯罪未执行死刑的,死刑缓期执行的期间重新计算,并报最高人民法院备案"。这可视为提高死缓罪犯执行死刑门槛的配套措施,其中关于"报最高人民法院备案"的规定同时赋予了最高人民法院对相关活动的监督权,有利于促进司法的公平公正。

在死刑制度改革的研究和《刑法修正案(九)(草案)》研拟过程中,曾有观点提出应提升死缓制度在中国刑罚体系中的地位,将其发展为死刑立即执行的替代措施,对可能判处死刑的罪犯优先或者一律适用死缓,以充分限制死刑立即执行的适用,逐步从事实上废止死刑。也有观点提出要明确死缓的适用条件,认为目前中国刑法典关于死缓适用条件的规定过于抽象、含混,不利于死缓的适用和功能的发挥。

应当说,中国死缓制度独具特色并具有极大的制度发挥空间。从制度完善的角度,中国死缓制度的改革需要从提高死缓犯执行死刑门槛、明确死缓适用条件和提升死缓制度的地位等方面入手。

(二)提高死缓犯执行死刑之门槛问题

死缓犯执行死刑门槛的高低决定着死缓制度在限制死刑立即执行过程中的功效大小。《刑法修正案(九)(草案)》将现行刑法典中死缓犯执行死刑的"故意犯罪"之门槛提升为"故意犯罪,情节恶劣的",具有积极意义。不过笔者认为,对此仍有进一步提升的空间。

1. 提高死缓犯执行死刑门槛的价值

客观地看,《刑法修正案(九)(草案)》对死缓犯执行死刑门槛的提高,对死刑制度改革而言,具有积极的历史、现实和政策意义。这具体体现在:

第一,历史价值,即体现了死缓犯限制执行死刑的历史传承与发展。关于死缓犯执行死刑的条件,1979 年刑法典规定的是"抗拒改造情节恶劣、查证属实的"。虽然该规定较为抽象,但当时通行的刑法理论观点认为,"抗拒改造情节恶劣",不是指罪犯不认罪,态度不好,也不是指罪犯一般违反监规的行为,而是指犯了新的较重的罪。[1] 在 1979 年刑法典颁行之初,该规定属于备而极少用,死缓对死刑立即执行的限制作用十分显著。不过,随着中国 20 世纪 80 年代"严打"的开展,死缓犯执行死刑的标准逐渐被作了扩大理解与掌握,不少违反监规尚不构成犯罪的死缓犯也被界定为"抗拒改造情节恶劣"而被执行了死刑,以致死缓犯执行死刑的情况增加,受到各方面的关注和诟病。之后,又经过若干年的争论与探讨,为限制死缓犯执行死刑的范围,1997 年刑法典将死缓犯执行死刑的条件修改为"故意犯罪"。从立法本意上讲,这较之于 1979 年刑法典的"抗拒改造情节恶劣、查证属实"显然要更为严格,在实践中也发挥了限制死缓犯执行死刑的积极作用。不过,由于立法上未对"故意犯罪"作任何限制,从而导致实践中对死缓犯执行死刑的理解宽泛,认为死缓犯只要故意犯罪,就应一律执行死刑,导致执行中出现偏差。此次《刑法修正案(九)(草案)》对刑法典中死缓犯执行死刑的条件在"故意犯罪"的基础上增加了"情节恶劣"的要求,作了进一步限制,体现了中国严格限制死缓犯执行死刑的一贯立法传统,也是对 1979 年刑法典和 1997 年刑法典相关规定的发展完善,具有积极意义。

第二,现实价值,即体现了对死缓犯执行死刑之现实状况的关切。由于现行刑法典对死缓犯执行死刑的"故意犯罪"之条件未作任何限制,且从字面意思上可认为该"故意犯罪"包括了所有故意实施的犯罪,实践中对死缓犯故意犯罪的,往往不加区分地一律执行死刑。但故意犯罪的情形复杂多样,实践中有相当多的故意犯罪是死缓犯在监狱内盗窃,或者是反抗

[1] 参见高铭暄主编:《新中国刑法学研究综述(1949 - 1985)》,河南人民出版社 1986 年版,第 427 页。

牢头狱霸的欺压而实施的轻伤害犯罪。对这些故意犯罪的死缓犯执行死刑,违反了中国刑法设立死缓制度和对于具体案件适用死缓的初衷。此次《刑法修正案(九)(草案)》的相关修正乃是刑法立法关注死缓犯执行死刑的现实状况并进一步予以严格限制的努力。

第三,政策价值,即体现了"严格限制和慎重适用死刑"的政策要求。对死刑的严格限制和慎重适用既要体现在死刑的判决上,更要体现在死刑的执行上。毫无疑问,严格的死刑执行制度有利于切实减少死刑的适用。《刑法修正案(九)(草案)》将死缓犯执行死刑的门槛由"故意犯罪"提高至"故意犯罪,情节恶劣的",较之于"故意犯罪"显然是有所提高,也更为严格,体现了中国"严格限制和慎重适用死刑"的政策,有助于在实践中限制死缓犯执行死刑。

2. 提高死缓犯执行死刑门槛的方案

关于提高死缓犯执行死刑门槛的具体方案,《刑法修正案(九)(草案)》规定的是"故意犯罪,情节恶劣的"。在《刑法修正案(九)(草案)》研拟过程中,曾有一个方案是"故意犯罪,被判处五年有期徒刑以上刑罚的,或者被判处五年有期徒刑以下刑罚,情节恶劣的"。将该方案与已公布的草案规定相比可以发现,两者本质上并无区别,因为"故意犯罪,被判处五年有期徒刑以上刑罚的"可认为是"故意犯罪,情节恶劣"的一种形式。毫无疑问,将死缓犯执行死刑的门槛由"故意犯罪"提高至"故意犯罪,情节恶劣的",是一个进步。但笔者认为,从严格限制死缓犯执行死刑的角度,中国有必要在《刑法修正案(九)》或者下一步的刑法修正中将死缓犯执行死刑的门槛提高至"故意犯罪,被判处五年有期徒刑以上刑罚"。这是因为:

第一,"情节恶劣"的表述过于抽象、概括,其限制死缓犯执行死刑的意义有限。众所周知,情节包含的方面复杂多样,既有定罪情节,也有量刑情节;既有罪中情节,也有罪前情节和罪后情节;既有主观情节,也有客观情节。因此,"情节恶劣"究竟是指什么情节不清楚。而且"恶劣"也是一种抽象的描述,不具有严格的限定价值。对于何谓"情节恶劣",最终只能由最高人民法院根据社会形势和案件的情况综合判定,且很难防止其出现扩大化的倾向。从这个角度看,"情节恶劣"的规定对限制死缓犯执行死刑的意义有限。

第二,刑罚的轻重是对案件情节的综合评价,符合限制死缓犯执行死刑的要求。根据中国刑法典第5条的规定,刑罚的轻重应当与犯罪分子所犯罪行和承担的刑事责任相适应。通常认为,这里的"罪行和刑事责任"包含了对所有犯罪方面的因素和犯罪人方面的因素的评价。[1] 与"罪行和刑事责任"相适应的刑罚体现了法官对各种案件情节的综合评价。相比之下,"情节恶劣"的内涵则可能更为单一,如某一方面的情节恶劣(如动机恶劣)也可能被作为"情节恶劣"的判断标准。因此,用一定期限的刑罚代替"情节恶劣",更为综合,也更为科学。

第三,以"故意犯罪,被判处五年有期徒刑以上刑罚"作为死缓犯执行死刑的条件,较为合理。这有三个方面的原因:一是"五年有期徒刑以上刑罚"可以将犯一般的盗窃罪、轻伤

---

〔1〕 参见赵秉志主编:《刑法总论》,中国人民大学出版社2012年版,第44页。

害犯罪等犯罪较轻且较常见的故意犯罪排除出死缓犯执行死刑的条件范围,有助于切实限制死缓犯执行死刑。二是“五年有期徒刑以上刑罚”与过失犯罪的刑罚相比具有合理性。根据中国刑法典的规定,死缓犯过失犯罪的,一律不会被执行死刑。其立法考虑是过失犯罪者的主观罪过相对较小。而在中国刑法上,除少数犯罪(如过失致人死亡罪和业务过失犯罪),多数过失犯罪的法定最高刑都是“三年有期徒刑”。从刑罚匹配的角度看,故意犯罪被判处的刑罚只有高于过失犯罪的这一刑罚,对死缓犯执行死刑才相对合理。[1] 反之,如果故意犯罪可能判处的刑罚还轻于过失犯罪,却被执行死刑,则与刑法区分故意犯罪与过失犯罪的初衷不相吻合。三是“死刑缓期执行期间重新计算”制度可以防止死缓犯利用该规定逃避法律制裁。《刑法修正案(九)(草案)》规定,死缓犯“故意犯罪未执行死刑的,死刑缓期执行的期间重新计算”。根据该规定,如果死缓犯在死刑缓期执行期间多次故意犯轻罪的,则其死刑缓期执行的期间要多次重新计算。可见,死刑缓期执行期间的延长本身也是对罪犯的惩罚,可在一定程度上防止死缓犯滥用死缓犯执行死刑制度。

(三)死缓适用条件之明确化问题

根据中国刑法典第48条第1款的规定,死缓适用的立法条件为“不是必须立即执行”。由于“不是必须立即执行”语焉不详,不符合罪刑法定主义的实质要求,随意性和随机性过大[2],许多学者因而主张在刑法立法上对死缓适用条件作更为明确的规定。对此,笔者深以为然:一方面,条件不明确容易导致死缓适用标准的不统一。严格来讲,“不是必须立即执行”并不适合作为死缓适用的条件要求,它只是对死缓含义的解释,因为“不是必须立即执行”即要缓行,这是对死缓的循环论证。[3] 而且,对“不是必须立即执行”,不同的法官可能从不同的角度得出不同的结论。这将导致死缓适用标准的不统一。在死缓的核准权由不同地方高级法院和军事法院行使的情况下,这必将导致不同地方司法的不统一。另一方面,条件不明确容易导致死缓制度的功能受损。在中国,死缓虽与死刑立即执行同为死刑制度,但它实际上是为限制死刑立即执行而发明的,实际可谓死刑立即执行之替代措施。从功能的角度看,死缓适用条件越明确,显然越有利于其功能发挥。对死缓适用条件各执一词,必定会影响死缓制度的适用和功能的发挥。

关于死缓适用条件的具体设计,目前刑法理论上众说纷纭。有主张设置一个死缓适用的统一标准的,如有论者主张从人身危险性的角度对死缓的适用条件进行界定,认为只有犯罪分子的人身危险性较小才是死缓的适用条件。[4] 也有主张采取列举方式确定死缓适用标准的,如有论者主张立足于立法的明确程度与司法裁量权大小的关系,采用列举和兜底条款的方式具体规定“不是必须立即执行”的各种情形,以作为死缓适用的条件。[5] 笔者认

---

〔1〕 因为具体的刑罚裁量已经考虑故意犯罪与过失犯罪在主观上的差别,因此在对比时只需要考虑其刑罚的轻重即可,而无须再考虑其主观上的差异。

〔2〕 参见高铭暄、徐宏:《中国死缓制度的三维考察》,载《政治与法律》2010年第2期。

〔3〕 参见傅义、周林:《死缓制度的法理探疑》,载《当代法学》2002年第1期。

〔4〕 参见夏勇:《死缓适用条件之反思》,载《法商研究》2013年第1期。

〔5〕 参见高憬宏、刘树德:《死缓适用条件设置的四维思考》,载《当代法学》2005年第5期。

为，中国死缓适用条件的明确化需要合理而明确地界分死刑立即执行的适用条件与死缓的适用条件，即如何在刑法典关于死刑适用条件（即“罪行极其严重”）的规定中，区分死刑立即执行和死缓。从内涵上看，“不是必须立即执行”显然是指犯罪分子存在某种特殊的从宽情节。[1] 因此笔者认为，无论是设置一个统一的死缓适用条件还是分情形列举死缓的适用条件，只要有明确的认定标准，则都是可行的。

（四）死缓的地位问题

在《刑法修正案（九）（草案）》研拟过程中，曾有一个方案提出要对死缓的地位作更进一步的规定，即将刑法典原第 48 条第 1 款后半段的规定独立出来，作为单独一款，并将其修改为：“对于应当判处死刑的犯罪分子，除必须立即执行的以外，应当判处死刑同时宣告缓期二年执行。”但在正式公布的《刑法修正案（九）（草案）》中，该规定被取消了。不过，鉴于死缓制度在中国死刑制度改革中的积极作用，中国应当在《刑法修正案（九）（草案）》中对死缓的地位做出明确规定，将死缓规定为死刑的主要执行制度。这是因为：

第一，当前中国死缓的地位不甚明晰，弱化了死缓的功能。在刑法中，死缓的地位主要解决的是死缓与死刑立即执行的关系问题。对此，中国现行刑法典第 48 条第 1 款有所规定，但不太明确。这主要体现在两个方面：一是刑法典第 48 条第 1 款没有明确死刑立即执行与死缓在死刑执行制度中的主次关系。对一个死刑案件，首先考虑适用的究竟是死刑立即执行还是死缓，结果会差别很大。中国司法实践中对此也做法不一。例如，对有些犯罪往往是优先考虑适用死刑立即执行（如严重的故意杀人犯罪），对有些犯罪则往往优先考虑适用死缓（如经济犯罪），这导致在不同的案件中死刑适用的情况差别很大。二是“可以”的表述弱化了死缓的地位。根据刑法典第 48 条第 1 款的规定，对于应当判处死刑不是必须立即执行的犯罪分子，刑法规定的是“可以”宣告缓期二年执行。由于在刑法立法上“可以”与“应当”的含义差别甚大，这客观上赋予了法官自由裁量的空间，从而在一定程度上弱化了死缓的地位。

第二，明确死缓在死刑执行制度中的主要地位，有助于死缓功能的充分发挥。如前所述，由于死缓犯通常都不会被执行死刑，因而死缓制度客观上具有限制死刑立即执行适用的功能。不过，在立法未作明确规定的情况下，死缓制度的这种功能只是附带的、衍生的。死缓是否能够充分发挥其限制死刑立即执行适用的功能，需要立法的明确规定和司法的贯彻落实。因此，从积极发挥死缓制度功能的角度考虑，笔者主张《刑法修正案（九）》在立法上将死缓规定为死刑执行的主要或者优先适用的制度，并以此弱化死刑立即执行的刑法地位。而在对死缓地位的具体描述上，可以考虑对现行刑法典的规定作适当调整，如对刑法典第 48 条第 1 款后半段的规定进行调整，将其修改为：“对于应判处死刑的犯罪分子，应当判处死刑同时宣告缓期二年执行，但确属必须立即执行的除外。”

---

[1] 参见赵秉志、肖中华：《论死刑缓期执行制度的司法适用——兼及相关立法之评析》，载《华东政法学院学报》1998 年第 1 期。

四、关于死刑适用标准改革问题

(一)《刑法修正案(九)(草案)》研拟之争论

死刑适用标准一直是刑法理论和司法上的重要问题,也是死刑立法的关键。关于死刑适用的标准,中国1979年刑法典规定的是"罪大恶极",1997年刑法典则将其修改为"罪行极其严重"。此次正式公布的《刑法修正案(九)(草案)》没有涉及死刑的适用标准问题。但在《刑法修正案(九)(草案)》的研拟过程中,曾有方案提出要进一步明确严格控制、慎重适用死刑的立法精神,主张将刑法典第48条第1款修改为:"死刑只适用于最严重的犯罪中罪行极其严重、人身危险性极大的犯罪分子。"但在立法机关主持的讨论中,与会者之间的分歧较大,有些人认为二者是一回事,有叠床架屋之嫌;有些认为对此规定要维持中国特色,不必直接采纳联合国公约的规定。最终,该方案未被已正式公布的《刑法修正案(九)(草案)》所采纳。

客观地看,死刑适用标准并不是一个纯粹的国内法问题,也不是一个单纯的立法技术问题。一方面,中国1998年签署的联合国《公民权利和政治权利国际公约》及众多国际文件都对死刑适用的标准作了明确规定,中国的死刑适用标准需要考虑与联合国相关公约的接轨问题;另一方面,死刑适用标准改革与死刑政策休戚相关,面临着如何将死刑政策的精神或者内容明确纳入其中的问题。据此,笔者认为有必要从死刑适用标准与联合国公约接轨、死刑政策立法化两个方面综合讨论死刑适用标准的立法改革问题。

(二)死刑适用标准与联合国公约接轨问题

关于死刑的适用标准,联合国《公民权利和政治权利国际公约》第6条第2款规定:"在未废止死刑的国家,判处死刑只能是作为对最严重的罪行的惩罚。"[1]与联合国公约的要求不同,中国刑法关于死刑适用的标准采取的是"罪行极其严重"的表述,并且通常认为它是犯罪的性质极其严重、犯罪的情节极其严重、犯罪分子的主观恶性和人身危险性极其严重的统一。[2] 相比之下,究竟哪一个标准更为合理,中国是否有必要吸收联合国公约关于死刑适用的标准呢?笔者持肯定立场。理由主要在于:

第一,中国的"罪行极其严重"标准与联合国公约的"最严重的罪行"标准存在一定差距,从严格限制死刑考虑,需要与联合国公约接轨。关于"最严重的罪行",联合国经济与社会理事会《关于保障面临死刑的人的权利的措施》第1条规定:"在未废止死刑的国家,判处死刑只能是作为对最严重的罪行的惩罚,应当理解为其适用范围不应超过致命的或其他极度严重后果的故意犯罪。"[3]可见,联合国公约所称"最严重的罪行"是指所有犯罪中整体性质最为严重的犯罪。这在联合国许多相关文件决议中都有具体的体现。例如,在2005年4月20日通过的联合国2005/59号决议中,联合国人权署敦促各国对死刑的适用必须"确保

---

〔1〕 参见北京大学法学院人权研究中心编:《国际人权文件选编》,北京大学出版社2002年版,第18页。

〔2〕 参见赵秉志:《关于中国现阶段慎用死刑的思考》,载《中国法学》2011年第6期。

〔3〕 参见黄芳:《论死刑适用的国际标准与国内法的协调》,载《法学评论》2003年第6期。

死刑不被适用于如金融犯罪、宗教活动或意识形态的表达以及成年人间经同意的性行为。”联合国经济与社会理事会秘书长1999年关于死刑的第六个五年报告列举的不属于最严重的犯罪的情况（指立法上不应配置死刑的情形）主要有：毒品犯罪、强奸罪、绑架罪、经济犯罪、职务上的犯罪、宗教犯罪等。[1] 与“最严重的罪行”不同，中国刑法中的“罪行极其严重”标准主要涉及的是行为的客观危害、行为人的主观恶性和人身危险性。其内涵较为模糊，与前述联合国公约条款的含义颇有差距。[2]

第二，“最严重的罪行”标准可以作为中国死刑适用标准的进一步限制。如前所述，“最严重的罪行”主要强调的是犯罪的性质在所有犯罪中的严重性。而中国的“罪行极其严重”主要强调的是犯罪情节的严重性。笔者认为，“最严重的罪行”标准与“罪行极其严重”标准各有侧重，前者是立法筛选，后者是司法限制，二者可以相互结合，即用“最严重的罪行”标准将死刑限制于危害性质极其严重的罪种，在此基础上再用“罪行极其严重”标准限制犯罪的情节。具体而言，应首先用“最严重的罪行”标准对死刑适用的犯罪种类进行立法上的限制，即配置死刑的罪种必须属于最严重的犯罪类型；进而再用“罪行极其严重”标准对死刑的司法适用进行限制，即司法中适用死刑的必须是配置死刑之罪中主客观情节均极为严重之情形。对任何犯罪人，如果其实施犯罪之情节极其严重但不属于性质最为严重的犯罪，对其所犯罪行在立法上不能配置死刑，在司法上也不能适用死刑；如果实施的犯罪属于配置死刑的最严重的罪种，但其罪行即主客观情节不属于极其严重，对其也不能适用死刑。

第三，将“最严重的罪行”标准纳入中国死刑适用的标准，有助于进一步限制死刑的适用。一方面，在立法上，将“最严重的罪行”纳入刑法典总则关于死刑适用的标准，可以利用刑法典总则对刑法典分则的制约关系，促使立法者名正言顺地取消刑法典分则中非暴力犯罪和非致命性暴力犯罪的死刑。因为这两类犯罪在性质上都不应该属于“最严重的罪行”。另一方面，在司法上，将“最严重的罪行”纳入刑法典有助于推动最高人民法院严格控制死刑适用的犯罪类型，扩大实践中不适用死刑罪名的范围，为死刑罪名的立法废止创造条件。

五、死刑政策之立法化问题

死刑政策是死刑立法和司法的重要指导方针。2010年2月8日最高人民法院发布的《关于贯彻宽严相济刑事政策的若干意见》第29条明确规定：“要准确理解和严格执行‘保留死刑，严格控制和慎重适用死刑’的政策。对于罪行极其严重的犯罪分子，论罪应当判处死刑的，要坚决依法判处死刑。”“保留死刑，严格控制和慎重适用死刑”被认为是当前中国死刑政策的基本表述。不过，从推动中国死刑改革深入的角度而言，中国应当在将“废止死刑”纳入死刑政策内涵的基础上，将死刑政策立法化。

（一）应将“废止死刑”纳入死刑政策

关于是否应明确将“废止死刑”纳入死刑政策的问题，笔者一直持肯定态度，认为这符

---

〔1〕 参见赵秉志：《论全球化时代的中国死刑制度改革——面临的挑战与对策》，载《吉林大学社会科学学报》2010年第2期。

〔2〕 参见卢建平等著：《国际人权公约与中国刑事法律的完善》，中国人民公安大学出版社2010年版，第128页。

合死刑发展的最终趋势，也有助于进一步明确中国死刑制度的改革方向和目标。而在《刑法修正案（九）（草案）》拟取消9种死刑罪名的背景下，它同时还具有一个更现实的意义，即在中国死刑罪名逐步减少的情况下，如果不明确提出"废止死刑"的政策和目标，中国死刑改革的动力将会逐渐减弱乃至消失。因为从严格控制和慎重适用死刑的角度，中国死刑罪名的逐渐减少意味着"严格控制和慎重适用死刑"政策的不断实现，而当死刑罪名和死刑适用数量减少到一定程度时（如已经将死刑罪名控制在10种以下），该政策目标的完全实现，届时其对中国死刑改革将不再具有指导意义。因此，在当前死刑罪名和死刑适用数量已经大幅下降的情况下，中国应当明确提出"废止死刑"的目标，并将其作为死刑政策的基本内容。

（二）应将死刑政策立法化

关于死刑政策的立法化问题，笔者认为在当前背景下十分必要。一方面，死刑政策的立法化是保持死刑政策稳定性的重要举措。过去数十年来，虽然中国一直都提倡限制和减少死刑，但死刑政策前后差别仍然很大。例如，在20世纪50年代初的镇反时期，我国的死刑政策强调的是"要杀但少杀，不乱杀，可以缓杀"；之后的社会主义建设探索时期提倡的是"少捕、少杀"；"文化大革命"时期奉行的则是"乱打乱杀"；拨乱反正时期提的是"不废除死刑，但要少杀、慎杀"，虽然该政策得到了较长时间的坚持，但之后的"严打"时期，死刑的适用又被强化和扩大，"少杀、慎杀"被束之高阁。目前中国提出的死刑政策是"保留死刑，严格控制和慎重适用死刑"。[1] 死刑政策的这种变迁反映了中国死刑政策的变化和反复，其原因是多方面的，而死刑政策的立法化欠缺无疑是其中原因之一。因此，从保持政策稳定性的角度来看，中国有必要将死刑政策立法化。另一方面，死刑政策的立法化是严格贯彻死刑政策的重要保证。在效力强度上，政策的指导力显然要弱于法律的强制力。但经立法化的政策则不同，它同时兼具政策的指导力和法律的强制力。死刑政策的立法化将赋予死刑政策以法律的约束力。在此基础上，如果将"废止死刑"作为中国的死刑政策并纳入刑法典，那么它必将对死刑立法和司法改革产生极大的促进力，可以不断提升中国死刑改革的速度、力度和范围。

六、关于死刑适用对象限制问题

（一）死刑适用对象限制的意义与中国的实践

死刑适用对象通常是指死刑适用的人群范围。在死刑立法改革中，对死刑适用对象进行限制是各国刑法立法的通例，也是中国刑法长期坚持的做法，具有多方面的积极意义：一是有助于在较大范围内减少死刑的适用。以未成年人为例，虽然其犯罪数量在所有犯罪中所占比例不高，但未成年人犯重罪的比例较高。例如，有统计显示，未成年人罪犯在所有罪犯总数中占7%左右，即全国每年新判处的每14～15个罪犯中就有一名是未成年人，但未成

〔1〕 参见卢建平、刘春花：《死刑政策的应然表达及其对立法变革的影响》，载《中南民族大学学报（人文社会科学版）》2011年第3期。

年人犯重罪的比率高,近年来一直维持在未成年人犯罪的60% ~70%。[1] 禁止对未成年人适用死刑显然有助于减少死刑的适用。二是体现了刑法基本原则的要求。受生理、心理因素的影响,一些特殊群体的认知能力和控制能力与普通人群体相比存在一定差异。例如,达到一定年龄的老年人,其认知能力会有所下降(包括视力、听力下降,思维反应速度降低),对身体的控制能力也会有所降低。[2] 对这些特殊群体予以特别的从宽处理,符合刑法的罪责刑相适应和主客观相统一原则的要求。三是展现了现代法治的价值。建立在人文关怀基础上的法律人道主义是现代法治的基本价值。“在凡是可以实行宽大的地方实行宽大,也是自然法的要求。”[3]刑罚人道主义则是其具体体现。“刑罚人道主义与悲悯、仁慈等人类与生俱来的善性相关联,而与野蛮、残酷、暴虐等蒙昧状态相对立。”[4]从人道主义的角度看,对因身心原因而处于特殊状态下的人予以特殊对待,是人性的基本体现,也是现代法治所倡导的人文关怀的基本要求。

对于死刑适用对象的限制,中国立法有着漫长的历史。“矜老恤幼”是中国自古至今刑事法律中的优良传统。自西周至民国,中国就一直有关于未成年人、老年人犯罪从宽的规定。[5] 中国现代刑法亦如此。中国1979年刑法典将未成年人和孕妇排除在死刑适用的对象范围之外,只允许对已满16岁不满18岁的未成年人适用死缓。1997年刑法典则在此基础上作了进一步的限制,将未成年人可适用死缓的规定予以删除。2011年通过的《刑法修正案(八)》则在1997年刑法典的基础上,设立了老年人犯罪原则上免死的制度,规定:“审判的时候已满七十五周岁的人,不适用死刑,但以特别残忍手段致人死亡的除外。”在《刑法修正案(八)》制定过程中,学者们对老年人和哺育期母亲、精神障碍人等特殊主体免死也提出了不少意见和建议。从推动中国死刑立法改革的需要出发,笔者认为,中国应考虑在《刑法修正案(九)》或者下一步的刑法修正中改进老年人免死制度,并创建哺育期母亲、精神障碍人、聋哑人等其他特殊主体的免死制度。

(二)老年人免死制度之改进问题

根据《刑法修正案(八)》的规定,老年人免死须具备两个基本条件,即“审判的时候已满75周岁”和不属于“以特别残忍手段致人死亡”的情形。据悉,这是因为在审议、征求意见的过程中,有人提出有相当多的老年人仍有犯罪能力,对这些人一概免死,后果不堪设想,为此应对老年人犯罪作一些限制和例外规定。[6] 笔者认为,《刑法修正案(八)》对老年人免死的这两个具体条件的设定都不甚合理,有必要通过《刑法修正案(九)》将老年人免死的条件修改为“审判的时候已满70周岁的人”一律免死。这是因为:

第一,将老年人免死的年龄设定为“已满70周岁”更合理。合理界定中国老年人免死的

---

〔1〕 参见孙昌军、周亮:《我国未成年人犯罪率的统计分析》,载《青少年犯罪问题》2004年第5期。

〔2〕 参见吴宗宪等:《中国老年犯罪的对策》,载《老龄问题研究》2010年第4期。

〔3〕 参见[英]霍布斯:《利维坦》,黎廷弼译,商务印书馆1985年版,第121页。

〔4〕 参见[意]贝卡里亚:《论犯罪与刑罚》,黄风译,中国大百科全书出版社1996年版,第42~43页。

〔5〕 参见赵秉志、袁彬:《论特殊群体从宽制度的完善——以〈中华人民共和国刑法修正案(八)(草案)〉为视角》,载《法学杂志》2010年第12期。

〔6〕 参见陈丽平:《赋予老年罪犯“免死金牌”争议大》,载《法制日报》2010年8月26日。

年龄,需要考虑到中国人的平均寿命、刑事诉讼的周期、老年人的心理能力等因素。在《刑法修正案(八)》立法研拟过程中,包括笔者在内的一些学者曾主张将这一年龄标准确定为年满70周岁;在国家立法机关征求意见的座谈中,也有一些省(区)的人大常委会建议将75周岁改为70周岁。[1] 笔者认为75周岁过高,主张考虑到目前中国人退休年龄(男性一般为60周岁,女性一般为55周岁)和平均寿命(男性为72周岁,女性为74周岁)[2]、刑事诉讼的周期、老年人的心智状况[3]以及《老年人权益保护法》(规定老年人为年满60周岁)和《治安管理处罚法》(规定老年人为年满70周岁)的相关规定等因素,作为刑法中从宽处罚对象的老年人的起始年龄应适当高于退休年龄而略低于平均寿命,以年满70周岁为宜。[4]

第二,对老年人免死不应有例外。这主要有三个方面的考虑:一是例外规定不符合老年人免死的国际惯例。目前世界上规定对老年人犯罪不适用死刑的国家和地区的立法例,对老年人犯罪都是一概免死而无例外之规定。联合国有关文件的倡导和《美洲人权公约》的相关规定也都是要求达到一定年龄的老年犯罪人不得判处死刑,并无例外。二是例外规定不符合老年人免死的法理基础。如前所述,对老年人免死的理由众多,其中最根本的一点是刑罚人道主义,即基于老年人特殊的身心状态而从人道的角度不判处其死刑。它与老年人所犯的罪行无关,况且免死不是免刑,对老年人一律免死并不会导致放纵老年人犯罪。[5] 三是例外规定不符合中国老年人死刑适用的实际状况。死刑的设置应以司法实践的需要为前提。但在中国的司法实践中,司法机关很少对年满70周岁的老年人犯罪适用死刑(甚至较少适用重刑)。自2011年《刑法修正案(八)》施行至今已3年有余,目前尚无一例老年人犯罪被适用死刑的报道。从这个角度看,对年满70周岁的老年人一律免死并不会给司法造成不当的冲击。

(三)其他特殊主体免死制度之创建问题

目前中国与死刑有关的特殊主体主要是未成年人、孕妇、精神病人和老年人。除此之外,哺育期母亲、精神障碍人、聋哑人等也属于刑法上的特殊主体,其身份对定罪量刑也会产生一定影响,但中国刑法没有将这些特殊主体纳入免死的对象范围。笔者认为,从死刑立法改革的现实需要出发,中国应当在《刑法修正案(九)》或下一步的刑法修正中建立哺育期母亲、精神障碍人、聋哑人等特殊主体的免死制度。主要理由在于:

第一,对这些特殊主体免死符合联合国公约的要求。关于特殊主体的免死问题,联合国经济与社会理事会《关于保障面临死刑的人的权利的措施》第3条规定,对孕妇或新生婴儿

---

〔1〕 参见赵秉志:《中国刑法改革新思考——以〈刑法修正案(八)(草案)〉为主要视角》,载《北京师范大学学报(社会科学版)》2011年第1期。

〔2〕 根据世界卫生组织发布的《2008年世界卫生报告》,中国男性的平均寿命是70周岁,中国女性的平均寿命是74周岁,整个中国人的平均寿命是72周岁。

〔3〕 国内外均有调查显示,70岁以上老年人的认识能力会随着年龄的增长迅速下降。参见李长岷:《对老年智能衰退的心理学分析》,载《西南师范大学学报(哲学社会科学版)》1991年第2期;李德明、刘昌:《认知速度老化的研究》,载《中国老年学杂志》2000年第6期等。

〔4〕 参见赵秉志:《关注老年人犯罪应否免死问题》,载《法制日报》2010年10月27日第12版。

〔5〕 参见袁彬:《论老年人犯罪从宽暨免死的年龄标准与立法模式——以〈刑法修正案(八)〉为视角》,载《西北大学学报(哲学社会科学版)》2012年第2期。

的母亲不得执行死刑。联合国经济与社会理事会1989/64号决议通过的《对保障措施的补充规定》第3条规定:“在量刑或执行阶段停止对弱智人与精神严重不健全者适用死刑。”根据该规定,哺育期母亲、弱智人、精神严重不健全者都属于禁止适用死刑的范围。从贯彻联合国要求的角度考虑,中国有必要创建哺育期母亲、精神障碍人、聋哑人等特殊主体的免死制度。

第二,对这些特殊主体免死符合刑法的基本精神。在废止死刑的根基上,对哺育期母亲、精神障碍人、聋哑人等特殊主体免死,在刑法的基本精神上与未成年人、老年人、孕妇免死并无不同。其中,刑罚人道主义是对这些特定主体免死的主要考虑因素。与未成年人、老年人一样,哺育期母亲、精神障碍人、聋哑人等特殊主体因其身心的特殊性,对其犯罪也都具有可宽恕的理由。在中国已经建立了对未成年人、孕妇、老年人免死制度的情况下,完全有必要从相同的刑法精神出发,创建对哺育期母亲、精神障碍人、聋哑人等特殊主体的免死制度。

第三,对这些特殊主体免死符合刑法的基本规定。目前中国刑法典针对聋哑人(又聋又哑)规定了“可以从轻、减轻或者免除处罚”。刑法典虽然没有针对哺育期母亲、精神障碍人(非精神病的精神障碍人)规定从宽处罚,但在司法实践中,他们都是酌定从宽处罚的情节。从处罚均衡的角度看,因死刑不具有可分割性,对死刑的从宽处罚自然可以降为自由刑。因此,既然依照刑法可以对这些特定主体予以从宽处罚,对这些特定主体免死则完全具有刑罚的正当性。

第四,对这些特定主体免死符合死刑政策的要求。按照中国的死刑政策,对死刑的严格限制和控制是中国死刑改革的基本要求。从内容上看,这种限制和控制应当是全方位的,既包括前述的削减死刑罪名、严格死刑适用的标准等,也应当包括死刑适用对象的限制。对哺育期母亲、精神障碍人、聋哑人等特殊主体免死是从主体上对死刑适用的严格限制和控制,符合中国死刑政策的要求,从而能够从适用对象上进一步限制死刑的适用,严格控制直至最终废止死刑。

七、结语暨余论

综上所述,《刑法修正案(九)(草案)》基于“严格限制和慎重适用死刑”的立场,拟取消走私武器、弹药罪等9种犯罪的死刑,并提高死缓犯执行死刑的门槛。这是中国死刑立法改革的重大进步。在《刑法修正案(九)》或者下一步的死刑立法改革中,中国应以非暴力犯罪为重点,成批量废止死刑罪名,并在大量废止非暴力犯罪死刑的基础上,逐步废止非致命性暴力犯罪的死刑,严格致命性暴力犯罪死刑的立法。在此基础上,中国还应进一步明确死缓的地位和适用条件,将联合国公约要求“最严重的罪行”和中国死刑政策立法化,完善死刑适用标准,同时改进老年人免死制度,创建哺育期母亲、精神障碍人、聋哑人等其他特殊主体免死制度。

中国死刑立法改革是一个长期的系统工程,涉及众多方面。限于篇幅,本文重点讨论了死刑立法改革涉及的上述四个方面的内容,除此之外,中国也应考虑在立法上探索建立死刑的替代措施，如可以考虑以被限制减刑、假释的严格的无期徒刑作为死刑的立法替代措施；[1]适时设立死刑赦免制度，为判处死刑立即执行的犯罪分子留一个生的出口，如可以在全国人大常委会下设专门的赦免委员会，以接受和处理赦免包括死刑赦免之申请，并授权最高人民法院具体执行死刑赦免。[2]

还应当强调指出，死刑立法与司法改革并进是当前中国死刑改革的基本路径。相比于司法改革，死刑立法改革能从源头上实现限制与减少死刑适用的目标，进而有效缓解中国当前所面临的限制和废止死刑的国际压力。但有必要指出的是，死刑的立法改革也存在一定的局限，相关立法规定能否在司法实践得到充分的贯彻和落实，还要看能否积极发挥司法的能动性。[3] 因此，在对死刑进行立法改革的同时，我们也要重视死刑的司法改革，严格死刑适用的司法标准、对象和程序，不断减少死刑适用的罪名和数量。只有立法改革与司法改革相互配合、相互促进，中国的死刑改革才能真正朝着废止死刑的方向不断进步。

---

〔1〕 参见赵秉志：《当代中国死刑改革争议问题论要》，载《法律科学》2014 年第 1 期。

〔2〕 参见赖早兴：《中美死刑赦免制度及其比较——兼论我国死刑赦免制度之完善》，载赵秉志、邱兴隆主编：《死刑正当程序之探讨》，中国人民公安大学出版社 2004 年版，第 226 页。

〔3〕 参见赵秉志：《论全球化时代的中国死刑制度改革——面临的挑战与对策》，载《吉林大学社会科学学报》2010 年第 2 期。

环境犯罪刑法立法完善研究*

目　次

一、前言

生态环境是人类生存的基础，是地球最为宝贵的资源。在认真反思工业化过程中所产生的环境灾难的基础上，世界各国都非常重视环境问题，纷纷运用法律手段有效地保护环境。刑法作为最为重要的基本法律之一，在环境保护中发挥着重要的作用。自20世纪70年代开始，一些国内污染严重的西方国家率先进行大

---

* 原载《中国环境法治》2008年卷，法律出版社2009年版。

规模的立法,将严重的环境污染行为犯罪化,稍后,不少发展中国家,如阿根廷、巴西和印度,面对环境污染的压力,也把环境刑法作为环境污染调控的手段,并在实践中逐步发展出了保护环境法益的刑事立法政策。较之国外环境刑法理论和立法的发展,中国虽然在1997年刑法修订时设立了环境犯罪专节,但由于环境治理理念的陈旧,导致刑法在保护环境中并没有发挥出应有的作用,一些严重危害环境的行为难以得到有效的刑事惩治,而随着工业化和城市化进程的加快,环境侵害的类型和危害性在不断扩大,迫切需要刑法予以有效应对。因此,及时完善我国环境刑法,已经成为构建环境友好型和谐社会所必须面对和解决的问题。下文对我国环境犯罪刑法立法完善的相关问题予以研究,以求裨益于我国的环境刑事法治建设。

二、环境犯罪立法模式的择定

(一)中国目前的环境犯罪立法模式

环境犯罪立法模式是有关环境犯罪与刑事责任的外在表现形式。环境犯罪与刑事责任的立法思想、立法技术等是通过不同的环境犯罪立法模式体现出来的。科学择定环境犯罪刑法立法模式具有重要的意义。

考察、抽象、概括各国环境犯罪立法模式,可以看到,目前世界各国的环境刑事立法模式大多属于一种复合型或曰综合型的模式,即刑法典、附属刑法或者特别刑法相结合对环境犯罪作出规定,但又各自在侧重点及相互结合的要素上有所不同。

相对于西方法制发达国家,我国的环境犯罪立法起步较晚,始于1979年的刑法典。1979年刑法典没有设专章或者专节规定环境犯罪,但在分则的不同章节中设置了涉及环境犯罪的条款,如分则第三章"破坏社会主义经济秩序罪"中,规定了盗伐林木罪、非法捕捞水产品罪、非法狩猎罪等。此外,为了加强对环境的保护,全国人大常委会颁布的一些单行刑事法律也规定了特定的环境犯罪,如1988年《关于惩治捕杀国家重点保护的珍贵、濒危野生动物犯罪的补充规定》规定了非法捕杀珍贵、濒危野生动物罪。随着环境立法的发展,为了惩治污染和破坏环境资源的犯罪行为,各种环境保护的行政法律如《环境保护法》《水污染防治法》《大气污染防治法》《野生动物保护法》等单行环保法规中都规定了刑事处罚的条款,但大都比照刑法的有关规定处罚。

1997年修订后的刑法典突破了以往环境犯罪的立法模式。首先,在分则第六章"妨害社会管理秩序罪"中设专节,明确规定了"破坏环境资源保护罪",这是我国环境刑事立法的重要进展。1997年刑法典分则第六章第六节第338条至346条设置了9个条文、包括14种破坏环境资源保护的犯罪。其次,其他一些派生性罪名散见于刑法典分则各章节中。最后,附属环境刑法。附属环境刑法即规定于环境行政法当中的刑事责任条款。如《中华人民共和国环境保护法》第43条有关追究造成重大环境污染事故犯罪刑事责任的规定,《中华人民共和国大气污染防治法》第61条对造成重大大气污染事故犯罪追究刑事责任的规定,等等,表明在环境行政立法中规定有环境犯罪的刑事责任条款。

总之,考察我国目前环境犯罪的立法现状,可以看到,其仍属于复合型的立法体例或者模式,即一种以刑法典规定环境犯罪为中心,辅之以附属刑法的规定的复合型模式。

(二)中国环境犯罪立法模式的应然选择

在到底何为中国环境犯罪立法的理想模式的问题上,存在不同观点。有学者认为,根据国情,我国的环境刑事立法应当从战略高度走特别环境刑法集中立法与环保法律分散立法相结合的道路。所谓集中立法,是指把大部分具有稳定形态的环境犯罪和环境刑事诉讼规则规定到特别环境刑法当中去;所谓分散立法,是指把在相当时间内还不具有稳定性但又须惩罚的犯罪规定到单行环境行政法之中。[1]

我们认为,理想的中国环境犯罪立法模式仍然是目前我国环境犯罪立法所采用的复合型或曰综合型的立法模式,即以刑法典对环境犯罪作出规定为主,同时辅之以环境行政法中有关附属环境刑法立法的规定。原因在于:

第一,各国环境刑法立法的实践证明,综合立法模式是一种切合实际的较为实用的模式。这从这一模式为世界上大多数国家所采用的事实可以得到有力的证明。

第二,中国立法传统中存在鲜明的注重法典化的倾向,特别是一些基本法律部门,在可能的情况下都制定了法典。特别是规定犯罪与刑罚的刑法典,就更为我们所重视。将所有犯罪都囊括于刑法典,是我们刑法立法的一个主导思想。这一点决定了我国环境犯罪基本上或者说主要需由刑法典规定,而不可能主要由其他法律所规定。这一点也决定了我国环境犯罪立法不可能单纯采取附属刑法模式,原因在于在这一种模式下,环境犯罪主要需由环境行政法所规定而非由刑法所规定。

第三,环境刑法的附属性决定了环境犯罪和环境行政法有着割不断的关系,因此,环境犯罪立法任务不可能单独由刑法承担,而必须辅之以环境行政立法。环境犯罪实际上是一种行政犯罪,这从诸多环境犯罪罪状的表述中有"违反……规定""违反……法规"中可以得到说明。因此,可以说,诸多环境犯罪是依存于相关的环境行政法的,大多数环境犯罪的有关构成要件是要参照环境行政法才能得到解释和说明的。加之我国行政立法习惯于作一些照应性的提示规定,规定某些违法行为触犯刑律的,要追究刑事责任,在环境行政立法中也是如此。因此,环境刑法的附属特性及我国刑事及行政立法的特点决定了我国环境犯罪的规定必然要辅之以环境行政法律和法规的规定。不过,虽然我国的《环境保护法》以及一些环境单行法在法律责任部分规定了相应的刑事责任,但这也只是原则性的规定,大多是比照条款,其具体操作执行仍要以刑法典为依据,而且比照条款往往只是一种比较笼统的规定,一般仅主要起到提示性的作用。

第四,我国的环境刑法不可能采用纯粹的特别立法模式。现阶段,我国不可能制订出一部集环境犯罪实体与程序问题于一体的环境刑事法。这是因为虽然环境犯罪有其特殊性,但是如果单独设立一部《危害环境罪法》,一方面与我国现有的立法水平不相适应,不利于维护刑法的完整性,另一方面我国已有《刑事诉讼法》,在很多问题没有解决的情况下,难以通过特别环境刑法规定特殊的刑事诉讼程序。

---

[1] 董文勇:《相对独立立法:我国环境刑事立法的模式选择》,载《人民法院报》2004年7月21日。

总之,上述原因决定了目前我国环境刑法的立法模式仍应是综合式的环境刑法立法,即以刑法典对环境犯罪作出规定为主,再辅之以环境行政法的相关规定,两者相互配合,共同对环境犯罪予以惩治与防范。当然,我国环境犯罪立法在继续沿用这一模式的基础上,需要对这一模式本身作出一些调整完善,以使这一模式内部各要素完备,要素之间相互协调。这方面的工作包括对处于这一模式中心地位的刑法典所规定的环境犯罪刑法规范的完善,对处于辅助地位的环境行政法律规范(包括其中的环境刑事责任规范)的完善,以及使两者相互密切衔接和协调的工作。

(三)环境犯罪在刑法分则中独立成章的问题

目前,我国刑法典基本上是在分则第六章"妨害社会管理秩序罪"中的第六节"破坏环境资源保护罪"中对环境犯罪作了较为集中的规定。同时在分则第二章、第三章、第六章第六节之外的其他节、第九章中也有关于环境犯罪的规定。

考虑到目前我国的环境状况、环境犯罪的特殊性、我国刑法体系的设置以及刑法立法的特点,我们认为,应将第六章妨害社会管理秩序罪中的第六节破坏环境资源保护罪从该章中独立出来,并将分散在《刑法》各章节中有关环境犯罪的规定纳入其中,单独成立一章,章名为"侵害环境罪",排在现行刑法典分则第五章"侵犯财产罪"之后、现行刑法典分则第六章"妨害社会管理秩序罪"之前。

之所以更改该类犯罪的罪名,是因为破坏环境资源保护罪的罪名的设置不科学。虽然环境的内涵和外延在不同的领域或国家有不同的界定,但较为一致的看法是环境是一个范围极广的概念,包含有众多内容,其中之一便是自然资源。因而环境和资源之间是包含与被包含的关系,因此将环境和资源并列作为类罪名是不科学的,因而该章应改名为侵害环境罪。

之所以将环境犯罪独立成章,是基于以下原因:

首先,环境犯罪有自己的独立的客体,而且其同类客体层级需要提高。虽然危害环境的行为会侵害社会管理秩序,但这不意味着其主要侵害的是社会管理秩序。并且随着环境问题的凸显以及人们对环境认识的深入,人们对环境犯罪客体的认识也日益科学。危害环境罪的客体既非单纯的人身权,也不是单纯的财产权,因此,破坏环境资源的犯罪既不同于单纯侵犯人身权利或财产权利的犯罪,也不同于一般的妨害社会管理秩序罪,而是有自己独立的客体的一类犯罪。尽管目前学界在环境犯罪客体的问题上还未达成一致意见,但在环境犯罪有自己独立的客体这一点上已经形成共识。

现行刑法典分则第六章的犯罪,只是在其不能归入分则的其他章节之中,或者说难以明确其属于其他分则章节的犯罪同类客体时,才被归入第六章之中的。之所以在章下分节,一是立法者要使刑法典具有一定的明确性和概括性;二是立法者认为这些类罪的层级较低,难以升级为独立的一章。而将环境法益作为层级较低的法益或者同类客体,实际上是关于环境法益保护的观念仍比较陈旧,不能突破传统人本主义的刑法立法观念,依然将环境法益局限于对个人法益和社会法益的保护,而没有将环境法益作为独立的保护客体的观念的反映。因此,有必要更新观念,将环境法益真正作为一种独立且层级比较高的一类客体对待。因此也就有必要将环境犯罪在刑法典分则中独立成章加以规定。

其次,设立专章有利于凸显环境的地位,增强人们的环保意识。由于我国经济还远未达到发达国家的水平,因而长久以来我国都将经济放在十分重要的地位。这就使得人们形成思维惯性,重经济轻环境。即使是在环境状况日益恶化的今天,人们的环保意识仍未有较大的提高。将环境犯罪采用小节制排列和夹杂在其他章节中,使环境犯罪这种具有严重社会危害性的犯罪在刑法中显得苍白无力,不利于对这类犯罪的预防和惩治。我国刑法立法体例的排列不仅表明相关犯罪所侵害的社会关系类型,更为重要的是表明立法者对某种社会关系的重视程度。为强调和突出环境犯罪所侵害社会关系的重要性,通过刑法典的修改,对环境犯罪设立专章加以规定,可以进一步增强刑法在环境保护问题上的威慑力,也进一步表明国家重视环境保护的精神和态度,增强人们保护环境的自觉性。

最后,设立专章有可资借鉴的外国立法例。世界上已有一些国家对环境犯罪在刑法典中设立专章加以规定,如在大陆法系典型代表的德国,1980 年的德国刑法典把环境犯罪的刑事罚则从有关的环境保护行政法中抽出,放入刑法典中,与原有的环境犯罪合并,增设为刑法典分则的一章,即第 28 章"污染环境犯罪"。1997 年的《俄罗斯联邦刑法典》在第 26 章设立"生态犯罪",共有 17 个条文,规定了 17 个具体的危害环境的犯罪,从而确立了专章规定环境犯罪的模式。

综上所述,鉴于环境的重要性、环境犯罪客体的独立性,以及其他国家环境立法的可借鉴性,应确立环境犯罪在刑法典中的重要地位,在刑法典中增设侵害环境罪专章。

三、环境犯罪罪名体系及犯罪构成要件的完善

在进行这方面的完善工作时,既应充分考虑我国环境问题现状以及我国现有环境犯罪刑法立法的状况、体例及技术特点,又要考虑到环境犯罪在刑法典中独立成章后环境犯罪的系统协调问题;既要对现有环境犯罪罪名体系及犯罪构成进行整合修正,又要顾及刑法的稳定性、连续性;既要考虑到刑法典规定的环境犯罪的独立性,又要考虑到刑法与其他环境法律、法规之间的衔接问题;既立足于我国环境刑法立法实际情况,又要适当借鉴和参照世界各国及国际社会关于环境犯罪的立法经验;既立足于现实,又要考虑到环境利益的重要性和环境破坏的不可恢复性,以及环境问题的复杂性、变动性,而使环境刑法的立法具有一定的前瞻性、超前性。应对环境犯罪新的行为对象、新的行为方式作出研究,并在刑法立法中通过一定的立法技术和立法方法加以体现。具体说来,我国环境犯罪罪名体系及犯罪构成要件之完善应从下面诸方面展开:

(一)对环境犯罪罪名的刑法典体系位置进行调整与整合

在刑法典中有关环境犯罪的规定独立成章后,从环境犯罪立法体例的角度,应对现有的一些环境犯罪罪名的体系位置予以调整整合,以使环境犯罪罪名体系充实而系统,环境犯罪立法体系协调起来。

第一,将刑法典分则第六章第二节中的走私珍贵动物、珍贵动物制品罪,走私珍稀植物、珍稀植物制品罪,走私废物罪纳入侵害环境犯罪这一章中。因为在环境日益成为重要的社

会问题的情况下，走私珍贵动物、珍贵动物制品罪，走私珍稀植物、珍稀植物制品罪，走私废物罪等犯罪侵害的主要客体实际上已是对环境的侵害。

第二，将刑法典分则第六章第四节中的故意毁损名胜古迹罪，盗掘古文化遗址、古墓葬罪，盗掘古人类化石、古脊椎动物化石罪纳入侵害环境犯罪这一章中。一是因为名胜古迹、古文化遗址、古墓葬、古人类化石、古脊椎动物化石均属于我国《环境保护法》第 2 条所规定的环境要素，二是因为在环境日益成为重要的社会问题的情况下，对上述环境要素侵害的主要客体实际上已是对环境的侵害，而非对文物的侵害。

至于对刑法典分则第九章关于环境管理者在环境管理中的渎职犯罪是否纳入侵害环境犯罪专章之中的问题，我们认为，考虑到我国目前刑法典的立法体系，由于刑法典设立渎职罪专章，意在重点惩治国家工作人员的失职渎职行为；而且若将国家工作人员的环境渎职行为抽出来归入环境犯罪专章之中，那么其他领域部门的渎职行为，如工商部门、海关部门的渎职犯罪是否也要抽出来纳入相应的章节之中，就成为问题，从而可能引起刑法典体系新的不协调问题，因此该类犯罪以暂不纳入侵害环境罪专章之中为宜。

（二）适当增设环境犯罪新罪名

应在刑法典中适当增设一些环境犯罪新罪名，以完善环境犯罪罪名体系，严密环境犯罪刑事法网。

1. 增设破坏草原罪

草原是大自然的重要组成部分，是环境的要素之一。但是目前由于开垦、超载放牧等原因，我国的草原资源已遭到十分严重的破坏。这不仅加剧了水土流失和土地的沙漠化，而且使自然灾害的发生日益频繁。这种状况不仅破坏了生态平衡，而且阻碍了我国经济发展，甚至危及人们的生命、健康。为遏制这一现象，我们有必要采用刑事手段来惩治破坏草原资源的行为。尽管自 2003 年 3 月 1 日起开始施行的新修订的《草原法》第 61 ~ 63 条规定了草原行政主管部门和其他有关国家机关工作人员在草原管理方面应追究刑事责任的情形，但对应追究何种刑事责任、定以何种罪名并无具体的规定；对上述人员以外的其他公民严重破坏草原的行为也无相应的犯罪化立法措施，不利于对草原的保护。因此，刑法应当增设破坏草原方面的犯罪。

2. 增设破坏湿地罪

对湿地、草原等非农用地的破坏行为也应该予以惩罚。我国于 1992 年就加入《关于特别是作为水禽栖息地的国际重要湿地公约》，2004 年国务院批准了《全国湿地保护工程规划》，表明我国已经重视对湿地予以保护。对此，应在刑法中增设"破坏湿地罪"。

3. 增设伤害动物罪

当今世界许多国家如意大利、加拿大、美国、法国等国家都将残忍伤害一般动物的行为规定为犯罪。随着社会的发展，人类文明程度的加深，我国也应对宠物、饲养的动物进行人性化的保护。虽然它们不是地球的主人，没有所谓的自身利益，但是对它们的保护能够促使公民选择合理、人性的行为，抛弃野蛮、无知的冲动，最终有利于人与人之间关系的和谐存在，这和法律要达到的社会作用可以说是一致的。

4. 增设破坏自然保护区罪

自然保护区是人类保护大自然的一种特殊手段和重要措施，根据《自然区保护条例》第2条的规定，自然保护区，是指对有代表性的自然生态系统、珍稀濒危野生动物物种的天然集中分布区、有特殊意义的自然遗迹等保护对象所在的陆地、陆地水体或者海域，依法划出的一定面积予以特殊保护和管理的区域。自然保护区将那些对人类生存和发展具有重要意义的自然综合体和自然资源，尤其是具有典型意义的生态系统、珍贵稀有的生物资源、珍贵的历史遗迹及时有效地保留下来；将那些已遭受破坏或严重干扰的自然综合体或自然资源及时有效地加以拯救、恢复和保养。它的建立对于自然保护、对人类社会的发展具有重要的意义。[1]

现行刑法典中有多个犯罪涉及对破坏自然保护区犯罪行为的规制，但却没有单独直接规定破坏自然保护区罪，这对于保护自然保护区非常不利。为了保护生物多样性以及自然生态环境，刑法应当独立规定破坏自然保护区罪，以便更好地打击危害自然保护区的犯罪，保护自然保护区以及自然保护区所要保护的珍贵物种和其他由自然保护区保护的物质。[2]

5. 增加抗拒环保行政监督管理犯罪

所谓抗拒环保行政监督管理犯罪，是指行为人故意违反环保行政法规或行政机关的处分或命令，拒绝实施应该实施的有助于环保监督的行为，或者故意实施环保行政命令禁止实施的危害环境监管的、情节严重的行为。它包括拒不执行环保机关停工、停业的命令罪和违反环保法规，在办理许可证或接受环保监督时作虚假陈述等。纵观环境犯罪发生的机理，危害环境的行为演变为犯罪之前都有一个发展过程。演变为犯罪之前的环境违法行为通常都属于行政法调整的范围。假如调整得当，则可避免环境犯罪的发生。但实践中出现的问题是部分行为人漠视行政机关的停产整顿等处罚决定；在相关许可证的申请和使用过程中，进行虚假记录或陈述。借鉴发达国家的立法经验，设立抗拒环保行政监督罪，有利于将一些可能引发重大环境事故的前期行为予以犯罪化，以便及早引起行为人的重视，使其规范和矫正自己的行为，从而起到预防环境犯罪发生的作用。

（三）修改相关环境犯罪的犯罪构成

通过对相关环境犯罪的犯罪构成予以修改完善，以严密环境犯罪刑事法网，加大对环境保护的力度

1. 重大环境污染事故罪构成要件之完善

上文已述，我国刑法重大环境污染事故罪立法采用的是一种概括规定的方式，将对不同环境要素的污染放在一起规定。这种规定的优点在于立法的概括性、涵盖性强，缺点在于可能对不同的环境要素的污染所具有的不同特点考虑过少。那么是完全分解该罪，按照不同的环境要素独立规定不同的犯罪，还是适当分解该罪，在保留该罪名的前提下，增设一些污染犯罪的独立罪名，还是完全保留该罪，仅对其构成要件做出完善，以使其能够涵盖各种环

[1] 郭建安、张桂荣：《环境犯罪与环境刑法》，群众出版社2006年版，第432页。

[2] 郭建安、张桂荣：《环境犯罪与环境刑法》，群众出版社2006年版，第439页。

境要素和污染方式？我们认为，立足于中国刑法立法实际情况，顾及法律的稳定性、连续性，并考虑到世界一些国家也有混合规定的立法例，目前情况下以保留该罪混合规定的形式，仅对其构成要件做出完善，以使其能够涵盖各种环境要素和污染方式的修改完善方案为宜。如有人提出增设污染海洋罪、污染内水罪，但现行刑法关于重大环境污染事故罪的犯罪对象的规定已涵盖了“水体”，因而污染海洋、内水的犯罪行为完全能够被包容于现行刑法规定的重大环境污染事故罪之内，没有必要再予增设。

具体来讲，应对现行刑法第338条规定的重大环境污染事故罪的犯罪构成做出如下修改完善：

第一，该罪犯罪对象和污染源涵盖的范围仍有缺漏，应将该罪“有放射性的废物，含传染病病原体的废物，有毒物质或其他危险废物”扩大到包括生活垃圾在内的所有废物和其他污染源。即在立法修订上，将“其他危险废物”修改为“其他废物和其他污染源”。如果行为人长期排放、倾倒或处置危险废物以外的普通废物，也可能造成重大环境污染事故，现实生活中存在不少这类行为，有必要将其纳入刑法的处罚范围。所以当重大环境污染事故罪的犯罪对象扩大后，其犯罪对象包括这些内容：放射性废物、含传染病病原体的废物、有毒物质、其他废物和其他污染源，如电磁辐射、严重的噪声等能严重污染环境的污染源。如果仅仅将环境污染罪的犯罪对象限定在危险废物的范围，实则要求环境污染方面的犯罪要造成现实的危害后果，这不利于保护环境。

第二，对重大环境污染事故罪规定主观罪过。法条没有明确规定犯罪的主观方面，如严格按照刑法第338条推断，本罪的主观方面只能是过失，由此引申可得出行为人主观上出于故意造成重大环境污染事故的不能按照此罪名定罪，但又不可能不处罚，在现行刑法未修订前只能依据案件的具体情况按照相关的故意犯罪定罪。例如，行为人明知自己非法处置危险废物的行为会危及不特定人的生命、健康或公私财产安全，并且希望或放任危害后果发生，以投放危险物质罪论处。[1] 笔者以为这样欠妥，故意导致重大环境污染事故与相关的故意犯罪还是有区别的，前者侵犯了环境法益，后者没有，还是应修改重大环境污染事故罪的规定，明确犯罪的主观方面包括故意和过失，并参照他国的规定区分故意和过失，规定相应的法定刑。

第三，为了和非法处置固体废物罪与擅自进口固体废物罪的认定标准相一致，应将该罪“人身伤亡”修改为“严重危害人体健康”。

2. 非法处置固体废物罪与擅自进口固体废物罪构成要件之完善

第一，鉴于废物形态不仅为固体，还包括液态和气态的情况，而且在刑法已将走私固体废物罪作出修改，废物形态扩及液态和气态废物的情况下，应将该罪的犯罪对象扩大至各种废物形态，以使同为废物环境犯罪的对象一致。

第二，鉴于非法处置固体废物罪的客观行为规定过于狭窄，仅规定了倾倒、堆放、处置行

---

〔1〕 欧阳梓华：《重大环境污染事故罪犯罪主观方面之严格责任批判》，载《湖南财经高等专科学校学报》2004年第5期。

为,而与之有一定牵连性的非法收购、运输和出售境外固体废物的行为却没有规定的情况,应将该罪的客观行为扩及非法收购、运输和出售境外固体废物的行为。

第三,鉴于现行刑法将非法处置固体废物罪规定为行为犯,而将擅自进口固体废物罪规定为结果犯导致前后条文的矛盾与冲突的情况,应将擅自进口固体废物罪基本犯罪构成中的结果要件去掉,从而将该罪设定为行为犯。

3. 关于侵害植物资源类犯罪构成要件之完善

应对侵害植物资源类犯罪即盗伐林木罪,滥伐林木罪,非法收购、运输盗伐、滥伐的林木罪,走私珍稀植物、珍稀植物制品罪,非法采伐、毁坏国家重点保护植物罪的构成要件做出完善,具体说来:

第一,鉴于盗伐林木罪,滥伐林木罪,非法收购、运输盗伐、滥伐的林木罪等犯罪对象范围过窄,只包括林木,缺乏对林下各植被层的保护的情况,应将上述各罪的犯罪对象扩大到林下各植被层,也即上述各类犯罪的犯罪对象包括了树木、灌木和藤本植物。将走私珍稀植物、珍稀植物制品罪犯罪对象修改为国家重点保护植物、国家重点保护植物制品罪。这样就和非法采伐、毁坏国家重点保护植物罪相协调。应将"非法采伐、毁坏国家重点保护植物罪"修改为"破坏野生植物罪",再将对国家重点保护植物的破坏规定为此罪的加重情节。我国地域博大,蕴藏着丰富的植物资源,其中包括一些珍贵、濒危的野生植物物种,这些植物对于防沙固土、涵养水源和保持物种的多样性起着十分重要的作用。但是,对于植物物种资源的保护,我国刑法只规定了非法采伐、毁坏珍贵树木罪,而珍贵树木只是植物资源的很小一部分。扩大该罪犯罪对象,将该罪修改为破坏野生植物罪,对保护我国所有的植物物种、保持水土及生态平衡至关重要。这样既不会使得刑法条文增多,又能全面地保护野生植物资源和生态环境。《俄罗斯联邦红皮书》中就规定了非法采伐林木和灌木罪,对森林中各个类别的树木、灌木和藤本植物进行全方位的保护。[1]

第二,鉴于上述各罪危害行为类型过少的情况,应扩大各罪的危害行为类型,将盗伐林木罪、滥伐林木罪改为破坏林木罪;危害行为不仅包括盗伐、滥伐的行为,还包括放火行为、人为传播害虫行为等。将非法收购、运输盗伐、滥伐林木罪的危害行为扩大至包括非法加工、出售明知是盗伐、滥伐林木的行为。

第三,鉴于上述各罪危害结果的规定不合理,忽视了森林的生态功能和应有价值的情况,对以上犯罪不应仅以数量或面积定罪量刑,还要对其生态效益进行评估,把生态价值纳入定罪量刑体系之中,在犯罪构成上应当以规定价格计算的实际损失,作为定罪量刑的依据。

4. 走私珍贵动物、珍贵动物制品罪,非法猎捕、杀害珍贵、濒危野生动物罪构成要件之完善

这方面的完善具体包括:

第一,鉴于走私珍贵动物、珍贵动物制品罪的犯罪对象狭小的情况,应将其扩大至珍贵、

---

〔1〕 蒋兰香:《环境刑法》,中国林业出版社 2003 年版,第 298 页。

濒危野生动物及其制品罪。这样就和其他破坏动物资源犯罪的犯罪对象相一致。

第二,鉴于非法猎捕、杀害珍贵、濒危野生动物罪犯罪对象狭小的情况,应将其犯罪对象扩大至野生动物罪,将非法猎捕、杀害珍贵、濒危野生动物的行为作为该罪的结果加重犯,至于非法狩猎罪则可以取消,这样才能对野生动物进行全面的保护。

5. 非法占用农用地罪构成要件之完善

这方面的完善具体包括:

第一,鉴于非法占用农用地罪犯罪对象范围过窄,只包括非法占用农用地的犯罪行为,没有将破坏其他土地的行为纳入惩治范围的情况,应将本罪的犯罪对象扩大至荒地、滩涂、山沟等其他类型的土地。

第二,鉴于本罪危害行为比较单一,仅包括"非法占用"这一行为的情况,应将合法占用,但是滥用、损害土地质量,不合理地开垦、挖沙、采土、破坏植被而造成水土流失,导致土壤风蚀、沙化,引起水淹、水蚀或土地盐碱化、沼泽化等使当地人民失去生存的物质资源、严重影响当地人民生活或严重影响当地生产正常进行的行为包括进去。

第三,鉴于本罪危害结果的立法表述不严谨的情况,应删除本罪"数量较大"的规定。

6. 非法采矿罪和破坏性采矿罪构成要件之完善

这方面的完善具体包括:

第一,鉴于非法采矿罪和破坏性采矿罪在客观要件的规定上存在的危害行为类型单一的情况,应将其他一些如在建设过程中造成矿产资源毁损的行为包含在两罪之中。

第二,鉴于非法采矿罪和破坏性采矿罪危害结果的构成范围较小的情况,应把造成或可能造成地质结构破坏的也作为构成犯罪的一种客观情况。

第三,鉴于非法采矿罪行政程序前置的规定不合理,不论非法采矿行为多么严重,只要是第一次发现,就不构成犯罪,只能发出责令停止开采的通知书,其接到通知仍然拒不停止才可能构成犯罪的情况,应将该罪设置的行政程序前置的规定去掉。

四、环境犯罪刑罚适用原则的完善

针对上文对环境犯罪适用原则的比较研究以及对我国环境犯罪刑罚适用原则存在的问题之分析,我们认为,应从下述方面对我国环境犯罪刑罚适用原则作出完善:

(一)环境犯罪的危险犯之增设

基于我国环境问题异常严峻以及环境本身价值的充分考虑,增设危险犯是环境犯罪立法的当务之急。在我国的环境刑事立法中增加环境危险犯的规定,既可以弥补行为犯的不足,又可以防止结果犯的滞后,对于防患于未然,及时有效地保护环境,有着非常积极的意义。

在我国刑法典中增设环境危险犯时,不宜将危险犯适用于所有的环境犯罪中,应该将其限制适用于水源污染,有毒有害放射性物质的排放等危害很大的环境犯罪。而对于可能造成较小范围内的危害后果的环境犯罪则没有必要规定危险犯。

具体来说,应对下面的环境犯罪适用危险犯的处罚原则:

第一,对环境污染方面的犯罪应规定危险犯的犯罪形态。根据刑法第338条的规定,重大环境污染事故罪是结果犯,以向土地、水体、大气排放、倾倒、处置危险废物的行为造成重大环境污染事故,致使公私财产遭受重大损失或者人身伤亡的严重后果为该行为构成犯罪的必要条件。如果没有发生污染事故,则该行为不构成犯罪,如此规定不利于保护生态环境,应借鉴外国刑事立法经验,将环境污染方面的犯罪修改为危险犯的犯罪形态较为适宜,这里的"危险",指的是违反国家规定,向土地、水体、大气排放、倾倒、处置危险废物,有可能造成范围广、程度深的环境污染或破坏,或者可能给他人生命、健康和公私财产造成严重的危险。污染环境犯罪造成的危险状态是"具体的危险状态",具有可预测性,是客观存在的,而不是主观臆想的。

第二,应对环境废物方面的犯罪规定危险犯的犯罪形态。根据有关环境犯罪危险犯的设置,从惩治环境犯罪的需要和现实出发,宜将走私废物罪中的"情节严重",擅自进口固体废物罪中的"造成重大环境污染事故,致使公私财产遭受重大损失或者严重危害人体健康"修改为"足以严重危害环境,损害国家和公民环境利益";将非法处置进口的固体废物罪修改为危险犯,同样也增加"足以严重危害环境,损害国家和公民环境利益"。这样,既有利于保护环境,又使得三个犯罪行为具有内在的统一性,也有利于提高司法效率。

(二)严格责任制度的引入

严格责任原则在追究法律责任的民事和行政制裁中已被世界许多国家和地区所适用。我们应从宏观、整体、未来等动态角度考虑严格责任的合理性、可行性,完善我国的环境犯罪理论,[1]将严格责任引入我国的环境犯罪之中。可以考虑在刑法总则中对罪责原则进行修改,可以过错责任原则为主,在法律有特别规定时,适用严格责任原则。

就我国环境犯罪立法而言,在引入严格责任制度时,还应当注意以下问题:

一是正确认识严格责任原则的本质。严格责任的基本含义应是:行为人如果实施了法律禁止的行为,或处于法律规定的状态中,或导致了法律否定的后果,司法机关无须证明行为人的主观心理是否存在过错,即可推定其存在过错而要求其负刑事责任,但是行为人能证明自己无过错的除外。[2] 因此,严格责任本质上是免除起诉方证明被告人主观过错的举证责任,至于行为人主观上是否确实存在过错在所不问。所以,实行严格责任并非不要求行为人主观上有罪过,只是不要求起诉方证明行为人主观上有罪过,依然有过错存在的可能,只是免除对其的举证责任而已。

二是应对严格责任的适用作出严格限制。为了防止无辜的人遭受刑罚处罚,避免司法操作中的客观归罪,应当从实体法和程序法上对严格责任的适用加以必要的限制。具体说来,第一,应将严格责任的适用范围主要限定在污染环境犯罪行为中,而破坏自然资源犯罪行为则不宜适用;同时控诉方仍然要搜集足够的情节证据,提供环境中所含污染物质必然导

〔1〕 陈兆开:《浅析环境犯罪的构成要件》,载《前沿》2003年第3期;张少林:《刑事证据的运用》,中国方正出版社2003年版,第360页。

〔2〕 朱珍华:《试析我国刑法中的严格责任》,载《湖南公安高等专科学校学报》2001年第2期。

致重大污染事故的科学证据。[1] 第二，赋予被告方以抗辩权，具体包括“无过失辩护理由”和“第三者辩护理由”。

（三）责任推定原则的法定化

环境犯罪的实害犯要求危害行为和危害结果之间存在因果关系，但是对于环境污染犯罪而言，由于其危害后果显现的滞后性以及危害结果产生的复杂性，这一因果关系的证明是十分困难的。因果关系推定原则的适用可以有效地解决这个难题，使实施危害环境的行为人受到法律的惩处，从而使法律发挥保护和保障功能。目前，这种推定原则为大多数国家处理污染环境犯罪的因果关系原理所采用。有的国家在刑法中予以明文规定，有的国家虽未明文规定，司法实践中也在自觉或不自觉地运用。我国环境刑法中没有因果关系推定原则的直接表述，但我国的司法实践中，在追踪环境犯罪和违法行为时，大多是采用推定原则来确定因果关系，进而追究其应有的责任。[2] 可以这样认为，我国目前“隐性”采用的推定原则属于事实上的推定。基于罪刑法定原则的要求，我们认为我国刑法有必要明确确立环境污染犯罪的因果关系推定原则。

考虑到因果关系的推定的特殊性，必须对其适用加以严格限制：

第一，应将这种因果关系推定的原则仅仅适用于环境污染犯罪行为。

第二，危害环境的行为和危害结果都是现实存在的，而不是主观想象的。这种客观性表现在确实存在排放污染物的行为，且排污行为违反了行政法规。同时，对环境或人造成了现实的损害，即确实存在损害后果。这里的损害包括实际损害与潜在损害，对此必须有确实可靠的证据予以证明。

第三，环境危害行为和危害结果之间存在高度盖然性。这种因果关系虽然难以从医学和药理学角度加以直接证明，但是却可以根据动物试验及大量的统计数据证明二者之间存在高度的盖然性。盖然性的认定必须具备一定的条件，否则因果关系不能认定。“它不是发生与不发生的可能性平分秋色的50%，也不是多数与少数之分的75%对25%，而是绝大多数与例外之别，若要用比例的话，发生的可能性至少应占90%以上。”[3]

第四，此处的推定只是对行为和结果间是否存在因果关系的推定，而绝不是有罪推定。因果关系推定是在经验法则与逻辑法则的基础上推定客观事实之间存在引起与被引起的关系，只是犯罪构成客观方面的内容。至于行为人是否构成犯罪还依赖于其他相关因素的证明。

第五，行为人提不出合理的辩护理由。因果关系的认定毕竟是在原告未提出直接证据情况下的推定，在这种情况下允许被告提出辩护理由。只有在行为人不能提供强有力的证据来推翻此种推定的情况下，才认定因果关系存在。

第六，在适用环境犯罪因果关系推定原则时，可以具体考虑将外国刑法理论中关于环境

---

〔1〕 李振聪：《浅论我国环境犯罪规定的现状及完善》，载《森林公安》2005年第4期。

〔2〕 王秀梅、杜澎：《破坏环境资源保护罪》，中国人民公安大学出版社1998年版，第105页。

〔3〕 张少林：《刑事证据的运用》，中国方正出版社2003年版，第360页。

或者公害犯罪的疫学因果关系理论引进过来。根据疫学理论,符合以下四个条件,就可以肯定某种因子与疾病之间具有因果关系:第一,该因子是在发病的一定期间之前起作用的因子;第二,该因子的作用程度越显著,患病率就越高;第三,该因子的分布消长与疫学观察记载的流行特征并不矛盾;第四,该因子作为原因起作用,与生物学并不矛盾。

五、环境犯罪刑罚种类的完善

目前我国环境犯罪的刑罚种类仅限于管制、拘役、有期徒刑和罚金,而 1997 年的《俄罗斯联邦刑法典》关于生态犯罪的刑罚规定了 7 种:剥夺自由、限制自由、劳动改造、拘役、罚金、剥夺担任一定职务或从事某种活动的权利、强制性工作。从中外环境犯罪所适用的刑罚种类的比较来看,我国环境犯罪处罚的种类还有很大的扩容空间。环境犯罪的产生是与人们盲目地追求经济利益不可分割的。另外,环境犯罪侵害的是人类赖以生存的环境,环境犯罪造成的危害比财产、人身的损害后果更严重。因此,针对环境犯罪的这个特点,我们应考虑从多方面完善环境犯罪的刑罚体系。

(一)环境犯罪财产刑的完善

由于环境犯罪多属贪利性犯罪,从行为人最关注的经济利益上予以制裁,能促使其权衡犯罪成本与犯罪收益。因此,扩大财产刑的适用范围,增加其刑罚量,这对行为前仔细计算利害得失的财产经济类犯罪正是对症下药。[1] 应在对环境犯罪的处罚中加大财产刑的处罚力度,对于情节较为轻微的犯罪,可以考虑独立适用财产刑。罚金刑作为一种财产刑,是一种比自由刑轻缓化的刑罚,更适用于那些主观恶性比较小的环境犯罪,故采用罚金刑从经济上加以制裁能够更有效地惩治犯罪,抑制环境资源被破坏。由于适用中存在的一些问题,我国罚金刑在对环境犯罪的处罚中没有发挥其应有的作用,主张从以下几个方面加以完善:

第一,扩大罚金刑的适用范围,对我国环境犯罪中的过失犯罪增设罚金刑,以进一步发挥罚金刑替代自由刑的作用。[2]

第二,完善罚金刑的适用方式,对一些社会危害性较小的环境犯罪,规定单处罚金制,即只规定适用罚金刑而无别的刑罚;减少罚金必并制的数量,对较轻的环境犯罪尽量适用选处罚金制,即并列规定罚金刑和其他刑罚,由法官自由裁量是否适用罚金刑,选择了罚金刑,就不能再适用其他刑种;对较重的贪利性犯罪可规定并处罚金,这样既有利于对犯罪人的改造,又可以为修复环境提供资金。

第三,取消无限额罚金制,明确规定环境犯罪的罚金数额,使犯罪人所受的处罚与其对环境的损害程度相当,并超过其因此而获得的利益,使犯罪人遇见到自己行为后果的无利可图性,从而降低环境犯罪的可能性。在环境犯罪中,单位犯罪的现象比较突出,对于单位环境犯罪,如果适用罚金刑不能从经济基础这一根本问题上打击和摧毁其犯罪能力,可以适用没收财产刑。

---

〔1〕 张明楷:《外国刑法纲要》,清华大学出版社 1999 年版,第 389 页。
〔2〕 刘洋、陈凯:《从经济视角探析我国罚金刑的完善》,载《河南公安高等专科学校学报》2007 年第 2 期。

(二)环境犯罪资格刑的完善

在环境犯罪中,单位犯罪的现象比较突出,而财产刑和资格刑由于分别从经济上和主体资格上剥夺了犯罪法人的犯罪能力,因而被认为是"惩治法人犯罪的最佳手段"。我们认为,单位环境犯罪的刑罚种类应增设刑事破产和禁止犯罪单位从事特定业务活动两种资格刑。这两种资格刑在刑罚体系中的地位类似于针对自然人犯罪的生命刑和自由刑,可以弥补单位刑事责任实现方式体系上的不足,从而达到有效预防和控制单位犯罪的目的。刑事破产相当于对犯罪单位判处死刑,是适用于犯罪单位的最严厉的刑罚方法。根据刑罚谦抑原则和国家刑罚权受制约原则,刑事破产应当是对实施了性质、情节或危害结果特别严重的犯罪单位最后适用的刑罚方法,其适用范围应当受到严格控制。禁止犯罪单位从事特定业务活动也是一种比较严厉的刑罚方法,专门适用于利用非法手段实施某种业务活动或者利用所合法从事的某种业务活动实施其他犯罪行为的单位。针对环境犯罪的公司、企业法人设置禁止其从事某种生产经营的资格刑,符合罪刑相适应原则与刑罚经济原则的要求。对污染环境犯罪的罪犯,在刑罚上设立停止业务活动的刑罚,暂时或永久地剥夺从事某种职业的权利,可以使行为人产生心理压力,在犯罪行为所获得的利益和因刑罚处罚及不得从事某种职业所受到的损害之间权衡利弊得失,充分考虑环境影响,堵塞污染犯罪的源头,并且使违法者得到深刻的教训,起到特殊预防的效果。同时,也可以使其他从事此行业者遵守有关法律的规定,适时矫正自己的行为。

(三)环境犯罪非刑罚处理方法的完善

非刑法处理方法是指人民法院对犯罪分子使用的刑罚以外的处理方法。非刑罚处理方法的特点是:对犯罪分子适用,但不具有刑罚性质,也即非刑罚处理方法适用的前提是行为人的行为已经构成犯罪。根据刑法典的规定,非刑罚处理方法包括三类:一是判处赔偿经济损失和责令赔偿经济损失,二是训诫、责令具结悔过和责令赔礼道歉,三是由主管部门予以行政处罚或者行政处分。[1] 刑罚本身的性质决定了它的局限性,即使是完全彻底的刑事制裁也不能从根本上消除危害环境的犯罪。在运用刑罚手段遏制环境犯罪的同时,我们也要运用非刑罚处理方法来惩治环境犯罪。

环境犯罪有它自己的特点,因此,在注意适用刑法已经规定的非刑罚处理方法之外,为更具针对性,应对刑法已经规定的非刑罚处理方法做出完善,主要是新增设一些非刑罚处理方法。根据环境犯罪的特点,我们认为针对该类犯罪,宜在非刑罚处理方法中增加限期治理的处理方法,即责令环境犯罪人在一定的期限内,治理好其犯罪行为所破坏的环境。司法部门曾对滥伐林木的犯罪人在判处有期徒刑并适用缓刑的同时,责令其在缓刑期内植树以恢复环境质量,其结果是既惩罚了犯罪人又补偿了被破坏的环境,在实践中起到了很好的效果。倘若依常规判决,将主观恶性不大甚至是根本没有主观恶性也没有人身危险性的环境犯罪人收监执行,强制剥夺其人身自由,虽然会起到刑罚的预防作用,但是所造成的环境损失却丝毫得不到弥补,只能由国家投入大量的人力、物力、财力去恢复。目前,我国每年因环

〔1〕 赵秉志主编:《刑法总论》,中国人民大学出版社2007年版,第471~473页。

境污染和生态破坏造成的经济损失超过千亿元,这样巨大的损失都由国家来补救,将使国家的负担过于沉重。

六、环境犯罪刑罚力度的强化

(一)概述

尽管从整体上看我国环境犯罪的法定刑基本能够做到罪责刑相适应,但在某些种类的环境犯罪之惩治上仍然存在刑罚力度不够的情况。由于1997年惩治环境犯罪的立法注重的是经济利益、经济价值,忽略了生态效益,没有意识到环境犯罪侵害的直接对象是人类赖以生存的环境,财产损失或人身伤亡仅是环境危害的间接后果,各种生态危害才是环境犯罪的直接而且比具体的财产损失和人身伤亡更严重的后果,所以,刑法对环境犯罪的处罚力度不够。环境犯罪的刑罚甚至还普遍轻于财产型的犯罪,普通的侵犯财产型的犯罪最高刑达到无期徒刑甚至死刑,而环境犯罪的处罚大都在3年以下有期徒刑,最严重的也只是10年以上有期徒刑。这就严重违背了刑法罪刑相适应的基本原则,因为使环境遭受严重破坏难以恢复甚至祸及子孙后代的环境犯罪侵害的是环境权和生态环境安全,危及人类及所有生物的生存,其社会危害性显然比普通财产型犯罪要大得多。对此,笔者建议惩治环境犯罪的立法应当在充分考虑人类环境利益和生态环境利益的基础上,按照罪责相适应的原则科学地设立刑罚的幅度。只有使犯罪人所受的处罚与其对环境的损害程度相当,并超过其因此而获得的利益,才能有效地制裁和预防环境犯罪。为此,应对个别环境犯罪的法定自由刑进行调整,以使该罪的罪刑关系协调起来,并从横向上保证该罪与其他环境犯罪法定刑的协调。

(二)具体建议

关于强化环境犯罪刑罚力度的构想,具体说来有以下两点:

第一,提高重大环境污染事故罪的法定刑。鉴于重大环境污染事故罪最高法定刑为7年有期徒刑明显偏低的问题,应将其最高法定刑提高至10年有期徒刑,以使罪刑相适应。此外,对单位处以罚金的同时,应当对其经营资格进行必要的限制。

第二,提高盗伐林木罪的法定刑。鉴于在现行刑法对盗窃罪仍然保留了死刑和无期徒刑的情况下,盗伐林木罪的最高法定刑仅为15年有期徒刑就显得偏低,也使得刑法横向显得不协调,由于盗窃罪最高可以判处死刑,但是在废除死刑成为世界潮流的今天,不宜再增加可以判处死刑的犯罪,所以应把盗伐林木的最高刑提高到无期徒刑。

当然,我们主张增加环境犯罪的刑罚力度,并非一味地要加重刑罚,在对环境犯罪确定刑事责任时,仍必须坚持罪责刑相适应的原则,并体现宽严相济的刑事政策精神。唯有如此,才能充分发挥刑罚惩治与预防环境犯罪的功效。

论我国反腐败刑事法治的完善[*]

目　次

一、前言

腐败是依附于国家政权的寄生虫，是社会的毒瘤，历来为民众所深恶痛绝。对政府而言，反腐败是提高行政效率、提升政府形象和争取民众支持的重要手段，也是维护其合法性的重要根基所在。因此，无论是古代的专制社会还是现代的市民社会，无论是中国还是外国，反腐败始终是国家工作的重要内容。

为惩治腐败，自新中国成立伊始我国就适时开展了“三反”运

---

* 原载《当代法学》2013 年第 3 期；收入香港廉政公署 2013 年 2 月编印：《香港及内地廉政建设与管理》。

动[1]。据不完全统计,到1952年1月,我国当时共查出贪污旧币1000万元[2]以上的贪污犯10万余人,总金额达旧币6万亿元,对有严重贪污行为的罪犯,判处有期徒刑9942人,判处无期徒刑的67人,判处死刑的42人,判处死缓的9人。[3] 而对被称为新中国第一大案的时任天津地委书记刘青山和时任天津行署专员张子善贪污案的严惩,更是在全国范围内对腐败犯罪分子产生了极大的威慑效果,展现了新中国我国严惩腐败的坚定决心。此后60余年间,主要是改革开放30余年来,我国不断加强反腐败的制度和刑事法治建设,取得了显著成效,当今的反腐败刑事立法更加科学、严密,刑事司法更加理性。不过,从反腐败的现实需要看并与许多发达国家和地区相比,我国反腐败刑事法治建设仍存在诸多缺陷,有待进一步改革完善。本文拟从刑事实体法的角度简要探讨我国反腐败刑事法治的基本特点、主要缺陷和完善对策。

二、我国反腐败刑事法治的基本特点

60余年来,我国反腐败刑事法治建设与我国社会发展的总体形势和水平是相一致的,并呈现出以下三个主要特点:

(一)反腐败刑事政策日趋科学

从严治腐是我国法制建设的一贯政策和做法。继新中国建立之初开展"三反""五反"等运动后,我国1979年第一部刑法典在整体刑罚趋轻的情况下对贪污罪设置了死刑,1982年又将受贿罪的最高法定刑由无期徒刑提升到死刑。与此同时,我国反腐败刑事司法实践也十分积极主动,强调从严治腐。邓小平先生在20世纪80年代初期曾言:"经济犯罪特别严重的,使国家损失几百万、上千万的国家工作人员,为什么不可以按刑法规定判处死刑?1952年杀了两个人,一个刘青山,一个张子善,起了很大的作用。现在只杀两个起不了那么大的作用了,要多杀几个,这才能真正表现我们的决心。"[4]不过,随着对腐败犯罪认识的不断提高,我国反腐败刑事政策也出现了一些新的变化。这主要体现在:

第一,更加注重对腐败犯罪的事前预防(一级预防)。在犯罪学上,犯罪预防有一级预防、次级预防和第三级预防之分。一级预防是针对改变物质环境及社会中的致罪因素而采取的各种措施,属于事前预防;次级预防是针对表现出特定违法犯罪危险性的社会人群所实施的预防活动;第三级预防则是通过重新适应社会的个别化措施使犯罪人回归社会,或者至少使犯罪人与社会得以隔离,防止其再实施严重危害社会的行为。[5] 过去,我国注重对腐败犯罪的第三级预防,强调刑罚的惩罚性。近年来,随着对腐败犯罪认识的加深,我国逐渐开始强调对腐败犯罪的一级预防,注重标本兼治。例如,国务院新闻办2010年发布的《中国的反腐败和廉政建设》白皮书就明确指出,进入21世纪,中国已经将"标本兼治、综合治理、

---

[1] 即"反贪污、反浪费、反官僚主义"运动。

[2] 旧币1万元合新币1元。

[3] 参见李蒙:《反腐倡廉,人民才会拥护——〈中共反腐90年〉专题报道之二》,载《民主与法制》2011年第21期。

[4] 参见《邓小平文选》(第3卷),人民出版社1993年版,第153页。

[5] 参见张远煌:《犯罪学原理》(第2版),法律出版社2008年版,第447页。

惩防并举、注重预防”确立为反腐败的方针，并“制定建立健全惩治和预防腐败体系这一反腐败国家战略”。[1] 近日，中共中央习近平总书记在十八届中纪委二次会议上也明确提出，要坚持标本兼治、综合治理、惩防并举、注重预防方针，更加科学有效地防治腐败。[2] 可以说，注重事前预防已成为我国反腐败的重要政策和战略。

第二，更加注重反腐败政策的法律化。与法律相比，反腐政策具有较强的灵活性，但也存在缺乏明确性和系统性，内容过于原则、抽象，权利与义务不明确，缺少法律规范所具有的普遍性、国家强制性和稳定性等不足。[3] 这难免会影响反腐败的实践效果。也正因为如此，近年来，我国加强了反腐败政策的法律化、法制化，不仅通过修改刑法典进一步完善了反腐败的刑事立法，而且还通过司法文件[如最高人民检察院 1999 年 9 月 16 日发布了《关于人民检察院直接受理立案侦查案件立案标准的规定（试行）》、2006 年 7 月 26 日发布了《关于渎职侵权犯罪案件立案标准的规定》等]，进一步明确了对腐败犯罪的定罪量刑标准，从而有力地促进了反腐败刑事政策的立法化和司法化，积极地提高了反腐败的法治效果和社会效果。

（二）反腐败刑事立法日益健全

立法是司法的前提和基础，对反腐败刑事法治建设而言亦是如此。自新中国成立 60 余年来，我国始终高度重视反腐败的刑事立法工作。新中国成立之初的 1952 年，我国中央人民政府就公布了《中华人民共和国惩治贪污条例》。1979 年刑法典是新中国第一部刑法典，对贪污、受贿、渎职等腐败犯罪行为作了系列规定。之后，考虑到该刑法典对腐败犯罪的规定过于原则，技术上也存在一定的不足[4]，1982 年 3 月、1988 年 1 月全国人大常委会又先后通过了两部有关腐败犯罪的重要单行刑法——《关于严惩严重破坏经济的罪犯的决定》和《关于惩治贪污罪贿赂罪的补充规定》。在此基础上，我国 1997 年修订刑法典时对腐败犯罪作了进一步规定，不仅专门设立了“贪污贿赂罪”和“渎职罪”两章，而且还根据犯罪主要客体的不同在其他章节中规定了多种腐败犯罪。此后，我国通过的《刑法修正案（一）》《刑法修正案（四）》《刑法修正案（六）》《刑法修正案（七）》等多个刑法修正案都对腐败犯罪作了进一步完善，从而建立了一个相对合理、科学的反腐败刑法体系。这具体体现在：

第一，腐败犯罪罪名体系较为完备。根据腐败行为类型的不同，我国现行刑法典主要设置了五种不同类型的腐败犯罪：一是侵占类腐败犯罪，包括贪污罪、私分国有资产罪等；二是贿赂类腐败犯罪，包括受贿罪、单位受贿罪、利用影响力受贿罪、行贿罪、单位行贿罪等；三是挪用类腐败犯罪，包括挪用公款罪、挪用资金罪、挪用特定款物罪等；四是渎职类腐败犯罪，包括滥用职权罪、玩忽职守罪等；五是腐败犯罪的赃物处置，包括洗钱罪等。在此基础上，考

〔1〕 参见《中国的反腐败和廉政建设》（白皮书），载“中国新闻网”2010 年 12 月 29 日。

〔2〕 参见徐京跃、周英峰：《习近平在十八届中央纪委二次全会发表重要讲话》，载“新华网”2013 年 1 月 23 日。

〔3〕 参见张波：《反腐政策实现法制化》，载《法制日报》2006 年 1 月 5 日。

〔4〕 例如，尽管该刑法典设专章规定了“渎职罪”，但从总体上看该刑法典对腐败犯罪的规定还是显得相当分散、凌乱，罪名体系亦欠缺足够的科学性。例如，该刑法典将受贿罪规定在“渎职罪”章中，但贪污罪被规定在“侵犯财产罪”章中，而挪用犯罪则被规定在“破坏社会主义经济秩序罪”章中。由于刑法典规定的腐败犯罪类型较少，很多腐败行为在定罪处罚时不得不采取类推的方式适用其他法律条款。

虑到身份对行为社会危害性的不同影响，我国刑法对腐败犯罪主体的身份也作了相应的规范。例如，现行刑法典分则第9章“渎职罪”的主体就只限于国家机关工作人员，贪污罪受贿罪的主体限于国家工作人员，职务侵占罪、非国家工作人员受贿罪的主体则只限于非国有单位的人员，等等。经过这些立法的完善，我国的腐败犯罪罪名体系整体上臻于完备、合理。

第二，腐败犯罪的刑罚设置较为科学。由于腐败犯罪主要涉及的是财产和职务问题，因此我国刑法典在刑罚的设置上主要是根据犯罪涉及的财物数额的大小确定腐败行为是否入刑以及刑罚的轻重，并在部分犯罪中适当参考了其他情节。其刑罚设置总体上以自由刑为中心，少量腐败犯罪同时配有财产刑、资格刑和死刑。其中，自由刑通常又被分为多个量刑幅度，以适应治理危害程度不同的腐败犯罪的需要。因此，总体上看，我国针对腐败犯罪所设定的刑罚基本贯彻了我国刑法典规定的罪责刑相适应原则，立法考虑较为周全。

（三）反腐败刑事司法日渐理性

司法的理性程度在很大程度上反映了一个国家或地区法治总体水平的高低。近年来，随着法治水平的提高，我国反腐败刑事司法的理性亦明显增强。这主要体现在：

第一，反腐败刑事司法更注重适用的统一性。新中国成立之初颁行的《中华人民共和国惩治贪污条例》对腐败犯罪的治理较为统一。该条例对受贿罪规定：“本条例公布后，不论送者收者，均分别以行贿、受贿治罪”。司法实践中也坚持反腐败，“大老虎”要打、“小老虎”也不放过。不过，自20世纪80年代起，由于腐败高发，我国对腐败犯罪的处理出现了“抓大放小”的趋势，侧重于抓大案要案，目的是为了展示其反腐败的力度和决心，但腐败案件无论大小都侵犯了公务行为的廉洁性和政府的公信力，况且犯罪金额与腐败的危害性没有水涨船高的正比关系，对那些涉案金额虽小但危害严重、性质恶劣的案件同样必须严厉打击，不可姑息。[1] 正是考虑到这一点，近些年来，我国对腐败案件的查处开始坚持“老虎”“苍蝇”一起打的策略[2]，从而使得反腐败刑事司法的统一性不断增强。

第二，反腐败刑事司法更注重其长效性。过去很长时期内，我国对腐败犯罪的查处主要采取的是运动式治理方式。例如，1988年的“反官倒”、1989年敦促腐败分子限期“坦白”“自首”，都具有群众性运动的特征。20世纪90年代以来，反腐败呈现分时段突出重点的趋势。例如，1993年中纪委二次全会提出集中力量查办一批大案要案，并将反腐败的重点放在“一机关三部门”（党政领导机关和司法部门、行政执法部门、经济管理部门）。2006年，国家又在工程建设领域展开了治理商业贿赂的专项工作。凡此种种，可以从中清楚地看出运动式或专项治理式的反贪污贿赂的轨迹。[3] 但腐败犯罪的发生有其深层次的原因，运动式治理只能解决一时之需，难以长久。鉴此，近年来，我国开始逐渐注重反腐败的长效机制建

〔1〕 参见叶林华：《〈联合国反腐败公约〉与我国反贪刑事政策的完善》，载《法学》2007年第11期。

〔2〕 参见徐京跃、周英峰：《习近平在十八届中央纪委二次全会发表重要讲话》，载“新华网”2013年1月23日。

〔3〕 参见孙国祥：《〈联合国反腐败公约〉与我国反贪污贿赂刑事政策思考》，载《南京大学学报》（哲学、人文科学、社会科学版）2008年第2期。

设，强调“常”“长”二字，一个是要经常抓，一个是要长期抓。[1] 反腐败刑事司法的稳定性不断增强。

三、我国反腐败刑事法治的主要缺陷

尽管过去60余年间我国反腐败刑事法治建设取得了长足的进步，但也存在不少问题，有待于进一步完善。

（一）反腐败刑事法治理念有待更新

随着对腐败犯罪认识的深入，近年来我国反腐败刑事法治的理念有了很大提升，但这与我国建设社会主义现代法治国家的目标相比，仍有不小的差距，具体体现在：

第一，在刑法功能上，存在一定的刑法依赖观念。反腐败是一项政治和法治相结合的系统工程，需要建立从预防到惩治、从思想教育到制度监控、从党纪政纪处理到刑事法律制裁等方面的一系列长效机制。在这项系统工程中，通过刑事法治开展的反腐败斗争是手段最严厉、对腐败分子震慑作用最强烈的一环，也是对犯罪分子权利剥夺最多的一环。刑法手段是反腐败斗争最强有力的保障，是惩治严重腐败分子的利器，但也是最后的手段。因而要重视刑法在反腐败斗争中的作用并予以合理运用，但不可不慎用，更不可滥用。从实践的角度看，我国许多地方对腐败犯罪的治理存在着刑法依赖思想，对于出现了的腐败犯罪多想一惩了之、以惩代防，其效果显然有限。

第二，在刑罚运用上，存在一定的抓大放小心理。当前我国反腐败的刑罚适用存在着两种不良心理倾向：一是抓大心理，即喜欢抓大的腐败案件，并对其施以重刑甚至不惜适用死刑。这是为了显示坚决反腐、铁腕治贪的决心，以强化刑罚对腐败分子的震慑作用。事实上，长期以来，集中力量查办大案、要案一直是我国反贪工作的基本策略[2]，部分地方甚至有“宁重勿轻”的思想倾向，认为“重”比“轻”好，“重”是对民众负责的表现。[3] 二是放小心理，即对于社会影响不大、数额相对较小的腐败犯罪案件，有轻纵的倾向。这体现在实践中就是职务犯罪案件嫌疑人（被告人）被不起诉、免予刑事处罚以及判处缓刑的情况相当突出。据统计，近年来这类犯罪案件判处免予刑事处罚、适用缓刑的比例不断上升，已由2001年的51.38%增至2005年的66.48%，年均缓刑率为51.5%，明显高于公安机关侦查案件的年均缓刑率19.24%。[4] 从现代刑事法治的要求看，这两种倾向都不利于反腐败刑事法治建设的长远发展，应当加以调整。

（二）反腐败刑事法网不甚严密

近年来我国通过多个刑法修正案完善了反腐败的刑事法网。不过，与反腐败的现实需

---

〔1〕 参见徐京跃、周英峰：《习近平在十八届中央纪委二次全会发表重要讲话》，载“新华网”2013年1月23日。

〔2〕 我国检察机关历来都将“坚决查办损害人民群众切身利益的案件，集中力量查办大案要案”作为其工作的重点。参见杜萌、彭于艳：《检察机关剑指大要案　反贪组合拳让贪官无处逃》，载《检察日报》2007年12月19日。

〔3〕 参见游伟：《反腐败与当前职务犯罪的刑事政策》，载《华东刑事司法评论》（第3卷），法律出版社2003年版，第199页。

〔4〕 参见王治国：《职务犯罪轻刑化倾向必须引起重视》，载《检察日报·廉政周刊》2006年7月25日。

要和国际要求相比,其法网仍不甚严密。

第一,罪名体系设置不合理。一方面,我国腐败犯罪的罪名设置尚不全面。尽管我国现行刑法典中的腐败犯罪罪名已不下50种,但与《联合国反腐败公约》等国际条约的要求相比,其罪名范围仍显狭窄。例如,《联合国反腐败公约》明确要求其缔约国将"贿赂外国公职人员、国际公共组织人员"和"影响力交易"行为入罪。但我国履行公约义务时却只规定了对外国公职人员、国际公共组织人员行贿罪和利用影响力受贿罪,而没有将这两个犯罪的对向性行为纳入刑法规制的范围,对公约的要求贯彻不彻底。另一方面,我国腐败犯罪的刑法章节设置不合理。我国现行刑法典将1979年刑法典中有关贪污贿赂犯罪的条款合并后独立成章[1],同时保留其原有的"渎职罪"专章,从而形成了"贪污贿赂罪"和"渎职罪"两章并立的格局。但从类型上看,贪污贿赂罪与渎职罪均属于职务犯罪,都具有亵渎职务的共性,将两者完全独立,不甚合理。

第二,行为对象限定不合理。这主要体现在:一是将"贿赂物"限定为"财物"不合理。根据我国刑法典的规定,贿赂犯罪中的"贿赂物"仅限于"财物"。目前我国刑法理论界与实务界将"财物"一致解释为有形的财物和无形的财产性利益,包括设定债券、免除债务等财产上的利益,但不包括能满足人的其他需要的非财产性利益,如提供晋升、就业、升学机会、提供性服务等。[2] 显然,这与《联合国反腐败公约》规定的"不当好处"差距甚远。二是挪用犯罪的对象设定不合理。我国现行刑法典规定了三种挪用犯罪,对象分别是"公款""单位资金"和"特定款物",挪用非特定的公物在我国尚不构成犯罪。这与《联合国反腐败公约》规定的"因职务而受托的任何财产、公共资金、私人资金、公共证券、私人证券或者其他任何贵重物品"相比,其对象范围过于狭窄。

第三,行为方式设置不当。这主要体现在两个方面:一是对挪用公款的行为方式限定过严。我国刑法将挪用公款"归个人使用"作为挪用公款罪的基本特征,是构成挪用公款罪的必备要件,同时适用于刑法典第384条规定的进行非法活动、营利活动及其他活动的情况。[3] 而为了满足实践的需要又不得不对"个人"作扩大解释,认为可包括"其他单位"。[4] 但我国最高司法机关明确将单位集体决定的挪用行为排除在外。而从概念上看,挪用应当解释为"挪作他用",至于是挪用归自然人还是归其他单位使用、是单位领导个人决定挪用还是单位集体决定挪用,都不影响其行为的社会危害性。而且我国最高司法机关明确将"谋

---

〔1〕 为适应反腐败斗争需要,强化对贪污贿赂罪的打击,中国最高立法机关曾设想制定反贪污贿赂犯罪的专门规范性文件——反贪污贿赂法,并由最高人民检察院负责起草。从制定一部统一的、比较完备的刑法典的原则出发,1997年中国刑法修订时将1988年由全国人大常委会制定的《关于惩治贪污罪贿赂罪的补充规定》与最高人民检察院正在起草的反贪污贿赂法合并编为新刑法典分则的一章,并增设了私分国有资产罪、私分罚没财物罪等新罪名,使贪污贿赂犯罪的罪刑规范更为丰富、缜密。参见赵秉志、肖中华:《中国刑法的最新改革》,载《现代法学》1998年第2期。

〔2〕 参见高铭暄主编:《刑法专论》,高等教育出版社2002年版,第816页。

〔3〕 参见高铭暄、马克昌主编:《刑法学》(第五版),北京大学出版社、高等教育出版社2011年版,第626页。

〔4〕 全国人大常委会于2002年4月28日作出的《关于刑法第三百八十四条第一款的解释》规定:"有下列情形之一的,属于挪用公款'归个人使用':(一)将公款供本人、亲友或者其他自然人使用的;(二)以个人名义将公款供其他单位使用的;(三)个人决定以单位名义将公款供其他单位使用,谋取个人利益的。"

取个人利益"与挪用公款归个人使用的构成要件认定挂钩也与挪用公款罪的本质特征不符。[1] 从这个角度看,我国刑法对挪用行为入罪的限制似嫌过严。二是对行贿的行为方式限制过严。我国刑法典第389条将行贿的行为方式限定为"给予国家工作人员以财物"。许诺给予、提议给予的行为未被包括在内。但《联合国反腐败公约》第15条第1款规定的行贿方式是"直接或间接向公职人员许诺给予、提议给予,或实际给予该公职人员本人或其他人员或实体不正当好处",即不仅包括直接、间接给予的方式,而且还包括许诺给予和提议给予的方式。[2] 其内涵明显要大于我国刑法的规定。

第四,行为目的限定不合理。这主要体现在行贿罪的"为谋取不正当利益"上。根据《联合国反腐败公约》第15条规定,只要向公职人员实施了行贿行为以使其作为或者不作为,不论行贿人谋取的利益是正当的还是不正当的,均应成立行贿罪。但我国刑法典规定,行贿罪的构成要求行为人主观上具有"为谋取不正当利益"的目的,如果其意图谋取的利益属于"正当",行贿罪便不能成立。这一限定显然过窄,也与《联合国反腐败公约》的规定不符。

(三)腐败犯罪定罪量刑标准设置不甚合理

我国1979年刑法典没有对贪污受贿犯罪的起刑点作数额和情节的要求与限定。[3] 这种立法模式显然违背了我国刑法严格区分犯罪与违法、要求犯罪行为具有严重社会危害性的原则与原理,也给司法操作带来了不便,造成了有法难依的困惑。为了加大惩治贪污、受贿犯罪的力度,防止司法操作上的随意性,1997年刑法典对贪污、受贿犯罪的起刑点以及量刑幅度改为采取刚性的具体数额标准。从刑法典修订以来15年多的司法实践看,这一定罪量刑模式的实践效果并不理想,至少存在以下三方面的弊端:

第一,不能适应经济社会发展的需要。随着我国经济社会的快速发展,我国现行刑法典第383条、386条规定的一般情况下5000元以及情节较重情况下还可以不满5000元的贪污罪、受贿罪的起刑点已经明显偏低,难以在司法实践中得到执行,以至于不可避免地会出现一些有法难依的局面。

第二,导致不同情节的犯罪的量刑档次没有拉开,难以实现罪责刑相适应。按照我国现行刑法典第383条和第386条的规定,贪污、受贿5万元以上不满10万元的,一般要处5年以上有期徒刑,情节特别严重的要处无期徒刑;贪污、受贿数额在10万元以上的,一般要处10年以上有期徒刑、无期徒刑,情节特别严重的要处死刑。由此导致司法实践中许多犯罪数额以及其他犯罪情节相差悬殊的案件在量刑上难以拉开档次,难以做到罪责刑相适应,严

---

[1] 参见曾乐非:《如何理解挪用公款罪中的"归个人使用"——兼评九届全国人大常委会第二十七次会议对刑法第384条第1款"归个人使用"的解释》,载《国家检察官学院学报》2003年第2期。

[2] 参见刘晓梅、于阳:《〈联合国反腐败公约〉框架下我国惩治贿赂犯罪刑事立法之完善》,载《江苏警官学院学报》2009年第2期。

[3] 1979年刑法典第155条第1款规定:"国家工作人员利用职务上的便利,贪污公共财物的,处五年以下有期徒刑或者拘役;数额巨大的、情节严重的,处五年以下有期徒刑;情节特别严重的,处无期徒刑或者死刑。"第185条第1款规定:"国家工作人员利用职务上的便利,收受贿赂的,处五年以下有期徒刑或者拘役。赃款、赃物没收,公款、公物追还。"第2款规定:"犯前款罪,致使国家或者公民利益遭受严重损失的,处五年以上有期徒刑。"

重影响了一些贪污、受贿案件裁判结论的社会效果。

第三,量刑标准难以准确、全面地反映犯罪的社会危害性,不利于实现刑罚公正。我国现行刑法典对贪污、受贿罪的不同量刑幅度大体上采用的是单纯数额标准,其他犯罪情节基本上没有在量刑上得到体现,这显然不利于法院在全面衡量犯罪的社会危害性程度的基础上准确量刑。

(四)反腐败刑罚设置不够科学

在刑罚设置上,我国刑法典针对腐败犯罪采取的是以自由刑为中心,同时对部分腐败犯罪规定了生命刑和财产刑,但基本没有规定资格刑。我国刑法典关于腐败犯罪的这种刑罚设置与腐败犯罪的罪质不符。

第一,未设定合理的资格刑和罚金刑,与腐败犯罪的罪质不符。与其他刑事犯罪相比,腐败犯罪具有两个显著特征:一是贪利性,即大多是为了追逐私利;二是职务性,即大都利用了职务。从配刑的等价性和相应性角度看,我国应当为大多数腐败犯罪设定罚金刑和资格刑。但从立法的规定上看,我国刑法典对绝大多数腐败犯罪都没有单独规定罚金刑或者资格刑。其结果就是"有的腐败分子是坐牢一阵子,富裕一辈子。出来之后,仍然是个富翁。"[1]有的腐败分子在缓刑期间依然担任公职或者缓刑结束后很快就恢复了公职。[2]刑法惩治腐败犯罪的效果无形中被大打折扣。

第二,对腐败犯罪设置和适用死刑,与腐败犯罪的罪质不符。腐败犯罪的本质特征在于其贪利性和职务性,而死刑是剥夺犯罪人生命的刑罚。两者在性质上具有明显的不对等性,而且国际社会废止死刑的趋势和我国已经签署的联合国《公民权利和政治权利国际公约》等国际公约都清楚地表达了反对对腐败犯罪适用死刑的立场。但我国基于其特有的死刑文化和民众对腐败犯罪的痛恨等因素考虑,保留了对贪污罪、受贿罪的死刑。实践中对这两类犯罪适用死刑(包括死刑缓期二年执行)的情况也较为常见。

但最严厉的刑罚并不是遏制犯罪最有效的刑罚。刑罚在预防犯罪方面能够发挥的作用的大小,主要不是由刑罚的严厉性所决定,而是由刑罚的及时性和确定性所决定。刑罚越及时、越不可避免,其威慑作用就越强大,预防犯罪的效果也就越好。这也是西方近代刑法启蒙学者贝卡里亚所揭示一个刑罚原理,[3]这一原理曾得到革命导师列宁[4]的充分肯定。因此,死刑并不是最有效的遏制腐败犯罪的手段。我国多年来反腐败斗争的实践也印证了这一点。尽管我国现行刑法对贪污罪、受贿罪都配置了死刑,司法实践中,对严重的贪污、受贿犯罪分子适用死刑的数量也一度较多,但是,这两种腐败犯罪却一直呈高发态势,并没有得到有效遏制。究其原因,显然不在于对这两种犯罪的刑罚还不够严厉,而在于相当数量的

---

〔1〕 参见李一帆:《罚金刑:让腐败者倾家荡产》,载《廉政瞭望》2006年第8期。

〔2〕 参见张步洪:《缓刑犯留个怎样的"饭碗"》,载《检察日报》2002年7月10日。

〔3〕 贝卡里亚说:"对于犯罪最强有力的约束力量不是刑罚的严酷性,而是刑罚的必定性"。[意]贝卡里亚:《论犯罪与刑罚》,黄风译,北京大学出版社2008年版,第62页。

〔4〕 列宁说:"有人早就说过,刑罚的防范作用,均不在于刑罚的残酷,而在于有罪必究,重要的不是对犯罪行为处以重刑,而是要把每一桩罪行都揭发出来。"参见《时评》,《列宁全集》第4卷,人民出版社1984年版,第364页。

同类犯罪并没有得到揭露和严肃处理。因而即便加大对贪污罪、受贿罪的死刑适用,也不能起到有效遏制腐败犯罪的效果。

四、我国反腐败刑事法治的改革完善

鉴于当前反腐败刑事法治建设的现实需要及其与我国建设社会主义法治国家目标之间的较大差距,我认为,我国需要从以下五个方面完善其反腐败的刑事法治:

(一)适时更新反腐败法治理念

理念是行动的先导。针对当前刑事法治建设理念方面存在的问题,我国将需要适时树立和强化以下两种理念:

第一,反腐败的刑法谦抑理念。刑法谦抑是指刑法立法和适用应当谦虚、有所抑制。[1]意大利刑法学家菲利曾言:"每一个社会都有其应有的犯罪,这些犯罪的产生是由于其自然及社会条件引起的,其质和量是与每一个社会集体的发展相适应的。"[2]事实上,犯罪的发生与否并非刑罚手段所能决定的,刑罚不是决定犯罪是否发生以及发生数量多少的因素。中国古代统治者历来十分注重运用严酷的刑罚手段防治腐败,但其效果表明,以严刑峻法治理腐败犯罪往往只能收一时之功效,腐败犯罪却从未因此停止过。因此,仅仅靠刑法反腐是远远不够的。反腐败应当强调刑法谦抑理念,即刑法作为最后的手段,只有当其他措施都无法发挥有效作用时,才能启动刑法。

第二,反腐败的宽严相济理念。宽严相济的刑事政策是近年来我国确立并大力弘扬的对理性治理犯罪和促进和谐社会建设具有重大意义的基本刑事政策,反腐败也应当贯彻这一政策。由于腐败犯罪严重损害政府的形象,破坏社会公平正义,危害严重,民愤很大,总体而言,对腐败犯罪应当贯彻从严惩处的政策精神。在此基础上,还应当根据腐败犯罪及犯罪人的具体情形,本着宽严相济刑事政策的精神,依法合理地有所区别对待。一方面,对那些不但贪污、受贿数额特别巨大,而且具有其他特别恶劣情节的犯罪分子,要坚决依法予以严惩。另一方面,对于贪污、受贿后能够投案自首,坦白交代,积极退赃,真诚悔罪,乃至立功,没有给国家和人民利益造成重大损失的犯罪分子,应当在法律和政策的范围内,合理地予以从宽处理。总之,在惩治腐败犯罪时,应当在总体从严的基础上,注意贯彻宽严相济刑事政策的精神,努力做到当严则严,当宽则宽,严中有宽,宽中有严,宽严适度,宽严相济。[3]

(二)适当完善反腐败刑事法网

针对反腐败刑事法网尚不够严密的情况,我国将需要通过修改刑法的方式适当完善其反腐败刑事法网。这具体体现在:

第一,适时增设"外国公职人员、国际公共组织官员受贿罪"和"向特定关系人行贿罪",以适应《联合国反腐败公约》的要求。其中,作为利用影响力受贿的对向行为,将向具有影

---

〔1〕 参见赵秉志主编:《现代法治理念》,北京师范大学出版社2012年版,第161页。

〔2〕 参见[英]恩里科·菲利:《实证犯罪学》,郭建安译,中国人民公安大学出版社2004年版,第183页。

〔3〕 参见赵秉志:《略论反腐败与我国刑事法治的完善》,载《人民法院报》2010年11月24日。

响力的特定关系人行贿的行为入罪不仅是打击利用影响力受贿行为的需要，也是进一步严密法网的要求。而外国公职人员、国际公共组织官员受贿罪的设定虽然会面临实践操作上的难题（如这些人可能不在国内，部分外国公职人员、国际公共组织官员更是享有外交特权与豁免权[1]），但从立法上看却是必需的，否则一旦要追究外国公职人员、国际公共组织官员在中国境内的受贿行为，将无法可依，从而不利于对腐败的惩治和对《联合国反腐败公约》的贯彻。

第二，适当扩大部分腐败犯罪的行为范围。这包括：(1)根据《联合国反腐败公约》的规定，将受贿犯罪和行贿犯罪中的"贿赂物"由"财物"扩大至"利益"或"好处"，以使其涵盖非财产性利益；(2)取消受贿罪"为他人谋取利益"和行贿罪"为谋取不正当利益"之规定，既减少实践认定的困难，也可适当扩充其行为范围，提高刑法的威慑力；(3)将挪用公款罪、挪用资金罪的对象由"公款""资金"扩大至"财物"，同时取消挪用公款（或资金）进行营利或者非法活动的"归个人使用"限制，进一步强化挪用型犯罪的保护客体和罪质特征；(4)扩大行贿的行为方式，将允诺给予、提议给予好处的行为纳入行贿的行为方式范畴。

第三，合理调整刑法典分则的章节设置。从类型上看，我国刑法典分则规定的"贪污贿赂罪"与"渎职罪"均属于职务犯罪，都具有亵渎职务的共性，因此从体系完善的角度，在采取章节制的前提下，可以考虑将"贪污贿赂罪"与"渎职罪"两章合并为"职务犯罪"一章，这样有利于强化对腐败犯罪的刑法惩治，而为了突出对贪污贿赂犯罪的惩治，可以将贪污贿赂罪与渎职罪在职务犯罪的章下分别设节。[2]

（三）及时调整腐败犯罪定罪量刑标准

"公正的社会必定是和谐的"（柏拉图语）。为保证反腐败斗争能最大限度地促进社会主义和谐社会的建设，显然需要努力保证惩治腐败犯罪的刑事司法的公正性，努力做到对腐败犯罪分子公正地定罪量刑。为此，亟须进一步从立法层面上调整贪污、受贿犯罪的现有定罪量刑标准。

基于当前贪污罪、受贿罪定罪量刑标准上存在的立法缺陷，在《刑法修正案（八）》的制定过程中，我国最高人民法院和不少学者都建议从立法上取消贪污罪、受贿罪定罪量刑的具体数额标准，改为"概括数额加其他犯罪情节"的模式，以适应反腐败斗争的实际需要，切实解决当前司法实践中存在的同罪异罚、异罪同罚、罪刑失衡的问题。虽然受多种因素的影响，该主张最终未被我国国家立法机关所采纳。但笔者认为这种主张是可取的，在此基础上再由最高人民法院依法制定出详细、明确、具体的腐败犯罪的定罪量刑标准，无疑会有助于统一各级法院的相关定罪量刑活动，并确保对腐败犯罪定罪量刑的公正性及其法律效果和社会效果。

（四）严格限制乃至废止腐败犯罪的死刑

死刑是以剥夺犯罪分子生命为内容的最严厉的刑罚方法。我国现行刑法典对贪污罪、

---

〔1〕 参见赵秉志、杜邈：《论贿赂外国公职人员、国际公共组织官员罪》，载《中国刑事法杂志》2007年第1期。

〔2〕 参见赵秉志：《当代中国刑法体系的形成与完善》，载《河南大学学报》（社会科学版）2010年第6期。

受贿罪保留了死刑而且还将其设置为绝对确定的死刑模式，其处罚不可谓不严厉。但是，对于死刑在反腐败斗争中的作用，笔者认为应当有辩证、理性、恰当的认识。

第一，当前情况下，要严格限制腐败犯罪的死刑适用。对于死刑在反腐败斗争中的作用和意义，我们既要站在当前我国反腐倡廉大局的高度来认识，也要站在促进我国现阶段死刑改革和人权事业发展大局的高度来认识。从当前我国加强反腐败斗争的力度、保持对腐败犯罪的高压态势的要求出发，对罪行和罪责极其严重的腐败犯罪配置和适用死刑是必要的。但是，我们应当认识到，限制和废止死刑是当代世界刑事法治发展的潮流，也是我国死刑改革和人权事业发展的大势所趋。因此，在我国现行刑法对严重腐败犯罪设置有死刑的条件下，在当前反腐败斗争中，必须十分慎重地适用死刑，而不能宽泛和过量地适用死刑，以免陷入严刑峻罚的司法误区。

第二，长远地看，应当废止腐败犯罪的死刑。尽管客观地看，我国现阶段保留对贪污、受贿罪的死刑有其必要性和合理性，但从长远来看，最终废止贪污罪、受贿罪的死刑是未来的必然趋势。在腐败犯罪形势严峻、社会反映强烈、反腐败任务异常艰巨的时代背景下，在我国刑法仍然对许多非暴力犯罪配置了死刑的立法现状下，在一定时期内保留对贪污、受贿犯罪的死刑显然有其必要性和合理性，对罪行和罪责极其严重的贪污、受贿犯罪分子判处死刑也是适当的。在当下提出废止贪污罪、受贿罪的死刑，显然是国情民意所难以接受的。但是，对贪污、受贿犯罪配置死刑毕竟是特定历史条件下的产物，并不是永远合理的。总体而言，对这两类非暴力犯罪规定死刑是不符合罪责刑相适应原则的要求的。因此，从长远看，在未来条件成熟时，我国应当适时废止贪污罪、受贿罪的死刑。

（五）合理增设腐败犯罪的资格刑和罚金刑

针对腐败犯罪的特点，我国需要通过适当增设并完善资格刑和罚金刑的方式，加强对腐败犯罪的刑法治理。

第一，适当增设并合理设置腐败犯罪的资格刑。这主要体现在两个方面：一是适当增设部分犯罪尤其是贪污罪、受贿罪、挪用公款罪等主要腐败犯罪的资格刑，明确规定对这部分腐败犯罪可以单独或者附加适用资格刑；二是完善资格刑的内容。我国现行刑法典中的资格刑是剥夺政治权利，其中包括剥夺“担任国家机关职务的权利”和“担任国有公司、企业、事业单位和人民团体领导职务的权利”。[1] 与当前我国反腐败的现实相比，这一资格刑的内容显得过于狭窄，应当考虑增加新的内容，包括剥夺从事特定职业的权利，以及剥夺犯罪单位剥夺荣誉称号、禁止一定期限内从业资格、停业整顿、刑事破产等资格刑。同时，也有必要实行资格刑分立制，规定资格刑剥夺的权利可以分解适用，这样可以根据惩罚和预防犯罪的需要，剥夺罪犯一项或多项资格，以避免整体适用造成“刑罚过剩”弊端。[2]

---

〔1〕 我国现行刑法典第54条规定：“剥夺政治权利是剥夺下列权利：（一）选举权和被选举权；（二）言论、出版、集会、结社、游行、示威自由的权利；（三）担任国家机关职务的权利；（四）担任国有公司、企业、事业单位和人民团体领导职务的权利。”

〔2〕 参见刘晓梅、于阳：《〈联合国反腐败公约〉框架下我国惩治贿赂犯罪刑事立法之完善》，载《江苏警官学院学报》2009年第2期。

第二,合理增设腐败犯罪的罚金刑。这包括:一是配合现有规定,对近似犯罪规定罚金刑。例如,我国刑法典第164条对非国家工作人员行贿罪规定了罚金刑,而作为此罪的对偶犯的非国家工作人员受贿罪与同样为谋取利益而向国家工作人员行贿的行贿罪却未配之以罚金,很难说符合同罪同罚的序的相应性规定。[1] 因此,应当对非国家工作人员受贿罪、行贿罪增设罚金刑。二是鉴于贪污罪、职务侵占、挪用公款罪等主要的腐败犯罪都没有规定罚金刑,我国刑法将需要根据这些犯罪行为的危害程度,在相应的法定量刑幅度,规定"可以"或者"应当"并处罚金,以实现罪责刑在性质上的适应。

五、结语

与过去相比,近年来我国反腐败刑事法治建设已经取得了可喜的成绩,反腐败刑事政策、刑事立法和刑事司法都有了较大的提升。当然,与我国法治的发展目标、惩防腐败犯罪的现实需要以及其他发达地区相比,我国在反腐败刑事法治理念、反腐败刑事法网建设、定罪量刑标准设定等方面还存在一定缺陷,对此需要通盘考虑,全面协调,综合完善。相信随着社会、政治、经济、法治的整体提升,我国反腐败的刑事法治建设也必将能在不久的将来取得更大、更加令人瞩目的进步。

---

〔1〕 参见邱兴隆:《刑罚理性评论》,中国政法大学出版社1999年版,第48页。

论中国贪污受贿犯罪死刑的立法控制及其废止*

——以《刑法修正案（九）》为视角

目　次

一、前言

死刑改革是当代中国刑事法治乃至整个法治领域最受关注的重大现实问题，关乎中国法治的进步和社会文明的发展。[1] 随着国际社会限制与废止死刑运动的蓬勃发展和中国法治与人权事业的日益进步，近年来，中国在死刑制度改革方面也取得了重大的进展。继1997年国家立法机关对死刑的适用对象和范围进行限制之后，又经过十年的酝酿和准备，中国最高司法机关也终于开始严格限制死刑适用，其最重大的举措就是自2007年起果断地将死刑复核权全面收归最高人民法院行使，此后最高人民法院等部门又有一系列严格死刑适用的实体和证据标准

---

* 原载《现代法学》2016年第1期；《社会科学文摘》2016年第4期转载。

〔1〕 参见赵秉志：《论我国死刑改革争议问题》，载《法律科学》2014年第1期。

出台。[1] 在死刑司法改革、人权保障发展和相关理论研究等的推动下，中国立法机关也及时迈开了废止死刑罪名的步伐。全国人大常委会2011年2月25日通过的《刑法修正案(八)》，一次性取消了13种非暴力犯罪的死刑，并原则上废止了审判时已满75周岁老年人的死刑，使中国死刑制度的立法改革迈出了重要的一步。在此基础上，2013年11月中共十八届三中全会通过的《中共中央关于全面深化改革若干重大问题的决定》中明确提出要继续"逐步减少适用死刑罪名"，从而把中国死刑的继续改革作为法治中国建设进程中的一项重大任务来要求。全国人大常委会自2014年10月起经三次立法审议并于2015年8月29日通过的《刑法修正案(九)》，进一步贯彻中共十八届三中全会继续削减死刑罪名的精神，在《刑法修正案(八)》的基础上再次取消了9种犯罪的死刑，并提高死缓犯执行死刑的门槛，严格贪污受贿犯罪死刑的适用标准，修正刑法典中对严重绑架犯罪、严重贪污受贿犯罪原有的绝对死刑的规定，以进一步限制和减少死刑的适用。可以说，逐步减少并最终废止死刑，正日益成为中国死刑改革进程中日趋明朗且不可逆转的趋势。

作为典型的非暴力、经济性犯罪的腐败犯罪，中国现行刑法典对严重的贪污罪和受贿罪均配置了死刑，而对除此之外的其他腐败犯罪则均未规定死刑，因而中国刑事法治中腐败犯罪的死刑即指严重贪污罪和受贿罪的死刑。基于死刑的法治和法理缺陷以及贪污罪和受贿罪的罪质特征及其产生原因，贪污罪和受贿罪死刑的废止是中国刑事立法发展的必然前景。但是受制于中国历史传统和现实国情尤其是当前反腐败形势的制约，立即废止或者在短期内废止严重贪污罪和受贿罪的死刑尚不现实，因而需要对严重贪污罪和受贿罪的死刑予以严格控制。从法律制度的层面而言，对死刑的控制不外乎立法控制和司法控制两个方面。其中，司法控制尽管更容易操作，因而更具现实意义，但却要受到立法上有关死刑规定的限制和制约，更会受到司法实践中乃至社会上种种因素的影响；而立法控制由于能够在源头上实现限制死刑适用的目标，因而立法控制乃是死刑改革的基础和根本。[2] 因此，在国家立法机关废止严重贪污罪和受贿罪的死刑之前，应当在刑法立法上采取有效措施进一步严格其死刑适用；待时机成熟时，则应考虑在刑法立法上彻底废止贪污罪、受贿罪的死刑。

二、中国贪污受贿犯罪死刑立法控制的最新进展

在逐步减少并最终废止死刑的死刑改革趋势下，中国国家立法机关最新通过的《刑法修正案(九)》中进一步修订了严重贪污罪、受贿罪死刑适用的标准，并且将认罪悔罪、积极退赃等酌定量刑情节法定化，以积极发挥司法实践中常见的从宽量刑情节对于贪污罪、受贿罪死刑裁量的影响；同时，对于被判处死刑缓期执行的特重大贪污罪、受贿罪犯罪人规定死刑

---

〔1〕 如中国最高人民法院、最高人民检察院、公安部、国家安全部、司法部2010年联合颁布的《关于办理死刑案件审查判断证据若干问题的规定》和《关于办理刑事案件排除非法证据若干问题的规定》，最高人民检察院2013年下发的《关于切实履行检察职能防止和纠正冤假错案的若干意见》等，这些司法文件均指出对可能判处死刑的重大案件坚持最严格的证据标准。

〔2〕 参见赵秉志、彭新林：《谈谈我国死刑制度改革的路径与步骤》，载《法学》2009年第2期。

缓期执行二年期满后依法减为无期徒刑后不得再予减刑和假释,予以终身监禁。这些相关的立法改革为严格控制乃至最终废止贪污罪、受贿罪的死刑提供了必要条件和基础。

(一)明确死刑适用标准,严格限制死刑适用

《刑法修正案(九)》通过之前,中国刑法典第383条、第386条将严重贪污受贿犯罪的死刑适用条件规定为贪污受贿"数额在十万元以上,情节特别严重,处死刑,并处没收财产"。为促进贪污受贿犯罪定罪量刑标准的科学化、合理化,并进一步限制贪污受贿犯罪死刑的司法适用,最新刑法立法《刑法修正案(九)》第44条将之修正为,贪污受贿犯罪"数额特别巨大,并使国家和人民利益遭受特别重大损失的,处无期徒刑或者死刑,并处没收财产",也即将贪污罪、受贿罪死刑的适用条件由原来的贪污受贿"数额十万元以上,情节特别严重,处死刑,并处没收财产",修改为贪污受贿"数额特别巨大,并使国家和人民利益遭受特别重大损失的,处无期徒刑或者死刑,并处没收财产"。这一修正的显著变化有以下两点:

1.明确了贪污受贿犯罪的死刑适用标准,缩小了死刑适用的范围。

《刑法修正案(九)》通过之前,中国刑法典中规定对贪污受贿犯罪适用死刑除了要达到犯罪数额特别巨大(10万元以上)的标准之外,还要求案件情节达到特别严重的程度。立法的这种规定显然是出于慎用死刑的考虑,但由于适用死刑的犯罪数额"10万元以上"这一要求过低,而"情节特别严重"这一条件是高度概括性和抽象性的规定,其本身缺乏可操作性和可预测性;对于如何判断情节是否特别严重,既没有任何立法解释,也没有相关的司法解释。这就不可避免地导致了司法适用的无所适从和死刑适用标准的不统一,该条件限制死刑适用的功能也就难以充分发挥。而司法机关对于"情节特别严重"的考量,往往又是以比较容易掌握的犯罪数额是否特别巨大为主要的量刑依据,而时常忽视了对其他法定、酌定量刑情节的考量,从而难免导致死刑适用的不当扩大。较之于《刑法修正案(九)》修法之前的贪污受贿"数额10万元以上,情节特别严重"的死刑适用条件,《刑法修正案(九)》修法后的"数额特别巨大,并使国家和人民利益遭受特别重大损失"这一条件相对而言显然更为明确,并且仅将贪污受贿犯罪死刑适用限定在"数额特别巨大,使国家和人民利益遭受特别重大损失"之明确的犯罪情节上,其含义相对简洁明确、可操作性强,从而最大限度地减少了司法中扩大适用死刑的可能。虽然这种解释方式也还存在难以涵盖全部情况的缺陷,但若从尽量减少贪污受贿犯罪死刑适用的立场观之,无疑会有助于司法实践中贪污受贿犯罪死刑适用标准的统一和死刑适用范围的缩小。

2.摒弃绝对确定死刑的法定刑模式,注意发挥情节限制死刑适用的功能。

中国1979年刑法典中并没有绝对确定死刑的立法例,但此种不科学的立法例却自1992年12月28日第七届全国人大常委会第二十九次会议通过的《关于惩治劫持航空器罪犯罪分子的决定》中确立对劫持航空器罪绝对死刑的规定后[1],在以后的单行刑法中不断出现,及至1997年修订刑法时,更是将单行刑法中出现的绝对确定死刑的法定刑模式纳入刑法典,从而确立了7种罪名配置有绝对确定死刑的立法例,即刑法典第121条劫持航

---

〔1〕 参见高铭暄、赵秉志编:《新中国刑法立法文献资料总览》,中国人民公安大学出版社2015年版,第268页。

空器罪[1],第239条绑架罪[2],第240条拐卖妇女、儿童罪[3],第317条暴动越狱罪和聚众持械劫狱罪[4],第383条贪污罪和第386条受贿罪[5]。在《刑法修正案(九)》通过之前,中国刑法典对贪污受贿犯罪采取了绝对确定的死刑立法模式,中国1997年刑法典第383条第1款规定:"个人贪污数额在十万元以上,情节特别严重的,处死刑,并处没收财产。"而受贿罪是适用贪污罪的法定刑的。即贪污受贿犯罪数额在10万元以上且情节特别严重的情形下,只能适用死刑。这种绝对死刑的立法模式在理论界和实务界饱受诟病[6],因为虽然立法将贪污受贿犯罪的死刑适用限定在"情节特别严重"范围内,但是该范围之内也有程度之分,不考虑情节差异一律判处死刑,既有违罪责刑相适应和刑事责任公平原则之要求,也给司法机关合理地处理案件带来不便,不利于通过司法途径来切实限制贪污受贿犯罪死刑的适用,难以发挥相关量刑情节对于死刑适用的影响。[7]《刑法修正案(九)》第44条将无期徒刑和死刑并列作为严重贪污受贿犯罪法定刑幅度内的可选择刑种,赋予法官合理的刑罚裁量选择空间,从而有助于司法实践中依据犯罪情节的不同而选择恰当的刑罚,进而得以进一步有效地限制贪污受贿犯罪死刑的适用。

应当注意,虽然较之于《刑法修正案(九)》之前刑法典中对贪污受贿犯罪"情节特别严重"之死刑适用标准,《刑法修正案(九)》所确立的"数额特别巨大,并使国家和人民利益遭受特别重大损失"的贪污受贿犯罪死刑适用标准更为明确,但在司法实践中仍需对相关量刑情节进一步明确。笔者认为,最高司法机关应当以司法解释的形式对常见的、可预测的量刑情节作出明确规定:

(1)应由司法解释形式科学、合理地设定具体数额标准。国家立法机关在《刑法修正案(九)(草案一审稿)》的立法说明中提出,贪污受贿犯罪具体定罪量刑标准可由司法机关根据案件的具体情况掌握,或者由最高人民法院、最高人民检察院通过制定司法解释予以确定。[8] 笔者认为,若由地方司法机关根据案件的具体情况来掌握"数额特别巨大"这一死刑适用标准,相当于授予了办案的地方司法机关确定死刑适用标准的权力,这不利于统一死刑适用的标准和规范法官自由裁量权,也不符合慎用死刑的政策精神,势必会出现死刑适用标准不统一等问题,难以避免司法不公和司法腐败现象的发生。[9] 而明确立法上之概括数额规定的具体认定标准属于司法工作中具体应用法律的问题,参照以往盗窃罪、诈骗罪等财产

[1] 1997年刑法典第121条规定:以暴力、胁迫或者其他方法劫持航空器,"致人重伤、死亡或者使航空器遭受严重破坏的,处死刑。"

[2] 1997年刑法典第239条规定:绑架他人"致使被绑架人死亡或者杀害被绑架人的,处死刑,并处没收财产。"

[3] 1997年刑法典第240条第1款规定:拐卖妇女、儿童情节"特别严重的,处死刑,并处没收财产。"

[4] 1997年刑法典第317条第2款规定:暴动越狱或者聚众持械劫狱的首要分子、积极参加者,"情节特别严重的,处死刑。"

[5] 1997年刑法典第383条第1款规定:个人贪污数额在十万元以上,"情节特别严重的,处死刑,并处没收财产。"而1997年刑法典第386条规定:"对犯受贿罪的,根据受贿所得数额及情节,依照本法第三百八十三条的规定处罚。"

[6] 参见钊作俊:《死刑适用论》,人民法院出版社2003年版,第85页。

[7] 参见赵秉志:《死刑改革探索》,法律出版社2006年版,第84页。

[8] 参见全国人大常委会法制工作委员会主任李适时:《关于〈中华人民共和国刑法修正案(九)〉(草案)的说明》(2014年10月27日在第十二届全国人民代表大会常务委员会第十一次会议上)。

[9] 参见赵秉志:《贪污贿赂犯罪定罪量刑标准研究》,载《中国法学》2015年第1期。

犯罪的具体数额标准之认定方式，应由“两高”尤其是最高人民法院用司法解释的形式来确定具体的数额标准，即由司法解释文件规定一个相对确定的“数额特别巨大”幅度，再授权省级司法机关根据本地区经济发展状况，并考虑社会治安状况，在司法解释规定的幅度内明确本地区执行的“数额特别巨大”的具体数额标准。[1]

(2)应由司法解释明确属于“使国家和人民利益遭受特别重大损失”之情形。检视以往因贪污受贿犯罪判处死刑立即执行的案件，其司法裁决中明确认定属于“给国家和人民利益造成重大损失”的受贿案件，如江西省原副省长胡长清受贿案和国家食品药品监督管理局原局长郑筱萸受贿案，其判决书中对这一情节没有写明造成损失的具体情况，在相应的证据上也只是一笔带过，并未进行详细的论证说理，这不利于明确贪污受贿犯罪适用死刑的裁量标准。我们注意到，2012 年最高人民法院、最高人民检察院出台的《关于办理渎职刑事案件适用法律若干问题的解释(一)》对渎职犯罪中“致使公共财产、国家和人民利益遭受重大损失”的认定进行了详细的规定。[2] 而贪污受贿犯罪和渎职罪同属于腐败犯罪的范畴，因而笔者认为，对贪污受贿犯罪可以参考渎职犯罪司法解释中认定“致使公共财产、国家和人民利益遭受重大损失”之标准，以司法解释的形式列举相关的认定标准，如贪污受贿行为造成的人身伤亡、经济损失、社会影响等标准，以使得贪污受贿犯罪的死刑适用标准能够相对明确，这会有助于贪污受贿犯罪量刑的统一和死刑的司法控制。

(二)酌定量刑情节法定化，积极限制死刑适用

近年来，主张在死刑裁量中充分发挥酌定量刑情节的调节作用，重视酌定量刑情节对死刑适用的控制，越来越成为中国刑法理论界与实务界的普遍共识。在宽严相济基本刑事政策暨“严格控制和慎重适用死刑”的死刑政策指引下，中国司法机关注意充分发挥酌定量刑情节限制死刑适用的功效，使酌定量刑情节限制死刑适用的可能性逐步成为现实。[3] 从一般司法实践与法理结合上看，具有限制贪污受贿犯罪死刑适用功效的酌定量刑情节，是指除自首、立功、坦白等法定情节之外的刑法典中没有明确规定的对贪污受贿犯罪死刑适用具有较大影响力的情节。在《刑法修正案(九)》通过之前，司法实践中的此类酌定量刑情节，主要包括财物是否退回或被追缴、是否认罪悔罪、是否给国家和人民利益造成损失等。这几种情节虽然为酌定量刑情节，从法律性质上而言是司法审判中可予酌情考虑、灵活运用的因素而非量刑必须加以考量的情节，但是在司法实践中对贪污受贿犯罪死刑适用的影响力较为明显，具备“如实供述”“认罪悔罪”“积极退赃”这些酌定从宽情节，时常成为我国司法实践中不判处死刑的重要裁决依据。

有鉴于此，《刑法修正案(九)》对既往贪污受贿犯罪的相关酌定从宽量刑情节予以法定

〔1〕 参见赵秉志：《贪污贿赂犯罪定罪量刑标准研究》，载《中国法学》2015 年第 1 期。

〔2〕 该司法解释第 1 条规定，国家机关工作人员滥用职权或者玩忽职守，具有下列情形之一的，应当认定为刑法第 397 条规定的“致使公共财产、国家和人民利益遭受重大损失”：(一)造成死亡 1 人以上，或者重伤 3 人以上，或者轻伤 9 人以上，或者重伤 2 人、轻伤 3 人以上，或者重伤 1 人、轻伤 6 人以上的；(二)造成经济损失 30 万元以上的；(三)造成恶劣社会影响的；(四)其他致使公共财产、国家和人民利益遭受重大损失的情形。

〔3〕 参见彭新林：《酌定量刑情节限制死刑适用：价值、空间与路径》，载《法学》2014 年第 9 期。

化的提升，其第44条第3款明确规定："犯第一款罪，在提起公诉前如实供述自己罪行、真诚悔罪、积极退赃，避免、减少损害结果的发生，有第一项规定情形的，可以从轻、减轻或者免除处罚；有第二项、第三项规定情形的，可以从轻处罚。"（该条第3项规定的是贪污受贿"数额特别巨大或者有其他特别严重情节"的情形，也即适用死刑的量刑幅度）。笔者认为，将贪污受贿犯罪的相关酌定量刑情节法定化，对于贪污受贿犯罪的死刑限制适用具有重大的现实意义。

首先，积极退赃、真诚悔罪等酌定从宽量刑情节在我国长期的司法实践中确实是贪污受贿犯罪死刑适用的重要影响因素。积极退赃、真诚悔罪不仅是衡量犯罪社会危害性的重要因素，也在一定程度上反映了行为人的人身危险性大小，因此对贪污罪、受贿罪的量刑具有重要意义。在司法实践中，如果犯罪人主动退还赃物并且真诚悔罪，即使达到死刑适用的标准，一般也会考虑判处死刑缓期执行甚或无期徒刑。[1] 在2000年以来中国所有属于省部级高官贪污受贿犯罪死刑的裁判中，几乎每一个判处死刑缓期执行或者无期徒刑的高官受贿案件，都具有认罪悔罪、积极退赃等情节。如铁道部原部长刘志军受贿案中，北京市第二中级人民法院认定，刘志军受贿6460余万元，数额特别巨大，情节特别严重，其受贿论罪应当判处死刑。鉴于刘志军在被有关部门调查期间，能如实供述自己的罪行，并主动交代办案机关尚未掌握的部分受贿事实，且认罪悔罪，案发后赃款已大部分被追缴，故决定对其判处死刑，可不立即执行，遂决定缓期两年执行。[2] 可见，认罪态度等酌定量刑情节对贪污受贿犯罪的死刑适用具有非常高的关联度，已经成为我国司法实践中贪污受贿犯罪死刑适用最为常见的量刑考量因素，在司法实践中得到普遍的认可，而且争议较小。将这些典型的酌定量刑情节法定化，有助于发挥这些情节对贪污受贿犯罪量刑之合理的从宽影响作用，对死刑的限制适用发挥比较稳定、可预期的影响力，进而有助于切实减少死刑尤其是减少死刑立即执行的适用。

其次，将司法实践中常见的酌定从宽量刑情节法定化，有助于为贪污受贿犯罪的死刑限制适用提供明确的法律依据。中国刑法典第61条关于量刑根据的规定是，"对于犯罪分子决定刑罚的时候，应当根据犯罪的事实、犯罪的性质、情节和对于社会的危害程度，依照本法的有关规定判处"。虽然按照刑法学界的通说，这里的情节一般既指法定量刑情节，也包括酌定量刑情节。积极退赃、真诚悔罪等酌定量刑情节显然也是刑罚裁量的根据之一。但是由于法律规定得不明确，即使相关的司法规范性文件对此有一定的规定，由于是属于酌定量刑情节，法官的自由裁量权较大，容易造成刑罚适用的不统一。因而将积极退赃、真诚悔罪等这些司法实践中常见的较为类型化的情节在贪污罪、受贿罪之规范中予以立法化，使得事

〔1〕 如中共广东省委原常委、统战部部长周镇宏受贿案中，法院认定其数额特别巨大（2464余万元），情节特别严重，依法本应严惩，但鉴于其在被有关部门调查期间主动交代了办案机关未掌握的绝大部分受贿事实，认罪态度较好，案发后赃款已全部追缴，故决定对其判处死刑，可不立即执行，缓期两年执行。再如吉林省人民政府原常务副省长田学仁受贿案中，其受贿数额特别巨大（1919余万元），但是鉴于其归案后交代有关部门尚不掌握的大部分受贿犯罪事实，且认罪态度较好，赃款已全部追缴，遂判处其无期徒刑。

〔2〕 参见北京市第二中级人民法院刑事判决书（2013）二中刑初字第1030号。

实上贪污贿受贿犯罪在死刑案件的量刑中发挥巨大作用的量刑情节不再游离于刑法规范的具体规定之外，显然有利于规范量刑、统一标准，限制量刑环节的随意性。[1] 当贪污受贿犯罪中存在积极退赃、真诚悔罪等量刑情节时，司法机关就可以明确依据刑法典的具体规定对其予以从宽处罚，不致引发太大的阻力，从而有助于限制司法实践中对贪污受贿犯罪死刑尤其是对其死刑立即执行的限制适用。

（三）确立死缓犯的终身监禁制度，着力减少死刑的实际执行

虽然我国贪污罪、受贿罪的死刑适用在改革开放早期曾相对较多，但是近年来已对之很少适用死刑立即执行，绝大多数达到死刑适用标准的严重贪污贿赂罪犯大多被判处了死刑缓期执行。这样原本依法应判处死刑立即执行和判处死刑缓期二年执行的案件之间的界限逐步模糊，二者之间刑罚严厉性的差异难以体现，难免让民众产生对严重贪污受贿犯罪处罚失之过宽、适用刑罚不公正的看法。因而为体现原本应依法判处死刑立即执行的严重贪污受贿犯罪案件的社会危害性和刑罚的严厉性，《刑法修正案（九）》第 44 条（对于刑法典第 383 条之修改）在 2015 年 8 月三审稿时增设第 4 款，规定因严重贪污、受贿犯罪被判处死缓的，法院根据犯罪情节等情况可以同时决定在其死缓二年期满减为无期徒刑后，不得再予减刑和假释，予以终身监禁。[2] 这一规定于 2015 年 8 月 29 日随着《刑法修正案（九）》的通过而得以确立，实际上是对特别严重贪污受贿犯罪确立了终身监禁刑。从该条款的字面意义可以进行双重解析：一方面若对于原本判处死缓的贪污受贿犯罪如果规定死缓二年期满后减为无期徒刑，不得再减刑和假释进而予以终身监禁，这在一定程度上是加重了对死缓犯的刑罚严厉性；但从另一方面看，若是对本来罪该判处死刑立即执行的特别严重的贪污受贿犯罪适用死缓并最终转化成终身监禁，又有宽大的精神。因而这似可以说是对严重贪污受贿犯罪之处罚融宽严于一体的新举措。

对于《刑法修正案（九）》确立的对严重贪污受贿犯罪的死缓犯予以终身监禁的制度，笔者认为，该制度虽然可以作从严和从宽的双重理解，但是基于限制贪污受贿犯罪死刑适用的考量，应当侧重对其作从宽的理解和掌握，即该制度应当限制适用于原本应判处死刑立即执行而适用死缓的情形。因为原本依据犯罪情节而应被判处死缓的贪污受贿罪犯在现行的刑罚制度下完全可以起到惩治和预防的效果，特别是 2014 年中央政法委《关于严格规范减刑、假释、暂予监外执行，切实防止司法腐败的意见》对职务犯罪死缓犯的减刑、假释已作了严格的限定，在此情形下，如果对原本判处死缓的犯罪分子再适用此项不得减刑和假释而予以终身监禁的制度，无疑是不恰当地加重了刑罚的严厉性，难以做到罪责刑相适应。而如果对原来罪该判处死刑立即执行的重大贪污受贿罪犯适用死缓并最终转化成终身监禁，一方面，对此类贪污受贿罪犯适用比一般的死缓犯更严厉的刑罚能够区分犯罪情节的不同，与其犯罪的危害性和罪责刑相适应，体现了罪责刑相适应的原则；另一方面，依据法条的规定，对于判

---

〔1〕 参见莫洪宪、张昱：《酌定量刑情节在死刑案件中的适用及其完善》，载《刑法论丛》2014 年第 2 卷。

〔2〕 《刑法修正案（九）》第 44 条第 4 款规定："犯第一款罪，有第三项规定情形被判处死刑缓期执行的，人民法院根据犯罪情节等情况可以同时决定在其死刑缓期执行二年期满依法减为无期徒刑后，终身监禁，不得减刑、假释。"

处死缓的贪污受贿罪犯,法院是依据犯罪情节而不是依据死缓考验期间的执行情节来决定是否在死缓考验期满减为无期徒刑后,不得再减刑和假释,予以终身监禁。这为司法实践中减少死刑立即执行案件的数量创造了适用条件,因而对于原本可以判处死刑立即执行的案件,法院可以在自由裁量的幅度内决定适用该制度。显然,此举措有以终身监禁替代死刑立即执行之意义,乃至有进一步考虑对贪污受贿犯罪实际上不适用死刑立即执行之精神。这样可以通过在司法实践中不判处死刑立即执行状态的持续,逐步从事实上废止贪污受贿犯罪死刑的适用,进而最终从立法上予以废止,走出一条从实践中停止适用再到立法上废止贪污受贿犯罪死刑的道路。

三、关于贪污受贿犯罪死刑立法废止的思考

在当下中国,死刑改革正如火如荼,特别是《刑法修正案(九)》在废止经济性、非暴力犯罪之死刑为主的同时,也开始废止了部分非致命性暴力犯罪的死刑(强迫卖淫罪、阻碍执行军事职务罪)。这意味着中国已经开启了废止非致命性暴力犯罪的先河。而对于作为非暴力、经济性犯罪的贪污受贿犯罪,也应当开始考虑分阶段、分步骤地废止其死刑,这是我国死刑改革进一步推进的必然要求。

(一)关于废止贪污受贿犯罪死刑路径之构想

1.现阶段将死缓作为贪污受贿犯罪死刑适用的基本方式

在当下中国的司法实践中,司法机关比较注意严格控制贪污受贿犯罪的死刑适用。以省部级高官腐败案件为例,中国2000年以来对省部级高官受贿犯罪判处死刑的27起案件中,仅有4起案件被判处死刑立即执行,另外23起案件均被判处死刑缓期二年执行。[1] 自2007年国家食品药品监督管理局原局长郑筱萸因受贿被判处死刑立即执行之后迄今的八年间,中国对于省部级高官的受贿犯罪再未判处过死刑立即执行,即使犯罪数额特别巨大、犯罪情节特别严重的省部级高官受贿案件,依据犯罪情节,也都判处了死刑缓期二年执行。另据李慧织博士对河南郑州2003年以来十余年间查处的贪污受贿犯罪案件的统计,其间郑州市被判处死刑的共有3起案件,全都是死刑缓期执行。[2] 在某种程度上而言,死缓制度事实上已经成为当今中国对严重贪污受贿犯罪分子本应适用死刑立即执行的替代措施。

笔者认为,在当下中国尚不能立即废止贪污受贿犯罪死刑的现实情况下,基于严格限制死刑适用之考量,对于应当适用死刑的贪污受贿犯罪优先选择适用死缓,以最大限度地减少死刑实际执行的数量,具有现实可行性和合理性。

第一,死缓制度能够考虑广大民众要求严惩贪污受贿犯罪分子的强烈愿望,在一定程度上满足民众的报应心理。死缓制度是中国刑法典中独创的一种制度,其内容是对于一些罪行极其严重的犯罪分子认为应判处死刑,但是“不是必须立即执行”,故判处其死刑但同时

---

〔1〕 参见张心向、孙超然:《我国高官贪腐犯罪案件若干裁判考量因素实证分析》,载《第十二届刑事法前沿论坛论文集》,中国社会科学院法学研究所、国际法研究所编印,第418页。

〔2〕 参见李慧织:《贪污贿赂犯罪死刑限制与废止研究》,中国人民公安大学出版社2014年版,第153页。

宣告缓期两年执行。死缓是死刑执行方式之一，性质上毕竟是死刑，是中国最严厉刑罚的执行方式，因而对于死缓的适用不仅能够达到减少死刑实际执行范围的效果，同时也能在一定程度上满足了民众的报应心理，减少了民众对未适用死刑立即执行的不满。

第二，对贪污受贿犯罪分子适用死缓可以为过渡到事实上完全不适用死刑奠定必要的基础和条件。在中国，判处死缓的犯罪分子一般就意味着不会被执行死刑。特别是在《刑法修正案（九）》进一步提高死缓犯执行死刑门槛的情形下，对死缓犯执行死刑更是极其慎重和要求更为严格。因而对于贪污受贿罪犯，适用死缓在很大程度上就意味着不会被执行死刑。当死缓成为严重贪污受贿罪犯最常态的死刑适用方式，那么刑法中对严重贪污受贿罪犯的死刑立即执行规范将会被搁置，将会为在事实上确立贪污受贿犯罪不适用死刑奠定基础。[1]

第三，现行刑法典中确立的刑罚制度完全可以达到对贪污受贿犯罪惩治与预防之目的。对于贪污受贿犯罪的死缓犯，2011 年最高人民法院《关于办理减刑、假释案件具体应用法律若干问题的决定》第 9 条第 2 款[2]以及 2014 年中央政法委员会《关于严格规范减刑、假释、暂予监外执行，切实防止司法腐败的意见》都作了相当严格的规定[3]，在刑期方面，对贪污受贿犯罪的死缓罪犯的最低执行的刑期达到 22 年。而且《刑法修正案（九）》还确立了对特重大贪污受贿犯罪之死缓犯的终身监禁制度。这些相关的立法与司法措施完全可以起到对贪污受贿犯罪惩治与预防之目的。

第四，中国立法机关也曾酝酿在立法上确立死缓在死刑中优先适用的制度。关于死缓的地位问题在一定程度上已进入中国立法机关的考量范围。在《刑法修正案（九）（草案）》研拟过程中，2014 年 6 月全国人大常委会法工委刑法室起草的《关于修改刑法的初步方案》中曾主张对死缓的地位作更进一步的提升，即将刑法典原第 48 条第 1 款后半段的规定独立出来，作为单独一款，并将其修改为："对于应当判处死刑的犯罪分子，除必须立即执行的以外，应当判处死刑同时宣告缓期二年执行。"但是遗憾的是，由于有一些不同的意见，在后来公布的《刑法修正案（九）（草案）》中该规定并未被保留。[4]

笔者认为，中国的死缓制度虽然只是一种死刑执行方式，但客观上可以具有限制死刑立即执行的巨大功效。不过，在立法未作明确规定的情况下，死缓制度的这种功能只是附带的、衍生的。死缓是否能够充分发挥其限制死刑立即执行适用的功能，需要立法的明确规定和司法的切实贯彻。因此，从积极发挥死缓制度功能的角度考虑，笔者主张在立法上将死缓

---

〔1〕 参见赵秉志、李慧织：《贪污贿赂犯罪死刑的司法控制——以刑事实体法控制为视角》，载《人民检察》2010 年第 8 期。

〔2〕 该款规定："死刑缓期执行罪犯经过一次或几次减刑后，其实际执行的刑期不能少于十五年，死刑缓期执行期间不包括在内。"

〔3〕 该意见规定，对职务犯罪、破坏金融管理秩序和金融诈骗犯罪、组织（领导、参加、包庇、纵容）黑社会性质组织犯罪等罪犯，死刑缓期执行罪犯减为无期徒刑后，执行三年以上方可减刑，可以减为二十五年有期徒刑；减为有期徒刑后，一次减刑不超过一年有期徒刑，两次减刑之间应当间隔二年以上。

〔4〕 参见赵秉志：《中国死刑立法改革新思考——以〈刑法修正案（九）（草案）〉为主要视角》，载《吉林大学社会科学学报》2015 年第 1 期。

规定为死刑执行的主要或者优先适用的制度,并以此弱化死刑立即执行的刑法地位。这不仅对于严重贪污受贿犯罪死刑立即执行的适用,而且对于其他严重犯罪的死刑适用,都将会起到重要的限制作用。

2. 考虑在独立规定受贿罪定罪量刑标准时择机先行废止受贿罪的死刑

中国刑法典第386条规定:“对犯受贿罪的,根据受贿所得数额及情节,依照本法第三百八十三条的规定处罚。”而中国刑法典第383条规定的是贪污罪的定罪量刑标准。因而目前在中国刑法中贪污罪和受贿罪适用的是同一定罪量刑标准。在刑法典分则中,凡是单独定罪的犯罪行为均有其单独的法定刑,只有贪污罪和受贿罪共用法定刑,这种立法例世所罕见。[1] 贪污罪与受贿罪的社会危害性及其表征、侵犯的法益、犯罪成本等都不相同,因而适用同一定罪量刑标准不够科学和合理,对其定罪量刑标准应当予以分立。[2] 遗憾的是,中国最新通过的《刑法修正案(九)》并未对刑法典第386条作出修改,贪污罪和受贿罪仍然适用同一定罪量刑标准。这是个亟须修正的重要问题,需要国家立法机关在以后的刑法修改中尽快考虑予以解决。同时,在国家立法机关将贪污罪、受贿罪定罪量刑标准进行分立后,笔者认为可以考虑择机废止受贿罪的死刑。

第一,较之于贪污罪,受贿罪具有略小的社会危害性。尽管贪污罪与受贿罪都属于腐败犯罪,都侵犯了国家工作人员职务的廉洁性,但贪污罪的客体是复杂客体,既侵犯国家工作人员职务的廉洁性,也侵犯了公共财产的所有权。而受贿罪的客体就是国家工作人员职务的廉洁性。因而从社会危害性的角度考虑,可以考虑先行废止受贿罪的死刑,再在适当时机废止贪污罪的死刑,从而实现全面废止贪污受贿犯罪的死刑。而且对于受贿罪不配置死刑,这在中国现行刑法典之前的刑法立法和立法草案中也是有例可查的。在我国1979年刑法典中,规定贪污罪情节特别严重的可以判处死刑,而受贿罪最为严重的情形最高只能判处15年有期徒刑;而在为制定1979年刑法典而拟定的38次刑法草案稿中,具有代表性的13个稿本中,尽管多数对贪污罪设置了死刑,但对受贿罪规定死刑的只有5个稿本[3],其他8个草案稿中,受贿罪的最高法定刑为15年有期徒刑或者无期徒刑。[4]

第二,域外相关刑事立法中对受贿罪一般均不配置死刑。从国外的相关惩治腐败犯罪的立法来看,一般对受贿犯罪均未配置死刑。如日本2005年修订后的刑法典第197条受贿罪规定:“公务员或仲裁人,就职务上的事项,收受、要求或者约定贿赂的,处3年以下惩役;实施上述行为时接受请托的处5年以下惩役。”[5]可见,在日本受贿罪最高刑为5年惩役。

---

〔1〕 参见高珊琦、曹玉江:《对贪污受贿犯罪数额标准的重新审视》,载赵秉志、张军、郎胜主编:《现代刑法学的使命(下卷)》,中国人民公安大学出版社2014年版,第761页。

〔2〕 参见赵秉志:《贪污贿赂犯罪定罪量刑标准研究》,载《中国法学》2015年第1期;梁根林:《贪污受贿定罪量刑标准的立法完善》,载《中国法律》2015年第2期。

〔3〕 参见高铭暄、赵秉志编:《新中国刑法立法文献资料总览》,中国人民公安大学出版社2015年版,第105、119、130、140、161、198、208、221页。

〔4〕 参见高铭暄、赵秉志编:《新中国刑法立法文献资料总览》,中国人民公安大学出版社2015年版,第82、94、151、172、185页。

〔5〕 参见《日本刑法典》(第2版),张明楷译,法律出版社2006年版,第73~74页。

2006 年修订的意大利刑法典中规定的普通受贿罪一般判处 6 个月至 5 年的有期徒刑，但是对于第 319 条—3 刑罚最严厉的"在司法行为中受贿罪"，如果受贿行为是为了帮助或者损害民事诉讼、刑事诉讼或者行政诉讼中的一方当事人，如果导致对某人判处 5 年以上有期徒刑或者无期徒刑，判处 6 年至 20 年有期徒刑。[1] 可见，意大利刑法典中受贿罪的法定最高刑为 20 年有期徒刑。1999 年 1 月 1 日起生效的《德国刑法典》第 335 条规定，"情节特别严重的贿赂罪可处 1 年以上 10 年以下自由刑。"即德国刑法规定的受贿罪最高刑为 10 年自由刑。[2] 另外，韩国犯受贿罪情节严重的处无期徒刑[3]；法国刑法中犯受贿罪的最高刑为 10 年监禁[4]；俄罗斯刑法规定犯情节严重的受贿罪最高刑为 12 年徒刑[5]。可见，世界上大多数国家对受贿罪仅规定了有期徒刑和罚金刑，个别国家规定有无期徒刑，而规定死刑的极为罕见。

第三，司法实践中贪污受贿犯罪死刑适用最多的当属受贿罪，先行废止受贿罪死刑，可以大大减少死刑适用数量，从而为最终废止腐败犯罪的死刑奠定基础。据统计，2014 年中国法院审理的刑事案件中，贪污罪案件 9165 件，同比下降 0.5%；受贿犯罪案件 1.2 万件，同比上升 11.6%。即在中国法院审判的案件结构中，呈现出贪污犯罪案件趋于下降，受贿犯罪上升的特点。[6] 而在腐败犯罪中，受贿罪是最为常见的罪名。中共十八大后落马的省部级高官中，90% 以上涉及受贿犯罪。[7] 笔者通过对 2000 年以来中共高官腐败犯罪的判决情况进行分析，发现无一例因贪污罪而判处死刑（包括死刑缓期执行）的，适用死刑的案件中均是因受贿罪而判处死刑的。上述现状在一定程度上反映了司法实践中腐败犯罪死刑适用的情况。因而先行废止受贿罪的死刑，可以大大减少贪污受贿犯罪的死刑适用数量。这样通过司法实践中一定时间内对贪污受贿犯罪较少适用死刑，可以逐步引导民众关于贪污受贿犯罪死刑的观念发生变革，进而为最终废止贪污受贿犯罪死刑的立法创造条件。

（二）废止贪污受贿犯罪死刑是死刑立法控制之根本

对于贪污受贿犯罪的死刑态度，中国刑法理论上过去主要有保留论和废止论之争。笔者持废止论，主张适时予以废止，并认为长期保留贪污受贿犯罪的死刑会阻止中国死刑制度改革的进程，也与腐败犯罪的罪质和犯罪原因不对应。[8] 此次《刑法修正案（九）》确立了贪污罪受贿罪"概括数额 + 情节"的二元化定罪量刑标准，并且对贪污罪受贿罪的死刑适用予以严格限制，包括取消原来绝对确定的死刑和提高死刑适用的标准，将影响死刑适用的量刑情节法定化，以及确立贪污受贿犯罪死缓二年期满减为无期徒刑后不得减刑和假释的终身

---

〔1〕 参见《最新意大利刑法典》，黄风译，法律出版社 2007 年版，第 114～115 页。

〔2〕 参见《德国刑法典》，徐久生、庄敬华译，中国法制出版社 2000 年版，第 227～228 页。

〔3〕 参见《韩国刑法典及单行刑法》，金永哲译，中国人民大学出版社 1996 年版，第 23 页。

〔4〕 参见《法国刑法典刑事诉讼法典》，罗结珍译，国际文化出版公司 1997 年版，第 133 页。

〔5〕 参见《俄罗斯联邦刑法典》，黄道秀译，北京大学出版社 2008 年版，第 151 页。

〔6〕 参见袁春湘：《依法惩治刑事犯罪 守护国家法治生态——2014 年全国法院审理刑事案件情况分析》，载《人民法院报》2015 年 5 月 7 日。

〔7〕 参见陈磊：《受贿成腐败最主要形态：落马老虎九成多涉受贿罪》，载《法制日报》2015 年 4 月 9 日。

〔8〕 参见赵秉志：《当代中国死刑改革争议问题论要》，载《法律科学》2014 年第 1 期。

监禁制度。[1] 这是我国对贪污罪、受贿罪死刑适用最新的立法改进。

就推动死刑立法改革而言,我国有必要考虑在下一步的刑法修正中适时取消贪污受贿犯罪的死刑。(1)贪污罪、受贿罪的罪质与死刑适用不符。死刑是以剥夺犯罪人生命为内容的最严厉的刑罚,应该只适用于侵害的法益价值和生命价值相对应的犯罪,从而表现出罪刑价值的对等性。[2] 与暴力犯罪不同,非暴力犯罪并不直接危害人的生命,因而对非暴力犯罪一般不应配置死刑。而贪污受贿犯罪本质上为经济性、非暴力犯罪,与故意杀人等暴力性犯罪有本质区别。从罪责刑相适应的角度看,这类犯罪的社会危害性与死刑剥夺的生命不具有均衡性和对等性。(2)与联合国相关公约关于死刑适用的标准不符。废除死刑乃当今国际社会的主流性共识。而在保留死刑的国度,严格限制死刑并逐步走向废止死刑也是明显的趋势。联合国《公民权利和政治权利国际公约》将死刑的适用标准规定为"在未废止死刑的国家,判处死刑只能是作为对最严重的罪行的惩罚"。[3] 关于"最严重的罪行",2008 年联合国大会第 63 届会议文件《暂停使用死刑·秘书长报告》中指出:"尚未废除死刑的国家只可对最严重的罪行判处死刑,对此的理解是,死刑的范围不应超出带有致命后果或极端严重后果的蓄意犯罪行为。"[4]到目前为止仅有极少数国家保留了贪污受贿犯罪的死刑。联合国经济及社会委员会秘书长关于死刑的第六个五年报告也将经济犯罪、职务上的犯罪、宗教犯罪、毒品犯罪、强奸罪五种情况定性为不属于最严重的犯罪,不应适用死刑。[5] (3)在余下的设置有死刑的非暴力犯罪中,贪污受贿犯罪的罪质最弱,有尽快取消其死刑的必要。从罪质上看,贪污受贿犯罪侵害的主要是国家工作人员职务的廉洁性。这在余下的非暴力犯罪之死刑罪名中,其罪质基本上是处于最弱的地位,既不能与为境外窃取、刺探、收买、非法提供国家秘密、情报罪,资敌罪等危害国家安全罪和隐瞒、谎报军情罪,投降罪等军人违反职责罪的罪质相比,甚至也不能与生产、销售假药罪,生产、销售有毒、有害食品罪等破坏市场经济秩序罪的罪质相比。[6] 从罪质比较的角度考虑,我国应进一步取消贪污受贿犯罪在内的非暴力犯罪的死刑。(4)取消贪污受贿犯罪的死刑是推动我国死刑立法改革进一步深入发展的必需。目前,《刑法修正案(九)》已取消了强迫卖淫罪、阻碍执行军事职务罪这两种非致命性暴力犯罪的死刑。在《刑法修正案(九)》废止 9 种犯罪的死刑后,我国刑法中仍存有 46 种死刑罪名,其中非暴力犯罪尚有 24 种,仍占所余全部死刑罪名的 52% 以上。一般理论上认为,非暴力犯罪应当优先于暴力犯罪死刑的废止。贪污受贿犯罪作为经济性、非暴力犯罪,其危害性总体上要低于暴力犯罪,在逻辑合理性上有必要在

---

〔1〕 关于贪污罪、受贿罪的死刑,《刑法修正案(九)》第 44 条第 1 款第 3 项规定:(贪污)"数额特别巨大,并使国家和人民利益遭受特别重大损失的,处无期徒刑或者死刑,并处没收财产。"

〔2〕 参见赵秉志:《论中国非暴力犯罪死刑的逐步废止》,载《政法论坛》2005 年第 1 期。

〔3〕 参见北京大学法学院人权研究中心编:《国际人权文件选编》,北京大学出版社 2002 年版,第 18 页。

〔4〕 参见《暂停使用死刑　秘书长的报告》,载联合国网站 http://www.un.org/zh/documents/view_doc.asp? symbol = A/63/293&Lang = C,2015 年 8 月 20 日访问。

〔5〕 参见高铭暄、赵秉志:《21 世纪刑法学新问题研讨》,中国人民公安大学出版社 2001 年版,第 374 页。

〔6〕 参见赵秉志:《中国死刑立法改革新思考——以〈刑法修正案(九)(草案)〉为主要视角》,载《吉林大学社会科学学报》2015 年第 1 期。

暴力犯罪之前取消其死刑。虽然囿于我国特定的历史文化和现实国情,立即废止其死刑尚不现实,但是也不应过于滞后。按照笔者所主张的我国应当采取成批量成规模废止死刑罪名的立法思路,[1]当非暴力犯罪死刑的废止达到一定程度后,如果不着手废止贪污受贿犯罪的死刑,必将成为我国进一步废止暴力性犯罪死刑的障碍。基于以上相关理由考虑,笔者建议我国立法机关要考虑在条件成熟时及时废止贪污受贿犯罪的死刑适用。

四、结语

在贪污受贿犯罪死刑立法控制及其废止的过程中,加强死刑观念的转变与促进死刑制度的变革同样重要。特别是在制度的变革中,不可避免地会受到推动制度变革者的思想观念的制约。无论是限制还是废止贪污受贿犯罪的死刑,还是死刑立法改革抑或司法改革,都需要依赖于国家决策层、立法者和司法者以及民众死刑观念的变革。而就当下我国贪污受贿犯罪死刑观念的变革而言,最重要也最具基础作用的莫过于民众死刑观念的转变。如果不能正视民意的诉求以及民意背后的社会因素,仅仅依靠理论上的论证显然不足以坚定国家政治决策层废止腐败犯罪死刑的决心。因而要推动腐败犯罪死刑改革的顺利进行,就必须通过改变死刑民意来培育政治决策层废止死刑的法治情感。[2] 就贪污受贿犯罪的死刑而言,在当前腐败形势较为严峻、各项制约腐败犯罪的制度尚不健全的情形下,对其死刑适用的立法控制应当理性谨慎,但也不能过于保守。我国立法机关应当在进一步调整贪污受贿犯罪的刑罚结构,改进死缓、无期徒刑等刑种和完善减刑、假释制度等基础上,在刑事法的框架内为现阶段逐步停止对贪污罪受贿罪适用死刑立即执行和实际上废止死刑做好准备。在司法实践中应尽量少用死刑,逐步在实际上停止死刑的适用。从而通过实际上减少乃至废止死刑的立法、司法行动逐渐促使民众转变有关腐败犯罪的死刑观念,进而促进关于腐败犯罪的死刑改革。

---

〔1〕 参见赵秉志:《死刑改革新思考》,载《环球法律评论》2014 年第 1 期。

〔2〕 参见张伟珂:《腐败犯罪死刑立法改革的特殊性研究——以死刑民意为视角》,载《中国刑事法杂志》2015 年第 2 期。

第二编
刑法理论问题

导　言

刑法理论是刑事法治的学术基础，是刑法立法和刑事司法的指导，也是刑法学者的学术根基所在。

在我的刑法学研究生涯中，作为刑法学基本理论主要组成部分的刑法学总论是我相对更侧重研究的一个学术领域，其中包含了关于刑法学宏观方面问题和刑法学总论尤其是犯罪论方面专题的研究。例如，我曾撰写发表了多篇属于刑法学宏观问题的论文，出版过个人文集《刑法基本问题》；[1]我曾对犯罪总论的研究格外重视，我的硕士学位论文题目为"**论我国刑法中的犯罪未遂**"（1984 年），博士学位论文题目为"**犯罪主体论**"（1987），均为犯罪总论领域中的专题研究，后来均修订成书出版并获得奖励。[2] 以后我还围绕犯罪总论的其他问题撰写发表过一些论文。

本编收入的论文从内容上可分为两个方面：

其一为从宏观上探讨刑法学研究如何发展的论文（第 1～4 篇）。其中，**《现阶段我国刑法学如何发展论略》**一文，在 20 世纪 80 年代末我国刑法学研究状况的背景下，提出了更新刑法学基本观念、明确刑法学研究重点和改进刑法学研究方法的建言；**《中国刑法学研究的现状与未来》**一文，从研究方向、研究方法和研究重点三个维度对新中国成立 60 年和改革开放、繁荣法制建设 30 年的刑法学研究发展脉络予以梳理，并探讨了我国刑法学研究的未来发展趋势；**《中国刑法哲学发展面临新机遇》**这篇短文，在我以

---

〔1〕 参见赵秉志：《刑法基本问题》，北京大学出版社 2010 年版。

〔2〕 我的硕士论文扩充成书书名为《犯罪未遂的理论与实践》（中国人民大学出版社 1987 年版）；20 余年后又经修订扩充并修改书名出版了第 2 版：《犯罪未遂形态研究》（中国人民大学出版社 2008 年版），该书于 2009 年 10 月荣获司法部"第三届全国法学教材与科研成果奖"一等奖。我的博士论文经修订成书书名为《犯罪主体论》（中国人民大学出版社 1989 年版），该书于 1992 年 10 月荣获国家教育委员会"高等学校出版社优秀学术专著"特等奖，于 1995 年 12 月荣获国家教育委员会"全国高等学校人文社会科学优秀成果"二等奖。

往相关研究的基础上,[1]对我国刑法哲学研究如何深化理论和回应现实发表了浅见;**《和谐社会构建与宽严相济刑事政策的贯彻》**一文,以中央关于构建和谐社会的政治决策为背景,及时研究了我国新时期确立的宽严相济的基本刑事政策对和谐社会构建的保障与促进作用,并探讨了如何切实贯彻宽严相济的刑事政策以促进和谐社会建设的相关问题。这些研究力求对刑法学理论的发展具有全局性的意义。

其二为犯罪总论方面一些基本理论问题的专题论文(第5~15篇)。其中又可分为三个类别:**一是关于犯罪主体方面的一些疑难、专门性问题的论文**(第7~11篇),涉及老年人、少数民族公民、病理性醉酒人、生理醉酒人、法人等具有特定身份或者特定情况者的刑事责任问题:其中,**《老年人犯罪的刑事责任问题》(1988年)**一文,在当时老年人犯罪问题尚未纳入我国刑事法建设视野的情况下,前瞻性地倡导在我国刑法立法和司法中创建老年人犯罪的特殊刑事责任制度并对此进行了研讨,20多年后2011年我国通过的《刑法修正案(八)》终于创设了老年人犯罪原则上免死及从宽适用刑罚的特殊刑事责任制度;**《论少数民族公民的刑事责任问题》**一文,以中央1984年5号文件中关于处理少数民族公民犯罪的"两少一宽"的刑事政策和相关法律为依据,较早和较为系统地研究了我国现阶段对少数民族公民犯罪所应贯彻的特殊刑事责任原则的含义、根据及其司法适用问题;**《病理性醉酒人的危害行为与刑事责任》**一文,对当时我国刑法理论上欠缺探讨且较为复杂疑难的病理性醉酒人的危害行为之刑事责任问题进行了较为系统和深入的探讨;**《我国生理醉酒人犯罪之刑事责任问题研讨》**一文,对当时我国刑法理论中研究粗浅的醉酒人犯罪之刑事责任根据和定罪处罚问题进行了较为深入的研究,并提出了相关的立法完善建议;**《关于法人不应成为犯罪主体的思考》**一文,在当时我国单行刑法已承认单位(法人)犯罪而理论上颇多争议的背景下,比较系统地对法人(单位)作为犯罪主体并被判处刑罚的立法提出了理论质疑,有助于从应然层面对法人犯罪立法及其成效的反思。上述论文在当时较为显著地拓展和深化了我国刑法理论关于犯罪主体领域的研究。**二是关于犯罪未遂形态方面的一些疑难、专门性问题的论文**(第12~14篇)。其中,**《论犯罪分子意志以外的原因》**一文,对犯罪未遂形态的特征之一"犯罪分子意志以外的原因"问题,进行了逻辑严谨、辩证的剖析界定,并进而研究了其在疑难情况下的认定问题;**《论放弃可能重复的侵害行为的定性问题》**一文,研究并纠正了传统刑法理论将放弃可能重复的侵害行为定性为犯罪未遂的观点,提出并论证了此种行为应属犯罪中止的见解,这一观点后来成为我国刑法理论中的通说;**《我国刑法中犯罪未遂的处罚原则》**一文,对当时我国刑法理论中尚研究不够的犯罪未遂的处罚原则问题进行了拓展研究,探讨了该原则的科学根据、含义界定暨司法适用问题。上述论文在当时显著深化了我国刑法理论关于犯罪停止形态相关问题的研究。**三是犯罪总论领域其他方面的专题论文**(第5、6、15篇)。其中,**《论犯罪构成要件的逻辑顺序》**一文是我经多年思考研究的心得,提出了与传统

---

[1] 参见赵秉志、魏昌东合作的系列论文:《中国刑法哲学的产生和发展》(载《法制与社会发展》2005年第2期);《当代中国刑法哲学研究述评》(载《中国法学》2006年第1期);《中国刑法哲学的发展方向》(载《政治与法律》2007年第6期);赵秉志、魏昌东编著:《刑法哲学专题整理》,中国人民公安大学出版社2007年版。

理论观点之“犯罪客体、犯罪客观方面、犯罪主体、犯罪主观方面”的犯罪构成四要件排列顺序不同的新见解，即认为还可以从犯罪发生、发展的维度把犯罪构成四要件按照“犯罪主体、犯罪主观方面、犯罪客观方面、犯罪客体”的逻辑顺序予以排列和演进，从而促进了我国刑法学界对这一重要问题的关注和研究深化，并形成了一家之言；**《简论犯罪直接故意与间接故意的划分》**一文，研析并纠正了传统刑法理论关于两种犯罪故意划分方面的一个错误观点，该文的见解后来被认可为通说；**《共犯与身份问题研究》**一文，对共同犯罪形态中较为复杂的身份与身份犯问题，进行了较为深入的学理辨析和比较研究，并探讨了相关的定罪量刑问题。

总之，收入本编的论文，一是阐述了作者关于我国刑法学整体研究如何发展的基本见解，这方面的研究论文之特点是不拘泥于具体的细节问题，而力图探讨涉及刑法学研究方向暨一些宏观理论的问题；二是反映了我关于犯罪总论一些重要领域和专题的研究心得，这方面的研究力求具有开拓性、前沿性或者较为深入。

现阶段我国刑法学如何发展论略*

目　　次

一、更新基本观念

我国刑法科学要发展。首要的是应当以现阶段的国情国策为根据，更新一些基本观念。

（一）关于刑法调整功能的观念

在新中国成立初期，由于我国社会主义经济关系尚未确定，阶级斗争表现为社会的主要矛盾，所以，那时强调刑法镇压敌人的政治功能无疑是正确的。但是，到了现阶段，在我国社会的主要矛盾是人民日益增长的物质文化需要同落后的生产力之间的矛盾的形势下，刑法调整功能的观念就应当改变。具体说来，应当做到如下几点：

首先，应当把刑法调整功能的观念，由突出对敌专政的功能

* 原载《法律科学》1989 年第 2 期；中国人民大学《复印报刊资料 · 法学》1989 年第 4 期转载。

观,转为强调促进经济发展和民主政治完善的功能观。因为由我国现阶段社会的主要矛盾和改革、开放的基本国策所决定,现阶段反革命罪合乎规律地大大减少,而经济犯罪则较为严重和复杂;侵犯公民人身权利与民主权利的犯罪、妨害司法活动的犯罪以及渎职犯罪等也比较突出。只有把刑法调整的功能观作这样的转变,才能有效地同我国社会主义初级阶段的犯罪现象作斗争,进而从一个侧面为我国社会经济基础和政治制度的发展完善提供保障。

其次,应当确立刑法的多种功能观,充分认识刑法直接保护人民、促进经济发展的功能。惩罚犯罪当然是刑法明显的功能,通过刑法改革问题研究过惩罚犯罪这种司法活动,刑法无疑会起到保护人民、促进建设的作用。但是,刑事立法对公民基本权利和正当经济活动的保护规定,刑事司法对罪与非罪的正确认定,尤其是对合法行为坚决不予刑事追究,应当说就是刑法直接保护人民、促进经济功能的体现。过去总是强调刑法惩处犯罪的功能,对其直接保护的功能则忽视了或认识很不够,从而影响了刑法功能的全面发挥。强调确立刑法的这种保护功能观,有助于充分发挥刑法本来应有的保护功能,能够更加全面地和有效地发挥刑法促进我国社会主义初级阶段发展的积极作用。

(二)关于犯罪观

犯罪观是刑法学中的一个基本观念,正确区分罪与非罪,必须以正确的犯罪观为理论指导。近年来,刑法理论上之所以对一些行为、一些现象的罪与非罪界限划分不清,甚至出现失误,究其根本原因,就在于未能紧密结合我国现阶段的国情国策,来分析与认定行为的社会危害性及其程度。为了运用刑法理论指导立法和司法实践,准确地区分罪与非罪,通过正确地适用刑法来促进我国社会的发展与进步,必须纠正过去在犯罪观上的失误,建立起符合我国社会主义初级阶段的现实与发展需要的犯罪观。为此,尤其需要强调以下两点:

其一,要树立与社会主义商品经济相适应的经济犯罪观。长期以来,由于生产力落后,我国自然经济和半自然经济占很大的比重,但我们在主观认识和行动上,则企图超越商品经济。在刑法领域,也形成了与产品经济相适应的经济犯罪观。现在由产品经济转化为商品经济,是现阶段我国经济体制改革的根本,是经济领域里一个翻天覆地的变革,这一变革是顺乎我国社会的现实及其发展需要的。经济是基础,这一变化不仅会引起经济领域的全面变革,而且也必然会影响到上层建筑和社会生活的各个方面。

刑法学领域的经济犯罪观,应当积极地适应经济领域的这一变革,更新与社会主义商品经济不协调的产品经济条件下的一些观念。譬如,科技人员、经济管理人员利用业余时间提供技术和管理服务而领取报酬的行为,经济交易居间中介的行为,长途贩运行为,期货交易的行为,承包渔利行为,出卖信息的行为等等。按照产品经济的观点,往往被认为是破坏了国家的经济管理活动,行为人所得是非分不义之财,从而被认为是具有社会危害性的,要作为违法犯罪打击;但是,按照商品经济的观点,这些行为有助于商品经济的发展,而且行为人也付出了自己的劳动,因而认为其行为不是有害于社会而是有利于社会的,其收入是正当的,不能作为违法犯罪打击。再如,对于侵犯公共财产使用权、收益权的行为,侵犯专有技术的行为,侵犯个体生产经营的行为,以经济组织名义实施严重经济犯罪的行为,为“公”盗窃、诈骗的行为,经济合同诈欺、倒卖的行为,制造、贩卖伪劣商品的行为等,受到产品经济思想的影响,往往不认为是具有社会危害性的,或者降低了其本来的社会危害性程度,从而很少作为违法犯罪惩处;而按照商品经济的观点,这些行为都妨害了商品经济的发展,具有社会危害性,只要社会危害性达到相当严重程度的,都应作为犯罪予以惩处。

其二,要树立与社会主义民主政治相协调的犯罪观。我国社会主义初级阶段一方面是大力发展社会主义商品经济的物质文明建设的阶段,同时又是建立和健全社会主义民主政治的精神文明建设的阶段。在刑法理论上,也要树立起与社会主义民主政治的发展相适应的犯罪观,在这一方面,笔者认为尤其要注意两方面的问题:

一是要充分认识侵犯公民自由和民主权利行为的犯罪性。我国公民目前自由和民主的法律意识还比较欠缺,这种状况也影响到司法人员的法律意识和犯罪观,因而对于实践中屡有发生的非法拘禁、非法搜查、非法侵入他人住宅、报复陷害、破坏选举、侵犯公民通信自由等非法行为的危害性,往往缺乏足够的认识,对其中已达到犯罪程度甚至很严重的案件,也有时被认为算不上犯罪或者犯罪很轻的观念与做法。社会主义民主政治要求必须纠正这种漠视公民自由和民主权利的错误观念。公民的生命、健康这些最基本的人身权利及其财产权利,固然应当受到刑法的保护,但仅有这些内容是很不够的,公民的自由和民主权利也应受到法律(包括刑法)的有力保护,这样才能真正保障公民作为社会主义现代化建设主体的地位。因此,我国刑法理论要重视并促进刑事立法和司法对公民自由和民主权利的保护,对侵犯公民自由和民主权利达到相当严重的危害程度的行为,要充分揭示其犯罪性和应罚性。

二是要树立坚决同国家工作人员的渎职犯罪作斗争的观念。我国现行的刑事立法基本上贯彻了对国家工作人员的渎职犯罪从严惩处的精神,这是符合社会主义民主政治的要求的。但在司法实际工作中,由于受到"以官当刑""以罚代刑"等剥削阶级的官吏特权观念的影响和各种非法干涉,对一些领导干部的渎职犯罪,往往降格为"工作错误",只给予党纪政纪处分,而没有予以必要的刑事追究,使其本来构成的犯罪由于其特殊身份而非犯罪化了。这种观念及其处理是与社会主义民主政治的要求背道而驰的。社会主义民主政治必然要求公务人员忠于职守,克己奉公,廉洁公正,必然要求严厉禁止和制裁公务人员的贪污腐化、玩忽职守、滥用职权等渎职行为,对情节和危害严重的必然要求追究刑事责任。惟有如此,才能建立起廉洁政府,才能保证政治体制的社会主义性质和工作成效,从而促进社会主义精神文明和物质文明的现代化建设;因此,必须坚决纠正对国家工作人员的渎职犯罪行为的危害性认识不足和过分宽恕的观念,以加强同这类犯罪的斗争。

(三)关于刑罚观

刑罚观是指人们关于刑罚的性质、作用、目的及刑罚制定和运用的观念,它是刑法学中与犯罪观并列并与之有内在联系的另一基本观念,我国刑法学中的刑罚观,也应当适应现阶段社会主义商品经济和民主政治发展的需要而予以更新。

其一,刑罚功能观应当更新。对于刑罚的功能,我国刑法学历来强调的是其惩罚罪犯和震慑潜在犯罪人方面的功能。按照社会主义商品经济的要求,还应当注意刑罚的经济功能,即通过刑罚的适用,在经济上补偿社会、为社会增加物质财富的功能。以这种刑罚功能观为指导,在刑罚种类的适用上,就应当纠正过去轻视财产刑的偏差,注重单独或附加适用罚金刑、没收财产刑，这既是对犯罪分子犯罪资本的剥夺和贪利思想的惩罚，同时也是对社会物质损失的补偿。

其二，在关于刑罚种类和刑罚制度的观念上，应由较严厉和较封闭的刑罚观，向较缓和和较开放的刑罚观转变。我国现行刑法中的重刑较多，比较严厉，而且五种主刑中除管制以外，其余的都是把罪犯同社会相隔离或者剥夺其生命，封闭性质突出。这种较为严厉和封闭的刑罚，既是以相应的刑罚观为基础而制定的，又反过来影响和巩固了严厉与封闭的刑罚观。更新这种刑罚观，树立较为缓和与开放的刑罚观，既是社会主义商品经济和民主政治的需要，也是综合治理的需要。

其三，应当树立和强调刑罚适用上公平合理、协调均衡的观念。这是社会主义商品经济和民主政治的共同要求。我国刑法罪刑相适应原则直接受到社会主义商品经济的等价交换原则的影响，而社会主义民主政治则摒弃任何犯罪人在刑罚适用上的特权。只有遵循这些要求，按照罪刑相适应的原则来决定刑罚的轻重，对犯罪性质和危害程度相同的犯罪人协调均衡地适用大体相当的刑罚，才能保证刑罚适用的正确性和有效性，通过适用刑罚达到预防犯罪的目的。

其四，为有效地保卫社会主义商品经济和民主政治，在刑罚适用观念上还应当强调打击重点，重视对直接破坏社会主义商品经济的经济犯罪的从严从重打击，注意对直接危害社会主义民主政治的侵犯公民民主权利罪、渎职罪的依法严肃惩处。

最后，按照社会主义民主政治的要求，还应当坚持刑罚人道主义的观念。我国刑罚在其制度上已经贯彻了社会主义人道主义的原则。应当引起注意的是，这一原则也必须切实贯彻到刑罚执行中。罪犯也是人，也有其合法的人身权利，罪犯应当被合乎社会主义人道主义地执行刑罚。因此，按照社会主义的刑罚观，刑罚的执行中不允许体罚虐待罪犯；服刑罪犯从事劳动改造应在力所能及的范围内，对服刑罪犯的病、伤应当及时予以医疗；对衰老罪犯、重病罪犯或患精神病的罪犯应当依照法律和司法解释保外就医，暂予监外执行，或者放宽减刑、假释的适用；对于交纳罚金确有困难的罪犯，可依法裁定予以减少或免除，等等。通过服刑中贯彻刑罚社会主义人道主义的精神，来保证刑罚适用的合理性和有效性。

二、明确研究重点

在更新基本观念的基础上。我国刑法科学还应当根据社会主义初级阶段的现实，围绕社会主义商品经济和民主政治的发展需要，围绕改革、开放形势下的新情况、新问题，在不放松对刑法的一系列宏观和微观问题进行全面系统研究的同时，深入对一些重点课题、重点问题的研究。

（一）关注刑法调整的宏观问题

要逐步开展和加强对社会主义初级阶段刑法调整宏观问题的研究。结合我国现阶段的国情国策，重新探讨犯罪的原因，总结分析犯罪的现状和特点，预测犯罪和同犯罪作斗争的趋势，科学地认识现阶段刑法的调整功能和任务，探讨和确立社会主义初级阶段的现实及其发展需要相适应的犯罪观和刑罚观，从而为刑法学具体问题的研究奠定坚实宽广的理论基础,提供宏观的理论指导。

(二)注意研究刑事法制的协调统一问题

针对近年来刑事法制存在失调的情况,根据社会主义初级阶段对法制统一的要求,从立法与司法的结合上,开展对刑事法制协调统一的研究,以促进刑事立法的和谐,促进司法实践中定罪量刑的综合平衡。

(三)强化对重点犯罪类型的研究

根据社会主义初级阶段商品经济和民主政治发展的需要,结合现阶段犯罪的新情况和新特点,有选择有重点地加强对一些特定犯罪类型的研究。譬如,针对现阶段经济犯罪严重和错综复杂的特点,需要从宏观与微观的结合上加强对经济犯罪的研究,以直接服务于社会主义商品经济的发展;再如,针对近年来渎职犯罪复杂、严重且查处不力的情况,结合我国公务员制度的推行,要重视对公务人员犯罪的危害性、惩处和预防等问题的研究,以直接服务于社会主义民主政治等等。

(四)注意开展外向型刑法问题的研究

根据社会主义初级阶段对外开放形势下跨国、跨地区犯罪日趋增加和严重的现实,逐步开展和加强对港澳台人犯罪、外国人犯罪以及国际性犯罪及其刑事制裁的研究,以有效地打击和防范这类犯罪,维护我们国家和人民的利益,保障我国内地(大陆)与港澳台地区间、我国同外国间经济、科技、文化等领域交流与合作的顺利进行,促进我国的现代化建设。

三、改进研究方法

概括说来,刑法学作为一门实用性很强的学科,其研究要坚持辩证唯物主义和历史唯物主义的观点,要突出理论联系实际的方法,注意比较分析的方法。综而言之,应当认识到,我国刑法科学要阔步发展,要名副其实地担负起引导和促进刑事法制实践的重任,在研究的具体方法中也必须加以改进,更新或突出一些内容。举其要者如下:

(一)注重研究现行刑法的发展完善问题

科学理论不但具有总结和指导现行实践的作用,而且还应当具有引导和促进实践不断发展完善的功能。综观我国近年来的刑法理论研究,可以说是侧重于对现行法律及司法实践的论证总结,而对立法与司法实践如何发展完善方面的关注相对薄弱,因此,今后应注意适应刑法实践发展完善的客观需要,从宏观与微观的结合上,逐步开展和加强对刑事立法与刑事司法如何发展完善的研讨,担负起理论引导和推进实践的重任。

(二)逐步开展和加强专题研究

刑法学进展应当贯彻系统全面研究与专题研究相结合的方法。从近年来我国刑法学研究状况看,系统全面的研究在为数不少的刑法学教科书里得以展开,专题研究开始得到注意,但总的来说,后者在数量和质量上都还较为欠缺。而刑法科学要得到长足的进展,主要应当依靠专题研究,因为专题研究可以集中力量攻其一点,易于取得深入或者创新的成果。因此,目前发展我国刑法科学应当特别重视开展专题研究,可以选择我国社会主义现代化建设进程中面临的较为重要的刑法问题,如改革与立法的发展完善问题,犯罪构成问题,刑事政策问题，司法解释问题，定罪量刑综合平衡问题，经济犯罪的立法与司法对策问题，未成年人犯罪问题，公务人员渎职犯罪问题，妨害司法活动的犯罪问题，危害公共安全犯罪问题，等等，进行深入细致的专题探讨。

（三）贯彻定性研究与定量研究相结合的方法

我国刑法学研究历来较为侧重定性研究，而往往过分忽略了定量研究，致使研究过于抽象、空泛、缺乏说服力，难以解决实际问题。我们必须重视和强调刑法科学的定量研究，通过定量分析来准确地认识和把握事物的定性问题，提出令人信服的、能够解决实际问题的主张，定量研究以量即数据为基础，这就要求研究人员要不辞劳苦，深入实际部门进行广泛细致的调查总结，要求研究人员了解刑事司法统计方面的一些基本知识以能利用这种统计数据；还要求研究工作能尽量采纳现代科技的一些新成就如电脑等。可喜的是，在利用现代科技新成就方面，我国刑法学界已开始起步，如已开始利用电脑研究定罪量刑的综合平衡问题，而且这还是国家“七五”期间法学研究方面的一个重点项目。

（四）繁荣比较研究

过去，由于“夜郎自大”思想和“以阶级斗争为纲”观念的影响，我们不注意对我国刑法理论与实践进行比较研究，尤其是对西方刑法理论与实践，往往多是批判否定，而少有借鉴吸收。近年来，我国刑法学界已开始注意比较研究，但还很不够。为了适应现阶段对外开放形势下我国刑法同犯罪作斗争的需要，为大力促进我国刑法科学的发展完善，刑法学研究应当注意采用科学的比较方法，即应尽可能广泛地了解外国的刑法理论与实践情况，实事求是地剖析其是非优劣，根据我国的情况和需要，妥当地予以借鉴和吸取。惟有如此，我国刑法学研究才能目光远大、视野广阔、根深叶茂地繁荣发展，成为促进我国现阶段刑事立法与司法实践的理论动力。

中国刑法学研究的现状与未来*

目　　次

一、前言

新中国法学发展的进程中，刑法学的研究历来较受重视。尤其是自1978年党的十一届三中全会开启中国社会主义法治建设新阶段以来，刑法学研究在我国法学研究的全面繁荣中迅猛发展，取得了长足进步，成为公认的我国法学领域中最为繁荣发达的主要学科之一。

时至今日，我国"依法治国，建设社会主义法治国家"的基本方略已经确立，改革开放进入继续深化和全面推进阶段，法治建设需要进一步科学化与现代化，刑法学研究也面临机遇与挑战并存的局面。值此我国迎来新中国成立60周年之际，我们试从研究方向、研究方法和研究重点三个维度对新中国成立60年来尤其是着重对改革开放30余年来我国刑法学研究发展的基本脉络

---

* 原载《学术交流》2009年第1期；收入《首届中国法学名家论坛学术论文集（上）》，北京大学出版社2011年版。

予以勾勒与梳理，并简要分析和展望刑法学研究未来的发展趋势，希冀对我国刑法学研究的深化拓展及刑事法治的发展完善有所裨益。

二、关于刑法学研究的方向问题

研究方向对任何学科均至关重要。刑法学的研究方向问题不仅关系到研究力量的合理有效配置，更关系到刑法学的发展与繁荣。新中国成立后相当长的一段时期内，我国刑法学研究的整体状况是应用(注释)刑法学研究取得了长足发展，但理论刑法学却未得到应有的关注。晚近十余年来，随着刑法哲学、刑法方法论等理论刑法学研究领域的日益勃兴，这种状况有了一定的改观。但总的说来，我国偏重应用(注释)刑法学研究而轻视理论刑法学研究的格局，并没有能够有效地平衡与协调，存在不少顾此失彼的地方。总的倾向仍是应用(注释)刑法学的研究比较发达，并逐渐形成了以刑法的注释与适用研究为中心的研究模式，而理论刑法学的研究则存在很大的不足。就刑法学研究的整体状况而言，也不容乐观，如研究布局不平衡、研究视野狭窄、研究方法欠缺、研究成果脱离国情和司法实务以及低水平重复、社会效益低下等问题不同程度地存在。之所以出现这种状况，从根本上说，与我国刑法学研究的方向存在一定程度的偏差具有密切的关系。

正因为刑法学研究中存在上述方向性的偏差，我们认为，有必要对以往刑法学研究的方向进行适当的纠正。在今后的刑法学研究中，应当强调理论研究与应用研究并重，实现全面发展。因为长期以来，我国的刑法学研究的确过于偏重应用研究，但我们不能把当今刑法学研究的不足完全归之于偏重应用研究，如今刑法学的不足是因不够重视理论研究之故，而非因应用研究的发达。正因如此，我们认为，在今后一段时期内，刑法学研究应强调加强理论刑法学的研究，但这决不是要忽视应用刑法学的研究，而是基于二者平衡、协调发展的需要。站在新的历史起点，我们还认为，今后的刑法学研究，还应着力从以下几个研究向度上作出努力：

(一)关于观念与政策研究

应把科学发展观和宽严相济的刑事政策如何在刑事法治建设中贯彻落实之研究摆在更加突出的位置。科学发展观是中央从新世纪新阶段国家和社会发展全局出发提出的重大战略思想。宽严相济的刑事政策是我国在构建和谐社会的背景下确立的当前及今后相当长的一个时期内应当坚持的基本刑事政策。新时期的我国刑事法治建设理当融入科学发展的理念，实践和贯彻科学发展的目标和要求，并按照科学、理性、务实的精神逐步推进。同时，由于基本刑事政策是刑事立法和刑事司法的灵魂，因而在我国刑事法治建设中也应当切实贯彻落实宽严相济的基本刑事政策。当前，进一步提高关于以科学发展观引领刑事法治建设和贯彻落实宽严相济刑事政策意义的认识，并对科学发展观和宽严相济的刑事政策如何在刑事法治建设中贯彻落实的问题展开较为系统、全面而深入的研究，不仅是正确把握刑法学的研究方向和目标的当然要求，而且也是刑法学研究为国家刑事法治建设服务的题中应有之义。因而在今后的刑法学研究中，应自觉将此课题放在更加突出的位置。

(二)关于总结性研究

应注重开展对新中国成立60年来尤其是改革开放30余年来刑法学成果的总结性研究。改革开放至今已逾30年。30余年来,伴随着国家的昌盛、民族的振兴,我国的法治建设事业取得了辉煌的成就;我国的刑法学研究在广大刑法理论和实务工作者的共同努力下,同样有了长足的发展。此间,刑法学界紧紧围绕社会主义法治建设的主题,产出了大量的科研成果,深化了我国刑法学的研究,有力地推动了社会主义刑事法治事业的进步。在我国改革开放30余年以及即将迎来新中国成立60周年的重要历史时刻,系统梳理我国刑法学研究取得的成就,特别是分析我国以往刑法学主要研究方向的进展情况,取得了哪些突破,在主要研究方向上有哪些值得肯定的地方和不足之处,要明辨其得失,认真总结经验,从中汲取有益的教训,这对于在新的时代条件下明确我国刑法学研究的方向与目标,努力开创我国刑法学研究的新局面,继续把我国刑法学研究事业不断推向前进,乃至推动我国整个法治建设和社会的进步,都具有重要的意义和作用。

(三)关于交叉学科研究

应大力开拓对刑法学相关交叉学科的研究。刑法学作为一门传统学科,既有自律性也有他律性。自律性是指其专业性;而他律性则是强调刑法学作为社会科学之一,与其他社会科学存在密切的相联互动关系。而发现和揭示这种相联互动关系正是跨刑法来考察刑法自身的重要途径,表现为一种"外在的"研究。〔1〕通过这种"外在的"研究,随着刑法学的进一步发展,刑法学相关交叉学科的出现将是必然。如刑法学与社会学结合形成刑法社会学,刑法学与经济学结合形成刑法经济学,刑法学与文化学结合形成刑法文化学,等等。学科之间交叉形成新的学科,这是学科研究开拓与深入的重要标志。毋庸讳言,我国刑法学界对刑法学相关交叉学科的研究关注明显不够,刑法学相关交叉学科至今仍是我国刑法学研究中的软肋,尚未引起学者们的应有重视,相关研究成果可谓屈指可数,从而严重影响和掣肘了我国刑法学研究的横向拓展与纵向深入。因而这种状况亟待改变。

三、关于刑法学研究的方法问题

方法,是指为达到某种目的而采取的途径、步骤、手段等,是人们在实践活动中必须服从他所接触的那些事物的内在客观逻辑。印度学者拉姆·纳斯沙玛指出:"一个学科之所以称之为科学,是由于应用了科学方法,科学的成功是由于科学方法的成功。"〔2〕科学方法制约着人们的思维方式,科学方法的变革,科学方法论的创新,直接影响着人们主观创造性的发挥。它能拓展认识主体的视野、思路,有效地收集信息,排除各种认识干扰,达到认识客体的目的。认识方法的变革必然导致科学本身的变革,理论的创新往往源于方法论的创新。

(一)我国刑法学研究方法之概观

关于刑法学研究的方法,改革开放30余年来,刑法学界在该领域作了有益的探索,取得

〔1〕参见韩瑞丽:《法中寻美:刑法学研究的一种感性进路》,载陈兴良主编:《刑事法评论》第22卷,北京大学出版社2008年版,第95页。

〔2〕转引自吕世伦、文正邦:《法哲学论》,中国人民大学出版社1999年版,第610页。

了不少颇有价值的研究成果。例如,从类别上看,刑法学研究已然应用着注释方法与思辨方法、实证方法与价值判断方法;从种类上看,语义分析、逻辑思辨、比较研究、整理综合(综述)等方法已为刑法学者们所熟悉,系统分析、经济分析、社会分析和文化分析等也都悄然出现在近年来的刑法学研究中。尤其值得称道的是,近年来,著名刑法学者储槐植教授提出了"刑事一体化"的思想[1]并逐渐得到刑事法学界的重视和广泛认同。"刑事一体化"既是一种发展繁荣刑事法学的策略思想,同时也是刑法学研究的方法论。"刑事一体化"思想的倡导,有利于在更广阔的视域下拓展刑法学的研究空间,这无疑是值得充分肯定的。但客观地说,检视改革开放30余年来的刑法学研究,繁荣的背后一个令人深感忧虑的现象,是偏重使用注释方法来研究刑法问题,为数不少的研究成果是作者对刑法条文的阐释,以至于刑法学的研究唯刑事立法、刑事司法马首是瞻,缺乏独立的、高层次的理论品格。这不仅影响到刑法理论水平的提高,也大大降低了刑法学对刑事立法、刑事司法的指导和促进作用。究其根源,这种现象的产生与刑法学研究方法的欠缺和薄弱有着密切的关系。长期以来,刑法学界对刑法学研究方法之研究的重视程度是很不够的,相关研究成果零散而缺乏体系的建构,不论是刑法学研究方法的一般理论还是在具体方法的应用上,不论是从数量上看还是从质量上着眼,都还有待进一步探讨和提高。例如,"从宏观方面来说,中国刑法学除了坚持马克思主义方法论外,能否吸收西方法学方法论如实证主义、价值分析的合理内容?能否借鉴主观主义和客观主义的合理因素?刑法学研究方法具有哪些功能?刑法学研究方法究竟有什么意义?从中观上讲,法律文本注释、立法建议、基础理论研究以及案例研究可以采用哪些研究方法?如何建立刑法学研究平台?刑法学研究方法与刑法应有方法有什么联系?从微观上看,各种研究方法的逻辑起点和研究步骤如何?这些问题,在刑法学界都很少有人论及。"[2]由于这些基础性问题尚未得到很好的解决,我们看到,固然我国刑法学研究已经取得了不少有益的成果,从事刑法学研究的人越来越多,并且成果也将越来越多,但是,研究方法欠缺、视角局限,已经在相当程度上抑制了刑法学研究的发展,大量成果实际上是在进行相当程度上的重复研究。由此看来,刑法学研究方法迫切需要革新。

(二)改进我国刑法学研究方法之建言

我们认为,在今后的刑法学研究中,应着力改进其研究方法。详言之:

其一,应倡导定性研究与定量研究的有机结合。我国刑法学研究历来较为重视定性研究,而往往忽略定量研究,致使研究过于抽象、空泛,缺乏可操作性。从定性研究到定量研究是学科进步的标志。定量研究是刑法学科面临的课题,也是新的挑战。它不仅要求研究人员掌握数理统计知识、现代科技工具,并把它运用到刑法理论与实践研究中去,而且需要研究人员耗费大量精力,深入调查研究,搜集数据资料。

其二,应重视思辨研究与实证研究的合理并用。思辨方法可以弥补实证方法无法揭示事物本质的缺陷,实证方法则可以弥补思辨方法过于空泛的不足,两者的合理并用乃至结合

---

〔1〕 参见储槐植:《刑事一体化》,法律出版社2004年版。

〔2〕 赵秉志:《"刑法学方法的一般理论"序二》,载曾粤兴:《刑法学方法的一般理论》,人民出版社2005年版,第5页。

可以相互取长补短。我国刑法学者大多还缺乏实证精神,在思辨研究方面也不完美。可以说,实证分析的匮乏是思辨不完美的一个重要原因。此外,我国刑法学研究还存在一种不良现象:闭门造车、纸上谈兵。这种现象虽非主流,但亦应引起注意和纠正,因为这种研究于刑法理论和司法实践都无益处。

其三,应繁荣、优化比较研究。总体上来说,我国刑法学研究对比较方法的运用还是粗浅的,往往停留在表面上、逻辑上的比较分析,这是远远不够的。进行比较研究时,必须掌握科学的比较方法,即应尽可能广泛地了解比较对象各自不同的历史文化背景、法律传统和现政治经济情况的差别及其在实践中的情况,实事求是地剖析其是非优劣,切忌片面、机械地进行比较研究。另外,还应注意运用各种比较方法,如规范比较和功能比较、宏观比较和微观比较以及叙述比较和评价比较等。

其四,根据课题研究的需要,应注意借鉴、引进其他社会科学和现代自然科学的某些研究方法。刑法不是孤立存在的社会现象,它与政治、经济、伦理、文化等社会现象存在着相互影响,甚至存在着相互制约的关系。因此刑法学和政治学、经济学、社会学、伦理学等社会学科也存在着相同之处,其研究方法也是可以互相借鉴的。此外,现代自然科学方法论,如控制论、系统论、信息论、博弈论、模糊论、协同论及突变论已经不同程度地被引进法学领域。而刑法学研究方法中现代化、科学化气息不浓,这与刑法学界对现代自然科学方法论缺乏基本了解、缺乏足够的敏感性和迫切感有关。事实上,刑法理论的突破,也许有赖于这些方法论的引进。当然,这要求刑法学者掌握这些方法论及相关学科知识,将这些方法与刑法学融为一体,切忌机械套用。

其五,特别应予强调的是,刑法学研究必须始终坚持理论联系实际、探讨和解决实践问题的研究道路。应当力戒脱离国家法治发展现实、脱离刑法立法与司法实务的经院哲学式的研究道路与方法。这样,刑法学研究才能切实担当起引导和促进国家刑事法治建设与社会进步的使命。脱离实践的刑法理论研究必将是灰色的,而植根于实践的刑法理论研究才会生机盎然。刑法学研究中的理论联系实际,有其丰富而合理的内涵,值得努力挖掘和大力弘扬。择其要者,至少应当正确地把握以下关系:(1)刑法实务与刑法理论的关系。刑法学研究中的理论联系实际,要求研究刑法具体规范的含义及其运用问题,但是,决不意味着可以轻视刑法理论的研究。而是要求研究刑法理论应当结合实务问题,并且应当注意把具体的实务问题上升到刑法理论的高度来研究来认识。可以说,刑法实践问题的科学解决和完善,需要刑法基本理论的指导与促进;而刑法基本理论的深化和开拓,也需要刑法实践问题的丰富与启迪。刑法学研究中的理论联系实际,首先就是要求把刑法理论与刑法实务结合起来进行研究。(2)法治现实与法治发展的关系。刑法学研究当然要阐释现行的刑法规范,反映和总结当前的司法实务,但是,不能以此为满足,更不能无论立法科学与否、司法正确与否均予以论证和肯定。刑法学研究中的理论联系实际,要求结合刑事法治的现实来开展理论研究,对科学的立法予以阐释论证,对正确的司法实务进行分析总结;同时,要求在论证科学、正确的刑事法治现实的基础上,注意理论联系实际地检讨立法缺陷和司法弊端,并进而引导和促进立法的科学与司法的完善,即担当起促进刑事法治发展的使命。(3)刑法实践与社会实践的关系。刑法理论研究中的理论联系实际，不仅仅是要联系刑法的立法实践和惩治与防范犯罪的司法实践，而且还要注意适当联系国家和社会的政治、经济、文化、生活的现状及其发展变化的实际，甚至适当联系境外、国外和当今国际社会政治经济法治等方面的情况及其发展趋势。惟有如此，刑法学才能脚踏实地而且目光远大地发展进步。[1]

四、关于刑法学研究的重点问题

改革开放30余年来，我国刑法学研究得以飞速发展，所研讨的课题从基本理论到具体制度，从总论到分论，从理论到实务，几乎无所不涉。其中研究集中、取得较大进展的重点问题有数十个，大致可以分为两类：一类是属于传统研究课题的深化，如刑事政策问题、犯罪概念问题、犯罪构成问题、刑罚目的问题、未成年人犯罪问题、死刑改革问题、反革命罪名的更改问题、贪污贿赂犯罪问题等；另一类则是属于新课题的开拓，如刑法观问题、刑法哲学问题、刑事责任问题、完善刑法的模式问题、单位犯罪问题、保安处分问题、外向型刑法问题、恐怖主义犯罪问题、责任事故犯罪问题、金融犯罪问题、知识产权犯罪问题、黑社会性质组织犯罪问题等等。下面试着重对既往刑法学研究的重点问题予以要览，并对今后刑法学研究的重点领域予以简要展望。

（一）既往刑法学研究的重点问题要览

如前所述，改革开放30余年来，我国刑法学研究的重点问题涉及广泛，限于篇幅，这里仅择要者简述：

1. 深化性研究课题

（1）刑事政策问题。我国实行改革开放以后，刑事政策研究在我国逐步繁荣。进入20世纪90年代以后，刑法学界出版发表了多部著作和多篇论文，从而推动着刑事政策研究的全面展开。特别是自中央近年来提出宽严相济的刑事政策以来，我国刑法学界对刑事政策的研究达到了新的高潮。短短三年多来，就宽严相济刑事政策的内涵、地位、与“惩办与宽大相结合”和“严打”政策的关系，以及其贯彻实施等问题，进行了较为深入的研讨，产出了不少有价值的科研成果。

（2）犯罪概念问题。犯罪概念是犯罪论中一个具有提纲挈领意义的理论问题。在97刑法典通过之前，我国刑法学界对犯罪概念的研究并不多，主要限于对犯罪的形式概念、实质概念以及混合概念的分析评价方面。97刑法典通过之后，我国刑法学界关于犯罪概念的研究主要集中在犯罪的社会危害性上，围绕通说主张社会危害性属于犯罪的本质特征及其与刑事违法性的关系而展开。

（3）犯罪构成问题。犯罪构成理论是刑法基本理论的基石和核心。自从我国刑法学初步建立起犯罪构成理论体系以来，对犯罪构成理论的研讨和争论几乎就没有停止过。97刑法典通过之前，对犯罪构成理论的研讨主要集中在应当包含哪些要件问题上，在研讨过程中，形成了二要件说、三要件说、四要件说和五要件说。97刑法典通过之后，有关争论更为

---

〔1〕 参见赵秉志：《刑法总论问题研究》，中国法制出版社1996年版，序言第2～3页。

激烈。一些学者主张以德国和日本等大陆法系国家的犯罪成立理论来取代我国的犯罪构成理论。但多数学者认为,对于我国的犯罪构成理论,应当在我国现行理论的基础上加以修补和完善,而不是予以抛弃。另外,在通说中,关于如何排列四个方面的构成要件,也存在不同的认识和见解。

(4)未成年人犯罪问题。未成年人犯罪及其刑事责任问题,不仅是我国刑法立法中的一个重要方面,也是我国刑法理论中的一个极其重要的课题。79 刑法典通过之后,我国刑法学界对未成年人犯罪问题的研究大多限于对这部刑法典第 14 条规定之法理的阐释。在我国立法机关 1988 年决定启动全面修订刑法典工作以后,这种研究状况发生了很大的变化,对未成年人犯罪之立法改革的研究,无论是在广度还是深度上,都取得了丰硕的成果。97 刑法典颁行后,我国刑法学界对未成年人犯罪问题的研究逐渐转向了如何准确适用刑法的有关规定上,并且随着研讨和实践的逐步深入,形成了一些引起广泛争议的热点问题。主要是:①刑法典第 17 条第 2 款规定的已满 14 岁不满 16 岁的未成年人应负刑事责任的八种罪案,究竟是指八种具体罪名,还是指八种犯罪行为?②相对责任年龄者绑架并杀害被绑架人的,应否负刑事责任?对此存在着肯定和否定两种针锋相对的见解。③对犯罪的未成年人能否适用无期徒刑?多数学者对此持否定态度;等等。

(5)刑罚目的问题。刑罚目的是刑罚论中的核心问题。我国刑法学界对刑罚目的问题的研究始于 20 世纪 50 年代,但此问题并未成为研究的重点。进入 20 世纪 80 年代以后,如何界定刑罚目的及其内容,成为我国刑法学界争论的热点之一。大致而言,对刑罚目的的研究主要集中在两个问题上:一是刑罚目的的具体内容,双面预防说是通行的观点;二是惩罚是不是刑罚的目的,存在肯定说与否定说之争。[1] 总之,改革开放 30 余年来,我国刑法学界关于刑罚目的的研究取得了丰硕的成果,研究有相当的深度。

(6)死刑改革问题。死刑问题是一个历久弥新的课题。我国刑法学界对死刑改革问题的探索始于 20 世纪 80 年代中期,当时"严打"方针确定后,我国的死刑立法急剧扩张,司法机关定罪处刑时出现日益明显的重刑化倾向。在这种情况下,刑法学界多数学者均主张要严格限制死刑立法,而司法机关和普通民众则基本赞成较多适用死刑。由此,引发了死刑限制与扩张之争。97 刑法典通过后,我国刑法学界将研究的重心转向了如何准确地适用死刑规定方面,相对而言,对死刑改革问题的研究则稍显沉寂。进入 21 世纪后,国内外尤其是我国人权精神的弘扬以及国家进一步开放形势下中国死刑制度与国际社会的巨大反差等因素的综合影响,重新燃起了学者们探索死刑改革之路的热情,学者们以更为开阔的视野、更为全面的视角,把死刑制度改革的研究拓展到了前所未有的深度和探索如何逐步废止死刑的新阶段。

(7)贪污贿赂犯罪问题。贪污贿赂犯罪作为一种复杂的社会现象,长期以来受到社会的广泛关注。在 20 世纪 80 年代,我国刑法学界基本上是围绕着贪污罪和受贿罪的认定问题展开。到了 20 世纪 90 年代以后,我国刑法学界在一方面继续注意研究贪污贿赂罪的司

---

〔1〕 参见高铭暄主编:《新中国刑法科学简史》,中国人民公安大学出版社 1993 年版,第 150 页。

法认定问题的同时,另一方面也开始研究探讨贪污贿赂罪的立法完善问题。97刑法典通过之后,我国刑法学界对贪污贿赂罪的研究转向解决司法实践认定这类犯罪的疑难问题方面。[1] 在这一时期,学者们对贪污罪研究的重点放在犯罪主体的认定方面;而对贿赂罪的研究更加繁荣,领域较宽,探讨也更加深入。此外,近几年我国有不少学者开始结合《联合国反腐败国际公约》的要求,研究探讨我国贿赂犯罪的立法完善问题。

2. 开拓性研究课题

(1)刑法观问题。我国刑法学界对刑法观问题的关注大体始于20世纪80年代中后期。当时,有学者明确提出应当树立与社会主义有计划的商品经济以及与社会主义民主相适应的刑法观。1992年党的十四大提出建立社会主义市场经济体制的目标以后,一些学者提出,在社会主义市场经济条件下,应当树立经济刑法观、法制刑法观、民主刑法观、平等刑法观、人权刑法观、适度刑法观、轻缓刑法观、效益刑法观、开放刑法观以及超前刑法观,实现刑法观念的更新。[2] 97刑法典通过后,尤其是在我国加入WTO的情况下,围绕应当树立并坚持什么样的刑法观问题,学者们进行了广泛的研讨,取得了一定的成果。这些研究从某种程度上说意味着我国刑法学研究走出了传统樊篱,迈上了新的台阶。

(2)刑法哲学问题。我国刑法学界对刑法哲学的研究勃兴于20世纪八九十年代,经过近20年的发展和探索,刑法学研究中这种以超越刑法规范的本体为基本研究对象和研究思路、以探寻刑法以及刑罚的本原性和终极性价值为目标的刑法哲学研究,在比较研究拓宽视野,转换视角理性审视,科学批判合理借鉴的基础上,通过对刑法的广普价值、一般功能以及基本犯罪观、刑罚价值、功能等诸多本原性问题的追问和探讨,厘清了中国刑法的诸多应然性问题,初步形成了具有中国特色的刑法哲学研究体系,并对当代中国刑法、刑法学的完善和发展开始发挥作用。[3]

(3)完善刑法的模式问题。究竟应该采取何种方式完善刑法,在我国通过97刑法典之前,刑法学界就进行过较多的讨论。主流学说认为,刑法典本身是一个内容协调统一的整体,以独立于刑法典的单行刑法方式对刑法典予以部分修正补充,往往会"牵一发而动全身",容易破坏刑法典内部的和谐与平衡。因此,过多制定单行刑事法律,不利于保持刑法典的内在统一性;而采取刑法修正案的方式对刑法典进行部分修改补充则具有无可比拟的优势:这种模式具有灵活及时、针对性强、立法程序相对简便的特点,而且不打乱刑法典的条文次序,一旦通过就直接纳入刑法典成为其组成部分,有利于维护刑法典的完整性、连续性和稳定性,有利于刑事法治的统一和协调。[4] 我国第一个刑法修正案的问世及其后又有多个刑法修正案的先后通过,又引起了我国学者对刑法修正案问题研究的兴趣。这些研究主要集中在刑法修正案模式的利弊分析上,多数学者主张,刑法修正案应当成为我国刑事法治语境下常态的修改刑法典的模式。这种主张实际上也已经得到我国立法机关的认同。

---

[1] 参见赵秉志:《刑法改革问题研究》,中国法制出版社1996年版,第674~688页。
[2] 参见赵秉志:《刑法改革问题研究》,中国法制出版社1996年版,第31页。
[3] 参见赵秉志、魏昌东编著:《刑法哲学专题整理》,中国人民公安大学出版社2007年版,第1~3页。
[4] 参见赵秉志:《积极促进刑法立法的改革与完善》,载《法学》2007年第9期。

(4)金融犯罪问题。自改革开放以来,伴随着经济体制的改革和金融事业的蓬勃发展,金融领域中各种新型犯罪层出不穷,金融犯罪活动也日趋猖獗,逐步从传统的手工型向现代化、智能化、科技化转变,职业犯罪、有组织犯罪的趋势日益明显。金融犯罪严重破坏社会主义市场经济秩序,扰乱金融管理秩序,危害国家信用制度,侵害公私财产权益,造成国家金融资产大量流失,有的地方还由此引发了局部性的金融风波和群体性事件,直接影响了社会稳定。[1] 在这一过程中,为维护金融安全和有效防范、惩治金融犯罪,国家出台了一系列的法律法规。金融刑法体系在金融体制改革中得以建立和不断完善,但其仍存在不少缺陷与不足。近年来,学界对金融犯罪的理论和相关刑事法律问题进行了深入的思考,主要围绕金融诈骗犯罪构成要件的主观方面是否必须具有非法占有的目的,金融犯罪中单位犯罪的认定,关于破坏金融管理秩序罪、金融诈骗罪的法律具体适用问题,金融犯罪的死刑限制适用与逐步废止、财产刑适用问题等展开讨论,取得了可喜的成果,从而有力地推动了我国金融犯罪理论研究的深入,并对金融犯罪的司法实务提供了有益的帮助。

(5)黑社会性质组织犯罪问题。黑社会性质组织犯罪是我国97刑法典新增的一类犯罪,自2000年中央决定开展“打黑除恶”专项斗争时起,黑社会性质组织犯罪问题逐渐成为我国刑法学界的热点话题。其焦点问题集中在:一是黑社会性质组织的认定。这主要涉及:黑社会性质组织是否以“保护伞”条件为必要?如何理解黑社会性质组织的本质特征?在司法机关与立法机关先后对黑社会性质组织的认定作出不同解释的情况下,可否基于从旧兼从轻原则的要求在立法解释和司法解释之间选择适用?二是黑社会性质组织犯罪与有组织犯罪的关系。学者间对此存在“同一说”“包含说”和“区别说”三种不同意见。三是入境发展黑社会组织罪。主要涉及黑社会组织的认定、本罪主体的理解以及发展对象的界定等问题。四是黑社会性质组织犯罪的立法完善。有学者主张制定单行的反黑社会立法,修改现行黑社会犯罪规定,启用“黑社会”概念,对这类犯罪增设免予追究刑事责任条款,等等。

(6)保安处分问题。我国刑法学界对保安处分问题的广泛关注不过20年的时间,而且由于种种原因的影响,最初多为批判性或介绍性研究。近年来,学者们围绕着保安处分的基本问题以及我国当代保安处分措施的有关问题展开了广泛的研讨,产出了丰硕的成果。特别是学者们对我国劳动教养制度改革的研究,提出了不少真知灼见,为我国劳动教养制度的改革和完善提供了有益的理论参考。

(7)外向型刑法问题。外向型刑法问题主要包括中国区际刑法和国际刑法问题。中国区际刑法问题,是指中国内地(大陆)与港、澳、台地区之间,由于法律制度差异而产生的刑事管辖、刑法适用及刑事司法协助等方面的问题。随着港、澳地区回归祖国,刑法学界对中国区际刑法问题给予了较大的关注,提出了不少有价值的学术见解。这不仅丰富了刑法学研究的内容,而且促进了我国不同法域之间的法律交流和实施。关于国际刑法,我国学者真正将其作为一门法律学科加以研究,大体始于20世纪80年代中后期。[2] 改革开放以来,我

[1] 参见最高人民法院:《全国法院审理金融犯罪案件工作座谈会纪要》(法〔2001〕8号)。
[2] 参见赵秉志、周露露编著:《国际刑法总论问题专题整理》,中国人民公安大学出版社2007年版,第1页。

国理论界积极研究国际刑法学,特别是对国际刑法学总论问题,进行了较为深入的研究,不断有高质量的研究成果问世。可以说,对国际犯罪与国际刑法问题的研究,目前正方兴未艾。

(二)今后刑法学研究的重点领域展望

回首过去,我们既为刑法学研究所取得的进展而自豪,也更应反思刑法学研究之不足。展望未来,我们既要充满信心,又要鼓起勇气,做好迎接挑战的准备。就今后刑法学研究的重点领域而言,我们认为,应始终坚持理论创新,不断取得新突破,并应加强在以下薄弱环节上的研究力度,努力推进我国刑法学术的深入发展和繁荣:

一是关于刑法的解释性研究。长期以来,在我国刑法学研究中,有一种相当明显的学术倾向即喜好批判刑法而不是合理解释刑法,这突出地表现在,事先未对刑法规范作出妥当合理的解释,就指出刑法规定的缺陷,然后提出修改完善刑法的建议。[1] 将刑法学研究的重心置于批判刑法,而忽视有效的解释刑法,这不仅不利于树立刑法的权威和提高刑法解释的能力,而且也会给刑事司法实践中适用刑法带来困惑。在一定意义上说,只有首先将刑法学研究的重点置于解释刑法,并得出符合正义理念与适合司法正当需求的解释结论,才能进一步繁荣、深化和拓展刑法学研究。

二是关于刑法基础理论的研究。综观近现代世界各国刑法发展的历史,刑法基础理论研究与刑法学科的发展完善有着极为密切的联系。不仅如此,刑法基础理论研究还与刑法改革、刑事法治进程密切相关。世界刑法的重大变革,往往伴随着刑法基础理论的重大突破。我国刑法学界对刑法适用问题的研究成果可谓汗牛充栋、连篇累牍;相比较而言,我国关于刑法基础理论的研究则略显黯淡,未能取得突破性进展。因此,今后在刑法学研究中,应有意识地加强对刑法基础理论问题的研究。

三是关于外向型刑法领域的研究。我国的刑法学研究,由于多种因素的影响和制约,比较注重对国内刑法的研究,而在外向型刑法领域的研究方面相对比较薄弱,这在很大程度上阻碍了我国刑事法治与当代世界先进刑事法治的交流与协调。近年来,学界对外向型刑法领域的研究有很大进展,但从总体上看,在外向型刑法研究特别是中国区际刑法领域研究方面,以上不足还未得到根本克服。今后的刑法学研究中,拓宽刑法学研究的国际视野,加强中国区际刑法的研究,并努力开拓外国刑法、比较刑法和国际刑法的研究,应当作为我国刑法学界努力的重要目标之一。

四是关于刑法学体系的研究。综观改革开放30余年来我国刑法学研究的主要成果,不难发现,绝大多数成果是对刑法学具体理论问题的探讨,而对刑法学整体体系结构进行研究的成果则属凤毛麟角。其实,刑法学应有其自身发展的规律和科学体系。我国刑法学的体系究竟应该包括哪些内容,其逻辑顺序如何排列,以刑法典结构体系为依据的刑法学体系是否科学,刑法理论知识应否去苏俄化,以及引入大陆法系代表性国家的刑法学体系是否可行等,目前刑法学界还缺乏深入的理论研究,在认识上也很不一致。这不能不说是一大缺憾,

---

[1] 参见张明楷:《刑法学研究中的十大关系》,载《政法论坛》2006年第2期。

需要加以改观。

五是关于我国刑事法治道路的模式选择以及刑法现代化问题的研究。刑事法治道路的模式选择以及刑法现代化问题,是一个新的课题,是具有时代特色的、亟待解决的课题,也是一个艰巨而重大的课题。因为刑事法治道路的模式选择关系到刑事法治进程的速度甚至刑事法治建设的成败[1],而刑法的现代化无疑又是法治现代化乃至社会现代化的重要组成部分。目前,我国的刑事法治建设进入了一个纵深拓展、全面推进的新时期,因而在今后的刑法学研究中以上述重大课题作为研究的重点,不仅很有必要,而且也切合国家法治发展的实际。近年来,刑法学界虽有少数学者对我国刑事法治道路的模式选择尤其是刑法现代化问题作了可贵的探索,但总体上而言,这方面的研究还很薄弱,存在诸多局限性,很有必要进行开拓性的深入研究。

五、结语

我国刑事法治建设任重道远,刑法学研究应当奋力前行。随着我国刑事法治建设的纵深推进,新情况、新问题也将在刑事法治实践中不断涌现。对此,刑法学者应当以高度的责任感和使命感积极而有效地开展研究,为努力开创我国刑法学研究的新格局,为国家的刑事法治建设和法治的昌明贡献力量。当然,关于刑事法治建设,刑法学者不能仅仅局限于为刑事法治建设提供思想资源,还应当身体力行地参与推动刑事法治建设的实践。

---

[1] 参见高铭暄、周洪波:《"九五"以来刑法学研究状况及发展趋势》,载《政治与法律》2000 年第 5 期。

中国刑法哲学发展面临新机遇*

目　　次

刑法哲学是刑法学的重要分支，是以刑法存在的根据、正当性、合目的性为研究对象的学科分支。刑法哲学最初是从西方启蒙运动中孕育而来的，人类为什么需要刑法、什么是正当的刑法、特定组织乃至整个人类社会怎样实现刑法的正当性等是刑法哲学的本原性议题。当今中国，随着法治国家建设的推进，刑事立法越来越完善，刑事司法也更加文明进步。新时期面对社会矛盾复杂、价值观念多样的现实，刑法的发展与运用需要进行哲学上的思辨，这将在很大程度上影响我国刑法学研究的总体水平和高度，并制约我国刑事法治的发展进步。

一、确定研究核心

自清末变法修律运动以来，中国传统刑法逐渐向现代转型。在这个过程中，中国刑法受到西方刑法理念和制度影响，对传统刑法进行变革以及树立现代新刑法需要在哲学上找到正当性，刑法哲学开始在中国古老的律学传统中萌生。

新中国成立后特别是改革开放以来，随着刑事立法和刑法学科发展，刑法哲学也日益发展。20 世纪 90 年代是现代中国刑法哲学勃兴的起点，加速发展的立法进程和繁荣的法学研究奠定了刑法哲学发展的基础。刑法哲学在这一时期取得长足进步，形成了具有相当规模的学术共同体，创立了学科共同话语体系，初步厘清了知识研究的界域，探寻了多元研究方法，集中形成了系列研究成果。中国刑法哲学以关注刑法学基础理论、体系构建为出

---

* 原载《人民日报》2015 年 12 月 13 日。

发点,不断延展,逐步将对刑法价值的探寻确定为研究的核心内容。

当前,中国刑法哲学研究侧重于探讨刑法的"根源世界"和"意义世界"两个方面。前者解决的是国家刑法权力的正当性问题,对于这一问题的探寻及回答,可以解释现代社会中,刑法在应对各种新型社会危机与潜在风险时其调控范围(犯罪化)与调整力度(刑罚化)的正当性,解释国家基于其稳定与发展需要而限制国民权利的正当性问题;而后者解决的是刑法的价值性问题,即刑法之于特定社会的意义及其实现问题。

刑法哲学的勃兴是中国刑法学现代化的标志之一。一方面,刑法哲学关注刑法的根源性、本原性问题,推进了中国刑法学知识谱系的完善与深化。另一方面,刑法哲学的研究促进了刑法学新型学术与知识体系的形成,推动解决中国刑法改革中的方向选择与价值平衡问题。

二、回应现实问题

起初,中国刑法哲学的研究对象过分西方化,表现为单纯对刑法文化史进行探究分析,导致刑法哲学研究比较空洞,人为阻隔了刑法哲学与刑法法理学的联系。随着刑法哲学研究的深入,特别是法哲学领域一系列积极成果在刑法哲学领域的传播与运用,刑法哲学的研究方向得到合理调整,基础性、现实性问题受到关注与重视,确保了刑法哲学研究的科学性。

刑法哲学研究面向中国现实,是中国刑法哲学走向成熟的标志。法哲学作为一种帮助人们确立立法世界观和法律运行方法论的学问,应当以对法现实与法现象进行深层、全面、客观的解释和分析为基本路径。因而脱离国情的全盘西化与固守传统的抱残守缺这两种研究取向均需予以否定。刑法哲学研究的现实性,促使刑法学者更加关注中华民族在长期历史与生活环境中所形成的刑法价值观念及法律理想,充分尊重时代条件下刑法观念发展的现实过程,对刑法正当性的评价不再简单地以其他文化对刑法的认识为依据。

法律作为人类社会一种主要的调控机制,在不同国家发挥作用。刑法作为法律体系中的一种调控手段,具有地域性,同时也具有共通性。但是,基于人类社会历史演进的客观性,不同民族的法律信仰与法律理想必然呈现多元化态势。因此,刑法学者对刑法哲学进行研究,在通过价值比较与价值探究后,应充分考虑刑法制度建构的民族基础与现实环境,反对不加分析地简单移植他国的刑法观念与价值。

刑法哲学对于形成现代文明刑法观起到了积极作用。比如,对于如何看待废止死刑是刑法学界关注和争议较多的问题,具有深厚的刑法哲学基础。现代死刑观念促进了中国传统死刑观的变革,而坚持刑法哲学立足中国现实,为确立分阶段逐步废止死刑的策略与路径提供了扎实的理论基础。再如,"非犯罪化"作为西方现代刑法发展的基本趋势,西方刑法哲学为之提供了很多理论论证。我国刑法哲学研究紧密结合中国现实,论证了区别化的犯罪政策的正当性,为当下中国刑事立法的"适度犯罪化"提供了理论支撑。这些研究对中国刑法改革起到积极的引导作用,确保了中国刑事立法正确的发展方向。

三、构建理论依据

思辨性是法哲学的特点。这种思辨性是以实然的社会现实与具体的法律需求为基础而进行的一种应然性判断，因而审视、反思现实法是刑法哲学发展的基础和前提。在新的历史条件下，中国刑法哲学面临新的发展机遇，应在继续关注学科基本范畴与体系建构等基础领域的同时，坚持观照中国现实立法问题，为刑法改革提供充分理论依据。

研究刑事立法的发展现实。刑法哲学研究的首要问题是探寻刑法的价值，追问正当刑法的应然状态，而其前提就是对本国刑事立法发展的现实进行反思。如何反思立法现实，是刑法哲学的重要研究内容。显然，揭示中国刑事立法正当性的标准，应当成为中国刑法哲学研究者乃至全体刑法学人的重大使命。为此，需要首先观照中国法律制度的现实、历史和前景，同时兼顾世界法律发展的潮流和趋势，进而形成我国刑法正当性评价的理论基础。

建构科学的刑事立法根据。现代社会，刑法哲学的使命不仅在于论证刑法存在的必要性，更在于充分论证刑事立法改革的正当性。刑事立法的正当性，源于道德哲学对法律的合法性追问。对此，法实证主义与法价值主义提供了不同的思路：前者重视法律效力来源的合法性，主张刑法规范意义上的合法性就是其合法性的全部内容；后者反对将法律权威性等同于其合法性的做法，倡导法的存在必须具有道德的合法性与合目的性。这就为刑法哲学介入刑事立法根据之分析提出了要求。由此看来，在刑事立法之前，有必要由国家立法机关明确立法原则，对所立的刑法进行充分的刑法哲学研究，以确保刑事立法的正当性与正确性。

和谐社会构建与宽严相济刑事政策的贯彻[*]

目　次

一、前言

古往今来，和谐在事业繁荣、国家昌盛、社会进步中均至关重要。和谐凝聚力量，和谐成就伟业。中国共产党十六届六中全会通过的《关于构建社会主义和谐社会若干重大问题的决定》（以下简称《决定》），从中国特色社会主义事业总体布局和全面建设小康社会全局出发，科学地回答了什么是和谐社会、为什么要建设和谐社会、建设什么样的和谐社会以及怎样建设和谐社会等一系列具有全局性、根本性的重大问题。这是一项确保国家长治久安、人民共同富裕的战略决策，是对构建社会主义和谐社会具有重

---

[*] 原载《吉林大学学报（社会科学版）》2008 年第 1 期；《新华文摘》2008 年第 9 期转载；收入康均心、郑青主编：《和谐社会的刑事法治建设》，武汉大学出版社 2008 年版；又载百名法学家百场报告会组委会办公室编：《法治百家谈》（第 2 辑），中国长安出版社 2008 年版。本文于 2013 年 3 月荣获“教育部第六届高等学校科学研究优秀成果一等奖”。

大指导意义的纲领性文件。[1] 这份文件明确宣示,要坚持打防结合、预防为主、专群结合、依靠群众的方针,完善社会治安防控体系,广泛开展平安创建活动,把社会治安综合治理措施落实到基层,确保社会治安大局稳定;依法严厉打击严重刑事犯罪活动,着力整治突出治安问题和治安混乱地区,扫除黄赌毒等社会丑恶现象,坚决遏制刑事犯罪高发势头。同时,该文件更特别强调,要实施宽严相济的刑事司法政策,改革未成年人司法制度,积极推行社区矫正。事实上,社会主义和谐社会的构建是一项关涉政治、经济、文化乃至社会生活诸多方面的系统工程,和谐的刑事法治之构建是其中不可或缺的重要方面。而宽严相济刑事政策的贯彻对于和谐刑事法治乃至和谐社会的构建无疑具有突出的意义。下面以中国和谐社会的构建与宽严相济刑事政策的贯彻为视角,略抒己见。

二、和谐社会需要确立宽严相济的刑事政策

(一)和谐社会的基本蕴含

安顺谓和,协调为谐。社会和谐、天下大同——这是人类社会数千年的梦想和愿望。从孔夫子到孙中山,从柏拉图到托马斯·莫尔,古往今来,无数圣人先哲、仁人志士提出了许多美好构想,勾勒了世界和谐、自由的美好画卷。

迈入21世纪后,我国的社会发展进入了一个新的历史时期,社会转型正面临关键的临界点。放眼全球:世界多极化和经济全球化的趋势深入发展,科技进步日新月异,综合国力竞争日趋激烈,影响和平与发展的不确定因素增多,发达国家在经济科技等领域占优势的压力长期存在;环顾国内:改革发展进入关键时期,经济体制深刻变革,社会结构深刻变动,利益格局合理调整,思想观念深刻变化,空前的社会变革既给我国的发展进步带来巨大活力,也使统筹兼顾各方面利益的任务艰巨而繁重,影响社会和谐的问题需要进一步解决。在这个发展机遇期与矛盾凸显期相互交织的关键阶段,能不能妥善协调各方面的利益关系、正确处理各种社会矛盾,为改革发展创造更好的条件,大力促进社会和谐,已经成为对中国共产党执政能力的重大考验。鉴此,以胡锦涛同志为总书记的中国共产党中央向全党全国发出号召:更加积极主动地正视矛盾、化解矛盾,最大限度地增加和谐因素,最大限度地减少不和谐因素,努力构建社会主义和谐社会。[2]

事实上,自2002年11月党的十六大明确提出"社会更加和谐"的发展要求后,中国共产党人便本着"以先进的思想上下求索,为远大的理想矢志追求"之精神,不断深化对社会主义和谐社会的认识和实践。及至2006年10月党的十六届六中全会所通过的《决定》,则对社会主义和谐社会进行了系统的阐述。该《决定》指出,我们要构建的社会主义和谐社会,是在中国特色社会主义道路上,中国共产党领导全体人民共同建设、共同享有的和谐社会。民主法治、公平正义、诚信友爱、充满活力、安定有序、人与自然和谐相处,是构建社会主义和

---

〔1〕 参见李林主编:《依法治国与和谐社会建设》,中国法制出版社2007年版,第1页。

〔2〕 参见张宿堂、孙承斌、邹声文:《构建社会主义和谐社会的纲领性文件——〈中共中央关于构建社会主义和谐社会若干重大问题的决定〉诞生记》,载《当代广西》2016年第21期。

谐社会的总要求。同时,社会主义和谐社会的构建,应以解决人民群众最关心、最直接、最现实的利益问题为重点,着力发展社会事业、促进社会公平正义、建设和谐文化、完善社会管理、增强社会创造活力,走共同富裕道路,推动社会建设与经济建设、政治建设、文化建设协调发展。《决定》还从八个方面,明确提出了到2020年构建社会主义和谐社会的目标和主要任务,即"人民的权益得到切实尊重和保障""家庭财产普遍增加,人民过上更加富足的生活""社会就业比较充分""基本公共服务体系更加完备""良好道德风尚、和谐人际关系进一步形成""社会管理体系更加完善",从而为我们展现了一幅社会主义和谐社会的宏伟蓝图。[1]

(二)和谐社会框架下宽严相济刑事政策的确立

当今宽严相济刑事政策的精神,可以追溯到我国古代"宽猛相济"的思想。孔子曾曰:"善哉!政宽则民慢,慢则纠之以猛;猛则民残,残则施之以宽。宽以济猛,猛以济宽,政是以和"。可见,在孔子看来,"宽猛相济"方能实现"政和"。而宽严相济刑事政策在一定意义上可以说是继承了"宽猛相济"思想的基本精髓,它是在同违法犯罪的斗争实践中形成并逐步发展完善的,是长期历史经验的总结。伴随着社会主义和谐社会宏伟目标的逐步确立,新中国应对犯罪的基本策略亦历经"镇压与宽大相结合政策""惩办与宽大相结合政策"而逐步演变发展成为"宽严相济的刑事政策"。宽严相济刑事政策的确立,是构建社会主义和谐社会的时代产物。

在新民主主义革命时期,我们党根据阶级斗争的需要,提出了对敌对阶级分子贯彻"镇压与宽大相结合"的政策。这一政策在第二次国内战争期间开始萌芽,在抗日战争和解放战争期间逐渐形成。新中国成立以后,该政策进一步发展,并在"镇反""三反""五反"等政治斗争中发挥了重要作用。不过,随着我国社会形势的发展,这一政策逐渐发展为针对所有犯罪分子的"惩办与宽大相结合"的政策。

在1956年9月党的八大第一次会议上,公安部部长罗瑞卿第一次明确使用了"惩办与宽大相结合的政策"的提法,并把它的具体内容概括为"首恶必办,胁从不问;坦白从宽,抗拒从严;立功折罪,立大功受奖"。1979年制定的第一部刑法典和刑事诉讼法典均明确规定了"惩办与宽大相结合的政策",刑法典更是以第1条开宗明义地确立了该政策。这一政策在此后的司法实践中发挥了积极作用。

然而,自从我国于20世纪80年代开展"严打"斗争以来,强调"从重、从快"打击严重刑事犯罪的"严打"刑事政策开始被奉为应对犯罪的圭臬。而"严打"政策显然偏离了"惩办与宽大相结合"的基本刑事政策之精神,使得该基本刑事政策未能在我国惩治犯罪的实际工作中得到切实的贯彻。20多年来"严打"的实践证明,重刑主义所追求的遏制和减少犯罪的预期目标并没有实现;相反,"严打"的负面效应却日益凸显。因此,为了实现构建社会主义和谐社会之宏伟目标,在总结"严打"刑事政策的经验与教训的基础上,在新时期发展和完善

---

〔1〕 参见2006年10月11日中国共产党第十六届中央委员会第六次全体会议通过的《中共中央关于构建社会主义和谐社会若干重大问题的决定》,载《中华人民共和国国务院公报》2006年第33期。

惩办与宽大相结合刑事政策的思想的指导下，宽严相济的刑事政策应运而生。

2004年12月22日，中共中央政治局常委、中共中央政法委员会书记罗干同志在中央政法工作会议上指出："正确运用宽严相济的刑事政策，对严重危害社会治安的犯罪活动严厉打击，绝不手软，同时要坚持惩办与宽大相结合，才能取得更好的法律和社会效果。"在2005年12月5日至6日召开的全国政法工作会议上，罗干同志再次专门提及宽严相济的刑事政策，并明确将之视为我国在维护社会治安的长期实践中形成的基本刑事政策。他指出，宽严相济是"指对刑事犯罪区别对待，做到既要有力打击和震慑犯罪，维护法制的严肃性，又要尽可能减少社会对抗，化消极因素为积极因素，实现法律效果和社会效果的统一。"他指出：贯彻宽严相济的刑事政策，一方面，是对严重刑事犯罪依法严厉打击；另一方面，要充分重视依法从宽的一面，对轻微违法犯罪人员，对失足青少年，要继续坚持教育、感化、挽救方针，有条件的可适当多判一些缓刑，积极稳妥地推进社区矫正工作。

随后，最高人民法院院长肖扬、最高人民检察院检察长贾春旺在2006年3月向十届全国人大四次会议作工作报告时，都不约而同地提出要对犯罪实行区别对待，贯彻和坚持宽严相济的刑事政策。〔1〕

2006年10月，中国共产党十六届六中全会通过的《决定》遂正式提出，要实施宽严相济的刑事司法政策，力图在严厉打击严重刑事犯罪、维护社会治安的前提下，积极贯彻"教育、感化、挽救"方针，尽可能化消极因素为积极因素，最大限度地减少社会对立面，促进社会和谐。〔2〕 笔者认为，至此可以说，惩办与宽大相结合的刑事政策已正式让位于宽严相济的刑事政策。

（三）宽严相济刑事政策之于和谐社会构建的必要性分析

构建社会主义和谐社会，是我国全面贯彻落实科学发展观，从中国特色社会主义事业总体布局和全面建设小康社会全局出发提出的重大战略任务。而犯罪则是构建和谐社会过程中最不和谐的因素，是和谐社会的不和谐表现。作为当前我国应对犯罪的基本方略，宽严相济的刑事政策也正是在构建社会主义和谐社会这一宏伟目标的前提下逐步确立的。切实贯彻宽严相济的刑事政策，合理地组织对犯罪的理性反应，对于社会主义和谐社会的构建具有重要的现实意义。

1. 宽严相济刑事政策对于构建和谐社会的总体机能

宽严相济刑事政策涵括宽松刑事政策与严格刑事政策两个方面。通过协调运作宽松刑事政策与严格刑事政策，宽严相济刑事政策对于和谐社会的构建，可以从总体上发挥如下机能：

（1）有助于不断化解社会矛盾，最大限度地减少不和谐因素。在当前我国社会、经济高

---

〔1〕 参见肖扬：《最高人民法院工作报告——2006年3月11日在第十届全国人民代表大会第四次会议上》，载《中华人民共和国全国人民代表大会常务委员会公报》2006年第4期；贾春旺：《最高人民检察院工作报告——2006年3月11日在第十届全国人民代表大会第四次会议上》，载《中华人民共和国全国人民代表大会常务委员会公报》2006年第4期。

〔2〕 参见2006年10月11日中国共产党第十六届中央委员会第六次全体会议通过的《中共中央关于构建社会主义和谐社会若干重大问题的决定》，载《中华人民共和国国务院公报》2006年第33期。

速发展的时期,社会问题比较复杂,社会矛盾在一定程度上也比较突出。为了实现构建和谐社会之宏伟目标,需要采取多元化的矛盾解决机制,积极面对并妥善化解社会矛盾,保持社会协调有序地发展。而宽严相济的刑事政策强调要根据社会形势和犯罪分子的不同情况,区别对待,当宽则宽,当严则严,这就有利于从源头上最大限度地减少不和谐因素,不断促进社会和谐。

(2)有助于促进民主法治,践行社会主义法治理念。民主法治,是构建社会主义和谐社会的总要求之一。而民主法治的实现,必须牢固树立依法治国、执法为民、公平正义等一系列社会主义法治理念。宽严相济刑事政策既要求宽严有度,以法为据,也要求重罪重罚,轻罪轻罚,同时强调区别对待,力图营造公平、公正的社会氛围。这与依法治国、执法为民、公平正义等社会主义法治理念在核心内容、本质要求、价值追求等方面具有高度的契合性。贯彻宽严相济刑事政策的过程,就是促进民主法治、践行社会主义法治理念的过程,同时也是逐渐达成社会主义和谐社会之宏伟目标的过程。

2. 侧重运用宽松刑事政策,有助于充分保障人权,营造宽松、理性、祥和的社会氛围

在建设和谐社会过程中,要积极贯彻宽严相济的刑事政策,尤其要注意宽松刑事政策的运用。侧重运用宽松刑事政策,可以充分发挥刑事法治的人权保障机能,从而营造宽松、理性、祥和的社会氛围,促进社会的和谐发展。基于构建社会主义和谐社会之宏伟目标的考量,侧重运用宽松刑事政策可以在如下几个方面发挥宽严相济刑事政策保障人权、营造社会和谐之机能:

(1)有助于扬弃重刑主义。不可否认,目前在我国刑法立法和司法中都还存在一定程度的"重刑主义"的倾向。如各种犯罪的法定刑档次总体上过高,立法上配置死刑、重刑的犯罪数量过多;司法中适用死刑、重刑案件的数量也居高不下,这不符合我国目前政治、经济、社会和谐发展的客观需要。而宽严相济刑事政策的贯彻,不仅可以扭转目前我国刑事法治中存在的"重刑主义"倾向,合理而有效地配置刑罚资源,而且可以缓和社会矛盾,促进对罪犯的教育改造。

(2)有助于适时推进刑罚改革。就我国现行刑法中规定的刑罚种类和刑罚制度而言,虽然从总体上来看,大体符合和谐刑事法治的基本要求,但是一些具体刑罚种类的配置方面和刑罚制度设置方面,仍需要本着宽严相济刑事政策尤其是宽松刑事政策之精神,作较大幅度的调整,从而使刑罚种类和刑罚制度的配置、适用与执行更趋人道化、理性化。

(3)有助于倡导行刑社会化的理念,促进罪犯回归社会。现代刑事法治,不仅仅以惩罚犯罪人作为目标,更重要的是提倡通过刑罚来教育改造罪犯,促使他们回归社会,重新成为社会的善良公民。贯彻宽严相济刑事政策尤其是宽松刑事政策,可以避免因刑罚执行而导致罪犯与社会的隔阂,在行刑过程中提倡社会化、开放式的执行方式,从而更好地发挥刑罚的教育改造功能。

3. 合理运用严格刑事政策,有助于公正惩治犯罪,维护和谐、稳定的社会秩序

作为一种有限的社会资源,刑罚手段应当着重被用来打击那些影响社会基本秩序的犯罪。这是贯彻宽严相济的刑事政策尤其是其中严格刑事政策的题中应有之义。而贯彻宽严

相济的刑事政策，合理运用严格刑事政策，可以在最大限度地消除这些不利因素的同时，公正地惩治犯罪，有效地发挥刑罚的一般预防和特殊预防的作用，从而营造良好社会氛围、大力促进社会进步，满足构建和谐社会的客观要求。基于构建社会主义和谐社会之宏伟目标考量，合理运用严格刑事政策可以在如下几个方面发挥宽严相济的刑事政策维护和谐、稳定社会秩序之机能：

(1)维护社会稳定，依法惩治严重危害社会公共秩序的犯罪。社会稳定是任何类型社会谋求发展的基础。我国改革开放二十多年来经济、社会的高速发展，在相当程度上得益于社会的基本稳定。而通过宽严相济刑事政策中的严格刑事政策的运用，坚决、有力、有效地打击严重危害社会公共秩序的犯罪，可以继续维护社会稳定，促进社会的和谐发展。

(2)保障人民基本利益，依法惩治严重暴力性犯罪。近些年来时有发生的严重暴力性案件，不仅严重侵犯了被害人的合法利益，也严重影响了社会公众的心理，使公众对社会安全的认同大大降低。因而，贯彻严格刑事政策，继续依法严惩严重暴力性犯罪，不仅是维护社会秩序的需要，也是提高公众对社会安全认同感，稳定社会心理，维护社会各项事业平稳发展的需要。

(3)保障社会可持续发展，依法惩治影响社会健康、协调发展的犯罪。社会可持续发展包括政治、经济、文化、环境等多方面的可持续发展。目前影响我国社会可持续发展的不利因素较多，就犯罪层面而言，主要包括腐败犯罪、经济犯罪、环境犯罪、安全事故犯罪等。积极贯彻宽严相济的刑事政策，合理利用刑罚手段打击上述犯罪，对于保障我国社会持续、健康、协调的发展，促进社会和谐及人与自然的和谐，无疑具有重要作用。

(4)维护国家安全，依法惩治恐怖活动犯罪和跨国、跨境犯罪。切实贯彻宽严相济的刑事政策，充分运用刑罚手段坚决惩治恐怖活动犯罪和跨国、跨境犯罪，可以维护国家安全和社会稳定，巩固中国共产党的执政地位。[1]

三、关于宽严相济刑事政策的理解

(一)宽严相济刑事政策的地位界定

1. 宽严相济的刑事政策是我国的基本刑事政策

在宽严相济刑事政策的确立过程中，从中共中央政治局常委、中共中央政法委员会书记罗干同志在不同场合的讲话，到最高人民法院、最高人民检察院的工作报告，直至中共中央十六届六中全会所通过的《决定》，曾有过不同的表述。2004 年和 2005 年底罗干同志在全国政法工作会议上的两次讲话中，均强调要运用宽严相济刑事政策；“两高”2006 年的工作报告也都使用了“宽严相济刑事政策”的表述。而 2006 年 10 月中共中央的《决定》则表述为“宽严相济的刑事司法政策”。此后，这一表述也为罗干同志 2006 年 11 月 6 日出席第五次全国刑事审判工作会议时的讲话中，以及最高人民检察院 2006 年 12 月 28 日发布的《关于

〔1〕 参见赵秉志：《现代刑事法治是和谐社会的基本保障》，载李林主编：《依法治国与和谐社会建设》，中国法制出版社 2007 年版，第 282 页。

在检察工作中贯彻宽严相济刑事司法政策的若干意见》等相关司法文件所承袭。例如,上述《意见》即指出:“宽严相济是我们党和国家的重要刑事司法政策,是检察机关正确执行国家法律的重要指针。检察机关贯彻宽严相济的刑事司法政策,就是要根据社会治安形势和犯罪分子的不同情况,在依法履行法律监督职能中实行区别对待,注重宽与严的有机统一,该严则严,当宽则宽,宽严互补,宽严有度,对严重犯罪依法从严打击,对轻微犯罪依法从宽处理,对严重犯罪中的从宽情节和轻微犯罪中的从严情节也要依法分别予以宽严体现,对犯罪的实体处理和适用诉讼程序都要体现宽严相济的精神。”〔1〕

与上述中央文件、相关司法文件以及中央领导讲话中的不同表述相应,在刑事法理论中关于“宽严相济的刑事政策”的地位也产生了不同的看法。其争鸣点主要体现为如下方面:

(1)宽严相济的刑事政策是刑事司法政策还是基本刑事政策?

有学者认为,对政策,学者可以解读,但不能创造。既然十六届六中全会的《决定》与中共中央政法委书记罗干同志的讲话都提出宽严相济是刑事司法政策,就应当遵循中央对这一政策的定位,将宽严相济的刑事政策仅界定为刑事司法政策。〔2〕也有学者主张,宽严相济的刑事政策应该是我国现阶段惩治与预防犯罪的基本刑事政策,该政策的基本精神应贯穿于刑事立法和刑事司法的全过程。〔3〕还有学者对此持折中的观点。他们认为,宽严相济在当前只是一个刑事司法政策,因为权威机关和文件没有明确说明是否在立法中仍然坚持和贯彻这项政策,因而尚不能说它是我国的基本刑事政策。不过,在可望的将来,通过逐步实现刑罚结构改革,可以使宽严相济刑事政策超越司法阶段而上升为指导立法的政策,从而成为一项基本刑事政策。〔4〕

的确,基本刑事政策与刑事司法政策是两个位阶不同的概念。基本刑事政策的内涵不仅包括刑事立法政策,还包括刑事司法政策和刑事执行政策。我们认为,宽严相济的刑事政策不但应在我国的刑事司法中得到充分体现和贯彻,在我国的刑事立法和刑罚执行中也都应得到充分体现和贯彻,它应当被理解和确定为我国当前的基本刑事政策,是惩办与宽大相结合基本刑事政策在新时期的继承和发展,而不能单纯将其理解为我国的刑事司法政策。中共中央的《决定》之所以提出要“实施宽严相济的刑事司法政策”,主要是针对刑事司法工作而言的,重在强调我国的刑事司法工作必须坚持宽严相济刑事政策。不能因为中央文件提出了“要实施宽严相济的刑事司法政策”,就认为宽严相济刑事政策只是我国的刑事司法政策,不是刑事立法和刑罚执行方面应当贯彻的政策,从而否定其基本刑事政策之地位。其实,从罗干同志最初的讲话来看,也是倾向于将宽严相济的刑事政策定位为我国的基本刑事政策的。

---

〔1〕 参见最高人民检察院:《关于在检察工作中贯彻宽严相济刑事司法政策的若干意见》(2006年12月28日发布),载《人民检察》2007年第4期。

〔2〕 参见北京师范大学刑事法律科学研究院对于最高人民法院《关于贯彻落实中共中央政法委员会“关于贯彻宽严相济的刑事政策”工作项目的报告》(第二稿)于2006年11月22日所组织的研讨会上的部分学者意见。

〔3〕 参见胡云腾、廖万里:《宽严相济刑事政策的刑法学解读——兼论在构建和谐社会中的作用》,载赵秉志主编:《和谐社会的刑事法治》(上卷:刑事政策与刑罚改革研究),中国人民公安大学出版社2006年版,第161~169页。

〔4〕 参见储槐植、赵合理:《构建和谐社会与宽严相济刑事政策之实现》,载《法学杂志》2007年第1期。

(2)宽严相济刑事政策同惩办与宽大相结合刑事政策的关系如何?

关于两者之间的关系,刑事法理论界存有不同的观点。有观点认为二者是并存的,虽然有了宽严相济的刑事政策,但惩办与宽大相结合的刑事政策依然存在,而且仍然是基本刑事政策;有学者认为,宽严相济的刑事政策和惩办与宽大相结合的刑事政策之间属于一脉相承,前者并非一种新的刑事政策;而另有学者则认为,宽严相济的刑事政策和惩办与宽大相结合的刑事政策之间形似而神不似,前者是我国刑事政策的调整与发展,使我国在新世纪、新阶段提出的一项新的刑事政策。[1] 我们同意后一种观点,认为宽严相济的刑事政策是我国在新的历史时期,在努力构建社会主义和谐社会的伟大进程中所提出的一项新的基本刑事政策。该项刑事政策虽然继承了惩办与宽大相结合刑事政策的基本精髓,但同时也根据我国新时期的社会背景作了创造性的发展。两者在表述方式、侧重基点、司法倾向、关注重点等方面均存有差异。[2] 相对而言,宽严相济的刑事政策不仅更强调和侧重于刑事政策中"宽"的一面,而且也更加强调宽松刑事政策与严格刑事政策之间的"相济"即协调运作。它是我们党和国家处在新的时代,面对刑事案件数量急剧增加,就刑事法律如何保持社会良好运行状态所作的新思考、提出的新理念,其背后有着积极的时代意义与实务价值。[3]

2. 宽严相济的刑事政策与"严打"政策的关系

"严打"亦即依法从重从快严厉打击严重刑事犯罪活动,是我国在20世纪80年代初为惩治犯罪、维护社会治安而提出的一项重要方针,是中国社会综合治理工作的首要环节。我国在1983年、1986年和2001年先后进行了三次集中的"严打"斗争,但实际上,20余年来"严打"斗争一直在持续进行中。作为我国晚近20余年来推行的一项重要的刑事政策,"严打"在特定历史时期发挥了一定的积极作用。它在打击犯罪、维护社会治安、保护广大人民群众合法权益诸方面,收到了立竿见影的效果,不失为一种现实有效的措施。但是,"严打"毕竟是在特殊时期针对某些特定的严重犯罪采用的特殊手段,不能过高地估计其实际效能,更不能期望通过"严打"来实现社会的长治久安。事实上,我国20多年来持久长期的"严打"斗争已经对常态法治造成了较为严重的冲击,带来了许多负面的影响。

如今,在国家为构建和谐社会提出宽严相济刑事政策的背景下,理论上和实践中有一种观点认为,贯彻宽严相济刑事政策仍必须坚持"严打"不动摇,并将"严打"政策完全视为宽严相济刑事政策的下位概念,即将"严打"等同于宽严相济刑事政策中的"严"。对此,我们持不同观点。我们认为,"宽严相济的刑事政策"强调"轻"与"重""宽"与"严"的协调,比我国以往的"惩办与宽大相结合"的刑事政策更为准确,比西方国家近年来奉行的"轻轻重重"的刑事政策更为科学。尽管因为目前的犯罪态势仍较严峻等种种因素的影响,我国针对严重刑事犯罪还要在一定时期内施行"严打"的方针,社会民众乃至一部分司法工作者对宽严相济的刑事政策也还有个逐步接受的过程。但必须明确的是,"严打"并非常态法治社会应

---

〔1〕 参见刘华:《宽严相济刑事政策的科学定位与司法适用》,载《法学》2007年第2期。

〔2〕 参见刘华:《宽严相济刑事政策的科学定位与司法适用》,载《法学》2007年第2期。

〔3〕 参见黄京平:《"宽严相济"刑事政策的时代含义及实现方式》,载赵秉志主编:《和谐社会的刑事法治》(上卷:刑事政策与刑罚改革研究),中国人民公安大学出版社2006年版,第326~329页。

对严重刑事犯罪的有效措施,该政策不应长期存在,更不应纳入国家的基本刑事政策。进言之,"宽严相济刑事政策"中的"严"有严密法网、严厉惩治、严肃执法之意,因而与"严打"有着根本的区别。在严重刑事犯罪的发生率较为稳定的情况下,一味强调"严打"的方针是不妥当的。对于严重刑事犯罪的处理,"严打"的方针应该逐步演变和过渡为宽严相济的刑事政策,而且"严打"方针的贯彻尤其不应对当前最高司法机关确保死刑适用质量、严格控制死刑数量、统一死刑适用标准之努力产生动摇和影响。

(二)宽严相济刑事政策的基本内涵

我们赞同这样一种观点,即所谓宽严相济的刑事政策,是指根据不同的社会形势、犯罪态势与犯罪的具体情况,对刑事犯罪在区别对待的基础上,科学、灵活地运用从宽和从严两种手段,打击和孤立极少数,教育、感化和挽救大多数,最大限度地实现法律效果和社会效果的统一。[1] 具体而言,可以从如下方面把握:

1. 宽严相济之"宽"

宽严相济之"宽",是指对于犯罪施以宽松刑事政策,在刑事处理上侧重宽大、宽缓、宽容。进而言之,从刑事司法的角度来讲,是指对于轻微的犯罪行为和偶犯、过失犯、中止犯、从犯、胁从犯、防卫过当犯、避险过当犯,以及未成年人、又聋又哑或者盲人、孕妇或哺乳期的妇女、严重疾病患者等犯罪人,予以轻缓化的合法合理合情的处理。从刑事立法的角度来说,是指合理削减死刑罪名,将管制刑改革为社区劳役刑,扩大罚金刑的适用范围,增加对年满70周岁老人的宽宥制度,建立健全赦免制度,建立健全社区矫正立法,等等。

2. 宽严相济之"严"

宽严相济之"严",是指对于犯罪施以严格刑事政策,在刑事处理上侧重严密、严厉、严肃。申言之,一方面是指对有组织犯罪、黑恶势力犯罪、严重暴力犯罪、跨国境犯罪、恐怖主义犯罪、严重影响群众安全的多发性犯罪以及对于人身危险性大的犯罪人采取从重的刑事政策,体现为适用普通程序和刑事诉讼化、刑罚化与监禁化,直至适用最严厉的刑罚——死刑;另一方面,宽严相济之"严"也体现为严密刑事法网、严肃刑罚执行。

3. 宽严相济之"济"

宽严相济之"济",蕴含着结合、配合、补充、渗透、协调、统一、和谐之意,亦即协调运用宽松刑事政策与严格刑事政策,以实现二者的相互依存、相互配合、相互补充、相互协调、有机统一。事实上,宽严相济有着丰富的内涵,上文对体现宽严相济刑事政策之"宽"与"严"制度的阐明,从一定意义上也可以理解为宽严相济之"济"的一个方面,即该宽则宽,当严则严。

概而言之,宽严相济的刑事政策的内容可以归结为:当宽则宽,该严则严,轻中有严,重中有宽,宽严有度,宽严适时。其核心则是区别对待。社会和法治发展的历史反复证明,没有区别便没有正确的政策。具体刑事犯罪的社会危害性各异,犯罪人的人身危险性也不尽相同。从控制犯罪的策略出发,要有意识地发现、利用这些差别。通过对不同情况施以不同

---

[1] 参见最高人民法院:《关于贯彻宽严相济的刑事政策的报告》(2007年3月29日),第8页。

的处遇,从而有效地维护社会治安,促进社会和谐。[1]

四、关于宽严相济刑事政策的贯彻

宽严相济的刑事政策作为我国当前应对犯罪的基本策略思想,对于刑事立法、刑事司法和刑罚执行活动均具有重要的指导作用。在新的历史条件下,如何切实贯彻宽严相济的刑事政策,直接关涉社会主义和谐社会宏伟目标能否顺利达成,因而具有非常重要的现实意义。我们认为,应从如下方面认真贯彻宽严相济的刑事政策:

(一)注重贯彻宽松刑事政策

为了积极贯彻宽严相济的刑事政策之宽松刑事政策,就需要在刑事司法中尽量适用诉讼上的程序简易化、非刑事诉讼化和实体上的非刑罚化、执行上的非监禁化;在刑事立法方面,则要求合理削减死刑罪名,着力改革管制刑,扩大罚金刑的适用范围,建立健全赦免制度与社区矫正立法等。现择其要者分述如下:

1. 积极推行程序简易化和非刑事诉讼化

(1)扩大适用简化审和简易程序。有关研究认为,被告人认罪案件简化审和简易程序,既节省刑事司法资源、提高司法效率,又有利于被告人权利的保障,有利于减少刑事司法程序对被告人的不良影响。为此,应当切实贯彻执行最高人民法院、最高人民检察院和司法部曾于2003年3月15日联合发布的《关于适用普通程序审理"被告人认罪案件"的若干意见(试行)》和《关于适用简易程序审理公诉案件的若干意见》。换言之,在具体办案中,对符合法定条件的公诉案件,能够适用简易程序或者可以简化审理的,要予以适用;对于被告人及辩护人提出建议适用简易程序或者简化审理的案件,经审查认为符合条件的,应当同意适用。[2]

(2)在刑事立案与侦查阶段,应该严格按照立案标准的规定,不该立案的坚决不能立案,可立案可不立案的原则上不予立案,立案标准存疑时不予立案。否则,可能会导致无妄动刑、滥罚无辜、宽严皆误的后果,刑罚难免失于苛厉,刑法便可能成为严刑峻法,背离宽严相济刑事政策的要求。在立案阶段,还要注意辨明案件性质,不要将民事、经济纠纷性质的案件错当作刑事案件立案。在侦查阶段,必须严格掌握强制措施的标准。能够使用较缓和强制措施的就不要使用较严厉的强制措施,特别是应该慎用逮捕措施,可捕可不捕的坚决不要逮捕。要严防超期羁押,严禁刑讯逼供,切实保障犯罪嫌疑人的人权。在侦查过程中,发现不应对犯罪嫌疑人追究刑事责任的,应当撤销案件;犯罪嫌疑人已被逮捕的,应当立即释放,发给释放证明。不能出于某种考虑而继续侦查程序,以切实维护犯罪嫌疑人的权利。

(3)要正确而充分地运用不起诉制度。不起诉制度是当今世界上大多数国家刑事诉讼中的一项重要制度。这项制度一方面有利于保护犯罪嫌疑人的合法权益,促使其悔过自新,减少讼累,节约司法资源;另一方面也有助于增强对必须追诉的犯罪分子的打击力度。我国

---

[1] 参见最高人民法院:《关于贯彻宽严相济的刑事政策的报告》(2007年3月29日),第9页。

[2] 参见孙力、刘中发:《"轻轻重重"刑事政策与我国刑事检察工作》,载《中国刑事法杂志》2006年第4期。

现行《刑事诉讼法》规定了绝对不起诉、存疑不起诉和相对不起诉三种不起诉类型。但由于诸多因素的影响,不起诉制度在实践中运行不畅,适用率较低,没有发挥其应有的功能。[1]应严格依照刑法、刑事诉讼法及相关司法解释的规定准确行使不起诉权,可诉可不诉的坚决不起诉,以更好地体现宽严相济的刑事政策。

2. 充分运用非刑罚化制度

(1)要正确而充分地运用非刑罚处理方法。非刑罚处理方法是对犯罪人不适用刑罚(主刑和附加刑),根据案件可以直接适用或者建议主管部门适用刑罚以外的其他处理方法。我国刑法典第37条规定了非刑罚处理方法。非刑罚处罚方法作为体现宽严相济刑事政策的最有效的方法,理应受到极大的重视。司法机关应当充分认识非刑罚处罚方法的意义,正确而充分地适用非刑罚处罚方法。

(2)量刑上要趋于轻缓。对于轻微的犯罪行为和人身危险性小的犯罪人,应从轻判处。这里应特别注意量刑情节的适用。量刑情节的规定,既使罪刑法定原则在刑之相对确定条件下得以有效贯彻,又使法官的自由裁量权得到合理的规范引导与限制,从而有效地避免了刑之擅断和误断。法院能否正确适用量刑情节,不仅涉及罪责刑相适应原则在刑事司法中能否得到充分体现,而且也关系到刑罚个别化原则之实现程度,关系到量刑结果的公正性与合理性,进而直接关涉被告人之合法权益能否得到切实的保障。因而量刑情节的司法适用密切关系到宽严相济刑事政策的贯彻落实程度。在定罪量刑时,不能仅以犯罪危害轻重作为量刑的唯一根据,还应当充分考虑犯罪人的个体情况,全面考察犯罪人的人格因素,结合犯罪人的可改造程度等具体情况,尽可能地维护犯罪人的合法权益。对主观恶性较小、犯罪情节轻微的未成年人、初犯、偶犯和过失犯,应慎重考虑是否逮捕和起诉,可捕可不捕的不捕,可诉可不诉的不诉。[2] 对犯罪情节轻微或具有从轻、减轻、免除处罚情节的,依法从宽处罚。唯有如此,才能使刑事司法真正贯彻体现宽严相济之刑事政策。应特别重视酌定情节的适用。有关研究认为,法官在量刑时,如何恰当地适用酌定量刑情节,是宽严相济的刑事政策能否得到贯彻落实的关键性因素。[3] 在以往的司法实践中,法官往往只重视法定量刑情节,而忽视对酌定量刑情节的处理和认定。被告人的酌定量刑情节往往在判决中得不到必要的体现。[4] 为更好地贯彻宽严相济的刑事政策,应重视酌定情节的正确适用。

3. 扩大适用非监禁化制度

宽严相济的刑事政策在刑罚执行方面体现为非监禁化制度之施行。从中国刑事司法的实际情况看,应重视运用管制刑、财产刑、缓刑、减刑、假释等制度。

(1)管制刑与财产刑之充分适用。管制刑是我国独创的刑种。宽松的刑事政策要求对轻微犯罪处以较轻的刑罚,管制刑正是因应了这种需要。管制刑仅是限制犯罪人之自由,而

[1] 参见刘东根:《两极化——我国刑事政策的选择》,载《中国刑事法杂志》2002年第6期。

[2] 参见2006年3月11日贾春旺在第十届全国人民代表大会第四次会议上所作的《最高人民检察院工作报告》。

[3] 参见高铭暄、张杰:《宽严相济刑事政策下酌定量刑情节的适用》,载赵秉志主编:《和谐社会的刑事法治》(上卷),中国人民公安大学出版社2006年版,第903页。

[4] 参见赵秉志:《论中国刑事司法中的人权保障》,载《北京师范大学学报(社会科学版)》2006年第3期。

非剥夺其自由,不需要将其关入监禁机构,从而既有效地避免了交叉感染,又有利于节约司法资源,因而符合刑罚轻缓化和行刑社会化之潮流。由于管制刑执行中存在一些问题,如执行主体单一,管制刑所体现的惩罚性较弱,内容空虚,适用的政治社会基础丧失,导致刑罚体系的不协调,不科学等原因[1],目前管制刑适用率较低。在宽严相济的刑事政策的大环境下,应当注意通过刑事司法改革和完善管制刑,扩大管制刑的适用范围,以实现刑罚轻缓化,贯彻宽严相济刑事政策的要求。

财产刑仅剥夺犯罪人的财产权益而不剥夺其人身自由,属于一种非监禁化的刑罚种类,对于贪利性犯罪具有较好的惩治效果,并能够弥补短期自由刑之弊端,因而世界上许多国家的财产刑特别是罚金刑适用率很高。我国目前财产刑适用和执行中存在许多问题,财产刑空判率较高,执行较难。应改进财产刑的适用和执行制度,加大财产刑的适用和执行力度,以体现宽严相济刑事政策的要求。

(2)缓刑之重视适用。缓刑是非监禁化的一种有效的制度,针对轻罪犯适用,能够体现宽严相济刑事政策的要求。由于重刑思想的影响,加之缓刑立法和司法方面存在的问题,有关研究认为,我国多年来缓刑适用率偏少,各地法院适用缓刑的差异很大,这种状况跟其他国家相比差距很大。世界上多数国家的缓刑使用率都在50%左右,最高的达到60%～70%。[2] 因而我们应以宽严相济的刑事政策为指导进行缓刑司法改革,落实监督主体,加强考察监督工作,完善缓刑程序,提高缓刑的适用率和执行效果。

(3)减刑、假释之正确适用。减刑是刑罚执行中体现宽严相济刑事政策之“宽”的一种有效的制度。但减刑也有其本身的弊端,与世界上大多数国家不同的是,我国的减刑具有不可逆性,一旦减刑即不可撤销,因而减刑之改造罪犯,促使其改过自新的功能受到一定削弱。有关研究指出,多年来,我国的减刑刑满释放人员比假释人员的重新违法、重新犯罪率高,大多数的累犯、再犯曾经是减刑刑满释放人员,这说明减刑刑满释放人员的整体矫正质量不如假释人员好。[3] 为了在减刑司法活动中更好地体现宽严相济的刑事政策,应重视减刑的适用效果。

假释制度是一种较为典型的非监禁化措施。我国的假释率远远低于各国的水平。有关研究认为,我国一直是实行减刑为主假释为辅的行刑制度的少数国家,主要发达国家普遍实行假释为主减刑为辅或者单一假释的行刑制度,说明我国尚未正确认识和主动运用减刑、假释行刑制度的客观规律。因此,在立法对假释制度予以完善之前,司法活动应在一定程度上扩大假释之适用。[4]

4.深入探索恢复性司法制度

恢复性司法是通过恢复性程序实现恢复性结果的犯罪处理方式,具体是指在犯罪人、被

---

[1] 参见张亚平:《宽严相济刑事政策下管制刑的改革和完善》,载赵秉志主编:《和谐社会的刑事法治》(上卷),中国人民公安大学出版社2006年版,第903页。

[2] 参见吴宗宪:《非监禁刑研究》,中国人民公安大学出版社2003年版,第539页。

[3] 参见刘京华:《减刑假释制度的发展趋势和利弊》,载《北京政法职业学院学报》2005年第2期。

[4] 参见刘京华:《减刑假释制度的发展趋势和利弊》,载《北京政法职业学院学报》2005年第2期。

害人和其他受犯罪影响的社区成员积极参与下，通过道歉、和解、赔偿、社区服务和其他任何旨在重新整合被害人和犯罪人关系、恢复社区和谐，从而避免对刑事案件启动传统刑事司法程序。恢复性司法运动已经由其发源地北美席卷欧洲、大洋洲、南美洲、亚洲和非洲许多国家，成为世纪之交最具声势和规模的一场世界范围内的刑事政策改革运动。恢复性司法运动最初主要适用于未成年人犯罪，现在则开始扩大至成年人犯罪；并且由最初仅仅适用于轻微犯罪、财产性犯罪向现在的严重犯罪甚至暴力性犯罪扩展。[1]

我们认为，恢复性司法作为一种创新性制度，可以通过一些具体的制度试点加以探索。根据中国的具体情况，可以试行刑事和解、社区矫正等制度。

(1)刑事和解制度之尝试。刑事和解是在刑事诉讼程序运行过程中，被害人和加害人(被告人或犯罪嫌疑人)以认罪、赔偿、道歉等方式达成谅解以后，国家专门机关不再追究加害人刑事责任或者对其从轻处罚的一种案件处理方式。这种诉讼制度是对调解制度的发展和革新。刑事和解符合我国"和为贵""冤家宜解不宜结"的善良风俗，有利于弥补被害人因犯罪造成的损害，抚平其心理创伤；有利于减少对抗，化解矛盾，促进社会和谐；有利于减少刑事追究，节约司法资源，化消极因素为积极因素。[2] 刑事和解作为一种精神和原则，应该在刑事诉讼中确定下来。[3]

(2)社区矫正制度之尝试。社区矫正是非监禁化处理的一个典型。从当前世界刑罚制度的发展趋势来看，社区矫正制度已被各国广泛采用，但在中国尚未广泛实行。中国的罪犯改造主要适用的是监禁刑，这往往造成监狱在押人员人满为患，在监狱环境中交叉感染，刑满释放人员因长期监禁，回归社会适应能力差，就业困难，社会歧视明显，重新犯罪率高等弊端。社区矫正正是在此种背景下应运而生的。自 2003 年 7 月启动社区矫正试点工作以来，在中央有关部门的精心部署和地方各级机关的支持配合下，全国已有 24 个省(区、市)的 102 个地(市)、507 个县(区、市)、4085 个街道(乡镇)不同程度地展开试点工作。累计接受社区服刑人员 100,932 人，解除矫正 37,779 人，现有社区服刑人员 63,153 人。[4] 我们认为，社区矫正试点工作是我国改革刑罚执行方式的重大举措。开展社区矫正有利于提高对罪犯教育改造的质量，改善社会治安秩序，也有利于探索建设中国特色社会主义的刑罚执行制度。因此，要从保持长期和谐、稳定社会环境的大局出发，在有利于保护社会同时又有利

〔1〕 转引自梁根林：《刑事制裁：方式与选择》，法律出版社 2006 年版，第 43～44 页。

〔2〕 参见罗欣、王金贵：《"和谐社会语境下的刑事和解"学术研讨会成功举行》，载《检察日报》2006 年 7 月 22 日。

〔3〕 很多学者对刑事和解制度进行了研究，如有学者认为，刑事和解要贯穿刑事诉讼整个过程：在侦查阶段，如果是重罪，即使能达成刑事和解也要移送审查起诉；但是对于轻罪，如果被害人一方同意在侦查阶段就和解，犯罪嫌疑人也认罪，侦查机关可撤销案件。在审查起诉阶段，应考虑扩大不起诉的权力，让被害人与加害人之间和解的空间扩大一些，犯罪嫌疑人认罪并做出了对被害人的赔偿和道歉的，可以暂缓起诉。另外，假如某案件虽然不属于暂缓起诉范围，但双方当事人已经达成协议，检察机关应该向法院提出从轻处罚等量刑建议。在审判阶段，对于证据充分的案件，如果被告人认罪、当事人达成协议，检察机关应同意建议人民法院从轻处罚。这种从轻处罚的范围比较宽泛，甚至包括死刑案件。审判应体现宽严相济的刑事政策，宽的第一个条件就是刑事和解，除非罪大恶极的案件，在审判阶段适用刑事和解是检察机关和法院都应当考虑的问题。如果在重罪中，被告人认罪、赔偿，表现好，且被害人谅解，主动要求法院从轻判决，法院也应当考虑这种意见。参见陈光中：《刑事和解的理论基础与司法适用》，载《人民检察》2006 年第 10 期。

〔4〕 参见王珏：《社区矫正试点工作进展情况》，2007 年 5 月 28 日司法部社区矫正专家座谈会发言。

于保障人权的前提下,借鉴国外社区矫正的成功经验,结合中国的国情,积极进行社区矫正制度的理论与实践探索和尝试。我们考虑,可以在司法行政机关内设立专门的社会行刑和矫正机构,统一管理管制、缓刑、假释、暂予监外执行和剥夺政治权利的执行工作,还应该逐步建立专业化的矫正队伍,必要时可以引进义工服务制度。[1]

5. 着力重构现代赦免制度

作为一种由国家宣告对犯罪人免除其罪,或者虽不能免除其罪,但免除或减轻其刑的刑罚消灭事由,赦免制度无疑具有悠久的历史和重要的刑事政策意义。古今中外的法律体系中,都或繁或简地设置有赦免制度。中国古代赦制从孕育、发展、修正到成熟与不断完善之数千年的历程,已充分体现了该制度对于维系封建统治的积极意义。它已与"严刑峻法"一起共同成为封建帝王"刚柔相济、恩威并举"的有效统治手段。但是,在封建帝王所娴熟运用的这两种统治手段中,赦免制度只能处于从属、辅助之地位,其不过是"严刑峻法"的例外补充而已。其存在充其量也只是为封建帝王专制涂上了一层宽容、仁慈的色彩,但却不能从根本上改变重刑思想支配下的封建刑罚残忍、严酷之本质。而在当今法治发达国家,赦免制度已经在法理上经历了脱胎换骨式的性质转变与观念革新。从性质上讲,赦免制度已经脱离了封建帝王时代的专制底蕴,在权力的归属上亦不再是帝王之特权。从观念上说,赦免制度的存在和适用,亦已不再是帝王基于至高无上之王权所给予犯罪人的"恩赐",其出发点乃在于充分发挥调节利益冲突、衡平社会关系、弥补法律不足之刑事政策机能,并切实维护国家和社会的整体利益。国家通过现代赦免制度的运作,以牺牲局部或个体利益乃至一定程度之形式正义为代价,获得了维护社会整体利益和实现个案处理的实质正义之功效。

诚然,赦免权的施行会影响审判程序的进行,甚至可以动摇确定判决之执行力,从而在一定程度上冲击了司法权,但它却始终不是对法律乃至法治的否定,而是对法治的必要救济。在以宪政民主和刑事法治为根基而构建的现代赦免制度中,赦免权已不能恣意而无所顾忌地行使。即便是国家元首的赦免权,通常也已不是由元首个人独断专行,而须征询专门赦免机关之建议,并被设置了严格的法定适用程序和监督机制,其被滥用的可能性已受到极大限制。因此,正如有论者所言,现代赦免制度,这个源自于民主宪法,遵从法治原则,折射着人性光辉,饱含着人道意蕴的刑事政策,正是人们秉持善的冲动、追求法的实体正义和人文品格的天才创设。现代赦免制度通过以宪法为依据,以民主、法治为基本规则,以尊重和保障人权为价值导向,在犯罪人和国家之间构筑起了一个人道而又理性的屏障与庇护所,从而在现代宪政体制中扎下了根基。[2] 在我国竭诚建设社会主义"法治国"之今天,现代赦免制度代表了刑罚轻缓化之方向,是重刑桎梏中宽容精神的有力突围,顺应了刑事法治发展之基本规律。它在遵从依法治国之宪政理念的同时,突出了仁政思想,为社会主义政治文明和法治文明拓展了新的领地。现代赦免制度的存在,不仅是对"国家尊重和保障人权"之宪政

〔1〕 参见赵秉志:《论中国刑事司法中的人权保障》,载《北京师范大学学报(社会科学版)》2006 年第 3 期。
〔2〕 参见陈东升:《赦免制度研究》,中国人民公安大学出版社 2004 年版,第 292 页。

精神的充分印证，而且也正与中国当前努力构建社会主义和谐社会之宏伟目标相契合。[1]

然而，在中国目前的法律中，只有宪法、刑法与刑事诉讼法对赦免制度稍有涉及。中国现行宪法第67条规定，全国人大常委会有权决定特赦；而宪法第80条同时规定，国家主席根据全国人大常委会的决定发布特赦。中国1997年刑法典和1996年刑事诉讼法典也都只是在关于累犯、不起诉等其他制度的规定中，对赦免有所提及。可以说，中国现行法律对于赦免的施行既无实体规定，也无程序规定，赦免制度已完全被边缘化了。[2] 从司法实践而言，自1975年3月19日以后，中国便再未实行过赦免，以致该制度逐渐被虚置。赦免制度之所以处于备受冷落的尴尬境地，既与整个社会缺乏基本的宽容有紧密的关联，也与中国当前的犯罪态势密不可分。

事实上，随着中国经济和社会的变革与发展，多元化的社会分层体系已经比较明朗，这是成熟社会保持活力与生机的必要前提，但是同时也必然导致社会诸多矛盾的凸显甚至激烈化。而现代赦免制度正具有调节利益冲突、衡平社会关系之重要刑事政策机能。在特定社会政治、经济、社会形势下，适当地运用赦免制度，可以很好地缓解社会矛盾、调节利益冲突，从而维护国家的安定和社会的稳定。因此，建立、健全现代赦免制度已经成为新时期社会发展的客观需要。和谐社会的构建，也期待着符合宪政与法治要求的现代赦免制度早日诞生！[3]

6. 尝试建立暂缓起诉制度与辩诉交易制度

暂缓起诉是指对于一些虽然符合起诉条件，但是涉嫌的罪行比较轻微、社会危害性不大、不起诉更有利于体现公共利益和达到刑事诉讼目的的刑事案件，检察机关可以决定对犯罪嫌疑人暂缓起诉，并给其规定一定的考验期。被暂缓起诉人在考验期内接受矫治，未出现法定情形的，即不再起诉，终结诉讼，否则便提起公诉，从而满足司法实践中应对复杂情况、体现刑事政策对起诉裁量权的客观需求。暂缓起诉作为一种介乎起诉与不起诉之间的中间措施，实体上体现了刑罚经济思想，程序上体现了起诉便宜主义。[4] 暂缓起诉制度可以增加不起诉制度的灵活性。这种不起诉制度体现了对检察机关在审查起诉环节自由裁量空间的拓展，为处理未成年犯、初犯、偶犯、胁从犯等案件提供了新的途径。[5]

辩诉交易是指在法院开庭审理之前，检察官与被告人或者辩护律师经过谈判和讨价还价来达成由被告人认罪以换取较轻定罪和量刑的协议，辩诉双方一旦达成协议，法院便不再对该案进行实质性审判，而仅在形式上确认双方协议的内容。[6] 辩诉交易制度所蕴含的正

---

〔1〕 参见赵秉志、阴建峰：《现代赦免制度之重构方略》，载赵秉志主编：《刑事法治发展研究报告（2005－2006年卷）》，中国人民公安大学出版社2006年版，第615页。

〔2〕 参见陈兴良：《〈赦免制度研究〉序》，载陈兴良著：《书外说书》，法律出版社2004年版，第230页。

〔3〕 我们对于中国如何适应构建和谐社会之需要建立健全现代赦免制度，已专文作了较为深入的探讨，限于篇幅，此处不赘。参见赵秉志、阴建峰：《现代赦免制度之重构方略》，载赵秉志主编：《刑事法治发展研究报告（2005－2006年卷）》，中国人民公安大学出版社2006年版，第614～642页。

〔4〕 参见孙力、刘中发：《"轻轻重重"刑事政策与我国刑事检察工作》，载《中国刑事法杂志》2006年第4期。

〔5〕 参见陈光中、张建伟：《附条件不起诉：检察裁量权的新发展》，载《人民检察》2006年第8期。

〔6〕 参见何家弘：《域外痴醒录》，法律出版社1997年版，第238页。

义与“恢复性正义”不谋而合，对被告人的恢复——有利于其顺利改造、回归社会是最明显的，同时，其结果也有利于被害人的恢复——通过辩诉交易迅速结案，被害人得到赔偿，精神得到抚慰。而案件的快速解决使司法机关能集中力量解决重大案件，减少了积案，对社会的安定更有利。[1]

（二）合理运用严格刑事政策

宽严相济的刑事政策虽然更加侧重于宽松刑事政策的运用，但并不意味着可以忽略严格刑事政策的运用。事实上，通过合理运用严格刑事政策，可以公正地惩治犯罪，有效地发挥刑罚的预防功能，满足构建和谐社会的客观要求。在此有必要提及的是，贯彻运用宽严相济刑事政策之严格刑事政策时，不能将其等同于“严打”政策。如前所述，严格刑事政策并不只限于严厉打击刑事犯罪，还具有严密刑事法网、严肃刑罚执行之意。即使对于严重刑事犯罪之严厉打击，也还有个重中有宽的问题，而并非一味从严从重。具体到中国刑事司法实践来说，严格刑事政策的贯彻，应重视运用累犯制度、慎用死刑制度，提高有期徒刑的最高期限，提高死缓、无期徒刑减为有期徒刑后实际服刑的期限，正确适用从重量刑的情节，等等。限于篇幅，现仅特别论及我国死刑制度的慎用问题。

由于历史的原因以及我国人口众多、目前犯罪情况还较为严峻等因素所决定，我国目前是世界上保留死刑并且实际执行死刑最多的国家。我国现阶段还不能全面废除死刑。但从世界的范围来看，废除死刑已成为国际社会大势。最新资料显示，截至 2006 年 9 月 5 日，世界上有 88 个国家对任何情况下的任何犯罪都废除了死刑，11 个国家对普通刑事犯罪废除死刑；另外，至少 30 个国家已经 10 年或更久没有对任何人适用死刑，这些国家被称为“事实上废止死刑的国家”。全世界仅余 68 个国家没有废除死刑。[2] 而且即便是保留并适用死刑的国家和地区，严格限制死刑适用也是普遍的做法与共识。顺应这一潮流，我们应坚定不移地走严格限制以至逐步废止死刑的道路。笔者曾对死刑的严格限制和逐步废止作过一些探讨，并提出了在我国未来四五十年间分三个阶段逐步废止死刑的构想。[3] 在我国目前立法还不能废除死刑的前提下，应本着宽严相济之基本刑事政策，贯彻“少杀、慎杀”的死刑政策，从实体和程序两个方面严格控制死刑的适用。

1. 着力统一死刑适用的标准

我国现行刑法典中共有 68 个死刑罪名，死刑罪名（尤其是非暴力犯罪死刑罪名）显属较多。但是，死刑罪名较多，并不影响对死刑之适用确定统一的标准。具体来说，应当从三个方面入手：

（1）刑法典总则第 48 条对死刑适用的基本标准作了规定，即“罪行极其严重”。对此，

---

〔1〕 参见吕欣：《恢复性正义：当代刑事政策的新理念》，载赵秉志主编：《和谐社会的刑事法治》（上卷），中国人民公安大学出版社 2006 年版，第 469 页。

〔2〕 载 http://www.amnesty.org/pages/deathpenalty-countries-eng。

〔3〕 参见赵秉志下列相关文章《中国逐步废止死刑论纲》，载《法学》2005 年第 1 期；《论中国非暴力犯罪死刑的逐步废止》，载《政法论坛》2005 年第 1 期；《慎用死刑的程序保障——对我国现行死刑复核制度的检讨及完善建言》，载《现代法学》2004 年第 4 期；《死刑存废的政策分析与我国的选择》，载《法学》2004 年第 4 期；《关于分阶段逐步废止中国死刑的构想》，载《郑州大学学报（哲学社会科学版）》2005 年第 5 期。

应当注意从极其严重的社会危害性、极其恶劣的犯罪人主观恶性、极其危险的犯罪人人身危险性三个方面来确定何为“罪行极其严重”，三个方面应当同时具备，缺一不可，而且存在紧密的内在联系。

（2）对于刑法典分则所规定的具体死刑罪名，应该注意适用死刑标准的统一性，不能因为地区、时间等非法律因素而发生变化。对于相邻相近的死刑罪名，更应该根据犯罪的社会危害、发生规律等因素注意保持死刑适用标准的协调一致。在此方面，可组织有关刑事司法的专家学者等对具体犯罪的死刑适用标准在调研之基础上进行深入分析研究。

（3）将总则关于死刑适用标准的原则性规定与分则中具体犯罪死刑适用的具体情节相结合，切实限制与减少死刑的适用。对于设置有死刑的具体条文，应本着现代法治观念对死刑的适用条件做出严格的解释，尽可能少地适用死刑。在近期应尽快逐步减少、废止非暴力犯罪的死刑。

2. 努力挖掘死刑缓期执行制度之限制以至基本搁置死刑的巨大价值

死刑缓期执行制度是我国保留死刑情况下保持死刑威慑力，但又减少死刑适用的良好方式，成为刑法上消灭生命与保存生命之间的缓冲区。它“使生命刑这一没有余地的刑种有了余地，使没有等级之分的生命刑有了不同的等级之分”，“起到了生命刑向自由刑过渡的作用。”〔1〕在死刑这一刑种的范围内，死刑缓期执行使得死刑具有尽可能不消灭犯罪人生命的选择性，也使得死刑立即执行这一消灭犯罪人生命的执行方式具有可替代性。因此，在尚未废止死刑的情形下，死刑缓期执行是对死刑立即执行的良好替代措施，扩大死刑缓期执行的适用有利于从司法上限制、减少死刑的适用。〔2〕

根据1997年刑法典的规定，死缓的适用条件是“判处死刑，不是必须立即执行”。对于“不是必须立即执行”，刑法典与立法解释、司法解释文件中都没有做出明确的规定，理论与司法实务界存有较大的争议。甚至有论者建议，可以删去“不是必须立即执行”，对所有判处死刑的犯罪人均适用死缓。〔3〕可见，虽然扩大死缓的适用不失为限制与减少死刑适用的良好办法，但死缓的适用条件还需要改进与完善。另外，刑法典第50条规定，撤销死缓的标准是死缓期间罪犯“故意犯罪，查证属实”。理论界对此提出批评，即认为该规定没有考虑犯罪人故意犯罪的情节，不适当地扩大了死刑立即执行的适用，严重违背了限制死刑的立法精神。〔4〕而如何准确界定死刑缓期执行适用条件以及撤销的标准，仍是当下需要认真对待的重要问题。在目前的立法条件下，对罪当判处死刑但具有法定从轻、减轻处罚情节或者不是必须立即执行的，应依法适用死缓或无期徒刑，〔5〕而不能判处死刑立即执行。这正是贯彻宽严相济刑事政策的必然要求。

---

〔1〕参见张正新：《中国死缓制度的理论与实践》，刘家琛大法官所作的序言，武汉大学出版社2004年版，第1~2页。

〔2〕参见赵秉志：《死刑改革探索》，法律出版社2006年版，第248页。

〔3〕参见卢建平：《死缓制度的刑事政策意义及其扩张》，载陈兴良、胡云腾主编：《中国刑法学年会文集（2004年度）第一卷：死刑问题研究（下册）》，中国人民公安大学出版社2004年版，第721~727页。

〔4〕参见高铭暄主编：《刑法专论》（上卷），高等教育出版社2002年版，第552页。

〔5〕参见肖扬：《最高人民法院工作报告》，载中国新闻网，2006年3月19日访问。

3. 不断完善死刑替代措施及相关配套措施

减少乃至废止部分犯罪的死刑，就要完善死刑替代措施，对这些原本适用死刑的犯罪转而适用死缓、无期徒刑或者较长的有期徒刑。为贯彻罪责刑相适应的原则，应该注意这些“生刑”的严厉性与死刑的严厉性不要相差太远，与犯罪的危害、罪犯的主观恶性相一致。因而对死缓、无期徒刑以及较长期的有期徒刑，应该保持较长的实际执行期间。这样一来，中国现行刑法典及相关司法解释中所确定的上述“生刑”及其具体执行制度，就有必要予以改进，延长“生刑”的法定期限，如可以考虑规定真正意义上的无期徒刑（不得减刑、假释的终身监禁）[1]，将有期徒刑的上限由 15 年提高为 25 ~ 30 年、数罪并罚上限延长到 30 ~ 35 年等。

同时，要完善相关的配套措施。如完善减刑、假释制度，对极为严重的刑事犯罪分子不适用或者少适用减刑、假释，对其执行较长时期的徒刑。再如，完善死刑犯罪赦免制度，全面保障死刑犯的人权。另外，拉开法定刑为死刑的犯罪与法定刑为无期徒刑的犯罪之间在追诉时效上的差距，赋予死刑犯减刑权等，也是可以考虑的重要举措。

4. 认真恪守死刑适用的正当程序

严格控制死刑的适用，除了从刑事立法上进行紧缩和实体裁判上予以控制以外，还要在司法实践中树立程序正当理念，用好正当程序这个有力屏障。具体而言，体现在如下方面：

（1）坚持严格的证明标准。死刑案件之证明标准的从严要求是国际社会的潮流。联合国人权委员会在 1984 年通过的关于《公民权利和政治权利国际公约》第 14 条之“一般性评论”意见中指出，有罪不能被推定，除非指控得到排除合理疑问的证明。联合国 1984 年批准的《关于保护面临死刑的人的权利的保障措施》第 4 条进一步规定，只有在根据明确和令人信服的证据证明被告人有罪，对事实没有其他解释余地的情况下，才能判处死刑。从联合国对待死刑与一般刑事案件的证明标准的态度表述中可以看出，对死刑案件尤其要慎重，仅仅“排除合理怀疑”还不足以防止死刑的滥用，还严格要求只有当证据排除了其他可能性或者对事实没有其他解释余地的情况下才能适用死刑。

（2）贯彻存疑有利于被告的原则。笛卡尔曾经说过：“我认为应像拒绝绝对错误的东西一样，对于不确定的事物也应加以排斥。”[2]同理，在刑事司法中，也只能以有充分证据材料证明的事实而非不确定或存疑之事实作为定案裁判的根据。如果案件事实存在疑问时，必须要尽量查明事实，排除一切合理之怀疑，否则就要做出有利于被告的认定，只有这样才能保护被告人的合法权益，防止国家司法权力的滥用和错用。可能适用死刑的犯罪案件，如果存在疑点不能排除合理怀疑的话，就必须放弃死刑的适用，以防止死刑的误用和滥用。

（3）取消请示制度。案件请示制度，在理论上被称为“非程序性的审判监督”，这一制度虽被认为有利于上下级法院保持法律适用的统一性，减少整体诉讼投入，增加诉讼效益；[3]

---

〔1〕 美国刑事法治中由于设立并注重对严重罪犯适用不得假释的终身监禁，因而大大减少了死刑的适用。这种死刑的替代措施兼顾了保卫社会和保障人权，值得我国研究和借鉴。

〔2〕 参见［美］亨利·托马斯：《大哲学家》，马俊杰等译，农村读物出版社 1990 年版，第 86 页。

〔3〕 参见刘家琛：《诉讼及其价值论》，北京师范大学出版社 1993 年版，第 46 页。

但是,请示制度毕竟有悖于宪法所赋予各级人民法院独立行使审判权的宗旨,使两审终审制度"虚置化",成为实质上的"一审终审制";另外,也从实质上剥夺当事人的基本诉讼权利——上诉权。[1] 对死刑案件严格适用一、二审和死刑复核程序,可以有效地控制死刑的适用。因此,对可能适用死刑的案件,原则上不能实行请示制度,特殊案件只能就案件的定性和法律适用问题进行请示,对犯罪数额等案件事实的认定问题不得请示上级法院。以犯罪数额为例,因为犯罪数额是经济犯罪罪行严重程度及是否据以适用死刑的重要事实,就案件事实的认定问题请示上级法院,既不符合我国层级审判和审判独立的诉讼规律,同时又容易造成上级法院对案件事实先入为主之弊端;既不利于上级法院对下级法院的审判监督功能之发挥,也直接剥夺了被告人的上诉、申辩的辩护权,不利于从司法上控制死刑之适用。

(4)落实二审公开审判制度。我们认为,对上诉死刑案件的二审审判,仅以书面审的形式进行,一是流于"走过场",难于发挥二审纠错、监督的功能;二是难于从严控制死刑的实际适用。因为在死刑案件中,除了对法律适用和量刑存在不同意见之外,大部分案件的被告人及其辩护人对犯罪事实(包括对一审认定的犯罪数额、部分证据的采信)存有异议,如果二审法院仍然以书面审的方式进行审理,难于做到直接核查全案的所有证据,不能充分听取被告人及其辩护人的辩护意见,势必难于超越一审所认定的事实和证据,对有争议的事实和证据难于做到"查明真相"和"排除合理怀疑"。在此基础上所作的二审裁判,也就很难对一审死刑判决进行改判和纠错。因此,从严格限制死刑适用的宗旨出发,除对一审认定事实没有争议,仅对法律适用和量刑(主要是指判处死刑)存在争议的案件可以进行书面审理以外,只要被告人及其辩护人对案件事实提出异议和提供新证据之案件,都应当开庭进行公开审判,对全案的证据、事实进行法庭调查、听取控辩双方的辩论意见和被告人进行最后陈述;对证人证言、鉴定结论存有异议的,还应该传唤鉴定人、证人到庭陈述、作证。不开庭审判的案件,也要由二审法官直接听取被告人及其辩护人的意见并记录在案。只有排除合理的怀疑,才能准确适用死刑,从严控制死刑的实际适用规模。

(5)严格死刑复核程序。作为监督、纠错之特别程序,死刑复核程序在限制死刑的适用上,具有特别重要的意义。2007 年 1 月 1 日,最高人民法院已正式全部收回案件的死刑核准权。而死刑核准权的回收只是我国死刑改革和刑事诉讼制度改革的一个良好开端。我们认为,对于死刑复核、核准程序应着重做好以下方面的工作:其一,对判处死刑立即执行的案件,由最高人民法院负责核准。最高人民法院组成专门的合议庭对全案进行核查,既要对一、二审认定的事实和证据进行核查,还要对法律适用进行严格审查。对事实清楚、证据充分,但适用法律不正确的,可以直接改判;对事实不清、证据不足的,应该发回重审。其二,对判处死缓的案件,考虑到我国幅员辽阔等现实国情和死缓本身不立即执行的特点,可以保留现行做法,仍由各高级法院进行复核,但是对二审维持死缓判决的案件,一定要将二审程序和复核程序分开。根据我国法院内部的分工现状,我们认为,应该由高级法院的审判监督庭

[1] 参见黄荣康等:《理性对待刑事二审改判问题——兼谈法官自由裁量权的扬与抑》,载《人民司法》2004 年第 5 期。

专门组成复核合议庭对全案进行审理,不能搞“合二为一”。

(6)试行死刑执行犹豫程序。死刑执行犹豫程序,是指在死刑立即执行判决生效后,在交付执行之前,对判处死刑的罪犯暂不执行死刑,设定法定程序由其进行申诉,或者由相关司法机关履行审判监督进行严格审查的过程。此程序的构建,旨在为死刑实际执行程序前设置一个避免错杀或“滥杀”(可杀可不杀的而判杀)之救济措施和途径。[1] 此程序不但可以起到限制死刑实际执行的数量之功能,还可以为罪犯的主观恶性、人身危险性、再犯可能性之重新评价提供一个适度的时空条件,从而慎重判断是否应当对其实际执行死刑。对经济犯罪、财产犯罪的死刑罪犯适用死刑犹豫程序,还可以为其退赃和挽回所造成的重大损失提供必要的机会。

(三)协调运作宽松刑事政策与严格刑事政策

如前所述,宽严相济之“济”,突出强调宽松刑事政策与严格刑事政策的协调运作。这也是宽严相济刑事政策有别于以往惩办与宽大相结合刑事政策的特别之处。因此,宽严相济刑事政策的切实贯彻,也有赖于从以下方面使宽严之“济”落到实处:

1. 宽以济严,严以济宽

对轻微犯罪及危险性小的犯罪人处理以宽松刑事政策,既是为了节省有限的司法资源,集中力量惩治严重犯罪和危险性大的犯罪人,也是为了使人们感受到法律合乎情理的一面,从而为惩治严重犯罪营造良好的社会氛围。处理以宽,必须以对严重犯罪和危险性大的犯罪人的从重处理作为后盾和威慑,这样才能使被从严处理者真正感受到法律的威严,使被从宽处理者真正感受到法律的惠施。只有宽严互济,才能充分发挥宽严相济刑事政策的区别对待功能,使犯罪者既感受到法治的雷霆万钧,也感受到法治的春风化雨。否则,宽严失济,可能导致被从严处理者感知不到严格,被从宽处理者感受不到宽大,犯罪人和社会公众均不能从刑事处理中养成规范意识,一般预防和特殊预防的刑罚目的也难以达到。

2. 轻中有严,重中有宽[2]

轻中有严,是指轻微的犯罪中也可能有从重的情节,如犯罪人人身危险性较大。这种情况下,应慎重考虑从重情节,在严格限制的前提下,可有条件地予以从严处理。重中有宽,是指严重的犯罪也可能有从宽的情节,在这种情况下,应充分考虑从宽情节,并在刑事处理中予以体现。

3. 严而不厉,宽而不纵

严而不厉,是指对严重犯罪和人身危险性大的犯罪人的处理严格但不苛厉,应遵循罪刑法定、罪责刑相适应等刑事法基本原则,严格依法对犯罪人从重处理,也即从重也应有一定

---

[1] 参见时延安:《论死刑犹豫程序的建立》,载《法制日报》2004年6月3日。

[2] 有些学者在论述宽严关系时提出严中有宽,宽中有严,这样的表述略嫌狭隘,只能表达量刑情节中之逆向情节的情况,而这些学者实际要表达的是重罪也可能从宽量刑,轻罪也可能从重量刑。因此,宽与轻、严与重含义并不完全相同。“轻”“重”可以包含“轻罪”“重罪”之意,而“宽”与“严”仅指刑事处理之从宽或从轻。为准确表述起见,我们主张“轻中有严,重中有宽”的表述。参见马克昌:《宽严相济刑事政策刍议》,载《人民检察》2006年第10期(上)。

的限制,不能超越法律,也不是一律在法定刑幅度内顶格判处,更不能在刑事司法中侵犯人权。宽而不纵,是指对犯罪人宽大但不轻纵,即宽大也应有一定限度,不是一律在法定刑最低限判处,不能宽大到放纵的程度。严而不厉,宽而不纵,乃是宽严适度的要求和体现。

4. 宽严适时

中国自古就有刑罚“世轻世重”的治国方略,其强调的是刑罚应根据社会态势做出轻重的调整。虽然我们不能过分强调社会形势对刑罚轻重的影响,但在刑事法治领域,根据社会态势对刑罚宽严作出调整,使对犯罪的宽严处理符合社会形势的发展,这既是宽严相济的刑事政策之动态发展的要求,也是其取得良好社会效果的条件。而追求法律效果和社会效果的统一,乃是宽严相济的刑事政策的目标。

五、结语

美国结构功能主义大师帕森斯教授认为,社会要保持良性运行与协调发展的关键,“在于社会拥有那些将其成员整合在一起的共同的价值体系”。[1] 因此,构建和谐社会的重心应当是建立全社会共同价值体系,通过规范众人认同的准则,或通过价值内化实现的行动者人格结构的塑造,产生一定的效力,进而形成社会性的共识。而当代中国正处于社会转型时期,规范与制度的缺乏导致社会失范现象非常严重,也致使和谐社会的构建面临重重困难。在这一社会情境下,确立并贯彻宽严相济的刑事政策,据以应对当前依然严峻的犯罪态势,并切实指导刑事立法、刑事司法与刑罚执行活动,既可以有力地打击和威慑犯罪,维护法制的严肃性,又可以尽可能减少社会对抗,化消极因素为积极因素,实现法律效果和社会效果的有机统一。[2] 而且,更为重要的是,在这一过程中所体现出来的民主法治、公平正义之观念,有助于社会成员建立恰当的行为预期,正确地控制和选择自己的行为,并树立起对法律的尊崇,形成规范意识,而这种规范意识正是社会将其成员整合在一起的价值体系之重要部分,它是促进社会良性运作与协调并最终达成社会文明和谐所必不可少的重要条件。

---

〔1〕 转引自周怡:《社会结构:由“形构”到“解构”——结构功能主义、结构主义和后结构主义理论之走向》,载《社会学研究》2000年第3期。

〔2〕 参见《全国政法工作会议:加强司法保障 维护司法权权》,载《法制日报》2005年12月7日。

论犯罪构成要件的逻辑顺序*

目　　次

一、前言

与大陆法系国家刑法中递进式犯罪构成理论不同，我国刑法中耦合式犯罪构成理论缘起于苏联相关刑法理论。经过多年的研讨、修正和发展，如今已具有诸多自身特色，并在我国刑法理论中占据着非常重要的地位。而犯罪构成共同要件（以下简称犯罪构成要件）的内容如何，无疑是我国刑法理论界争议颇多的焦点问题。当然，在此问题上通说仍持“四要件”说，即认为任何犯罪的成立都必须具备四个要件：犯罪客体、犯罪客观方面、犯罪主体、犯罪主观方面，或者称犯罪客体要件、犯罪客观要件、犯罪主体要件和犯罪主观要件。笔者认为，虽然“四要件”说尚需完善与改进，但其基本框架是科学合理的。而本文也正是以此为基础，以进一步探究犯罪构成要件的逻辑顺序问题。

---

* 原载《政法论坛》2003 年第 6 期；收入张文显主编：《中国法学精萃（2004 年卷）》；中国法制出版社编：《刑法论文选萃》，中国法制出版社 2004 年版。

犯罪构成要件应当以怎样的顺序排列？对它们的排列应当体现一种怎样的思维逻辑？在我国早期的刑法著作中，关于此一问题欠缺专门讨论，排列顺序几乎都是犯罪客体——犯罪客观方面——犯罪主体——犯罪主观方面，而并未作任何论证与说明。实际上，犯罪构成要件的逻辑顺序问题，不仅关系到犯罪构成体系乃至刑法学体系的科学性与否，甚至也关涉犯罪构成理论能否正确指导司法实践，因而对之予以深入研究甚有必要。

二、关于犯罪构成要件逻辑顺序的理论纷争

（一）关于犯罪构成要件逻辑顺序的研究历程

1. 苏联刑法学界相关观点介述

苏联刑法理论中对于犯罪构成要件的逻辑顺序即有多种排列方法，可谓歧见纷呈。按照著名刑法学家特拉依宁的考察结论，旧俄时期（十月革命前）的季斯甲科夫斯基教授于1875年出版的《普通刑法初级读本》中，犯罪构成中四要件的排列顺序就是"犯罪的主体——犯罪的客体及对象——犯罪的主观方面——犯罪的客观方面。"〔1〕由全苏法学研究所集体编写并于1938年出版的《刑法总则》教科书，将犯罪构成的四个要件依次排列为"主体——主观方面——客体——客观方面"。〔2〕而1948年孟金沙教授主编并出版的刑法教科书《苏联刑法总论》则将客体和客观方面提到了前面，从而形成了"犯罪客体——犯罪客观方面——犯罪主体——犯罪主观方面"的排列顺序。此后，1952年出版（中译版为1954年）由B. M. 契柯瓦则教授主编的《苏维埃刑法总则》、特拉依宁教授的《犯罪构成的一般学说》均沿用此排列顺序。〔3〕而库德利雅夫采夫教授在其主编并于1956年出版（中译版为1957年）的《苏联法律辞典》（第二分册）中，则采用的是"犯罪客体——犯罪主体——犯罪客观方面——犯罪主观方面的排列顺序"。〔4〕而这一排列顺序也为H. A. 别利亚耶夫等主编并于1977年出版（中译版为1987年）的《苏维埃刑法总论》所承袭。〔5〕然而苏联上述诸多书籍均只限于对观点的罗列，而都没有进一步论证如此排列四个要件的理论依据。这从某种意义也可以说明，苏联刑法理论中并没有重视犯罪构成诸要件之间的内在逻辑，是可谓"知其然，而不知其所以然"也！

2. 我国刑法学界相关理论的研究历程

我国刑法中犯罪构成理论由于完全脱胎于苏联刑法中相关理论，因而最初在犯罪构成要件逻辑顺序问题上也只是简单的援引，而同样未作深究。在最初见诸中国人民大学法律系刑法教研室编印的《中华人民共和国刑法总则讲义（初稿）》中，就开始采取"犯罪客

〔1〕 参见［苏联］A. H. 特拉依宁：《犯罪构成的一般学说》，薛秉忠等译，中国人民大学出版社1958年版，第99页。

〔2〕 参见高铭暄、马克昌主编：《刑法学》，北京大学出版社、高等教育出版社2000年版，第51页。

〔3〕 参见［苏联］B. M. 契柯瓦则主编：《苏维埃刑法总则》（中），中央人民政府法制委员会编译室、中国人民大学刑法教研室译，中国人民大学出版社1954年版，第44页；［苏联］A. H. 特拉依宁：《犯罪构成的一般学说》，薛秉忠等译，中国人民大学出版社1958年版，第99页。

〔4〕 参见［苏联］库德利雅夫采夫主编：《苏联法律辞典》（第二分册），邢芳译，法律出版社1957年版，第36页。

〔5〕 参见［苏联］H. A. 别利亚耶夫等主编：《苏维埃刑法总论》，马改秀等译，群众出版社1987年版，第2～3页。

体——犯罪客观方面——犯罪主体——犯罪主观方面”的排列顺序。[1] 而这种排列方法与当时在人大刑法教研室任教的苏联刑法专家贝斯特洛娃的主张不无关系。[2] 事实上，这一逻辑顺序不仅为我国20世纪50年代印行的几本教科书所采用，也同样为“文化大革命”之后如雨后春笋般涌现的大多数刑法教科书所承袭。例如，由吉林大学法律系1979年8月印行的《中华人民共和国刑法教程（总则部分）》[3]、中国人民大学法律系刑法教研组1981年2月印行的《中华人民共和国刑法（总则）讲义》[4]、北京政法学院刑法教研室1981年印行的《中华人民共和国刑法讲义（总则部分）》[5]等，均持上述观点。及至全国第一本刑法学统编教材《刑法学》则同样采纳上述排列顺序。[6] 该教材的面世，可以说完全奠定了此排列顺序理论通说之地位，并成为此后诸多教材的摹本。

然而，正如黑格尔所言，“孰知非真知”！在笔者的博士论文《犯罪主体论》中具体研究犯罪主体的地位时，笔者首先开始关注犯罪构成要件的逻辑顺序问题。经深入研讨和思考，笔者认为，犯罪构成要件的实际逻辑演进顺序应是：“犯罪主体——犯罪主观方面——犯罪客观方面——犯罪客体”。即符合犯罪主体条件的人，在其犯罪心理态度的支配下实施一定的犯罪行为，危害一定的客体即社会主义的某种社会关系。[7]

随后，笔者在本人所主编的第一本由中青年刑法学者为作者的全国高等学校法学教材《刑法学通论》中，在全书作者们集体讨论但并未完全取得一致意见的情况下，由笔者执笔撰写的有关章节对上述观点予以进一步阐述与说明，并将此一排列顺序贯彻于该书的各部分具体犯罪之论述中。[8] 而这一观点不仅在笔者此后主编的多部教材中得以贯彻，且也逐渐为其他许多学者所采纳[9]，更重要的是，它实际上也引起了刑法理论界对于犯罪构成要件逻辑顺序问题的关注与重视，并进而产生了诸多不同的见解。

（二）关于犯罪构成要件逻辑顺序的研究现状

1. 传统理论之立场

目前，“犯罪客体——犯罪客观方面——犯罪主体——犯罪主观方面”之排列顺序，在刑法理论中仍占相对通说之地位。而且，在传统理论遭到非议后，一些持传统观点的学者则对其排列顺序之理由进行了阐述，并对新观点进行了批驳。

有的学者认为，通说的排列顺序是按照认定犯罪的过程排列的，“认定犯罪的过程一般

---

〔1〕 参见《中华人民共和国刑法总则讲义（初稿）》（上册），中国人民大学法律系刑法教研室1957年2月印行，第66页。

〔2〕 参见［苏联］贝斯特洛娃：《苏维埃刑法总论（四）》，中央人民政府法制委员会译，中央人民政府法制委员会1954年印行，第13页。

〔3〕 参见《中华人民共和国刑法教程（总则部分）》，吉林大学法律系1979年8月印行，第61～62页。

〔4〕 参见《中华人民共和国刑法（总则）讲义》，中国人民大学法律系刑法教研组1981年2月印行，第54～55页。

〔5〕 参见《中华人民共和国刑法讲义（总则部分）》，北京政法学院刑法教研室1981年印行，第90页。

〔6〕 参见高铭暄主编：《刑法学》，法律出版社1982年版，第99～100页。

〔7〕 参见赵秉志：《犯罪主体论》，中国人民大学出版社1989年版，第49页。

〔8〕 参见赵秉志等主编：《刑法学通论》，高等教育出版社1993年版，第84～85页。

〔9〕 参见苏惠渔主编：《刑法学》，法律出版社2001年版，第79页；邵旻生主编：《中国刑法通论》，陕西人民出版社1994年版，目录第2～3页；陈明华主编：《刑法学》，中国政法大学出版社1999年版，第108页；周振想编著：《刑法学教程》，中国政法大学出版社1997年版，第64～65页。

是:首先发现了某种客体遭受侵害的事实,如某人死亡,所以犯罪客体放在第一位。这时需要查明的是,某种客体遭受侵害是不是由于人的行为?在查明是由于人的侵害行为(犯罪的客观方面)所造成,如他杀之后,就要查明谁是行为人以及行为人的情况(犯罪主体),在确定了行为人是有刑事责任能力的人以后,还必须查明行为人实施行为时是否出于故意或过失(犯罪主观方面),只有确定行为人具有故意或过失,才可能认定行为构成犯罪,如故意杀人。可见,通说的排列顺序符合认定犯罪的过程,有利于查明和确定犯罪。"[1]

有的学者认为,既然是犯罪构成要件,它要解决的是行为是否构成犯罪的问题,即认定犯罪的问题。因此,以认定犯罪的顺序来安排犯罪构成要件的顺序更加符合人们的认识规律。作为认定犯罪的一般过程,首先进入人们认识视野的是刑法保护的某种社会关系遭到了侵害;其次,在确定了刑法保护的某一社会关系遭到侵害以后,还必须查明侵害这一社会关系的是人的行为;再次,在确定了刑法保护的社会关系遭到了人的行为的侵害以后,接下来就要查明实施侵害的行为人是谁,是否具有刑事责任能力即辨认和控制自己行为的能力;最后,在确定了行为主体具有刑事责任能力以后,还必须查明行为人在实施行为时主观上是否有罪过。从以上追查和认定犯罪的一般过程可以看出,依客体——客观方面——主体——主观方面的排列顺序解决犯罪构成要件是符合人们认识事物的一般规律的。[2]

有的学者则在比较行为科学与刑法学关于行为结构的研究方法与成果的基础上,对传统的排列顺序进行了肯定性的论证。该学者认为:"行为科学是根据行为路线(或行为的发生、发展过程)来研究行为结构的:行为主体产生动机、形成目标,然后朝着目标实施行动,最后产生结果。这是一种从主观到客观的行为结构体系……行为科学的目的是要人们产生良好动机、采取良好行为,达到良好的工作效果。""刑法学是一种规范学,而规范学决定了它不一定按照行为路线来研究行为,而是按照适用规范的需要来研究行为;而适用规范是一个从客观到主观的过程,故刑法学应当按照客观到主观的顺序安排犯罪构成体系。行为科学是将行为作为一种事实进行研究的,是一种事实学。事实学决定了它必须按照行为发生的事实来研究行为结构,而行为的发生是从主观到客观的。""刑法学科学研究的主要内容是,在犯罪后如何认定与处罚,从而预防犯罪行为。行为科学研究的是如何激发人们实施积极行为……行为科学所揭示的行为结构虽然是符合行为规律的,但刑法学不应当按照行为结构安排犯罪构成体系。"[3]

2. 质疑传统理论之诸见解

尽管上述传统观点在刑法理论中仍占主导地位,但我国刑法学界已有越来越多的人对其排列顺序提出质疑。并在此基础上提出和论述了关于犯罪构成要件逻辑顺序的不同于传统观点的见解。

第一种观点认为,四个犯罪构成要件的排列顺序应当是"犯罪主体——犯罪客体——犯

[1] 高铭暄、马克昌主编:《刑法学》,中国法制出版社1999年版,第105~106页。
[2] 参见颜茂昆:《犯罪构成》,载赵秉志主编:《刑法争议问题研究》(上卷),河南人民出版社1996年版。
[3] 张明楷:《行为结构与犯罪构成体系——兼谈行为科学与刑法学的区别》,载《法商研究》1998年第2期。

罪主观方面——犯罪客观犯罪”。其理由是：“在犯罪构成的最高级层次结构中，犯罪主体是最具有主动性和能动性的要素，它是整个犯罪活动过程的发动者、驾驭者和控制者。是它提出犯罪目的，制定犯罪计划，选择犯罪客体或行为对象，确定犯罪的方式、方法和手段，并把自己作为物质力量运动起来，运用一定的物质工具，实际地作用于现实的客体……根据自己需要的形式实际侵害或占有客体。……犯罪构成，作为主体对客体的侵害性的对象性的犯罪活动过程，自始至终都打着犯罪主体的烙印，都是主体的人身危险性的表现和实现。……我们可以把主体对犯罪构成的控制和决定作用称之为犯罪构成的主体性。”犯罪主体和犯罪客体是犯罪构成“这个系统结构的两极”“客体的性质和特点决定了满足主体需求和欲望的范围和程度，从而直接或间接地影响主体的选择以及主体犯罪意识的形成和发展”“主体与客体的相互联系相互作用，是通过联结它们的中介即犯罪活动的主观方面和犯罪活动的客观方面的相互联系相互作用完成的。”〔1〕

第二种观点则认为，我国刑法中构成要件应该按照“犯罪客观方面——犯罪客体——犯罪主观方面——犯罪主体”的顺序排列。该论者认为，构成要件的排列顺序首先应该满足建构犯罪论理论的要求，即应该符合刑法学的学科要求，符合犯罪构成的价值论标准，符合罪刑法定原则的要求，符合刑法学体系构建的要求。同时，构成要件的排列顺序还应满足犯罪构成实践层面的要求。在这方面大陆法系与英美法系犯罪构成要件的排列顺序则为我们提供了参考的样本。而两大法系犯罪构成排列顺序的共同特点是：(1)逐步限缩的从一般到个别的排列；(2)从原则到例外的排列；(3)从事实评价到价值评价的排列；(4)从客观要素到主观要素的排列；(5)从行为到行为人的排列顺序。综合犯罪构成在理论层面和实践层面的要求，该论者认为，我国的犯罪构成要件的排列顺序应该遵循从客观要素到主观要素、从形式要素到实质要素、从行为到行为人的顺序排列。据此，该论者得出了上述排列顺序。该论者认为，将犯罪客体放在第二的位置上是为了发挥它的违法性评价作用。〔2〕

作为“犯罪主体要件——犯罪主观要件——犯罪客观要件——犯罪客体要件”排列顺序观点之首倡者和坚持者，笔者早在1993年主编出版的《刑法学通论》中就认为，通说的观点将犯罪客体排在首位，在没有论述犯罪行为之前就突如其来地谈犯罪客体，不符合犯罪构成各要件之间的内在逻辑关系。犯罪构成要件的排列，应以犯罪构成各要件之间的逻辑关系作为排列标准。据此，犯罪构成要件应当按照“犯罪主体要件——犯罪主观要件——犯罪客观要件——犯罪客体要件”之顺序进行排列。因为犯罪构成要件在实际犯罪中发生作用而决定犯罪成立的逻辑顺序是这样的：符合犯罪主体要件的人，在其犯罪心理态度的支配下，实施一定的犯罪行为，危害一定的客体即社会主义的社会关系。在这四个要件中，犯罪主体要件是其他犯罪构成要件成立的逻辑前提。在具备了犯罪主体要件以后，还必须具备犯罪主观要件。犯罪主观要件是主体的一定罪过内容。犯罪行为是犯罪主体的罪过心理的

---

〔1〕 何秉松：《犯罪构成系统论》，中国法制出版社1995年版，第112、117～119页。

〔2〕 参见王充：《从理论向实践的回归——论我国犯罪构成中构成要件的排列顺序》，载《法制与社会发展》2003年第3期。

外化,因而在犯罪主观要件下面是犯罪客观要件。犯罪行为必然侵犯一定的客体,因而犯罪客体是犯罪构成的最后一个要件。[1] 而笔者的观点亦已为相当多的学者所认同。例如,有学者即认为,就犯罪构成要件的有机统一是为了说明犯罪构成整体并为进一步认定犯罪提供规格和标准这一点来讲,其逻辑排列当依"犯罪主体——犯罪主观方面——犯罪客观方面——犯罪客体"的顺序更为合理和科学。[2]

三、关于犯罪构成要件逻辑顺序的观点评析

(一)两种质疑观点析论

上述质疑传统理论的第一种观点,虽然以"主体对客体的侵害性的对象性的犯罪活动过程"为依据,但在理论逻辑上是紊乱的。该论者突出所谓"犯罪构成的主体性"、犯罪主体"根据自己需要的形式实际侵害或占有客体",但其对要件的排列根本体现不了几个要件所存在的方面在实际犯罪产生、发展过程中的作用。按照犯罪行为自身发展的一般规律,具备主体要件的人是犯罪形成的前提性要件,因而将犯罪主体要件置于首位是无可置疑的,[3] 但将犯罪客体要件置于犯罪主体要件之后、犯罪主观要件之前,实在是没有什么逻辑可言。因为符合要件的主体对客体的侵害,即便像论者所说的那样有所选择,也是在一定的主观心理态度支配下、以一定的行为实施的。侵害客体的心理和危害行为都没有,怎么会有客体的出现呢?该论者本人也主张,犯罪客体是犯罪构成系统中与犯罪主体相对而言的另一"极",这两"极"的相互联系与相互作用是通过"犯罪活动的主观方面和犯罪活动的客观方面的相互联系相互作用完成的",而犯罪主体与犯罪客体的中介既然是犯罪主观方面和客观方面,为何在排列犯罪构成要件时反而将两"极"排列在前、将中介排列在后呢?这显然是不能自圆其说的。

上述质疑传统理论的第二种观点,意图从认识论的角度分析犯罪构成以及犯罪构成要件的排列顺序。该论者认为,从认识论的角度来说,在对犯罪行为的认识过程中,立法者相当于认识的主体,而犯罪主体相当于被认识的客体。传统观点是从立法者的角度得出的排列顺序,而笔者所持的主张则是从犯罪者的角度得出的排列顺序,从主客观统一的认识论来看,两种排列顺序都失之片面。[4] 对此,笔者认为,该论者的这一立论基础是难以成立的。的确,在认识论上应坚持主客观的统一。但从认识论角度来看,每一个社会个体即是认识的主体,而客观的外部世界是其认识的客体;同时,每一个社会个体又是其他个体认识的客体。主体与客体在此种意义体现了统一。就犯罪行为的认识过程而言,有什么理由仅先验地认为"立法者相当于认识的主体",而犯罪主体"相当于被认识的客体"?而且,这实际上仅是

---

〔1〕 参见赵秉志等主编:《刑法学通论》,高等教育出版社1993年版,第84~85页。

〔2〕 参见苏惠渔主编:《刑法学》,法律出版社2001年版,第79页;陈明华主编:《刑法学》,中国政法大学出版社1999年版,第108页。

〔3〕 需要明确,按照犯罪行为的形成规律把犯罪主体要件置于首位,并不意味着犯罪构成像有的论者所说的具有"主体性""犯罪构成作为……犯罪活动过程,自始至终都打着犯罪主体的烙印,都是犯罪主体的人身危险性的表现和实现"。

〔4〕 参见王充:《从理论向实践的回归——论我国犯罪构成中构成要件的排列顺序》,载《法制与社会发展》2003年第3期。

论者为了论证其排列顺序合理性,而对犯罪构成要件的排列预先在主观上设定了诸多标准。根据论者所主观预设的这些标准而推论出的犯罪构成要件排列顺序,实际上是缺乏统一的内在逻辑的。何况,我国刑法中耦合式犯罪构成理论与大陆法系递进式犯罪构成理论乃至英美法系双层次犯罪构成模式本就截然有别,如果一味套用两大法系的犯罪构成模式来衡量我国犯罪构成要件的排列顺序,岂不有南桔北枳之意味?比如,就犯罪客体的位置而言,论者认为将其放在第二的位置上是为了发挥它的违法性评价作用,通过违法性的评价来实现实质的限制作用,排除具有排除违法性事由的行为。[1] 然而,在我国刑法理论中,排除违法性事由的理论与犯罪构成理论在犯罪论体系结构中是平行或并列的,而不存在前者被后者包容的关系。易言之,在我国刑法理论中,排除违法性事由理论虽然与犯罪构成理论密切联系,但并不属于犯罪构成理论内部的有机组成部分。而论者赋予犯罪客体违法性评价之作用,将排除违法性事由完全纳入犯罪构成体系,这实际上与我国刑法中传统犯罪构成理论是不相符合的。

(二)传统理论之欠缺与修正

通说论者认为,认定犯罪的过程首先是发现某种客体遭受侵害的事实,其次查明客体受侵害是否由人的危害行为造成,再次便须查明行为人的特征是否符合主体要件,再次需要查明行为人是否有罪过、有何种罪过。而事实上,笔者认为,大多数犯罪的认定过程,首先是司法人员发现客体遭受侵害(仅仅是可能性的,因为某种客观的损害未必就有客体存在)的现象形态即某种危害结果,例如有人死亡的结果,而不是什么客体本身(社会关系或合法权益)。这样一来,根据认定犯罪过程的大多数情况,排在首位的构成要件应是犯罪客观要件,而不是"犯罪客体要件"了。在发现一定的犯罪结果后,司法人员的下一步任务便是查明此一结果是否由人的行为造成、行为人是否有责任能力,最后确定犯罪是否成立。

由此可见,按照通说主张的以认定犯罪的过程为标准,从司法实践中大多数情况下认定犯罪的过程来看,犯罪构成要件的排列顺序也应是"犯罪客观要件——犯罪主体要件——犯罪主观要件——犯罪客体要件",而不是"犯罪客体要件——犯罪客观要件——犯罪主体要件——犯罪主观要件"。[2]

何况,在司法实践中,有些案件中犯罪的认定还很特别,与大多数情况下犯罪的认定并不一致。例如,对于现行的行为人明显属于不满14周岁的案件,司法人员首先就从主体要件上对其行为作出非犯罪的评价,而无须从客观要件、更谈不上从所谓"客体要件"开始审查;对于一些需要特殊主体身份方可构成的犯罪来说,如果主体身份明显不符合主体要件要求,也谈不上符合此一犯罪的构成;又如,各种持有型犯罪的认定,更不好说哪个要件的认定在前、哪个要件的认定在后。可见,从司法实践总的情况来看,认定犯罪过程中各个犯罪构

---

〔1〕 参见王充:《从理论向实践的回归——论我国犯罪构成中构成要件的排列顺序》,载《法制与社会发展》2003年第3期。

〔2〕 在笔者看来,通说把犯罪客体要件置于四要件之首位,可能基于它在说明犯罪性质方面之重要性的考虑,犯罪客体要件与犯罪概念的关系也似较其他要件要密切。但从各要件有机统一共同反映行为的社会危害性这一点来说,任何要件地位都是平等的。

成要件根本没有固定的先后顺序可言。通说的排列顺序与其排列的依据或标准是存在矛盾的。

四、笔者观点之展开与论证

笔者认为，对于犯罪构成要件排列顺序究竟应如何安排，涉及如何处理犯罪构成理论结构体系的构筑形式与作为该理论对象的犯罪行为之本体形成结构之间的关系问题，即前者如何体现后者才具有合理性？而此问题的解决，又必须以如何看待刑法理论研究的对象问题之解决为前提。

为了进一步阐明和论证笔者所主张的"犯罪主体要件——犯罪主观要件——犯罪客观要件——犯罪客体要件"排列顺序之观点，下文依次对所涉问题详作分析，并在此基础上展开对犯罪构成要件排列顺序的论述：

（一）刑法学是否仅仅研究如何认定与处罚犯罪问题

刑法学研究的仅仅是如何认定与处罚犯罪问题，还是也包括犯罪行为及其形成过程与发展规律？在笔者看来，从根本上讲，刑法学所涵括的刑法概论、犯罪总论、刑罚总论和罪刑各论等，都是以服务于司法实践认定和处理犯罪为核心的；但是，它们也都与犯罪行为本体存在直接或间接的联系。刑法学研究的对象既包括对犯罪的认定与处理，也包括犯罪行为本体。两者是紧密联系、不可分割甚至可以说是一体化的。

一方面，对犯罪行为的本体研究应以犯罪的认定与处理为目标。刑法学中对任何犯罪本体性问题的研究，都是以犯罪的认定与处理为宗旨的。如果离开此一宗旨，如对犯罪原因的研究等，则均不属于刑法学研究的范畴。而这一点使刑法学研究的对象与犯罪学研究的对象得以区别开来。

另一方面，脱离对犯罪行为及其形成过程与发展规律的本体性研究，就无法准确认定和处理犯罪。认定和处理犯罪的研究应以对犯罪行为的本体性研究为基础，离开犯罪行为本体而对犯罪的认定与处理的研究，如对证据的研究等，则都不属于刑法学研究的范围。这一点使刑法学研究的对象与刑事诉讼法学研究的对象得以区别开来。

而且，我们还必须明确的是，刑法学对概念范畴（如犯罪、犯罪构成等概念）、刑法制度原理（如刑法适用效力、刑法基本原则、犯罪构成理论体系及各种刑罚运用制度等）的研究，在理论上也具有相对独立性。因此，那种仅仅强调刑法学以认定与处理犯罪为研究对象，反而无视对犯罪行为及其形成过程与规律的本体研究亦蕴涵其中的观点，是值得商榷的。

（二）犯罪构成诸要件的排列究竟应采取何种标准

通过上述分析可以明确，犯罪的认定处理和犯罪行为本体都属于刑法学研究的对象，或者说二者本是一体化的对象。那么，具体到犯罪构成理论中，应按照认定与处理犯罪的一般逻辑顺序，还是按照犯罪行为本体的发展规律来排列犯罪构成要件呢？

笔者认为，基于犯罪的认定与犯罪行为本体的关系，从方法论上讲，按照这两个标准中的哪个标准都是可以的、都有其合理性。以认定与处理犯罪之过程为依据所排列的犯罪构成要件逻辑顺序，为司法实务人员提供了具体的操作规程，因而具有重要的理论指导意义。

而以犯罪行为本体之发展规律为依据所排列的犯罪构成要件逻辑顺序，则并未仅仅拘泥于司法实务层面，而是进一步探求实务操作规程背后所蕴含的犯罪构成要件之间的内在逻辑，更为深入地揭示了犯罪构成诸要件之间支配与被支配的关系，从而更有助于深化理论研究，推动司法活动的公正化、科学化和合理化进程。这两个标准从不同角度、不同侧面论述了犯罪构成四要件之间的排列逻辑，因而具有不同的功用。两者可谓并行不悖，具有彼此不可替代之作用。

当然，仍需指出的是，不论按照哪个标准，都必须使理论与实际达到一致，并在整个刑法学科理论体系中贯彻到底，这是理论体系逻辑性的要求。遵循此一要求，笔者认为，通说的排列顺序在犯罪的认定过程中尚缺乏普遍适应性，无法始终贯彻到司法实践中，因而如前所述存在一定的缺陷。而犯罪行为本身的发展过程则无一例外地呈现为，符合犯罪主体要件的人基于其主观犯罪心理态度的支配，实施一定的犯罪行为，并在大多数情况下危害或影响到行为的对象，进而危害一定的客体。笔者所主张的"犯罪主体要件——犯罪主观要件——犯罪客观要件——犯罪客体要件"的排列顺序，以行为发展之内在逻辑为依据，鲜明地反映了犯罪行为自身的形成过程与发展规律，故而相对而言更为合理、可取。

首先，在犯罪构成的四个要件中，犯罪主体要件是其他犯罪构成要件成立的逻辑前提。犯罪行为是人的行为，离开了人就谈不到犯罪行为；犯罪行为还必须是符合犯罪主体要件者触犯刑法的行为，不符合犯罪主体要件的人，例如无刑事责任能力的精神病人或者未达刑事责任年龄的人，即使实施了客观上为刑法所禁止的行为，虽然也具有危害性，但却不能认定为犯罪行为。而且，任何犯罪客体都是符合犯罪主体要件的人以其触犯刑法的行为所危害的某种正当的社会关系即某种法益。当然，犯罪主体对犯罪行为和犯罪客体具有的前提与基础作用，是通过主体要件对主观要件的作用进而发挥出来的，犯罪主体要件同样是犯罪主观要件的基础和前提。这表现在：一方面，犯罪主观要件只是犯罪主体支配其犯罪行为的心理状态，没有人，何来人的犯罪心理状态？另一方面，犯罪主体要件的核心内容是人的刑事责任能力即人辨认和控制自己刑法意义上行为的能力，犯罪主观要件的核心内容是人支配自己触犯刑律行为的意识和意志活动。犯罪主体的辨认能力即意识能力，控制能力即意志能力，它们分别与犯罪主观要件的犯罪意识活动和意志活动相对应。只有具备刑事责任能力的人，才能具备犯罪的主观要件；不具备刑事责任能力者，例如因精神病而丧失或者因年龄幼小而不具备刑法意义上辨认和控制自己行为能力的人，即使实施了危害或损害社会并在客观上为刑法所禁止的行为，也不能认定行为人具备犯罪的主观心理态度。可见，犯罪构成其他三方面要件都是建立在犯罪主体要件基础上的。犯罪主体要件不存在，便没有其他三要件的存在，这样也就没有了犯罪构成整体的存在。

其次，在具备了犯罪主体要件之后，还必须依次具备犯罪主观要件。犯罪主观要件是作为主体的人的主观心理态度，体现主体的一定罪过内容。它是在犯罪主体进行犯罪活动中产生的，并且通过行为而起作用。犯罪人实施犯罪行为，离不开犯罪人的主观心理状态的支配和制约，缺乏主观罪过的行为，便不能构成犯罪，更不能让行为人承担刑事责任。同时，只有当行为人的主观心理态度表现在一定的危害社会行为上时，才具有刑法上的意义。

再次,犯罪行为是犯罪主体的罪过心理的外化,因而在犯罪主观要件下面依次是犯罪客观要件。人的行为是在其思想的支配下,亦即在其头脑中进行的一系列心理活动的支配下发生的。心理是行为的内在动因和支配力量,行为是心理的外部表现。任何犯罪,也都是人的有意识的行为,都是在一定的心理状态支配下实施的。犯罪行为只不过是人的主观犯罪意识的外化。犯罪心理状态只有外化为一定的犯罪行为,才能对社会造成实际的危害,才能构成犯罪。而任何犯罪行为,归根到底,又是受人的心理状态所决定的。不受人的心理状态支配的行为,即使在客观上给社会造成了损害后果,也不能认为是犯罪行为。[1]

最后,犯罪行为必然侵犯一定的客体,因而犯罪客体依次是犯罪构成的最后一个要件。在笔者看来,通说把犯罪客体要件置于四要件之首位,可能基于它在说明犯罪性质方面之重要性的考虑,犯罪客体要件与犯罪概念的关系也似较其他要件要密切。但从各要件有机统一共同反映行为的社会危害性这一点来说,任何要件的地位都是平等的。

综上所述,笔者所主张的犯罪构成要件的逻辑顺序,清楚地揭示了各要件在犯罪行为产生发展过程中所显现出来的环环相扣、层层递进的一般规律,勾勒了犯罪行为形成过程中谁支配谁的轨迹图像,且适用于所有的犯罪案件。因而,此一排列顺序具有更为严密的理论逻辑性与更为普遍的适应性。

(三)按照行为事实自身产生和发展过程来构建犯罪构成要件的逻辑顺序是否有违规范学的要求

刑法学是一种与事实学相对而言的规范学,是否就决定刑法学内部各种、各个层次的理论体系都不能按照行为事实自身产生、发展的过程来构建呢?我们认为,刑法学的体系总体上应按适用规范的过程设置,这是应当肯定的。例如,刑法学研究都是先讲"罪"、再讲"刑";先讲犯罪构成及要件,再讲与一般形态相区别的、不同角度的犯罪形态(停止形态、共犯形态、罪数形态);在刑罚制度内容的设置上依次为刑罚裁量制度、刑罚执行制度、刑罚消灭制度,等等。这些理论模块的结构,都是也应当按规范适用的过程设置。但是,刑法学理论体系总体上应按规范适用过程安排的特点,并不能由此否定在对某些概念、范畴、原理的阐述中可以按犯罪行为自身发展路线来进行,只要在理论上有其逻辑性、合理性即可。犯罪构成要件从主体要件到主观要件、客观要件,最后到客体要件的排列,即是如此。事实上,这种排列并无碍规范的适用。

坚持通说的论者指责说,按照行为发展路线安排犯罪构成要件顺序的做法,隐含着许多危险,"如果从主观到客观认定犯罪,即先考虑行为人,再分析行为人的心理,进而追查行为人实施了何种行为,侵害了何种合法权益,其结果必然是'先抓人、后找事实',然而绝大多数人是符合犯罪主体要件的,于是,司法机关遇到任何人都可以进行盘问乃至采取强制措施,再追查所谓事实。"[2]这种指责实际上是存在误解,没有道理的。因为犯罪构成要件从"主体要件——主观要件——客观要件——客体要件"的排列顺序,本就不是按照认定犯罪

---

〔1〕 参见马克昌:《犯罪通论》,武汉大学出版社1999年版,第305页。

〔2〕 张明楷:《行为结构与犯罪构成体系——兼谈行为科学与刑法学的区别》,载《法商研究》1998年第2期。

的过程来安排的，司法实践不是也不可能像论者所指责的那样来查明犯罪。这种排列顺序并不影响司法实践根据具体案件的实际情况对犯罪成立与否的认定采用不同的方法和步骤。否则，按照论者的说法，怎么排列必然决定怎么认定，那么从我国刑法分则条文对各种犯罪构成要件的规定看，都是按犯罪行为自身发展路线来进行叙述的，按照论者的说法，难道这些规定都隐含着"先抓人、再找事实"的危险吗？例如，刑法规定了"为了犯罪，制造工具、准备条件的，是犯罪预备"，难道就因此会使司法人员认为只要客观上有制造工具的行为，就推定行为人是"为了犯罪"，因而将行为人抓起来吗？答案显然是否定的。最后还要明确的是，司法实践中不排除有先须考察主体要件或主观要件的情况，但即便这种情况也与所谓"先抓人、再找事实"的做法无必然联系。司法实践中，大多数案件都是从考察客观要件开始，尔后考察主体要件、主观要件，但同样存在不少"先抓人、再找事实"的不当做法。例如，有的冤案中司法人员在发现某种客观损害结果时就先入为主地认为行为人构成犯罪、对行为人逮捕，观其要件考察的顺序，我们不能否定它是从客观到主观的过程。可见，产生"先抓人、再找事实"的错误不会取决于要件的考察是从主观到客观还是客观到主观的顺序。

五、结论

基于犯罪的认定与犯罪行为本体的关系，笔者认为，对于犯罪构成要件的逻辑顺序按照前述两个标准中的哪个标准都是可以的，都有其合理性。以认定与处理犯罪的过程为标准，通说所主张的犯罪构成要件的排列顺序应修正为"犯罪客观要件——犯罪主体要件——犯罪主观要件——犯罪客体要件"。通说的排列顺序若能将犯罪客体要件合理地修正而置于最后，则其对司法实践所具有的理论指导意义显而易见。而笔者所主张的"犯罪主体要件——犯罪主观要件——犯罪客观要件——犯罪客体要件"之排列顺序，则以犯罪行为自身形成过程与发展规律为依据，有助于深化刑法理论研究，完善刑法学科体系。这两种排列顺序基于不同标准，从不同角度、不同方面揭示了犯罪构成诸要件之间的逻辑关系，具有不同的功用，不能彼此替代。

鉴此，笔者建议：在教科书层次上，基于教科书之理论整体性的考量，刑法总论"犯罪构成"宏观论述中应述及两种排列顺序及其标准和各自的功能，交代清楚其所采纳的究竟系哪一种排列标准。因为即便从教科书层面讲，刑法学也不只是研究认定与处理犯罪之司法操作规程，仍需要探究犯罪行为本体的形成过程与发展规律，深入揭示犯罪构成诸要件之间支配与被支配的关系。进言之，在论述犯罪构成诸要件的诸章，应按其所采纳的犯罪构成要件之逻辑顺序排列；而刑法分论各罪构成要件一般也应按其所采纳的基本顺序排列，但对于特殊个罪，也可以根据需要略作调整。当然，从理论研究层面来讲，显然更不应拘泥于其中某一种排列顺序，而应根据理论研究之需要选择相应的逻辑顺序排列犯罪构成要件，并进而展开对相关问题的理论研究。

简论犯罪直接故意与间接故意的划分*

目　　次

犯罪故意是构成故意犯罪的主观要件。为了揭示故意犯罪内部的复杂情况及其不同的社会危害性程度,以有助于正确地量刑,刑法理论根据我国刑法典第 11 条关于故意犯罪的规定,把犯罪故意区分为直接故意和间接故意两种类型。长期以来,刑法理论界在犯罪直接故意与间接故意的划分上存在不同的主张,但迄今尚缺乏对此问题的专题研究。鉴于此,本文试图对此进行初步探讨。

一、观点争鸣

什么是故意犯罪？我国刑法典第 11 条规定:"明知自己的行为会发生危害社会的结果,并且希望或者放任这种结果发生,因而构成犯罪的,是故意犯罪。"把犯罪故意区分为直接故意与间接故意的我国众多的刑法论著,莫不声称以法律的这一规定为根据。但是,在把犯罪故意的认识因素与意志因素相结合而表述两种故意的表现形式时,就出现了种种不同的主张,归纳起来主要是以下三种观点:

其一,主张直接故意三形式和间接故意一形式。直接故意的三形式是:(1)行为人明知自己的行为必然发生危害社会的结果,并且希望这种结果的发生。(2)行为人明知自己的行为可能发生危害社会的结果,并且希望这种结果的发生。(3)行为人明知自己的行为必然发生危害社会的结果,并且放任这种结果的发生。

---

* 原载《江海学刊(经济社会版)》1986 年第 2 期。

间接故意的一形式是:行为人明知自己的行为可能发生危害社会的结果,并且放任这种结果的发生。

其二,主张直接故意和间接故意都是二形式。即行为人明知自己的行为必然发生或者可能发生危害社会的结果,并且希望这种结果发生的,是直接故意;行为人明知自己的行为必然发生或者可能发生危害社会的结果,并且放任这种结果发生的,是间接故意。可见,这种主张是把第一种观点里直接故意的第三种形式划归间接故意了。

其三,主张直接故意的二形式和间接故意的一形式。直接故意即行为人明知自己的行为必然发生或者可能发生危害社会的结果,并且希望这种结果的发生;间接故意即行为人明知自己的行为可能发生危害社会的结果,并且放任这种结果的发生。其中有的论著还明确指出,在明知必然发生危害结果仍故意实施危害行为的情况下,就不能说行为人的意志因素是放任,而只能是希望。但是对此缺乏充分的论证。

分析上述主张可见,三种观点的一致之处,是认为凡希望危害结果发生的都是直接故意,凡明知可能发生危害结果而放任结果发生的是间接故意。几种观点的不同,是对于"明知危害结果必然发生而放任结果发生"这种情况的认识不一,即这种形式是属直接故意呢,还是属间接故意?抑或根本不存在这种形式?

二、"明知必然发生而放任"形式存否之研析

笔者主张上述第三种观点,并认为"明知必然发生危害结果而持放任心理"这种形式根本不存在。主要理由如下:

其一,刑法典第 11 条中的"明知自己的行为会发生危害社会的结果"。是认识因素,"希望或者放任这种结果发生"是意志因素,犯罪故意是认识因素与意志因素的统一。直接故意和间接故意都是认识因素与不同内容的意志因素的结合。如果依据法律关于故意犯罪的这一定义来划分犯罪故意的种类,就必须承认,区分直接故意与间接故意的关键,在于意志因素的不同。意志因素表现为"希望"危害结果发生的是直接故意,表现为"放任"危害结果发生的是间接故意。这样,前述第一种观点,因为认为直接故意里的意志因素既有希望也有放任,首先就违背了法律区分希望与放任的规定。不但如此,这种观点在犯罪故意的划分上采取的还是二元论的标准,一是以意志因素来划分,凡希望危害结果发生的即为直接故意;二是以认识因素来划分,凡预见到必然发生危害结果的即为直接故意。这就又违背了事物分类应坚持的一元化标准的科学原则。

其二,"明知自己的行为必然发生危害结果并且放任结果发生"的犯罪故意,无论从逻辑上还是从实际上看,都根本不可能存在。在明知危害结果必然发生情况下仍决意实施危害行为的,行为人对危害结果的发生只能是希望而不会是放任。如果我们能够充分地证明这一点,则无论是把这种情况划归直接故意的前述第一种观点,还是把它划归间接故意第二种观点,都是错误的。证明理由如下:

(1)从故意犯罪的认识因素与意志因素的辩证关系看。

故意犯罪的认识因素,是行为人对自己行为与危害结果发生的关系的一种预见和确信,

按照预见程度可以表现为确信即预见到自己的行为必然或者可能导致危害结果的发生。故意犯罪的意志因素,是行为人在认识因素基础上,对危害结果发生所持的心理态度,可以表现为积极追求即希望或者有意识地放任危害结果的发生。犯罪故意这两种因素及其内部不同的内容和表现形式是有机地结合在一起,这种结合要受到两种因素辩证关系的制约。"希望危害结果发生"这种意志因素,可与预见到危害结果必然或可能发生这两种形式的认识因素分别结合,构成直接故意的两种形式;"放任危害结果发生"这种意志因素,可与预见到危害结果可能发生这种形式的认识因素结合,构成间接故意。上述两种因素的结合都是合乎逻辑的。我国刑法理论对此的认识也较为一致,毋庸详述。

需要着重研究和回答的问题是,"预见到危害结果必然发生"这种形式的认识因素,能否与"放任危害结果发生"这种形式的意志因素结合在一起?回答是否定的。

所谓放任危害结果发生,就是行为人所持的不是希望即追求特定危害结果发生的心理,而是对危害结果的发生听之任之、发生与否都可以的心理态度。放任心理只能建立在预见到事物发展客观结局的多种可能性和不固定性的基础上,行为人只有认为自己的行为可能发生、也可能不发生特定的危害结果,才谈得上放任这种结果的发生,即虽不希望、但也不阻止结果发生,而是听任其发生,结果发生与否都可以。如果预见到必然发生危害结果,确信事物发展的结局是单一的、固定的,即特定危害结果必然要发生,并且决意去实施危害行为,这时行为人就不是放任危害结果的发生或不发生,因为不可能有放任心理存在的余地。对危害结果必然发生的认识和在此基础上的犯罪决意,充分证明了行为人不是有意地放任危害结果的发生,而是以自己的行为向着自己确信必然会达到的目标努力,是在积极地追求危害结果的发生,这种追求危害结果的态度,正是直接故意所要求的希望心理。简括之,预见到必然发生危害结果。这种形式的认识因素决不可能与"放任危害结果发生"这种形式的意志因素结合,而只能与"希望危害结果发生"这种意志因素结合。这既反映了认识因素对意志因素的影响,也体现了意志因素中的"放任"与"希望"对认识因素的不同要求。

(2)从两种犯罪故意与犯罪目的的关系看。

我国刑法理论认为,犯罪目的是行为人通过实施犯罪行为希望达到的犯罪结果,亦即犯罪结果在行为人头脑里的主观化。犯罪目的是直接故意犯罪里必然存在的主观要素。间接故意犯罪以行为人放任犯罪结果发生为标志,它不具备犯罪目的所要求的希望结果发生的心理,因而间接故意犯罪对于所放任的危害结果,根本不存在犯罪目的。如果认为直接故意犯罪里还有一种明知必然发生危害结果并且放任结果发生的故意形式,那就会在理论上出现进退维谷的两难境况,即要坚持直接故意犯罪必然存在犯罪目的的观点,就必须修改犯罪目的的本来含义,犯罪目的就不能再限于以对危害结果发生的希望和追求为标志,而要加进"放任"的内容。这样一来,犯罪目的失去了以固定犯罪结果为目标和对这种目标追求的特征,也就不成其为犯罪目的了。要坚持犯罪目的的本来含义,就只有承认直接故意犯罪未必都存在犯罪目的,这又违背了我国刑法理论所坚持的犯罪目的与犯罪故意关系的科学原理及其所揭示的客观事实,同时也就等于抹煞了犯罪直接故意与间接故意的区别,因为这两种故意所赖以区别的就是犯罪目的的有无问题。

此外，持前述第二种观点者还有一条理由，即认为法律关于故意犯罪的规定，是“明知自己的行为会发生危害社会的结果，并且希望或者放任这种结果发生”，而没有规定放任心理仅限于明知危害结果可能发生。因此，既然与希望心理结合的“明知会发生危害结果”这种认识因素可包括“明知危害结果必然发生”与“可能发生”这两种形式，那么与放任心理结合的“明知会发生危害结果”也应有此义，包括“明知危害结果”必然发生与可能发生。笔者认为，这种把两种故意的认识因素简单类比的方法，对法律用词的理解过于机械、刻板，也缺乏对两种故意含义的科学考虑。如果我们结合两种故意的科学含义和客观实际来理解法律，就应该承认，两种故意的认识因素应当有所区别，直接故意包括明知危害结果必然发生与可能发生，而间接故意只能是明知危害结果可能发生。这样理解既符合逻辑和实际，也不违背法律的规定。

三、典型案例研讨

正确的理论必须来自实践、概括实际，同时也必须能够科学地说明和指导实际。下面，我们试图通过对刑法论著中经常列举的、也是司法实践中时有发生的所谓“明知危害结果必然发生并放任结果发生”故意形式的典型案例的剖析，来对本文前述的观点加以运用和发挥。

刑法论著中所举的所谓“明知危害结果必然发生而放任该结果发生”的例子，都是发生在为追求某种犯罪目的而放任他种犯罪结果的场合。试举典型例子如下：甲仇恨乙，在一次爆破施工时，甲负责合闸爆破，乙丙二人负责爆破前的清理现场。甲决定提前合闸炸死乙，他明知丙也还在现场，一合闸爆炸乙丙都要死亡，但甲杀乙心切，仍提前合闸，炸死了乙丙。这里甲对与其无仇的丙的死亡持的是放任态度。

让我们来分析一下此案中行为人甲对另一犯罪结果所持的心理态度究竟是希望还是放任。甲与丙本来无仇，并无杀死丙的意图。那么，在甲提前合电闸杀死乙丙二人的情况下，能否说甲对丙的死亡持的是放任态度呢？不能。如前所述，放任心理必须以认识到客观上存在着两种以上可能的结局为前提，即只有在特定危害结果可能发生、也可能不发生的情况下，才谈得上对该种结果持放任态度，听之任之。本案中，甲明知其合闸行为不仅必然致乙死亡，也必然会致丙死亡，在这种明知即确信结局的唯一性即必然发生危害结果的情况下，甲无法再放任丙的死亡。这时能否说甲对丙的死亡持的也是希望态度呢？回答是肯定的。当时乙丙二人都在爆破现场，他们的生死存亡已成为一个整体，取决于甲是否提前合闸。甲要想不杀死丙就不能提前合闸，而这样也就不能杀死乙，即甲必须放弃这次杀死乙的机会。但是，由于甲杀乙心切，希望乙死亡的心理非常强烈，这种强烈的犯罪意志压倒了一切，从而导致甲又产生了把丙与乙一块儿杀害的犯罪意志，也希望杀死丙。甲犯罪的认识因素，是明确认识到只要提前合闸便会发生乙丙均死亡这个整体性、单一性的犯罪结果；其意志因素，是希望即追求这个包含了乙丙死亡的整体性犯罪结果的发生。当然，在希望乙丙两个具体犯罪对象死亡的程度上，可以有所不同，甲希望乙死亡的心理更强烈，而希望丙死亡的心理相对会弱一些。但是，这种不同，是追求一个整体性犯罪结果发生的希望心理内部的非本质区别,而不是希望与否的区别。因此,应该认定甲对乙丙都构成直接故意杀人,而且是希望乙丙都死亡这种结果的发生。即使丙由于侥幸而未死亡,也不能否认这一点。这一分析和认定,应当适用于各种明知行为必然发生危害结果而决意实施危害行为的案件。

四、结论

综上所述,笔者的观点和结论是:犯罪直接故意与间接故意在认识因素上有所不同,直接故意表现为预见到危害结果必然发生和可能发生两种形式,间接故意只有预见到危害结果可能发生一种形式;但归根结底,区分这两种故意的标准只能是意志因素,凡希望危害结果发生的是直接故意,凡有意放任危害结果发生的是间接故意。至于"预见到危害结果必然发生情况下而放任结果发生"这种犯罪故意形式则根本不存在,明知行为必然发生危害结果仍决意实施危害行为的,其意志因素必定是希望危害结果发生,当然属于直接故意犯罪。澄清这个问题,既是我国刑法有关理论完善的要求,也是司法实践中有力地打击这类犯罪的需要。

论老年人犯罪的刑事责任问题*

目　次

一、研究老年人犯罪及其刑事责任问题的意义

老年人犯罪及其刑事责任，是我国刑法理论迄今研究非常薄弱的一个课题。但随着老年人在社会人口结构中比重的日趋增加，研究这一问题开始具有重要的理论和实践价值。成年人进入老年年龄，随着身心的逐渐衰老，其刑事责任能力也会逐渐减弱，有的也会完全丧失。但是，老年人责任能力的减弱与丧失，由于身体和精神健康状况以及知识水平等情况各不相同甚至相差很大，因而不同的老年人的责任能力情况也不尽相同甚至相去甚远。同一年龄段（如已满 60 岁不满 70 岁）不同老年人的责任能力会存在程度大小乃至有无的差别，不同年龄段（如已满 60 岁与已满 70 岁甚至已满 80 岁）的不同老年人的责任能力相同或大致相同的情况也并非罕见。老年年龄里责任能力这种个性即特殊性的突出和普遍存在，使立法难以用老年年龄为外部标志而一般地反映老年人的责任能力，特别是其丧失问题。因而现代各国刑

---

* 原载《法律学习与研究》（现为《法学家》）1988 年第 2 期。

法一般没有把老年年龄作为行为人丧失责任能力和不负刑事责任的标志来规定。

但是,现代刑法理论对老年人的刑事责任问题予以专门探讨,仍然具有一定的重要意义。对此大致可以从以下几点加以说明:

(一)老年人犯罪之现状

在现代社会中,一般说来,随着年龄的增长,人们的社会知识不断积累,法制观念和道德水平也在不断得到强化与提高,社会责任感、家庭责任感和个体责任感也逐步加强,因而进入中年期以后的犯罪率也在逐步下降。进入老年期后,再加上人的身心条件的限制,犯罪率更低。例如,美国联邦调查局的有关报告表明,美国50岁以上的人犯罪的就很少;65岁以上的人口占美国总人口的10%左右,而在因犯罪而被捕的人中只占1%。[1] 日本1980年60岁以上的人占总人口的12.2%,而在1983年全部犯罪者中,60岁以上的犯罪人的比率也仅为3.6%。[2] 但是,由于以下两个因素,老年人犯罪在现代社会中仍占有一定的数量:

一是由于现代社会中老年人口的比重日趋增加。20世纪以前,老年人在整个人口中所占比例并不大。20世纪以来,随着经济文化生活水平的显著提高、医疗科学技术的巨大进步以及一些国家生育率的下降,人的平均寿命大大提高,[3]因而老年人的人数和在总人口中的比例越来越大。在1982年联合国于维也纳召开的老龄问题世界大会上,联合国秘书长宣称60岁以上为老年人。据联合国提供的材料表明,60岁以上的老年人,1950年全世界约有2亿;1970年约有2.91亿;1975年增加到3.5亿;到2000年将增加到5.9亿;预计到2025年将增加到11.2亿,此时全世界总人口将增加到82亿,即老年人口将占总人口的13.7%。目前有些发达国家老年人口已占总人口的15%甚至20%以上;发展中国家的老年人口虽然一般占总人口的10%,但都以比总人口增长速度更快的速度增长着。目前不少国家已成为"老年型国家",21世纪将成为"老龄化时代"。[4] 我国1955年老年人占总人口的7%;1982年全国第三次人口普查时,60岁以上的老年人占总人口的7.42%;目前60岁以上的老年人有8800余万;到1995年前后将达到1.2亿左右,将占总人口的10%以上,跨入"老年型国家"的行列;到2000年将达到1.3亿,占总人口的10.7%;2025年将占总人口的19.34%;2040年将占27.8%,那时我国三个半人中将有一个老年人。

二是由于社会和家庭的环境因素以及老年人身心和精神诸因素的影响,由于社会的忽视,在某些国家、某些时期,老年人犯罪本身也有增长的趋势。例如,据日本《读卖新闻》报道:1983年日本60岁以上的老年犯罪人数为946人,1987年1月至5月即猛增到1274人,[5]即仅此5个月就较1983年全年增长35%。美国老年犯罪活动也在日趋增多。[6]

---

〔1〕 参见[美]戴维·L.德克尔:《老年社会学》,沈健译,天津人民出版社1986年版,第279页。

〔2〕 参见[日]星野周弘:《社会变化与违法犯罪的发展趋势》,康树华译,载《国外法学》1987年第1期。

〔3〕 如我国平均寿命,新中国成立前为35岁,1957年为57岁,1978年为68岁,1980年为69岁,目前世界各国平均寿命为61岁,欧洲国家高达72岁。

〔4〕 按照联合国的规定,所谓人口老龄化,主要是指老年人在人口总数中的比例不断增长。联合国把60岁以上的老年人超过人口总数10%,或者65岁以上的老年人超过人口总数7%的国家,称为"老年型国家"。

〔5〕 参见《中国法制报》1987年8月5日。

〔6〕 参见《案与法》1987年第4期。

由于以上两点原因尤其是老年人在总人口中所占比例日重，因而老年犯罪在全部犯罪中占有一定的比例和数量。这样首先从犯罪数量上就产生了探讨老年犯罪人刑事责任问题的必要。

（二）老年人犯罪及其刑事责任有其自身的特点

现代各国的有关司法统计和著述证明，老年人犯罪，在犯罪的原因和动机，行为人的责任能力状况，犯罪的类型以及承受刑罚和接受改造等方面，都有着不同于成年人犯罪的特点，从而使其刑事责任的确定和实现也有自身的特色。刑法理论有必要专门探讨犯罪与刑事责任中的这种特殊矛盾。对此问题将在下文专门探讨。

（三）现代刑事法律及其实践之需要

从刑事法律上看，虽然一般没有把老年年龄作为行为人丧失责任能力的标志来规定，但是，在刑法和刑罚执行法关于刑罚裁量和刑罚执行的规定中，还是对老年年龄有特殊的考虑和区别规定。从司法实践中看，为了贯彻刑罚与罪责相适应的原则和刑罚目的的需要，对老年人的犯罪及其刑事责任问题也要求进行区别对待和特殊处置。

（四）丰富刑法理论研究之需要

从理论研究上看，过去对老年人犯罪及其刑事责任问题普遍关注不够。近年来，随着对老年人犯罪所具有的数量和其自身特点的逐步认识，一些国家对于老年人犯罪及其刑事责任的问题，也开始在刑事科学尤其是犯罪学领域进行开拓和逐步加强研究。例如，德国、奥地利、瑞士等德语国家的刑事理论界把老年人犯罪作为一个重要课题并取得了卓著的研究成果，美国、英国等英语国家也有一定数量的研究老年人犯罪问题的专题论著，日本近年来对此问题的研究也取得了相当的进展。[1] 我国近年来的一些犯罪学论著，对老年人犯罪问题也开始关注和研究，但刑法学对此问题尚未涉足。总之，对老年人犯罪及其刑事责任问题，现代刑法理论的关注还很欠缺。但从这一问题本身的内容来看，不仅应该在犯罪学领域进行研究，而且也很需要从刑法学领域加以探讨。这种探讨是丰富刑法理论的需要，更具体地讲，是丰富刑法学中的犯罪主体研究的需要。

综上所述，老年人犯罪的数量和特点，刑事法律及司法实践的要求，以及刑法理论丰富深入的需要诸方面的综合，说明刑法学中研究老年人犯罪及其刑事责任问题，确实具有一定的重要意义。

二、关于老年人犯罪之刑事责任的立法和司法情况

（一）中外刑事法相关规定概览

从我国奴隶制的西周刑法，经封建制的《法经》、汉律、唐律、宋元明清诸朝法律，直到近代的《大清新刑律》，它们关于责任年龄的规定中，都把达到一定年龄（最低60岁以上，最高90岁以上）的老年犯罪人作为减免刑罚的对象加以规定，这种规定也在我国古代和近代的

---

〔1〕 参见［日］长谷川和夫、霜山德尔主编：《老年心理学》，车文博等译，黑龙江人民出版社1985年版，第288～289页。

司法实践中得到了一定程度的体现。这种立法和司法的主要原因,在于统治阶级悯老恤老的刑事政策和有效地维护其统治利益的需要。但是,由于老年年龄对人的责任能力程度和刑罚适用在事实上确有一定的影响,因而应当承认,我国刑法史中关于老年人刑事责任的特殊规定及其司法实践,存在一些不容否认的合理因素。

我国民主革命时期,在中国共产党领导的革命根据地政权所颁行的一些刑事法规中,借鉴我国古代刑法史和当时旧中国的刑事立法,其中也规定了一些关于老年人刑事责任的内容,例如,第二次国内革命战争时期的《赣东北特区苏维埃暂行刑律》第 29 条规定:"……满 80 岁人犯罪者,得减本刑一等或二等";抗日战争时期,1939 年《陕甘宁边区抗战时期惩治汉奸条例》第 9 条规定:"犯第二条各款之罪,年龄在……80 岁以上者得减刑。"

在近现代各国各地区刑事法律中,也有一些关于老年人犯罪及其刑事责任的规定,概括起来,这些规定大致包括以下几方面的内容:

其一,对老年犯罪人免除刑罚。根据有关论著的介绍,《墨西哥刑法》第 34 条以及《荷兰刑法》第三章第 3 条都规定,七八十岁以上的老年人犯罪的,免除刑罚。[1] 据联邦德国司法机构透露,1985 年查获一名 83 岁的贩毒老妇人,依法应判其 5 年徒刑,但考虑她年事已高,未予刑事追究。[2]

其二,对老年犯罪人限制一些刑种的适用。例如,1810 年《法国刑法典》第 70 条规定:"裁判时满 70 岁之犯人,不得宣告无期重惩役、流放或有期重惩役。"第 71 条规定:"对于已满 70 岁之犯人,前条所列各刑应代之以无期轻惩役或有期轻惩役,其刑期仍同于原刑。"1928 年颁行、1935 年修正的《中华人民共和国刑法》第 63 条规定:"……满 80 岁人犯罪者,不得处死刑或无期徒刑。本刑为死刑或无期徒刑者,减轻其刑。"我国台湾地区的"刑法"目前仍采此规定。[3] 1926 年《土耳其刑法典》中,也有对 65 岁以上的犯罪人不适用死刑而以苦役代替之的规定。1961 年《蒙古刑法典》第 18 条第 2 款规定:"60 岁以上的男人、妇女……不得适用死刑。"《法国刑事诉讼法典》第 749 条规定:对判处罚金等而未能执行的犯罪人,按照应缴纳之金钱数额易科 2 年以下的拘禁;该法典第 751 条则规定,对定罪时已满 70 岁的人不得易判拘禁。

其三,对老年犯罪人限定剥夺自由刑的刑期。例如,1961 年《蒙古刑法典》第 19 条规定,剥夺自由刑的最高期限不得超过 15 年,但对犯罪时 60 岁以上的男子和 50 岁以上的女子,剥夺自由刑的期限不得超过 10 年。

其四,对老年人犯罪规定减轻处罚或规定为减轻处刑的情节之一。例如,旧中国《暂行新刑律》第 50 条规定:"……满 80 岁人犯罪者,得减本刑一等或二等。"1928 年颁行、1935 年修正的《中华民国刑法》第 18 条第 2 项规定:"满 80 岁人之行为,得减轻其刑。"按照 1940 年《巴西刑法典》第 48 条的规定,犯罪人超过 70 岁的,是处刑的从轻情节之一。我国香港特别

---

〔1〕 参见金凯编著:《比较刑法》,河南人民出版社 1985 年版,第 97 页。
〔2〕 参见《中国法制报》1985 年 11 月 6 日。
〔3〕 参见陶百川编:《最新六法全书》,台湾三民书局 1981 年版,第 378 页。

行政区的刑法中也规定:对老年犯罪人可以减轻刑罚。

其五,对老年犯罪人放宽缓刑的适用。例如,1964 年修订的《土耳其刑法典》第 89 条规定,一般成年人只有在对其所处监禁为 6 个月以下的,才可实行缓刑;该法典第 90 条规定,对已满 70 岁的犯罪人处以 1 年以下监禁的,就可适用缓刑。1940 年《巴西刑法典》第 30 条规定:监禁刑不准适用缓刑,但犯罪人超过 70 岁而所判监禁不超过 2 年的,可以缓刑。

其六,放宽对老年人犯罪所处刑罚的执行。这表现在执行场所、执行方法及狱政管理制度等方面。例如,《法国刑事诉讼法典》第 718 条规定,对于年老的被判刑人,可以分到监狱医院中予以关押。《日本刑事诉讼法》第 482 条规定,被判刑人年龄在 70 岁以上时,可经一定程序批准而停止执行剥夺自由刑。1968 年《罗马尼亚刑法典》第 56 条第 2 款规定:"年满 60 岁之男犯人,年满 55 岁之女犯人,服刑期间不要求劳动。自愿劳动的,可以准许。"1986 年修订版《苏俄刑法典》中,第 44 条规定的是无强制劳动内容的普通缓刑制度,第 24 条附第 2 条规定是剥夺自由、宣告缓刑、强制劳动的较为严厉的特殊缓刑制度,但该条明确规定,特殊缓刑制度不适用于 55 岁以上的妇女和 60 岁以上的男子。1970 年,联邦德国还专建了一所老年犯罪人监狱,专门关押 60 岁以上的老年男性罪犯,此监狱的环境和物质条件优于一般监狱,管理制度也较一般监狱宽缓得多。[1]

(二)新中国关于老年犯罪人行刑之特殊规定

我国以往的刑法草案和现行刑法典[2]中,对老年人犯罪及其刑事责任问题未作特殊规定。但在劳改法规及司法解释文件中,对老年犯罪人的行刑方面也有一些特殊规定。

首先,对符合一定条件的老年罪犯刑罚的执行可采取监外执行的方式。例如,1954 年政务院公布施行的《中华人民共和国劳动改造条例》第 60 条规定,55 岁以上、已失去对社会危害可能的服刑罪犯,可以准许取保监外执行。1982 年 2 月 18 日公安部通知各地试行的《监狱、劳改队管教工作细则》第 18 条规定:服刑改造期间的罪犯,"年龄在 60 岁以上,身体有病,已失去危害社会可能的",除判处死刑缓期 2 年执行期间以及罪恶民愤很大的以外,都可以准许监外执行刑罚。1979 年 4 月 16 日最高人民法院、最高人民检察院、公安部《关于清理老弱病残犯和精神病犯的联合通知》(以下简称《联合通知》)中规定,"年老衰竭,神智模糊"的服刑老年罪犯,除判处死刑缓期 2 年执行期间的以外,"凡有家庭依靠的"均可依法分别给予监外执行。

其次,从宽适用假释。前述的《联合通知》规定,对年老衰竭、神智模糊的服刑年老罪犯,原判有期徒刑已执行刑期 1/2 以上,原判无期徒刑已实际服刑 10 年以上,并有悔改表现的,即可予以假释。对照刑法典第 73 条关于假释适用的规定,可见对老年犯适用假释掌握的条件较其他青壮年犯要宽一些。从司法实践方面来看,早在 20 世纪 50 年代初期,我国司法机关对老年人犯罪就注意专门统计,并有在量刑时对老年年龄作为从宽情节考虑的判例。[3] 我们

〔1〕 参见《特殊园丁》1987 年第 4 期。
〔2〕 指 1979 年刑法典。——编者注
〔3〕 参见《天津市高级人民法院 1953、1954 年刑事判决总结》,全国人大常委会办公厅法律室 1955 年 11 月编印,第 25、29、40、43、61、69～70、77、86 页。

有限的实际调查也说明,刑法典颁行以来的司法实践中,在对老年犯罪人量刑时,主要是在判处剥夺自由刑时以及决定是否适用缓刑时,犯罪人的老年年龄尤其是七八十岁以上的高龄,也往往被作为一个从宽的因素来予以适当的考虑。

三、关于老年人犯罪及其刑事责任特点的探讨

(一)老年人犯罪之犯罪学的特点

老年人犯罪及其刑事责任问题,有不同于其他年龄者尤其是一般成年人(青年人和中年人)的特点。只有认识其特点并在刑事责任的追究、确定和实现上予以恰当的照应,对老年人犯罪的刑事治理才能够正确有效,刑罚目的才能在此顺利实现。老年人犯罪及其刑事责任具有哪些特点?我们认为,可以从下述几方面分析认识:

1. 从犯罪特点和犯罪类型上看

人进入老年期后,身心功能逐渐衰弱,导致体力和精力减退,甚至活动不便;另外,老年人有丰富的社会阅历,所知犯罪案件和犯罪方法甚多,有犯罪前科者还具有犯罪经验,因而相对说来,老年人实施暴力犯罪的较少,实施智能性犯罪的较多,而且往往教唆他人尤其是少年儿童实施犯罪行为。即老年人犯罪智能性、隐蔽性、间接性的特点较为突出。抵抗能力较弱的人如儿童、妇女,残疾病人等,较易成为老年人犯罪的被害人。从犯罪类型上看,老年人较多地实施基本不使用体力或使用体力较少的犯罪。较为常见的故意犯罪有,引诱奸淫幼女、盗窃、诈骗、侮辱、诽谤、诬陷、借封建迷信造谣诈骗、放火、反革命宣传煽动、利用封建迷信进行反革命活动、赌博、传授犯罪方法等犯罪,以及针对弱者的杀害、伤害、强奸等犯罪活动和非暴力性质的杀害(如毒杀)犯罪活动。老年人犯罪特点和犯罪类型的上述特征,主要是在犯罪学方面确立犯罪对策和预防措施时有重要意义。同时,从刑法学角度看也具有一定的意义。例如,暴力犯罪与非暴力犯罪相比,一般说来,前者无疑反映了犯罪行为更大的危害性和犯罪人更大的人身危险性,这就影响到行为人刑事责任程度和应处刑罚轻重的不同。

2. 从犯罪原因方面来看

老年人犯罪的原因,除与青年人和中年人犯罪共同的主客观原因以外,还有其特殊的环境原因和个体原因。举其要者:

(1)老年人心理方面的特征所致。老年人精神与身体衰退,感官功能降低,反应迟钝,往往表现出以自我为中心、固执、偏狭、幼稚、易被激怒的心理特点。因而有时会因琐事而感情突然爆发并实施犯罪。例如,68 岁老人高某,一次因病住院。一天倒水时因手发抖而摔破了茶杯,引起同室老人黄某、林某的讥笑,高某难忍一时之气,即将黄、林二人打成重伤。又如日本有这样的案件,老父因与儿子争选电视频道,一怒之下杀死儿子;同室者说了一老人房间不干净,该老人便怀恨在心,先是与之争吵,继而用刀刺杀。

(2)老年人对社会和周围人施加于他们的不公正待遇的一种报复。老年人由于身心发生显著变化,爱唠叨,又离开职位,社会地位及身份往往被视为降低;有些老年人还体弱多病,成为家庭的负担;有些老年人还有一些不良嗜好(如酗酒、赌博等)。因而老年人的人际

关系容易不融洽和经常出现纠纷。周围一些人尤其是老年人原本亲近的人，如果对老年人过分冷漠、疏远甚至实施欺侮、辱骂、遗弃、虐待等行为，就有可能引起老年人对其实施义愤性的犯罪行为。老年人杀人、伤害案件中，相当一部分就是被害人有先行的施加于老年人的罪错行为。美国刑事专家指出："由于年青一代对老年人采取一种不公正的态度，因而极易诱发老年人犯罪""老年人深感自己是贫困、恐惧、生活失意的人，政府对他们漠不关心，使他们日趋沦为罪犯。他们把'犯罪'看成是摆脱恐惧、树立信心，求得一丝快感的手段。"[1]日本学者在论及老年杀人犯罪时曾经分析说："从被害者学的角度看，家属成员是被害者的时候，具有很大的有罪性或者存在有其他难以消除的问题。在这种状况下，无法忍受的正直的老年人，作为一辈子第一次犯罪而杀了人这样的典型性例子是有的。造成这种情况，多是由于进入老年期后对人关系狭小了，纠葛和紧张不断积累起来了。这种环境条件，再加上加害人方面的直率、认真，以及老年期的心理特征所具有的不通融性、易刺激性等，就促使他们采取冲动的、破灭的解决办法，鲍拉克认为在美国老年人杀人的被害者多是其配偶或其他近亲属，我国老年人杀人也可以推测具有这种共同性。"[2]

(3)有些老年人犯罪，是由于经济上贫困潦倒的原因。他们或者是被遗弃，或者是因不堪虐待而离家流浪，或者是孤身无人接济，为生活所迫而实施盗窃、诈骗等犯罪活动。美国刑事专家指出，美国"越来越多的老年人因偷盗罪而遭逮捕。"[3]日本法务省官员就曾经指出，由于生活窘迫，一些老年人实施犯罪，许多老年罪犯甚至已把监狱当作他们安居的场所，监狱变成了"福利院"。[4]

(4)老年期精神疾病的影响。有一些老年人实施刑法所禁止的危害行为，是因为老年期身心变化所引起的精神障碍或老年型精神病的影响。在这种场合，老年人的刑事责任能力往往有不同程度的降低甚至完全丧失。

(二)老年人犯罪之刑法适用的特点

上述老年人犯罪原因方面的特殊情况，对于老年人犯罪的刑事责任即刑法的适用，具有重要意义。

首先，要重视对老年人责任能力的鉴定和评判。如果查明老年人实施危害行为时因精神病而丧失了辨认或控制自己行为的能力，应当依法不追究老年人的刑事责任；如果查明老年人实施危害行为时因精神障碍、精神疾病或者身心异常而使其责任能力程度不完备，应当对其刑事责任予以从宽处理。

其次，对于被害人先行向老年人施加违法犯罪行为而老年人基于义愤的犯罪，以及老年人出于生活所迫的财产犯罪，应当减轻老年人的刑事责任，予以从宽处罚。

最后，从刑罚适用及刑罚执行方面看，刑罚适用和行刑要贯彻刑罚与罪责相适应的原则，要有利于刑罚预防犯罪目的的实现。鉴于此，我们认为，司法实践在刑种适用、刑罚裁量

[1] 载《现代世界警察》1986年第7期。
[2] 参见[日]长谷川和夫、霜山德尔主编：《老年心理学》，车文博等译，黑龙江人民出版社1985年版，第296页。
[3] 载《现代世界警察》1986年第7期。
[4] 载《中国法制报》1987年8月5日。

以及刑罚执行等方面，应当适当考虑和体现老年人犯罪之刑事责任的一些特点：

（1）关于刑种适用。刑种适用应当以犯罪人能够承受此种刑罚以及通过这种刑罚的适用可以达到刑罚目的为条件。我国刑法中的刑种有哪些应当对老年犯罪人限制适用或不宜适用？首先看拘役。我国刑法中的拘役，是短期剥夺犯罪分子的人身自由，就近强制进行劳动改造的刑罚方法。老年犯罪人由于身心衰弱，往往不能够进行劳动，因而涉及拘役适用时，对老年犯罪人应当视其年龄和身心条件决定是否判处拘役，无劳动能力的不能判处拘役，可改为适用管制。能否对老年犯罪人判处拘役而不令其劳动？不能。因为拘役刑种中必然应当包含强制劳动的内容，舍此便不成为拘役刑而成为“拘禁”了。其次看死刑。我国刑罚中的死刑是以枪决的方式剥夺犯罪分子生命的刑罚方法。从死刑性质和功能上看，老年犯罪人对死刑有承受能力，对老年犯罪人通过适用死刑也可以达到刑罚目的。因而一般说来，对老年犯罪人不宜禁止死刑的适用，对罪大恶极尤其是同时还具有再犯能力的老年犯罪人，应依法适用死刑。但是，从刑事政策和刑罚目的来考虑，对老年犯罪人还是应当较为严格地限制死刑的适用，尤其是对于因高龄和体衰多病已失去或基本失去再次危害社会可能性的老年犯罪人，如果不是特别的罪大恶极，罪不容赦，就不宜适用死刑。对老年犯罪人能否判处死刑缓期2年执行？我国刑法典第43条规定，死缓执行期间，必须“实行劳动改造，以观后效。”因此，对老年犯罪人判处死缓也应当加以限制，如果应判死缓的老年犯罪人因年老体弱而根本无劳动能力的，应当考虑改判无期徒刑。例如有这样一个案例：被告人陈某，女，1983年被刑事追诉时81岁。陈某1981年以来，以开设旅店之机，先后引诱、容留、强迫8名妇女卖淫牟利。一、二审法院以引诱、容留妇女卖淫罪和强迫妇女卖淫罪判处陈死刑。省高级人民法院复核时认为，陈某犯罪虽然情节特别严重，但不宜判处死刑或死缓，故撤销原判，改判陈某无期徒刑。这一改判主要就是考虑到了犯罪人年龄很高的因素。再次看徒刑。我国刑法典第41条规定，被判处有期徒刑、无期徒刑的犯罪分子，服刑期间“凡有劳动能力的，实行劳动改造”，即无劳动能力的，不强制劳动，而是通过其他方式改造。因而一般说来，对老年犯罪人适用徒刑不应有所限制。

（2）关于刑罚裁量。首先，对老年人犯罪，如果其存在责任能力降低、环境所迫以及出于义愤动机等减轻刑事责任因素的，应当依法从宽处罚，而且从刑事政策和刑罚目的考虑，从宽的程度还应当较青年人、成年人同样具备此种情节时大一些。其次，对老年人犯罪情节不严重而被判处拘役或3年以下有期徒刑时，考虑到刑罚执行中的困难以及刑事政策的要求，只要其基本符合适用缓刑的其他条件，应尽量广泛适用缓刑。例如，某甲，男，69岁，文盲。甲于1985年9～11月，潜入海军某部驻地，先后9次偷剪正在使用的军事通讯地网铜线534米，重达133斤，出售牟利。案发后，甲于1985年12月投案自首。法院以破坏邮电通讯罪判处甲有期徒刑2年，缓刑2年。此案的轻判和缓刑，当然有其自首这一情节的重要作用。但是不可否认，其老年年龄也对缓刑的适用有一定的影响。根据司法实践经验，按照甲的罪行情节，如果不是老年人，一般不会适用缓刑。

（3）关于刑罚执行。首先，对老年犯罪人应尽可能地实行分押分管，刑罚执行上照顾老年犯罪人的身心特点，对有劳动能力的令其从事轻微劳动，对无劳动能力的不让其劳动，管理制度上适当宽缓一些,并注意对老年犯罪人病患的诊治。其次,对有严重病患而需要保外就医的老年罪犯,应及时准许暂予监外执行。最后,对服刑中的老年罪犯,应适当放宽减刑、假释的适用。

总之,老年人犯罪及其刑事责任有一些特点,我国刑法对老年犯罪人的适用应该适当地考虑和体现这些特点,以正确地贯彻我国刑法中的刑事责任原则和刑罚目的。本文对此问题所作的归纳和探讨还非常粗浅,我国刑法学中的犯罪主体论应当加强对这一课题的研究。

论少数民族公民的刑事责任问题*

目　次

按照我国刑法及其实践,行为人的少数民族身份对其刑事责任具有一定的意义,而且其中的问题也较为复杂,但迄今我国刑法理论对此问题尚欠缺研究,因而特别需要予以专门探讨。

一、少数民族身份与刑事责任关系的历史与现状

为深刻认识我国现行刑法实践中的少数民族身份对刑事责任的意义,有必要简略了解一下我国古代刑法史中对不同民族的行为人刑事责任的规定。

在我国某些封建朝代刑法中,有对不同民族的行为人设立不同的刑事责任原则的规定。例如,三国两晋南北朝时期,以鲜卑贵族为统治者的北朝的法律中,明确规定鲜卑人与汉人在刑法上的不平等地位,鲜卑人可以任意杀死汉人,不算犯罪;但如汉人杀死鲜卑人,则不仅本人处死,还要连累妻子,甚至会遭到灭门之祸。[1] 在女真人为统治者的金国(1115~1234年)的法律中,女真人打伤与杀死汉人、契丹人无罪;而汉人对女真人稍有冒犯,便要处死刑。[2] 在蒙古人建立的元朝的法律中,更是赤裸裸地确认不同民族在刑事责任上的不平等。元律将全国各族人民分为四

---

* 原载《中国法学》1988年第5期。

〔1〕 参见张晋藩等著:《中国法制史》(第1卷),中国人民大学出版社1981年版,第216页。

〔2〕 参见张晋藩等著:《中国法制史》(第1卷),中国人民大学出版社1981年版,第318页。

等:一等为蒙古人,二等为色目人(西夏、回回、西域人),三等为汉人(原来金国统治下的汉人和契丹、女真人),四等为南人(原来南宋统治下的汉人和各族人民)。元律明确规定这四等人在法律上不平等。如在刑法方面,蒙古人若因争吵或醉酒打死汉人,至多只罚出征和赔烧埋银;若汉人在同样情况下打死蒙古人,就立即处死,还要照赔烧埋银;蒙古人犯法享有依律减罪的特权,如蒙古人犯盗窃罪不得像其他人那样必须刺字,蒙古人罪犯不得拷掠,除犯死罪外不得监禁。[1] 在满人为统治者的清朝《大清律》中,规定满人犯罪享有"减等""换刑"的特权,例如,笞刑可换鞭责,徒刑一年可换枷号20日,流刑三千里可换枷号60日,极边充军可换枷号90日,死罪斩立决可减为斩监候。满人犯盗窃罪免于刺字,如重囚必须刺字,也只刺臂不刺面。对满人罪犯还不能投入普通监狱。[2] 可见,上述封建刑法中关于不同民族人不同刑事责任的规定,都有一个共同的特征,这就是赋予统治阶级所属的民族以刑事责任上的特权。这种不同的刑事责任原则,并不是以行为的危害程度为根据的,而是阶级压迫与民族压迫相结合的体现。

在民国政府时期,统治阶级为了维护其统治秩序和利益,对少数民族地区实行政治、经济、法律等方面的强制同化统治。从刑法上看,也只是强调其法制的统一,并不考虑少数民族地区的特殊情况。这种无视少数民族地区特殊情况、否认少数民族与汉族差别的刑事法制,加深了民族隔阂和民族矛盾,实质上与上述封建刑法中的有关规定一样,都未能正确地考虑行为的真实危害程度,而是体现了阶级与民族的双重压迫。

新中国的成立,推翻了剥削阶级对劳动人民的阶级压迫,作为社会主义的多民族国家,我国从根本上反对民族压迫,坚持民族平等和民族团结,各族人民都是社会主义国家的主人翁。我国共有56个兄弟民族,按照1982年全国人口普查的统计,全国10亿总人口中,汉族约有9.33亿,占总人口的93%,其他55个少数民族约有6700万,占总人口的6.7%;按照1987年全国1%的人口抽样调查的统计和推算,全国总人口约10.7亿,其中各少数民族占总人口的比重由6.7%上升为8%,汉族人口占总人口的比重由93.3%下降为92%。在少数民族公民聚居的地区,目前我国建立有内蒙古、新疆、广西、宁夏和西藏5个省级民族自治区,31个自治州,96个自治县(旗)。在少数民族问题上,我国一贯坚持维护祖国统一与照顾少数民族特殊情况相结合的国策,在法制方面也实行维护全国的法制统一与兼顾少数民族特点的原则,在刑事法制方面也是如此。

早在现行刑法典[3]颁行前的立法草案文件和有关法规中,就有了这方面的规定。例如,我国刑法草案历来坚持全国刑事法制统一的原则,同时,《刑法草案》第22稿(1957年6月28日)第91条和第33稿(1963年10月9日)第87条都规定,民族自治地方可根据其实际情况,依法制定对刑法变通或者补充的规定。1952年海关总署《有关查禁走私几项具体政策》第4条第3款,在惩处走私违法犯罪的内容中规定:"对少数民族,尚应结合少数民族

[1] 参见张晋藩主编:《中国法制史》,群众出版社1983年版,第263页;刘海年等编著:《中国古代法律史知识》,黑龙江人民出版社1984年版,第338页。

[2] 参见张晋藩:《中国法律史论》,法律出版社1982年版,第142页。

[3] 指1979年刑法典。——编者注

政策从宽处理之。"1958年国务院《关于处理走私案件十项原则》第7条规定:"对少数民族的走私……情节重大的,应该同样按照上述有关处理原则严肃处理,但是处罚尺度应该比对汉族为宽。对于未改革地区少数民族走私的处理,可以再稍宽一些。对少数民族上层人物的走私,应该联系民族事务部门处理。"

我国现行的《宪法》和《民族区域自治法》的有关条款,都确立了坚持法制的统一性和兼顾少数民族地区的特殊性的原则,既要求少数民族地区应当执行国家的宪法和法律,又允许少数民族地区在不违背宪法和法律原则的前提下,根据其特殊情况制定特殊的政策、法规和措施。我国刑法典也明确地确立了这一原则。一方面,刑法典第3条宣布,我国刑法普遍适用于我国全部领域;另一方面,刑法典第80条又明确规定:"民族自治地方不能全部适用本法规定的,可以由自治区或者省的国家权力机关根据当地民族的政治、经济、文化的特点和本法规定的基本原则,制定变通或者补充的规定,报请全国人民代表大会常务委员会批准施行。"我国刑法这一在法制统一的前提下兼顾少数民族地区特殊性的原则,"是坚决贯彻了宪法原则和民族政策的,其意义是不可低估的"。[1] 只有在刑法适用上尊重和照顾少数民族的特点,允许少数民族以刑法的基本原则为指导,并根据本民族地区的实际特殊情况,制定变通的刑事法规,予以变通的刑事司法,才能通过刑法的适用有效地打击犯罪,真正维护少数民族地区的社会秩序和国家与人民的利益,促进各民族的团结和祖国社会主义现代化建设。

我国宪法的有关规定以及刑法典第80条的规定,为少数民族地区制定变通或补充的刑法规范提供了根据。由于少数民族地区涉及刑法适用的特殊情况比较复杂,制定法规又要建立在大量司法实践经验总结和深入充分的理论论证基础之上,因而在《刑法》颁行的前几年,是不具备制定这种变通或补充的刑事法规的条件的。近两年来,随着司法实践经验的逐步丰富以及理论研究的进展,一些少数民族地方正在制定或准备制定变通或补充的刑事法规。相信这种法规的制定及其不断完善,会给少数民族地区正确适用刑法的实践提供必要的法律武器。

我国少数民族地区的刑事司法工作,一贯坚持考虑和体现少数民族特点的原则。为统一和协调少数民族地区的刑事司法工作,1984年中共中央5号文件还明确指出:"对于少数民族中的犯罪分子要坚持'少捕少杀',在处理上一般要从宽。"这一指示被我国司法领导机关所接受执行,成为目前少数民族地区适用刑法的指导性的刑事政策,简称为"两少从宽"政策。我国司法机关(主要是少数民族地区的司法机关)根据刑法典第80条规定的精神和"两少从宽"的刑事政策,结合少数民族地区的特点和少数民族公民刑事案件的实际情况,对少数民族公民适用刑法的问题进行了认真的探索,初步积累了一些经验。认真从理论上研究和总结这些经验,探讨这方面存在的问题,无疑有助于现阶段我国对少数民族公民的刑事司法工作,而且对这方面的变通或补充性刑事立法也会有一定的参考作用。

---

〔1〕 参见高铭暄编著:《中华人民共和国刑法的孕育和诞生》,法律出版社1981年版,第128页。

二、少数民族公民特殊刑事责任原则的含义

笔者认为，我国刑事立法及刑事政策和有关的司法实践关于少数民族公民适用刑法的特点的规定和做法，是确立了少数民族公民从宽的特殊刑事责任原则。这也属于行为人特殊身份影响其刑事责任的一种情况。下面从理论与实践的结合上，对这一原则略加探讨。

为正确地把握对少数民族公民从宽的特殊刑事责任原则，需要明确以下几个问题：

第一，这一特殊的刑事责任原则是仅指量刑从宽，还是也包括定罪从宽？实践中有人认为，对少数民族公民从宽的刑事责任原则是仅指量刑从宽，而不是指定性、定罪上的从宽。笔者认为这样理解有所不妥，对少数民族公民从宽的刑事责任原则，既包括量刑上的从宽，也包括定罪上的从宽。所谓定罪上的从宽，就是根据少数民族的特点及其行为的性质和危害程度，把少数民族公民实施的刑法中的某些犯罪行为不以犯罪论处，或者对少数民族公民提高刑法中某些犯罪的定罪标准。刑法典第80条中的“变通”规定之含义，就可以包括定罪在内，“两少从宽”政策中的“从宽处理”也未排斥定罪上的从宽处理，其“少捕”则主要就是指的定罪从宽。所谓量刑上的从宽，是指对少数民族公民已被确认为犯罪的行为，考虑到其犯罪起因和风俗习惯等特点，在处刑上轻于汉族中罪行类似的犯罪分子。近年来，司法实践中适用对少数民族的特殊刑事责任原则时，一般都包括了定罪和量刑两个方面的从宽，有关的实践材料和理论材料也证明了这一点。如果把这一原则局限于量刑从宽而否定定罪也可以从宽，则在涉及定罪的一些情况下就会不合理地限制这一原则的适用，也有悖于司法实践中行之有效的经验。

第二，怎样理解这一特殊原则中“少数民族公民”的范围？应当明确，并非凡有少数民族公民身份者皆可适用这一原则。对此原则中的“少数民族公民”，首先应当从地域上加以限制。刑法典第80条规定的是“民族自治地方”可以依法制定对刑法的变通或者补充规定，据此立法思想和实践需要来考虑，笔者认为，对少数民族公民从宽的特殊刑事责任原则，其适用的对象，原则上应当是只限于少数民族聚居地区，即民族自治地方的少数民族公民，而不是已长期生活于汉族地区和汉族人民中间的少数民族公民。因为目前只有民族自治地方的少数民族公民，才在政治、经济、文化、法制教育等方面不同程度地落后于汉族人民，才保留着显然不同于汉族的一些风俗和陋习，才会出现不能全部适用刑法规定的特殊情况，这样才需要对之适用特殊的刑事责任原则；而长期甚至数代生活于汉族地区和汉族人民中间的少数民族公民，其所处的社会条件与周围的汉族人民相同，因而其文明程度也与汉族人民相同或基本相同，并无对之适用特殊的刑事责任原则的必要和理由。同时，即便在少数民族聚居地区即民族自治地方内，不同的区域之间相比，其发展和文明程度也有所不同，这种差别对适用特殊的刑事责任原则也应有影响。对那些文明发展程度较高，已基本接近于汉族地区一般文明水平的区域的少数民族公民，如省级自治区的省府及某些自治州府的城市的少数民族公民，一般说来适用特殊刑事责任原则就要控制得严一些，而且从宽处理的幅度也要小一些；而对那些比较后进和非常后进的区域的少数民族公民，就应当较为普遍地适用特殊的刑事责任原则，而且从宽处理的幅度要大一些。其次，还应当从人员情况上加以限制，即

对少数民族地区的少数民族公民,也不宜一概都适用并且都同样适用特殊的刑事责任原则,而是要有所区别。对那些受过相当程度教育、具有刑事法律知识的少数民族出身的国家工作人员、教师和大专学生等,就不应适用至少也应严格限制适用特殊的刑事责任原则;而对那些文化程度很低、法律知识非常匮乏的少数民族公民,则应当强调适用特殊的刑事责任原则。

第三,对少数民族公民的哪些危害行为应当适用从宽的刑事责任原则?有人认为,“两少从宽”的政策规定对少数民族公民犯罪一般要从宽处理,据此对少数民族公民的大多数危害行为或犯罪行为都要从宽处理。笔者认为,这种认识和理解缺乏深入具体的分析,失于表面化,未必符合我国刑法和刑事政策的本意。在笔者看来,对少数民族公民所实施的为刑法所禁止的危害行为,凡与其民族特点(主要是指其风俗习惯特点和文明程度制约表现出来的特点)有联系的,就应当适用特殊的刑事责任原则,放宽定罪量刑的标准;对那些与民族特点无联系的危害行为,如在少数民族一般公民看来也是于法不容的图财杀人、奸情杀人、抢劫杀人、盗窃、诈骗、投敌叛变、聚众劫狱、放火、爆炸、投毒等危害行为,一般说来就不能因行为人具有少数民族公民身份而适用从宽的刑事责任原则。

第四,对少数民族公民适用从宽的刑事责任原则,是指依法相对地从宽而不是脱离法律绝对的无限制的从宽。也就是说,对少数民族公民的危害行为需要适用从宽的刑事责任原则时,应当遵循罪刑法定、罪刑相适应、主客观相统一等基本刑事责任原则,以有关具体罪的规定为基本依据,在法律、政策所许可的范围内,在定罪或量刑上较汉族公民实施类似的危害行为从宽掌握,而不能离开法律的规定,背离刑法基本原则,不顾犯罪构成对定罪的要求,无原则无限制地从宽。例如,不允许把故意杀人罪认定为过失杀人罪或故意伤害罪来从宽处罚,不允许违背从轻、减轻、免除刑罚的有关原则规定来随意地从宽处罚。

总之,对少数民族公民适用从宽的刑事责任原则的理解,既不能不合理地限制为仅指量刑从宽而不包括定罪从宽,又要合理地限制该原则适用对象的范围、该原则适用的行为的范围以及该原则受刑法有关规定的制约。尤其应当强调指出,对该原则的含义作上述合理的限制理解,这既是在目前情况下正确适用这一特殊原则本身的要求,同时也是随着我国少数民族文明程度的发展而逐步实现国家刑事法制对各民族统一适用的需要。

三、少数民族公民特殊刑事责任原则的根据

我国刑事立法和司法实践所确立的少数民族公民特殊的刑事责任原则,有着充分的立法、政策、刑法理论和司法实践多方面的根据。

我国《宪法》第116条规定:“民族自治地方的人民代表大会有权依照当地民族的政治、经济和文化的特点,制定自治条例和单行条例。”宪法是我国其他一切法律的立法根据,当然也是刑法的立法根据。刑法典第80条关于民族自治地方可以制定对刑法的变通或补充规定的内容,正是刑法对宪法上述规定的贯彻和体现。关于少数民族公民特殊刑事责任原则的实践,直接依据是刑法和刑事政策的有关内容,但归根到底乃是源于宪法的有关规定和精神。

从政策角度来看,我国根据马克思主义实事求是和特殊矛盾特殊解决的基本原理,从民族团结和建设文明民主的社会主义国家的需要出发,考虑到由于历史、社会的原因以及事物逐步发展规律的制约,少数民族地区政治、经济、文化的发展一般还与汉族地区有一定差距的现实,以及一些少数民族地区还保有自己传统的宗教信仰和风俗习惯的实际情况,对少数民族地区坚持实行维护祖国统一前提下的充分照顾其特点、扶植其尽速发展进步的民族政策。对少数民族公民确立的特殊刑事责任原则,充分体现了少数民族特点对行为人刑事责任的影响,从而在刑法方面有助于维护少数民族地区的社会秩序和国家与人民(首先包括少数民族人民)的利益。这对于保障少数民族地区的发展,促进民族团结和祖国社会主义现代化建设都有重要意义。因而可以说,这一刑事责任原则正是在刑事法治方面对我国民族政策的贯彻与体现。

对少数民族公民适用特殊的刑事责任原则,也有刑法理论方面的根据。行为的社会危害性及其程度,是我国刑法认定犯罪和适用刑罚的基本依据。社会危害性是主客观的统一,是客观危害和主观罪过有机结合、综合作用的结果。社会危害性是对国家和人民利益的侵害,但行为侵害对象及周围群众对行为的感受和评价,往往是表明行为社会危害性有无和大小的重要标志。对少数民族公民实施的某些行为之所以不能像汉族公民一样定罪处罚,之所以应在定罪量刑上从宽,从行为人主观方面来看,由其民族特点所决定,行为人或者缺乏具体犯罪所要求的主观要件,不具备危害社会的主观心理态度;或者虽具备主观要件但罪过不大。从客观方面来看,这种行为有无危害性及其大小,在少数民族群众中的评价也不同于汉族群众,有些被刑法规定为犯罪甚至应当严厉处罚的严重犯罪行为,如某些强奸、奸淫幼女、流氓、重婚、非法制造买卖枪支、抢婚行为等,在某些地区的少数民族群众(甚至包括“被害人”及其家属)看来,或是为其风俗习惯所允许的而认为无危害性,不构成犯罪;或是认为社会危害性较轻而不应重罚。既然犯罪的危害性及其程度是主客观因素的统一所决定的,那么,由民族特点所决定的在对行为危害性的主观认识和客观评价上产生的这些差异,就应当对行为的罪与非罪以及罪行的危害程度产生影响,并进而影响对少数民族公民某些行为在定罪或处罚上从宽。简言之,少数民族的民族特点和文明程度,从主客观相统一上影响了刑法中所规定的某些犯罪行为社会危害性的有无及其程度,根据定罪量刑必须以行为的社会危害性及其程度为基本依据的刑法原理,就应当对这些与少数民族特点直接关联而为刑法所惩处的危害行为在定罪处罚上均从宽掌握。可见,从根本上看,这种对少数民族公民某些危害行为从宽的刑事责任原则,是符合刑法基本原理的。

最后,近年来的司法实践证明,对少数民族公民某些与其民族特点直接关联的危害行为适用特殊的刑事责任原则,从宽定罪量刑,能为当地绝大多数少数民族公民所理解、所接受,有利于逐步增强少数民族公民的法制观念,也使犯罪分子受到了公平合理的、罪刑相适应的惩罚改造。这样不但不会因此而增加犯罪,而且还有助于预防和减少犯罪。从而通过刑罚的适用,有效地发挥了刑罚惩罚、改造、惩戒、教育的综合功能,达到了刑罚预防犯罪的目的。相反,如果不顾少数民族地区的特殊性,在对少数民族公民适用刑法上完全搞“一刀切”,则这种不考虑民族差别的刑事责任原则,就难免“使惩罚毫无效果,因为它消灭了作为法的结果的惩罚"[1],这样也就难以达到刑罚预防犯罪的目的。

四、少数民族公民特殊刑事责任原则的适用

怎样正确适用对少数民族公民从宽定罪量刑的特殊刑事责任原则?

根据近年来的司法实践经验,概括说来,应当从危害行为的起因上概括地把握该行为与其民族特点有无直接联系。对于那些与民族特点并无关联的危害行为,尤其是少数民族公民一般也都认为是犯罪的危害行为,就没有必要也不应当考虑适用对少数民族公民从宽的刑事责任原则,而应当依法惩处;对其中危害特别严重、少数民族公民也认为应予严惩的,还应当依法严厉制裁,直至判处死刑。而对于那些与民族特点直接关联的危害行为,例如,对于由于当地少数民族的落后风俗习惯而导致的危害行为,由于少数民族中因科学文化知识贫乏相信迷信邪说而导致的危害行为,由于少数民族中遗留下来的山林、田地、水源争端而发生的危害行为,与少数民族的宗教信仰相关联的危害行为,以及与少数民族落后的生产方式和特有的生活方式相关联的危害行为,都应当考虑适用特殊的刑事责任原则,从宽定罪和量刑。

具体而言,还应当进一步实际把握一般与民族特点有联系而需要适用从宽刑事责任原则的案件。概括近年来的司法实践经验,对少数民族公民以下几类常见的案件,往往需要充分考虑民族地区的特点,适用特殊的刑事责任原则,在定罪和量刑上从宽掌握:

一是与某些少数民族风俗陋习、宗教思想有关的性犯罪和婚姻方面的犯罪。主要涉及奸淫幼女、强奸妇女,流氓和重婚等几种案件和罪名。

1. 奸淫幼女案件

很多少数民族都有早恋、早婚的习俗,有些少数民族在女孩13岁时便为其举行成人仪式,女孩到13岁时往往就可以开始恋爱,此时男子与女孩发生性关系被认为是习俗允许的而不受谴责;已满13岁不满14岁的女孩按习俗还往往允许与人成婚。这样,某些少数民族男子与幼女发生性关系的情况就具有一定的普遍性。如云南省红河州元阳县在"严打"中发现有几个未满14岁的幼女先后与百余名男青年发生性行为,贵州省黔南州丹寨县曾发现有70余名男子与不满14岁的幼女成婚。显然,对这种案件就不能一律按奸淫幼女罪处理,而应当考虑到当地少数民族落后习俗的影响,对未造成严重后果而被害方又不告诉的,一般不宜定罪,只有对那些手段恶劣、后果严重的,以及有其他严重情节而被害方告诉的,才宜定罪,而且在处罚上也要考虑到落后习俗的影响而相对从宽处罚。

2. 强奸妇女案件

按照一些少数民族的习俗,婚前性行为一般不受家族的干涉和社会道德舆论的谴责,其中有些对妇女带有强迫性质的性行为,行为人本人以及当地少数民族群众(包括被奸妇女)也不认为是犯法行为,群众和被害人往往并不诉诸法律;此外还有一些习俗允许抢亲而强行与女方同居,或者要求女方在内心同意发生性关系时也要有形式上反抗的表示。这些情况,

---

[1] 《马克思恩格斯全集》(第1卷),第139~140页。

就决定了不能把这类强迫与妇女发生性关系的案件都认定为强奸妇女罪，而可以考虑只对那些危害非常严重的案件以及被害方告诉的案件定罪处罚。

3. 流氓案件

有些少数民族在习俗上对男女间尤其是未婚男女之间的性行为约束很小，因而往往允许一人与多名异性有性关系，多名男女在一起发生性关系的情况也不足为奇。对那种由落后习俗所引起而又具有相当普遍性的案件，显然不能一概按流氓罪中的"侮辱妇女"或"其他流氓活动"的规定论罪；只有对其中情节恶劣、后果严重并为少数民族群众所谴责的情况才宜定罪处罚。

4. 重婚案件

一些少数民族受其习俗和信仰的影响，仍存在不少一夫多妻、一妻多夫的重婚现象。对此种案件，司法实践中除对少数因喜新厌旧、以腐化为目的、多次重婚、造成严重社会危害者论以重婚罪外，一般不宜追究刑事责任，而应采取正面教育和调解的办法解决其重婚问题。

二是与某些少数民族的迷信思想、宗教门派、历史积怨、山林水源争端有关的一些侵犯人身和侵犯财产的案件。例如，某些少数民族村庄之间因为山林水源的归属、使用，或者因为教派的不同，时常引起纠纷，并进而酿成两部分少数民族的大规模殴斗、械斗，往往造成人身或财产方面的危害结果，触犯杀人、伤害、非法拘禁、非法搜查、抢劫、抢夺、毁坏财物等罪名。对这类案件中的危害行为，如果不加分析地一概套用刑法的规定定罪处罚，势必打击面过宽，而且容易加深民族隔阂和仇怨，以致再发事端。根据司法实践经验，对这种案件，应当在依靠政府和当地民族上层代表人物做好工作、平息事态、稳定群众情绪的基础上，追究极少数罪行严重的主要责任者的刑事责任，而且一般也只限于追究杀人、重伤、抢劫等严重犯罪的刑事责任，而对非法拘禁、非法搜查、抢夺等危害较轻的行为不定罪处罚。再如，有些少数民族村寨由于卫生条件差，人畜疫病多，群众中封建迷信思想严重，一旦人畜发生病疫，少数民族群众常会怀疑或指认是某人"酿鬼"或"放鬼"所致，这时就往往会群起而对"放鬼"者"收鬼""驱鬼"，"放鬼"者会被抄家，逐出山寨，甚至会被伤害或致死，这就会涉及非法侵入他人住宅、毁坏财物、伤害、杀人的罪名。对这种案件，应当在宣传科学卫生知识和进行法制教育的基础上，区分案情慎重处理：对未造成人身伤亡的，一般不宜追究刑事责任，而宜采取调解等非刑事的方法处理，对致人重伤、死亡的，应对主要责任者追究刑事责任，但考虑到这种案件的特殊起因及多人参与的特点，也应适当从宽处罚。

三是与某些少数民族落后的生产方式以及生活特点相关联的案件。例如，民族地区某些边远山区的少数民族，至今仍沿用"刀耕火种""毁林开荒"的原始耕作方法，这种行为破坏森林资源，往往触犯盗伐、滥伐林木罪。对这种案件，考虑到与其生产方式有关，而且较为普遍，应当放宽定罪量刑的标准，对情节一般或尚不很严重的，宜适用《森林法》的处罚方法解决；只有对极少数盗伐滥伐数量多，损失很大，情节非常严重，群众也有强烈意见的，才宜追究刑事责任，而且应当适当从宽处罚。又如，关于非法制造、买卖枪支、弹药的案件，一些少数民族地区野兽时常出没，威胁人身安全，为生产、生活的需要，少数民族地区群众历来有携带枪弹用以狩猎、自卫、保护畜禽和家园的习惯，这也为国家有关法律和政策所允许。由于枪支弹药多,而且掌握在个人手中,这样,秘密的、半公开的非法制造、买卖枪弹的行为就较为普遍,少数民族群众往往不认为这是犯罪行为。对这种案件一般不能论以非法制造、买卖枪支弹药罪,而只能对其中危害严重的,例如为犯罪分子制造枪支弹药的,以营利为目的向犯罪分子或者汉族人出售枪支弹药的,依法追究刑事责任。再如,关于少数民族买卖金银的案件。按照我国刑法典第117条的规定,私自买卖金银是一种投机倒把行为,情节严重的要以投机倒把罪追究刑事责任。但是,有些少数民族妇女素有佩带金银饰品的习惯,有些民族服装上往往要有十几种金银饰品,因而在这些少数民族群众中买卖金银的现象较为普遍。对这种行为一般不能作为违法犯罪处理;只有对那些已超出民族习俗范围、以营利为目的、非法倒卖、情节严重的,才可以作为违法犯罪处理。

五、结语

综上所述,我国现行的刑事立法、刑事政策和司法实践确认了对民族地区少数民族公民某些危害行为从宽处理的特殊刑事责任原则,进一步完善这方面的立法和实践,是我国少数民族地区刑事法制建设正确而健康发展的重要方面和重要任务。我国刑法理论也应当责无旁贷地开展和重视对此课题的研究。最后还应当指出,上述对少数民族公民适用的特殊刑事责任原则存在的客观基础,乃是现阶段少数民族地区政治、经济、文化、风俗习惯等方面的特殊情况,确切地讲,主要是目前少数民族地区文明程度与汉族地区的差异。少数民族地区的特殊情况将会在相当长的时期不同程度地存在,因而对少数民族公民的特殊刑事责任原则也会在现阶段长期适用。但是,社会是不断发展的,我国少数民族地区也必将随着祖国社会主义物质文明和精神文明建设的进展而与汉族人民互相学习、共同进步,逐渐抛弃落后、不文明的风俗习惯,保持和弘扬优秀的民族特色,与汉族人民在同一文明程度上前进。届时,对少数民族公民适用的特殊刑事责任原则就可能失去其存在的根据和必要,国家的刑事法制就有可能完全统一地适用于各民族。

病理性醉酒人的危害行为与刑事责任*

目　次

病理性醉酒人实施刑法所禁止的危害行为应否负刑事责任？这个问题具有一定的复杂性并已逐渐引起我国刑法理论界的关注。本文拟对此加以探讨。

一、病理性醉酒及其刑事责任之争议

（一）病理性醉酒的基本特征

病理性醉酒，又称病理性酒精中毒，病态性醉酒，是很少见的一种急性酒精中毒，指小量饮酒后因身体异常反应而急性发作的一种酒精中毒状态。病理性醉酒完全不同于生理醉酒，它只会发生于极少数人身上，往往是某些平时不饮酒或很少饮酒的人，在饮用对一般人根本不会引起醉酒的小量酒类饮料后，立刻出现非常严重的醉酒状态；也有少数病理性醉酒是由生理醉酒演变而

* 原载《西北政法学院学报》（现为《法律科学》）1988 年第 3 期。

来,但此时不再具有生理醉酒的特征。病理性醉酒发生的原因目前尚不完全明了,一般认为,有脑器质性损害(如脑外伤、癫痫、脑动脉硬化等)者,有潜在性或过去发作过的精神病、神经症或人格障碍者,以及患有严重躯体疾病者等,相对容易发生病理性醉酒。病理性醉酒者在发病时无口齿不清和行动失调等生理醉酒之表现,有较深的意识障碍,常伴有错觉、幻觉或妄想并可产生恐惧性或暴怒性激情发作,常有明显的运动性兴奋,因此而发生盲目的冲动性或攻击性暴力行为,导致侵犯他人人身或损害财产等结果。发病过程一般持续数分钟或数小时,尔后多以连续深睡眠状态而告结束。病理性醉酒者还有后继性遗忘,对自己发病之事及病中之行为一般完全不能回忆,至多只能回忆小部分或片断。一般说来,病理性醉酒无复发倾向,醉酒者一般在一次醉酒后便拒绝再饮,因而这种人一生中一般只出现一次病理性醉酒。现代医学和司法精神病学认为,病理性醉酒是短暂性精神障碍病症的一种,属于精神病的范畴,病理性醉酒人在醉酒时即发病时无辨认和控制自己行为的能力。

(二)关于病理性醉酒者的刑事责任问题之主张

行为人在病理性醉酒形态中实施刑法所禁止之危害行为的,应否负刑事责任?现代各国刑事立法对此问题一般未作明文规定,但在其立法本意、法律适用以及刑法理论上,一般都是把病理性醉酒纳入无责任能力的严重精神病之范畴,而否定这种人对其危害行为的刑事责任。我国刑事立法对病理性醉酒人实施危害行为应否负刑事责任问题也未作明文规定。但在我国近年来的刑法论著中,对此问题提出了不同的主张,甚至存在针锋相对的争议。归纳起来,主要有两种截然相反的观点:

少数论者认为,病理性醉酒者对其危害行为应负刑事责任。主要理由是:第一,刑法典第15条第3款载明“醉酒的人犯罪,应当负刑事责任”。并未排斥病理性醉酒,而是确立了任何醉酒人犯罪均应负刑事责任的法律原则。因此,对病理性醉酒人的危害行为不追究刑事责任的主张,是没有法律根据的。第二,病理性醉酒人在醉酒前并非精神病人,而是精神正常的有责任能力人。醉酒是自己饮酒造成的,并非他所不能抗拒,造成危害社会的结果,同其主观上不防止醉酒的罪过有直接关系;而无责任能力的精神病人造成危害结果的,其主观上并无罪过。这两种人有着原则区别。因而病理性醉酒人应对自己饮酒造成的危害结果负责。第三,目前对是否属于病理性醉酒的司法精神病学鉴定,往往是在事过境迁的情况下进行的,且鉴定手段又不十分科学,难免会将生理醉酒误鉴定为病理性醉酒,因而不宜过分强调病理性醉酒者的危害行为不负刑事责任,否则会放纵一些醉酒的犯罪分子。

通行观点认为,对病理性醉酒者的危害行为不应追究刑事责任。主要理由是:第一,病理性醉酒属于暂时性精神病,应包括在刑法典第15条第1款“精神病”范畴里,而不能为刑法典第15条第3款的“醉酒人”所包括;第二,在病理性醉酒形状下,醉酒人完全丧失责任能力,不符合犯罪主体的要件;第三,病理性醉酒人对醉酒不存在故意或过失,醉酒状态中实施危害行为时因已丧失责任能力而不存在主观罪过。

此外,还有个别论文虽然也赞同病理性醉酒人对其危害行为不应负刑事责任,但却认为病理性醉酒终究还是属于“醉酒”的范畴,因而认为刑法典第15条第3款关于醉酒人犯罪应负刑事责任的规定不够科学,应当修改为醉酒人造成危害结果的一般应负刑事责任。

二、病理性醉酒人对其危害行为不负刑事责任原则的根据

笔者赞同上述第二种观点，并且认为对此观点还应加强和深化论证。在笔者看来，我国刑法实际上确立了病理性醉酒人对其危害行为不负刑事责任的原则。据此原则，病理性醉酒人的危害行为不构成犯罪，不应适用刑罚。这一原则是正确的和科学的，其正确性可以得到多方面的充分论证。

（一）病理性醉酒属于精神病的范畴

按照现代各国医学和司法精神病学通行的观点和实践，病理性醉酒之所以也有“醉酒”之词语在内，乃是因为它是由饮酒引起的。但它与生理醉酒即通常所理解的醉酒从原因、症状到醉酒人的责任能力状况都有着原则的、本质的区别，实际上是属于暂时性精神病的范畴。例如，苏联司法精神病中央科学研究所编写的高等法律院校教科书《司法精神病学》中就明确指出：病理性醉酒在精神医学临床上乃是急性的、暂时性精神病，在司法精神病学鉴定上，必须把有责任能力的普通醉酒（生理醉酒）与无责任能力的病理性醉酒区别开来，它们是本质上不同的两种状态。[1] 我国临床精神医学和司法精神病学鉴定的理论与实践也一致认为，病理性醉酒与生理性醉酒截然不同，病理性醉酒是一种暂时性精神病，处于病理性醉酒状态的人实施危害行为时，不具备责任能力。

从立法原意上看，我国刑法典第 15 条关于“精神病人”“醉酒人”的规定，是以我国司法精神病学的理论与实践为基础的，立法上“精神病”的概念，既包括慢性精神病，也包括暂时性精神病，后者就包括病理性醉酒在内。对立法的这种原意，自始至终参加我国刑法起草工作的刑法学家高铭暄教授已有明确的肯定解释。[2] 而且刑法典第 15 条第 3 款所规定的“醉酒人”，是要对其危害行为依法负刑事责任的，这样，如果认为病理性醉酒人也包括在该款的“醉酒人”范围内，便是把精神病性的病理醉酒与非精神病性的生理醉酒的刑事责任问题混淆等同，这就有悖于我国刑法的刑事责任原则。因此，合乎逻辑、合乎立法原意的结论，只能是认定病理性醉酒人归属在刑法典第 15 条第1款的“精神病人”范畴里；而刑法典第 15 条第 3 款的“醉酒人”之规定，只能是专指非精神病性的醉酒人而言。

（二）病理性醉酒人的危害行为不符合主客观相统一的犯罪构成

认定行为人对其行为应负刑事责任，其行为必须构成犯罪，这就要求行为符合犯罪构成的主客观诸要件。病理性醉酒者实施危害行为是否符合主客观相统一的犯罪构成要件？下面先看一个案例：青年妇女某甲素不饮酒，某日在一次宴席上，经人盛情敬劝，饮约一两白酒，酒宴未散，便回家给孩子喂奶，抱起孩子后，却用手紧扼孩子颈部，孩子啼哭，人们闻声赶来，孩子已在怀中被扼窒息死亡，甲则木然而坐，答非所问，接着啼哭无常，继而昏然入睡。甲仅此一子，平素性情温顺，夫妻和睦，钟爱孩子，事后甲得知孩子死于己手时，悲痛欲绝。调查时，经尽力回想，甲只记得当时曾有声音告诉她，怀中的是魔鬼，要赶快掐死它，她低头

---

〔1〕 参见［苏联］布涅耶夫主编：《司法精神病学》，王之相译，法律出版社 1957 年版，第 313 ~ 314 页。

〔2〕 参见高铭暄编著：《中华人民共和国刑法的孕育和诞生》，法律出版社 1981 年版，第 42 页。

一看,果是魔鬼,即用劲掐,其余事全然不能回忆。司法精神病学鉴定结论为病理性醉酒,认为行为人甲实施危害行为时无责任能力。法院根据司法精神病学鉴定和对案件的调查了解,确认属病理性醉酒人之危害行为,未追究甲的刑事责任。此案可谓病理性醉酒人实施危害行为的典型案例。可见,病理性醉酒者实施的危害行为,如上例中某甲扼杀其孩子的行为,单单从犯罪构成的客观行为要件看一般并无问题,而且往往还发生了严重的危害结果。但是,病理性醉酒者在客观上为刑法所禁止的行为,却缺乏犯罪的主体要件及其基础上的犯罪主观要件。

所谓缺乏犯罪主体要件,是指病理性醉酒人不具备责任能力。病理性醉酒的成因目前尚不明了。病理性醉酒人在平时并无异常特征,现阶段医学也还无法判定哪些人在何时会发生病理性醉酒,一般人甚至连病理性醉酒的知识也不具备,因而病理性醉酒人在事前不可能预见到会发生病理性醉酒,病理性醉酒人在醉酒形态下实施危害行为时,则完全丧失了辨认及控制自己行为的能力。

从犯罪主观要件上看:病理性醉酒人由于对病理性醉酒的发生不存在故意或过失,因而他在饮酒前也就不可能具备在病理性醉酒状态下实施危害行为的故意或过失之犯罪心理。在病理性醉酒状态下实施危害行为时,行为人已丧失责任能力,这时其也不可能具备必须以责任能力为基础的犯罪的故意或过失心理态度,此时支配其实施危害行为的,不是犯罪的故意或过失心理,而是其病理机制心理。

由于病理性醉酒人的危害行为不具备犯罪构成的责任能力和主观罪过要件,因而既不构成犯罪,亦不应负刑事责任。若对病理性醉酒人的危害行为定罪追究刑事责任,便是客观归罪,这是有悖于我国定罪和追究刑事责任的原则的。

(三)对病理性醉酒人追究刑事责任无法贯彻刑罚目的

对实施危害行为者追究刑事责任,最通常的法律后果,就是对其在定罪的基础上适用刑罚。适用刑罚是为了达到预防犯罪的目的。若对实施危害行为的病理性醉酒人追究刑事责任和适用刑罚,无法达到刑罚目的。因为危害行为是在无罪过的情况下发生的,因此,对行为人定罪判刑,既不能教育本人,也不能教育他人。

(四)对病理性醉酒人追究刑事责任也与各国刑法及其实践通例不合

现代各国刑法及其实践,一般都承认精神医学和司法精神病学的观点,认为病理性醉酒属于精神病范畴,不应让病理性醉酒人对其危害行为负刑事责任。相当一些国家的刑事立法,还在无责任能力的精神病人不负刑事责任的法条里,明确规定精神病包括暂时性(一时的)精神错乱(精神病)。例如,1950 年《朝鲜刑法》第 12 条,1950 年《匈牙利刑法典》总则第 10 条,1951 年《保加利亚刑法典》第 13 条,1952 年《阿尔巴尼亚刑法典》第 7 条,1960 年《苏俄刑法典》第 11 条,1961 年《蒙古刑法典》第 7 条等,都有此种规定。其刑法理论和司法实践一般都把病理性醉酒包括在暂时性精神病(精神错乱、精神失常)之内。例如,《苏俄刑法典》第 11 条关于无责任能力的精神病人中规定有"暂时性精神活动失常";其通行的刑法教科书指出:"病理上的醉酒是一种暂时性精神活动失常……是一种短时间的精神病。处于这种状态中的人是无责任能力者,所以他所实施的危害社会行为不被认为是犯罪。"[1]当代各国刑法及其实践对病理性醉酒人的危害行为不追究刑事责任的通例,也为我国刑法及其实践所借鉴,所赞同。

(五)应怎样看待病理性醉酒鉴定可能失误的问题

正如有的论者所中肯地指出,以目前病理性醉酒鉴定难免出现失误为理由,来反对不追究病理性醉酒人刑事责任的原则,这是站不住脚的。[2] 事实上,对绝大多数刑事被告人是否患有精神病及其行为时责任能力状况的司法精神病学鉴定,往往都是在事过境迁的情况下进行的,由于鉴定方法、鉴定材料、鉴定人水平等多种原因的影响,也都可能发生鉴定失误的现象。难道能以此为据否定司法精神病学鉴定的需要和刑法上区分精神病人与精神正常人的需要?显然不能。如果以病理性醉酒鉴定难度大为由,来否定对病理性醉酒与生理醉酒的区分,否定对病理性醉酒人不追究刑事责任的原则则无异于因噎废食,是违背客观事实和法律要求的。在笔者看来,对病理性醉酒鉴定难度大,容易出现失误的问题,应从两个方面着手解决:一是从司法精神病学鉴定方面努力,要不断完善鉴定方法,提高鉴定水平,尽力避免鉴定失误的发生;二是要从司法判定工作方面努力,不能简单地依赖司法精神病学鉴定定案,而要同时对案情进行深入细致的调查了解,并注意把调查了解的情况和病理性醉酒的有关知识结合起来,认真审查判断病理性醉酒鉴定结论的正确性和可靠性,发现鉴定可能有失误时,应重新或另行委托鉴定。在鉴定的正确性有疑问的情况下,决不单纯依靠鉴定结案,鉴定有充分理由时才可以采纳鉴定结论。经过这样的努力,会提高病理性醉酒认定的准确性,从而有助于正确贯彻我国刑法关于病理性醉酒人与生理醉酒人危害行为的不同刑事责任原则。

由此可见,对病理性醉酒者的危害行为不追究刑事责任,此乃我国刑法及其实践中的一项原则,其正确性是不容否定的。

三、病理性醉酒人对其危害行为应负刑事责任的特定情况

最后,还应当探讨一下病理性醉酒人对其危害行为应负刑事责任的一种例外情况。

(一)复发病理性醉酒者的危害行为

在赞同病理性醉酒人对其危害行为不负刑事责任的著述中,一些论者提出,病理性醉酒人实施危害行为的,存在追究其刑事责任的例外情况。[3] 这些论者所言,均指发生过病理性醉酒并实施危害行为的人,在知晓病理性醉酒人实施危害行为不负刑事责任的知识后,再次发生病理性醉酒并在此状况下实施危害行为的情况。笔者认为,上述主张有一定道理,但有关论述尚欠充分、深入。下面对此问题略加研讨。

---

〔1〕 参见[苏联]别利亚耶夫、科瓦廖夫主编:《苏维埃刑法总论》,马改秀、张广贤译,群众出版社 1987 年中译版,第 116 页。

〔2〕 参见万春:《病理性醉酒人实施危害行为不负刑事责任》,载《司法》1985 年第 9 期。

〔3〕 参见万春:《病理性醉酒者的刑事责任问题》,载《法学杂志》1985 年第 2 期;熊裕武:《病理性醉酒危害行为的刑事责任析》,载《福建公安专科学校学报》1986 年第 1 期。

如前所述，病理性醉酒无复发倾向，此种醉酒人一生中一般只出现一次病理性醉酒。那么，是否有病理性醉酒史的人绝对不可能再度发生病理性醉酒并危害社会？非也。因为病理性醉酒不再复发的原因，并不是此种人再次饮酒也不会发生病理性醉酒，而是在于醉酒人基于上次醉酒及其危害行为的痛苦经历和严重后果，而在主观上自动拒绝再次饮酒。因为此种人中绝大多数都会自动拒绝再次饮酒，因而一般来说病理性醉酒才不会在同一人身上再次发生。但是，在个别情况下，此种人可能基于某种主观或客观的原因而在事实上发生再次饮酒，此时这种人就完全可能再次发生病理性醉酒并危害社会，这样，就产生了对这种复发病理性醉酒而危害社会者应否追究刑事责任的问题。

（二）故意复发病理性醉酒者应对其危害行为负刑事责任

所谓此种人基于主观的原因而复发病理性醉酒并危害社会，是指行为人故意再次饮酒，希望或放任再次发生病理性醉酒并在此状态中发生危害社会的行为和结果。其动机，大多是为了能在无责任能力的状态中实施危害行为而逃避刑事追究；也可以设想是由于行为人在精神正常状态下无犯罪勇气，想借病理性醉酒来无所顾虑地实施犯罪，而并非要以此来逃避刑事追究。上述情形，在当代刑法理论和实践中，属于"原因自由之行为""可控制的原因行为"，即自陷无责任能力状态而实施触犯刑律之行为，被普遍认为应当负刑事责任。某些立法例对此还有明文规定，如1950年《匈牙利刑法典》总则第10条第4项，1971年修正的《瑞士刑法》第12条，1974年《日本刑法修正草案》第17条第1项等都确认，为实施犯罪而故意陷自己于无责任能力状态者的危害行为，不适用无责任能力的精神病人不负刑事责任的规定。我国刑法理论和司法实践也应当坚持这一原则。但是，实践中有时会因认识不正确而发生错误的处理。有这样一个案例，某甲曾因病理性醉酒而致伤过其妻，并因此而知晓病理性醉酒人实施危害行为不追究刑事责任，后因与邻居某乙吵架，遂起杀人恶念，为了逃避法律制裁，便决定再次饮酒，希望自己能在病理性醉酒状态下杀死某乙。甲饮酒后果然引起病理性醉酒，而且杀死了乙。检察院以故意杀人罪起诉，法院却判决为无罪。对某甲这样的实施危害行为的病理性醉酒人，就应当追究刑事责任。

为什么对故意复发病理性醉酒并危害社会者应当追究刑事责任？因为这种人不仅仅是在客观上实施了为刑法所禁止的危害行为，而且也具备责任能力和犯罪主观要件。从表面上看，行为人实施危害行为时处于无责任能力状态，无主观罪过；但从实质上看，行为人在饮酒、醉酒前已形成了饮酒、醉酒的故意以及借醉酒实施犯罪的故意，其醉酒状态中的危害行为正是他在醉酒前犯罪故意的支配下实施的，行为人醉酒前所具备的责任能力和犯罪故意，就是其犯罪的责任能力要件和主观要件。既然其行为符合主客观相统一的犯罪构成，则其行为就构成犯罪。行为人就应对其犯罪行为负刑事责任。同时，对这种自陷病理性醉酒的犯罪人适用刑罚，既可以惩罚其犯罪行为，改造其犯罪思想，使他不再重新犯罪，尤其是不再借病理性醉酒重新犯罪；又可以警戒其他有病理性醉酒史者不要企图借复发病理性醉酒而危害社会，这样也贯彻了刑罚预防犯罪目的的要求。因此我们主张，对故意再次发生病理性醉酒并危害社会的人应追究其刑事责任，对其危害行为定罪判刑。

所谓此种人基于客观的原因而复发病理性醉酒并危害社会，是指有过病理性醉酒史的人，由于不能预见或者不能抗拒的原因而再次饮酒，例如被人蒙骗而饮酒，被人恶作剧地或恶意地强制灌酒等，因饮酒而再次发生病理性醉酒，并在此状态下实施了为刑法所禁止的危害行为。这种情况下，行为人事前虽有责任能力，但对饮酒醉酒以及醉态中实施危害社会均无罪过存在，在实施危害行为时又处于无责任能力因而亦无罪过的病理性醉酒状态下，是只有客观危害但不具备责任能力要件和主观罪过要件，因而其行为不符合主客观相统一的犯罪构成，不构成犯罪，不能对行为人追究刑事责任。附带指出，在这种案件里，如果致行为人饮酒、醉酒的他人具有利用行为人病理性醉酒而实施犯罪行为的故意，则这种人就属于间接实行犯，应当令他对病理性醉酒者的危害行为直接地和单独地承担刑事责任。

有病理性醉酒史的人再次发生病理性醉酒并危害社会，除上述基于故意与属于意外事件两种情况外，可否发生基于过失的情况？如前所述，有论者对此持有肯定的态度。笔者认为较难设想，实际上所谓基于过失而再次发生病理性醉酒并危害社会的情况，认真分析要么是属于间接故意，要么是属于意外事件。当然，由于实践材料和理论研讨都很缺乏，这里对此问题尚难进行充分确凿的论证。可以说，对病理性醉酒人再次醉酒而危害社会问题的正确认识和妥当处理，都还有待于我国刑法理论和司法实践的进展。

我国生理醉酒人犯罪之刑事责任问题研讨*

目　次

一、前言

生理醉酒是常见的一种急性酒精中毒。现代医学和司法精神病学认为，生理醉酒不是精神病，生理醉酒引起的精神障碍属于非精神病性精神障碍。实践表明，生理醉酒人可能实施危害社会的行为。对生理醉酒人实施的刑法所禁止的危害行为的刑事责任问题，现代各国刑法和理论有三种类型的规定和主张：一是对醉酒者的刑事责任与精神障碍者同样看待而不作明文规定；二是概括规定对其危害行为不得免除刑事责任；三是规定对醉酒者的危害行为区分情况决定其刑事责任的有无和大小。

我国现行刑法典把醉酒人与精神病人明确加以区分，在第15条第3款规定："醉酒的人犯罪，应当负刑事责任。"此外没有关于醉酒人刑事责任的其他规定。可见，我国刑法的规定与上述第二种立法类型吻合。现行刑法典颁行以来，一些论著对于法律关于醉酒人刑事责任的规定作了一些论述，但总体来看还不够深入、具体和全面。本文拟从理论与实践、现实与发展的结合上，对此问题加以探讨。

二、醉酒人犯罪应负刑事责任的根据

"醉酒的人犯罪，应当负刑事责任。"我国刑法这一规定意味着，法律认为，醉酒人实施刑法所禁止的危害行为的，构成犯罪；醉酒人应对其构成犯罪的危害行为负刑事责任。我国刑法对醉

---

* 原载《法学研究》1989年第1期。

酒人所确立的这一刑事责任原则是正确的。

怎样理解我国刑法中醉酒人对其危害行为应负刑事责任的根据问题,笔者认为,就狭义上看,这就是要解决醉酒人的危害行为具备犯罪构成的问题。从广义而言,除说明醉酒人的危害行为具备犯罪构成要件以外,还可以从立法精神与社会主义道德的关系以及刑罚目的这两个方面再作些论证。这样会有助于更加全面和更加深刻地把握法律关于醉酒人对其危害行为应负刑事责任的根据及其立法精神。下面从广义上对此问题予以释论。

第一,这是我国刑事立法维护和强化社会主义道德的需要。

酗酒、醉酒不是人所无法选择、抗拒的生理或精神上的疾病,而是旧社会遗留下来的一种社会恶习,是人们可以根据自己的意志不沾染、戒除或者养成并加深的陋习,是一种有害于社会道德风尚和社会秩序的陋习。它常常是许多犯罪发生的直接原因或潜在基础,因而它是违背我国社会主义道德的。我国社会主义立法与社会主义道德在根本上是一致的。一般来说,违反社会主义法律的行为,首先就是违反社会主义道德规范的。因而法律对醉酒而致的违法犯罪行为的惩治,同时也就是对谴责醉酒及醉酒实施危害行为的我国社会主义道德的强化。我国1957年和1986年的《治安管理处罚条例》都规定,对醉酒人违反治安管理的违法行为,应予以处罚;我国刑法规定对醉酒人的犯罪行为要追究刑事责任。这些法律惩罚的当然是醉酒人的违法犯罪行为,但同时也是对醉酒陋习的谴责,是对社会主义道德的维护。因此可以说,我国刑法关于醉酒人实施刑法所禁止的危害行为构成犯罪并应负刑事责任的规定,首先是在刑法领域里强化社会主义道德的需要。

第二,醉酒人实施危害行为之所以应负刑事责任,关键还在于其行为符合犯罪构成要件。

按照我国刑法的基本规定和基本原理,行为人必须也只能对其危害社会的犯罪行为负刑事责任,而任何人的行为要被确认为犯罪,都应当符合主客观相统一的犯罪构成要件。醉酒人实施危害行为之所以应负刑事责任,也是因为其行为构成犯罪即符合犯罪构成要件。

醉酒人犯罪具备犯罪的客观要件这一点容易理解,理论上和实践中一般也不会在这方面产生疑问,故不赘言。

要确认醉酒人的行为构成犯罪,关键在于说明醉酒人实施危害行为时具备犯罪构成的主观要件和主体要件。醉酒人犯罪的主观要件,是指醉酒人对自己实施刑法所禁止的危害行为及其危害结果所持的故意或过失的心理态度,这种主观要件须以醉酒人符合主体要件即具备责任能力为基础。怎样理解实施刑法所禁止的危害行为的醉酒人具备责任能力和犯罪主观要件?

医学和司法精神病学说明,生理醉酒可分为醉酒程度不同的兴奋期、共济失调期和昏睡期三个时期。在兴奋期和程度一般的共济失调期,醉酒人因醉酒而使其辨认或控制行为的能力有所降低,但远未使这种能力丧失,即此时行为人显然具备责任能力。这种醉酒人当然可以在其责任能力的基础上具备犯罪的主观要件,出于故意或者过失而实施刑法所禁止的危害行为。从危害行为的形式上看,这种醉酒人既有能力实施作为形式的危害行为,也可以实施不作为形式的危害行为。司法实践中的醉酒人犯罪,绝大多数是由这种醉酒人实施的。

显而易见，这种醉酒人具备犯罪构成的主体和主观要件，其触犯刑律的行为，是具备责任能力的醉酒人在其犯罪主观要件的支配下实施的。不过应当指出，行为人醉酒前就已经具备犯罪的故意或过失心理态度的，应当把醉酒的犯罪心理态度与醉酒状态下实施危害行为时的犯罪心理态度结合起来，视为支配犯罪客观要件的完整的犯罪主观要件，其中，前者往往支配、影响和说明后者。

实践中容易产生疑问和理论上难以论证的，是处于程度严重的共济失调期尤其是处于昏睡期的醉酒人实施危害行为的，是否具备责任能力和犯罪主观要件的问题。共济严重失调的醉酒人，其实施的危害行为形式可以是作为的或不作为的，处于昏睡期的醉酒人，其知觉以及辨认和控制自己行为的能力已经丧失，因而很少再去实施危害行为而发生犯罪问题。但这不是绝对的。从理论与实践的结合上看，昏睡期的醉酒人可以实施不作为形式的危害行为，这较易理解。如铁路与公路交叉道口值班员在工作时因醉酒昏睡，而在列车通过时未放下栏杆，以致酿成列车与汽车相撞等事故；仓库巡逻警卫在值班时因醉酒昏睡而致使仓库被盗或着火等。昏睡期的醉酒人在少数情况下也可能实施作为形式的危害行为，如实践中有时发生的醉酒驾车在达到昏睡状态时造成交通事故的情况即属此。如果单纯看危害行为及危害结果发生时上述醉酒人的心理状况，应当承认，其辨认或控制行为的能力确已受到严重削弱或者已经丧失，在此责任能力状况的基础上，行为人的主观罪过要件也相应地受到严重削弱或根本不具备，这样，行为人岂不是基本不具备或完全不具备责任能力和犯罪主观要件了吗？

问题在于，对上述醉酒人，不能单纯从危害行为及危害结果发生时分析其责任能力和犯罪主观要件是否存在，还要考察行为人醉酒前的责任能力状况和对犯罪行为及其结果的主观心理态度，甚至要把醉酒前的这种状况作为认定实施危害行为的醉酒人的责任能力和犯罪主观要件是否具备的主要依据。因为，实施刑法所禁止的危害行为的上述醉酒人，他在醉酒前不仅能够控制自己的饮酒行为和饮酒程度，而且能够预见、应当预见甚至已经预见到自己在醉酒后可能或必然要实施危害行为，有些甚至是故意醉酒来增加自己犯罪的勇气或者企图以此逃避法律的制裁，即他在醉酒前对自己醉酒后实施刑法所禁止的危害行为，是在有责任能力的基础上存在故意或过失的犯罪心理态度的，其醉酒中危害行为的实施，正是受行为人醉酒前犯罪心理态度即主观要件支配的。根据行为人醉酒前的犯罪心理态度与其醉酒中危害行为之间的这种支配关系与被支配的客观事实，我们就可以而且应当从其醉酒前的心理状况中寻找其犯罪的主体和主观要件。承认这一点，就可以说，这种属于严重共济失调期尤其是昏睡期的醉酒人实施刑法所禁止的危害行为的，如果其醉酒前对该行为的实施存在故意或过失的心理态度，则这种心理态度就是支配该危害行为的犯罪主观要件，行为人就具备主体、主观与客观要件相统一的犯罪构成。这就是其危害行为构成犯罪和应负刑事责任的根据所在。

第三，对醉酒人的犯罪行为追究刑事责任和判处刑罚，也符合我国刑罚目的的要求。

先从刑罚特殊预防的目的来看。生理醉酒是一种暂时性的非精神病性精神障碍，醉酒犯罪人存在刑罚适应能力，其中大多数还具备完全的刑罚适应能力。这样，对醉酒犯罪人根据其刑事责任程度适用刑罚，不仅对其犯罪行为进行了惩罚，而且可以对犯罪人进行改造和教育，使其认识到醉酒犯罪的严重危害性及严肃的法律后果，促使其回归社会后避免再次醉酒犯罪，甚至要克制乃至戒除酗酒、醉酒陋习，从而达到刑罚特殊预防之目的。相反，如果对醉酒人的犯罪予以宽恕，不追究其刑事责任和判处刑罚，势必会助长醉酒犯罪人本人对酗酒、醉酒恶习的放纵乃至继续出现醉酒后犯罪的现象，这就违背了刑罚防止犯罪人再次犯罪的特殊预防之目的。

再从刑罚一般预防的目的来看。如果对醉酒人所实施的为刑法禁止的危害行为不规定为犯罪和追究刑事责任，则无疑会助长醉酒状态下的犯罪，甚至会助长犯罪分子借醉酒实施犯罪，同时也会助长酗酒、醉酒现象的蔓延，给社会带来更大的危害。这就有悖于刑罚一般预防的目的。相反，如果法律把醉酒人在醉酒状态中实施的触犯刑律的行为明确规定为犯罪，并严肃追究醉酒后犯罪者的刑事责任，这就表明了法律对醉酒恶习的谴责和对醉酒后犯罪行为的惩罚，这样就可以警戒其他有酗酒恶习和醉酒后寻衅滋事或有发生案件苗头者，阻止他们走上醉酒犯罪的道路；并能据此教育和动员人民群众及全社会各方面起来同酗酒及醉酒犯罪现象作斗争，从而有效地预防、减少这方面的犯罪，这无疑是促进了刑罚一般预防目的的实现。

综上所述可见，我国刑法确立的醉酒人对其触犯刑律的行为应负刑事责任的原则是正确的，是有充分根据的，它是我国刑法强化社会主义道德的体现，是符合主客观要件相统一的犯罪构成及犯罪与刑事责任的关系的，而且也贯彻了我国刑罚目的的要求。

三、醉酒人犯罪的定罪与处罚问题

我国刑法载明，醉酒人犯罪应当负刑事责任。从司法机关方面而言，就是要依法追究醉酒人对其犯罪行为应承担的刑事责任。所谓追究刑事责任，包括刑事责任的定性（定罪）与定量（处罚）两个方面的问题。

（一）关于醉酒人犯罪案件的定罪问题

醉酒人犯罪案件的定罪，就是要正确解决醉酒人的危害行为符合何种具体罪的犯罪构成即构成何种具体犯罪的问题。从实践情况来看，这方面应注意以下两个问题：

其一，严格区分罪与非罪的界限。我国刑法否定醉酒陋习及醉酒后的危害行为，但并不等于把醉酒后的危害行为都作为犯罪来追究刑事责任。把醉酒后的危害行为认定为犯罪，一定要严格按照我国刑法总则的有关规定以及分则具体犯罪的构成要件。如果醉酒后的危害行为从刑法角度看属于情节显著轻微的，不能认定为犯罪，而应当依照《治安管理处罚条例》的有关规定予以处罚。另外，也要防止把醉酒后的犯罪行为降格作为一般违法行为处理。

其二，正确认定醉酒人犯罪的罪过形式。从醉酒人实施触犯刑法的危害行为的情况来看，有些危害行为的性质只能是故意的甚至只能是直接故意的，如强奸罪、抢劫罪等。另一些危害行为则一般都是过失性质的，例如交通肇事罪等。一般说来，对醉酒人实施这些类型的危害行为的，定罪时不会在其罪过形式上产生疑难问题。

但有些危害行为的性质,可以是出于直接故意、间接故意或者过失,如致人死亡的行为、致人伤害的行为即如此。行为人在实施危害行为时因醉酒使其辨认或控制行为能力可能严重削弱甚至丧失,这样就增加了对其罪过形式认定的困难,如果稍不注意,就会把犯罪的性质搞错,误以故意犯罪为过失犯罪,或者相反。因此,对醉酒人实施这类危害行为的,就需要特别重视其罪过形式的认定。在这种情况下,怎样正确认定醉酒人的罪过形式?概括地讲,必须全面分析醉酒人在醉酒前后以及实施危害行为前后即案件全过程中的所有情节。例如,行为人醉酒前对醉酒的态度,对危害行为及其后果的心理态度,醉酒的具体成因,醉酒的程度,醉酒中实施危害行为时的言行,危害行为及危害结果发生后的反应,行为人酒醒后及案发后的反应,等等。这里尤应注意醉酒人在醉酒前有无犯罪故意,如果能证实行为人在醉酒前即具有犯罪故意,在醉酒中主动实施危害行为的,那么不管其实施行为时的醉酒程度及精神状况如何,都应认定为故意犯罪。当然,行为人在醉酒前原无犯罪意图,在醉酒中只要其尚未达到昏睡状态而实施危害行为的,就也可能是醉酒中产生的犯罪故意,或者是出于过失,这时就要根据其醉酒中和实施危害行为前后的表现来确定其罪过形式。例如,行为人在醉酒状态中因辨认或控制能力减弱而失手弄翻灯火、乱丢烟头火柴,因而引起着火、爆炸的,就是过失犯罪;如果行为人在醉酒状态中因与人打赌或寻欢作乐而点火、引爆的,就是故意犯罪。还应当指出,对于在职务上、业务上负有特定作为义务的人,由于醉酒处于昏睡状态,或者处于无法履行作为义务的共济严重失调状态,因而没有履行特定的作为义务,以致发生危害结果而构成犯罪的,因为在危害行为及其结果发生时行为人的辨认、控制行为能力完全丧失或严重削弱,因而这时确定行为人的罪过形式,就要完全或基本上依靠查明行为人对其醉酒及醉酒后可能或必然造成的危害结果的心理态度。如果其心理态度是希望或放任醉酒及其后不履行特定义务的,就属故意的不作为犯罪;如果他对醉酒及其后不履行特定义务是出于疏忽大意未预见或虽预见到但却轻信能够避免的,则为过失的不作为犯罪。

(二)关于醉酒人犯罪案件的处罚问题

按照刑法的规定,醉酒人对其犯罪行为应负刑事责任,即应受刑罚处罚。但是,法律并没有载明对醉酒人犯罪应怎样处罚。根据刑事责任程度决定刑罚轻重的原理,对醉酒人犯罪处罚的轻重也应与其刑事责任程度即犯罪的危害程度相适应。从理论与实践的结合上来分析,对醉酒人犯罪正确适用刑罚应注意以下几点:

第一,对酗酒前即有犯罪预谋的酒后故意犯罪,应当从重处罚。因为此种人在饮酒前即已产生犯罪故意和预谋,酗酒、醉酒往往是行为人为了借酒壮胆,或企图逃避罪责,其酗酒、醉酒状态下的犯罪往往很凶残,后果很严重。这样,从主客观统一上看,其犯罪的危害程度较其他醉酒犯罪的情况往往更为严重,因而应当对这种犯罪予以严厉处罚。决不能因为行为人酗酒、醉酒而从宽处罚。我国司法实践一般也正是这样掌握的。

第二,对醉酒犯罪的处罚,应适当区分行为人对醉酒的不同心理态度。行为人对醉酒的心理态度,可分为故意醉酒、过失醉酒以及因不能预见或不可抗拒的原因醉酒几种。行为人对醉酒的心理态度虽然不等于其对醉酒后犯罪的心理态度,但二者往往是密切关联的。一般来说,在同样的醉酒犯罪中,从犯罪人的主观恶性及犯罪的客观危害性上看,即从案件的综合危害程度上看,故意醉酒者最严重,过失醉酒者次之,因不能预见或不能抗拒的原因醉酒者最轻。因此,对醉酒人犯罪在适用刑罚时应注意到这种情况。笔者认为,在同样的犯罪中,对故意醉酒后犯罪者一般应从重处罚;对过失醉酒后犯罪者可考虑依法适中处罚;而对因不能预见或不可抗拒的原因醉酒后实施犯罪者,一般应从轻处罚,如果这种人是在共济严重失调时犯罪的,因其醉酒前并无犯罪的故意或过失,此时应确认其责任能力属合理降低,可酌情减轻或免除处罚。当然,如果行为人醉酒前无犯罪的故意或过失心理,醉酒又是因不能预见或不可抗拒的原因造成的,其醉酒后的危害行为又是在丧失知觉的昏睡期实施的,这种情况下,行为人不存在责任能力和罪过,其行为不符合主客观要件相统一的犯罪构成,既不构成犯罪,也无刑事责任。

第三,注意醉酒犯罪与行为人一贯品行的关系。行为人的一贯品行,往往是影响和说明其主观恶性大小乃至全案的社会危害程度大小的因素之一,这一点在醉酒犯罪里表现得尤为突出。正如苏联学者阿·鲍·萨哈洛夫所正确指出的那样,尽管醉酒对每一个人都产生消极影响,但决不是每个醉酒人都实施违法犯罪行为,而且即使同为醉酒后实施犯罪行为的人,醉酒对他们犯罪的影响作用也是各不相同的。对于一贯品行不良、有强烈的反社会心理、经常违法乱纪者来说,醉酒只是促使其不良的社会特性表现出来,这些不良的社会特性则进而直接引起其犯罪的心理和行为;对于一贯品行良好的守法公民来说,他醉酒中之所以实施犯罪行为,主要是醉酒削弱了其辨认或控制行为的能力所致,而与个人的反社会特性和卑劣情感、动机等无关。[1] 根据这一原理,一贯品行不良的醉酒人犯罪的,其主观恶性较大,因而一般应从重处罚,至少不能从宽处罚;而历来品行良好的人偶尔醉酒犯罪的,其主观恶性较小,一般应从宽处罚。从刑罚目的上讲,上述处罚原则也是有效地改造罪犯、预防其再犯罪的需要。

第四,对与职务和职业活动有关的酗酒犯罪,应从重处罚。由于饮酒、醉酒使人的智力、体力、辨认力和控制力受到削弱甚至完全丧失,执行某些职务或从事某些职业的人若饮酒、醉酒不但严重影响工作,而且往往可能实施危害社会的违法犯罪行为,因而国家法律或某些部门的规章制度都严禁有特定职务的、从事特定职业者酗酒、醉酒,尤其是严禁工作时醉酒,例如交通运输人员、执行任务的公安干警、机要人员等。如果这些被严禁醉酒的人员在执行职务或从事职业活动时因醉酒而犯罪的,应当较未从事特定职务或职业的醉酒者犯罪从重处罚。我国司法实践和经验历来强调这一点,例如,同是汽车司机的交通肇事,其他情节和危害结果也基本相同,对酗酒、醉酒肇事者的处罚相对要重一些。这样掌握是正确的。

四、醉酒人危害行为之刑事立法的完善

对于生理醉酒人犯罪的刑事责任问题,刑法典第15条第3款虽已有规定,但这一规定过于概括、原则。为保障和完善司法实践同醉酒犯罪进行合理、有效的斗争,我国刑事立法

---

〔1〕 参见[苏联]阿·鲍·萨哈洛夫:《论苏联的犯罪人和犯罪原因》,陈汉章译,法律出版社1964年版,第214~216页。

可考虑对上述规定作如下修改补充：

第一，可以考虑参照某些外国立法例（如《印度刑法典》第85条、《巴西刑法典》第24条、《意大利刑法典》第91条、《泰国刑法典》第66条等）的规定，补充规定：行为人无故意亦无过失而醉酒并在醉酒状态中实施刑法所禁止的危害行为的，视其行为时责任能力系丧失还是减弱，分别认定为无责任能力或限制责任能力。因为这种醉酒与患精神病一样，都不能归咎于行为人，因而对此种醉酒人的危害行为也应与精神病人同样看待，即应承认醉酒对行为人责任能力降低、丧失的作用及对其刑事责任的影响。这种补充规定，符合我国刑法中主客观相统一的刑事责任原则。

第二，应补充规定一些影响醉酒犯罪量刑轻重的情节，以利于司法实践中根据醉酒犯罪的不同危害程度而适用不同的刑罚。参照某些外国立法例的规定并根据我国有关的理论和实践经验，笔者认为，可以考虑在立法上补充规定这样一些影响醉酒犯罪量刑的主要情节：区分行为人对醉酒是故意、过失还是意外事件，量刑时依次由重到轻掌握。对故意借醉酒而实施犯罪的，规定从重处罚；对与职务、职业活动有关的醉酒犯罪，应从重处罚；等等。

第三，可以考虑在刑法分则规定中增补具有特定职务或从事特定职业者在执行职务、业务活动中的纯醉酒即为犯罪，而无须酿成事故。现代不少外国立法例中都已设有此类犯罪。笔者认为，这种规定值得我国刑事立法借鉴。因为在现代社会中，执行特定的职务或职业往往事关公众生命财产安全或国家重大利益，容不得半点马虎懈怠，要坚决杜绝任何隐患。而执行特定职务或者从事特定职业者在其职务或职业活动中醉酒这一事实本身，虽尚未造成重大事故，但已存在造成重大事故的严重现实危险。特别是随着新技术革命的推进，生产和管理手段日趋先进，效率大大提高，生产、运输、科技、国防等方面由于一人工作疏忽而对社会和国家造成重大危害结果的情况会越来越突出。因此，有必要把这些执行特定职务与从事特定职业者在职务、职业活动中的醉酒事实本身规定为犯罪（从犯罪构成上分析属于危险犯），以有效地惩处和遏制这类危害行为的发生。从我国目前的实际需要出发，从事这类特定职务、职业的人可以考虑包括：机动车辆、火车、飞机、船舰的驾驶员及其他直接负责公路、铁路、水路、航空交通运输安全人员（如调度员、港口领水员、铁路扳道工、铁路道口值班员、公路道口交通警等）；工厂、工程中关系到重大公共安全设施的操作、管理人员；以及国防重要设施的操作、管理人员等。对这些人员在执行职务或业务活动期间体内酒精含量达到醉酒标准的，即可对其定罪判刑。当然，这一补充规定要有对醉酒科学检验条件的保障。

第四，刑法应考虑补充对醉酒犯罪人在适用刑罚之外再附加适用强制医疗措施的规定。现代许多国家的刑法中，对醉酒犯罪人除适用刑罚外，都规定有强制戒酒、强制医疗酒癖等保安处分措施。我国刑法也可以考虑补充规定此种内容。因为对醉酒犯罪人来讲，醉酒往往与其犯罪有着密切联系，是其犯罪直接或间接的原因；而且醉酒也是一种公认的陋习。现在既然行为人在醉酒状态中实施了犯罪行为，那我们就不仅应当以刑罚同犯罪行为作斗争，也应当以适当的措施同引起犯罪的原因或条件作斗争。

关于法人不应成为犯罪主体的思考*

目　　次

一、前言

法人应否成为刑法中的犯罪主体，在现代各国刑事立法和刑法学说中规定不一、见解纷纭，近年来我国刑法理论界也形成了肯定与否定两种对立的观点。我国1987年1月通过的《海关法》和1988年1月通过的《关于惩治走私罪的补充规定》《关于惩治贪污罪贿赂罪的补充规定》里，包含了承认法人可以成为走私罪、受贿罪、行贿罪、隐瞒境外存款罪、非法倒卖外汇形式的投机倒把罪的犯罪主体，并可对犯罪人判处罚金刑的内容。但是，立法上有了规定，并不一定意味着立法上应当规定和实践中正确可行，理论研究和争鸣不能以法律的规定为终结，而应当探讨立法的科学性。本此精神，理论联系实际地进行探索，笔者认为，法人不应成为我国刑法中的犯罪主体。

二、从我国法人的特定性质考察

首先，我国法人的特定性质，决定了法人不能成为刑法中的犯罪主体。

法人是一个传统的民法概念，法人制度是一项民法制度，现代各国在对财产关系增加行政法，经济法的调整方法时，也借用

---

* 原载《法学研究》1989年第5期。

了民法中的法人制度,因而法人得以同时成为民法、行政法、经济法这些法律关系的主体。但是从根本上看,法人制度仍是民法制度。法人组织具有其特定的权利能力和行为能力。法人的权利能力就是法人所具有的参与民事法律关系取得民事权利、承担民事义务的资格。法人的权利能力的内容决定于法律、命令、章程中所规定的成立该法人的具体目的,即决定于其成立宗旨和业务范围。"法人无权进行违背宗旨和超越其业务范围的活动。"[1]而法人的行为能力,就是法人通过自身(法人机关)所为的行为取得民事权利并承担民事义务的资格。法人行为能力的范围与其权利能力的范围是一致的。

我国法人的社会主义性质,表现在成立法人的宗旨上,其内容为,任何法人都是为国家和人民的利益服务的。我国法人的法律特征,表现在其特定的业务范围上,其内容为,法人只从事民事活动,而且不同的法人从事不同的民事活动。把上述两个方面结合起来即为,我国法人是通过特定的民事活动,来为社会主义国家和人民的利益服务的。这种社会主义性质与法律特征的结合,决定了我国法人的合法行为及其违法行为的范围。法人的合法行为符合法人的性质和法律特征,与"法人犯罪"问题无关,自不待言;下面我们看看法人违法行为的界限。

诚如"法人犯罪肯定说"所言,我国法人的社会主义性质与法人行为的性质并不总是一致。理论和实践(包括立法和司法实践)都确认法人可能实施违法行为。那么,为什么法人不可以实施犯罪行为,违法与犯罪对法人而言难道有着原则区别?回答是肯定的。根据法人权利能力与其行为能力相一致的观点,只有法人机关在法人权利能力所许可的范围内,在执行法人职务时所实施的行为(包括合法行为与违法行为),才是法人的行为,法人才应对之负责。法人的违法行为,分析起来具有两个最根本的特征:一是这种行为是法人代表在其执行法人职务时,在其业务范围内即特定的民事活动领域实施的行为,惟此才能认定是法人的行为;二是这种行为是有悖于法人宗旨的,即具体表现为触犯了其特定的民事活动领域的某种法律、法规,而对国家和人民利益有不同程度的不良影响,因此才是法人的违法行为而不是其合法行为。法人应当也只能对其代表人(法人机关)实施的这种违法行为承担违法责任。就是说,法人作为民法概念和民法制度,它只能在其权利能力和行为能力的范围内从事特定的民事活动,因而其违法行为也只能是指特定的违反民法或调整法人民事活动的有关行政法、经济法的行为。据此,法人机关成员实施的刑事违法行为即犯罪行为,也必定"在事实上超越了法人的权利能力和行为能力的范围,故只能认定是他们个人的行为,并由他们个人承担刑事责任"[2],而不能视为法人的行为并让法人对此负刑事责任。而且,即使法人机关成员执行法人职务时构成的民事、行政、经济违法,也并非全是法人的违法行为,如果这种违法行为超越了该法人权利能力和行为能力的范围,即超出了该法人特定的民事活动领域,例如机关法人的代表人以法人名义经商过程中的违法行为,以饮食业为特定业务范围的法人的代表人以法人名义从事彩电、计算机买卖业务中的违法行为等,则这种违法行为也不是法人的违法行为,而是作为法人代表人的自然人的违法行为。总之,法人机关只有在法人

---

[1] 参见佟柔主编:《民法原理》,法律出版社1983年版,第62页。

[2] 马俊驹:《论法人的违法行为》,载《武汉大学学报(社会科学版)》1985年第6期。

权利能力范围内以法人名义从事特定的业务活动时,才与法人成为一个统一的民事权利主体,其行为才应视为法人的行为,法人才应把其民事、行政、经济违法行为作为自身的违法行为来负责;至于法人机关成员超出此范围而实施的违法犯罪行为,只能认为是这些成员的违法犯罪行为,不是由法人来负责。

以上所述如下表所示:

行为表现形式	行为性质和内容	行为主体及负责主体
法人机关以法人名义实施的行为	符合法人宗旨和业务范围的合法行为	法人的行为
	违背法人宗旨、在其业务范围内的违法行为	法人的行为,法人负违法责任
	违背法人宗旨、超出其业务范围的违法行为	法人机关成员的行为,这些成员负违法责任
	犯罪行为,必然违背法人宗旨、超出其业务范围	法人机关成员的行为,这些成员负刑事责任

三、由犯罪构成要件分析

法人不可能具备刑法所要求的犯罪构成要件。

第一,法人不具备刑事责任能力要件。"法人是社会组织,不是自然人的生命体",[1]法人没有刑事责任能力赖以存在的生理基础,不会具备意识和意志能力,从而首先就不会具备犯罪主体所不可缺少的刑事责任能力要件,这样就使主客观相统一的犯罪构成要件失去了赖以建立的基础。

第二,法人不具备犯罪的主观要件和客观要件。法人作为一种社会组织,其意志表现为法人机关的决策,其一切活动都要在法人机关决策的支配下进行,而只有在法人权利能力范围内,法人机关的决策和行为才是法人的意志行为。由于法人不存在刑事责任能力,由于法人作为社会组织的特点及其权利能力对其意志范围的限制,法人本身不可能具有犯罪的心理态度即不会具备犯罪的主观要件,这样就失去了构成犯罪的主观基础。经法人机关决策实行的犯罪行为,从表面上看是以法人名义实施的,似乎是法人的行为;但从实质上看,由于法人不具备犯罪主观要件,自然也不会有受犯罪主观要件支配而实施的客观上的犯罪行为,即这种犯罪行为实际上是由法人机关成员的犯罪心理支配而实施的。法人未实施客观上的犯罪行为,这就又失去了法人构成犯罪的客观基础。

四、刑罚适用方面的问题

从刑罚适用方面分析,法人也不能作为被判处刑罚的犯罪主体。根据我国刑事立法的精神和刑事司法的需要,对犯罪主体适用刑罚时,必须坚持罪责自负和刑罚与罪责相适应的

---

〔1〕 参见佟柔主编:《民法原理》,法律出版社1983年版,第61页。

原则,贯彻刑罚目的的要求,进而保证刑法任务的实现。但是,把法人作为犯罪主体适用刑罚,却难免与上述原则和要求相悖。

第一,对法人适用刑罚是否符合罪责自负的原则?罪责自负原则是由犯罪、刑事责任及刑罚目的的内在因果联系所决定了的,按照这一原则,只能由犯罪人承担刑事责任和刑罚处罚,而不能罚及其他与犯罪人有某种关系但并未实施犯罪因而无刑事责任的人。如前所述,法人不具备刑事责任能力和犯罪心理要件,法人的权利能力和行为能力决定了其活动不能进入刑事法律关系领域,因而所谓的“法人犯罪”,实际上并不是法人本身的犯罪,而是法人机关的自然人(法人代表人或法人决策集体的成员)以法人名义实施的犯罪。这样,对并非犯罪主体的法人适用刑罚,首先便违背了罪责自负的原则,法人既然不是真正的犯罪主体,就不应追究法人的刑事责任。同时,更为关键的是,处理法人机关以法人名义实施犯罪的案件,对法人定罪并处以财产刑,是否会株连法人组织中并未犯罪的无辜的成员?有的文章认为,法人成员都有监督法人不从事违法犯罪活动的责任,如果忽视或者放弃这种职责,致使或听任法人犯罪,这至少应负有程度不同的监督不力的责任;同时,法人成员不同程度地分沾了法人犯罪带来的不法利益,因而他们对法人犯罪也有责任,在法人负刑事责任时给他们带来一定的不利影响也是合理的。即认为对法人定罪处罚给法人一般成员带来的不利影响算不上株连无辜,因为他们不是无辜,而是有责任的。这种论断令人难以接受,因为许多法人(尤其是较大的法人组织中)一般成员,往往不了解甚至也无法了解法人代表或法人决策机关以法人名义实施的行为,更无从了解其行为的性质,因而根本无法对这种行为进行有效的监督,而且这些一般成员往往并非是以法人名义的犯罪活动的受益者,至少不是直接受益者,因而以监督不力和分沾利益而要法人一般成员分担法人机关以法人名义犯罪的罪责是不合理的;再说,即使这些法人一般成员对“法人犯罪”存在监督不力和分沾过利益的情况,只要其与法人机关无共同的犯罪故意和犯罪行为,按照我国刑法的规定,就不能构成犯罪;何况法人有些成员还明确反对法人机关决策实施的犯罪行为,则更不能构成犯罪。如果对法人定罪处刑影响到法人一般成员,怎能否认是株连无辜?实事求是而言,对法人定罪判刑,从定罪上讲,当然无异于把法人宣布为犯罪组织,这不符合共同犯罪的原理,难免使法人中不具备犯罪主客观要件的一些成员成为犯罪组织的一员;从量刑上看,对法人组织判处的罚金,必然使法人组织中与犯罪无关的人也间接地承担不利后果,这也是株连无辜。同时,把法人作为犯罪主体适用刑罚,也宽纵了以法人名义实施犯罪的自然人,实际上是让法人及法人组织中的无辜成员为其承担和分担罪责。因此可以说,对法人组织适用刑罚,必然违背罪责自负的刑事责任原则。

第二,对法人适用刑罚能否符合刑罚与罪责相适应的原则?我国刑罚体系中五种主刑和剥夺政治权利的附加刑,都属于人身刑的范畴,只能对有生命实体的自然人适用,而无法对法人组织适用。余下的没收财产刑和罚金刑是否适用于法人?先看没收财产刑:这种刑种只能是依法没收犯罪分子本人所有的财产归国家所有,按照民法通则规定,我国法人有机关法人、企业法人、事业单位法人和社会团体法人,其中大多数法人的财产所有权属于国家,由国家没收国家所有的财产归国家,这在理论上和实践中都是讲不通的。因此可以说,没收财产刑也不适用至少是不适用于多数法人组织。再看罚金刑：依据我国刑法总则和分则的有关规定。罚金刑是一种轻刑，独立适用时仅适用于轻罪，因而罚金数额不可能过高，对于性质和情节严重的犯罪单独判处数额有限的罚金，显然是刑罚与罪责不相适应。

能否如有的论文所说，提高罚金刑的数额，并使之在刑罚体系中上升为主刑，以此来解决处罚法人的罪刑相适应问题呢？刑罚与罪责相适应包括刑罚的性质和轻重与罪责相适应，因而仅仅提高罚金刑的数额，改变不了罚金刑的性质。以此措施来处理所谓的“法人犯罪”，非但不足以解决刑罚与罪责相适应，而且也难免有“以钱赎刑”的弊端，从而在根本上违背我国刑事责任的原则。

能否如不少“法人犯罪肯定说”论者所主张，对“法人犯罪”采用两罚制，对法人处以财产刑中的罚金刑，对法人代表等直接责任人员处以属于人身刑的主刑，以此来达到刑罚与罪责的相适应？不能。因为所谓的“法人犯罪”，是法人机关（法人代表或法人决策集体）以法人名义实施的犯罪，只存在法人机关成员的一种罪过和犯罪行为，而不是法人机关成员和法人各有罪过和犯罪行为，这样就只存在一种罪过和犯罪行为。如果认为是“法人犯罪”，就只能追究法人的刑事责任，而不能再同时处罚作为法人机关成员的自然人；如果认为是自然人的犯罪，就不能处罚法人。即不能基于一种罪过和一种犯罪行为而同时处罚两类主体。主张“法人犯罪肯定说”者认为“法人犯罪”就是以法人为特定主体的犯罪，既然法人是犯罪主体，为什么又要同时处罚自然人呢？实在难以自圆其说。可见，两罚制本身就是不科学的，因而也不能借此来解决刑罚与罪责相适应的问题。

第三，对法人适用刑罚能否达到刑罚目的？我国刑罚的目的是预防犯罪，其手段是通过适用刑罚惩罚、改造、教育犯罪人使其不再犯罪，并借此警戒社会上的不稳定分子使其不至于犯罪。要通过对犯罪分子适用刑罚而达到刑罚目的，被适用刑罚的犯罪分子必须具有主观恶性，刑罚的惩罚、改造、教育的功能都是同犯罪分子的主观恶性作斗争的。这种主观恶性即主观罪过程度，是以犯罪人的生命实体为其生理基础的。而“法人不是有生命的实体，谈不上主观恶性”，因而“对法人无法通过适用刑罚进行教育改造，从而实现刑罚的目的”。[1] 对法人适用刑罚，既无法预防该法人再“犯罪”，也无助于警戒其他法人“犯罪”。对所谓的“法人犯罪”采用两罚制处理后，即使法人未敢再“犯罪”，也决不是法人本身受到刑罚惩罚与改造教育的结果，而在于法人代表等责任人员基于受刑罚惩处和教育而不愿或不敢再犯罪。因此可以说，对“法人犯罪”有效的和合理的刑事遏制方法，乃在于直接地和单独地对真正的犯罪分子即以法人名义实施犯罪的法人代表等责任人员适用刑罚。通过这样的适用刑罚的惩罚和改造教育，才能促使法人代表等责任人员自觉地不再或不敢再以法人名义实施犯罪，才能警戒和教育其他法人代表也不得以法人名义实施犯罪。这样就有效地达到了刑罚预防“法人犯罪”的目的。

---

〔1〕 参见高铭暄：《刑法总则要义》，天津人民出版社1986年版，第114页。

五、实际效果之衡量

从实际效果方面衡量,把法人作为犯罪主体定罪处罚,必然不利于法人制度的健全和巩固,不利于我国的经济体制改革和现代化建设,而且也会带来诉讼实践及其他方面的难题。

我国法人制度是适应国家社会主义现代化建设的需要而逐步建立和发展起来的,随着社会主义商品经济和现代化事业的进展,法人的作用必将更加突出和重要。国家应当积极为法人制度的健全和巩固提供法律保护,其中,对法人代表人以法人名义实施的犯罪,坚决直接追究法人代表人的刑事责任,就是对法人制度予以法律保护的一项重要内容。如果对这种所谓的"法人犯罪"案件,归责于法人本身,对法人组织定罪处罚,则就会出现一系列有损于法人制度乃至国家建设的弊端:

第一,这种刑事追究的事实本身,便有损于整个或某类法人的名誉,从而会在某种程度上影响法人职能活动的进行。

第二,被定罪处刑的法人作为犯罪单位,在我们社会主义国家不应允许其继续存在,而应予以解散或撤销,这样,如果是企业事业单位法人为此被解散,难免影响国家经济建设;如果是机关法人(如海关、工商税务机关)因此被撤销,势必影响国家的管理活动;同时,法人组织中并未参与犯罪活动的成员,也会因法人被解散、撤销而失业或不恰当地转行,这也于国家经济建设的正常进展和社会秩序的安定不利。

第三,如果允许被定罪处刑的法人作为有刑事前科者继续存在,则不但违背我国设立法人制度和成立该法人组织的宗旨,而且这种法人组织也难以再有效地从事其职能活动。例如,如果一个商业企业法人被以"投机倒把罪"定罪处罚,它怎么还能够有效地从事商业活动?其他法人以及普通消费者谁还会放心地与它打交道?再如,如果是某海关被以"走私罪"定罪处刑,作为犯有走私罪前科的海关,它又怎能有效地、理直气壮地行使查处走私的职权活动?

第四,把法人作为犯罪主体惩处,在刑事诉讼中也会遇到一系列难题。例如,被告人是整个法人,刑事追诉必要时对谁采取强制措施?律师辩护时会见谁?法人怎样出庭受审?怎样为自己辩护?若由法定代表人代表法人接受刑事追诉和审理,这时法定代表人岂不是一身兼二职,一面为自己的犯罪接受追究,一面又代表法人接受追究,这时法定代表人怎样同时既为自己又为法人行使辩护权?如果不由法人代表代替法人接受刑事追诉,又有谁愿意和应该代替法人接受刑事追诉?等等。控诉和处罚法人犯罪的起诉书和判决书又怎样写被告人和犯罪人,难道写成"犯罪人:某某单位"吗?如果是某司法机关的负责人以该机关名义实施了某种经济犯罪的,难道起诉书或判决书可以写成"被告人(犯罪人):某某公安局(某某法院)"吗?这不滑天下之大稽吗?总之,把法人作为犯罪主体追究刑事责任,在诉讼上也会产生很多难以解决的困难。

六、对外国立法例的借鉴问题

持"法人犯罪肯定说"的一些论著认为,某些外国把法人作为犯罪主体追究刑事责任的立法例值得我们参考借鉴，甚至有的提出，外国能规定法人犯罪，为什么我国就不能？

我们说，对外国立法例的参考借鉴不是盲目照搬、机械套用，我国立法应当立足于我国实际情况，创造性地学习外国合理的、适合我国国情的经验。从世界范围来看，立法例开始承认法人得为犯罪主体已有百余年的历史，但至今也只有少数国家即主要是英美法系的一些国家规定法人犯罪，大多数国家（包括一些发达的资本主义国家）并没有规定法人犯罪，社会主义国家均未（至少可以说是基本上没有）规定法人犯罪。而且，即使在规定法人得为犯罪主体的国家，其遏制“法人犯罪”的实践效果并不佳，还存在一系列实际难题，理论上也褒贬不一，颇多争议。应该说这样规定既与其社会制度和法人制度有关，也与其法律特点和实际情况相联。我们有什么理由把少数国家法人犯罪的立法作为一种先进经验，作为刑事立法的世界潮流来抬举，加之于我国刑事立法呢？根据上述分析，应当说，对某些外国关于法人得为犯罪主体并承担刑事责任的立法例，我国刑法不应仿效搬用。

七、关于现行有关立法的修改补充

据上所析，笔者认为，由于法人制度的特定民事性质，由于法人不可能具备责任能力和主观罪过，由于对法人适用刑罚违背罪责自负、罪刑相适应的原则和难达刑罚目的，由于把法人作为犯罪主体定罪处刑不利于我国的经济体制改革和现代化建设，也难以解决诉讼实践等方面的难题，因而法人组织不能也不应成为我国刑法中构成犯罪并承担刑事责任、被判处刑罚的犯罪主体，我国刑法现在和将来都应当坚持这一原则。本此原则，我国现行的有关立法可以考虑以下修改补充问题：[1]

第一，关于1986年《民法通则》的规定。《民法通则》第49条载有“企业法人……构成犯罪”的用语；第110条载明，构成此种犯罪的，对“法人的法定代表人应当依法追究刑事责任”。根据其刑事责任的追究对象而观之，这指的是法人代表人以法人名义实施的犯罪，而并非法人本身的犯罪。因此，第49条的“企业法人……构成犯罪”的用语就不够妥切，容易使人把这一规定理解为《民法通则》承认了法人得为犯罪主体。为立法用语确切，可以考虑修改为“法人代表人以法人名义实施犯罪的，对法人代表人应当依法追究刑事责任”。

第二，关于1987年《海关法》和1988年《关于惩治走私罪的补充规定》《关于惩治贪污罪贿赂罪的补充规定》（以下简称两个《补充规定》）。《海关法》第47条第3款的规定，包含了承认法人得为走私罪的犯罪主体并可对之定罪判刑的内容；两个《补充规定》的有关条款，又包含了承认法人可为受贿罪、行贿罪、隐瞒境外存款罪、走私罪、非法倒卖外汇的投机倒把罪的犯罪主体的内容。笔者认为，《海关法》和两个《补充规定》作这种规定值得研究。因为，刑法典是全国人民代表大会通过的国家基本法律之一，而《海关法》和两个《补充规定》是全国人大常委会通过的单行行政法律和单行刑事法律，其法律地位有别，刑法典高于

---

〔1〕 由于写作时间的原因，本文仅探讨到1988年单行刑法中的法人犯罪之立法。此后迄止1994年，我国又颁行的10个单行刑法中，亦规定有单位犯罪即包含法人犯罪之内容。笔者认为，本文的观点仍可适用于析论这些单行刑法中关于法人犯罪之规定。

后者。依据《宪法》第 67 条第 2 项的规定,全国人大常委会有权制定非基本的法律;依据该条第 3 项的规定,全国人大常委会有权"在全国人民代表大会闭会期间,对全国人民代表大会制定的法律进行部分补充和修改,但是不得同该法律的基本原则相抵触"。犯罪主体限于具有责任能力的自然人而不能是法人,这应当说是我国刑法典所确立的一个重要原则。《海关法》和两个《补充规定》关于法人可以成为某些犯罪主体的规定,实际上是确认了我国刑法规范中犯罪的主体有自然人和法人两类,可以说是对刑法典中犯罪主体原则的修改补充。依据宪法的规定,这些单行法律不能与刑法典的基本原则规定相抵触。据此,退一步讲,即使应当在立法上确认法人得为犯罪主体,也不应当由全国人大常委会在非基本法律中确立,而应由全国人民代表大会通过对刑法典本身加以修改补充来解决。况且,从理论与实践的结合上分析,应当说我国刑法典关于法人不得为犯罪主体的原则并无不当,若承认法人得为犯罪主体,倒会给理论和实践造成很多困难。因此,笔者认为,《海关法》和两个《补充规定》承认法人得为某些犯罪主体并可被处以刑罚的规定欠妥,应作适当的修改。

第三,关于应否在刑法典中补充规定"法人犯罪"的问题。在目前关于刑法典修改的酝酿讨论中,有种意见主张把单行法律中已出现的"法人犯罪"纳入刑法典总则中予以明确规定,我认为这种主张不可取。因为把法人作为犯罪主体不但存在上述的一系列理论难题,而且从实践情况看,虽然《海关法》和两个《补充规定》确认法人可以成为某些犯罪的主体已有一段时间,但在诉讼和适用刑罚的实践方面还存在许多难以解决的问题,因而惩治法人犯罪的判例迄今还十分罕见甚至可以说是根本没有。刑法典修改的规定应当建立在司法实践可行性的基础之上,而"法人犯罪"并不具备这种实践的可行性。同时许多商品经济比我国发达、立法经验比我国丰富且已承认"法人犯罪"的国家也未在刑法典中规定,笔者认为,我国当然不宜贸然地在作为国家基本法律之一的刑法典中予以采纳。

第四,建议在刑法典总则中补充规定对以法人名义犯罪案件追究有关自然人刑事责任的一般条文。我国刑法中,仅有分则部分第 121 条的偷税抗税罪和第 127 条的假冒商标罪,包括有涉及以单位、法人名义犯罪的应处罚直接责任人员的内容。但是,自然人可以以单位、法人名义实施的犯罪,从实践中看远远不止这两种,而是还有投机倒把、倒卖计划供应票证、盗伐滥伐林木、诈骗等许多种。鉴此,可以考虑在刑法总则上补充规定一条,载明凡自然人以单位、法人名义实施犯罪行为的,应直接追究有关自然人的刑事责任,若单位、法人有过错时可以同时对单位、法人予以行政处罚(罚款、停业整顿等)。这一总则条文适用于一切刑法分则规范,即凡是可以由自然人以单位、法人名义实施的犯罪皆适用此规定。这样一方面更加直接地明确法人不能成为犯罪主体的原则,同时更为重要的,是为司法实践中正确而统一地惩处这类自然人以单位、法人名义实施的犯罪案件提供了有力的法律武器。

论犯罪分子意志以外的原因*

目　次

一、前言

我国刑法典第20条规定:"已经着手实行犯罪,由于犯罪分子意志以外的原因而未得逞的,是犯罪未遂。"根据这一规定,犯罪未得逞是由于"犯罪分子意志以外的原因",这是我国刑法中犯罪未遂的特征之一,而且这是犯罪未遂鲜明的主观特征,是犯罪未遂最本质的条件,也是犯罪未遂与着手实行犯罪后的犯罪中止相区别的显著标志。因此,认真研究和正确理解犯罪未遂的这一特征,对于加深刑法理论上关于故意犯罪形态论的研究,以及司法实践中正确地区分犯罪未遂与犯罪中止,都有着重要意义。

二、犯罪分子意志以外原因的含义

(一)正确理解的意义暨争鸣观点

某些国家的立法例,把凡是着手实行犯罪而没有完成犯罪的情况都规定为犯罪未遂;在处罚上,又根据犯罪未完成是由于行为人意志以外的原因还是意志以内的原因,把犯罪未遂分为障碍未遂(普通未遂)和中止未遂而分别规定轻重不同的处罚原则。这样,为正确适用未遂处罚原则,这些国家的刑法理论就也存在

---

* 原载《法学研究》1986年第3期。

着如何理解犯罪分子意志内外原因的问题。

根据主客观相统一和罪刑相适应的原则,我国刑法明确规定,犯罪未遂只限于在着手实行犯罪后未完成犯罪是由于犯罪分子意志以外的原因的情况,犯罪中止则是由于犯罪人意志以内的原因而未完成犯罪。这样就科学地揭示了犯罪意志在犯罪活动中的重要意义并确认了其重要地位,据此对犯罪未遂与犯罪中止从定性到处罚都作了正确的区分。可见,对我国刑法犯罪未遂中的犯罪分子"意志以外的原因"的正确理解,比起那些只在处罚上区分障碍未遂(普通未遂)与中止未遂的立法例来,显然有着更为重要的意义。

对于犯罪分子"意志以外的原因"的含义,我国刑法理论上有多种主张,有的认为犯罪分子"意志以外的原因"就是客观障碍,即直接阻止行为人完成犯罪的客观情况,如被害人的反抗,第三者的阻止、抓捕等;有的认为犯罪分子"意志以外的原因"就是客观原因,即阻止或影响行为人完成犯罪的一切客观情况;有的认为犯罪分子"意志以外的原因"既包括客观原因,也包括主观原因。种种说法都仅仅是就表现形式所作的概括,而未能从犯罪分子"意志以外的原因"的本质着眼对之提出一个科学的标准。

(二)"足以抑止犯罪意志的原因"之标准解析

笔者认为,根据我国刑法的基本原理和犯罪未遂制度的立法思想,应该以"足以抑止犯罪意志的原因"作为认定犯罪分子"意志以外的原因"的标准。

首先,"意志以外的原因"指的是行为人本人的意志之外的原因。所谓行为人本人的意志,在逻辑上必然包括两种,一种是行为人本人完成犯罪的意志,另一种是行为人本人不完成犯罪的意志,这两种意志当然都不属于法律在犯罪未遂里所规定的"意志以外的原因"的范畴。这就从对"意志以内的原因"确定的角度把"意志以外的原因"概括地区别和明确出来,这是正确解决"意志以外的原因"标准的首要问题。根据这一点,我们就可以原则上把出于行为人本人不完成犯罪的意志而自动中止犯罪或自动有效防止犯罪结果发生的犯罪中止排除出去,在这种场合,犯罪的未完成正是由于行为人本人的意志,而不是由于行为人"意志以外的原因。"

其次,从主观上看,"意志以外的原因"作用的对象是"犯罪意志",明确这一点也是正确解决"意志以外的原因"标准的重要前提之一。所谓犯罪意志,就是直接故意犯罪中行为人完成犯罪的意志,即希望把犯罪进行到底,积极追求犯罪结果的发生或犯罪行为完成的心理态度。"意志以外的原因"正是通过对犯罪意志及其支配下的犯罪活动的作用,才使得犯罪活动未能完成。

再次,"意志以外的原因"应该是抑止犯罪意志的原因,这是对"意志以外的原因"性质的揭示。所谓抑止犯罪意志的原因,就是说,这些原因不但是与犯罪意志相违背的,而且是对犯罪意志具有阻止、削弱、不利的影响作用的。正是由于意志以外的原因具有这种与犯罪意志相对立相排斥的性质,它才有可能使犯罪活动未能完成而停止在未遂状态。

根据"意志以外原因"具备的"抑止犯罪意志"这一性质和作用,可以把司法实践中可能被认定为"意志以外原因"的种种因素及其表现进行简要的概括,大致可以分为以下几类:

第一类:犯罪人本人以外的原因。又可分为:(1)属于被害人方面的有:被害人的发现,逃避,各种程度的反抗,斥责警告,劝告,哀求,本身具有的不利于犯罪完成的因素等;(2)第三者的出现、劝告、警告、制止、抓获,政法机关的行动;(3)自然力的破坏(如放火烧财物被雨浇灭,投下毒药后因时间过长或雨淋而失效或减效);(4)物质障碍(如所带工具撬不开门、撬不开保险柜);(5)时间、地点、场合对犯罪的不利影响;等等。

第二类:行为人自身因能力、力量、身体状况、常识、技巧等的缺乏或不佳情况对完成犯罪的不利影响。如已着手实行犯罪过程中的突发性疾病,病理性过敏,肌肉痉挛,休克,力不能支,射击技术低劣或根本不会射击,等等。有些论著把这类原因称为"行为人主观方面的原因",笔者认为称为"行为人自身方面的原因"更为确切,这些不利于完成犯罪的因素,对行为人本人来讲也是客观的,它们都在不同程度上起着抑止行为人本人的犯罪意志的作用。

第三类:犯罪人主观认识上的错误。具体又可分为:(1)对犯罪对象的错误认识。如误以为被害人在室内而枪击,实则被害人并不在;误以为保险柜有钱而毁坏之,实则无钱;误以树、畜为人而枪击,等等。(2)对犯罪工具的错误认识。如误以非毒物为毒药而用以毒杀人,误以无子弹的空枪为有子弹而射击,误以不能发射的坏枪为好枪而击发,等等。(3)对犯罪结果是否发生的错误认识。即行为人误以为其犯罪行为已造成犯罪结果而停止了犯罪活动,实则犯罪结果并未发生。如杀人案中已致被害人昏迷而误以为其已死,遂停止了加害,后来被害人未死的情况。

最后,"意志以外的原因"应该是足以抑止犯罪意志的原因,这是对"意志以外的原因"量的要求的揭示。任何事物的质都表现为一定的量,质和量的统一使事物成为自身而区别于其他事物,所谓"意志以外的原因"也是如此,它的量的要求就是必须达到足以抑止犯罪意志的程度。

如何确定对犯罪完成有不利影响的因素是否达到足以抑止犯罪意志的程度,是根据犯罪人自己的感受,还是根据对这些因素的作用的客观考虑?笔者认为,应该以行为人主观感受为基本标准,以因素的客观性质和作用程度为必要补充。具体讲可分为几种情况:(1)这些因素从主观感受和客观考察都达到了足以抑止犯罪意志程度的,毫无疑问应该认定为"意志以外的原因";(2)不利因素的影响从主客观看都非常微小,不足以抑止犯罪意志的,不能认定为"意志以外的原因",在这种场合放弃犯罪的应认定为自动中止犯罪;(3)不利因素的影响作用从客观考察尚不足以抑止犯罪,但是行为人主观上认为已达到足以抑止其犯罪意志和犯罪活动程度的,应当认定为"意志以外的原因";(4)不利因素本身的性质和作用程度在客观上看足以抑止犯罪意志的,就应该原则上将之认定为"意志以外的原因",不允许犯罪人借口主观上未感受到该因素足以抑止其犯罪意志而把未遂行为说成犯罪中止。总之,只有在具备充分确凿的证据证实了行为人确实是没有认识到该不利因素而放弃犯罪的,才可以考虑不认定为犯罪未遂,而认定为出于本意的犯罪中止。

根据以上对"足以抑止犯罪意志"的论述可以看出,前述对犯罪完成有不利影响的因素并非都能达到足以抑止犯罪意志的程度,所以基于这些因素未完成犯罪的,不能一概地认定为"意志以外的原因"而成立犯罪未遂。

综上所述,笔者主张以"足以抑止犯罪意志"作为认定"意志以外的原因"的标准,"意志以外的原因"是行为人犯罪意志和不犯罪意志以外的原因;"意志以外的原因"作用的对象是犯罪意志及其支配下的犯罪活动;"意志以外的原因"对犯罪意志的作用是抑止作用;"意志以外的原因"必须是"足以抑止犯罪意志"的原因。上述几点的同时具备和有机统一,就是犯罪未遂所要求的区别于犯罪中止的"意志以外的原因"。从外延上看,"意志以外的原因"既可以包括一些行为人自身以外的客观原因,也可以包括属于行为人自身的一些不利因素及主观认识上的错误。但是无论哪类不利因素,都必须达到足以抑止犯罪意志的程度,才能认定为作为犯罪未遂特征的"意志以外的原因"。

三、犯罪分子意志以外原因的认定

在我国刑法中,犯罪未遂和着手实行犯罪后的犯罪中止都是未完成犯罪,二者的区别在于导致犯罪未完成的原因不同,前者是由于犯罪人"意志以外的原因",后者是由于行为人的"自动放弃犯罪意志"。正确理解与认定犯罪分子"意志以外的原因",实际上也就是要正确地区分犯罪未遂和着手实行犯罪后的犯罪中止,这个问题在司法实践中具有重要意义。

辩证地理解未完成犯罪问题上未遂的"被迫性"和中止的"自动性",这是正确认定"意志以外原因"及区分未遂和中止的前提和关键。犯罪未遂的"被迫性",就是犯罪分子"意志以外的原因"的具体表现,未遂未完成犯罪非不愿为也,实不能为也。未遂未完成犯罪上的"被迫性",是讲行为人犯罪意志未能实现是被迫的,是行为人认为不能完成而又违背其本意的,而不是说必须客观上已达到迫使行为人决不可能完成犯罪的情况。犯罪中止的"自动性"是指行为人放弃犯罪完成是自动的,是出于本意,其放弃犯罪非不能为也,实不愿为也。至于引起行为人自动放弃犯罪完成的动机和情况则是多种多样的,既有真诚悔悟,也有对被害人的怜悯同情,接受他人的劝告教育,害怕将来罪行暴露受法律制裁,以及在受到其他不足以抑止犯罪的轻微不利因素影响下经过思想斗争而自动放弃犯罪完成等。这些不同的动机和情况只反映了行为人悔悟程度和人身危险性的不同而对量刑有意义,却不应影响到放弃犯罪"自动性"的成立及犯罪中止的认定。那种主张在不受任何客观影响,没有任何客观障碍情况下放弃犯罪才具备"自动性",才成立犯罪中止的观点,是不妥的。

结合我国司法实践的经验,认定犯罪分子意志以外的原因,正确区分犯罪未遂与犯罪中止,尤其应当研究下述几类情况:

(一)在有轻微不利因素的场合放弃犯罪之案件的定性问题

例如,在拦路抢劫、强奸等暴力犯罪的场合,行为人已着手实行犯罪,却突然认出被害人是熟人或被对方认出是熟人,行为人遂因此而放弃了犯罪的继续实施和完成。这种情况下犯罪的未完成是否属于"犯罪分子意志以外的原因"所致,是犯罪未遂还是犯罪中止?理论上和实践中均有不同的理解和认定。从笔者接触到的一些案例材料看,审判机关一般认定为犯罪中止。笔者认为把这种案件认定为犯罪中止是正确的,符合法律的有关规定和精神。决不能把任何客观不利影响都认定为"足以抑止犯罪意志"的犯罪分子"意志以外的原因",也决不能把犯罪中止的自动性限为只能是在没有任何客观影响的场合才能成立。拦路抢劫、强奸遇到熟人，这当然是行为人未曾预料到的客观不利因素，但是这种不利因素根本不足以抑止行为人去实施和完成本来就包括侵犯人身权利的暴力犯罪，行为人主观上对此也有着明确的认识。行为人因这种不足以抑止犯罪的轻微不利因素的影响而抛弃了犯罪意志，这与其基于衷心悔悟而放弃犯罪相比，只是动机（起因）的不同以及自动性强度的不同，但都符合放弃犯罪的“自动性”，宜认定为犯罪中止。又如，行为人已着手实施强奸、抢劫、杀人等暴力犯罪，因被害人斥责、劝告及明显不足以制止犯罪进行的挣扎等不利因素而放弃犯罪完成的案件，应当认定为犯罪未遂还是犯罪中止？理论上和实践中都存在不同的看法。笔者认为，既然这种场合各种不利因素的综合显然不足以抑止行为人的犯罪意志，那么，行为人在这些不利因素影响下，经过自己思想上的斗争和选择，最后放弃了犯罪意志和犯罪完成，这就不是迫不得已而放弃犯罪，而是因犯罪意志的自行放弃而未完成犯罪。因此应当认定为犯罪中止，不宜认定为犯罪未遂。

（二）行为人基于认识错误而未完成犯罪案件的定性问题

这里需要探讨的情况有：

其一，因对犯罪对象认识错误而致犯罪未完成的案件。例如，实践中时有发生的已着手抢劫，因被害人身无分文或无值钱物而未抢走任何钱财的案件；着手撬窃保险柜，但却发现柜内无钱或钱太少而未窃走钱财的案件；以及在黑夜拦路强奸中，行为人已着手实施暴力、胁迫行为，后发现被害人不是女性而是男性，遂放弃了强奸犯罪的案件等，都属于这种情况。我国台湾刑法理论界有人称这种情况为“因目的物不能满足其欲望而中止”，主张可成立犯罪中止[1]；我国大陆刑法理论界对这种情况的定性也存在不同的认识，但司法实践中一般认定为犯罪未遂。笔者赞同作为犯罪未遂认定，因为在这种案件中，行为人对犯罪对象的错误认识并不是促使行为人自动放弃了犯罪意志，而是抑止了其犯罪意志，使其犯罪意志无法实现，导致犯罪未能完成。即行为人未完成犯罪，完全或主要地是因为对象认识错误这种“犯罪分子意志以外的原因”，这完全符合犯罪未遂的特征。

其二，因对犯罪客观环境条件认识错误的未完成犯罪案件。在这种案件中，本来不存在客观不利因素，或者客观不利因素根本不足以抑止犯罪的完成，但是，行为人却因精神紧张或不了解周围情况等原因，误认为客观环境条件已根本不能完成犯罪，遂放弃了犯罪。例如，盗窃犯入室盗窃时听到外面门响或有人声，以为其犯罪已被发觉或要被发觉，遂放弃盗窃而逃走；奸淫幼女犯着手犯罪时，因幼女哭叫误以为已惊动人或必然要惊动人，遂放弃奸淫而逃窜等，就属于这种案件。对这种案件的定性，有的主张是犯罪未遂，有的认为是犯罪中止。笔者认为属犯罪未遂。因为在这种场合，行为人放弃犯罪完全是基于对犯罪完成条件是否许可的错误认识，是误认为已无法进行犯罪，即这种错误认识已足以抑止其犯罪意志，其放弃犯罪完全是被迫的。值得注意的是，要把上述情况与犯罪人单纯基于惧怕日后犯罪被发觉受惩罚而放弃犯罪的情况区别开来，后者是犯罪中止而不是犯罪未遂。在后种场合，犯罪人并没有对客观条件发生错误认识；相反，犯罪人主观上认为他当时能够继续进行

---

〔1〕 参见韩忠谟：《刑法原理》，台湾1981年作者自版，第246页。

犯罪,只是惧怕日后罪行暴露和受到惩罚,就放弃了犯罪的完成。这种恐惧心理正是犯罪中止的一种动机,这种动机并不妨碍犯罪中止的成立。

(三)"放弃重复侵害行为"的定性问题

什么是"放弃重复侵害行为"?刑法论著一般都没有作出定义,而是例释说,这是指开枪杀人,第一枪未能射中,当时有条件再射击,但行为人出于本人意愿而自动放弃了继续射击,因而使犯罪结果没有发生的情况。这种案件是犯罪未遂还是犯罪中止?苏联和我国刑法理论传统的观点都认为,放弃重复侵害行为是行为实行终了的犯罪未遂,而决不能属于犯罪中止。因为已射出的第一枪已形成实行终了的未遂状态,未再射击只能作为行为人危险性较小的一种情节影响到量刑,而不能使案件成为犯罪中止。这种传统观点长期在我国刑法理论界处于统治地位并影响着司法实践。近年来,有的学者结合我国刑法关于未遂和中止的处罚原则及司法实践的需要,建议对这个问题进行研究。[1]

笔者认为,在放弃重复侵害行为的场合,由主客观因素所决定,其犯罪行为并未实行终了。在犯罪行为没有既遂也没有停止在未遂状态而是处于几种发展可能的过程中,行为人出于本人不完成犯罪的意志,放弃了本来可以继续的犯罪行为,因而使犯罪结果未发生。这里未完成犯罪具备的是犯罪中止的自动性,而不是犯罪分子"意志以外的原因"所致的未遂的被迫性。这种自动放弃犯罪,说明行为人的主观心理态度已经从希望犯罪结果发生转变为不希望犯罪结果发生,符合中止最本质的条件,因此应认定为犯罪中止而不是犯罪未遂。这样分析认定,符合犯罪未遂和犯罪中止的法律法理,符合我国刑法中主客观相统一、罪刑相适应等基本原则和惩办与宽大相结合基本刑事政策的要求,也符合司法实践中阻止犯罪的实际需要。

---

〔1〕 参见高铭暄:《关于刑法总则的几个问题》,河北省法学会1982年印,第62页。

论放弃可能重复的侵害行为的定性问题*

目　　次

一、中外刑法理论的主张

什么是放弃可能重复的侵害行为（以下简称放弃重复侵害行为）？刑法论著一般都没有作出定义，而是例释说，这是指开枪杀人，第一枪未能射中，当时有条件再射击，但行为人出于本人意愿而自动放弃了继续射击，因而使犯罪结果没有发生的情况。放弃重复侵害行为是犯罪未遂还是犯罪中止？苏联刑法理论中的传统观点认为，放弃重复侵害行为是实行终了的犯罪未遂，而决不能属于犯罪中止。[1] 这种主张也是我国刑法理论中的传统观点。[2] 这种传统观点的理由是：第一枪已经射出，足以致人死亡，未射中不是犯罪人的意愿，已射出的第一枪已形成实行终了的未遂状态，未再射击只能作为行为人危险性较小的一种情节影响到量刑，但不能使案件成为犯罪中止。这种传统观点长期在我国刑法理论界居于统治地位并影响着司法实践。近年来，有的刑法学者结合我国刑法关于犯罪中止和犯罪未遂的处罚原则及司法实

---

* 本文来自作者的两篇短文：一为《放弃重复侵害行为应属犯罪中止》（原载《法学季刊》1984 年第 1 期）；二为《再论放弃重复侵害行为的性质》（原载《法制园林》1985 年第 2 期）。后将上述两文整合成本文收入作者的个人文集《刑法总论问题研究》，中国法制出版社 1996 年版。

〔1〕 参见［苏联］孟沙金总编：《苏联刑法总论》（下册），彭仲文译，大东书局 1950 年版，第 435 页；［苏联］契希克瓦节教授主编：《苏维埃刑法总则》，中央人民政府法制委员会编译室、中国人民大学刑法教研室译，法律出版社 1955 年版，第 347 页；［苏联］库德利雅夫采夫主编：《苏联法律辞典》（第二分册），法律出版社 1957 年版，第 67 页。

〔2〕 参见杨春洗等著：《刑法总论》，北京大学出版社 1981 年版，第 189 页；中央政法干部学校刑法刑事诉讼法教研室编著：《中华人民共和国刑法讲义（总则部分）》，群众出版社 1982 年版，第 160 页。

践的需要,对上述传统观点的正确性表示怀疑,建议对这个问题进行研究。笔者受到启发,经过初步探讨,曾在《法学季刊》上发表了争鸣短文,提出了放弃可能重复的侵害行为应属于未实行终了的犯罪中止的管见。[1] 这种观点得到了刑法学界一些前辈的赞同和支持。这种支持和启发又促使我进一步探讨了这个问题,从而更加坚持自己的观点。

二、放弃重复侵害行为应属未实行终了的犯罪中止

放弃重复侵害行为不是实行终了的犯罪未遂,而是未实行终了情况下的犯罪中止,这主要是因为:

首先,可能重复的侵害行为的放弃,是发生在犯罪实行未了的过程中,而不是在犯罪行为已停止的未遂形态或既遂形态。笔者认为,犯罪行为是否实行终了,不应是指犯罪活动中的某个具体行为或动作,而应是指某种罪的犯罪构成完备所要求的整个犯罪活动;行为是否实行终了的标准,不但要看行为人客观上是否实施了足以造成犯罪结果的犯罪行为,还要看犯罪人是否自认为完成犯罪所必要的行为是否都实行完了[2]。因此应当承认,在放弃重复侵害行为发生的案件里,犯罪人预先一般是希望第一枪就能达到犯罪结果的,倘若果真如此,他就可以不再继续射击,这时其行为当然是实行终了;但是,行为人为了完成犯罪,即使原来是准备一枪打死被害人,也决不会不管射中与否,只射一枪就算了。现在客观情况是第一枪未击中而仍可继续射击,行为人主观上也明确地认识到了这种情况,这种主客观情况的结合,完全可以证明整个犯罪活动显然不是已经完成,不是已经停顿在未遂形态或既遂形态,而是可以继续向前发展,可以发展为犯罪既遂,可以发展为犯罪中止,还可能在进一步的发展中被迫停止在未遂形态。如果是这种情况:犯罪人第一枪未射中,正要射第二枪时被其意志以外的原因制止住了(如枪卡了壳或被人打掉了枪),因而未能射击。对此一般都不会认为其犯罪行为已实行终了,这是正在实行中被制止住的,应当属于未实行终了的犯罪未遂。可是,传统观点却把这时根本没有再要射第二枪但却是有条件射击、而且为了完成犯罪也有必要继续射击的情况硬当作行为已实行终了,这显然是矛盾的、不合理的。再如,有这样一种情况:在用刀杀人的案件中,行为人想一刀杀死被害人,由于其意志以外的原因(如被害人躲闪等)没有砍中或扎中,行为人认识到当时可以继续砍杀,但是他出于本意放弃了继续加害的行为。一般都没有把这种情况视为已实行终了的犯罪未遂,而是看作实行过程中的犯罪中止。笔者认为,这种情况与上述的“放弃重复侵害行为”的性质完全相同,一枪可以打死人,一刀照样可以杀死人。如果仅仅因为犯罪工具的不同,就对实质上完全相同的行为作出截然相反的认定,那是难以令人信服的。

其次,重复侵害行为的放弃是自动的而不是被迫的。如果把第一枪与整个犯罪活动割裂开来看,第一枪的未射中的确是行为人意志以外的原因所致,是违背其本意的,这已经射出的第一枪无法中止,也谈不上自动中止问题。但是关键在于整个犯罪活动并没有实施终

---

〔1〕 参见赵秉志:《放弃重复侵害行为应属犯罪中止》,载《法学季刊》1984年第1期。

〔2〕 参见赵秉志:《犯罪未遂的理论与实践》,中国人民大学出版社1987年版,第162页。

了,行为人意志以外的原因仅仅导致第一枪未能射中而不是阻止了整个犯罪活动的继续进行。行为人在整个犯罪行为未实行终了的情况下,在客观上可以继续犯罪而且主观上对继续犯罪有控制力有认识的情况下,出于本意放弃了本来可以继续实施的犯罪行为,从而表现出他放弃犯罪的自动性。这种自动性,说明行为人犯罪的意志因素发生了质的变化,从希望完成犯罪变成不希望完成犯罪,因此,这时犯罪没有完成、犯罪结果没有发生,就不好说成是他犯罪未遂,是没有"得逞"。应当看到犯罪发展过程中这个至关重要的主客观情况的变化及其对犯罪行为停止形态的影响。而在犯罪未遂(不论其实行行为是否终了)的情况下,虽然犯罪也停止下来了,但是这种停止是被迫的,是违背行为人并未放弃的犯罪意志的,这时犯罪未能完成、犯罪结果没有发生,从主观上看当然就是犯罪人完成犯罪的意图没有"得逞"。犯罪停止的自动性还是被迫性,这是犯罪中止与犯罪未遂最本质的区别所在,也是犯罪中止与犯罪未遂情况下整个犯罪的社会危害性尤其是行为人的人身危险性显著不同的根本原因。放弃重复侵害行为以其放弃犯罪的自动性符合了犯罪中止最本质的条件,而与犯罪未遂中的"犯罪分子意志以外的原因"即被迫放弃犯罪不相符。

总之,放弃重复侵害行为一方面具备了犯罪中止的全部条件,另一方面不符合犯罪未遂的条件,尤其是从主客观统一上看,它不符合犯罪未遂要求的由于犯罪分子意志以外的原因而未完成犯罪这一重要特征,因而不是实行终了的犯罪未遂,而是未实行终了情况下的犯罪中止。

传统观点对于放弃重复侵害行为性质的解释,不仅与我国法律有关规定和有关基本理论不相符合,对司法实践也有弊无利。这样会使犯罪分子觉得第一枪虽未射中,但自动停止下来也是未遂而不能成立中止,还不如继续犯罪,如果最终仍未能杀死被害人,也还是犯罪未遂。根据这种解释会出现这样的情况:两人都是射了第一枪未中,一个是自动放弃了继续射杀,另一个是又要射击时被制止住了或又未击中,结果两人都成立犯罪未遂,从而抹煞了两人主观上的本质区别。显然,这样认定不利于贯彻我国关于犯罪中止和犯罪未遂的立法精神,不利于贯彻罪刑相适应的刑法基本原则和惩办与宽大相结合的基本刑事政策,不利于有效地打击犯罪、阻止犯罪。

三、放弃重复侵害行为的司法认定问题

应当指出,由于这种案件本身所涉及的主客观情况的复杂性,对其认定为犯罪中止时必须严格掌握,必须是行为人自认为可以继续下去的场合真正自动放弃重复侵害行为的情况。因此,如果是由于犯罪分子意志以外的原因(如被害人已逃走或逃离其射程;没有子弹了或枪出了故障;被人制止住了;有人追捕或闻讯赶来使罪犯心慌意乱而不敢或不能再射击;行为人主观判断错误,以为无法继续犯罪等)而迫使其不能继续实施重复侵害行为,这当然是犯罪未遂而不是犯罪中止。

进一步探讨,放弃重复侵害行为是否仅仅表现为用枪杀人而且第一枪是根本未射中一种情况?刑法论著一般没有回答这个问题,而是把上述情况作为唯一的例子。笔者认为,把放弃重复侵害行为限制为这一种情况是不科学的,不必要的,应当抓住通行例释的放弃重复

侵害行为的特征对之作如下广义的理解：凡犯罪分子使用可以一下子造成犯罪结果的工具（不仅限于枪，还包括刀、铁器等），实施了足以发生其所追求的犯罪结果的行为，但是由于其意志以外的原因使这种结果没有发生（但不一定是任何具体危害结果都没有发生），犯罪分子根据主客观条件认为仍可实施重复侵害，但他却基于某种原因自动放弃了重复侵害，因而使犯罪结果不再可能发生的情况，都应属于放弃重复侵害行为，都应按前面的论述成立犯罪中止而不是犯罪未遂。这样广义的理解，仍以用枪作犯罪工具为例，除了前述的刑法论著一般列举的典型的放弃重复侵害行为的情况外，大致还可以有以下两种情况：(1)开枪伤人：第一枪未击中或伤势显著轻微（如擦伤）尚构不成轻伤害，罪犯自动放弃了重复射击。(2)开枪杀人：第一枪虽击中但明显未中要害（如打掉了耳朵，打伤了胳膊等），行为人认识到放弃重复射击就不会发生死亡结果，但却自动放弃了重复射杀，因而没有发生死亡结果。这些情况，都应当像典型的“放弃重复侵害行为”一样成立犯罪中止，然后根据中止犯罪的具体原因、中止犯的悔悟程度、是否已造成具体伤害及伤害程度、犯罪工具及犯罪方式、时间地点等有关情况，来决定对行为人是否处罚以及如何处罚。

还有一种与“放弃重复侵害行为”有些相似的情况也能成立犯罪中止。仍以枪作犯罪工具的案件为例，开枪杀人，第一枪射中但未打死，不过若不采取抢救措施就有可能发生死亡的结果。这时行为人不但自动放弃了重复侵害行为，而且自动采取了积极有效的措施防止了死亡结果的发生，如果具备了这些条件，行为人就应当成立犯罪中止而不是犯罪未遂。这种情况与前述的“放弃重复侵害行为”的区别在于，前述情况下只要行为人消极地放弃重复侵害行为便可成立犯罪中止，而这种情况下行为人要成立犯罪中止，不但要自动放弃重复侵害行为，还要以自己积极的行为阻止住犯罪的完成即犯罪结果的发生。

放弃重复侵害行为与连续犯中犯罪未遂和犯罪中止并存的情况不能混淆。前者是指在某种犯罪行为尚未实施终了时当场自动放弃犯罪完成的情况，它完全符合犯罪中止的特征。后者是指出于同一犯罪故意、连续实施数个独立的犯罪行为、触犯同一罪名的连续犯罪的情况下，先行的某次独立的犯罪行为已构成未遂形态，尔后的另一次独立犯罪行为实施时自动放弃而构成中止形态。例如，甲预谋枪杀乙，某晚埋伏于路边树林中，待乙路过时开枪射击，未中，再要开第二枪时，枪卡壳射不出，甲即携枪逃走，此次已构成杀人未遂；甲杀乙恶念未去，遂于另日持枪闯入乙家，甲举枪射击，乙慌忙躲闪，第一枪未中，甲举枪又要射击，乙边躲闪边斥责、哀求，乙的老母也跪地求饶，甲有所悔悟，遂放弃继续射杀，此次行为构成杀人中止。对于未遂和中止状态并存的连续犯，在故意杀人等没有情节加重款项的犯罪中，整个犯罪应当认定为犯罪未遂，但对某次犯罪属中止的情况应当明确并在量刑上考虑。在其他有情节加重款项的犯罪中，如果综合连续犯整个案情情节一般的，与上同样对待，即整个犯罪为未遂；如果全案情节属于加重条款的，则无犯罪未遂可言而是犯罪既遂。

四、苏联有关立法与理论的评析

笔者认为，我国刑法理论中关于放弃重复侵害行为属实行终了的犯罪未遂的传统观点，是受了苏联刑法学说的错误影响。因此，为了充分地说明放弃重复侵害行为的性质，还有必要对苏联有关的立法和理论与我国有关的立法相对照予以简析。

苏联建国以后的刑事立法(包括其刑法典)没有对自动中止作出明确的定义,对自动中止犯罪应否负刑事责任的规定是:只有在行为人已实施的行为中实际上构成另一犯罪时才负刑事责任,否则就不追究刑事责任。这里没有必要评价苏联立法这种规定是否妥当,但是可以看出,按照苏联法律规定,如果把典型的放弃重复侵害行为的情况解释为犯罪中止,那就不能对之进行刑事追究,因为这时并未造成任何实际危害结果,不会在实际上构成另一犯罪(如伤害罪)。分析起来,苏联刑法理论一方面要遵循其法律规定,另一方面又认为对于这种放弃重复侵害行为,尽管已实施的行为实际上不构成其他犯罪但又不宜一概不追究刑事责任。于是苏联理论就把放弃重复侵害行为解释为实行终了的犯罪未遂,而否认其属犯罪中止,以调和其立法规定与司法需要的矛盾。笔者认为:第一,苏联刑法论著关于犯罪未遂和犯罪中止的特征、条件的表述[1]与我国法律规定和理论表述基本相同,但苏联刑法理论关于放弃重复侵害行为性质的观点却违背了这些基本表述,因而是不正确的。第二,因为苏联立法对一般的犯罪中止完全不予刑事追究,苏联刑法理论就极力对犯罪中止作限制、缩小解释,以有效地惩罚罪犯。这虽然可以理解,但是这样一来却把犯罪中止与犯罪未遂相混淆,不合理地加重了行为人的刑事责任。不论怎样,作为立法与实践的向导和参谋的刑法理论,在认为立法不能适应司法实践需要、不够完善时,不是指出这种不完善以推动立法的修改发展,而是用违背自身有关基本原理的解释来掩盖这种不完善,这近似于注释法学派的做法,这也恐怕就是苏联立法中的有关规定几十年也没有科学地解决这一问题而原地踏步的重要原因之一。这种态度应为我国刑法理论所不取。

我们应当注意对外国尤其是社会制度和基本理论基本相同国家的立法和理论的借鉴研究,但是立足点应当放在我国的立法、司法与基本理论的结合上。应当看到,我国对中止犯的处罚原则与苏联不同,我国刑法没有具体规定犯罪中止在什么情况下不予刑事追究,而是一般地规定对中止犯"应当免除或者减轻处罚",即对任何中止犯在构成犯罪的前提下,都可以根据具体情况免除处罚或者减轻处罚。因此,对于放弃重复侵害行为,按照我国刑法不存在必须解释成犯罪未遂才能处罚的问题。我国前述的传统观点没有注意到中苏刑事立法在犯罪中止处罚原则上的这种区别,没有认真考察苏联刑法理论上这样解释的目的何在以及这种解释正确与否,不加分析地接受了苏联刑法理论上的这种主张,把放弃重复侵害行为也解释成实行终了的犯罪未遂而坚决否认其属于犯罪中止,这就违背了我国刑法关于犯罪中止和犯罪未遂的法律规定及其立法精神,也有悖于我国刑法理论关于犯罪中止和犯罪未遂特征的正确表述。

最后有必要附带指出,我国有的刑法论著认为,对放弃重复侵害行为要区分情况区别对待:前一行为没有造成任何损害的,应当成立犯罪中止;前一行为已造成了一定的损害结果的,可以按照已发生的结果论处,不属预定犯罪的中止,即用枪杀人致伤情况下的放弃重复

---

〔1〕 参见[苏联]孟沙金总编:《苏联刑法总论》,大东书局1950年版;[苏联]契希克瓦节主编:《苏维埃刑法总则》(法律出版社1955年版)等书有关章节。

侵害行为,应定故意伤害罪,而不是定杀人未遂或杀人中止。笔者认为,在上述论著所说的后种情况下,行为人以杀人的故意着手实行杀害行为,而在实行过程中自动放弃了杀人犯罪的完成,当然应当成立故意杀人罪的中止而不是故意伤害罪的既遂。不能因为客观上已发生了伤害的实际结果就改变行为人犯罪故意的内容,就改变整个案件本来的性质。否则就有客观归罪之嫌,就违背了主客观相统一原则对定罪的要求。

由上可见,按照我国刑法有关规定和有关理论来分析,放弃重复侵害行为是未实行终了的犯罪中止,而不是实行终了的犯罪未遂。确立这一观点,首先是司法实践中定性正确和量刑适当的要求,同时也是我国刑法理论与立法和实践正确协调的需要。

我国刑法中犯罪未遂的处罚原则[*]

目　次

一、前言

犯罪未遂是近代世界刑事立法上的一项重要制度和刑法学犯罪阶段论中最重要的问题。犯罪未遂制度在我国刑法中有明确规定。犯罪未遂在司法实践中大量存在，并且在司法实践中和刑法理论上都存在若干需要着重研究解决的问题。我国刑法理论对犯罪未遂的研究过去比较薄弱，近一两年来正在逐渐重视和加强。从理论研究状况看，侧重点是在犯罪未遂特征的认定上，对犯罪未遂处罚原则的研究则相对薄弱。我们研究犯罪未遂，归根到底是为了正确地解决未遂犯的刑事责任问题。研究犯罪未遂的认定是正确解决这个问题的基础和前提，当然十分重要；而在此基础上研究犯罪未遂的处罚原则对正确解决未遂犯的刑事责任问题也至关重要，也应该引起我国刑法理论界的重视。鉴于

---

* 原载《法学研究》1985 年第 4 期；收入高铭暄等编：《刑法学参考资料》，中央广播电视大学出版社 1994 年版。

上述情况,本文打算对我国刑法中犯罪未遂的处罚原则作一些探讨。

二、我国刑法中犯罪未遂处罚原则的科学根据

(一)各种主张述评

对具体犯罪规定有具体量刑幅度的刑法分则,都是以犯罪的既遂和完成状态为标准的。与既遂相对而言的犯罪的预备、未遂和中止的处罚原则,都表现为与既遂的刑罚相比较的关系。在犯罪未遂与犯罪既遂相比较采取什么样的处罚原则问题上,各国立法例和刑法理论主要有三种规定和主张:(1)必减主义。它认为处罚轻重应以实害大小为准,未遂未发生既遂的结果,实害比既遂显著轻微,因此未遂应当比照既遂减轻处罚。(2)同等主义。它认为刑罚为有效地防卫社会,应注意犯罪人主观恶性的大小,而未遂犯与既遂犯的主观恶性并无差异,因此对未遂犯应当与既遂犯处以同等的刑罚。(3)得减主义。它认为对未遂犯可以比照既遂犯从轻、减轻处罚,也可以不从轻、减轻处罚,是否从轻、减轻,应由审判机关根据实害大小和犯罪人主观恶性大小等因素来决定。必减主义只从客观实害上注意到了一般情况下未遂比既遂危害小的一面,从而把未遂减既遂之刑绝对化,排除了在未遂危害性不小于既遂的特殊情况下对之比照既遂处罚的任何可能性,因而对特殊情况的未遂不能贯彻罪刑相适应原则;同等主义只看到了未遂与既遂主观恶性的性质相同的一面,忽略了一般情况下从主客观统一上看未遂比既遂危害性小的一面。相比之下,只有必减主义能够较为全面地考虑到犯罪的主客观因素,从而能够适用于不同情况的犯罪未遂。

(二)我国刑法之处罚原则研讨

我国刑法根据对犯罪未遂的科学认识,并适当参考了外国立法例,对未遂犯规定了“可以比照既遂犯从轻或者减轻处罚”的原则。而我国刑法中对预备犯的处罚原则是“可以比照既遂犯从轻、减轻或者免除处罚”,对中止犯的处罚原则是“应当免除或者减轻处罚”。二者显然都轻于未遂。那么,为什么我国刑法中犯罪未遂的处罚原则轻于犯罪既遂而又重于犯罪的预备和中止?即我国刑法中犯罪未遂处罚原则的根据是什么?一言以蔽之,我国刑法中确立犯罪未遂处罚原则的科学根据,是主客观因素的统一所决定的犯罪未遂不同于犯罪的既遂、预备和中止的社会危害性程度,亦即我国刑法中罪刑相适应基本原则的要求。

社会危害性是犯罪行为最本质的特性。对于已经达到犯罪程度的预备、未遂、中止、既遂等不同形态的犯罪行为来说,虽然他们作为有社会危害性并且应受刑罚处罚的行为有着相同的本质;但是,它们的社会危害性程度的大小即罪行轻重却是各不相同的。刑法的任务“就是要使惩罚成为真正的犯罪后果”,[1]即对危害程度不同的犯罪行为贯彻罪刑相适应的处罚原则,根据犯罪行为社会危害性大小的差别确定犯罪人不同的刑事责任,重罪重判,轻罪轻判,罪刑相称,罚当其罪。犯罪预备行为客观上尚未着手足以完成犯罪的实行行为,主

---

〔1〕《马克思恩格斯全集》(第1卷),第141页。

观上犯意尚未展开。犯罪中止主观上自动放弃了犯罪意志的实现，客观上自动停止了犯罪行为或自动有效地防止了犯罪结果的发生。而犯罪未遂客观上是已经着手实行犯罪仅未齐备犯罪完成的全部要件，主观上行为人并未放弃犯罪意志，仅是因其意志以外的原因致使犯罪意图未能实现。因此，从主客观因素的统一上看，未遂比预备和中止的社会危害性程度都要大，所以法律对未遂规定了重于预备和中止的处罚原则。再看未遂与既遂危害程度的不同：犯罪既遂在客观上完成了犯罪行为，在主观上实现了特定的犯罪意图；而犯罪未遂在客观上未造成犯罪结果或未完成犯罪行为，在主观上犯罪意图未能全部实现。未遂与既遂各自主客观因素的统一，决定了在其他因素大致相同的情况下，未遂的危害性一般小于既遂，所以法律对犯罪未遂规定了轻于犯罪既遂的处罚原则。

马克思主义刑法科学坚持罪刑相适应的原则。认为"如果犯罪的概念要有惩罚，那么实际的罪行就要有一定的惩罚尺度"[1]，犯罪分子"受惩罚的界限应该是他行为的界限"[2]，"轻罪重判不对，重罪轻判也不对"。[3] 我国刑法在犯罪未遂处罚原则上对罪刑相适应原则的贯彻体现，能够使犯罪分子受到公正合理的处罚，从而有助于有效地贯彻我国刑罚改造罪犯和预防犯罪的目的。

三、我国刑法中犯罪未遂处罚原则的正确理解

如何正确理解我国刑法规定的犯罪未遂的处罚原则，笔者认为需要把握以下几个要点：

（一）被比照的既遂犯应与未遂犯的犯罪情况相同或大致相同

被比照的既遂犯与未遂犯的犯罪情况相同或大致相同，二者才能主要地通过既遂与未遂的不同，表现出社会危害性不同的一般情况，这样才能使未遂的处罚原则科学地建立在社会危害性程度的基础上。所谓被比照的既遂犯与未遂犯的犯罪情况相同或大致相同，应该具有以下含义：首先，二者的犯罪性质要完全相同，即触犯的是同一罪名，彼罪的既遂犯不能作为此罪未遂犯比照的对象。其次，只能是在存在既遂与未遂之分的故意犯罪的基本犯罪条款里，才谈得上未遂犯比照既遂犯的问题。至于与基本犯罪条款相对的结果加重犯和情节加重犯，由于不存在未遂与既遂问题，当然谈不上未遂犯与既遂犯的比照。由于基本犯罪条款的量刑幅度只是一个，所以从刑罚角度来看，未遂犯只能是和同一量刑幅度的既遂犯相比照。最后，被比照的既遂犯与未遂犯的具体犯罪情节要大致相同相似。所谓犯罪情节大致相同相似，是指二者主要是犯罪已否完成这一个情节的不同，而在其他情节（动机、手段、犯罪形式、作案地点、犯罪工具、犯罪对象等）上都相同或大致相同。例如，共同犯罪形式与单个人犯罪形式的未遂与既遂之间，动机十分卑鄙、手段十分残酷与动机手段都很一般的未遂既遂之间，都不能只从未遂与既遂一个角度考虑相比照而适用未遂犯的处罚原则。总之，被比照的既遂犯要与未遂犯的犯罪性质相同、犯罪情节相同或相似，只有对这样的既遂犯的

---

〔1〕《马克思恩格斯全集》(第1卷)，第140、141页。
〔2〕《马克思恩格斯全集》(第1卷)，第140、141页。
〔3〕《毛泽东选集》(第5卷)，第459页。

处罚,才能作为未遂犯比照的对象。

(二)"从轻""减轻"处罚的含义

所谓"从轻处罚"就是在法定刑幅度内比既遂犯判处的法定刑适当轻一些。应该指出,我国具体犯罪的法定刑幅度有的只是一个刑种的幅度。如强奸妇女罪是3年以上10年以下有期徒刑,这时从轻的最低限制就是3年有期徒刑,即表现为同一种刑种内不同刑度的从轻。有的犯罪的法定刑是几个刑种刑度,如盗窃罪是5年以下有期徒刑、拘役或管制。这时的从轻既可表现为同一刑种不同刑度的从轻,如判1年有期徒刑,也可以表现为不同刑种的从轻,如判拘役或管制。所谓"减轻"处罚,刑法典第59条明确规定是"在法定刑以下判处刑罚",即减轻处罚是低于法定刑的最低刑判处刑罚。这既可以是同一刑种内不同刑度的减轻,例如抢劫罪法定刑为3年以上10年以下有期徒刑,即可减为三年以下有期徒刑;也可以是减为另外一种更轻的刑种,如把抢劫罪法定刑的有期徒刑减为拘役或管制。

(三)"可以"表明法律的倾向性要求

犯罪未遂处罚原则中的"可以",既不能理解为"必须""应当",也不能理解为完全由审判人员随意掌握。一方面,"可以"是授权性规定而不是命令性规定,即对未遂犯既可以比照既遂犯从轻、减轻处罚,也可以不予从轻、减轻处罚而比照既遂犯同样处罚,这两种处罚都不违背法定的未遂犯的处罚原则。另一方面,从立法原意、基本理论和司法实践来考虑,"可以"又不是意味着随意性,而是表明了法律的一种倾向性要求。也就是说,与既遂犯相比,未遂犯一般要从轻或减轻处罚,但是法律的要求又没有绝对化,虽然是犯罪未遂,如果综合整个案情看,其社会危害性程度并不小于犯罪既遂时,对未遂犯也允许比照既遂犯予以同样处罚。法律对未遂犯比照既遂犯从轻、减轻处罚规定了"可以"二字,这就既充分注意到了一般情况下未遂犯危害性小于既遂犯的客观事实,又没有忽略未遂犯危害性等同于既遂犯的特殊情况,是原则性与灵活性的有机结合,从而使罪刑相适应的原则在未遂的各种情况下都能贯彻。某些实践中存在的对未遂案件一律从轻、减轻处罚或者一律与既遂同等处罚的理解和做法是不正确的,它们不符合法律的规定和立法精神,也不利于在未遂案件上贯彻罪刑相适应原则和实现刑罚目的。

四、我国刑法中犯罪未遂处罚原则的正确适用

(一)犯罪未遂案件的定性与法条引用问题

1.关于未遂案件的定性问题

我国刑法分则含具体犯罪构成的条文,规定了各种具体犯罪的罪名,不同的罪名反映了不同犯罪的本质或主要特征。同一种犯罪的不同阶段和状态,具有该种犯罪共同的本质或主要特征。因此,刑法分则中所规定的具体罪名,既适用于该种犯罪的既遂状态,也适用于该种犯罪的未遂等未完成犯罪的状态,即犯罪未遂也应根据犯罪行为所触犯的刑法分则的条款来确定罪名,未遂没有不同于既遂的罪名。如故意杀人未遂仍应定为故意杀人罪,强奸妇女未遂仍应定为强奸妇女罪,而不宜定为故意杀人未遂罪或强奸妇女未遂罪。

但是,从另一方面来看,我国刑法对不同阶段的犯罪分别作了明确的规定,同种罪的预

备、未遂、中止和既遂既具有该种犯罪共同的本质和特征,彼此又具有明确的在一定意义上是属于实质性的区别。为了准确地反映不同犯罪阶段的危害程度和正确地量刑,应该在确定同种罪名的基础上对不同的犯罪形态予以明确的认定,即定罪时不能满足于是故意杀人罪还是强奸妇女罪等罪名的确定,还要确定是哪个形态的犯罪,对于未遂案件定性时要明确确定是某种犯罪的未遂。根据我国审判实践的经验,对未遂案件罪名的确定,是在判决书上写为“故意杀人罪(未遂)”“强奸妇女罪(未遂)”,这样就很好地解决了犯罪性质和犯罪所处形态两个方面的问题。这两个方面的问题都应当是我国刑法定性准确的含义,这是量刑适当的前提和基础。

既然犯罪形态的确定也是未遂案件定性要求的一方面,那么确定案件具备未遂的三个基本特征,当然也就应该是未遂案件定性的必然要求,即对未遂案件判决书不但要标明是什么犯罪,是“未得逞”的犯罪未遂,而且要表明是已经着手实行犯罪,由于犯罪分子意志以外的原因未得逞的。这里有必要强调指出,判决书对于意志以外的原因应该具体载明。司法实践中在认定为犯罪未遂的判决书上,对意志以外的原因有的只笼统写为“因故未能得逞”或“因故犯罪未逞”等。这种含糊的用语至少有两点弊端:一是根据判决书不能确切判定犯罪未完成是否是由于意志以外的原因,即是否是由于足以抑止犯罪意志的原因,这样就容易把犯罪未遂与在轻微不利因素影响下的犯罪中止相混淆。二是不写明是何种具体的意志以外的原因,这就无法根据未遂的具体原因来判断犯罪意志的坚决程度以及整个案件的社会危害性程度。因此,从未遂案件定性准确量刑适当的要求出发,认定未遂的判决书必须载明意志以外的原因。

2. 关于未遂案件的法条引用问题

未遂案件的法条引用正确与否,是对未遂案件社会危害性的认识是否正确以及处罚是否合法的标志。根据审判实践经验和基本理论的要求,这里应该注意几个要点:

(1)对一切认定为犯罪未遂的案件,不管是否比照既遂犯从轻或者减轻处罚,判决书都要在引用分则有关条款的同时,再引用总则第20条的未遂条文。无论是否因犯罪未遂比照既遂犯作了从轻或者减轻处罚(尤其是在没有从轻减轻处罚时),判决书上都要阐明是否从轻、减轻处罚的理由。司法实践中有的未遂的认定与从轻、减轻处罚等同看待。对一些未遂案件在不作从轻、减轻处罚时,就连犯罪形态也不认定,而是笼统地写构成某种罪;有的认为只有在从轻、减轻处罚时才应引用未遂的处罚原则,因此尽管认定了犯罪未遂,但是在处罚根据部分却没有引用规定未遂处罚原则的条款。这些理解和做法都不符合我国刑法关于定性量刑准确有据的判案要求;这些不认定未遂或不引用未遂处罚原则的做法,也容易给被告人留下可乘之机(被告人可以仅以此为理由提出上诉申诉),造成审判工作的被动。因此应予以纠正。

(2)未遂案件又同时具备其他法定或酌定宽严情节的情况下,在判决书处罚部分,除了引用未遂条款外,对其他法定的从宽、从严情节还要同时引用有关的条款。从宽的如关于未成年、从犯、聋哑人、盲人、自首、立功等的条款。从严的如关于主犯、累犯、劳改犯刑满释放后又犯罪等的条款。对酌定从宽、从严情节在作为从轻、从重考虑时应当阐明;对酌定从宽情节作为减轻理由认定时,还应该引用刑法典第59条第2款关于酌定情节可以减轻处罚的规定。

这里顺便讲一下未遂案件与刑法典第32条和第10条“但书”的关系及法条引用问题。应当明确,未遂案件如果综合全部案情认定属于第32条“情节轻微不需要判处刑罚”的情况,或第10条但书“情节显著轻微危害不大的,不认为是犯罪”的情况,就可以适用这两条的规定,对行为人免予刑事处分或宜宣告无罪。具体讲,对未遂案件认定符合第32条的,因为已构成犯罪,因此定性时应引用分则有关具体犯罪的条款和总则的未遂条款,确定犯罪行为的罪名及其未遂形态。因为免予刑事处分不能是基于未遂,而是基于对犯罪性质和全案犯罪情节所反映的危害程度的综合判定,是根据第32条而不是根据未遂的处罚原则,因此在处罚部分不应引用第20条第2款的处罚原则,而应引用第32条的规定。对未遂案件认定符合第10条但书的,因为这时既谈不到犯罪也谈不到刑罚处罚,因此只能引用第10条但书的规定,而不能再引用分则条款和未遂条款。

(二)确定是否从轻、减轻处罚要把未遂情节置于全案情节中统筹考虑

根据主客观多种因素决定犯罪行为社会危害性及其程度的原理和罪刑相适应原则的要求,我国刑法典第57条规定了量刑的一般原则,即“对于犯罪分子决定刑罚的时候,应当根据犯罪的事实、犯罪的性质、情节和对于社会的危害程度,依照本法的有关规定判处。”犯罪情节是表明犯罪危害程度的主客观诸方面的各种具体事实情况,它包括法定情节和酌定情节两类。案件的社会危害性程度是由全案各种犯罪情节的综合作用所决定的,所以,量刑一般原则要求在量刑时综合考虑到全案的情节。法定的未遂犯的处罚原则是第57条量刑的一般原则在犯罪未遂上的具体体现和运用。犯罪未遂是法定的可以从轻或者减轻处罚的一种情节。但是必须注意,未遂情节是与全案的其他各种情节一起影响、决定案件的社会危害性程度的,因此,在决定对某个未遂犯是否可以因犯罪未遂从轻或减轻处罚时,应当把未遂情节放到全案情节中去考察其意义,根据未遂情节在全案情节中的地位和它对案件社会危害性程度的影响程度,来决定对未遂犯是否可以从轻或减轻处罚。一般说来,在犯罪未遂情况下,如果从综合全部案情来看,案件的社会危害性并不比既遂轻,未遂情节在全部情节中居于无足轻重的地位,不影响或基本不影响案件危害程度时,就可以决定对未遂犯不从轻、减轻处罚。这种情况一般是不具有或基本不具有其他法定或酌定从宽情节,尤其是不具有命令性规定的法定从宽情节;而另一方面则可能具有若干从严的法定或酌定情节。如于某杀人未遂案就属于这种情况。于某因向女青年汤某求爱未成,遂决意杀害汤某。某日汤某正上班时,于某持刀闯入汤的车间,向正在操作的汤某连刺两刀,一刀刺中其右颈部,另一刀刺进其左眼眶内,11公分长的刀刃全部刺进,被害人呼救,群众赶来,被告逃走,后被公安人员捕获。被害人经医院及时抢救,较为罕见地活了下来,但已终身残废。综合该案的全部案情看,被告人的犯罪动机卑鄙——恋爱不成便行凶杀人;事先有预谋有计划;手段残忍;选择上班时间公然在生产现场杀人;造成被害人终身残废的严重后果;犯罪后又逃跑。除未发生死亡结果外,再无其他法定从宽情节。这一系列从严情节的综合,表明了该案的社会危害性程度不轻于既遂,因此对该案就不能因未遂而从轻、减轻处罚。审判机关也正是综合全部案

情衡量案件的危害程度,对这个杀人未遂犯正确地判处了死刑。

如果从综合全部案情来看,未遂案件的社会危害性与既遂相比较轻或者显著较轻,而且未遂这一情节在全部情节中居于举足轻重的地位,从而影响甚至显著影响了案件的社会危害性程度时,就可决定对未遂犯适用从轻或者减轻处罚。这种情况一般是不具有或基本不具有法定或酌定的从严情节,尤其是不具有命令性规定的法定从严情节;而另一方面往往还具有若干从宽的法定或酌定情节。

(三)正确确定从轻还是减轻处罚及从轻或减轻处罚的幅度

经过把未遂情节置于全案情节中考察,如果判定可以因未遂而比照既遂犯从轻或者减轻处罚,那就要进一步解决从轻还是减轻处罚及其幅度的选择确定问题。这个问题的正确解决,有赖于正确判定未遂案件与既遂案件相比社会危害性差别的程度。差别较小的,只能从轻处罚而且从轻的幅度不能过大;差别较大的,可以较大幅度地从轻处罚;差别特别大的,才可以减轻处罚。根据审判实践和基本理论,要正确判定未遂案件与既遂案件社会危害性差别的程度,主要应当考虑以下因素:

第一,未遂情节在不同犯罪中对危害程度的不同影响。在同种犯罪中,在其他情节相同或大致相同的情况下,犯罪未遂一般比既遂的危害性轻,但是在不同性质的犯罪中,未遂情节对危害性的影响是有差别的。例如,在直接故意杀人罪中,未造成死亡结果的未遂情节对危害性一般具有较为重要的影响。而在刑法典第15条第1款的抢劫犯罪中,未遂与既遂以是否非法占有了公私财物为区分标志,而且该罪的未遂与既遂都包括了轻伤害以下的对人身权利的侵犯。因此,非法占有了财物但未造成任何伤害的属于既遂;虽未能占有财物但却造成了轻伤害的属于未遂。所以在抢劫罪里,未遂情节对危害性的影响,就要比故意杀人罪中未遂情节的意义相对要小。

第二,未遂行为距离犯罪完成的远近程度。各个具体未遂案件距离犯罪完成的远近程度是不一样的:有的已经接近完成,如杀人案中已致人重伤,强奸案中已用暴力行为使被害人失去反抗能力,正要实施奸淫行为;有的则是刚刚着手实行犯罪,如杀人案中刚刚持刀逼向被害人,强奸案中刚开始实施威胁行为。接近既遂的未遂行为显然比刚刚着手的未遂行为的危害程度严重,甚至严重得多。未遂行为距犯罪完成远近程度的不同,从客观上看,往往有着是否造成实际危害结果及结果大小的区别,从而表现出不同的危害性和危险性;从主观上看反映了犯罪意图展开的不同程度,因而表现了不同的未遂案件与既遂危害程度差别的大小,所以应该影响到未遂案件量刑时从轻、减轻及其幅度的确定。

第三,犯罪未遂所属的类型。不同类型的未遂,也在一定程度上反映了未遂行为社会危害性大小的不同。一般来说,实行终了的未遂比未实行终了的未遂危害性要大些,能犯未遂比不能犯未遂的危害性要大些。因此,在其他情节相同或大致相同的情况下,应该适当考虑到未遂的不同类型对未遂案件从轻、减轻处罚及其幅度的影响。

第四,犯罪意志的坚决程度。犯罪未遂都是犯罪意志被抑制,犯罪意图未能实现,但是,未遂形态中所表现出来的行为人犯罪意志的坚决程度却是各不相同的。犯罪意志的坚决程度,可以通过对未遂距离犯罪完成的程度,未遂的类型,未遂的具体原因,未遂的实际危害结果,未遂的时间地点及犯罪未遂后行为人的心理态度等多方面因素的综合考察,得到正确判定。犯罪意志坚决顽强的,行为人虽然犯罪未遂,但其主观恶性较大,从而影响到案件的社会危害性也较大,再结合其他情节,就往往可以不予从轻、减轻处罚,即使在个别可以从轻、减轻处罚的场合,其幅度相对也要小;如果犯罪意志一般或比较脆弱,其主观恶性就较小,从而往往可以从轻、减轻处罚而且其幅度相对可以大一些。

共犯与身份问题研究*

——以职务犯罪为视角

目　　次

一、问题的提出

孤立地看，刑法上的身份，在我国刑法学中的特殊主体问题，属于犯罪构成主体要件的研究范围；在日本国和我国台湾地区，属于犯罪构成该当性和有责性的研究范围。[1] 在我国台湾地区，也有学者把它放在行为中研究，称为行为主体甚至犯罪主体。[2] 同时，我国大陆刑法总则中并无身份之专门规定，刑法理论上对身份之理解，远未达成共识。一般情况下，司法认定尽管因有分则之规定而无不便之处，但此问题一旦与共同犯罪相联系，即变得复杂而棘手：第一，当身份者加功（协力）于非身份者之犯罪行为，或非身份者加功（协力）于身份者之犯罪行为时，以谁的行为

---

* 原载《中国法学》2004 年第 1 期；又载《澳门检察》第 5 期（2004 年 12 月）。

〔1〕 参见苏俊雄：《刑法总论Ⅱ犯罪总论》，台湾 1998 年作者自版，第 13 页；[日]野村稔：《刑法总论》，全理其、何力译，法律出版社 2001 年版，第 93 页。

〔2〕 参见林山田：《刑法通论》（上册），增订 6 版，台湾 1998 年作者自版，第 102 页以下；韩忠谟：《刑法原理》，台湾 1992 年作者自版，第 88 页。

确定犯罪性质(罪名)?第二,当此身份者与彼身份者共同参与犯罪时,以谁的行为确定犯罪性质?例如,公司、企业中的一般(普通)财务人员或主管人员,与公司、企业中有国家工作人员身份的财务人员或主管人员共同利用各自的职权侵占公司、企业财物时,究竟是定职务侵占罪还是贪污罪?抑或是分别定罪?如果按照刑法典第271条第1款规定的职务侵占罪定罪,数额巨大的,处5年以上有期徒刑,可以并处没收财产。而按照第382条、第383条规定的贪污罪定罪,其法定刑从拘役一直到死刑。这样,上述情形下之罪名不同,法律后果亦殊异。相似的情形是,若双方共同利用各自的职权挪用公司、企业财物时,究竟是定挪用资金罪还是挪用公款罪?按照第272条挪用资金罪定罪,挪用资金最高刑为10年以下有期徒刑;而按照第384条规定的挪用公款罪定罪,可处10年以上有期徒刑或者无期徒刑。司法认定面临的问题同样如上。我国刑法典第163条对公司、企业人员受贿罪作了如下规定:“公司、企业的工作人员利用职务上的便利,索取他人财物或者非法收受他人财物,为他人谋取利益,数额较大的,处五年以下有期徒刑或者拘役;数额巨大的,处五年以上有期徒刑,可以并处没收财产。国有公司、企业中从事公务的人员和国有公司、企业委派到非国有公司、企业从事公务的人员有前款行为的,依照本法第三百八十五条、第三百八十六条的规定定罪处罚。”其法律后果为:犯罪行为一旦被认定为第385条、386条所规定的受贿罪,行为人依法可能被处以10年以上有期徒刑直至死刑。此时,罪刑法定原则似乎陷入困境,因为立法未明确一般身份者加功(协力)公职身份者的犯罪行为之问题该如何解决。我国学者和司法界公认,公正是刑法的价值所在,追求公正价值的实现,是刑事立法和司法的目标所在。[1] 而公正价值在共犯与身份问题上的实现,首先有赖于对身份与共犯的正确认识。

二、身份之界说

“身份”一词,在我国刑法中尚无明确的存身之地。尽管刑法中有大量条文涉及身份问题,却一向无有权解释。[2] 界定其含义,学术上关注此问题的成果也比较鲜见。

(一)学理解释

从一般意义上讲,身份是指人的出身、地位和资格,是指人在一定的社会关系中的地位,因而人人皆有其身份。但是,犯罪主体的特殊身份有其独特的含义。犯罪主体的特殊身份,是指刑法所规定的影响行为人刑事责任的行为人人身方面特定的资格、地位或状态,概言之,法律明文规定的对定罪量刑具有影响的一定的个人要素,是刑法中的身份。[3] 日本学者关注身份问题已久,许多观点已引起我国学者注意,比如,有的学者认为身份“不受男女性别、国内外人之别、亲属关系、公务员资格之类关系所限,而是指的所有与一定犯罪行为有关

---

〔1〕 参见陈兴良:《刑法的价值构造》,中国人民大学出版社1998年版,第273~346页;谢望原:《刑罚价值论》,中国检察出版社1997年版,第205页;赵秉志、田宏杰:《刑事司法正义论》,载《中国刑事法杂志》2000年第6期。

〔2〕 依照中国法律规定,全国人民代表大会常务委员会所作的立法解释和最高人民法院、最高人民检察院所作的司法解释是有权解释,也称为有法律效力(约束力或拘束力)的解释。

〔3〕 参见陈兴良:《共同犯罪论》,中国社会科学出版社1992年版,第349页。

的犯人的人的关系这种特殊地位或状况”;[1]我国台湾地区学者对身份问题亦多有研究。有的在广义上理解身份,谓之为“犯人一身所具有之资格、地位或状态”;[2]有的在较广意义上理解身份,认为身份“指专属于犯人所具有之特定资格及人身关系”;[3]更有学者在狭义上理解身份,称为“行为人所具有之特定资格”。[4] 台湾实务界学者从严格的实用主义立场出发,区分身份关系和其他特定关系,认为身份指行为人本身所具有之特定资格,亦即为行为人犯罪行为中,本身所必须具备之特殊条件。此种条件,不外乎由于数种关系而来,有由于自然关系者,如性别;有由于血缘关系,如亲属;有由于社会或契约者,如公务员、医师、律师等。具有此等关系之人,在刑法上乃取得某种资格,此项资格,刑法上有定为犯罪之特别构成要件者。而其他特定关系,与身份并列,指行为人本身所具有之特殊事实,实际上身份亦可包含于特定关系中。特定关系,在刑法上亦常以之为犯罪构成之特别要件。此种特定关系,较之身份关系,更为扩张,亦为补充身份含义之不足。至于身份和特定关系,应否具有继续性,台湾刑法学界通说一般持否定态度。[5]

我国大陆学者一般在广义上理解身份之含义,认为其构成特征包含三个方面:一为事实特征,指身份是一定的个人要素;二为实质特征,指身份对定罪量刑有影响;三为法律特征,指身份由法律明文规定。[6] 笔者认为,由于身份于定罪量刑有特别的影响,基于罪刑法定原则之要求,身份亦应由法律规定,包括法律确认,不得随意扩张或限制解释。

(二)身份之分类

概括中日两国学者的认识,大体主张可以从不同角度,以不同标准对身份进行如下分类:(1)法律身份与事实身份。前者是基于法律所赋予而形成的身份;后者是基于一定的事实情况或关系而形成的身份。(2)构成要件的身份、影响刑罚轻重的身份、排除行为犯罪性或可罚性的身份。我国海峡两岸学者认为,以身份为某种犯罪之构成要件者,为构成要件之身份,亦即真正(纯正)身份犯;以某种身份而影响刑罚轻重者,为影响刑罚轻重之身份,亦即不真正(不纯正)身份犯;以某种身份使所实施的行为不具有犯罪性或可罚性者,为排除行为犯罪性或可罚性之身份,亦即消极身份。[7] 日本学者亦多赞成此类划分,但表述上有所不同,称为构成的身份、加减的身份、消极的身份;[8]又有学者进一步分为阻却违法的身份、阻却责任的身份、阻却刑罚的身份。[9] (3)主体身份与对象身份。前者是犯罪主体所具

---

〔1〕 参见[日]福田平、大塚仁:《日本刑法总则讲义》,李乔、文石、周世铮译,辽宁出版社 1986 年版,第 183 页。类似观点亦可参见[日]野村稔:《刑法总论》,全理其、何力译,法律出版社 2001 年版,第 93 页。

〔2〕 参见蔡墩铭:《刑法要义》,台北汉苑出版社 1976 年版,第 204 页。

〔3〕 参见高仰止:《刑法总则之理论与实用》,台湾五南图书出版公司 1983 年版,第 425 页。

〔4〕 参见林山田:《刑法通论》(下册),增订 6 版,台湾 1998 年作者自版,第 450 页。

〔5〕 参见褚剑鸿:《刑法总则论》,增订 11 版,台湾三民书局 1995 年版,第 310 ~ 311 页。

〔6〕 参见陈兴良:《共同犯罪论》,中国社会科学出版社 1992 年版,第 349 ~ 350 页;也有学者主张身份由事实特征和法律特征构成,但内容概括上与三特征说大同小异,并无实质差别,参见马克昌:《犯罪通论》,武汉大学出版社 1999 年版,第 579 页。

〔7〕 以上两种分类,参见马克昌:《犯罪通论》,武汉大学出版社 1999 年版,第 579 ~ 580 页。对第二种分类,台湾学者也有赞同者,参见苏俊雄:《刑法总论Ⅱ犯罪总论》修正版,台湾 1998 年作者自版,第 438 页。

〔8〕 参见马克昌:《关于共犯的比较研究》,载《刑法论丛》(第 3 卷),法律出版社 1999 年版,第 364 ~ 370 页。

〔9〕 参见[日]西原春夫:《刑法总论》(改订版 · 下卷),日本成文堂 1995 年版,第 411 页以下。

有的特定身份,又分为:职务上的身份,职业上的身份,职责上的身份,基于一定的法律关系而产生的身份;后者是犯罪对象所具有的特定身份,又分为:基于刑事法律关系而产生的身份,基于其他法律而产生的身份,职务上的身份,基于自然关系而产生的身份。(4)积极身份与消极身份。行为人由于某种身份的存在,而使其行为成为刑法中所规定的犯罪,或者成为从重与从轻处罚的事由,这是身份对定罪量刑的积极影响;行为人由于某种身份的存在,而使其责任得以免除,这是身份对定罪量刑的消极影响。[1] (5)与行为人相关的身份和与行为相关的身份。[2] (6)纯正身份犯与不纯正身份犯。此种分类为日本和我国台湾地区理论与实务所常用。

基于我国刑法分则有关身份犯的规定大多是针对职务犯罪,其内容的作用主要在于影响定罪和量刑的现实,笔者主张将身份分为定罪的身份与量刑的身份两种。这一分类,不仅对解决单纯的身份或者说单个人的身份犯的刑事责任有实际意义,而且对解决共犯与身份犯的关系问题也有实际意义。详言之,身份固然从来源上讲有基于自然关系而形成者,可谓之事实身份,然见诸刑法之规定者,均为法律所规定或确认,概称为身份法定,此为现实,也乃原则。身份法定之法律后果,不外乎影响定罪与量刑两大方面,身份之主体与对象之分,或者积极与消极之别,抑或纯正与否之判断,尽可依此作用明确为定罪身份与量刑身份。何况消极身份,从阻却违法性角度而言,属于定罪身份,在我国刑法中无任何具体规定,仅在我国最高人民法院《关于审理盗窃案件具体应用法律若干问题的解释》中有唯一一例说明,即"偷拿自己家的财物或者近亲属的财物,一般可不按犯罪处理;对确有追究刑事责任必要的,处罚时也应与在社会上作案的有所区别。"[3]

三、共犯之比较

尽管中外都有学者试图说明过失的共同犯罪是可以成立的,但关于共同犯罪的司法实践和主流理论却是在多人(二人以上)故意犯罪的意义上展开的。当然,其间的含义、名称、构成等大不相同,务须分辨差异,方能在共犯与身份问题解决上发现共同的兴趣。

(一)共犯之概念

我国刑法典第25条规定:"共同犯罪是指二人以上共同故意犯罪。二人以上共同过失犯罪,不以共同犯罪论处;应当负刑事责任的,按照他们所犯的罪分别处罚。"此立法与俄罗斯刑法采用同一模式,[4]直接将共同犯罪限定于故意犯罪范围。与之相呼应的共犯理论与立法的规定具有高度一致性。这种高度一致性表现在:对于共犯之本质的认识,采用犯罪共同说的立场,认为共犯之成立,不仅要求各成员有合力指向同一犯罪结果的行为,并且其行为都有犯罪构成的该当性(当然,这种主客观一致的犯罪构成必然包含了违法性和有责性),倘若某一成员未达到刑事责任年龄或不具备刑事责任能力,该成员与他人并不形成共

---

〔1〕 参见陈兴良:《共同犯罪论》,中国社会科学出版社1992年版,第350~352页。

〔2〕 参见苏俊雄:《刑法总论Ⅱ犯罪总论》修正版,台湾1998年作者自版,第438页。

〔3〕 该解释也未明确,当非亲属加功(协力)于盗窃行为时,对非亲属应如何定罪处罚。

〔4〕 《俄罗斯联邦刑法典》第32条规定:"两人以上故意共同参与实施故意犯罪,是共同犯罪。"

犯关系。此等情形,当参与者只有二人时,无共犯可言。同时,共犯之成立,要求各成员具有同样内容的犯罪故意,至于是直接故意还是间接故意在所不限。倘若利用他人过失完成犯罪,被利用者与利用者也不形成共犯关系。倘若故意的内容不同,以贿赂为例,若一方有受贿故意,对方有行贿故意,也不构成共犯;以暴力侵害为例,一人有伤害故意,他人有杀害故意,彼此间亦无共犯关系,也无所谓低限范围即在伤害方面的共犯可言,此为通说,不仅为学界所公认,亦为司法界所奉行。

在共犯概念的使用上,我国刑法学中没有广义与狭义之区别,实则唯一一义,即涵盖所有参与实施同一故意犯罪的全部成员,相对于大陆法系国家刑法理论视共犯为教唆犯和从犯(帮助犯)之通说而言,亦可称为共犯之广义,在一定意义上,与其说共犯是指行为表现,不如说共犯是一种法律现象,一种由多人合力造成某种犯罪结果的犯罪现象。当然,对这种现象,可以从参与者的角度分出不同种类。由此决定了我国刑法理论在行为主体和行为现象双重意义上使用共犯概念。

(二)共犯之分类

与俄罗斯注重参与者的分工形式的标准不同,我国刑法及主流理论采用的是以注重参与者的地位、作用为主,兼顾其分工,即行为表现形式的二元混合标准,将共犯分为主犯、从犯、胁从犯和教唆犯,主犯中从理论上又可分出组织犯、指挥犯、策划犯、集团或聚众犯罪的首要分子和其他主犯。在我国台湾地区,其“刑法典”第 28 ~ 30 条分别规定:二人以上共同实施犯罪之行为者,皆为正犯;教唆他人犯罪者,为教唆犯;帮助他人犯罪者,为从犯。这与日本刑法典第 61 ~ 63 条之规定大致相同,细微之差别在于:第一,教唆未遂,被规定于台湾刑法之共犯部分,导致理论上产生分歧。有认为教唆未遂也构成共犯者,有持相反意见者;[1]第二,我国台湾地区“刑法”中明确规定片面共犯中之主动加功者为从犯,而日本国刑法对此未予明确;第三,日本刑法中的从犯帮助的对象为正犯,而台湾“刑法”中从犯帮助的对象是“他人”,含义模糊,“他人”是否包括教唆犯?这在理论上尚有争议。[2] 日本和我国台湾地区的共犯理论也立足于刑法的规定展开,不过,在概念的认识上,形成两种理解:主流的观点认为共犯仅指教唆犯和从犯(帮助犯);弱势的观点认为在教唆犯和从犯之外,还应包括正犯。[3] 在共犯与构成要件之关系上,通说以从犯系帮助他人犯罪,教唆犯系教唆他人犯罪为由认定其为非自行实施犯罪之人,而与实行犯严格区分开来,因其实行犯为正犯,故共犯非实行犯。正犯为不法构成要件之行为主体,共犯则非不法构成要件之行为主体。[4]

中、日两国三地共同的认识是:共犯的构成人员必须具有是非辨别能力,参与者全体在主观上有关于实现特定犯罪的意思联络(西原春夫教授称为意思疏通);相应地,均不承认

---

〔1〕 参见褚剑鸿:《刑法总则论》,台湾三民书局 1995 年版,第 288 ~ 289 页。

〔2〕 参见刘清景:《刑法总则》,台湾学知出版社 1996 年版,第 266 页。

〔3〕 参见[日]野村稔:《刑法总论》,全理其、何力译,法律出版社 2001 年版,第 379 页。

〔4〕 参见林山田:《刑法通论》(下册),台湾 1998 年作者自版,第 356 页;[日]小野清一郎:《犯罪构成要件的理论》,日本有斐阁 1995 年版,第 99 页。作者认为共犯是构成要件的修正形式。

片面共犯关系，各地之通说均否定过失犯罪存在共犯的可能或必要；均有教唆犯和从犯的概念。并且均认为，在无实行犯情况下，教唆无规范障碍之人实施犯罪，成立共犯；若教唆有规范障碍之人实施犯罪，则成立间接正犯（我国刑法理论视为教唆者个人犯罪）。总之，相似之处屈指可数；相反，不同之处却有许多方面，可以概括为小同大异：（1）无论在现象意义上还是行为主体意义上，我国大陆刑法理论中的“共犯”与“共同犯罪”具有等义关系。在现象意义上，“共犯”不过是“共同犯罪”之简称；在行为主体意义上，“共犯”则是主犯、从犯、胁从犯和教唆犯之概称。在日本和我国台湾地区，共犯不等于共同犯罪，共同犯罪包括共犯、正犯（含共同正犯）。（2）对于教唆未遂即被教唆人没有接受教唆的情形，日本和我国台湾地区有学者认为属于共犯未遂；我国大陆学者不认为与共犯有什么联系，仅成立教唆者个人单独犯罪。（3）对于教唆之对象，我国大陆学者认为可以是教唆犯以外的一切共犯；日本和我国台湾地区学者一般认为只能是正犯。（4）对于共犯之属性，我国大陆学者和实务界采犯罪共同说和共犯从属性说。变化在于：我国大陆刑法理论视共犯为有机联系的一个系统，共犯成员齐心合力形成一种新的集体力量，这种力量超出各共犯之力的简单相加，从而使犯罪更易于完成。从因果关系上看，各共犯之力合而成为一个犯罪原因，各成员之力只不过是造成犯罪结果的同一原因的组成部分。这种认识，能够在现代系统论中找到理论支持；日本和我国台湾地区学者有采犯罪共同说和共犯从属性说者，亦有采行为共同说、共犯独立性说，还有采共同意思主体说者。[1] （5）在共犯关系中，我国大陆刑法及其理论强调共犯的分工形式、所处地位和作用大小；日本和我国台湾地区强调共犯的形式和作用。具体而言，对分工形式之重视表现在，我国大陆历来强调对组织者、策划者、指挥者、教唆者、聚众者的打击；对地位与作用的重视表现在：居于主要地位、起到主要作用（包括骨干作用）者为主犯；居于次要地位，起到辅助作用或次要作用者为从犯。在这里，辅助与帮助是不尽完全相同的概念；被胁迫参加犯罪者为胁从犯。与行为方式相联系，胁从犯也可能是实行犯或帮助犯；从犯可以是教唆犯或（次要的）实行犯、帮助犯；实行犯有些属于主犯，有些也可能是从犯甚至胁从犯；教唆犯可能被认定为主犯，也可能被认定为从犯。而在日本和我国台湾地区学者看来，共犯之形式与其作用合二为一，具有重合性，教唆形式亦即教唆作用，帮助形式无非帮助作用。换言之，日本和我国台湾地区之从犯，不可能是实行犯，在我国大陆则可能；日本和我国台湾地区之教唆犯被视为正犯，实行犯均为正犯，在我国大陆，此二者既可以是主犯，也可以是从犯，彼此观念中的从犯概念不同。（6）在我国大陆刑法理论中，同一共犯关系中可以有几个主犯，也可能都是实行犯（简单共犯）。换言之，共犯成员可能是共同实行犯；在日本和我国台湾地区学者看来，正犯可以有共同正犯，共犯与正犯不可能是共同实行犯。（7）与身份相联系，我国大陆学者认为，身份犯与非身份犯因分工和作用之不同，可以有共同实行犯存在的情形。[2] 这在日本和我国台湾地区多数学者看来可能是不可思议、难以接受

〔1〕 转引自马克昌：《关于共犯的比较研究》，载《刑法论丛》（第3卷），法律出版社1999年版，第311页。

〔2〕 参见赵秉志：《犯罪主体论》，中国人民大学出版社1989年版，第298页。

的。[1] (8)在共同犯罪性质上,与共犯从属性说相一致,我国大陆学者认为共犯行为基于同一故意而同心协力,共同组成一个原因作用于同一结果,故共犯之罪必须是同一性质之罪;日本和我国台湾地区有学者主张共犯独立性说,认为共犯行为对于犯罪结果各有原因力,故共犯行为不必构成同一性质之罪。(9)基于辩证法的认识,我国大陆刑法学者一般认为,同一共犯关系中,主从犯相对而言,互相依存,有主犯即有从犯,有从犯方有主犯,不可能悉为主犯,也不可能悉为从犯;日本和我国台湾地区学者则有不同认识,有学者认为,在没有正犯的情况下,也能成立共犯。(10)我国大陆刑法中有组织犯,属于主犯。日本和我国台湾地区没有组织犯概念,组织行为若未竞合实行行为,则大抵相当于教唆犯;若帮助实行犯组织犯罪,从理论上可推断将被认定为从犯。

四、共犯与身份关系之辨正

身份在共犯关系中的影响,关键在于影响共犯行为的性质,继而因不同性质、不同危害程度的犯罪基于罪责刑均衡的需要而配置的不同严重程度的法定刑的适用,顺理成章地影响量刑的轻重。对于定罪的影响,主要集中在两个方面:其一,当身份犯加功(协力)或被加功(协力)于非身份犯时,犯罪属性究竟从属于谁?其二,当此身份犯与彼身份犯共同实施犯罪时——当然包括彼此加功(协力)之情形时,犯罪属性从属于谁?笔者基于将身份犯区分为定罪身份和量刑身份的立场分析如下:

(一)定罪关系

身份对共犯可能产生的上述影响,或者说身份与共犯关系中存在的上述问题,在我国刑法总则中没有具体规定。从逻辑推理上讲,有关的内容可以运用的空间是在解决是否成立共犯关系的场合;至于共犯成立后该如何定罪的问题,完全超出了这一空间范围。与之不相称的是,我国刑法分则中却有不少条文直接或间接地涉及定罪问题,这些条文涉及的定罪关系包括五种情形:

1. 纯正身份犯中,身份者加功非身份者。我国刑法典第248条第2款规定:监管人员指使被监管人殴打或者体罚虐待被监管人的,从重处罚。此条内容涉及的身份犯属于纯正(真正)身份犯,罪名是体罚虐待被监管人罪,不具有“监管人员”身份者不可能单独构成此罪。问题在于,当身份犯(监管人员)指使非身份犯(被监管人员)实施犯罪时,非身份犯至少是以胁从犯形式加功(协力)于身份犯的,甚至可能是共谋后由非身份犯出面实行的,也就是说,他们之间成立共犯关系是没什么疑义的,那么,对非身份犯应如何处理?追究其刑事责任是否符合罪刑法定原则?笔者认为,答案应当是肯定的。根据共犯原理追究非身份犯的刑事责任,与罪刑法定原则并不矛盾。

2. 纯正身份犯中,身份者互相加功或与非身份者互相加功。我国刑法典第382条之规定:“国家工作人员利用职务上的便利,侵吞、窃取、骗取或者以其他手段非法占有公共财物的,是贪污罪。受国家机关、国有公司、企业、事业单位、人民团体委托管理、经营国有财产的

[1] 参见[日]野村稔:《刑法总论》,全理其、何力译,法律出版社2001年版,第433~436页。

人员，利用财务上的便利，侵吞、窃取、骗取或者以其他手段非法占有国有财物的，以贪污论。与前两款所列人员勾结，伙同贪污的，以共犯论处。”该条内容看似简单，实则复杂。严格地说，正因为其内涵简单，外延才变得宽泛。它明显不同于日本刑法第65条第1款关于“加功应当由犯人身份构成的犯罪行为时，对于没有身份者也按共犯论之”的规定，也不同于台湾刑法第31条关于“因身份或其他特定关系成立之罪，其共同实施或教唆帮助者，虽无特定关系，仍以共犯论”的规定，因为我国刑法典第382条涵盖的加功者，从逻辑上讲，包括：(1)无身份者，如无业游民、民工、一般员工等；(2)有身份但其身份与该犯罪无关或者说其身份包含的内容不是贪污罪构成要件所要求的那些特定职权者，如军人、警察；(3)有身份并且其身份与该犯罪有关或者说其身份之内容包含有贪污罪构成要件所要求的那些特定职权者，如不具有前两项规定的国家工作人员身份的财务人员、仓库保管员、保安人员等；(4)犯罪人之近亲属，如其配偶、子女等；这样区分的意义在于，可以从中归纳出解决共犯与身份关系的某些定罪原则。比如对第三种情形，我们完全可以归纳出这样几个原则：(1)此身份者加功(协力)于彼身份者之犯罪行为时，依法律之具体规定定罪；(2)盖因国家着力打击职务犯罪(公职人员犯罪)，而非公职身份者须假借公职便利方能完成公职犯罪，故公职员身份对于定罪的影响力高于其他身份(非公职身份)，即非公职身份者的犯罪行为性质从属于公职身份者的犯罪行为性质；(3)无身份者加功(协力)或被加功(协力)于(纯正)身份犯时，无论其地位、作用如何，其犯罪性质从属于身份犯之犯罪性质。

问题在于，从法理上说，从分则规定归纳或推导出来的规则、原则，效力并不能及于分则的其他相关问题，否则有违背罪刑法定原则之嫌。因为分则规范只对特定犯罪问题的解决具有约束力，欲指导整个分则的适用，须赖以总则之一般规定。当然，这些推导、归纳出来的规则、原则不仅对解决同样的实务问题有意义，而且对修正立法或制定有权解释有理论价值。

3. 纯正身份犯中，公职身份者互相加功。在我国的职务犯罪中，还有一种情形，是加功(协力)行为的主体与加功(协力)行为之对象，都具有公职身份，亦属纯正身份犯，其定罪关系在分则中有明确规定。如我国刑法典第388条规定：“国家工作人员利用本人职权或者地位形成的便利条件，通过其国家工作人员职务上的行为，为请托人谋取不正当利益，索取请托人财物或者收受请托人财物的，以受贿罪论处。”我国刑法学者一般认为此为斡旋受贿罪或称间接受贿罪，但笔者认为，也可以用身份者对身份者之加功(协力)来解释其定罪关系。当被加功者(被通过其职务上的行为的国家工作人员)明知自己所处的关系、境地、事情真相时，构成共犯；若其不明就里而被利用，则对加功者应依间接正犯处理。在这两种情形中，从表象上看，似乎进行不法交易的权力掌握于被加功者手中，但实质上是加功者利用自己的权力以及在此权力运作中形成的优势地位，影响、控制被加功者之权力运行，因此，不能认为加功者的行为性质从属于被加功者，恰恰相反，是后者的行为性质从属于前者的行为性质。

4. 非纯正身份犯中，身份者加功于非身份者。我国刑法典第349条规定：“缉毒人员或者其他国家机关工作人员掩护、包庇走私、贩卖、运输、制造毒品的犯罪分子的，以包庇走私、贩卖、运输、制造毒品的犯罪分子罪从重处罚；事先通谋的，以走私、贩卖、运输、制造毒品罪的共犯论处。”该条涉及的定罪关系，也是身份者加功非身份者的犯罪行为，但与第一种情形不同之处在于：第一种情形属于纯正身份犯，而该情形属于不纯正身份犯；第一种情形中的被加功者应否承担刑事责任，在刑法分则中未予明确，而该情形中的被加功者须对特定毒品犯罪承担刑事责任。

对于共犯与不纯正身份犯的定罪关系，日本、我国台湾地区学者的主流认识是：无特定身份者也能实施构成要件的行为，若有身份者实施该行为，也只影响刑罚之轻重而不影响行为之性质。[1] 我国学者亦对此持赞成态度，并认为对有身份者应以教唆犯或从犯论。[2] 笔者认为，上述见解对于解决日本和我国台湾地区实务中的相关问题是极富价值的。但我国大陆刑法立法不同之处在于，由于理论上长期没有关于不纯正身份犯的认识，以致刑法立法上的规定殊异于日本刑法和我国台湾“刑法”。具体来说，我国大陆刑法对不纯正身份犯没有规定不同罪名，比如故意杀人，日本和我国台湾地区分为普通杀人罪与杀害亲属罪，我国大陆刑法中则一概规定为故意杀人罪。因此，对于解决第四种情形的定罪关系而言，有身份者单独实施不纯正非身份犯罪，罪名同一；有身份者加功（协力）于非身份者共同包庇特定毒品犯罪人，亦不改变罪名，但量刑不可能以从犯处理；相反，却应当从重，无论有身份者在共犯中的行为形式和作用如何，概莫能外。以上情形之共同点，是刑法分则均对定罪关系有基本的规定，量刑亦不发生刑度或刑种之改变。

5. 纯正身份犯中，公职身份者与非公职身份者互相加功。此身份者与彼身份者共同实施犯罪的情形在职务犯罪中表现为公职身份者与非公职身份者共同实施犯罪的情形，如本文第一部分述及的我国刑法典第271条、272条、163条规定的情形。这些情形甚为复杂。立法未表明具体态度，司法之选择不仅决定着罪名的改变，甚至关系人的生命，不能不谨慎。对于此身份犯与彼身份犯共同实施职务犯罪的定罪关系的解决，我国学者的观点有四种：（1）分别定罪说。持该说的学者认为，在此种情形中，因为此行为人与彼行为人之身份所蕴含的职权不同，行为人不可能利用共同职务上的便利，故不可能构成共同实行犯，应当分别定罪。[3] 依此观点推论，公司、企业中的普通财务人员或主管人员，与公司、企业中有国家工作人员身份的财务人员或主管人员共同实施利用职务上的便利将本单位财物非法占为己有的犯罪行为时，二者不形成共同正犯，也不构成共同犯罪，前者构成职务侵占罪，后者构成贪污罪。同理，若上述两种人员各自利用自己的职权共同挪用本单位较大数额以上资金为个人使用或者借贷给他人，前者构成挪用资金罪，后者构成挪用公款罪；若他们各自利用自己的职权共同实施受贿犯罪行为，前者构成公司、企业人员受贿罪，后者构成受贿罪（理论上的公务受贿罪）。（2）实行行为决定犯罪性质说。持此说的学者主张，在上述情形中，共犯

---

〔1〕 参见褚剑鸿：《刑法总则论》，台湾三民书局1995年版，第312页；［日］野村稔：《刑法总论》，全理其、何力译，法律出版社2001年版，第433页。

〔2〕 参见马克昌主编：《犯罪通论》，武汉大学出版社1999年版，第590页。

〔3〕 参见陈兴良：《共同犯罪论》，中国社会科学出版社1992年版，第354～365页；李光灿等：《论共同犯罪》，中国政法大学出版社1987年版，第153～154页。

的性质决定于实行犯的实行行为的性质,同时认为,上述人只有构成共同实行犯的可能。[1]依此推论,上述人员相互勾结侵占、挪用本单位资金或受贿,各有两种定罪之可能。若国家工作人员为实行犯,则上述行为人分别对贪污罪、挪用公款罪和受贿罪承担刑事责任;若公司、企业的一般身份者为实行犯,则他们彼此都分别构成职务侵占罪、挪用资金罪和公司、企业人员受贿罪。(3)主犯行为性质决定说。有学者主张,内外勾结或两种以上身份者勾结实施的共同犯罪的性质,应由主犯实施的行为的性质确定。[2] 此观点曾为我国最高人民法院、最高人民检察院《关于当前办理经济犯罪案件具体应用法律的若干问题的解答(试行)》(1985年7月8日通过)所肯定。我国最高人民法院法释〔2000〕15号司法解释,即《关于审理贪污、职务侵占案件如何认定共同犯罪几个问题的解释》(2000年6月27日通过)再次肯定了这一原则,其第3条明确规定:"公司、企业或者其他单位中,不具有国家工作人员身份的人与国家工作人员勾结,分别利用各自的职务便利,共同将本单位财物非法占为己有的,按照主犯的犯罪性质定罪。"(4)依有身份者之行为性质定罪说。[3] 此种观点认为,有身份者与无身份者共同实施要求特定身份者才能单独构成之罪,不管有身份者是否主犯、是否实行犯,无身份者均利用了有身份者之身份,分别定罪或按主犯身份定罪均不符合犯罪之实际危害和特点,而依有身份者之行为性质定罪才比较妥当。

笔者认为,分别定罪说的实质在于主张共犯独立说。与论者自己所宣称的在区分实行犯与非实行犯基础之上的共犯从属性与独立性统一说[4]也存在一定矛盾。这种观点割裂了共犯成员之间各自行为对造成同一犯罪结果的有机统一关系。实际上也抹煞了一般身份者的行为对国家工作人员身份者行为的从属性,最终结果是把共同犯罪拆解为单个人犯罪,不仅仅会为实现罪责刑相一致原则带来困难,更主要的是对立法关于共犯的规定造成不合理的冲击。同时极易产生司法不公:由于贪污罪、受贿罪、挪用公款罪的数额起点高于职务侵占罪、挪用资金罪和公司、企业人员受贿罪,尤其是贪污罪的立案起点高于盗窃罪近十倍,分别定罪,有可能造成同一行为,无身份者或普通身份者构成犯罪,而特殊身份者无罪的结果,这种结果恰恰是对刑法平等适用原则的挑战。

实行行为性质决定说较之于分别定罪说更具合理性,因为它在一定程度上体现了犯罪共同说和共犯从属性说的内容,但其缺陷也还是比较明显的。因为如果有国家工作人员身份者教唆或胁迫非国家工作人员身份者利用职权侵占、挪用或受贿,犯罪缘起并受控于国家工作人员,刑法打击的着重点本应指向国家工作人员,但按实行行为性质决定说之定罪原则处理,效果恰恰适得其反;如果在上述情况下两种身份者均为实行犯,以谁的行为定性,又是一个需循环论证的难题。主犯行为性质决定说具有相当的合理性。因为以中国化了的共犯从属性观点衡量,共犯性质最终从属于主犯性质,当然,实际上也是从属于实行犯的实行行为性质,因为共犯行为性质具有同一性。但按此种主张不好解决的问题是:我国刑法关于共

〔1〕 参见马克昌:《犯罪通论》,武汉大学出版社1999年版。
〔2〕 参见樊凤林、宋涛:《职务犯罪的法律对策及治理》,中国人民公安大学出版社1994年版,第245页。
〔3〕 参见赵秉志:《犯罪主体论》,中国人民大学出版社1989年版,第299~303页。
〔4〕 参见陈兴良:《共同犯罪论》,中国社会科学出版社1992年版,第56页。

犯的规定,由于刻意关注行为人的地位与作用,故其目的及意义主要在于解决共犯的量刑轻重问题,只有在肯定行为人之行为已构成犯罪以及构成什么犯罪的前提下,才能进一步区分共犯之种类。而此说实际上是先确定共犯种类,再来确定共犯性质,在我国刑法之共犯制度语境下有本末倒置之嫌。而且,如果主犯为二人以上,其中有国家工作人员和非国家工作人员时,定性也就存在困难,特别是共犯事实上利用了国家工作人员职权的实质会受到不合理的掩盖或者说忽视;同时,这种观点也与我国刑法关于无身份者加功于身份者的贪污行为从而构成贪污罪的规定不能协调一致。而笔者曾经主张的依有身份者之行为性质定罪的观点,[1]现在看来也有不妥之处。主要问题在于:当时我国刑法与刑事司法解释上均未出现两种不同的特殊身份者共同实施同样内容之行为应如何定罪的问题,笔者当时的观点也未涉及此种问题,而在此种犯罪情形之下,显然无法按照依有身份者之行为性质定罪说正确解决其定罪问题。因此,笔者目前改为主张根据为主的职权行为确定共犯性质,即由共犯主要利用的职权决定犯罪性质。这一主张,不仅符合我国刑法学者公认的主客观相一致的原则,也吸收了实行行为决定说和主犯决定说的合理因素,同时又可以弥补其存在的缺陷。与我国刑法典(如第 388 条)的规定和前述对我国刑法第 382 条之规定所作的推导也能保持一致。前引法释〔2000〕15 号司法解释第 1 条规定:"行为人与国家工作人员勾结,利用国家工作人员的职务便利,共同侵吞、窃取、骗取或者以其他手段非法占有公共财物的,以贪污罪共犯论处。"这一规定,实际上是对主犯决定说的否定。当然,细分起来,这一定罪原则包括两层意思:第一,普通身份者加功于特殊身份者的犯罪行为时,由于以后者身份所含的职权内容为主,故以后者的行为定性;第二,特殊身份者加功于普通身份者的犯罪行为时,由于前者的身份所含之职权居于次要地位,故以后者的行为定性。

笔者认为,根据为主的职权行为确定共犯的性质,可以解决绝大多数情况下两种有特殊身份者共同实施犯罪的定罪问题,因为一般情况下,两种职权行为在犯罪中的主次作用是可以区分与确定的。但是,无论从逻辑上还是从实际可能性上,我们都必须肯定会出现两种职权行为无法区分出主次的情况。在分不清主次职权行为的情况下如何定罪?笔者尝试提出按照就低不就高的原则解决。以贪污罪和职务侵占罪为例,在分不清国家工作人员与公司、企业人员的职权行为孰为主次的情况下,应认定两个行为人构成职务侵占之共同犯罪,此种定罪对公司、企业人员是"对号入座",对国家工作人员是"就低不就高"。此种定性之所以比较恰当,是因为这样既坚持了共同犯罪的整体性,又贯彻了有利被告原则,注意了刑事责任的合理性。当然,笔者的这种主张是否科学合理和符合实践需要,尚需进一步作学术商榷并付诸实践检验。

(二)量刑关系

在我国,身份对于量刑轻重影响之规定,古已有之。汉魏以降,"八议"制度即为集中表现。[2] 在现代刑法中,基于刑罚个别化的考虑,对实施同一犯罪的不同身份的行为人给予

---

〔1〕 参见赵秉志:《犯罪主体论》,中国人民大学出版社 1989 年版,第 299 页。

〔2〕 参见高绍先:《中国刑法史精要》,法律出版社 2001 年版,第 138 页以下。

不同轻重的刑罚，是大陆法系各国通行的做法。我国台湾地区"刑法"第31条第3款规定："量刑关系因身份或其他特定关系致刑有轻重或免除者，其无特定关系之人，科以通常之刑。"这一规定，同日本刑法典第65条第2款的内容非常相似。后者规定："因身份而特别设置了加重或减轻刑罚的时候，对于没有身份者科以通常的刑罚。"

我国现行刑法典没有特别明确地规定身份与量刑的关系，但在总则和分则中都有一些分散的规定。刑法典总则中的规定如：已满14周岁不满18周岁的人犯罪，应当从轻或者减轻处罚（第17条第3款）；精神病人在不能辨认或者控制自己行为的时候造成危害结果，经法定程序鉴定确认的，不负刑事责任（第18条第1款）；尚未完全丧失辨认或者控制自己行为能力的精神病人犯罪的，应当负刑事责任，但是可以从轻或者减轻处罚（第18条第3款）；又聋又哑的人或者盲人犯罪，可以从轻、减轻或者免除处罚（第19条）；教唆不满18周岁的人犯罪的，应当从重处罚（第29条）。此外，刑法典分则中规定：引诱未成年人参加聚众淫乱的，从重处罚（第301条）。这些规定，体现了我国刑法对未成年人和辨认能力、控制能力减弱乃至丧失的残疾人的宽宥和保护。刑法典分则的相关规定较多，集中起来，体现的精神是"国家工作人员犯罪从重"。如国家工作人员利用职权犯非法拘禁罪、故意伤害罪、故意杀人罪的，从重处罚（第238条第4款）；国家工作人员犯诬告罪的，从重处罚（第243条第2款）。这两条的内容，当然包括身份者加功（协力）或被加功（协力）于非身份者的情形。再如：监管人员指使被监管人员殴打或者体罚虐待其他被监管人的，从重处罚（第248条第2款）；司法工作人员犯妨害作证罪、帮助毁灭、伪造证据罪的，从重处罚（第307条第3款）；缉毒人员或者其他国家机关工作人员犯包庇走私、贩卖、运输、制造毒品的犯罪分子罪的，从重处罚（第349条第2款）；旅馆业、饮食服务业、文化娱乐业、出租汽车业等单位的主要负责人犯组织卖淫罪，强迫卖淫罪，协助组织卖淫罪，引诱、容留、介绍卖淫罪，引诱幼女卖淫罪的，从重处罚（第361条第2款）。概括以上规定可见，我国大陆刑法典对共犯与身份的量刑关系的解决原则是"同罪异罚"，这与我国台湾地区和日本体现的"异罪异罚"〔1〕原则完全不同。

五、余论

尽管我国古代自唐朝起就已形成"造意为首，余者为从"的共犯定律，〔2〕但这种有中国特色的共犯观自民国起即被轻率地放弃了。"首恶必办，胁从不问"也曾是新中国的刑事政策，后来这种主张也在很大程度上受到了否定。时至今日，我国海峡两岸刑法对共犯的规定以及学者对共犯的理解，已如两条道上行驶的车辆，各行其是。作为一种地方化的知识，法律在移植过程中总有水土不服的时候，法律的本土化是一个漫长的过程。以共犯问题为例，我国台湾地区基本引进德国、日本的规定，我国大陆则较多地借鉴了苏联的立法内容。我国

---

〔1〕 参见褚剑鸿：《刑法总则论》，增订11版，台湾三民书局1995年版，第312页以下；刘清景：《刑法总则》，台湾学知出版社1996年版，第274页；［日］野村稔：《刑法总论》，全理其、何力译，法律出版社2001年版，第434页；马克昌《关于共犯的比较研究》，载《刑法论丛》（第3卷），法律出版社1999年版，第367～368页。

〔2〕 参见许玉秀：《刑法的问题与对策》，台湾1999年作者自版，第6页。

台湾地区的规定未必已经完全符合中国人的思维习惯、文化传统，我国大陆刑法的规定虽有较深的文化底蕴，也未必能圆满解决有关共犯的所有问题。对于日本来说，学者在共犯与身份问题上见仁见智的观点，说明也面临同样问题。很难说两国刑法的规定和学者的理解孰优孰劣，因为它们都有一定的社会适应性。不过，在一些具体问题的处理上，借鉴国外的立法内容和立法技巧，对于完善我国刑法而言仍然是有必要的。首先，有必要在刑法总则中对身份问题以及共犯与身份的关系问题作出全面规定；其次，有必要对刑法分则和司法解释的有关规定加以认真研究，从法理和实践两方面探究其利弊得失。具体而言，笔者曾指出，由于某些公职人员犯罪的构成要件宽于普通公民犯罪的构成要件，在定罪量刑上势必有违罪责刑相一致原则，〔1〕如贪污罪的数额起点为五千元，诈骗罪、盗窃罪的数额起点分别为二千元、五百元。随着一些新的司法解释的颁布，这种情况出现了相反的变化，如职务侵占罪的数额起点可以是一万元，这样，当公司、企业工作人员与国家工作人员相互协力，各自利用职权共同侵占本单位财物时，若主要利用的是前者的职权，以职务侵占罪定性，则后者可能因分赃额不到五千元而逃脱法网；若主要利用的是后者的职权，以贪污罪定性，又可能使原本不能构成性质更轻的职务侵占罪的行为人却须对性质更重的贪污罪承担刑事责任。显而易见，共犯从属性说的绝对合理性，在这里不能不受到怀疑。然而，这种怀疑，并不意味着能为分别定罪说或者共犯独立说提供理论支持。这只能说明，我国目前的刑法理论资源对于妥当解决共犯与身份问题的需求尚处于短缺状态。笔者主张的"为主职权行为决定说"在一定程度上可以对这种状态作出弥补，因为它既符合哲学关于矛盾的主要方面决定事物性质的基本原理，又能体现公平、公正的基本要求。

---

〔1〕 参见赵秉志：《犯罪主体论》，中国人民大学出版社1989年版，第301～302页。

第三编
刑法实务问题

导　言

刑法是规定犯罪、刑事责任和刑罚的国家基本法律，其实践性尤为突出。以刑法及其运用为研究对象的刑法学也有着鲜明的实践性品格。刑法学研究应当面向司法实践，积极关注、认真研究和努力解决刑法实务问题。惟有如此，刑法学理论才能担当起服务实践、指导实践的角色，并且通过实践的检验和启迪而得到丰富和发展。

我本人一向重视对刑法实务问题的关注和研究，这主要表现在两个方面：**一是积极参与司法实践**。长期以来，作为最高人民法院特邀咨询员、最高人民检察院专家咨询委员会委员和一些地方司法机关聘请的法律咨询专家，我得以参加了最高司法机关大量司法解释的研拟工作以及一些重大、疑难刑事案件的咨询、研究工作，并参加了地方司法机关一些热点、疑难刑事法实务和疑难案件的研究咨询工作；作为刑法专家学者，我接受律师机构和地方司法机关的委托，参加了一些疑难刑事案件的咨询工作；作为兼职律师，多年来我也曾接受委托办理过一些疑难、有影响的刑事案件；作为专家学者，我曾应邀在新闻媒体上就一些重大、热点、疑难刑事案件发表解说评论，进行刑事法治宣传。通过上述种种渠道，我得以经常了解和关注司法实践中的刑法实务问题，并增进了自己研究刑法实务问题的兴趣与责任感。**二是积极参与刑法实务问题的研究和写作**。这既包括研究刑法实务的宏观问题和总则制度问题，也包括研究刑法分则的具体罪刑问题。就刑法分则问题研究而言，由于其具有突出的实践价值，在学术生涯中，我一直没有停止或者懈怠对于刑法分则领域的关注与研究。例如，我曾撰写、发表了大量研究具体犯罪问题的论文，并将其中较有分量的论文选编收入我的几本专论刑法分则问题的个人文集中；〔1〕

〔1〕 如赵秉志：《刑法各论问题研究》，中国法制出版社 1996 年版；赵秉志：《刑法分则问题专论》，法律出版社 2004 年版；赵秉志：《罪刑各论问题》，北京大学出版社 2010 年版。本人的其他一些个人文集中，也收有一定数量的属于刑法学各论方面的论文。

我曾撰著、合著、主编过多本刑法分则方面的著作;[1]我还曾组织并主持编著出版过几套有影响的刑法分则方面的理论著作和案例研究著作。[2] 通过研究刑法学各论问题,促进了我对刑法实务问题的关注,强化了我在学术研究中的理论与实践相结合的研究方法和学风,也深化了我对刑法学总论问题的认识。

收入本编的15篇论文从内容上可以分为三类:

第一类是关于刑法实务之宏观问题的论文(第1~3篇)。其中,**《宽严相济刑事政策视野中的中国刑事司法》**一文,对宽严相济的基本刑事政策视野下中国的刑事司法理念、刑事司法原则、刑事司法制度、刑事司法工作机制和刑事司法人员诸问题,进行了较为全面、系统的探讨,有助于促进中国刑事司法实践中对宽严相济刑事政策的贯彻;**《论中国刑事司法中的人权保障》**一文,对我国刑事司法中人权保障的理念、原则、政策等宏观问题和定罪量刑、刑罚执行中人权保障的诸多具体问题进行了较为深入的反思与探讨,倡导我国刑事司法对人权保障予以关注和重视;**《冤错案件防范中司法理念的变革》**一文,在反思近年来我国司法实践中发生的一系列冤错案件的基础上,提出并简要论述了防范冤错案件需要变革的四种司法理念,力图通过促进司法理念变革来切实防范冤错案件。这3篇论文所探讨的问题,关系到我国刑事司法整体水准的提升。

第二类是关于死刑之司法改革方面的论文(第4~6篇)。其中,**《略论最高人民法院收回死刑核准权之目标与原则》**一文,结合本人参与最高人民法院酝酿收回死刑复核权有关咨询的思考,提出了最高人民法院收回死刑复核权应当追求的司法目标、立法目标和社会目标,论述了最高人民法院收回死刑复核权应当坚持的六项原则,这些问题事关最高人民法院收回死刑复核权的成败暨我国死刑改革的前景;**《关于中国现阶段慎用死刑的思考》**一文,紧密结合当时司法实践中和社会上围绕死刑典型案件引发的关于死刑司法的争论,鲜明提出了当前我国刑事司法中应当强调慎用死刑的主张,论证了慎用死刑的价值蕴含,探讨了严格掌握适用死刑标准这一慎用死刑的关键性问题,并针对司法实务之偏差提出要正确衡量死刑案件情节暨案外因素,主张以罪中情节作为决定死刑适用与否的首要依据,以罪前、罪后情节作为决定死刑适用与否的必要补充,从而显著深化了关于慎用死刑以及如何慎用死刑的研究;**《中国死刑替代措施要论》**一文,探讨了死刑替代措施的概念、价值、内容及其实现诸问题,有助于配合和推进我国死刑的限制和减少适用乃至逐步废止。这3篇论文涉及

---

〔1〕 如赵秉志主编:《毒品犯罪研究》,中国人民大学出版社1993年版;赵秉志主编:《妨害司法活动罪研究》,中国人民公安大学出版社1994年版;赵秉志:《侵犯财产罪》,中国人民公安大学出版社1999年第1版、2003年第2版;赵秉志主编:《金融诈骗罪新论》,人民法院出版社2001年版;赵秉志、于志刚:《计算机犯罪研究》,法律出版社2004年版;赵秉志、田宏杰:《侵犯知识产权犯罪研究》,法律出版社2004年版;赵秉志主编:《国际恐怖主义犯罪及其防治对策专论》,中国人民公安大学出版社2005年版;赵秉志主编:《贪污贿赂犯罪的惩治与防范》,中国人民公安大学出版社2010年版;赵秉志主编:《环境犯罪及其立法完善研究》,北京师范大学出版社2011年版;等等。

〔2〕 如赵秉志总主编:《最新刑法典分则实用丛书》(25本),中国人民公安大学出版社1999年第1版、2003年修订版;赵秉志总主编:《当代新型犯罪比较研究》(10卷本),法律出版社2004年版;赵秉志主编:《中国刑法案例与学理研究》(9卷本,其中刑法分则8卷),法律出版社2001年4月第1版、2001年9月第2版,2004年9月再修订并改为6卷本出版(其中刑法分则5卷);赵秉志主编:《中国刑法典型案例研究》(5卷本,其中刑法学各论4卷),北京大学出版社2008年版;赵秉志主编:《中国疑难刑事名案法理研究》(已出版6卷),北京大学出版社2008年版、2011年版。

的问题，对改进和提升我国死刑的司法实务工作颇为重要。

第三类是关于刑法分则具体犯罪方面的论文（第7～15篇）。其中，第7～9篇是关于反腐败刑法的论文。**《中国反腐败刑事法治若干重大现实问题研究》**一文，对我国反腐败刑事法治六个方面的重大、前沿问题进行了较为深入和具有建设性的探讨；**《贪污受贿犯罪定罪量刑标准问题研究》**一文，对当时正在立法审议中的《刑法修正案（九）（草案）》中存在诸多争议的重大修法问题——贪污受贿犯罪定罪量刑标准的调整问题，以古今中外相关考察和分析现行立法与司法问题为基础，重点进行了如何修法的探索与论证，其前瞻性学术见解与后来《刑法修正案（九）》的立法暨相关司法解释具有较高的协调性；**《中国反腐败刑事法治国际化论纲》**一文，在论述中国反腐败刑事法治需要走国际化之路的基础上，梳理、分析了相关的问题与不足，并针对性地提出和论述了相应的完善举措。这几篇反腐败刑法论文关注的均是反腐败刑法理论与实务的前沿问题、热点问题和疑难问题。**《论中国遏制恐怖活动犯罪的法治对策》**一文（第10篇），在评析恐怖活动犯罪的概念和梳理我国惩治恐怖活动犯罪的立法进展之基础上，重点提出和论证了我国遏制恐怖活动犯罪的法治完善构想，包含专门反恐法对策和反恐刑法对策。其余5篇论文（第11～15篇），涉及侵犯知识产权犯罪、金融犯罪、侵犯公民信息犯罪、侵犯财产罪等种类，均对相关的重要理论或实务问题有一定开拓性或深入的探讨，提出了本人的学术见解。以上这些研究具体犯罪的论文发表于不同时间，前后跨度近30年，其共同点在于这些论文关注的都是当时刑事司法中的热点犯罪类型和疑难犯罪问题，论文的学术见解对当时的司法实务工作有所助益。

总之，收入本编的论文在一定程度上反映了作者对刑法实务问题的密切关注和学术见解。这些问题有些关系到刑事司法的理念与原则，有些关系到重要的刑法制度，有些则涉及不同时期司法实务中的热点、难点罪刑问题。作者关注和研究这些宏观和微观刑法实务问题的学术见解在当时产生过理论和实务影响，有些现在还有一定的参考价值。

宽严相济刑事政策视野中的中国刑事司法*

目　次

一、前言

在构建和谐社会的背景下，中国现阶段强调实行宽严相济的刑事政策。该政策的实质，是对刑事犯罪区别对待，既要有力地打击和震慑犯罪，维护法制的严肃性，又要尽可能减少社会对抗，化消极因素为积极因素，实现法律效果和社会效果的统一。[1] 作

* 原载《南昌大学学报（人文社会科学版）》2007 年第 1 期；中国人民大学《复印报刊资料・刑事法学》2007 年第 1 期转载；收入卢建平主编：《刑事政策评论》2006 年第 1 卷（2007 年 3 月）。

〔1〕 参见《全国政法工作会议：加强司法保障　维护司法权威》，载《法制日报》2005 年 12 月 7 日。

为一项基本的刑事政策,宽严相济的刑事政策对刑事立法、刑事司法均具有重要的指导意义。这一政策必将引起刑事立法和刑事司法的一系列变化,刑事立法和刑事司法也必须对这一政策予以回应、体现和贯彻。“徒法不足以自行”,而徒有政策也不足以自行。刑事司法在宽严相济刑事政策的贯彻执行中具有重要的地位和作用。深入探讨宽严相济刑事政策要求下之刑事司法理念、原则和制度等一系列问题,以使刑事司法能够更好地体现和贯彻宽严相济刑事政策的精神及要求,无疑具有重要的意义。

二、宽严相济刑事政策下之刑事司法理念

刑事司法理念是指导刑事司法制度设计及司法实际运作的理论基础和主导的价值观,是刑事司法之原则和制度的灵魂。宽严相济的刑事政策要求相应的司法理念变革。

(一)保障人权

保障人权是现代社会的一项基本价值,是人类文明的一种追求和境界,也是刑事司法的基本价值目标。刑事政策和刑事司法必须始终体现保障人权的要求。与我国以往的“惩办与宽大相结合”的刑事政策和“严打”的刑事政策相比,我们认为,宽严相济刑事政策中更蕴含着人权保障之基本意蕴,不仅仅因为该刑事政策理论构建之初衷便在于彰显保障人权的要求,更在于其宽松刑事政策与严格刑事政策两个方面均体现了人权保障之基本理念。在其宽松刑事政策中,强调对于轻微犯罪及有改善可能性的犯罪人,尽量抑制刑罚权的行使,改以其他措施来代替刑罚,以达到防止再犯及预防犯罪的目的,更侧重于对犯罪人、被告人合法权益的保障。而在严格刑事政策中,尽管强调对重大犯罪及危险犯罪人采取严格处遇,但该政策同时也要求严格地使用国家独占的刑罚权。这同样体现了对犯罪人、被告人合法权益的保障。而且,严格刑事政策的侧重点乃在于抑制犯罪及预防犯罪,以维护正常的社会秩序,保障更为广泛的普通社会民众之合法权益。可以说,宽松刑事政策与严格刑事政策各有侧重,相得益彰,共同凸显了宽严相济刑事政策所具有的人权保障之底蕴。

在我们的刑事司法实践中,存在与保障人权之理念不相符合的观念和做法,诸如重视刑事法律的惩治功能,忽视其保障人权的功能;错误地认为保障人权会对犯罪打击不力;在刑事司法活动中人权意识淡薄,随意抓人、捕人;先入为主,重口供,轻其他证据;重视从重从严,忽视从宽从缓;等等。为在刑事司法中贯彻人权保障的理念,我们应当以宽严相济刑事政策为指针,克服这些错误的观念和做法。

(二)和谐司法

和谐是人类社会所追求的崇高目标。和谐社会的构建需要有和谐的司法,宽严相济的刑事政策无疑有助于体现和谐司法的要求。这是因为,宽严相济的刑事政策吸纳承继了惩办与宽大相结合及“严打”的刑事政策的合理内涵和精神,既避免了一味强调从严或从宽,过分僵硬,缺乏弹性的单极化趋向;也避免了与世界刑罚轻缓化之潮流相左,不符合现代刑罚谦抑之精神的重刑主义。宽严相济的刑事政策在“严”之外加入“宽”之因素,强调宽严之相互配合、协调、有宽有严,宽严配合,以严济宽,以宽济严,该宽则宽,当严则严,轻中有严,重中有宽,宽严适时,宽严有度,宽严平衡,宽严和谐。如此一来,便使刑事司法能够臻于和

谐境界。因此,和谐司法应是刑事司法在贯彻执行宽严相济刑事政策中必须始终秉持信守的理念。为此,刑事司法中应努力做到:

1. 坚持报应与预防的有机统一

现代刑法扬弃了报应主义和预防主义,而迈入折衷综合主义之途。综合主义刑法既坚持刑法公正的立场和理念,认为刑罚是对犯罪的报应;也坚持刑法功利的立场和理念,认为刑罚的最终目的是为了预防犯罪。只有将报应和预防有机结合和统一,才是刑罚的正当性根据之所在。在宽严相济的刑事政策的贯彻执行中,刑事司法应始终坚持报应与预防相统一的理念,才能使刑罚之宽与严获得科学合理的根据,才能使宽与严相协调相和谐。

2. 贯彻刑罚人道化

刑罚人道是指刑法要讲究人性、符合人性,以人为本。人性崇美,美即和谐。我们认为,宽严相济的刑事政策实质上迎合了刑罚轻缓化的潮流,[1]顺应了刑罚人道化的要求,因而为了使刑罚更具人道化,应贯彻好宽严相济的刑事政策。为此,刑事司法实践中,在动刑、量刑、行刑的整个过程中,必须始终坚持刑罚人道主义的理念,或宽或严,皆符合人道的要求,使宽严相济的刑事政策真正发挥其治心效果,也才能真正贯彻和实现报应与预防相统一的理念和要求。在宽严相济刑事政策指导下贯彻刑罚人道化,就需要应进行一系列司法改革和制度创新,如恢复性司法,刑事和解,社区矫正,以彰显刑事司法之人性化、人道化。

三、宽严相济刑事政策下之刑事司法原则

刑事司法理念必然体现于刑事司法的一系列原则之中。罪刑法定、罪责刑相适应、正当程序原则是刑事司法必须一以贯之的基本原则。宽严相济刑事政策下的刑事司法必须更加严格和合理地贯彻这些原则,才能切实贯彻执行宽严相济的刑事政策。

(一)罪刑法定原则

"法无明文不为罪、法无明文不处罚"是罪刑法定原则的基本含义。罪刑法定原则不但是刑法立法的原则,也是刑事司法的原则,这项原则具有保障人权之重要功能和重大价值。罪刑法定原则要求刑事司法在贯彻宽严相济的刑事政策时,定罪、量刑、行刑之宽与严都必须于法有据。宽不是要法外施恩,严也不是无限加重,而是要严格依照《刑法》《刑事诉讼法》以及相关的刑事法律,根据具体的案件情况来惩罚犯罪,该严则严,该宽则宽,宽严相济,罚当其罪。只有这样才能够符合中央政法领导机关提出的惩治严重犯罪"稳、准、狠"的原则要求,对于刑事案件真正做到"有罪则判,无罪放人"。[2] 因此,宽严相济的刑事政策要求刑事司法必须更加严格遵守罪刑法定原则,要求以罪刑法定原则为根基,依法从宽或从严;否则,宽严相济从整体上便会丧失合法性基础,或宽或严便均会失序,从而根本谈不上也做不到宽严相济。

---

〔1〕 2006年的最高人民法院工作报告,将坚持"严打"方针不动摇与坚持宽严相济的刑事政策相提并论。我们认为,如果说严打侧重于"严""重"的话,自然与之相对的宽严相济侧重于轻缓。后文的注释还将对学者们认为宽严相济刑事政策是以宽为主的理论观点予以介绍。

〔2〕 参见钟文华:《宽严相济,司法理念进步的体现》,载中国法院网,2006年3月12日访问。

（二）罪责刑相适应原则

罪责刑相适应原则的基本含义即“罪当其罚，罚当其罪”，体现的是罪责刑之间的价值（质与量）上的对称或曰协调关系。罪责刑相适应原则不仅要求考虑犯罪行为的客观危害性，而且要求考虑犯罪人的人格特征方面的主观危险性的大小[1]，将责任与预防做一体化的考量。宽严相济的刑事政策要求宽严相协调，要求根据法律和具体的案件情况来惩罚犯罪，该严则严，该宽则宽，宽严相济，罚当其罪，正是为了使罪与责和刑相适应、相协调、相均衡。罪责刑相适应原则与宽严相济刑事政策有着天然的紧密关系。罪责刑相适应原则既是刑事司法贯彻宽严相济刑事政策的底线和标准，也是宽严相济刑事政策对刑事司法的一个具体而又较高的要求。应做到宽大而不宽纵，严格但不苛厉，有宽有严，宽严适中，轻重有度，有张有弛，张弛结合，宽与严之间具有合理的平衡，互相衔接，形成良性互动。既不能宽大无边或严厉过苛，也不能时宽时严，宽严失当，因而如何正确地把握宽严尺度以及如何使宽严形成互补，从而发挥刑罚最佳的预防犯罪的效果，确实是一门刑罚的艺术。[2] 也只有掌握好这门艺术，贯彻好罪责刑相适应原则，才能实现宽严相济刑事政策的宏旨。

（三）正当程序原则

正当程序是一种权利保障机制。有关研究者认为，这一机制的着眼点有两个：其一，对公民生命、自由、财产等重要权利的剥夺或者限制必须通过一定的程序才能决定，无论这种剥夺或限制是个别进行的还是具有一般的性质；其二，这种程序本身必须公正。[3] 正当程序要求必须依照法定而合理的程序进行刑事诉讼。在宽严相济刑事政策的贯彻执行中，必须坚持正当程序原则，严格按照刑事诉讼法的规定办案，不能为了“从快”而人为地缩短甚至取消犯罪嫌疑人、被告人合法权益的行使期限；在“严、重”过程中必须考虑我国已经批准或已签署或即将签署的一系列国际人权公约，如《经济、社会、文化权利国际公约》《公民权利和政治权利国际公约》《禁止酷刑和其他残忍、不人道或有辱人格的待遇或处罚公约》等公约，不能把犯罪嫌疑人、被告人的沉默视为“抗拒”，作为从严处罚的因素，更不能为了从严而动用刑讯逼供等极端方法，让犯罪嫌疑人、被告人“开口”或“如实供述”[4]。

四、宽严相济刑事政策下之刑事司法制度

理念和原则须有制度加以体现和贯彻。刑事司法制度需体现宽严相济的刑事政策下之刑事司法理念和原则，从而使宽严相济刑事政策落到实处。宽严相济刑事政策下之刑事司法制度应当具有新的特点和要求。

（一）体现宽严相济之“宽”的制度

顺应盛世“政简刑清”的特点，宽严相济之“宽”，是指刑事处理上的宽缓，从刑事司法的角度讲，是指对于轻微的犯罪行为和偶犯、过失犯、中止犯、从犯，胁从犯、防卫、避险过当犯，

---

〔1〕 参见陈兴良：《刑法理念导读》，法律出版社 2003 年版，第 323 ~ 345 页。
〔2〕 参见陈兴良：《宽严相济刑事政策研究》，载《法学杂志》2006 年第 1 期。
〔3〕 参见魏晓娜：《刑事正当程序原理》，中国人民公安大学出版社 2006 年版，第 3 页。
〔4〕 参见孙力、刘中发：《“轻轻重重”刑事政策与我国刑事检察工作》，载《中国司法》2004 年第 4 期。

以及未成年人、又聋又哑或者盲人、孕妇或哺乳期的妇女、严重疾病患者等犯罪人，予以轻缓化的合法、合理、合情的处理，即尽量适用诉讼上的程序简易化和非刑事诉讼化、实体上的非刑罚化和执行上的非监禁化。

1. 程序简易化和非刑事诉讼化

一是扩大适用简化审和简易程序。有关研究认为，被告人认罪案件简化审和简易程序，既节省刑事司法资源、提高司法效率，又有利于被告人权利的保障，有利于减少刑事司法程序对被告人的不良影响。应当切实贯彻执行最高人民法院、最高人民检察院和司法部曾于2003年3月15日联合发布的《关于适用普通程序审理“被告人认罪案件”的若干意见（试行）》和《关于适用简易程序审理公诉案件的若干意见》。据此，在具体办案中，对符合法定条件的公诉案件，能够适用简易程序或者可以简化审理的，要予以适用；对于被告人及辩护人提出建议适用简易程序或者简化审理的案件，经审查认为符合条件的，应当同意适用。[1]

二是在刑事立案与侦查阶段，应该严格按照立案标准的规定，不该立案的坚决不能立案，可立案可不立案的原则上不予立案，立案标准存疑时不予立案。否则，可能会导致无妄动刑、滥罚无辜、宽严皆误的后果，刑罚难免失于苛厉，刑法便可能成为严刑峻法，背离宽严相济刑事政策的要求。在立案阶段，还要注意辨明案件性质，不要将民事、经济纠纷性质的案件错当作刑事案件立案。在侦查阶段，必须严格掌握强制措施的标准。能够使用较缓和强制措施的就不要使用较严厉的强制措施，特别是应该慎用逮捕措施，可捕可不捕的坚决不要逮捕。要严防超期羁押，严禁刑讯逼供，切实保障犯罪嫌疑人的人权。在侦查过程中，发现不应对犯罪嫌疑人追究刑事责任的，应当撤销案件；犯罪嫌疑人已被逮捕的，应当立即释放，发给释放证明。不能出于某种考虑而继续侦查程序，以切实维护犯罪嫌疑人的权利。

三是要正确而充分地运用不起诉制度。不起诉制度是当今世界上大多数国家刑事诉讼中的一项重要制度。这项制度一方面有利于保护犯罪嫌疑人的合法权益，促使其悔过自新，减少讼累，节约司法资源；另一方面也有助于增强对必须追诉的犯罪分子的打击力度。我国现行《刑事诉讼法》规定了绝对不起诉、存疑不起诉和相对不起诉三种不起诉类型。但由于诸多因素的影响，不起诉制度在实践中运行不畅，适用率较低，没有发挥其应有的功能。应严格依照《刑法》《刑事诉讼法》及相关司法解释的规定准确行使不起诉权，可诉可不诉的坚决不起诉，以更好地体现宽严相济的刑事政策。

2. 非刑罚化制度

一是要正确而充分地运用非刑罚处理方法。非刑罚处理方法是指对犯罪人不适用刑罚（主刑和附加刑），根据案件可以直接适用或者建议主管部门适用刑罚以外的其他处理方法。我国刑法第37条规定规定了非刑罚处理方法。非刑罚处罚方法作为体现宽严相济刑事政策的最有效的方法，理应受到极大的重视。司法机关应当充分认识非刑罚处罚方法的

---

〔1〕 参见孙力、刘中发：《“轻轻重重”刑事政策与我国刑事检察工作》，载《中国司法》2004年第4期。

意义，并正确适用非刑罚处罚方法。

二是量刑上趋于轻缓，对于轻微的犯罪行为和人身危险性小的犯罪人，应从轻判处。这里应特别注意量刑情节的适用。量刑情节的规定，既使罪刑法定原则在刑之相对确定条件下得以有效贯彻，又使法官自由裁量权得到合理的规范引导与限制，从而有效地避免了刑之擅断和误断。法院能否正确适用量刑情节，不仅涉及罪责刑相适应原则在刑事司法中是否得到充分体现，而且也关系到刑罚个别化原则之实现程度，关系到量刑结果的公正性与合理性，进而直接关涉被告人之合法权益能否得到切实的保障。因而量刑情节的司法适用密切关系到宽严相济刑事政策的贯彻落实程度。在定罪量刑时，不能仅以犯罪危害轻重作为量刑的唯一根据，还应当充分考虑犯罪人的个体情况，全面考察犯罪人的人格因素，结合犯罪人的可改造程度等具体情况，尽可能维护犯罪人的合法权益。对主观恶性较小、犯罪情节轻微的未成年人、初犯、偶犯和过失犯，应慎重考虑是否逮捕和起诉，可捕可不捕的不捕，可诉可不诉的不诉。[1] 对犯罪情节轻微或具有从轻、减轻、免除处罚情节的，依法从宽处罚。唯有如此，才能使刑事司法真正贯彻体现宽严相济之刑事政策。应特别重视酌定情节的适用。法官在量刑时，如何恰当地适用酌定量刑情节，是宽严相济的刑事政策能否得到贯彻落实的关键性因素。[2] 在以往的司法实践中，法官往往只重视法定量刑情节，而忽视对酌定量刑情节的处理和认定。被告人的酌定量刑情节往往在判决中得不到必要的体现。[3] 为更好地贯彻宽严相济的刑事政策，应重视酌定情节的适用。

3. 非监禁化制度

宽严相济的刑事政策在刑罚执行方面体现为非监禁化制度之施行。从中国刑事司法的实际情况来看，应重视运用管制刑、财产刑、缓刑、减刑、假释等制度。

一是管制刑与财产刑之运用。管制刑是我国独创的刑种。宽松的刑事政策要求对轻微犯罪处以较轻的刑罚，管制刑正是因应了这种需要。管制刑仅是限制犯罪人之自由，而非剥夺自由，不需关人监禁机构，从而既有效地避免交叉感染，又有利于节约司法资源，因而符合刑罚轻缓化和行刑社会化之潮流。由于管制刑执行中存在一些问题，如执行主体单一，管制刑所体现的惩罚性较弱，内容空虚，适用的政治社会基础丧失，导致刑罚体系的不协调，不科学等原因[4]，目前管制刑使用率较低。在宽严相济的刑事政策的大环境下，应当注意通过刑事司法实践改革和完善管制刑，扩大管制刑的适用范围，以实现刑罚轻缓化，贯彻宽严相济刑事政策的要求。

财产刑仅剥夺犯罪人的财产权益而不剥夺其人身自由，属于一种非监禁化的刑罚种类，对于贪利性犯罪具有较好的惩治效果，并能够弥补短期自由刑之弊端，因而世界上许多国家

---

〔1〕 参见2006年3月11日贾春旺在第十届全国人民代表大会第四次会议上所作的《最高人民检察院工作报告》，载《中华人民共和国全国人民代表大会常务委员会公报》2006年第4期。

〔2〕 参见高铭暄、张杰：《宽严相济刑事政策下酌定量刑情节的适用》，载赵秉志主编：《和谐社会的刑事法治》（上卷），中国人民公安大学出版社2006年版，第903页。

〔3〕 参见赵秉志：《论中国刑事司法中的人权保障》，载《北京师范大学学报（社会科学版）》2006年第3期。

〔4〕 参见张亚平：《宽严相济刑事政策下管制刑的改革和完善》，载赵秉志主编：《和谐社会的刑事法治》（上卷），中国人民公安大学出版社2006年版，第812～815页。

的财产刑特别是罚金刑适用率很高。我国目前财产刑适用和执行中存在许多问题,财产刑空判率较高,执行较难。应改进财产刑的适用和执行制度,加大财产刑的适用和执行力度,以体现宽严相济刑事政策的要求。

二是缓刑之运用。缓刑是非监禁化的一种有效的制度,针对犯轻罪的犯罪人适用,能够体现宽严相济刑事政策的要求。由于重刑思想的影响,加之缓刑立法和司法方面存在的问题,有关研究者认为,我国多年来缓刑适用率偏少,各地法院适用缓刑的差异很大,这种状况跟其他国家相比差距很大。世界上多数国家的缓刑使用率都在50%左右,最高的达到60%、70%。[1] 因而我们应以宽严相济刑事政策为指导进行缓刑司法改革,落实监督主体,加强考察监督工作,完善缓刑程序,提高缓刑的适用率和执行效果。

三是减刑、假释之运用。减刑是刑罚执行中体现宽严相济刑事政策之“宽”的一种有效的制度。但减刑也有其本身的弊端,与世界上大多数国家不同的是,我国的减刑具有不可逆性,一旦减刑即不可撤销,因而减刑之改造罪犯,促使其改过自新的功能受到一定削弱。有关研究者指出,多年来,我国的减刑刑满释放人员比假释人员的重新违法、重新犯罪率高,大多数的累犯、再犯曾经是减刑刑满释放人员,这说明减刑刑满释放人员的整体矫正质量不如假释人员好。[2] 为了在减刑司法活动中更好地体现宽严相济的刑事政策,应重视减刑的适用效果。

假释制度是一种较为典型的非监禁化措施。我国的假释率远远低于各国的水平。有关研究认为,我国是一直实行减刑为主假释为辅的行刑制度的少数国家,主要发达国家普遍实行假释为主减刑为辅或者单一假释的行刑制度,说明我国尚未正确认识和主动运用减刑、假释行刑制度的客观规律。因此,在立法对假释制度予以完善之前,司法活动应在一定程度上扩大假释之适用。[3]

(二)体现宽严相济之“严”的制度

宽严相济之“严”,是指对有组织犯罪、黑恶势力犯罪、严重暴力犯罪、跨国境犯罪、恐怖主义犯罪、严重影响群众安全的多发性犯罪以及对于人身危险性大的犯罪人采取从重的刑事政策,体现为适用普通程序和刑事诉讼化、刑罚化与监禁化,直至适用最严厉的刑罚——死刑。具体到中国刑事司法实践,应重视运用累犯制度、慎用死刑制度,正确适用从重量刑的情节等。由于前文已对程序简易化和非刑事诉讼化、非刑罚化、非监禁化做了阐明,可在相对应的意义上理解普通程序和刑事诉讼化、刑罚化与监禁化,故本文不再对体现宽严相济之“严”的刑事司法制度加以详尽论说,这里仅特别论及死刑制度。

我国是保留死刑并且实际执行死刑最多的国家。我国目前还不能废除死刑。但从世界的范围看,废除死刑已成国际社会大势。最新资料显示,截至2006年9月5日,88个国家对任何情况下的任何犯罪都废除了死刑,11个国家对普通刑事犯罪废除死刑;另外,至

---

〔1〕 参见吴宗宪:《非监禁刑研究》,中国人民公安大学出版社2003年版,第539页。

〔2〕 参见刘京华:《减刑假释制度的发展趋势和利弊》,载《北京政法职业学院学报》2005年第2期。

〔3〕 参见刘京华:《减刑假释制度的发展趋势和利弊》,载《北京政法职业学院学报》2005年第2期。

少30个国家已经10年或更久没有对任何人适用死刑，这些国家被称为“事实上的废止死刑者”。全世界仅余68个国家没有废除死刑。[1] 顺应这一潮流，我们应坚定不移地走严格限制以至逐步废止的道路。笔者曾对死刑的严格限制和逐步废止作过一些探讨。[2] 在我国目前立法还不能废除死刑的前提下，应充分发挥刑事司法限制死刑的功能，特别是应努力挖掘出死刑缓期执行制度之限制以至于基本搁置死刑的巨大价值，贯彻宽严相济的刑事政策，对罪当判处死刑但具有法定从轻、减轻处罚情节或者不是必须立即执行的，依法适用，[3]而不能判处死刑立即执行。在死刑适用时，应坚持正当程序原则，[4]适时收回死刑核准权。

（三）刑事司法中宽严之“相济”

宽严相济之“济”，蕴含着结合、配合、补充、渗透、协调、统一、和谐之意。宽严相济有着丰富的内涵，上文对体现宽严相济形势政策之“宽”与“严”制度的阐明，从一定意义上也可以理解为宽严相济之“济”的一个方面，即该宽则宽，当严则严。在刑事司法中，还应从以下方面使宽严之“济”落到实处。

1. 宽以济严、严以济宽

对轻微犯罪及危险性小的犯罪人处理以“宽”，既是为了节省有限的司法资源，集中力量惩治严重犯罪和危险性大的犯罪人，也是为了使人们感受到法律合乎情理的一面，从而为惩治严重犯罪营造良好的社会氛围。处理以宽，必须以对严重犯罪和危险性大的犯罪人的从重处理作为后盾和威慑，这样才能使被从严处理者真正感受到法律的威严，使被从宽处理者真正感受到法律的惠施。只有宽严互济，才能充分发挥宽严相济刑事政策的区别对待功能，使犯罪者既感受到法律的雷霆万钧，也感受到法律的春风化雨。否则，宽严失济，可能导致被从严处理者感知不到严格，被从宽处理者感受不到宽大，犯罪人和社会公众均不能从刑事处理中养成规范意识，一般预防和特殊预防的刑罚目的也难以达到。

2. 轻中有严、重中有宽[5]

轻中有严，是指轻微的犯罪中也可能有从重的情节，如犯罪人人身危险性较大。这种情况下，应慎重考虑从重情节，在严格限制的前提下，可有条件地予以从严处理。重中有宽，是指严重的犯罪也可能有从宽的情节，在这种情况下，应充分考虑从宽情节，并在刑事处理中予以体现。

---

〔1〕 载 http://www.amnesty.org/pages/deathpenalty-countries-eng。

〔2〕 参见赵秉志下列相关文章：《关于分阶段逐步废止中国死刑的构想》，载《郑州大学学报（哲学社会科学版）》2005年第5期；《中国逐步废止死刑论纲》，载《法学》2005年第1期；《论中国非暴力犯罪死刑的逐步废止》，载《政法论坛》2005年第1期；《慎用死刑的程序保障——对我国现行死刑复核制度的检讨及完善建言》，载《现代法学》2004年第4期；《死刑存废的政策分析与我国的选择》，载《法学》2004年4期。

〔3〕 参见肖扬：《最高人民法院工作报告》，载中国新闻网，2006年3月19日访问。

〔4〕 这方面的研究可参见赵秉志、邱兴隆主编：《死刑的正当程序之探讨》，中国人民公安大学出版社2004年版。

〔5〕 有些学者在论述宽严关系时提出严中有宽，宽中有严，这样的表述略嫌狭隘，只能表达量刑情节中之逆向情节的情况，而这些学者实际要表达的是重罪也可能从宽量刑，轻罪也可能从重量刑。因此，宽与轻、严与重含义并不完全相同。“轻”“重”可以包含“轻罪”“重罪”之意，而“宽”与“严”仅指刑事处理之从宽或从严。为准确表述起见，我们主张“轻中有严，重中有宽”的表述。

3. 严而不厉、宽而不纵

严而不厉，是指对实施严重犯罪和人身危险性大的犯罪人的处理严格但不苛厉，应遵循前文所述的刑事司法原则，严格依法对犯罪人从重处理，也即从重也应有一定的限制，不能超越法律，也不是一律在法定刑幅度内顶格判处，更不能在刑事司法中侵犯人权。宽而不纵，是指对犯罪人宽大但不轻纵，即宽大也应有一定限度，不是一律在法定刑最低限判处，不能宽大到放纵的程度。严而不厉、宽而不纵，乃是宽严适度的要求和体现。

4. 宽严适时

中国自古就有刑罚“世轻世重”的治国方略，其强调的是刑罚应根据社会态势作出轻重的调整。虽然我们不能过分强调社会形势对刑罚轻重的影响，但在刑事司法中，根据社会态势对刑罚宽严作出调整，使对犯罪的宽严处理符合社会形势的发展，这既是宽严相济刑事政策动态发展的要求，也是其取得良好社会效果的条件。而追求法律效果和社会效果的统一，乃是宽严相济刑事政策的目标。

（四）刑事司法制度创新之尝试

为更好地贯彻宽严相济的刑事政策，应以该政策为指导，进行必要的刑事司法制度创新。过去，一些司法机关进行了一些制度创新试点，在宽严相济刑事政策的视野中，我们支持这些做法。我们赞同一些学者们所持的我国《刑法》属重刑结构的观点，[1]也支持一些学者关于宽严相济刑事政策乃宽严结合、侧重于宽的主张。[2] 因而现阶段我们的制度创设应侧重于“宽”之空间增容。当然，这些创新之制度最终需由立法加以确认，但在体现于立法成果之前，刑事司法实践中对这些制度创新予以试点探索，以为立法积累经验，既符合制度生成的一般规律，也顺应了宽严相济刑事政策的要求。我们认为，现阶段应重点考虑以下制度创新之尝试：

1. 暂缓起诉制度

暂缓起诉是指对于一些虽然符合起诉条件，但是涉嫌的罪行比较轻微、社会危害性不大、不起诉更有利于体现公共利益和达到刑事诉讼目的的刑事案件，检察机关可以决定对犯罪嫌疑人暂缓起诉，并给其规定一定的考验期。被暂缓起诉人在考验期内接受矫治，未出现法定情形的，即不再起诉，终结诉讼，否则便提起公诉，从而满足司法实践中应对复杂情况、

---

〔1〕 如有学者认为，我国刑法规定的五种主刑全部是自由刑和死刑，罚金和没收财产这两种财产刑以及剥夺政治权利、剥夺勋章、奖章、荣誉称号等资格刑仅能附加于自由刑和死刑适用，因而我国的刑罚结构是以自由刑和死刑为中心的重刑刑罚结构。参见梁根林、黄伯胜：《论刑罚结构改革》，载《中外法学》1996 年第 6 期。

〔2〕 关于宽严相济刑事政策中之“宽”与“严”何者为先的问题，我国大部分学者认为应以宽为先。如有学者通过宽严相济刑事政策与惩办与宽大相结合刑事政策的比较得出宽严相济刑事政策以“宽”为主的结论，参见黄京平：《“宽严相济”刑事政策的时代含义及实现方式》，载《法学杂志》2006 年第 4 期；有学者认为，我国刑事政策的主流是“宽严相济”，走向是“轻轻重重”，以轻为主，参见孙力、刘中发：《暂缓起诉制度再研究》，载《法学杂志》2004 年第 5 期；有学者认为，在反思当前“宽严相济”政策得失成败的基础上，我们应当顺应时代潮流，理性地进行适应和谐社会建设“宽严配比”，那就是以宽为主，以严为辅，“严以济宽”，参见杨开江、桑涛：《“宽严相济”：和谐社会语境下刑事政策的定位与选择》，载赵秉志主编：《和谐社会的刑事法治》（上卷），中国人民公安大学出版社 2006 年版，第 215 页；有学者认为，宽严相济刑事政策虽然强调轻轻与重重相结合，但就其根本而言，更应当关注的是刑罚的轻缓化，参见陈兴良：《宽严相济刑事政策研究》，载《法学杂志》2006 年第 2 期。

体现刑事政策对起诉裁量权的客观需求。暂缓起诉作为一种介乎“起诉”与“不起诉”之间的中间措施,实体上体现了刑罚经济思想,程序上体现了起诉便宜主义。[1] 暂缓起诉制度可以增加不起诉制度的灵活性。这种不起诉制度体现了对检察机关在审查起诉环节自由裁量空间的拓展,为处理未成年犯、初犯、偶犯、胁从犯等案件提供了新的途径。[2]

2. 辩诉交易制度

辩诉交易是指在法院开庭审理之前,检察官与被告人或者辩护律师经过谈判和讨价还价来达成由被告人认罪以换取较轻定罪和量刑的协议,辩诉双方一旦达成协议,法律便不再对该案进行实质性审判,而仅在形式上确认双方协议的内容。[3] 辩诉交易制度所蕴含的正义与“恢复性正义”不谋而合,对被告人的恢复——有利于其顺利改造、回归社会是最明显的,同时,其结果也有利于被害人的恢复——通过辩诉交易迅速结案,被害人得到赔偿,精神得到抚慰。而案件的快速解决使司法机关能集中力量解决重大案件,减少了积案,对社会的安定更有利。[4]

3. 恢复性司法制度

恢复性司法是通过恢复性程序实现恢复性结果的犯罪处理方式,具体是指在犯罪人、被害人和其他受犯罪影响的社区成员积极参与下,通过道歉、和解、赔偿、社区服务和其他任何旨在重新整合被害人和犯罪人关系、恢复社区和谐,从而避免对刑事案件启动传统刑事司法程序。恢复性司法运动已经由其发源地北美席卷欧洲、大洋洲、南美洲、亚洲和非洲许多国家,成为世纪之交最具有声势和规模的一场世界范围内的刑事政策运动。恢复性司法运动最初主要适用于未成年人犯罪,现在则开始扩大至成年人犯罪;并且由最初仅仅适用于轻微犯罪、财产性犯罪向现在的严重犯罪甚至暴力性犯罪扩展。[5]

我们认为,恢复性司法作为一种创新性制度,可以通过一些具体的制度试点加以探索。根据中国的具体情况,可以试行刑事和解、社区矫正等制度。

一是刑事和解制度之尝试。刑事和解是在刑事诉讼程序运行过程中,被害人和加害人(被告人或犯罪嫌疑人)以认罪、赔偿、道歉等方式达成谅解以后,国家专门机关不再追究加害人刑事责任或者对其从轻处罚的一种案件处理方式。这种诉讼制度是对调解制度的发展和革新。刑事和解符合我国“和为贵”“冤家宜解不宜结”的古训,有利于弥补被害人因犯罪遭受的损害,抚平其心理创伤;有利于减少对抗,化解矛盾,促进社会和谐;有利于减少刑事追究,节约司法资源,化消极因素为积极因素。[6] 刑事和解作为一种精神和原则,应该在刑

---

〔1〕 参见孙力、刘中发:《“轻轻重重”刑事政策与我国刑事检察工作》,载《中国司法》2004 年第 4 期。

〔2〕 参见陈光中、张建伟:《附条件不起诉:检察裁量权的新发展》,载《人民检察》2006 年第 7 期。

〔3〕 参见何家弘:《辩诉交易的功过》,载何家弘:《域外痴醒录》,法律出版社 1997 年版,第 238 页。

〔4〕 参见吕欣:《恢复性正义:当代刑事政策的新理念》,载赵秉志主编:《和谐社会的刑事法治》(上卷),中国人民公安大学出版社 2006 年版,第 469 页。

〔5〕 转引自梁根林:《刑事制裁:方式与选择》,法律出版社 2006 年版,第 43 ~ 44 页。

〔6〕 参见罗欣、王金贵:《“和谐社会语境下的刑事和解”学术研讨会成功举行》,载《检察日报》2006 年 7 月 22 日。

事诉讼中确定下来。[1]

二是社区矫正制度之尝试。社区矫正是非监禁化处理的一个典型。从当前世界刑罚制度的发展趋势来看,社区矫正制度已被各国广泛采用,但在中国尚未广泛实行。中国的罪犯改造主要适用的是监禁刑,这往往造成监狱在押人员人满为患,在监狱环境中交叉感染,刑满释放人员因长期监禁,回归社会适应能力差,就业困难,社会歧视明显,重新犯罪率高等弊端。社区矫正正是在此种背景下应运而生的。目前,北京、上海、天津、江苏、浙江、山东六省(市)已成为全国首批社区矫正试点地区。我们认为,这是我国改革刑罚执行方式的重大举措。开展社区矫正有利于提高对罪犯教育改造的质量,改善社会治安秩序,也有利于探索建设中国特色社会主义刑罚执行制度。要从保持长期和谐、稳定社会环境的大局出发,在有利于保护社会同时又有利于保障人权的前提下,借鉴国外社区矫正的成功经验,结合中国的国情,积极进行社区矫正制度的理论与实践探索和尝试。可以在司法行政机关内设立专门的社会行刑和矫正机构,统一管理非监禁刑(主要包括管制、资格刑)的执行和缓刑,还应该逐步建立专业化的矫正队伍,必要时可以引进义工服务制度。[2]

五、宽严相济刑事政策下之刑事司法工作机制

完善的刑事司法工作机制是贯彻宽严相济刑事政策的保障。应从多方面、多环节对司法工作机制进行改革、创新,以更好地贯彻宽严相济的刑事政策。

(一)统一"宽"与"严"的司法标准

司法统一是现代法治国家所奉行的一项基本法治准则。由于历史和现实多方面的原因,我国现行司法权运行机制尚存在明显的地方化倾向,这势必会影响到宽严相济刑事政策的贯彻。因为宽严相济不但体现在个案上和一个地方之内"宽"与"严"标准的统一协调,而且体现于整体案件和全国范围内"宽"与"严"标准的统一协调;不但要求纵向的宽严相济,而且要求横向的宽严相济。没有整体和宏观上的"宽"与"严"标准的统一,即使从个体和局部看"宽"与"严"能够相济,但从宏观上和整体上看,宽与严仍会是失度和失调的。这样的"宽严相济"是不彻底和不理想的。应在一定条件下尽可能力求整体上"宽"与"严"的司法标准的统一,为此应做好各方面的工作,特别是刑事司法解释工作。通过正确的刑事司法解释,对于刑事法律规定不够具体的地方予以合法合理的阐释,指导具体的定罪量刑活动,这对于弥补立法的不足,统一规范和指导刑事司法实务,保证刑事法律的正确适用,从而全面

---

〔1〕 很多学者对刑事和解制度进行了研究,如有学者认为,刑事和解要贯穿刑事诉讼整个过程:在侦查阶段,如果是重罪,即使能达成刑事和解也要移送审查起诉,但是对于轻罪,如果被害人一方同意在侦查阶段就和解,犯罪嫌疑人也认罪,侦查机关可撤销案件。在审查起诉阶段,应考虑扩大不起诉的权力,让被害人与加害人之间和解的空间扩大一些,犯罪嫌疑人认罪并做出了对被害人的赔偿和道歉的,可以暂缓起诉。另外,假如某案件虽然不属于暂缓起诉范围,但双方当事人已经达成协议,检察机关应该向法院提出从轻处罚等量刑建议。在审判阶段,对于证据充分的案件,如果被告人认罪、当事人达成协议,检察机关应同意建议人民法院从轻处罚。这种从轻处罚的范围比较宽泛,甚至包括死刑案件。审判应体现宽严相济的刑事政策,宽的第一个条件就是刑事和解,除非罪大恶极的案件,在审判阶段适用刑事和解是检察机关和法院都应当考虑的问题。如果在重罪中,被告人认罪、赔偿,表现好,且被害人谅解,主动要求法院从轻判决,法院也应当考虑这种意见。参见陈光中:《刑事和解的理论基础与司法适用》,载《人民检察》2006 年第 10 期。

〔2〕 参见赵秉志:《论中国刑事司法中的人权保障》,载《北京师范大学学报(社会科学版)》2006 年第 3 期。

贯彻宽严相济的刑事政策,无疑具有积极而重要的意义。

(二)发挥司法机关相互制约、相互监督的作用

司法机关具体承担着贯彻宽严相济刑事政策的重任。公检法司诸机关应分工负责,各司其职,并充分发挥相互制约、相互监督作用,从而使整体司法活动真正具有过滤的功能,通过层层司法机关运作,切实筛选出有罪的,过滤出无罪的;准确甄别重罪和轻罪与从宽和从严情节。否则,将无罪变为有罪,或者是相反,就都背离了宽严相济刑事政策的要求,就根本谈不上宽严相济;误“轻”为“重”,误“宽”为“严”,或是相反,也必然使“宽”“严”失度失序,无法做到“宽”与“严”之相济。目前,司法实践中存在司法机关相互配合有余、相互制约不足的问题,削弱了刑事司法对案件的过滤甄别机能,妨碍了宽严相济刑事政策的贯彻执行。应调整与改革司法机关的相互关系,加强相互制约与监督机能,为贯彻宽严相济刑事政策奠定体制性基础。

(三)改进刑事司法工作评价机制

良好的刑事司法工作评价机制是刑事司法工作的助推器。目前,我们在这方面还存在一些与宽严相济刑事政策要求不相符合的做法和问题:在司法考评工作中,有的司法机关把不起诉率的高低作为考评起诉工作好坏的一项重要指标,有的明确提出对酌定不起诉案件除极个别情况外,均应起诉。[1] 甚至以定罪判刑的案件数量作为衡量起诉工作质量的标准。在错案责任追究制中,存在形而上学的错误和一些弊端,如简单地把履行刑事赔偿义务作为错案的标志,把不批准逮捕、不起诉或判决无罪以及发回重审的刑事案件一律作为错案,追究有关办案人员的责任;把后一道程序对前一道程序的否定作为对错案及其责任的宣告,使得办案人员在办案同时,有意无意地去“改善”与后面诉讼阶段之司法人员的关系,从而降低被后一道诉讼程序否定的风险,如立案侦查的希望能批捕,批捕的希望不要不起诉,批捕和提起公诉的希望法院不要作出无罪判决,作出一审的法官希望二审不要改判,审案法官希望本院的审判监督部门不要使案件进入再审。如此便模糊了程序界限,软化了监督制约关系。[2] 这样也必然违反宽严相济刑事政策的要求。因而应改进与宽严相济刑事政策要求不相符合的司法工作评价机制,以为贯彻宽严相济的刑事政策创造良好的前提条件。

六、余论:宽严相济刑事政策下的刑事司法人员

刑事司法之理念、原则、制度、工作机制存活于司法者及其司法活动中。因而,从某种程度上讲,司法人员是贯彻宽严相济刑事政策最为关键的因素。应采取一系列措施提高司法人员的思想和业务素质。司法工作人员应胸怀正义与公正之心,以其对法律的忠诚和以其正确理解的法律,并运用其娴熟之法律技巧,在刑事司法中游刃于刑罚之“宽”与“严”之间,臻于宽严轻重皆相宜之至境,使宽严相济真正成为良美法治基础上的与犯罪作斗争的一种策略和艺术。通过宽严相济的合法合情合理之处理,辨法析理,使犯罪者宽严、轻重皆服。要让宽严相济成为犯罪治理的一种良策,而不能使宽严相济沦落为一种驭民之术。

---

〔1〕 参见樊崇义、叶肖华:《论我国不起诉制度的构建》,载《山东警察学院学报》2006年第1期。

〔2〕 参见李建明:《刑事司法改革研究》,中国检察出版社2004年版,第238~243页。

论中国刑事司法中的人权保障*

目　　次

一、前言

保护社会和保障人权是当代刑法的两大机能。保护机能强调的是刑法保护国家、社会和公民个人免遭犯罪侵犯的作用；而保障机能则重在防止社会成员尤其是犯罪嫌疑人、被告人、犯罪人免遭国家刑罚权之不当行使的侵犯。而无论是保障机能还是保护机能，都蕴含着保障公民人权的问题。应当充分肯定，中国1997年的新刑法典与此前的刑法规范相比已经较多地关注了刑法的人权保障问题，并在此方面取得了显著的进步。不过，在刑事司法中强化人权保障同样甚至说更为至关重要。它不仅可以切实贯彻刑法立法所确立的人权保障精神和规范，而且还可以有力促进刑法立法不断完善其保障人权之必要举措。可喜的是，近年来中国刑事司法实务中也开始扭转以往重保护社会而轻保障人权之观念，人权保障已逐渐根植于刑事司法领域，并在具体刑事司法运作中开始得到逐步的贯彻与实现。可以说，这是中国依

---

* 原载《北京师范大学学报（哲学社会科学版）》2006年第3期；又译成韩文载韩国比较刑事法学会编印：《比较刑事法杂志》（韩文版）2006年第1期（2006年7月）。

法治国方略在刑事法治领域的重大进展，也充分彰显了中国人权法律保障机制的日趋完备和社会文明的不断进步。本文即拟以刑事司法运作及其改革与发展中如何切实贯彻人权保障之时代要求为主线，着力勾勒和研析中国刑事司法中人权保障的理念、原则、政策等宏观问题，并重点探讨刑法适用、刑罚裁量与刑罚执行过程中关涉人权保障的具体问题。

二、中国刑事司法中人权保障的宏观问题

中国刑事司法中的人权保障问题可以从宏观与微观的不同层面来把握。而其中的宏观问题则主要涉及刑事司法中的人权保障理念、原则与政策等诸多问题。兹分述如下：

（一）刑事司法中的人权保障理念

作为国家法治的重要组成部分，刑法直接关涉公民的基本人权，人权保障是刑事法治理念的基础性要求。刑法不仅可以通过依法惩罚犯罪来维护社会正常秩序，为广大人民群众提供良好的生产、生活环境，而且也保障无罪的人不受刑罚处罚，防止惩罚权的滥用，甚至在惩罚罪犯时也维护其应有权益，使其所受到的惩罚与其犯罪行为和刑事责任相适应，保证其免受不公正之惩罚，并通过刑罚的执行来感化和改造犯罪人，促使其重新回归社会。因此，诚如日本刑法学者所言：刑法既是“犯罪人的大宪章”，也是“善良公民的大宪章”。所谓刑法是“犯罪人的大宪章”，是指在行为人实施犯罪的情况下，保障罪犯免受刑法规定以外的不正当刑罚；而刑法是“善良公民的大宪章”，意即只要公民没有实施刑法所规定的犯罪行为，就不能对该公民处以刑罚。[1] 在此基础上，我们还认为，以刑法保护公民免受犯罪的侵害，也应为刑法是“善良公民的大宪章”之题中应有之义。刑法对人权的保障，既包括对犯罪人人权的依法保障，同时更应当包括对被害人及广大守法公民人权的依法保障。

当然，人权保障在中国当代刑法中的确立不能仅仅依靠简单的法律“移植”，它首先有赖于我国刑事法治中人权观念之变革。没有相应的人权观念为基础，人权保障根本不可能在刑事法治领域得到真正的贯彻。审视中国 1997 年刑法典颁行之前的刑事司法实践，可以看出，刑事司法人员人权观念之缺失是刑事法治领域曾经普遍漠视人权的重要根由。在以往的刑事司法实践中，更侧重于强调刑法的保护社会机能，力图通过刑罚权的动用来惩罚犯罪，以刑罚这种不得已的“恶”否定犯罪之“恶”，从而维护社会秩序，保障社会的稳定发展。这种片面强调刑法保护社会机能之做法，虽似可以换得社会表面的安宁，然而却是以公民权利被漠视乃至被践踏为代价的。在此种观念下，刑法就是森严的监狱、冰冷的脚镣手铐甚至残酷的肢体肉刑。人们视刑法为“刀把子”“专政工具”“驭民之术”，刑法同民主、人权的观念可谓严重脱节了。其实，保障人权亦是现代刑法的另一重要机能，它强调的是对公民人权的维护应以对犯罪人人权之保障为首要目标，并以此为基础实现对全体公民权利的保护。从权力运作角度看，刑法的保障人权机能起到了限制国家刑罚权的动用之功效，避免了无限度动用刑罚权对公民权利带来的侵害。而且，在市场经济体制下，刑法的价值构造应当顺应时代潮流的发展，兼顾保护社会和保障人权双重机能，并适当向保障人权机能倾斜，加重刑

---

〔1〕 参见[日]木村龟二主编：《刑法学词典》，顾肖荣等译校，上海翻译出版公司 1992 年版，第 9 页。

法的人权蕴涵。这不仅是民主政治与人权理论的要求,也是衡量一部刑法先进与否的判断标准之一。[1] 这一价值取向不仅应该在刑法立法中确立和贯彻,更应在刑事司法运作中得到充分体现。如果没有相应刑事司法观念的变革,关涉人权保障的刑法立法的真正贯彻也必然会举步维艰、流于形式。正如英国法学家劳埃德所言,"立法或许是非常重要的教育因素,但这并不是说只要通过一项法律就能在一夜之间造成意识形态的基本改变,或把法律当作神奇的魔杖,可以在弹指之间把一个社会的偏见或内在情绪化的态度悉数扫除"。[2] 所以,虽然中国刑法立法对公民人权的保障已日臻完备,但刑法对公民人权的切实保障依然离不开刑事司法观念之革新。

循着社会分工的沿革历程观之,刑事司法的本源功能便在于打击犯罪。因此,在相当长的历史时期内,世界各国都把打击犯罪作为刑事司法的基本价值定位。然而随着人类社会的发展和文明的进步,保障人权的观念日益受到各国的关注与重视,并相继在一些国家被确立为刑事司法活动的价值目标之一。毋庸讳言,受强调社会利益的传统价值观念的影响和阶级斗争思维定式的制约,中国的刑事司法活动长期偏重于追求打击犯罪,而忽视了对犯罪嫌疑人、被告人、犯罪人甚至普通公众权利的保护。然而,现代司法活动应该崇尚公正、公平与公开,人类社会的发展和文明的进步应该表现为对人权的尊重。而在刑事司法中重视人权保障,就要求司法人员改变过去那些带有偏见的办案思路和习惯,不要再用对待"阶级敌人"的态度和手段去对待犯罪嫌疑人、被告人和犯罪人,而应当尊重和保障其依法享有的基本权利。[3]

1997 年召开的中国共产党第十五次全国代表大会,确立了依法治国的基本方略,提出了司法改革的任务。加强对公民人权尤其是犯罪嫌疑人、被告人乃至犯罪人的人权保障已成为中国刑事司法改革的重要目标。而随着刑事司法改革的深化,人权保障观念也逐渐深入人心。2004 年 3 月 10 日,最高人民法院院长肖扬在十届全国人大二次会议上所做的《最高人民法院工作报告》中,更是罕见地将保障人权的观念放置首位。肖扬院长在工作报告中提出,要切实保障群众的合法权益,深入落实"司法为民"的要求。[4] 而最高人民检察院检察长贾春旺在当年的《最高人民检察院工作报告》中,亦强调要严肃查办侵犯公民人身权利、民主权利案件。[5] 尤其值得一提的是,2004 年 3 月,中国第十届全国人民代表大会第二次会议向世界庄严宣示:把"国家尊重和保障人权"载入宪法。这无疑是中国政治生活和政治文明建设的一件大事,是中华民族文明史和中国人权发展史上的伟大里程碑。"人权入宪"无疑亦为刑事司法中强化人权保障奠定了坚实的宪政基础。

(二)刑事司法中的人权保障原则

刑事司法是保障刑事法律得以正确实施的最后一道防线,更是保证受侵犯的人权获得

---

〔1〕 参见陈兴良:《刑法的价值构造》,载《法学研究》1995 年第 6 期。
〔2〕 参见[英]丹尼斯·罗伊德:《法律的理念》,张茂柏译,台湾经联出版事业公司 1984 年版,第 319 页。
〔3〕 参见何家弘:《刑事证据制度改革与司法观念的转变》,载正义网,2003 年 11 月 17 日访问。
〔4〕 参见王德军:《高法报告突出保障人权》,载香港《大公报》2004 年 3 月 11 日。
〔5〕 参见《最高人民检察院检察长贾春旺在十届人大二次会议上的报告(摘登)》,载《人民日报》2004 年 3 月 11 日。

救济的最后一道屏障。因此,在刑事案件的侦查、起诉、审判、执行等各个刑事司法环节上,司法人员都必须始终牢固树立保障人权与保护社会并重之理念,切实遵循人权保障之时代要求。为此,不仅要求刑事司法活动中要正确运用刑法、刑事诉讼法和刑事执行法,而且还要求司法体制和司法队伍建设诸多方面条件的密切配合。限于篇幅,此处仅侧重从刑法执行的角度,就刑事司法中人权保障的基本原则略加探讨。

所谓刑事司法中的人权保障原则,是指贯穿于刑事司法的各个环节,指导整个刑事司法中保障人权活动的根本性准则。我们认为,为切实有效地保障被告人、犯罪嫌疑人以及包括被害人在内的一般社会民众的人权,刑事司法活动中人权保障最重要的原则当有以下两个:

1. 和谐统一司法的原则

和谐统一司法,就是要求刑事司法活动中对行为的定罪量刑要合理、协调、稳定和统一。这是罪刑法定、罪责刑相适应等刑法基本原则和刑罚目的对刑事司法活动的共同要求,也是贯彻人权保障之宪政理念的必备原则。刑事司法活动只有按照刑法的规定正确认定行为的罪与非罪,根据犯罪的危害程度和刑罚目的之要求妥当地适用刑罚,才能提高司法的权威,增强司法的效果,也才能在通过刑法的适用有效地惩罚和预防犯罪的同时,达到切实保障人权之旨趣。[1]

为贯彻和谐统一司法的原则,必须要求刑事司法人员始终秉持保障人权之要求,着力避免如下倾向:(1)片面强调形势和刑事政策对定罪量刑的影响,而背离刑事法律的有关规定,罔顾行为的实际危害程度,以致轻罪重罚,罚不当罪;(2)片面强调被告人、犯罪嫌疑人的前科劣迹对其行为定罪量刑的意义;(3)热衷于搞专项司法斗争,地方性司法一阵风,从而导致司法上的纵(与本地区其他时间相比)横(与同时期其他地区相比)失调;等等。刑事司法若失去和谐统一,则势必造成被告人、犯罪人甚至普通民众对司法公正、合理的怀疑乃至否定,甚至还会助长某些犯罪人和潜在犯罪人实施犯罪的侥幸心理或报复心理,从而影响和削弱刑事司法的应有效果,无法获得保障人权之功效。

2. 公正严肃司法的原则

公正严肃司法,就是要求在刑事司法活动中秉承公正之理念,对行为的罪与非罪、此罪与彼罪以及行为人罪责大小和应判刑罚轻重,应严格依照刑法条款的规定处理,以求最终实现司法公正。这是罪刑法定的刑法基本原则对刑事司法活动的必然要求,同时亦是刑事司法中贯彻人权保障之重要原则。惟有坚持公正严肃司法,才能树立刑法的权威,使刑事司法得到强化,并通过司法活动达到保护人民、惩罚罪犯、预防犯罪的刑罚目的,进而使保障人权之时代要求获得彻底而充分的张扬。

公正严肃司法,必然要求在司法活动中厉行刑法面前人人平等原则,对行为人定罪与否、定罪与量刑轻重,坚持一断于刑法,坚持以主客观相统一的原则来考察其行为的危害性质、危害程度及其在法律上的评价,坚决摒弃任何法外特权。同时,公正严肃司法也必然意味着不同身份、不同社会地位者享有同样的权利,应当受到刑事法律一视同仁的保障,不能

---

〔1〕 参见赵秉志:《刑法改革问题研究》,中国法制出版社 1996 年版,第 473 页。

单纯因为被害人身份、地位的不同,而对同样的行为在适用法律上有处罚轻重尤其是罪与非罪的区分。刑事司法若失去公正严肃,不仅会亵渎法律的权威和司法的神圣,造成具有特殊身份的犯罪人对立法和司法的蔑视,也会造成普通身份的犯罪人对其被适用法律定罪判刑的抵触,导致广大民众对司法活动产生不公平和不信任的心理,从而严重削弱刑事司法的效果,有违保障人权之宪政理念。

(三)刑事司法中的人权保障政策

刑事政策是刑事法治的灵魂和核心。正如有学者所言,刑法是刑事政策的条文与定型化。刑事政策对于刑法的制定与适用都有着直接的指导意义。[1] 而刑法制定与适用过程中所蕴含的人权保障精神,亦必然在刑事政策中有所体现。刑事司法中涉及人权保障的政策,主要是"严打"政策以及"两极化"刑事政策。

1."严打"政策与人权保障

"严打"亦即依法从重从快严厉打击严重刑事犯罪活动,是中央在社会主义初级阶段惩治犯罪、维护社会治安的一个重要方针,是中国社会综合治理工作的首要环节。作为当下中国的一项重要的刑事政策,"严打"在特定历史时期发挥了一定的积极作用。它在打击犯罪、维护社会治安、保护广大人民群众合法权益诸方面,收到了立竿见影的效果,不失为一种现实有效的措施。但是,"严打"毕竟是在特殊时期针对某些特定的严重犯罪采用的特殊手段,不能过高地估计其实际效能,更不能期望通过"严打"来实现社会的长治久安。事实上,中国20余年来持久长期的"严打"斗争已经对常态法治造成了较为严重的冲击,带来了许多负面的影响。因此,"严打"可用而不可常用。

我们认为,"严打"应当在社会主义法治的轨道上进行,必须符合国家依法治国方略的长远目标和内在要求。而且,"严打"的基本内容就是适用刑罚的"从重"和刑事程序上的"从快"。而这两项基本内容的正确实施,有赖于对刑罚功能和效益予以恰当的认识。在贯彻"严打"政策时,必须在坚决摒弃刑罚万能论和刑罚工具主义的基础上,对刑罚功能之局限性有足够的认识,必须坚持在人权保障的理念下合理运用刑罚。"严打"并不是次数越多越好、时间越长越好。只有保持以最小的刑罚成本将犯罪最大限度地控制在社会所能容忍的限度内的"严打"才是合理的、科学的。从刑罚的效益角度来看,"严打"中的"从重"必须有一个限度,不能一律"顶格判处";同时,过分严厉的刑罚也会使公民对刑罚的公正性和合理性怀疑,从而削弱了一般威慑的效果。就"严打"中的"从快"方针而言,我们认为似不宜再提,而应代之以"及时"。在保证办案质量的前提下,立足于法治的框架及时地审理、审结案件,从而保障刑罚适用的及时性,这才符合刑法的公正和功利价值。如果过分强调"从快",则会损及当事人诉讼权利的保障。此外,为充分实现其保护社会、保障人权的功能,中国刑法典在总则中确立了罪刑法定、适用刑法人人平等和罪责刑相适应三大原则。"严打"政策应当切实贯彻刑法基本原则,即必须以维护刑法的实体公正为原则,以和谐实现刑法之保护社会与保障人权的功能为主旨,在此前提下才谈得上"严打"政策的正确贯彻执行问

[1] 参见陈兴良:《刑法的人性基础》,中国方正出版社1996年版,第388页。

题。广大刑事司法人员必须时刻谨记，背离依法治国方略要求的所谓“严打”，实际上是以短视性的政策代替法制而破坏法治。如果继续奉行这种“严打”政策，则最终难以收到良好的社会效果。正如最高人民法院肖扬院长所指出：“损害法律效果的社会效果，实际上是经不起历史检验的，也是不会得到人民群众的真正拥护和支持的。”〔1〕

与此相关的是，究竟如何理解“严打”中经常提及的“两个基本”（基本事实清楚，基本证据充分）与《刑事诉讼法》第162条规定的“事实清楚，证据确实充分”的关系呢？我们认为，“两个基本”也是在特殊历史时期为了严厉打击部分严重刑事犯罪而提出的刑事政策性要求，其出台有其特殊的时代背景，在一段时间内对稳定社会治安起到了一定作用。但是，为了坚持现代法治原则、维护法律的效力和权威，更为了维护被告人、犯罪嫌疑人等的合法权益，还是应当严格坚持《刑事诉讼法》第162条关于“事实清楚，证据确实、充分”的规定，而不宜再提“两个基本”。

2. “两极化”刑事政策与人权保障

“两极化”刑事政策被许多中国学者概括为“轻轻，重重”。〔2〕所谓两极化的刑事政策，是指对不同社会危害的行为及不同人格危险的行为者，采取不同方针的刑事政策。对于行为危害重大及有重大人格危险的不法分子，采取严厉的刑事对策；对于行为危害轻微及某种程度有改善可能者，采取宽松的刑事对策。这种刑事政策，也称为刑事政策之两极分化。严格刑事政策，即从维持社会秩序观点出发，以压制重大犯罪，且对重大犯罪者采取严格处遇为目的之刑事政策；相对地，宽松的刑事政策，即从刑罚谦抑性思想出发，对于轻微犯罪事件，采取谦和及社会内处遇等对策，以达到防止再犯及使犯罪者重新复归社会为目的之刑事政策。〔3〕严格刑事政策的对象，主要为重大犯罪及危险犯罪者；而其基本策略与目的，则为对于重大犯罪者于刑事立法上采取报应思想，对于刑事司法及执行上而从重量刑、从严处遇，以维持法社会秩序而压制重大犯罪。相对地，宽松刑事政策的对象，主要为轻微危害行为及有改善可能性者；其基本的策略与目的，则为对于轻微危害行为者在刑事立法上考量非犯罪化、刑事司法上考量非刑罚化，刑事执行上考量非机构化，以达到防止再犯及促成犯罪者再社会化。严格刑事政策，往往通过增加罪名法网、加重刑罚、设置严厉的累犯制度等，加强对犯罪的遏制。宽松的刑事政策，往往通过谨慎设定犯罪圈，注重运用其他社会措施疏导犯罪，推广社区处遇来减少刑法资源的发动，主要包括除罪化运动和除机构化运动。除罪化运动，简言之就是将原本列在刑法目录上的犯罪予以删除，当然也包括谨慎对待新增加的犯罪目录。除机构化运动，是指虽然对犯罪人科处制裁，但是不在监狱内执行，而在监狱外执行，包括推广中间处遇制度以及社区处遇制度等。〔4〕

---

〔1〕《强化法治意识　推进严打整治》，载《人民法院报》2001年9月15日。

〔2〕参见刘家琛：《量刑的合理化评价——兼论刑罚适用及其价值取向》，载赵秉志主编：《中韩刑事制裁的新动向》，中国人民公安大学出版社2005年版，第18页。

〔3〕参见郑善印：《两极化的刑事政策》，载《罪与刑：林山田教授六十岁生日祝贺论文集》，台湾五南图书出版公司1998年版，第734页。

〔4〕参见王作富、庄劲：《网络黑客：群体文化、心理类型与刑法因应》，载高铭暄、赵秉志主编：《刑法论丛》（第9卷），法律出版社2005年版，第27页。

两极化刑事政策是伴随着矫治、医疗模式的衰败以及正义模式的兴起而出现的。正义模式正是自由派为追求受刑人人权保障,避免国家假借矫治处遇为名过度侵害人权而构建的理论。其主旨便在于:就矫治而言,强调应有受刑人同意;就司法而言,要求公正应报。其中,公正应报的量刑系正义模式讨论的主要议题。因为量刑是否符合公正应报,比受刑人是否同意接受矫治处遇更能够切合自由派对于保障人权目标之达成。随着理论研究的逐步深入,20世纪70年代至80年代正义模式在美国以及北欧诸国刑事司法中得以大量运用。[1]

两极化刑事政策区别不同的犯罪和犯罪人进行不同的处理,体现出"区别对待、宽严相济"的精神,同时其只惩办少数重大犯罪和危险犯罪人,而对大量的轻微犯罪及偶犯、过失犯宽大处理,甚至非罪化,又与"惩办少数、宽大多数"的精神相吻合。因此,从这个意义上说,两极化刑事政策的主张和内容所体现出来的精神实质,同中国"惩办与宽大相结合"基本刑事政策的内涵颇具一致性,甚至可以说其内容更明确、更合理。正是基于两者基本精神的契合,使我们可以在立足中国现实境况的前提下,顺应世界刑事政策发展潮流,借鉴两极化刑事政策,着力重构中国当代的基本刑事政策。[2]

事实上,我们认为,两极化刑事政策中也蕴含着人权保障之基本意蕴。不仅仅因为该刑事政策理论构建之初衷便在于彰显保障人权的要求,更在于其严格刑事政策与宽松刑事政策均体现了人权保障之基本理念。在其严格刑事政策中,尽管强调对重大犯罪及危险犯罪人采取严格处遇,但该政策同时要求严格地使用国家独占的刑罚权。[3] 这同样体现了对犯罪人、被告人合法权益的保障。而且,严格刑事政策的侧重点乃在于抑制同种犯罪及预防犯罪的目的,以维护正常的社会秩序,保障更为广泛的普通社会民众之合法权益。而在宽松刑事政策中,则强调对于轻微犯罪及某种程度有改善可能性的犯罪人,尽量抑制刑罚权的行使,而改以其他替代措施来代替刑罚,以达到防止再犯及预防犯罪目的。其更侧重于对犯罪人、被告人合法权益的保障。可以说,严格刑事政策与宽松刑事政策各有侧重、相得益彰,共同凸显了两极化刑事政策所具有的人权保障之底蕴。

三、中国刑事司法中人权保障的具体问题

中国当代刑法中的人权保障不应仅仅停留于刑法立法层面,更应在刑事司法运作中得到切实的贯彻。随着中国近年来刑事司法改革的深化,人权保障之现代法治理念亦逐渐根植于刑事司法领域,并在具体刑事司法活动中得到了较为充分的体现。下文即专门探讨刑法适用、刑罚裁量、刑罚执行等具体刑事司法活动中的人权保障问题。

(一)刑法适用中的人权保障

刑法适用,是指国家有关司法机关依法行使刑罚权,将刑法规范适用于具体行为人的一种专门活动。刑法适用是刑事司法的核心环节,几乎贯穿刑事诉讼活动的全过程。从侦查、

---

[1] 参见廖万里:《中国当代基本刑事政策研究》,中国人民大学2005年博士学位论文,第50页。
[2] 参见廖万里:《中国当代基本刑事政策研究》,中国人民大学2005年博士学位论文,第57页。
[3] 参见许福生:《变动时期的刑事政策》,台湾地区中央警察大学出版社2003年版,第33页。

起诉、审判到行刑都或多或少地涉及刑法适用问题。由于刑法适用以是否给予刑事制裁为主要内容，因而必然与人权保障问题紧密关联。在此仅就刑法司法解释及刑罚适用中的人权保障问题略抒己见。

1. 刑法司法解释与人权保障

刑法司法解释，就是由最高司法机关对刑法的含义所作的阐释与说明。在当下中国，有权进行司法解释的是最高人民法院和最高人民检察院。自 1979 年刑法典颁行以来，最高人民法院和最高人民检察院（以下简称“两高”）分别就审判工作和检察工作中具体应用刑法的问题作过很多解释，“两高”还多次就某些犯罪案件如何具体应用法律问题联合作出司法解释。1997 年刑法典颁行至今，“两高”亦已分别或者联合发布了近百个刑法司法解释。对于刑法规定不够具体的犯罪，最高司法机关通过进行司法解释，指导具体的定罪量刑活动，这对于弥补立法的不足，统一规范和指导刑事司法实务，保证刑事法律的正确适用，无疑具有积极而重要的意义。但是，进行司法解释不能超越其应有的权限，无论是扩张解释，还是限制解释，都不能违反法律规定的真实意图，更不能以司法解释代替刑事立法。否则，就会背离罪刑法定原则，从而对公民人权造成冲击。

就现行刑法司法解释来说，基本能够体现罪刑法定原则保护人权之初衷。例如，“两高”《关于适用刑事司法解释时间效力问题的规定》第 3 条明确规定，对于新的司法解释前发生的行为，行为时已有相关司法解释，依照行为时的司法解释办理，但适用新的司法解释对犯罪嫌疑人、被告人有利的，适用新的司法解释。这一规定体现了从旧兼从轻的原则，而其精髓则是维护犯罪嫌疑人、被告人之合法权益。再如，2003 年 1 月，最高人民法院作出的《关于行为人不明知是不满 14 周岁的幼女，双方自愿发生性关系是否构成强奸罪问题的批复》即规定：“行为人明知是不满十四周岁的幼女而与其发生性关系，不论幼女是否自愿，均应依照刑法第二百三十六条第二款的规定，以强奸罪定罪处罚；行为人确实不知对方是不满十四周岁的幼女，双方自愿发生性关系，未造成严重后果，情节显著轻微的，不认为是犯罪。”这一规定较好地体现了刑法人权保障机能与社会保护机能的统一，即在对幼女予以特殊保护的同时，也强调只有主观上“明知”对方系幼女的才能构成奸淫幼女犯罪，以突出对犯罪嫌疑人、被告人合法权益的维护。[1]

当然，目前也还存在某些刑法司法解释有悖罪刑法定原则之现象。例如，2002 年 3 月，最高人民检察院以“通知”的形式对足球“黑哨”问题作出司法解释，认定“黑哨”行为属于商业贿赂，对收受贿赂的裁判可依据刑法典第 163 条之规定，以公司、企业人员受贿罪论处。

---

〔1〕 最高人民法院这一批复是就辽宁省高级人民法院请示的一个案件所作的司法解释。这本是一个寻常的司法解释，但却由于有关方面的关注和学者的论说在社会上引起了轩然大波。对该司法解释的不同意见不仅涉及奸淫幼女行为个案的处理，而且关涉主客观相统一原则等相关刑法基本理论应否重构的问题。为此，2003 年 9 月 1 日，中国人民大学刑事法律科学研究中心曾举办了“最高人民法院有关‘奸淫幼女犯罪’司法解释专题研讨会”，就上述司法解释及相关刑法问题进行专门研讨。与会者经深入研讨一致认为，中国刑法中主客观相统一原则不容动摇，有关“奸淫幼女犯罪”的司法解释符合中国刑法的规定，贯彻了主客观相统一原则，并体现了刑法社会保护机能与人权保障机能的统一，因而基本上是正确的，它既不是一个不公正的司法解释，也不会影响对幼女这一弱势群体的特殊保护。参见阴建峰：《刑法主客观相统一原则岂能动摇——最高人民法院有关“奸淫幼女犯罪”司法解释专题研讨会纪要》，载《法学》2003 年第 10 期。

而事实上,根据中国《体育法》,足协属于社会团体,既非公司,亦非其他企业。足球比赛中的裁判系足协所聘用,即便将其视为足协工作人员,其充其量也只是社会团体工作人员,根本不能以公司、企业人员受贿罪论处。而最高人民检察院这一司法解释无疑是对刑法典第163条之规定的肆意拓展,有违罪刑法定原则,以致对相关人员合法权益产生威胁。因此,最高司法机关就刑法条文的含义作司法解释时,不应削足适履,用僵硬的法条套用于一切社会冲突,而应遵循罪刑法定原则之基本要求,力求实现刑法社会保护机能与人权保障机能之统一。

2. 刑罚适用与人权保障

近年来,中国法院不断加强刑罚适用中的人权保障工作,严把案件事实关、证据关、程序关和适用法律关,坚持重罪重罚,轻罪轻罚,无罪不罚。1997年至2002年,共对不构成犯罪的11,651名自诉案件被告人、17,870名公诉案件被告人依法宣告无罪,确保无罪的公民不受法律追究。[1] 2003年,中国法院共审结各类一审刑事案件634,954件,其中危害公共安全犯罪案件57,505件,侵犯公民人身权利、民主权利的犯罪案件184,018件,侵犯财产犯罪案件278,969件,也有效地维护了被害人的合法权益。[2] 同时,最高人民法院还明确提出"有罪则判,无罪放人",旨在进一步强调依法审判案件、严格审限制度、切实保障人权,在一定程度上体现了司法活动必须依法进行,体现了人文关怀的精神,体现了司法文明的必然要求。最高人民法院肖扬院长指出,"有罪则判,无罪放人",不仅是对人民法院刑事审判工作的基本要求,更是对广大法官树立惩罚犯罪与保障人权并重的刑事司法观念的有力促进,不仅具有很强的现实意义,从长远来看,也是社会主义民主法制建设发展的必然要求。[3]

具体而言,刑罚适用中主要有如下问题与人权保障密切相关,值得深入研讨:

(1)关于死刑适用中的人权保障。

死刑的立法与司法情况是一个国家刑法之人权保障的重要标志。限制、减少死刑乃至废除死刑已成为世界的潮流与趋势。中国刑法在保留死刑之前提下,究竟应如何限制与减少死刑?我们认为,无外乎立法和司法两种渠道。就中国刑事法治现状分析,从立法上控制死刑虽具有一定的可操作性,但基于立法程序的烦琐乃至社会总体价值观之考量,恐怕短时期内在大量减少死刑方面难有大的作为。而从司法渠道严格限制与切实减少死刑实际适用的范围和规模,相对而言则有更大的空间。从司法渠道限制乃至逐步减少死刑适用,既可以在适当保持死刑威慑力之同时,起到限制乃至切实减少死刑之实效,又可以回避社会舆论之压力。而要实现死刑的司法控制,首先,要求刑事法官转变观念,重新审视死刑存在尤其是大量适用的正当性与合理性,充分认识死刑的局限性及其自身不可避免之诟病,树立慎重适用死刑的观念。为此,在死刑适用上我们不仅要反对滥用死刑、迷信死刑的倾向,亦要反对"舆论杀人"之现象。其次,要注意充分发挥死缓制度等现有刑法制度的功效,使其形成一

[1] 参见范伟、李玉梅:《心系百姓　司法为民》,载《学习时报》2003年第202期。
[2] 转引自国务院新闻办公室:《2003年中国人权事业的进展》,载《法制日报》2004年3月31日。
[3] 参见范伟、李玉梅:《心系百姓　司法为民》,载《学习时报》2003年第202期。

个强有力地限制死刑实际执行的“过滤层”。此外,还应该完善对被判死刑人的救济机制,以维护被判死刑人的基本权利。[1]

(2)关于最高人民法院收回死刑核准权的问题。

2005年10月26日,最高人民法院发布《人民法院第二个五年改革纲要》(以下简称《纲要》),针对当前中国司法体制中存在的问题,系统部署了2004年至2008年中国法院改革的各项措施,启动了中国法院新一轮的全面改革。《纲要》明确提出,改革和完善死刑复核程序,落实有关法律的规定和中央关于司法体制改革的部署,由最高人民法院统一行使死刑核准权,并制定死刑复核程序的司法解释。[2]

事实上,死刑核准权是中国最高法院的一项重要的法定权力,将它收回并依法慎用实在很有必要。死刑核准是保障死刑立法规定适用和司法程序正当的重要程序。中国1979年通过的第一部刑法、第一部刑事诉讼法均规定:死刑除依法由最高法院判决以外,都应当报请最高法院核准。但后来在1983年“严打”中,为从重从快打击犯罪分子,全国人大常委会通过修改《人民法院组织法》,对死刑复核权做了重要修改,即“杀人、强奸、抢劫、爆炸以及其他严重危害公共安全和社会治安判处死刑的案件的核准权,最高人民法院在必要的时候,得授权省、自治区、直辖市高级人民法院行使。”据此,最高法院于1983年9月7日对上述案件进行了授权,于是便形成了死刑核准权由最高法院和高级法院分别行使的局面。此后,最高法院又先后授权云南、广东等6省区高级人民法院核准部分毒品犯罪死刑案件。这样只有危及国家安全、部分经济犯罪、职务犯罪等死刑案件要交由最高法院核准。1996、1997年中国修订后的刑事诉讼法、刑法均明确规定:死刑核准权应由最高人民法院行使。虽然新法作了修改和规定,但是在实践中仍在采用旧法作为依据,即绝大多数死刑案件仍由高级人民法院核准。

中国刑事法学界对最高人民法院收回死刑核准权的问题讨论过多次,且均持肯定主张。我们认为,最高人民法院依法收回死刑案件的核准权,其意义十分重大。首先,有利于保证死刑适用程序、标准的统一。平等适用法律既是一项宪法原则,也是保障人权的基本准则。这一原则在刑法、刑事诉讼法上均有相应规定。而死刑案件核准权的下放,不仅使不同死刑案件产生审级、程序上的差异,更会导致死刑适用尺度的不统一,故而在一定程度上违反了这一原则的要求。而最高法院依法收回死刑案件的核准权当然便可以有效避免上述现象的出现。其次,有利于保证和提高死刑案件的办案质量。死刑核准权是刑事法治领域内的一项重要权力,最高人民法院作为最高司法机关,这项权力是不能放弃的。俗话说“人命关天”,不能有半点马虎。据介绍,经最高人民法院以往核准的死刑案件中,纠错、改判的比率却相当高。这也说明了由最高司法机关统一掌握死刑适用的实际作用。将死刑核准权收归最高人民法院后,可以统一司法,最大限度地提高死刑案件质量。最后,有利于中国积累死

---

[1] 参见赵秉志主编:《中国废止死刑之路探索》,中国人民公安大学出版社2004年版,第34~35页。

[2] 参见倪晓:《最高法院发布第二个五年改革纲要确定50项改革措施 死刑核准权统一收归最高法院》,载《法制日报》2005年10月27日第1版。

刑案件的办案经验,并在司法上切实减少死刑案件的适用。法律要求死刑案件的核准程序是非常严格的,绝不允许流于形式,而以往最高人民法院在死刑案件中的纠错、改判比率说明,死刑核准权的下放,不利于从严控制死刑的适用面。因此,最高人民法院收回死刑案件核准权是一项维护宪法对人权的尊重和保障、维护刑事法治公正、切实减少死刑适用的重大措施,是对中国刑事法治进步文明的重大贡献。此外,在世界范围内履行中国所加入的国际公约、国际条约规定的保障人权的义务,也要求我们采取切实措施来限制和减少死刑的适用,收回死刑核准权即是其中重要的一环。更何况,收回死刑核准权是严格执行中国现行刑事诉讼法、刑法的明文规定的要求。1996 年刑事诉讼法典、1997 年刑法典都已对此做了明确规定,按照新法优于旧法的原则,死刑核准权继续下放是没有法律依据的,是违背新法律的。

当然,收回核准权后,最高法院还需采取一系列的措施来解决复核案件数量增多的问题。如可考虑在全国几个大区范围内设立分院,或根据需要增加最高法院核准死刑的机构和法官数量,改进最高法院审判委员会制度并增设专司死刑核准的专门化审判委员会等。不管采取何种措施,统一死刑案件适用标准,提高死刑案件办案质量,切实减少死刑适用数量,并有效维护犯罪人、被告人的合法权益,应是死刑复核程序的主要目的。鉴此,在将死刑核准权收归最高人民法院后,死刑适用标准应当基本统一。同时,基于法律公正、被告人权利保障、诉讼效率和实践中不同的案件情况的综合考虑,提审被告人,听取被告人及其辩护人的意见应当成为此阶段的基本要求。此外,死刑复核程序应当设定审限。不过,出于慎重适用死刑和保障判决准确性之考量,死刑复核程序的审理期限可适当放宽,以有利于案件的充分复查核对。具体审理期限的确定,应在充分调查研究的基础上合理确定。

(3)关于非监禁刑的重视适用。

在中国应当严格限制死刑并且目前广泛适用自由刑的情况下,考虑到羁押犯罪人较多以及切实保障人权的综合需要之情况,我们主张,应该注意扩大非监禁刑的适用。对初犯、偶犯、过失犯罪、未成年人犯罪、被迫犯罪等情形,尽可能地多判处管制、拘役、罚金刑、没收财产等非监禁刑;判处有期徒刑或者无期徒刑的,也应注意依法适用假释、减刑、缓刑,从而对罪犯进行适当的分流,防止交叉感染,尽可能地让危险性不大、主观恶性较低的罪犯接触社会,在社会活动中进行改造和恢复。这不仅有利于促使犯罪人改过自新,降低再犯罪率,而且还有助于刑罚目的之达成。事实上,扩大非监禁刑的适用既是中国现行“惩办与宽大相结合”基本刑事政策的要求,也是作为两极化刑事政策重要组成部分的宽松刑事政策的要求,是刑事司法中切实贯彻人权保障的重要方面。

(二)刑罚裁量中的人权保障

刑罚裁量,亦即量刑,从动态意义上讲,是指法院在定罪的基础上,依法确定对犯罪人是否判处刑罚、判处何种刑罚以及判处多重刑罚,并决定所判刑罚是否立即执行的审判活动。从静态意义上讲,则是法院上述活动的结果。刑罚裁量的结果直接关涉犯罪人的自由、财产、资格乃至生命等基本权益是否被剥夺以及受到何种程度的剥夺。

1. 法官自由裁量权与人权保障

自由裁量权，是指法官在案件的审判活动中根据公平、正义的原则酌情对案件作出裁决的权力。法官自由裁量权的提法源于英美法，是伴随着英国衡平法的出现而产生的。在中国，尽管曾有人竭力否认法官具有自由裁量权，但实际上法官自由裁量权是客观存在的。对之视而不见显然是一种不负责任的规则完美主义态度，完全忽略了法官在抽象法律规范具体化过程中所起的决定作用。[1] 法官自由裁量权的存在，为对付纷繁复杂的犯罪和犯罪人情况提供了保障，同时也为最大限度地发挥刑罚功能，最大限度地实现公正提供了保障。[2] 但是，法官的自由裁量权必须在法律规定之空间内行使，并且牢固树立公正、人权和效益等价值理念。司法实践中，相当一些法官还存有宁重勿轻、多判一年少判一年没有关系、重主刑轻附加刑、重自由刑轻罚金刑等认识上的偏差，究其实质均是欠缺正确的人权保障观使然。

2. 量刑情节与人权保障

量刑情节，是指法院在对犯罪分子量刑时据以处罚轻重或者免除处罚的主客观事实情况。量刑情节一般分为法定量刑情节和酌定量刑情节。法定量刑情节是刑法明文规定在量刑时应当予以考虑的情节；酌定量刑情节是刑法未明文规定，根据立法精神与刑事政策，由法院从审判经验中总结出来的，在量刑时酌情考虑的情节。量刑情节的规定，既使罪刑法定原则在刑之相对确定条件下得以贯彻，又使法官自由裁量权得到合理限制，从而有效地避免了刑之擅断。法院能否正确适用量刑情节，不仅涉及罪责刑相适应原则在刑事司法中是否得到充分体现，而且关系到刑罚个别化原则之实现程度，关系到量刑结果的公正性与合理性，进而直接关涉被告人之合法权益能否得到切实的保障。

目前，司法实践中个案量刑畸轻畸重的现象还较为普遍。其具体表现为：或者仅满足于对法定刑的选择，而忽视对罪量的把握，从而导致刑罚轻重偏差悬殊；或者从重从轻情节适用过度；或者社会危害性和犯罪人的人身危险性大小考量失当。在兼具从重从轻量刑情节时，往往缺乏综合分析，而仅从从重一个方面考察，以致量刑出现过重的偏差，从而危及犯罪人的合法权益。我们认为，在定罪量刑时，不能仅以犯罪危害轻重作为量刑的唯一根据，而应当充分考虑有利于犯罪人的方面，全面考察犯罪人的人格因素，结合犯罪人的可改造程度等具体情况，尽可能维护犯罪人的合法权益。

此外，有必要在此特别提及酌定量刑情节的问题。酌定量刑情节对于公正地适用刑罚、保障被告人的合法权益同样具有不可或缺的意义。然而，在中国的司法实践中，法官往往只重视法定量刑情节，而忽视对酌定量刑情节的处理和认定。被告人的酌定量刑情节往往在判决书中得不到必要的体现；即便予以体现的，有时也只是采取“被告人认罪态度较好，有悔罪表现，可酌情予以从轻处罚”等诸如此类的文字处理，但在具体裁量刑罚时却并没有真正

---

〔1〕 参见周振想、林维：《略论自由裁量及其判决展示和控制》，载刘家琛主编：《当代刑罚价值研究》，法律出版社2003年版，第335页。

〔2〕 参见魏健、商建富：《刑罚适用与法官自由裁量权问题的思考》，载《人民司法》2003年第2期。

给予实质性的反映,从而大大降低了酌定量刑情节的法律效能。其实,正确地把握和运用酌定量刑情节,亦应是法官最终确定量刑的重要环节之一,应予必要而充分的关注。

(三)刑罚执行中的人权保障

刑罚执行,是指有行刑权的司法机关依法将生效的刑事裁判对犯罪分子确定的刑罚付诸实施的刑事司法活动。刑罚执行必须遵循人道主义的原则。具体而言,即是要尊重犯人人格,禁止使用残酷的处罚手段,关心犯人的实际困难,注重犯人的思想品行和文化、技能教育,促使其成为自食其力的新人。20世纪90年代以来,某些西方国家往往在所谓政治犯、酷刑、劳改产品出口、罪犯待遇等方面大做文章,动辄攻击中国的人权问题。为维护中国的国家形象,加强国际司法领域的人权进步,驳斥西方国家对中国的无理攻击,中国政府于1992年8月特别发表了《中国改造罪犯的状况》白皮书,系统阐述中国罪犯改造之状况和主张。1994年12月29日《中华人民共和国监狱法》的颁行,则表明中国政府在依法治监、保障罪犯人权方面取得了显著的成就。

1. 刑罚执行中强化人权保障之具体要求

为进一步强化刑罚执行中的人权保障,贯彻人道主义原则,刑罚执行实践中仍应当注意:(1)在观念上应把犯人当人看待,在人格上不歧视罪犯,严禁刑讯逼供和变相刑讯逼供,不侮辱虐待犯人,竭力消除犯人自暴自弃思想和对立情绪,使其树立起新生的信心。(2)建立科学的刑罚执行制度,正确适用死缓制度,减少死刑的立即执行;改善刑罚执行方式,对少年犯、孕妇及老弱病残犯实行特殊的宽缓政策,对因自然灾害或不能抗拒的灾祸而难以缴纳罚金的予以酌情减免等。(3)在生活上关心犯人尤其是未成年犯,力图医治其心灵上的创伤。(4)对刑满释放人员要贯彻"给出路"的政策,积极为之提供参加学习、工作和劳动的机会。

2. 社区矫正与人权保障

晚近在中国部分地区试行的社区矫正中同样蕴含着重要的人权保障问题。社区矫正是相对于监禁矫正刑罚执行方式而言的,是指将符合社区矫正条件的罪犯置于社区内,由专门的国家机关在相关社会团体和民间组织以及社会志愿者的协助下,在判决、裁定或决定确定的期限内,运用社会力量在社区环境中对罪犯继续执行刑罚的一种开放型改造方式,以期矫正罪犯的犯罪心理和行为恶习。社区矫正缘起于西方国家,其产生与发展深受西方早期启蒙思想家和近代新派教育刑理论的影响。从当前世界刑罚制度的发展趋势来看,社区刑罚制度已被各国广泛使用。但社区矫正制度在中国尚未广泛采用。中国的罪犯改造主要使用的是监禁刑。这往往造成监狱在押人员人满为患,监狱环境"交叉感染",且刑满释放人员因长期监禁,回归社会适应能力差,就业困难,社会歧视明显,重新犯罪多等弊端。社区矫正正是在此种背景下应运而生的。目前,北京、上海、天津、江苏、浙江、山东6省(市)已成为全国首批社区矫正试点地区。北京市从2003年7月1日正式启动这项工作以来,成立了三级社区矫正组织机构,先期试点地区的专业矫正力量达600余人,社会志愿者人员1800余人,矫正组织接收的矫正对象1500余人。各级矫正组织积极解决矫正对象生活问题,先后帮助200人办理了"低保",提供就业指导、培训或安置工作810人次,组织矫正对象参加公益劳动3622人次。从2004年5月1日起，北京市社区矫正试点工作全面启动，届时北京市监外服刑的社区矫正对象将达到3000人。[1]

我们认为，社区矫正是中国改革刑罚执行方式的重大举措。开展社区矫正有利于探索建设中国特色社会主义刑罚执行制度，有利于提高对罪犯的教育改造质量，促进社会治安秩序的良性循环，也有利于充分体现中国社会主义制度的优越性。因此，我们要从保持长期和谐、稳定社会环境的大局出发，在有利于保护社会同时又有利于保障人权的前提下，借鉴国外社区矫正的成功经验，结合中国的国情，进行积极的理论与实践探索和尝试。鉴于中国公安机关承担繁重的社会治安工作，对非监禁刑的执行没有充分有效的力量予以保障，我们认为，可以在司法行政机关内设立专门的社会行刑和矫正机构，统一管理非监禁刑（主要包括管制、资格刑）的执行和缓刑、假释的监督考察工作。此外，社会行刑和社区矫正工作实际上涉及了社会管理、法律制度、心理医疗、文化与技术教育等方面，亟须有专业化的矫正工作人员，应该逐步建立专业化的矫正队伍，必要情况下可以引进义工服务制度。

3. 死刑执行的文明化

死刑的执行方式亦是死刑领域一个不容忽视的问题。在残酷刑时代，刑罚崇尚报复性、威慑性，此时死刑的可怕之处往往还不是其剥夺生命的内容本身，而是其极其残酷的执行方式。到了文明刑时代，刑罚崇尚人道、尊重人权，在尚存死刑的前提下，各国力求采用更为文明、更能减轻痛苦的死刑执行方式。时至今天，死刑执行方式向着科学简易、痛苦更少且最人道的方向发展，且这已成为一种发展趋势。联合国经济社会理事会在《保障将被处死刑者人权的保护措施》中更是明确要求：对于那些尚未废除死刑的国家，执行死刑应尽量降低死刑犯遭受痛苦的程度。鉴此，目前仍保留死刑的国家遂纷纷对死刑的执行方式进行改革，废止过去一些比较野蛮的方法，如斩首、石刑等，而努力采取“干净”的和“减少痛苦”的死刑执行方式。据统计，目前世界上还有约78个国家保留有死刑，其中除极个别国家仍然采用“野蛮”的方法来执行死刑外，绝大部分都是采用枪决或者绞刑的执行方式。[2] 有的国家如美国，还相继发明了电刑、煤气窒息、注射药物等新的力图减少死刑犯痛苦的执行方式。[3]

具体到中国而言，1979年刑法典第45条曾规定：“死刑用枪决的方法执行。”虽然枪决执行死刑的方法较之斩首、石刑等，要人道得多，但比起注射药物等先进的死刑执行方法来，却又显得落后。为此，1996年修订后的刑事诉讼法典第212条第2款规定：“死刑采用枪决或者注射等方法执行。”这意味着中国在继续保留枪决式死刑执行方法的同时，将正式采用注射等其他新的死刑执行方法。这一规定不仅是新型科技成果在刑事司法领域中的具体运用，更是体现了对罪犯人权的基本尊重。它对于改进死刑的执行方式、减少死刑犯的痛苦、推进刑罚的人道化，无疑均具有积极的意义。

在此基础上，我们认为，我国政府和社会对即将执行死刑的犯人应给予必要的人道主义

---

〔1〕 参见张庆：《本市全面启动社区矫正试点矫正对象将达3000人》，载《北京日报》2004年4月9日。

〔2〕 参见“Abolitionist and Retentionist Countries”，载 http://www.deathpenaltyinfo.org/article.php。

〔3〕 参见刘仁文：《改革死刑执行方式，推进刑罚人道化》，载刘仁文：《想到就说：刘仁文法学随笔选萃》，中国人民公安大学出版社2005年版，第117、118页。

关怀。具体包括:(1)死刑执行的时间、地点和执行的方式要及时通知死刑犯及其家属;(2)死刑执行前应当安排死刑犯的亲属会见,并保证必要的时间;(3)绝对禁止执行前游街示众、组织群众观看死刑执行;(4)对死刑犯应给予一定的疏导与安慰,对有宗教信仰的死刑犯,除进行必要的心理辅导外,允许让其所属教会举行简朴的宗教告别仪式;(5)死刑执行方式要尽量使用注射方式,尽量减少死刑犯的恐惧和痛苦,减轻外在形式的残酷性。

四、结语

1997年和1998年,中国政府相继签署了联合国《经济、社会、文化权利国际公约》和《公民权利和政治权利国际公约》,中国全国人大也已于2002年正式批准加入《经济、社会、文化权利国际公约》,同时中国政府亦正在为最终批准《公民权利和政治权利国际公约》作积极的努力。中国共产党十六大报告在党的正式文件中第一次明确提出,保证人民依法享有广泛的权利和自由,尊重和保障人权。这一精髓如今亦已为宪法修正案所吸纳,从而将中国的人权事业推进到一个新的阶段。因此,如何将人权领域所出现的新形势、新精神反映到刑事司法的具体环节之中,现在已经成为中国刑法理论与实务界必须直面并着力解决的问题。我们深信,随着法治的发展和人权事业的进步,我国刑事司法中的人权保障必将取得新的进展。

冤错案件防范中司法理念的变革*

目　　次

一、前言

面对已经发生的冤错案件,我们可以发现:人权保障虽早已明确写入宪法并成为一项公民基本权利,但公安司法机关却可能对侵犯人权的行为熟视无睹;刑事诉讼法早已将疑罪从无作为刑事司法的一项基本原则,但疑罪从轻在司法实践中有时却能大行其道;刑事诉讼法对于定罪量刑规定了严格的证据标准,但诉讼过程中人为降低定罪标准的案件时有存在……因此,虽然防范冤错案件的制度不尽完备,需进一步完善,但是公安司法人员包括政法领导者的主观因素对冤错案件的影响更值得我们警惕。毕竟,司法终究是人的司法,一切司法活动都是在人的主观意志支配下实施的。审视我国近年来发生的冤错案件,可以发现,法治权威的弱化、国家权力的肆意、人权保障的懈怠和司法公正的缺失乃是造成冤错案件的主要因素,而这也与现代法治理念相背离。冤错案件的防范,最根本的就是要改变传统的非法治思维意识,确立全新的现代刑事司法理念。它既影响立法者,也影响司法者,同时还影响着关注刑事司法活动的社会公众。因此,防范冤错案件的机制建构需以转变司法理念为切入点。

二、确立无罪推定原则并抛弃有罪推定观念

无罪推定原则是现代刑事法治的核心原则,其突出地表现为

* 原载《人民检察》2013年第17期。本文荣获《人民检察》“岭南杯”刑事申诉检察理论与实务研究征文特等奖。

区别于传统司法观念而追求限制公权、保障人权的法治精神。依照无罪推定原则的要求,在法院作出有罪判决之前,任何人在法律上都是无罪的。据此,对于涉案的犯罪嫌疑人,侦查机关必须保障其最基本的人权,不能肆意动用国家权力来获取非法证据。比如,不能强迫犯罪嫌疑人自证其罪,要尊重其辩护的权利,等等。而有罪推定则与之相反,其以未经法院判决而先行认定他人成立犯罪为特点,并以此为中心来寻求证据以印证这种推理和判断,从而将犯罪嫌疑人、被告人置于极为不利的地位。考察近年来被披露和纠正的典型冤错案件,公安司法机关都是在先怀疑、拘押犯罪嫌疑人的情况下,围绕预设的目的来寻找有罪证据。这种明显的有罪推定逻辑既禁锢了侦查人员的思维,忽视了对无罪证据的收集和关注,对案件疑点的核实和排除,又不当限制了犯罪嫌疑人为自己辩护、保护自身合法利益的权利。从近年来典型冤错案件的分析中可以看出,秉持有罪推定原则的司法人员至少在以下三个方面与无罪推定理念影响下的司法人员有明显区别:(1)重言词证据尤其是犯罪嫌疑人的口供,轻物证;(2)通常借助刑讯逼供和暴力取证等非法手段获取"证据";(3)重视有罪证据,忽视无罪证据。总之,有罪推定原则在本质上反映了国家公权力的肆意,体现了对公众人权保障的冷淡和漠视。在冤错案件中,正是侦查机关坚持有罪推定,大多数情况下才会对犯罪嫌疑人实施刑讯,以获取最有利的有罪供述。在这种有违现代法治理念的侦查观念之下,侦查机关对于那些已经出现的对被告人有利的证据甚至"真凶"线索都会无动于衷。这也正是许多冤错案件的发生逻辑。如果不抛弃有罪推定的思维,不恪守无罪推定的理念,冤错案件的防范就会失去应有的观念保障。因此,防范冤错案件的第一步,就是要在司法工作人员尤其是侦查人员中切实贯彻无罪推定的原则和理念。

三、恪守疑罪从无原则并摒弃疑罪从轻观念

受主客观因素的限制,在相当数量的案件里,都可能无法还原案件的客观真实,而只能追求法律真实。现代法治也遵循这一规律,在对犯罪人定罪时,只需达到法律真实的标准即可。例如在美国,这个标准是"排除合理怀疑";而在我国则表述为"犯罪事实清楚,证据确实充分。"如果达不到这个标准,通常将其称为疑罪案件即疑案,此时,司法机关应当依法宣告被告人不构成犯罪。这就是现代刑事诉讼规则中的疑罪从无原则。疑罪从无原则实质上是对国家权力的限制和约束,是对公众人权的尊重和保护。可以说,在疑罪从无原则下,大多数的冤错案件都应当因案件证据不足、事实不清而得以避免。但是,现实却是大多数的疑案仍然被按照疑罪从轻来处理。在传统的司法观念下,受"宁可错捕,绝不放过一个坏人"意识的影响,往往遵循疑罪从有的做法处理存疑案件,对嫌疑人予以定罪和从轻处理,即所谓"疑罪从轻"。而"疑罪从轻"与现代法治原则是明显相违背的,也与法治规律相背离。其实,疑罪从轻这种传统而错误的思维还有存在的空间,不单是由于传统观念的长期影响纠正不易,而且有其特殊的原因。它实际上创建了一个让司法人员心理平衡并得以自我安慰的平台。在这一平台上,司法人员给被告人日后翻案留下"余地"的同时,也很容易使自己免

去后顾之忧,冤案的产生也就成为可能。[1] 尤其是在以维稳思维处理司法案件的现实面前,疑罪从轻的裁判不但可以将社会公众心目中的“犯罪人”绳之以法,维护社会稳定,还可以对侦查机关、检察机关有所交代,避免不必要的麻烦。疑罪从轻观念所体现的是对国家公权力的放纵和对公众人权的践踏,与我国依法治国的社会主义法治理念背道而驰。我国刑事司法改革的过程也必然是抛弃疑罪从有、疑罪从轻观念,树立和恪守疑罪从无理念的过程。虽然,疑罪从无原则有放纵坏人的危险,但却有保障人权的特殊功效,相比之下,可以将其视为现代法治建设中必须付出的代价,而这也是现代法治与人权社会应当能够承受的风险。

四、坚守审判中立主义并淡化协作配合方式

审判中立,是指人民法院在审判过程中,居于中间裁判的位置,不受控辩双方的制约和影响。人民法院独立行使职权,只能忠于事实和法律,严格依照法律规定的程序来办理案件。不受其他机关、团体和个人的非法干涉,其他机关、团体和个人也不能非法干预法院的审判活动。可以说,审判中立既是现代刑事诉讼法治中审判机关的应有机能,是现代法治国家的标志,也是我国宪法和法律的要求。我国宪法第 126 条规定,“人民法院依照法律规定独立行使审判权,不受行政机关、社会团体和个人的干涉。”从法治建设的未来趋势判断,在刑事司法活动中切实贯彻落实刑法和刑事诉讼法的相关规定,确保审判中立,符合依法治国基本方略的要求和司法改革的方向。尤其是在党的十八大报告中,提出了进一步深化司法体制改革,坚持和完善中国特色社会主义司法制度,确保审判机关、检察机关依法独立公正行使审判权、检察权的重要决策。此后,中央政法委也提出要求,在政法机关外部,要完善对违反法定程序干预的登记备案报告和通报制度,确保司法权行使不受行政机关、社会团体和个人干涉。这些都充分说明,审判中立原则不但符合现代法治的基本理念,也是现阶段党和国家有关法治方针政策的根本要求。然而,在司法实践中,尤其针对一些重大案件,协作配合办理案件往往会违反审判中立而使司法权力之间的监督和制约机制得不到良好落实。随着司法改革的逐步推进,人民法院独立地位的强化,近年来公检法三机关之间自觉性的配合逐渐减少,但在一些重要案件中出现地方政法委协调办案的情形,成为办案机关协调配合,影响审判中立的主要形式。笔者认为,政法委制度本身并不是产生冤错案件的根源,其主要原因只是权力的不当介入,破坏了个案办理应恪守的审判中立原则。因此,司法中立的恪守,要求改变传统的维稳思维模式,通过法治途径来约束权力的不当行使以确保社会稳定和国家的长治久安。政法委作为政法工作的管理部门,应当回归其政治领导、政策指导、观念引导的本职工作,对司法工作进行宏观指导而非个案介入,以理性的、符合司法规律的方式来促进社会稳定。在互相协作、互相配合作为法律明确规定的情况下,只能弱化协调办案和协作办案的传统,强化审判中立的保障,以各级党委政府为切入口,加强国家权力之间的限制、监督和制约。毕竟,审判中立是现代司法的根基,公安司法机关在办案过程中的协调配

---

〔1〕 参见刘宪权:《“疑罪从轻”是产生冤案的祸根》,载《法学》2010 年第 6 期。

合仅仅是在保持审判中立的基础上，为了共同的法治目标而实施的策略性行为。

五、塑造法治权威主义并瓦解司法工具主义

国家对社会管理的权威性，既可以来源于国家机器的强压统治，也可以基于国家发展的规则之治。前者强调法律只是进行统治的工具，社会公众只是治理的客体即对象；后者则注重法治权威的培养，把法律作为奠定国家权威的基石，不管是社会公众，还是国家机关及其领导者，都要受法律的约束和调控。限制人们行为的除了国家的法律法规，其他都不能对人产生根本性的影响。在上述两种不同理念的支配下，对刑事案件的处理也会出现截然不同的结果。法治权威主义把法律作为认定犯罪、追究犯罪和惩治犯罪的唯一依据，通过依法追究犯罪来树立法律和法治的威信，从而确保社会稳定和公众对社会发展的信心。然而，“在我国，由于受‘法律治理化’的政法传统影响，我国的法院始终被定位于社会治理工具，而不是居中裁判的司法权威机构。”[1]在这种情况下，法律也成为社会管理的工具，规范性的犯罪标准也在维护特定区域稳定抑或其他目的的影响下而被随意降低。例如，刑事诉讼法规定的定罪标准是犯罪事实清楚、证据确实充分，但是在一些冤错案件中，这些标准被人为地降低为犯罪事实基本清楚，证据材料基本充分，从而就认定被告人构成犯罪。显然，在这样的逻辑中，法律规范仅仅是其进行社会治理的工具，符合法律规范便依法而治；不符合法律规范要求的，便降低法定标准来应对。可以说，大多数冤错案件都是降低了犯罪成立标准的案件，都是司法工具主义的恶果。只有建立真正意义上的法治权威，把一切都纳入法治轨道，冤错案件发生的社会土壤才会逐步得到根除。司法工具主义的法律观在维稳思维模式下更应警惕。回顾近年来发生的冤错案件，大多属于在性质上十分严重、社会关注度大的案件。而这些案件也往往成为维稳的重要对象，法律亦成为党政司法机关确保社会稳定的工具。司法工具主义的盛行，来源于传统维稳思维所具有的偏差，颠倒了法治与社会稳定的关系。从冤错案件中维稳风险的出现来看，后者恰恰来源于有关部门并没有认真执法。由此看来，维稳风险在多数场合下源于司法者司法工具主义的错误观念。只有树立法治权威的理念，才能建立依法治理与社会稳定的良好关系。司法理念是司法制度确立及其运行的基础，也是公安司法工作者参与执法司法活动的行动指南。先进的司法理念能够有效弥补制度上的瑕疵，在确保制度稳定性的同时适应不断发展变化的现实社会。然而，司法理念的重要性并不意味着其一定能够在司法实践中得到贯彻，需要通过相应的制度督促人们去认同它、遵守它、敬畏它。这就要求我们在将理念予以原则化的同时，建立起完备的保障机制。笔者认为，在刑事司法实践中贯彻落实现代法治理念，需要注意三个方面：一是要将相关的司法理念纳入具体制度中去。比如贯彻疑罪从无的理念，不但要将其作为一项基本原则规定在刑事诉讼法总则中，还要进一步明确定罪标准和疑案的处理原则，从而增强司法理念的现实可操作性。二是要加强监督制约机制，督促公安司法机关积极贯彻现代司法理念。比

---

〔1〕 王普、王晓飞：《冤案的发生过程及其防范——以司法场域动作逻辑为视角》，载《黑龙江省政法管理干部学院学报》2011年第4期。

如,可以提高辩护律师在刑事诉讼过程中的地位,以控辩平衡为目标完善相关制度,加强律师执业的权利保障等。三是完善责任追究机制,使背离司法理念的行为得到有效惩治。目前,我国正致力于建立直接办案人员的责任追究机制,中央政法委在最近出台的切实防范冤错案件的意见中也对此有了进一步强调,即要求建立直接办案人员办案责任终身制。从整体来看,还要明确干预审判中立的领导责任追究制度,并应当认真研究,予以完善。

略论最高人民法院收回死刑核准权之目标与原则*

目　　次

一、前言

2005年10月26日，最高人民法院发布《人民法院第二个五年改革纲要》（以下简称《纲要》），针对当前中国司法体制中存在的问题，系统部署了2004年至2008年中国法院改革的各项措施，启动了中国法院新一轮的全面改革。《纲要》明确提出，改革和完善死刑复核程序，落实有关法律的规定和中央关于司法体制改革的部署，由最高人民法院统一行使死刑核准权，并制定死刑复核程序的司法解释。〔1〕 事实上，死刑核准权是中国最高人民法院的

---

* 本文最初系作者在参加最高人民法院2005年11月18日～19日于武汉召开的“死刑核准权收回问题专家座谈会”上的发言稿，后经修改于2005年12月25日在北师大刑科院“关注死刑改革系列论坛”第1期上作了主题发言。原载《刑法评论》2006年第2卷。

〔1〕 参见倪晓：《最高法院发布第二个五年改革纲要确定50项改革措施　死刑核准权统一收归最高法院》，载《法制日报》2005年10月27日。

一项重要的法定权力，将它收回并依法慎用确实很有必要。死刑核准是保障死刑立法规定适用和司法程序正当的重要程序，应该说具有非常重要的理论与实践意义。国家立法机关和中央政法领导机关应当利用最高人民法院收回死刑核准权之重大契机，带动中国刑事法治相关内容的合理改革。为促进此一重大改革举措的顺利实施，本文拟就最高人民法院收回死刑核准权的目标与原则略作探讨。

二、最高人民法院收回死刑核准权之目标

最高人民法院依法收回死刑案件的核准权，无疑是当代中国极具震撼性的法治进步事件。其所带来的并不仅仅是最高司法权获得应有的尊重，更重要的是它所蕴含的一系列变革，必将涉及立法、司法乃至社会各个层面，可谓揭开了刑事法治改革进程的新篇章。

（一）司法目标

最高人民法院收回死刑核准权之司法目标主要在于：统一死刑适用的标准，保证死刑案件的质量，严格控制死刑案件的数量。

其一，最高人民法院收回死刑核准权之首要目标应在于保证死刑适用程序、规则的统一。平等适用法律既是一项宪法原则，亦是保障人权的基本准则。这一原则在刑法、刑事诉讼法、刑事证据法上均有相应规定。而死刑案件核准权的下放，不仅使不同死刑案件产生审级、程序以及规则上的差异，更会导致死刑适用尺度的不统一，故而在一定程度上违反了这一原则的要求。而最高人民法院依法收回死刑案件的核准权当然便可以有效避免上述现象的出现。

其二，最高人民法院收回死刑核准权之目标还在于保证和提高死刑案件的办案质量。死刑核准权是刑事法治领域内的一项重要权力，最高人民法院作为最高司法机关，这项权力是不能放弃的。俗话说"人命关天"，不能有半点马虎。据介绍，以往经最高人民法院核准的死刑案件中，纠错、改判的比率相当高。这也说明了由最高司法机关统一掌握死刑适用的实际作用。将死刑核准权收归最高人民法院后，可以统一司法，最大限度地提高死刑案件质量。

其三，严格控制死刑案件的数量亦应是最高人民法院收回死刑核准权之重要司法目标。事实上，最高人民法院收回死刑核准权，不仅有利于中国积累死刑案件的办案经验，而且必然会在司法上切实减少死刑案件的适用。法律要求死刑案件的核准程序是非常严格的，决不允许流于形式，而以往最高人民法院在死刑案件中的纠错、改判比率说明，死刑核准权的下放，不利于从严控制死刑的适用面。因此，最高人民法院收回死刑案件核准权是一项维护宪法对人权的尊重和保障、维护刑事法治公正、切实减少死刑适用的重大措施，是对中国刑事法治进步文明的重大贡献。其实，最高人民法院收回死刑核准权，并采取切实措施来限制和减少死刑的适用，也可以在世界范围内履行中国所加入的国际公约、国际条约规定的保障人权的义务。

（二）立法目标

尽管1996年刑事诉讼法典、1997年刑法典都已明确规定，死刑核准权只能由最高人民法院行使，最高人民法院收回死刑核准权只不过是严格执行中国现行刑事诉讼法、刑法的法律规定的要求，但是，为保证最高人民法院顺利收回死刑核准权，国家立法机关仍必须采取

一系列配套立法措施,改革刑事实体法、刑事程序法甚至法院组织法等相关法律。这也正是最高人民法院收回死刑核准权之立法目标所在。

从刑事实体法角度而言,立法机关首先应该尽快采取相应举措,切实减少死刑罪名,并对无期徒刑、有期徒刑等具体刑罚种类进行改革,完善减刑、假释等刑罚制度。从刑事程序法方面来说,基于法律公正、被告人权利保障、诉讼效率和实践中不同的案件情况的综合考虑,提审被告人,听取被告人及其辩护人的意见应当成为死刑复核阶段的基本要求。同时,死刑复核程序应当设定审限。不过,出于慎重适用死刑和保障判决准确性之考量,死刑复核程序的审理期限可适当放宽,以有利于案件的充分复查核对。具体审理期限的确定,应在充分调查研究的基础上合理确定。此外,死刑案件审理方式之改进、死刑复核程序之完善、死刑案件证据规则之构建等,都是关乎中国死刑改革进程中不可或缺的制度与程序保障。就法院组织法而言,应根据需要增加最高人民法院核准死刑的机构和法官数量,改进最高法院审判委员会制度并增设专司死刑核准的专门化审判委员会等。

(三)社会目标

随着中国社会的进步、法治的发展和人权观念的转变,尊重和保障人权愈益得到国家的关注与重视,并为之进行了不懈的努力。及至2004年3月,十届全国人大二次会议向世界庄严宣示:把“国家尊重和保障人权”载入宪法。这无疑是我国政治生活和政治文明建设的一件大事,是中华民族文明史和中国人权发展史上的伟大里程碑。事实上,伴随着人类社会文明的全球化发展,人权已成为当今世界各国和国际社会处理政治、经济、法律等事务时必须优先予以考虑的问题。而在法治社会的刑事法治这一重要领域,刑事立法的完善与刑事司法的发展当然也必须切合人权保护之时代要求。

死刑是以剥夺犯罪人的生命为内容的最极端、最严厉的刑罚方法,而生命权是人权最基本、最核心的内容,因此,讨论人权不能不涉及死刑问题。最高人民法院收回死刑核准权,实乃人权观念不断张扬的必然结果。而这一法治进步不仅可以极大提升和改善国家的人权状况,还可以反过来促进社会公众以死刑犯人权为核心的人权保障观念的整体进步,并有力推动全社会死刑观念的变革。而这实际上也正是最高人民法院收回死刑核准权的社会价值之体现。

三、最高人民法院收回死刑核准权之原则

为了达到最高人民法院收回死刑核准权的上述立法、司法与社会目标,不仅要求我国的刑法、刑事诉讼法必须适时做出相应的修改,而且有关刑事司法官员也必须尽快转变崇尚重刑、崇尚死刑的司法理念。在此基础上,讨论和明确在此过程中应予贯彻的原则性共识问题可谓至关重要。如此方能够确保引导、促进这项重大法治进步工程的顺利运作和逐步成功。

概括而言,我们认为,最高人民法院收回死刑核准权所开启的死刑改革进程,应当贯彻如下六项主要原则:

(一)有利于切实减少死刑实际运用的原则

如何切实废止死刑的问题,不仅关涉中国社会文明与法治发展进步程度,而且彰显公民

人权之发展水平,因而具有非常重要的理论与实践意义。如今,刑法学者乃至高层次的实务专家逐渐趋于一致地认为,中国目前应通过完善刑事立法和司法的方式努力减少与严格限制死刑,在未来则一定要顺应国际社会法治发展进步的潮流而全面废止死刑。但是,如何对现行死刑制度进行改革,切实推动中国废止死刑的进程,是值得认真思考和研究的重大课题。我们认为,死刑废止不能仅仅停留于方向性探讨呼吁,如果不能切实采取措施减少死刑的实际运用,则无助于问题的解决,至少可以说作用极其有限。鉴此,应该本着理智、务实之态度,寻求从现阶段开始即切实减少死刑适用的具体举措。[1] 而最高人民法院收回死刑核准权无疑正应是这一法治改革进程新的起点。此一刑事法治改革与进步,不能仅仅停留在权力的转移与法律的复位层面,更应获得切实减少死刑实际运用之功效。最高人民法院收回死刑核准权之过程中一切制度与规则设计、机构与人员配置等,均应围绕此项原则开展。只要是基于有利于切实减少死刑实际运用的,现阶段就应当努力推行。

(二)综合治理与合理解决死刑问题的原则

死刑问题的合理解决绝非一朝一夕之功,亦非简单易行、一蹴而就的法律变革,而是涉及政治、法律、社会等诸多方面的长期而棘手的问题。因此,应当把死刑问题的合理解决作为一项重大的系统工程来对待。

伴随着最高人民法院收回死刑核准权,必须综合采取一系列措施,给予全面而系统的应对。进而言之,应通过立法与司法相结合,实体法与程序法相结合,制度改进与理念转变相结合,实务推进与学理、舆论相结合,实务机关与社会各界相结合等综合性的努力,最终实现死刑核准权的顺利回归,并将我国死刑改革进程推向纵深。

(三)必要性与可行性相结合,循序渐进、由易而难的原则

死刑废止问题,不仅仅是一个刑法问题,更是一个复杂的社会问题。就我国社会的现实而言,死刑立法和司法现状可谓问题颇多。我国刑法中死刑罪名的泛滥乃至司法实践中对死刑的过度适用之现状,与当今世界的法治发展进步趋势是背道而驰的。我国死刑立法和司法现状与当今国际社会法治发展进步趋势的强烈反差,引发了关乎现行刑事法治中死刑的配置与适用问题的深刻反思。如今,越来越多的有识之士逐渐认识到,我国的死刑立法过多,死刑司法状况也令人堪忧。于是,改革我国现行死刑制度的必要性亦随之愈益凸显出来。正是基于对改革现行死刑制度必要性的充分认识,我国中央政法领导机关毅然做出英明决策,将死刑核准权收归最高人民法院。为顺应最高法院收回死刑核准权,一系列立法、司法的改革与改进措施也必然随之提上日程。

当然,为了确保这项工程启动顺利和最终达到预期效果,不能仅考虑必要性,还应侧重考虑可行性,考察、分析、预测可行的条件和环境,采取循序渐进、由易而难的逐步发展的方法予以推进。最高人民法院收回死刑核准所启动的我国死刑的改革进程,只有与社会文明程度、法治发展状况乃至人权发展水平相适应,与中国社会主义现代化建设的不同发展阶段相适应,才能在循序渐进地实现法治进步的目标之同时,避免导致不必要的社会震荡。鉴

---

〔1〕 参见赵秉志:《中国逐步废止死刑论纲》,载《法学》2005年第1期。

此,可以考虑先改进至关重要的、必须改的内容,可改可不改的、目前改了有较大副作用的就先不要急着改。

(四)促进刑罚体系科学性的原则

最高人民法院收回死刑核准权后,必须建立一系列的配套制度。而建立科学而完备的刑罚体系,特别是完善现行刑罚种类与刑罚制度,则是其中非常重要的方面。从世界尤其是当今法制发达国家刑罚史的历史嬗变来看,其经历了一个从古代生命刑为中心,到近代的自由刑为中心,再到现代的自由刑与财产刑、资格刑并重,并逐步向财产刑、资格刑为中心过渡的过程。如今伴随着此一刑罚改革之历程,废除或者严格限制死刑已成为世界性的潮流。面对此一国际潮流和趋势,我们应当以最高人民法院收回死刑核准权为契机,积极革新我国现行的以自由刑为中心且生命刑还占有相当比重之刑罚体系,勇于直面目前国内还较为普遍存在的对死刑过度迷信与依赖之现状,并予以理性的反思,从而促进中国现行刑罚体系朝着更加科学系统的方向发展。

一方面,最高人民法院收回死刑核准权,并且严格限制适用死刑,必然导致某些死刑罪名不必再适用死刑,而是适用自由刑,包括有期徒刑。在这种情况下,我国刑法典有必要延长有期徒刑的法定最高期限,以服务于限制与废止死刑的实际需要。这样才能有效弥补我国现行刑罚体系存在的“死刑过重、生刑过轻”之结构性缺陷,也才能坚定地贯彻罪责刑相适应的原则,保障刑罚应有的威慑力,同时也能安抚社会情绪,保持社会的稳定。借鉴外国的成功经验〔1〕,并考虑到罪犯执行有期徒刑后的个人实际情况,笔者曾经主张,在不适用死刑基础上有期徒刑的最高法定期限应以25~30年为宜,数罪并罚可考虑为35~40年。〔2〕这一主张也许会被认为刑期过长了,可再研究。若认为刑期过长,可否考虑将有期徒刑的最高法定期限改为25年;数罪并罚时,则可考虑为30年。

另一方面,最高人民法院收回死刑核准权后,还应严格限制减刑、假释的适用。而且,应该提高减刑、假释后实际执行的刑期,例如可以将现行刑法典所规定的“不能少于原判刑期的二分之一”提高到“四分之三”。判处无期徒刑的,则可将其实际执行的刑期,由10年提高到20年或30年。甚至可以对本该适用死刑的某些极其严重的犯罪情形,在废止其死刑后,禁止适用减刑或者假释。立法机关也可以在必要时,授权法官可根据犯罪人之罪行排除减刑、假释的适用。

(五)合理兼顾保障人权与维护社会稳定的原则

保护社会和保障人权是当代刑法的两大机能。保护机能强调的是刑法保护国家、社会和公民个人免遭犯罪侵犯的作用,突出对社会秩序乃至良好社会治安的维护;而保障机能则

〔1〕 例如,《法国刑法典》原来规定的有期徒刑最长为20年,1994年《法国刑法典》进行修订,废除了死刑,并将有期徒刑延长至30年;俄罗斯联邦宪法法院于1999年2月做出了限制死刑的决议,将死刑替换为25年的自由刑或者终身监禁;《意大利刑法典》规定的有期徒刑最高刑期是24年,数罪并罚时若每个犯罪均处24年,则适用无期徒刑;《西班牙刑法典》规定有期徒刑最高刑期为20年,数罪并罚最高不超过30年。

〔2〕 实践中,罪犯大多为中青年,他们若在监狱中度过其身强力壮的时期,出狱后犯罪能力就有很大的弱化,对社会的危险程度亦大大降低。而近年来国家统计局的统计表明,我国男子平均寿命69.63岁,女子平均寿命73.33岁。据此可以推出有期徒刑合理的最高法定期限。

重在防止社会成员尤其是犯罪嫌疑人、被告人、犯罪人免遭国家刑罚权之不当行使的侵犯。两者应彼此关联，密切协作，共同为刑法机能的正常运作发挥作用。在贯彻依法治国、构建和谐社会的大前提下，最高人民法院收回死刑核准权应遵循合理兼顾保障人权与维护社会稳定的原则。

晚近数十年来，随着人权观念的日益弘扬，生命权日益被视为不可剥夺、不可克减的“天赋人权”；死刑之存废也愈益成为与社会文明程度、法治发展状况乃至人权发展水平等攸切相关之重要问题。[1] 而死刑问题的合理解决，正是保障人权的需要。

但同时，死刑的存在毕竟仍符合我国现阶段的社会价值观念，为普通民众所支持，具有满足社会大众报应心理需要的功能。最高人民法院收回死刑核准权所开启的死刑制度改革进程，也需要注意维护社会稳定，维护良好的社会治安。

(六)考虑国际规则、国际状况与立足国情民意兼顾的原则

一方面，限制、减少死刑乃至废除死刑已成为世界性的潮流与趋势，而中国作为国际社会的重要一员，作为签署并将于2008年批准加入《公民权利和政治权利国际公约》的国家，在死刑问题上必须考虑国际规则和国际社会的状况与中国对外开放的重大利益需要。罔顾国际惯例、国际规则而一味闭门造车、自行其是，在全球化时代的今天已没有立足之地。

另一方面，中国现阶段的国情民意及其对死刑改革的制约影响，不能不予考虑。废止死刑虽然是一种合乎理性的选择，但在中国目前还不是一种现实的选择，这是受中国经济、文化和社会整体发展之现实国情所决定的。何况，在传统的刑法万能、重刑主义至上观念仍占一定程度的支配地位的情况下，普通民众对于重刑乃至死刑仍相当的迷信，对于严重暴力犯罪亦怀有强烈的报应观念。死刑变革显然不能脱离上述具体国情、民意与犯罪态势，否则将很难理性地引导民意并说服政治决策者作出合乎理性与具有远见的政治抉择。[2] 例如，贪污罪、受贿罪之死刑鉴于国情民意就不宜贸然一下子废止，而应通过严格限制来逐步为废止死刑创造条件。此外，还要考虑中国所处的地域环境的法治传统与现状，不宜马上与西方法治发达国家看齐。这也是由中国的国情所决定的。

四、结语

以上关于最高人民法院收回死刑核准权的目标和原则的概括与认识不一定准确、全面和妥当，谨供参考。但笔者认为，认真研究和明确最高人民法院收回死刑核准权所启动的关乎死刑问题改革工程中的目标与原则性共识，并努力在实践中改进、在制度改革中予以贯彻体现，这对于保证死刑核准权的顺利回收，并促进死刑问题乃至刑事法治改革进程，无疑均具有非常重要的意义。

---

〔1〕 参见赵秉志：《论中国非暴力犯罪死刑的逐步废止》，载《政法论坛》2005年第1期。

〔2〕 参见梁根林：《公众认同、政治抉择与死刑控制》，载《法学研究》2004年第4期。

关于中国现阶段慎用死刑的思考*

目　　次

一、前言

2011年2月25日全国人大常委会通过的《刑法修正案（八）》明确废止了13种非暴力犯罪的死刑，这是我国继2007年1月1日最高人民法院收回死刑核准权之后又一极具震撼性的死刑改革的重大举措。然而，任何一项关涉人权与法治进步的重大改革都不可能一帆风顺，总会面临着来自各方面的阻力，中国死刑制度的改革尤其如此。前段时间相继发生的药家鑫案〔1〕与李昌奎案〔2〕便再次将死刑制度改革推向了公众舆论的风口浪尖。通过对此两案相关情节的比照，网络与媒体几乎一边倒地质疑云南省高级人民法院二审对李昌奎由死刑立即执行改判为死缓的公正性。在某门户网站的评论中，至少有9成的网友认为李昌奎

---

* 原载《中国法学》2011年第6期；收入田海明主编：《首届中国法律实施高端论坛论文集》法律出版社2012年版。本文2015年荣获第十三届北京市哲学社会科学优秀成果奖二等奖、教育部第七届高等学校科学研究优秀成果奖（人文社会科学）二等奖。

〔1〕 参见《法制日报》2011年4月23日、6月8日。

〔2〕 参见《法制日报》2011年7月15日、8月23日。

“比药家鑫凶残,应判处死刑立即执行”。但是,由于云南省高级人民法院有关负责人在接受记者采访时表示,该二审改判死缓主要是基于目前死刑政策所倡导的“少杀”“慎杀”理念,并宣称“绝不能以一种公众狂欢式的方法来判处一个人死刑”[1],故也有部分媒体聚焦和质疑于“少杀、慎杀”的死刑政策,有的甚至将矛头指向当前的死刑制度改革,使部分民众对我国现阶段的死刑政策和当下死刑改革的方向产生了疑问。尽管随着药家鑫、李昌奎先后被依法判处和执行死刑,这两个案件从法律处断层面已尘埃落定,但这两个案件所引发的相关争议却并未因此而偃旗息鼓。从这两个案件的社会反映中可以看出,大部分民众更多关注的是个案处理的公平与公正,而这又涉及罪前情节(行为人罪前的一贯表现、犯罪动机、犯罪原因等)、罪后情节(自首、民事赔偿、认罪悔罪态度等)以及案外因素(尤其是网络舆情和社会关注度)对死刑适用的影响等诸多因素。

其实,在“少杀、慎杀”的死刑政策中,“少杀”已是我国当下理性的选择与普遍的共识,反映了民智的逐步开启和人权与法治的持续进步;但就“慎杀”来说,无论是其内涵还是贯彻的具体措施,从普通民众到专业人士均有不同的看法。而这也正是药家鑫案、李昌奎案之所以引致民众高度关注的重要原因。对于“慎杀”亦即慎用死刑的准确理解与正确把握,不仅事关“少杀、慎杀”的死刑政策乃至宽严相济基本刑事政策的贯彻,同时也直接关涉中国死刑制度的改革方向,关涉中国法治的文明进步与和谐社会的构建,因而具有重要的研究意义。鉴此,本文以药家鑫、李昌奎案为切入点,以这两个案件所反映出来的有代表性的争议问题为主要线索,就我国现阶段应当如何慎用死刑的刑法问题予以专门研讨。

二、慎用死刑及其价值蕴含

死刑政策是由党和国家制定的对死刑的设置与适用具有普遍指导意义的行动准则,是我国刑事政策的重要组成部分。我国当前死刑政策的完整表述,是“保留死刑,严格限制和慎重适用死刑”。在保留死刑的现状下,“少杀、慎杀”即成为我国现行死刑政策的主旨,它是宽严相济基本刑事政策在死刑配置与适用方面的具体体现。其中的“慎杀”即慎用死刑,它既是我国现阶段死刑司法政策的基本要求,也在立法层面对死刑的配置起着制约与指导作用。

(一)慎用死刑的含义和要求

作为死刑刑事政策的基本内涵,“慎杀”即慎用死刑是指死刑的配置与适用应当慎重而有节制。对于慎用死刑的含义和要求,需要从以下几个方面来把握:

1. 应结合中国“慎刑”之法律文化传统来把握

“慎”字自出现至今已有近三千年历史。据《说文解字》,所谓慎,谨也,从心。另据《尔雅·释诂》,慎也有“思”之义。据此,“慎”应是深思熟虑、审慎为之的意思。“慎”字与“宽”“缓”“仁”“轻”等字没有必然的联系。刑罚的轻重绝非衡量慎刑的最终标准,评价慎刑的标准应为“合理”。“慎刑”不是指具体的刑罚方法,而是统治阶级的刑罚观念即用刑理念。其

---

〔1〕 参见储皖中、施怀基:《云南高院称终审改判基于“少杀慎杀”理念》,载《法制日报》2011年7月6日。

既包括立法层面,也包括司法层面。因此,适应现实社会背景并取得良好社会效果的轻刑、中刑,应属"慎刑";同时,合乎时宜的有节制的重刑也应属"慎刑"的范畴。"慎刑"的反义词不是"重刑",而是"滥刑"。[1] 具体到慎用死刑而言,指应尽可能地适用自由刑等其他刑罚方法,即便是不得已而适用死刑,也要合理、有节制、合乎时宜,决不能滥用。

2. 应从死刑的立法配置与司法适用两方面来考虑

慎用死刑并非仅针对司法机关而言,立法机关亦应一体遵循。就司法领域来说,慎用死刑即是要依法统一死刑案件的适用标准,严格限制死刑立即执行案件的适用条件,扩大死刑缓期执行的适用范围,提高死刑案件的审判质量,努力减少死刑案件的数量,确保死刑只适用于极少数罪行极其严重非杀不可的犯罪分子。而且,拟判处死刑的具体案件定罪或者量刑的证据必须确实、充分,得出唯一结论。对于罪行极其严重,但只要是依法可不立即执行的,就不应当判处死刑立即执行。就立法领域而言,慎用死刑则是指对具体犯罪在立法上要谨慎配置死刑。我国刑法典第 48 条已明确将死刑适用的总体标准限定为"罪行极其严重"的犯罪分子。对此,应本着"少杀慎杀"的死刑政策,将死刑适用的总则性标准切实贯彻于具体犯罪,并对现行刑法中死刑配置不合理之条款逐步予以修正或废止。

3. 应从死刑配置与适用的不得已性上来理解

死刑的配置与适用应具有迫不得已性,即配置或适用死刑确有必要,是反复思虑、迫不得已而为的选择。所谓死刑配置或适用的迫不得已性,是指配置或适用死刑是现实条件下的最后选择,如果有其他可资替代之刑罚,则不能配置或适用死刑。就死刑配置而言,应以预防犯罪的必需为前提,并以符合该罪的罪质为必要。如果通过配置死刑以外的其他刑种,就能够消除犯罪人的犯罪能力,实现刑罚预防犯罪的目的,达到罪责刑之间的均衡,即不必以死刑作为威慑潜在犯罪人或者惩罚犯罪人的措施,就说明不具有配置死刑的迫不得已性;如果对其规定死刑,那么其刑罚配置即属于"过量",就是不合理的。就死刑适用来说,则应以实现罪责刑相适应为必要。对立法上配置死刑的犯罪行为,如果不以死刑加以惩治,就不足以反映行为的社会危害程度和行为人的主观恶性与人身危险性,从而难以有效地维护刑法的公正与社会秩序,则对其适用死刑就具有迫不得已性。在现代人权理念和法治文明之背景下,死刑只有在迫不得已的情况下配置和适用才具有正当性。[2]

4. 应凸显死刑适用的慎重性

所谓死刑适用的慎重性,既主要包括是否判处死刑的慎重性,也同时包括选择死刑执行方式的慎重性。一方面,决定是否判处死刑要特别慎重。从正面来说,对于可能判处死刑的案件,当然要慎重以待,要注意克服重刑主义思想的影响,防止片面从严、盲目从重。对于可判可不判死刑的案件,应该一概不判处死刑。从反面来说,对于确定"罪行极其严重"的犯罪分子不判处死刑时也应该慎重。不能片面理解宽严相济的刑事政策,从而一味地强调从宽,忽视依法应予从严惩处的一面。对此问题,最高人民法院 2010 年 2 月 8 日发布的《关于

[1] 参见孙光妍、隋丽丽:《"慎刑"新释》,载《北方论丛》2008 年第 6 期。
[2] 参见高铭暄:《死刑制度的基本理念:必要性 非常性 慎重性》,载《检察日报》2006 年 12 月 7 日。

贯彻宽严相济刑事政策的若干意见》明确要求，要准确把握和正确适用依法从"严"的政策要求，其第6条即规定，宽严相济刑事政策中的从"严"，主要是指对于罪行十分严重、社会危害性极大，依法应当判处重刑或死刑的，要坚决地判处重刑或死刑；对于社会危害大或者具有法定、酌定从重处罚情节，以及主观恶性深、人身危险性大的被告人，要依法从严惩处。另一方面，对于符合死刑适用条件的犯罪分子，在具体决定其死刑判决是采取立即执行还是缓期两年执行之执行方式时也应有足够的慎重。[1] 最高人民法院《关于进一步加强刑事审判工作的决定》明确指出，"对于具有法定从轻、减轻情节的，依法从轻或者减轻处罚，一般不判处死刑立即执行。对于因婚姻家庭、邻里纠纷等民间矛盾激化引发的案件，因被害方的过错行为引起的案件，案发后真诚悔罪、积极赔偿被害人经济损失的案件等具有酌定从轻情节的，应慎用死刑立即执行。注重发挥死缓制度既能够依法严惩犯罪，又能够有效地减少死刑执行的作用，凡是判处死刑可不立即执行的，一律判处死刑缓期二年执行。"

死刑立即执行与死刑缓期二年执行尽管只是死刑的不同执行方式，但二者间实则是"生死两重天"，而并非如云南省高级人民法院有关负责人就李昌奎案件接受采访时所言的只是"观念上的差别"。[2] 所以，司法实务在具体选择死刑执行方式时，同样应该非常慎重。

5. 应在正确理解"慎杀"与"少杀"之间关系的基础上来把握

尽管我国现行死刑政策将"少杀"与"慎杀"紧密地联系在一起，但二者的侧重点却不尽相同：(1)"慎杀"是实现"少杀"政策的重要途径之一。按照"慎杀"政策的要求，慎用死刑有赖于准确理解并严格把握死刑适用标准，可在实现"慎杀"的同时达到"少杀"之效果。(2)"少杀"强调的是减少死刑的适用；而"慎用死刑"是侧重于对死刑适用标准的准确理解与严格把握。(3)"慎杀"涉及死刑适用的质量问题。只有对适用死刑保持慎重的态度，才能够保障死刑适用的准确性与不适用死刑的合理性。如果不讲求死刑适用或者不适用的案件的质量问题，"少杀"就失去了存在的合理基础。不该适用死刑而适用死刑，当然是对"少杀"的直接违背；该适用死刑而不用死刑，则从根本上也与宽严相济的基本刑事政策相背离，从表面上看似乎是实现了"少杀"的政策，但实则损害了"少杀"政策的刑事法治基础，并不能真正达到其应有的效果，也无法获得社会公众的认可。李昌奎案二审改判所引致的舆论攻讦便是很好的例证。[3]

（二）慎用死刑的价值蕴含

我国现阶段之所以要慎用死刑，除了能达致"少杀"之目标外，其现实的价值还主要体现在：

1. 契合构建和谐社会之社会目标

全球的刑事法治历史经验表明，刑罚犹如一把"双刃剑"，用之得当，则国家和人民皆获

---

[1] 参见张军、赵秉志主编：《宽严相济刑事政策司法解读》，中国法制出版社2011年版，第55页。

[2] 参见储皖中、施怀基：《云南高院称终审改判基于"少杀慎杀"理念》，载《法制日报》2011年7月6日。

[3] 参见黄晓亮：《论社会管理创新视野下的死刑适用慎重性问题》，载朱孝清等主编：《社会管理创新与刑法变革》（全国刑法学术年会文集2011年卷），中国人民公安大学出版社2011年版，第232页。

其益;用之不当,则均受其害。[1] 我国在建设社会主义和谐社会的过程中,尤其要充分考量刑罚的功效。为此,应适时进行刑罚改革,使刑罚种类和刑罚制度的配置、适用与执行更加人道化、理性化;应考察法治发达国家的经验,在社会政治、经济发展到一定阶段时,根据社会发展的实际情况,对刑法进行必要的调整,从而更好地发挥刑法的社会调整功能。我国当下正处于社会转型发展时期,社会发展的趋势要求对刑法进行必要的调整,而其中的重点之一就在于"少杀、慎杀"的死刑政策的切实贯彻,并凸显为限制、减少与慎重适用死刑。

2. 为死刑的立法改革与司法改进提供政策支持

按照马克思主义法学观和法治实践经验,政策是法律的"灵魂"。有什么样的死刑政策就有什么样的死刑立法,从而也会产生与之相应的死刑司法,即死刑立法与死刑司法均受制于死刑政策。[2] 而"少杀、慎杀"即是我国现阶段鲜明坚持的死刑政策,它为限制与减少死刑的适用提供了明确的政策导向,对我国的刑事立法与司法活动均具有极为重要的指导意义。

一方面,慎用死刑政策的切实贯彻有利于积极推进死刑的立法改革。因为在立法层面慎用死刑的政策强调死刑配置的慎重性与合理性,故而可以本此政策精神,从能否预防犯罪、是否符合该罪的罪质等方面入手,对现行的死刑立法进行梳理和评判,从而纠正现行刑法立法中仍存在的死刑罪种过多、死刑适用的条件弹性过大、多种非暴力犯罪仍配置有死刑等不科学、不合理的情状,逐步推进死刑的立法改革进程。而《刑法修正案(八)》对13种罪名死刑的削减,则是应当充分肯定的我国立法机关对慎用死刑的积极努力与显著贡献。

另一方面,慎用死刑的政策也可以促进相关司法举措的改进。基于慎用死刑政策的考量,司法机关应当摒弃崇尚、依赖死刑的观念,排除对死刑案件的非法干扰,尽可能地统一死刑适用的标准,完善死刑案件的二审与核准程序,扩大死缓的适用范围,强化自由刑等其他刑罚方法的执行力,着力替代死刑立即执行的适用。

3. 倡导尊重生命、保障人权并防止错判、误判

尊重生命、保障人权是近年来全球范围内推动死刑限制与废止的内在动因。1989年12月15日联合国大会通过的《〈公民权利和政治权利国际公约〉第二任择议定书》明确指出,废止死刑有助于提高人的尊严和促使人权的持续发展,深信废止死刑的所有措施应被视为是人类在享受生命权方面的巨大进步。而在我国现阶段仍保留死刑的前提下,慎重适用死刑无疑合乎尊重生命、保障人权的基本要求。况且,死刑之判决必须由法官做出,人非圣贤孰能无过?即使法官明察秋毫,但因虚伪证言或不实自白或鉴定有误等主客观情况的存在,均有可能导致裁判有误。死刑本身具有错判、误判等不可逆转之弊端,而错误的死刑裁决一旦付诸执行,即错杀无辜,根本无法救济。对此,美国有学者曾进行了专题研究,发现自1976年美国恢复死刑适用,至2007年5月,在全美25个州中已经有127名无辜者被错误地判处死刑。根据美国"无辜者计划"组织的调查分析,造成死刑错案的原因主要是:(1)目击证人

---

〔1〕 参见林山田:《刑罚学》,台湾商务印书馆股份有限公司1983年版,第127页。

〔2〕 参见钊作俊:《死刑限制论》,武汉大学出版社2001年版,第61页。

指认错误;(2)缺乏科学技术检验证据或者检验错误;(3)警察、检察官的违法行为;(4)律师的无效辩护;(5)犯罪嫌疑人错误认罪,其中包括误导精神不健全者认罪,逼供、诱供等。[1] 在我国,死刑案件错判、误判的现象亦非个别。近年来相继见诸报端的藤兴善案、聂树斌案、杜培武案等,都充分印证了慎重适用死刑的必要性。

4. 适应当下的国情民意

由于目前严重刑事犯罪仍比较猖獗,社会治安形势尚不容乐观,因此,传统的重刑主义思想在当今中国仍有很大的市场,法律实务部门对死刑的迷信与依赖心理依然甚为严重;从立法层面观察,死刑罪名在罪名体系中还占据着相当的比例;从司法实践来看,一些司法实务人员仍抱有崇尚死刑、重刑的思想,在他们看来,要遏制和减少犯罪,不仅需要从立法层面增加死刑,提高重刑包括死刑在法定刑中的比例,而且要在司法上多用重刑,多杀长判。各级领导人到普通民众更是对死刑怀有难以割舍的情感,死刑甚至已经成为普通民众维系公平、伸张正义必不可少的社会心理寄托。立足于这一国情民意,为了确保死刑改革进程的顺利,并最终达到预期效果,必须考察、分析、预测可行的条件和环境。中国死刑的改革进程,只有与中国的社会文明程度、法治发展状况乃至人权发展水平相适应,与中国社会主义现代化建设的不同发展阶段相适应,才能在循序渐进地实现法治进步目标的同时,避免导致不必要的社会震荡。而慎重适用死刑,是在尊重生命的前提下,为切实减少死刑并兼顾当前社会心理的现实举措,更容易获得普通民众的认同。

5. 顺应限制与废止死刑之国际趋势

从20世纪后半叶起,特别是晚近20余年来,全球废止死刑的步伐明显加快。截至2009年6月30日,世界上超过2/3的国家和地区已经在法律上或事实上废止了死刑,其中,在法律上废止所有犯罪死刑的国家和地区已多达95个,废止了普通犯罪死刑的国家和地区为8个,而事实上废止死刑的国家和地区为35个(以过去10年未执行一例死刑为标准),总计在法律上或事实上废止死刑的国家和地区已多达138个。[2] 日益增多的废止死刑的国家及其废止死刑后社会秩序正常或基本正常的实际状况,无疑也给死刑废止理论提供了有力的佐证。虽然我们不能简单地认为死刑的存与废就是一个国家刑法文明和人道与否的标志,因为死刑的存废要根据一个国家或地区的历史文化传统、基本价值观念、尤其是犯罪现实状况等因素来决定;但在现阶段还需要保留死刑的国家,严格控制、合理减少并慎重适用死刑,无疑已是刑罚向人道化方向发展的共识与大势。而中国作为国际社会的重要一员,作为已经签署联合国《公民权利和政治权利国际公约》的国家,在死刑问题上当然也必须考虑相关国际规则和国际社会的现实状况。

总之,慎用死刑体现了我国现行"少杀、慎杀"死刑政策的基本要求,符合宽严相济基本刑事政策的价值取向,是在我国构建和谐社会背景下考虑当下国情民意以及死刑发展国际

---

[1] 参见赵秉志、王秀梅:《美国死刑制度考察报告》,载[美]杰罗姆·柯恩、赵秉志主编:《死刑司法控制论及其替代措施》,法律出版社2008年版,第479页。

[2] 参见[英]罗吉尔·胡德、卡罗琳·霍伊儿:《死刑的全球考察》(第4版),曾彦等译,中国人民公安大学出版社2009年版,第1页。

趋势的现实选择。慎用死刑不仅能为死刑的立法改革与司法改进提供政策支持,还能有效地避免错判、误判,充分彰显尊重生命、保障人权之理念,因而必须在正确把握其内涵的基础上切实加以贯彻。

然而,在司法实践中,有些司法机关片面理解慎用死刑的含义,在死刑改革之路上走得过于激进,以"少杀、慎杀"之名对一些造成极其严重后果的恶性暴力犯罪网开一面,造成司法机关与民众乃至决策领导层的对立与不协调,给死刑制度改革带来诸多负面影响,正所谓欲速则不达。李昌奎案件即是如此。云南省高级人民法院有关负责人宣称对李昌奎的二审改判为死缓是基于"少杀、慎杀"的死刑政策,声言"这个案子10年后肯定是一个标杆、一个典型",其观点不仅引致大量网民的斥责和围攻,给我国当下"少杀、慎杀"的死刑政策带来冲击,同样亦为学者所质疑。刑法学界泰斗高铭暄教授在接受媒体采访时就指出,"李昌奎案二审改判死缓不当,并不能说明我国现行死刑政策本身有什么问题,只是执行死刑政策过程中在处理个案时出现的偏差,属于个别现象。司法机关以实事求是的态度及时再审纠正偏差,恰恰是正确贯彻我国死刑政策的体现。"[1]李昌奎案所引发的舆论风波充分说明,无论是死刑立法改革还是司法改革,均应在综合评判必要性与可行性的基础上,采取循序渐进、由易而难的逐步发展的方式予以推进,这才与慎用死刑所蕴含的合理、节制、合乎时宜地适用死刑之政策精神相吻合,才能体现慎用死刑所强调的慎重性与不得已性,从而真正实现慎用死刑政策之价值。笔者认为,就刑事实体法即刑法角度而言,慎用死刑政策的切实贯彻有赖于严格掌握死刑适用标准,合理衡量死刑案件的情节,并适当参酌案外相关因素,以求最大限度地实现法律效果与社会效果的统一。

三、严格掌握死刑适用标准

严格掌握死刑适用标准当为慎用死刑的题中应有之义。尽管我国现行死刑立法与司法近年来均取得了长足进步,但毋庸讳言,慎用死刑政策并未得到切实的遵循,其在立法配置与司法适用两方面仍有较大的完善和改进空间,在死刑适用标准这个事关死刑全局的重大问题的把握上亦是如此。

(一)刑法立法中死刑适用标准之缺陷及其完善

诚然,我国立法机关在修订1997年刑法典时,在刑法典总则中对死刑适用采取了较为谨慎的态度,有意识地限制、减少死刑的适用:如进一步限制了死刑适用的条件,删除了对已满16周岁不满18周岁的未成年人可适用死缓的规定;放宽了死缓减为无期徒刑或者有期徒刑的条件。但是,刑法典总则所确立的死刑适用的总体标准远未尽善尽美,而且该总则性标准并未能在刑法典分则中得到切实贯彻,分则多达68个死刑罪名的存在,[2]意味着二者之间的矛盾与冲突非常明显。

---

[1] 参见袁定波、卢杰:《改判李昌奎死刑是正确贯彻死刑政策》,载《法制日报》2011年8月24日。

[2] 2002年3月15日"两高"发布《关于执行〈中华人民共和国刑法〉确定罪名的补充规定》,将刑法典第236条的罪名确定为强奸罪,取消了奸淫幼女罪罪名,从而使死刑罪名减为67个。

1. 现行刑法立法中死刑适用标准之缺陷

(1)刑法典总则确立的死刑适用标准与国际公约的相关要求尚有差距。现行刑法典第48条第1款规定,死刑只适用于"罪行极其严重"的犯罪分子。这一规定与我国1998年签署的联合国《公民权利和政治权利国际公约》所确立的死刑适用标准——"最严重罪行"相比,尚不能简单等同。根据联合国经济与社会理事会于1984年公布的《关于保护死刑犯权利的保障措施》第1条之规定,《公约》中的"最严重的罪行"应理解为"死刑的范围只限于对蓄意而结果为害命或其他极端严重后果的罪行"。而我国刑法中的所谓"罪行极其严重",通常认为应当是指犯罪的性质极其严重、犯罪的情节极其严重、犯罪分子的主观恶性和人身危险性极其严重的统一。这一模糊的解释实际上与前述联合国公约条款的含义是有差距的,并且被认为是为不合理地配置死刑打开了方便之门。[1] (2)死刑罪名过于庞杂,经济犯罪等非暴力犯罪仍未取消死刑。尽管《刑法修正案(八)》取消了13种经济犯罪、非暴力犯罪的死刑,但现行刑法中的死刑罪名仍高达54种,且几乎涉及刑法典分则的全部类罪。而且,仍有31种非暴力犯罪在立法上配置死刑。这明显与国际人权公约的要求相冲突[2]。(3)死刑适用条件规定得过于原则。例如,将死缓的适用条件规定为"不是必须立即执行",将一些具体犯罪适用死刑的情节仅表述为"情节特别严重"等。这显然不利于司法实践对于死刑适用条件的准确把握,也容易出现"生死两重天"的罪刑不均衡现象,损害国家法治的统一和尊严。更为重要的是,明确而具体的死刑适用标准的缺失,使得对死刑的控制更多地依赖于一定时期的社会治安形势以及受该形势影响的决策领导层的意志,从而使中国限制死刑之路充满了不确定性。(4)仍有绝对死刑之法定刑设置。1997年刑法典对劫持航空器罪、绑架罪的结果加重犯规定了应当判处死刑的绝对法定刑,对武装叛乱暴乱罪、拐卖妇女儿童罪、暴动越狱罪及聚众持械劫狱罪4种犯罪的加重犯规定了在"情节特别严重"情形下仅为判处死刑的法定刑。这就使得这些犯罪在特定情况下只能适用死刑,无法选用其他刑种。[3]

2. 我国死刑适用标准之完善

为了弥合刑法典的结构性缺陷,强化其内在的协调性,同时与国际公约所确立的刑事准则相协调,有必要采取立法改革措施,完善死刑规范,充分彰显我国慎用死刑的政策精神。具体而言主要包括:

(1)在条件成熟时,应根据国际公约的规定,将死刑适用的总体标准修正为"最严重的罪行"。在现实的国情下,也应对"罪行极其严重"予以严格解释,并使之切实贯彻于刑法典分则的具体罪名,即行废止不符合该标准之犯罪的死刑。例如,应尽快废止与《刑法修正案(八)》中取消了死刑的13种罪名之危害最相近的集资诈骗罪、组织卖淫罪、运输毒品罪等犯罪的死刑。

---

〔1〕 参见卢建平等:《国际人权公约与中国刑事法律的完善》,中国人民公安大学出版社2010年版,第128页。

〔2〕 参见高铭暄:《略论我国死刑制度改革中的两个问题》,载《法学家》2006年第1期。

〔3〕 参见赵秉志:《我国现阶段死刑制度改革的难点及对策——从刑事实体法视角的考察》,载《中国法学》2007年第2期。

(2)进一步削减非暴力犯罪的死刑,逐步将死刑只配置于那些侵犯公民、社会和国家重大法益的极其严重的犯罪。由慎用死刑政策之内涵所决定,即便是危害最严重的非暴力犯罪,也应基本归诸不可杀、不宜杀之列,这才是"少杀、慎杀"刑事政策思想的真正体现。当然,受现实国情民意所影响,贪污罪、受贿罪和走私、贩卖、制造毒品犯罪等非暴力犯罪的死刑,现阶段尚不宜贸然废止,但也应显著提高其死刑的适用标准,以严格限制与减少死刑之适用,并根据社会发展状况作持续深入的努力,力争在2020年左右我国实现小康社会目标时能废止其死刑。[1]

(3)明确规定适用死刑缓期执行的标准,并完善死刑缓期执行改为死刑立即执行的条件。应在总结归纳司法实践经验的基础上,将"不是必须立即执行"的情节尽可能地列举出来,以增强该标准的可操作性。同时,可将刑法典第50条后段死缓犯执行死刑的条件修改为"如果抗拒改造情节恶劣,又实施故意侵犯公民人身重要权利的犯罪,且应被判处五年以上有期徒刑,确有必要立即执行的,由最高人民法院核准,执行死刑"。[2]

(4)及时、明确、适当地提高故意杀人罪、故意伤害罪、抢劫罪等严重暴力犯罪适用死刑的标准。从中国的刑事司法实践来看,判处死刑的罪名多集中在这几种常见、多发的严重暴力犯罪,只有将这些犯罪适用死刑的标准严格化、明确化,才能切实控制死刑的适用,有效地减少死刑适用的数量,真正贯彻"少杀慎杀"的政策精神。

(5)尽快取消绝对死刑之法定刑设置,将死刑与无期徒刑甚至长期徒刑并列予以规定,即便在"情节特别严重"的情形下,也给司法机关可以排除死刑适用留有余地。

(二)刑事司法中死刑适用的缺陷及其改进

近年来,为切实贯彻"少杀慎杀"的死刑政策,最高人民法院在国家决策领导层的支持下,积极推进死刑制度的司法改革,并在统一死刑案件适用标准、严格控制死刑适用数量、提高死刑案件审判质量诸方面取得了较为明显的效果。其具体措施主要包括:(1)通过制定故意杀人、抢劫、故意伤害、毒品等犯罪适用死刑的指导意见,尽可能地统一常见的严重犯罪死刑适用的标准,确保死刑的正确适用。[3] (2)在第十届全国人大常委会2006年10月30日通过的《关于修改〈中华人民共和国法院组织法〉的决定》的基础上,最高人民法院于2006年12月28日发布了《关于统一行使死刑案件核准权有关问题的决定》,宣布自2007年1月1日起将死刑复核权全面收归最高人民法院行使。(3)最高人民法院发布《关于贯彻宽严相济刑事政策的若干意见》,要求依法严格控制死刑的适用,统一死刑案件的裁判标准,确保死刑只适用于极少数罪行极其严重的犯罪分子。但是,总的来看,当前在死刑适用方面对于慎用死刑政策的贯彻还存在一定的缺陷,有待于清醒审视并进一步改进。

1. 死刑适用缺陷的主要表现

死刑适用缺陷的主要表现为:(1)在死刑适用上存在过于保守或者过于激进的极端司

---

〔1〕 参见赵秉志:《中国逐步废止死刑论纲》,载《法学》2005年第1期。

〔2〕 参见赵秉志主编:《死刑改革研究报告》,法律出版社2007年版,第60页。

〔3〕 参见最高人民法院2005年10月26日发布的《人民法院第二个五年改革纲要》。

法观念。长期以来,某些司法官员无视国家对人权的弘扬和法治的进步,仍固守重刑思想,盲目迷信和依赖死刑的功能,强调"多杀长判"。有些司法人员并没有严格按照死刑适用的总体标准来适用死刑,很多时候仅侧重于犯罪人的客观危害,甚至变相地降低"罪行极其严重"的认定标准,对本不该、不宜适用死刑的犯罪分子适用了死刑。这些现象显然与慎用死刑之观念背道而驰。同时,也有些司法官员司法观念上过于超前,对依法完全应该适用死刑的犯罪分子都没有适用死刑,这亦不符合慎用死刑之精髓,实际上也会阻碍死刑改革的进程。(2)有关具体犯罪死刑适用的司法解释欠缺,法官自由裁量权过大。尽管最高人民法院针对某些具体犯罪制定了一些适用死刑的指导意见,但大多属于内部指导性文件,并没有升格为司法解释的形式公开发布,而且往往表述得过于原则和模糊,其可操作性有待进一步加强。换言之,关于如何严格把握死刑适用的标准以及如何对具体犯罪准确、妥当地适用或者不适用死刑,不仅刑法典本身没有作出规定,最高人民法院至今也未能出台明确的规定。由于死刑的适用缺乏明确、细致、具体的规则,致使实践中严格控制死刑适用标准、限制死刑的适用只能依赖于司法机关与司法官员的自觉选择。是基于保障人权而限制死刑适用,还是为了严惩严重犯罪、维护社会治安的需要而放宽死刑适用,基本由司法机关与司法官员自由掌握。这就意味着,司法机关与司法官员可以在相当程度上随意决定是否严格限制死刑的适用,其自由裁量的余地显然过大。这显然不利于慎用死刑之政策的贯彻。(3)对死刑案件的非法干扰因素还相当严重。很多情况下,司法机关在处理死刑案件时会受到各种非法干扰,有时还相当严重。这主要表现为司法实践中存在的两种内部制度:一是案件请示制度。很多死刑案件都比较复杂、疑难,下级法院在审判时往往请示上级法院,请上级法院提出处理的意见,因而使得死刑案件的二审乃至复核程序都失去了原本的功能与意义。二是案件协调制度。对于是否判处死刑存在较大争议或者案件的证据有问题的死刑案件,某些地方领导、政法领导机关违背司法职能分工的原则,在处理案件的各办案机关之间进行协调,甚至召集各办案机关的代表一起召开协调会,提出处理意见,办案机关大多只能按照协调意见办理案件。这两种于法无据、有悖情理的内部司法制度不仅严重干扰了人民法院独立行使审判权的法定职权,而且也严重影响了司法机关适用死刑的数量与案件质量。[1](4)死刑判决与执行的绝对数量较大,且具体数字仍属于国家机密。据大赦国际所作的不完全也不甚准确的统计显示,全世界90%以上的死刑执行发生在中国。[2] 而且,大赦国际关于中国适用死刑的统计数字与我国的实际死刑数字相比,往往还有一定的差距。这实际上也是我国人权状况饱受国际社会诘难的重要原因之一。

---

〔1〕 参见赵秉志主编:《死刑改革研究报告》,法律出版社2007年版,第60页。

〔2〕 据大赦国际所作的不完全统计,1998年全世界有37个国家执行了至少1625人的死刑,其中中国至少1067人;1999年中国执行死刑4367人;2000年中国执行死刑超过1000人;2001年全世界执行死刑3048人,其中中国执行死刑2468人;2002年全世界有31个国家执行了至少1526人的死刑,其中中国至少1060人;2004年全世界有3797人被执行死刑,其中,97%的死刑执行发生在中国,至少有3400人被处死。参见大赦国际网站:http://web.amnesty.org。事实上,这个比例近几年已持续下降。

2. 死刑适用缺陷的改进措施

针对死刑适用的上述缺陷,应采取如下改进措施:(1)在死刑改革态度上既不能抱残守缺而过于保守,也不能过于激进,而应理性、稳健、合乎时宜地逐步推进,从而在避免社会震荡的同时使死刑改革获得更多的公众认同。(2)对非暴力犯罪应尽量不适用死刑或者以刑法司法解释的方式宣布停止适用死刑,使得这些死刑规定逐步成为虚置的条文,在司法实践中失去适用的机会,从而在事实上废止这些犯罪的死刑。(3)对暴力犯罪的死刑罪名,要在充分考虑国情民意的基础上,重视和扩大死刑缓期2年执行的适用,以死刑缓期执行来逐步替代死刑立即执行的大部分适用,使得死刑立即执行逐步成为备而不用或者至少是备而少用的特别的死刑制度。(4)对具体犯罪的死刑适用标准进行更为深入的研究,尽可能地制定出较为统一、可操作性强的具体犯罪(尤其是死刑适用比较集中的罪名)的死刑适用标准,至少将不适用死刑或者适用死刑缓期2年执行的情形明确地规定出来。(5)从法律和制度上切实保障法院依法独立审判,法官依法独立办案,维护死刑案件的二审、复核乃至核准程序的独立性,保障被告人依法所享有的复审权,切实遵循司法职能分工的原则。[1] 同时,要依照法纪、党纪严肃查处非法干扰法院和法官依法独立审判的行为。(6)随着中国死刑制度改革的进展和死刑数量的不断下降,应努力改变观念并创造条件,尽早定期公开死刑判决和执行的数字,让国际社会和我国公众了解中国死刑判决和执行的状况,加强对死刑司法的监督。[2]

四、正确衡量死刑案件情节暨案外因素

死刑案件中的各种罪前、罪中和罪后情节,是决定应否适用死刑以及选择何种死刑执行方式的根据所在。慎用死刑政策的切实贯彻有赖于在准确把握死刑适用标准的基础上,对案件所蕴含的各种罪前、罪中和罪后情节予以正确衡量,综合判定其是否属于“罪行极其严重”、是否属于“不是必须立即执行”。也就是说,这些罪前、罪中和罪后情节,反映了犯罪行为的社会危害程度及行为人的主观恶性,是判断具体犯罪案件中犯罪人的罪行是否符合死刑适用标准以及如何选择死刑执行方式的依据。进言之,不同种类的量刑情节在内容和性质上可能属于犯罪的某个方面,但其对行为人的罪行是否符合死刑适用标准的揭示和说明却并不是单一的,因而根据量刑情节来分析罪行是否极其严重,需要对具体案件的所有量刑情节从整体上进行考量,而不能单纯依靠某一个或者某一方面的量刑情节就确定对犯罪人适用或者不适用死刑。[3] 只有将死刑适用与否的裁决根植于对具体案件的所有罪前、罪中与罪后情节进行整体的合理衡量的基础上,才能彰显慎用死刑政策所强调的合理性、节制性、慎重性与不得已性。

---

〔1〕 参见杨正万:《死刑的程序限制》,中国人民公安大学出版社2008年版,第269页。

〔2〕 参见赵秉志:《论全球化时代的中国死刑制度改革——面临的挑战与对策》,载《吉林大学社会科学学报》2010年第2期。

〔3〕 参见赵秉志:《中国死刑案件审判的热点问题——以刑事实体法为考察视角》,载《刑法论丛》(2010年第2卷·总第22卷),法律出版社2010年版,第88页。

案件的罪前、罪中与罪后情节在整体上对量刑的作用与影响,实际上也是刑法理论上旧派、新派与并合主义之争的焦点。旧派的报应刑论主张以犯罪本身的危害程度为基准量刑;新派的目的刑论主张以犯罪人的性格危险程度为基准量刑;而并合主义则主张同时以犯罪本身的危害程度和犯罪人的性格危险程度为基准量刑。通常认为,我国1997年刑法典采取的是并合主义的立场。[1] 例如,刑法典第61条规定:"对于犯罪分子决定刑罚的时候,应当根据犯罪的事实、犯罪的性质、情节和对于社会的危害程度,依照本法的有关规定判处。"这一关于量刑一般原则的规定在着重考虑犯罪本身的危害程度的基础上,也考虑到了犯罪人的主观恶性、人身危险性等人身危害程度,故而恰恰是采纳了并合主义的观点。

申言之,尽管刑罚裁量的本质根据在于犯罪的社会危害程度,但它又通过犯罪的事实、犯罪的性质和情节表现出来。其中,发生在犯罪实施过程中、表现行为社会危害性及其程度的犯罪事实,亦即罪中情节,是裁量刑罚的基本的和首要的依据,包括犯罪构成事实和犯罪构成事实以外的其他犯罪事实;而不具有犯罪构成的事实意义,却能反映犯罪行为的社会危害程度或者行为人主观恶性的各种罪前、罪后情节,则是衡量刑罚轻重的重要补充。[2] 因此,笔者认为,罪中情节尤其是犯罪行为及其危害后果应是整体考量的决定性因素;而罪前、罪后情节只能起辅助作用,不能本末倒置地颠覆罪中情节的应有影响。这一论点同样适用于死刑之裁量。

(一)以罪中情节作为决定死刑适用与否的首要依据

在各种罪中情节中,作为犯罪构成事实的犯罪行为及其危害结果在刑罚裁量包括死刑适用中无疑应居于核心地位。当然,犯罪故意也是犯罪构成事实的重要内容,其对于死刑适用与否的影响力同样不可忽略;至于犯罪手段、犯罪动机、犯罪的时间和地点等相关事实,尽管通常被认为是犯罪构成事实以外的情节,但在死刑适用时亦必须正视。

1. 犯罪行为方式及其表现对于死刑裁量的影响

就犯罪行为而言,行为方式如何、行为或侵害次数多少,会对死刑适用产生一定的影响。由于作为是不顾法律的禁止从事某种积极举动而对法益造成损害;而不作为是因为不履行某种积极举动的特定法律义务而对法益造成的损害,侧重表现为身体的消极静止;故而一般认为,作为的危害程度相对要大于不作为的危害程度。这也是有学者建议将不作为杀人作为故意杀人罪从宽情节的原因。[3] 至于行为或侵害次数越多,危害当然越大,应受的刑罚也应越重。因此,刑法典中有多个条文将多次犯罪作为可以加重处罚甚至适用死刑的法定情形之一。在药家鑫案件中,被告人药家鑫连续捅刺被害人6刀,实际上便成为影响其死刑裁量的重要因素之一。

2. 犯罪手段残忍与否对于死刑裁量的影响

就犯罪手段而言,手段是否特别残忍是决定适用死刑与否需要考虑的因素。将手段是

---

〔1〕 参见张明楷:《新刑法与并合主义》,载《中国社会科学》2000年第1期。

〔2〕 参见赵秉志主编:《当代刑法学》,中国政法大学出版社2009年版,第345~347页。

〔3〕 参见黄晓亮:《故意杀人罪立法模式的完善——以比较法为视角的展开》,载赵秉志、郎胜主编:《和谐社会与中国现代刑法建设》,北京大学出版社2007年版,第788页。

否特别残忍作为决定适用死刑与否的标准是有立法依据的。我国刑法典第234条对于故意伤害罪适用死刑的条件即是“致人死亡或者以特别残忍手段致人重伤,造成严重残疾”。同时,经《刑法修正案(八)》增设的刑法典第49条第2款也将审判的时候已满75周岁的人不适用死刑的除外条件限定为“以特别残忍手段致人死亡”。事实上,“手段残忍”作为一种酌定量刑情节,其对死刑判决具有影响已成为司法实践中的裁判惯例。从法理内涵上讲,“手段残忍”是一个以社会一般观念为判断基准的规范性概念,其重点不仅是针对具体的被害人,而且也是对善良风俗的严重违反和对人类恻隐心的极端挑战。[1] 因而将手段是否特别残忍作为衡量是否适用死刑的考量因素,也有其内在合理性。

就李昌奎案件而言,原一审判决明确认定被告人李昌奎“犯罪手段极其残忍”,并将之作为选择适用死刑立即执行的重要理由。而原二审判决中,却回避了对被害人犯罪手段是否残忍的认定。为了不对被告人适用死刑立即执行,就选择性地认定案件中所存在的情节,即只认定了从宽情节,而忽视了从重情节。如此一来,二审改判的理由和结论自然缺乏说服力。其实,李昌奎在实施犯罪的过程中,在光天化日之下将王某某扼晕后实施强奸,并在其醒后跑开时,又用锄头猛击其头部造成致命伤。随后,李昌奎又提起年仅3岁的无辜幼儿王某的手脚,将其头部猛撞门框,并用绳子紧勒二被害人颈部后逃离现场。这一令人发指的残忍罪行,当然严重违反了社会的公序良俗,是对人类恻隐之心的极端挑衅,自然应被认定为“犯罪手段特别残忍”,从而成为酌定从重处罚情节,对死刑裁量产生重要影响。而在药家鑫案中,药家鑫交通肇事致人伤害,过错在先,随后不但不予以及时救治,竟然杀人灭口,连续6刀捅刺其肇事罪行的被害人,其冷血之举同样令人无法容忍,因此也应视为酌定从重情节,在裁量是否适用死刑时注意加以考虑。

3.犯罪对象对于死刑裁量的影响

犯罪对象是指犯罪行为直接作用的具体物或具体人。有些犯罪因侵害的对象不同,其行为的社会危害性也有一定差异。如杀害老、弱、病、残、孕、幼等特殊弱势群体,或者杀害直系血亲、尊亲属以及外国政要、港澳台同胞、知名社会活动家或者科学家等,行为人犯罪行为的社会危害性自然显著增加。所以,对于侵害这些特定群体和特定人的犯罪行为应当酌予从重处罚。药家鑫凶残地杀害已被其交通肇事致伤倒地的被害人张某,这一特定的犯罪对象无疑使其犯罪危害加重而影响到量刑的从重。再就李昌奎案件来说,其在强奸杀人后,又以极其残忍的手段虐杀年仅3岁的毫无反抗能力的幼童,这种恶劣行径严重违反了社会的慈幼良俗,可谓令人发指,人神共愤,自然应当予以从重处罚,考虑适用死刑立即执行。

4.危害后果的性质及其程度对于死刑裁量的影响

就危害后果而言,危害后果的性质及其程度的不同是决定适用死刑与否必须考虑的因素。基于死刑是剥夺犯罪人生命的极刑,因此,对犯罪人适用死刑应以其犯罪行为所导致的危害结果具有相当性为必要,即只有出现致命性结果或者其他极其严重的结果时,才能考虑适用死刑;特别是在选择死刑立即执行时,要尤其慎重。有学者曾以统计学交互分析的方

---

〔1〕 参见车浩:《从李昌奎案看“邻里纠纷”与“手段残忍”的涵义》,载《法学》2011年第8期。

法，对某地法院审结的83件故意杀人案件中"损害后果对于量刑的影响"作了实证检验，并得出如下结论：杀死一人的被告人被判处死缓的几率是49.2%，被判处死刑立即执行的几率是50.8%，两者大体相当。[1] 这说明，至少在部分地区，导致一人死亡的结果是死刑适用的基准状态，是判处死刑立即执行还是死刑缓期执行，则取决于案件的其他情节。这一现实状况应当引起我们的注意。笔者主张，对于仅导致一人死亡，且并无其他从重情节的案件，一般不应适用死刑立即执行，要避免落入"唯后果论"的窠臼。以药家鑫案为例，因为该案只导致一名被害人死亡，如果没有其他从重处罚的情节，那么就不宜判处药家鑫死刑立即执行。只是因为该案实际上还存在行为人在交通肇事后杀人灭口、不顾被害人连连哀求、连续捅刺6刀等酌定从重情节，因此，法院最终判处了药家鑫死刑立即执行。至于那些使公私财产遭受重大损失的经济犯罪或者财产犯罪，即便立法上配置有死刑，通常也不宜适用。在这些犯罪中，以犯罪数额的大小作为死刑适用与否的唯一依据的"唯数额论"更不足取。从这个意义上讲，司法机关对中石化集团原董事长陈同海案件的处理值得称道。尽管陈同海受贿涉案金额高达1.9亿多元，但他不仅具有犯罪后自首、检举他人违法犯罪线索、认罪悔罪等法定和酌定的从宽情节，而且有主动退赔全部赃款的情节，所以法院判处其死刑缓期二年执行而没有判处死刑立即执行是适当的。[2]

5. 犯罪故意类型及其程度对死刑裁量的影响

就犯罪故意而言，是直接故意还是间接故意，是预谋犯罪还是激情犯罪，等等，都会直接反映出行为人犯意的坚决程度和主观恶性的大小，进而影响行为人刑事责任的轻重，故而也是决定适用死刑与否应当考虑的重要因素。由于间接故意所反映的犯罪人的主观恶性程度要相对小于直接故意，故而行为人出于间接故意而实施犯罪的，一般不宜判处死刑立即执行。对此，最高人民法院1999年10月27日发布的《全国法院维护农村稳定刑事审判工作座谈会纪要》（以下简称《纪要》）已明确指出："在直接故意杀人与间接故意杀人案件中，犯罪人的主观恶性程度是不同的，在处刑上也应有所区别"。同时，预谋犯罪反映出犯罪人的处心积虑和犯意的坚决性，预谋时间越长，犯罪人的主观恶性和人身危险性就越大，也就越应受到更重的处罚。而对因受到外在刺激而在强烈的情绪冲动支配下迅速爆发的激情犯罪来说，行为人实施犯罪时往往缺乏冷静、理性的思考和判断，犯罪后则通常都有悔改之心，易于改造，其主观恶性及人身危险性相对要小一些，因此，在具体决定是否适用死刑时应慎重，一般也不宜判处死刑立即执行。[3]

在药家鑫案件中，行为人是否属于激情犯罪之所以成为控辩双方争议的焦点之一，就是因为激情犯罪也是一种酌定从宽情节。笔者认为，被告人药家鑫的行为不能构成激情杀人，法院的定案结论是正确的，但其裁判理由似可再斟酌。对于药家鑫辩护律师所谓激情杀人

---

〔1〕 参见欧阳玉静：《死刑缓期执行和死刑立即执行的量刑依据——以故意杀人罪为例的实证分析》，载陈兴良主编：《刑事法评论》（第21卷），北京大学出版社2007年版，第171页。

〔2〕 参见赵秉志、钱小平：《2009年我国十大典型刑事案件评析》，载《刑事法判解研究》（第16辑），人民法院出版社2010年版，第2～5页。

〔3〕 参见彭新林：《酌定量刑情节限制死刑适用研究》，北京师范大学2010年博士学位论文，第179页。

的辩护理由,法院基于"激情杀人一般是指由于被害人的不当言行引起被告人的激愤而实施杀害被害人的行为"之认识,认为被害人张某并无不当言行,故认定药家鑫的行为不构成激情杀人。法院对于激情杀人的这一界定掺杂了学说见解与法官个人的认识,不够准确。其实,激情犯罪是一个犯罪学领域经常使用的概念,我国刑法学界尚关注甚少。激情犯罪是因受到外在刺激而在强烈的情绪冲动支配下迅速爆发的一种犯罪。激情杀人因与行为人人格中的性格和气质因素紧密联系,其发生具有情境刺激强烈与行为瞬间爆发的特点,因而较少涉及行为人道德层面的缺陷;在社会评价上,行为人的反社会倾向也往往相对较轻。而药家鑫的行为与激情犯罪的上述特点并不符合。在药家鑫案件中,问题情境完全是其一手造成的,并不存在源自双方的激烈冲突与对抗。[1] 相关报道所揭示的如下案件事实的存在意味着药家鑫的杀人行为与激情杀人毫不相干:(1)在其肇事致人伤害后又开出一百多米,药家鑫突然觉得有些不对,于是掉头查看;(2)在下车查看时,药家鑫并无普通人发生交通事故后的慌张,还能记得随身携带放在副驾驶位置上内装作案凶器的包;(3)发现张某躺着有呻吟声,他既没有询问伤情,也没有与伤者说话,而是在仅仅过了短短两三秒后,就抽刀开始连续刺杀被害人。其杀人行为表现为在一个时间序列中若干行为的有机串联。考虑到其杀人时的目的指向性十分明确,即"为了不让受害人记住自己的车牌号,免得以后找麻烦",这不能不让人质疑其下车的动机。遗憾的是,法院没有就此做进一步查证。但这已充分说明,药家鑫的杀人行为与激情反应是有本质区别的。[2]

(二)以罪前、罪后情节作为决定死刑适用与否的必要补充

罪前、罪后情节虽非发生于犯罪实施过程之中,但却能为我们判断犯罪人的主观恶性及其人身危险性的大小、今后改造的难易程度补充必要的考量素材,所以对于正确裁量死刑也具有重要意义。

1. 罪前情节对死刑裁量的影响

作为犯罪实施前的事实状况,罪前情节主要包括犯罪人的一贯表现、犯罪动机、犯罪的原因(被害人过错、民间矛盾激化等)、犯罪人的基本情况等。限于篇幅,此处仅就药家鑫案、李昌奎案所涉及的同时也是实务中最典型、最常见的几种罪前情节对死刑裁量的影响略加论述:

第一,犯罪人的一贯表现对死刑裁量的影响。就犯罪人的一贯表现来说,相关刑法理论和罪犯改造实践反复证明,犯罪人是初犯、偶犯还是累犯、惯犯,其平时是遵纪守法还是违法乱纪,是立功受奖还是屡屡违纪、违法等,会在相当程度上反映犯罪人人身危险性和改恶从善可能性的大小,故而应在裁量刑罚时加以考虑。对于初犯、偶犯、一贯遵纪守法、曾经立功受奖的犯罪人,由于其人身危险性相对较小,改造可能性较大,在量刑上可以适度从宽,且应谨慎适用死刑;对于累犯、惯犯、一贯违法乱纪、屡教不改的犯罪人,由于其人身危险性相对

---

〔1〕 参见张远煌:《疯狂杀人背后的深层动因——以药家鑫案为分析视角》,载《中国检察官(经典案例)》2011年第4期(下)。

〔2〕 参见张远煌:《疯狂杀人背后的深层动因——以药家鑫案为分析视角》,载《中国检察官(经典案例)》2011年第4期(下)。

较大，改造可能性较小，就可能成为强化死刑适用的理由。犯罪人的一贯表现会对死刑裁量产生影响，这在一些司法解释和司法文件中已有所体现。例如，最高人民法院2008年12月8日发布的《全国部分法院审理毒品犯罪案件工作座谈会纪要》即明确规定，“对有证据证明被告人确属受人指使、雇佣参与运输毒品犯罪，又系初犯、偶犯的，可以从轻处罚，即使毒品数量超过实际掌握的死刑数量标准，也可以不判处死刑立即执行”；同时，该座谈会纪要还规定，“必须依法严惩毒枭、职业毒犯、再犯、累犯、惯犯、主犯等主观恶性深、人身危险性大、危害严重的犯罪分子。……对其中罪行极其严重依法应当判处死刑的，必须坚决依法判处死刑。”不过，在药家鑫案中，一审法院存在着有意无意忽视被告人一贯表现的做法，似有欠妥当。在该案庭审过程中，辩护律师向法庭提交了3份材料，包括报纸对药家鑫主动递交悔过书的报道，药家鑫上学期间的13份奖励，药家鑫校友、同学、邻居的4份请愿书，并说明药家鑫是初犯、偶犯，平时一贯表现良好，请求法庭给被告人一个改过自新的机会。虽然被害人张某丈夫当庭的言辞甚为激烈，“我不看那个，那都是垃圾”，但不能否认辩护律师所提交的这3份材料可以从某种程度上说明药家鑫的一贯表现。对此，一审法院曾认为，初犯、偶犯作为从轻处罚的情节，只适用于未成年人犯罪和情节较轻的犯罪，对故意杀人这样严重的刑事犯罪，尤其是本案这样如此恶劣、残忍的故意杀人犯罪，显然不能因此而从轻处罚，并据此否定辩护律师的辩护理由。[1] 这一对初犯、偶犯的认定及其见解显然有违刑法理论与司法实务之通识。而二审法院虽就此作了纠正，即认定被告人药家鑫为初犯、偶犯，但也未能正视被告人的一贯表现。令人遗憾的是，最高人民法院复核裁定中再次回避了对其系初犯、偶犯以及平时表现的认定。笔者认为，即便被告人的一贯表现对基准刑的调节作用非常有限，以致无法对最终判决结果产生较大影响，但一贯表现毕竟仍属于酌定从轻情节，是对全案在整体上进行综合裁量时需要适当考量的因素，不应完全忽略。

第二，犯罪动机卑劣与否对死刑裁量的影响。就犯罪动机而言，是出于卑劣的反社会动机，还是出于有益于社会的动机，同样反映出行为人主观恶性与人身危险性的大小，会对刑罚裁量产生影响。事实上，既然死刑的适用以“罪行极其严重”为标准，而主观恶性是否特别恶劣、人身危险性是否极大又是判断是否属于“罪行极其严重”的重要考量因素，那么，集中反映行为人主观恶性与人身危险性的犯罪动机当然也就成为具体决定是否适用死刑时需要直面考量的因素。例如，出于为民除害动机的杀人与为了灭口的杀人，两者显然不可同日而语。前者一般即不应适用死刑，而后者则往往会强化适用死刑的可能。如在药家鑫案中，被告人在交通肇事致人伤害后，不仅不施救，也不是逃逸了事，反而是为逃避责任而凶残地杀人灭口。如此卑劣的犯罪动机恐怕是其受到千夫所指的重要原因，而且也是审判机关最终决定对其适用死刑立即执行的主要考量因素之一。

第三，被害人过错对于死刑裁量的影响。被害人过错是诱发犯罪人犯罪意识、激发犯罪程度的原因，故会直接对犯罪人的刑事责任产生影响，是裁量刑罚不可忽视的重要因素。司

---

〔1〕 参见《一审法官就药家鑫故意杀人案相关问题答记者问》，载 http://news.xinhuanet.com/legal/2011-04/22/c_121336237.htm，2011年9月12日访问。

法实践中，被害人的过错包括被害人实施的刺激、挑衅、迫害、威逼、侮辱、谩骂等行为。从刑事实体法角度讲，被害人过错的实质意义在于承认其与行为人的行为一起构成了对具体犯罪的加功作用；并据此承认它对行为人刑事责任的有无或者大小产生了影响；行为人的刑罚轻重直接取决于被害人过错的程度。被害人有罪错的，对被告人一般不应适用死刑；[1] 被害人有重大过错的，对被告人一般也不应适用死刑，确有必要时可以适用死刑缓期二年执行；有轻微过错的，虽不足以影响死刑的适用，但可以与其他从轻情节一起对量刑发挥趋宽作用，从而抑制死刑立即执行的适用。[2] 在药家鑫案中，有辩护律师曾认为被害人张某试图记车牌，对案件的引发有一定的激化作用。这实际上是想以被害人的过错为理由来分担被告人药家鑫的罪责。不过，这样的辩解很难让人接受，因为即使被害人张某试图记其车牌也是基于被告人药家鑫肇事后不积极施救的自然反应和正当反应，不能以此作为激化矛盾的原因，更不能因此而归咎于被害人。而在李昌奎案件中，被害人更是毫无过错可言。

第四，民间矛盾激化等案件起因对死刑裁量的影响。民间矛盾激化引发的案件，通常系因熟人社会中的婚姻家庭、邻里纠纷、宅基地纠纷、债权债务等民间冲突激化而引发。被害人与犯罪人之间的是非曲直有时难有泾渭之分，甚至更有许多案件是由被害人过错而引发，或者被害人对矛盾激化负有直接责任。而且，此类案件多发于有一定血缘、地缘、人缘关系的熟人社会中，被告、被害双方大多是远亲近邻或沾亲带故的关系，因矛盾叠加、冲突升级，没有得到有效调和，最终酿成恶果。[3] 就犯罪主观恶性而言，此类案件大多具有突发性，犯罪分子事先并没有犯罪的动机和预谋，而是受外界事物的强烈刺激产生情感的突然冲动，在失去理智的情况下犯罪，事后案犯理智恢复又可能追悔莫及。从犯罪行为来看，犯罪人的行为通常都明确指向纠纷的另一方，并从形式上表现出以犯罪方法解决私人恩怨之私力救济的特点。从案发后的社会反映来看，普通民众对于此类案件往往表现出一定的心理承受力和容忍度，有时甚至会对被告人产生一定的同情心理。可见，此类案件基于自身的特点通常都具有一定的可宥性。[4]

正因如此，《纪要》明确规定，“对于因婚姻家庭、邻里纠纷等民间矛盾激化引发的故意杀人犯罪，适用死刑一定要十分慎重，应当与发生在社会上的严重危害社会治安的其他故意杀人犯罪案件有所区别。对于被害人一方有明显过错或对矛盾激化负有直接责任，或者被告人有法定从轻处罚情节的，一般不应判处死刑立即执行。”据此，对因民间矛盾激化引发的故意杀人犯罪，具有以下三种情形之一的，一般不应判处死刑立即执行：一是被害人一方有明显过错；二是被害人一方对矛盾激化负有直接责任；三是被告人具有法定从轻处罚情节。当然，还必须指出的是，即便是存在以上情形，上述《纪要》也并非绝对排斥对此类犯罪适用死刑立即执行。如果被告人同时存在其他法定或者酌定从重情节，其对于基准刑的调节效

---

〔1〕 如果该罪错系正在进行的不法侵害，被告人的反击行为则可构成正当防卫，不负刑事责任；防卫过当的，依法应当减轻或者免除处罚，也谈不上适用死刑的问题。

〔2〕 参见阴建峰：《故意杀人罪死刑司法控制论纲》，载《政治与法律》2008年第11期。

〔3〕 参见王成全、秦传熙：《民间纠纷引发暴力犯罪之死刑的司法控制》，载《福建法学》2007年第4期。

〔4〕 参见王成全、秦传熙：《民间纠纷引发暴力犯罪之死刑的司法控制》，载《福建法学》2007年第4期。

力远大于上述从轻情节的，则也可以依法适用死刑立即执行。例如，以极其残忍手段杀害多人的即属此列。况且，正如有论者所指出的，“民间矛盾”绝非空间性和物理性的地域概念，不能将凡是发生在左邻右舍、乡里乡亲间的纠纷一概视为“民间矛盾”。立足于熟人社会之情理基础，似应对“民间矛盾”予以限缩解释，将之限定为具有直接关联性的矛盾双方为妥。[1] 对于与纠纷无关的第三方所实施的侵害行为，就不能认定为上述《纪要》所谓的“民间矛盾”，并藉此排除死刑立即执行的适用。

具体到李昌奎案件来说，邻里纠纷双方原系被告人李昌奎的哥哥和被害人王某某的母亲，此二人为民间矛盾的直接相关方。被告人李昌奎和被害人均非这场邻里纠纷的直接相关方，故而李昌奎强奸王某某并杀害姐弟二人，就不应属于因民间矛盾引发的案件，就不能基于《纪要》的精神而不判处其死刑立即执行。一、二审法院曾认定被告人李昌奎与被害人王某某之间存在感情纠纷，姑且不说这样的认定缺乏事实依据，因为感情纠纷是以彼此之间具有感情为前提的，而李昌奎只是其家长曾单方向王某某提亲被拒绝，又何来感情而言？退而言之，即便能认定李昌奎的犯罪行为系其与被害人王某某的感情纠纷引发，从而将该二人视为民间矛盾的直接相关方，也无法将李昌奎残忍杀死无辜3岁幼儿王某红的行为视为民间矛盾激化所引发的案件，因为3岁幼童王某红毫无疑问应属非直接相关方。更何况，即使可以将该案视为因民间矛盾激化所引发的案件，也不能就此排斥对被告人李昌奎适用死刑立即执行，因为他正是以极其残忍的手段杀死了两人，且竟然冷血到对年仅3岁的无辜幼童痛下杀手，这些酌定从重情节对基准刑的调节效力，又岂是仅因民间矛盾激化引发案件这一酌定从轻情节可比拟！所以，无论从哪个角度考量，云南省高级人民法院二审改判李昌奎为死缓都是不适宜的。

2. 罪后情节对死刑裁量的影响

作为犯罪完成后的事实状况，罪后情节既包括行为人自首、坦白、立功等法定情节，也包括行为人赔偿、积极退赃、挽回损失、畏罪潜逃以及被害方谅解等酌定情节。限于篇幅，此处也只针对药家鑫案、李昌奎案所涉及的自首、积极赔偿与被害方谅解等典型罪后情节对死刑裁量的影响作简要探讨。

第一，自首对死刑裁量的影响。由于自首是犯罪嫌疑人出于自己的意志而主动将自己交付国家追诉，表现出其所具有的接受国家审查和裁判的自觉性，进而体现出一定的认罪或悔罪态度及其人身危险性已经在一定程度上得到减弱，因此，我国刑法在坚持罪责刑相适应原则的前提下，充分考虑刑罚适用之个别化需要，设置了自首制度，并将其规定为法定从宽处罚的情节。[2] 从司法实践来看，自首制度对死刑裁量的影响是非常明显的。有论者曾通过对某地法院审结的83件故意杀人案件中“自首对于量刑的影响”所作的实证分析得出如下结论：没有自首情节的案件，被判处死缓的比例是38.4%，被判处死刑的比例是61.6%；

---

〔1〕 参见欧阳玉静：《死刑缓期执行和死刑立即执行的量刑依据——以故意杀人罪为例的实证分析》，载陈兴良主编：《刑事法评论》（第21卷），北京大学出版社2007年版，第171页。

〔2〕 参见车浩：《从李昌奎案看“邻里纠纷”与“手段残忍”的涵义》，载《法学》2011年第8期。

有自首情节的案件,被判处死缓的比例是70%,被判处死刑的比例是30%。[1] 这在一定程度上说明了自首情节对于死刑适用的实际影响。

事实上,《纪要》也有明确的规定,"被告人有法定从轻处罚情节的,一般不应判处死刑立即执行"。而这也与自首作为一种法定"可以型"从宽处罚情节之性质相一致。[2] 自首制度的所谓"可以从轻或者减轻处罚",表明了立法的倾向性要求,即对于自首的被告人原则上或者说多数情况下要从轻或者减轻处罚,但同时也保留了不予从轻或者减轻处罚的少数情况。具体到死刑适用而言,如果被告人犯罪后自首,因为属于法定从轻处罚情节,所以一般可以根据上述《纪要》的规定对其不适用死刑立即执行,但也不排除在特殊情况下对其不予从宽处罚。前述学者的实证分析,从实践层面为此作了很好的注解,即有自首情节而被判处死刑立即执行的案件,仍占全部死刑案件的30%。

那么,对于具有自首情节的被告人究竟是否从宽处罚以及从宽处罚的幅度如何?根据最高人民法院2010年12月22日发布的《关于处理自首和立功若干具体问题的意见》(以下简称《意见》)的规定,应当考虑其犯罪事实、犯罪性质、犯罪情节、危害后果、社会影响、被告人主观恶性和人身危险性、投案的主动性、供述的及时性和稳定性等,综合予以判定。具体到死刑裁量而言,对构成自首但犯罪符合死刑适用标准的犯罪人,也应分析其自首在整体上对犯罪人罪行的实际影响。若犯罪情节特别恶劣、犯罪后果特别严重、主观恶性极深、人身危险性极大,或者在犯罪前即为规避法律、逃避处罚而准备自首的,或者犯罪后迫于打击犯罪活动的形势而自首一部分罪行并意图逃避另一部分罪行的,或者归案后态度恶劣、毫无悔罪之意,经反复教育仍无济于事的,则犯罪人的自首并不表明其人身危险性的明显降低,也可以考虑判处其死刑立即执行。[3] 例如,在中国政法大学学生付成励弑师案中,被告人付成励在庭审过程中仍态度非常强硬,虽承认自己杀了人,但否认犯罪,仍坚持认为被害人程某某该杀,并表示如果他将来能从监狱里出来碰到此类事情还会这样做。[4] 对这种自首实乃出于规避严厉处罚的目的,其实毫无悔改之意的犯罪人,自首从宽的效力显然会大打折扣。当然,如果犯罪人虽罪行极其严重,但因其构成自首而属于"不是必须立即执行"的情形,则应考虑对犯罪人从宽处理,尽量不适用死刑立即执行。[5]

具体到药家鑫案与李昌奎案而言,两被告人均被认定为自首,但最终都没有给予从宽处罚。可以说,连续发生的这两起案件,从客观上对于自首制度的实践产生了负面影响,在一定程度上影响了自首刑事政策功能的发挥,也影响了慎用死刑政策的贯彻。如果两案中审

---

〔1〕 参见欧阳玉静:《死刑缓期执行和死刑立即执行的量刑依据——以故意杀人罪为例的实证分析》,载陈兴良主编:《刑事法评论》(第21卷),北京大学出版社2007年版,第171页。

〔2〕 笔者认为,立法上将自首规定为一种"可以型"而非"应当型"的从宽情节是非常正确的。因为正如有论者所分析,自首的动机不一而足,有出于内心悔悟者,有由形势所迫者,亦有基于预期缴获必减之宽典者。对于自首的人,若一律必减其刑,不仅难于获至公平,且有使人恃以犯罪之虞。参见黄村力:《刑法总则比较(欧陆法比较)》,台湾三民书局1995年版,第388页。

〔3〕 参见高铭暄主编:《刑法学原理》(第3卷),中国人民大学出版社1994年版,第361~362页。

〔4〕 参见赵秉志、钱小平:《2009年我国十大典型刑事案件评析》,载《刑事法判解研究》(第16辑),人民法院出版社2010年版,第17~21页。

〔5〕 参见赵秉志主编:《当代刑法学》,中国政法大学出版社2009年版,第93页。

判机关能对是否成立自首以及成立自首后应否从宽以及为何不从宽作更为深入的分析，也许这种状况可以避免或减轻。

在药家鑫案件中，他在其父母带领下到公安机关投案并如实供述罪行的行为应认定为自首，这也符合最高人民法院1998年5月9日施行的《关于处理自首和立功具体应用法律若干问题的解释》第1条的规定。不过，法院虽认定药家鑫构成自首，却只是简单地以“不足以对其从轻处罚”为由，对药家鑫不予从宽，而未能阐明具体的理由，这是令人遗憾的。尽管自首只是一种可以型从轻情节，但毕竟表明了立法上一般予以从宽的倾向性要求。而且，在最高人民法院《人民法院量刑指导意见（试行）》中对于自首确定了比较高的调节比例，即“可以减少基准刑的40%以下”。这也凸显了自首对于量刑的显著影响力。更何况，本案被告人药家鑫投案后，即如实供述自己的罪行，且相当稳定，没有任何反复，加之其还存在为法院认可的初犯、偶犯情节以及法院有意无意忽略的被告人认罪悔罪、愿意赔偿、一贯表现良好等酌定从轻情节，因此，审判机关如果认定药家鑫构成自首而不予从宽，就应本着量刑情节逆向竞合的基本处断原则，从犯罪动机极其卑劣、犯罪手段极其严重、主观恶性极深、人身危险性极大等方面以及从轻情节与从重情节对基准刑的调节效力对比的角度，进行更为深入的阐述，以增强死刑判决的说理性，避免留下屈从舆情、民意压力的口实。

至于李昌奎案件，从原一审判决到二审判决，从再审判决到最高人民法院复核裁定，均认定被告人在案发四天后主动至公安机关投案的行为构成自首。不过，被害方的代理律师则对此存有异议，认为李昌奎的投案行为不能认定为自首。其理由系基于如下事实：(1)李昌奎在犯罪后，迫于通缉的强大压力才投案，但在2009年5月20日投案时的第一次供述中避重就轻，只供述其杀死了被害人王某某并打伤了王某红，隐瞒了杀死被害人王某红和强奸王某某的重要犯罪事实；(2)李昌奎在其供述中称，他将王某红的头撞向门框时“用力相当猛”，然后又用绳子紧紧地勒在其脖子上，并勒了两圈分别打了死疙瘩。这充分说明其对杀死王某红是明知的；(3)李昌奎在第三次供述中明确表示：“要死多死一个”，“我当时想打死了一个，还不如两个都打死掉，打死一个和打死两个都是一样的”；(4)李昌奎在逃跑过程中其姐姐追过来问时，他已经明确地向其姐姐承认“把王某某他们给打死了”；(5)在第二次被询问时，当侦查人员问道：“你再想一下，你除了打王某某和王某红之外，还对他们实施了什么行为没有”，并且马上给其做了什么叫作自首的政策宣传教育，但李昌奎的回答仍然是：“没有实施其他的行为”。直到其第四次供述时，他才供述了强奸的犯罪事实，并称之前的供述中撒了谎，是“为了推卸责任”。这说明，被告人李昌奎投案时，并没有如实供述其杀害王某红和强奸王某某的主要犯罪事实，故不能认定为自首。笔者认为，被害方代理律师的上述反映恐怕绝非主观臆想，而应当是来自案件材料和庭审过程，如果被害方代理律师所反映的上述情况属实，的确可以将李昌奎的自首效力仅限于杀害王某某的犯罪行为，而否定其构成全案自首。因为《意见》第二部分明确规定，“犯罪嫌疑人自动投案时虽然没有交代自己的主要犯罪事实，但在司法机关掌握其主要犯罪事实之前主动交代的，应认定为如实供述自己的罪行”。这一规定实际上也为自动投案时未主动交代主要犯罪事实的犯罪分子成立自首划定了时间条件，即“在司法机关掌握其主要犯罪事实之前”。而李昌奎在被通缉走投无路且其主要罪行已为司法机关掌握的情况下投案自首,只能是在投案之初的讯问时即如实供述主要罪行才能成立自首,否则就不能再认定构成自首。就此而论,被害方代理人的意见有其合理性。事实上,如果不认定李昌奎构成全案自首,该案的处理可能更能实现法律效果与社会效果的统一,也能避免在客观上为自首制度的良性运行带来冲击。退而言之,即便能够认定李昌奎构成自首,但其系走投无路而被动自首,且在庭审中其供述时有反复,特别是其犯罪手段特别残忍、后果特别严重、情节极其恶劣、人身危险性极大,这些从重情节对基准刑趋重的调节效力是其自首情节等从宽情节无法抵销的,对被告人李昌奎不予从宽处罚也就成了合乎逻辑、合乎法理的结论。

第二,被告人民事赔偿对死刑裁量的影响。就被告人赔偿而言,被告人通过本人或其亲属、朋友向被害方积极给予物质赔偿的,这不仅在一定程度上反映了被告人的悔罪态度,而且也在客观上为被害方解决了实际困难,有助于减缓被害方的痛苦,减轻犯罪的危害程度。在此情形下,被告人犯罪后的积极赔偿之举实乃其主观真诚悔罪态度之外化,是其人身危险性降低的具体表征,故应该成为衡量其所判的死刑是否"不是必须立即执行"的酌定量刑情节。由此,对被告人慎用死刑立即执行当然有其合理性,而绝非"以钱买命""花钱买刑"。正因为如此,最高人民法院 2007 年 1 月 15 日发布的《关于为构建社会主义和谐社会提供司法保障的若干意见》明确规定,"案发后真诚悔罪并积极赔偿被害人损失的案件,应慎用死刑立即执行"。但是,如果被告人积极赔偿并非出于真诚悔罪,而只不过是逃避死刑适用的借口,其人身危险性并没有因此而降低,那么,也不能排除对其适用死刑立即执行。尤其是对于那些黑恶势力犯罪和严重危害社会治安的重大故意杀人犯罪,更应考查被告人是否是真诚悔罪,而不能仅仅因为其给予了民事赔偿,便对其不适用死刑立即执行。

具体到药家鑫案与李昌奎案,两案最终都未能基于民事赔偿而从宽处罚。在药家鑫案中,尽管其辩护律师主张药家鑫及其亲属有积极赔偿的意愿,应予考虑酌定从轻。但法院最终却以被害方拒绝接受为由否定了该辩护理由。在李昌奎案中,原二审法院曾将李昌奎亲属的积极赔偿作为改判的理由之一。但这一理由不仅为被害方所否定,因为先期的赔偿是在有关组织责令赔付下给付的,根本谈不上什么积极赔偿,同时也未能为再审所认可。其实,两案中法院的判决只着眼于被害方是否接受赔偿、赔偿态度是否积极,未能从更深层次关注被告人是否基于认罪、悔罪的心态而愿意给予被害方赔偿。如果被告人是出于认罪悔罪表示愿意赔偿,又有何理由不认定为酌定从轻情节,岂能仅基于被害方拒绝接受就断然予以否定?因为在被害方拒绝接受的情况下,虽然被告人给被害方造成的侵害在客观上并无任何舒缓,但被告人毕竟是出于主观真诚悔罪之心态而表达赔偿意愿,其人身危险性趋降也是不争的事实,完全可以在认定为酌定从轻情节的基础上,赋予其较小的基准刑调节效力。

第三,被害方谅解与否对死刑裁量的影响。从我国目前司法实务情况来看,被害方的因素往往会在一定程度上左右着死刑的适用和死刑执行方式的选择。在司法实践中,很多死刑案件中的被害方与被告方达成了赔偿协议,并表示谅解被告人,而被告人也真诚悔罪,法院通常便会根据被告人的情节及悔罪表现对其判处死缓。因为被害方系出于自愿而谅解被告人,被告人也真诚悔罪并通过本人或者亲属、朋友积极赔偿被害方,法院对被告人适用死缓之合理性自无疑问。申言之,被告人对被害方的积极赔偿行为反映了其悔罪态度,表明其人身危险性的减小;而被害方对被告人的谅解缓和了激烈的社会矛盾,使犯罪的社会危害性在某种程度上得到减轻。既然人身危险性和社会危害性都有所降低,法院在对被告人量刑时有所体现也就无可厚非了。何况,保护被害法益并维护正常秩序是现行刑法的主旨,既然被害方已谅解被告人,尽管刑法仍可基于被告人对正常秩序的侵犯而处罚之,但基于被害方的态度而酌定从宽亦是合乎情理之举。

同时,也有些死刑案件中,被告方虽真诚悔罪并积极赔偿,但被害方拒绝接受,坚决要求判处被告人死刑立即执行,甚至以上访、闹事等方式向法院施压,有时法院也会迫于被害方的压力而对被告人适用死刑立即执行。在这种情况下,法院罔顾被告人的真诚悔罪、积极赔偿之表现,迫于被害方的压力而对被告人适用死刑立即执行,在法律上是没有任何根据的,是有悖于慎用死刑的政策精神的。有论者主张,在被告人真诚悔罪并积极赔偿的情况下,若被害方拒绝接受并坚决要求从严处罚,法院可以将赔偿金交付国家建立的被害人救助基金,并可在具体量刑时予以从宽考虑。[1] 笔者认为这种主张言之成理。就此而论,药家鑫案的主审法院以被害方拒绝接受被告人及其亲属的赔偿为由,简单地否定其构成酌定从轻情节,而忽视了药家鑫真诚认罪、悔罪的主观心态,似有不妥。

(三)适当参酌舆情民意

正如最高人民法院时任院长肖扬曾经所言,“对于一个正向法治目标迈进的国度来说,法律是司法机构和法官必须考虑的首要因素,但是中国传统上又是一个‘礼俗’社会,法律不可能成为解决所有纠纷的‘灵丹妙药’,法律以外的因素如道德、情理也是司法过程中不可忽略的。判决不仅是单纯的法律责任的判断,更重要的,它是一个可能造成一系列社会影响的司法决策。”[2]因此,在具体贯彻慎用死刑政策时,也需要适当参酌一些案外因素,诸如社会舆论、媒体、网络和民众的关注程度以及相关领导机关、领导干部的意见等。对这些案外因素的适当参酌,并非就是对法律尊严的亵渎和对司法独立的弃守,而是在考虑到现实国情民意与法治发展状况的前提下,追求法律效果与社会效果统一的适当之举,亦符合完善法律监督机制的要求。

社会舆论、媒体、网络和民众就死刑案件所反映出来的舆情民意,不仅在一定程度上影响着死刑立法,也显然影响着死刑司法甚至具体的死刑个案的裁决。这一无法否认的法治现实,在药家鑫案和李昌奎案中表现得尤为明显。而如何看待死刑民意与死刑制度改革之间的关系,也是当前我国死刑制度改革的关键。其实,正如有学者所言,在中国的传统司法中,民意自身就是一种正当性资源,法官允许它招摇过市地进入司法过程。传统法官采用平民化、大众式的思维方式,力求判决能够体现民众的意愿。[3] 在这种状况下,舆情民意对死刑制度的影响不可避免。况且,在民主国家,本来就应当是“多数人的意愿构成民主的基本

---

〔1〕 参见王成全、秦传熙:《民间纠纷引发暴力犯罪之死刑的司法控制》,载《福建法学》2007 年第 4 期。

〔2〕 参见肖扬:《中国司法:挑战与改革》,载《人民司法》2005 年第 1 期。

〔3〕 参见孙笑侠、熊静波:《判决与民意——兼比较考察中美法官如何对待民意》,载《政法论坛》2005 年第 5 期。

结构”。[1] 死刑民意在一定程度上也决定着我国死刑制度改革的民主化程度。

可以说,允许社会舆论、媒体和民众关注并适度参与死刑案件的审理,许可民意的适度表达,不仅是因为“一切有权力的人都喜欢滥用权力”[2],舆情民意表达有利于提高死刑案件审理的透明度,加强审判监督;而且还因为“法律的生命不在于逻辑,而在于经验”[3],舆情民意的适度表达有利于在法律与经验之间架设一座沟通的桥梁,并在这种互动中宣扬民主、公平、正义的理念。当然,也必须看到,死刑的舆情民意毕竟有其局限性与情绪性,舆情民意对死刑个案的过度参与,甚至直接对案件进行“最终”的裁决,会使舆情民意的道德判断凌驾于法官的法律判断之上,影响司法的正义,极大地损害司法的权威,故而是十分有害的。因此,死刑裁量不能完全不考虑相关的舆情民意,但也不能被舆情民意所左右。司法机关需要对死刑的舆情民意作认真的分析,合理吸纳其中的合理成分,但也不能唯死刑的舆情民意之马首是瞻,而应当在倾听并合理引导死刑的舆情民意的过程中,更好地秉持中立立场,维护法律的权威和司法的公正。[4]

鉴此,在当下社会转型、各种社会矛盾频发的时期,司法机关在处理死刑案件时,必须在确保良好法律效果的基础上,充分考虑案件的裁判能否获得社会舆论、媒体和民众的支持与认可,是否有利于社会的稳定。如果社会舆论、媒体和民众普遍不支持甚至强烈反对,这样的死刑裁判就一定要特别慎重,否则就可能损及法律的尊严和权威,危及社会的稳定。为此,在依法裁判的前提下,司法人员需要全面了解和深刻体察舆情民意,不断增强妥善处理案件以实现良好社会效果的能力,要把能否获得社会的广泛认同和普遍尊重作为衡量案件裁判社会效果的标尺,并通过公正高效、有理有据的裁判以及客观适度、合情合理的宣传,使社会和公众了解司法机关付出的努力,认同司法机关所做的工作,尊重法院依法所作出的裁判,[5] 以树立、维护法律在民众心目中的权威地位。

在药家鑫案、李昌奎案中,舆情民意对死刑裁量产生的影响是巨大的。正如有些媒体所报道的那样,两被告人被判处死刑立即执行,舆情民意的“围观”及其强烈反应无疑起到了非常重要的作用。在药家鑫案中,舆论、网民的“围观”既有案件本身颇能吸引眼球之故,也有因为司法操作存在瑕疵所致,同时在某种程度上也是被害方代理人通过炒作药家鑫所谓“军二代”“富二代”身份推波助澜的结果。在李昌奎案中,案件本身的恶劣性及其与药家鑫案件的可比性,以及二审法院在未能正确把握案件危害性亦未做被害方安抚工作的情况下,贸然改判死缓又不说明理由,未能充分考虑舆情民意的关注度,回应宣传不到位且多有严重失误,诸多原因促使本案成为舆情民意高度关注的公众事件。其实,舆情民意的关注并不可怕,法官和法院只要秉持严肃司法、公正司法、合理司法之理念,在确保法律效果的基础上,深刻体察社情民意,依法合理行使自由裁量权,就能最大限度地实现法律效果与社会效果的

---

〔1〕 莫纪宏:《宪政普遍主义与民主》,载《外国法译评》2001 年第 1 期。

〔2〕 [法]孟德斯鸠:《论法的精神》(上),张雁深译,商务印书馆 1994 年版,第 154 页。

〔3〕 O. W. Holmes, Jr., The Common Law, ed. M. Howe [Boston: Little Brown, (1881) 1963], 5.

〔4〕 此处借鉴了北师大刑科院袁彬副教授专著《死刑民意研究》中的观点,特此致谢。

〔5〕 参见阴建峰:《论法律效果与社会效果的统一》,载《河南社会科学》2011 年第 2 期。

统一。在死刑案件审判过程中,法官切不可为舆情民意所左右,使之对死刑的裁量起到决定性作用。

五、结语

我国死刑制度的改革进程,只有与我国社会文明程度、法治发展状况乃至人权发展水平相适应,与我国社会主义现代化建设的不同发展阶段相适应,才能在逐步实现法治进步目标之同时,避免导致不必要的社会震荡。因此,"慎用死刑"政策是契合社会发展进程和法治发展状况的必然选择。而慎用死刑不仅强调死刑适用的合理性、节制性,还强调死刑适用的慎重性与不得已性,侧重于对死刑审判的质量提出要求。考虑到现实国情民意,慎用死刑政策的贯彻重点应在于立法上不合理配置死刑、现阶段又无法即行废止死刑的非暴力犯罪,而不应在于关涉民众切实利益与感受的严重暴力犯罪,尤其是严重致命性暴力犯罪。否则,极易引致社会公众对死刑改革产生抵触心理,甚至会危及社会的和谐与稳定,从而影响决策领导层死刑改革的魄力与决心,阻碍我国死刑改革的进程。为了切实贯彻慎用死刑之政策,就需要在严格掌握死刑的适用标准、遵循死刑的正当程序的基础上,合理衡量案件的各种罪前、罪中和罪后情节,要特别注意以罪中情节作为决定死刑适用与否的首要依据,以罪前、罪后情节作为决定死刑适用与否的必要补充,并且适当参酌案外相关因素尤其是舆情民意,努力追求法律效果与社会效果的有机统一。

中国死刑替代措施要论*

目　次

一、前言

对待死刑问题,采取谨慎、务实的态度是很有必要的,这有利于循序渐进地实现法治进步的目标,同时可避免导致不必要的社会震荡。因而很多国家和地区并不是采取"休克疗法"在立法上立即废止死刑,而是有步骤、有策略地逐步限制、减少死刑的适用,为全面废止死刑创造基本条件。其中,死刑替代措施是一个非常重要的举措。很多学者从不同角度对该问题进行了研讨,取得了不少学术成果。但毋庸讳言,在关涉死刑替代措施的诸多问题上,仍存在较大的争议,甚至还存有误解。研究这些问题并澄清相关误解,对于中国当前切实限制和减少死刑的适用乃至逐步削减死刑罪名并在未来最终全面废止死刑,无疑大有裨益。

二、死刑替代措施的概念

关于死刑替代措施,世界上很多国家或者地区都基于限制、减少乃至废止死刑的立场给予了相当的重视,并已在立法和司法上有所实践。但是,很多国家无论是在理论上还是实践中,都未对死刑替代措施的概念予以明确界定。这种情形在中国关于死刑替代措施的早期研究中也曾出现过。很多论者往往直接根据论述的需要,对死刑替代措施的种类和内容展开分析,而忽略对

* 原载《学术交流》2008 年第 9 期。

其概念的阐述。其实,正如有论者所言,死刑替代措施的概念并非不言自明的,恰恰相反,在研究中应该根据实际情况来界定其概念。[1]

至于究竟如何界定死刑替代措施,近来在刑法理论上亦时有争论。概言之,主要有以下两种观点:(1)司法上替代死刑立即执行说。如北京师范大学刑事法律科学研究院名誉院长高铭暄教授认为,"死刑替代措施是指基于限制死刑适用的目的,对于立法上特定性质的犯罪,司法中特殊情况下的罪犯,不适用死刑立即执行,而代之以其他刑罚处罚方法。"[2](2)立法上替代最严重犯罪之死刑说。如北京师范大学刑事法律科学研究院李希慧教授则认为,"死刑的替代措施是指在废除了最严重犯罪的死刑后所采取的替代死刑的处罚方法。"[3]这两种认识的最大分歧便在于,死刑替代措施究竟是指死刑的立法替代措施,还是指死刑的司法替代措施?

笔者认为,顾名思义,死刑替代措施即是指在对某些具体犯罪不适用死刑时,基于罪责刑相适应的要求而采取的其他严厉性基本相当或者相近的刑罚措施。鉴于此,李希慧教授所提出的死刑替代措施是针对最严重犯罪的死刑之观点值得肯定。因为对于明显不必配置死刑的犯罪,应该直接删除其法定刑中的死刑,或者在司法上根本不予适用,并不涉及以其他刑罚措施替代其死刑的问题。事实上,这一点在高铭暄教授所界定的概念中也有所反映,即死刑替代措施只针对"立法上特定性质的犯罪",而非所有配置有死刑的犯罪。易言之,在不适用死刑时,并不是对所有配置有死刑的犯罪均代之以其他严厉程度与死刑基本相当或者相近的刑罚措施。死刑替代措施只适用于那些本应适用死刑的具有极其严重的社会危害性的犯罪,如故意杀人、抢劫等严重暴力犯罪;而社会危害性程度较低、本不必以死刑惩治的犯罪则根本谈不上死刑替代措施的问题,如传授犯罪方法罪、虚开增值税专用发票罪等非暴力犯罪。可见,通过对死刑替代措施概念的界定,其实已阐明了死刑替代措施所适用的对象。当然,死刑替代措施究竟是在未来立法活动中取代死刑成为某些犯罪的法定刑,还是仅在当前司法活动中替代死刑(尤其是死刑立即执行)的适用,抑或是两者兼而有之,则直接决定了如何界定死刑替代措施的概念,同时也涉及如何充分发挥死刑替代措施的价值问题。对此问题,当然仍有继续研讨和争鸣的余地及需要。

三、死刑替代措施的价值

死刑替代措施的价值,主要表现为其如何针对本该适用死刑的特定犯罪发挥替代死刑的作用。在此问题上,理论界存在如下三种不同的认识:

其一,在未来立法时替代死刑,作为某些特定犯罪的最高法定刑。这种观点主张,死刑制度的刑事立法改革主要表现为,提高死刑适用标准,逐步削减死刑罪名,直至最终全面废止死刑。同时,必须解决相应的罪责刑均衡的问题,对废止死刑的具体犯罪应该配置严厉程

---

[1] 参见李希慧:《论死刑的替代措施》,载《河北法学》2008年第2期。

[2] 高铭暄:《略论中国刑法中的死刑替代措施》,载《河北法学》2008年第2期。

[3] 李希慧:《论死刑的替代措施》,载《河北法学》2008年第2期。

度仅次于死刑的其他严厉刑罚,即以其他刑罚措施替代原有的死刑作为特定犯罪的最高法定刑。[1] 笔者所持的这种观点,也为研究死刑替代措施的大多数学者所支持。

其二,在当前的司法活动中,司法机关对立法配置有死刑的特定犯罪在罪行极其严重的情况下,基于限制与减少死刑的立场不适用死刑,而代之以死刑替代措施。有论者指出,不管是中国刑事法理论界还是司法实务界,在死刑问题上基本已达成共识,即限制和减少死刑的适用。国家已制定相关刑事政策和刑事法律制度来保障死刑的适用质量,控制死刑适用的数量。在这样的背景下,死刑替代措施能够适应限制和减少死刑适用的客观要求,成为司法机关在不适用死刑时的备选措施。[2]

其三,综合说。有论者在综合前两种观点的基础上提出,在当前立法没有大幅度削减死刑罪名或全面废止死刑的情况下,死刑替代措施可在司法活动中作为死刑(尤其是死刑立即执行)的替代措施,即司法机关在犯罪罪行符合死刑适用条件下并不适用死刑,而适用其他替代性的刑罚措施。当然,在未来立法活动中,死刑替代措施也可以作为削减死刑罪名乃至全面废止死刑的补充措施,替代原来的死刑作为具体犯罪的法定刑。[3]

关于死刑替代措施的实际功用,可从世界上其他国家或者地区的刑事立法或者司法实践情况来分析。从国外立法例来看,很多国家和地区在刑法上主要是出于废止死刑的目的,而以其他刑罚措施替代死刑作为特定严重犯罪的最高法定刑。例如,美国除哥伦比亚特区以及联邦两个司法区以外,约有 33 个州采用不得假释的终身刑(Life Sentence without Parole),14 个州采用至少服刑 25 年才能假释的终身刑(Life Sentence with Parole),因而这些州对严重犯罪不再适用死刑。[4] 韩国刑事法学界亦一直在讨论以终身监禁来替代死刑,从而在立法上彻底废止死刑。[5] 意大利、加拿大、德国、瑞典、芬兰、丹麦等国家,也是在废止死刑后采用其他较为严厉的刑罚,作为被废止死刑之犯罪的最高法定刑。[6] 我国台湾地区的"司法部门"自 2003 年以来也在考虑以无期徒刑来替代死刑,作为某些犯罪的最高法定刑,以彻底废止死刑。[7] 由此可见,死刑替代措施是在立法上对特定犯罪的最高法定刑——死刑予以替代,成为该犯罪的最高法定刑。替代的结果自然是死刑被废止,即死刑不再是特定严重犯罪的法定刑。

那么,司法机关对某些犯罪在罪行极其严重的情况下不适用死刑立即执行,而适用死刑缓期二年执行,或者不适用死刑,而适用无期徒刑,能否称为"死刑的替代"?笔者认为,基于严格限制和减少死刑适用的法治精神以及宽严相济的刑事政策,在罪行极其严重情况下

---

[1] 参见赵秉志:《中国逐步废止死刑论纲》,载《法学》2005 年第 1 期。

[2] 参见刘健:《论死刑立即执行制度的替代措施——中国现阶段限制死刑的司法途径》,载赵秉志主编:《死刑制度之现实考察与完善建言》,中国人民公安大学出版社 2005 年版,第 278 页。

[3] 参见高铭暄、王秀梅:《死刑替代利弊分析》,载《江苏行政学院学报》2008 年第 1 期。

[4] 转引自张明楷:《死刑的废止不需要终身刑替代》,载《法学研究》2008 年第 2 期。

[5] 参见[韩]金仁善:《韩国执行死刑现况与死刑制度改善方向之再思考》,载赵秉志主编:《死刑制度之现实考察与完善建言》,中国人民公安大学出版社 2005 年版,第 513 页。

[6] 参见李希慧:《论死刑的替代措施》,载《河北法学》2008 年第 2 期。

[7] 参见[日]铃木敬夫:《东亚死刑废除论考》,李桦佩译,载《太平洋学报》2007 年第 9 期。

对特定犯罪不适用死刑立即执行或者死刑，改用其他刑罚措施惩罚犯罪人，客观而言并非严格意义上的死刑替代措施。因为法院及法官未选择适用死刑，实乃在现行法律框架下自由裁量的结果。由于死刑仍系该特定犯罪的最高法定刑，故而其他刑种在具体个案中被选择适用，并不意味着这一选择遍及相同性质的其他案件。况且，能否“替代”有时根本不取决于处理个案的法院及法官，而取决于该具体犯罪的法定刑设置。对于配置有绝对死刑的绑架罪、劫持航空器罪等具体犯罪来说，因其采取的是以死刑为唯一刑种的绝对法定刑之立法方式，故若出现导致被害人死亡的后果，就不可能在司法上采用其他刑罚措施替代死刑的适用。在此情况下，只能寻求立法修改的途径。[1]

综上所述，笔者认为，死刑替代措施是指在立法上替代具体犯罪法定刑中的死刑的刑罚措施。其价值和意义体现为，在立法上废止具体犯罪死刑的情况下，使对该犯罪的刑事制裁仍维持在相当严厉的程度，以贯彻罪责刑相适应原则的内在要求，并在客观上适应大幅度削减死刑罪名乃至逐步全面废止死刑的实际需要。不能因为立法程序繁琐、对死刑的替代较为困难，便改变死刑替代措施的应有含义，将司法上限制死刑适用或者放弃适用死刑的做法视为死刑替代措施。

四、死刑替代措施的内容

对于在立法上究竟应该以哪些刑罚措施来替代死刑，中国刑法理论界存在着较大的分歧。概言之，主要有如下几种不同的观点：

其一，无期徒刑（终身监禁）替代死刑说。具体而言，又有三种不同的认识：(1)以不可减刑、亦不可假释的无期徒刑来替代死刑。这种观点出现在关于死刑替代措施的早期研究中。(2)将无期徒刑分为两种，即可以减刑，也可以假释的无期徒刑和禁止减刑、亦禁止假释的无期徒刑，均可替代死刑的适用。[2] (3)符合人道主义要求但能严厉惩罚犯罪人的无期徒刑，即以25年内不得假释的无期徒刑或者25年内不得减刑的无期徒刑替代死刑的适用。[3]

其二，死缓替代死刑说，其实是指以死刑缓期二年执行来替代死刑立即执行的适用。具体又有两种不同看法：(1)全面替代说。有学者认为，为减少死刑，应该扩大死缓的适用，甚至可考虑对所有的死刑犯一律判处死缓。[4] 有论者进而认为，可以将死缓逐步作为一种独立的刑种，使其具有终身监禁的内容，从而替代现有的死刑执行。[5] (2)必经程序说。有论者提出，应把死缓作为死刑立即执行的必经程序，任何死罪都先判处死缓，经过考验期后，如

---

〔1〕 参见黄明儒：《论绝对确定的死刑及其替代措施》，载《湘潭大学学报(哲学社会科学版)》2006年第3期。

〔2〕 参见赵秉志：《中国逐步废止死刑论纲》，载《法学》2005年第1期。

〔3〕 参见李希慧：《论死刑的替代措施》，载《河北法学》2008年第2期。

〔4〕 参见陈兴良：《刑法哲学》，中国政法大学出版社1992年版，第379页；陈兴良：《中国死刑的当代命运》，载《中外法学》2005年第5期。

〔5〕 参见钊作俊：《中国死刑现状与走向》，载《郑州轻工业学院学报》2004年第2期。

果确定犯罪人有非常危险的人格，加上其罪行极其严重，可以考虑执行死刑。[1]

其三，多元替代说，即以多种措施来替代死刑。该观点兼采众长，主张以严厉化后的死刑缓期二年执行、严格的无期徒刑、附赔偿的长期自由刑来替代死刑的适用（主要是指死刑立即执行）。[2]

虽然说以其他刑罚措施替代死刑属于未来立法所考虑的内容，但是，国家决策领导层与社会民众能否接受减少乃至逐步废止死刑之认识，以及如何改变原有强烈的死刑报应观念，在很大程度上取决于最高人民法院收回死刑核准权后所启动的限制与减少死刑适用的司法改革的客观效果。死刑制度司法改革若取得良好的效果，势必会影响乃至扭转国家决策领导层以及社会民众原有的死刑观念，进而深入推进死刑制度立法改革之进程。因此，以何种措施来替代死刑，或者说死刑替代措施有哪些内容，离不开对当下死刑制度司法改革的认识。在笔者看来，其中很重要的一个方面就是扩大死刑缓期二年执行的适用，切实减少死刑立即执行的适用。为此，应对现行刑法典第 48 条第 1 款规定之"罪行极其严重""不是必须立即执行"做出正确的理解。[3] 进言之，最高司法机关可通过司法解释的形式对于何为"不是必须立即执行"给予具体而细致的阐明。当然，这也只是力主司法机关尽可能选择适用死刑缓期执行，却并非废除死刑立即执行，更不是对死刑立即执行的替代。死缓仍属于死刑的范畴，其只能为削减死刑提供基础性条件，不可能成为未来全面或者部分废止死刑时有效惩罚犯罪人的刑罚措施。

笔者认为，未来在立法上替代死刑的刑罚措施，主要是无期徒刑（终身监禁）和长期自由刑。一方面，替代死刑的无期徒刑（终身监禁）主要是指被限制减刑、假释的严格的无期徒刑（终身监禁）。不可减刑、亦不可假释的无期徒刑（终身监禁）近乎于终身刑，在违反人道、摧残犯罪人人格尊严方面似并不亚于死刑。坦言之，终身刑在立法上并不是替代死刑的可取的措施。[4] 而在一定期间内不得减刑、不得假释的无期徒刑（终身监禁），并没有湮灭犯罪人追求自由、改恶从善后出狱的希望，因而相对而言更具可取性。至于具体期间的长短、减刑或假释的适用条件等问题则需进一步研讨。另一方面，长期自由刑也能起到替代死刑的作用。被严格限制减刑或者假释的长期自由刑，在客观效果上类似于上述严格的无期徒刑（终身监禁），同样在严厉惩治之外具有人道的色彩，值得肯定。不过，长期自由刑是通过提高数罪并罚的上限，还是通过提高有期徒刑的上限来实现，抑或二者兼而有之，也是需要研究的具体问题。

总而言之，不管是以何种措施替代死刑，都应确保犯罪人被剥夺自由的期限持续足够长久，以适应对其严厉惩治的现实需要。参诸有关国家和地区的规定，考虑到犯有严重罪行的

---

〔1〕 参见张文、黄伟明：《死缓应当作为死刑执行的必经程序》，载赵秉志、邱兴隆主编：《死刑正当程序之探讨》，中国人民公安大学出版社 2004 年版，第 140 页。

〔2〕 参见高铭暄：《略论中国刑法中的死刑替代措施》，载《河北法学》2008 年第 2 期。

〔3〕 参见虞平：《死刑适用的统一性与量刑个别化的冲突：美国制度的视角和启示》，载《中美死刑替代措施座谈会论文集》（北京师范大学刑事法律科学研究院与纽约大学法学院、全美律师协会于 2007 年 10 月 7 日在北京联合举办）。

〔4〕 参见高铭暄、王秀梅：《死刑替代利弊分析》，载《江苏行政学院学报》2008 年第 1 期；张明楷：《死刑的废止不需要终身刑替代》，载《法学研究》2008 年第 2 期。

犯罪人释放后的再犯可能性，并结合我国男女的平均寿命，我们认为，犯罪人在监狱中实际执行的刑期不应少于20年或25年。[1]

五、死刑替代措施的实现

关于死刑替代措施，是从现行刑法典的既有规定中去寻找，还是依赖于刑法典的未来立法建构，理论上亦存有如下两种观点：

其一，死刑替代措施建构说。该观点认为，现行刑法典所规定的除了死刑之外的刑罚，不管是在立法上还是在司法上，严厉程度都显著地小于死刑，因而无法适应废止死刑或者减少死刑适用后对犯罪人给予合理惩罚的需要。这就要求从立法上建构合理的死刑替代措施，并调整刑罚体系和量刑制度。[2]

其二，现行刑罚措施直接采用说。有论者认为，在立法上大量减少死刑罪名，规定其他刑罚措施以适应这种情形，显然过于理想化，更加现实和合理的选择应是从司法层面上寻求死刑的功能性替代，而死刑缓期执行、无期徒刑无疑是较为理想的死刑替代措施。[3] 还有论者甚至认为，中国在限制与废止死刑的过程中，不必设置终身刑，也不必提高有期徒刑的最高期限，相反，应维持中国现行刑法典关于有期徒刑与无期徒刑的规定。[4]

笔者认为，是面向未来立法，还是立足于现实司法，决定了死刑替代措施在何时发挥作用，因此，其具体实现实际上与自身的价值有着紧密的联系。而如前所述，死刑替代措施的价值便在于使未来从立法上削减死刑罪名乃至全面废止死刑成为可能，因而它应该具备与死刑基本相当或者至少相近的惩罚严厉程度，否则就难以贯彻罪责刑相适应的要求，也难以实现刑罚的目的。但是，现行刑罚体系所存在的“生刑过轻、死刑过重”的结构性缺陷，导致既有刑罚种类在严厉性上与死刑有着过于悬殊的差距，其实际执行也存在诸多亟待改善之处。所以，如果不从立法上进行完善和改进，就很难适应限制与减少死刑适用乃至全面废止死刑的客观需要。[5] 类似的观点在其他国家有关死刑替代措施的研究中也能看到。[6] 其实，关于死刑替代措施的各种学说基本上也都主张，应在立法上对刑罚体系作进一步调整、修改、完善，以全面体现死刑替代措施。[7] 因此，笔者仍然坚持认为，应从立法上革新和完善现行刑法典所规定的无期徒刑、有期徒刑以及数罪并罚、减刑、假释等制度，建构合理的死刑替代措施，以适应未来大幅度削减死刑罪名乃至全面废止死刑的趋势。[8]

---

〔1〕 参见赵秉志主编：《死刑改革研究报告》，法律出版社2007年版，第44页。

〔2〕 参见赵秉志主编：《死刑改革研究报告》，法律出版社2007年版，第380页。

〔3〕 参见刘健：《论死刑立即执行制度的替代措施——中国现阶段限制死刑的司法途径》，载赵秉志主编：《死刑制度之现实考察与完善建言》，中国人民公安大学出版社2005年版，第278页。

〔4〕 参见张明楷：《刑法学者如何为削减死刑作贡献》，载《当代法学》2005年第1期。

〔5〕 参见赵秉志：《死刑改革探索》，法律出版社2006年版，第283页。

〔6〕 参见[韩]许一泰：《韩国死刑制度的过去、现在和未来》，载：《刑法论丛》(第13卷)，法律出版社2008年版，第54~56页。

〔7〕 参见高铭暄：《略论中国刑法中的死刑替代措施》，载《河北法学》2008年第2期。

〔8〕 参见赵秉志：《死刑改革探索》，法律出版社2006年版，第283页。

六、结语

综上所述,在中国当前关于死刑替代措施的研究中,死刑替代措施是面向未来作为死刑的立法替代措施,还是面向当下从司法上替代和减少死刑的适用,抑或是两者兼而有之,无疑成为争论的焦点。对于该问题,显然有必要根据中国当前关于死刑的国情民意、决策领导层的死刑观念深入地进行分析,才能得出相应的结论。在笔者看来,纵览世界其他国家和地区规定、适用或者研究死刑替代措施的实际情况,将死刑替代措施定位于死刑的未来立法替代措施,是较为适当和科学的。当然,基于当前限制与减少死刑适用的刑事法治精神,考虑以死刑缓期二年执行、无期徒刑以及相应的其他配套措施来减少死刑立即执行的适用,应该说是司法上值得肯定的务实做法,充分发挥了刑事司法在此方面的应有功效。

中国反腐败刑事法治若干重大现实问题研究*

目　次

---

* 原载《法学评论》2014年第3期；《新华文摘》2014年“全面推进依法治国专刊”全文转载；收入刘仁文主编：《反腐败的刑事法治保障》，社会科学文献出版社2016年版。

（二）对我国腐败犯罪外移资产追回实践的分析

（三）我国腐败犯罪外移资产追回机制的完善

九、结语

一、前言

反腐败是当代世界各国、各地区普遍关注的重大政治、法治和社会问题。反腐败也为中国所高度关注。党的十八大以来，我们党和政府把反腐败工作提到了前所未有的高度予以重视和对待。

在法治中国的建设中，现阶段反腐败作为我们党和政府必须常抓不懈的极其重要的工作领域，需要法律的支持和制度的保障。而其中重要的一环，就是要不断改进和完善我国反腐败刑事法治，实现反腐败斗争与刑事法治建设的良性互动，从而将反腐败斗争引向深入，并保证反腐败斗争取得良好的法律效果、社会效果和政治效果。反腐败刑事法治是法治中国之现代法治事业的重要方面，其事关国家反腐败的力度、相关法治的发展完善和公民的基本权益。深入研讨当下中国反腐败刑事法治的重大现实问题，既是我国法律学人尤其是刑事法学者的使命和应有的担当，而且也是积极致力于我国反腐败刑事法治发展完善，把反腐倡廉建设引向深入的重要举措。因此，研究中国反腐败刑事法治的重大现实问题，具有重要的理论价值和实践意义。

本文在概览国际社会反腐败潮流与趋势的基础上，立足于中国反腐败刑事法治发展的现状及其进步的需要，拟选择关涉当前我国反腐败刑事法治完善和进步的几个重要问题予以剖析，着力揭示其中所存在的问题，并就相关制度的改革完善略抒己见。

二、反腐败是当代国际社会的潮流与共识

腐败是依附于国家政权的寄生虫，是社会的毒瘤，亦是当前困扰全球各国经济发展和社会进步的重大现实问题。它严重破坏公共权力的运行秩序，侵害社会公平正义，损害国家和政府的威信与公信力，阻碍经济健康有序发展，对社会稳定构成现实的危害与威胁，历来为社会公众所深恶痛绝。对国家和政府而言，反腐败乃是提高行政效率、提升国家和政府形象以及争取民众支持的重要手段，也是维护其合法性的重要根基所在。因此，无论是外国还是中国，反腐败始终都是国家和政府工作的重要方面。

（一）当代域外反腐败概览

环视域外，反腐败是当代世界各国所普遍担负的一项重大任务，也是国际社会面临的共同课题，因而无论是发达国家还是发展中国家，无不重视反腐败工作。从20世纪60年代新加坡的“反贪风暴”到90年代意大利的“清廉运动”，再到20世纪末保加利亚的“清洁的手”以及韩国的“实名制”，在强劲的反腐败风暴中，多少个国家的总统、总理、部长等国家领导人和政府要员因腐败而丢掉“乌纱帽”，甚至被绳之以法、定罪判刑；被革职查办的政府官员更是不计其数。及至90年代，全世界已形成围剿腐败之势，几乎每一个国家都将反腐败列

为国策，甚至作为炫耀其开明、廉洁和现代化的标志。[1] 21世纪初以来，国际舞台上反腐倡廉运动更是风起云涌，各国纷纷推出各种举措，大力整肃公职人员的贪腐行为，努力铲除滋生腐败现象的温床。在瑞典，不管是政府高官还是普通公务员，都要按法律规定，将购买房屋等大宗家庭资产的情况"广而告之"；就是连聘请保姆、缴纳电视费等这样"花小钱"的事情，也必须接受监督；2006年该国刚担任贸易大臣不到一周的博雷柳丝，就因雇佣保姆不缴雇主税、连续几年滞纳电视费、出售股票未及时向金融监管部门报告、隐瞒住宅所有权等事情，先后被举报而被迫引咎辞职。[2] 当年号称亚洲"四小龙"之一的韩国，于2002年就出台了《反腐败法》，2003年又公布了《公务员保持清廉行动纲领》，成立了直属总统的反腐败委员会，确立国家综合反腐败中心框架，大力开展肃贪反腐工作，取得了令世人瞩目的反腐败成果，如晚近20余年来该国历任总统大多因腐败沦为阶下囚或者自杀，韩国总统一家因腐败而受到惩处的屡见不鲜。[3] 再如，近年来掀起强劲反腐风暴的俄罗斯，早在2008年7月31日，时任总统梅德韦杰夫签署了《反腐败国家计划》，同年12月25日出台了《俄罗斯联邦反腐败法》，规定公务员及其配偶、子女必须提交收入与财产信息；2010年4月13日，梅德韦杰夫总统又签署了《反腐败国家战略》与《2010—2011年国家反腐败计划》的总统令，从国家发展前途的战略高度来对待反腐问题。[4] 为了表示反腐决心，在该国总统和总理的率领下，其政府的各位副总理、部长集体在俄罗斯政府网上公布个人与家庭财产情况，接受公众监督。[5] 在俄罗斯这一轮强劲反腐风暴中，包括时任俄罗斯国防部部长谢尔久科夫在内的多名高官因腐败问题纷纷落马，俄罗斯的反腐败取得了显著效果。

其实，除一些国家在本国领域内开展反腐行动外，各国际和地区性组织也在向腐败开战，国际社会对于遏制和打击腐败普遍表现出高度重视，广泛开展反腐败的国际合作。毕竟，腐败是一个世界性的痼疾，单靠一国或一地区之力，断然难以疗治人类社会的这一顽疾，因而需要国际社会形成反腐败的合力方能奏效。从20世纪90年代开始，国际社会便开始寻求反腐败的国际合作途径和措施。

一方面，通过缔结一系列公约以奠定反腐败国际合作的法制基础。如拉美国家于1996年3月通过了《美洲国家组织反腐败公约》；欧盟于1997年5月通过《欧洲委员会打击欧洲共同体官员和欧洲联盟成员国官员腐败公约》，其后又分别于1999年1月和11月进一步签署了《欧洲委员会反腐败刑法公约》《欧洲委员会反腐败民法公约》；非洲联盟于2003年7月通过了《非洲联盟预防和打击腐败公约》；在2001年11月于东京举行的第二次亚太地区反腐败会议上，亚太地区部分国家制定了《亚太地区反腐败行动计划》。而在反腐败国际合作中扮演着重要角色的联合国，则于2000年11月第55届联合国大会通过了《联合国打击

---

〔1〕 参见江西省社科院、省社科联课题组：《当前国际国内形势对反腐倡廉建设带来的新影响》，载《红旗文稿》2009年第12期。

〔2〕 参见刘克梅：《有感于"透明水晶官员"》，载《大河报》2006年11月20日。

〔3〕 参见颜颖颛：《韩国总统腐败怪圈》，载《新京报》2009年4月26日。

〔4〕 参见关健斌：《总统带头网上晒收入：俄罗斯劲刮反腐风暴》，载《中国青年报》2009年4月15日。

〔5〕 参见储信艳：《俄罗斯总统普京高调反腐前防长等多名高官落马》，载《新京报》2012年12月5日。

跨国有组织犯罪公约》,对各缔约国政府在预防、调查和惩治公职人员腐败方面的措施、惩治腐败机构的设立及运作、腐败行为的定罪处罚等问题作了全面的规定;尤其是鉴于腐败犯罪的严峻形势与反腐败国际合作的迫切需要,第58届联合国大会又于2003年10月31日通过了《联合国反腐败公约》这一独立的、全面指导国际反腐败斗争的法律文件。《联合国反腐败公约》于2005年12月14日正式生效,除序言外,包括"总则""预防措施""定罪和执法""国际合作""资产的追回""技术援助和信息交流""实施机制""最后条款"八章,确立了预防机制、刑事定罪和执法机制、国际合作机制、资产追回机制、技术援助和信息交流机制、履约监督机制六大反腐败机制,对于各国加强国内的反腐败行动、提高惩治和预防腐败犯罪的成效以及促进反腐败国际合作,都具有重要意义。

另一方面,各国各地区也在不断通过制定与完善相关法律以及积极的司法实践,来贯彻《联合国反腐败公约》等相关国际法律文件的要求,开展广泛的反腐败国际合作。例如,《联合国反腐败公约》对防止利益冲突问题作出规定以来,许多国家就积极借鉴和吸收这一反腐败制度的人类文明成果,积极完善制度设计,建立健全了防止利益冲突制度,形成了以防止利益冲突原则为核心、更加重视事前预防的反腐败体系以及制度导向,从而大大减少了腐败现象的发生。再如,作为反腐败领域国际合作的重要机构与平台,2006年10月25日,国际反贪局联合会正式成立。[1] 国际反贪局联合会是全球性的、独立的、非政治性的反腐败组织,其重要宗旨之一就是促进《联合国反腐败公约》的实施,并加强各国反贪腐机构在打击腐败犯罪方面的国际合作,中国最高人民检察院在国际反贪局联合会中迄今一直承担了主要领导者的角色。迄今为止,国际反贪局联合会已召开了七届研讨年会,其在推动强化国际反腐败领域合作,促进各国各地区更加有效地惩治和预防腐败犯罪,建设廉洁、公正、和谐、稳定的国际社会诸方面,发挥了积极的作用。例如,2013年11月23~24日,国际反贪局联合会第七次年会暨会员代表大会在巴拿马首都巴拿马城召开,来自97个国家和地区负责预防、调查、起诉腐败犯罪的机构和8个国际组织的400多名代表出席(笔者也应邀参加了此次盛会),这次会议以"法治与反腐败:挑战与机会"为主题进行了深入探讨,会议对以法治方式治理腐败形成广泛共识,并发表了《巴拿马宣言》,呼吁各国高度重视法治在反腐败中的重要性,加强反腐败法治信息交流,完善相关法治建设,全面提升惩治和预防腐败犯罪的能力,注重发挥社会和公众力量积极参与惩治和预防腐败的工作。[2]

(二)当今中国反腐败概览

回视国内,处于转型期的现阶段中国社会,腐败现象还较为严重,在一些领域和部门易发多发。总部位于柏林的非政府组织"透明国际"于2012年12月5日发布的一年一度的"全球腐败指数"(CPI)显示,在参与调查的176个国家(地区)中,中国从2008年的第72位下降了8位,2012年排名第80位,[3]可见我国的反腐败任务依然十分艰巨。面对这一现实,我们党

---

〔1〕 参见杨维汉、魏武:《国际反贪局联合会正式成立　贾春旺当选首任主席》,载《检察日报》2006年10月26日。

〔2〕 参见简闻之:《加强深化反腐败法治建设交流合作　共同推动国际反腐败事业纵深发展》,载《检察日报》2013年11月24日;简闻之:《曹建明再次当选国际反贪局联合会主席》,载《检察日报》2013年11月26日。

〔3〕 参见侯涛:《全球腐败指数报告发布　阿富汗朝鲜索马里倒数第一》,载《环球时报》2012年12月6日。

和政府一贯高度重视反腐败工作,改革开放特别是进入21世纪以来,深入开展党风廉政建设和反腐败斗争,坚持标本兼治、综合治理、惩防并举、注重预防的方针,建立健全惩治和预防腐败体系,在严肃查处腐败案件的同时,更加注重治本,注重预防和制度建设,拓展从源头上防治腐败的工作领域,不断铲除滋生腐败犯罪的土壤,取得了有目共睹的明显成效,走出了一条适合中国国情、具有中国特色的反腐倡廉道路。目前我国反腐败呈现出系统治理、整体推进的良好态势,通过深入开展党风廉政建设和反腐败斗争,有力地惩处了一大批腐败分子,国家利益、公共利益和公民个人利益得到有效维护,改革发展稳定的局面不断巩固,在廉洁政治建设上迈出了坚实步伐。总的来说,近年来我国反腐败的成绩是显著的,人民群众对国家反腐败工作的满意度也是平稳上升的。据"国家统计局的民意调查结果显示,2003年至2010年,中国公众对反腐败和廉政建设成效的满意度平稳上升,从51.9%提高到70.6%;公众认为消极腐败现象得到不同程度遏制的比例,从68.1%上升到83.8%。国际社会也给予积极评价。"[1]

党的十八大以来,新一届中央领导集体高举反腐败大旗,更加科学有力地防治腐败,坚定不移把党风廉政建设和反腐败斗争引向深入,响亮地提出要"把权力关进制度的笼子里",要求反腐败坚持"老虎""苍蝇"一起打,有腐必反、有贪必肃,不断铲除腐败现象滋生蔓延的土壤,吹响了中国新一轮反腐败的号角。2013年8月27日召开的中共中央政治局会议明确强调,全党要把思想和行动统一到中央对反腐败斗争的形势判断和要求部署上来,把坚决遏制腐败蔓延势头作为重要任务和工作目标,坚持"老虎""苍蝇"一起打,严肃查处党员干部违纪违法案件,充分发挥震慑力。[2] 与此同时,会议还审议通过了《建立健全惩治和预防腐败体系2013—2017年工作规划》,力倡在坚决惩治腐败的同时更加科学有效地防治腐败。2013年11月12日,中共十八届三中全会通过的《中共中央关于全面深化改革若干重大问题的决定》(以下简称《决定》),更是提出坚持用制度管权管事管人,让人民监督权力,让权力在阳光下运行,乃是把权力关进制度笼子的根本之策。必须构建决策科学、执行坚决、监督有力的权力运行体系,健全惩治和预防腐败体系,建设廉洁政治,努力实现干部清正、政府清廉、政治清明。要形成科学有效的权力制约和协调机制,加强反腐败体制机制创新和制度保障,健全改进作风常态化制度。[3] 可以说,十八届三中全会的《决定》从多个方面对健全我国反腐败领导体制和工作机制做出了科学部署,对新形势下的反腐倡廉建设提出了新要求。对于十八届三中全会的《决定》涉及的这一重大问题和重要举措,习近平总书记在介绍中央的考虑时表示,反腐败问题一直是党内外议论较多的问题,目前的问题,主要是反腐败机构职能分散、形不成合力,有些案件难以坚决查办,腐败案件频发却责任追究不够。习近平总书记强调,十八届三中全会的《决定》对加强反腐败体制机制创新和制度保障所作的重点部署,都是在总结实践经验、吸收各方面意见的基础上提出来的。[4] 可以预见,十八届三中全会的《决定》的有关

---

〔1〕 国务院新闻办公室:《中国的反腐败和廉政建设》,载《人民日报》2010年12月30日。

〔2〕 参见《中央政治局会议决定11月召开十八届三中全会》,载《人民日报》2013年8月28日。

〔3〕 参见《中共中央关于全面深化改革若干重大问题的决定》(2013年11月12日中国共产党第十八届中央委员会第三次全体会议通过)。

〔4〕 参见习近平:《关于〈中共中央关于全面深化改革若干重大问题的决定〉的说明》,载《人民日报》2013年11月17日。

健全反腐败领导体制和工作机制的部署，必将在我国掀起新一轮强劲的反腐败浪潮，对新时期的反腐败工作将产生重大而深远的积极影响，我国反腐败和廉洁政治建设的前景必将是光明的。

当然，在看到反腐败斗争取得的成绩的同时，也必须清醒地认识到，我国的反腐败工作形势依然严峻，同时还面临不少新情况、新问题，与党和国家的要求及人民群众的期待相比，仍有较大差距，可谓任重而道远。"由于我国正处于并将长期处于社会主义初级阶段，腐败现象滋生蔓延的土壤和条件在短期内难以消除，特别是一些领域的体制机制制度还不健全，当前的反腐败斗争呈现出有利条件与不利因素并存、成效明显与问题突出并存的总体态势。"〔1〕惩治和预防腐败在我国将是一个长期的过程和艰巨的任务。

在反腐败斗争中，刑事法治的力量和作用举足轻重。通过刑事法治开展的反腐败斗争，具有特别的威慑力和特殊的严厉性，当然也是最后的手段。在刑事法治领域，经过多年来不断的修改完善，迄今我国的刑事法律已经基本上涵盖了腐败犯罪的各种类型，相关刑事处罚日益文明，刑事程序渐趋公正，我国反腐败刑事法治逐渐呈现出现代化、科学化和国际化的面貌与趋势。与此同时，我国在反腐败刑事法治领域也还存在一些不容忽视的问题，如反腐败的刑事法治理念有待更新、反腐败的刑事法网不甚严密、腐败犯罪的定罪量刑标准设置不甚合理、反腐败的刑罚设置还不够科学等，需要我们根据反腐败新形势、新任务的需要，予以认真研究、清醒认识并施以良策，以促使我国反腐败刑事法治事业不断发展进步，并对国际社会反腐败刑事法治的发展完善和反腐败的国际司法合作做出我们应有的贡献。

在反腐败斗争中，建立健全惩治和预防腐败体系具有重大意义，是我们党和政府在新形势下对反腐倡廉工作作出的重大战略决策，是防治腐败的根本举措。作为惩治和预防腐败体系中重要的一环，刑事法治是惩治腐败最为严厉的手段，需要积极而慎重、稳妥地适用。同时，刑事法治也应当根据我国反腐败新形势、新任务的需要，科学、合理地加以完善。反腐败刑事法治，从内涵上说，应涵括惩治腐败、注重预防、彰显公正、保障人权等内容；就外延而言，则主要包括反腐败刑事实体法治和反腐败刑事程序法治两个基本方面。反腐败刑事法治的重大现实问题，是反腐败刑事法治中最为关键和影响巨大乃至从整体上制约反腐败刑事法治发展进步的一些重大理论和实务问题，对其深入研究和正确解决往往是促成反腐败刑事法治乃至整个刑事法治发展进步的重要契机。

三、高官腐败犯罪问题

（一）高官腐败犯罪及其查处概况

在腐败犯罪中，高官〔2〕腐败犯罪占有一定的比重，高官腐败犯罪的状况在一定程度上

---

〔1〕 参见姜洁：《中央纪委召开专家学者座谈会　贺国强强调当前反腐形势仍然严峻》，载《人民日报》2007年12月15日。

〔2〕 本文所称的高官是指省部级副职及以上的党和国家干部，以及相同级别的军队将领、国有企业负责人等。1979年11月13日，中共中央、国务院联合颁布的《关于高级干部生活待遇的若干规定》就明确规定："本规定适用于各省、自治区、直辖市党委书记、副书记，人大常委会主任、副主任，政府省长（主席、市长）、副省长（副主席、副市长），政协主席、副主席等高级干部。"由此可以看出，在中国高级干部主要是指副省（部）级及以上领导干部。

反映了我国现阶段腐败犯罪的整体变化趋势和特点,具有特别的代表性和典型性。应当说,我国党和政府改革开放以来特别是近年来十分重视对高官腐败犯罪的惩治和防范,并采取了一系列有针对性的惩贪防腐措施,取得了有目共睹的成效。

新中国成立后的前30年,因为腐败而被查处的省部级高官几乎一个没有。[1] 但在20世纪80年代改革开放以后,查处省部级高官的帷幕则渐次拉开,其中尤为值得一提的是,1987年4月,江西省原省长倪献策因犯徇私舞弊罪被判处有期徒刑2年,成为第一个因腐败犯罪而被追究刑事责任的高官。2000年3月8日,江西省原副省长胡长清因犯受贿、行贿、巨额财产来源不明罪,经最高人民法院核准被执行死刑,成为改革开放以来第一个因为腐败犯罪而走上断头台的省部级领导干部。2000年9月14日,全国人大常委会原副委员长成克杰因犯受贿罪被北京市第一中级人民法院判处死刑,成为新中国成立之后被处决的官位最高的腐败分子。2003年4月23日,山东省政协原副主席潘广田因犯受贿罪被山东省济南市中级人民法院一审判处无期徒刑,成为全国第一个因腐败犯罪而被查处的省部级执政党外的高级干部。改革开放以来查处的属于党和国家领导人行列的腐败犯罪高官迄今已有四位,他们分别是:1995年被查处的中共中央政治局原委员、北京市委原书记陈希同,2000年被查处的全国人大常务委员会原副委员长成克杰,2006年被查处的中共中央政治局原委员、上海市委原书记陈良宇,2012年至2013年被查处的中共中央政治局原委员、重庆市委原书记薄熙来。可以说,新中国的发展史,同时也是一部波澜壮阔的反腐倡廉史。特别是近年来,我国党和政府深入开展党风廉政建设和反腐败斗争,整饬吏治,严肃法制,成就斐然,谱写了一曲曲反腐倡廉的壮丽篇章。如据中央纪委向中国共产党的十七大的工作报告显示,仅在2002年12月至2007年6月这五年间,中央纪委查办的腐败案件中,省部级领导干部就占了98人。[2] 其中,涉嫌腐败犯罪移送司法机关处理的人数也不在少数。另据最高人民检察院年度工作报告披露的数字,在1993~1997年,涉嫌腐败犯罪被查处的省部级高官为7人;在1998~2002年,这一数字为19人;在2003~2007年,这一数字为35人;在2008~2012年五年间,也有30人(2008年4人、2009年8人、2010年6人、2011年7人、2012年5人)被立案侦查。[3] 2013年10月22日,最高人民检察院曹建明检察长向全国人大常委会所作的反贪污贿赂工作情况报告显示,2008年1月至2013年8月,全国检察机关立案侦查的省部级以上国家工作人员已有32人。[4] 另据媒体报道的情况,本文初步统计,党的十八大以来的一年多时间(2012年11月至2014年3月初),因腐败相继落马的省部级高官已有22位

---

〔1〕 1952年2月,毛泽东主席曾"挥泪斩马谡",批准枪毙了革命战争年代屡立战功的大贪污犯原天津地委书记刘青山、天津地区行署专员张子善,因原天津地区隶属河北省,所以刘青山、张子善并不属于省部级干部,而只是厅局级干部。"刘青山、张子善特大贪污案"被称为是新中国成立以来反腐肃贪第一案,影响巨大,老百姓说,这两个人头换来了中国官场上至少20多年的廉政。

〔2〕 参见贺国强:《坚持惩防并举 更加注重预防 深入推进党风廉政建设和反腐败斗争——中共中央纪律检查委员会向党的第十七次全国代表大会的工作报告》(2007年10月21日中国共产党第十七次全国代表大会通过)。

〔3〕 参见最高人民检察院1994~2013年工作报告,载1994~2013年《最高人民检察院公报》。

〔4〕 参见王治国:《曹建明向全国人大常委会作反贪污贿赂工作情况报告》,载《检察日报》2013年10月23日。

(包括已被中纪委"双规"但尚未移送司法机关的省部级高官)。[1] 党的十八大以前,身居党和国家领导人高位的薄熙来也因严重腐败犯罪已开始被查处,最终于2013年9月22日被判处无期徒刑;[2]党的十八大以前已开始被查处的铁道部原部长刘志军,则因被认定受贿达6460万余元,在其具备多种从宽情节的情况下,在2013年7月8日被依法判处死缓。[3] 毋庸讳言,当前我国高官腐败犯罪总体上仍呈现出上升趋势,高官腐败犯罪现象易发多发的状况仍未根本改变,一些官高位显的腐败犯罪分子,还在不断被深挖出来,反腐败斗争形势依然严峻,任务仍然艰巨。

高官腐败犯罪具有严重的社会危害性。由于高官位高权重,身处地方和部门权力金字塔的顶端,有的甚至是党和国家领导人,从政根基深厚,关系网庞大,占有大量的体制内外资源,干扰办案的能量较强,因而其被揭露、发现和查处的几率相对较小。在权力高度集中且缺乏有效监督制约的背景下,他们的腐败犯罪行为给社会带来的危害更大,破坏力更强,不仅严重损害执政党和政府的声誉与威信,玷污执政党和政府在人民群众中的光辉形象,而且会直接削弱执政党的群众基础,危及政权的根基,影响社会稳定。有学者甚至认为:"进入21世纪以来,省部级高官腐败这一社会极其丑恶的现象,已成为中国经济的致命问题和中国的头号问题。"[4]这一判断虽然未必妥当,但高官腐败犯罪危害严重而广泛,更容易触动社会敏感的神经,更易为国内外所广泛关注,则是不争的事实。

(二)惩治高官腐败犯罪的法治意义

坚决遏制高官腐败犯罪滋生蔓延的态势,坚定不移地依法追究和惩处高官腐败犯罪分子,具有以下几方面的重要法治意义:

第一,彰显中央反腐败的决心和力度。一件件反腐大要案不断被揭露,一个个高官腐败犯罪分子纷纷落马,不仅极大地震慑了潜在的腐败犯罪分子,维护了党纪国法的严肃性,而且也有力地彰显了中央反对腐败的决心和力度。在十八届中央纪委二次全会上,习近平总书记深刻指出,反腐败要坚持"老虎""苍蝇"一起打,既坚决查处领导干部违纪违法案件,又切实解决发生在群众身边的不正之风和腐败问题。[5] 习近平总书记上述提到的"老虎",其实主要是指这些贪腐数额巨大,又往往位高权重,危害党和国家利益的腐败犯罪高官。检验反腐败决心、意志和力度的一个重要标尺,就是看打不打"老虎",敢不敢动"老虎"。可喜的是,近年来,中央从事关党和国家生死存亡、关系改革开放事业成败的高度认识反腐败问题,

[1] 包括四川省委原副书记李春城,国家发改委原副主任刘铁男,安徽省人民政府原副省长倪发科,四川省文联原主席暨原副省长郭永祥,湖北省委原常委暨原政法委书记、省人大常委会原副主任吴永文,内蒙古自治区党委原常委暨原统战部部长王素毅,广西壮族自治区政协原副主席李达球,中石油原副总经理兼大庆油田原总经理王永春,国资委原主任蒋洁敏,江苏省南京市原市长季建业,贵州省省委原常委暨遵义市委书记廖少华,湖北省政协原副主席陈柏槐,湖北省原副省长郭有明,国家信访局原副局长许杰,江西省人大常委会原副主任陈安众,湖南省政协原副主席童名谦,公安部原副部长李东生,四川省原政协主席李崇禧,政协第十二届全国委员会经济委员会原副主任杨刚,海南省原副省长冀文林,陕西省原政协副主席祝作利,山西省原省委副书记、省人大常委会副主任金道铭等人。

[2] 参见霍小光、杨维汉:《薄熙来案二审宣判 山东高院裁定维持一审无期徒刑判决》,载《人民日报》2013年10月26日。

[3] 参见徐隽:《法治精神的彰显》,载《人民日报》2013年7月9日。

[4] 参见欧伟贞:《我国高官腐败现象的法理分析》,载《湖北成人教育学院学报》2011年第2期。

[5] 参见张烁:《习近平誓言科学有效反腐败 坚持"老虎"、"苍蝇"一起打》,载《人民日报·海外版》2013年1月23日。

以坚定的决心和非凡的勇气深入开展党风廉政建设和反腐败斗争，坚决惩处高官腐败犯罪分子，对这些有来头、有背景、有能量的"老虎"，敢于一打到底，决不姑息迁就，正在用一个个惩治高官腐败犯罪的事实诠释"反腐败没有特区"的现代刑事法治精神。

第二，贯彻法律面前人人平等的法治原则。依法治国，是我们党和政府领导人民治理国家的基本方略，是国家长治久安的重要保证。坚决惩治高官腐败犯罪，破除腐败犯罪高官"刑不上大夫"的侥幸，既是落实从严治党治吏（官）的根本要求，也是维护我国社会主义法治的必然之举。不管是什么人，官有多大，位有多高，权有多重，只要他的行为危害了国家和人民的利益，触犯了国家的刑事法律，构成了犯罪，就毫无例外地要受到国家的依法审判和应有的惩罚；法律面前人人平等，制度约束没有例外，反腐败没有"豁免权"，决不能允许有凌驾于党纪国法之上的"特殊党员和官员"。高官虽然位高权重，有的还忝居党和国家领导人行列，既往也可能有显著业绩乃至突出贡献，但都没有超越法律的特权，任何人触犯法律都将依法受到严肃追究，决不能允许其犯罪后逍遥法外。因而坚决惩治高官腐败犯罪，严肃查处贪腐"老虎"，有效地彰显了法律面前人人平等的现代法治原则和平等适用刑法的我国刑法之基本原则。

第三，顺应人民群众反腐的新要求和新期待。当前，人民群众对国家反腐倡廉工作总的来说是比较满意的，全国反腐倡廉民意调查结果也表明，人民群众对党的近年来开展的反腐倡廉工作给予积极评价。腐败问题，"说到底是一个脱离群众、滥用权力、以权谋私，损害广大人民群众利益的问题。只要党内存在腐败现象，党和群众的关系就会遭到破坏和削弱。"[1]特别是对于高官腐败犯罪，其潜伏期长、危害大，影响广，如果不对其严肃查处和严厉惩治，而放任这些"老虎"肆无忌惮、有恃无恐地腐败，那么，就难以满足人民群众反腐败的正当要求和新的期待，党和政府就会丧失民心，这必然会影响党的执政地位和国家政权的权威。相反，如若在打腐败"苍蝇"的同时，对腐败"老虎"更严惩不贷，以反腐败的实际成效取信于民，那么，就可以大大增强人民群众对反腐败斗争的信心，消除人民群众关于反腐败是"只打苍蝇不打老虎""选择性反腐败""柿子拣软的捏"的错觉和误解。

四、腐败犯罪的刑事推定问题

所谓腐败犯罪的刑事推定，是指在腐败犯罪案件的诉讼中，如果控方能够证明被控告人客观上实施了具体的腐败犯罪行为（如贿赂、徇私谋利等），除非被告人提供反证，否则就推定该行为具有腐败犯罪的性质或者行为人具备腐败犯罪主观方面要素（如明知、故意或者目的等）的诉讼证明方法。能否适用以及如何适用推定问题一直是困扰我国反腐败司法实践的难点问题，是否确立刑事推定规则，关乎腐败犯罪的认定和对腐败犯罪的惩治力度。

（一）查处腐败犯罪确立刑事推定的意义

在腐败犯罪案件中，确立刑事推定规则的理论与实践，主要有以下几个方面：

第一，有助于破解腐败犯罪证据收集的困境。由于腐败犯罪本身的特殊性，特别是腐败

[1] 参见江西省社会科学院课题组：《充分发挥人民群众在反腐倡廉建设中的作用》，载《红旗文稿》2010年第16期。

犯罪手段的隐蔽化、智能化、复杂化发展趋势,使腐败犯罪证据的收集呈现出相当的困境。特别是随着我国加入《联合国反腐败公约》,惩治和预防腐败犯罪发展到了一个新的阶段。在缺乏足够证据确认事实的情况下,腐败犯罪立案难、查证难、定罪难的情况时有发生,针对犯罪手段、犯罪情况的新变化,如果仍然固守传统做法,采用保守的证据收集方法、侦查手段去惩治腐败犯罪,时常难以侦破案件和查实罪行。因此,在当前我国惩治腐败犯罪任务艰巨、腐败犯罪证据收集面临困境的形势下,立足于我国司法实际,在腐败犯罪案件证明中确立刑事推定规则尤为必要。

第二,有利于提高诉讼效率,节约司法资源。确立腐败犯罪的刑事推定规则,基于基础事实与推定事实之间存在的常态联系,通过对基础事实进行举证和证明,转移对推定事实举证和证明的困难,使一些无法通过直接证据加以证明的要素得以确认,无疑有利于更快地查清案件事实,减少司法资源投入,提高诉讼效率。

第三,契合当前严惩腐败犯罪之刑事政策的需要。严肃查处腐败案件,增强反腐力度,保持惩治腐败的高压态势,是深入开展反腐败斗争的客观要求。但应当看到,"现在反腐败在法律、政策层面上都面临很多的难题,有些确实需要从刑事政策指导立法、司法的方面上去解决。"[1]其中,腐败犯罪案件刑事推定规则的缺漏和不足,是亟需要解决的一个重要问题。确立腐败犯罪的刑事推定规则,适当降低控诉方证明腐败犯罪的难度,会增强惩治腐败犯罪的力度,有利于更好地惩治腐败犯罪,也契合了当前我国严厉惩治腐败犯罪之刑事政策的需要。

(二)我国刑法中关于腐败犯罪刑事推定的规定及其缺憾

其实,我国刑事立法中已有关于腐败犯罪刑事推定的规定。如刑法典第 395 条规定的巨额财产来源不明罪,就是一种推定型罪名,实行举证责任倒置,国家工作人员的财产或者支出明显超过合法收入,差额巨大,本人不能说明其来源是合法的,差额部分的财产则推定为"非法所得"。此外,有关司法解释中也有关于腐败犯罪刑事推定方面的规定,如 1998 年 5 月 9 日最高人民法院颁布的《关于审理挪用公款案件具体应用法律若干问题的解释》第 6 条就规定:"携带挪用的公款潜逃的,依照刑法第 382 条、第 383 条的规定定罪处罚。"而刑法典第 382 条、第 383 条是关于贪污罪的规定。也就是说,在"携带挪用的公款潜逃"这一基础事实成立的情况下,可以推定行为人主观上具有非法占有公款的目的,进而以贪污罪论罪科刑。另外,就司法实践中腐败犯罪案件之刑事推定运用的实际情况看,司法机关在办理腐败犯罪案件的过程中,也时常自觉不自觉地运用了刑事推定,如对近亲属"共同受贿"故意的推定、腐败犯罪款物去向的推定、"以借为名"受贿的推定等等。

应当说,上述我国刑事立法中关于腐败犯罪刑事推定的规则还是不完善的,存在一些缺憾:第一,推定的程序性规则匮乏。相比于腐败犯罪刑事推定的实体性规则已在一定程度上得以确立和适用,腐败犯罪刑事推定的程序性规则目前尚付诸阙如。而腐败犯罪刑事推定程序性规则又是腐败犯罪刑事推定得以合理运用的重要保障。第二,推定适用范围狭窄。

---

〔1〕 游伟:《反腐败与当前职务犯罪的刑事政策》,载《华东刑事司法评论》2003 年第 1 期。

立法规定的能运用刑事推定的腐败犯罪案件有限,基本上限于巨额财产来源不明罪以及前述的转化型贪污罪,而对于其他渎职类或者贿赂类腐败犯罪则没有明确规定。第三,推定适用的对象有限。腐败犯罪刑事推定适用的对象,主要限于特定腐败犯罪"非法所得"的推定以及"非法占有目的"的推定,而对于其他故意、明知等腐败犯罪主观方面要素和某些特定案件事实是否可以推定则没有明确规定。

(三)我国惩治腐败犯罪之刑事推定的立法完善

关于我国腐败犯罪刑事推定的立法完善,可考虑从以下几个方面着手:

第一,关于巨额财产来源不明罪法条中"非法所得"的推定。一是建议将刑法典第 395 条第 1 款中的"可以责令说明来源"改为"应当责令说明来源"。作上述修改,不仅更符合刑法逻辑严格性的要求,充分体现立法的本意,而且也是有效保障行为人反驳权的客观需要。众所周知,立法用语之"可以"并非强制性的义务,是否"责令说明来源"由司法机关自由裁量,不责令说明来源情况下作出推定虽不违法,但对行为人却影响重大,即此种情况下剥夺了行为人对刑事推定的反驳权,不但难以保证推定的有效性和可靠性,而且也危及刑法的人权保障机能,同时亦与刑法典第 395 条第 1 款的立法初衷不符。二是建议将"不能说明来源的"改为"本人拒不说明来源或者作虚假说明的"。"不能说明来源的"表述较为模糊,易生歧义,实践中情形也多种多样,有的是故意不说明来源,也有的是因客观原因无法说明来源,应当分清情况区别对待。对于因身体、精神疾病等客观原因而无法说明来源合法的,不宜认定为"不能说明来源的"情形。因而建议对立法作上述修改,这样既可以增强条文的可操作性,便于司法实践中准确把握;也可以更好地反映立法原意,限定刑罚的打击范围,从而有助于保障行为人的合法权益。

第二,关于腐败犯罪主观要素的推定。除了转化型贪污罪中非法占有的目的的推定(将"携带挪用的公款潜逃"推定行为人具有非法占有目的)之外,建议参照《联合国反腐败公约》第 28 条的规定,[1]适度扩大推定和举证责任倒置的适用范围,将腐败犯罪中某些确实难以证明的主观构成要素,如以非法占有为目的、故意、明知等要素,可以根据实际情况实行刑事推定。

第三,关于贿赂行为的推定。主要涉及司法实践中行为性质的认定问题,而非贿赂数额问题。可参考和借鉴国外有关贿赂行为推定的立法规定,设立贿赂行为的推定规则。如可考虑在《刑事诉讼法》中作如下规定:"当国家工作人员被证明索取或者收受了与其公务有联系者的财物,而利用职务上的便利为其谋取利益,除非能提出有效的反证,否则该行为即应推定为受贿行为。"适用这一推定规则的首要条件,是要有确实、充分证据证明以下基础事实的存在:(1)国家工作人员索取或者收受了与其公务有联系者的财物;(2)国家工作人员利用职务上的便利为给付其财物者谋取利益。与此同时,该国家工作人员不能提出反证或

---

〔1〕《联合国反腐败公约》第 28 条的标题是"作为犯罪要素的明知、故意或者目的",其法条内容为:"根据本公约确立的犯罪所需要具备的明知、故意或者目的等要素,可以根据客观实际情况予以推定。"参见《联合国反腐败公约及相关法律文件》,外交部条约法律司编译,法律出版社 2004 年版,第 18 页。

者其反证不能成立。

五、腐败犯罪的异地审判问题

(一)腐败犯罪异地审判概况及其必要性

近年来,随着中央反腐败力度的不断加大,[1]一些腐败分子接连落马,实践中腐败犯罪审判管辖也出现了一些新的情况,集中采取异地审判的案件也越来越多。如中央政治局原委员、重庆市委原书记薄熙来在山东受审,中央政治局原委员、上海市委原书记陈良宇在天津受审,贵州省政协原副主席黄瑶在四川受审,北京市原副市长刘志华在河北受审,广东省政协原主席陈绍基在重庆受审,深圳市原市长许宗衡在河南受审,等等。"法律虽然没有明文规定什么情况下可以异地审判,但一般是省部级(或厅局级)干部犯罪才异地审判。"[2]也就是说,我国司法实践中已大体形成了一般是中高级干部腐败犯罪案件才实行异地审判的惯例。其中,省部级以上高官腐败犯罪案件异地审判最为典型和最具代表性。据有关媒体报道,近年来,"我国对90%以上的高官腐败案件实行了异地审判,形成了一道司法史上罕见的、非常独特的风景线。"[3]高官腐败犯罪案件异地审判肇始于2001年轰动全国的辽宁"慕马案"(因辽宁省原副省长慕绥新、沈阳市原常务副市长马向东涉案而得名)。此前的许多高官腐败犯罪案件,大都是在犯罪地、工作地或者居住地审判的。如全国人大常委会原副委员长成克杰受贿案,在北京市第一中级人民法院审理;江西省原省长倪献策徇私舞弊案,在江西省南昌市中级人民法院审理;中央政治局原委员、北京市委原书记陈希同贪污、玩忽职守案,在北京市高级人民法院审理;青海省原副省长韩福才受贿案,在青海省西宁市中级人民法院审理;中央原候补委员、浙江省委原常委暨宁波市委原书记许运鸿滥用职权案,在浙江省杭州市中院人民法院审理;湖北省原副省长孟庆平受贿案,在湖北省武汉市中级人民法院审理;等等。自辽宁"慕马案"后,省部级高官腐败犯罪案件基本上都实行了跨省异地审判。实践证明,这些年来对中高级官员尤其是高级官员腐败犯罪案件实行异地审判,取得了较好的法律效果和社会效果。

现阶段,我国对腐败犯罪案件尤其是高官腐败犯罪案件实行异地审判的必要性和意义,主要有两个方面:首先,主要是为了排除非法干扰,确保腐败犯罪案件追诉和审判的公正。因为腐败犯罪官员尤其是腐败犯罪高官在一个地方经营多年,他们为了确保既得的权势和谋取更大的利益,必然要利用其职权,在重要部门包括公安司法机关安插亲信和培植势力,编织盘根错节的关系网,结成利益共同体,一荣俱荣、一损俱损,构筑一道牢固的保护层。一旦东窗事发,其庞大的关系网便可能发挥作用,使得办案机关查办案件时,时常会遇到意想不到的困难和阻碍。而对腐败犯罪案件实行异地审理,跳出了腐败犯罪官员的"势力范围",有效地防止了地方保护和不当干预,较好地排除了地缘人际关系网的束缚,为保证追诉

---

〔1〕 如我国检察机关2008至2012年查处的受贿、行贿犯罪人数比前5年分别上升了19.5%和60.4%。参见王治国:《曹建明向全国人大常委会作反贪污贿赂工作情况报告》,载《检察日报》2013年10月23日。

〔2〕 参见宋伟:《高官异地审判制度初露端倪》,载《政府法制》2007年第2期(上)。

〔3〕 参见王继学:《高官异地审判:中国司法史上独特的风景线》,载《民主与法制时报》2006年12月31日。

和审判活动不受关系干扰奠定了基础,能够最大限度地确保司法公正,使腐败犯罪官员受到应有法律制裁,从而切实维护法律的权威。其次,也是为了消除部分社会公众对于追诉和审判公正的担忧与误解,以进一步增强司法公信力和权威性。因为有些腐败犯罪官员可能曾经是当地司法机关的顶头上司,由被领导者查处领导者的案件,难免会让公众对追诉和审判的公正性产生质疑。而实行腐败犯罪案件尤其是高中级官员腐败犯罪案件的异地审判,则可以有效消除公众对于追诉和审判可能不公正的担忧,获得其对司法的认同和信任,从而理性地对待诉讼,合理地看待审判结果,更好地实现法律效果与社会效果的高度统一。

(二)腐败犯罪异地审判存在的问题

关于对腐败犯罪案件尤其是高中级官员腐败犯罪案件异地审判存在的问题,主要包括以下几方面:

第一,异地审判缺乏具体的评判标准。虽然对腐败犯罪案件实行异地审判具有法律依据,但由于《刑事诉讼法》第 26 条关于指定管辖的规定比较原则,导致在司法实践中指定异地审判的裁量权缺乏有效约束,如异地是否包括曾经工作地、出生地、籍贯地等,哪些情况、什么样的案件可以实行异地审判,指定异地审判的主体包括哪些层级的法院,被指定地是否特定化,可否进行二次指定,等等,均缺乏具体的评判标准,更没有一项完善的制度可供遵守执行。[1] 事实上,实践中的做法也并不一致。比如,安徽省原副省长王怀忠受贿、巨额财产来源不明案,安徽省原副省长何闽旭受贿案,安徽省政协原副主席王昭耀受贿、巨额财产来源不明案,均指定山东省有关法院异地审判,结果是王怀忠受贿 517 万余元,在 3 人中受贿数额最小,因其有恶劣情节而被判处死刑立即执行,而王昭耀、何闽旭分别受贿 704 万余元和 841 万余元,都比王怀忠受贿数额大,却都被判处死缓,而恰巧王昭耀、何闽旭又都是山东人(王怀忠系安徽人),社会上对此议论纷纷,颇有微词。特别是对于何闽旭受贿案,最高人民法院偏偏将其交由何闽旭家乡所在的临沂市中级人民法院审理,难免有人质疑,这是纯属巧合呢,还是刻意安排?

第二,异地审判耗费较多的司法资源。对腐败犯罪实行异地审判是一个较为复杂的工程,不是一个简单的指定管辖问题,而要统筹兼顾多方面的因素。除了异地审判,还涉及异地侦查、异地取证、异地羁押和异地起诉等问题,这些无疑需要综合考虑。按照我国起诉对应审判管辖的规定,异地审判必定需要异地调查取证、异地羁押和异地起诉,而这些无疑需要耗费大量的司法成本。

第三,异地审判影响司法效率的提高。公正与效率是新世纪我国最高人民法院所强调的法院审判工作的两大主题,也是当代司法所追求的两大价值目标。司法效率追求的是通过充分、合理地运用司法资源,尽可能地缩短诉讼周期,简化诉讼程序,力求在法定期限内尽早结案,确保当事人的合法权益得到及时保障,社会公平正义得到及时有效的维护,以取得

---

〔1〕 在美国,进行异地审判时应考虑的因素,主要包括:(1)公正审判的可能性;(2)当事人以及证人等参加诉讼的便利性;(3)迅速审判的可行性等。参见[美]伟恩·R.拉费弗等:《刑事诉讼法》,卞建林等译,中国政法大学出版社 2003 年版,第 892 页。

最大、最佳的法律效果和社会效果。西方有句著名的法谚云:“迟到的正义等于非正义!”因此,我们的司法制度设计以及司法活动的开展,在尽力维护司法公正的同时,也应当注重提高司法效率。否则,司法效率的丧失、无尽的讼累,不仅会损害当事人的合法权益,难以实现司法公正,而且最终也会削弱司法的权威和公信力。对腐败犯罪尤其是中高级官员腐败犯罪案件进行异地审判,诚然可以更好地维护司法公正,增强司法公信,但不容否认的事实是,异地审判程序相对较为复杂,涉及上级协调、指定管辖、跨地办案、异地取证等问题,往往耗时久远、周期较长,也会在一定程度上拖延办案时间、降低司法效率。这也是腐败犯罪异地审判实践中面临的一个不容忽视的问题。当然,尽管如此,腐败犯罪异地审判仍然不失为是一种以相对牺牲司法效率以换取司法公正的科学制度设计,是在当前我国司法环境不甚理想的情况下权衡利弊后做出的一种正确选择,是在坚持“公正优先、兼顾效率”原则的前提下追求司法公正的合理代价。

第四,异地审判与检察机关异地侦查、起诉的衔接协调问题。腐败犯罪异地审判的顺利进行,不仅仅是法院一家的事情,密相关联的就是离不开与检察机关的异地侦查、起诉的衔接协调。尽管上级法院可以指定下级法院将案件移送其他法院审判,但这只是对法院系统和审判环节有效,并不能直接影响到检察机关对腐败犯罪的侦查管辖和起诉管辖。但问题恰恰在于异地审判运转顺畅的关键是检、法两家的有效衔接和协调,因为审判必须以起诉为前提,没有检察院的异地起诉,就没有法院的异地审判。但是,无论是《刑事诉讼法》还是《人民检察院刑事诉讼规则》,都没有规定检察院在案件侦查终结后可以改变案件的管辖权。[1] 加之,《刑事诉讼法》及有关司法解释均未对指定管辖和指定侦查的具体情形、改变案件管辖权的具体程序等加以明确,因而导致改变管辖案件标准不一,法检程序各异,造成法检两家在腐败犯罪异地侦查、起诉和审判工作上的不协调。

(三)腐败犯罪异地审判的制度完善

那么,我们应当如何进一步完善我国对腐败犯罪的异地审判这一举措呢?建议从以下几个方面入手:

第一,实现对腐败犯罪案件异地审判的制度化和规范化。鉴于异地审判的法律依据较为原则和笼统,具体评判标准不明确,实践中的适用有一定的随意性,已难以适应腐败犯罪异地审判制度发展完善的需要,建议应尽快实现对腐败犯罪案件异地审判的制度化和规范化:一是要明确异地审判中“异地”的含义。根据我国刑事案件审判地域管辖的相关规定,结合我国腐败犯罪异地审判的实际情况,从尽可能维护司法公正的角度考虑,笔者主张对异地审判中的“异地”作严格限定,应当是指排除犯罪地、工作地、被告人居住地、出生地、户籍所在地以及与被告人身份或者职务有密切关系地方以外的国内其他地方。二是要规定异地审判的条件和标准。即对腐败犯罪异地审判的原则、具体条件、适用范围、评判标准等都应进行必要的细化和具体化。包括哪些腐败犯罪案件应当进行异地审判,哪些腐败犯罪案件可以进行异地审判,哪些情形下可以不进行异地审判,涉及共同腐败犯罪的情况下如何处理

---

〔1〕 参见胡良智:《异地审判与管辖规定的冲突与完善》,载《学习月刊》2008年第3期(下)。

等，都应能找到相应的依据和标准，从而便于司法适用。三是要完善指定异地审判的程序。要明确异地审判程序的启动、操作、变更、中止和终结等具体程序，合理确定指定异地审判的主体层级，严格禁止二次指定，设置指定异地审判的异议和救济程序等，从而增强指定异地审判程序的透明度与可操作性。四是要健全异地审判的相关配套措施。重点是要加强对腐败犯罪案件异地审判的人、财、物的保障，并统筹协调好异地羁押、证人保护等工作，确保腐败犯罪案件异地审判的顺利进行。

第二，探索针对特定主体腐败犯罪案件实行集中管辖。其实，针对特殊主体而实行集中管辖的审判模式，《刑事诉讼法》也是明确认可的。比如，基于现役军人的特殊身份，《刑事诉讼法》第 27 条以及最高人民法院《关于执行〈中华人民共和国刑事诉讼法〉若干问题的解释》第 20、21 条规定“现役军人（含军内在编职工）犯罪，应由军事法院管辖”，确立了针对军人的集中管辖制度。考虑到地方党政主要领导尤其是县处级〔1〕以上地方党政主要负责人位高权重，在其权力范围内影响力较大，因而建议对《刑事诉讼法》进行再修改时，进一步健全和完善我国的刑事审判管辖制度，增加对担任一定级别领导职务（具体应是担任地方党政县处级主要领导职务以上）的官员腐败犯罪案件实行集中管辖〔2〕的相关内容。考虑到我国目前的司法体制和实际情况，笔者的初步设想是：其一，对于党和国家领导人（包括已卸任的）腐败犯罪案件，因涉及中央层面的高级领导人，在国家政治生活和国家事务决策中具有特殊性，社会影响大，国内外广泛关注，可考虑由最高人民法院直接进行管辖，〔3〕或者由最高人民法院根据案件及被告人情况指定某一高级人民法院（或解放军军事法院）作一审管辖。其二，对于省部级官员（包括地方、中央部委、军队、国有企事业单位、人民团体中的省部级官员）腐败犯罪案件，一般情况下，可由首都北京市的中级法院〔4〕管辖（北京市的除外）；北京市的省部级官员腐败犯罪案件，可由天津、上海或者重庆这三个直辖市的中级法院管辖。当然，从长远来看，较为理想的做法是，确立大的审区对省部级官员腐败犯罪案件进行集中管辖。具体来说，建议将全国划分为东北、西北、华北、华东、华南、中南、西南七大审区。每个大的审区选择一个省（市、自治区）省会所在地的中级人民法院作为一审管辖，该省

---

〔1〕 在司法实践中，地方党政县处级（含）以上主要干部腐败犯罪案件即为要案。

〔2〕《中共中央关于全面深化改革若干重大问题的决定》（2013 年 11 月 12 日中国共产党第十八届中央委员会第三次全体会议通过）在“九、推进法治中国建设”部分提到要“探索建立与行政区划适当分离的司法管辖制度”。这里的司法管辖显然包括司法机关的地域管辖和案件管辖，本文建议对特定主体腐败犯罪案件进行集中管辖，在一定意义上，也是对探索与行政区划适当分离的司法管辖制度的积极尝试。

〔3〕 如对于“林彪、江青反革命集团案”，因涉及特殊历史环境和条件下曾窃居党和国家重要领导职务的诸多被告人，1980 年 9 月 29 日第五届全国人民代表大会常务委员会第十六次会议通过了《关于成立最高人民检察院特别检察厅和最高人民法院特别法庭检察、审判林彪、江青反革命集团案主犯的决定》，专门成立最高人民法院特别法庭审理该案。

〔4〕 之所以建议将一般的省部级官员腐败犯罪案件（北京市的除外）统一归北京市的中级法院管辖，主要是考虑到：其一，近年来特别是中共十六大以来，对于省部级高官腐败案件的惩处已经形成了一个相对固定的模式，均由中纪委直接查办（执政党外干部除外），中纪委查处后再移送最高人民检察院。中纪委、“两高”等均在首都北京，高官腐败犯罪案件由北京市相关法院管辖，不仅方便办案，有助于提高办案效率和降低司法成本，而且还能有效切断高官的关系网干扰，确保审判公正。其二，腐败犯罪高官判刑后（判处死刑立即执行外），其“最后归宿”基本上都是关押在秦城监狱，而秦城监狱坐落在北京市昌平区。可见，腐败犯罪高官刑罚执行也实现了属人管辖，均由秦城监狱统一执行。其三，高官腐败犯罪案件影响大，社会关注度高，中央领导也很重视，统一集中在首都北京审理更为适宜。其四，近年来，北京市的中级法院审理了不少高官腐败犯罪案件，积累了丰富的实践经验，而且北京法官素质相对较高，能保证案件质量。

（市、自治区）高级法院作出二审管辖，该省（市、自治区）的高官腐败案件则选择该大审区内另一省管辖。如中南地区的省部级官员腐败犯罪案件，可统一由武汉市中级法院一审管辖，湖北省高级法院二审管辖；而湖北省的省部级高官腐败犯罪的案件，则交由郑州市中级法院一审管辖、河南省高级法院二审管辖。其他六大审区的省部级高官腐败犯罪案件的管辖则均作类似的制度设计和安排。同时还可考虑，确立的集中管辖本审区内省部级官员腐败犯罪案件的中级人民法院，并不是一成不变的，可根据实际情况进行调整，如可与省区党委政府换届同步实行五年一轮换。例如，中南地区的省部级官员腐败犯罪案件，武汉市中级法院和湖北省高级法院集中管辖五年以后，也可以根据情况调整为长沙市中级法院和湖南省高级法院管辖。其三，对于厅局级官员腐败犯罪案件，非省会城市的以及省直机关、企事业单位、人民团体的厅局级官员腐败犯罪案件统一由省会城市的中级人民法院管辖；省会城市的官员腐败犯罪案件，则可确定由本省省会城市以外的某一审理腐败犯罪经验丰富的市的中级人民法院管辖。其四，对于地方县处级主要官员的腐败犯罪案件，一般由地级市党委政府所在区的人民法院管辖；所在区的县处级干部，则可确定由本市辖区内的另一区县人民法院管辖（上述两种情形下，如属于可能判处无期徒刑、死刑的，则由该地级市的中级人民法院管辖）。

第三，完善腐败犯罪异地审判法检以及纪委与司法的衔接协调机制。为避免在腐败犯罪异地审判问题上上级人民法院指定审判管辖与上级人民检察院指定侦查管辖、起诉管辖工作方面的不协调，应当进一步理顺腐败犯罪异地审判与异地侦查、异地起诉之间的关系，建立法院与检察院之间关于腐败犯罪案件指定管辖的常态协调机制。与此同时，从我国腐败犯罪案件办理的实际情况出发，还要进一步完善纪委与司法机关在指定异地审判程序中的沟通和协调机制。一方面司法机关要积极支持、配合纪委在履行反腐败工作中的组织协调职责，尊重纪委对司法机关查处、审判腐败犯罪案件的合理关切，加强沟通协调，及时向纪委通报案件查处、审判的有关情况，自觉接受监督；另一方面，司法机关又应当依法独立行使检察权、审判权，不能丧失刑事司法的独立品格，决不能搞所谓的“联合办公”，成为纪委的附庸。

六、性贿赂应否犯罪化的问题

（一）关于性贿赂应否犯罪化的争论

所谓性贿赂，顾名思义就是权色交易，主要是指利用女色贿赂男性国家工作人员，以使其利用职务之便，为自己或他人谋取不正当利益的行为。近年来，随着国家反腐败力度的不断加大，一些腐败官员连续被曝光，隐藏在这些官员背后的“性贿赂”屡屡见诸报端，特别是引发舆论高度关注的重庆雷政富案和铁道部原部长刘志军案，由其案件衍生出的“性贿赂”是否应当入罪的问题，再次成为媒体和公共空间热议的焦点话题。对于“性贿赂”如何打击、能否犯罪化，社会上一直争议不断。其实，早在1997年刑法典进行修订前夕，就有人主张建议把“性贿赂”犯罪化，但至今历次刑法修订和颁布的司法解释，一直未将“性贿赂”纳入“贿赂”的范围，“性贿赂”问题也始终未成为司法机关定罪量刑的依据，这在一定程度上引发了公众质疑,社会上呼吁立法制裁"性贿赂"的呼声此起彼伏。

性贿赂是否犯罪化,实际上涉及到贿赂的范围问题。我国刑法典有关规定是将贿赂表述为"财物"。对于贿赂的范围,刑法理论界也形成了"财物说""财产性利益说"和"利益说"三种观点。目前,我国刑法学界较为通行的观点是"财产性利益说",即贿赂应当是指具有价值的有体物、无体物和财产性利益,而性贿赂等非财产性利益不属于贿赂。这一观点,也被最高人民法院、最高人民检察院于2008年11月20日联合出台的《关于办理商业贿赂刑事案件适用法律若干问题的意见》所采纳。该意见第7条规定:"商业贿赂中的财物,既包括金钱和实物,也包括可以用金钱计算数额的财产性利益,如提供房屋装修、含有金额的会员卡、代币卡(券)、旅游费用等。具体数额以实际支付的资费为准。"

应当说,无论古今中外,性贿赂的现象都是存在的,[1]权色交易在官场在所难免,也确实有一些国家对"性贿赂"进行刑法规制,并且不乏针对性贿赂进行定罪科刑的案例。如在我国古代,《左传·昭公十四年》中记载了邢侯因叔鱼收受雍子提供的美色贿赂而将二人定罪处死的案例;《唐律·职制篇》和《清律》中也有将官员娶当事人的妻妾女规定为犯罪并加重处罚的法条。[2] 在国外,也有将"性贿赂"入罪的立法例。例如,《日本刑法典》第197条规定:"公务员或仲裁人关于职务上的事情,收受、要求或约定贿赂的是受贿罪",其贿赂的范围在司法实践中定义十分广泛,包括"满足人们需求、欲望的一切利益""艺妓的表演艺术""男女亲密交往"[3]等内容,从而将"性贿赂"纳入了刑事制裁范围。值得注意的是,虽然各国多有主张以刑法打击性贿赂的呼声,但多数国家和地区并未将性贿赂入罪,这也代表了国际社会的主流。多数国家之所以不将"性贿赂"犯罪化,主要是不希望以刑事制裁的理性法治替代感性的道德谴责。

(二)关于性贿赂应否犯罪化的基本主张

毋庸置疑,权色交易式的性贿赂确实具有较为严重的社会危害性。性贿赂直接侵犯公职人员职务的廉洁性和纯洁性,导致公权力滥用,损害政府威信和公共利益、极大地败坏社会风气;而且性贿赂比较隐蔽、难以查处,行贿与受贿都容易逃避罪责追究,其诱惑力和危害性有时超过一般的财物贿赂。近年来很多落马的腐败官员,大都存在权色交易的勾当,与多名女性发生或保持不正当性关系,有的甚至到了胆大包天、无法无天的地步,惹得天怒人怨,老百姓非常愤慨,要求予以打击。在我国生效的《联合国反腐败公约》(以下简称《公约》)第15条也规定:"各缔约国均应当采取必要的立法措施和其他措施,将下列故意实施的行为规定为犯罪:(一)直接或间接向公职人员许诺给予、提议给予或者实际给予该公职人员本人或者其他人员或实体不正当好处,以使该公职人员在执行公务时作为或者不作为;(二)公职人员为其本人或者其他人员或实体直接或间接索取或者收受不正当好处,以作为其在执行公

---

〔1〕 如被我国民间传说誉为中国古代"四大美女"的西施、貂蝉、杨玉环、王昭君的故事,也多多少少都带有些"性贿赂"的影子。以居"四大美女"之首的西施为例,其就是越王勾践为了腐化吴王夫差献上的"美人计",可以说是中国古代"性贿赂"成功的典型,西施以其"沉鱼落雁之容,闭月羞花之貌"使吴王夫差神魂颠倒、荒废朝政,最终导致其国破身亡。

〔2〕 参见张有义:《中国性贿赂调查:已成行贿犯罪普遍手段》,载《法制早报》2006年10月22日。

〔3〕 参见李慧翔:《国外有无"性贿赂",怎么治理?》,载《新京报》2012年12月22日。

务时作为或者不作为的条件。"[1]可见,从贿赂的对象来看,《公约》上述关于贿赂的规定是"不正当好处","不正当好处"的范围显然要大于"财物","不正当"是"好处"的修饰语,是出于贿赂行为而得出的评价。"好处"也就是某种利益,除了财物或财产性利益以外,它还可以指性交易这种非财产性利益。不难发现,我国刑法典对贿赂的规定,与《公约》对贿赂范围的界定还是存在一定差距的,立法上应考虑妥善解决这个问题。如果我国对受贿罪等腐败犯罪采取更为严厉打击的刑事政策,就可以考虑将"性贿赂"作为贿赂对待。当然,我国刑法立法上最终是否将"性贿赂"犯罪化,除了需要考虑中国刑事政策的反应外,还有其他一些制约因素,需要我们认真予以理性思考和对待。如在中国的传统观念中,"男女关系问题更多是道德问题,难以用一个统一的法律标尺来界定这种行为的性质";[2]"权色交易"难以用财物衡量,给定罪量刑带来一定难题;[3]性贿赂存在取证困难,"交易"双方死不认账就难以证实;[4]等等。

笔者认为,结合现代刑法的科学性、合理性、可操作性要求暨性贿赂的复杂情况来考虑,我国刑法不宜将性贿赂犯罪化;但是对于可转化为金钱或者财物来衡量的性贿赂,则可以考虑纳入贿赂的范围,进行刑法规制。

首先,刑法规范应当具有明确性,这是性贿赂不宜犯罪化的主要原因。明确性原则是罪刑法定主义对刑事法治的基本要求,如果某一刑法规范不明确,内容模棱两可或者含混不清,不具有预测可能性,那就既不能有效制约刑罚权的行使,也会有损刑法的安定性。性贿赂并非法律用语,没有明晰的边界,尤其是不能确定其"量",无法对其进行量化和计算。如果将性贿赂犯罪化,在具体的司法实践中,必然会遇到认定模糊、可操作性较弱和取证困难等问题,法律适用和司法认定都存在难以克服的技术障碍。刑法立法若对性贿赂进行规制,动机虽好,短期内也许会对性贿赂这种形式的权色交易腐败行为起到震慑作用,但其造成的问题却不容忽视,由于不具有明确性的刑法规范,难以遏制刑罚权行使的恣意,势必会损害刑法的人权保障机能,有违罪刑法定主义的基本精神。

其次,刑法应当具有谦抑性,也是性贿赂不宜犯罪化的重要原因。刑法作为惩治犯罪的手段,具有特别的威慑力和特殊的严厉性,是防卫社会的最后一道防线。这就从根本上决定了刑法不能过于广泛地介入社会生活,而只能慎重、限制地适用于必要的范围内,以保持应有的谦抑。对于能用道德、党纪、政纪或者民事行政法律来调整和约束的行为,就不能将某种行为在刑法中加以规定或者动用刑罚。在社会生活中,性贿赂往往与腐败分子"生活作风不好""腐化堕落""道德败坏""性泛滥"等交织在一起,涉及伦理、道德、情感、隐私、纪律、法律等多个方面的因素,有的是自己直接去进行"性贿赂",有的是被雇用以"性交易"的形式行贿,有的是"包二奶"或"养情人",有的是"性贿赂"后发展成为男女朋友甚至夫妻关系等等,所以,要搞清楚究竟哪些是性贿赂,哪些是男女关系问题等,往往会非常困难。性贿赂是否犯罪化,该不该上升到刑法规制的高度,说到底也涉及一个道德与法律的博弈问题。我国

[1] 参见《联合国反腐败公约及相关法律文件》,外交部条约法律司编译,法律出版社2004年版,第14页。
[2] 参见《性贿赂争议17年入罪难　专家:可定义为不正当好处》,载《京华时报》2013年7月22日。
[3] 参见马岳君:《"性贿赂"是否应该写入刑法? 道德 vs 法律》,载《法制日报》2008年9月1日。
[4] 参见张有义:《中国性贿赂调查:已成行贿犯罪普遍手段》,载《法制早报》2006年10月29日。

刑法典没有把通奸或者"包二奶"等行为规定为犯罪，而且主张将法律与道德分开，将刑事问题与非刑事问题分开，这是我国刑事立法先进性与科学性的体现。而性贿赂一旦入罪，必然会面临道德与法律而且是最严厉的刑法的交织和碰撞问题。若能积极建立健全惩治和预防腐败体系，形成不敢腐的惩戒机制、不能腐的防范机制、不易腐的保障机制，通过党纪、政纪、道德或者一般的法律制裁就能约束或处罚这种行为，又何必要上升到刑法的高度予以最为严厉的制裁呢？这是一个需要深入思考和理性对待的问题。

最后，我国刑法典将贿赂限于财物并规定了相应的数额标准，虽然与《公约》的有关规定相比有一定差距，但标准相对较为明确，可操作性强，在司法实践中比较容易把握，总的来说是合理的。当然，对于可转化为金钱或者财物来衡量的性贿赂，我们建议在进一步研究的基础上考虑将其适当纳入贿赂的范围，进行刑法规制。因为这种形式的性贿赂，与一般的钱财贿赂或者财产性利益贿赂并无本质上的区别，而且不存在法律适用或者司法认定上的问题。如行贿人通过支付或者许诺一定数额的金钱或者财物给特定女性或者男性，以此作为代价，使其与国家公职人员进行性交易；那么，这种情况下进行的性贿赂，就是可以转化为用金钱或者财物来衡量的，应认定为贿赂。国家公职人员接受这一性贿赂进而利用职务便利，为行贿人谋取利益的，应以受贿罪论处。例如，在铁道部原部长刘志军案中，2003 年至 2009 年间，刘志军先后在豪华酒店、高消费娱乐场所嫖宿山西女商人丁书苗出资安排的多名女性。[1] 丁书苗出资安排对刘志军进行的性贿赂，就是可以转化为用金钱来衡量的性贿赂，其出资额就可以考虑认定为贿赂的数额。

七、腐败犯罪人员的境外追逃问题

（一）相关基本情况

近年来，我国腐败分子外逃现象十分活跃。尽管因统计标准、统计口径设置不同等因素，外逃腐败分子的准确人数仍是待解之谜，但从以往披露情况[2]分析，显然不会是一个小数目，这从一个侧面说明我国腐败分子外逃情况的严重性。腐败分子外逃，不仅阻碍我们国家对其刑事追诉的进行，起到"反向激励"的作用，影响我国惩治腐败犯罪的成效，而且也降低我国司法威慑力，损害我国司法权威和法治尊严。因此，做好腐败分子境外追逃工作，尽快将其缉捕回国就十分必要。这是新形势下深入开展反腐败斗争的迫切需要，也有利于消除腐败分子妄图逃避法律制裁的幻想，更好地维护我国国家利益和法治尊严，增强人民群众对反腐败斗争的信心。此外，腐败分子的外逃对逃入国也会带来负面影响，其携带的巨额资金的涌入，往往会给逃入国的金融市场、房地产市场等带来虚假的繁荣，产生泡沫现象，给当

---

〔1〕 参见《丁书苗曾数次出资安排多名女性供刘志军嫖宿》，载《新京报》2013 年 9 月 8 日。

〔2〕 据《南方周末》2003 年 9 月刊登的一篇报道所引用商务部的《离岸金融中心成中国资本外逃中转站》报告显示，改革开放 30 余年来，有超过 4000 名中国外逃贪官在国外"自由主义"的天空下接受"荫护"，最保守有超过 500 亿美元的资金被他们卷走。中国社科院近年的一份调研报告则显示，从 20 世纪 90 年代中期以来，外逃党政干部，公安、司法干部和国家事业单位、国有企业高层管理人员，以及驻外中资机构外逃、失踪人员数目高达 16，000 ~ 18，000 人，携带款项达 8000 亿元人民币。（参见李松：《外逃贪官人数仍是待解之谜　中央出台规定再紧篱笆》，载《瞭望》2010 年 5 月 24 日。）

地经济带来不稳定因素。[1] 由此而论,腐败分子逃入国配合逃出国的追逃工作,不仅是对逃出国的支持和履行其国际司法合作的义务,而且也是维护其本国经济秩序和法治的需要。

对于腐败分子外逃猖獗的现象,我们党和国家一贯高度重视,积极建立健全防范腐败分子外逃、境外缉捕的工作机制。中国政府至今也已签署和参加了包括《公约》在内的多项双边、多边国际公约,先后与57个国家缔结111项各类司法协助类条约。[2] 最高人民检察院作为在《公约》框架下开展国际司法协助的中国中央联络机关,也先后与外国司法检察机关签署了100多个双边合作协议或司法合作备忘录。[3] 2011年6月22日,时任中央纪委副书记、新闻发言人吴玉良在新闻发布会上表示,中国政府高度重视腐败分子外逃的问题,大力开展境外的追逃和追赃工作,逐步建立防逃网络,特别是针对近年来出现的腐败分子利用外国投资移民政策获取身份、转移赃款等问题加强了防范工作。近几年已经通过引渡、遣返和司法协助、警务合作等国际执法合作的方式,将一批逃往国外的腐败分子缉拿归案。[4] 如近年来社会影响较大的云南省交通厅原副厅长胡星、中国银行广东开平支行原行长余振东等一批外逃腐败分子先后被缉捕归案。上述这些追逃成功的案例,充分展示了我国政府和司法机关惩治腐败的坚强决心,极大地震慑了企图潜逃的腐败分子,维护了我国法治的尊严。

(二)境外追逃存在的问题

从近年来境外追逃的实践看,我国境外追逃工作取得了不少成绩,但也存在一些问题,亟待研究解决。第一,境外追逃困难。由于各国政治制度、文化传统、价值观念和法律体系上的差异,在我国反腐追逃的实践中,面临着条约前置主义、死刑不引渡、政治犯不引渡以及对我国刑事司法制度缺乏足够信任等问题,使大量的引渡或者遣返请求等被外国拖延、搁置甚或拒绝,这已在相当程度上影响了我国境外追逃的效果。第二,境外追逃成本高昂。高昂的追逃成本也成为制约我国境外追逃工作的一大"瓶颈"。相比于国内追逃,境外追逃因涉及公务往返、双方谈判、证人出庭、调查取证等众多程序,其追逃成本显然是不可同日而语的。第三,境外追逃技术条件有待提高。长期以来,我国检察机关境外追逃之所以存在较大难度,境外追逃工作总体成效离党和人民群众的要求还存在一定差距,应当说与检察机关运用技术侦查手段有限和技术装备不足是存在密切关系的。第四,境外追逃经验还不丰富。虽然我国与外国缔结了大量涉及引渡、刑事司法协助等事项的条约,但司法机关引用这些国际条约的几率却很低。其中,重要的原因是我国一些地方的办案机关对境外的情况、法律制度等了解不够,追逃主动性和积极性均不高,表现出一定的畏难情绪,这给我国境外追逃工作造成了很大障碍。须知,境外追逃在很多时候较量的是智慧、意志和经验。

---

〔1〕 参见邵俊:《试论〈联合国反腐败公约〉框架下经济职务犯罪人引渡问题》,载《当代经理人》2006年第4期。

〔2〕 参见徐日丹:《加强国际司法合作:编织跨国界反腐"天网"》,载《检察日报》2012年10月22日。

〔3〕 参见郭洪平:《打击贪官外逃不放松境外追逃追赃》,载《检察日报》2010年11月5日。

〔4〕 参见《中纪委发言人:中国政府高度重视贪官外逃问题》,载 http://news.jschina.com.cn/system/2011/06/22/011067301.shtml,2013年7月26日访问。

（三）境外追逃工作的改善

为进一步改善和强化新形势下我国对腐败分子的境外追逃工作，建议要着力抓好以下几个方面的工作：

第一，加快与《公约》有关要求的衔接，破解境外追逃的法律障碍。一是要灵活处理死刑不引渡问题。在目前我国不太可能废除贪污贿赂等腐败犯罪死刑的情况下，建议采取灵活处理的方式，适时在双边引渡条约或者司法个案合作中规定保证不判处被引渡人死刑或者作出不判处死刑的量刑承诺，从而以积极的姿态面对国际反腐追逃工作。二是要修改《引渡法》等国内立法，使之与《公约》在政治犯不引渡、双重犯罪原则、本国国民不引渡等问题上的规定和要求相衔接，从而为成功追捕外逃贪官，排除国际司法合作中的法律障碍创造条件。

第二，境外追逃与境外追赃双管齐下，发挥反腐追逃的整体合力。境外追逃和追赃都是开展国际反腐合作的重要组成部分，两者密切关联、相辅相成。一方面，既要高度重视境外追逃工作，加大合作力度，提高国际刑事司法合作水平，把缉捕潜逃境外腐败分子作为对外司法合作的重点工作，综合运用引渡、遣返、劝返等方式，增强打击跨国、跨区域腐败犯罪的实效；另一方面，又要积极开展追缴和返还腐败资产的国际合作。通过追缴境外腐败犯罪资产，以此摧毁腐败分子在境外生存生活的物质基础，挤压其生存空间，截断腐败分子的退路，迫使腐败犯罪分子回国自首，或最终被强制遣送回国，以此实现追赃促追逃的效果。

第三，实行关口前移，进一步健全防范腐败分子外逃的工作机制。与追逃、追赃相比，预防腐败分子潜逃，积极健全防范腐败分子外逃的工作机制更是一项治本之策。要强化防逃意识，增强防逃工作的主动性和预见性，依法果断采取相应的防控措施，尽最大可能将腐败分子控制在境内。要统筹部署和推动腐败分子防逃工作，加强检察与纪检、公安、法院、海关、工商、审计和外交等部门的合作和信息沟通，完善相关制度，逐步建立起防逃网络。要完善官员配偶和子女移居海外、出国留学等的报告和备案制度，防止领导干部当“裸官”进而演变为“贪官”，坚决遏制腐败分子外逃现象的滋生蔓延。

第四，继续深化司法改革，树立司法公正形象。西方社会对我国的司法公正往往存在偏见和疑虑，因此每当我国提出引渡或遣返请求时，根据我国国内法，本已是证据确凿的重大案犯，但被请求国仍会就被请求人是否受到公正的司法待遇问题展开一系列的评估等。评估结果直接影响被请求人能否顺利引渡或遣返回国。[1] 可见，树立国内司法公正形象对于能否成功引渡或遣返外逃腐败分子十分重要。而要树立司法公正形象，增强外国对我国刑事司法制度的信心和信任，就应当继续深化司法改革，严格规范司法行为，进一步优化司法权力配置，更好地尊重和保障人权，不断提高执法办案水平和司法公信力。

第五，加强检察机关境外追逃的技术力量。腐败分子境外追逃要有较先进的技术条件和装备作保障。要深入实施科技强检战略，大力加强检察机关境外追逃的技术力量，推进追

---

〔1〕 参见田晓萍：《我国引渡外逃经济罪犯的法律障碍和对策——以赖昌星遣返为视角》，载《行政与法》2007 年第 5 期。

逃技术装备的现代化,重点加强移动定位设备、电信监控设备、视听技术装备等高科技装备建设,探索对数据存储介质检验、录音录像资料识别、数据恢复固定、心理测试等技术侦查手段的探索使用,把增强检察机关境外追逃的技术力量作为提高反腐追逃成效的重要途径。

八、腐败犯罪外移资产的追回问题

(一)腐败犯罪资产外移的危害及其追回的意义

近年来,腐败分子携款潜逃现象已成为腐败犯罪的一个突出特点,引起了世界各国的共同关注。腐败分子携款潜逃或者通过其他方式实施资金跨境转移,具有严重的危害性,表现在经济、政治、社会等多个方面,其不仅增加了受害国打击腐败犯罪、追缴违法所得的难度和成本,助长腐败蔓延趋势,破坏经济发展,而且还会危害社会和谐稳定,损害党和政府在人民群众中的威信,严重影响国家的国际形象。正是因为腐败犯罪资产跨境转移形势严峻,对本国经济社会发展危害严重,深入开展反腐败国际合作,最大限度地追回海外腐败犯罪资产,成为各国、各地区反腐败执法机构的共同愿望和迫切要求。

腐败犯罪外移资产追回的意义,主要体现在以下几个方面:第一,有利于挽回国家巨额经济损失。跨境转移的腐败犯罪资产,若不能及时追回,必将给国家造成巨大经济损失,在一定程度上削弱国家的财政力量,严重影响经济发展。第二,有助于挤压腐败分子的生存空间。非法资产是腐败分子在境外生活的经济基础,通过最大限度地对腐败犯罪资产及收益进行有效的追回,摧毁腐败分子在境外生存生活的物质基础,可以有效地挤压其生存空间,迫使其自愿回国自首或最终被追捕回国。第三,有助于震慑潜在腐败分子。资产追回是国际合作打击腐败最重要的环节和手段,客观上有利于对潜在腐败分子起到预防和威慑的作用。对受到腐败犯罪诱惑的人来讲,腐败犯罪资产的追回可使其认识到搞腐败携款潜逃可能会暂时得到好处,但最终会化为乌有,促使其及早醒悟,消除实施腐败犯罪的意念。

(二)对我国腐败犯罪外移资产追回实践的分析

境外腐败犯罪资产的追回,关键在于没收程序的运用。2012 年 3 月 14 日十一届全国人大五次会议对《刑事诉讼法》进行了修订,在立法中增补规定了“犯罪嫌疑人、被告人逃匿、死亡案件违法所得的没收程序”。[1] 这是针对犯罪嫌疑人、被告人逃匿、死亡案件违法所得及其他涉案财产的处理,不以对犯罪嫌疑人、被告人定罪为前提,而是一种相对独立的对物的特别程序,主要解决的是如何及时追缴犯罪所得的问题。该特别程序的增设,实现了与《联合国反腐败公约》有关资产追回规定的衔接,是本次刑事诉讼法修正的一大突出亮点,其进步意义显著。在确立“违法所得没收程序”之前,我国刑事诉讼立法未专门针对腐败犯罪资产追回问题进行规定。我国检察机关对因潜逃或死亡的腐败犯罪嫌疑人追赃的工作,在法律上存在一定障碍。在检察机关办理的腐败犯罪案件中,凡涉及犯罪嫌疑人失踪、潜逃的案件,基本上是采取长期查封、冻结或扣押措施,直到犯罪嫌疑人归案并交付审判。如果失踪、潜逃的犯罪嫌疑人无法归案,或者生死不明的,那么赃款赃物将一直处于无法处置的

---

[1] 参见 2012 年新修订的《刑事诉讼法》第五编第三章(第 280 ~ 283 条)。

状态。[1] 在腐败分子因死亡、失踪或潜逃等不能到案的情况下,人民法院也不能对其腐败犯罪资产的处置问题进行判决。[2] 确立"违法所得没收程序"之后,检察机关可以更加有效地开展在逃腐败犯罪嫌疑人的资产追回工作。对于涉及境外追赃案件,检察机关取得了相关证据证明系腐败犯罪所得的,可以向人民法院提出没收违法所得的申请,人民法院可以据此作出刑事没收裁定,并通过刑事司法协助的渠道,请求相关国家承认与执行中国刑事没收裁决。当然,检察机关也可先行启动刑事司法协助程序,请求相关国家查封、冻结或扣押被腐败犯罪嫌疑人转移到境外的资产;在此基础上,再启动违法所得没收程序和刑事司法协助程序,从而追回境外腐败犯罪资产,实现境外追赃的最终目的。

在境外追赃实践中,我国通过建立健全涉案资产追回和返还等工作机制,根据国际公约以及双边司法协助条约和协定,[3]综合运用直接追回资产、民事诉讼追回资产等多种手段,有效追回了大量涉案的腐败犯罪资产,取得了明显成效,充分展示了国家惩治腐败犯罪的坚强决心,有力地震慑了腐败犯罪分子。如 2008 ~ 2012 年五年间,全国检察机关加强反腐败国际司法合作,完善境内外追赃机制,会同有关部门追缴赃款赃物计 553 亿元。[4] 其中,境外追回的赃款赃物占有相当比例。[5] 再如,北京市检察机关近年来不断加大腐败犯罪境外追赃、追逃以及劝返工作力度,成功从境外追缴赃款 5000 余万元,就取得了显著效果。[6]

(三)我国腐败犯罪外移资产追回机制的完善

完善我国腐败犯罪外移资产追回机制,应着重考虑以下几点:

第一,确立以"违法所得的没收程序"为主体的多元资产追回机制。一方面,要以"违法所得的没收程序"这一特别程序为主体,进一步强化资产追回的履约能力,深化双边、多边务实合作,积极开展腐败犯罪资产的追回;另一方面,又要大力探索和丰富资产追回国际合作方式和渠道,综合运用直接追回资产、民事诉讼追回资产、促使犯罪嫌疑人配合追缴资产等多种手段,最大限度地对腐败资产、犯罪收益进行有效的追缴和返还。

第二,组建一支境外追赃的跨部门的特别侦查队伍。鉴于境外追赃的知识性、专业性和国际性较强,不仅要熟悉本国的法律制度、追赃诉讼程序,还要了解和研究相关国家的法律制度、追赃的民事和刑事程序,并且熟练掌握刑事司法协助或国际合作的业务。相关工作涉及检察、审判、外交、公安、司法行政、财政、国资委等部门,因此建议在国家层面组建一支由检察、纪检监察、审计、公安、外交、财政、国资委等部门组成的跨部门的境外追赃特别侦查队伍。境外追赃特别侦查队伍的基本任务是,组织、指挥、指导针对我国公职人员在境外拥有违法所得,以及我国在境外投资的国有资产项目被挥霍或非法转移的案件进行侦查、调查,

---

〔1〕 参见《境外追赃令贪官无处可逃》,载《济南日报》2012 年 6 月 28 日。

〔2〕 参见最高人民法院:《关于建议设置刑事诉讼缺席判决程序问题的答复》,载最高人民法院网:http://www.court.gov.cn/gzhd/mygtxx/myfkzl/wpgz/201009/t20100907_9178.htm,2010 年 9 月 7 日访问。

〔3〕 截至目前,我国已与 50 个国家签订双边刑事司法协助条约或协定,广泛开展国际合作打击腐败犯罪资产的跨境转移。参见赵阳:《国际合作打击犯罪资产跨境转移》,载《检察日报》2013 年 11 月 9 日。

〔4〕 参见《曹建明作最高人民检察院工作报告》,载《人民日报》2013 年 3 月 22 日。

〔5〕 参见《中国法治建设年度报告(2011)》。

〔6〕 参见肖玮等:《北京近年从境外追赃 5000 余万元》,载《检察日报》2012 年 6 月 28 日。

办理境外追赃调查取证、司法协助事务等，由其形成的侦查终结或调查结论，可转交相关职能部门，或由司法机关采取刑事诉讼追缴或国际合作追赃措施，或由行政机关依法采取其他措施予以处置，除依法返还被害人或单位外，一律上缴国库。

第三，进一步发挥检察机关在腐败犯罪境外追赃工作中的主要职能作用和主渠道作用。检察机关不仅是我国国内反腐败的重要力量，也是反腐败国际合作的重要力量。建议最高人民检察院进一步重视和主动承担腐败犯罪境外追赃的工作任务，切实履行好我国实施《联合国反腐败公约》中央机关的职能，在中央纪委的指导和协调下，以及公安、外交、司法行政等部门的密切配合下，依法我国的法律、国际条约或公约，或国际合作互惠原则，积极认真地开展好腐败犯罪境外追赃工作。

第四，确立我国境外追缴腐败犯罪资产的分享机制。转移到境外的腐败犯罪资产的追回，离不开资产流入国的配合和支持。在腐败犯罪资产追回国际司法合作中，不必故意回避"资产分享"问题。作为一项追赃国际合作的激励措施，一些国家通过缔结条约的方式，相互间开展追赃国际合作，效果很好。因此，我国司法机关追缴境外腐败犯罪资产应采取务实的办法，坚持原则性和灵活性相结合的方针，确立境外追缴腐败犯罪资产的分享机制，合理运用"资产分享"制度来处理赃款赃物，从而最大限度地维护我国国家利益。不久前，我国与加拿大就签署了中国刑事司法史上第一个犯罪资产返还与分享的协定。[1] 当然，需要注意的是，确立分享机制的同时，要坚持国家主权原则、被害人权益和保护合法所有人财产所有权原则，坚持遭受犯罪侵害的被害人明确的财产必须全面无条件返还、不得分享的原则，并要严格界定分享的条件和范围。

九、结语

反腐败刑事法治的若干重大现实问题，除上述六个问题外，还有其他若干重大问题也值得关注，如反腐败刑事法治理念方面的偏差及其纠正，反腐败刑事法网的缺漏及其弥补，腐败犯罪定罪量刑标准方面的重大问题及其调整，惩治腐败犯罪刑罚制度方面的缺陷及其完善，以及腐败犯罪中的"特定关系人"问题，腐败犯罪的死刑适用问题等。由于对这些问题笔者前不久已另有论文专门探讨，[2] 加之篇幅所限，本文不再论述。当然，若以刑事诉讼法学或者其他刑事学科（如犯罪学、刑事政策学、犯罪心理学等）为主要视角，则反腐败刑事法治领域也还有其他诸多重大问题值得关注。

时代的变迁、社会的进步和反腐的深入，已经成为中国反腐败刑事法治发展进步的最内在动力。同时，也只有立足于我国反腐败的实际情况和发展完善需要，在对现行的反腐败刑事政策、刑事立法和刑事司法进行深刻反思的基础上，以现代刑事法治理念为指导，理性、稳妥地推进反腐败刑事法治的改革创新，才能实现中国反腐败刑事法治的现代化、科学化和国

---

〔1〕 参见赵阳：《中国已与50个国家签订双边刑事司法协助条约或协定 国际合作打击犯罪资产跨境转移》，载《法制日报》2013年11月9日。

〔2〕 参见赵秉志：《论我国反腐败刑事法治的完善》，载《当代法学》2013年第3期；赵秉志、彭新林：《我国当前惩治高官腐败犯罪的法理思考》，载《东方法学》2012年第2期。

际化。

中国反腐败刑事法治建设是一项任重道远的事业，刑事法学者基于自己的事业使命感和社会责任感，无法回避这一课题，而应积极关注和参与研究，从而为我国反腐败刑事法治的改革完善注入正能量。我们坚信，随着社会、政治、经济、法治的整体提升，我国反腐败斗争将进入一个更加高效的时代，我国反腐败的刑事法治建设也必将能不断取得更大、更加令人瞩目的成就！

贪污受贿犯罪定罪量刑标准问题研究*

目　　次

一、前言

党的十八大以来，我们党和政府把反腐败工作提到了前所未有的高度，要求反腐败坚持“老虎”“苍蝇”一起打，有腐必反、有贪必肃，不断铲除腐败现象滋生蔓延的土壤。十八届四中全会又全面勾勒了法治反腐的蓝图。2014 年 10 月已提交全国人大常委会首次审议的《刑法修正案（九）（草案）》进一步完善了反腐败的刑法规范，包括修改贪污受贿犯罪的定罪量刑标准，加大对行贿犯罪的处罚力度，严密惩治行贿犯罪的法网等，将为惩贪肃腐提供更强有力的法律支持。可以预见，上述政策和法律的相关完善举措，必将对我国新时期的反腐败工作产生重大而深远的积极影响。

---

* 原载《中国法学》2015 年第 1 期；《中国检察》2015 年第 4 期（上）摘登；收入赵秉志主编：《法学新论：北师大法学院教师法学论文荟萃》，中国法制出版社 2016 年版；《西藏检察》2015 年第 3 期转载。

贪污受贿犯罪是最主要的腐败犯罪,在腐败犯罪中居于显著地位。能否科学、有效地防治贪污受贿犯罪,会直接影响反腐败刑事法治水平的高低和反腐败斗争的成效。近年来我国对贪污受贿犯罪的治理成效明显,但贪腐形势依然严峻,相关犯罪的治理还面临不少新情况、新问题,特别是定罪量刑标准设置不甚合理,使贪污受贿犯罪的司法适用日益偏离立法规定,司法实践中的具体刑罚裁量无法实现罪刑均衡,难以全面反映具体个罪的社会危害性,贪污受贿犯罪数额与量刑之间出现"尴尬"困局,[1]因而亟须认真研究解决。目前贪污受贿犯罪定罪量刑标准是否需要调整,犯罪数额在贪污受贿犯罪定罪量刑中应居于何种地位,贪污受贿犯罪数额标准该如何确定等问题,引发了社会各界的广泛争议。这种争议并没有随着《刑法修正案(九)(草案)》对贪污受贿犯罪定罪量刑标准拟进行修改而结束,相反会在更深层次和更广泛范围上继续展开。因此,结合《刑法修正案(九)(草案)》的修法主张,有针对性地深入探讨贪污受贿犯罪的定罪量刑标准问题,是我国刑法理论界与实务界必须关注的重大现实法治课题。

二、贪污受贿定罪量刑标准的中外考察

任何一项法律制度的产生和发展都不会是毫无缘由的。我国贪污受贿定罪量刑标准的确立和发展有其深刻的历史背景和时代条件,世界各国也有其针对此问题的立法经验与法治实践,因而对贪污受贿定罪量刑标准问题进行纵向考察和横向比较,会为完善当前我国贪污受贿定罪量刑标准提供有益启示和经验借鉴。

(一)我国贪污受贿定罪量刑标准之演进

1. 我国古代和近代贪污受贿的定罪量刑标准

贪污受贿现象是一种古老的犯罪形态,可谓源远流长。与贪污受贿现象从未间断一样,相应地,我国对贪污受贿定罪处罚的规定也有着悠久的历史。目前,最早见诸文献对贪污受贿行为处罚的记载是在上古时期的尧舜禹时代。[2] 及至早期奴隶制夏商周国家的建立,对于贪污受贿行为,基本上是不考虑数额多少,都要给予严厉刑罚制裁。[3] 春秋战国时期,魏国李悝制定的《法经》是我国封建社会最早的一部粗具体系的成文法典,其关于贪污受贿犯罪的规定最具有代表性。据其规定,贪污受贿的数额是否超过 20 两金乃是量刑轻重(是否判处死刑)的重要标准。[4] 古代中国第一个中央集权的专制王朝秦朝奉行商鞅、韩非子的"法家"重刑主义,其对贪污犯罪实行与盗窃罪同一的惩罚;[5]受贿数额的多少并不影响受贿犯罪的成立,只是对量刑产生影响。[6] 魏晋南北朝时期,就对贪污受贿犯罪的规定来说,《魏律》最具有代表性。《魏律》18 篇基本上形成了我国历史上比较完整的刑法体系,其中第

---

〔1〕 也就是说,在贪污受贿数额达到一定额度后,犯罪数额与量刑之间无明显的正比关系,贪贿数额差异对量刑不产生实质性影响。在不判处死刑立即执行的情况下,犯罪数额越大,行为人获得的潜在量刑利益也就越大。

〔2〕 参见周密:《中国刑法史纲》,北京大学出版社 1998 年版,第 25 页。

〔3〕 参见曾宪义主编:《中国法制史》,北京大学出版社、高等教育出版社 2000 年版,第 27 页。

〔4〕 参见董说:《七国考》卷十二《魏刑法》,中华书局 1956 年版,第 366 ~ 367 页。

〔5〕 参见董邦俊:《贪污罪新论》,中国方正出版社 2004 年版,第 3 页。

〔6〕 参见吕天奇:《贿赂罪的理论与实践》,光明日报出版社 2007 年版,第 54 ~ 55 页。

12篇《请赇律》是关于官员贿赂犯罪的惩罚规定，第17篇《偿赃律》是关于官吏贪赃枉法的惩罚规定。这两篇是我国最早的惩治贪污贿赂犯罪的系统化立法。唐宋时期是我国封建社会的鼎盛阶段，其法律制度也进入了繁荣发展阶段。这一时期的《唐律》集封建法律之大成，详细规定了各种贪污受贿犯罪行为的方式和刑事责任，确立了计赃论罚的量刑标准，对后世各朝代贪污受贿犯罪的立法产生了深远影响。明清时期继承了唐宋时期对贪贿犯罪确立的计赃论罚的原则。《大明律》明确规定官吏受财实行“计赃科断”的原则。

近代中国法律制度经历了前所未有的大变革，贪污受贿的定罪量刑标准也随着时代的变迁发生了诸多变化。中国历史上第一部近代意义上的专门刑法典《大清新刑律》，在其第6章“关于渎职之罪”中专门规定了受贿、滥用职权等渎职犯罪，在其第33章“诈欺取财罪”中规定了贪污犯罪的刑事责任，这些关于贪污受贿的定罪量刑标准的相关规定都只有定性的要求，并没有定量的限制，即只要官员实施了贪污、受贿行为，不论数额多少都要定罪处罚。[1] 南京国民政府1928年颁布的其第一部刑法典（史称《旧刑法》）中，关于受贿定罪量刑的规定并没有数额标准；但是根据犯罪主体的不同，对负有特殊职责的公务员或者公断人（审判职责）则加重处罚。[2]

中国共产党领导的新民主主义革命法制对贪污受贿犯罪行为也进行了规制。第一次国内革命战争时期产生的革命刑法对贪污受贿犯罪的惩治强调“情节”在贪污受贿犯罪定罪量刑标准中的重要地位。在工农民主政权时期，中国共产党领导下的苏区政府对贪污受贿犯罪行为的惩治是严厉的，贪贿数额的多少并不影响行为的定罪，但却是决定刑罚轻重的主要依据。抗日战争时期，陕甘宁边区政府制定的刑法规范中，载明贪污犯罪的量刑除有数额标准外，还有影响标准，即要考虑数额之外的影响大小情况。解放战争时期，在较有代表性的晋冀鲁豫边区政府于1948年颁布的《晋冀鲁豫边区惩治贪污条例》中，贪污数额多少和影响大小仍是贪污犯罪的量刑标准，同时数额多少也是贪污犯罪的定罪标准。

2. 我国现代贪污贿赂的定罪量刑标准

新中国成立后，我国最早的反贪腐立法是1952年4月21日公布实施的《中华人民共和国惩治贪污条例》[3]（以下简称《条例》），《条例》对贪污贿赂犯罪的概念、量刑原则和处罚标准等予以详细规定，基本确立了新中国贪污罪、受贿罪刑法规制的框架和内容。《条例》根据贪污数额对贪污罪规定了四档刑罚，数额是贪污罪量刑的根本标准。

我国1979年颁布的第一部刑法典在其分则第五章“侵犯财产罪”和第八章“渎职罪”中分别规定了贪污罪和受贿罪，相比于1952年《条例》，1979年刑法典的不同之处是未再对贪贿数额做出具体规定，而是以贪污公共财物（收受贿赂）、数额巨大且情节严重（致使国家或者公民利益遭受严重损失）、情节特别严重为区别标准从轻到重划分量刑档次。此外，1979年刑法典将贪污罪规定在侵犯财产罪一章，将受贿罪规定在渎职罪一章，表明立法者认为两

---

[1] 参见高汉成主编：《〈大清新刑律〉立法资料汇编》，社会科学文献出版社2013年版，第736～737页。

[2] 参见王宠惠：《中华民国刑法》，中华印书局1928年版，第31～32页。

[3] 1952年3月28日政务院第130次政务会议通过，同年4月18日中央人民政府委员会第14次会议批准，同年4月21日中央人民政府公布施行。

罪侵犯的客体不同,故而两罪也分设了定罪量刑标准。

1982 年全国人大常委会通过的《关于严惩严重破坏经济的罪犯的决定》(以下简称《决定》)对受贿罪作了重大修改。与 1979 年刑法典相比,1982 年《决定》对受贿罪的修改补充有二:一是又回到 1952 年《条例》模式,改受贿罪之独立的法定刑模式为适用贪污罪法定刑的模式;二是对受贿罪增设了一个加重构成,罪状为"情节特别严重的",法定刑为"无期徒刑或者死刑"。这两处修改都极为重大,并且影响了其后的相关刑法立法乃至现行刑法典。

1988 年全国人大常委会通过的《关于惩治贪污罪贿赂罪的补充规定》[1](以下简称《补充规定》),在 1982 年《决定》的基础上,对贪污受贿犯罪的定罪量刑标准又作了重要修改补充。相比于 1979 年刑法典和 1982 年《决定》的规定,1988 年《补充规定》一是改变了贪污罪、受贿罪定罪量刑标准之概括数额的规定,重新设置了贪污罪、受贿罪定罪量刑的具体数额标准;二是将贪污罪、受贿罪刑罚档次的排列顺序调整为从重到轻,凸显对贪污受贿犯罪的严厉惩治;三是改变 1979 年刑法典将贪污罪、受贿罪分立的模式,采纳 1982 年《决定》的修改,规定受贿罪适用贪污罪的定罪量刑标准。

1997 年八届全国人大五次会议通过的现行《刑法》第 383 条、第 386 条规定:"对犯受贿罪的,根据受贿所得数额及情节,依照本法第三百八十三条的规定处罚。索贿的从重处罚。"其关于贪污罪、受贿罪的规定基本上承袭了 1988 年《补充规定》的相关内容,包括对贪污罪、受贿罪定罪量刑标准设置具体数额,按照从重到轻的顺序排列刑罚档次,对贪污罪、受贿罪适用同一定罪量刑标准等。而有显著变化之处,则是提升了定罪量刑的具体数额,如起刑点数额由 2000 元提升到了 5000 元。

2014 年 10 月 27 日提交全国人大常委会首次审议的《刑法修正案(九)(草案)》对我国反腐败刑法规范所作的重要修改完善,包括修改贪污受贿犯罪的定罪量刑标准,删去了对贪污受贿犯罪规定的具体数额,原则规定数额较大或者情节较重、数额巨大或者情节严重、数额特别巨大或者情节特别严重三种情况及其相应的三档刑罚,并对数额特别巨大且使国家和人民利益遭受特别重大损失的贪污受贿犯罪保留适用死刑。同时,调整了贪污受贿犯罪各档刑罚的排列顺序,重新回归到 1979 年刑法典时从轻到重的刑罚排列顺序。作出上述修改的理由是:"从实践的情况看,规定数额虽然明确具体,但此类犯罪情节差别较大,情况复杂,单纯考虑数额,难以全面反映具体个罪的社会危害性。同时,数额规定过死,有时难以根据案件的不同情况做到罪刑相适应,量刑不统一。"[2]笔者认为,上述修改是很有必要的,修法说明之理由合理,修改后的贪污受贿犯罪定罪量刑标准更加科学、实用,对我国反腐败刑事法治的完善将大有裨益。

3. 对我国贪污受贿犯罪定罪量刑标准历史演进的分析

纵观我国贪污受贿定罪量刑标准从古至今演进的历史脉络,可以看出,自公共权力诞生

---

[1] 1988 年 1 月 21 日第六届全国人民代表大会常务委员会第 24 次会议通过,1988 年 1 月 21 日中华人民共和国主席令第 63 号公布,自公布之日起施行。

[2] 参见李适时:《关于〈中华人民共和国刑法修正案(九)(草案)〉的说明》(2014 年 10 月 27 日在第十二届全国人民代表大会常务委员会第十一次会议上),载《第十二届全国人大常委会第十一次会议文件(七)》。

以来,贪污受贿犯罪现象及其惩治就伴随着中国的历史进程。回顾和梳理我国自古至今贪污受贿定罪量刑的标准,有以下几点值得注意:

第一,贪污受贿定罪量刑标准由单纯考察定性到同时考虑定量。在中国古代相当长的时期,有关贪污受贿犯罪定罪量刑标准的立法都只有定性的描述,而无贪贿数额或者情节轻重方面的制约。换言之,只要行为人实施了贪污受贿行为,就应当定罪科刑。但自我国第一部成文法典《法经》开始,贪贿数额多少开始成为定罪量刑的重要依据,这种变化是深刻而耐人寻味的。后来,集封建法律之大成的《唐律》确立了计赃论罚的量刑标准,不仅受财多少与刑罚轻重直接对应,而且量刑时还要考虑主体身份、危害结果、受财手段等影响危害程度的因素。而就我国现行刑法典对贪污受贿犯罪的规定来看,对贪污罪、受贿罪的定罪量刑,显然既对行为性质进行考察,又对行为中所包含的"数量"进行评价,是否达到一定数量对贪污受贿行为入罪与否具有重要意义。

第二,贪污受贿定罪量刑标准由计赃论罚到计赃论罪。[1] 从春秋战国时期以及秦代的萌芽初创,到唐宋的基本确立,再到明清的正式入律,计赃论罚(或称计赃科断)在中国古代刑法中的核心内涵是统一的,即将贪污受贿的数额大小作为量定贪污受贿犯罪刑罚轻重的依据,而非决定犯罪成立与否的标准。在近代中国,民国时期国民政府颁布的有关贪污受贿犯罪立法,其定罪量刑基本都没有数额标准,更遑论计赃定罪了。但值得注意的是,这一阶段革命根据地的反贪法律条例出现了新的变化,特别是自解放战争时期开始,边区政府颁布的有关惩治贪污条例中,计赃论罪取代计赃论罚成了贪污受贿犯罪的定罪量刑标准。这一立法模式也对新中国反贪刑法的制定产生了深远影响。一直到 1997 年颁布的现行刑法典,贪污受贿犯罪定罪量刑标准仍然坚持计赃论罪,贪贿数额(满 5000 元)具有定罪和量刑之双重意义。

第三,贪污受贿犯罪定罪量刑标准从贪贿分立到贪贿同一。尽管每个朝代和时期贪污受贿犯罪量刑标准有着自身的特点,但从整体趋势来看,除了先秦时期贪污受贿犯罪没有明确的分野之外,自秦朝至近代,对贪污罪与受贿罪的处罚基本上都是分立的,即两罪适用各自的定罪量刑标准。不过,从新中国 1952 年《条例》开始,贪污受贿犯罪就适用同一的定罪量刑标准了,这也许是立法者认为两罪都是公职人员利用职务实施的犯罪,且都是数额犯,在当时的社会经济环境下,社会危害程度相差不大,适用相同的法定刑能实现罪刑相适应。当然也有例外。1979 年刑法典对贪污罪、受贿罪分别设立了各自的法定刑,而且两罪的法定最高刑有本质差别,贪污罪的法定最高刑为死刑,受贿罪的法定最高刑为 15 年有期徒刑,并且将贪污罪置于"侵犯财产罪"中,受贿罪置于"渎职罪"中,这反映出立法者当时对两罪罪质及其危害程度的不同认识。尔后 1982 年《决定》和 1988 年《补充规定》对 1979 年刑法典进行的修改,又回到了 1952 年受贿罪适用贪污罪定罪量刑标准的状态,1988 年《补充规定》对贪污罪受贿罪根据犯罪数额和情节规定了四档刑罚,同时又针对"使国家利益或者集

---

〔1〕 计赃论罪与计赃论罚是两个不同的概念,计赃论罪的外延比计赃论罚要宽,赃的数额大小不仅影响量刑,也会影响定罪,谓之计赃论罪;赃的数额大小仅影响量刑,而不影响定罪,谓之计赃论罚。

体利益遭受重大损失"的情形单独规定了两档刑罚。而 1997 年刑法典修订时,不仅将贪污罪从"侵犯财产罪"中独立出来,而且还将"贪污贿赂犯罪"类罪化,贪污受贿类犯罪均集中规定于"贪污贿赂犯罪"一章;关于贪污受贿的定罪量刑标准则沿袭了 1988 年《补充规定》合二为一的模式。

第四,贪污受贿定罪量刑标准从单一标准到复合标准。检视贪污受贿定罪量刑标准的演进轨迹,大体上可以说,从春秋战国时期对贪污受贿的定罪科刑设置定量限制开始,贪污受贿定罪量刑标准就从单一的数额标准逐渐嬗变到了"数额 + 情节"的复合标准。从古代各朝到近代民国,其立法中的贪污受贿的定罪、量刑标准,基本上是以计赃论罚为基调,即强调和重视罪赃数额对量刑的制约作用,主张犯罪数额是决定刑罚轻重的根本依据。但自新民主主义革命时期红色政权颁布的有关反贪法律条例发轫,对贪污受贿犯罪的定罪量刑标准在考察数额的同时,也开始注意考察和衡量情节的轻重程度。及至 1952 年《条例》关于贪污罪量刑的规定,表明情节因素也受到了一定的重视,但是"数额 + 情节"的复合标准很难说已经确立,包括现行刑法典"数额 + 情节"的复合标准也并未完全确立,对于贪污受贿数额在 5000 元以上的,量刑更主要的是基于其数额标准。可喜的是,《刑法修正案(九)(草案)》对现行《刑法》第 383 条拟作出修改,完善贪污受贿犯罪的定罪量刑标准,原则规定数额较大或者情节较重、数额巨大或者情节严重、数额特别巨大或者情节特别严重三种情况,并设置相应的刑罚幅度,可以说是确立了真正意义上的"数额 + 情节"的复合定罪量刑标准,更加科学合理,更符合贪污贿赂犯罪的实际危害情况及其惩治的需要。

(二)域外贪污受贿定罪量刑标准之考察

反腐败是历史性课题,更是世界性难题。当今世界各国都面临着贪污受贿等腐败犯罪的威胁。基于其严重的社会危害性及其蔓延态势,各国对于治理贪污受贿犯罪普遍表现出高度重视。这些国家的相关立法和经验对我国有启示意义,故有必要探讨。

1. 英美法系国家贪污贿赂犯罪的定罪量刑标准

尽管判例法是英美法系国家的主要法律渊源,但对于贪污受贿犯罪的刑事规制来说,其制定法却占有重要的地位。当代美国已经建立了周密、严格的反腐败法律体系,其反腐败的重要法律渊源有四个,包括三部特别法——《美国政府道德法》(1978 年美国国会通过,1982 年、1989 年修正)、《1989 年道德改革法》和《行政部门雇员道德行为准则》(2011 年)以及一部刑事法——《美国法典》(1926 年制定,1964 年修订,以后每年增补)。[1] 其中,《美国法典》第 18 编"犯罪与刑事诉讼"第 201 ~ 209 条规定了与公职人员贪污受贿行为有关的各种罪名,包括贿赂公职人员罪、贿赂证人罪、公职人员受贿罪、证人受贿罪等。但《美国法典》中只对贪贿行为的性质和方式进行了描述,其犯罪构成中并不包含数量成分。只要行为人实施或者蓄意实施《美国法典》第 18 编第 201 ~ 209 条规定的行为,就应当依照其第 216 条的规定处罚,或是判处 1 年以下监禁(蓄意实施,5 年以下监禁),或是按规定的数额罚款,或

---

〔1〕 参见庄小茜:《导读:美国的反腐败立法及相关制度》,载《美国政府道德法 1989 年道德改革法 行政部门雇员道德行为准则》,蒋娜等译,中国方正出版社 2013 年版,第 9 页。

是有期徒刑和罚款并罚。

在英国,处罚贪污受贿犯罪之规定古已有之。2011 年 7 月 1 日,英国《2010 年反贿赂法》开始正式实施。该法在废除此前普通法与成文法规定的相关贿赂犯罪的同时,规定了行贿罪、受贿罪、贿赂外国公职人员罪、商业组织不履行预防贿赂义务罪四项新的贿赂犯罪。[1] 对犯受贿罪者的刑罚处罚,根据该法第 11 条第 1 款的规定,分两种情况:(a)经简易定罪,处不超过 12 个月的监禁,或者不超过成文法上限的罚金,或者两者并处;(b)经公诉定罪,处不超过 10 年的监禁,或者罚金,或者两者并处。[2] 由上可知,英国《2010 年反贿赂法》也只是对受贿行为的定性和行为方式等进行了描述,受贿罪犯罪构成要件并无定罪因素的限制;至于处罚的轻重,则取决于诉讼程序的不同:经简易程序定罪者,处罚较轻;经公诉定罪者,则处罚较重。当然,受贿案件是经简易程序定罪还是公诉程序定罪,需要考虑受贿行为的社会危害程度等情况。

属于英美法系的新加坡对贪污腐败行为素来惩处严厉,是成功治理贪污腐败、创建廉洁政府的典范。该国对贪污受贿犯罪的规定也采取了同英国一样的做法,即立法定性、司法定量。即无论是《新加坡刑法典》[3] 还是其作为特别法的新加坡《预防贪污贿赂法》[4],在贪污受贿犯罪定罪量刑标准的规定上是一致的,即只对贪贿行为性质和行为方式予以规定,而无数量或者情节因素的限制。

2. 大陆法系国家贪污贿赂犯罪的定罪量刑标准

大陆法系是成文法系,制定法是大陆法系国家主要的法律渊源,相比于英美法系国家,大陆法系国家对贪污受贿犯罪的规定有自己的特色。

《德国刑法典》(1998 年)第 331 ~335 条依次规定了受贿罪、索贿罪、行贿罪、违反公职的行贿罪、情节特别严重的贿赂罪,构建了比较严密的贿赂犯罪的刑法规制体系。[5] 受贿罪和索贿罪的规定,只要实施受贿或者索贿行为的,都构成犯罪,并无数量或者情节的限制。但是情节的轻重将直接影响索贿罪量刑的轻重。而且无论是受贿还是索贿,如果是特定公务员即法官或仲裁员实施,则其刑罚也要重一些。这表明情节因素和特定主体身份是德国索贿罪、受贿罪的重要量刑标准(而不是定罪标准)。

《法国刑法典》(1992 年)在第 432 -10、432 -11、432 -12、432 -13、432 -14、432 -15、432 -16 条分别规定了违法加收或减免税款罪、履行公职人员收贿受贿罪、非法取利罪、妨害参与公共工程之自由及投标人平等罪、窃取或隐匿财产罪。履行公职人员收贿受贿罪相当于一般意义上的受贿罪,窃取或隐匿财产罪相当于贪污罪。根据该法典第 432 -11 条、第 432 -15 条的规定,行使公安司法权力的人、负责公共事业服务任务者或者由公众选举受任职务者,索要或无权而同意、认可直接或间接给予奉送、许诺、赠礼、馈赠或其他任何好处,以

[1] 参见《英国反贿赂法》,王君祥编译,中国方正出版社 2014 年版,第 3 ~4 页。
[2] 参见《英国反贿赂法》,王君祥编译,中国方正出版社 2014 年版,第 37 页。
[3] 参见《新加坡刑法》,刘涛、柯良栋译,北京大学出版社 2006 年版,第 36 ~39 页。
[4] 参见周密主编:《新加坡共和国反贪倡廉成文律选》,北京大学出版社 2005 年版,第 114 ~115、224 ~225 页。
[5] 参见《德国刑法典》,徐久生、庄敬华译,中国法制出版社 2000 年版,第 227 页。

期实现下列目的的,处10年监禁并处100万法郎罚金:(1)完成或放弃完成属于其职务、任务或委任权限范围的行为或者可由其职务、任务或委任权限提供方便之行为;(2)滥用其实际影响或设定的影响,以图指使他人从权力机关或公共行政部门取得有别于人的礼遇、工作职位、市场或其他任何有利于己之决定。另外,行使公安司法权力的人,或者负责公共服务事业任务的人、公共财务会计人员、公共财产保管人或者其下属人员,毁弃、隐匿或窃取文书、凭证、公共或私人资金、票据、材料或相应之凭据或者其他因其职务或工作而交付于他的任何其他物件的,处10年监禁并科100万法郎罚金。[1] 由上可知,《法国刑法典》也只是对受贿、贪污行为进行定性描述,而未设置定量的限制因素,并且对受贿罪、贪污罪配置了绝对确定的法定刑,这是很少见的。

再看历史上具有大陆法系传统、原属于苏联重要组成部分的俄罗斯联邦。《俄罗斯联邦刑法典》(2008年修订)第290条规定了受贿罪。[2] 显而易见,俄罗斯联邦对贪贿犯罪的立法具有鲜明的特点,虽然其在犯罪构成意义上对贪贿行为的刑事规制也只是作定性描述,但其量刑标准却是多元的,在量刑轻重上要综合考虑主体身份、数额大小、行为性质(是否实施非法行为)、行为方式(是否索贿)等因素的制约和影响,并且据此配置不同档次的刑罚。

3. 混合法系国家贪污贿赂犯罪的定罪量刑标准

在兼具大陆法系与英美法系特点、被称为混合法系的日本、意大利,[3]其关于贪污受贿定罪量刑的规定也各具特色。

《日本刑法典》(2005年修订)规定了7种贿赂犯罪,包括受贿罪、第三者受贿罪、加重受贿罪、事后受贿罪、斡旋受贿罪、斡旋第三者受贿罪、行贿罪等,并分别配置了相应的刑罚。[4] 其第139条第1款规定:"公务员犯前两条之罪(受贿罪和第三者受贿罪),因而实施不正当行为,或者不实施适当行为的,处1年以上有期惩役。"日本刑法对贪污受贿犯罪的规制,根据犯罪主体、手段或者是否违反职责等不同而设立了数种贿赂犯罪,其规制贿赂行为的刑事法网不可谓不严密,但惩罚相对较轻,即体现了"严密而不严厉"的特点。此外,各种贿赂犯罪的成立,在立法上也均无数额或者情节方面的限制。

《意大利刑法典》(2006年修订)第314条至第316-2条依次规定了贪污罪、侵吞私人财物罪、利用他人的错误贪污罪、侵吞国家财产罪四种贪污犯罪;其第317条至第322条还规定了索贿罪、因职务行为受贿罪、因违反职责义务的行为受贿罪、在司法行为中受贿罪、受委托从事公共服务的人员受贿罪、教授行贿罪等多种贿赂犯罪。[5] 值得注意的是,意大利2012年《第190号反腐败法》对其刑法典有关贪污贿赂犯罪的规定作出了一定修改和改革,包括增设了诱使非法给予或许诺给予利益罪等罪名,修改有关贿赂犯罪的罪状,提高或者降

---

〔1〕 参见《法国刑法典》,罗结珍译,中国人民公安大学出版社1995年版,第154、157页。

〔2〕 参见《俄罗斯联邦刑事法典》,赵路译,中国人民公安大学出版社2009年版,第209~211页。

〔3〕 参见朱孝清:《论量刑建议》,载《中国法学》2010年第3期。关于混合法系的概念,在当今中外法学界尚未形成共识,但近年来已引起关注和讨论。笔者认为可以用此概念来对兼具两大法系某些特点的国家的法律问题进行研析。

〔4〕 参见《日本刑法典》(第2版),张明楷译,法律出版社2006年版,第154页。

〔5〕 参见《最新意大利刑法典》,黄风译注,法律出版社2007年版,第115页。

低有关贿赂犯罪的法定刑。[1] 修改后的《意大利刑法典》第318条将“因履行其职务行为”修改为“因履行其职务或者行使其权力”，显然扩大了该罪罪状的涵摄范围，将一切利用职务之便受贿的行为都纳入了刑法规制范围，并将“1年以下有期徒刑”修改提高为“1年以上5年以下有期徒刑”。可见，无论修改前后，意大利反贪贿刑法对贪污受贿犯罪构成的规定也都只有定性描述而无定量要求。

4. 关于域外贪污受贿定罪量刑标准的分析

综观域外贪污受贿的定罪量刑标准可以发现，它们的立法均重视定性等相同或者相通的地方，但在标准设置、具体做法等方面也有不尽相同之处。这主要是由于各国在反腐情势、理论基础、法律文化、制度传统等方面存在差异使然。通过考察域外贪污受贿定罪量刑标准的立法，大致可得出以下几点初步认识：

第一，域外贪污受贿定罪量刑标准重视对定性的描述。总的来看，无论是英美法系国家还是大陆法系国家，抑或是混合法系国家，其立法对贪污受贿行为的刑事规制都只有定性表述而无定量限制。这与我国刑法对贪污罪、受贿罪有定量要求的规定形成鲜明的对比。当然，根源在于我国刑法中的犯罪概念是定性和定量相结合，反映我国刑法以结果本位为价值基础，而结果本位刑法注重行为造成的可计量的客观实害（结果）。[2] 而域外国家犯罪概念中并无定量因素，乃是行为本位刑法，只要行为符合刑法规定，不论行为结果数量大小，也无需考虑行为人主观恶性深浅，刑法均可规制。因此反映到具体罪刑规范上，域外反贪贿刑法对贪污受贿行为刑法规制的描述就只限于定性，而不包括定量因素。当然，“任何国家对犯罪的处理实际都有一个量的考虑，即使在犯罪概念只有定性因素的法制下，一个贼汉偷一块面包也不会给以刑事处罚，尽管这种行为在法律上是犯罪。这就是说，对于犯罪，立法（仅仅）定性，司法定量（处理）。”[3] 易言之，法律上是犯罪的行为，司法上不一定会给予刑事制裁。如在西方国家刑事司法实践中广泛运用的辩诉交易制度，就不仅包括罪名的交易、罪数的交易，还包括判处刑罚的交易，使很多依法构成犯罪的行为出罪化、非刑罚化。

第二，域外贪污受贿定罪量刑标准之定量因素主要通过罪群立法模式体现。考察域外贪污受贿犯罪立法规定，可以发现一个鲜明的特点，就是贪污受贿犯罪之罪名集合化现象尤为明显，它们或三五成群，或七八结伴，形成一个个相对独立的贪污贿赂犯罪之罪名集合——罪群。所谓罪群，按照有关学者的界定，是指处于某一类罪之中，直接客体相同或相似的一组个罪。[4] 集合内的每一罪名既具有明显的共性均系贪污受贿性质，同时也具有区别彼此的个性。贪污受贿犯罪罪群中个罪的设立及其数量多少，取决于立法者对贪污受贿的行为方式、主体、情节和数额等定量因素的认识和判断。如《意大利刑法典》第317～322条就根据贪污贿赂行为方式、主体、情节和违反职责义务与否的不同，在规定一般的受贿罪之外，还设立了索贿罪等数种贿赂犯罪，从而形成了一个层次分明而又互相衔接的贿赂犯罪

[1] 参见《意大利反腐败法》，黄风译，中国方正出版社2013年版，第123页。
[2] 参见储槐植：《我国刑法中犯罪概念的定量因素》，载《法学研究》1988年第2期。
[3] 储槐植等：《刑法机制》，法律出版社2004年版，第20页。
[4] 参见李永君：《罪群简论——对犯罪集合化的初步探讨》，载《中央政法管理干部学院学报》1996年第3期。

的罪群体系。《日本刑法典》也大体如此。正是因为立法中根据主体、手段、行为方式、违反职责义务、数额等定量因素,确立了贪污受贿犯罪罪群体系(并配置不同的法定刑),能达到罪刑相适应和刑罚目的,因而在具体的贪污受贿个罪构成要件中,再设置这些定量限制因素就不仅显得重复,而且也似无必要。

第三,域外贪污受贿犯罪之量刑标准复合化是其普遍趋势。无论是采纳概括式立法还是罪群式立法,域外国家对贪污受贿犯罪处罚标准的设定,其所考量的因素不是单一的,刑罚轻重的配置往往要综合考虑数额、主体、行为方式、手段、违反职责义务等诸多因素。如在俄罗斯,对公职人员因实施非法行为(或不作为)而收受贿赂的处罚,要重于因实施合法行为(或不作为)而收受贿赂的处罚。公职人员收受贿赂,但同时具有事前通谋的犯罪团伙或有组织犯罪团伙实施,或者索要贿赂,或者具有数额巨大情形的,则要加重处罚。可见,俄罗斯刑法中贪污受贿犯罪量刑标准包括了主体和主观要素(是否系事前通谋的犯罪团伙或有组织犯罪团伙实施)、行为方式(是否索要贿赂)、犯罪数额(是否数额巨大)、是否违反职责义务(是否实施非法行为)等复合化的因素。《新加坡刑法典》中的贪污受贿犯罪的量刑标准实际上也是复合型的。

三、我国贪污受贿定罪量刑标准的问题反思

我国现行《刑法》第383条明确而详细地规定了贪污罪及其法定刑。贪污罪的法定刑分为四档,这四档刑罚的适用,除了应考虑情节外,更主要的依据是贪污的数额。贪污数额与法定刑的对应关系为:(1)个人贪污数额在10万元以上的,处10年以上有期徒刑或者无期徒刑,可以并处没收财产;情节特别严重的,处死刑,并处没收财产。(2)个人贪污数额在5万元以上不满10万元的,处5年以上有期徒刑,可以并处没收财产;情节特别严重的,处无期徒刑,并处没收财产。(3)个人贪污数额在5000元以上不满5万元的,处1年以上7年以下有期徒刑;情节严重的,处7年以上10年以下有期徒刑。个人贪污数额在5000元以上不满1万元,犯罪后有悔改表现、积极退赃的,可以减轻处罚或者免予刑事处罚,由其所在单位或者上级主管机关给予行政处分。(4)个人贪污数额不满5000元,情节较重的,处2年以下有期徒刑或者拘役;情节较轻的,由其所在单位或者上级主管机关酌情给予行政处分。从上可知,贪污罪定罪量刑标准规定了刚性的具体数额。因《刑法》第386条规定对犯受贿罪的,根据受贿数额及情节,依照本法第383条(关于贪污罪的处罚)的规定处罚,故而受贿罪与贪污罪适用的是同一定罪量刑标准。上述贪污受贿犯罪定罪量刑标准确立后,其在有效惩治贪污受贿犯罪、便于刑法规范解释和适用、增强司法的可操作性等方面发挥了相当作用,而且这样规定也是"1988年全国人大常委会根据当时惩治贪污贿赂犯罪的实际需要和司法机关的要求作出的。"[1]但随着经济社会的发展变化和惩治贪污贿赂犯罪实践的发展,这一标准的实际施行效果并不理想,而且也饱受诟病,理论界和实务界要求修改贪污受贿犯罪定罪

〔1〕 参见李适时:《关于〈中华人民共和国刑法修正案(九)(草案)〉的说明》(2014年10月27日在第十二届全国人民代表大会常务委员会第十一次会议上),载《第十二届全国人大常委会第十一次会议文件(七)》。

量刑标准的呼声不绝于耳。[1] 笔者也曾主张在制定刑法修正案时,应考虑修改贪污罪、受贿罪以具体数额为定罪量刑主要标准的规定。[2] 那么,当前我国贪污受贿犯罪定罪量刑标准到底存在哪些问题?这些问题形成的根源是什么?我国贪污受贿犯罪定罪量刑标准需不需要修改?这些问题下面予以探讨。

(一)我国当前贪污受贿定罪量刑标准存在的问题

关于当前我国贪污受贿犯罪定罪量刑标准存在的问题,主要是以下四个方面:

1. 难以全面适时反映贪污受贿个罪的社会危害性

个罪的社会危害性主要通过行为侵犯的客体、行为的手段、后果以及时间、地点、行为人的主观方面等因素来体现。尽管数额在贪污受贿犯罪定罪量刑标准中占有核心地位,数额大小也能在相当程度上反映贪污受贿犯罪个罪的社会危害性,但因为贪污受贿犯罪尤其是受贿犯罪情节差别很大,情况复杂,如受贿数额相同,有无为他人谋取不正当利益、谋取了何种不正当利益、给国家和人民利益造成的损失会有巨大差异,若单纯考虑受贿数额,显然是无法全面、准确、客观地反映行为的社会危害程度的。事实上,对于贪污受贿犯罪尤其是受贿罪,其社会危害性的衡量,不能仅仅看犯罪数额的多少(尽管这是一个重要的方面),还应当通盘考虑全案的罪中、罪前、罪后各个环节的各种主客观因素综合决定的案件情节之轻重。此外,随着经济社会的快速发展和改革开放的深入,现阶段贪污受贿 5000 元(起刑点)所对应的社会危害性远比 1997 年刑法典制定时贪污受贿 5000 元的社会危害性要小,因为相同数额货币代表的社会财富和购买力都发生了变化,现阶段相同数额货币代表的社会财富大幅降低,人们对贪污受贿犯罪数额标准的容忍度也在逐步提高。而且我国区域经济发展不平衡,尤其是东部与西部经济发展的差异性很大,同一时期不同区域的居民人均收入、相同数额货币的购买力和代表的社会财富也不同。同样是贪污 5000 元,在经济发达地区和欠发达地区,其社会危害性和人们的容忍度也是大不一样的。而我国贪污受贿犯罪的定罪量刑标准规定具体数额,显然是很难全面适时反映个罪的社会危害性的。

2. 不能充分体现罪责刑相适应原则

《刑法》第 61 条规定:"对于犯罪分子决定刑罚的时候,应当根据犯罪的事实、犯罪的性质、情节和对于社会的危害程度,依照本法的有关规定判处。"即量刑的根据应是社会危害性与人身危险性的统一。尽管贪贿数额也能从一定程度上或者某种意义上反映行为的社会危害性,但如前文所述,难以全面、适时反映个罪的社会危害性。况且行为人的人身危险性程度在某些情况下无法通过贪贿数额来反映,贪贿数额大,不一定人身危险性就大;反之亦然。而表征人身危险性程度的诸如行为方式及次数、犯罪对象、行为是否违背职责及其程度、危害后果、认真悔罪态度、是否退赔、是否弥补或减少犯罪危害后果等罪前、罪中和罪后主客观事实情况又是刑罚裁量不能不考虑的。而贪污受贿犯罪定罪量刑主要以数额为标准,不仅

---

[1] 参见张亚平、皇甫忠:《贪污罪数额标准的修改》,载赵秉志、张军、郎胜主编:《现代刑法学的使命》(下卷),中国人民公安大学出版社 2014 年版,第 764 页;曾凡燕:《贪污贿赂犯罪起刑数额研究》,载《法学杂志》2010 年第 3 期。

[2] 参见赵秉志:《论我国反腐败刑事法治的完善》,载《当代法学》2013 年第 3 期。

不足以全面适时反映行为的社会危害性，也难以准确反映行为人的人身危险性，由此裁量的刑罚势必与罪量及行为人应承担的刑事责任不符。特别是“当受贿罪数额‘超载’的时候，受贿罪的定罪量刑要么回到完全靠法官‘自由心证’的原始司法状态，要么就只能硬着头皮继续‘以数定刑’，假装看不见因‘罪无限而刑有涯’造成的单位罪量与单位刑量之间的罪刑实质不均衡”。[1]

事实上，贪污受贿数额是衡量犯罪情节的一个重要因素，它从一定程度和某种意义上可以说明贪污受贿行为的社会危害性，而且也是处刑幅度的标准，关键问题就是要正确处理好情节与数额的辩证关系，做到定罪量刑的主客观相统一。[2] 否则，就无法理解为何安徽省原副省长王怀忠受贿517万余元、国家食品药品监督管理局原局长郑筱萸受贿694万余元都被判处死刑，而法院在此前后曾对受贿数额更大的一些高官却只判处死缓，如黑龙江省原政协主席韩桂芝、铁道部原部长刘志军等。这就说明贪贿数额不是量刑包括死刑裁量的唯一根据，贪污受贿犯罪的社会危害性和人身危险性必须更多地依靠全案情节来评价。如贪污相同的数额，有受生活所迫的贪污，也有为追求享受的贪污；有用于公益甚至正当合理支出的贪污，也有用于赌博嫖娼等违法犯罪活动的贪污；有侵吞一般款物的贪污，也有侵吞救灾救济款物的贪污；有积极退赃未造成损失的贪污，也有给国家和人民利益造成巨大损失的贪污等等。如果适用相同刑罚，显然不符合罪责刑相适应原则。此外，刑法典规定贪贿数额在10万元以上的，处10年以上有期徒刑或者无期徒刑；情节特别严重的，处死刑，并处没收财产。但在国家严格控制和慎重适用死刑的新形势下，近年来实际判处死刑尤其是判处死刑立即执行的贪贿犯罪案件已经屈指可数。这样，贪污受贿犯罪数额10万元以上的，其适用的刑罚主要是10年以上有期徒刑、无期徒刑、死缓三档，随着近年来贪污受贿数额不断刷新纪录，三档刑罚之间的数额标准已非常模糊，这使得不少贪污受贿数额相差悬殊的案件在量刑上难以拉开档次，不能充分体现罪责刑相适应原则，严重影响了一些案件裁判的社会效果。

3. 难以让公众在贪污受贿案件中都能感受到公平正义

公平正义既是维护社会秩序的基石，也是刑事法治的“生命线”。让人民群众在每一个司法案件中都感受到公平正义，是新形势下党和人民对司法工作的期待和要求。就贪污受贿案件来说，要让人民群众在案件办理中感受到公平正义，最基本的要求就是必须做到案件的实体公正和程序公正。而从当前惩治贪污受贿犯罪的司法实践来看，确实存在不少普遍性的问题。如2009年时任最高人民法院副院长张军在一次学术讲演中提到，在目前的司法实践中，许多贪贿涉案金额为几万元的案件，并没有被移送到法院；但一旦移送过来，法院又得依法判处。这本身就缺乏社会公正性![3] 司法实践中的情况事实上也大致如此。如江苏省张家港市人民检察院2008年至2010年共查办贪污贿赂等职务犯罪案件64件、71人，

---

〔1〕 参见林竹静：《受贿罪数额权重过高的实证分析》，载《中国刑事法杂志》2014年第1期。

〔2〕 参见吴学斌：《贪污受贿犯罪数额起点辨析》，载《中国刑事法杂志》1998年第3期。

〔3〕 参见《最高法副院长：贪污贿赂罪起刑点应调整》，载《重庆晚报》2009年11月4日。

同比上升73.2%，大案率100%。[1] 上海市检察机关2010年1～12月查办的贪污贿赂案件中，大要案比例仍然居高不下，贪污受贿5万元、挪用公款10万元以上的大案307件，占91.4%。[2] 这反映出司法机关（特别是法院）在当前惩治贪污贿赂犯罪实践中存在的普遍问题，也显示出检察机关并没有依法将所有符合法定标准的职务犯罪都移交到人民法院进行审判，而是做了自我内部“消化”处理。[3] 应当说，这种现象的出现，表面上是由于司法机关未能严格执法、反腐“抓大放小”，但实际上反映出更深层次的问题，即由于贪污受贿定罪量刑数额标准设置不科学，导致此一标准在实践中被“虚置”。由于司法实践变相抬高了贪污受贿定罪量刑的数额标准，致使“有案不查”“小案不立”现象在一定程度上广泛存在，出现了贪污受贿犯罪规制防线不断后移的尴尬局面，人民群众对此反应强烈，很难说有公平正义可言！

此外，对于犯罪数额达到一定标准（10万元）以上的贪贿案件，从10万元到几百万元乃至上亿元，有的案件中贪贿数额是其他案件的数百倍甚至上千倍，但其量刑区间却是相同或基本相同的，刑罚没有明显的幅度和梯次之分，这不仅有违罪责刑相适应原则，而且也严重有损现代刑事法治的公平正义观念。这也进一步凸显出贪污受贿定罪量刑数额标准在实践中的困局。

4. 不利于发挥刑罚对贪污受贿犯罪预防的作用

第一，从刑罚理论角度分析，要达到一般预防和特殊预防的目的，尤其需要注意刑罚的适当性。所谓刑罚的适当性是指刑罚的轻重应当与罪行的轻重及刑事责任的大小相适应。从刑法谦抑精神和刑罚效果来考虑，“除非能够证明对行为人施加刑罚这一痛苦的结果好于不施加的结果，否则刑罚就不能适用。”[4] 刑罚施加过剩或者不足，都难以产生应有的预防效果。目前贪污受贿定罪量刑标准规定了具体数额，由于该数额标准在司法实践中存在一定的“虚置”现象，特别是很多贪贿数额为几万元的案件，没有入罪或没有得到应有的从重惩处，使得不少贪腐分子从贪贿行为中获益却未承担相应的刑事责任，逃脱了刑事制裁，极大地损害了法律的权威，显然既不利于发挥刑罚的一般预防功效，也无法实现刑法的特殊预防目的。

第二，贪污受贿犯罪各档次的具体量刑幅度过大，刑罚之间轻重衔接没有必要的梯度和层次，因而很多贪贿数额悬殊的案件在量刑上拉不开档次。如犯罪数额10万元的案件和犯罪数额为500万元的案件，虽然绝对数额相差490万元，但这一差别在法官那里没有实质性的意义，两案判处的刑罚完全有可能相同或者差距不明显，因为此时的量刑轻重（10年以上有期徒刑、无期徒刑或死刑）更主要的是看情节、危害后果等数额外的因素。也就是说，当贪贿数额达到一定额度（10万元）以后，量刑数额对刑罚轻重的调节作用会出现边际递减效应，这无形中加剧了贪腐分子“小贪”不如“大贪”的心理动机。显而易见，这样的定罪量刑

---

〔1〕 参见卢志坚、张剑轩：《张家港反贪这样“上台阶”》，载《检察日报》2011年4月20日。

〔2〕 参见林中明：《上海通报去年贪污贿赂案件查办情况》，载《检察日报》2011年1月14日。

〔3〕 参见游伟：《惩治贪污贿赂抓大也别放小》，载《法制日报》2009年11月11日。

〔4〕 参见[美]哈伯特·L. 帕克：《刑事制裁的界限》，梁根林等译，法律出版社2008年版，第38页。

标准设置模式，不利于特殊预防效果的实现。

第三，由于贪污受贿犯罪定罪量刑标准规定了具体数额，而定罪量刑数额标准在一定程度上与经济社会发展不相适应，而在刑法条文不可能朝令夕改的情况下，实践中就完全有可能出现刑罚过剩现象，即导致对行为人施加的刑罚超出了其应承担的刑事责任的限度。这种情况下施加的刑罚，同样损害了刑罚的适当性，使本应受道义谴责和刑事制裁的犯罪人转而变成了受公众同情的受害人，不仅难以让犯罪人认罪服法、悔过自新和接受改造，而且也难以使公众感受到正义的伸张，并因而培养对刑法的忠诚和信仰。

（二）我国对贪污受贿定罪量刑规定数额标准的原因

我国现行刑法典对贪污受贿犯罪定罪量刑标准规定了具体数额，在处理贪污受贿案件中，贪贿数额是定罪量刑的主要依据，但同时也考虑其他情节。不过，此次《刑法修正案（九）（草案）》已取消了贪污受贿定罪量刑的具体数额标准，改为“数额＋情节”的弹性模式。如此修改，主要目的当然是为了克服贪污受贿犯罪定罪量刑标准的缺陷及带来的危害，以更好地适应当前加大反腐力度的要求。应当说，无论是具体数额标准还是概括数额标准，其共同之处就是都规定有数额标准。因为即使立法规定概括数额标准，具体的定罪量刑标准仍需“由司法机关根据案件的具体情况掌握；或者由最高人民法院、最高人民检察院通过制定司法解释予以确定”。[1] 那么，我国对贪污受贿犯罪定罪量刑规定数额标准的深层根源是什么？立法者作出上述抉择的原因是什么？廓清上述问题，有助于更好地明确贪污受贿犯罪定罪量刑标准完善的方向。

1. 计赃论罪传统是规定数额标准的重要原因

我国自古迄今一直就有计赃论罪（计赃论罚）的传统，将赃物的多少与价值的高低作为定罪量刑的根本依据。这一立法传统所产生的思维惯性，对我国贪污贿赂犯罪定罪量刑规定数额标准的影响是直接而深远的，是刑法典对贪污受贿犯罪规定数额标准的深层社会文化根源。其间1979年刑法典虽然未对贪污受贿犯罪规定数额，但是其后颁布的相关司法解释[2]仍然对之规定了具体数额，即将人民币2000元设置为贪污受贿的定罪标准，并没有从实质上或者根本上偏离计赃论罪的文化传统。而1988年《补充规定》和1997年刑法典又很快将计赃论罪的传统纳入了我国刑法规范中。

2. 名实相符观念是规定数额标准的心理根源

我国传统文化中的“名实相符”观念源远流长、根深蒂固。春秋时期，孔子就提出了“正名”的主张，认为“名不正，则言不顺；言不顺，则事不成”，[3] 荀子在“正名”的基础上，进一步论述了“制名”的问题，认为制名所最应注意者，在于使同实莫不同名，异实莫不异名。[4]

---

〔1〕 参见李适时：《关于〈中华人民共和国刑法修正案（九）（草案）〉的说明》，（2014年10月27日在第十二届全国人民代表大会常务委员会第十一次会议上），载《第十二届全国人大常委会第十一次会议文件（七）》。

〔2〕 参见最高人民法院、最高人民检察院于1985年7月8日颁布的《关于当前办理经济犯罪案件中具体应用法律的若干问题的解答（试行）》。

〔3〕 参见刘新主编：《中国法律思想史》，中国人民大学出版社2000年版，第34页。

〔4〕 参见张岱年：《中国哲学史大纲》，中国社会科学出版社1982年版，第563～565页。

圣人先贤们关于"正名""制名"的思想观念,对我国传统文化心理的形成有着重要影响,进而也对几千年来法律制度的变革和发展产生了深远影响。[1] 正是我国几千年以来长期形成的"名实相符"的传统文化心理和思想观念,使得法律制度中很难容得下名实不符的做法,只有在刑法典中对贪污受贿定罪量刑规定数额标准,即设置定量因素,才能将轻微的或者一般的贪污受贿行为排除在犯罪圈之外,实现名实相符。而如果采取域外国家对贪污受贿犯罪"立法定性、司法定量"的立法模式,那么就会出现立法上的犯罪与司法中的犯罪极不统一的情况,即名不副实,这就与名实相符的思想观念格格不入,也难以获得公众的社会认同。因而顺应和契合名实相符的观念,将司法上不作为犯罪处理的轻微贪污受贿界定为一般违法行为(未达到一定数额),通过规定数额标准直接在立法上将之出罪化,则是立法者再自然不过的合理选择。

3. 便于司法操作是规定数额标准的现实考量

现行刑法典关于贪污受贿定罪量刑标准的规定发轫于1988年全国人大常委会颁布的《关于惩治贪污罪贿赂罪的补充规定》第2条的规定。关于该《补充规定》第2条为何对贪污受贿定罪量刑标准规定具体数额,有关立法说明指出:"《刑法》对贪污罪的量刑标准,没有具体数额规定,各地感到不好掌握。根据几年来的审判实践经验,草案按照贪污的不同数额分别规定了不同的量刑标准。"[2]后在1997年刑法典修订时,国家立法机关又"根据情况的变化,将原贪污贿赂犯罪法定最低刑的数额2000元以下修改为5000元以下,法定最高刑的数额5万元以上修改为10万元以上。"可见,现行刑法典对贪污受贿犯罪定罪量刑规定具体数额标准,主要是为便于司法适用,增强司法的可操作性,进而有助于更有效地遏制贪污贿赂犯罪。

4. 脱胎于财产犯罪规定数额标准的先天基因

在中国古代法律中,把涉及财产方面的犯罪称为犯赃。自唐律中把强盗、窃盗、受财枉法、受财不枉法、受所监临财物及坐赃定为"六赃"之后,更突出地把赃罪作为打击重点。[3]由此可见,唐律把受财枉法、受财不枉法、受所监临财物等贪贿犯罪纳入了赃罪范畴。我国第一部近代意义上的刑法典《大清新刑律》也是在"诈欺取财罪"一章中规定了贪污罪的刑事责任,认为贪污罪侵犯的法益乃是财产所有权,属于财产犯罪。我国1979年刑法典更是将贪污罪规定在分则"侵犯财产罪"一章之中,这进一步揭示了贪污罪与财产犯罪之间的渊源关系。而财产犯罪以赃的数额和价值作为定罪量刑的依据可谓由来已久。因为在财产犯罪中,侵财性是其本质特点,其实质都是侵害法律所保护的财产或者利益,而被侵害的财产利益大小、多少直接反映了犯罪的危害程度,所以价值应当成为财产犯罪和经济犯罪的惩罚标准和尺度。犯罪数额作为表现犯罪对象经济价值的货币金额,直接反映着犯罪行为的规

---

〔1〕 参见杨志国:《"计赃论罪"的历史考察与现实变革》,载《贵州警官职业学院学报》2008年第2期。

〔2〕 参见王汉斌:《关于惩治走私罪和惩治贪污罪贿赂罪两个补充规定(草案)的说明》(1987年11月17日在第六届全国人大常委会第23次会议上),载高铭暄、赵秉志编:《中国刑法规范与立法资料精选》,法律出版社2013年版,第152、400页。

〔3〕 参见郭东旭:《宋朝的物价变动与计赃论罪》,载《中国经济史研究》2004年第1期。

模及程度,是衡量财产犯罪社会危害性的客观标准。[1] 因此,在我国刑法典对犯罪界定采取"定性+定量"的立法模式下,也即一般犯罪概念含有定量因素的情况下,[2]数额就成为财产犯罪构成的一个重要要件。

可以说,正是因为贪污罪脱胎于财产犯罪的母体,其定罪量刑标准的确立才会打上财产犯罪的胎记,即像其他财产犯罪一样确立有数额标准(无论是立法确立还是司法解释确立)。而《刑法》第386条的注意规定将受贿罪与贪污罪设置为同一的定罪量刑标准,受贿罪定罪量刑直接依照贪污罪的定罪量刑标准,因而在一定意义上说,受贿罪定罪量刑的数额标准也是间接遗传了财产犯罪定罪量刑规定数额标准的基因。

四、我国贪污受贿定罪量刑标准的完善探索

贪污受贿犯罪定罪量刑标准存在的问题,已在一定程度上影响了我国惩治贪污受贿犯罪的力度和效果,越来越难以适应反腐败和经济社会发展形势的需要,亟待改革完善。而贪污受贿犯罪定罪量刑标准的修订又紧密关涉贪贿犯罪圈的划定、国家对贪贿犯罪的惩治力度、刑事司法资源的负重、公众对刑法的认同等重大问题,对其改革完善可谓"牵一发而动全身",务必需要审慎稳妥、科学合理、切合实际地统筹考虑,既要注意克服当前贪污受贿犯罪定罪量刑标准的缺陷,满足惩治贪污受贿犯罪司法实践的需要;又要注意刑法规范明确性与司法可操作性之间的平衡,有助于实现量刑公正和罪责刑相适应,增强公众的刑法认同。秉持上述理念和原则,改革完善我国贪污受贿犯罪定罪量刑标准及相关立法,笔者认为,当前应着力从以下五个方面推进:

(一)确立"数额+情节"的二元弹性定罪量刑标准

刑法典对贪污罪、受贿罪规定刚性的具体数额标准,立法初衷是为了从严惩治贪污受贿犯罪,但实行效果并不理想:难以全面、适时地反映具体个罪的社会危害性;难以根据案件的不同情况做到罪责刑相适应;量刑不统一,亦影响刑法分则个罪之间罪刑设置的体系协调,难以让公众在贪污受贿案件司法中感受到公平正义,不利于刑罚对贪污受贿犯罪预防作用的发挥。鉴此,应当取消现行刑法典中贪污罪、受贿罪定罪量刑的具体数额标准,改为"数额+情节"并重的二元弹性模式。立法如此修改之后,再由司法解释根据反腐败形势和经济社会的相关情况,对贪污受贿犯罪定罪量刑的具体数额、情节标准予以明确。值得欣喜的是,《刑法修正案(九)(草案)》对《刑法》第383条拟作出重要修改,删去对贪污受贿犯罪规定的具体数额,原则规定数额较大或者有其他较重情节、数额巨大或者有其他严重情节、数额特别巨大或者有其他特别严重情节三种情况,相应规定三档刑罚,并对数额特别巨大,并使国

---

〔1〕 参见丁英华:《确定犯罪数额标准的原则与方法》,载《法律适用》2008年第12期。

〔2〕 值得注意的是,我国刑法典的一般犯罪概念含有定量因素,而具体犯罪概念有的含定量因素,有的不含定量因素。含有定量因素的具体犯罪概念与犯罪的一般概念显然具有一致性,而不含定量因素的具体犯罪概念则与一般犯罪概念间存在差异。这种差异是不能由我国的犯罪构成理论加以弥补的。这种情况下也凸显出"但书"出罪功能的重要性。参见储槐植、张永红:《善待社会危害性观念——从我国刑法第13条但书说起》,载《法学研究》2002年第3期。对于财产犯罪而言,属于含有定量因素的具体犯罪概念,与《刑法》第13条规定的一般犯罪概念具有一致性。

家和人民利益遭受特别重大损失的,保留适用死刑。上述修法主张,凝聚了近年来各界要求修改贪污受贿犯罪定罪量刑标准的思想共识和智慧,必将对更加科学有效地治理贪污受贿犯罪产生重大而深远的影响。关于"数额+情节"的二元弹性定罪量刑标准,有两点需要注意:

第一,这里的数额是指概括数额而非具体数额。概括数额即数额较大、数额巨大、数额特别巨大等档次,而非具体的数值或者数量。也就是说,要通过修订《刑法》第383条,变贪污受贿犯罪定罪量刑刚性的具体数额标准为弹性的概括数额标准,这样使之能根据犯罪的不同情况做到罪责刑相适应,更好地适应反腐败和经济社会发展形势。在贪污受贿犯罪定罪量刑标准中规定概括数额,既不同于现行刑法典对贪污受贿犯罪定罪量刑标准规定具体数额的做法,也不同于1979年刑法典对受贿犯罪根本没有规定犯罪数额的立法模式。另外,规定概括数额标准,适当采取带有一定弹性的概括性用语等,只要没有超过合理的限度,就不违反罪刑法定所要求的明确性原则。因为判断法条规定是否明确时,应该对该条文语言进行全面分析,从整体上判断该条文是否明确了适用范围,不能脱离法律规范的作用来孤立地考察法律规定是否明确的问题。[1]

第二,数额和情节应当并重。其一,《刑法》第383条关于贪污受贿犯罪定罪量刑标准的规定,其缺陷并不是完全没有考虑情节的因素,而是情节标准贯彻不彻底,且处于附属地位。如《刑法》第383条也提到了"对犯贪污罪的,根据情节轻重,分别依照下列规定处罚:……"而且规定在犯罪数额不满5000元时,情节较重的,也应当以犯罪论处并判处刑罚(情节较轻的,则由所在单位或者上级主管机关酌情给予行政处分)。这表明情节因素在某些贪污受贿定罪量刑中也具有重要意义。但是在犯罪数额为5000元以上时,情节对定罪的意义就基本丧失,即使情节再轻也不足以将行为出罪化,至少在立法论上得不出这一结论;其二,无论是犯罪数额为5000元以上或者以下,对行为人量刑的轻重也主要是取决于数额的大小,数额起着主导的作用,是判断社会危害性轻重的基本依据,情节因素只是有一定的调节作用。与数额相比,情节因素在贪污受贿犯罪定罪量刑标准中显然处于附属的地位。正是因为立法上以数额大小作为确定刑罚轻重的基本依据,使得数额标准在贪污受贿犯罪定罪量刑标准中权重过高而导致数额呈"超载"现象,加之司法实践中贪贿犯罪之"数额中心论"甚或"唯数额论"影响深远,对情节因素重视不够,甚或忽视了对情节因素的考量,使得实践中出现情理法冲突、宽严失度、罪刑失衡等不合理状况。鉴此,应当提升情节在贪污受贿犯罪定罪量刑标准中的地位,确立数额与情节并重的二元标准,将数额和情节都作为衡量贪贿行为社会危害程度的基本依据,使之在贪污受贿犯罪的定罪量刑中都发挥决定性的作用。在此意义上,《刑法修正案(九)(草案)》对贪污受贿犯罪定罪量刑标准的修改,无疑应受到高度评价,这一修正将为我国贪污受贿犯罪定罪量刑标准的科学化、合理化作出积极的贡献。

---

[1] 参见高铭暄主编:《刑法专论》(上编),高等教育出版社2002年版,第82页。

（二）引入罪群立法模式并明确各自的定罪量刑标准

一些国家关于贪污受贿犯罪的立法，如日本、德国、意大利等，大都是采取罪群的立法模式（罪刑系列立法），即根据贪贿犯罪的罪质及犯罪构成并考虑惩治犯罪的需要而灵活设计成为一个存在主辅关系的罪名（罪行）系列。对贪贿犯罪这类多发性犯罪设计系列的犯罪构成或罪刑系列，已经成为一些国家刑事立法的重要技术。而且这些国家贪污受贿犯罪定罪量刑标准之定量因素主要通过罪群立法模式来体现。

就我国贪污受贿犯罪的刑法规制来说，尽管经过多次刑法修正，刑法典中除规定了受贿罪之外，还规定了行贿罪、利用影响力受贿罪等罪名，但目前的受贿罪罪名体系仍过于粗略，逻辑层次并不清晰，尚未体系化，有些新型受贿行为也未纳入刑法的规制范围，给贪腐分子留下了规避法律的制度空间。贪污罪的立法也是如此。有鉴于此，笔者建议待时机成熟时，积极借鉴相关国家贪贿犯罪的立法经验，在系统梳理、认真分析贪污受贿犯罪立法规范以及相互关系并适当调整有关罪状的基础上，考虑引入罪群立法模式，形成以一般贪污罪、受贿罪为主体，以其他特殊贪污受贿犯罪为补充，层次分明而又互相衔接的贪污受贿犯罪的罪群体系。如以受贿罪的罪刑系列立法为例，可考虑立法上对受贿犯罪进行小类的体系化构建，除规定一般的受贿罪之外，再酌情增设斡旋受贿罪、索贿罪、事后受贿罪、司法工作人员受贿罪等，并将非国家工作人员受贿罪从破坏经济秩序罪章移到贪污贿赂罪章之中。这样就形成了一个以受贿罪为主体，以斡旋受贿罪、索贿罪、事后受贿罪、非国家工作人员受贿罪、利用影响力受贿罪、介绍贿赂罪等为补充的受贿罪罪群体系。受贿罪罪群体系确立后，均统一按照“数额＋情节”的两元弹性模式，根据各受贿行为的社会危害程度配置法定刑；再由司法解释根据反腐败形势和经济社会的发展形势，对各受贿犯罪定罪量刑的具体数额、情节标准作出明确规定和适时调整。这样既能起到严密受贿犯罪刑事法网的作用，又能统一各受贿犯罪的定罪量刑标准，从而更好地实现罪责刑相适应和量刑统一。

（三）受贿罪与贪污罪的定罪量刑标准应分开设立

目前我国贪污罪和受贿罪适用的是同一定罪量刑标准。在刑法典分则之中，凡是单独定罪的犯罪行为均有其单独的法定刑，只有贪污罪和受贿罪共用法定刑，这种立法例世所罕见。〔1〕笔者认为，尽管贪污罪与受贿罪都属于贪污贿赂类犯罪，都侵犯了国家工作人员职务的廉洁性，但两罪在侵犯的具体客体、社会危害程度、犯罪成本、反腐政策指向的重点等方面都存在相当差异，不应适用同一的定罪量刑标准。

第一，两罪的犯罪客体不完全相同。贪污罪的客体是复杂客体，既侵犯国家工作人员职务的廉洁性，也侵犯了公共财产的所有权；而受贿罪的客体就是国家工作人员职务的廉洁性。贪污罪的客体同时兼具侵犯公共财产所有权这一特性，这也正是1979年刑法典将贪污罪归入侵犯财产罪、受贿罪归入渎职罪的原因所在。虽然1997年刑法典将此二罪分别从侵犯财产罪和渎职罪中分离出来，共同归入贪污贿赂罪这一章中，但二者的犯罪属性并没有改

---

〔1〕 参见高珊琦、曹玉江：《对贪污受贿犯罪数额标准的重新审视》，载赵秉志、张军、郎胜主编：《现代刑法学的使命》（下卷），中国人民公安大学出版社2014年版，第761页。

变,仍然有着重大的差别。

第二,犯罪数额在两罪社会危害程度的评价中作用和地位不一样。贪污罪的社会危害性在很大程度上是通过贪污数额来体现的,及时退还或退缴赃款也能在客观上降低贪污行为的社会危害程度。但受贿罪的社会危害性是受贿数额难以完全反映的,其更多的是要通过受贿的情节、危害后果、违法的程度等因素来体现。明末清初著名思想家王夫之在其名篇《噩梦》中谈到赃罪(受贿)定罪量刑的数额标准时,曾举例指出:“赃以满贯抵重罪,刻法绳人,此所谓一切之法也……假令一兵部官滥授一武职,以致激变丧师,或因情面嘱托,实所受贿仅得五十贯;令一吏部官滥授一仓巡河泊,其人无大过犯,而得贿二百贯;又令一问刑官受一诬告者之贿而故入一人于死,仅得五十贯;其一受诬告者之贿而故入人于杖,得二百贯;岂可以贯之多少定罪之重轻乎?则无如不论贯而但论其枉不枉,于枉法之中又分所枉之重轻,但除因公科敛,因所剥削之多少,分等定罪。”[1]从上不难看出,王夫之在这里阐明了一个深刻的道理,即赃(受贿)的数额大小并不能全面反映赃罪的社会危害程度,对赃罪的定罪科刑,除要衡量赃的数额和价值外,更多的是要考虑是否枉法、枉法之轻重、危害后果等因素。

第三,两罪的犯罪成本和犯罪黑数也不一样。受贿行为通常发生在“一对一”的场合,犯罪的直接证据较为稀缺,而受贿人与行贿人往往又是利益共同体,加之受贿的手段日趋隐蔽和复杂,因而使得受贿行为更容易实施,也更难以侦破,其犯罪黑数比例很高;而贪污罪则不像受贿罪那样主要依靠言词证据定案,其往往存在较多的直接和间接证据,特别是随着会计等财务制度的健全,贪污行为的实施愈加困难,即使发生贪污行为,其犯罪潜伏期较短,侦破相对也不是特别困难,故而犯罪黑数要少很多。

综上所述,贪污罪与受贿罪的社会危害性及其表征、侵犯的法益、犯罪成本等都不相同,适用同一定罪量刑标准不够科学和合理,对其定罪量刑标准应当予以分立。遗憾的是,这次《刑法修正案(九)(草案)》并未对《刑法》第386条作出修改,贪污罪和受贿罪仍然适用同一定罪量刑标准。这是个亟须修正的重要问题,建议国家立法机关在《刑法修正案(九)》中考虑予以解决。

(四)应由司法解释规定并科学合理地设定具体数额标准

《刑法修正案(九)(草案)》删去了对贪污受贿犯罪规定的具体数额,规定了概括数额加情节的标准。那么,概括数额在司法实践中具体如何掌握,这仍然需要明确。至于通过什么途径来予以明确则存在较大争议。《刑法修正案(九)(草案)》立法说明中提出,贪污受贿犯罪具体定罪量刑标准可由司法机关根据案件的具体情况掌握,或者由最高人民法院、最高人民检察院通过制定司法解释予以确定。[2] 另有论者认为,应由全国人大常委会对刑法中贪

[1] 参见(清)王夫之:《思问录 俟解 黄书 噩梦》,中华书局2009年版。

[2] 参见李适时:《关于〈中华人民共和国刑法修正案(九)(草案)〉的说明》(2014年10月27日在第十二届全国人民代表大会常务委员会第十一次会议上),载《第十二届全国人大常委会第十一次会议文件(七)》。

污受贿犯罪的"数额较大""数额巨大"等概括性规定统一进行立法解释。[1] 可见,如何明确贪污受贿犯罪定罪量刑的具体数额标准,主要有三种主张:一是由司法机关根据案件的具体情况掌握;二是由"两高"制定司法解释予以确定;三是由全国人大常委会制定立法解释予以确定。

笔者认为,由司法机关根据案件的具体情况掌握或者颁布立法解释来确定的做法均为不妥,应由"两高"用司法解释来确定具体的数额标准,即由司法解释规定一个相对确定的幅度,再授权省级司法机关根据本地区经济发展状况,并考虑社会治安状况,在司法解释规定的幅度内明确本地区执行的具体数额标准。主要理由是:

第一,由司法机关根据案件的具体情况掌握,这相当于授予了办案的司法机关认定数额较大、数额巨大、数额特别巨大的无限制的自由裁量权,不利于统一法律适用标准和规范法官裁量权,势必会出现同罪不同刑、量刑失衡、量刑不统一等问题,难以避免司法不公和司法腐败现象的发生。

第二,明确立法上概括数额的具体认定标准属于司法工作中具体应用法律的问题,不宜由全国人大常委会进行立法解释。全国人大常委会 1981 年《关于加强法律解释工作的决议》对此已有明确规定。我国《立法法》第 42 条也规定:"法律有以下情况之一的,由全国人民代表大会常务委员会解释:(一)法律的规定需要进一步明确具体含义的;(二)法律制定后出现新的情况,需要明确适用法律依据的。"而贪污受贿犯罪法条中"数额较大"等概括数额的具体适用标准,其既不属于法律制定后出现新的情况,需要明确适用法律依据的情况;也不属于法律的规定需要进一步明确具体含义的情况。"数额较大""数额巨大""数额特别巨大"等并不是其含义不明确,而是其认定标准需要细化,以便于司法适用。因此,对于有些学者所谓的"犯罪数额的具体化是罪与非罪、轻刑与重刑的界限问题,由司法解释加以规定,有'越俎代庖'之嫌。"[2] 以及"虽然司法解释可以明确具体的数额,但这样等于司法解释代行了立法职能,会产生架空刑法的后果"[3] 之观点,笔者并不认同。

第三,从我国司法实践相关经验来看。以往行贿罪、介绍贿赂罪、挪用公款罪等贪污贿赂犯罪以及盗窃罪、诈骗罪等财产犯罪的具体数额标准之认定,都是由国家最高司法机关颁布司法解释明确相对确定的幅度,再授权省级司法机关根据本地区实际情况在司法解释规定的数额幅度内确定本地区执行的具体数额标准。"两高"《关于办理盗窃刑事案件适用法律若干问题的解释》第 1 条就规定:"盗窃公私财物价值 1000 元至 3000 元以上、3 万元至 10 万元以上、30 万元至 50 万元以上的,应当分别认定为刑法第 264 条规定的'数额较大''数额巨大''数额特别巨大'。各省、自治区、直辖市高级人民法院、人民检察院可以根据本地区经济发展状况,并考虑社会治安状况,在前款规定的数额幅度内,确定本地区执行的具体

---

〔1〕 参见高珊琦、曹玉江:《对贪污受贿犯罪数额标准的重新审视》,载赵秉志、张军、郎胜主编:《现代刑法学的使命》(下卷),中国人民公安大学出版社 2014 年版,第 761 页。

〔2〕 参见陈磊:《犯罪数额规定方式的问题与完善》,载《中国刑事法杂志》2010 年第 8 期。

〔3〕 参见申飞飞:《论贪污贿赂犯罪数额标准的修改与完善》,载赵秉志、张军、郎胜主编:《现代刑法学的使命》(下卷),中国人民公安大学出版社 2014 年版,第 803 页。

数额标准,报最高人民法院、最高人民检察院批准。”这一成熟的司法经验应当坚持。

关于具体数额标准如何科学、合理确定,其确立依据是什么等,刑法学界可谓众说纷纭,见仁见智。笔者认为,贪污受贿犯罪定罪量刑具体数额的确定,可以全国城镇居民人均可支配收入为主要基准,并在参酌货币购买力、居民消费指数(CPI)、通货膨胀等因素的基础上进行适度调节。因为从指标的含义上看,城镇居民人均可支配收入是指将家庭总收入扣除交纳的个人所得税和个人交纳的各项社会保障支出之后,按照居民家庭人口平均的收入水平,它是用以衡量城镇居民收入水平和生活水平的最重要和最常用的指标,以其作为确定贪污受贿犯罪定罪量刑具体数额的主要基准是有一定合理性和客观性的,能与经济社会发展状况、城镇居民收入和生活水平大体相适应,能够大体反映出贪污受贿行为的客观危害程度,也比较符合公众对贪污受贿行为刑事可罚根据的基本认识。1997 年,全国城镇居民人均可支配收入是 5160 元,当年修订的刑法典对贪污受贿犯罪确定的定罪数额就是 5000 元,即大体相当于全国城镇居民一年的人均可支配收入。2013 年,根据国家统计局发布《2013年国民经济和社会发展统计公报》显示,全国城镇居民人均可支配收入调整为 26,955 元。因此以此数额为基础,综合考虑当前的经济社会发展水平、CPI 指数、通货膨胀等情况的影响,建议司法解释可考虑将贪污受贿犯罪的定罪数额(起刑点)设置为 3 万元。其中,个人贪污受贿数额在 3 万元至 10 万元以上、30 万元至 100 万元以上、300 万元至 1000 万元以上,可以作为“数额较大”“数额巨大”“数额特别巨大”的认定标准。各省、自治区、直辖市高级人民法院、人民检察院可以根据“两高”司法解释关于数额幅度的规定和对本省区的授权,结合本地区经济社会发展状况,在三档数额幅度内,共同研究确定本地区执行的具体数额标准,报“两高”备案。

(五)妥善解决数额标准适用时的省际冲突问题

不难预见,《刑法修正案(九)(草案)》经全国人大常委会通过后,还需最高司法机关颁布相关司法解释对有关法律适用问题进行明确和细化。前文已述,司法解释对贪污受贿犯罪定罪量刑具体数额标准规定的是一个相对确定的幅度,根据各地区经济发展水平和实际情况,授权省级司法机关在此幅度内确定本地区执行的具体标准。由于各省经济社会发展水平不平衡,其确定的具体数额标准肯定会不一致。对于涉及犯罪地和审判地不一致的案件、跨省犯(包括共同犯罪)的案件,显然就会存在具体数额标准适用时的省际冲突问题。具体来说有两种情况:

第一,贪污受贿犯罪地与审理法院所在地不在同一省的情况下,适用何省司法机关制定的具体数额标准?[1] 笔者认为,对于这种情况,即贪污受贿犯罪地与审理法院所在地不在同一省的案件,可参照刑事审判管辖的规定,适用犯罪地所属省的具体数额标准。主要理由是:(1)根据《刑事诉讼法》第 24 条关于审判地域管辖的规定,刑事案件由犯罪地的人民法院管辖,如果被告人居住地的人民法院审判更为适宜的,可以由被告人居住地的人民法院管

---

[1] 特别是在当前对中高级官员贪贿犯罪实行异地审判已成惯例的情况下,犯罪地与审判地不一致的贪贿案件会越来越多,妥善解决好这一问题的迫切性日益凸显。

辖。这表明《刑事诉讼法》确立了以犯罪地为主的刑事审判管辖原则。如果同一个案件由不同省份的法院根据本省份确定的数额标准来审判,则会使得《刑法》由于《刑事诉讼法》规定的有关管辖地影响而变得缺乏可预见性,也不具有确定性,难以正确实施。这显然与刑事诉讼法以及刑法司法解释的制定宗旨和目的相冲突。反之,如果以犯罪地标准来定罪量刑,无疑能防止上述冲突的产生,保证《刑法》的正确实施。[1] (2)从社会危害性的角度分析,同样是贪污受贿一定数额,在不同地区特别是经济发达地区与欠发达地区,其社会危害程度是不一样的。既然贪污受贿行为发生在犯罪地,那么以犯罪地的具体数额标准作为认定依据,就能够更准确地评价行为的性质和社会危害程度,也能更好地实现罪责刑相适应。

第二,在多个省份贪污受贿或者贪污受贿的共犯在不同省份作案,而各省的具体数额标准存在差异,究竟应适用哪一个省的标准?显而易见,适用不同省份的具体数额标准,对于贪污受贿犯罪的定罪量刑都具有重要意义,有时甚至涉及罪与非罪界限的不同。如何解决贪污受贿犯罪定罪量刑时数额标准的省际冲突问题,刑法学界提出了审判地标准说、犯罪地标准说、属人标准说、有利被告人标准说等四种观点。[2] 笔者主张按照"就严不就宽"的原则,适用标准最严(最低标准)的所属省的具体数额标准。在多个省份贪污受贿或者贪污受贿的共犯在不同省份作案的案件,表明行为人的人身危险性相对较大或者有多人协作实施犯罪,选择适用最严(最低)数额标准,可以避免处罚上的间隙和失衡,取得从重处罚犯罪的效果,符合从严惩治贪污贿赂犯罪的政策精神。

---

〔1〕 参见廖万里、廖明、杜晓丽:《省际标准不一的数额犯该如何定罪量刑》,载《中国审判》2007 年第 4 期。

〔2〕 参见陈志军:《刑事司法解释省际冲突研究》,载《人民检察》2005 年第 11 期;秦振华、吴琦倩:《论经济犯罪数额标准省级冲突的解决机制》,载《法制与社会》2013 年第 11 期。

中国反腐败刑事法治国际化论纲*

目　次

一、前言

腐败是当今国际社会所共同面临的一个世界性问题。单靠一国或一地区之力，断然难以疗治人类社会的这一顽疾，因而需要国际社会形成反腐败的合力方能奏效。因应这一形势，反腐败刑事法律的国际化、全球化便成为必然和必需。处于转型期的中国社会的腐败现象较为严重，[1]反腐败形势也比较严峻。面对这一现实，致力于建设民主法治社会的中国政府一贯重视反腐败工

---

* 原载《江海学刊》2009 年第 1 期。

〔1〕 总部位于柏林的“透明国际”2008 年 6 月 25 日发布了一年一度的“全球腐败指数”（CPI），在参与调查的 180 个国家中，中国从去年的第 72 下降 1 位，排名 73。

作。在刑事法治领域,经过多年来不断的修改完善,迄今中国的刑事法律已经基本上涵盖了腐败犯罪的各种类型,相关刑事处罚日益文明,刑事程序渐趋公正,中国反腐败刑事法治逐渐呈现出一种国际化、现代化的面貌和趋势。但在反腐败刑事法治的国际化方面也还存在许多问题,需要我们施以良策,使中国反腐败刑事法治能够不断吸收人类社会共同的相关文明成果,逐步与国际社会全面而合理化地接轨,从而促进中国的反腐败法治事业,并对国际社会的反腐败刑事法治的发展完善做出自己应有的贡献。

二、中国反腐败刑事法治国际化的体现和原因

(一)中国反腐败刑事法治国际化的体现

改革开放以来,尤其是近年来,中国反腐败刑事法治的国际化趋势日益加强,这主要体现在以下几个方面:

1. 反腐败国际法的国内化

反腐败方面的国际公约是国际社会反腐败实践的经验总结和规范标准。第58届联合国大会于2003年10月31日审议通过了《联合国反腐败公约》(以下简称《公约》)并随后开放签署,该《公约》已于2005年12月14日起生效。中国政府在较短的时间内完成了该《公约》的签署和批准程序,《联合国反腐败公约》已于2006年2月12日起在中国大陆地区生效,并适用于中国香港地区。根据"条约必须遵守"这一原则,为贯彻执行好《公约》,需要对中国刑事立法及司法实践进行一系列的改革和完善,以使其与《公约》的规定和要求协调统一。近年来,中国正在抓紧从事此一方面的探索和工作。加入《联合国反腐败公约》以及其他的反腐败方面的国际公约,并进行相关的国内立法修改完善,必将成为当今中国反腐败刑事法治国际化的内在动因、直接诉求和基本体现。

2. 中国反腐败刑事法网逐步严密

概览世界各国刑法及相关国际条约关于反腐败犯罪的规定,可以清晰地看到,严密的反腐败刑事法网乃是反腐败刑事法律的一种国际化的趋势。通过修改完善,中国刑法中的反腐败刑事法网也逐步变得严密起来,体现出向反腐败刑事法网严密的国际化靠拢看齐的趋势。

中国现行刑法典在分则第八章专章规定了"贪污贿赂罪";在分则第九章专章规定了"渎职罪";在第三章"破坏社会主义市场经济秩序罪"中的第四节"妨害对公司、企业的管理秩序罪"中规定了非国家工作人员受贿罪,对非国家工作人员行贿罪,国有公司、企业、事业单位人员滥用职权罪和失职罪等犯罪;在分则第五章"侵犯财产罪"中规定了职务侵占罪、挪用资金罪等犯罪,从而基本上形成了较为严密的反腐败刑事法网。

中国国家立法机关非常重视通过修改补充法律来不断严密反腐败刑事法网。在近年来通过的多个刑法修正案中,都涉及了惩治腐败犯罪的修法内容。

2002年12月28日,中国第九届全国人大常委会第三十一次会议通过了《刑法修正案(四)》,专门增加了对于人民法院执行人员在执行判决、裁定活动中,严重不负责任或者滥用职权的"未谋取个人利益的腐败"的规定。同时,此次全国人大常委会会议还通过对于刑

法中渎职罪主体适用问题的解释，明确规定那些虽未列入国家机关人员编制，但在国家机关中从事公务的人员，在代表国家行使职权时，有渎职行为，构成犯罪的，依照刑法关于渎职罪的规定追究刑事责任。[1]

2006年6月29日，中国第十届全国人大常委会第二十二次会议通过《刑法修正案（六）》，剑指商业贿赂这个当今中国社会广泛而严重的"腐蚀剂"。这次刑法修改，将商业贿赂犯罪的主体扩大到公司、企业以外的其他单位的工作人员。这样，类似于发生在医疗机构的药品、器械采购中的商业贿赂行为，如收取药品回扣、赞助费等，数额较大的，也将以非国家工作人员受贿罪被追究刑事责任。引人注目的是该修正案还将洗钱罪的上游犯罪扩大至贪污贿赂犯罪。

2008年8月29日，在经过中国第十一届全国人大常委会第四次会议初次审议后，《中华人民共和国刑法修正案（七）（草案）》开始向全社会公开征集意见。《刑法修正案（七）（草案）》的一大亮点是进一步加大了反腐败力度。[2] 在该《刑法修正案（七）（草案）》中，国家工作人员亲属、离职的国家工作人员等利用影响力收受财物的也被规定为犯罪。该《刑法修正案（七）（草案）》还对现行刑法典第312条"掩饰、隐瞒犯罪所得、犯罪所得收益罪"作出修改，增加了有关单位犯罪的规定。中国刑法典的第312条与规定洗钱罪的第191条之间存在一般法条与特殊法条的关系，它们都是赃物类犯罪的延伸。这一修改是对中国刑法反洗钱体系的完善。《刑法修正案（七）（草案）》还将巨额财产来源不明罪的法定刑由5年有期徒刑提高至10年有期徒刑。这是因为有关的国际文件对巨额财产来源不明罪（资产非法增加罪）的处罚作了原则性的规定，要求接近于贪污舞弊的严厉程度。尽管上述规定还将进一步研讨抉择，但中国国家立法机关严密反腐败刑事法网和加强反腐败刑事法力度的立法旨意是明确的、值得肯定的。

如果《中华人民共和国刑法修正案（七）（草案）》得以通过，那么，除了贿赂外国公职人员罪和贿赂国际公共组织官员罪之外，《联合国反腐败公约》所规定的所有腐败犯罪都将在中国刑法典中得到体现，中国反腐败犯罪的刑事法网将进一步严密，刑罚处罚力度也将逐步符合国际标准。

不仅仅是修改法律，近年来，中国最高司法机关也在注意通过司法解释，不断延伸相关法律对现实中一些新类型腐败犯罪的惩治。例如，2007年7月8日，中国最高人民法院和最高人民检察院联合发布了一个广受关注的司法解释文件。在这个名为《关于办理受贿刑事案件适用法律若干问题的意见》的司法解释文件中，包括收受请托人提供的干股、向请托人"低买高卖"房屋汽车、不出资而与请托人"合作"开办公司、通过赌博方式收受请托人财物等10种新类型或者过去难以定性的行为被明确规定要以受贿论处。

3.对腐败犯罪的刑事处罚总体上合理趋缓

尽管中国刑法典中关于腐败犯罪，特别是对于贪污贿赂犯罪配置的法定刑并不轻缓而

---

〔1〕 参见全国人大常委会《关于〈中华人民共和国刑法〉第九章渎职罪主体适用问题的解释》。

〔2〕 参见赵秉志、彭新林：《刑法修正案（七）：97刑法的一次全面升级》，载《法制日报》2008年9月21日。

堪称相当严厉,近年来修法中个别腐败犯罪的法定刑还有提高的情况,但随着形势的发展,司法实践中所量定的刑罚已呈现出合理轻缓的趋势。如按照刑法典规定,贪污罪、贿赂罪的起刑点为5000元人民币,但在司法实践中这个起刑点已经大大提高了;贪污受贿10万元以上的,要判处10年以上有期徒刑或者无期徒刑;如果情节特别严重的则要处死刑。但司法实践中除了数额特别巨大和有其他特别严重的情节之外,即使贪污受贿数额远远高于10万元甚至高达数百万元乃至上千万元,一般都没有判处死刑或者没有判处死刑立即执行。自2000年江西省原副省长胡长清因受贿500多万元、全国人大常委会原副委员长成克杰因受贿4000多万元、2003年安徽省原副省长王怀忠因受贿500多万元被判处死刑立即执行之后,因为贪污受贿而判处死刑立即执行的非常罕见。2007年7月国家食品药品监督管理局原局长郑筱萸因为受贿600多万元被判处死刑立即执行,其主要原因不单是因为受贿数额特别巨大,而且还因为其受贿所造成的恶劣后果和影响。

2008年9月,当时被称为“中国金融第一案”的石雪案在海南省高级人民法院终审宣判。石雪被判处死刑,缓期二年执行。石雪原系海南华银国际信托投资公司负责人、辽宁大连证券公司董事长,他利用职务之便,贪污公款2.6亿元,挪用公款近1.2亿元,另外还犯有私分国有资产罪、金融凭证诈骗罪以及非法吸收公众存款罪(非法吸收公众存款24亿元)。此案被人们称为“中国金融第一案”。如此惊人的腐败数额被判处死刑缓期二年执行而没有被判处死刑立即执行,以致有人称此案创造了“贪官不死”与司法量刑“通货膨胀”的最新纪录。[1] 但在我们看来,这一判决实际上契合了腐败犯罪不应判处死刑的国际通行做法,是中国反腐败刑事法治迈向国际化的一种体现。

4. 反腐败刑事法治领域的国际合作得到加强

美国的国际选举制度基金会主席科斯·汉德森曾颇有见地地指出,反腐败要联合人权组织、商界等各个方面,在最广泛的范围内来进行国际合作,没有合作就没有希望。[2]

当今中国腐败犯罪的一个引人注目的现象,就是许多腐败分子潜逃国外,或者将赃物转移至境外,妄图逃避惩罚并享受腐败犯罪的成果。为有效地惩治腐败分子,追缴赃物,就非常需要加强反腐败刑事法领域的国际合作。为此,中国逐步重视反腐败刑事司法的国际合作,并在与欧美、亚洲等地区和国际刑警组织的合作方面取得了一些成效。下面仅以中美在此方面的合作为例略加阐释。

中国银行广东开平支行原行长许超凡与其两位继任者余振东、许国俊等人利用职权,在9年内贪污挪用公款4.83亿美元,是新中国成立以来最大的监守自盗案。被盗资金通过洗钱,转入许超凡等人在香港和加拿大的个人账户。2001年,审计发现开平支行共有4.83亿美元资产不知去向,而许超凡、余振东和许国俊以及他们的妻子均已逃到美国。2004年9月下旬,许国俊在美国堪萨斯州的一个小镇被捕。当年10月初,许超凡在俄克拉荷马州的一

---

〔1〕 参见马涤明:《贪污2.6亿不判死刑需要一个理由》,载《中国青年报》2008年9月17日。

〔2〕 参见罗书臻:《“反腐败的国际合作任重道远——反腐败的国际合作”专题讨论综述》,载《人民法院报》2004年9月8日。

个小镇被拘捕。许超凡、许国俊及其亲属后被美国司法部指控15项罪名。案中另一主犯余振东，于2002年12月在洛杉矶被美国联邦调查局拘捕，翌年2月被美国法院判处12年监禁。其后余振东被遣返回中国受审，2005年8月余振东被控涉嫌贪污、挪用公款受审，一审被判12年有期徒刑。美国地区法庭2008年8月29日裁定，许超凡、许国俊以及他们的妻子余英怡和邝婉芳合谋诈骗、合谋洗钱、合谋转运盗窃钱款等罪名成立。美国法庭将在今年11月对几名被告人量刑。

中美两国执法合作始于1998年。为落实1997年10月中美两国领导人共同发表的《中美联合声明》中的有关法律交流的内容，1998年5月成立了中美执法合作联合联络小组，其工作范围涉及打击经济犯罪、反洗钱、非法移民、禁毒、反恐、打击邪教等多个合作领域。在实务合作方面，该联络小组还陆续设立"追逃工作组""司法协助工作组""反腐败工作组"等多个分支机构，并且通常采用联络小组及各分工作组定期会晤和磋商机制，商讨、协调和解决有关的合作问题。在此基础上，中美两国于2000年签署了《中美刑事司法协助协定》，该协定于2001年3月8日生效。该协定生效以来，中美双方依据协定办理的案件已多达数十起。"开平案"发生后，中美两国正是依据《中美刑事司法协助协定》才将腐败案犯余振东顺利遣返，"二许"也终要被定罪判刑。[1] 这是中美合作打击腐败犯罪的一个成功案例，也是中国反腐败刑事法治国际化的一个体现。

(二)中国反腐败刑事法治国际化的原因

当今中国反腐败的刑事法治之所以逐步国际化，存在如下国际的和国内的以及经济的、政治的和法治的多种原因。

1. 经济的全球化趋势

经济全球化是当代世界经济的重要特征和发展的趋势之一。经济全球化是贸易、投资、金融、生产等活动的全球化，即经济要素在全球范围内的最佳配置。从根源上说是基于生产力和国际分工的高度发展，要求经济发展进一步跨越民族和国家的疆界。经济全球化与跨国公司密切相关，或者说跨国公司就是经济全球化及其载体的推动者与担当者。经过30年的改革开放，中国社会已逐渐融入经济全球化的发展轨道。这一情势也使得中国反腐败刑事法治的国际化有了内在的经济动因。

2. 人权的国际化诉求

尊重和保障人权是当今人类社会的政治共识和法治的鲜明主题。这一诉求也被写进了中国的宪法。人权的国际化业已成为一股不可逆转的潮流，突出表现在相关人权公约为国际社会所广泛承认和遵守。

联合国《公民权利和政治权利国际公约》较为系统和完整地规定了个人享有的公民权利和政治权利最低限度的国际标准，已经成为人权领域最具有普遍性的全球公约。截至2006年11月1日，已有160个国家批准、加入或继承了该公约。108个缔约国批准、加入或

---

[1] 参见陈雷:《贪官，逃到美国也得服罪——从"开平案"两主犯在美国被定罪看中美司法合作》，载《检察日报》2008年9月19日。

继承了该公约的第一任择议定书,59 个公约缔约国批准或继承了该公约的第二任择议定书。中国政府于 1998 年 10 月 5 日签署了该公约,但还没有批准该公约。联合国另一个重要的公约《经济、社会和文化权利国际公约》,是唯一一个广泛涉及经济、社会和文化权利的普遍性国际人权公约,截至 2006 年 11 月 1 日,有 155 个国家批准、加入或继承了联合国《经济、社会和文化权利国际公约》,这些国家分别代表了不同的政治、经济和法律制度。中国也已于 2001 年 2 月 28 日批准了该公约。

在腐败犯罪的惩治中,必然要求体现人权公约的诉求,必然要求发挥人权保障的现代刑法功能,从而使中国包括反腐败在内的刑事法治也应当贯彻和体现人权保障的国际化趋势。

3. 腐败犯罪的跨国化特点

中国当今的腐败犯罪、特别是贿赂犯罪日益呈现出跨国化的趋势。一方面,贿赂是全球性的问题,一些跨国企业为了牟取暴利,向投资地的国家公职人员行贿。近年来,跨国企业在中国行贿的事件一直在不断地上升。中国在近 10 年内就调查出了 50 多万件关于跨国腐败的案件,其中 64% 与国际贸易和外商有关。[1] 另一方面,为逃避制裁,贪官外逃或者将赃物转移境外的现象日益严重,给国家财产带来巨大流失后果的同时,也使腐败犯罪的跨国化趋势日益明显。

例如,2000 年至 2004 年,被告人张恩照利用其担任原中国建设银行副行长、行长,中国建设银行股份有限公司董事长的职务便利,为他人谋取利益,多次非法收受他人给予的款物共计人民币 400 余万元。北京市第一中级人民法院一审宣判依法以受贿罪判处张恩照有期徒刑 15 年。随着建设银行原行长张恩照受贿案一审宣判,其牵扯的跨国 IT 企业也浮出水面。司法材料显示,在邹建华周旋下,国际商用机器公司(IBM)、NCR、日立集团、思科等跨国公司 IT 企业曾与张恩照有过接触,有的提供过贿赂。[2]

腐败犯罪的跨国化增加了惩治腐败犯罪的难度,彰显出惩治腐败犯罪国际合作的重要性,也要求反腐败刑事法治必须符合国际社会的标准,必须进一步国际化。

4. 反腐败刑事法治的全球化需要

经济等领域的全球化推动了作为经济、社会发展保障和体现的法律的全球化。共同的贸易规则、共同认同的人权标准使得法律具有了全球化的趋势。作为法律体系中重要组成部分的反腐败刑事法律自然也未能置身事外。《联合国反腐败公约》的制定就是一个典型的例证。

同时,反腐败是当今世界各国和各地区都面临的问题。腐败犯罪有其自身的共性和规律,从而国际社会抗制腐败犯罪的反腐败工作以及刑事法治领域都有一些经验可以共享。

反腐败刑事法治领域的立法、司法以及全球学术交流也日益广泛,这些活动也必将进一步促进反腐败刑事法治的国际化的合作和成效。

---

〔1〕 参见宋晓俐:《外企商业贿赂现象反思:10 年查出腐败案 50 万件》,载《法制早报》2006 年 9 月 28 日。

〔2〕 参见《2006 年十大反腐典型案例》,载《检察日报》2006 年 12 月 26 日;《四跨国 IT 巨头涉嫌亲近张恩照》,载《新京报》2006 年 11 月 10 日。

三、中国反腐败刑事法治国际化的问题要览

中国反腐败刑事法治的国际化方面尚存在种种问题与不足之处，择其要者，有以下几个方面尤为值得提出和予以重视。

（一）反腐败刑事立法的技术有失粗疏

这方面一个突出的问题就是腐败犯罪构成要件的科学设定欠缺。犯罪构成要件是对需要以刑罚惩治的危害行为的本质和主要特征的概括，而不是现实中所发生的该危害行为的现象描述。现实中形形色色的同质危害行为提升为特定犯罪的构成要件行为，是一个去粗取精、去伪存真、去现象存本质的过程。而中国刑法典规定的腐败犯罪，特别是贪污贿赂犯罪的构成要件，有些则是有关犯罪现象的描述，没有抓住犯罪行为的本质。这种影响的结果是抓不住要领，应该规定的要件没有规定，不该规定的因素却被作为要件规定了进来，直接导致了反腐败司法实践的被动。

例如，受贿罪行为的本质不在于为他人谋取利益，而是索取或者收受贿赂以作为其在执行公务时作为或者不作为的条件。而中国现行刑法典中受贿罪的构成要件却规定了为他人谋取利益的要件。

再如，影响力交易罪的本质不在于犯罪主体的特殊性，而在于行为人所具有的影响力。在国家立法机关于2008年8月公布征集意见的《刑法修正案七（草案）》中，第11条增设的“准受贿罪”（也即影响力交易罪）的法条就存在一些问题：首先，本条增设的两款设在刑法典第388条受贿罪中，但其主体并非国家工作人员，其罪名应如何确定？若是受贿罪又怎么与第388条第1款的国家工作人员受贿罪区分？若不是受贿罪，设在受贿罪法条内，又设在贪污贿赂罪一章，其道理何在？该罪又怎么与刑法典第163条的非国家工作人员受贿罪区分？其次，该条列举了5种主体：（1）国家工作人员的近亲属；（2）其他与国家工作人员关系密切的人；（3）离职的国家工作人员；（4）离职的国家工作人员的近亲属；（5）其他与离职的国家工作人员关系密切的人。如此宽泛的主体范围，并未与国家工作人员合意或勾结而形成共犯关系，却要纳入反职务腐败的范畴，而且离职的国家工作人员构成犯罪也没有时间的限制，就很值得推敲。再次，上述第2种与第5种主体所说的“关系密切人”，其含义模糊，其掌握困难，难具司法实践的可操作性。[1] 说到底，该条的根本缺陷就在于没有抓住行为的本质，没有认识到影响力交易行为的本质在于利用影响力，而不在于主体具有什么身份。结果是构成要件列举诸多主体，甚至概括至“关系密切的人”，但实际上主体并无必要规定到罪状里面，主体根本不是影响力交易的本质问题。由于将不是本质问题的主体问题当作要件规定进来，又引起了一系列其他的问题，如上文所提到的该罪分则的体系问题以及主体要件本身的明确性问题。

（二）腐败犯罪刑事处罚方面的问题

中国刑法典中有关腐败犯罪的刑事处罚也存在一些问题，主要表现在：一是数额犯问

---

〔1〕 参见赵秉志：《对〈刑法修正案（七）（草案）〉的几点看法》，载《法制日报》2008年9月21日。

题。中国刑法典对贪污罪、受贿罪都规定了明确的数额标准,但随着经济和社会的发展,法定的固定数额模式在司法实践中已很难起到立法者所希望起到的作用。因此,刑法典中规定明确的数额的妥当性是存在疑问的。二是一些必要的刑种在法定刑中缺失。腐败犯罪实际上大多是职务犯罪和贪利型犯罪,因此,剥夺犯罪人的相关资格和对犯罪人处以适当的财产刑是必要的,具有很强的针对性。而中国现行刑法典中所规定的腐败犯罪,特别是贪污贿赂犯罪,其资格刑和财产刑或者缺失或者不健全,因而影响到对腐败犯罪惩治的有效性。三是处罚的均衡问题。这方面的问题突出表现在对行贿犯罪的处罚上。正如有学者所指出的那样,从犯罪学的观点来看,行贿和受贿是一种对应或者对合关系,有行贿必有受贿,而受贿则须有人行贿。很多国家基于对贿赂犯罪性质的认识,将行贿受贿同罪同罚,甚至也有的国家将行贿称为"积极腐败"而将受贿叫作"消极腐败"。但是在中国刑法中,行贿和受贿不仅不同罪不同罚,而且在待遇上也极其不对称,中国刑法典第 390 条、第 392 条对行贿人、介绍贿赂人作了"特别优惠"的安排,实践中常见受贿官员得到惩治,但行贿人并没有受到处罚。许多情况下这是为了获取证据而作的交易,但是这样做的着眼点是为了惩治已然之罪,而不在于预防未然之罪。而且行贿人也不是天生的受害人。越来越多的案例表明,在市场经济条件下,行贿人多是自愿的"寻租者",在一定意义上也往往是"加害人"。为从源头上遏制腐败,有效地预防腐败犯罪,在严惩受贿犯罪的同时,也不能轻纵行贿犯罪,不能对行贿一概作优惠安排。[1] 四是对于腐败犯罪的刑罚处罚总体上过于严厉,特别是贪污贿赂犯罪还配置有死刑。

(三)相关反腐败的前提性法律制度缺失

《联合国反腐败公约》的宗旨,在于注重对腐败犯罪的预防。现在,中国政府越来越认识到反腐败中预防工作的重要性,强调惩防并举。要做好反腐败的预防工作,重要的一点就是要建立健全一系列廉政法律制度,堵塞腐败漏洞,同时为反腐败的刑法惩治奠定其前提性法律制度。在此方面当今中国存在的一个比较突出的问题,是公职人员财产申报制度的不健全。

从国际社会和世界各国的情况看,一般都规定了比较严格和严密的公职人员财产申报的法律制度,这是预防腐败犯罪的一项有力措施,也是有关惩治腐败犯罪的前提性法律。而中国现有的国家工作人员财产申报制度还很不健全,主要表现在:第一,立法层次较低。虽然中国现行有关收入申报的规定对于遏制腐败起了一定的作用,但其目前仅停留在政策或法规层面,不仅影响了公众对该制度的知晓程度和监督程序,也缺乏相应的权威性,使其难以成为保护廉洁性等公共利益的屏障,同时还关系到国家权力对公民隐私权的部分限制和剥夺。从法律定位上看,东西方法治发达国家都把财产申报制度以成文法律的形式加以规定,有的甚至在宪法中对财产申报制度加以规定,然后再详细立法;有的将财产申报制度直接纳入反腐败法律中。因此,中国仅以政策性文件对财产申报制度加以规定是不适宜

---

[1] 参见卢建平:《贿赂犯罪十问》,载《人民检察》2005 年第 7 期(上)。

的。[1] 第二,申报主体范围过窄。相关规定将申报主体范围仅仅确定为“县处级以上领导干部”,范围过小过窄。第三,申报财产范围太小,仅限于个人的收入申报。第四,申报种类单一,制度设计不严密。第五,受理机构缺乏权威与监管力度。第六,违反责任规定过轻,处分处罚缺乏刚性。另外,相关规定缺失,对诸如申报资料的转送、申报资料是否公开等必须规定的问题没有规定。

由于公职人员的财产申报制度不健全,[2]中国的一些有关腐败犯罪的规定显得没有说服力,比如巨额财产来源不明罪的规定就存在许多问题,[3]而这些问题的症结就在于中国没有建立健全的财产申报制度作为前提。[4]

(四)反腐败法治中的人权保障明显不足

中国反腐败实务中仍存在相当程度的侵犯人权的现象,除常有非办案机关介入刑事查处并非法限制、剥夺人身自由等问题外,一般认为,最常见的问题是违法收集证据,特别是刑讯逼供现象,超期羁押以及对行为人本人及其律师的辩护权未予应有保障等。司法独立性不足,政府也容易将反腐败法治工作政治化、行政化。这虽然可以起到立竿见影的效果,但是从长远看来,不仅会侵犯腐败犯罪嫌疑人的合法权益,而且也会破坏法治和民主。[5]

在中国反腐败的司法实践中,司法程序的公正性也还存在问题。如对作为控方重要证人的行贿人,在被指控的受贿人要求与其质证时,检察机关有时不予配合,审判机关也往往在行贿人不出庭的情况下就对这种指控加以认定。中国执政党和政府的反腐败文件中曾要求反腐败工作要严肃查处诬告陷害现象,保障涉案人员的合法权益,[6]但这样的程序往往难以防止诬告陷害现象的发生。

(五)反腐败国际合作面临重重困难

由于世界各国的经济社会发展程度、政治制度、文化习俗等都存在差异甚至差异较大,所以各国在法律制度设置方面也就不尽相同。中国反腐败刑事法治也与其他国家存在一些差异。例如,中国反腐败法治中一贯采用重刑主义,而一些发达国家对犯罪(包括腐败犯罪)采取的政策体现在法律上是:严格刑事责任,难逃法网;一旦入罪则刑罚并不很重。特别是中国当今对贪污贿赂犯罪还配置有死刑,而死刑犯不引渡是公认的国际法则,这就成为中国与西方国家在腐败罪犯的引渡或者遣返方面的主要障碍。据来自最高人民检察院的消息,一半以上的中国外逃贪官都集中在美国,还有很多在加、澳、英、法、德、荷等发达国家,[7]而这些国家中迄今只有西班牙、法国、澳大利亚等国家与中国签署了双边引渡条约。中国与西方国家在腐败罪犯的引渡或者遣返方面的障碍还有西方国家对中国刑事法治状况

〔1〕 参见高庸:《关于“巨额财产来源不明罪”的几点思考》,载《重庆职业技术学院学报》2005年第1期。
〔2〕 参见赵秉志:《完善我国公职人员财产申报制度》,载《政治与法律》1996年第2期。
〔3〕 参见赵秉志:《关于“说不清合法来源”即可定罪问题的商榷》,载《法学家》1988年第5期。
〔4〕 参见赵秉志、余欣喜:《试论增设拒不申报财产罪》,载《法制日报》1990年9月3日。
〔5〕 参见王文华:《论从人权保障角度反腐败》,载《法学家》2007年第2期。
〔6〕 参见中共中央《建立健全惩治和预防腐败体系2008——2012年工作规划》第七部分“保持惩治腐败的强劲势头”。
〔7〕 参见马守敏:《引渡条约　加强中外司法合作》,载《人民法院报》2008年5月4日。

的不信任等。另外,两个国家签署引渡条约有一个前提条件,就是双方国家对同一种犯罪行为的认识是相同的,对这种犯罪行为的刑罚处罚也是相近的。显然,中国的反腐败刑事法律在犯罪构成和处罚上与其他国家特别是西方发达国家的法律以及《联合国反腐败公约》也还存在一定的差距。因此,中外反腐败刑事法律规定和制度的差异,或者说中国反腐败刑事法治国际化方面的不足,便成为中国反腐败刑事法治领域国际合作产生困难的重要原因之一。

四、中国反腐败刑事法治国际化的完善建言

针对中国反腐败刑事法治国际化方面存在的上述问题,下面提出有关完善建言的要点。

(一)做好反腐败刑事法治国际法与国内法的衔接

在国际法与国内法的关系问题上,中国的法治立场是,已经在国内生效的国际法并不能直接成为本国司法机关裁判的依据,而需要转化为国内法才能成为裁判规范。有鉴于此,中国必须做好反腐败国际法与国内法的衔接。根据中国反腐败刑事立法的实践情况,以反腐败国际法的规定为标准,目前对中国反腐败刑事法律主要应作以下修改完善:[1]

1. 修改贿赂的范围,将贿赂犯罪的对象确定为"不正当好处",以使收受或者给予财产性利益和非财产性利益的行为得到惩治。

2. 增加贿赂犯罪情节犯的规定,改变目前单一数额犯的规定。

3. 删除受贿犯罪以及行贿犯罪中的"为他人谋取利益""为谋取不正当利益"要件之规定。

4. 完善影响力交易罪,对现有刑法条文中的有关影响力交易行为的规定进行整合,增加所遗漏的影响力交易行为,并且不要将影响力交易罪规定为特殊主体的犯罪。

5. 增设向外国公职人员或者国际公共组织官员行贿罪、外国公职人员或者国际公共组织官员受贿罪。目前首先要考虑增设对外国公职人员、国际公共组织官员行贿罪。

6. 修改贿赂犯罪的刑罚,增加资格刑、罚金刑,扩大没收财产的范围,适当提高行贿犯罪的法定刑,对腐败犯罪在严密法网、严肃追究和惩治的同时,也应当适当地减缓中国现行刑法中过于严厉的处罚,尤其是要限制和减少乃至合理地逐步废止死刑,贯彻罪责刑相适应的刑法基本原则。

(二)改进反腐败刑事法治的指导思想和立法技术

在惩治腐败犯罪的刑事法治指导思想方面,要确立"严而不厉"的惩治腐败犯罪的法治原则。《联合国反腐败公约》在腐败犯罪立法上体现出犯罪圈宽泛、刑事责任规定妥当及立法技术讲究科学等特点。相比之下,中国刑法典分则中对腐败犯罪的规定在立法模式上尚存在明显的"厉而不严"之偏差,即刑度过于严厉,刑网不够严密。为此,一是需要严密惩治

---

[1] 在惩治腐败相关犯罪完善方面,中国刑事法理论界以及实务界都存在许多争议。笔者认为,在充分考虑我国反腐败刑事立法和司法实际情况的前提下,以中国所加入的相关反腐败公约为标准对有关惩治腐败犯罪的法律规范进行修订完善是比较妥当的做法。

腐败犯罪的刑事法网,使腐败犯罪行为都能为刑法所规制。二是使腐败犯罪的刑罚处罚能够臻于合理的轻缓,以与国际反腐败刑事法治通行做法接轨,并有利于反腐败领域的刑事法治国际合作。

惩治腐败犯罪的刑事立法要简明概括,构成要件行为应能够反映相应腐败犯罪行为的本质和主要特征。不能体现行为本质和主要特征、不应成为构成要件的因素不要作为要件规定进来,以免造成理解、认定和惩治方面的不必要的困难。

(三)健全反腐败的相关法律制度

反腐败的法治应是一项系统工程,应建立健全反腐败的一系列法律制度,例如制定统一的《反腐败预防法》,以及完善公务员财产申报制度等。就公务员财产申报制度来讲,应提升公务员财产申报的立法层次,尽快制定《中华人民共和国国家工作人员家庭财产申报法》,确定合理的财产申报主体范围,适当扩充申报财产的范围,增加申报的种类,明确申报的时限,除日常申报外,应该增加初任申报和离职申报,明确法定的受理机构,增强受理机构的权威,规范财产申报档案的管理申报资料,实行有限制公开与全面公开相结合的原则,加重对拒不申报或者不如实申报家庭财产的行为的处罚,动用刑罚强制方法惩治拒不申报财产的行为。[1]

(四)增强反腐败刑事法治中的人权保障功能

人权保障应当是当代刑事法治的一个永恒主题。反腐败刑事法治也必须注重保障人权。这也是中国反腐败刑事法治国际化的一个重要条件。中国在反腐败刑事法治领域特别是国际合作领域遇到的种种困难,其中部分原因是由于国际社会对中国刑事法治之人权保障功能的怀疑所致。为此,必须以保障人权为基本要求进一步完善中国的反腐败刑事法治,公正文明司法,实体公正与程序正当并重,使中国的反腐败刑事法治及其国际化建立在一个坚实的根基之上。

(五)加强反腐败刑事法治领域的国际合作

预防和惩治腐败,是各国共同的责任,符合人类文明社会共同的价值观和道德观,符合各国和平、安全和发展的共同利益。[2] 中国应加强反腐败刑事法治领域的合作。建立健全腐败犯罪分子的引渡机制和腐败犯罪所涉财产追回机制。通过国际合作,一方面有效地使腐败分子得到惩治,腐败犯罪所涉资产得以追回;另一方面,在合作中不断改进和完善中国的反腐败刑事法治,推进中国反腐败刑事法治的国际化,并通过国际化的反腐败刑事法治,进一步推动中国反腐败的国际法治合作,使反腐败刑事法治领域的国际合作形成良性循环机制。

五、结语

当今中国反腐败刑事法治的国际化,实际上就是中国反腐败刑事法治如何更好地研究

---

〔1〕 参见孙昌军:《关于完善家庭财产申报制度的思考与建议》,载《湖南社会科学》2000 年第 6 期。

〔2〕 参见《中方就加强反腐败国际合作强调三点主张》,载 http://www.china.com.cn/international/txt/2008-02/15/content_9900538.htm,2008 年 2 月 20 日访问。

和借鉴吸收国际社会反腐败刑事法治文明成果的问题。中华民族一直以来就是一个善于学习的民族,从来不惮于学习并吸收人类社会积累的有益经验和优秀成果。国际反腐败刑事法治的实践证明,惩治和预防并举是反腐败法治事业的基本方略,在健全刑事法领域之外的反腐败制度和规范建设的同时,刑事法治本身也要突出其对腐败犯罪的预防功能;反腐败刑事法网必须尽可能地严密,惩治腐败犯罪的罪刑规范应该科学,腐败犯罪的刑罚惩治措施应该文明合理;国际合作是有效惩治腐败犯罪的必要途径,人权保障则是反腐败刑事法治必须坚守的铁定原则。我们坚信,中国反腐刑事法治立足于本国反腐败法治事业的实际情况和发展完善需要,积极汲取国际社会反腐败的有益经验,不断进行国际化、现代化的努力,就必将结出丰硕的成果,从而保障中国日益成为国际社会中的一个繁荣而清廉的国度。

论中国遏制恐怖活动犯罪的法治对策*

目　　次

一、前言

自20世纪70年代以来，国际恐怖活动犯罪异常猖獗，世界各国几乎都在不同程度上遭受到恐怖活动的困扰，以至有人称其为"政治瘟疫""一场永无休止的地下世界大战"。[1] 美国"9·11"事件及其后在多国发生的一系列恐怖事件已充分昭示，恐怖活动犯罪无处不在，无时不有，其手法、方式、策划乃至活动地域都大大超越了传统意义上的恐怖活动模式。随着科学技术的突飞猛进，恐怖活动的方式也日益翻新。新型恐怖活动犯罪如网络恐怖、金融恐怖、生化恐怖等已悄然兴起并改变与扩大着恐怖活动的内涵和外延，对国家、社会和人民所带来的危害日趋广泛而深刻，实乃普通恐怖活动所无法比拟，也为传统惩治恐怖活动之立法所鞭长莫及。面对恐怖活动犯罪的威胁与破坏，国际社会已经

---

* 原载《刑法评论》（第7卷），法律出版社2005年版。

〔1〕 参见康树华主编：《有组织犯罪与防治对策》，中国方正出版社1998年版，第185页。

在世界范围内逐步形成打击和惩治恐怖活动罪行的共识,而且大有加强国际合作的趋势。中国近年来亦已成为恐怖活动犯罪的屡屡受害者,其中威胁最为严重的当属“东突”民族分离主义的暴力恐怖活动。此外,实践中常见多发的恶性恐怖爆炸事件以及其他形式的恐怖活动如绑架、劫机、纵火等,也都严重地干扰了国内正常的社会生活秩序,造成了巨大的社会破坏与损失。

中国政府历来旗帜鲜明地反对一切形式的恐怖主义,并断然采取有效措施防范和打击恐怖活动犯罪。“9·11”事件以来,中国进一步加强了反恐怖工作,修改了有关惩处恐怖活动犯罪的法律,建立、健全了反恐怖工作协调机制,采取了一系列防范恐怖活动的措施,严厉打击各种暴力恐怖活动,有力地维护了国家安全、社会稳定和人民生命财产安全。同时,中国支持并认真执行联合国及安理会通过的一系列关于反对恐怖主义问题的决议,积极参与国际反恐怖主义合作。中国政府主张,国际社会应加强对话和磋商,共同防范和打击国际恐怖活动,努力消除产生恐怖主义的根源。[1] 当然,反对恐怖活动犯罪要标本兼治,综合运用法律、政治、经济、军事等各种措施。而法律措施无疑是其中不可或缺的基本对策。本文拟在界定恐怖活动犯罪的概念之基础上,就中国遏制恐怖活动犯罪的法治对策予以专门探讨。

二、恐怖活动犯罪的概念及其危害

(一)恐怖活动犯罪的概念界定

基于“恐怖主义”概念界定的纷争[2],理论界对于何谓恐怖活动犯罪的回答也众说纷纭、莫衷一是。我们认为,要准确探究恐怖活动犯罪的概念,应着重从如下几个方面来把握:

首先,需要从本意上对“恐怖”的含义做简要分析。所谓“恐怖”,在汉语里原是指“由于受到威胁而引起的害怕心理”。[3] 而在英语里,“恐怖”(terror)也有与汉语相同的含义即“极度害怕”。可见,在这两种语言中,恐怖都侧重于营造一种心理的恐慌。以此为出发点,“恐怖活动”实际上就是指使人感到极度害怕从而引起心理恐慌的行为。

其次,要厘清恐怖活动与恐怖主义的关系。在理论中有许多学者将恐怖活动混同于恐怖主义行为、恐怖主义犯罪行为,认为恐怖活动犯罪就是恐怖主义犯罪。[4] 这一论断虽注意到恐怖主义与恐怖活动之间的密切关联,因而有一定的合理性,但也有值得商榷之处。因为虽然迄今为止,国际社会尚未就恐怖主义的定义达成共识,但严格说来,恐怖主义应该是一种根植于某一信仰基础之上的具有系统理论和主张的世界观或意识形态,其最核心的内涵便在于恐怖理念至上,以恐怖活动为手段,通过制造恐怖事端以引起社会公众的心

---

〔1〕 参见中国国务院新闻办公室2002年12月9日发表的《2002年中国的国防》白皮书。

〔2〕 虽然一些国际规约以及许多国家的刑事法律中都规定有恐怖主义的定义,许多学者亦对恐怖主义作出过界定,但是基于意识形态差异,国家利益考虑以及种族、民族、宗教、文化等诸多因素,以致国际社会关于何谓恐怖主义的观点竟数以百计,至今没有形成定论。而分歧主要集中于是否要求具有政治目的、是否必须使用暴力手段等方面。限于篇幅,此处只作简要提及,而不作展开。(此问题可参见王逸舟主编:《恐怖主义溯源》,社会科学文献出版社2002年版,第8~10页。)

〔3〕 参见《新华词典》,商务印书馆1987年版,第478页。

〔4〕 参见高一飞:《有组织犯罪专论》,中国政法大学出版社2000年版,第32页。

理恐慌。[1] 易言之,尽管恐怖活动是恐怖分子为制造社会恐慌所实施的外在手段行为,但是这并不意味着恐怖活动必然与恐怖主义相结合。恐怖主义所谓之恐怖活动是以恐怖分子的内在信仰为前提的。离开了基于系统理论和主张的内在信仰,恐怖活动便不是恐怖主义行为,恐怖活动犯罪也便不是恐怖主义犯罪。因此,我们只能说恐怖主义犯罪就是恐怖活动犯罪,反之则不能成立。比如,在令人震惊的中国河北省石家庄市靳如超爆炸案中,[2] 犯罪人靳如超因对其邻居及家人怀恨在心,竟使用爆炸手段报复泄愤。尽管其行为造成了极其严重的危害后果,但由于行为人只是出于报复泄愤的个人动机,根本谈不上有什么内在信仰,因而就只能说是恐怖活动犯罪,而不能谓之恐怖主义犯罪。事实上,从前述恐怖活动与恐怖主义发展源流来看,也不能将两者等而视之。

再次,要明晰恐怖活动犯罪的法律性质。中国刑法学界对此问题有不同的看法:有学者援引 1937 年的《防止和惩治恐怖主义的国际公约》,认为恐怖活动属于国际犯罪范畴,是指直接反对一个国家而其目的和性质是在个别人士、个别团体或公众中制造恐怖的犯罪行为。[3] 但也有学者对此表示异议,认为恐怖活动犯罪并不能完全纳入国际犯罪范畴,也包括一部分国内犯罪。[4] 我们认为,后一观点不仅更符合国际规约与国内刑事立法的规定,也更切合客观实际。事实上,国际规约与国内立法毕竟不会完全吻合。国际规约中所确立的国际犯罪,也并不会全部为国内立法所承袭。同时,规定于国内立法中的某些犯罪也并不意味着国际规约必定有所规定。具体到恐怖活动犯罪而言也是如此。因此,不能说恐怖活动犯罪便都属于国际犯罪之范畴。

又次,要界定恐怖活动犯罪与普通刑事犯罪的关系。就中国现行刑法规范而言,尽管全国人大常委会所颁行的《刑法修正案(三)》开宗明义地确立了其立法宗旨,即"为了惩治恐怖活动犯罪",但这并不意味着可以将恐怖活动犯罪直接等同于该修正案所规定的犯罪。因为正如有学者所指出的,中国刑法中的恐怖活动犯罪并不仅限于此;而且,该修正案所规定的某些犯罪本身并不一定就直接具有恐怖活动犯罪的性质,实施其中的某些犯罪行为也并不一定都构成恐怖活动犯罪。[5] 如果不属于恐怖活动犯罪,就很可能是普通刑事犯罪。事实上,恐怖活动犯罪与普通刑事犯罪在客观行为方式等方面有诸多相似之处,从司法实践来看,对于现行刑法典未作独立规定的某些恐怖活动罪行往往会以相应的普通刑事犯罪来处理。它们之间区分的关键便在于是否具有恐怖活动犯罪所独具的特征。

最后,还要把握恐怖活动犯罪不同于普通刑事犯罪的特征。对于恐怖活动犯罪具有哪

---

〔1〕 参见李希慧等:《恐怖主义犯罪及其惩治》,载赵秉志、陈弘毅主编:《国际刑法与国际犯罪专题探索》,中国人民公安大学出版社 2002 年版,第 200~215 页。

〔2〕 此案的基本案情如下:刑满释放人员靳如超因家庭琐事对其邻居及继母、前妻、姐姐等人怀恨在心,遂产生用爆炸手段报复的念头。2001 年 3 月 12 日至 14 日,靳如超先后分 3 次购买了炸药共 600 公斤,并进行了爆炸实验。3 月 15 日上午,靳如超将所购炸药运至石家庄市郊外藏匿。3 月 15 日晚至 16 日凌晨,靳如超用早已购买的 50 枚雷管和 20 余根导火索制成引爆装置,并将 575 公斤炸药连同引爆装置,分别运送并放置到与其有矛盾的邻居和家族成员所居住的宿舍楼等 3 处,及其姐姐售出的宿舍楼 1 处,之后将炸药依次引爆,共造成 108 人死亡,38 人受伤。

〔3〕 参见陈兴良:《刑法疏议》,中国人民公安大学出版社 1997 年版,第 233 页。

〔4〕 参见陈家林:《"恐怖活动组织"界定问题初探》,载《法律科学》1998 年第 2 期。

〔5〕 参见陈忠林:《我国刑法中"恐怖活动犯罪"的认定》,载《现代法学》2003 年第 3 期。

些特征,中国刑法理论中也颇有歧见。有学者认为,恐怖活动犯罪有两个基本的特征:一是目的性,即有一定的政治或其他目的;二是暴力性,即经常进行暴力恐怖行为,严重威胁或者危害公共安全。[1] 另有学者则认为,恐怖活动犯罪的特征有二:一是出于政治或恐吓、要挟社会的目的;二是有特定行为,通常表现为暴力或暴力相威胁,其实施方式和手段则可能包括放火、爆炸、故意杀人、绑架人质等。[2] 还有学者认为,恐怖活动犯罪与普通刑事犯罪在犯罪主体、犯罪客观表现以及犯罪客体方面几无区别,关键在于犯罪的主观方面,即恐怖活动犯罪以"制造社会恐怖"为其特有的犯罪目的。[3] 比较而言,中国刑法学界关于恐怖活动犯罪特征的理论分歧主要在于:(1)在基本认可恐怖活动犯罪须以一定目的为必要的基础上,对其出于何种目的未能形成一致看法;(2)从客观行为方式来看,恐怖活动是否仅限于暴力或者以暴力相威胁的手段,有不同的见解。对此,我们认为,从犯罪目的上讲,恐怖活动犯罪只能出于直接故意,具有一定的主观目的。那么,恐怖活动犯罪到底出于何种目的呢?我们认为,这里有必要对犯罪目的与犯罪动机予以准确界定。刑法理论界普遍认为,犯罪目的,是指犯罪人希望通过实施犯罪行为达到某种危害社会结果的心理态度,是危害结果在犯罪人主观上的表现;而犯罪动机,则是指刺激犯罪人实施犯罪行为以达到犯罪目的的内心冲动或者内心起因。[4] 就此而论,在出于一定的政治、社会或者其他缘由而实施恐怖活动犯罪的情况下,这些缘由只是促使犯罪人实施犯罪的内心起因,属于犯罪动机的范畴,而并不是犯罪的目的。犯罪目的有时又有直接目的与根本目的之分。[5] 在实施具体恐怖活动犯罪的场合,犯罪人的直接目的便在于积极追求侵犯人身、财产等具体的危害社会的结果,而造成社会恐慌无疑是这些危害社会的结果中共有的因素,是恐怖分子制造社会恐慌之根本目的的客观体现。从客观行为方式上讲,恐怖活动犯罪并不仅仅限于暴力或以暴力相威胁。比如投放虚假恐怖信息的行为,就很难讲采用的是暴力或以暴力相威胁的方法,但却属于恐怖活动犯罪。事实上,受制造社会恐慌之目的所支配,恐怖分子所实施的客观行为尽管可能没有暴力的内容,但必然具有恐怖的色彩。

综上所述,我们认为,所谓恐怖活动犯罪,是指基于政治、社会或者其他动机,为制造社会恐慌,以恐怖性手段所实施的侵犯人身、财产等严重危害社会而依法应受刑罚处罚的行为。

(二)恐怖活动犯罪的危害概览

当代恐怖活动犯罪是反人类、反文明、反进步的国际性犯罪,是当今世界的一大公害,其所造成的危害不是一个国家的政权和社会制度,而是整个人类社会的文明与尊严,严重危及世界和平与安全。具体表现为:(1)恐怖活动膨胀泛滥成为国际形势和国际关系中一个新的重大变数,也是造成国际局势紧张、动荡的一个祸根和爆发点。(2)一些原有的地区热点

[1] 参见张穹主编:《修订刑法条文实用解说》,中国检察出版社1997年版,第137~138页。
[2] 参见陈家林:《"恐怖活动组织"界定问题初探》,载《法律科学》1998年第2期。
[3] 参见陈忠林:《我国刑法中"恐怖活动犯罪"的认定》,载《现代法学》2003年第3期。
[4] 参见赵秉志主编:《刑法新教程》,中国人民大学出版社2001年版,第135页。
[5] 参见高铭暄主编:《刑法学原理》(第2卷),中国人民大学出版社1993年版,第120页。

如南亚次大陆和中东地区,或矛盾进一步加剧,或冲突不断升级,潜伏着或正在引发新的严重的地区危机,造成一些国家政局动荡、社会危机,严重影响了地区安全。如在中国境内外的“东突”势力在新疆和有关国家制造一系列恐怖暴力事件,不仅严重危害了中国的安全与稳定,而且还对哈萨克斯坦、吉尔吉斯斯坦、塔吉克斯坦等国的安全与稳定构成威胁。(3)南北对立与恐怖活动频繁的情况如继续恶化,将引发更加严重的不测后果。(4)使用大规模杀伤性武器的危害性越来越大。[1]

而且,恐怖活动对世界经济也造成了极大的危害,仅从“9·11”事件对世界经济所造成的危害即可窥知一斑。(1)“9·11”事件通过影响美国经济而影响到了世界经济增长的“火车头”。(2)“9·11”事件严重影响了国际资本的流动。以“9·11”为契机,国际资本流动的的规模和方向出现了明显变化和调整。首先是国际资本流动的总规模出现下降势头。联合国贸发会议(UNCTAD)长期以来专门追踪全球对外直接投资活动(FDI)。该机构估计,在2001年下半年,全球对外直接投资出现大幅度下降。2000年,全球FDI总额大约是13,000亿美元,而在2001年下降到7000亿美元水平。这种大幅度的下降是20世纪90年代以来没有过的,应该说与“9·11”事件的发生有密切关系。[2] (3)国际恐怖活动的破坏性和杀伤性规模的增大给遭受恐怖袭击的国家直接造成巨大的经济损失。在“9·11”事件中,仅纽约世贸中心损失就达400亿美元,预计整个大楼及周围被毁建筑的清理和重建工作需要花费390亿美元,仅是清理大楼倒塌后留下的120万吨废墟估计就要花费70亿美元。[3] 事件还导致华尔街股市休市一周,道·琼斯指数狂泻近700点,跌破9000点大关。尽管美联储连续采取降息措施,美国政府及时出台400亿美元的减税方案,仍出现长达18个月的股市滑坡。此外,“9·11”事件对美国的航空业打击尤为沉重,由于乘客减少,多数航空公司不得不将航班削减20%,造成航空公司大幅裁员。其对美国的旅游业、金融保险业也造成巨大的损失。2002年10月发生在印度尼西亚巴厘岛的恐怖爆炸不仅给当地航空、旅游、海运和保险行业造成巨大的损失,而且严重影响了东盟经济的复苏进程。(4)国际恐怖活动的频发还使政府和企业用于公共和私人安全的保障开支增加,造成非生产性支出增加,生产性支出相对减少。在国际恐怖活动泛滥的情况下,不少国家出于安全考虑,纷纷加大在反恐方面的投入,用于军事和安全方面的公共开支大增。“9·11”事件后,美国很快把反恐和加强本土防御放在外交与安全政策的首位,设立了“国土安全委员会”和“国土安全部”,加大了反恐投入,很快设立了400亿美元的基金用于打击恐怖活动、救援和灾后重建。2002年10月出台的布什政府国家安全战略明确把本土防御放在重要的地位。其他国家也纷纷加大了在反恐和安全方面的投入。(5)从微观经济层面上分析,国际恐怖活动频发、不确定性以及反恐斗争的长期化所产生的心理因素将对世界经济的发展带来不利的影响。一是严重打击了企业和消费者的信心。由于公众和厂商不知道未来恐怖主义袭击何时和如何发生以及担心开展反恐而

---

〔1〕 参见何江荣:《论恐怖主义产生的历史根源及其危害》,载杨焕宁主编:《全国反恐怖研讨会论文集》(上),中国公安部反恐局2004年12月编印,第203页。

〔2〕 参见贺力平:《9·11对世界经济格局的影响》,载http://business.sohu.com/73/00/article203060073.shtml。

〔3〕 Murray Weidenbaoum, Economic Warriors against Terrorism, The Washington Quarterly, Winter 2002.

招致的报复攻击,未来预期风险增大,在投资和消费上采取谨慎的态度,投资将减少,物流效率将降低。二是人们旅行出差将减少,旅游出行的方式也将改变,从而对世界航空业、保险业和旅游业造成不利的影响。[1]

可见,恐怖活动已经成为当今人类社会面临的一大祸害,它严重危害了人类的生命财产安全、社会秩序和经济发展。据统计,在1968~1997年的30年间,全球发生的恐怖主义活动事件至少有13,600起,平均每年约453起,造成的人身伤亡与财产损失难以计数。[2] 恐怖活动犯罪所显示出来的破坏力与残忍性完全超乎了世人的想象。因此,国际社会应团结合作,共同携手打击恐怖活动犯罪。

三、中国遏制恐怖活动犯罪的立法努力

(一)有关立法沿革

中国目前所面临的恐怖活动威胁主要来自三个方面:一是国际恐怖主义组织和个人;二是境内外"东突"恐怖势力;三是邪教和严重刑事犯罪分子可能进行的恐怖活动。[3] 因此,近年来中国的立法机关也开始逐渐关注恐怖活动,并不断将有关恐怖行为予以立法化。

中国1979年第一部刑法典虽然没有明确规定恐怖活动犯罪,但其个别条款中已经蕴含了相关的恐怖活动犯罪。而1997年经全面系统修订的现行刑法典则从多层次反映了中国惩治恐怖活动的立法对策。除了刑法典第120条以专条规定组织、领导、参加恐怖组织罪外,还针对恐怖活动犯罪的行为特征,在刑法典中分别规定了可适用于这些罪行的相应条款。例如:劫持航空器罪,非法买卖、运输核材料罪,走私核材料罪,放火罪,决水罪,爆炸罪,投毒罪,破坏交通工具罪,破坏交通设备罪,劫持船只、汽车罪,暴力危及飞行安全罪,故意杀人罪,故意伤害罪,绑架罪等。此外,第六届全国人大常委会早在1987年6月23日通过的《关于中华人民共和国缔约或参加的国际条约的规定的罪行行使刑事管辖权的决定》,即以特别立法的形式首次确立了普遍管辖权原则。而1997年修订的新刑法典也在第9条明确吸纳了普遍管辖原则,规定对于中国缔结或者参加的国际条约所规定的罪行包括恐怖活动犯罪,中国在所承担条约义务的范围内行使刑事管辖权。

然而,由于中国1997年新刑法典涉及恐怖活动犯罪的条款毕竟仍显粗疏,以致许多恐怖活动罪行尚付阙如,难以适应新形势下中国惩治恐怖活动犯罪的现实需要。为此,在美国"9·11"事件发生3个多月后,中国全国人大常委会即于2001年12月29日较为及时地通过了《中华人民共和国刑法修正案(三)》,集中对刑法典中的恐怖活动犯罪进行了一系列的修改补充。

(二)《刑法修正案(三)》的进展

中国2001年《刑法修正案(三)》对恐怖活动犯罪的修改补充主要体现在以下三个方面:

---

〔1〕 http://liangke.scnu.edu.cn/servlet/beans.getArticle? id=3492.

〔2〕 参见胡联合:《试论当代恐怖主义活动的基本特点》,载《社会科学战线》1999年第5期。

〔3〕 参见吴孟栓等:《刑法立法修正适用通解》(1997~2001),中国检察出版社2002年版,第256页。

1. 增设新的罪名

(1)增设了资助恐怖活动罪。《刑法修正案(三)》第4条明确规定，在刑法典第120条后增加一条，作为第120条之一。据此规定，所谓资助恐怖活动罪，是指资助恐怖活动组织或者实施恐怖活动的个人的行为。单位和自然人均可构成此罪。

(2)增设了投放虚假危险物质罪。《刑法修正案(三)》第8条规定，在刑法典第291条后增加一条，作为第91条之一。据此规定，所谓投放虚假危险物质罪，是指投放虚假的爆炸性、毒害性、放射性、传染病病原体等物质，严重扰乱社会秩序的行为。

(3)增设了编造、故意传播虚假恐怖信息罪。根据《刑法修正案(三)》第8条后段之规定，所谓编造、故意传播虚假恐怖信息罪，是指编造爆炸威胁、生化威胁、放射威胁等恐怖信息，或者明知是编造的恐怖信息而故意传播，严重扰乱社会秩序的行为。

2. 修订原有罪名及其罪状

(1)将投毒罪修改扩充为投放危险物质罪。《刑法修正案(三)》第1条将刑法典第114条、第115条所规定的投毒罪之罪状修改为“投放毒害性、放射性、传染病病原体等物质”。据此，所谓投放危险物质罪，是指投放毒害性、放射性、传染病病原体等物质，危害公共安全的行为。同时，删除了刑法典第114条原列举的破坏对象，即工厂、矿场、油田、港口、河流等，从而简化了法典之条文。

(2)取消非法买卖、运输核材料罪，代之以非法制造、买卖、运输、储存危险物质罪。《刑法修正案(三)》第5条对刑法典第125条第2款进行了修改，将原有罪名非法买卖、运输核材料罪拓展为非法制造、买卖、运输、储存危险物质罪。据此，所谓非法制造、买卖、运输、储存危险物质罪，是指非法制造、买卖、运输、储存毒害性、放射性、传染病病原体等物质，危害公共安全的行为。

(3)将盗窃、抢夺枪支、弹药、爆炸物罪扩展为盗窃、抢夺枪支、弹药、爆炸物、危险物质罪。《刑法修正案(三)》第6条第1款将“毒害性、放射性、传染病病原体等物质”纳入刑法典第127条第1款所规定的盗窃、抢夺枪支、弹药、爆炸物罪的对象范畴，从而将罪名变更为盗窃、抢夺枪支、弹药、爆炸物、危险物质罪。具体而言，是指盗窃、抢夺枪支、弹药、爆炸物，或者盗窃、抢夺毒害性、放射性、传染病病原体等物质，危害公共安全的行为。

(4)将抢劫枪支、弹药、爆炸物罪扩展为抢劫枪支、弹药、爆炸物、危险物质罪。《刑法修正案(三)》第6条第2款也将“毒害性、放射性、传染病病原体等物质”纳入刑法典第127条第2款所规定的抢劫枪支、弹药、爆炸物罪的对象范畴，从而将罪名变更为抢劫枪支、弹药、爆炸物、危险物质罪。具体而言，是指抢劫枪支、弹药、爆炸物，或者抢劫毒害性、放射性、传染病病原体等物质，危害公共安全的行为。

(5)将恐怖活动犯罪补充为洗钱罪的上游犯罪。《刑法修正案(三)》第7条第1款对刑法典第191条进行了修改，使恐怖活动犯罪得以与原有的毒品犯罪、黑社会性质的组织犯罪、走私犯罪一起成为洗钱罪的上游犯罪。

3. 修改原有条款的罪刑单位

(1)修改组织、领导、参加恐怖活动组织罪的法定刑。《刑法修正案(三)》第3条对刑法典第120条第1款进行了修改,将原本适用同一罪刑单位的组织、领导恐怖活动组织行为与积极参加恐怖活动组织行为加以区分,并设置了两个不同的罪刑单位,即将前者的法定刑由“三年以上十年以下有期徒刑”修改为“十年以上有期徒刑或者无期徒刑”。同时,对于一般参加者而言,则增设了剥夺政治权利之附加刑。

(2)修改单位犯洗钱罪之法定刑。《刑法修正案(三)》第7条第2款对于刑法典第191条单位犯洗钱罪时之法定刑做了修改,对直接责任人员的处罚增加了一个罪刑单位,即“情节严重的,处五年以上十年以下有期徒刑”。

(三)对相关国际刑法规范及外国立法的回应与借鉴

1. 中国国内立法对国际刑法规范的回应

在美国“9·11”事件发生后不久,中国便及时加入了《制止恐怖主义爆炸事件的国际公约》,并签署了《制止向恐怖主义提供资助的国际公约》。至此,中国已参加绝大多数反恐怖国际条约。而《打击恐怖主义、分裂主义和极端主义上海公约》的制定则进一步表明了中国惩治恐怖活动犯罪的立场与方略。为了与相关国际公约相衔接,履行中国的国际义务,中国不断通过国内立法将有关惩治恐怖活动的国际刑法规范予以转化。事实上,诸多国际条约中所涉及的恐怖活动罪行已基本为中国国内立法所吸纳。而吸纳的模式则有两种:一是设置独立罪名模式,即在中国刑事立法特别是刑法典中,根据有关国际规约的要求,将相关国际刑法规范予以国内立法化,并设置独立的罪名;二是纳入原有罪名范畴模式,即并未特别设置独立的罪名,而是将相关国际刑法规范所确立的罪行纳入刑事立法中已有罪名之范畴。

具体而言,中国现行刑事立法中采取设置独立罪名模式的恐怖活动犯罪条款主要包括:

(1)刑法典第120条所规定的组织、领导、参加恐怖组织罪。这是对《联合国打击跨国有组织犯罪公约》相关内容的承袭。

(2)刑法典第120条之一暨《刑法修正案(三)》第4条所规定的资助恐怖活动罪。本罪的规定无疑是对《制止向恐怖主义提供资助的国际公约》与《国际合作防止恐怖主义行为》(联合国安理会第1373号决议)的坚决响应。

(3)刑法典第121条所规定的劫持航空器罪。这是对东京公约、海牙公约以及蒙特利尔公约等国际公约的直接回应。

在中国现行刑事立法中采取纳入原有罪名范畴模式的条款主要包括:

(1)刑法典第114条暨《刑法修正案(三)》第1条、第2条所规定的放火罪、爆炸罪、决水罪、投放危险物质罪、以危险方法危害公共安全罪等。它们可以容纳《制止恐怖主义爆炸事件的国际公约》等国际公约所确立的恐怖主义爆炸罪、放火罪、投放危险物质罪等。

(2)刑法典第116条所规定的破坏交通工具罪、第117条所规定的破坏交通设施罪、第123条所规定的暴力危及飞行安全罪。这可以将东京公约、海牙公约和蒙特利尔公约等国际公约所确立的危害民用航空安全罪以上述相应罪名论处。比较而言,国际公约中的危害民用航空安全罪所涉及的行为基本被分解纳入中国刑法典中的上述罪名范畴。但国际公约中所规定的在航空器内放置危及飞行安全的装置或物质,以及传送虚假情况等行为,则未能完全为中国刑法典中的相关条文所包容。

(3)刑法典第125条第2款暨《刑法修正案(三)》第5条所规定的非法制造、买卖、运输、储存危险物质罪,以及刑法典第127条暨《刑法修正案(三)》第6条所规定的盗窃、抢夺枪支、弹药、爆炸物、危险物质罪与抢劫枪支、弹药、爆炸物、危险物质罪。这是对《核材料实物保护公约》所确立的非法获取和使用核材料罪的承袭。但比较而言,彼此在犯罪对象与行为方式上仍有差异。中国刑法典所规定的上述罪名的犯罪对象更为宽泛,除了核材料之外,还包括枪支、弹药、爆炸物以及毒害性、传染病病原体等物质;同时,其行为方式只限于非法制造、买卖、运输、储存、盗窃、抢夺、抢劫,而未能将公约所规定的收受、使用、变更、处理、散布、欺骗等行为方式纳入。

(4)刑法典第122条所规定的劫持船只、汽车罪。这意味着,可以将《制止危害海上航行安全的非法行为的公约》所确立的危害海上航行安全罪中的某些行为论以劫持船只罪。当然,二者在构成特征上仍有很大差距。

(5)刑法典第232条规定的故意杀人罪、第234条规定的故意伤害罪。这可以对《预防和惩处侵犯受国际保护人员包括外交代表的罪行的公约》等国际规约所确立的侵害受国际保护人员罪、谋杀罪以相应的罪名予以处理。但是,侵害国际保护人员罪有其独特的内涵,尚难以为中国刑法典中的故意杀人罪、故意伤害罪所涵括。

(6)刑法典第239条规定的绑架罪。中国1997年刑法典将绑架人质的行为也纳入绑架罪之范畴,这无疑也顺应了《反对劫持人质国际公约》等国际公约的要求,完全可以将劫持人质罪论以绑架罪。

(7)刑法典第263条规定的抢劫罪。这可以将《联合国海洋公约》等国际公约所规定的海盗罪在必要时以抢劫罪处罚。不过,需要指出的是,尽管抢劫罪相对而言更为宽泛一些,但海盗罪也有自身的特点,比如扣留行为便很难为抢劫罪之客观行为所容纳。

当然,也有一些国际公约所确立的恐怖活动犯罪在中国刑事立法中未能得到必要的反映。比如,《制止危害大陆架固定平台安全的非法行为议定书》所确立的危害大陆架固定平台安全罪。

2. 中外立法比较及中国国内立法对外国相关立法的借鉴

面对日益猖獗的恐怖活动犯罪,许多国家都将相关国际刑法规范进行国内立法化,从而在刑法典中明确设置惩治恐怖活动犯罪的条款。例如,法国、俄罗斯、西班牙、越南等国的刑法典中均规定有"恐怖活动罪",并运用较重的刑罚,给予处罚。有的甚至通过反恐怖法,对恐怖活动犯罪予以专门的规定。有些国家的刑法典虽然没有将恐怖活动规定一个独立罪名,但也根据行为的目的和性质,将各种恐怖活动分别规定在危害国家安全罪或危害公共安全罪之中。通观外国惩治恐怖活动犯罪的相关立法,可以发现,基本有两种模式:一种是刑法典与反恐怖法相结合之模式,比如,法国、西班牙、德国等等;另一种是单采反恐怖法之模式,比如,英国、美国等。实际上,这是由于大陆法系与英美法系之间不同的立法传统所决定的。

单就刑法典本身之规定来说,各国对于恐怖活动犯罪之规定又有三种立法模式:第一种是仅规定建立恐怖组织罪,将恐怖行为依其目的和性质的不同,分别以刑法典中的其他犯罪论处,如德国;第二种是在刑法典中单独规定恐怖活动罪,并将出于严重扰乱公共秩序之目的,采取恐吓手段或恐怖手段所实施的杀人、伤害、绑架、劫持航空器等行为都纳入恐怖活动罪之范畴,如法国;第三种也是在刑法典中单独规定恐怖行为罪,但除此之外,还同时规定国际规约所涉及的劫持人质、海盗等其他一些恐怖活动犯罪,如俄罗斯、西班牙。

反观中国惩治恐怖活动犯罪的刑事立法,则并没有采取反恐怖法等单行法的形式予以规制,而是以刑法修正案的形式对相关刑事立法予以修改补充,并将其纳入刑法典之范畴。这实际上既不同于法国、德国等大陆法系国家,也不同于英国、美国等英美法系国家。采取此一立法模式,当然有利于维护刑法典的统一与权威,但从有效惩治恐怖活动犯罪的角度考虑,似乎也应该颁行与刑法典密切呼应的专门的反恐怖法,在其中详细规定惩治恐怖活动犯罪的基本原则、法律与组织基础、程序规则等诸多方面特别是不便于为刑法典所规定的问题。

同时,在中国1997年刑法典中,也没有单独规定恐怖活动罪,而只是在规定组织、领导、参加恐怖活动组织罪的基础上,将其他恐怖活动犯罪分别以相应罪名来处理。这类似于前述德国刑法典所采取的立法模式。我们认为,此一种立法模式虽然可以从防患于未然的角度,对恐怖活动犯罪进行有效的立法防范。但是,恐怖活动犯罪并非一定以恐怖活动组织的形式来进行,如果未形成恐怖活动组织的个人或团体实施恐怖活动犯罪,应如何处置呢?尽管有些恐怖活动行为可以刑法典中的相应罪名予以处理,但挂一漏万在所难免,肯定会有一些恐怖活动行为因法无明文规定而逃脱处罚。而且,将恐怖活动犯罪论以普通刑事犯罪,往往会抹杀它们之间的界限,不利于对恐怖活动犯罪的惩治与防范。而独立规定恐怖活动罪的立法模式则能很好地解决上述问题。事实上,虽然后两种立法模式中没有单独规定组织、领导、参加恐怖活动组织的行为,但完全可以作为恐怖活动罪之犯罪预备形态予以处理,因此,一样可以起到防患于未然之作用。进一步比较后两种立法模式,我们认为,俄罗斯等国所采取的第三种立法模式相对而言更为可取。第二种立法模式试图仅以一罪即囊括所有的恐怖活动罪行似乎不太现实,也不符合惩治恐怖活动犯罪的国际刑法规范之相关规定。依此立法模式,似乎在恐怖活动罪之外,还有属于普通刑事犯罪的劫持航空器罪等罪行,但有关国际公约则将劫持航空器的行为直接视为恐怖活动犯罪。而第三种立法模式在规定恐怖行为罪的基础上,同时规定其他一些重要的恐怖活动罪行,这既有助于统一执法,也有助于严密惩治恐怖活动犯罪之法网,从而对于特定恐怖活动犯罪能给予重点打击。

此外,在外国立法例中,对于恐怖活动犯罪,有的将之纳入危害公共安全的犯罪,如俄罗斯刑法典;有的则将之纳入妨害公共秩序的犯罪,如德国刑法典。这反映了不同国家立法者设置惩治恐怖活动犯罪的立法初衷有所不同。前者侧重于对公共安全的保护,而后者则侧重于对正常公共秩序的维护。而从中国的现行刑事立法来看,恐怖活动犯罪则散见于危害公共安全罪、侵犯公民人身权利罪以及妨害社会管理秩序罪等诸多章节之中。这种将恐怖活动犯罪过于分散规定的做法似有不妥,不利于对恐怖活动犯罪的打击与防范。结合中国惩治恐怖活动犯罪的立法现状并考虑到国内立法与国际刑法规范的衔接问题,我们认为,似宜将有关惩治恐怖活动犯罪的条款适当予以集中规定。

四、中国遏制恐怖活动犯罪的法治完善构想

中国现行关于恐怖活动犯罪的刑法立法,已基本囊括恐怖活动犯罪的方方面面,这不仅为惩治与防范恐怖活动犯罪提供了锐利的法律武器,而且对于保障国家和人民生命、财产安全,维护社会秩序,无疑也具有重要意义。但通过与国际刑法规范以及国外相关立法的比较,我们认为,中国应进一步采取法治措施,以便更好地惩治和防范恐怖活动犯罪。就此,笔者提出如下构想:

(一)关于中国遏制恐怖活动犯罪的专门立法对策

笔者主张,中国应借鉴法国、俄罗斯等国的相关经验,采取专门反恐怖法与刑法典相结合的方式,以惩治和防范恐怖活动犯罪。当然,反恐怖法与刑法典应是彼此呼应的关系,而不是对刑法典相关条文的修改补充。进而言之,在反恐怖法中可以详细规定惩治恐怖活动犯罪的基本原则、法律基础等诸多方面特别是不便于为刑法典所规定的问题。这可以在维护刑法典的统一性与稳定性的前提下,更为有效地惩治和防范恐怖活动犯罪。

具体而言,笔者认为,反恐怖法应明确如下内容:(1)关于中国惩治恐怖活动犯罪的基本政策。以"互信、互利、平等、协作"为核心的新安全观是中国政府制定反恐政策、开展国际反恐合作的指导原则。以新安全观为基础,中国确立了反恐的基本政策,即谴责并反对一切形式的恐怖主义,打击恐怖主义要标本兼治,反恐斗争要注重综合治理,应充分发挥联合国在国际反恐斗争中的主导作用。[1] (2)关于恐怖主义的定义。法国反恐怖法对恐怖主义的定义是:"旨在通过威吓或恐怖手段,严重干扰公共秩序的个人或集体的行为。"[2]法国反恐怖法在界定恐怖主义时有意避开了政治因素,这顺应了国际上将恐怖分子与政治犯区别对待的立法潮流,有利于引渡恐怖分子。我们认为,中国专门反恐怖立法对此可以考虑加以借鉴。(3)关于中国惩治恐怖活动犯罪的基本原则。我们主张,惩治恐怖活动犯罪应遵循如下原则:一是政治立场与法治立场相结合的原则,即在政治上坚决反对一切形式的恐怖活动的同时,坚持以合乎法治的要求来惩治恐怖活动犯罪;二是惩治与防范相结合的原则,即惩治与防范并举,综合防治恐怖活动犯罪;三是实体与程序相结合,既注重从刑事实体角度严密法网,强化打击,也不能忽略程序公正;四是维护社会与保障人权相结合的原则,即在强调保护社会利益的同时,也注重保障犯罪嫌疑人、被告人乃至犯罪人的基本人权。(4)关于惩治恐怖活动的法律基础与组织原则。反恐怖法应明确中国反恐怖活动的法律基础与组织原则,规定中央与地方执行机关、社会团体与组织、官员与个人在反恐怖活动时协调行动的具体办法,并确立反恐怖行动的监管、领导、资金划拨与人力调配等相关规则。(5)关于惩治恐怖活动犯罪的程序规定。美国反恐怖法规定,允许执法机构窃听恐怖嫌疑分子的电话并跟踪其互联网和电子邮件的使用,允许司法部门在提出犯罪指控和驱逐出境前对有犯罪

〔1〕 参见熊光楷:《当前全球反恐形势及其前景展望》,2003年2月8日在第39届慕尼黑国际安全政策会议上的发言。

〔2〕 参见中国现代国际关系研究所反恐怖研究中心编:《各国及联合国反恐怖主义法规选编》,时事出版社2002年版,第12页。

嫌疑的外国人拘留7天。法国则规定了审理恐怖犯罪案件的特别程序,对被怀疑参与恐怖活动者,羁押时间可延长一倍;同时,还扩大了警察的搜查权。从打击恐怖活动犯罪形势的紧迫性来看,中国也有必要借鉴外国的立法经验,赋予有关国家机关更多之特权,使信息的搜集更加准确、及时,便利侦查机关依法侦查与控制犯罪嫌疑人、犯罪嫌疑组织,从而更为有效地防治恐怖活动犯罪。[1] (6)关于恐怖活动所造成损失的赔偿和社会补偿。反恐怖法应明确规定,国家对于恐怖活动所造成的损失进行赔偿,并对恐怖活动之受害人给予必要的时候补偿。(7)关于参与恐怖活动人员的惩罚。反恐怖法除了呼应刑法典的相关规定确立恐怖活动分子之刑事责任外,还应配置相应的行政处罚措施,以严密和完善惩治恐怖活动的法律制裁体系。

(二)关于中国遏制恐怖活动犯罪的刑法立法对策

我们主张,中国在制定专门反恐怖法的同时,应以刑法修正案的形式对现行惩治恐怖活动犯罪的刑法立法作如下修改补充:

1. 单独规定恐怖行为罪,以作为恐怖活动犯罪的基本罪名

鉴于恐怖活动犯罪与普通刑事犯罪有相似之处,恐怖活动犯罪有时以普通刑事犯罪的形式表现出来,因而司法实践中对于某些刑事立法中尚未明确规定的恐怖活动犯罪都寻求以普通刑事犯罪予以惩处。但是,恐怖活动犯罪毕竟有鲜明的特色,其犯罪手段的恐怖性与制造社会恐慌之目的性都使之有别于普通刑事犯罪。从有利于惩治与防范恐怖活动犯罪的角度考虑,有必要借鉴俄罗斯立法例,单独规定恐怖行为罪,以作为恐怖活动犯罪的基本罪名,从而将为制造社会恐慌以恐怖性手段实施的爆炸、放火、决水、投放危险物质、杀人、伤害等行为以独立的恐怖行为罪定罪处罚,而不必再转论以普通刑事犯罪。当然,在设定恐怖行为罪之法条时,应明确规定"本法另有规定的,依照规定",以将恐怖行为罪与其他特别规定的恐怖活动犯罪区别开来。至于中国现行刑法典第120条所规定的组织、领导、参加恐怖活动组织罪,则亦可以作为恐怖行为罪之犯罪预备形态予以处理,似没有必要再单独加以规定。

2. 顺应国际规约的要求,增设相应恐怖活动罪行

尽管中国现行刑事立法已对国际规约的相关规定作出了积极的回应,但仍有一些中国已加入的国际公约中所确定的罪行,在中国刑事立法中没能得到应有的反映。而且,对于国际公约中所确定的某些罪行,中国现行刑事立法只是简单而勉强地将其纳入原有罪名体系,而未能充分考虑到彼此在构成特征上的差异,致使某些行为在转以国内刑法规制时被遗漏。为此,我们建议:

(1)增设《制止危害大陆架固定平台安全的非法行为议定书》所确立的危害大陆架固定平台安全罪。

(2)扩充暴力危及飞行安全罪的构成,将东京公约、海牙公约和蒙特利尔公约等国际公

---

[1] 参见朱学萍等:《完善恐怖主义法律控制的思考》,载杨焕宁主编:《全国反恐怖研讨会论文集》(上),中国公安部反恐局2004年12月编印,第454页。

约所规定的在航空器内放置危及飞行安全的装置或物质，以及传送虚假情况等行为纳入其中。

(3)拓展非法制造、买卖、运输、储存危险物质罪与盗窃、抢夺枪支、弹药、爆炸物、危险物质罪的构成，将《核材料实物保护公约》所规定的收受、使用、变更、处理、散布等行为方式纳入前罪，而将欺骗行为纳入后罪。

(4)增设《制止危害海上航行安全的非法行为的公约》所确立的危害海上航行安全罪。

(5)增设《预防和惩处侵犯受国际保护人员包括外交代表的罪行的公约》等国际规约所确立的侵害受国际保护人员罪。

(6)增设《联合国海洋公约》等国际公约所规定的海盗罪。

3. 专章规定国际犯罪并将恐怖活动犯罪纳入其中予以集中规定

相对于国内刑法所确立的犯罪而言，国际犯罪无疑具有非常鲜明的特色。这一特色并不是只要将之予以国内立法化即能抹杀的。因此，考虑到国际刑法规范与国内刑法典的衔接以及国际犯罪所具有的鲜明特点，我们认为，在国内立法化的过程中，可以考虑将国际犯罪在刑法典分则中专章予以规定。实际上，国外也有相关立法例可供借鉴。例如，俄罗斯刑法典在将有关国际刑法规范国内立法化时，即将本属于国际犯罪的破坏人类和平和安全的犯罪作为独立的一编，与侵犯人身的犯罪、经济领域的犯罪等类罪并列予以规定。中国澳门地区的刑法典分则中，也专编规定了本属国际犯罪的危害和平及违反人道罪。尽管前述两个立法例还只是局限于破坏人类和平与安全方面的犯罪，而并没有完全独立规定全部国际犯罪，但它们无疑为我们提供了一个切实可行的思路，即将国内立法化了的全部国际犯罪集中起来，作为刑法典分则中独立的一章予以专门规定。而进一步讲，即便恐怖活动犯罪可能与某些普通犯罪之间具有行为方式等方面的竞合关系，但不能据此而否认其自身的特点。同时，考虑到惩治与防范恐怖活动犯罪的现实需要，我们认为，恐怖活动犯罪应在中国刑法典分则增设之国际犯罪专章中拥有一席之地。

五、结语

当然，最后有必要指出的是，不管我们采取何种措施来防治国际恐怖活动犯罪，但想要在短期内将其彻底铲除则是既不明智也不现实的。事实上，现代犯罪学原理告诉我们，犯罪活动是人类社会特有的社会越轨行为，是各种国际、国内社会矛盾相互作用的结果，因此，只要人类社会存在，各种社会矛盾必然会发生冲突，而矛盾冲突的极端形式即被视为犯罪行为。恐怖活动犯罪尽管有着与一般犯罪不同之特点，但是，既然是一种犯罪行为，其自身的产生发展就必然要遵循一般犯罪的规律，我们不能期望通过国际合作就能将它完全杜绝，而是应当尽一切努力把它减少和控制在国际社会能够容忍的限度以内。可见，在防治恐怖活动犯罪的道路上，我们面临的形势仍十分严峻，任重道远，或许德国刑法学家李斯特的一句名言——“最好的社会政策就是最好的刑事政策”，可以作为国际社会有效地防治恐怖活动犯罪的一剂良药。

侵犯注册商标权犯罪问题研究*

目　　次

一、前言

商标，是商品的生产者或经营者为使生产经营的商品或者提供的服务区别于市场上其他生产者、经营者生产、经营的同一种或相类似的商品或提供的服务而采用的与商品或服务紧密相连的可视性标志，包括文字、图形、字母、数字、三维标志和颜色组合，以及上述要素的组合。它在一般情况下具有显著、醒目、易于识别的特征，从而使消费者记住相应商品或服务的生产或经营者，使商品或者服务具有一定的市场竞争力，对满足广大消费者的各种需要和增加市场竞争主体的经济利益有着极其重要的意义，在现代市场经济活动中具有非同寻常的地位与作用。

我国政府历来重视对合法商标及其所有人商标专用权的保护。早在20世纪50年代就颁布了《商标注册暂行条例》等一系

* 原载《欧洲法律与经济评论》2005年第7～8期合刊，中国法律与经济协会（巴黎）2006年5月编印。

列商标管理和保护的法律法规。1963年3月国家颁布了《商标管理条例》。"文化大革命"后的1978年9月,国家工商行政管理局建立。1982年8月23日,第五届全国人大常委会第24次会议通过了《中华人民共和国商标法》,并于1983年3月1日起施行。我国也注意与国际惯例的接轨,在1986年加入了《商标国际注册马德里协定》。1993年2月22日,七届全国人大常委会第30次会议通过了《关于修订〈中华人民共和国商标法〉的决定》,同时也通过了《关于惩治假冒商标犯罪的补充规定》,加强了对假冒商标犯罪的打击和惩治。最高司法机关也颁布了一系列司法解释以指导司法实践。1997年3月14日修订的《中华人民共和国刑法》在第213条至第215条专门规定了侵犯商标权的三个罪名,即:假冒注册商标罪,销售假冒注册商标的商品罪,非法制造、销售非法制造的注册商标标识罪。2001年10月29日第九届全国人大常委会第24次会议第2次修正了《中华人民共和国商标法》,使之更加与国际社会要求相协调,充分地体现了我国加入WTO之后更加全面、积极保护商标权所有人合法权益以及广大消费者的利益的坚定决心。

目前,国内市场秩序混乱,假冒伪劣商品横行,其中有些制售假冒伪劣行为不仅严重侵蚀着社会主义市场经济的健康肌体,构成生产、销售伪劣商品犯罪,而且也严重侵害了合法企业和商标所有权人的合法利益,从而构成对注册商标权的侵犯。因而从刑法层面上加强对假冒伪劣商品犯罪行为的研讨,澄清司法实践中的若干疑难问题,具有重要的现实意义。本文拟着重探讨在制售假冒伪劣商品过程中侵犯注册商标权犯罪的若干重点、难点问题,并在此基础上提出完善我国侵犯注册商标权犯罪立法的几点构想。

二、侵犯注册商标权犯罪主观罪过的认定

(一)假冒注册商标罪的主观要件

1. 假冒注册商标罪能否由间接故意构成

目前在对假冒注册商标案件的行政查处和司法实践中,一些假冒者辩称其生产的产品是接受他人委托。当委托人开始委托其生产时,委托人自称享有授权,只是暂时不能提供商标所有人的授权证明。在之后的生产过程中,委托人也一直未予出具证明,假冒者也未再过问,继续其生产。在这种情况下,假冒者往往会以主观上不具备犯罪故意为由而否认构成犯罪,而司法机关也往往因为在假冒者是否具备直接故意方面举棋不定。例如,在河北省平泉县某一工厂假冒日本著名品牌的磁盘案中,假冒工厂自1998年以来一直假冒日本几个著名品牌的磁盘、打印机,非法经营额达几百万元之多。在当地公安机关提请检察机关批捕时,检察机关以"主观故意不明显"为由决定不予批捕。而在福州某厂假冒Loctite商标胶水案中,该厂假冒他人胶水多年,被假冒的品牌达几十种之多,非法经营额也达几百万元。当地公安机关在假冒者是否具有直接故意方面,也颇为踌躇。

由此看来,对假冒注册商标罪主观罪过的理解及其判定,直接影响着对上述案件能否以犯罪处理。而司法机关产生困惑的直接原因便是在上述情况下行为人的主观心态是间接故意还是直接故意,进而对假冒注册商标罪的主观罪过是否包括间接故意产生疑问。即如果认为本罪主观罪过只能为直接故意的话,而司法机关同时又认为上述情形中行为人的主观

心态又是间接故意,则行为人不能构成假冒注册商标罪也是理所当然的了;而如果认为本罪的罪过包括间接故意,则上述情形就可以追究行为人假冒注册商标罪的刑事责任。因此,澄清本罪的主观罪过内容,同时明确上述情形究竟是间接故意还是直接故意,对认定犯罪具有重要的意义。

对于本罪的罪过问题,目前刑法学界和司法实务部门均有不同的认识。一种观点认为,该罪只能由直接故意构成。“商标犯罪主观罪过不包括间接故意和过失,因为行为人如果对自己的行为性质明知而又实施构成要件的行为,则其意志要素无所谓放任;而现行刑法对商标犯罪没有规定过失犯……过失地侵犯商标权不能以犯罪论,但不排除承担民事责任和行政责任的可能。”[1]另一种观点则主张,本罪既可以由直接故意构成,又可以由间接故意构成。因为实际生活中存在行为人仅仅认识到所假冒的商标可能是别人的,但并不积极地检查,听之任之,漠然对待的情形。还有一种表述最为普遍,即在论及假冒注册商标罪的主观罪过时仅说是故意,并不区分直接故意与间接故意,实际上并不排除间接故意。[2]

笔者认为,笼统地认为本罪主观方面为故意而对其故意形式不加以区分是不妥当的,不利于司法实践的操作。认为间接故意也可以成立本罪的主张,实际上并没有正确界定假冒注册商标罪的性质和客观特征,也没有正确解读我国刑法关于犯罪故意的规定。我们认为,假冒注册商标罪的主观罪过只能是直接故意而不可能是间接故意。主要理由是:

首先,让我们从理论上分析一下我国刑法典关于故意犯罪的规定。我国刑法典第 14 条规定:“明知自己的行为会发生危害社会的结果,并且希望或者放任这种结果发生,因而构成犯罪的,是故意犯罪。”根据该条规定,犯罪故意的内容不仅包括对行为的认识和意志因素,也包括对行为所引起的危害社会的结果的心理态度,这二者结合起来才构成完整的犯罪故意的概念和内容。问题在于,这里的“发生危害社会的结果”是广义的危害结果还是狭义的作为具体犯罪构成要件的结果(包括具体危险状态和物质性损害后果)?不同的理解将导致对具体犯罪罪过的不同认识。一般而言,应是狭义的危害结果。学者们在概括具体犯罪的罪过时也采此观点。但刑法中有的犯罪的既遂并不要求有具体危险状态或者物质性损害结果的出现,事实上只要行为人认识到特定的对象而仍积极实施特定的犯罪行为就构成犯罪,这种情况下一般表现为直接故意。例如,在奸淫幼女罪中,只要行为人认识到对方是或可能是幼女而实施奸淫行为的就构成此罪,并应认定为直接故意,不能将行为人对对方是否为幼女这一点上所采取的听之任之的态度而错误地理解为是间接故意。在这里,并不要求行为人对其他的危害结果有罪过,或者说行为人对其他相关的危害结果的主观态度并不是法律所关心与过问的。由此而言,我国刑法关于犯罪故意的规定也存在一定的问题。[3] 我

[1] 参见赵秉志主编:《侵犯知识产权犯罪研究》,中国方正出版社 1999 年版,第 85 ~ 86 页。

[2] 参见高铭暄:《简析假冒注册商标犯罪》,载《中央政法干部管理学院学报》1993 年第 6 期;马克昌主编:《经济犯罪新论》,武汉大学出版社 1998 年版,第 449 页。

[3] 在我国,有学者建议将犯罪故意分别概括为“行为人对于构成犯罪之结果,明知必然或可能发生并追求其发生,或者对于构成犯罪之行为,明知并有意实施的,是直接故意。行为人对于构成犯罪之结果,明知可能发生并放任其发生的,是间接故意。”参见侯国云、白岫云:《新刑法疑难问题解析与适用》,中国检察出版社 1998 年版,第 87 页。

们认为,对于法条罪状中以特定的危害后果(包括具体危险)为客观要件的,行为人应当对此结果具有罪过心理,或者说,行为人的罪过内容应当包括对此特定危害后果的认识和意志态度;如果某犯罪的基本犯罪构成的具体罪状中没有以此为要件,则只要行为人认识到特定的行为而仍实施,就可以判定行为人的罪过是故意,而且是直接故意。换句话说,此时的罪过内容只是对行为的认识和意志要素。而根据刑法典第213条的规定,假冒注册商标罪是行为犯而非结果犯,因而只要行为人知道自己使用商标的行为是没有经过商标权人许可的,而在同种商品上使用该商标的,就构成该罪。

接下来让我们对假冒注册商标的具体存在情形作一剖析,以考察行为人是否存在间接故意的犯罪心理。

第一,从假冒的商标标识的来源进行分析。行为人所假冒的注册商标一般有以下几种来源:(1)行为人自己非法制作的;(2)行为人购买的;(3)行为人通过违法犯罪手段例如盗窃、侵占等获得的。在第一种情形中,行为人不可能不明知所使用的是别人的注册商标。在第二种情形中,行为人显然是购买自己无权使用的他人的注册商标,因为如果是他自己的注册商标,就可以依法向有关的单位企业订制,无须通过非正常的渠道进行购买。根据行为人通过非正常的渠道购买注册商标,可以知道行为人对此种商标没有使用的权利。行为人如果购买了他人非法印制、销售的行为人本人的注册商标,因为行为人本人有使用权,就谈不到行为人侵权,更不是犯罪了。在第三种情形中,行为人利用非法手段获得商标标识,如果行为人本人没有使用权,则必定是别人的注册商标。

第二,从行为人的动机、目的上看。行为人未经他人的许可就将他人的注册商标使用到自己生产或销售的与注册商标所有人相同的商品上,一般都是出于牟取经济利益、打击竞争对手、倾销伪劣产品的动机和目的,有的人故意通过此种方法以与驰名商标所有人发生争议,进而通过争议的公开解决来获取名声,借机增强自己商品的市场竞争力。因此,行为人对此一般都是对对方的注册商标以及相应商品的知名度和质量有着很明确的认识和了解。

实践中,有的人可能会认为,行为人可能对所使用的注册商标是否系他人的注册商标有着不确定的大致了解,但并不积极查证而是放任不管,进而认为行为人对使用是否有权也采取放任的态度。从近年来有关司法机关查获的几起案件来看,实践中的确存在这样的情况。笔者认为,把这种情形认为是间接故意,实质上是把犯罪故意中的认识因素和意志因素混为一谈。因为在直接故意中,也包括明知自己的行为可能会发生危害社会的结果的情形,在这一点上直接故意与间接故意在认识因素上具有相同或相似之处,二者区分的关键是意志因素:直接故意的意志因素是希望危害结果发生,是积极追求;间接故意的意志因素则是放任危害结果发生,对危害结果发生与否听之任之。前已指出,对结果犯与行为犯来说,希望和放任的态度之具体表现是不同的。在本罪中,只要行为人认识到自己使用的可能是未经注册商标所有人许可的商标,而在同一种商品上使用即应认为是直接故意而构成本罪。不能根据行为人对自己使用的是未经商标所有人许可的商标的可能性认识态度而直接得出行为人对使用行为本身是放任的结论,进而得出这种情况下行为人的主观罪过是间接故意的结论。简言之,对使用对象的可能性认识态度不等于对使用本身的态度。

当然,行为人在同一种商品上对使用他人的注册商标是否经过注册商标所有人许可的可能性认识态度是存在论意义上的;对于司法机关来说,如何判定行为人对此是明知可能,则是司法判断问题。对此,不能仅凭行为人的辩解而简单否定其具有主观罪过,而应结合具体案情加以综合考察。就上文所举的几则被司法机关认为是主观罪过不明确的案件来说,一般而言,作为接受委托生产他人注册商标的商品的生产者,应当具体审查对方是否为注册商标所有人或是否经过商标所有权人的授权许可,如果生产者对之采取放任态度,不尽谨慎善良人之注意义务,一般可以推定行为人是明知可能。如果接受委托方已尽谨慎的审查、注意义务,而对方采取欺骗等手段骗取行为人的信任的,即使其使用了他人的注册商标,至多也只是过失,不构成犯罪。其实,只要司法机关认真搜取证据,尤其是从双方往来、生产者的生产条件等环境中寻找蛛丝马迹,真正的侵权者还是会露出马脚的。

综上所述,我们认为,假冒注册商标罪的主观心态只能是直接故意,不可能是间接故意,更谈不上过失了。

2. 假冒注册商标罪是否要求具备特定的犯罪目的

毋庸置疑,行为人会出于多种不同的动机实施假冒注册商标罪。但是成立本罪是否要求行为人具有特定的目的?换言之,本罪是否目的犯?对此有两种截然不同的观点:一种观点持肯定的立场,认为本罪是目的犯。“假冒注册商标作为一种贪利型的经济犯罪,行为人主观上必须以谋利为目的,即以把自己的商品冒充别人的商品出卖牟利为目的。”[1]另一种观点则认为,本罪不是目的犯,行为人的动机和目的如何,不影响犯罪的成立。[2]

我们赞同第二种观点。从刑法的规定看,本罪的法条并没有要求行为人必须出于牟取不法利益的目的,实际中行为人也往往出于多种不同的犯罪目的,如牟取非法利益、诋毁竞争对手信誉、倾销伪劣产品等,一般情形下行为人多出于牟取非法经济利益,但并不是说这就是行为人成立本罪必须具备的犯罪目的,否则,就会不恰当地缩小本罪的定罪范围,不利于打击犯罪。

(二)销售假冒注册商标的商品罪的主观罪过

1. 对“销售明知是假冒注册商标的商品”中“明知”的理解

我国刑法典第214条规定,销售明知是假冒注册商标的商品,销售金额数额较大的,构成销售假冒注册商标的商品罪。有一种观点认为,假冒商标罪中的“明知”是一个多余的限制,强调这一点,只会束缚办案人员的手脚,故主张办理案件时不必对行为人是否“明知”予以认定。[3] 这种观点是不妥当的,尤其是在刑法已明确规定以“明知”为要件的情况下,根据罪刑法定原则,有关司法机关对此要件负有举证责任。但是如何认定“明知”,在刑法学界和司法实践中一直争论不休,大致有以下几种观点:(1)“明知”就是“确知”,即行为人明确表述自己确切知道所销售的商品假冒他人的注册商标。(2)“明知”包括“确知”和“可能

---

〔1〕 参见马克昌主编:《经济犯罪新论》,武汉大学出版社1998年版,第449页。

〔2〕 参见欧阳涛主编:《生产、销售假冒伪劣产品犯罪剖析及对策》,中国政法大学出版社1994年版,第176页。

〔3〕 参见王尚国:《关于假冒商标犯罪的几个问题》,载《政法论坛》1993年第1期。

知道”。“‘明知’不能要求过于狭窄,除了‘明知’之外,行为人即使不确知该商品是假冒哪一家的注册商标,以及不能十分确定该一批商品属于假冒注册商标的商品,但只要意识到该批商品可能是假冒注册商标的商品,而且没有任何根据在心理上加以否定,就属于‘明知’的范围。”[1](3)行政法规说。国家行政管理局在1994年11月22日发布的《关于执行〈商标法〉及其〈实施细则〉的通知》第6条规定了“明知”和“应当知道”的判定标准。有人根据这种规定认为销售假冒注册商标的商品罪中的“明知”,就是该通知中所说的“明知”和“应知”。(4)司法解释说。最高人民法院、最高人民检察院1992年12月11日制发的《关于办理盗窃案件具体应用法律的若干问题的解释》,最高人民法院、最高人民检察院、公安部、国家工商行政管理局1998年5月8日发布生效的《关于依法查处盗窃、抢劫机动车辆案件的规定》、最高人民法院2000年11月22日发布的《关于审理破坏森林资源刑事案件具体应用法律若干问题的规定》等一系列司法解释,对犯罪行为人的主观罪过界定时,认为“明知”是指“知道”和“应当知道”。据此有论者引用上述解释中对“明知”的界定,认为销售假冒注册商标的商品罪中的“明知”,就是“知道”和“应当知道”。

我们认为,第一种观点对“明知”的界定不自觉地缩小了其范围,容易放纵犯罪,不利于司法实践;第二种观点是妥当的。而第三、四种观点则是从司法具体认定的角度给予的标准,与第二种观点并无实质上的不同,只是角度不同而已。就销售假冒注册商标的商品罪来说,“明知”的内容主要有:行为的对象和行为的意义,即销售的商品假冒了他人的注册商标;自己的销售行为侵犯他人的商标专用权;在同一种商品上使用与他人注册商标相同的商标。行为人对上述内容的认识,既可以是肯定性的,也可以是可能性的。因此,“明知”主要说明了行为人的认识因素。在司法实践中,行为人的认识情况往往难以证明,他们常否认对行为对象的认识,而实际上根据案件事实以及行为人的实际能力,行为人是有认识的。

2. 对“明知”的具体判定

从认识的程度上,“明知”不仅包括确知,而且包括明知可能性,但这需要在司法上加以证明。司法解释中的“知道”和“应当知道”就是从这种意义上来说明“明知”的——证据法上的“明知”,是对行为人认识状况的一种司法推定。[2] 一般而言,推定明知,包括以下几种情况:第一,故意对明显的事实视而不见;第二,客观存在的一些情况,表明了一个诚实的和有理性的人应当知道的事实;第三,故意地或者轻率地不进行询问,而该询问是一个诚实的和有理性的人应当做的;第四,知道一些情况,促使一个诚实的和有理性的人应当进行查询。[3] 在这里需要注意的是,这里的“应当知道”“应知”并不表明行为人可以基于过失而构成犯罪,而只是对行为人犯罪故意认识因素的推定。应将存在论意义上的“应知”和司法推定意义上的“应知”区分开来。存在论意义上的“应知”,表明了一种认识能力,即根据行为当时的事实情形、行为人的个人实际情况推定行为人在行为当时具有认识能力,能够认识到

---

〔1〕 参见高铭暄:《简析假冒注册商标犯罪》,载《中央政法干部管理学院学报》1993年第6期。

〔2〕 参见宣炳昭等主编:《特别刑法罪刑论》,中国政法大学出版社1993年版,第109页。

〔3〕 Paolo Bernasconi, Money Laundering and Banking Secrecy, 1996, Kluwer Law International, p. 259.

行为的对象、行为的意义、行为的因果关系。要求行为人能够认识到行为情形,但行为人疏忽大意没有预见到,造成严重后果的,成立疏忽大意的犯罪过失。这种“应知”往往直接体现在刑法立法中。比较典型的例子就是我国刑法典第219条规定的侵犯商业秘密罪。该条第2款规定,明知或者应知前款所列行为,获取、使用或者披露他人的商业秘密的,以侵犯商业秘密罪论。无论该款规定得合理与否,在立法上已明确规定“应知”,并将“应知”与“明知”相并列的情况下,显然这里的“应知”是基于预见义务而没有预见的疏忽大意过失的表述方式,从而可以肯定该罪的主观罪过包括犯罪过失。

而司法推定意义上的“应知”,尽管有关司法解释也将“明知”与“应当知道”相并列,但二者都是对刑法立法规定中“明知”的具体认定,是司法推定中的表述方式。在司法实践中,对于行为人的主观明知进行认定是一个难题,根据案件的事实情况,按照常理,行为人实际上认识到了特定构成事实的存在或者可能存在,但是行为人常常予以否认。为了说明行为人故意的存在,只要根据行为人的一系列行为活动以及行为人的实际能力、普通消费者对假冒注册商标的商品的认识能力,认为行为人不可能不知道行为对象,就可以推定行为人已经“明知”,因而犯罪嫌疑人不可能不知道在证据法上就是“应当知道”。也就是说,司法层面上判定“明知”除了行为人的供述以及佐证外,还有行为的当时行为人不可能不知道、理应知道特定的犯罪构成事实,也就是客观上已经认识到了犯罪构成的特定事实,只是行为人不承认而已,司法推定行为人认识成立进而认定行为人犯罪故意成立,构成销售假冒注册商标的商品罪。司法推定是指根据两个事实之间的一般联系规律或者“常态联系”,当一个事实存在的时候便可以认定另外一个事实的存在。其具有降低诉讼成本,提高诉讼效率,维护社会法律关系的稳定等功能,是司法活动中一种不可或缺的证明方法。〔1〕有的论者甚至认为,推定是认定“明知”的唯一途径。〔2〕但由于司法推定中的基础事实与推定事实之间的联系毕竟处于或然状态,因而应当允许被告人反证,即如果被告人能够提出充分的证据证明其确实不知道,则排除其犯罪故意。而犯罪过失中的“应知”则不存在反证问题。

接下来需要澄清的问题是,对于《中华人民共和国商标法实施细则》第41条中的“应知”应如何理解呢?笔者认为,该实施细则关于“应知”的表述,在本质上仍讲的是假冒注册商标侵权行为中明知的具体认定问题,其含义与司法解释中所表述的“应当知道”应是同一层面意义上的,而并非刑法立法规范中存在论意义上的“应知”。因此,在最高司法机关未对刑法典第214条中的“明知”作出司法解释的情况下,国家工商行政管理局在1994年11月22日发布的《关于执行〈商标法〉及其〈实施细则〉的通知》(以下简称《通知》)第6条关于“明知”“应知”的规定标准仍可以作为判定刑法典第214条“明知”的重要参考标准。该条规定,在以下情况下认为侵权行为人在实施侵权行为的时候“明知”“应知”:(1)更改、调换经销商品上的商标而被当场抓获的;(2)同一违法事实受到处罚后重犯的;(3)事先被警告而不改正的;(4)有意采取不正当的进货渠道,且价格大大低于已知正品价格的;(5)在发

〔1〕 参见何家弘:《论司法证明中的推定》,载《国家检察官学院学报》2001年第2期。

〔2〕 参见陈兴良主编:《刑事法判解》(第2卷),法律出版社2000年版,第140页。

票、账目上弄虚作假的;(6)专业公司大规模经销假冒注册商标的商品或商标侵权商品的;(7)案发后转移、销毁物证,提供虚假证明、虚假情况的;(8)其他可以认定当事人明知或应知的。

该《通知》只是从经验的角度列举性地规定了几种可以判定行为人"明知"的情形,但对于除此之外还有哪些情形,则无法列举,因而仍有必要确立一个相对具体的规则以作为判定行为人是否"明知"的标准。我们认为,认定行为人的"明知",要采用主客观相统一的标准,综合案件的整体情况,既要考虑行为人实际的认识能力,也要考虑一般消费者的经验和认识能力。在司法实践中一般可从以下几个方面来把握:(1)行为人的背景因素。销售者从事销售活动的时间长短、规模大小,经营特定商品的时间、数量,销售者的经验知识、认识水平。长期从事销售大量商品并且经营特定商品很有经验的销售者,对一般消费者都能认识到的假冒注册商标的商品不可能认识不到。(2)商品本身的因素。看一定时期内某种商品的注册商标假冒情况是否十分猖獗,某种商品的注册商标是否同时也是驰名商标,某种注册商标的宣传力度是否较大并且已经广为人们知晓等。(3)销售行为前后的因素。行为人的假冒注册商标的商品是否自己贴附、更改、调换,购进商品时渠道是否正常、手续是否完整,对方是否给予了高额的回扣并缺乏注册商标的商品厂家的正规发票、收据等,行为人是否在非正常的时间、非正常的地点以非正常的价格销售,商品是否有相应的质量保证书、说明书等,销售后消费者反映假冒注册商标时是否及时予以纠正或者补救的。(4)其他因素。行为人自己在私下里的讲述,供应上是否明示,工商行政管理机关是否警告或者通知改正,行为人是否存在案发后转移、销毁物证、提供假的证明,等等。[1]

三、侵犯注册商标权犯罪客观行为的认定

(一)对"注册商标"的界定

一般认为,刑法中所保护的商标是经过合法注册并且处于保护期的商标,其本质特征是行为人没有使用权限的注册商标。因此,侵犯注册商标权犯罪中的注册商标应当包括:(1)用于商品的平面或者立体商标。我国以前的《商标法》仅仅规定了平面商标,但是2001年10月29日新修订的《商标法》则包括了立体商标,允许三维标志与颜色的组合以及它们与文字、图形、字母、数字的组合作为商标。(2)商标所有人经核定用于特定商品的注册商标而不是注册人实际上使用的商标、适用于别的商品上的商标。但一般实践中对商标仅仅有些微的改动时也可以作为原来注册商标进行保护。(3)用于标识商品的证明商标、集体商标,但是并不包括用于服务的证明商标、集体商标以及服务商标。(4)处于商标续展期期满之后六个月申请期之中的注册商标。只要注册人在商标的续展期满后六个月内提出了申请并交纳了续展费也经过了核准,则原来注册的商标在续展期满后的申请期内也受到保护。(5)即使注册商标所有人没有在使用商标时标明"注册商标"或"R""TM",其商标仍然受到法律的保护。

---

〔1〕 参见周恩海、赵廉慧:《如何认定"明知假冒的注册商标的商品而销售"》,载《中华商标》2000年第2期。

对于没有在我国商标局注册但经国家正式认定的驰名商标，能否成为本罪假冒的对象？有的人指出，最高人民检察院、公安部2001年4月18日发布的《关于经济犯罪中追诉标准的规定》第61条规定了假冒驰名商标也可以追究刑事责任，即认为明确了驰名商标不管是否经过注册都可以受到刑法的保护。我们认为，这种看法是不确切的。该追诉标准把假冒他人驰名商标作为应予追诉的情形之一的前提，仍然是“未经注册商标所有人许可”，而“注册商标”的标准只能是在我国注册，并不包括在外国注册。我国修正后的《商标法》第3条、第17条、第18条对外国驰名商标问题作了规定，即经商标局核准注册的商标为注册商标；外国人或者外国企业在中国申请商标注册的，应当按其所属国和中华人民共和国签订的协议或者共同参加的国际条约办理，或者按对等原则办理；外国人或者外国企业在中国申请商标注册和办理其他商标事宜的，应当委托国家认可的具有商标代理资格的组织代理。由此可见，《商标法》和刑法意义上的“注册商标”，应当是指在我国商标局注册的商标，即使驰名商标也不例外。如果外国的驰名商标没有在我国注册，则不能成为假冒注册商标罪的对象。这当然不利于对外国驰名商标的保护。不过在目前条件下，对外国驰名商标的保护，似乎只有借助于外国驰名商标能够尽早在我国商标局注册。遗憾的是，尽管1996年国家工商行政管理局《驰名商标认定和管理暂行规定》对驰名商标的认定程序作了规定，数百个外国公司向商标局申请认定驰名商标，但到目前为止，尚无一件申请被批准。这样无法体现WTO的“国民待遇”原则，也不合情理。例如，按照上述《关于经济犯罪案件追诉标准的规定》，假冒一箱国产驰名品牌的饮料可能被追究刑事责任，而假冒一卡车世界驰名品牌的饮料往往不会受到应有的刑事制裁。笔者认为，我国既然签署了《巴黎知识产权公约》，同时最近已加入了WTO，加强对外国驰名商标的保护已是我国一项义不容辞的责任和义务。为此，笔者认为从刑法规范角度，有必要在我国刑法典第213条增加一款关于假冒外国驰名商标刑事责任的规定，即于同一商品上使用相同未经注册的外国驰名商标的，按照前款的规定处罚。

（二）假冒注册商标罪的客观要件问题

1. 对“未经注册商标所有人许可”的理解

在这里需要指出的是，我国刑法典第213条关于假冒注册商标罪罪状的描述是根据《商标法》的规定，这与刑法修订前的经过第一次修正的《商标法》的规定是一致的。但经过第二次修正后的《商标法》对此作了文字上的变动，即将“未经注册商标所有人许可”改为“未经注册商标人许可”。在刑法典修改以前，我们认为对本罪罪状的描述仍宜根据刑法典的规定。

对于注册商标所有人许可的理解，有两种观点：（1）合同说。唯一的标准是行为人是否与注册商标所有人签订了商标使用许可合同。[1]（2）同意说。商标的使用许可和转让以注册商标所有人的同意为前提。[2] 我们认为这两种观点都有不足之处。一般来说，商标的转让与使用许可要签订合同并经国家工商行政管理部门的批准。行为人能证明有注册商标所

---

〔1〕 参见高晓莹：《侵犯知识产权犯罪的认定与处理》，中国检察出版社1998年版，第50页。

〔2〕 参见赵秉志主编：《侵犯知识产权犯罪疑难问题司法对策》，吉林人民出版社2000年版，第153页。

有人的口头许可的,可视为得到了许可;注册商标所有人与行为人的商标使用许可合同签订没有规定以上报批准为生效要件的,没有经国家工商行政管理部门的批准并不影响其效力,行为人的使用不构成侵权,更不会构成犯罪了。如果合同约定以上报批准为生效要件的,而没有经国家工商行政管理部门的批准则不认为行为人取得了使用的权利,行为人使用的仍然构成侵权。是否构成犯罪可以采用司法推定"应当知道",能够推定的则成立犯罪。

假冒注册商标的实质,在于行为人没有商标使用的权利。"无权使用"是指行为人既没有取得使用的许可,也没有取得商标的转让。未经注册商标所有人许可的情形一般有:(1)注册商标超过续展期,注册人没有续展而别人已经申请并且得到了核准的,原来注册人如果再使用的就构成侵犯商标权。他人已经取得了注册商标的所有权,而行为人已经失去了原来的商标专用权。(2)总公司在另地开设分公司,分公司注册登记取得了《营业执照》,则分公司成为了一个独立的经营实体,彼此如果要使用对方的商标,就必须签订专门的使用许可合同,否则,如果没有签订使用对方商标合同而使用的,也是"未经注册商标所有人许可"的情况。(3)合伙企业取得注册商标的登记,其中一个或几个合伙人没有经过其他所有合伙人的同意或者授权而使用于单独经营的同种商品上的,也属于"未经注册商标所有人许可"的情形。(4)商标使用人超过使用许可的范围和期限、数量或者私自允许他人使用注册商标的,也是"未经注册商标所有人许可"的情形。(5)商标独占许可之后自己仍然使用或者许可他人使用的情形。

2. 对"使用"行为的理解

对商标使用行为的理解,理论上有采严格、狭义解释论者,也有采广义的解释论者。严格解释论者认为,行为人如果仅制成商品商标而封存于仓库中,并非这里的使用,只有行为人将此商标用于商品或其包装或容器上,在市场上销售,或将商标于广告宣传或参加展览等其他业务活动,才属于商标的使用。广义的解释论者认为,对他人注册商标的使用包括:(1)在商品交易文书上使用他人的注册商标,例如发票、收据、合同或契约。(2)将商标用于广告宣传、商品展览以及其他业务活动中。(3)在业务活动中口头使用。这种观点直接源于《中华人民共和国商标法实施细则》第 29 条第 2 款的规定,即商标的使用,包括将商标用于商品、商品包装或者容器以及商品交易文书上,或者将商标用于广告宣传、展览以及其他业务活动。不过学界一般认为,"使用"既可以是将他人的注册商标标记在商品上,也可以是将商标标识在商品的外包装或者容器上,或者用于商品有关的单证(说明书、保修单、质保书)上。

很显然,采取狭义的解释,不利于对假冒注册商标行为的取缔和惩罚,也非常不利于对被侵权者的商标保护;但另一方面广义解释论者将刑法意义上的商标使用行为扩大到将商标用于电视、报刊等新闻媒体宣传广告或者参加展览以促销其产品等其他业务活动的情形,也是有疑问的。主要理由是:首先,从使用商标的意义来看,商标的意义乃在于标示其商品,即必须和商品有某种程度的结合才具有商标的意义。例如,李宁牌商标附着在衣服上,它告诉我们这件衣服是李宁公司的产品。也只有这样的告知内容才有真假可言。但是如果在一块布上印出某运动器材的商标,而这一块布没有附着在任何商品上,其根本没有办法告诉别人,到底什么东西是什么公司的产品,自然无所谓假冒的问题。而将商标用于广告宣传、参加展览等的情形,则很难说该商标的出现即有标示具体商品的作用。其次,从犯罪预防的角度来讲,我们很难想象有人会只是将他人的商标用于电视等媒体作广告宣传或参加展览,而不在商品本身或其包装或容器上使用该商标来标示其商品的,否则非法使用人岂不是自己花钱替商标权人做广告?

这里强调商标要和商品结合在一起,并非是指商标一定要直接附着在商品本身上,而是根据其出现的方式,只要足以有标示某具体商品的作用即可。因而处罚非法使用商标的行为,只要处罚其于商品本身或其包装或容器以及有关的单证等的行为即可,而没有就广告行为上的商标使用再行处罚的必要和意义。

3. 对"同一种商品"和"相同的商标"的理解

对"同一种商品"的理解,学界有两种观点:(1)是指根据我国颁布的《商品分类(组别)表》对所有的商品按照类、组、别三个级次进行的详尽分类而处于同一种目的商品。不仅仅指商品,而且至于商品有关的包装、单证等[1]。(2)要按照商品的原料、形状、性能、用途等因素以及习惯来判断,同一种商品一般指的是名称相同的商品,或者名称不同但所指的商品是相同的商品。[2] 我们认为这两种观点都是不妥的。第一种观点的根据已经比较过时,难以适应现实生活的实际;第二种观点则比较抽象,而且并不详细,不利于司法操作。我国在1988年开始采用国际注册用商品和服务分类,并于1994年8月9日加入尼斯联盟,也采用了尼斯协定的商标注册用商品/服务国际分类。因此,在认定"同一种商品"时要注意:(1)同时采用尼斯协定国际分类法。(2)采用消费者标准,看大多数消费者一般的看法。对"相同商标"有两种判断标准:一是科学认识标准。即采用专家、专业人员的认识水平、实际经验,由他们来予以认定,必要时做出鉴定;二是以消费者通常的识别能力为标准。即参考大多数消费者在通常情况下的识别能力、一般经验,只要足以使大多数消费者误认为是相同的商标的,就可以认定为是相同的商标。[3] 我们认为第二种观点是比较切合实际的。因为商标的基本作用就是以显著特征区别不同质量的相同商品,从而使消费者记住质量优越的商品。商标发挥作用、区别不同厂家的相同商品最终要依赖于消费者对商标的认识、观察、记忆,采用消费者标准符合商标的基本作用,因而是妥帖的。何为"相同的商标"? 主要有两种意见:一种意见认为是指完全相同,即"这种商标在文字、图形或其组合以及颜色等各方面均与他人注册的商标相同。"[4]另一种意见则认为应当包括基本相同,即认为对相同商标作广义的理解,包括完全相同和包括基本相同两种情形。[5] 我们认为第二种观点比较现实,实际中相同的假冒注册商标的情形很少,几乎没有不对注册商标予以一定改变的。按照第一种

---

〔1〕 参见高铭喧主编:《新型经济犯罪研究》,中国方正出版社2000年版,第47页。

〔2〕 参见赵秉志主编:《侵犯知识产权犯罪研究》,中国方正出版社1999年版,第94页;马克昌主编:《经济犯罪新论》,武汉大学出版社1998年版,第735页。

〔3〕 参见张明楷:《刑法学》(下),法律出版社1997年版,第669页。

〔4〕 参见高铭喧主编:《新型经济犯罪研究》,中国方正出版社2000年版,第735页。

〔5〕 参见赵秉志主编:《侵犯知识产权犯罪疑难问题司法对策》,吉林人民出版社2000年版,第157页。

观点就无法追究行为人的犯罪。不完全相同但基本相同的商标较难分辨,往往将其放在一起进行对比观察时才能予以区分,有时只有专业人士才能够区分。[1] 但是,什么是“基本相同”?“基本相同”与“近似”如何区分?一般认为应以是否“足以造成误认”为标准。所谓“足以造成误认”,根据国家工商行政管理局《关于执行〈商标法〉及其〈实施细则〉若干问题的通知》,是指会造成对商品来源产生误认,或者产生当事人于商标注册人之间存在某种特殊联系的错误认识。虽有区分,但足以造成误认的,为“基本相同”;不足以造成误认的,则不认为是“基本相同”。[2] 有人也同样认为:“对于大多数消费者来说,容易发生混淆,会误认为是注册商标的,即可以认定为与注册商标‘基本相同’”。我们认为,以“足以造成误认”作为标准基本上是可取的,但也存在一定的模糊性。因而还要结合其他因素综合考虑。即:(1)两种商标的显著部分相同外,其他细小特征也相同的,为“基本相同”;显著部分虽然相同,但是其他大部分细小特征并不相同的,为“近似”。(2)从商标的整体进行观察。显著部分与其他细小特征相结合的效果在很大程度上是相同的,为“基本相同”;显著部分与其他细小特征相结合的效果相同,但不同也很明显的,为“近似”。(3)以普通消费者的通常识别能力来观察,经常使用某一种商品的大多数消费者对两种商标仔细比较也无法发现不同的,为“基本相同”;仔细比较后一般都能予以区分的,为“近似”。对“相同的商标”的认定很大程度上要靠经验判断,大家争论还是比较多的,这个问题仍需进一步研究。

(三)侵犯注册商标权犯罪中犯罪数额的认定

从法律的规定上来看,在侵犯注册商标权犯罪中,明确以特定的犯罪数额作为构成要件的只有销售假冒注册商标的商品罪一罪,该罪以“销售金额数额较大”作为构成犯罪的条件,而假冒注册商标罪和非法制造、销售非法制造的注册商标标识罪均以“情节严重”为要件。但根据前述最高人民检察院、公安部《关于经济犯罪案件追诉标准的规定》,在后二罪应予追诉的情形中,把“非法经营数额”和“违法所得数额”作为重要的标准之一。因而在侵犯注册商标权的犯罪中,涉及的犯罪数额主要有“销售金额”“违法所得数额”和“非法经营数额”。明确它们的具体含义,并在此基础上明确具体的操作标准,对于认定上述犯罪具有重要意义。

1. 对“销售金额”的理解

销售假冒注册商标的商品罪在客观方面一般表现为批发、代售、零售,还有贩卖、推销等等,其本质特征是进行有偿的交换,具体的价格高低并不重要。如果是无偿的赠送,则不成立本罪。销售的行为并不以实际上收取到对方的付价为必要。

对于“销售金额”的理解,学界的争论主要集中对认定生产、销售伪劣产品罪的讨论上。主要有以下观点:(1)销售商品后所获得的全部收入,不单单是销售利润。(2)销售商品时的经营额。(3)所销售的商品的货值总额。(4)既指实际已经出售出去的产品金额,又指尚未销售而可能销售出去的产品金额。(5)只要认定行为人已经销售,那么,就按照该销售实

---

〔1〕 参见朱孝清:《略论假冒注册商标犯罪的几个问题》,载《法学》1994 年第 2 期。

〔2〕 参见高晓莹:《侵犯知识产权犯罪的认定与处理》,中国检察出版社 1998 年版,第 50 页。

际得到、应当得到或可能得到的金额来计算。[1]

我们认为，按照刑法学界的通说，我国刑法典分则具体犯罪的犯罪构成是以犯罪既遂为标准模式的，就刑法典第140条规定的生产、销售伪劣产品罪而言，其规定的"销售金额五万元以上"这一客观要件是就该罪的既遂而言的，在这种情况下，很显然销售金额应当是指生产者、销售者已经全部销售出去伪劣产品后获得的总收入（包括成本在内）。这也是"销售金额"的通常意义。但是在犯罪未完成的形态下，对销售金额就应作辩证的理解。我们在不否认此罪存在犯罪未完成形态的前提下，认为这里的"销售金额"应当作如下理解：在犯罪既遂的情况下，是指实际已经销售出去的收入总额；在犯罪未完成形态下（尤其是就犯罪未遂而言），则是指尚未销售而可能销售出去的产品价值总额。总之，我们认为只要能够证明销售者购进伪劣商品最终是为了销售，而客观上能够查明行为人拥有足以进行非法商业交易数量或者价值的伪劣产品，就应认定存在"销售金额"。值得注意的是，最高人民法院、最高人民检察院《关于办理生产、销售伪劣商品刑事案件具体应用法律若干问题的解释》（2001年4月5日）第2条对销售的解释也持此观点。该条规定，所谓销售金额，是指生产者、销售者出售伪劣产品所得和应得的全部违法收入。

同样地，笔者认为，从刑法的协调性角度考察，尽管目前尚无关于销售假冒注册商标的商品罪中销售金额的新的司法解释，但其销售金额也应当与生产、销售伪劣商品犯罪中的"销售金额"作同样的理解，其司法解释的精神应当是一致的，即在销售假冒注册商标的商品罪中的销售金额，既是指犯罪既遂的销售全部收入（包括成本），也指犯罪未完成形态下已经销售出去的收入额和尚未售出的商品的价值额的总和。具体来说有以下几种情形：（1）全部的假冒注册商标的商品都已经售出，并且价金全部回收。（2）全部的假冒注册商标的商品都已经售出，但是价金没有全部回收。（3）销售了一部分的假冒注册商标的商品，已经回收了价金或没有回收。（4）购进了假冒的注册商标的商品，但是尚未来得及销售出去。

2. 对"违法所得数额"的理解

在1997年刑法典通过之前，1993年2月22日全国人大常委会通过的《关于惩治假冒注册商标犯罪的补充规定》对销售假冒注册商标的商品罪规定以"违法所得数额较大"为要件。根据当时的司法解释，最高人民检察院将"违法所得数额"解释为"销售收入"，而"销售收入"实际上就是"销售金额"（最高人民检察院1993年12月1日《关于假冒注册商标犯罪立案标准的规定》）。而最高人民法院则将其解释为"获利数额"。由于"两高"对"违法所得数额"理解的不同，造成执法中的混乱，影响了法律的严肃性和执法的统一性。虽然1997年刑法典均将生产、销售伪劣商品罪和销售假冒注册商标的商品罪中的"违法所得数额"改为"销售金额"，但"销售金额"本身仍然存在一定的模糊性。而且，在侵犯注册商标权犯罪中，"违法所得数额"在认定犯罪中仍然具有重要的意义，因而对其含义仍有必要予以澄清。

笔者认为，从字面意义上，违法所得数额应当是获利的数额，其不同于销售金额。销售

---

〔1〕 参见赵秉志、许成磊：《生产、销售伪劣商品罪若干疑难问题研究》，载最高人民检察院法律政策研究室编：《法律应用研究》2001年第2辑，中国法制出版社2001年版，第32页。

金额包括成本和利润,而违法所得数额应是除去投入的成本后的利润。因而从外延上,销售金额大于违法所得数额。

3. 对“非法经营数额”的理解

经营行为,在整体上看是一种营利性活动的全过程,因而非法经营数额应是指为基于营利目的而非法从事的特定经营活动所投入和所获得的全部数额。在这种意义上,非法经营数额和销售金额的外延差不多。如国家工商行政管理局、商标局1990年4月在给福建省工商局的批复中认为,“商品已全部销售的,其销售款总额为非法经营额;商品尚未销售的,其购入总货款为非法经营额;部分销售的,已售出部分的销售款总额加上尚未售出部分的购入货款之和为非法经营额”。国家工商行政管理局1994年《关于执行〈商标法〉及其〈实施细则〉若干问题的通知》中规定,“非法经营额”包括假冒品的销售额及被查获假冒品的货值之和。《批复》和《通知》在实质上是一样的,只不过前者更为具体。结合“两高”对生产、销售伪劣商品犯罪中“销售金额”的理解,从上述文件可以看出,显然《批复》和《通知》都是将“非法经营数额”理解为“销售金额”。不过,严格地讲,“非法经营数额”在外延上还要比“销售金额”广泛。例如,被查获的半成品及其部件的货值似乎不好计算在销售数额中,但应当计算在非法经营数额内。

4. 上述犯罪数额在司法、执法过程中面临的实际问题

这突出地体现在以下两个方面:

其一,认定标准不统一。

目前除了“两高”对生产、销售伪劣商品犯罪中“销售金额”作出了统一的司法解释外,对其他犯罪数额尚未有新的统一的司法解释出台。最高人民检察院、公安部所作出的《追诉标准》也只是就立案、起诉而作出的标准,由于没有最高人民法院的参与,上述案件一旦起诉到法院,法院能否据此标准而进行审理、判决,不无疑问。行政执法部门对这些数额的理解作出的文件规定是否能够作为司法的依据,尚存在疑问。即使可以为司法机关所参考,也因缺乏司法的统一性,而可能导致各地做法不一。

其二,司法查证困难。

查获的假冒产品的具体犯罪数额按照何种标准计算价额,目前尚无一致的意见。有的主张按照侵权人的实际成本或实际销售价为标准,有的建议以被假冒产品的批发价作为计价标准。对于“销售金额”的计价虽然可以参考“两高”关于生产、销售伪劣商品犯罪中“销售金额”的计价标准进行,但后者也并非毫无问题。该《解释》第2条规定,货值金额以违法生产、销售的伪劣产品的标价计算;没有标价的,按照同类合格产品的市场中间价格计算。货值金额难以确定的,按照国家计划委员会、最高人民法院、最高人民检察院、公安部1997年4月22日联合发布的《扣押、追缴、没收物品估价管理办法》的规定,委托指定的估价机构确定。但按标价计算在下述情况下将极不利于对被侵权人合法权益的保护:有些假冒者为逃避处罚,故意将假冒商品的标价标得很低,而其实际销售的口头标价又很难查证,因此完全以标价计算极容易轻纵犯罪分子。现在还有许多行政执法机关(包括公安机关)根据假冒者的口头或者书面声明来确定“非法经营额”“销售金额”“违法所得数额”。很显然,这种

声明根本不可能真实地反映制假售假者的实际销售情况。很多制假售假分子往往故意压低经营额以逃避法律制裁，这一点在外贸出口案件中极为普遍。价值数百万元的货物在报关单据上仅仅列明数千美元，往往使执法部门无可奈何。

再者，如果按照先前销售收入计算犯罪数额，而实践中犯罪分子鲜有保存先前销售收入的书面凭证。但是通常情况下，在被商标所有人及执法机关发现之前，他们已从事了相当长时间的假冒活动。

因此，有关部门应协调起来，尽快制订统一的执法、司法标准，并尽可能地提供可供操作的规格，应成为运用刑法武器打击假冒伪劣商品犯罪的当务之急。

5. 与犯罪数额相关的问题

问题之一：根据《追诉标准》，虽未达到一定的数额标准，但因假冒他人注册商标、非法制造、销售非法制造的注册商标标识，受过行政处罚二次以上，又假冒他人注册商标、非法制作、销售非法制作的注册商标标识的，应予追诉。而所谓"虽未达到上述数额标准"是指接近上述数额标准且已达到该数额的80%以上的，但由于"非法经营数额""违法所得数额"本身标准的不明确性，80%又该如何计算自然也不明确，因此有关行政执法部门如何移送案件就成为问题。

问题之二：在计算犯罪数额时，曾经受过行政处罚的违法数额是否一并计算在内？《追诉标准》没有明确。根据刑法典有关条款的规定以及有关司法解释的精神，我们认为，曾经受过行政处罚的违法数额不应再行计算在需要追究刑事责任的犯罪数额内，否则有违"禁止重复评价"原则。否则，如果将行政处罚的数额计算在内，那么需要追溯到何时？当然，曾经受过二次以上行政处罚，是否也有时间上的限制，例如一年内或两年内，还是只要在需要追究刑事责任之前，只要有两次因实施同样的违法行为而被行政处罚过两次即可？对此，《追诉标准》也未明确。

问题之三：关于《追诉标准》的效力问题。应当说，这一《追诉标准》具有司法解释的性质，而关于司法解释的效力问题，据笔者所知，虽然最高司法机关已对此问题进行了研究和讨论，但至少截至目前尚未见有关的规定出台。不过，根据一般的法理，结合我国刑法的基本原则，尤其是罪刑法定原则，笔者主张在总体上应坚持"从旧兼从轻"的原则进行处理，同时应注意司法解释具有对刑法规范的依附性。就《追诉标准》而言，如果在1997年刑法典适用过程中，《追诉标准》适用之前，已有相关司法解释的，要比较这两个司法解释的"轻重"，根据"从旧兼从轻"原则选择应当适用的司法解释；如果以前没有司法解释的，则应直接按追诉标准执行。

四、侵犯注册商标权犯罪的犯罪形态

（一）生产、销售伪劣商品罪与侵犯注册商标权犯罪的关系

1. 生产、销售伪劣产品罪与侵犯注册商标权犯罪的区别

我国刑法典第140条规定的生产、销售伪劣产品罪，是指生产者、销售者在产品中掺杂、掺假，以假充真、以次充好或者以不合格产品冒充合格产品，销售金额在5万元以上的行为。侵犯注册商标权犯罪虽然与生产、销售伪劣产品罪同属于侵犯市场经济秩序的犯罪，但仍然

有很多不同点:(1)犯罪的客体不同。侵犯商标权的犯罪侵犯的直接客体是注册商标所有人的商标专用权;而生产、销售伪劣产品罪的直接客体则是国家的商品生产销售的质量监督管理制度以及广大消费者的合法权益。(2)主观的犯罪罪过不同。主要是指犯罪的故意内容不相同。(3)犯罪行为的客观表现不相同。生产、销售伪劣产品罪主要表现为在产品中掺杂、掺假,以假充真、以次充好或者以不合格产品冒充合格产品;而侵犯商标权的犯罪则是假冒他人的注册商标或者销售假冒注册商标的商品,或者非法制造或销售非法制造的他人注册商标标识,犯罪的对象有着明显的不同。(4)成立犯罪的标准不同。成立生产、销售伪劣产品罪,要求销售金额达到5万元以上;而成立侵犯注册商标权的犯罪,有的要求情节严重或者特别严重,有的要求销售金额巨大或者特别巨大(根据《追诉标准》,要求个人10万元以上,单位50万元以上)。

2. 生产、销售伪劣产品罪与侵犯注册商标权犯罪的罪数关系

非法制造或销售非法制造的他人注册商标标识罪的犯罪对象是他人注册商标标识,与生产、销售伪劣产品罪的犯罪对象有着明显的不同,因此,这里我们主要探讨生产、销售伪劣产品罪与假冒注册商标罪、销售假冒注册商标的商品罪之间的关系。

(1)行为人生产伪劣产品的时候又在该产品上非法使用他人的注册商标。对此有着各种不同的理解与认识:第一种观点认为,应当数罪并罚;[1]第二种观点认为,这种情形符合牵连犯的特征,应当从一罪重处断,[2]也有人认为应数罪并罚;[3]第三种观点认为,符合想象竞合犯的特征,应当从一重罪处罚;第四种观点认为,生产、销售伪劣产品罪与假冒注册商标罪、销售假冒注册商标的商品罪实际上存在法条竞合的关系,对于这种情形应当按照重法优于轻法的原则进行处理。[4] 我们认为,正确理解和处理这种情形的关键,在于判断究竟有几个行为存在以及刑法典第140条与第213、214条的法条关系。

首先,行为人生产、销售伪劣产品时假冒他人的注册商标目的,是为了更顺利地销售伪劣产品,因此要分不同的情形进行分析。生产伪劣产品时非法使用他人的注册商标,同样具有上述目的。但是要看到生产行为与假冒注册商标的行为紧密相连,生产行为的完成要求假冒注册商标行为也要完成,即假冒注册商标的行为往往是生产伪劣产品行为中不可分割的部分,实践中很难分清生产行为和假冒行为,比如有些商品上面可以直接印制、镌刻、雕刻商标,如果不假冒商标的话,就不可能完成生产,而且假冒注册商标就是在加工、包装时进行的,这样就无法把假冒行为从生产行为中分离出来。在这样的情况下,实际上只有一个完整的生产行为存在,犯罪对象是伪劣产品。其次,就法律对生产伪劣产品罪和假冒注册商标罪的规定而言,假冒他人注册商标的商品有可能是伪劣产品,刑法并没有说明假冒注册商标的商品是否合格,这样就不能排除伪劣产品的可能性。尽管二者的犯罪客体并不相同,但是如同上述,生产行为中自然包括了标识商标的行为,如果商品质量低劣,所用商标又是未经许

---

〔1〕 参见朱孝清:《略论假冒注册商标犯罪的几个问题》,载《法学》1994年第2期。

〔2〕 参见赵秉志主编:《侵犯知识产权犯罪研究》,中国方正出版社1999年版,第99页。

〔3〕 参见孙力:《略论假冒注册商标罪的法律适用》,载《法学》1993年第5期。

〔4〕 参见高晓莹:《论假冒注册商标罪与生产销售伪劣商品的界限》,载《中国刑事法杂志》2001年第1期。

可的,那么在伪劣商品上非法使用注册商标的行为既是生产伪劣产品的行为,同时又是假冒注册商标的行为,即二者是同一个行为。即是说,在犯罪对象相同时,生产伪劣产品罪和假冒注册商标罪的客观行为要件也是相同的,这种情况下恰恰符合想象竞合犯的特征,而不是法条竞合。因为,区分法条竞合与想象竞合,关键是看存在竞合的法条之间是否存在必然的重合或交叉关系。如果存在必然的重合或交叉关系,则为法条竞合;否则应为想象竞合。而生产伪劣产品罪与假冒注册商标罪并不存在必然的交叉关系。

(2)行为人销售的伪劣产品又是假冒他人注册商标的商品。对此,要分两种情况:一是行为人购进的伪劣商品本身就是假冒注册商标的商品;二是行为人购进伪劣产品后非法将他人的注册商标使用在该种商品上。对于第一种情况,应按照想象竞合的原则进行处理,其道理与上述对生产伪劣产品罪与假冒注册商标罪之间关系的情形相同。对于第二种情形,行为人很明显有两个行为:假冒注册商标的行为和随后的销售行为。行为人假冒注册商标就是为了更顺利地销售伪劣产品,即销售行为是假冒行为的目的行为。对此我们同意大多数学者的观点,应按照牵连犯的原则从一重罪从重处断。需要注意的是,上述情形必须发生在同一商品上,如果不是同一种商品,则行为人的这种销售行为不构成销售假冒注册商标的商品罪,而只构成销售伪劣商品的犯罪。例如,实践中发生的行为人用甲醇兑水冒充白酒,并假冒他人注册商标的行为,就生产者而言,其用甲醇兑水冒充白酒的行为显然构成生产有毒、有害食品罪,但不构成假冒注册商标罪。因为在这种情况下,这种用甲醇兑水的产品尽管在名义上是白酒,但其实质上与被假冒注册的商标的商品不是同一种商品,因而不符合假冒注册商标罪的构成,只能以生产有毒、有害食品罪定罪。同样,如果是销售者销售这种产品,也只构成销售有毒、有害食品罪。

(二)侵犯商标权的几种犯罪之间的关系

在实际生活中,行为人一般不是单独地实施某一种侵犯商标权的犯罪,而是多种侵权行为相互交织,这样不仅涉及共同犯罪问题,而且也涉及罪数问题。对之准确地理解和加以区分,有助于正确地定罪量刑。

其中涉及的主要问题有:(1)行为人既假冒注册商标又销售假冒注册商标的商品。(2)行为人既非法印制或者购进他人注册商标的标识,又将之非法使用在与注册商标所有人相同的商品上,再加以销售的。(3)销售假冒注册商标的商品者能否构成假冒注册商标罪的共犯。(4)销售者购进他人的注册商标标识以及与注册商标所有人相同的商品,然后进行假冒的,能否与非法印制注册商标者构成共犯。(5)非法印制他人注册商标标识而又销售的,或者购进非法印制的注册商标标识而销售的,后者能否构成非法制造注册商标罪的共犯。如果在前四种情况中认为假冒注册商标的商品有可能是伪劣产品,或者是侵犯著作权的产品或者是侵犯商业秘密的产品或者是国家规定专营的产品时,处理起来均会更加复杂。

对于第一种情形,有论者认为是吸收犯,“其销售行为作为假冒行为的必要延续而为假冒行为所吸收,属于假冒注册商标罪整个犯罪过程的组成部分”。[1] 因此仅定假冒注册商

---

〔1〕 参见赵秉志主编:《侵犯知识产权犯罪疑难问题司法对策》,吉林人民出版社2000年版,第246页。

标罪一罪,将销售行为作为量刑情节予以考虑。我们赞同这种观点。对于第二种情形,行为人有三个犯罪行为,购进非法制造的注册商标标识是为了假冒注册商标,最终的目的是为了销售获取利润。购进非法制造的注册商标标识才能假冒注册商标,才能进行销售。因此购进非法制造的注册商标标识是假冒行为的手段行为,销售行为与假冒行为的关系就相同于第一种情况了。但根据刑法规定,假冒注册商标罪,销售假冒注册商标的商品罪,非法制造、销售非法制造的注册商标标识罪的法定刑幅度相同,无法区分哪一个是所谓的重罪,即无法从一重罪处断,只能按照一重罪来定,鉴于假冒注册商标的行为在其中更为关键,可按假冒注册商标罪定性,把其他两种行为作量刑情节考虑。

对于第三种情形,有的论者认为,销售明知是假冒注册商标的商品是一种特殊的销赃行为,是一种法规竞合。[1] 我们认为,刑法典第214条中的销售假冒注册商标的商品罪,应当理解为刑法的一种特别规定。司法实践中,销售者对生产者生产假冒注册商标行为的认识包括两种情况:一是与生产者、侵权人有联络的,事前与生产者有通谋,或事中存在共同故意,直接从假冒注册商标商品的生产者或侵权复制品制作者那里购买假冒注册商标的商品或侵权复制品。有的甚至形成产销一条线。二是事后的明知,即与生产者、侵权人没有直接联系,商品或侵权复制品经过中间环节到达销售者手中。无论上述哪一种情形,均应当以销售犯罪定罪处罚。刑法把共犯行为独立为罪的这种特别规定,相当之多。例如,刑法第107条规定的资助危害国家安全犯罪活动罪,指的是境内外机构、组织或者个人资助境内组织或者个人实施背叛国家罪、分裂国家罪、煽动分裂国家罪、武装叛乱暴乱罪、颠覆国家政权罪、煽动颠覆国家政权罪的行为。这种情况本来属于上述6种犯罪的帮助犯,但刑法既然把它作为独立的罪名规定了,就是特别规定。类似的情况还发生在运输假币罪、运输毒品罪等犯罪中。在侵犯注册商标权犯罪中,如果无视刑法的特别规定,将导致十分混乱的定罪局面且使得“销售犯罪”可能形同虚设。但是在事前通谋时,如果销售行为根据定罪标准没有达到犯罪标准,而按照共犯处理可以追究行为人的罪责,则应当适用假冒注册商标罪或侵犯著作权罪的共犯对销售者定罪处罚。

对于第四种情形,我们认为购买时知道是非法制造的注册商标标识的,构成销赃罪。如果事先有通谋,则构成共同犯罪(此时不同于销售假冒注册商标的商品罪的情形,因为刑法典并没有像将销售假冒注册商标的商品的行为独立规定为犯罪一样,将收购假冒的注册商标的商品的行为作为独立的犯罪而加以规定,在这种情况下只能适用共犯理论加以解决),因为收购行为成为非法制造注册商标标识行为的帮助行为。前述行为正是为了假冒注册商标,因此成立牵连犯。但是销赃罪最高法定刑也是3年有期徒刑,在该量刑档次中无法区分重轻罪,可以按照假冒注册商标罪来定罪,量刑时从重处罚。

对于第五种情形,可以参考上述理解加以适当处理。至于假冒注册商标的商品同时又是伪劣的或者侵犯著作权的或者侵犯商业秘密的或者国家规定专营的产品时,在罪数上有了增加,处理的原则近似于以上在论述生产伪劣产品罪与侵犯注册商标权犯罪之关系中的

---

〔1〕 参见赵秉志主编:《侵犯知识产权犯罪疑难问题司法对策》,吉林人民出版社2000年版,第246页。

原则,这里不再赘述。

五、结语:完善我国侵犯注册商标权犯罪的立法建议

我国已经从计划经济走向社会主义市场经济,经济活动方面的法律法规与国际上相接轨随着我国加入WTO而愈加变得日益迫切和重要。WTO规则中,《与贸易有关的知识产权协定》(TRIPs)是很重要的部分。该协定第61条(1)规定了成员国应当对商标权利进行全面的保护。我国的法律、法规应当适应这种要求。国际上对商标进行广泛的保护,已经成为国际惯例。不仅对在同一商品、服务上使用相同的商品商标、服务商标予以刑法规制,而且对相似商品、服务上使用相同或近似的商品商标或服务商标也加以刑法规制,如英、美、日等国家和我国的香港、台湾地区就是如此。从我国新修订的《商标法》来看,对商标权的保护也扩大了范围,如立体商标也纳入保护范围、反向假冒商标行为也属违法等。随着经济的发展,我国很有必要进一步完善商标的刑事保护。为此,我们建议:(1)未经注册商标所有人的许可,在相似商品上使用相同的商标、相似的商标的行为,也应规定为犯罪。这种行为与现行刑法规定了犯罪的行为实际危害相近似。(2)应当规定反向假冒注册商标罪[1],打击不正当的竞争行为。反向假冒注册商标的行为,是指在他人的商标上未经过该种商标生产者或者销售者的同意,擅自使用自己的注册商标的行为。这种行为破坏了他人对其商标的正常使用,非法剥夺了商品生产或者销售者商标使用权,情节严重的,应规定为犯罪。(3)应当将服务商标也纳入侵犯商标犯罪的犯罪对象。(4)国家已经认定的但并没有注册的驰名商标(包括外国驰名商标和国内驰名商标),应规定也可以成为侵犯商标权犯罪的犯罪对象。

---

〔1〕 参见王作富、赵永红:《WTO与我国商标犯罪的完善》,载赵秉志主编:《21世纪刑法学新问题研讨》,中国人民公安大学出版社2001年版,第277页。

论金融诈骗罪的概念和构成特征*

目　次

一、前言

金融诈骗罪，是近年来发生在金融领域中波及面广泛、社会危害性极其严重、在金融犯罪中增长最快的高频多发犯罪。1997年修订后的我国现行刑法典在分则“破坏社会主义市场经济秩序罪”一章专设一节对金融诈骗罪作了明确的规定。但刑法学界和司法实践部门对金融诈骗罪的概念与基本构成特征尚存在一些模糊认识，从而给金融诈骗罪具体个罪的司法认定带来困惑。为此，笔者认为有必要对金融诈骗罪的概念和构成特征的一些宏观问题详加剖析，以利对金融诈骗个罪正确而深入的理解与认定。

* 原载《国家检察官学院学报》2001年第1期；收入高铭暄、赵秉志主编：《21世纪刑法学新问题研讨》，中国人民公安大学出版社2001年版。

二、关于金融诈骗罪的概念

(一)学界对金融诈骗罪概念的界定与评析

目前,学界对金融诈骗罪的概念的界定很不统一。有的侧重犯罪学的角度,有的则侧重金融学的角度,有的则从刑法学的角度进行分析。即使从刑法学的角度,界定的内涵与外延也不一致。兹举几种具有代表性的观点予以剖析。

从金融学的角度界定金融诈骗罪的概念,颇有代表性的观点例如,金融诈骗罪是指采取虚构事实或者隐瞒真相等方法,非法骗取金融机构资财或者信用致使金融秩序遭到破坏,国家资财受到损失的行为。[1]

从刑法学角度进行界定的,例如:(1)金融诈骗是指为了骗取财产或者银行信用而恶意利用来自被害人自身的弱点,通过虚构事实、隐瞒真相的各种方法,使金融机构或开户单位、个人陷于错误认识,自动向诈骗犯交付财产或者提供银行信用的行为。[2] (2)金融诈骗是指行为人为了骗取或者占有金融机构的财产,通过虚构事实、掩盖真相的各种方法,骗取金融机构财产数额较大的行为。[3] (3)金融诈骗是指在金融领域内,以非法占有为目的,采取虚构事实或者隐瞒真相的欺诈方法,骗取银行或者其他金融机构的贷款、保险金或者进行非法集资诈骗、金融票据诈骗和信用证、信用卡诈骗,数额较大的行为。[4] (4)金融诈骗罪是指行为人进行非法集资、贷款、金融票据、政府债券、信用证、信用卡和保险诈骗活动,数额较大,侵害国家、法人或公民的财产权益,破坏国家金融秩序的行为。(5)金融诈骗罪是指以非法占有为目的,采用虚构事实或者隐瞒真相的方法,骗取公私财产或者金融机构信用,破坏金融管理秩序的行为。[5]

从犯罪学角度,对金融诈骗罪的概念的界定往往脱离了我国刑法典分则明确规定的金融诈骗罪之内涵与外延,而将所有的金融欺诈型犯罪都纳入金融诈骗罪的观照范围,而称之为金融诈骗犯罪。这种界定实际上与我们后文所说的最广义的金融欺诈犯罪具有一致性。

笔者认为,既然从实体法的角度展开对金融诈骗罪的研究,那么,对金融诈骗概念的界定就不能脱离现行立法的规定。我国刑法典明确规定了 8 种金融诈骗犯罪。只有从这 8 种具体金融诈骗罪中概括出其共有的特征,使得金融诈骗罪的内涵与外延保持与这 8 种犯罪的一致性,才称得上对金融诈骗罪概念的科学、合理的界定。从这一原则出发,我们来审视上面的几种概括。

(1)从刑法学角度对金融诈骗罪概念进行界定的第一、五种观点尽管具有较高的概括性,但并不准确,主要缺陷在于,其外延大于刑法典规定的 8 种犯罪的外延。因为,并非所有的以非法占有为目的实施的破坏金融管理秩序的诈骗行为都构成金融诈骗罪。有些发生在金融领

---

〔1〕 参见戴相龙主编:《领导干部金融知识读本》,中国金融出版社 1997 年版,第 311 页。
〔2〕 参见白建军:《金融欺诈及其预防》,中国法制出版社 1994 年版,第 2 页。
〔3〕 参见舒慧明主编:《中国金融刑法学》,中国人民公安大学出版社 1997 年版,第 258 页。
〔4〕 参见陈兴良:《刑法疏议》,中国人民公安大学出版社 1997 年版,第 333 页。
〔5〕 参见孙军工:《金融诈骗罪》,中国人民公安大学出版社 1999 年版,第 4 页。

域内的诈骗行为尽管从实质的合理性出发应当作为金融诈骗罪来定性,但在现行刑法典规定之下,根据罪刑法定原则,对这些行为尚无法以相关的金融诈骗罪来定罪。例如,有些特约商户利用发卡银行采取的"信用卡优惠购物"活动以骗取银行资金的行为,也是一种利用信用卡进行的诈骗行为,虽然在犯罪数额上达到"数额较大"的标准,但对这种行为无法以信用卡诈骗罪来定罪,而只能以普通的诈骗罪定罪。再如,在票据诈骗案件中,行为人以非法占有为目的,故意签发与其预留银行的密码不一致但与预留印鉴一致的支票骗取财物的行为,就不能认定为票据诈骗罪,而只能以普通诈骗罪或合同诈骗罪论处,因为这种情形不符合刑法典第 194 条第 1 款第 4 项规定的"签发空头支票或者与其预留印鉴不符的支票进行诈骗"的情形。

(2)从金融学角度以及从刑法学角度进行界定的第二种观点的不足之处,在于其外延、内涵一方面在多数情况下要小于现行刑法典对金融诈骗罪的规定。这种观点将金融诈骗罪限于针对金融机构的财产的犯罪,完全背离了现行刑法的规定,与有关的金融业务理论也不吻合。首先,从刑法典规定的 8 种犯罪来看,有两种情况需要加以区分:一种是只能以金融机构的资金或金融工具为犯罪对象的,只有贷款诈骗罪和保险诈骗罪。除此之外的 6 种犯罪的对象都不限于金融机构的财产,其中有些可以是金融机构的资金或金融工具,而有些则主要不是金融机构的财产。前者如信用卡诈骗罪,在信用卡诈骗罪中,由信用卡业务三方当事人的法律关系决定了这种财产既可能是特约商户的财产,也可能是合法持卡人的财产,也可能是发卡银行的财产;后者如,集资诈骗罪的犯罪对象就不一定是金融机构的资金,从司法实践中已发生的集资诈骗案件来看,多数都是社会公众的资金。其次,从金融业务有关理论来看,在金融市场上交易主体具有多元性,各种交易主体的财物都可能成为犯罪分子所诈骗的对象,但由于发生在金融市场,从而构成了对金融秩序的破坏,这种犯罪行为也是金融诈骗的行为,因此虽然金融机构的财产有可能成为犯罪分子的重要猎取目标,但并非唯一目标。而且,有些诈骗案件只是要借助金融机构的信用中介来实施诈骗,但最终目标却不在于金融机构,而是其他交易主体。另一方面,这种观点与上述第一、五种观点一样,在某种程度上不适当地扩大了金融诈骗罪的范围。其道理同上文的分析。

(3)第三、四种观点虽然概括得不够洗练、简洁,但基本上没有发生上面所提的问题。当然,这两种概括也存在小小的瑕疵,即都将"数额较大"作为构成金融诈骗罪的重要客观内容,但这与刑法典的规定是有出入的。根据刑法典的规定,信用证诈骗罪之构成并不以"数额较大"为要件。

综合以上意见,我们认为,所谓金融诈骗罪,就是指以非法占有为目的,采取法定的虚构事实或隐瞒真相的方式,进行集资、贷款、金融票据、金融凭证、信用卡、保险、有价证券诈骗,数额较大,或者进行信用证诈骗的行为。

虽然这种概括也存在一定的缺陷(主要是不够简洁,但追求简洁的前提是准确,否则就失去了概括的基本意义),但其具有以下明显的优点:(1)明确了金融诈骗罪要以非法占有为目的。(2)标示行为人采取的是"法定的虚构事实或隐瞒真相的方式",虽然不能从概念上具体了解有哪些基本的诈骗方式,但至少表明只有采用法律规定的诈骗方式实施的发生在金融领域内的诈骗活动才构成刑法中的金融诈骗罪,从而克服了上述第一、五种观点所存在的问题。(3)并不限定骗取的财产的所属,从而克服了上述从金融学角度以及从刑法学角度第二种观点对金融诈骗罪概念界定所存在的问题。

(二)金融诈骗罪与金融欺诈犯罪概念之异同辨析

在这里,需要正确地区分金融诈骗罪与金融欺诈犯罪的概念的异同。"欺诈"与"诈骗"虽然是近义词,但它们在词义所概括反映的侧重点方面以及词义的附加色彩方面有细微差别。欺诈的外延要大于诈骗的外延;欺诈强调行为的方式和性质,但不注重结果;诈骗虽表明了同样的行为性质和方式,但强调的是行为的结果和目的。对于欺诈来说,只要有虚构事实或隐瞒真相意图使人产生错误认识的行为就足够,至于他人是否产生错误认识以及行为人非法占有目的的有无则不是"欺诈"所关心的;而"诈骗"则不仅强调行为人的非法占有目的,而且强调行为人造成他人的错误认识。正是在这种意义上,传统上对诈骗犯罪既遂形态都要求是结果犯。由此看来,"欺诈"包含了"诈骗",亦即欺诈是诈骗的属概念。〔1〕 刑法学界一般认为,欺诈不仅包括以非法占有为目的的欺诈,还包括不以非法占有为目的的欺诈。有的学者将其分为以占有他人财产为目的的欺诈,如骗取并占有贷款不予归还;另一种是虚假陈述的欺诈,如以欺骗的手段获得正常申请程序得不到的贷款,但仍准备归还。〔2〕 再进一步划分,欺诈又可分为民事意义上的欺诈(在西方民法理论上多使用"诈欺"一词)和刑事意义上的欺诈,而刑事意义上的欺诈又可分为广义的欺诈犯罪和狭义的欺诈犯罪。

就金融欺诈而言,在金融领域中有些行为人虽然采取了一定的欺诈方法而实施了某种行为,但是不仅这种行为不构成犯罪,这种欺诈的方法也不构成犯罪,而只是民事意义上的欺诈行为,最多引起合同的撤销乃至无效的法律后果。例如,在银行贷款业务中,行为人采取一定的欺诈手段获得由正常程序得不到的贷款,但主观上仍准备归还,后来由于客观的原因而无法按时归还。根据我国的法律规定,对这种行为就不能以贷款诈骗罪追究行为人的刑事责任。当然,在有些国家刑法中,对这种虚假陈述的行为作了专门的规定,即对这种虚假陈述行为也规定为犯罪,在这种情况下,行为人即使不是贷款诈骗,也应构成虚假陈述犯罪。可见,民事意义的欺诈行为与刑事意义的欺诈行为也不是截然分开的。

构成刑事意义上的金融欺诈犯罪,严格地讲,应当区分为最广义的金融欺诈犯罪、广义的金融欺诈犯罪与狭义的金融欺诈犯罪。笔者认为,所谓广义的金融欺诈犯罪,是指我国刑法典分则破坏社会主义市场经济秩序的犯罪一章中第四节"破坏金融管理秩序罪"中的含有欺诈内容(主要是手段、方法上的欺诈)的金融犯罪(例如,伪造货币罪、金融工作人员以假币换取货币罪、使用假币罪、擅自设立金融机构罪、编造并传播证券交易虚假信息罪、诱骗投资者买卖证券罪等)与第五节规定的金融诈骗罪。而最广义的金融欺诈犯罪,则不仅包括上述两种犯罪,而且包括实为金融诈骗但在目前刑法规定条件下只能以普通诈骗罪定性的犯罪,以及金融机构人员利用职务便利实施的其他腐败型犯罪,包括贪污、挪用公款、侵占等犯罪。狭义的金融欺诈犯罪就是刑法典规定的金融诈骗罪。这些犯罪都以非法占有为其主

---

〔1〕 参见刘远:《欺诈犯罪原理探究》,载《法学家》2000年第5期。

〔2〕 参见陈兴良:《金融诈欺的法理分析》,载《中外法学》1996年第3期。

观特征，都是从1979年刑法典规定的普通诈骗罪中分解而来的新型金融犯罪，其与普通诈骗罪之间具有特别法与普通法的关系，兼具金融犯罪与诈骗犯罪的双重特性。我们所要研究的就是这类狭义的金融欺诈犯罪。

三、金融诈骗罪的主体特征

金融诈骗罪的主体有两种：一种是只能由自然人构成的金融诈骗罪；一种是既可以由自然人构成也可以由单位构成的金融诈骗罪。具体而言，根据刑法典第199条第3款、第200条的规定，可以由单位构成的金融诈骗罪有：保险诈骗罪、集资诈骗罪、票据诈骗罪、金融凭证诈骗罪和信用证诈骗罪；只能由自然人构成的金融诈骗罪则是：贷款诈骗罪、信用卡诈骗罪、有价证券诈骗罪。尽管刑法将这3种犯罪仅作为自然人犯罪加以规定的合理性尚值得推敲，但在现有刑法规定条件下，只能对实施上述5种金融诈骗罪的单位进行处罚，即判处罚金。现在的问题是，法律将信用卡诈骗罪、贷款诈骗罪及有价证券诈骗罪3种犯罪的主体限定在自然人，而实践中经单位集体决策，为单位利益，实施贷款诈骗、有价证券诈骗、恶意透支，将骗得的财产归单位所有的现象时有发生，单位实施的使用伪造的信用卡、作废信用卡以及冒用他人信用卡的犯罪也大量存在。对此，应如何处理？

（一）观点争鸣

刑法学界有不同观点：一种观点认为，为单位利益实施的犯罪行为，只要符合该罪构成要件，尽管根据法律规定，单位实施危害社会的行为的，法律规定为单位犯罪的才负刑事责任，对单位不能以犯罪论处，但这种情况下，对单位直接负责的主管人员和其他直接责任人员仍可以该罪论处；还有的学者从我国新刑法与法益侵害的关系角度，站在刑法对法益保护而犯罪是对法益侵害的立场上认为，从犯罪主体上说，在刑法没有规定单位可构成犯罪主体的情况下，即使是单位集体实施的，也应追究主管人员和其他直接责任人员的刑事责任，不能以刑法规定的主体是自然人而实际上的主体是单位为由，而否认行为人的责任。[1] 因为从法益侵害角度讲，客观的对于金融管理秩序和公私财产所有权的侵害并不取决于主体是单位还是个人。另一种观点则认为，追究单位直接负责的主管人员和其他直接责任人员是以单位构成犯罪为前提的，尽管某些情况下基于那些因素之考虑，不对单位处罚，但如果单位不构成犯罪，则单位中的直接责任人员就不能以犯罪论处。但可以通过经济制裁、行政处罚等手段进行处理，必要时还可以由立法机关修改法律或作出立法解释，以明确追究单位实施贷款诈骗等行为的刑事责任问题。[2]

上述两种观点各持一端，见仁见智：前者从行为的实质危害和现行立法规定下有力打击犯罪的角度，认为尽管对单位不以犯罪论，但不能放纵具体实施犯罪的自然人；后者则从罪刑法定原则及单位犯罪的内部逻辑构造出发，认为既然刑法未规定单位犯罪，就不能追究决策者和具体实施者的刑事责任。如有的学者所评析：前一种观点确有违反罪刑法定原则之

---

〔1〕 参见张明楷：《新刑法与法益侵害说》，载《法学研究》2000年第1期。

〔2〕 参见孙军工：《金融诈骗罪》，中国人民公安大学出版社1999年版，第59页。

嫌;而按后种观点,又确有放纵犯罪之嫌。这里出现了实质合理性与形式合理性的冲突。[1]

(二)观点研讨

上述争论涉及单位犯罪本身的理论问题,我们认为,在目前的立法、司法现状下,即使单位不构成贷款诈骗罪、信用卡诈骗罪、有价证券诈骗罪,但仍可以对单位直接负责的主管人员和其他直接责任人员追究刑事责任。当然,追究其责任必须在实质上符合单位犯罪和本罪的构成条件,而且,在起刑数额上也应与自然人犯罪有所不同,一般应比后者的起刑数额高。有关的司法解释也体现了这种基本精神。[2] 当然,该问题的最终合理解决有赖于立法的完善,即增设上述犯罪的单位犯罪主体,从而与其他金融诈骗罪相协调。

另外,需要注意的是,在关于保险诈骗罪的内容中,刑法典第198条第2款规定,有第1款第4、5项所列行为,同时构成其他犯罪的,依照数罪并罚的规定处罚。而数罪并罚的情形多表现为行为人故意纵火、杀人、故意伤害等以骗取保险金,而放火罪、故意杀人罪、故意伤害罪的犯罪主体为自然人,在单位实施第1款第4、5项行为的情况下,能否对单位实行并罚呢?显然不可。因为,若对单位实行并罚,不仅与刑法分则关于故意杀人、故意伤害罪、放火罪的规定相矛盾,而且与单位犯罪的性质不符。另外,刑法典第198条第2款作了数罪并罚的规定,而该条第3款规定的是"单位犯第1款罪",未将第2款也包括进去,这表明该款旨在排除将单位的行为认定为放火罪等罪。当然,这并不否认实践中有些为了单位利益,经集体研究决定以放火、杀人、伤害等犯罪手段制造保险事故骗取保险金情况的存在,对此,只能对单位认定构成保险诈骗罪,但对单位直接负责的主管人员和其他直接责任人员应当以放火罪、故意杀人罪、故意伤害罪和保险诈骗罪定罪并实行并罚。

四、金融诈骗罪的主观特征

对金融诈骗罪的主观特征,有两个问题尤其值得探讨:一是金融诈骗罪之构成是否以非法占有为目的为必要?如何理解行为人的非法占有目的?二是间接故意能否构成金融诈骗罪?下面,对这两个问题分别加以分析、论证。

(一)关于金融诈骗罪的非法占有目的

1. 金融诈骗罪之构成是否以非法占有目的为要件

刑法学界一般认为,非法占有目的是金融诈骗罪的主观要件内容。但也有一些学者和司法实务部门的同志认为,只有法律明确规定以"非法占有目的"为要件的犯罪,该特定目的才是特定犯罪的构成要件,除此之外的其他金融诈骗罪并不以此为要件。近来,对此问题的争论集中体现在票据诈骗罪和信用证诈骗罪上。有的论者认为,既然刑法典对这种犯罪

---

[1] 参见陈兴良:《社会危害性理论——一个反思性检讨》,载《法学研究》2000年第1期。

[2] 在最高人民检察院《关于单位盗窃行为如何处理问题的批复》(1996年1月23日)和最高人民法院《关于审理诈骗案件具体应用法律的若干问题的解释》(1996年12月16日)中,对单位盗窃和单位诈骗如何处理都作了明确的规定。比如,后者规定"单位直接负责的主管人员和其他直接责任人员以单位名义实施的诈骗行为,诈骗所得归单位所有,数额在5万元至10万元以上的,应依照《刑法》(指1979年刑法典。——笔者注)第151条的规定追究上述人员的刑事责任;数额在20万元至30万元以上的,依照《刑法》(同上)第152条的规定追究上述人员的刑事责任。"

并未规定非法占有目的，如果司法实践中以此为要件，则有违罪刑法定原则，同时，也不利于打击犯罪，并从司法实践中发生的有关案例出发来论证其观点的合理性。[1] 这样，在现行刑法典规定的多种金融诈骗罪中，就只有集资诈骗罪、贷款诈骗罪以及恶意透支型信用卡诈骗罪才以此为要件。

我们认为，这种理解有偏颇，金融诈骗罪的行为人主观上具有非法占有的目的是很显然的。这可从以下几个方面得到说明：

(1)金融诈骗罪从传统诈骗罪中分离而来，兼具金融犯罪与财产犯罪的双重属性，其侵犯的客体是复杂客体，一方面侵犯金融管理秩序，另一方面侵犯公私财产所有权。而侵犯财产所有权的犯罪是以非法占有为其行为特征的，主观上非法占有目的正是该种犯罪的题中之义。[2] 因此，金融诈骗罪主观上具有非法占有目的实在事理之中。那么，刑法典仅对集资诈骗、贷款诈骗及恶意透支规定了特定的"非法占有目的"，而对其他金融诈骗罪未规定该目的，这是否是立法的疏漏呢？答案是否定的。众所周知，任何犯罪都是主客观的统一，行为人主观上的心理活动须臾离不开其客观外在的活动而存在，行为人的主观目的总要通过客观行为表现出来。一般情况下，根据客观行为就足以认定其主观目的的内容，行为的客观表现本身就潜存着行为人的主观目的，因而无须特别指出行为人的主观目的。现行刑法典对金融诈骗罪的罪状表述，采取的都是列举式或列举 + 概括式的叙明罪状。一般情况下，只要能查明行为人认识到自己在实施法律规定的具体金融诈骗罪的客观行为，就可以认定行为人具有诈骗的犯罪故意。在这种情况下，行为人的非法占有目的也是明确的，无须司法机关予以特别查明。但对于集资诈骗、贷款诈骗及恶意透支的信用卡诈骗来说，如果立法上不明定和限定行为人"以非法占有为目的"，则往往难以将上述犯罪与非罪以及与其他犯罪的界限区分开来。从立法技术角度分析，刑法规定某些犯罪的成立必须具备特定目的，"是用以特别指明行为人的主观恶性及其行为的社会危害性程度，从而在某些场合作为区分罪与非罪的界限。"[3] 在另外一些场合，则是区分此罪与彼罪界限的标志。例如，刑法典规定集资诈骗罪的非法占有目的，主要是为了区分集资诈骗罪与非法吸收公众存款罪等其他集资型犯罪的界限；规定贷款诈骗罪的目的，则主要是为了区分贷款诈骗罪与一般的贷款纠纷及贷款欺诈行为的界限；而规定恶意透支型信用卡诈骗罪的非法占有目的，主要是为了将恶意透支与一般的善意透支而形成的透支纠纷区分开来。因此，不能以刑法典对有些金融诈骗罪未规定"非法占有目的"为由，而否定金融诈骗罪非法占有目的的存在。

(2)至于刑法典未明确规定非法占有目的的某些金融诈骗罪，若以此为要件便违反罪刑法定原则的观点也不值得一驳。对刑法典未明文规定的主观要件，在学理上和司法认定中，将其解释为主观要件，是否就违背了罪刑法定原则，不可一概而论。我们认为，将非法占有目的解释为包括金融诈骗罪在内所有的诈骗罪的主观要件，是系统解释论的当然结论，也

[1] 参见宣东：《牟其中案的法理分析》。载《法制日报》2000 年 8 月 27 日。

[2] 参见陈兴良：《论金融诈骗罪主观目的的认定》，载姜伟主编：《刑事司法指南》(2000 年第 1 辑)，法律出版社 2000 年版，第 61 页。

[3] 参见曾宪信等：《犯罪构成论》，武汉大学出版社 1988 年版，第 102 ~ 103 页。

是目的解释论的应有之义。正如同不能因刑法典未规定盗窃、诈骗等取得型犯罪的非法占有目的,而否认盗窃罪、诈骗罪等的非法占有目的这一“不成文的构成要件要素”一样,我们也不能因为刑法典未规定某些金融诈骗罪的非法占有目的,而否认该主观要件在认定这些金融诈骗罪中的决定性意义。

2. 对“非法占有目的”的理解

刑法上的占有,首先是指以对财物支配的意思进行事实上的支配、管领,它是一个事实意义上的概念,与民法的占有概念相比,其具有更为现实的内容。与此相对应,非法占有就是非法地对财物进行事实上的支配、管领。但“非法占有”的内涵并非限于非法地对财物事实上的支配,这只是构成刑法中“非法占有”全部内涵的一个前提。其真实含义,在于表明犯罪行为人将他人的财物转为已有,也即自己非法行使针对该财物的“所有权”,并因此排除原财物所有人对于该财物行使所有权的可能性。也就是说,这里的“非法占有”应当是“不法所有”的意思。但如何理解“不法所有”,这在国外刑法学界颇有争议,大致有以下三种观点:第一种观点为“将自己作为该财物的所有人而对待”(第一说);第二种观点为“通过他人的财物取得某种经济利益的意思”(第二说);第三种观点认为,所谓非法所有,是指排除权利人,将他人的财物作为自己的所有物,并遵从该财物的经济用途进行利用或者处分的意思(第三说)。[1] 第三说是日本刑法理论界和判例通行的观点。

在我国刑法学界,对此问题也曾展开过激烈的争论。主要有以下非法所有说[2]、非法获利说[3]、非法占有说[4]、不法所有说[5]等几种观点。

上述种种观点皆有一定的道理,但在我国究竟宜采哪种学说,我们认为,不能脱离我国的刑事立法和司法实践。基于此,我们认为第一种观点也就是日本刑法学界所主张的“排除权利人意思说”是较为妥当之论。下面,对此作一简要的分析论证:

首先,“非法占有说”的缺陷主要体现在:其一,“非法占有说”强调只能从占有的本来意义上来理解,而不应再附加其他任何别的含义。以盗窃罪为例,非法占有目的就是非法控制财物的目的、意思,从而认为,非法占有目的与盗窃罪的故意应该是统一的,是一个内容。[6] 但这实际上就等于取消了非法占有目的在盗窃罪中作为主观要素的地位、意义。但是,无论我国刑法理论界的通行观点还是司法实践中对盗窃罪认定的一致做法,都认为盗窃罪应该以“非法占有目的”为要件。其二,该说的不妥之处还在于,在刑法典明确规定了“非法占有目的”的犯罪中,如集资诈骗罪,如果将非法占有目的仅仅理解为非法的事实上的控制、支配,则很难将集资诈骗罪与其他具有非法集资性质的犯罪如非法吸收公众存款罪区分开来。二者的区分在很大程度上取决于有无非法占有目的。在后罪中,行为人尽管主观上知道自

---

〔1〕 参见张明楷:《刑法学》(下),法律出版社 1997 年版,第 762 页。

〔2〕 参见张绍谦:《盗窃罪诸问题的初步探索》,华东政法学院 1996 年硕士学位论文,第 43~44 页。

〔3〕 参见孙力:《论盗窃罪的犯罪构成》,西北政法学院 1988 年硕士学位论文,第 56 页。

〔4〕 参见刘明祥:《刑法中的非法占有目的》,载《法学研究》2000 年第 2 期。

〔5〕 参见张明楷:《刑法学》(下),法律出版社 1997 年版,第 762、784 页。

〔6〕 参见刘明祥:《刑法中的非法占有目的》,载《法学研究》2000 年第 2 期。

己是在非法控制、支配他人的财产,客观上也有非法的控制、支配他人财产行为,但后罪并不具有不法所有的意图,相反,具有返还的意图。因此,如果将非法占有仅仅理解为事实上非法控制、支配,则明显地与刑法典的规定不吻合,与立法精神相违背。关于“非法占有目的”在金融诈骗罪中的作用,后文还将有阐述。

其次,至于“非法获利说”,可以说,在财产犯罪中,许多情况下行为人目的是为了获利,但也有许多情况行为人并非为了获利,而且是否为了获取物质上的利益也未可知。

再次,第四种观点(也就是日本刑法学界及判例采取的第三说)没有很好地结合我国刑事立法规定、刑法理论以及司法实践分析采取此说的合理性。事实上,若采取该观点会遇到很多难以处理的矛盾。在日本,该说虽然是较为通行的观点,但也受到了批判,而且在有些判例中也没有采取该主张。批判的理由主要是:其一,在以毁弃、隐匿为目的而窃取他人财物的场合,因行为人不具有非法占有目的,因而不能构成盗窃罪。这种完全不考虑作为手段的占有侵害行为不仅有问题,而且在行为人占有取得后又没有实施作为其目的的毁弃、隐匿行为的,就不能进行处罚。这显然是不合理的。其二,该观点过于考虑被告人的定罪问题,而有可能造成对被害人合法权益的保护不力。对此,强调非法占有目的包含“按财物的用法利用的意思”的第二说和第三说认为,在这种情况下,行为人因不具有非法占有目的而不以盗窃罪定罪,但也不会出现无法定罪的局面:对取得财物后加以隐匿的情况,由于隐匿是毁坏的一种表现形式,可以毁坏罪定罪;即使取得财物后加以利用处分,也可以作为没有委托关系而占有他人财物,构成脱离占有物侵占罪。[1] 如果这种辩解尚可成立的话,而在我国就不同了。在基于毁坏目的而窃取他人财物事后加以毁坏的场合,对此如何定性或许会有争议,但在基于隐匿目的而窃取他人财物事后加以隐匿的场合,几乎没有人认为这种行为不构成盗窃罪。在我国刑法理论和司法实践中,隐匿行为无论如何不能作为故意毁坏财物罪的表现形式。在这种情况下就会出现无法定罪的局面。同样,若依此观点,在以毁坏、隐匿目的窃取他人财物事后改变主意加以利用、处分的场合,由于不构成盗窃罪,但也不构成侵占罪,导致无法定罪。此外,对于日本刑法学说中“遵从财物经济用途进行利用的意思说”,也存在与上述第四种观点相同的问题。

最后,笔者认为,在目前我国刑事立法与司法现状下,“不法所有说”(“排除权利人意思说”)是妥当的,按该说就不会出现上述诸多矛盾与问题:第一,在刑法明文规定的以非法占有目的为要件的犯罪中,确认非法占有即系非法所有,可以很好地发挥“非法占有目的”在区分罪与非罪、此罪与彼罪界限中的区分机能,实现立法规定此主观要件的应有功能与价值。第二,在行为人出于毁坏、隐匿动机实施秘密窃取行为的场合,因毁坏也是一种处分行为,是行为人事实上以财物所有人的意思进行活动的表现方式之一,因而对这种行为,无论行为人事后转变主意加以利用还是加以毁灭、隐匿,都不妨认为是盗窃罪的事后不可罚的行为,完全可以盗窃罪定罪,而不会出现无法定罪的局面。当然,或许有人要问,既然毁坏也是

---

〔1〕 参见[日]平野龙一:《关于不法领得的意思(一)》,《警察研究》第61卷第5号(1990年),转引自刘明祥:《刑法中的非法占有目的》,载《法学研究》2000年第2期。

排除权利的意思而进行的处分行为,那么如何区分盗窃罪与故意毁坏公私财物罪呢?笔者认为,一方面,在许多场合下,故意毁坏财物行为人并未实际支配、控制财物,比如,行为人用气枪将他人的房屋玻璃击毁。这种情况下,从客观行为、主观方面都可将二罪区分开。在行为人出于毁坏目的而窃取他人财物之后加以毁坏的场合,虽然从主观上无法将二者区分开(此时二罪中的行为人可以说都具备非法占有的目的),但在客观方面二罪的行为表现毕竟不同。故意毁坏财物罪只有损坏他人财物的行为而无秘密窃取的表现。如果行为人有秘密窃取的行为表现,则应构成盗窃罪而不应构成故意毁坏财物罪。总之,在整体上,二罪的不同不仅体现在犯罪行为方式不同,而且,在主观上盗窃罪以非法占有目的为要件,而故意毁坏财物罪则不以此为要件。〔1〕

以上对刑法中非法占有目的的基本理论问题作了简要的分析,上述分析也同样适用于金融诈骗罪中,即金融诈骗罪中的非法占有目的也应同样地理解为非法所有或者不法所有的意思。

3. 对金融诈骗罪“非法占有”目的的认定

司法实践中,应如何认定行为人主观上的非法占有目的呢?这在无须明确规定非法占有目的与法律明确规定“以非法占有为目的”的金融诈骗罪中是有所不同的。前已指出,对于前者来说,由于其客观行为本身足以表明行为人的诈骗故意和非法占有的目的的存在,因而一般不需要司法官予以特别认定。司法人员只须证明法律规定的具体金融诈骗行为的存在,而行为人对此明知,即可认定行为人金融诈骗罪的成立。以信用卡诈骗罪为例,在行为人使用伪造的信用卡、作废的信用卡、冒用他人信用卡进行购物消费、取现的过程中,只要行为人明知其使用的信用卡是伪卡或废卡或者明知信用卡不属于自己而加以使用,就足以表明行为人非法占有目的的存在,从而足以认定行为人构成信用卡诈骗罪。而对于后者,则需进行司法推定。〔2〕 在这里,主要是事实推定。即如果司法人员能够证明行为人特定推定事实的存在,就可以认定行为人构成金融诈骗罪。当然,这种情况下,允许被告反证。如果被告提出证明表明其确实不具有非法占有的目的,则不能成立金融诈骗罪。至于哪些事实可以成为推定的事实,则需要因具体金融诈骗罪的不同情况而分别考虑。关于这个问题,本文将在后面有关的具体金融诈骗罪中作详细阐述。

另外,在认定行为人是否具有非法占有目的时,司法机关应注意以下几个问题:

(1)行为人非法占有目的产生的时点问题。不同的时点,对行为人能否构成金融诈骗罪的意义是不同的。作为金融诈骗罪主观要件“非法占有目的”之产生,应在行为前或行为

---

〔1〕 请注意,故意毁坏财物罪不以非法占有目的为要件并非说特定情况下行为人就不具有此目的。在我国,有不少论著认为,区分二罪的界限关键在于盗窃罪具有非法占有目的,而故意毁坏财物罪则不具有此目的。这种提法值得商榷。

〔2〕 推定是英美法系运用的一种证据制度。可以分为三种:不可反驳的法律推定、可反驳的法律推定和事实的推定。如果根据对某一其他事实的证明而可以认定推定事实的存在,该推定是事实的推定。由于事实的推定往往是能够证明被告心理状态的唯一手段,因而在刑事司法中起着非常重要的作用。参见[英]鲁珀特·克罗斯、菲利普·A. 琼斯,《英国刑法导论》,赵秉志等译,中国人民大学出版社 1991 年版,第 55 ~ 56 页。目前,我国刑事法理论对司法推定的研究尚不够深入,而有关的司法解释实际为这种司法推定提供了依据。如最高人民法院《关于审理诈骗案件具体应用法律若干问题的解释》对集资诈骗罪“非法占有目的”的认定,就是采取了司法推定的方法。

时。这是由犯罪主观态度决定客观行为的具体表现及其实现的特点决定的。这里的“行为”是指具体金融犯罪构成要件的行为,行为时当然是指具体的实行行为,而行为前则包括犯罪的预备行为。如果行为人在行为的当时没有非法占有目的,而是在事后才产生此目的,则不能认定行为人具有金融诈骗罪的犯罪目的;符合其他罪构成的,可以其他罪论处。以贷款诈骗罪为例,有观点认为,如果行为人在贷款的初期并无非法占有贷款的目的,而随着后来情况的变化,产生了非法占有的目的,因而拒不归还贷款的,仍构成贷款诈骗罪。也就是说,作为贷款诈骗罪主观要件的非法占有的目的,既可以是形成于事前,也可以形成于获得贷款之后。[1] 笔者认为,这种理解是值得推敲的。该罪中非法占有目的伴随着行为人从贷款诈骗着手甚至从预备开始到骗取贷款都要求行为人具有非法占有的目的,如果行为人占有贷款后才产生非法占有之目的,因不可能再有诈骗的行为与之相应,这种事后故意不能作为贷款诈骗的犯罪故意。正是在这种意义上,许多学者不承认所谓事后故意的提法。[2] 因而对这种行为不能以贷款诈骗罪定罪,符合其他犯罪构成条件的,应以其他罪定罪。如上述行为可能构成侵占罪。

(2)非法占有的时间长短并不影响非法占有之性质。对于某一具体财物的非法占有,无论其占有的时间长短,并不影响行为非法占有的性质,更不能因此而否认行为人曾经对某一财物非法占有这一客观事实状态。因此,非法占有的时间长短对非法占有的刑法定性并无影响。

(3)非法占有不一定体现为实际持有。虽然实际持有是司法实践中最为常见的一种占有方式,但并不是唯一的方式。只要行为人在事实上排除了原物所有人的合法、正常的占有,将某一具体财物在事实转为自己所控制和支配,即属于法条所称的“非法占有”。

(4)“非法占有”不限于为自己占有。“非法占有”既可以是为本人占有,也可以是为第三人占有,更可以理解为与第三人共同占有(在共同犯罪中)。当然,单纯为第三人占有的,必须通过本人的处分行为。

(二)金融诈骗罪能否由间接故意构成

刑法学界普遍认为,金融诈骗罪只能由直接故意构成,过失和间接故意不构成金融诈骗罪。但也有的论者提出,金融诈骗罪也可以由间接故意构成,在认定金融诈骗罪特别是认定涉外金融诈骗罪的司法实践中,会遇到这样一种情况:行为人事中甚至事后才意识到自己的行为可能使对方陷于某种错误认识,随即起意,放任了对方由于自己的不实陈述而自动交付财产这一结果的发生;或者行为人事前对自己的履约能力并无把握,抱着侥幸的心理或者随机应变的态度,于事中或者事后放任危害结果的发生,对此种情况如果一定能够要求有直接故意才构成诈骗罪,不利于对金融诈骗的打击。[3] 有的论者进一步举例说,在贷款诈骗罪中,行为人采取了编造引进资金,将贷款用于高风险的投资项目,如炒股、房地产开发等。如

[1] 参见周振想主编:《金融犯罪的理论与实务》,中国人民公安大学出版社1998年版,第410页。

[2] 参见陈兴良:《刑法适用总论》(上卷),法律出版社1999年版,第167页。

[3] 参见白建军:《金融欺诈及其预防》,中国法制出版社1994年版,第14~16页。

果从中获利，贷款大多如期偿还；如果亏损，则致使贷款有去无回，给银行或者其他金融机构造成巨大的财产损失。对这种行为，即持“放任危害结果发生”的心理态度的行为人实施的诈骗贷款的行为，也应以贷款诈骗罪定罪处罚。[1]

笔者认为，上述观点值得商榷。首先，结合刑法典规定的 8 种金融诈骗罪的具体行为方式来看，行为人往往是采取虚构事实的方式或者故意隐瞒事实真相的方式实施骗取行为，行为人对此也是明知的，虽然行为人并不能确定他人是否会陷入错误认识而交付财产，但对他人陷于错误认识而交付财产却只能是积极追求的，否则也就不会采取欺骗的手段。即使是在“以其他方式”进行的金融诈骗犯罪中，可能会发生获取财物时并未意识到自己应当将有关事实真相告诉对方，从而没有非法占有目的的情形，只是后来才意识到，并进而产生非法占有的目的，但这时已不是对特定金融诈骗罪的故意，而是可能构成其他犯罪的故意。其次，行为人在实施诈骗过程中，对他人是否会基于其欺骗行为而陷于错误认识从而交付财产可能并无把握，例如，行为人在实施保险诈骗过程中，可能会存在这样的心理：如果未被保险公司识破，则保险金占为己有；如果被保险公司识破，大不了逃之夭夭。即对能否骗到财物持放任态度。这里的确存在放任问题，但这种放任并非行为人诈骗的放任故意，不能将这一对他人行为的心理态度混同于诈骗犯罪的主观罪过。这种情况下，如果发生他人交付的结果，而行为人也非法占有了，则行为人对此非法占有应是直接故意，而非间接故意。在贷款诈骗中，尽管行为人存在两种心理态度：如果获利，则偿还贷款；如果亏损，就不偿还。但法律并不关注行为人在已经偿还时的心理态度问题，这时行为人不具有主观罪过，根本谈不上是犯罪问题。法律关注的是行为人在不偿还时的心理态度。而考察行为人用贷款进行高风险投资亏损的可能变成现实时，行为人此时的心理态度就会定格为不偿还，也即行为人一开始具有非法占有目的就是在行为人的心理态度统摄下的。这种情形只能认定为直接故意，而非间接故意。最后，根据我国刑法学界的通说，在间接故意犯罪中不存在犯罪目的，而金融诈骗罪是目的犯，如果认为间接故意可以构成金融诈骗罪，则违背了犯罪目的只存在于直接故意中的基本原理。

五、金融诈骗罪的客观特征

（一）基本主张

金融诈骗罪在客观方面表现为行为人采取法定的虚构事实或隐瞒真相的行为方式，进行集资诈骗、贷款诈骗、票据诈骗、金融凭证诈骗、信用卡诈骗、保险诈骗、有价证券诈骗，数额较大的行为，或者进行信用证诈骗的行为。

我国刑法典对金融诈骗罪的规定，在罪状表述方式上除了集资诈骗罪，因很难对其诈骗的具体类型进行抽象概括而未予明确列举外，其他 7 种金融诈骗罪都采取了列举式或者列举 + 概括式的罪状表述方式。具体而言，刑法典对贷款诈骗罪和信用证诈骗罪采取的是列举 + 概括的罪状表述方式，而对票据诈骗罪、金融凭证诈骗罪、信用卡诈骗罪、有价证券诈骗

---

〔1〕 参见孙军工：《金融诈骗罪》，中国人民公安大学出版社 1999 年版，第 10 页。

罪和保险诈骗罪则完全采取的列举式规定方式。比较这两种规定方式，各有利弊：一般情况下，列举式的罪状表述方式，在厘定犯罪圈的问题上，会大大减少司法机关的任意性，从而较好地遵循罪刑法定原则。当然，由于语言的高度概括性，即使是这些法律明定的行为方式，在理解上也会有分歧。但“法有限而情无穷”，这种明定的罪状有可能会因立法机关的一时疏漏而造成犯罪圈的缩小，从而对一些本应定罪的行为无法定罪，或不能恰如其分地定罪量刑。而对于贷款诈骗罪和信用证诈骗罪这两种犯罪，刑法典在列举了司法实践中较为常见的诈骗方式外，还采取了“其他方法”这一兜底条款，以应司法实际之需。尽管这种立法方式可能增加司法机关操作的任意性，但只要加强立法、司法解释，还是可以克服这一弊端而又不违背罪刑法定原则的。

相比之下，笔者认为，这种兜底式条款无疑是目前立法、司法现状下，立法者的又一明智之举。当然，在认定具体哪些情形属于“其他方法”时，应遵循立法精神，从同一法律条文内部的协调性出发，结合司法实践，综合加以考虑。

（二）问题研讨

前文已指出，金融诈骗罪是从1979年刑法典规定的普通诈骗罪中分解而来，当然具有普通诈骗罪的一些特征。即尽管其行为客观上造成对金融秩序的破坏，在行为方式、行为手段上具有一些新的特点，但脱离不了诈骗的基本特征。因此，在行为构造上与普通诈骗犯罪基本相同，即行为人实施欺骗行为——被害人陷于错误——被害人处分财产——财产转移为行为人或第三者占有。只是在不同的、具体的金融诈骗罪中，上述几个阶段各有不同的表现方式和内容。而且，就这些金融诈骗罪而言，在行为构造上也与传统诈骗罪有细微的差别，例如，在传统诈骗罪中，财产受害者与被欺诈者往往为同一人，而在金融诈骗罪中，许多情况下，二者并非同一人。

金融诈骗罪能否由不作为构成？这不仅是刑法理论上的问题，也涉及刑事政策问题。笔者认为，从理论上讲，金融诈骗罪是可以由不作为构成的，这主要体现在行为人采取隐瞒真相这种欺骗方式上，而这种方式如果是行为人在金融交易关系发生之后才产生故意，对负有法定告知义务的事实故意隐瞒，而使对方陷入错误，从而交付财物，则可以构成不作为的金融诈骗罪。但从刑事政策上考虑，若把不作为的金融诈骗行为犯罪化可能导致不适当地扩大犯罪圈，不利于交易自由的实现。因此，有的论者主张从刑法的谦抑精神和刑事政策的要求出发，金融诈骗罪不应包括不作为的形式。[1] 我们认为，这种见解是可取的。

六、金融诈骗罪的客体特征

（一）基本主张

金融诈骗罪的犯罪客体是复杂客体，包括金融管理秩序和公私财产所有权，且主要客体为前者。

首先，金融诈骗罪侵犯了金融管理秩序。金融是指货币资金的流通，这种流通是一个有

---

〔1〕 参见刘远：《金融诈骗罪研究》，中国人民大学1999年博士学位论文，第26页。

序的、动态的流通过程，而这一过程的有序性有赖于国家金融法律法规等规范的保障。显然，为金融法律法规所规范、调整的秩序就是金融秩序。各种金融犯罪行为必然构成对国家金融秩序的侵犯。这种金融秩序包括金融管理秩序、金融交易秩序以及金融机构内部秩序。其中，金融交易秩序是整个金融秩序的核心，而金融机构内部秩序是金融交易秩序的基础，金融管理秩序则是为前二者服务的。由于所有的金融诈骗行为都发生于金融交易环节中，因而金融诈骗罪必然构成对金融交易秩序的侵害，同时也构成对金融管理秩序的侵害。因此，将金融诈骗罪的主要犯罪客体概括为金融管理秩序未尝不可。但反过来，构成对金融管理秩序侵害的犯罪未必都构成对金融交易秩序的侵害。刑法典规定的破坏金融管理秩序罪虽然侵犯了金融管理秩序，但不一定侵犯金融交易秩序。因为其中的有些犯罪并不以进入金融市场为条件。可见，金融诈骗罪与破坏金融管理秩序罪虽然都是侵犯金融管理秩序的犯罪，但在具体内容上还是有所不同的。在金融诈骗罪中，被侵害的金融管理秩序具体包括国家对金融业务专营、贷款、票据、银行结算、有价证券、信用卡、保险管理秩序等几个方面。

其次，金融诈骗罪还侵犯了公私财产所有权。金融诈骗罪从传统诈骗罪中分离而来，必然具有传统诈骗罪所具有的某些特征，而传统诈骗罪的犯罪客体是公私财产所有权，因此，金融诈骗罪也必然构成对公私财产所有权的侵犯。当然，在民法上，财产所有权与财产权是两个不同的概念，其外延也不同。本书中有的作者认为，债权也可以成为金融诈骗罪的犯罪客体内容，从而认为将金融诈骗罪的次要客体界定为公私财产权要比公私财产所有权要更为妥当些。我们认为，这种观点是有一定的道理的。但鉴于约定俗成，在这里，姑且采用传统的概括用语——公私财产所有权。

（二）问题研讨

需要指出的是，有一种观点认为，金融诈骗罪的主要客体是公私财产所有权，次要客体才是金融管理秩序。例如，有的学者认为，信用卡诈骗罪、信用证诈骗罪、集资诈骗罪等的主要客体是国家财产所有权，次要客体是金融秩序。[1] 笔者认为，这种观点是不妥当的。就财产所有权而言，仅限定为国家财产所有权，而未包括集体、私人的财产所有权，是为不妥之一；其二，完全颠倒了金融诈骗罪犯罪客体的主次顺序。首先，从金融业、金融秩序的重要意义上看，金融秩序是整个经济秩序的核心，“金融搞好了，一着棋活，全盘皆活。”[2] 金融诈骗的危害性，是传统的财产诈骗行为所无法比拟的，同样，从全局看，金融诈骗对金融秩序的冲击与破坏的严重性后果，要远远大于对公私财产所有权的侵害。如果金融秩序紊乱，金融体系运转失灵，则必然导致整个社会经济秩序的混乱，严重者可以引发政治危机。所以，在当前国家最为关注的也是金融诈骗行为对金融管理秩序的破坏。其次，从我国刑法典分则体系来看，我国刑法典分则对罪名的排列，基本上是按照同类犯罪客体的重要程度为标准的，在犯罪客体为复杂客体的犯罪中，则视其主要客体而定。金融诈骗罪作为破坏社会主义市场经济秩序的一类犯罪紧随破坏金融管理秩序罪一节之后，而不是被规定在侵犯财产的犯

---

〔1〕 参见胡云腾：《论金融犯罪》，载《法学前沿》（第1辑），法律出版社1997年版，第81页。
〔2〕 参见《邓小平文选》第3卷，人民出版社1993年版，第366页。

罪中，足见立法者是将金融管理秩序作为金融诈骗罪的主要客体，而非公私财产所有权。

金融诈骗罪的犯罪对象包括资金、财物或者金融工具。这在不同的金融诈骗罪中有不同的体现，例如，在保险诈骗罪中，犯罪对象为保险金；而在信用证诈骗罪中，就骗取信用证而言，犯罪对象则为信用证这种金融工具。值得探讨的问题是，金融机构的信用能否作为金融诈骗罪的犯罪对象？近来，有不少论者认为，应当将金融机构信用作为某些金融诈骗罪的犯罪对象。例如，有的论者指出，金融诈骗罪的犯罪对象不仅包括公私财产，而且包括金融机构的信用。[1] 有的论者强调，信用卡犯罪的行为对象是信用卡所代表的非物化的银行信用。[2] 笔者认为，金融机构的信用是金融机构业务经营的基础，从而也只能是金融诈骗罪所侵犯的金融管理秩序这一犯罪客体内容的基础，但其本身并非是金融诈骗罪的犯罪对象。信用既非财富本身，也不能创造财富，如果将信用作为犯罪对象，则将会导致无限制地扩大犯罪对象的研究范围，从而失去犯罪对象本身的应有意义。这种观点容易将犯罪对象与犯罪客体混同，因而并不可取。

---

〔1〕 参见孙军工：《金融诈骗罪》，中国人民公安大学出版社1999年版，第7页。

〔2〕 参见丁寿兴：《关于信用卡犯罪问题的研究》，载中国人民大学法学院刑法专业组织编写：《刑事法专论》（下卷），中国方正出版社1998年版，第1122～1123页。

公民个人信息刑法保护问题研究*

目　次

一、前言

现代社会是信息社会。离开各种资讯和信息，人们甚至无法在现代社会中生存，更遑论发展。更重要的是，现代社会中每个成员自身的信息资料也已经是社会信息中不可分割的部分，而且是公民基本人权的重要方面而亟须予以法律规范和保护。近年来，中国开始注意积极保护社会成员的个人信息，尽管至今尚未制定完整、统一的个人信息保护法律，但在宪法暨民法、行政法等法律中都有一定的涉及；尤其是中国国家立法机关于2009年2月28日通过的《刑法修正案（七）》，首次在刑法规范中增设了侵犯

* 原载《华东政法大学学报》2014年第1期。

公民个人信息的犯罪，确立了对公民个人信息给予全面保护的立法精神，并为公民个人信息提供了最严厉的法律保护，从而在社会成员个人信息的法律保护上迈进了一大步，体现出对民生的重视和保护，有助于加强对公民人权的全面保障。[1] 不过，由于种种原因，《个人信息保护法》在中国至今仍迟迟难以出台，这不仅妨碍对公民个人信息给予全面的法律保护，而且也严重影响了对刑法典中侵犯公民个人信息犯罪之法条的理解、适用和完善。而且，《刑法修正案（七）》在公民个人信息的全面保护上也还有所欠缺，留下了较大的改进和完善空间。深入研究中国对公民个人信息之刑法保护的司法适用和立法完善问题，仍是中国刑事法治乃至社会文明进步方面的一个重要课题。这里需要专门指出的是，相比之下，我国港澳台地区在居民个人信息和资料的保护方面有较为成熟的立法规定和法律适用经验，[2] 这在一定程度上能为我国内地公民个人信息之法律保护（尤其是刑法保护）的改进提供重要的借鉴和参考。

二、刑法保护之立法评价

（一）立法概况

1979 年刑法典与 1997 年刑法典中，均未对个人信息的保护直接、明确地规定专门的罪刑条文。直到 2009 年 2 月，我国立法机关才在通过的《刑法修正案（七）》中增设了出售、非法提供公民个人信息罪和非法获取公民个人信息罪这两种侵犯公民个人信息的犯罪，开始以刑法手段对公民个人信息予以全面的保护。具体而言，《刑法修正案（七）》第 7 条所增设的刑法典第 253 条之一分三款对侵犯公民个人信息的犯罪做出了规定。第 1 款表述为：“国家机关或者金融、电信、交通、教育、医疗等单位的工作人员，违反国家规定，将本单位在履行职责或者提供服务过程中获得的公民个人信息，出售或者非法提供给他人，情节严重的，处三年以下有期徒刑或者拘役，并处或者单处罚金。”第 2 款表述为：“窃取或者以其他方法非法获取上述信息，情节严重的，依照前款的规定处罚。”第 3 款表述为：“单位犯该罪的，对单位判处罚金，并对其直接负责的主管人员和其他直接责任人员，依照各该款的规定处罚。”根据最高人民法院、最高人民检察院于 2009 年 10 月 16 日颁布的《关于执行〈中华人民共和国刑法〉确定罪名的补充规定（四）》的规定，上述第 1 款规定之犯罪的罪名为“出售、非法提供公民个人信息罪”；第 2 款规定之犯罪的罪名为“非法获取公民个人信息罪”。

根据上述第 1 款和第 3 款的规定，出售、非法提供公民个人信息罪，是指国家机关或者金融、电信、交通、教育、医疗等单位或者其单位的工作人员，违反国家规定，将本单位在履行职责或者提供服务过程中获得的公民个人信息，出售或者非法提供给他人，情节严重的行为。该犯罪的构成特征表现为以下几点：（1）犯罪主体是特定的单位或者自然人。可以构

---

〔1〕 参见赵秉志：《〈刑法修正案（七）〉的宏观问题研讨》，载《华东政法大学学报》2009 年第 2 期。

〔2〕 香港于 1995 年颁布《个人资料（私隐）条例》（1996 年 12 月生效）；澳门于 2005 年颁布实施《个人资料保护法》，台湾于 2010 年修正通过“个人资料保护法”（2012 年 10 月 1 日实施）。

成本罪的单位是国家机关或者金融、电信、交通、教育、医疗等依其单位性质能够获取公民个人信息的单位；而可以构成本罪的自然人是上述单位的工作人员。(2)犯罪主观方面是故意；其动机有多种多样，大多数是为了图谋钱财。(3)犯罪客观方面表现为国家机关或者金融、电信、交通、教育、医疗等单位或者其工作人员，违反国家规定，将本单位在履行职责或者提供服务过程中获得的公民个人信息，出售或者非法提供给他人，情节严重的情形。(4)犯罪客体表现为对公民个人的信息自由和安全的侵害。根据上述第2款和第3款的规定，非法获取公民个人信息罪是指单位或者个人窃取或者以其他方法非法获取公民个人信息，情节严重的行为。该犯罪的构成特征具体有：(1)犯罪主体是一般主体，既可以是单位，又可以是自然人，单位的性质和自然人的身份没有特别的限制。(2)犯罪主观方面表现为故意；犯罪动机有多种多样。(3)犯罪客观方面表现为窃取或者以其他方法非法获取公民个人信息，情节严重的情形。(4)犯罪客体也表现为对公民个人的信息自由和安全的侵害。[1]

对《刑法修正案(七)》的上述立法规定，我们可以从进步和不足两个方面予以评价。

(二)进步之处

1. 对公民个人信息率先确立全面保护的立法精神

近年来，中国对公民个人信息的保护逐渐引起重视，并陆续在相关法律中做出了规定，如《护照法》《身份证法》《统计法》等。[2] 有关部门在所发布的相关规定中也对某个方面个人信息的保护有所规定，如信息产业部于2000年11月6日发布了《互联网电子公告服务管理规定》，要求电子公告服务提供者对上网用户的个人信息保密。最高司法机关也曾发布司法文件，强调对个人信息的保护。[3] 但是，这些法律法规、规范性文件或者规定的是对特定人群的信息保护，如《未成年人保护法》《妇女权益保障法》；或者规定对特定领域的个人信息保护，如《执业医师法》《律师法》《传染病防治法》。相比之下，《刑法修正案(七)》则突破性地确立了对公民个人信息给予毫无例外之全面刑法保护的原则，因为其第7条所增加的刑法典第253条之一将“公民个人信息”作为该罪刑条文所规定之危害行为的对象，而并未对“公民”或者公民的“个人信息”的范围作出任何限制和例外性规定，因而可以确定，中国内地刑法典载明对每个公民的所有个人信息均予以刑法的保护。

2. 以叙明罪状详尽规定犯罪成立的全部要素

《刑法修正案(七)》第7条对刑法典增加之第253条之一，分三款比较详尽地规定了侵犯公民个人信息的犯罪。其中，第253条之一第1款规定的是“出售、非法提供公民个人信息罪”，对该犯罪的行为主体、主观罪过、客观行为以及构成犯罪的危害程度都作了详尽的描述，如该犯罪的主体是“国家机关或者金融、电信、交通、教育、医疗等单位的工作人员”；根据该条第3款的规定，还包括“国家机关或者金融、电信、交通、教育、医疗等单位”本身。因而该条款对“出售、非法提供公民个人信息罪”规定的罪状属于刑法上所说的叙明罪状。比

---

〔1〕 参见赵秉志主编：《刑法修正案最新理解适用》，中国法制出版社2009年版，第114~126页。

〔2〕 参见赵秉志主编：《刑法修正案(七)专题研究》，北京师范大学出版社2011年版，第142页。

〔3〕 参见最高人民法院、最高人民检察院《关于切实保障司法人员依法履行职务的紧急通知》(法〔2005〕173号)(2005年8月25日颁布，同日起施行)。

较而言，第 2 款对“非法获取公民个人信息罪”仅简要地规定了客观实行行为，但是，根据第 1 款和第 3 款的规定，其实比较容易确定该罪的犯罪构成要件。显然，这种叙明罪状的立法模式在一定程度上增强了司法实践中认定和处理侵犯公民个人信息犯罪行为的可操作性。如果分析近年来刑法修正案对刑法典所新增的具体犯罪，我们不难发现，对新增设的新型犯罪，刑法修正案注意了尽可能地以叙明罪状的形式详尽地对其规定犯罪构成的各种要件和要素，如《刑法修正案（六）》新增加之刑法典第 162 条之二所规定的“虚假破产罪”，[1]《刑法修正案（八）》新增加之刑法典第 133 条之一规定的“危险驾驶罪”等，[2]大体都是如此。

3. 灵活处理成立犯罪之侵犯行为的危害程度问题

时至今日，中国对公民个人信息的保护尚未建立全面和完备的法律机制，因而对于侵犯公民个人信息的行为，哪些属于行政违法行为而需要受到行政处罚，哪些具备刑事违法性而需要受到刑事制裁，不能不说是对公民个人信息给予刑法保护时必须面对和处理的一个难题。而事实上，该问题在一定程度上也曾造成了立法的困扰，引起了一定的争论。[3] 显然，在对侵犯公民个人信息之行为尚未确立完备的法律制裁体系的情况下，若纠缠于对这些行为构成犯罪之危害程度的争论，那就不可能顺利地在我国的刑法典中规定侵犯公民个人信息的具体犯罪。中国的立法机关比较明智地跳出了上述争论，以“情节严重”的概括性表述予以应对，在不违背罪刑法定原则的情况下，较为灵活地对上述前提性行政法规范的欠缺难题作出了处理。

（三）不足之处

1. 缺乏完备的行政法律制裁前提

根据我国刑法典第 253 条之一第 1 款的规定，出售、非法提供公民个人信息罪的成立，以行为“违反国家规定”为前提。尽管根据刑法典第 96 条的规定，“国家规定”包括“全国人民代表大会及其常务委员会制定的法律和决定，国务院制定的行政法规、规定的行政措施、发布的决定和命令”；但是，就个人信息保护而言，中国针对个人信息保护并没有颁行统一的法律。有研究认为，中国目前有 24 个法律或者规范性文件各自从某方面涉及对公民个人信息的保护，且均具有行政法律法规的性质。[4] 因而可以确定，侵犯公民个人信息的危害行

---

[1] 第十届全国人民代表大会常务委员会第二十二次会议于 2006 年 6 月 29 日通过的《刑法修正案（六）》，在第 6 条中规定，在刑法第一百六十二条之一后增加一条，作为第一百六十二条之二：“公司、企业通过隐匿财产、承担虚构的债务或者以其他方法转移、处分财产，实施虚假破产，严重损害债权人或者其他人利益的，对其直接负责的主管人员和其他直接责任人员，处五年以下有期徒刑或者拘役，并处或者单处二万元以上二十万元以下罚金。”该罪之规定显然属于叙明罪状。

[2] 第十一届全国人民代表大会常务委员会第十九次会议于 2011 年 2 月 25 日通过的《刑法修正案（八）》，在第 22 条中规定，在刑法第一百三十三条后增加一条，作为第一百三十三条之一：“在道路上驾驶机动车追逐竞驶，情节恶劣的，或者在道路上醉酒驾驶机动车的，处拘役，并处罚金。”“有前款行为，同时构成其他犯罪的，依照处罚较重的规定定罪处罚。”该罪之规定也属叙明罪状，但略显叙明不够。

[3] 参见郎胜：《〈刑法修正案（七）〉立法背景与理解适用》，载京师刑事法治网，http://www.criminallawbnu.cn/criminal/info/showpage.asp?ProgramID=&pkID=22113&keyword=%D0%CC%B7%A8%D0%DE%D5%FD%B0%B8%A3%A8%C6%DF%A3%A9，2013 年 5 月 2 日访问。

[4] 参见卢建平：《我国侵犯公民个人信息犯罪的治理》，载《法律适用》2013 年第 4 期。还有报道介绍，中国目前有近 40 部法律、30 余部法规，以及近 200 部规章涉及个人信息保护，其中包括规范互联网信息规定，医疗信息规定，个人信用管理办法等。参见《个人信息保护将出台国标　明确使用后立即删除》，载《新京报》2012 年 4 月 5 日。

为从产生之时起就具备行政违法的性质，其所成立的犯罪就符合行政犯的特征。[1] 然而，对侵犯公民个人信息之行为，我国尚未确立统一、完备的行政法律制裁体系与刑事制裁相衔接。连全国人民代表大会常务委员会于2005年8月28日通过的《治安管理处罚法》，都没有将侵犯公民个人信息的行为作为一种行政违法行为规定处罚的措施。这就使得刑法典第253条之一所规定的两种犯罪成为非典型的行政犯，也使得《刑法修正案（七）》第7条的规定成为一种法定犯时代之下颇为尴尬的立法。[2]

2. 尚未彻底贯彻罪刑法定原则

虽然我国刑法典第253条之一第1款和第2款中"情节严重"的表述本身并不违背罪刑法定原则的要求，但是，这并不是说第253条之一的规定就较好地贯彻了罪刑法定原则。由于我国尚未制定和颁布《公民个人信息保护法》，对"公民""个人""信息"等词语尚无确定和明确的定义，引起了刑事法律界的争议。例如，关于"个人信息"，我国立法机关的专家认为是"可以实现对公民个人情况识别"的信息；[3]而有学者则认为是"体现个人隐私权"的信息。[4] 另外，对于第253条之一第2款规定的"非法获取公民个人信息罪"，在主体、行为方式等要素的内涵上，同样存在相当大的分歧。而且，因为我国对侵犯公民个人信息的各种行为还没有建立统一和完备的行政法律制裁体系，应该如何界分和协调刑法典第253条之一所确立的刑事制裁与有关行政法律法规规定之行政法律制裁的关系，也是亟待解决的重要问题。因此，《刑法修正案（七）》第7条的突破性规定在一定程度上存在有关要素之内涵并不清晰也不够明确的先天性不足，该罪刑条文由于自身功能有限而无法弥补这些不足，因而没有很好地实现罪刑法定原则之明确性的要求。

3. 对网络世界危害行为的防治力不从心

关于公民个人信息的统一法律保护问题，尽管早在2003年4月，我国国务院信息化办公室就对个人信息立法研究活动进行了部署，也有专家在2005年初就提交了《个人信息保护法（草案）》，[5]但是，这并不意味着对个人信息法律保护的问题进行了全面和系统的研究。其实，就在《刑法修正案（七）》制定和颁布的前后，围绕网络上比较常见的"人肉搜索"是否入罪的问题，理论界就展开了比较激烈的争论。[6] 而且，对于我国刑法典第253条之一第2款的规定，在理解和适用上也存在争议，如关于该款中的"上述信息"，有论者认为，应当

---

〔1〕 关于行政犯的特征，有论者认为主要是"对行政法上之义务的违反"，参见刘军：《刑法与行政法的一体化建构——兼论行政刑法理论的解释功能》，载《当代法学》2008年第4期。

〔2〕 有论者认为，在中国，法定犯（行政犯）时代已经到来，其标志是"犯罪形态在数量变化上由传统的自然犯占绝对优势演变为法定犯占绝对比重"。参见储槐植：《要正视法定犯时代的到来》，载《检察日报》2007年6月1日。

〔3〕 参见郎胜：《〈刑法修正案（七）〉立法背景与理解适用》，载京师刑事法治网，http://www.criminallawbnu.cn/criminal/info/showpage.asp? ProgramID = &pkID = 22113&keyword = %D0%CC%B7%A8%D0%DE%D5%FD%B0%B8%A3%A8%C6%DF%A3%A9，2013年5月2日访问。

〔4〕 参见蔡军：《侵犯公民个人信息犯罪立法的理性反思》，载《现代法学》2010年第4期。

〔5〕 参见《个人信息保护将出台国标　明确使用后立即删除》，载《新京报》2012年4月5日。

〔6〕 参见刘宪权、方晋晔：《个人信息刑法保护的立法及完善》，载《华东政法大学学报》2009年第3期。

"尽量限定在公权力范围内，或者是提供垄断性、强制性的公共服务的领域"。[1] 但对于从网络上搜集、整理他人个人信息予以出卖或者非法利用，情节严重的情形，上述规定就完全无法予以应对，因而放纵了一部分侵犯公民个人信息的违法行为。而这在一定意义上也表明，我国立法机关对侵犯公民个人信息之网络行为的普遍危害性及其严重程度显然缺乏充分的重视和足够的前瞻性认识，造成了现行规定对日益加剧的网络上严重侵犯公民个人信息之危害行为难以予以刑事制裁的窘迫。

三、相关犯罪之司法认定

《刑法修正案(七)》将侵犯公民个人信息的危害行为纳入刑法的调整范围，但由于相关具体罪刑条文的规定比较原则和概括，加之我国内地现在并无个人信息保护的专门法律，且最高司法机关迄今也尚未出台规范性文件对如何理解和适用该罪刑条文作出解释，因而司法实践中出现了较多的法律适用难题。[2] 为了准确地认定和处理此类犯罪，有必要对这些疑难问题进行深入的研究。笔者曾经在2010年10月接受我国最高人民法院研究室的委托，组成课题组对侵犯公民个人信息犯罪的法律适用问题进行了较为全面的研讨，并向最高人民法院提交了《关于办理侵犯公民个人信息刑事案件具体应用法律若干问题的解释(征求意见稿)》，但因故最高人民法院迄今仍未发布正式的相关司法解释文件。[3] 时至今日，客观而言，对于侵犯公民个人信息犯罪之司法处理的很多疑难问题，大陆地区刑事法学界并未达成一致的意见，仍有深入分析和研讨之必要。

(一)公民个人信息范围的认定难题

《刑法修正案(七)》第7条没有对公民个人信息的概念和范围作出具体的界定，因而对于"公民""个人信息"都存在理解和适用上的问题。

1. 关于"公民"的界定

"公民"是一个法律概念，是指具有某个国家国籍或者某个地区居民资格的人。《中华人民共和国宪法》第33条的规定，凡具有中华人民共和国国籍的人都是中华人民共和国公民。对于国籍的取得，我国《国籍法》第4~6条做出了具体的规定，主要采取的是血统主义为主、出生地为辅的原则。那么，侵犯公民个人信息犯罪中的"公民"是否局限于具有中华人民共和国国籍的人呢？笔者认为，此处的公民不应当仅仅局限于我国公民，事实上任何人的个人信息都可以成为该罪的犯罪对象。

---

〔1〕 雷建斌：《〈刑法修正案(七)〉的法条争议及解析》，载赵秉志主编：《刑法修正案(七)专题研究》，北京师范大学出版社2011年版，第163页。

〔2〕 参见上海市虹口区人民检察院课题组：《论侵犯公民个人信息犯罪的司法认定》，载《政治与法律》2012年第11期。

〔3〕 最高人民法院研究室经有关领导批准，按照相关程序，于2010年3月发函委托北京师范大学刑事法律科学研究院，对办理侵犯公民个人信息刑事案件具体应用法律问题展开研究，并代拟解释草案。笔者作为课题负责人邀请黄晓亮副教授、张磊副教授、王东阳博士组成课题组，对有关问题进行调研，展开研究工作，并撰写调研报告，形成司法解释征求意见稿，经过进一步研究和论证后，如期提交给委托单位。参见赵秉志主持：《北京师范大学刑事法律科学研究院刑事法治发展研究报告(39)：关于办理侵犯公民个人信息刑事案件具体应用法律若干问题的解释》(2010年11月8日)。

第一，对侵犯中国公民个人信息的犯罪行为以及侵犯外国人、无国籍人个人信息的而中国内地有刑事管辖权的行为，都要按照中国刑法典的规定追究刑事责任。也就是说，大陆地区对处在中国境内的外国人、无国籍人，像对待中国公民一样，提供平等的刑法保护；对虽不在中国境内但遭受发生于中国境内之危害行为侵犯的外国人、无国籍人，也提供刑法的保护。因而在个人信息的刑法保护上，我国对中国公民、处在中国境内的外国人和无国籍人以及遭受中国领域内危害行为侵犯的外国人和无国籍人，一视同仁地提供刑法的保护，不宜主张有例外。[1]

第二，对非中国公民的个人信息若不提供刑法保护，也是与现实情况不符合的。中国国家机关或者金融、电信、交通、教育、医疗等单位及其工作人员，在履行职责或者提供服务过程中不仅有可能获得中国公民的个人信息，也完全有可能获得境内外外国人、无国籍人的个人信息。不法分子也完全有可能出售、非法提供其所获得的处在境外之外国人、无国籍人的个人信息。中国司法机关不应当也不可能放纵这部分犯罪行为。

2. 关于个人信息的范围

关于个人信息有哪些，理论和实务界有着很大的争论，主要有如下几种认识：(1)个人信息是指能实现对公民个人情况的识别，被非法利用时可能对公民个人生活和安宁构成损害和威胁的信息。[2] (2)个人信息是指本人不希望扩散，具有保护价值，一旦扩散，将可能对公民权利造成损害的信息。[3] 有论者也从刑法典第 253 条之一侵犯之法益的角度认为，个人信息具有个人隐私的特征。[4] (3)个人信息是指以任何形式存在的、与公民个人存在关联并可以识别特定个人的信息。[5] 分析和归纳上述不同认识，可以看到，个人信息具有如下两个基本特征：(1)个人信息的专属性，即其与公民的个人身份紧密相关，既包括其生理特征的信息，也包括其本人在社会上从事各种活动所具备的社会特征的信息。由此可将国家秘密、情报或者商业秘密、交易信息排除在外。(2)个人信息的重要性，即公民的诸多个人信息关乎公民的人格、尊严，甚至影响到其财产权利、人身安全。这一点也可以认为是个人信息的保护价值。但是，对于个人信息是否等同于个人隐私，则没有统一的看法。笔者对此持否定性的看法，即个人信息并不同等于个人隐私，即便个人信息已经公开，仍有可能成为刑法典第 253 条之一所规定之犯罪侵犯的对象，例如，有关国家机关或者部门为救济、救助或者奖励而公示了公民个人信息，若其工作人员将在工作中收集的这些公示信息出售或者非法提供给他人，情节严重的，就构成出售、非法提供公民个人信息罪。

另外，还需要注意的是，刑法典第 253 条之一第 1 款与第 2 款在犯罪对象上是否完全一致？法律界对此有肯定和否定的两种看法。肯定说认为，第 2 款中的“上述信息”指的就是

---

〔1〕 参见赵秉志主编：《刑法修正案(七)专题研究》，北京师范大学出版社 2011 年版，第 150 页。

〔2〕 参见郎胜：《〈刑法修正案(七)〉立法背景与理解适用》，载京师刑事法治网，http://www.criminallawbnu.cn/criminal/info/showpage.asp? ProgramID = &pkID = 22113&keyword = % D0% CC% B7% A8% D0% DE% D5% FD% B0% B8% A3% A8% C6% DF% A3% A9，2013 年 5 月 2 日访问。

〔3〕 参见张磊：《司法实践中侵犯公民个人信息犯罪的疑难问题及其对策》，载《当代法学》2011 年第 1 期。

〔4〕 参见赵军：《侵犯公民个人信息犯罪法益研究》，载《江西财经大学学报》2011 年第 2 期。

〔5〕 参见张玉华、温春玲：《侵犯公民个人信息安全犯罪解读》，载《中国检察官》2009 年第 8 期。

第1款中“国家机关或者金融、电信、交通、教育、医疗等单位及其工作人员，在履行职责或者提供服务过程中获得的公民个人信息”;[1]否定说则认为，第2款中的“信息”不限于第1款中所说的个人信息，还包括其他符合条件的各种信息。[2] 在笔者看来，从立法本意来看，肯定说是合适的，但以对公民个人信息不断加强法律保护的长远眼光来看，否定说又是符合社会发展的实际情况的。笔者趋向于赞同否定说的看法，但同时也认为，不能将所有信息都视为第2款所述之信息，毕竟，第2款将该条款中危害行为的对象表述为“上述信息”，因而即便不将二者完全等同，也要注意第2款所指的信息与第1款所述的信息有共通之处；根据第1款的表述，这里的个人信息是“国家机关或者金融、电信、交通、教育、医疗等单位及其工作人员，在履行职责或者提供服务过程中获得的公民个人信息”，即他人为了获得公共服务而按照要求必须提供给公共服务单位或者其工作人员的个人信息，国家机关或者其他单位及其工作人员是通过公共服务渠道获得的；第2款所指的信息像第1款所述的信息一样，也具有这种特征，即属于各种公共服务单位所收集或者发布的个人信息，从而将行为人直接从公民个人那里刺探或者收集信息的情形排除在本款处罚之外。对于隐秘或者公开地从公民个人那里直接刺探或者收集个人信息的行为，可根据手段行为的性质以及后续利用行为的性质来追究法律责任。

（二）出售、非法提供公民个人信息罪的主体问题

根据刑法典第253条之一的规定，出售、非法提供公民个人信息罪的犯罪主体有两类：(1)国家机关或者金融、电信、交通、教育、医疗等单位；(2)国家机关或者金融、电信、交通、教育、医疗等单位的工作人员。对于这里所说的单位的范围，曾有国家立法工作机关的专家指出，“考虑到本条主要是对在履行职责或提供公共服务过程中利用某种程度的‘公权力’采集到的公民个人信息的国家机关或者单位，违反法律规定的保密义务的应负的刑事责任……不宜将公民个人信息的刑事保护范围扩大到没有利用‘公权力’采集的一切单位和个人。”[3]有学者也支持该观点，主张应当明确本罪的主体为国家机关或者金融、电信、交通、教育、医疗等利用公权力获取公民个人信息的单位及其工作人员。对于非利用公权力获取公民个人信息的单位及个人，暂时不宜将其作为本罪主体。其他单位必须也具有和金融、电信等单位类似的国家所赋予的采集公民个人信息的公权力，如电力公司、自来水公司、煤气公司等单位。[4] 对此，笔者认为，具有公权力并非本罪之单位主体的基本特征。理由如下：第一，除了国家机关之外，从事金融、电信、交通、教育、医疗的单位既有国有的，又有非国有的，刑法典第253条之一第1款本身没有限定单位的国有性质；第二，非国有的金融、电信、交通、教育、医疗单位（如非国有的保险公司、快递公司等）同样有可能在工作过程中获取公民的个人信息，在出售、非法提供的情况下也会严重地侵犯他人的合法权益；第三，在《刑法修正案（七）》起草过程中，对于构成侵犯公民个人信息罪的单位，国家立法机关并未

---

〔1〕 参见赵秉志主编：《刑法修正案（七）专题研究》，北京师范大学出版社2011年版，第150页。

〔2〕 参见张磊：《司法实践中侵犯公民个人信息犯罪的疑难问题及其对策》，载《当代法学》2011年第1期。

〔3〕 黄太云：《〈刑法修正案（七）〉解读》，载《人民检察》2009年第6期。

〔4〕 参见张磊：《司法实践中侵犯公民个人信息犯罪的疑难问题及其对策》，载《当代法学》2011年第1期。

对其限定特定性质,我国刑法典第253条之一第3款在规定单位可构成前两款犯罪时,也并未指出哪些单位构成第1款之罪,哪些单位构成第2款之罪。[1]

(三)侵犯公民个人信息犯罪的主观罪过问题

对于我国刑法典第253条之一所规定的两种犯罪的主观罪过,有学者界定为"直接犯罪故意和间接犯罪故意"。[2] 现在来看,这种界定并不是很严谨。根据中国刑法理论,间接犯罪故意是指行为人明知自己的行为可能发生危害社会的结果,并且放任这种结果发生的心理态度;行为人对危害社会的结果在主观上既有较为明确的认识,又有听任其发生的意志。对于间接故意的犯罪,特定危害结果的发生与否,具有决定性的意义,即只有特定危害结果发生,才能认定间接故意犯罪的成立。[3] 但是,根据刑法典第253条之一第1款的规定,出售、非法提供公民个人信息的危害行为只有在"情节严重"时才成立犯罪;而"情节严重"并不必然包括给他人造成危害结果的情形。换言之,行为人认识到出售、非法提供公民个人信息的危害行为可能给他人造成危害结果,且不顾该结果仍然实施该行为,造成危害结果的,才成立间接故意的犯罪。不过,这种情况往往是不存在的,因为"出售、非法提供"公民个人信息的行为人在主观上往往具有谋取经济利益或者其他好处的动机或者意图,其实是追究"公民个人信息被不应当知道的人知道"这种后果状态,即符合直接故意的态度。因此,严格地讲,应将出售、非法提供公民个人信息罪的犯罪主观方面确定为"直接故意"。

(四)非法获取公民个人信息行为的司法认定问题

我国刑法典第253条之一第2款将非法获取公民个人信息罪的实行行为规定为"窃取或者以其他方法非法获取上述信息"。如何理解该规定中的"非法获取",不无问题,主要表现为两个:(1)"非法"性质是否指手段的非法性?(2)"获取"的渠道和来源究竟是什么?

对于上述第一个问题,有论者指出,窃取,即秘密取走,其本身就是一种非法手段,无论是道德上还是法律上都不具有正当性。[4] 那么,能否根据窃取手段本身的非法性质而认为"非法获取"是指采用非法手段获取他人信息呢?如果对此给予肯定的回答,那就意味着,"其他方法"必须自身就具有非法的性质,如诈骗、胁迫或者暴力侵害等;那些自身不具有非法性质或者比较中性的方法,就不会使得获取行为具备非法的性质,如购买、获赠等。如此一来,对后者就无法给予刑事处罚,显然不符合对公民的个人信息给予刑法保护的刑法精神。因而这里的"非法"并非指获取手段或者方法行为的性质,而是指行为人的获取行为在本质上是非法的,即行为人不符合获取公民个人信息的法律或者法规的规定。因而笔者在此也不同意有论者所提出的"获取行为违背法律禁止性规定"的看法,[5] 而是认为,行为人

---

〔1〕 参见《全国人民代表大会法律委员会关于〈中华人民共和国刑法修正案(七)〉(草案二次审议稿)重要问题修改情况的汇报》(2009年2月17日)。

〔2〕 在笔者所主编的教材中,对该罪进行分析的参编者李韧夫教授持这种观点,参见赵秉志主编:《刑法新教程》(第3版),中国人民大学出版社2009年版,第541页。

〔3〕 参见高铭暄、马克昌主编:《刑法学》(第5版),北京大学出版社、高等教育出版社2011年版,第111页。

〔4〕 参见杜纤茹:《侵犯公民个人信息犯罪问题研究》,载赵秉志主编:《刑法修正案(七)专题研究》,北京师范大学出版社2011年版,第162页。

〔5〕 参见王昭武、肖凯:《侵犯公民个人信息犯罪认定中的若干问题》,载《法学》2009年第12期。

只要没有获取他人信息的法律依据或者资格而获取其他相关个人信息的,就可能构成犯罪。

对于上述第二个问题,就目前来看,法律界的关注似乎并不多。笔者认为,研究该问题的目的在于否定对某些人直接从他人处获得个人信息以及收集分散的公民个人信息的行为按照本罪处罚。如前所述,刑法典第 253 条之一第 2 款中"上述信息"是指公共服务提供者在服务过程中收集接受服务的公民个人信息。因而"非法获取"其实是指没有获得资格或者根据的人以窃取或者其他方法获取公共服务提供者在服务过程中收集或者发布的公民个人信息。根据现行刑法关于侵犯公民个人信息犯罪的规定和明文限定,刑法典既要制裁公共服务提供者将自己保有的公民个人信息非法提供给他人的行为,又要处罚他人侵犯公共服务提供者对公民个人信息之保有状态的行为。[1] 从这个层面上看,侵犯公民个人信息的行为其实是侵犯了公民在接受公共服务时所享有的个人信息保密权利。所以,某些人直接从他人处获得个人信息,不管方法是否非法,都没有直接侵犯公民在接受公共服务时所享有的信息保密权利,例如,通过钓鱼软件从他人电脑里获取他人的身份证号码、血型、婚姻状况、受教育状况、兴趣爱好、电话号码等。而行为人自行从网络、书报刊物、电视电影广告等公开的信息发布渠道收集他人的个人信息,尽管可能侵犯他人的隐私权利或者信息安全,但同样与公民在接受公共服务时要求服务提供单位保密的权利没有直接的联系,并没有为我国刑法所规范所制裁。

四、刑法保护之立法改进

尽管有论者认为"法律不是嘲笑的对象",[2] 但是,在《刑法修正案(七)》通过并颁行之始,就有论者分析该修正案第 7 条的不足,提出对侵犯公民个人信息犯罪之立法完善的建议。有意思的是,直到今天,我国学者对刑法典第 253 条之一的立法完善和改进的研究就没有中断,表明我国刑法典第 253 条之一确实有着较大的改进空间。笔者在这里主要对"个人信息"之刑法保护的如下四个改进和完善问题予以简要的探讨。

(一)建议删去"公民"一词

如前所述,尽管对"公民"可以通过扩张解释的方法解释为包括外国人、无国籍人在内的任何人,但是,"公民"毕竟是一个严格的法律概念,也有着固定的内涵和外延,通过解释将外国人、无国籍人概括到刑法典第 253 条之一第 1 款所述的"公民"中,就严重地扭曲了"公民"的本来概念,未对"公民"这一法律术语给予应有的严肃对待。而且,其他国家和地区在规定个人信息保护时,并未在"个人信息"之前加上"公民"来修饰,如中国澳门特区刑法典第 189 条规定之违反保密罪,第 190 条规定之不当利用秘密罪,均没有在"他人秘密"前加"居民"之类的修饰性的语词。所以,既为了简洁,也为了避免解释上的麻烦,完全可以将我国内地刑法典第 253 条之一第 1 款中的"公民"一词予以删除。

---

[1] 参见赵军:《侵犯公民个人信息犯罪法益研究》,载《江西财经大学学报》2011 年第 2 期。
[2] 参见张明楷:《刑法格言的展开》,法律出版社 1998 年版,第 158 页。

（二）建议明确规定“个人信息”的概念

很多国家和地区在刑法典中规定侵犯个人信息或者秘密的犯罪时，确实没有对个人信息或者秘密的概念和范围作出规定，如中国澳门特区刑法典第189条、第190条就是如此。[1] 而中国内地至今没有颁布《个人信息保护法》。因而如何确定个人信息的概念和范围，是《刑法修正案（七）》颁行以来的一个重要问题，引起了相当多的争论。而解决该问题并消除争论的最佳途径，无疑是在我国内地刑法典关于侵犯个人信息犯罪的罪刑条文中以单独的一款规定个人信息的概念。这种立法模式在刑法典中多处出现，比较典型且与刑法典第253条之一比较接近的，莫过于第219条关于侵犯商业秘密罪的规定。我国内地刑法典第219条不仅规定了侵犯商业秘密罪的罪状和法定刑，而且以独立的两款对该罪涉及的商业秘密、权利人这两个概念做出了明确的规定。其实，我国《商业秘密法》对这两个概念已作出了规定。既然对其他相关部门法已经明确规定概念的法律术语，刑法典仍然可以规定；那么，对于其他相关部门法没有明确规定的法律术语或者尚无部门法涉及的法律术语，刑法典更应该对其概念作出明确的规定。

（三）建议对两种侵犯个人信息犯罪规定不同的犯罪对象

对于我国刑法典第253条之一前两款的规定，如前所述，笔者认为，第2款所指的“信息”与第1款所述的“信息”具有相同之处。尽管这种分析符合立法本意，也符合对非法获取公民个人信息活动的惩治，但是，随着社会的发展，这种分析并不能适应司法实务暨侵犯个人信息非法活动作斗争的现实需要。因为按照我国刑法典第253条之一第2款的规定，无法对下述两种有危害性的行为作出合理的处理：（1）直接从他人处非法获取个人信息或者从公开渠道收集整理个人信息的行为（如“人肉搜索”）；（2）从非公共服务单位的个人或者其他单位那里窃取、购买、骗取个人信息的行为。关于第一种行为，其实，在《刑法修正案（七）》颁行之前，将“人肉搜索”行为予以犯罪化的呼声就很高。但这种行为随着行为主体的主观意图和对信息的使用方法在危害性上有不同的表现，因而可能不宜直接以刑罚手段来处置。[2] 关于第二种行为，从司法实践的情况看，有些司法机关其实也已经悄然改变刑法典第253条之一第2款所规定之“信息”的范围，对利用公开渠道收集他人信息并予以出卖的行为追究刑事责任，如《刑法修正案（七）》颁行之后的全国首例侵犯公民信息犯罪案，司法机关对向诈骗案被告人非法出售个人信息资料的被告人周某按照非法获取公民个人信息罪定罪处罚。[3] 而且，其他国家或者地区的刑法典也没有对个人秘密或者信息在获取单位是否有公权力的问题上作太多的规定和限定，如1998年《德国刑法典》第十五章关于侵害私人生活和秘密的规定，中国澳门特区刑法典第189条也只是将个人秘密规定为“因自己之

---

[1] 澳门特区刑法典第189条（违反保密）规定，未经同意，泄露因自己之身分、工作、受雇、职业或技艺而知悉之他人秘密者，处最高一年徒刑，或科最高二百四十日罚金。第190条（不当利用秘密）规定，未经同意，利用因自己之身分、工作、受雇、职业或技艺而知悉之有关他人之商业、工业、职业或艺术等活动之秘密，而造成他人或本地区有所损失者，处最高一年徒刑，或科最高二百四十日罚金。

[2] 参见赵秉志主编：《刑法修正案（七）专题研究》，北京师范大学出版社2011年版，第169页。

[3] 载http://tech.163.com/10/0104/06/5S5PMK4F000915BE.html，2013年5月2日访问。

身份、工作、受雇、职业或者技艺而知悉之他人秘密”。当然,考虑到中国内地的实际情况,对公共服务单位及其工作人员在履行职责或者提供服务过程中获得的个人信息还是应给予必要的保障,但同时,也要对非公共服务单位的个人或者单位获取的个人信息也应给予刑法保护,即对刑法典第253条之一第1款中的个人信息与第2款中的个人信息做区别性的规定,将第1款的个人信息仍限定于公共服务单位及其工作人员在履行职责、提供服务过程中收集的他人个人信息,将第2款的个人信息界定为有关单位或者个人因工作、职业而获得的个人信息。

(四)建议将非法利用个人信息的行为犯罪化

根据我国刑法典第253条之一的规定,对于合法或者非法获取公民个人信息的单位和个人非法利用个人信息的行为,目前还不能追究刑事责任。但是,这种情况在现实生活中却变得愈来愈严重。2009年3月,在我国中央电视台的“3·15”晚会上,山东省移动通信公司滥发垃圾短信的情况遭到曝光。据报道,该公司利用短信群发器和基站向用户发送短信来牟利。平时,社会大众也经常收到各种骚扰性的电话或者信息,正常的生活受到干扰。这些行为活动不是出售、非法提供而是非法使用公民个人信息。对于这种滥用个人信息或者秘密的情形,很多国家或者地区在刑法典中规定专门的罪名予以应对,如德国刑法典第204条就规定了“利用他人秘密罪”,我国澳门特区刑法典第190条规定了“不当利用秘密罪”。当然,上述立法例所规定的具体犯罪成立条件还是比较严格的,如我国澳门特区刑法典第190条对不当利用秘密罪规定了“未经同意”和“造成他人或者本地区损失”两个要件,以避免不当地扩大处罚。这值得我国内地立法机关借鉴。笔者建议,可在我国内地刑法典第253条之一第2款中规定“非法利用”的行为,即该款可表述为“非法获取、利用他人个人信息,情节严重的,依照前款的规定处罚”。

五、结语

我国立法机关2009年所颁行的《刑法修正案(七)》在刑法典中增设了侵犯公民个人信息犯罪的罪刑条文,尽管还有很多不足,在司法实践中产生了很多争议,理论上也对其提出了不少的立法完善建议,但是仍可以说,这一立法进展反映出我国立法机关在科技发展和网络信息技术普及的现实状况下关注民生和反映社会发展的正确导向,通过刑罚手段对涉及民众人身、财产安全和隐私权利的新型危害行为予以惩治和防范,符合我国刑事法治发展的现实需要,进一步完善了对公民人权的刑事法保护措施。当然,这并不是说我国关于个人信息之刑法保护立法就可以止步不前了,相反,如前所述,我国的刑事法治还有必要根据时代发展的实际情况,参考和借鉴其他国家和地区刑事法的规定,对个人信息规定更加全面和完备的刑法保护措施。

财产罪总论问题探究*

目　次

一、财产罪的范围与分类

（一）财产罪的范围

对于财产罪，是否明确将之规定为一类独立的犯罪，各国刑事立法做法不一。大多数国家的刑法典明确将财产罪确立为独立的一类犯罪，但也有些国家的刑法典并没有将财产犯罪以专章加以规定。例如，日本刑法典中尽管也规定有盗窃与强盗罪、诈骗和恐吓罪、侵占罪等财产犯罪，但并没有将它们集中予以规定。[1] 究其缘由，这实际上是基于刑事立法采取的不同模式所导致的。在刑法典分则中采取大章制立法模式的国家，往往都将财产罪作为独立的一类犯罪予以专章规定；而采取小章制立法模式

---

* 原载顾肖荣主编：《经济刑法1》，上海人民出版社2003年版；收入[日]西原春夫编：《日中比较经济犯罪》，成文堂2004年日文版。

〔1〕 参见《日本刑法典》，张明楷译，法律出版社1998年版，第76～83页。

的国家,有的会对各种具体财产犯罪分别加以规定。当然,其刑法理论中通常也将各种具体的财产犯罪统称为财产罪,[1]中国1979年刑法典分则将财产罪专章加以规定,中国1997年刑法典修订过程中,虽也曾考虑采用小章制,但侵犯财产罪仍为其中独立的一类犯罪。[2]而在最终采用大章制的1997年刑法典中,侵犯财产罪独立类罪的地位始终也没有动摇。

那么,作为涵括多种具体财产犯罪的一类罪,财产罪的具体调整范围究竟如何界定呢?对此,各国刑法典规定之详略有所不同。而刑法典所规定之繁简,决定了财产罪调整范围的大小。比较各国刑法典对于财产罪的界定范围,有以下两个问题值得关注:

1. 关于财产罪与经济犯罪的关系

何谓经济犯罪?刑法理论中多有歧见。[3] 我们此处所说的经济犯罪,是单纯立足于各国刑事立法的规定而言的,即只限于各国刑事立法所专门规定的经济方面的犯罪。关于财产罪与经济犯罪的关系,综观各国刑法的规定,通常采取三种方式:一是只规定有财产罪,而将某些经济犯罪纳入其中。例如,瑞士1971年刑法典分则第二章对于财产之犯罪中便包括了对于所有权之犯罪、对财产之一般犯罪、对非物资法利益之犯罪、破产犯罪与企业犯罪以及对法人及公司之适用五节。其中当然便包括了通常所谓经济犯罪的内容。而该刑法典虽在1996年经过修订,但这一特色并未改变。[4] 二是只规定有经济犯罪,而将侵犯财产罪纳入经济犯罪之中。例如,俄罗斯联邦1996年刑法典第八编经济领域的犯罪即包括侵犯财产的犯罪(第158~168条)、经济活动领域的犯罪(第169~200条)以及商业组织和其他组织中侵犯服务利益的犯罪(第201~204条)三部分。[5] 三是分别独立规定财产罪和经济犯罪。例如,意大利1930年刑法典(俗称"罗科法典")第二编重罪分则在第十三章规定侵犯财产罪的同时,还以第八章规定妨害公共经济、工业和贸易罪。[6] 此外,社会主义国家乃至曾经为社会主义国家的一些国家的刑法典中,则往往在规定侵犯财产罪的同时规定有经济犯罪。例如,越南(1985)、蒙古(1961)、朝鲜(1950)、阿尔巴尼亚(1952)、原捷克斯洛伐克(1950)等国的刑法典皆为如此。而匈牙利等国的刑法典虽然经过多次修正,但依然采取此一立法方式。例如,匈牙利现行刑法典(1978)便以其分则第十七章与第十八章分别规定经济犯罪与侵犯财产罪。[7]

而在中国的刑事立法中,从新中国成立初期的刑法草案到1979年刑法典与1997年刑法典一向都采取上述第三种立法方式。《中华人民共和国刑法大纲草案》(1950)在以第六章、第十一章分别规定侵害国有或公有财产罪与侵害私有财产罪之外,还以第八章规定经济上的犯罪。《中华人民共和国刑法草案》第22稿(1957)、第33稿(1963)等也均同时规定有

---

[1] 参见张明楷:《外国刑法纲要》,清华大学出版社1999年版,第570~667页。

[2] 参见高铭暄、赵秉志编:《新中国刑法立法文献资料总览》,中国人民公安大学出版社1998年版,第954页以下,第136、252、338页。

[3] 参见王昌学主编:《市场经济犯罪纵横论》,法律出版社2001年版,第91~114页。

[4] 参见《瑞士联邦刑法典》,徐久生译,中国法制出版社1999年版,第50~61页。

[5] 参见《俄罗斯联邦刑法典》,黄道秀等译,中国法制出版社1996年版,第77~105页。

[6] 参见《意大利刑法典》,黄风译,中国政法大学出版社1998年版,第146~150页、第184~196页。

[7] 参见西北政法学院2000年编印:《匈牙利刑法典》,第122~154页。

侵犯财产罪和破坏社会经济秩序罪。[1] 而中国1979年刑法典则以历次草案为基础，在分则第五章规定侵犯财产罪的同时，也以第三章规定了破坏社会主义经济秩序罪。1997年刑法典于此方面亦一体相承，只不过根据社会经济形势的变化，将分则第三章的罪名变更为破坏社会主义市场经济秩序罪。

我们认为，财产罪与经济犯罪从产生和发展上看是存在密切联系的。从某种意义上说，经济犯罪也是侵犯一定的财产关系的，而这正是传统形态的财产罪得以建立的理论根据。在自然经济为主的社会里，刑事法律对经济的保护主要是对所有权的保护，表现在严厉制裁传统的侵犯财产罪，诸如盗窃、抢夺、诈骗等。由于财产所有制是一种相对固定的社会关系，所以刑法对经济的保护基本上属于静态保护。但在市场经济社会，刑事法律对经济的保护则增添了动态内容，即在借助惩罚传统的财产罪以继续保护财产所有权的同时，还要通过惩罚新兴的经济犯罪以保护经济的正常运行。当然，二者之间也具有明显的区别。从性质状态来看，传统财产罪侵害的主要是财产权利，而经济犯罪重在侵害经济秩序；财产罪属于自然犯，而经济犯罪属于法定犯，两者在主观方面应受谴责性的程度有所不同；财产罪的对象一般是特定的，而经济犯罪的对象通常是不特定的。从发生过程来看，经济犯罪本身的严重危害与经济犯罪过程的利弊交织所形成的近乎两难局面，是经济犯罪独有的基本特点，对经济犯罪的控制措施和处罚政策均与此相关；而传统财产罪则不具有此一情形。[2] 就此而论，我们认为，在刑法典中同时规定财产罪与经济犯罪之立法模式比较而言似更为妥当。

2. 关于赃物罪

赃物罪，是指对财产犯罪所取得的财产予以收受、转移、寄藏、购买或者押保的犯罪。以往赃物罪曾经被视为一种事后共犯，从而被当作本犯的共犯处理，但如今理论中通常认为，赃物罪是一种独立的犯罪，它与其他财产罪不同，其成立往往以他人犯有财产罪为先决条件。至于赃物罪是否也属于财产罪，各国立法例则持不同的态度。大部分国家的刑法典是将赃物罪纳入财产罪之范畴的。例如，法国1992年刑法典便在其第三卷第二编其他侵犯财产罪中以专章规定窝藏赃物罪及类似或相近似之犯罪。[3] 而意大利（1930）、瑞士（1996）、匈牙利（1978）、印度（1984）等国的刑法典亦采取此一立法方式。但也有少数国家的刑法典并没有将赃物罪视为财产罪。例如，俄罗斯联邦1996年刑法典第175条所规定的购买或销售明知是犯罪赃物的财产罪，便被纳入经济活动领域的犯罪之范畴。[4] 朝鲜1950年刑法典第250条所规定的收买赃物罪也并不属于侵犯财产罪，而是属于妨害管理秩序罪。[5]

中国1979年刑法典与1997年刑法典对于赃物罪均采取上述第二种立法方式。1979年刑法典第172条规定了窝赃、销赃罪，并被归之于妨害社会管理秩序罪；而1997年刑法典第

---

〔1〕 参见高铭暄、赵秉志编：《新中国刑法立法文献资料总览》，中国人民公安大学出版社1998年版，第954页以下，第136、252、338页。

〔2〕 参见储槐植：《美国刑法》（第2版），北京大学出版社1996年版，第278～280页。

〔3〕 参见《法国刑法典》，罗结珍译，中国人民公安大学出版社1995年版，第118页。

〔4〕 参见《俄罗斯联邦刑法典》，黄道秀等译，中国法制出版社1996年版，第89页。

〔5〕 参见《朝鲜民主主义人民共和国刑法》，金峰玉等译，法律出版社1956年版，第41页。

312条所规定的窝藏、转移、收购、销售赃物罪则被进一步纳入分则第六章妨害社会管理秩序罪下设的第二节妨害司法罪。事实上，对于赃物罪的不同归类，涉及如何理解赃物罪的本质这一颇有争议的问题。概言之，刑法理论中就此问题主要有以下几种不同的观点：[1]一是追及权说，认为赃物罪为使本犯被害人对其财物的追及回复发生困难或不能的犯罪。赃物罪实际亦间接侵害他人财产之法益，因而具有财产犯罪的性质。刑法上制裁赃物罪之目的便在于防止赃物的移转，以保护被害人的返还请求权。这是日本判例所采取的学说，基本也为理论上的通说。二是维持违法状态说，认为赃物罪之本质在于使依犯罪而成立的违法状态得以存续维持。赃物罪之本犯不限于财产罪，只要侵害他人的财产权者即可。根据这一学说，赃物的范围不限于财产犯罪所取得的财物，非法狩猎所得到的鸟兽、贿赂犯罪中的贿赂，以及其他在民法上没有追及权的物，都可以被认定为赃物。赃物罪的成立与否，与是否具有私法上的返还请求权无涉。依不法原因给付之物，亦可成立赃物罪。此乃德国的通说，在日本也有部分学者支持。此外，刑法理论中还存在利益关联说、事后共犯说等诸多学说：利益关联说认为，赃物罪的本质在于追求和享受本犯的不法利益；事后共犯说则认为，赃物罪的本质是帮助本犯利用赃物的犯罪。这两种学说由于存在缺乏对赃物罪利欲犯性质的重视等显见的缺陷，现已基本为理论界所摈弃。[2]

而各国刑法典对赃物罪所采取的不同态度，正是与上述不同的观点相适应的。持追及权说的国家，便会基于赃物罪所具有的财产犯罪性质，而将其归入财产罪之范畴；持维持违法状态说的国家，一般则会基于赃物内涵之宽泛性，而认为赃物罪不是严格的财产罪。

而正如一些国外学者所指出的，追及权说与维持违法状态说都只是着眼于赃物罪的某一个方面的特征，因而都有失片面。根据追及权说，在民法上没有追及权的物，就不能成为赃物，这显然不合理。而维持违法状态说之所谓违法状态的内容则十分模糊，人们难以据此确定何种行为维持了违法状态。[3] 尤其值得一提的是，两者本是互为表里的关系。从本犯被害人的角度看，赃物罪妨害了追及权；但从赃物犯的角度来看，则是维持了违法状态。鉴此，有学者提出了并合说，认为这两种学说虽然都有可取的一面，但都不能独立说明赃物罪的本质，需要根据各种赃物罪的具体情况全面考虑。[4]

不过，单从中国1997年刑法典的具体规定出发，我们认为，中国刑事立法关于赃物罪的着眼点与国外立法例有所不同。中国刑事立法设立赃物罪的根本目的，是为了保证司法机关查处犯罪的各项工作的顺利开展。因此，妨害司法机关的正常活动才是中国刑法中赃物犯罪的本质特征和社会危害性所在。诚然，赃物罪的确侵害了本犯之被害人追索其财物的权利，但其主要侵害的应是司法机关对刑事犯罪的追究，是司法机关的正常活动。所以，中

---

[1] 参见吴正顺：《财产犯罪之本质、保护法益》，载蔡墩铭主编：《刑法分则论文选辑》（下），台湾五南图书出版公司1984年版，第682～684页；金子桐等：《罪与罚——妨害社会管理秩序罪的理论与实践》，上海社会科学院出版社1989年版，第267～268页。

[2] 参见高铭暄等编：《中国刑法词典》，学林出版社1990年版，第729页。

[3] 参见张明楷：《外国刑法纲要》，清华大学出版社1999年版，第570～667、658页。

[4] 参见甘雨沛、何鹏：《外国刑法学》（下），北京大学出版社1990年版，第950页；张明楷：《外国刑法纲要》，清华大学出版社1999年版，第659页。

国1997年刑法典将赃物罪列入妨害社会管理秩序罪之妨害司法罪的范畴，应当说无可厚非。

（二）财产罪的分类

各国刑法理论甚至刑事立法往往都按照一定的标准对财产罪进行分类。了解财产罪的不同分类，对于准确把握各种财产犯罪的性质、特点及社会危害程度，保证正确定罪与适当量刑，无疑具有重要意义。

1.外国刑法中的财产罪分类

结合德、日等国家的刑法理论来看，对于财产罪主要有以下几种分类方法：

（1）侵犯个别财产之犯罪与侵犯整体财产之犯罪。这是依据犯罪行为所侵犯财产的性质进行的分类。德国刑法学者柯劳西便持此一观点。此分类法之所谓侵犯个别财产之犯罪，是指对被害人的个别财物及个别财产权的犯罪；而侵犯整体财产之犯罪，则是指对被害人的财产状态予以侵犯，从而造成损害的犯罪。盗窃罪、侵占罪、赃物罪、隐匿罪即属于侵犯个别财产之犯罪，而背信罪属于侵犯整体财产之犯罪。至于抢劫罪（强盗罪）、诈骗罪（诈欺罪）、恐吓罪是否属于侵犯整体财产的犯罪，则有争论。有学者认为它们既是侵犯个别财产的犯罪，同时也具有侵犯整体财产犯罪的特征。[1]

（2）财物罪与利益罪。这是根据财产犯罪对象的特点所进行的分类。前者是以财物作为侵害对象的财产罪；而后者又称为得利罪，是指以财产性利益为侵害对象的财产罪。具体而言，盗窃罪、侵占罪、毁弃罪、赃物罪是财物罪；而抢劫罪、诈骗罪、恐吓罪则既是财物罪，又是利益罪。

（3）取得罪与毁弃罪。这是以行为人是否取得财产为标准所进行的分类。前者是指不法取得或利用他人财产的财产罪，包括盗窃罪、抢劫罪、诈骗罪、恐吓罪、侵占罪等；而后者则是指毁灭或者减少他人财物价值的财产罪。对于取得罪，也有学者进一步将其区分为直接取得罪与间接取得罪。直接取得罪，即指直接取得财物或者财产性利益的犯罪，如盗窃罪、诈骗罪等；而间接取得罪，是指对他人不法取得的财物间接取得的犯罪，如赃物罪。这一分类是以承认赃物罪属于财产罪为前提条件的。

（4）动产罪与不动产罪。这是根据财产罪的侵害对象是动产还是不动产所作的划分。动产可以成为绝大多数财产罪的侵害对象，刑法学界对此已无疑义。而不动产可以成为哪些财产罪的侵害对象，刑法理论中则多有争论。日本的判例与学说即认为，侵占罪、恐吓罪、诈骗罪、毁弃罪等财产罪所侵害的对象便可以是不动产。至于不动产能否成为盗窃罪的侵害对象，日本学者曾对此有较大争议，但由于1960年刑法部分修改时增设了不动产侵夺罪，学者们在此问题上遂达成了一致意见，即盗窃罪所侵害的对象只能是动产，而不动产侵夺罪侵害的对象则只能是不动产。此外，日本刑法典第236条所规定的强盗罪中，第1款“财物强盗”的对象只能是动产；而第2款“利益强盗”的对象则有可能是不动产。[2]

---

〔1〕 参见何鹏：《外国刑法简论》，吉林大学出版社1985年版，第196页。

〔2〕 参见［日］刑事法令研究会编著：《财产犯》（上卷），立花书房1992年版，第6页。

(5)对所有权的犯罪与对财产的犯罪。这是依据是否发生实际的财产损害结果所进行的分类。前者不以实际的财产损害结果的发生为成立条件,具体包括盗窃罪、侵占罪等;而后者则必须有实际的财产损害结果的发生,具体包括诈骗罪、恐吓罪、背信罪等。此乃德国学者以德国刑法的规定为根据所作的分类。[1] 而瑞士1971年刑法典就曾明确采取此一分类方法,在其分则第二章"对于财产之犯罪"中,以第一、二节分别规定"对于所有权之犯罪"和"对财产之一般犯罪"。

此外,苏联(1960)、越南(1985)、朝鲜(1950)等社会主义国家刑法典中还有一种较为特别的分类方法,即将财产罪区分为侵犯公共财产之犯罪与侵犯私人财产之犯罪。这主要是根据财产犯罪侵害财产的性质所进行的分类。此种分类方法重在突出对公共财产的保护。例如:越南1985年刑法典分则中便以第四章和第六章分别规定"侵害社会主义所有财产的犯罪"和"侵犯公民财产的犯罪。"[2]

2. 中国刑法中的财产罪分类

中国台湾地区的刑法理论由于多师承德、日等大陆法系国家,因而其关于财产罪的分类也大多以前述外国刑法理论中的分类方法为蓝本。例如,蔡墩铭教授将侵犯财产罪分为对个别财产之犯罪与对全体财产之犯罪两类。而学者韩忠谟、褚剑鸿、周冶平等根据犯罪对象的不同,将侵犯财产罪分为财物罪与利益罪(利得罪、得利罪)。[3] 陈朴生先生将侵犯财产罪以侵害客体为标准区分为财产罪与利益罪;依行为样态的不同区分为取得罪、毁弃罪及移转罪。[4] 这些理论其实都可以在大陆法系国家刑法理论中找到相应的范本。而中国澳门特别行政区刑法典中明确将侵犯财产罪分设为侵犯所有权罪、一般侵犯财产罪与侵犯财产权罪三部分,似乎也可以从中看到大陆法系国家相关刑法理论的痕迹。至于中国香港特别行政区,由于多受英美法系对刑法重实用而轻理论的影响,因而对侵犯财产罪很少在理论上予以分类,在其立法中也基本未有体现。

中国大陆刑法理论中对于侵犯财产罪的分类则早有研究。1997年刑法典颁行之前,学者们便纷纷以1979年刑法典中的相关规定为依据,提出自己关于侵犯财产罪分类的见解。1997年刑法典颁行之后,此一理论研究亦随着刑法典的修订而有所深入。具体而言,主要有以下几种观点:一是根据犯罪目的的不同,将财产罪分为以非法占有目的的犯罪、以挪用为目的的犯罪和以破坏为目的的犯罪三类。以非法占有为目的的犯罪包括抢劫、抢夺、盗窃、诈骗、侵占等罪;以挪用为目的的犯罪包括挪用资金罪与挪用特定款物罪;以破坏为目的的犯罪包括故意毁坏公私财物罪与破坏生产经营罪。[5] 也有学者在此种分类的基础上,将其进一步提炼概括为取得罪、挪用罪与毁坏罪。[6] 二是根据行为样态的不同将财产罪区分

---

[1] 转引自刘明祥:《财产罪比较研究》,中国政法大学出版社2001年版,第5、26、28页。

[2] 参见《越南、缅甸、老挝现行法律选编》,米良等译,云南人民出版社1993年版,第173、178页。

[3] 参见金凯主编:《侵犯财产罪新论》,知识出版社1988年版,第18~19页;褚剑鸿:《刑法分则释论》(下册),台湾商务印书馆1995年版,第1077~1078页;周冶平:《财产罪序论》,载台湾《刑事法杂志》第11卷第2期,第27~28页。

[4] 参见陈朴生:《谈财产犯罪之保护法益》,载台湾《刑事法杂志》第29卷第4期,第3、115页。

[5] 参见高铭暄主编:《新编中国刑法学》,中国人民大学出版社1998年版,第76页。

[6] 参见赵秉志主编:《侵犯财产罪研究》,中国法制出版社1998年版,第17~18页。

为四类。即暴力、胁迫型财产犯罪,包括抢劫罪、抢夺罪、聚众哄抢罪等;窃取、骗取型财产犯罪,包括盗窃罪、诈骗罪;侵占、挪用型财产犯罪,包括侵占罪、挪用资金罪、职务侵占罪、挪用特定款物罪等;毁坏、破坏型犯罪,包括故意毁坏公私财物罪与破坏生产经营罪。[1] 三是以是否具有非法占有目的为标准,将侵犯财产罪区分为以非法占有为目的的犯罪与不以非法占有为目的的犯罪。[2] 此外,还有学者主张,根据财产罪的犯罪主体是否要求具备特殊身份,将其区分为一般主体的犯罪与特殊主体的犯罪;根据财产罪的对象是否具有特殊性,将其区分为侵犯一般财物的犯罪与侵犯特殊财物的犯罪,等等。[3]

综观中外刑法理论乃至刑事立法中关于财产罪的分类,其区分的标准与角度可谓五花八门。我认为,具体的分类方法是否恰当,也应结合各国具体的刑事立法与刑法理论来判断。就此而论,在越南、蒙古、朝鲜等国刑法理论中,将财产罪分为侵犯公共财产的犯罪与侵犯私人财产的犯罪,当然有其立法依据,因而无可责难。在中国刑法典的制定过程中,早期的刑法草案中也曾将侵犯财产罪分设为"破坏公共财产的犯罪"与"侵犯公民财产的犯罪"两部分,以区别所侵犯财产的性质并突出对公共财产的重点保护。但由于这两部分的内容大体相同,甚至几乎全部重复,所以为了法律条文的规定简明扼要,特别是为了避免产生不加分析地对侵犯公共财产犯罪一律从重处罚而对侵犯公民个人财产犯罪均予以从轻处断的误解,于是从 1957 年的刑法草案第 22 稿开始,对侵犯财产罪都只规定为一章,而不再作财产性质上的区分。[4] 因此,如果再在理论上对财产罪作如此区分,显然缺乏法律根据。而且,现今在中国私营企业已获得平等的法律地位,对私人财产给予同等法律保护的呼声日益强烈。在此社会氛围下,还作此种划分,已无甚意义。

外国刑法理论中将财产罪区分为直接取得罪与间接取得罪的分类,是以把赃物罪归属为财产罪为前提的。但在中国现行刑法典中,赃物罪是被明确纳入妨害司法罪之范畴的。所以,此种分类方法对中国来讲也没有存在的余地。而德国刑法理论中将财产罪区分为对所有权的犯罪与对财产的犯罪之分类方法,也是基于德国刑法对这两类犯罪的成立条件所作出的不同规定,在中国澳门特别行政区刑法典中亦有此明确的分类,因而切实可行。但中国大陆刑法理论中通常认为,所有财产罪都是侵犯财产所有权的犯罪。所以,这种分类方法便无必要了。至于外国刑法理论中的其他几种分类方法,对于我们进一步深入研究则具有一定的借鉴意义。

此外,笔者认为,对财产罪予以分类,其宗旨应在于从不同角度揭示各种财产犯罪的性质、特点及其社会危害程度,以有助于准确地定罪量刑。因而财产罪的分类应体现财产罪的特色,而不宜将一般犯罪的分类方法套用到财产罪的分类之中。从这个角度讲,将财产罪区分为"一般主体的犯罪与特殊主体的犯罪"等分类方法,似确如有些学者所言,并没有反映

---

[1] 参见张明楷:《刑法学》(下),法律出版社 1997 年版,第 760 ~ 762 页。

[2] 参见蔡兴教主编:《财产贪贿犯罪的疑难和辨症》,中国人民公安大学出版社 1999 年版,第 95 ~ 96 页。

[3] 参见赵秉志:《侵犯财产罪》,中国人民公安大学出版社 1999 年版,第 26 ~ 28 页。

[4] 参见高铭暄、赵秉志编:《新中国刑法立法文献资料总览》,中国人民公安大学出版社 1998 年版,第 136 页;金凯主编:《侵犯财产罪新论》,知识出版社 1988 年版,第 20 ~ 21 页。

出财产罪的特殊性,故而没有太大的价值。[1]

二、财产罪的保护法益

财产罪的保护法益是他人的财产,各国刑法理论对此几无异议。但究竟如何进一步理解此处的财产,各国刑法理论和判例的解释则颇有不同。尤其是德、日等大陆法系国家,在此问题上的争论更是激烈。

(一)德日刑法中财产罪的保护法益

在德国刑法理论界,关于财产的概念主要有以下三种学说:[2]

一是法律的财产说,认为刑法中的财产就是民事法上的权利,财产罪的本质是侵害民事法上的权利,处罚财产罪所要保护的也正是这种权利。

二是经济的财产说,认为凡是有经济价值的利益都是财产,都可以成为财产罪的保护法益;如果没有经济价值,则即使是民事法律所保护的权利,也不成其为财产,对这种权利的侵害,不可能构成财产罪。

三是法律的、经济的财产说,认为除违法的利益外,由法秩序保护的整体上有经济价值的利益都是财产。财产罪的保护法益既有民事法上的权利因素,又有经济利益因素,要把两者结合起来考虑。

其中,法律的财产说曾是德国刑法理论中的传统学说,也曾为判例长期采用。但如今,经济的财产说在德国则既是理论上的通说,同时也是判例所采取的基本主张。

在日本刑法理论中,关于财产罪保护法益的学说也主要有三种:[3]

一是本权说,又称所有权说,认为财产罪的保护法益是财物的所有权及其他本权。

二是占有说,认为财产罪的保护法益是事实上的占有本身。此处占有既包括合法的占有,也包括非法的占有。

三是中间说,又称修正说,即在本权说或占有说基础上所提出的折衷修正的学说。中间说可谓多种多样,例如:安全占有说、与本权无对抗关系的占有说等。

其中,本权说是"二战"前日本大审院有关判例所采取的学说,但"二战"后日本最高裁判所的判例则一直倾向于占有说。[4]

(二)英美法系中财产罪的保护法益

在英美刑法理论中,尽管没有"本权说"之类的概念,但在处理财产罪中相关问题时,也存在一些类似的主张。法院处理所谓"行使权利"的案件,一般是采取类似于本权说的立场,即不认为侵害了财产罪的保护法益,因而否定犯罪的成立。此外,英国盗窃罪法第1条第1项、美国模范刑法典第223-0条第7项的规定,也被认为包含有本权说的内容。[5]

---

[1] 参见刘明祥:《财产罪比较研究》,中国政法大学出版社2001年版,第8~10、16、17页。
[2] 参见刘明祥:《财产罪比较研究》,中国政法大学出版社2001年版,第8~10、16、17页。
[3] 参见张明楷:《外国刑法纲要》,清华大学出版社1999年版,第580~583页。
[4] 参见刘明祥:《财产罪比较研究》,中国政法大学出版社2001年版,第8~10、16、17页。
[5] 参见刘明祥:《财产罪比较研究》,中国政法大学出版社2001年版,第8~10、16、17页。

比较上述关于财产罪保护法益的各种学说,可以发现,法律的财产说与本权说、经济的财产说与占有说、法律的经济的财产说与中间说从本质上讲较为近似,其争论的焦点归根结底便在于是扩大还是缩小或适当限制财产罪的规制范围。法律的财产说与本权说是主张缩小,经济的财产说与占有说是力主扩大,而法律的、经济的财产说与中间说则是予以折衷调和。从“二战”后的司法实务来看,德日两国法院的判例都先后从传统的法律的财产说或本权说,转向经济的财产说或占有说,所以都有扩大财产罪规制范围之趋势,而日本似乎更为激进。〔1〕

当然,判例立场的变化并不意味着后者比前者更为科学合理。这实际上与各国财产罪的发案状况密切相关,是“乱世用重典”的刑事政策思想的具体体现。

(三)中国刑法中财产罪的保护法益

在中国台湾地区刑法理论中,关于财产罪保护法益的研究亦颇为深入,但其主张则基本缘起于外国相关理论。〔2〕

而中国大陆地区刑法理论对此问题则涉足不多,且不够深入。中国大陆地区刑法学界通常认为,财产罪的本质是侵犯财产所有权,刑法设立财产罪的宗旨也正是为了保护财产所有权。这可以说颇近似于本权说的主张。事实上,结合中国相关法律规定来看,财产所有权包括占有、使用、收益、处分四项权能,它们既相对独立又相互联系,共同构成财产所有权的全部内容。侵犯财产罪多数情况下是对财产所有权全部权能的侵犯,即由于犯罪人的犯罪行为使财物所有人在事实上永久、完全地丧失了对财产占有、使用、收益和处分的可能性。但是,由于所有权权能与所有权整体之间存在部分与整体的关系,对所有权任一权能的侵犯,同样是对所有权的侵犯。此处须辨别的是,所有权被侵犯不等于所有权转移。取得所有权必须遵循法律的规定。就此而论,任何侵犯财产的犯罪都不可能真正取得财产所有权。所以,那种认为侵犯财产罪即意味着财产所有权转移,因而主张仅侵犯所有权某一权能的行为不属于侵犯财产罪的观点是不妥当的。易言之,即便是仅仅侵犯了占有权,亦同样侵犯到财产所有人的所有权,应构成侵犯财产罪。而这也是中国1997年刑法典将挪用资金罪与挪用特定款物罪纳入侵犯财产罪的原因所在。这两种犯罪虽然直接侵犯的是单位资金或特定款物的使用权,但通过对使用权的侵犯,则必然影响到财产所有权其他权能的行使,所以仍然是侵犯了财产所有权。只不过与其他侵犯财产罪相比在对所有权的侵犯程度上有所差别而已。〔3〕

三、财产罪的对象

财产罪的对象是他人的财物。关于什么样的财物可以成为财产罪的犯罪对象,中外刑

---

〔1〕 参见张明楷:《外国刑法纲要》,清华大学出版社1999年版,第508~583页;刘明祥:《财产罪比较研究》,中国政法大学出版社2001年版,第18页。

〔2〕 参见吴正顺:《财产犯罪之本质、保护法益》,载蔡墩铭主编:《刑法分则论文选辑》(下),台湾五南图书出版公司1984年版,第671~675页。

〔3〕 参见赵秉志主编:《侵犯财产罪研究》,中国法制出版社1998年版,第12、26、30~31页。

事立法和刑法理论历来都有不同的看法。概括而言,主要涉及以下几个问题:

(一)财物是否仅限于有体物

刑法理论中对此一问题的争论可谓众说纷纭、莫衷一是。具体而言,主要有以下两种观点:[1]

一是有体性说。此说认为,刑法上的财物专指有体物,包括固体物、液体物与气体物。瓦斯、蒸汽等属于有体物;而光、热等则属于无形物。将光、热等无形物解释为财物,属于类推解释,违反了罪刑法定原则。与此相关的问题是,窃电行为是否构成盗窃罪?对此,法国和日本司法实务中过去曾对财物作扩大解释,认为财物包括电力,故而窃电行为当然构成盗窃罪。但与此同期的德国司法实践中,则出现过因为电力是无形的东西而法院拒绝对窃电者审判的事例。后来,随着社会的发展,并出于更有利于保障财产法益的考虑,许多国家刑法典对物的规定或解释逐渐宽泛化。1926 年苏俄刑法典和 1976 年联邦德国刑法典在财产罪中都明确规定了"窃电罪",德国 1998 年刑法典第 248 条 c 也规定有"盗用电力罪"。日本 1907 年刑法典则以第 245 条专条规定,"电气也视为财物"。[2] 于是,对窃电行为追究刑事责任不再成为问题。但是,电以外的其他一些能源,究竟是否属于财物呢?有的国家刑法典对此是有明文规定的。例如,瑞士 1996 年刑法典第 142 条所规定的非法盗用能源罪,其对象就既包括电力,也包括电力以外的其他能源。[3] 意大利 1930 年刑法典第 624 条第 3 款亦规定:"在刑事法律的意义上,电能和其他具有经济价值的能源也被视为动产。"[4]这当然也将其他能源涵括其中了。但许多国家刑法典中则欠缺这样的规定。因而,根据有体说,电力以外的能源就不能视为财产罪之所谓财物。否则,便有违罪刑法定原则。德国的刑法理论与司法实务实际上就持此一观点。

二是管理可能性说。此说注重物之效用,认为凡能为人所管理支配之物即为财物。管理可能性说又分为物理管理可能性说与事务管理可能性说。前者认为,财物并不限于有体物,只要有物理的管理可能性即可属之。基此,电力以外的其他能源,例如水力、人工冷气等,因具有物理管理的可能性,所以都是财物。此一学说在许多国家已成为通说。后者主张,凡是具有事务的管理可能性的东西,都是财物。例如,牛马的牵引力、债权、情报等,都有事务的管理可能性,故而都属于财物。

中国台湾地区刑法理论中,学者们对此问题也多有争论,并存在有体说、效用说、管理可能说与持有可能说等多种学说。台湾地区"刑法典"则采纳有体说。[5] 另外也有许多学者力主此说。[6] 而中国大陆学者则多不赞成此说,认为刑法上的财物不仅应包括有体物,也应包括无体物。电力、煤气、天然气以及代表一定经济价值的货币、有价证券或有价票证,如

---

[1] 参见张明楷:《外国刑法纲要》,清华大学出版社 1999 年版,第 573 ~ 574 页;金凯主编:《侵犯财产罪新论》,知识出版社 1988 年版,第 7 页。

[2] 参见《日本刑法典》,张明楷译,法律出版社 1998 年版,第 76 ~ 83 页。

[3] 参见《瑞士联邦刑法典》,徐久生译,中国法制出版社 1999 年版,第 50 ~ 61 页。

[4] 参见《意大利刑法典》,黄风译,中国政法大学出版社 1998 年版,第 146 ~ 150、184 ~ 196 页。

[5] 参见褚剑鸿:《刑法分则释论》(下册),台湾商务印书馆 1995 年版,第 759 页。

[6] 参见林山田:《刑法特论》,台湾三民书局 1978 年印行,第 759 页。

国库券、公债券、股票、储蓄存折、支票、汇款单、货物托运单、提货单、车船票、信用卡等也属于财物的范围它们或者可以兑换现金,或者可以提取财物,对其侵犯同样会影响财产所有权的行使。[1] 中国1997年刑法典及其相关的司法解释也持此一观点。该刑法典第265条明确规定以牟利为目的,盗接他人通信线路、复制他人电信码号或者明知是盗接、复制的电信设备、设施而使用的,依照盗窃罪定罪处罚。而中国最高法院1997年11月4日通过的《关于审理盗窃案件具体应用法律若干问题的解释》第1条第3项也明确规定,盗窃的公私财物,包括电力、煤气、天然气等财物。[2]

事实上,随着社会的发展和科技的进步,无形的能源不仅逐步增加,而且在社会生活中扮演着愈益重要的角色。因此,这些新能源应当成为刑法保护的对象。而且,电力与电力以外的其他无形能源具有相同的性质,它们之间并没有实质上的区别,因而没有理由只保护电而不保护其他的无形能源。从此一角度讲,传统的有体说确实有其缺陷。但有体说对财物的范围予以明确的界定,便于司法实践中掌握和认定,有益于贯彻罪刑法定原则的要求。所以,有体说也有其可取之处。反观管理可能性说,由于其未能明确界定财物的范围,故而有违背罪刑法定原则之嫌。特别是其中的事务管理性说已受到很多学者的批判。因为没有物理的管理可能性的物,往往是不可能受到实际侵害的。因此,我们主张取两者之长,而避彼此之短,即在有体说的基础上,对于需要由刑法特别保护的无形物,由法律作出明确的列举,从而将其纳入作为财产罪对象的财物之范畴。

(二)财物是否仅限于动产

不动产能否成为财产罪的对象,各国刑法理论和立法规定不尽一致。自罗马法以来的传统观念均认为,盗罪(盗取罪)的对象只限于动产。德国、瑞士、西班牙、奥地利等国的立法甚至均对此作出了明确的规定。例如,德国刑法典第242条即规定,盗窃是意图盗窃他人动产,非法占为已有或使第三人占有的行为。[3] 但是,需要指出的是,赞同盗窃不动产之行为具有可罚性的人越来越多。很多国家则进一步在立法中对此予以明确。例如,日本刑法典第235条之二即明确增设了侵夺不动产罪;英国1968年盗窃法第4条第1款亦明确规定,财产包括一切不动产和动产。[4]

中国台湾地区"刑法典"第320条关于窃盗罪的规定中,也在第一项规定窃取动产罪之后,以第二项规定窃占不动产罪。台湾学者陈朴生认为,窃盗、抢夺、强盗等夺取罪重在排除他人对其物之支配。其行为之本质,在于移转其物之支配,并不以移转其物或变动其物之处所为必需。称物,本包括动产与不动产。虽其犯罪之动机并不相同,但其客体之为财物则无二致。中国大陆诸多学者则认为,盗窃、抢劫罪的犯罪对象一般说来不能包括房屋等不动

〔1〕 参见赵秉志主编:《侵犯财产罪研究》,中国法制出版社1998年版,第12、26、30~31页。

〔2〕 参见最高人民法院1997年11月4日通过并于1998年3月17日施行的《关于审理盗窃案件具体应用法律若干问题的解释》(法释〔1998〕4号)。

〔3〕 参见《德国刑法典》,徐久生等译,中国法制出版社2000年版,第174、176页。

〔4〕 参见[英]J. C. 史密斯、B. 霍根:《英国刑法》,李贵方等译,法律出版社2000年版,第577页。

产,而诈骗罪、侵占罪的犯罪对象则包括不动产。[1] 但也有学者对此持有异议,认为抢劫罪的对象既可以是动产,也可以是不动产。[2]

笔者认为,不动产可以成为财产罪的对象是毋庸置疑的。但是受侵犯财产犯罪行为的性质、特点的限制,不动产不可能成为所有财产犯罪的对象。如抢劫、抢夺、挪用资金、挪用特定款物等犯罪的对象便只能是动产,而不包括不动产。事实上,一些外国立法例在此问题上也作了明确的区分。例如,德国 1998 年刑法典在规定盗窃罪、抢劫罪时,使用"动产"一词,但在规定诈骗罪、恐吓罪时,却使用"财产"一词。这实际上已清楚地揭示了几种具体财产罪在对象方面的差异。

(三)财物是否仅限于有价值之物

作为财产罪对象的财物是否只能是有价值之物?是否限于有经济价值?如何判断物品有无价值或经济价值?这些也都是刑法理论中颇有争论的问题。

关于财产罪之物是否必须具有价值,理论中主要有两种观点:一种观点认为,只要是有管理可能性的东西,不论是否有价值都应该视为财物;另一种观点则认为,财物必须具有价值,无价值的东西不能成为财产罪的对象。[3] 后一种观点为大多数学者所主张。关于财产罪之物进而是否必须具有经济价值,又主要有两种不同观点:一是财产标的说,主张"物"只须得为财产权之标的,即为有体物者,当可为财产上犯罪之"物",不以具有经济上之价值为必要;二是经济价值说,认为"物"必须具有经济价值,可为交易之标的,方能成为财产上犯罪之财物。[4]

笔者认为,财产罪的对象首先应该是具有价值和使用价值的财物。有些物质有价值但无使用价值如抛弃物,有些物质有使用价值但无价值如阳光、空气等,它们都不能成为财产罪的对象。中国刑法把财产罪的对象一般表述为公私财物,"公私"一词实质上已说明财产的有主性。因此,如果是无主物,或者是已被原所有人自动放弃所有权的财物,则无论事实上是否还具有价值和使用价值,都已不属于财产罪的对象。当然一旦这些物品被人拥有而形成新的财产所有权关系,则又可以成为财产罪的对象。进言之,我们认为,财产罪的对象还必须具有经济价值。有些物品如果不具有经济价值,即使在其他方面具有重要的价值,例如记载在某个笔记本上的国家秘密、情报,也不宜纳入财产罪之对象范畴。因为财产罪所要保护的法益是财产所有权,而此种情形下,这些物品所要体现的却并非财产所有权关系,而是其他方面的利益关系。事实上,不作为财产罪之所谓财物,并不意味着就会放纵犯罪。如果确有刑法保护的必要,完全可以刑法中其他罪名予以规制。

那么,究竟如何判断物品是否具有经济价值,是采取主观的标准,还是采取客观的标准呢?对此,有学者认为,应该从客观方面判断,客观上无任何价值的东西,即使所有者、占有者主观上认为有价值,也不能成为财产罪的对象;也有学者认为,客观上虽无金钱价值或者

---

〔1〕 参见周振想:《刑法学教程》,中国人民公安大学出版社 1997 年版,第 525 页。

〔2〕 参见张明楷:《刑法学》(下),法律出版社 1997 年版,第 760 ~ 762 页。

〔3〕 转引自刘明祥:《财产罪比较研究》,中国政法大学出版社 2001 年版,第 5、26、28 页。

〔4〕 转引自褚剑鸿:《刑法分则释论》(下册),台湾商务印书馆 1995 年版,第 1079 页。

经济上的交换价值,但如果所有者、占有者主观上认为有价值,也应该认为是财物,可以成为财产罪的侵害对象。[1] 我们认为,判断某一物品是否具有经济价值,其标准应该是客观的,不能以主观上的标准来评判。因为经济价值应是指能够用客观的价值尺度衡量的经济效用。某件物品是否具有经济价值,主要应通过市场关系来体现。需要强调的是,经济价值不等于价格,价格只是价值的货币表现形式。某些禁止流通物,如珍贵文物等,不能因为它们不能进入流通领域,没有市场价格,就否定其经济价值。

此外,作为财产罪对象的财物,其价值是否须达到相当的程度?易言之,价值低廉之物能否成为财产罪的对象?对此,有些国家刑法典是作出明确规定的。例如,德国 1998 年刑法典第 248 条 a 即规定,犯第 242 条盗窃罪和第 246 条侵占罪,所盗窃或侵占之物价值非薄的,告诉乃论;但刑事追诉机关基于重大公益,认为有依职权进行追诉之必要的,不在此限。[2] 可见,在德国刑法典中盗窃、侵占价值低廉之物的,属于亲告罪。而瑞士 1996 年刑法典第 172 条 b、意大利 1930 年刑法典第 626 条也都有类似的规定。中国刑事立法在此问题上亦持肯定态度,其刑法典关于财产罪的条文基本都明确规定,被侵害财物的价值数额,只有达到较大程度的,才能构成犯罪。而中国最高人民法院的司法解释则进一步将该数额予以明确,从而使立法的规定更具可操作性。例如,1997 年刑法典第 274 条规定,敲诈勒索公私财物,数额较大的,才构成敲诈勒索罪。而中国最高人民法院相关司法解释则对该数额认定标准进一步明确为"以一千元至三千元为起点",各省、自治区、直辖市高级人民法院可以根据本地区实际情况,在上述数额幅度内,研究确定本地区执行的具体数额标准。[3]

(四)财物是否包括违禁品

所谓违禁品,是指法律禁止私自留存、使用的物品,如枪支弹药、毒品、淫秽物品等。对于违禁品能否成为财产罪的对象,刑法理论中也有不同的看法。在日本,有学者认为,所有权不存在的东西不能说是财物,违禁品既然是法律禁止所有的东西,当然也就不具有财物性,不能成为财产罪的侵害对象。但也有学者认为,违禁品也是财物,应该给予刑法保护。[4] 在中国刑法理论中,对此问题也有争论。一种观点认为,枪支弹药、鸦片烟毒、淫书淫画等违禁品,均不属非所有物,因此也可以成为财产罪的侵害对象。[5] 另一种观点认为,违禁品因为法律禁止流通,不能成为商品,不具有财物的特征,故不能成为财产罪的对象。还有一种观点则认为,违禁品能否成为财产罪的对象,关键在于刑法是否已就取得违禁品的行为规定了相应的其他性质的犯罪。因此,在刑法已规定了盗窃、抢夺、抢劫、私藏枪支弹药等罪名的情况下,枪支弹药显然不再属于财产罪的对象。至于对未规定相应罪名的其他违禁品,则有可能成为财产罪的对象。[6]

---

〔1〕 转引自刘明祥:《财产罪比较研究》,中国政法大学出版社 2001 年版,第 5、26、28 页。

〔2〕 参见《德国刑法典》,徐久生等译,中国法制出版社 2000 年版,第 176、174 页。

〔3〕 参见最高人民法院《关于敲诈勒索罪数额认定标准问题的规定》(2000 年 4 月 28 日)。

〔4〕 参见金凯主编:《侵犯财产罪新论》,知识出版社 1988 年版,第 9 ~ 10 页;刘明祥:《财产罪比较研究》,中国政法大学出版社 2001 年版,第 30 页。

〔5〕 参见金凯主编:《侵犯财产罪新论》,知识出版社 1988 年版,第 11 页。

〔6〕 参见赵秉志主编:《侵犯财产罪研究》,中国法制出版社 1998 年版,第 12、26、30 ~ 31 页。

笔者认为,违禁品本身也是财物,只不过是一种特殊的财物。虽然国家明令禁止持有或流通违禁品,但"地下流通"却客观存在,很难禁绝。换言之,法律禁止流通并不意味着事实上的不流通。就此而言,违禁品也是一种商品,是一种具有经济价值的"黑色"商品。而且,违禁品虽为法律禁止持有和所有,但并不等于非所有物,仍有其合法所有人,根据有关法律规定,违禁品归国家所有。可见,侵害违禁品的行为同样侵犯了一定的所有权关系。因此,违禁品也可以成为财产罪的对象。当然,是不是对侵害违禁品的行为就一概以财产罪定罪处罚呢?对此,我们持否定态度。我们认为,违禁品成为财产罪的对象是有一定范围限制的。对于某些特定的违禁品,因刑法典已作出专门规定,就不能再成为财产罪的对象。例如,对盗窃枪支、弹药、爆炸物的行为,就应按刑法典的有关规定追究刑事责任,而不能再以盗窃罪论处。所以,我们赞同上述第三种观点。事实上,这也是最高人民法院有关司法解释所持的立场。[1]

(五)财物是否包括财产性利益

如前所述,在外国刑法理论中对于财产罪有一种分类方法,即将财产罪分为财物罪与利益罪,前者以财物作为侵害对象,而后者以财产性利益为侵害对象。这实际上在有些国家也是有立法依据的。例如,德国1998年刑法典第253条与第266条即肯定恐吓罪与背信罪的对象可以是财产性利益;而经多次修正的日本1907年刑法典236条第2项、第246条第2项、第249条第2项也分别规定了利益强盗罪、利益欺诈罪和利益恐吓罪。可见,在这些国家,财物与财产性利益是彼此并列的两个概念,不能相互包容。但是,中国刑法中并未明确规定财产性利益罪,而只是笼统以"财物"谓之于财产罪的对象。不过,学者们在具体解释"财物"的内涵时,通常是把财产性利益纳入其中的。[2] 财产性利益可以成为诈骗等财产罪的对象。一般认为,财产性利益,就是指财物以外的有财产价值的利益,例如,免除债务、延长债务的履行期、接受别人提供的劳务等。专利权、商标权、著作权等知识产权,实际上也是财产性利益,但由于刑法典已对侵犯这种利益的犯罪作了专门规定,因而似乎不宜再作为财产罪的对象。而且,财产性利益也并非可以成为所有财产犯罪的对象。通常认为,由于具体行为的性质、特点所限,财产性利益不能成为抢劫等财产罪的侵害对象。当然,财产性利益到底可以成为哪些财产犯罪的对象,似应由法律作出明文规定。这既是遵循罪刑法定原则的必然要求,也可以有效避免解释上的诸多分歧,增强条文的可操作性。

四、结语

财产罪是所有犯罪是最为常见多发且问题疑难而复杂、危害广泛而严重的一类犯罪,因此历来为刑事立法与司法实务所关注与重视,并始终位居惩治防范的重点犯罪之列,同时也成为刑法分则理论中长盛不衰的研究领域。八届全国人大五次会议于1997年3月14日通

---

〔1〕 参见最高人民法院:《关于审理盗窃案件具体应用法律若干问题的解释》(1997年11月4日)第5条、《关于审理非法制造、买卖、运输枪支、弹药、爆炸物等刑事案件具体应用法律若干问题的解释》(2001年5月10日)第4条。

〔2〕 参见张明楷:《刑法学》(下),法律出版社1997年版,第761页。

过了经全面系统修订的刑法典,其中侵犯财产罪一章也得到了修改与完善。例如,对 1979 年刑法典有关条文进行修改、取消与调整;对单行刑法规定的一些罪名予以吸纳;增设新罪名侵占罪、聚众哄抢罪等。然而,中国关于财产罪的刑事立法远未尽善尽美,与外国先进立法相比,仍有许多问题有待完善。但我们深信,通过刑法理论界与实务界的不懈努力与深入研究,通过比较与借鉴外国相关立法,汲取前沿理论精髓,中国关于财产罪的刑事立法定会日趋科学、合理,并会在社会主义市场经济建设的进程中更好地发挥保驾护航的作用。

抢劫中故意杀人的定罪问题*

目　　次

一、前言

对屡有发生的犯罪人为抢劫财物而故意杀人的案件，近年来实践中的定罪颇不一致，有定抢劫罪的，有定故意杀人罪的，有定抢劫罪和故意杀人罪二罪的，还有定抢劫杀人罪的。理论研讨中也众说纷纭，可以归纳为三类主要观点：其一，认为抢劫罪第2款的“致人死亡”不包括故意杀人，而只是过失致死。对为抢劫财物而故意杀人的案件，有的主张定抢劫罪和故意杀人罪二罪实行并罚；有的认为是一般抢劫罪与故意杀人罪的牵连犯，应从一重处断即论以故意杀人罪。其二，认为抢劫罪的“致人死亡”可以是过失或间接故意，但不包括直接故意杀人。若为抢劫财物以直接故意杀人的，应定抢劫罪和故意杀人罪合并处罚。其三，认为抢劫罪的“致人死亡”包括故意杀人，为抢劫财物而故意杀人的，应定抢劫罪一罪。在解释论证上，有的认为这是牵连犯，多数著述认为这是结合犯，其中有的说这是一般抢劫罪与故意杀人罪的结合，有的则认为这是抢夺罪与故意杀人罪的结合。定罪多样的司法实践和众说不一的理论观点，说明了这一问题的复杂性和正确认识该问题的迫切重要性。

笔者认为，结合我国有关的立法、司法实践和刑法理论来分析，抢劫罪中的“致人死亡”包括故意杀人，对为抢劫财物而故意

---

* 原载《法学研究》1987年第4期；收入王作富主编：《刑法学参考资料》，中国人民大学出版社1988年版；收入高铭暄等编：《刑法学参考资料》，中央广播电视大学出版社1994年版。

杀人的,应依《刑法》第150条第2款定抢劫罪一罪,但这既不是牵连犯,也不是结合犯,而是抢劫罪的结果加重犯。

二、抢劫罪的"致人死亡"包括故意杀人

暴力是法定的抢劫罪的重要手段。一般来讲,暴力的内涵就是侵犯他人的人身自由权、健康权直至生命权的强暴行为。其外延包括从身体强制、捆绑、殴打、伤害直至杀害的一系列表现形式。由于法律的明文规定,抢劫罪第1款当然不包括重伤、致死的暴力在内,那么,抢劫罪第2款"致人死亡"的暴力是否包括故意杀人在内呢?

我们认为,为抢劫财物而杀人的案件是客观存在的,但是,抢劫罪中的"致人死亡"是否包括故意杀人在内,对不同的立法不能一概而论,而应具体分析其规定和立法精神。某些国家和地区的立法中,在抢劫罪包含有"致人死亡"的同时,又另设立"强盗杀人罪"或"抢劫杀人罪"的专门条款,其抢劫罪中的"致人死亡"当然仅限于过失。如《保加利亚刑法典》第184条规定了抢劫罪的一般构成,第186条又分项规定了一些加重构成,其中第2项规定的是"抢劫致死",第3项规定的是"抢劫杀人"。[1] 显然,其第2项的"抢劫致死"就是专指过失致死而言。再如,我国台湾现行"刑法典"第328条普通强盗罪里规定有"犯强盗罪致人死亡"的规定,第332条强盗结合罪里又有"犯强盗罪而故意杀人"的明文规定。[2] 其普通强盗罪里的"致人死亡"当然也仅限于过失致死。但是,另一些国家的立法中,在抢劫罪外并未专门设立"抢劫杀人罪""强盗杀人罪"的条款,并未明确地把抢劫中的故意杀人与过失杀人以不同条款分开,其抢劫罪中的致人死亡或另行设立的抢劫致死罪中,"致死"的含义,就不是仅限于过失致死,而是也包含了故意杀人。苏联、罗马尼亚、阿尔巴尼亚、西班牙、日本以及我国刑法典等都是如此。例如,《日本刑法》第236条的强盗罪未载明包括致伤致死,第240条专门规定了强盗致伤致死的犯罪。该条的强盗致死是否包括故意杀人在内?据有关著述的介绍,日本司法界和理论界经过长期的争论,最后还是倾向于认为,强盗致死既包括过失致死也包括故意杀人在内,对这两种情况均应按《日本刑法》第240条定强盗致死罪一罪处刑。[3] 上述这些规定和主张对我们理解我国刑法里抢劫罪中致人死亡的含义也有借鉴作用。我国刑法也是仅在抢劫罪里规定了"致人死亡"的加重构成,而没有把抢劫罪中的过失致人死亡与故意杀人分别规定,也没有抢劫杀人罪的专门条款规定,因此,实践中经常发生的以故意杀人为手段的抢劫行为,理应包括在抢劫罪第2款的"致人死亡"里。自始至终参加我国刑法起草工作的高铭暄教授的解释也证明了立法原意正是如此。[4]

有些论者认为,我国刑法中的"致人死亡"一词只能有同一的含义,都只能是指过失致

---

〔1〕 参见《保加利亚人民共和国刑法典》,法律出版社1963年版,第50~51页。
〔2〕 参见陶百川编:《最新六法全书》,台北三民书局1981年增修版,第392~393页。
〔3〕 参见[日]山火正则:《对抢劫杀人罪适用法律的拟议》,载《外国法学译刊》1984年第4期,第1~14页。
〔4〕 参见高铭暄编著:《中华人民共和国刑法的孕育和诞生》,法律出版社1981年版,第206页。

死,因而抢劫罪第2款的致人死亡也不能包括故意杀人。[1] 这种看法对前述的第一类立法例的抢劫罪是正确的,但却不符合上述第二类立法例关于抢劫罪的规定,当然也不符合我国刑法的规定。实事求是地来分析,我国《刑法》中规定有“致人死亡”的7个条款是限于过失致死还是也包括故意杀人,表现为不同的情况:第113条交通肇事致人死亡,第134条第2款故意伤害致人死亡,第139条强奸致人死亡,第143条第2款非法拘禁致人死亡等,行为人对死亡结果只能是出于过失;第137条“打砸抢”致人死亡,按照法律的明文规定,只能是故意杀人;而第106条第1款放火、爆炸等致人死亡,第150条第2款抢劫致人死亡,则可以是过失致死,也包括故意杀人。应当强调指出,立法上“致人死亡”一词是否应当具有同一的含义是一回事,现行法律中“致人死亡”的规定实际上是否具有同一含义又是一回事。前述观点提出立法上“致人死亡”一词应当具有同一含义的看法是有道理的,立法上如果能够把过失致死与故意致死在用词上区别开来,将有助于避免歧义,会使立法更加科学,这无疑应当成为我国立法完善的方向;但是,上述观点却离开了我国现行立法中“致人死亡”规定的本来含义,不顾有关犯罪的实际情况,拿理想化的用词含义用同一的原则来硬套本来含义并不同一的现行立法的规定,给人以削足适履之感。这种观点不但会给司法实践中的定罪量刑带来混乱,而且也无助于我国刑事立法的不断完善。

抢劫罪中的“致人死亡”包括故意杀人在内,这也是符合犯罪构成理论的。任何具体犯罪都是其特定的主客观要件的统一。为抢劫而故意杀人的案件,其主观要件表现为以杀人的强暴行为来非法占有公私财物的故意和目的,实施杀人行为的直接结果当然是对被害人生命的剥夺,但这并不是行为人所追求的根本犯罪目的,借此非法占有财物才是其真正的犯罪目的;其客观要件表现为杀人手段行为和取财的目的行为的有机结合,手段行为服务于目的行为,目的行为的完成即目的的实现有赖于手段行为的实施。就是说,为抢劫而杀人的案件,杀人行为从主客观上看都包含在抢劫罪的主客观要件整体中。

三、因抢劫故意杀人的罪质罪数问题

首先,以故意杀人为手段的抢劫不能定为抢劫罪和故意杀人罪二罪。以故意杀人为手段的抢劫大致有三种情况:一是有预谋的杀人抢劫;二是更多的情况在抢劫过程中遇到反抗,而起意杀人后取财;三是着手盗窃时被人发觉、阻拦,或者着手抢夺时遭到反抗,因而起意先杀人后取财。上述先杀人后取财的案件为什么不应认定为抢劫罪和故意杀人罪二罪?因为这种案件不符合数罪的规格。区分一罪与数罪,我国刑法理论和司法实践中以行为符合犯罪构成的个数为标准。以杀人为手段的抢劫财物案件,行为人主观上只有一个独立的以杀人为手段劫取财物的故意和目的,客观上其杀人行为是为了扫除劫财的障碍,即杀人是手段行为,取财是目的行为,二者结合成抢劫罪的独立的行为,其主客观要件都是统一而不可分离的。这只符合抢劫罪一罪的犯罪构成,不能再同时构成故意杀人罪。如果把其中杀

〔1〕 参见赵长青:《析刑法中的“致人死亡”与“故意杀人”》,载《法学》1983年第2期,第22~25页;肖开权:《抢劫中故意杀人的定罪问题——和高铭暄同志商榷》,载《政治与法律》1986年第3期,第48~51页。

人的故意和行为分离出来,再认定为故意杀人罪,则抢劫罪就失去了暴力的故意和行为,就不成其为抢劫罪了;如果不把杀人的故意和行为分离出来而同时认定构成抢劫罪和故意杀人罪,而是把杀人的故意和行为既作为抢劫罪的构成要件,又作为故意杀人罪的构成要件,这显然有悖于法理和情理。

当然,并非涉及杀人的抢劫案件或先杀人后取财的案件都应一概定抢劫罪一罪而不能并罚。例如,犯罪人先杀人后劫财,劫财后又为灭口而杀死在场的人;犯罪人实施暴力、胁迫或其他手段已劫得财物,为灭口或报复而杀死被害人、在场人的,其先行行为已构成抢劫罪,后行的杀人行为又构成了独立的杀人罪,自应定抢劫罪和杀人罪二罪,实行并罚。又如,犯罪人犯抢劫罪后,当时未被查获,以后被发觉而杀害检举人、追捕人的,构成抢劫罪和故意杀人罪二罪。

其次,以故意杀人为手段的抢劫也不能认定为故意杀人罪或抢劫杀人罪,而只能认定为抢劫罪。故意杀人罪与以杀人为手段的抢劫罪作为不同的犯罪是有原则区别的:故意杀人罪是以剥夺他人生命为目的,实施单一的杀害行为,侵犯的是单一的他人的生命权利;以杀人为手段的抢劫罪是以剥夺他人生命的手段来非法占有公私财物为目的,实施包括杀人的手段行为和取财的目的行为在内的复合行为,侵犯的是包括他人生命权利和财产权利在内的复杂客体。可见,在主观的故意和目的、客观的行为以及客体诸方面,以杀人为手段的抢劫罪都要比故意杀人罪的内容复杂得多,因而前者的危害性质和危害程度也要比后者更为严重。如果把以杀人为手段的抢劫视为故意杀人罪,则杀人行为的完成即表示犯罪的完成,杀人行为的未得逞即表明犯罪的被迫停止而不再向前发展,那么对杀人致死后的取财行为或者杀人未死后的取财行为怎样定罪处罚?若只认定为故意杀人罪的既遂或未遂,而不认定为抢劫罪,显然不能客观、全面、真实地反映行为人的全部犯罪行为及其性质和危害程度,不但不符合定罪准确的要求,甚至也有宽纵犯罪之虞。

有人讲,为抢劫而故意杀人之所以要定故意杀人罪,因为其动机是图财,其目的是剥夺他人生命,因而符合故意杀人罪的构成要件。这种看法值得商榷。在我们看来,抢劫杀人的犯罪,其犯罪动机确是图财或主要是图财,但却不能将其犯罪目的仅认定为剥夺他人生命,抢劫杀人的行为人实施杀害行为,行为人当然是希望或者放任杀害行为致人死亡结果的发生。放任死亡结果的属杀人的间接故意,谈不到以杀人为目的;即使追求死亡结果的直接故意杀人,也不是以剥夺他人生命为目的,至多只能讲剥夺他人生命是犯罪人第一层次的目的而不是犯罪构成所包含的最终刑法各论问题研究目的。抢劫杀人的犯罪目的或曰犯罪最终目的,必然表现为对非法占有公私财物的犯罪结果发生的希望和追求的心理态度,这一犯罪目的与实施抢劫杀人的图财动机的指向和性质是一致的,但却不是一回事,目的是该犯罪构成主观方面的要件,是决定犯罪行为的性质、指向和目标的;动机则不是其主观要件,是说明犯罪目的产生和犯罪行为发动的内心起因的。如果认为抢劫杀人的犯罪目的只是希望剥夺他人生命,则把人杀死的犯罪目的即已实现,就不应当再有犯罪目的实现后又取财的故意犯罪行为。可见,主张抢劫杀人的犯罪目的是希望剥夺他人生命结果发生的观点是不正确的。原苏联刑法理论和司法实践也认为,强盗杀人虽出于贪利,但它“是以用袭击被害人的方法而获得财产为目的。”[1]也强调了抢劫杀人的目的在于以杀人的手段非法占有财物。

我们认为，以杀人为手段的抢劫行为应定抢劫罪，而不是故意杀人罪。那么是不是说，故意杀人罪里就不包含图财杀人了呢？当然不是。故意杀人罪里的图财杀人与抢劫罪里的抢劫杀人都是出于图财的动机，都实施了杀害行为，但它们作为不同的犯罪，除前述的在犯罪的主观、客观以及客体诸方面均有所不同外，还有以下主要区别：一是非法占有的财产的性质不同。抢劫杀人侵犯的财产限于动产，而且一般是便于携带的财物，这样的财物才能当场占有；图财的故意杀人罪侵犯的财产既包括动产，也可以包括不动产（如房屋等），还可以包括某些财产性利益（如为了占有债权。为了免去债务等）。二是非法占有财产的时间地点不同。抢劫杀人只能是在杀人后当场取得财物；而图财的故意杀人罪只能是在杀人后不同的时间或地点取得财物。三是非法取得财产的行为方式及其意义不同。抢劫杀人在杀人后取得财产显系非法掠夺的方式，其取财行为已为抢劫罪所包括而不再构成其他犯罪。图财的故意杀人罪在杀人后非法取得财产，可以以合法的方式作掩护，如为独占遗产，杀死其他继承人后通过“合法的继承”来取得被害人的财产；可以不再实施任何积极的行为，如为逃脱债务而杀死债权人，只要不被揭发即非法占有了债权人所有的财产；也可以采取窃取、骗取等方式，如将被害人骗至偏僻处杀害后再潜入被害人家窃取其财物，这时可能又构成了盗窃罪或诈骗罪。四是二者在犯罪既遂与未遂的认定上也有所不同。图财的故意杀人罪以杀人行为致他人死亡为既遂标准，杀害行为未能致他人死亡的属犯罪未遂；凡以抢劫杀人定抢劫罪的，必然都造成了死亡结果，抢劫杀人作为抢劫罪的结果加重犯，不以是否取得财物为既遂标准，只有是否构成的问题而无未遂问题。

对为抢劫而杀人的案件，也有定为抢劫杀人罪的主张和个别做法。我们认为，按照罪刑法定的基本原则，定罪量刑要符合现行刑法的规定，这种罪名于法无据，其量刑必然也于法无据。因此，按照现行刑法处理为抢劫而杀人的案件，不应定为抢劫杀人罪，而只能定为抢劫罪。但是，从立法更加科学和完善的要求来考虑，今后我国刑法修改时，也可以考虑借鉴外国有关的立法经验，把为抢劫而杀人的犯罪行为同抢劫罪中的过失致死区分开来，以单独条款规定抢劫杀人罪并对之规定明显重于抢劫罪和故意杀人罪的刑罚。若能作此规定，则既可把抢劫中的过失致死与故意杀人在定罪上明确加以区分，避免歧义，又可对这两种危害程度不同的犯罪行为设立轻重不同的刑罚，从而符合定罪科学、明确和量刑适当的需要。

最后，为抢劫而故意杀人不是牵连犯或结合犯，而是抢劫罪的结果加重犯。如前所述，以杀人为手段的抢劫罪，其杀人的手段行为与刑法各论问题研究财的目的行为是该抢劫罪完整的、独立的、不可分割的一个犯罪行为，如果承认这一点，就不能把为抢劫而杀人认定为牵连犯。因为牵连犯是数个罪名中的数个犯罪行为的牵连，是为实施一罪而手段行为或结果行为又触犯其他罪名的情况。如先行伪造文件尔后去诈骗，行为人既实施了诈骗罪，其手段行为又属于伪造公文罪的犯罪行为，因而成为诈骗罪与伪造公文罪的牵连犯。为抢劫而

[1] [苏联]苏联司法部全苏联法律科学研究所编：《苏维埃刑法分则》，中国人民大学刑法教研室译，法律出版社1956年版，第209页。

杀人的案件不存在两个罪名的犯罪行为,不能把一个罪的法条内部本来就包括的完整的犯罪行为中的不同内容的联系,视为牵连犯的两个独立犯罪行为的牵连。

对为抢劫而故意杀人案件的定罪,认为这种案件是结合犯的著述与笔者的看法相同,都主张应定抢劫罪一罪;但这种犯罪究竟是不是结合犯,这也关系到这样定罪的理由是否充分以及对这种案件罪质的认定是否科学,因此也应一并加以探讨。

所谓结合犯,按照中外刑法理论通行的理解,是指数个不同的独立犯罪行为,由刑法特别规定而结合成的另一种独立的犯罪。用公式表示即为“甲罪十乙罪 = 新罪”。例如《日本刑法》第 241 条规定的强盗强奸罪,以及我国台湾地区“刑法”第 332 条规定的强盗放火罪、强盗强奸罪等,都是典型的结合犯,这些条文把其刑法中独立的强盗罪与强奸罪、强盗罪与放火罪分别结合规定,形成了一种新罪。

有些著述认为,为抢劫而故意杀人是一般抢劫与故意杀人罪的结合犯,同时也是结果加重犯,这种“甲罪 + 乙罪 = 甲罪的严重情况”的犯罪,也不失为结合犯的一种形式。笔者认为这种主张不够妥当。因为第一,对结合犯特定的内容本来理论上已经有了通行一致的理解,使用这一概念应遵守其含义,如果修改结合犯的通行理解而把本不属于结合犯的犯罪情况纳入其中,并使之与结果加重犯交叉存在,这只会徒增理论上的混乱。第二,若认为因抢劫而杀人是一般抢劫罪与故意杀人罪的结合犯,这种案件里只有故意杀人一种暴力行为,把它划归故意杀人罪,则一般抢劫罪就失去了侵犯他人人身的手段行为,不成其为抢劫罪了。这样就谈不到是这两种犯罪的结合。

另一些著述认为,为抢劫而杀人是故意杀人罪与抢夺罪结合而构成的抢劫罪。从表面上看,这似乎符合了结合犯要求的“甲罪 + 乙罪 = 新罪”的情形。实际上,这种观点也是很值得商榷的。因为第一,为抢劫而杀人的犯罪具备独立的主客观要件,其杀人行为与杀人后可能实施的取财行为是具有内在的主客观联系、彼此密不可分的有机整体,而不是原本独立的杀人罪与抢夺罪结合而成的一种新的独立的犯罪。其故意杀人的内容若离开了抢劫罪的犯罪构成,就成了为杀人而杀人,反映不出为取财而杀人的性质和杀人的实际作用。退一步讲,即使其故意杀人的内容可以抽出来独立成罪,其余的内容也不能独立成罪。因为如果杀人后实施了取财行为,该行为也并不具备抢夺罪所要求的公然夺取财物的主客观要件,不能构成抢夺罪;如果杀人后由于某种原因未实施或未及实施取财行为,显然就更无符合抢夺罪的问题。况且,我国刑法并未将因抢劫而杀人规定为故意杀人罪与抢夺罪结合而成的一个新条文,而是把它作为抢劫罪加重构成的情况之一包含在抢劫罪“致人死亡”中,其罪名仍是抢劫罪,这也显然不符合结合犯的条件。甚至可以说,为抢劫而杀人的犯罪,由于杀人与取财在主客观上密不可分,同属一个有机的犯罪整体,即令刑法把为抢劫而杀人从抢劫罪条文中分离出来予以独立规定,作为新罪名,也难以视之为故意杀人罪与抢夺罪的结合犯。第二,如果把因抢劫而杀人视为故意杀人罪与抢夺罪的结合犯,由此类推,则抢劫罪第 2 款还有故意重伤害与抢夺罪结合而成的结合犯,抢劫罪第 1 款还有故意轻伤害与抢夺罪结合而成的结合犯,理论上也刑法各论问题研究有这种主张[1]。但是,抢劫罪第 1 款未造成轻伤的犯罪,抢劫罪第 2 款故意致人重伤或者故意致死以外的犯罪,又都认为根本不构成结合犯。这样一来,独立完整的抢劫罪一个法条,就被分割成性质相异的两个部分,一部分是结合犯,另一部分不是结合犯,这是有悖于法理的。

为抢劫而杀人是独立的抢劫罪的结果加重犯。结果加重犯是指实施某种犯罪而发生严重的结果,法律特别规定应当依照本罪定罪,并必须加重其刑罚的犯罪情况。结果加重犯对加重结果发生的心理态度是仅限于过失还是也包括故意,各国立法的规定不尽相同,国内外刑法理论上也有不同的主张。从我国刑法的实际规定出发,我国理论界较多同志的看法是可以包括过失和故意。我们认为这种看法并未违背结果加重犯的概念和基本特征。我国《刑法》第 150 条第 1 款规定了抢劫罪的基本构成;第 2 款规定的是其加重构成,包括情节加重犯和结果加重犯,其中抢劫"致人重伤、死亡"就是抢劫罪的结果加重犯,如果因抢劫而发生了致人重伤或死亡的严重结果,就要定抢劫罪并依第 2 款的加重刑罚处罚。因抢劫而故意致人死亡即故意杀人是抢劫罪结果加重犯中最严重的情况,应当予以最严厉的处罚。

四、关于抢劫罪的危害性及刑罚轻重的认识

对因抢劫而杀人的案件,理论上和实践中之所以存在着不同意定为抢劫罪而要定为故意杀人罪、抢劫杀人罪或者定抢劫罪和故意杀人罪二罪并罚的观点和做法,除了前述的对有关的法律规定和理论问题的认识有所不同以外,还有一个对抢劫罪与故意杀人罪两个罪名的危害性质的习惯看法问题。我国古代早在汉高祖刘邦的"约法三章"中即有了"杀人者死"的规定,千百年来"杀人偿命"的思想已广为传播并得以延续,群众一般认为杀人罪比抢劫罪更为严重,而且在我国刑法中杀人罪规定在分则第四章而抢劫罪在第五章。有的同志还提出,抢劫罪第 2 款的法定刑轻于故意杀人罪的法定刑,因为虽然二者的最高刑都是死刑,但故意杀人罪的刑种刑度是由重到轻,抢劫"致人死亡"则是由轻到重,可见立法考虑的轻重不同,对故意杀人罪量刑要从重到轻考虑,对抢劫罪"致人死亡"量刑是从轻到重考虑,前者的刑罚显然重于后者。[2] 有人担心把因抢劫而杀人定为抢劫罪,处罚会偏宽,不如定为故意杀人罪更能符合罪刑相适应原则的需要。

在我们看来,上述认识不够妥当。

关于抢劫罪的危害性问题。应当承认,我国刑法分则关于 8 类犯罪的规定,是按同类客体的重要性质和同类犯罪的危害程度的顺序排列的。按照社会主义刑法理论,从整体上看,公民人身权利当然重于公私财产权利;人身权利尤其是生命、健康等基本人身权利是公民行使其他一切权利的基础和前提。但这并不等于说,规定在前章的犯罪就绝对比后章的一切犯罪都更为严重,而要进行具体的分析与比较。例如,显然不能认为分则第四章里的故意轻伤害比第五章里的数额巨大或情节特别严重的盗窃、诈骗、贪污等犯罪的性质和危害程度更

[1] 参见杨敦先:《试论抢劫罪的几个问题》,载《法学研究》1983 年第 2 期。

[2] 参见赵长青:《析刑法中的"致人死亡"与"故意杀人"》,载《法学》1983 年第 2 期。

为严重。那么，抢劫罪与故意杀人罪的性质和危害程度孰重孰轻？抢劫罪的情况较为复杂，应当具体分析而不宜一概而论。第1款的抢劫罪，虽然同时侵犯财产权利和人身权利，但由于对人身权利的侵犯远较剥夺生命权利轻，因而从整体上看，普通抢劫罪的性质和危害程度无疑轻于故意杀人罪。第2款的抢劫罪在侵犯财产权利的同时往往也严重侵犯人身权利甚至生命权，就不好讲它的性质和危害程度在整体上一定轻于故意杀人罪；尤其是其中以杀人为手段的抢劫罪，不但与杀人罪一样故意侵犯生命权利，而且还同时侵犯财产权利，因而其性质和危害程度应当是重于故意杀人罪，而不是比后者轻。因此，把因抢劫而杀人定为抢劫罪，在定性上决不是轻于故意杀人罪，而是更加充分地揭露这种犯罪的本质、特征及其社会危害性程度。

关于抢劫罪第2款法定刑的轻重问题。按照我国刑法的规定，因抢劫而杀人定为抢劫罪，其法定刑是否轻于故意杀人罪？实际上并非如此。因为：(1)抢劫罪第2款与故意杀人罪的法定最高刑都是死刑，而且从最低刑上看前者更为严厉一些，故意杀人罪情节较轻的(也可包括已杀死人)最低刑为3年有期徒刑，抢劫罪第2款最低刑为10年有期徒刑；(2)抢劫罪第2款比故意杀人罪多一个“没收财产”的附加刑；(3)抢劫罪第2款包括了情节严重的或者致人重伤、死亡的多种情况，因抢劫致人重伤、死亡又都包含过失与故意造成。法定刑由轻到重排列正是为了适应害程度不同的多种犯罪情况，因抢劫故意杀人无疑是其中最严重的情况，该款最严厉的刑罚当然主要是针对这种犯罪的。我们认为，从两个条文刑种刑度的轻重排列顺序来比较两种犯罪刑罚的轻重要有条件：一是二者规定的都应是单一的犯罪情况；二是二者的刑种、刑度要相同。抢劫罪第2款与故意杀人罪两个条文不具备这两个条件，怎么能通过比较法定刑排列的方式来比较二者刑罚的轻重呢？总之，我们认为，把因抢劫而故意杀人的行为定抢劫罪，不但是定罪正确的要求，而且在量刑上也符合罪刑相适应的原则。

第四编
区际刑法问题

导　言

“一国两制”是我们党和国家为和平解决祖国统一问题的一个伟大创造。在“一国两制”基本方针的指引下，香港和澳门分别于1997年和1999年回归祖国而成为我国的两个特别行政区，“一国两制”也为台湾地区与祖国大陆走向统一规划了愿景。在“一国两制”之下，现阶段我国实际上呈现为一国两制三法域四地区的局面。[1] 在现阶段，祖国内地（大陆）与港澳台地区交往中所涉及的刑法问题，一是静态的彼此间刑法规范的异同问题，二是动态的彼此间交往中的刑事法治关系暨互涉刑事案件的处理问题，广义而言，可以把二者均纳入中国区际刑法的范畴进行研讨。

我是较早关注与涉足中国区际刑法问题的刑法学者。20世纪80年代中后期，国家开始规划香港、澳门回归并提出“一国两制”的构想，1987年台湾当局开放了台湾民众赴大陆探亲。随着祖国内地（大陆）与港澳台地区交往的开启或加强，涉及内地（大陆）与港澳台地区的独特的中国区际刑法问题也逐渐彰显。根据实践的需要及本人博士论文选题的应有涵盖，我在1987年完成并于1988年3月通过答辩的博士学位论文《犯罪主体论》中，设专章探讨了现阶段暨“一国两制”时期港澳台地区人士犯罪的刑事责任问题。[2] 以后，我把中国区际刑法问题作为自己的主要学术领域之一长期关注，撰写发表了一系列论文，主持完成了相关的科研项目，[3] 先后出版了几种有关中国区际刑法问题的个人文集，[4] 曾主编多种

---

〔1〕 三法域即我国大陆的社会主义法制，香港的英美法系，澳门和台湾的大陆法系；四地即祖国内地（大陆）、香港特别行政区、澳门特别行政区、台湾地区。

〔2〕 参见赵秉志：《犯罪主体论》，中国人民大学出版社1989年版，第九章（第358～386页）。

〔3〕 如《“一国两制”中互涉刑法问题研究》（国家教委博士点项目），《海峡两岸刑法问题的比较研究》（霍英东教育基金会1993年第四届高等院校青年教师基金项目）。

〔4〕 参见赵秉志：《外向型刑法问题研究》（上卷），中国法制出版社1997年版；赵秉志：《中国区际刑法专论》，法律出版社2004年版；赵秉志：《外向刑法问题》，北京大学出版社2010年版。

有关港澳台刑法和中国区际刑法方面的著作,[1]并在我国高等院校较早开设了中国区际刑法的研究生课程。我的相关学术研究得到了国家有关方面的关注和支持,我得以较早和长期参与了国家立法机关、行政业务主管机关和最高司法机关关于中国区际刑法实务问题的研究,并且曾应邀担任过国务院台湾事务办公室综合局所成立的法律专家小组成员,曾受国务院台湾事务办公室委托承担过一些涉台的现实性和前瞻性的课题研究。[2] 在我较早关注中国区际刑法问题的同时,自20世纪80年代末开始,近30年来我曾数十次前往港澳台地区进行学术交流、讲学或参加学术会议,与港澳台地区刑法学界和法律实务界的学术交往密切。我曾受香港特区政府律政司聘请就香港人焚烧中国国旗案件为香港终审法院的终审提交专家法律咨询意见书(1999年10月),并受香港特区政府律政司聘请就港深西部通道的刑事管辖权问题出具专家意见供香港有关部门和我国内地立法机关参考;我也曾在港澳台地区出版有关港澳台刑法或中国区际刑法问题的著作。[3] 近年来,在我的倡议和推动下,我担任院长的北京师范大学刑事法律科学研究院与香港、澳门和台湾有关学术单位共同创办了年度性的"两岸四地刑事法论坛"并已成功创办了9届会议;我担任会长的中国刑法学研究会与台湾刑事法学会共同创办了年度性的"两岸刑法学研讨会"并已成功举办了7届会议。通过丰富的学术活动和不懈的学术研究,使我得以始终站在中国区际刑法领域的学术前沿。

本编收入中国区际刑法方面的相关论文9篇,从内容上看可以分为两类:

一是关于港澳台刑法规范以及我国内地(大陆)与港澳台刑法比较研究的论文(第1~5篇)。其中,**《评析台湾"两岸人民关系条例"中的刑事规范》**一文,系作者1993年6月首次赴台湾参加两岸学术会议时提交的论文,该文对当时刚出台不久的台湾"两岸人民关系条例"中所涉及的刑事法问题,进行了全面而细致的分析和研讨,旨在促进两岸互涉刑事法规范的科学和务实设置;其余4篇,分别涉及了我国内地与澳门特区间的特别刑法完善、犯罪构成规范改进、犯罪主体立法比较,以及海峡两岸反恐立法(主要是反恐刑法)之比较问题。这些探讨,对于促进我国内地(大陆)与港澳台地区刑法的相互借鉴有所裨益。

二是关于我国内地(大陆)与港澳台地区间交往中互涉刑事法问题的论文(第6~9篇)。其中,**《关于两岸合作惩治海上犯罪的初步研讨》**一文,对20世纪90年代初期我国台湾海峡频发而危害两岸交流的海上犯罪问题进行了及时的研究,率先提出并论述了两岸合作惩治海上犯罪的四项原则,探讨了两岸合作惩治海上犯罪的协议内容;**《关于我国内地与**

---

〔1〕 参见赵秉志中文主编:《香港刑法纲要》,北京大学出版社1996年版;赵秉志主编:《香港刑法学》,河南人民出版社1997年版;赵秉志主编:《中国内地与澳门刑法之比较研究》,中国方正出版社2000年版;赵秉志主编:《海峡两岸刑法总论比较研究》(上、下卷),中国人民大学出版社1999年版,2002年11月获第四届吴玉章人文社会科学奖一等奖,2003年2月获"司法部法学教材和法学优秀科研成果"一等奖;赵秉志主编:《海峡两岸刑法各论比较研究》(上、下卷),中国人民大学出版社2001年版,等等。

〔2〕 如"现阶段大陆涉台法律问题研究""海峡两岸合作惩治与防范海上犯罪的研究""海峡两岸间刑事案件移交和已决犯移管问题研究"等课题。

〔3〕 参见赵秉志主编:《两岸刑法总论之比较研究》,台湾五南图书出版公司1998年版;赵秉志主编:《香港刑法要论》,三联书店(香港)有限公司1999年版;赵秉志主编:《中国内地与澳门刑法总则之比较研究》,澳门基金会2000年版;赵秉志主编:《中国内地与澳门刑法分则之比较研究》,澳门基金会1999年版。

香港建立刑事司法互助关系的研讨》一文,在香港回归祖国不久而我国内地与香港特区有关方面根据实际需要开始商议两地刑事司法互助事宜的背景下,较为系统地探讨了两地建立刑事司法互助关系的根据、原则、主体、模式及内容诸问题,提出了一系列完善构想与建言;**《中国内地与港澳特别行政区刑事管辖权合理划分论纲》**一文,系统而较为深入地研究了我国内地与港澳特区间的中国区际刑事管辖权合理划分的指导思想、原则和各类互涉刑事案件的管辖权划分问题,尤其是有创见地提出了应当用“地域原则”而不是“属地原则”来作为中国区际刑事管辖权合理划分的基本原则之新见解;**《海峡两岸共同打击犯罪问题新探讨》**一文,以涉及两岸的犯罪新情况、新问题为基础,研析了2009年《海峡两岸共同打击犯罪及司法互助协议》(南京协议)中两岸“共同打击犯罪”之规定的性质与不足之处,并提出了相关的改进建言。上述论文的研究具有针对性、实务性、及时性、前沿性等特点,丰富了我国区际刑法学研究,并对我国区际刑事法律关系的良性发展具有促进作用。

评析台湾“两岸人民关系条例”中的刑事规范[*]

目　次

一、“条例”中的刑事规范概览

台湾当局研拟修改历时4年的“台湾地区与大陆地区人民关系条例”（以下简称“条例”），于1992年7月16日由台湾“立法院”三读通过，7月31日公布，9月18日施行。与该“条例”配套的“台湾地区与大陆地区人民关系条例施行细则”，也于1992年9月10日由台湾“行政院”通过，并于9月18日公布实施，该“条例”是台湾方面处理现阶段两岸民间交往事务的基本的、综合性

---

* 原载《政法论坛》1994年第2期、第3期，中国人民大学《复印报刊资料·法学》1994年第9期转载。

法律规范，其内容包含行政、民事、刑事等领域，其颁布实施引起了两岸的广泛关注。由刑事规范的性质所决定，“条例”中的刑事规范对两岸交往的意义格外突出，因而不能不引起两岸法律界法学界乃至广大人民的高度重视。

“条例”共6章96条，其直接设定刑事问题的条款可以分为两种类型：第一种类型为第四章“刑事”专章，条文为第75条至第78条共四条，内容上涉及在大陆犯罪之管辖权、两岸人民之历史重婚，大陆人民在台湾地区以外犯“内乱罪、外患罪”之入境以及大陆人民之著作权等权利在台湾之刑事保护。其特点是，这些条文仅明确相关问题的刑事意义，界定其应否受台湾之刑事追诉、处罚，但并未规定罪刑的具体内容；其刑事处罚的具体内容，规定在台湾的“刑法典”或其他特别刑法规范中。第二种类型为第五章“罚则”中的第79条至第84条共六条，内容上涉及两岸人民的往来、通航、通商、文化教育交流诸方面。其特点是，这些条文是对违反“条例”第二章中的一些条文之行为的具体罚则，这些条文与“行政”章中的一些条文相结合而创立了完整的有关两岸交往方面的一些罪刑规范，对有关行为的刑事处罚结合适用“条例”“行政”章和“罚则”章的有关条文即可，而不需要适用台湾的其他刑事法律规范。此外，条例中“总则”章和“民事”章的少数条文，也与刑事问题有一定关系。

下面拟对“条例”中涉及面广泛之刑事规范及相关问题，依照其内容的性质并考察其研拟修改过程中之发展变化，予以简要的研讨评析，以期能对此专题的研究和两岸有关的立法、司法完善有所裨益，并就教于两岸法学界、法律界先进同仁。

二、关于两岸人民往来于对岸地区

（一）关于有政治身份之大陆人民赴台问题

“条例”第77条规定：大陆地区人民在台湾地区以外之地区，犯内乱罪、外患罪，经许可进入台湾地区，而于申请时据实申报者，免于追诉、处罚，其进入台湾地区参加主管机关核准举办之会议或活动，经专案许可免予申请者，亦同；细则第55条要求，此种情况下，许可入境机关应即将申报书或专案许可免予申报书移送该高等法院或其分院检察署备查。“条例”该条被形容为“灵魂条文”，认为现阶段两岸人员交流方面仍以台湾去大陆者居多，而大陆人士赴台有碍于共产党员身份，有诸多不便，有了此条文，可以方便两岸文流的进展。[1]

应当承认，“条例”该条款较以前台湾当局“条例草案”相应条文的规定，有了明显的进步。1989年2月1日台湾“条例草案”第40条和同年10月9日台湾行政当局“大陆工作会报”“条例草案”第41条均规定：大陆地区人民在台湾地区以外之地区曾参加叛乱组织或集会或有利于叛徒之宣传，经许可进入台湾地区，而于申请时据实申报者，免于追诉、处罚。这种规定由于严重悖理地阻碍大陆人民赴台，因而在其起草研拟过程中，为两岸法学界和舆论界所严重批评，如大陆学者认为，把参加中共视为参加叛乱组织并构成内乱罪是荒谬的；其“参加叛乱组织之集会”及“有利于”中共之宣传，且不讲这些行为本不应构成犯罪，即使允

〔1〕 参见徐履冰：《两岸“条例”三读通过，台湾大陆关系法制化》，载台湾《联合报》1992年7月17日。

许纳入刑法调整，这些规定的含义也是极其模糊、宽泛的。[1] 台湾《联合报》曾在社论中诘问，如果按"集会"之含义，"则今大陆同胞中，除了十岁以下的部分儿童以外，其他岂不都成了我们法条所惩治的对象？如此一来，我们怎能允许他们进入台湾，又如何能和他们发生交往关系？[2]"台湾法律学者王志文教授则明确指出，既然"惩治叛乱条例"已不合时宜，应干脆予以废除，在两岸关系方面，根本不必再有此类规定，[3]"条例草案"的这种规定实在无存在之必要。[4] 随着台湾1991年5月终止动员戡乱时期以及此后"惩治叛乱条例"的废除和"刑法"第100条的修正，"条例"第7条比以前"条例草案"的相应条文有了改变：一是删去了过去条文中的"参加叛乱组织或集会或有利于叛徒之宣传"的词句，二是增设了大陆民众赴台湾参加会议或活动经特别许可可以免予申报其政治身份的规定。这些改变无疑是有利于两岸交往的进步。

但是，该条的进步有限：因为，所谓"内乱罪""外患罪"含义和范围并不确切。如台湾有关负责官员在"动员勘乱时期"终止前夕曾一再指出，"勘乱时期"宣告终止后，法律上中共仍被视为"叛乱组织"，对参加"叛乱组织"或其活动者，台湾当局仍得限制其入境。[5] 1992年11月核定的"大陆地区人民进入台湾地区许可办法"规定：对大陆党政军及其他公务机构人士，仍依据"国家安全法"第3条及其施行细则第12条，得不允许入境；[6]台湾经济主管部门1992年12月拟定之"大陆地区人民进入台湾地区从事贸易相关活动或工作许可办法"第10条，仍把"现于中共党务、军事、行政或其他公务机关任职者"与"涉有内乱罪、外患罪重大嫌疑者"相提并论，纳入不得许可申请入境之列。[7] 台湾"行政院陆委会"曾指出，依照"条例"之规定，大陆党政军人员可专案申请入台而免于申报，[8]从而从反面印证了台湾当局仍把大陆的党政军人员之政治身份视为"内乱罪""外患罪"之立法原意。

依照"条例"及台湾当局的有关法规和近年来的具体运作，大陆地区人民具有这些政治身份者在进入台湾问题上大致会面对下述三种情况：一是被禁止进入台湾，如1992年3月9日，大陆台胞张克辉先生的母亲在台湾彰化市家中逝世，张克辉要求偕妻赴台主持家母丧事，因为张克辉有中共党员身份以及"海峡两岸交流协会"顾问、台湾同乡联谊会会长等职务，台湾有关机关通过"海基会"回复称，因碍于"法律"规定，张"暂时无法来台"。此一决定，遭到一些立法委员的质疑和舆论界的批评，认为台湾当局因政治身份禁止张克辉赴台奔丧违反人道。[9] 二是于申请入台时据实申报或者经专案许可免予申请者，免予追诉、处罚。这实质上是刑法中的"自首"宽大处理制度。具有政治身份的大陆人民在此种情况下仍是

---

〔1〕 参见曾宪义等：《大陆法律学者论海峡"两岸关系暂行条例"》，台湾蔚理法律出版社1989年版。
〔2〕 参见台湾《联合报》1988年11月23日社论：《从现实情况再论修法应变的急迫性》。
〔3〕 参见台湾《自立晚报》1989年1月12日。
〔4〕 参见王志文：《从终止戡乱时期看两岸关系立法》，载台湾《现代法律》1990年6月号。
〔5〕 参见《世界日报》1991年4月23日；《联合报》1991年4月30日。
〔6〕 参见台湾"中国时报"1992年11月18日。
〔7〕 参见台湾《工商时报》1992年12月17日。
〔8〕 参见台湾《联合报》1992年11月24日。
〔9〕 参见郁辛：《奔丧权利岂能剥夺？》，载《法制日报》1992年4月1日。

"有罪之身",台湾当局只是"开恩"不予追究、处罚而已。1990 年 2 月 26 日台湾行政当局"大陆工作会报"第 42 次会议修正本"条例草案",在规定此项内容的第 4 条之说明中,也表明了"免予追诉、处罚"乃"表示政府之宽容"的立法旨意。[1] 三是申请入台时未"据实申报"而进入台湾的,可能会被人以其政治身份而告发其有"内乱罪嫌"并导致刑事追诉程序。台湾法务主管部门官员指出,虽然单纯参加中共在台湾现行法律中已不构成犯罪,但在有人告知的情况下,检察机关还是要依法定程序处理,此种刑事调查处理自然会对大陆人士在台的活动造成妨害,但也是无可奈何之事。[2]

显而易见,这三种情况或直接或间接都是对大陆人民赴台的严重阻碍。台湾当局在两岸隔离时期把大陆人民的政治身份视为犯罪。这还有两岸政权严重敌对的背景可言;在两岸展开民间交往、台湾当局也一再表示要促进两岸交往良性发展的今天,台湾当局仍以政治身份为由阻碍大陆人民赴台,甚至要与刑事责任和刑事程序相联,其合理性安在?此种运作,岂能有利于两岸人民的正常交往?既然是两岸民间交往,就应当在规范交往的法制中摒弃两岸的政治对立与歧见,把对岸的人民(不管其政治身份如何)作为一国同胞来接待,而不应作为敌对分子乃至犯罪分子来防范处理。因此,在两岸人民往来于对岸方面因政治身份而禁止、限制人民往来甚至引起刑事追究的规范,应予以完全杜绝。

(二)关于两岸人民非法往来对岸问题

为正确把握"条例"中关于两岸人民非法往来于对岸之刑事规范,有必要了解"条例"之前台湾官方草案中的有关规定:

——1989 年 2 月 1 日台湾法务主管部门"条例草案"第 28 条和第 42 条规定:台湾地区人民进入大陆地区,应向主管机关申请许可;违反规定进入大陆地区者,处 6 个月以下有期徒刑、拘役或科或并科 2 万元以下罚金。即该草案对台湾人民违反规定进入大陆地区者视为犯罪并处以刑罚。

——1989 年 10 月 9 日台湾行政当局的"条例草案",以第 18 条和第 43 条维持了上述法务主管部门草案的内容,并且补充了两种犯罪行为及其处罚:其第 44 条规定,招揽台湾地区人民未经许可使之进入大陆地区者,处 1 年以下有期徒刑、拘役或科或并科 3 万元以下罚金;法人之代表人、法人或自然人之代理人、受雇人或其他从业人员,因执行业务犯此项罪者。对该法人或自然人亦科以 10 万元以下罚金。其第 45 条规定,使大陆地区人民非法进入台湾地区者,处 3 年以下有期徒刑、拘役或科或并科 3 万元以下罚金;以集体移送方式犯此项罪者,处 5 年以下有期徒刑;此种犯罪之未遂犯罚之。1990 年 2 月 26 日台湾"行政院"大陆工作会报第 42 次会议通过的"条例草案"修正本第 45 条至第 47 条,完全维护了其 1989 年 10 月 9 日"条例草案"的上述规定。可见,这两个草案,除维持法务主管部门草案对台湾人民违反规定进入大陆地区要处以刑罚之内容外,又增加了对招揽台湾人民非法进入大陆者及使大陆地区人民非法进入台湾者定罪处刑之规定。

---

[1] 参见台湾《华冈法粹》第 19、20 期合刊(1990 年 2 月),第 179 页。

[2] 参见台湾"中央日报"1992 年 3 月 5 日。

——“条例”关于两岸人民非法往来对岸之处罚情形有二：一是按照“条例”第15条第1款和第79条之规定，使大陆地区人民非法进入台湾地区的，处5年以下有期徒刑、拘役或科或并科新台币50万元以下罚金；并处罚此种行为之未遂犯。二是按照“条例”第15条第2款和第84条之规定，招揽台湾地区人民未经许可使之进入大陆地区的，处6个月以下有期徒刑、拘役或科或并科新台币10万元以下罚金；法人之代表人、法人或自然人之代理人、受雇人或其他从业人员，因执行业务犯此项罪者，除处罚行为人外，对该法人或自然人并科新台币10万元以下罚金。

应当怎样评价上述规定？海峡两岸目前为社会制度不同的两个地区，两地区人民往来于对岸地区，当然应当经由两岸有关当局的许可，否则便不足以维护两岸交往的正常秩序。但对一个国家内部两地区人民的往来，应当明确两点：一是许可范围要适当，批准程序要简便；二是对未经许可的入境行为及使他人入境的行为之定性处理要适度，因为这类行为毕竟不同于非法出入国境的行为，本此认识，笔者对“条例”的上述刑事规范提出如下三点看法：

其一，“条例”中删去了草案中对台湾人民违反许可进入大陆地区予以刑事处罚的规定，此乃合理之改进。人民本有在本国领域内往来之自由，而不应横遭禁止、限制。虽由于两岸社会制度之不同和现阶段两岸关系之实况等原因，而可以对两岸人民往来作许可要求，但台湾人民个人对此种许可之违犯的危害程度毕竟很有限，远不至于达到必须用刑罚制裁之程度；况且，这种行为之实施有些与台湾当局的不合理禁止、限制规定及其运作有关，很难完全归咎于有关的台湾人民。因而将此种行为以犯罪论并处以刑罚，显然失于严苛，故“条例”将此种罪刑规范删除，是合乎刑事责任之必要性和合理性要求的。

其二，“条例”中确立对使大陆地区人民非法进入台湾地区者和招揽台湾地区人民非法进入大陆地区者要定罪处刑，对此规定应予以有条件的肯定。这类使他人未经许可进入彼岸地区的行为，其性质和危害都要比本人未经许可进入彼岸地区严重，而且其中不少人往往带有非法营利之目的，即所谓组织他人偷渡之“蛇头”。此类行为严重危害两岸的正常民间交往秩序，甚至引发其他犯罪活动。因此，对此类行为中性质和危害严重者定罪处刑，应当说是必要的和合理的。但是，这类行为情况复杂，危害程度不一，不宜一律论罪处刑，而应当对情节和危害一般的予以行政处罚或纪律处分；只有对性质恶劣、危害严重者（主要是“蛇头”），才适宜予以刑事制裁。因此而言，“条例”中对此类行为一概定罪科刑，又有所不妥。

其三，“条例”中对于两种行为处刑轻重是不同的：对使大陆地区人民非法进入台湾地区的，其自由刑之最高刑为5年有期徒刑，罚金刑之最高额为50万元新台币；对使台湾地区人民非法进入大陆地区的。其自由刑之最高刑为6个月有期徒刑，罚金刑之最高额为10万元新台币。两相比较，在自由刑之最高刑上前罪是后罪的10倍，在罚金刑之最高额上前罪为后罪的5倍，而且前罪处罚未遂犯而后罪不处罚未遂犯。显而易见，“条例”对前罪之处罚较重，对后罪之处罚相对要轻得多。这种轻重差别是不妥当、不合理的。因为刑罚的轻重与犯罪的危害程度相适应，乃是现代刑法立法的一项重要原则。据此，危害程度大体相同相近的犯罪，其刑罚轻重也要大体相同相近；刑罚轻重的差别，应当反映罪行危害程度的差别。这也是刑罚之设立合理及其付诸适用公正有效的必要保证。而“条例”所规定的两种行为，应当说其危害性质和危害程度是相同相近的,很难讲使大陆地区人民非法进入台湾的行为就比使台湾地区人民非法进入大陆地区的行为危害严重,尤其难以说前种行为的危害要重于后种行为数倍。既然两种行为的危害相同相近,“条例”对二者所规定的悬殊过大的法定刑就很不合理。进言之,此种区别性规定,反映了“条例”创制者对两岸法制秩序之维护未一视同仁的心态,即对扰乱台湾地区入境管理秩序的行为要严厉处罚,而对扰乱大陆地区入境管理秩序的行为要从宽处罚。此种立法思想不够公允豁达。

三、关于两岸人民互涉之历史重婚问题

所谓历史重婚,是指在原有婚姻关系的两岸同胞之一方或双方,因两岸近40年的分隔,在夫妻关系徒有其名而无法共同生活亦无法办理离婚手续之情况下(有许多甚至是不知配偶生死状况或婚姻状况),在本岸又依法结婚,因此而形成的重婚关系。此种重婚在两岸法律上均会产生两个主要问题:一是民事法律上的后婚是否有效的问题;二是刑事法律上的行为人是否构成重婚罪的问题。后者与前者紧密相关。

在台湾当局开放民众赴大陆探亲前即已提起的大陆妻子陈鸾香诉台湾丈夫邓元贞在台与吴秀琴重婚案,曾引起两岸法律界和民众的广泛关注。此案经一、二、三审判决和台湾法院1988年年底作出终审判决,确认邓陈二人的前婚有效,而撤销了邓吴二人的后婚。后由于被告人邓吴不服和舆论反映强烈,台湾司法当局大法官会议作出第248号解释。认为这种历史重婚与现实一般重婚有所不同,对此种情况应维持后婚之合法性。[1] 从而在实务上对历史重婚之民法确认和刑事责任之排除创造了条件。

财团法人张荣发基金会国策研究资料中心委托许宗力、魏逢亨、吕荣海起草关于1988年12月发布的“台湾及大陆地区民间交流关系法草案”,贯彻了对两岸人民历史重婚不追诉的精神。依据该“草案”第48条,台湾地区人民于1949年以前在大陆结婚,而其配偶于该法施行时未能在台湾地区居留者。如台湾地区之一方或大陆地区之他方于该法施行前再婚者,不再追诉其重婚之刑事、民事责任,在台湾地区之后婚亦有效。[2]

台湾法务主管部门1989年2月1日推出的“条例草案”,首次以官方草案确立了两岸互涉之历史重婚的后婚有效和免予刑事追诉、处罚的原则。[3] 台湾行政当局“大陆工作会报”审议和修改的历次“条例草案”,在相应条文维持了上述法务主管部门“条例草案”内容。“条例”完全采纳了上述“条例草案”的规定。根据“条例”第64条之规定:夫妻一方在台湾地区,一方在大陆地区,不能同居,而一方于1985年6月4日[4]以前重婚者,利害关系人不

---

〔1〕 参见《台湾时报》1992年4月20日;《法制日报》1990年1月12日、1月26日。

〔2〕 参见曾宪义等著、吕荣海等编:《大陆法律学者论海峡“两岸关系暂行条例”》附录三,台湾蔚理法律出版社1989年版,第232页。

〔3〕 “条例草案”第13条、第38条,参见曾宪义等著、吕荣海等编:《大陆法律学者论海峡“两岸关系暂行条例”》附录三,台湾蔚理法律出版社1989年版,第237、242页。

〔4〕 台湾旧“民法”规定,重婚未经撤销者,后婚姻仍属有效;1985年6月3日修正后的台湾“民法”,将重婚由可撤销婚改为无效婚,以期彻底实行一夫一妻制。

得声请撤销;其于 1985 年 6 月 5 日以后至 1987 年 11 月 1 日[1]以前重婚者,该后婚视为有效。按照"条例"第 76 条的规定:配偶之一方在台湾地区,一方在大陆地区,而于 1987 年 11 月 1 日以前重为婚姻或与非配偶以共同生活为目的而同居者,免予追诉、处罚。其相婚或与同居者,亦同。

台湾当局"条例草案"及"条例"中对于两岸互涉之历史重婚的规定,基本上合乎情理、切合实际的。因为婚姻要求夫妻能共同生活,而海峡两岸数十年的隔绝,使分居两岸的夫妻双方之婚姻有名无实,在此种情况下当事人发生的重婚,乃是不得已而为之,并非其故意对现代社会一夫一妻制的破坏和对两岸有关法律的蔑视,而是因国家内部分裂造成的这种家庭婚姻生活之悲剧和变故。理所当然地不应当由当事人承担重婚罪的刑事责任。

之所以讲"条例"关于两岸互涉历史重婚之规定只是基本合理,是因为其尚有下述两点不足:

其一,"条例"对历史重婚规定的是"免予追诉、处罚"。依此严格推敲,可以说"条例"并未排除此种历史重婚行为之犯罪性和应罚性,而仅是予以宽大处理,免予追诉或免予处罚而已。实际上,此种行为既然是行为人迫不得已而为之,行为人并无过错可归咎,就应当进一步彻底地排除其犯罪性和应罚性。即不是"免予追诉、处罚",而应是不构成犯罪或者不追究刑事责任。

其二,"条例"对历史重婚所限定的"1987 年 11 月 1 日以前"之时间范围不尽妥当。正如台湾学者王志文教授所分析,自 1987 年 11 月 2 日起台湾一般民众固可前往大陆探亲,但对具有军公教等特定身份者台湾当局仍禁止其赴大陆探亲,因而这一时间限定对这些特定身份者实难谓公平合理。[2]

对台湾人民因历史原因造成的重婚,大陆方面的主张与台湾一致,即不会以重婚罪追究重婚者的刑事责任。1988 年 6 月 3 日,时任最高人民法院刑事审判庭副庭长的陈嘉宾在接受记者采访时公开指出:台胞因两岸分离的这种重婚是可以理解的。司法机关对此的基本态度是:不认为是犯罪,不主动干预过问,即令当事人发生纠纷协商不成而向法院起诉时,也属于民事诉讼,法院不会作为刑事案件处理。[3] 在 1988 年 8 月 9 日的新闻发布会上,最高人民法院发布的司法解释文件指出,对于台胞涉及的双重婚姻案件,考虑到海峡两岸人民长期分离的实际情况,不会以重婚对待。[4] 在司法实务中,司法机关也从未有过因历史重婚而追究台胞刑事责任的。可见,在如何对待两岸人民互涉的历史重婚问题上,两岸当局已取得了合情理、得民心的共识。当然,就大陆方面而言,其以司法解释解决此一问题的方式还有待于发展完善,应当纳入立法规范,以提高其权威性,保证其正确运行。

还有必要指出,前述的只是对两岸互涉之历史重婚不作为犯罪追究。至于在两岸展开

---

[1] 即台湾当局开放民众赴大陆探亲前。1987 年 11 月 2 日台湾当局开放民众赴大陆探亲。

[2] 参见王志文:《析论海峡两岸法律问题及其处理规范》,载台湾《华冈法粹》第 19、20 期合刊(1990 年 2 月),第 133 页。

[3] 参见《法制日报》1988 年 6 月 7 日。

[4] 参见《最高人民法院公报》1988 年第 3 号,第 18 页。

交往、允许民众往来对岸地区情况下发生的两岸互涉之重婚,如近年来时有所闻的台湾企业家、商人在大陆办厂、经商期间与大陆女子发生重婚(登记结婚或者形成事实婚)的行为,台湾并未规定免予追诉、处罚,因而其立法原意是要依刑法典论罪科刑的;大陆方面对此种现实重婚也会追究刑事责任。此种现实重婚与历史重婚完全不同。此时不存在对重婚者免罪免罚的理由。为维护现阶段两岸的良性交往和法治秩序,两岸均应对符合本岸管辖的现实互涉重婚案件依法追究刑事责任。

四、关于两岸通航和通商问题

海峡两岸开展交往以来,两岸直接"三通"(通邮、通商、通航)问题一直为两岸民众所企盼,为两岸当局所关注。台湾当局现阶段对两岸直接三通采取禁止、限制的政策,迄今仍坚持认为两岸直接三通之时机尚未成熟。[1] 此一官方政策当然影响到两岸人民的历次"条例草案",其对于人民违反规定的直接通邮(通讯)行为,采取的是行政处罚而非刑事制裁;[2] 及至正式通过之"条例",此种行政处罚亦被取消。至于对两岸的直接通航、通商行为。"条例草案"一直予以论罪科刑,"条例"对此基本维持,但也有所增减,下面予以述析。

(一)"条例"对直接通商由刑事罚改行政罚

对台湾人民与大陆直接通商、贸易的行为,在两岸隔离和敌对时期,台湾当局是以构成"惩治叛乱条例"之"资匪罪"予以严惩的。在台湾解除戒严和开放民众赴大陆探亲以后,针对一些台湾商人因前往大陆从事一般商品单纯营利的直接贸易行为而被提出的刑事检控,台湾法院作出了不构成"惩治叛乱条例"之"资匪罪"的无罪判决,[3] 台湾司法当局经过研究,赞同此种直接贸易行为不构成"资匪罪"的审判实务见解,并以决议通函各级法院,作为审判的参考。[4] 这一主张被认为是台湾司法界顺乎两岸良性交往的时宜之举。1988 年 12 月发布的财团法人张荣发基金会国家政策研究资料中心的《草案》第 36 条,也采纳了台湾司法界的此种主张。[5]

在此形势下,台湾法务主管部门于 1989 年 2 月 1 日推出的"条例草案",对台商与大陆的直接贸易行为采取"两案并陈"的方式:1. 其第 27 条甲案规定,除经行政当局特别许可外,台湾地区人民或法人不得在大陆地区投资或与大陆地区人民、法人、团体或其他机构从事直接贸易。其第 41 条规定,违反第 27 条规定者要处 3 年以下有期徒刑、拘役或科或并科 40 万元以下罚金;法人之代表人、法人或自然人之代理人、受雇人或其他从业人员,因执行业务而

---

〔1〕 1993 年 5 月 4 日,李登辉仍公开表示,两岸的"三通"不只是单纯的经济问题,还蕴含有政治意义,目前两岸谈直接"三通"的时机与环境都还不成熟。参见台湾《联合报》1993 年 5 月 5 日。

〔2〕 据 1989 年 2 月 1 日台湾"法务部"之"条例草案"第 31 条和第 45 条规定:对违反台湾当局关于限制台湾地区人民与大陆地区直接通讯之规定者,处 1 万元以下罚款(行政罚款)。此后,台湾行政当局"大陆工作会报"1989 年 10 月 9 日"条例草案"第 26 条和第 47 条,及 1990 年 2 月 26 日"条例草案"修正本第 27 条和第 49 条,维持了"法务部""条例草案"的上述规定。

〔3〕 参见台湾《联合报》1988 年 8 月 4 日;台湾《经济日报》1988 年 7 月 29 日、12 月 25 日;吕荣海律师编:《资匪有罪无罪判决选辑》,台湾蔚理法律出版社 1988 年版。

〔4〕 参见台湾《经济日报》1988 年 9 月 7 日。

〔5〕 参见吕荣海等编:《大陆法律学者论海峡"两岸关系暂行条例"》附录三,台湾蔚理法律出版社 1989 年版,第 229 页。

违反上述规定者,除处罚行为人外,对该法人或自然人亦科以40万元以下罚金。2.乙案即删除第27条甲案,对两岸直接贸易不作任何规定。一般认为,甲案是受到台湾"最高法院"关于"资匪罪"因涉及单纯商业行为而无叛乱意图时判决无罪的影响,为弥补"惩治叛乱条例"之不足,而对直接贸易采取较有弹性之规定,即经特别许可者不为罪;而乙案仍恢复直接贸易为"惩治叛乱条例"所一律禁止与处罚的状况。[1] 台湾行政当局"大陆工作会报"1989年10月9日的"条例草案"第30条和第49条,及其1990年2月26日"条例草案"修正本第32条和第52条,原则上采纳了上述法务主管部门"条例草案"甲案的方式,但对直接通商、贸易之禁止范围更加宽泛,涵盖投资、技术合作、贸易或其他商业行为;并在处罚上将法务主管部门"条例草案"中之40万元罚金提高到100万元,显得更为严厉。

台湾当局上述"条例草案"中对两岸直接贸易、通商行为予以刑事处罚的规定,引起了两岸各界的严重关注与批评。如台湾舆论界认为,单纯与大陆开展贸易的行为并未明显侵犯任何特定之法益,与通常意义上之"犯罪"概念截然不同。对此种行为科以刑责,实有违法理,是扭曲了刑罚的应有目的与作用,也将导致国家刑罚权的滥用。[2] 台湾一些法律学者指出,官方"条例草案"以刑罚禁绝经济供需活动,是根本行不通的,无法与实际情况切合。[3] 大陆学界也认为,两岸民间贸易发展大势不可阻挡,台湾当局想以一纸禁令来禁止,不仅不合时宜,也难以行得通。[4] 同时还应当指出,"条例草案"对直接贸易行为的刑事处罚,是对台湾当局保守的"三不"政策的法律贯彻,而"三不"政策只能是台湾当局对官方本身行为的限制,应与人民无关,将其加诸民间交往,也违背了台湾当局一直宣称主张的"官民分离"的原则。总之,"条例草案"对直接贸易行为论罪科刑的规定,被普遍认为是消极的,有悖法理情理,有碍于两岸人民交往的正常发展。

依照"条例"第35条的规定:台湾地区人民、法人、团体或其他机构,非经主管机关许可,仍不得在大陆地区从事投资或技术合作,或与大陆地区人民、法人、团体或其他机构从事贸易或其他商业行为。但是,"条例"第86条规定:对违反第35条规定从事投资、技术合作、贸易或其他商业行为者,处新台币300万元以上1500万元以下罚金,并限期命其停止投资、技术合作、贸易或其他商业行为;逾期不停止者,得连续处罚。应该看到,"条例"的上述规定虽然仍是原则上禁止两岸直接通商,但对违反规定者之处罚有一个明显的改变,即由过去"条例草案"的定罪处刑改为行政处罚,这是朝着有利于两岸良性交往方向的一个进步,这一进步,首先是两岸民间经贸交往不断发展的趋势所影响,同时也与两岸各界的批评建议有关。

---

〔1〕 参见吕东熹:《台湾两岸贸易问题千丝纠葛,"法部两案并陈难题丢给政院"》,载台湾《自立晚报》1989年2月22日。

〔2〕 参见台湾《自立早报》1989年10月12日社论《评"两岸关系暂行条例"》;台湾"中国时报"1989年1月12日社论《单纯与大陆贸易行为科以刑责有违法理》。

〔3〕 参见李顺德:《禁止两岸直接贸易违宪》,载台湾《经济日报》1990年4月1日。

〔4〕 参见郁辛:《台湾当局禁止人民与大陆贸易有违法理》,载《法制日报》1989年3月10日;曾宪义等:《大陆法律学者论海峡"两岸关系暂行条例"》,台湾蔚理法律出版社1989年版。

(二)“条例”对两岸直航的禁止和处罚

在台湾当局历次“条例草案”及其通过的“条例”中,对两岸直航均原则上予以禁止,违者要论罪科刑。

1989 年 2 月 1 日台湾法务主管部门“条例草案”第 26 条规定:除“行政院”许可外,台湾地区人民不得与大陆地区直接通航。其第 40 条规定:对违反规定通航大陆地区的船舶所有人、营运人和船长,要处 3 年以下有期徒刑、拘役或科或并科 40 万元以下罚金;其通航系船长自行决定者,仅处罚船长。可见,法务主管部门“条例草案”中对与大陆直航的禁止和处罚,仅限于海上直航。台湾“行政当局”大陆工作会报”1989 年 10 月 9 日“条例草案”及其 1990 年 2 月 26 日“条例草案”修正本的相应条文,将直航扩展到包括空中直航,规定台湾之船舶、航空器及其他运输工具非经许可,不得与大陆地区通航;对违反规定与大陆地区通航者的刑事处罚,则完全采纳了法务主管部门“条例草案”的上述规定。

台湾“立法院”通过的“条例”,基本上采纳了行政当局“条例草案”的内容,并在罚金额上有明显的提高。按照“条例”第 28 条和 30 条的规定:台湾地区船舶、航空器及其他运输工具,非经台湾主管机关许可,不得航行至大陆地区,违者要处以 3 年以下有期徒刑、拘役或科或并科新台币 100 万元以上 1500 万元以下罚金。按照“条例”第 29 条、31 条和 32 条规定,大陆船舶、民用航空器及其他运输工具,非经台湾主管机关许可,不得进入台湾地区限制之空域、水域;违者要驱离或采取“必要的防卫处置”,甚至要扣船、扣人,对人员依法处理或强制出境。

近年来,随着两岸民间交往的不断发展,两岸直航的要求日益迫切。在“条例”研拟过程中,两岸直航问题便不仅为台湾民众所赞同,而且亦为台湾“立法委员”所呼吁。[1] 在“条例”通过以后,针对“条例”禁止和处罚两岸直航的规定,台湾民众和各界对于两岸直航的要求更为强烈。如台北市航空运输商业同业公会于 1992 年 8 月举行会议,通过了台湾地区航空业者对两岸直航政策的建议,主张两岸尽早通航,并估算若能直航,台湾地区旅客每年仅节省的机票费便高达 106 亿元新台币;[2] 台湾工商界及航业界在 1992 年 9 月召开的“两岸直航展望座谈会”上,赞同两岸立即直航;[3] 台湾中研院所作的民意测验中,赞成两岸直航的民众高达 65%;[4] 台湾舆论界要求台湾当局抛开两岸不能直航的政治图腾,基于务实的观点允许两岸直航,以切合两岸交往之实际需要,便利民众。[5] 针对台湾当局对“两岸直航”之民意的无视。在 1992 年年底台湾“立法院”大选前夕,包括 87 个政治、社会、文化及企业单位和“立法委员”候选人所组成的“两岸直航大游行联合会”,于 1992 年 11 月 22 日下午在台北市组织了 1200 名民众参与的“11 · 22 两岸直航大游行”,号召各界一起正视“两岸直

---

〔1〕 参见台湾《“立法院”公报》(第 79 卷)(第 45 期,1990 年 6 月 6 日,第 76 页;第 104 期,1990 年 12 月 29 日,第 419 页至 420 页)。

〔2〕 参见台湾《联合报》1992 年 8 月 8 日。

〔3〕 参见台湾“中央日报”1992 年 9 月 14 日。

〔4〕 参见台湾《工商时报》1992 年 8 月 3 日。

〔5〕 参见《请政府抛开不能直接通航的政治图腾》,台湾《工商时报》1992 年 8 月 3 日社论。

航”的迫切要求,“把直航的民意选进‘立法院’”。[1] 在1992年9月于福建厦门举行的有大陆、台湾、香港的一百余位港航界专家、学者、企业家(其中有台湾港航界人士四十余位)参加的“海峡两岸海上通航学术研讨会”上,与会者一致认为,海上直航对繁荣两岸经济、促进两岸交流与合作,具有重要意义,应尽早实现。[2] 1993年5月26日至27日在上海举行的两岸航空研讨会,共有155位大陆、台、港航业界、旅游界人士参加,与会的台湾代表大多在发言中表达了希望早日实现两岸直航的迫切愿望。[3]

总而言之,直接通航是两岸交往发展的客观要求,既有利于两岸民众也有利于两岸社会,经济效益与社会效益兼具。在目前两岸交往中台湾方面来大陆人数远远大于大陆赴台人数的情况下,两岸直航尤其可以为台湾赴大陆民众带来便利和节省钱财。台湾当局基于政治考虑坚决排斥直航,并在立法中以严刑峻罚来禁止和惩罚两岸直航,此种政策与法律首先是不合情理、不合实际、有违民愿的,从而不是适应而是阻碍了两岸交往的良性发展;其次,此种立法也有悖于法理,因为此种民间的直航行为并不侵犯个人或社会的法益,行为客观上对社会无害而有利,行为人主观上更无危害社会之意图,从而不具可罚性,因而对其论罪科刑,有违于现代刑事立法的原则。

(三)“条例”对两岸金融保险机构业务直接往来的禁止和处罚

台湾法务主管部门1989年2月1日“条例草案”中,尚无此方面的规定。台湾行政当局“大陆工作会报”1989年10月9日的“条例草案”第31条规定:台湾地区金融保险机构及其在台湾地区以外之国家和地区设立之分支机构,不得与大陆地区之法人、团体、其他机构或其在大陆地区以外国家或地区设立的分支机构有业务上之直接往来。第50条规定:违反第31条规定直接往来者,对参与决定之人处3年以下有期徒刑、拘役或科或并科100万元以下罚金,同时对该金融保险机构亦科以100万元以下罚金。其1990年2月26日“条例草案”修正本之相应条文,维持了上述规定。

台湾“立法院”通过的“条例”第36条和第81条,对两岸金融保险机构的业务直接往来,基本上采取了上述“条例草案”禁止和刑事处罚的立场,所不同者有二:一是“条例”第36条改“草案”第31条对直接交往的一律禁止为原则禁止,经主管机关许可者不在此限;二是“条例”第81条将“草案”第50条中的罚金额由100万元以下提高至100万元以上1500万元以下。

两岸金融保险机构的业务直接交往,对两岸民众,有关机构及社会均是互惠互利,也是两岸经贸交往发展的一个重要方面。“条例”改“条例草案”的一概禁止为原则禁止而不排除特别许可,当然是一进步;但其对这种纯粹业务性交往的限制仍属不当,至于对未经许可的交往要动用刑罚惩治,更是有违法理情理。在“条例”通过后,台湾财政主管部门于1992年8月12日公布的“台湾地区银行海外分支机构与大陆地区金融业务往来许可办法草案”

---

〔1〕 参见台湾中国统一联盟《盟讯》1992年12月15日“直航特刊”第1版。

〔2〕 参见大陆《台湾工作通讯》1993年创刊号,第14页。

〔3〕 参见香港《文汇报》1993年5月27日。

规定,台湾地区银行的海外分支机构将可与大陆地区银行或其海外分行进行汇兑等7项业务。台湾"财政部"表示,一旦该办法通过,两岸间的金融业务几乎可以说是"直接往来"。[1] 这也表明了"条例"对两岸金融业务往来限制与刑事制裁的不合理和难以贯彻执行。

五、关于两岸人民在对岸交往之自由

两岸人民经许可进入对岸地区后,应有充分的活动自由,其自由权利应与本岸人民同样受到保护,而不能横加限制,更不能以笼统模糊的规定而导致其被追究刑事责任或实际上被作为罪犯处置。否则,便会严重妨碍两岸人民交往的正常进行。台湾当局的"条例草案"及其正式通过的"条例",对两岸人民到彼岸交往之自由,存在不合理的限制与剥夺。

(一)对台湾人民在大陆交往自由之限制

按照"条例"第9条和第75条之规定,台湾人民经许可进入大陆地区者,"不得从事妨害国家安全或利益之活动",否则会被视为在大陆犯罪而由台湾当局追究刑事责任。上述内容基本上是采纳了台湾行政当局"大陆工作会报"1989年10月9日"条例草案"和1990年2月26日"条例草案"修正本相应条文的规定。[2] 上述规定之立法目的,乃是"为防止经许可进入大陆地区之台湾地区人民,受中共统战,从事与许可目的不同而妨害国家安全或利益之活动"。[3]

上述所谓"妨害国家安全或利益之活动",其立法目的说明台湾当局还是出于与大陆之政治敌对而对台湾人民的防范,其含义极其笼统、宽泛、含糊,难免使进入大陆之台湾人民担心会被台湾当局出于需要而随意认定犯罪,从而不合理地限制了台湾人民在大陆地区正常交往的自由。

(二)对大陆人民在台湾交往自由之限制

对于进入台湾地区之大陆人民的强制出境,台湾法务主管部门和行政主管部门的历次"条例草案"中均有规定,而且其内容大体相同。[4] "条例"第18条基本上承袭了"条例草案"相应条文的内容,其第1项规定:"进入台湾地区之大陆地区人民,有下列情形之一者,治安机关得不待司法程序之开始或终结,径行强制其出境:一、未经许可入境者。二、经许可入境,已逾停留期限者。三、从事与许可目的不符之活动者。四、有事实足认为有犯罪行为者。五、有事实足认为有危害国家安全或社会安定之虞者。"其第二项规定:"前项大陆地区人民,于强制出境前,得暂予收容。"其第三项规定:"前二项规定于本'条例'施行前进入台湾地区之大陆地区人民,适用之。"

---

[1] 参见台湾"中国时报"1982年8月14日。

[2] 参见台湾行政当局"大陆工作会报",1989年10月9日"条例草案"第18条、第40条,及其1990年2月26日"条例草案"修正本第18条、第42条。

[3] 参见"台湾地区与大陆地区人民关系暂行条例草案"第18条第2项之立法说明,台湾"行政当局大陆工作会报"1990年2月26日第42次会议修正本,第12页至13页。

[4] 参见台湾法务主管部门1989年2月1日"条例草案"第7条;台湾行政当局"大陆工作会报"1989年10月9日"条例草案"第20条,及其1990年2月26日"条例草案"修正本第20条。

"条例"第18条第1项所列的5款得强制出境之情形,后4款均直接关系到大陆人民在台湾正常交往之自由:

第2款"逾停留期限者"之强制出境,主要在于台湾当局对大陆人民在台停留期限的规定和批准是否合理。若不合理,则会对大陆人民在台的正常交往自由有所妨碍。

第3款"从事与许可目的不符之活动者"的强制出境,要求过于苛刻,例如许可大陆地区人民进入台湾地区之事由是探亲、奔丧或参观访问,若其又临时应邀参加了某种学术活动、学术会议,是否可视为"从事与许可目的不符之活动"而被强制出境?若可以如此,则也是对大陆人民在台正常交往自由的不合理限制。

第4款"有事实足认为有犯罪行为者"之强制出境,其含义较为模糊,且对之强制出境的处置也存在矛盾。所谓"犯罪行为",是在台湾地区所为,还是在进入台湾地区之前实施,抑或皆可?所谓"有事实足认",若包括在进入台湾地区以前之犯罪,台湾当局能否获得此种充足之事实?若是有事实足认在台湾地区实施了犯罪行为,为何"治安机关得不待司法程序之开始或终结,径行强制出境"?此犯罪行为之确认权为何在台湾治安机关而非司法机关?此种犯罪既然是在台湾实施,自然侵犯的是台湾社会的法益和秩序,为何可不在台湾予以刑事追诉和制裁,而得以仅仅强制出境了事?这有无放纵犯罪之嫌?如此等等,颇多疑问。质言之,该款的规定实际上是为台湾当局尤其是治安机关任意入人以罪并藉此驱逐大陆人民出境开了方便之门,从而对大陆人民在台的正常交往自由有严重妨碍。

第5款"有事实足认为有危害国家安全或社会安定之虞者"之强制出境,其本身含义也相当模糊。"施行细则"第15条进而明确了该款所包含这三种情形:"一、曾参加或资助内乱、外患团体或其活动而隐瞒不报者。二、曾参加或资助恐怖或暴力非法组织或其活动而隐瞒不报者。三、在台湾地区外涉嫌重大犯罪或有犯罪习惯者"。"施行细则"上述第一种情形表明,上述第5款是配合"条例"第77条大陆人民入台"据实申报"制度之条文。关于第77条之不当,前文已述及,在此不赘。在目前台湾当局仍将中共及大陆政权视为"内乱、外患团体"之立场下,"条例"第10条第1项第5款显然是针对大陆人民中具有党政军等政治身份者的,这些大陆人民申请入台时需"据实申报"政治身份及有关的活动,即向台湾当局"自首";若"隐瞒不报",入台后被查出,就要依"条例"第10条和"施行细则"第15条,与"有犯罪行为者""参加恐怖、暴力组织或其活动者"一样被"径行强制出境"。此种规定,显然是对具有政治身份乃至大多数大陆人民(因为参加活动的含义宽泛)经许可入台后正常交往自由的严重威胁与妨害。

六、关于两岸文化教育之交流

在台湾法务主管部门"条例草案"和行政当局"大陆工作会报"1989年10月9日及1990年2月26日的"条例草案"中,尚未见有对于两岸文化教育交流予以禁止和刑事处罚的规定。这是"条例"新增加的一项内容。"条例"第23条规定:"台湾地区、大陆地区及其他地区人民、法人、团体或其他机构,不得为大陆地区之教育机构在台湾地区办理招生事宜或从事居间介绍行为。"第82条规定:"违反第23条规定从事招生或居间介绍行为者,处3年以下有期徒刑、拘役或科或并科新台币 100 万元以下罚金。”

众所周知，现代教育事业的发展早已突破国界和地区界限，其他国家教育机构尚且可以在台湾招生，何以严禁同一国家的大陆地区教育机构在台湾招生，并且还要对办理此类招生事务者或者介绍者定罪处罚？此种行为的危害性、应罚性何在？实在令人费解。近年来台湾地区有不少学子报考大陆高等院校的专科、本科或研究生，还有一些台湾人民希望参加大陆教育机构的专科培训或研修。可以说，文化教育交往是两岸关系发展的一个必要方面，因而上述规定显然不利于两岸文化教育之交流。

七、关于大陆人民著作权等权利在台湾的司法保护

“条例”第 78 条规定：“大陆地区人民之著作权或其他权利在台湾地区受侵害者，其告诉或自诉之权利，以台湾地区人民得在大陆地区享有同等诉讼权利者为限。”

这一条文有条件地承认大陆人民在台湾有权通过诉讼保护自己的合法权益，因而有其合理、务实的一面。而且由字面观之，这一规定公允对等，似并无任何不当。实质上，这一规定仍颇具保守、狭隘性，其对大陆人民在台湾地区受侵害权利的司法保护，着眼于消极的限制，是大陆对台湾人民在大陆地区受侵害的权利保护到哪儿，台湾对大陆人民在台湾地区受侵害的权利之保护也就只能以此为限；而不是对大陆人民在台湾受侵害权利予以积极的、与台湾人民一视同仁的保护。尤其是著作权的保护问题，由于两岸著作权法律规定的不同，最能说明“条例”的保守性及其对大陆人民在台湾地区著作权保护的歧视待遇。

大陆的著作权法起步较晚，完善水平还很不够。但在现行著作权法律体制下，大陆向来要求对台湾人民在大陆之著作权与大陆人民予以同样的保护。国家版权局 1987 年 12 月 26 日制定、1988 年 3 月 1 日起生效的《关于出版台湾同胞作品版权问题的暂行规定》第 1 条明示：“台湾同胞对其创作的作品，依大陆现行有关法律、规章，享有与大陆作者同样的版权”；第 6 条规定：“自本规定生效后，大陆出版者或其他人如侵犯台湾同胞的版权，版权所有者可请求侵权者所在地的版权管理机关进行处理，亦可向当地人民法院提起诉讼”。[1] 1990 年 9 月 7 日通过，1991 年 6 月 1 日起施行的《中华人民共和国著作权法》第 2 条规定：“中国公民、法人或者非法人单位的作品，不论是否发表，依照本法享有著作权。”[2] 该条的“中国公民”，当然包括台湾人民在内。依照《著作权法》第 45 条和第 46 条的规定，侵犯他人著作权的行为人，应依法承担停止侵害、消除影响、公开赔礼道歉、赔偿损失等民事责任及没收非法所得、罚款等行政处罚。[3] 至于《著作权法》中对侵犯著作权行为尚未规定刑事责任的问题，这是立法时基于多种因素的考虑，认为目前对侵犯著作权行为论罪科刑的条件和经验尚不够成熟。因而对侵犯著作权行为予以刑事制裁，乃是将来《著作权法》发展完善要解决的课题。要言之，在现行著作权法制下，台湾人民在大陆的著作权与大陆人民受到同样保护，

---

〔1〕 参见张世进等主持编辑：《中华人民共和国法律规范性解释集成》，吉林人民出版社 1990 年版，第 583 页。

〔2〕 参见全国人大常委会法工委编：《中华人民共和国法律汇编(1990)》，人民出版社 1990 年版，第 75 页。

〔3〕 参见全国人大常委会法工委编：《中华人民共和国法律汇编(1990)》，人民出版社 1990 年版，第 87 页。

若其著作权受到侵害，其有权要求侵权者所在地的版权管理机关进行处理，并有权向侵权人所在地法院提起民事诉讼，法院可依法对侵权人予以民事制裁和行政处罚。[1]

台湾"著作权法"对侵权行为的违法制裁既有民事、行政制裁，又有刑事处罚，而且主要是刑事处罚。如其1985年7月10日修正公布之"著作权法"中，第38条至第45条即规定有8种犯罪及其处罚；[2]其1992年6月10日修正公布之新"著作权法"中，第91条至第97条规定有7种犯罪及其处罚。[3] 这样，台湾人民的著作权在台湾地区受到侵犯，被害人不仅可依法要求对侵权人予以民事、行政制裁，而且还可以依法提起刑事诉讼，要求对侵权人论罪科刑，以有效地保护自己的著作权。依照前述的"条例"对等保护的规定，由于大陆现行著作权法中对侵犯著作权之行为仅有民事、行政制裁，台湾人民之著作权在大陆受到侵害时，其依法只能受到对侵权行为予以民事、行政制裁的保护，因此，大陆人民之著作权在台湾受到侵犯时，他也就只能要求对侵权行为予以民事、行政制裁的保护，而无权提起刑事诉讼，要求刑事保护。这样，就形成了形式上的平等而实质上的不平等：形式上，"条例"对大陆人民在台著作权之"对等"司法保护是平等的；而实质上，"条例"对两岸人民著作权在台湾的保护是不平等的，对台湾人民之著作权予以民事、行政、刑事全方位的司法保护，而对大陆人民之著作权仅予民事、行政司法保护，失去了强有力的刑事司法保护。从两岸对彼岸人民在本岸著作权的司法保护之比较看也是不平等的：大陆对台湾人民在大陆之著作权与本岸人民予以一视同仁的司法保护；台湾对大陆人民在台湾之著作权并不与本岸人民一视同仁，而是比本岸人民的司法保护程度要低得多。如此观之，难道还能说"条例"第78条对大陆公民著作权之司法保护的"对等规定"不是歧视性待遇吗？

笔者以为，"条例"对大陆人民之著作权等权利在台湾地区受侵害之司法保护问题上正确积极的做法，应当是规定：对大陆人民与台湾人民予以同样的司法保护，大陆人民与台湾人民享有同等诉讼权利。对两岸人民之正当权益予以同等司法保护，确保两岸人民享有同等诉讼权利，这也正是大陆有关立法与司法实务的原则立场。唯有如此，才符合两岸当局具有共识的一个中国的共同政治立场，才会有利于促进两岸人民的正常交往。

八、关于在大陆犯罪之刑事管辖权

"条例"第75条规定：在大陆地区或在大陆船舰、航空器内犯罪，虽在大陆地区曾受处罚，仍得依法处断。但得免其刑之全部或一部之执行。这一条文完全沿袭了过去"条例草案"相应条文的内容。[4] 依此规定，对在大陆地区发生的犯罪，不管犯罪人是大陆人民还是

---

〔1〕 在台湾"两岸人民关系条例"通过两年之后，全国人大常委会于1994年7月5日通过了《关于惩治侵犯著作权的犯罪的决定》，该《决定》新设了侵犯著作权罪和销售侵权复制品罪两种新罪名。从此，大陆对著作权也有了刑事保护。但在台湾"条例"颁行时，大陆法律中对著作权尚无刑事保护。本文按照"条例"颁行时两岸的著作权法律状况进行研究，这样才能客观地、实事求是地来认识和评价"条例"在此问题上的立法原意和立法者的心态。

〔2〕 参见林纪东等编：《新编六法全书》，台湾五南图书出版公司1986年版，第905页。

〔3〕 参见谢铭洋等：《著作权法解读》附录，台湾月旦出版社1992年版，第290~291页。

〔4〕 参见台湾法务主管部门1989年2月1日"条例草案"第37条；台湾行政当局"大陆工作会报"1989年10月9日"条例草案"第40条，及其1990年2月26日"条例草案"第42条。

台湾人民，不管被害人是否是台湾人，也不论犯罪是属于直接侵犯大陆人民利益的犯罪还是直接侵犯台湾人民利益的犯罪抑或国际性犯罪，台湾当局都要主张刑事管辖权，原则上适用台湾地区有关规定予以追诉、处罚。此一规定和主张既有悖于法理情理，也不切合实际。

首先，上述规定于理不合。因为在大陆发生的犯罪，不管其犯罪性质和犯罪人、被害人如何，其直接侵犯的自然主要是大陆的法治秩序和社会利益，因而理应由大陆方面予以刑事管辖，适用《中华人民共和国刑法》追究刑事责任。而在大陆之犯罪若由台湾方面适用台湾地区有关规定追诉，既与有效地保护法益之追究刑事责任的目的不合，也难免导致一个国家内的两岸民众之同一犯罪行为遭受双重刑事追究（不单指实际定罪处罚）的不合理后果，从而也不利于两岸人民的正常交往。

其次，上述规定不切实际。因为现阶段两岸社会制度不同，各有其法制和司法实际权限，两岸刑法原则上仅能适用于发生在本岸的犯罪，同时可以兼顾合理地维护彼岸及其人民的利益。这些都是不以人的意志为转移的客观现实，无论哪一方脱离这种现实条件而硬要把本岸的法律适用于在彼岸发生的一些罪案，都只能是一厢情愿，不切实际的空想，既难以实行，也丧失了其法治的严肃性。台湾文化大学法律系王志文教授早在几年前就对台湾法务主管部门“条例草案”相应条文提出批评说，“大陆地区人民犯罪依台湾‘法律’追诉，实为自欺欺人，事实上，目前台湾法权不及于大陆，如何追诉相当困难，此一规定实不切实际。”[1]这一批评可谓切中其弊。

总之，“条例”第75条不合理、不切实际之规定，乃是台湾当局主张“法律”主权的产物。如此虚妄和不合时宜之规范，理当摒弃。

质言之，上述刑事管辖权的冲突，源自台湾“刑法典”关于属地管辖权的规定及台湾当局对一个中国的理解。根据台湾“刑法典”第3条的规定，本法于在台湾地区领域内犯罪者，适用之。在台湾地区领域外之船舰或航空器内犯罪者，以在台湾地区领域内犯罪论。实际上，我国刑法典第3条规定其刑事管辖权应及于整个中华人民共和国，台湾当然是中华人民共和国的一部分。由此推论，《中华人民共和国刑法》当然也应适用于在台湾的一切犯罪。若再考虑到在台湾地区犯罪可能已受台湾审判、处罚的事实而应予酌情从宽处罚，则大陆对于台湾犯罪之刑事管辖权处理问题，亦会步入上述台湾“条例”自相矛盾之怪圈。一些大陆学者提出的处理在台湾地区犯罪的立法建议，也确有这种问题。[2]

笔者认为，对两岸刑事管辖范围的界定及其冲突，应在一个中国的前提下，予以合理务实之解决。详言之：首先，应当坚决避免国与国之间解决管辖权冲突时彼此不承认对方裁判效力而仅免除刑罚部分或全部的原则，因为两岸都不承认亦不应当承认对岸是外国，因而“条例”第75条后半段的规定就属不当。其次，从合理务实的要求出发，应以犯罪地法院管辖的适用犯罪地法律追究犯罪人的刑事责任，作为界定两岸刑事管辖及解决其冲突的基本

[1] 参见台湾《自立晚报》1989年1月12日。

[2] 参见中国管理科学院台湾法律研究所：《“大陆地区与台湾地区人民关系法”建议草案》第29条至302条，载《台湾法律研究》1989年试刊，第11～12页。

原则;并对跨处两岸的犯罪等特殊情况,酌情或协商适用被告人户籍所在地管辖、实际控制被告人一方管辖或法益受侵犯一方管辖等解决办法。这样,“条例”第75条前半段关于在大陆犯罪概由台湾管辖并适用台湾“刑法”的规定就属错误。因此笔者主张,两岸人民在本岸的犯罪,自然由本岸管辖并适用其刑法追究刑责;此岸人民在彼岸的犯罪,原则上应由彼岸管辖并适用其刑法追究刑责,对彼岸的刑事追诉和判决,犯罪人所在的一岸应予以承认,而不能再予以刑事追诉和审判;对于跨处两岸的犯罪,两岸应协商建立比较合理可行的刑事管辖和法律适用原则;对于国际性犯罪,两岸均应实行普遍管辖,原则上由实际控制被告人的一岸管辖,也可以从有利于惩处犯罪与维护法益考虑协商确定管辖。

与刑事管辖权有关的另一个问题,有必要在此简略述及。台湾法务主管部门和行政主管部门的历次“条例草案”均规定:台湾地区人民前往大陆地区继续居住逾两年者,即为大陆人民。此种台湾民众即不能返台。此一规定对大多数赴大陆台湾民众尚属可行;但对在大陆犯罪的台湾人,若大陆司法机关予以追诉处刑,其中一些人在刑罚执行完毕后,便会因时间过限而难以返台,这也实际上影响到大陆司法机关对台胞犯罪之刑事管辖权的行使。对此一规定,大陆学者曾提出批评与建议,认为台湾当局应当考虑到这种特殊情况,合乎情理地制定特殊措施,允许这些台胞返回台湾,既维护其正当权益,也不致妨碍大陆司法机关对在大陆犯罪之刑事管辖权的合理行使。[1]

“条例”第4条第4款将“台湾地区人民前往大陆地区连续居住逾四年之人民”视为大陆人民;“施行细则”第5条第2项规定,此四年期限,“受拘禁、留置或依法令而停留在大陆地区之期间不予计算”,这样,便解决了前述“条例草案”中存在的妨碍大陆司法管辖权行使的问题,同时也是对此种台胞合法权益的保护。“条例”的这一改进,值得肯定。

九、关于“条例”的总体评估及其缺陷

在本文行将结束之时,提出下面两点看法,作为本文的结束语。

首先,关于“条例”刑事规范的总体评估。在目前两岸共同制定规范两岸人民交往之法律的条件尚不具备的情况下,台湾当局单方面推出了“条例”。“条例”虽然还有很多不如人意之处,但其中也不乏合理、务实之内容,其以法制调整两岸民间关系的正面意义应予肯定。就“条例”之刑事规范而言,也应予以合乎实际之一分为二的评估:一方面,“条例”的刑事规范中有一些比较合理、务实和较以前的“条例草案”有所进步的内容,如关于历史重婚免诉免罚的规定,关于“叛乱组织或集会”“叛徒”的删除,关于对台湾人民未经许可进入大陆地区要论罪科刑规定的删除,将对直接通商、贸易行为的刑事制裁改为行政处罚,对大陆人民在台湾著作权等权利有条件的司法保护等等。这无疑对两岸人民交往具有一定的促进作用。但是,一分为二不是平分秋色,利弊评断应当合乎实际。另一方面,“条例”之刑事规范中又充斥着有悖法理情理、不合实际的保守性与虚妄性,而且这是其主流所在。所谓保守,是指其无视或曰敌视两岸交往关系已有发展之现实及其进一步发展之趋势和需要,有关规

---

〔1〕 参见赵秉志:《谈台湾“两岸关系条例草案”的刑法问题》,载《瞭望周刊》(海外版)1989年第16期。

定不是要确认两岸关系发展之成果,更不是着眼于引导和促进两岸关系之良性和迅速发展,而是设障碍,置樊篱,想方设法地限制和阻碍两岸关系的发展。"条例"中关于限制两岸人民往来以及禁止与制裁两岸直航、金融保险业务往来、文化教育交流等的刑事规定,鲜明地昭示了这种保守性。所谓虚妄性,是指其无视两岸现阶段司法管辖范围的客观现实,妄自尊大,硬要把本地区的法制和司法管辖强加于对岸地区,有关规定不切实际,不具有运作可行性。"条例"中关于在大陆地区之犯罪要适用台湾"刑法"处断等规定,集中地反映了这种虚妄性。"条例"刑事规范中的这种保守与虚妄,是台湾当局坚持"三不"、拒绝"三通"一贯立场的体现。这违背两岸已经展开、方兴未艾、势不可挡的交往趋势,也有悖于台湾当局及台湾社会发展的真正利益。望台湾当局审时度势,在两岸关系立法的刑事规范和其他方面,都敢于摒弃保守、虚妄、狭隘的心态,以真正造福于两岸人民,造福于中华民族。

其次,"条例"中有关两岸刑事司法互助的内容尚付阙如,亟须增补。由于现阶段两岸互涉犯罪情况的复杂及两岸犯罪分子逃到对岸而企图规避刑事追究,在近年来两岸交往中,刑事司法互助已成为两岸警方、司法机关所实际面临并迫切需要解决的重要问题。此问题已引起两岸法学界和法律实务部门的共同关注。如台湾学者蔡墩铭教授曾撰文论述两岸刑事司法互助十个方面的内容[1];财团法人张荣发基金会国策研究资料中心 1988 年 12 月发布的《草案》第 35 条第 2 项,也有此一方面的建议。[2] 在尚无法律规范的情况下,基于解决现实问题的需要,近年来两岸警方、司法机关已通过种种渠道和方式开展了一些刑事司法互助活动,如为对岸司法机关逮捕和遣返罪犯等。两岸有关机构还曾就两岸合作惩治与防范海上犯罪活动进行过一系列商谈。总之,两岸刑事司法互助问题事关两岸的法治秩序和人民利益的切实维护,而"条例"中尚未有这方面的任何条款,这不能不说是一个很大的缺憾。今后随着两岸交往逐步扩展为全方位开放和充分的双向交流,两岸刑事司法互助关系的建立及其规范化之需要也将愈加迫切。"条例"若能增补此一方面的内容,当是对建立两岸刑事司法互助关系和促进两岸人民正常交往的有益贡献。

---

〔1〕 参见蔡墩铭:《论两岸刑事司法互助》,载《法律学习与研究》1992 年第 1 期。

〔2〕 参见吕荣海等编:《大陆法律学者论海峡"两岸关系暂行条例"》附录三,台湾蔚理法律出版社 1989 年版,第 229 页。

我国内地特别刑法立法之演变及其对澳门特别行政区的启示*

目　次

一、前言

在当代各国、各地区刑法中，刑法典因具有普遍适用的效力而又被称为普通刑法；相对于普通刑法，仅适用于特定的人、时、地、事（犯罪）的刑法，则被称为特别刑法。〔1〕在实行制定法的大多数国家或者地区，立法机关制定和颁布的刑法既包括普通刑法，也包括特别刑法。〔2〕特别刑法一般的形式是独立于刑法典的

---

* 原载《政法论丛》2014 年第 2 期。

〔1〕参见高铭暄、马克昌主编：《刑法学》（第 5 版），北京大学出版社、高等教育出版社 2010 年版，第 7 页。

〔2〕例如，日本刑法学者指出，刑法典作为针对一般犯罪的规范，被称为普通刑法，称除刑法典以外的其他刑罚法规为特别刑法。参见［日］大塚仁：《刑法概说（总论）》（第 3 版），冯军译，中国人民大学出版社 2003 年版，第 19 页。德国刑法学者也认为刑法区分为刑法典和特别刑法。参见［德］冈特・施特拉腾韦特、洛塔尔・库伦：《刑法总论——犯罪论》，杨萌译，法律出版社 2006 年版，第 61 页。意大利也将刑法区分为刑法典和特别刑法，参见［意］杜里奥・帕多瓦尼：《意大利刑法学原理》，陈忠林译，法律出版社 1998 年版，第 10 页。

单行刑法或者附属于其他非刑事法律中的刑法条款(后者简称为附属刑法规范)。在中国内地,自中华人民共和国建立至今,大体来说,国家立法机关在不同时期均制定和颁布了特别刑法。而澳门在1999年12月20日回归祖国之前抑或之后,均在其刑法典之外同时制定和颁布有特别刑法。有论者曾指出,在澳门,刑法的表现形式主要有宪法性规定、刑法典、单行刑事法律和非刑事法律中的刑法条款四种。[1] 然而,对于中国内地与澳门特区在特别刑法立法方面各有什么特征,彼此有何区别,中国内地特别刑法的演变历程和特点对澳门特区之特别刑法乃至其整个刑法立法有何参照意义等问题,中国内地和澳门特区的刑事法学者在过去均较少涉足。在笔者看来,对两地特别刑法立法状况进行对比性的研究,研讨中国内地在1997年新刑法典颁行以来所努力推进之刑法立法统一化对澳门特区的启示,无疑有助于增进中国内地与澳门特区间的刑事法治和法学交流,也有助于两地更为稳妥地协调、平衡公共利益和社会秩序与公民合法权利之间的关系,进而有助于促进中国内地与澳门特区刑事法治的进一步发展。

二、我国特别刑法立法的演变

(一)1979年刑法典颁行之前的单行刑法立法

自1949年10月中华人民共和国成立之后到1979年第一部刑法典颁行之前的30年间,为了配合社会改革运动的需要以及创造安定的社会秩序,我国内地先后制定和颁布了14件单行的刑法立法文件。从内容看,这些单行刑法立法文件可分为三类:[2]

(1)规定具体犯罪的刑法立法文件。此类有3件,即中央人民政府于1951年2月21日公布的《中华人民共和国惩治反革命条例》、中央人民政府政务院于1951年4月19日公布施行的《妨害国家货币治罪暂行条例》、中央人民政府于1952年4月21日公布的《中华人民共和国惩治贪污条例》。

(2)规定特定刑事程序和刑罚执行问题的刑法立法文件。此类有4件,即全国人大常委会于1956年4月25日通过的《关于处理在押日本侵略中国战争中战争犯罪分子的决定》、于同年11月16日通过的《关于宽大处理和安置城市残余反革命分子的决定》和《关于对反革命分子的管制一律由人民法院判决的决定》,以及全国人民代表大会于1957年7月15日通过的《关于死刑案件由最高人民法院判决或者核准的决议》。

(3)对特定犯罪人予以特赦的刑法立法文件。此类有7件,均是由全国人大常委会在不同的时期通过的,分别是《关于特赦确实改恶从善的罪犯的决定》(1959年9月17日)、两个名称完全相同但针对不同对象的《关于特赦确实改革从善的蒋介石集团和伪满洲国的战争罪犯的决定》(1960年11月19日、1961年12月16日)、三个名称完全相同但针对不同对象的《关于特赦确实改恶从善的蒋介石集团、伪满洲国和伪蒙疆自治政府的战争罪犯的决定》

---

〔1〕 参见赵国强:《澳门刑法的表现形式》,载赵秉志、[葡]高德志主编:《澳门法律问题》,中国人民公安大学出版社1997年版,第171页。

〔2〕 参见高铭暄、赵秉志编:《新中国刑法立法文献资料总览》(上),中国人民公安大学出版社1998年版,第99~135页。

(1963年3月30日、1964年12月12日、1966年3月29日)、《关于特赦释放全部在押战争罪犯的决定》(1975年3月17日)。

除此之外,我国各大行政区在20世纪50年代也制定和颁布了一些地方性的单行刑法文件,如西南区军政委员会于1950年12月公布了《西南区惩治不法地主暂行条例》和《西南区禁绝鸦片烟毒治罪暂行条例》。

上述单行刑法成为中华人民共和国成立后前30年间惩治犯罪、保卫人民政权、维护社会秩序的重要法律根据,在国家与反革命、贪污等类型犯罪作斗争的过程中发挥了重要的作用。而且,这些单行刑法的立法和司法适用也为新中国刑法典的研拟和颁行提供了丰富的立法经验和可贵的司法素材。[1] 同时,自中华人民共和国成立后,国家便开始了刑法立法工作。早在1950年,当时的中央人民政府法制委员会就组织一批专家开始尝试起草刑法;而在中国内地第一部宪法于1954年问世后,从1954年9月开始,国家立法机关长期且多次进行刑法草案的拟定和修改工作,至1963年10月,拟出了当时具代表性并成为此后1979年刑法典主要基础的刑法草案第33稿。在此过程中,国家司法机关适用刑法惩罚犯罪的司法经验,亦成为国家立法机关草拟刑法典的重要依据之一;而司法实践对完整、系统的刑法典的迫切需要,则成为刑法立法的力量源泉。

这里还需要特别注意,特别刑法是相对于普通刑法而言的,单行刑法是特别刑法最具代表性的形式。但在法制不健全、立法机关没有制定颁布刑法典的情况下,单行刑法在性质上未必就是特别刑法。从严格的意义上分析,对普通刑法典进行修改补充并以独立形式存在的刑法规范才是特别刑法;在刑法典颁行之前的零散的刑法规范,即便与之后的特别刑法规范在特征上非常近似,但却无法形成与普通刑法典的特别关系。不过,不能否认的是,上述这段时期的单行刑法确实是在特定的时期针对特定领域或者类型的犯罪而颁布制定的,因而不太严格而言,这个时期的单行刑法也可以算得上是一种特别刑法。

(二)1979年刑法典施行期间的特别刑法立法

1976年10月,延续10年之久的"文化大革命"终告结束,之后,在逐步全面建设社会主义法制的背景下,国家重新重视刑法立法工作,恢复重建的全国人大常委会法制委员会于1979年2月再次启动刑法典的草拟工作。刑法典草案以上述1963年第33稿为基础,结合当时的新情况、新问题和新经验,吸收多方面的意见和建议,不断完善,终于定稿,于1979年7月1日在第五届全国人民代表大会第二次会议上获得通过。国家于同年7月6日正式公布,并规定自1980年1月1日起施行,成为"维护社会秩序、生产秩序、工作秩序、教学科研秩序和人民群众生活秩序,保障社会主义革命和社会主义建设事业的顺利进行"(1979年刑法典第2条)的有力法律武器。随后,全国人大常委会于1981年6月10日通过了刑法典研拟中已议定要在刑法典之外另行制定的《中华人民共和国惩治军人违反职责罪暂行条例》,同时也颁布了《关于处理逃跑或重新犯罪的劳改犯和劳教人员的决定》,对刑法典进行了修改补充,也从此开始了特别刑法的立法历程。

---

[1] 参见赵秉志主编:《中国特别刑法研究》,中国人民公安大学出版社1997年版,第39页。

不过,1979年刑法典的颁布实施并没有宣告中国的刑事法制进入完备刑法典的时代。相反,因为受到当时历史条件和立法经验的限制,1979年刑法典不论在体系结构、规范内容还是在立法技术上,都还存在一定的缺陷。[1] 而且,随着国家实行并大力推进改革开放、经济建设的基本国策,国家的经济、社会环境发生了翻天覆地的变化,社会变得更为宽松,人们积极地追求各种利益,加之旧思想、旧文化沉渣泛起,在短短的几年中,各种刑事犯罪案件几乎全是处于上升势头,至1982年,按全国人口比例计算,犯罪案件达到新中国成立以来的最高水平。这些犯罪以及其他相关危害行为严重地侵犯了人民群众的合法权益,极大地危害了社会秩序的稳定和经济的发展,颁行不久的1979年刑法典在司法实践中表现出越来越明显的缺陷,使得司法机关处理各种严重危害社会的违法活动时捉襟见肘,处处受制,难以有效地为当时的改革开放、经济建设提供一个稳定、有序的社会环境,也不能有效地维护人民群众的合法权益。为了改变这种状况,全国人大常委会于1982年3月8日通过了《关于严惩严重破坏经济的罪犯的决定》,国家也很快做出了“从重从快严厉打击严重刑事犯罪活动”的刑事法治决策。中共中央于1983年8月25日发布了《关于严厉打击刑事犯罪活动的决定》,接着全国人大常委会于同年9月2日又颁行了《关于严惩严重危害社会治安的犯罪分子的决定》和《关于迅速审判严重危害社会治安的犯罪分子的程序的决定》。

20世纪80年代初全国人大常委会制定颁布的几个单行刑法性质的刑事法决定,开启了1979年刑法典颁行之后特别刑法立法的进程。从1981年1月刑法典生效实施后至1997年3月全面修订刑法典之前,我国内地立法机关先后通过了25部单行刑法,并在107部非刑事法律中设置了附属刑法规范,[2] 对1979年刑法典进行全方位的补充与修改完善,内容既涉及刑法总则,又涉及刑法分则,仅是新增加的罪名就多达133种,从而在数量上超过了刑法典分则所规定的129种罪名。同时,还应注意,国家立法机关还在非刑事法律中规定了刑法典所没有的具体犯罪,使得当时的特别刑法立法既包括单行刑法立法,也包括附属刑法立法。结合各个特别刑法颁布实施之时的历史条件和实际环境来看,这些特别刑法大体适应了当时国内外的形势变化和国内社会、经济发展的现实需要,弥补了刑法典的严重不足,在国家与各种犯罪现象作斗争的过程中发挥了积极的作用。当然,不能否认,它们也存在种种显著的缺陷和不足。

(三)1997年刑法典颁行以来的特别刑法立法

刑法典与特别刑法并存并行并用的局面,虽然在一定程度上适应了中国内地当时惩治犯罪、维护社会秩序的现实需要,但刑法规范的分散、凌乱状况,也造成了理解与适用刑法时的疑惑和困扰。为了更好地发挥刑法的社会调整功能,更好地保护社会和保障人权,社会各界尤其是法学界和法律实务界都呼吁应制定统一、系统的刑法典,将各种刑法规范予以协调合理的规定。1988年7月,国家立法机关开始了此后长达9年的修订刑法典的研拟工作。其间虽由于1989年政治风波而一度停顿,但之后不久即又坚定前行。1996年12月26日以

---

〔1〕 参见高铭暄:《中华人民共和国刑法的孕育诞生和发展完善》,北京大学出版社2012年版,第3页。
〔2〕 参见高铭暄:《中华人民共和国刑法的孕育诞生和发展完善》,北京大学出版社2012年版,第3页。

及1997年2月19日,全国人大常委会两次审议了修订后的刑法典草案。1997年3月14日,第八届全国人民代表大会第五次会议审议并通过了新修订的刑法典,并规定自1997年10月1日起施行。1997年新刑法典结束了过去十多年间刑法规范凌乱分散的状态,并在贯彻现代刑事法治原则和人权保障方面有很大的突破,实现了刑法的统一性和完备性,成为中国内地刑事法治现代化进程中的一个里程碑。

但是,1997年刑法典的颁布施行并不是国家立法机关刑法立法工作的休止符,恰恰相反,该刑法典之完备性的相对性,使得国家立法机关必须根据不断变化的社会现实情况及时修改完善刑法典的相关规定。自1998年以来,国家立法机关又陆续制定颁布了四个涉及刑法的大体具有单行特别刑法形式的"决定",分别是《关于惩治骗购外汇、逃汇和非法买卖外汇犯罪的决定》(1998年12月29日)、《关于取缔邪教组织、防范和惩治邪教活动的决定》(1999年10月30日)、《关于维护互联网安全的决定》(2000年12月28日)和《关于加强反恐怖工作有关问题的决定》(2011年10月29日)。其中,只有《关于惩治骗购外汇、逃汇和非法买卖外汇犯罪的决定》是一部纯粹的设定刑法罪刑规范的单行法而成为实质意义上的单行特别刑法,具体表现为:这部单行法增加规定了新的罪名(骗购外汇罪),对1997年刑法典第190条逃汇罪的规定作出修改,并对多种特定危害行为的定罪处罚给予了明确的规定。而上述其他三个"决定"或因未设置罪刑规范,或因不是纯粹的刑法立法文件而均非真正的单行特别刑法文件。同时,值得特别注意的是,除关于外汇犯罪的单行刑法之外,国家立法机关对1997年刑法典的修改完善在1999年之后全部采用了"刑法修正案"的形式,从1999年12月至2011年2月先后通过了八个刑法修正案,直接对刑法典进行修改补充。[1] "刑法修正案"已然成为国家立法机关现今对刑法典修改补充的唯一形式,从而使得国家刑法立法活动彻底告别了既往通过单行刑法、附属刑法规范等特别刑法形式修改补充刑法典的模式。

三、对我国特别刑法立法的评价

对我国内地特别刑法立法之演变历程进行总结、概括和客观评估,是我们分析内地特别刑法立法之特征的必要前提。总体而言,可以说,中国内地既往的特别刑法立法是优劣互现,但优点和优势逊于其缺点和劣势;对刑事法治而言其利弊并存,但弊大于利;对国家和社会来说是得失兼具,但失多于得。

(一)优劣互现

特别刑法之所以曾经成为我国内地刑法体系中的一个重要角色,是与其固有的优点分不开的。但是,随着时间的推移、社会条件的变化,特别刑法所具有的劣势与缺点也逐渐显现,并对刑事法治形成种种不利的影响。因此,即使从历史的眼光看,特别刑法也根本不是完美无缺的,而是优劣互现的。

---

〔1〕 笔者认为,我国立法机关应当及时通过刑法修正案或借助全面修订刑法典之机,将1998年12月29日全国人大常委会通过的《关于惩治骗购外汇、逃汇和非法买卖外汇犯罪的决定》整合纳入刑法典。参见赵秉志、袁彬:《建议将惩治外汇犯罪决定纳入刑法典》,载《法制日报》2012年2月22日。

一方面，相对于全面、系统的刑法典立法，特别刑法的立法具有简易、快捷等特点，因而在应对各种犯罪、维护社会秩序方面具有很明显的优点：一是其及时性。在因为各种原因来不及制定或者修订刑法典的情况下，国家立法机关迅速制定颁布特别刑法（尤其是单行刑法），能够及时地应对新的严重危害社会的行为，维护社会秩序。二是其针对性。普通刑法的制定或者修订往往需要对惩治预防犯罪的整体情况进行全面考察和通盘分析，因而可能来不及针对某一类犯罪或者某一类人员的犯罪给予及时的反应和有针对性的惩治，但特别刑法却能够满足这种需要，通过较为快捷的立法程序在刑法典之外对上述类型的犯罪予以及时的应对，弥补刑法典的不足乃至填补刑法典的空白。[1] 三是其适应性。特别刑法的及时性和针对性使得其比普通刑法典更能适应不断发展变化的社会条件和治安形势，为国家在特定时期惩治特定领域的犯罪提供更为灵便的法律根据。

另一方面，上述特点同时也说明特别刑法的制定与颁布在程序与过程上要比普通刑法典简单、灵便很多，很少会经过反复、认真的研讨、论证和研拟修改，因而在法律实践中会随着社会条件的变化和特别刑法的不断增多，渐渐地表现出自身的缺陷与不足，甚至逐渐失去其原有的优势，弊端会超过了其原来的优点和优势。具体而言，特别刑法的缺点与劣势主要表现为如下两点：(1)立法缺乏完备性。特别刑法的制定颁布不仅说明了刑法典的内容存在不足之处，而且也往往表明其他特别刑法也存在缺漏。例如，对于 1979 年刑法典第 116 条和第 118 条规定的走私罪，《关于严惩严重破坏经济的罪犯的决定》(1982 年 3 月 8 日)调整提高了该罪的法定刑，《关于惩治走私罪的补充规定》(1988 年 1 月 21 日)又进一步修改补充了该罪的构成要件和法定刑，此后，《关于禁毒的决定》(1990 年 12 月 28 日)和《关于惩治走私、制作、贩卖、传播淫秽物品的犯罪分子的决定》(1990 年 12 月 28 日)又对该罪作了一些调整。如此频繁修法的原因在于，特别刑法相互之间，以及其与 1979 年刑法典之间，都会存在不协调乃至矛盾之处。[2] (2)无法形成稳定的立法思路。特别刑法往往是国家立法机关在特定时期针对特定领域或者特定类型犯罪而制定颁布的，即为了解决临时的问题而启动刑法立法程序，增加与犯罪作斗争的刑法规范，国家立法机关在制定颁布特别刑法时难免缺乏对刑法立法的全面、系统、整体的考虑，使得特别刑法经常是“头疼医头、脚疼医脚”，顾此失彼，匆忙之下所制定的刑法规范与刑法典或者其他特别刑法规范在原则和精神上很容易产生矛盾和冲突，进而使得刑法立法活动难以形成稳定、明确的立法思路。[3]

（二）利弊并存

1. 特别刑法的优点

在我国内地与犯罪作斗争的过程中，特别刑法于特定的时期在一定的社会条件下发挥了积极的作用，有助于惩治和预防犯罪、维护安定的社会秩序，对刑事法制或者法治建设也起到了促进作用。

---

〔1〕 参见赵秉志主编：《中国特别刑法研究》，中国人民公安大学出版社 1997 年版，第 23 页。

〔2〕 参见魏涛：《特别刑法若干问题之我见》，载《中南政法学院学报》1992 年第 3 期。

〔3〕 有学者梳理了特别刑法之间的关系，认为特别刑法立法本身仍缺乏明确和统一的思路。参见王凤芝：《论特别刑法之间的相互关系》，载《政法论坛》1996 年第 4 期。

(1)解决无法可依的问题。特别刑法往往较为有效地解决了特定时期无法可依的燃眉之急。国家制定和颁布特别刑法,并非是随心所欲的,而往往是在特定时期因为刑法典或者其他刑事法律没有相关规定或者规定得不合理,为了解决惩治特定领域或者特定类型严重危害行为无法可依的实际困难而制定单行刑法,或者在非刑事法律中设定刑法规范。例如,全国人大常委会于1990年12月28日通过的《关于禁毒的决定》,就解决了当时司法机关惩治多种严重毒品违法活动缺乏明确法律根据的实际困难,从而有助于有效地惩治毒品犯罪。

(2)有效惩治犯罪。特别刑法在特定时期对特定领域或者特定类型的犯罪起到了较为有效的惩治和规制作用。在中华人民共和国成立后的相当长时期里(甚至在1979年刑法典施行之后),法制工作较为滞后,不能适应现实的迫切需要,而制定或系统修改刑法典,或者在时间上来不及,或者因条件限制而难以完备地规制所有领域或者类型的严重危害行为。当时情况下,国家若不制定颁布单行刑法,或者不在非刑事法律中对该法律规定的严重违法行为规定相应的刑事处罚,就不能及时、有效地惩治特定领域或者特定类型的犯罪,无法保障人民群众的合法权益,无法维护经济发展所需要的稳定的社会秩序。例如,全国人大常委会于1994年7月5日通过的《关于惩治侵犯著作权的犯罪的决定》,就是为了解决经济发展过程中严重侵犯著作权之行为愈演愈烈,而当时的刑事法律对此类罪行束手无策的实际困境。有时候,国家在不太方便修改刑法典的情况下,需要通过特别刑法将国家参加或者缔结的有关国际公约中与刑法有关的内容予以国内化,成为正式的国内刑法规范,如全国人大常委会于1992年12月28日通过的《关于劫持航空器犯罪分子的决定》,就解决了中国内地将所加入的有关国际公约的相关内容规定为国内刑法规范的问题。[1]

(3)积累立法经验。特别刑法的立法活动也可为后来刑法立法积累和提供宝贵的经验。特别刑法本身在制定过程中即有相关的研究,在其颁布之后的司法实践中又得到了检验。国家立法机关针对特别刑法在司法实践中所暴露出来的不足,亦会通过其他的特别刑法来予以完善。前述的国家立法机关通过多个单行刑法对走私罪进行修改完善,就充分地说明了这一点。更为重要的是,正是在特别刑法的立法活动中,国家立法机关逐渐在立法技术、立法思路方面不断地成熟起来,对刑法典的基本原则、相关立法创制的必要性、相关立法之内容协调与平衡等问题获得更为深入和全面的体会。可见,特别刑法的立法活动亦可为完备、系统的刑法典的制定起到积累立法经验、总结立法教训的重要作用。

2. 特别刑法的弊端

在应对特定时期特定领域或者特定类型严重危害行为上,特别刑法确实具备自身的优势。这是与其优点相联系的,是其优点在司法实践中的充分展现。但是,特别刑法所具有的优点以及这些优点发挥所产生的优势,都离不开特别刑法制定颁布当时的社会环境条件。在社会环境条件、治安形势发生变化的情况下,特别刑法原来的优点也会随之发生变化,或者不复存在,遂难以再发挥原来的优势,或者其优势不再那么明显。在特别刑法不断增多的情况下,刑法规范的数量增加,并不能随之带来特别刑法优势的增强,反而可能逐渐地产生

---

〔1〕 参见赵秉志主编:《中国特别刑法研究》,中国人民公安大学出版社1997年版,第715页。

弊端,从而会在一定程度上妨碍刑事法治的进步和发展。

笔者认为,从整体上看,中国内地特别刑法对于国家刑事法治的意义,可以说是弊大于利,主要表现为:

(1)冲击乃至破坏罪刑法定原则。在1997年刑法典之前的1979年刑法典和各个特别刑法中,内地国家立法机关并没有明确地将罪刑法定规定为刑法的基本原则,但刑事法理论界和实务界仍都认同罪刑法定是我国内地刑法应贯彻的基本原则。[1] 然而,中国内地特别刑法的立法规定并非都严格恪守罪刑法定原则,有些规定就显然违背了罪刑法定原则的要求。例如,从旧兼从轻的溯及力原则被认为是罪刑法定原则的基本内容之一,1979年刑法典第9条对此做出了明确的规定,但全国人大常委会于1983年9月2日通过的《关于严惩严重危害社会治安的犯罪分子的决定》第3条规定:"本决定公布后审判上述案件,适用本决定",而该决定对相关犯罪配置了比1979年刑法典明显较重的法定刑,从而其实确立了重法具有溯及力的原则,这显然有违于罪刑法定原则的基本要求。

(2)打破罪与刑的均衡,致使罪责刑不相适应。特别刑法是国家立法机关在特定时期为了应对特定领域或者特定类型的严重危害行为而制定颁布的,因而在制定时要更多地考虑对该类犯罪惩治防范的迫切需要和期望达到的效果,在对刑法典所规定之有关犯罪的法定刑进行调整或者在单行刑法中规定新的犯罪时,不免出现重刑化的倾向。这在1979年刑法典颁布实施之后1997年修订刑法典之前这段时期通过的特别刑法立法中表现得尤为集中和突出,如死刑罪种增多,自由刑法定幅度大面积提高,增补了原来所没有的绝对死刑条款,创设了"加重处罚"量刑制度等。[2]

(3)改变乃至扭曲了原本的刑事政策,使得特别刑法立法陷入重刑治罪、犯罪反而增多、立法又加重处罚的恶性循环。自1981年之后的十多年间,国家立法机关越来越多地在刑法典之外根据严峻犯罪形势在特定时期制定颁布特别刑法,通过重刑来抑制犯罪,造成特别刑法立法的扩张乃至膨胀。1979年刑法典第1条所确定的惩办与宽大相结合的国家基本刑事政策,很快地为1982~1983年间确立的"严打"的刑事政策所取代,后者不仅在1997年修订刑法典之前的十多年间成为国家惩治犯罪的政策依据,甚至延伸到了1997年刑法典颁行之后多年,成为我国内地自20世纪80年代初之后二十多年间刑事政策的主线。我国内地甚至到2001年4月还启动了第三次"严打"活动,至2003年3月才基本结束。但是,重刑化并没有带来犯罪率的降低,忽视对犯罪发生原因的治理而一味实施重刑,带来的却是更严重的犯罪形势,对犯罪的惩治遂陷入了"罪重—刑重—罪重"的重刑化的怪圈之中。尽管我们不能将此问题完全归咎于特别刑法,但特别刑法立法却也有难以推托的责任。

(三)得失兼具

对于国家而言,通过特别刑法立法,在特定时期能够实现对特定领域或者特定类型犯罪的惩治,短时间内能够缓解严峻的治安形势,压制汹涌的犯罪势头,收到惩治严重犯罪、维护

---

〔1〕 参见赵秉志主编:《中国特别刑法研究》,中国人民公安大学出版社1997年版,第25页。

〔2〕 参见赵秉志主编:《中国特别刑法研究》,中国人民公安大学出版社1997年版,第82~85页。

社会秩序的功效。例如,如前所述,我国内地在20世纪80年代初决策在全国范围内开展"严打"的整治活动,全国人大常委会制定和颁布了多部服务于"严打"的单行特别刑法,加重对严重危害社会治安的犯罪分子的惩治。1983年8月至1987年年初,我国内地依据这些"严打"的单行刑法进行了为期三年的三个战役,扫除了一大批猖獗的犯罪分子,社会治安形势确实一度好转。从最高人民法院工作报告所列数据看,1983年8月至1985年年底的刑事发案率较之前28个月同比下降35.9%;1984、1985、1986三年的刑事发案率连续维持在万分之五,低于1981年的万分之八点九和1982年的万分之七点四。[1]

不过,上述法治效果具有很强的短期效应。从1988年开始,我国内地刑事案件立案数又大幅度上升,至1991年,短短的三四年内,刑事案件年立案总数陡然上升3倍,达到新中国成立以来之最。对此,笔者曾在近十年的研究中指出,"严打"毕竟是特殊时期的特殊手段,只能是社会治安形势严峻、某些严重犯罪居高不下形势下的权宜之计,而不能从根本上解决问题。[2] 有学者也认为,这种国家本位的功利主义的刑事政策观颠倒了国家惩罚权的功能,把以保护国民利益为出发点,以国家为规制对象,改变为以保护国家利益为出发点,以国民为规制对象。特别刑法的发达其实表明国家对普通刑法典的轻视,也表明国家希望能够更加有效、灵活地打击各种危害社会的行为。[3]

因此,在未客观认识犯罪规律、不能冷静地看待犯罪发生态势的情况下,[4]国家在特定时期为了惩治特定领域或者特定类型犯罪而制定和颁布特别刑法,并不能形成严厉惩治危害社会治安之犯罪的常态法治。而且,从长远来看,为解决一时问题而制定和颁布特别刑法,往往会使刑法规范在原则、指导思想、政策依据乃至具体内容方面形成矛盾、冲突,重刑化倾向不断得到强化,在收到一定惩治犯罪效果的同时却置人权于被忽视甚至被侵犯的状态,对刑事法治的建构与发展造成难以清除的障碍,从而给国家法治造成损害。例如,曾经是不少特别刑法立法依据的"严打"刑事政策,在较长期以来受到了包括法学界,法律界乃至有关社会各界的不断诟病。可见,国家从特别刑法立法所获得的法律效果,其实远远小于这种立法给国家刑事法治所带来的损害,即失大于得。

四、我国内地特别刑法立法及其变革对澳门特区的启示

我国内地与澳门特区都有特别刑法的立法实践活动,但相比较而言,我国内地的刑法统一化已经取得了重大的进展,多年来不再制定独立于刑法典的特别刑法,刑法修正案已成为我国内地修改补充刑法典的基本模式;而澳门特区至今仍制定和颁布较多的特别刑法,以弥补其刑法典的不足,从而体现出与我国内地不同的刑法修改补充模式。那么,我国内地的特别刑法立法以及成为主要立法模式的刑法统一化,对澳门特区刑法立法有何可资借鉴之处

---

〔1〕 参见《最高人民法院工作报告》,载 http://www.court.gov.cn/qwfb/gzbg/。

〔2〕 参见赵秉志:《关于"严打"的几点思考》,载《法制日报》2003年3月6日。

〔3〕 参见严励:《"严打"刑事政策的理性审读》,载《上海大学学报(社会科学版)》2004年第4期。

〔4〕 有论者指出,对犯罪的防范应当采取综合的手段,组织起多层次的以人权保障为宗旨的防卫社会、抗制犯罪的网络体系。参见游伟、谢锡美:《犯罪化原则与我国的"严打"政策》,载《政治与法律》2003年第1期。

呢？这显然是值得深入分析的重要问题。

（一）对澳门特别刑法立法的简要考察

澳门的特别刑法立法活动随着澳门的法律地位变化而经历了一个演进的过程，具体可分为三个时期：

1. 澳门在1976年获得独立立法权之前并无独立的刑法，进而也没有特别刑法的立法活动。1976年之前，澳门被视为葡萄牙的殖民地，因而不具备独立的立法权。在澳门长期适用的刑法是从葡萄牙引进的1886年葡萄牙刑法典。而且，葡萄牙本身制定的绝大多数特别刑法因为种种原因并不适用于澳门；直到1973年，葡萄牙才将其制定颁布之第21/73号关于武器及弹药章程的立法条例适用于澳门。[1]

2. 澳门在1976年获得独立立法权后进行了特别刑法立法。葡萄牙立法机关于1976年2月17日专门制定了《澳门组织章程》，在葡萄牙宪法和该组织章程的框架下赋予了澳门独立的立法权。但适用于澳门的刑法典仍是1886年的葡萄牙刑法典。澳门的立法会及总督根据澳门的社会情况和现实需要制定了较多的单行刑法，在非刑事法律中规定了不少的附属刑法规范。在近20年后，澳门回归祖国、成为我国特别行政区之前的几年，立法机构才于1995年11月14日制定发布了澳门刑法典，并定于1996年1月1日起施行（该刑法典在澳门回归祖国后继续生效施行）。核准该刑法典的第58/95/M号法令在其第10条废止了15件过去颁布的单行刑法。有论者统计，在1999年12月20日之前澳门制定颁布了15件单行刑法，同时在各个领域的相关法律之中规定了大量的附属刑法规范，内容既涉及规定的犯罪种类，又涉及特定的刑罚措施。[2]

3. 澳门在1999年12月回归祖国之后继续制定特别刑法。1999年12月20日之后，澳门特区立法会根据社会发展的实际需要在刑法典之外继续进行特别刑法的立法活动，其中既有仍然为数不少的单行刑法，也有大量的附属刑法。澳门刑法典在其第8条明确地规定了特别刑法与刑法典之间的关系，即“本法典之规定，补充适用于可为特别性质之法例所处罚之事实，但另有规定者除外。”通过特别刑法立法，澳门特区立法机关增加了大量的犯罪罪名，设置了各种新的附加刑，对刑法典关于累犯、缓刑、假释等制度的规定作了一些修正补充，并规定了为数不少的法人犯罪情形。[3]

（二）我国内地特别刑法立法演变对澳门特区的启示

从表面上看，我国内地与澳门在特别刑法立法上似乎没有太过明显的差别，两地都通过单行刑法和附属刑法对刑法典进行修改补充，所涉及的内容既有刑法总则方面的，又有刑法分则方面的。但是，深入分析内地特别刑法的立法特点，笔者认为，我国内地特别刑法立法在以下两个方面也许对澳门有启示意义。

第一，我国内地特别刑法立法较多涉及刑法分则中具体犯罪的罪刑规范，而较少涉及总

---

〔1〕 参见赵国强：《澳门特别刑法之评析与完善》，载《华东政法大学学报》2004年第5期。

〔2〕 参见赵秉志、田宏杰：《中国内地与澳门刑法立法之宏观比较》，载《政治与法律》2000年第1期。

〔3〕 参见赵国强：《澳门特别刑法之评析与完善》，载《华东政法大学学报》2004年第5期。

则性规范。我国内地自1981年6月开始进行特别刑法的立法活动,至1996年年底,共制定颁布了25部单行刑法,并在107部非刑事法律中规定了刑法规范。此后,又在1997年刑法典施行后于1998年制定了一部单行刑法即《关于惩治骗购、逃汇和非法买卖外汇犯罪的决定》。检索这些特别刑法的内容,可以发现,我国内地20世纪80年代的特别刑法涉及少数刑法总则的内容,仅设置了几个总则性刑法规范。例如,《关于处理逃跑或者重新犯罪的劳改犯和劳教人员的决定》(1981年6月10日)规定了加重处罚的制度;《中国人民解放军军官军衔条例》第27条第1款增设了剥夺军衔这种附加刑。而我国内地20世纪90年代以后的单行刑法则很少涉及刑法总则的内容。如全国人大常委会自1990年至1995年年底共制定和颁布了15部单行刑法,其中仅《关于禁毒的决定》涉及刑法总则性的内容,即在其第11条规定了毒品犯罪的再犯。附属刑法则除了上述关于剥夺军衔的规定外,基本上都是对具体犯罪的罪刑规范的修改或者增补。[1] 1997年刑法典生效实施之后,全国人大常委会于1998年所制定颁布的现行仅有的一部单行刑法即《关于惩治骗购、逃汇和非法买卖外汇犯罪的决定》并未再涉及总则性内容。这种情况显然与澳门的特别刑法立法有很大区别。澳门特别刑法对刑法典的修改补充甚多,这些对刑法总则性规范的修改补充,如设置了大量的附加刑(主要是资格刑),对累犯、缓刑、假释等量刑和刑罚执行制度进行了较大的改变,同时在刑期延长方面也规定了与刑法典不一样的内容,而且,所增加的具体犯罪占到整个澳门刑法典规定之犯罪的1/3以上,对法人犯罪也作了比较普遍的规定。可见,我国内地特别刑法较少涉及总则性内容,且自20世纪90年代之后未再涉及总则性规范,以尽可能减少对刑法典总则所确定之共性原则和制度的冲击,这显然对澳门特别刑法立法有参考意义。

第二,我国内地立法机关从应付性经验性的立法思路逐步转向了统一性的立法思路。自1979年以来,我国内地虽然制定颁布了数量非常可观的特别刑法,但始终是在刑法典生效施行的情况下进行特别刑法立法活动的。因而很多情况下,国家立法机关基于应对特定领域或者特定类型的严重危害行为而制定和颁布特别刑法,却并非要抛弃和脱离刑法典本身的约束,相反,在很多情况下是强调对刑法典有关规定之不足的补充和完善。例如,1981年,时任全国人大常委会法制工作委员会副主任的王汉斌曾在对《关于处理逃跑或者重新犯罪的劳改犯和劳教人员的决定》进行立法说明时指出,该单行刑法所设立的"加重判刑是'刑法'没有规定的,是对'刑法'的补充规定"。[2] 而且,如前所述,20世纪90年代以后的特别刑法在内容上几乎不再涉及刑法总则性的内容,只是对刑法典所规定之相关犯罪进行修改完善,或者增加新的具体犯罪,从而也是尽可能减少对刑法典之内容作过度更改,在立法思路上从过去的应付性经验性立法逐渐地向统一性立法转变,承认并逐步改变过多特别刑法立法对于刑事法治的不良影响。因此,我国内地立法机关虽然希望通过制定和颁布特别刑法来适应特定时期对特定领域或者特定类型犯罪进行惩治和防范的客观需求,但仍在一定程度上注意强调对刑法典本身的尊重,认可特别刑法的刑法规范最终应当统一到刑法

〔1〕 参见赵秉志、张智辉、王勇:《中国刑法的运用与完善》,法律出版社1989年版,第350~352页。
〔2〕 参见高铭暄、赵秉志编:《新中国刑法立法文献资料总览》(上),中国人民公安大学出版社1998年版,第570页。

典之中的立法共识。但是,在澳门,立法会在刑法典之外频繁制定和颁布特别刑法,特别刑法所确立的相关规范在司法适用上也占有重要地位,且因为特别刑法比刑法典更多地考虑澳门的社会实际情况和现实环境而更为广泛和深刻地影响着澳门居民的生活,加上葡萄牙刑法立法观念的持续影响,制定统一刑法典的立法观念在很大程度上还停留在理论认识之中,从而与我国内地还有很大的差别。因澳门相关机构并未及时对各种刑法规范进行必要清理,刑法典和各种特别刑法所确立的刑法规范仍处于错综复杂局面之中,甚至目前无法弄清究竟有多少附属刑法规范。[1] 这种境况显然不利于刑法的准确适用,也不利于更好地维护社会秩序和公民的合法权益。而内地的特别刑法立法思路及其转向显然对于澳门有较强的借鉴意义。

(三)我国内地刑法法典化对澳门特区的参照意义

澳门与我国内地在相近时间里先后通过现行刑法典对既往的特别刑法进行了梳理和整合,[2] 而且,各自在刑法典颁布施行后仍制定颁布特别刑法。但是,两地在现行刑法典施行后的特别刑法立法存在相当的差异,具体表现为如下三个方面:

其一,数量不同。我国内地在 1997 年刑法典施行后制定颁布且现行有效的特别刑法仅有一部单行刑法,即《关于惩治骗购外汇、逃汇和非法买卖外汇犯罪的决定》(1998 年 12 月 29 日);而澳门在 1996 年刑法典施行后以及 1999 年 12 月 20 日回归祖国后仍制定了数量不少的单行刑法,且在众多非刑事法律中规定了附属刑法规范。

其二,适用情况不同。我国内地自制定颁布上述仅有的一部单行刑法之后,即不再制定和颁布单行刑法,而是对现行刑法典的修正完全采用了刑法修正案的形式,并确立了刑法修正案作为刑法修改补充基本模式的地位,从而较为有效地解决了刑法稳定性与适应性的关系。[3] 从实际的立法情况来看,我国内地立法机关自 1999 年以后所制定颁布的其他几个与刑法有关的决定,亦并未设立刑法规范。因而我国内地迄今有效的单行刑法在司法实践中的具体适用和实际影响也很有限。但是,在澳门,立法会并未考虑全面修订和完善其现行刑法典,而是在刑法典之外通过制定和颁布单行刑法以及设置附属刑法规范,进行全面考虑和深度适应澳门经济、文化、社会特征的刑法立法工作,其所制定和颁布的单行刑法以及设置的附属刑法规范在规模和适用频率上都远远超过了内地特别刑法立法所设立的刑法规范。

其三,前途不同。可以预见,我国内地立法机关今后基本上不会再通过特别刑法在刑法典之外设置刑法规范,其对刑法典的修改补充将继续通过刑法修正案的形式来实现,刑法统一化、法典化的立法思想已成为不可动摇的我国内地主流立法观念。但是,在澳门,刑法统一化的立法思想却根本不居于主导地位,其立法机构所青睐的立法模式仍是通过特别刑法

---

〔1〕 参见赵国强:《澳门刑法研究》,广东人民出版社 2009 年版,第 173 页。

〔2〕 澳门刑法典于 1996 年 1 月 1 日生效,澳门本地立法机关在核准该刑法典的法令中明确规定相关的 15 项单行刑法失去效力。相近的是,全国人民代表大会于 1997 年 3 月 14 日对刑法典作出全面修订,其附件一明文规定,自该法施行之日起,废止 15 项单行刑法,将其他 8 项单行刑法中有关刑事责任的规定也纳入刑法典中,并全面清理和合理吸纳了有关非刑事法律中的刑法规范。

〔3〕 参见雷建斌:《1997 年以来我国刑法的新进展》,载《中国人大》2006 年第 4 期。

来设置适应澳门现实环境的刑法规范,通过刑法典之外的这些特别刑法规范来修改补充刑法典并调整相关的社会关系。

当前,我国内地与澳门都在推进刑事法治的发展。我们固然不能从特别刑法立法的差异上得出哪个地区的刑法更有助于本地刑事法治的进步和人权的保障。但是,树立刑法统一化、法典化的立法观念,清理和整合各种既有的刑法规范并消除彼此间的冲突与矛盾,制定颁布完备、系统的刑法典,并通过刑法修正案来修改补充刑法典,避免立法随意性,减少乃至避免对刑法典规范的冲击乃至扭曲,防止法条关系的紊乱,协调罪刑关系,至少从形式上要比刑法规范杂乱无章的状态更能实现对人权的保障和对社会秩序的保护。[1] 例如,有论者曾颇有见地地指出,澳门在特别刑法中规定了数量极为庞大的从刑,简直有世界之最的嫌疑,极大地改变了刑法典关于从刑的规定,造成了适用上的繁琐。[2] 因此,笔者认为,上述有关两地特别刑法之差异充分表明,内地的刑法统一立法模式和法典化建设对澳门当前以及未来的刑法立法活动,应当具有研究价值和参照意义,法典化模式能够妥善解决澳门在刑法稳定性与适应性方面所面临的矛盾和困难,有助于从根本上促进澳门刑事法治的不断发展进步。

五、结语

如何处理刑法典与特别刑法的关系,是我国内地和澳门刑法立法所共同面临的问题。对此,我国内地1997年刑法典第101条,以及澳门1995年11月14日发布之第58/95/M号法令(《刑法典》之核准),都作了近似的规定。不过,从实际情况来看,我国内地特别刑法立法渐行渐远,已基本上为刑法修正案的统一刑法立法模式所取代;而特别刑法立法在当今澳门特区却仍大行其道。尽管二者都符合本地现实的法治环境,但从形式到内容对刑法本身的运用和完善却有着完全不同的意义;二者所确立的刑法规范在系统性上存在根本差异,进而影响到具体的法律适用活动,对法律制度本身的发展也有着不一样的效果。因此,尽管当前澳门立法机构有着完全不同于内地的刑法立法观念,对特别刑法立法的价值、功能有着不同的认识,但是,基于我国内地改革开放三十多年间刑法立法的经验和统一刑法立法所取得的良好效果,笔者认为,澳门在未来不妨考虑系统清理各种刑法规范,尝试制定完备、系统、整体性的刑法典,以更为妥当、合理地平衡和处理好人权保障与社会保护之间的关系,从而更好地满足本地刑事法治发展进步的需求。当然,澳门尚需要作大量的刑法规范清理和整合工作,才能实现其刑法的统一化和法典化。对这样虽艰苦复杂但功在当代、利在后世的重大立法建设工作,澳门特区的刑事法律界和法学界有责任予以担当;而我国内地以及香港特区、台湾地区的法律理论和实务工作者,则应当予以应有的关注和研究协助。

---

〔1〕 参见赵秉志:《当代中国刑法法典化研究》,载台湾大学法律学院、国际比较法学会台湾分会编印:《2012年国际比较法学会论文集》,第225页。

〔2〕 参见赵国强:《澳门刑法研究》,广东人民出版社2009年版,第383页。

论澳门刑法典中犯罪构成规范的完善*

目　　次

一、前言

现行的澳门刑法典起草于1991年6月，而通过和颁布于1995年11月，生效于1996年1月，系澳门地区享有立法权之后自行制定的第一部法典和第一部基本法律。[1] 尽管该部法律是由葡萄牙法律专家起草的，具备较为浓厚的葡萄牙法律色彩，但也兼顾了澳门地区华人生活、生产的文化传统，考虑了澳门地区回归中国并建立澳门特别行政区后维护社会秩序、保障民众权利、促进澳门地区社会持续发展和繁荣的现实需要，因而在十多

---

* 原载《中国刑事法杂志》2010年第9期。

〔1〕 参见赵秉志主编：《中国内地与澳门刑法总则之比较研究》，澳门基金会2000年版，第9页。

年来发挥了积极的作用。不过,自其颁布生效尤其是澳门地区回归祖国以来,澳门地区的政治地位以及社会各领域都发生了巨大的变化,加之其所吸纳的葡萄牙法律色彩浓厚,中文译本语言晦涩,某些术语不甚准确,[1]因而澳门特区刑法典如同澳门特区其他法律一样,面临着一个如何有效地适应并积极促进澳门社会发展的问题。因此,澳门刑法改革遂逐渐受到澳门特区法律界、法学界的关注而可能不断地被提上澳门法治改革的议程,这也应当成为全国刑法学界予以重视并开展相关理论研究的重要课题。

本文拟主要从理论视角和技术层面对澳门刑法典中关于犯罪构成的规范进行比较全面的审视,力图发现其中存在的不足和缺陷,并探讨改进和完善的途径,希冀为澳门刑法的改革提供一定的理论参考。笔者之所以探讨该问题,是因为考虑到犯罪构成规范在刑法典总则关于犯罪和刑事责任的规定中居于核心的地位,意义重大。具体而言,危害行为具备法定的犯罪构成共同要素,进而符合犯罪构成,是认定犯罪的唯一标准。世界上制定并颁布刑法典的国家或者地区都在总则中按照一定的模式将犯罪构成的主要要素规定于刑法条文中,确立了关于犯罪构成的刑法规范。犯罪构成规范对于所有犯罪的成立、不同犯罪的区分乃至刑罚的裁量都有基础性的作用。因而刑法改革自然不能绕过对刑法典总则中之犯罪构成规范的审视与分析。澳门刑法典之改革与完善也是如此。而在本文的分析和探讨中,笔者的基本立场是,首先应立足于澳门特区的法律文化传统和社会现实状况,同时也不能忽视刑法理论上关于犯罪构成的基本认识,应注意吸收学者们关于犯罪构成要素相关问题的共识,并且注意研究分析和科学借鉴其他国家与地区的刑法典总则中关于犯罪构成要素的成熟规范,从而合理地改进和完善澳门刑法典总则中的犯罪构成规范。

二、关于犯罪构成规范的顺序

(一)犯罪构成要素规定之概览

不管是从大陆法系国家刑法理论的角度进行观察,还是立足于我国内地刑法理论予以分析,都可以看到,犯罪构成包含了实行行为、行为主体等客观的要素和故意、过失等主观的要素。[2] 这些要素在很多国家或者地区的刑事立法中都被规定于刑法典总则的条文中,成为犯罪构成规范。具体来看,这些国家或者地区在刑法典总则中主要对行为(不作为)、罪过(故意和过失、认识错误)和行为人责任能力因素(精神障碍、生理缺陷、年龄等)以及法人(单位)犯罪作出了规定,且主要表现为如下两种立法模式:

其一,集中规定模式。即在刑法典总则中将主要犯罪构成要素按照一定的顺序集中规定于同一章节,并确定该章节的标题。如德国现行刑法典将总的标题确定为"处罚的基础或者前提",[3]我国内地刑法典(1997 年)确定为"犯罪和刑事责任",我国台湾地区现行刑法

---

〔1〕 参见石磊:《澳门刑法中的连续犯研究——兼谈澳门法律的语言》,载《中国刑事法杂志》2008 年第 9 期。

〔2〕 参见马克昌:《比较刑法原理(外国刑法学总论)》,武汉大学出版社 2002 年版,第 133 ~ 135 页;赵秉志主编:《刑法新教程》,中国人民大学出版社 2009 年版,第 72 页。

〔3〕 参见《德国刑法典(2002 年修订)》,徐久生、庄敬华译,中国方正出版社 2004 年版。本文所引德国刑法典均为此版本。

典确定为"刑事责任",美国模范刑法典(1962 年)确定为"责任"。[1]

其二,分散规定模式。即在刑法典总则的不同章节中分散地规定主要的犯罪构成共同要素。例如,意大利现行刑法典将因果关系、作为或者不作为、客观责任、犯罪的心理因素、事实错误与受骗错误以及错误推测的犯罪和不能犯等规定于总则第一章"犯罪"的第一节"既遂犯罪和未遂犯罪"中,将责任能力的诸要素规定于总则第四章"罪犯和犯罪被害人"的第一节"可归罪性"中,与累犯等量刑情节、共同犯罪、被害人等并列规定。[2] 再如,西班牙现行刑法典在卷一的第一集"总规定"中将作为和不作为、蓄意和过失、错误规定于第一章"犯罪及过失罪"中(此章还包括既遂、未遂和共犯的相关规定),将主体的年龄、精神状况规定于第二章"刑事责任免除的情况"中(此章还包括正当防卫、紧急避险等排出犯罪性的事由)。[3]

澳门刑法典总则关于犯罪构成要素的规定表现为上述第一种模式,即在第二编"事实"的第一章"处罚之前提"中先后规定了行为、自然人和法人、罪过(包括故意、过失及刑法上的认识错误)以及主体年龄和精神状况。

不过,在上述第一种立法模式中,对犯罪构成要素的排列大体上有两种不同的顺序。第一种是按照"行为——罪过——影响主体刑事责任能力因素"的顺序,采用此种顺序的国家有德国刑法典、奥地利刑法典(1974 年)等。[4] 第二种是按照"影响主体刑事责任能力的因素——罪过"的顺序,如瑞士现行刑法典总则第二章"可罚性"第二部分规定的是"责任能力",第三部分规定的是"责任"(包括故意和过失),[5]再如俄罗斯联邦刑法典(1996 年)总则第二编"犯罪"第四章规定的是"刑事责任承担者",第五章规定的是"过错"。[6] 总体上来说,按照上述第一种立法模式在总则规定犯罪构成要素的立法例较多,其中按照上述第一种顺序对犯罪构成规范进行排列的立法例也是占多数。澳门刑法典总则中犯罪构成要素规范大体上是按照第一种顺序排列的,但在行为之后罪过之前对犯罪主体资格作了规定。

(二)澳门刑法典的犯罪构成规范顺序之调整

首先,一个国家或者地区的立法者在刑法典总则中是否将规定犯罪构成要素的法律条文集中于一起,与该国或者地区在刑法理论上采取何种犯罪构成理论并无直接的关系。例如,同为大陆法系国家且大体都按照构成要件符合性、违法性和有责性认定犯罪的德国和意大利,却按照前述不同的立法模式对犯罪构成要素做出了规定,即德国采用了集中规定模式,而意大利则是分散规定模式。其次,在上述澳门特区或者其他国家采用的第一种集中规定立法模式中,按照何种顺序排列具体规定犯罪构成要素的条文,与该地区或者国家在刑法理论上采用何种犯罪构成理论也没有内在的联系,如我国内地在刑法理论上虽然采用了"四

---

〔1〕 参见《美国模范刑法典及其评注》,刘仁文、王伟译,法律出版社 2005 年版。
〔2〕 参见《最新意大利刑法典》,黄风译,法律出版社 2007 年版。
〔3〕 参见《最新西班牙刑法典》,潘灯译,中国政法大学出版社 2004 年版。
〔4〕 参见《最新奥地利联邦共和国刑法典》,徐久生译,中国方正出版社 2004 年版。
〔5〕 参见《最新瑞士联邦刑法典》,徐久生、庄敬华译,中国方正出版社 2004 年版。
〔6〕 参见《最新俄罗斯联邦刑事法典》,赵路译,中国人民公安大学出版社 2009 年版。

构成要件”的学说,但刑法典总则关于犯罪构成要素却是按照“行为——罪过——主体因素”的顺序排列的。因此,对澳门刑法典总则中犯罪构成规范之顺序的分析,就不宜从澳门刑法理论中犯罪构成体系学说的角度入手。[1]

笔者认为,尽管按照先规定主体因素再规定罪过之顺序排列犯罪构成规范的立法例并不居多数,但其更具有合理性。因为这种立法例符合人们对犯罪发生过程的认识,即犯罪是犯罪人在其主观罪过的支配和制约下针对特定社会关系或者法益实施的危害行为。[2] 首先,犯罪行为是人的行为,离开了人就谈不上犯罪行为;犯罪行为还必须是符合犯罪主体要件者触犯刑法的行为,不符合犯罪主体要件的人,例如无刑事责任能力的精神病人或者未达刑事责任年龄的人,即使实施了客观上为刑法所禁止的行为,虽然也具有危害性,但却不能认定为犯罪行为。其次,犯罪人实施犯罪行为,是在犯罪人主观心理状态的支配和制约下进行的,缺乏主观罪过的行为,便不能构成犯罪,更不能让行为人承担刑事责任。也正是在这样的主观见之于客观的过程中,会发生刑法上的认识错误。最后,尽管发现犯罪的过程是从受到侵害的社会关系或者法益到危害行为,再到行为人,但是,在定罪时必定会先遇到行为人是否具备犯罪主体资格的问题,接着要处理犯罪人主观上有无罪过以及罪过状况如何的问题,然后再分析危害行为的因果过程,即需遵循危害行为的实施过程来考察犯罪的成立问题。所以,在笔者看来,可以考虑调整澳门刑法典总则中犯罪构成规范的排列顺序,将规定主体因素的条文置于规定罪过及作为和不作为的条文前面。

三、关于主体规范

澳门刑法典总则中的犯罪主体规范分为两类:一是关于犯罪主体资格的规定,即第 10 条、第 11 条;二是关于不可归责之年龄和精神失常的规定,即第 18 条、第 19 条。

(一)犯罪主体资格规范之完善

对于犯罪主体的资格,澳门刑法典第 10 条规定,“仅自然人方负刑事责任,但另有规定者除外”;第 11 条规定,“一、作为法人、合伙或仅属无法律人格之社团之机关据位人,或作为他人之法定或意定代理人,因己意作出行为者,处罚之,即使有关罪状要求:a)特定之个人要素,而该等要素仅被代表人本人具备;或 b)行为人系为其本身利益而作出事实,但该代表人系为被代表人之利益而作出行为。二、作为代表依据之行为不生效力,不妨碍上款规定之适用。”

从理论上看,尽管澳门刑法典第 10 条以但书的形式表明不否定法人构成犯罪的可能性,第 11 条规定对为法人利益出于法人意志实施危害行为的自然人也予以处罚,但二者都没有明确地表示法人可以构成犯罪。对此,有论者认为,立法者对法人是否构成犯罪既没有肯定,也没有否定。[3] 笔者认为,该观点似值得商榷。根据罪刑法定原则的要求,刑法典对

---

〔1〕 澳门刑法理论上通常采用三阶层的犯罪构成体系学说。参见赵国强:《中国内地与澳门犯罪构成要素理论比较研究》,载《政治与法律》2004 年第 6 期。

〔2〕 参见赵秉志:《论犯罪构成要件的逻辑顺序》,载《政法论坛》2003 年第 6 期。

〔3〕 参见赵国强:《澳门刑法研究》,广东人民出版社 2009 年版,第 71 页。

法人是否构成犯罪必须做出明确的规定。澳门刑法典第10条只是表明法律可以规定不仅仅是自然人才负刑事责任的情况,却没有直接载明法人可以构成犯罪;第11条更是对行为人代表之法人、无法律人格之社会团体是否构成犯罪的问题根本没有涉及。因此说,澳门刑法典总则对法人是否构成犯罪并没有做出明确的规定。但是,澳门特区的特别刑法(如《惩治妨害公共卫生及经济违法行为法》等)却规定了法人犯罪,即以特别刑法的方式确定了犯罪主体的另一个资格——法人、合伙、无法律人格之社会团体,并规定了对法人犯罪的多种刑罚。可以看出,本属于刑法典之必要内容的法人犯罪却由特别刑法做出了规定,这就超出了刑法典总则关于犯罪主体资格的规定。正如有论者所分析指出的,特别刑法关于法人犯罪的规定,脱离了澳门刑法典总则的制约,容易造成刑罚权的滥用。[1]

其实,澳门刑法典在此规定上是仿效了1982年葡萄牙刑法典的相应规定,而葡萄牙立法者后来充分注意到了上述规定方式的不足,并已于2007年9月4日以第59/2007号法律在刑法典中专门规定了法人犯罪,即除国家、其他公法人和公共国际组织之外的法人和类似实体可以成为犯罪主体。这对于消除澳门刑法典关于犯罪主体资格规范的上述缺陷,显然具有重要的参考意义。而且,在考虑法人犯罪日益严重,亟待规范的现实需要的基础上,世界上很多国家或者地区在刑法典中明确地规定了法人的犯罪主体资格。因此,澳门特区立法者仅在特别刑法中规定法人犯罪及其处罚,已经不能适应惩治法人犯罪的现实需要,也不符合当前世界上其他国家或者地区有关法人犯罪的通常立法状况。笔者认为,澳门特区立法者应该考虑改变刑法典总则中关于犯罪主体资格之唯一性规定,增加法人这种犯罪主体资格,即规定"自然人和法人均可成立犯罪;法人实施之危害行为,法律有规定的才追究刑事责任"。同时,与此保持一致,在刑罚体系中也应明确地规定处罚法人犯罪的刑罚种类,在分则中具体规定法人可以构成的犯罪。

(二)犯罪主体因素规范之完善

1. 关于刑事责任年龄规定之完善

澳门刑法典第18条对不可归责的年龄做出了规定,即不满16岁的人不承担刑事责任。据此规定,不满16岁的人不管实施任何危害行为,也不论其危害有多么严重,均不构成犯罪。这样的规定存在两个不足:第一,规定的最低刑事责任年龄过高,高于世界上绝大多数国家和地区刑法典所规定的14岁的最低刑事责任年龄;第二,没有规定相对负刑事责任的年龄阶段。

针对第一个不足,笔者认为,澳门刑法典应当向世界上绝大多数国家刑法典的相关规定看齐,正视已满14岁的人具备基本刑事责任能力的实际情况,将最低刑事责任年龄下调为满14岁。

关于第二个不足,在笔者看来,尽管有些国家(如德国、日本)和地区(如台湾)没有规定相对负刑事责任年龄,而有些国家或者地区对此有所规定(如我国内地刑法典第15条第2款、俄罗斯刑法典第20条第2款),但是,综合考虑未成年人发育的实际情况和违法犯罪的

---

〔1〕 参见赵国强:《澳门刑法研究》,广东人民出版社2009年版,第78页。

可能表现,可以确定,已满 14 岁不满 16 岁的人已经具备辨认和控制大是大非行为的初步能力,但在生理、心理和知识方面尚未达到年满 16 岁之未成年人所具有的程度,并不具备辨认和控制刑法意义上一切行为的能力,因而对其在辨认和控制能力范围所实施的危害行为应当追究刑事责任,[1]刑法典有必要对此做出规定。所以,笔者认为,澳门刑法典应对已满 14 岁不满 16 岁这一相对负刑事责任年龄段做出相应的规定。

其实,澳门特区政府也注意到了上述问题,委托有关学术机构作了一定的研究,并于 2009 年提出了降低未成年人负刑事责任最低年龄、规定相对负刑事责任年龄的法案,[2]但因不同意见较多、社会反响太大而撤回了该法案。该法案所提出的观点与笔者上述分析较为一致,因而笔者认为,仍有必要继续研究澳门刑法典规定相对负刑事责任年龄的问题,以便尽早提出可为社会所广泛赞同的方案。

2. 关于行为人精神障碍规定之完善

澳门刑法典第 19 条对精神失常实施危害行为者不负刑事责任作了规定。[3] 具体而言,该条所规定的精神失常者包括两种:一是完全精神失常,因而行为时不能认识行为违法或者不能根据认识控制自身行为的人,第 19 条第 1 款规定其属于不可归责者;二是"非偶然的严重精神失常",精神失常之后果不受其控制,且不能因此而对其加以谴责,但有认识行为违法或者根据认识控制自身之低弱能力的人,第 19 条第 2 款规定对此"得宣告为不可归责者"。

经分析可以发现,澳门刑法典第 19 条第 1 款对第一种精神失常者及其不负刑事责任的规定并无问题;而该条第 2 款对第二种精神失常者及其刑事责任的规定则存在一定的不足,具体表现为:第一,若精神失常之后果完全不受行为人控制,也不能因此对其谴责,那么,行为人此时是否确有低弱的能力认识违法或者控制行为?答案是否定的。行为人因精神失常不能控制行为后果,就表明其缺乏认识或者控制能力,此时,对其就不能追究刑事责任,而不是像澳门现行刑法典第 19 条第 2 款规定的那样"得宣告为不可归责者"。第二,若精神失常的行为人尚有低弱的能力认识违法或者控制行为,那就表明行为人仍有一定的刑事责任能力,而按照澳门刑法典第 19 条第 2 款的规定却可以考虑"不归责",似不符合罪责原则。第三,世界上绝大多数国家或者地区在刑法立法中对辨认或者控制能力减弱的精神病人犯罪的情形并非完全不归责,而是从宽处罚,如德国刑法典第 21 条规定了"减弱的刑事责任"(减轻处罚),日本刑法典第 39 条将精神病人区分为心神丧失与心神耗弱,对后者规定减轻刑罚,[4]我国内地刑法典第 10 条规定,尚未完全丧失辨认或者控制自己行为能力的精神病

---

〔1〕 参见赵秉志主编:《两岸刑法总论比较研究》,台湾五南图书出版公司 1998 年版,第 76 页。

〔2〕 参见澳门特别行政区行政长官办公室向立法会提交的《理由陈述〈修改刑事归责制度〉(法案)》(送立法会第一文本),第 1 页。

〔3〕 澳门刑法典第 19 条第 1、2 款的规定具体为:"一、因精神失常而于作出事实时,无能力评价该事实之不法性,或无能力根据该评价作出决定者,不可归责。二、患有非偶然之严重精神失常之人,如精神失常之后果不受其控制,且不能因此而对其加以谴责者,即使其于作出事实时有明显低弱之能力评价该事实之不法性,或有明显低弱之能力根据该评价作出决定,得宣告为不可归责……"

〔4〕 参见《日本刑法典》,张明楷译,法律出版社 2006 年版。

犯罪的,可以从轻或者减轻处罚。因此,在笔者看来,似乎可以考虑对澳门刑法典第 19 条前两款做出修改,规定完全的精神失常和减弱的精神失常,对有减弱之精神失常的犯罪人不是不追究刑事责任,而是减轻处罚。

3. 增加规定行为人的生理缺陷

澳门刑法典对行为人的生理缺陷(如又聋又哑、目盲)是否影响其刑事责任的问题没有做出规定。而世界上不少国家或者地区的刑法典规定了生理缺陷这种限制刑事责任能力的因素。如意大利刑法典第 96 条规定对"聋哑状态"的犯罪人不归责或者减轻刑罚;我国内地刑法典第 19 条规定对犯罪的又聋又哑的人或者盲人,可以从轻、减轻或者免除处罚;我国台湾地区"刑法典"第 20 条规定对喑哑人"得减轻其刑"。客观而言,又聋又哑或者双目失明确实限制了人的智力和心理发育程度及对外界事物感受与判断的程度,进而对行为人的辨认和控制能力也有一定的影响,若对他们实施的犯罪完全追究刑事责任,就不符合罪责刑相适应的原则,相反,应考虑酌情予以从宽。因此,笔者认为,澳门刑法典也应规定行为人生理缺陷为限制刑事责任能力的因素。

四、关于罪过规范

澳门刑法典从第 12 条至第 17 条,对犯罪主观方面做出了全面的规定,不仅包括犯罪故意、犯罪过失,还包括刑法上的认识错误和对加重结果的罪过。相对而言,澳门刑法典关于犯罪主观方面的规定比世界上其他大陆法系国家或者地区在此方面的规定要丰富一些,且在内容上颇具特色。但这并不是说澳门刑法典关于犯罪主观方面的规定已完美无缺,相反,从理论上分析,可以发现其仍存在一些不足,需要探讨完善的途径。

(一)犯罪故意规范之完善

澳门刑法典第 13 条分三款对犯罪故意做出了规定。[1] 澳门刑法理论分别将之概括为直接故意、必然故意和或然故意。[2] 对此,有论者指出,澳门刑法典对犯罪故意的规定将认识因素和意志因素结合起来,对犯罪故意做出了合理的区分,符合犯罪故意的心理构造。[3] 而且,澳门刑法典将直接故意与主观恶性确有不同的其他类型故意分别规定,有助于合理地裁量刑罚,因而也是值得肯定的。

不过,参考世界上主要国家或者地区关于犯罪故意的规定,笔者认为,澳门刑法典关于必然故意的规定似乎有失妥当,可以考虑删除。理由如下:(1)对于行为人明知危害结果必然发生而予以容忍属于何种犯罪故意的问题,理论上争议较大。近年来的我国内地主流刑法理论上通常否认上述情况是独立的犯罪故意形式,认为其仍属于直接故意,因为从逻辑和

---

〔1〕 澳门刑法典第 13 条"故意"的具体规定是:"一、行为时明知事实符合一罪状,而有意使该事实发生者,为故意。二、行为时明知行为之必然后果系使符合一罪状之事实发生者,亦为故意。三、明知行为之后果系可能使符合一罪状之事实发生,而行为人行为时系接受该事实之发生者,亦为故意。"

〔2〕 参见赵国强:《澳门刑法研究》,广东人民出版社 2009 年版,第 231 页。

〔3〕 此观点系赵国强教授、田宏杰博士所主张。参见赵秉志主编:《中国内地与澳门刑法总则之比较研究》,澳门基金会 2000 年版,第 133 页。

行为人罪过的实际心理构造上看,行为人对必然发生之结果决意实施相关行为表明其在主观上所持的是追求的心理,而非放任的心理。[1] 而大陆法系国家或者地区的刑法理论则对此问题根本没有探讨,其关于故意的分类中也没有所谓的必然犯罪故意这种类型。[2] (2)世界上多数大陆法系国家或者地区(如德国、日本、意大利、俄罗斯等国家和我国台湾地区)在刑法中都没有规定这种类型的犯罪故意,这在一定程度上也表明此种类型的犯罪故意以及相应的刑法规范缺乏存在的充分根据。

(二)犯罪过失规范之完善

澳门刑法典第14条对犯罪过失做出了规定,即"行为人属下列情况,且按情节行为时必须注意并能注意而不注意者,为过失:a)明知有可能发生符合一罪状之事实,但行为时并不接受该事实之发生;或b)完全未预见符合一罪状之事实发生之可能性。"此处的规定具有如下两个特征:一是从行为人有无认识的角度将过失区分为两种,即有明知的过失(有认识的过失)和无预见的过失(无认识的过失);二是明确规定了犯罪过失的心理构造——有义务注意、有能力注意和缺乏注意。

对于第一个特征,有论者认为,澳门刑法典从认识因素的角度区分过失,没有说明无认识过失中无认识的原因,过于笼统。[3] 这种说法似不太准确。因为从认识因素角度区分过失的立法例并不少见,例如我国台湾地区"刑法典"第14条"无认识之过失与有认识之过失"规定,"行为人虽非故意。但按其情节应注意,并能注意,而不注意者,为过失;行为人对于构成犯罪之事实,虽预见其能发生而确信其不发生者,以过失论。"而且,无认识的原因也并不是刑法典所必须规定的内容,完全可以交由刑法理论来阐明。

关于第二个特征,需要分析的问题并不在于立法者应否规定过失的心理构造,奥地利刑法典、我国台湾地区对犯罪过失的规定中同样也包含了注意义务、注意能力和缺乏注意等犯罪过失的要素。不过,应该看到,很多国家或者地区的刑法典在明确规定犯罪过失时阐明了不同类型过失在意志因素上的不同,如我国台湾地区"刑法典"对无认识的过失规定了"不注意",对有认识的过失就规定了"确信其不发生"这一容忍要素。[4] 而澳门刑法典虽规定了过失的心理构造,但却没有明确规定有明知的过失与无预见的过失在意志因素上的区别,即在"注意义务——注意能力——缺乏注意的心理结构"下却先规定了有明知的过失(有认识的过失)。而实际上在有明知的过失(有认识的过失)中行为人已经有了注意,只不过注意不够充分或者认为无须太多注意;上述心理结构主要是适用于无认识的过失的,并不完全适用于有明知的过失(有认识的过失)。规定犯罪过失心理结构的国家或者地区在其刑法

---

〔1〕 笔者曾在20世纪80年代中期较早对此问题作过研究,并提出了此种见解。参见赵秉志:《简论犯罪直接故意与间接故意的划分》,载《江海学刊》1986年第2期。笔者的主张后来逐渐得到刑法学界的赞同而成为共识和通说。参见高铭暄、马克昌主编:《刑法学》,中国法制出版社1999年版,第258页。

〔2〕 国内学者在对大陆法系国家刑法理论中故意予以介述时均没有提及所谓必然故意这一分类。参见马克昌:《比较刑法原理(外国刑法学总论)》,武汉大学出版社2002年版,第243~247页。

〔3〕 此观点系赵国强教授、田宏杰博士所主张。参见赵秉志主编:《中国内地与澳门刑法总则之比较研究》,澳门基金会2000年版,第139页。

〔4〕 参见陈子平:《刑法总论》(上),台湾元照出版有限公司2005年版,第195页。

典中大多都是先规定无认识的过失，然后再以另外条款规定有认识的过失的，如奥地利刑法典第6条即是如此。[1]

因此，笔者认为，澳门刑法典关于犯罪过失心理结构的规定应仅适用于无认识（无预见）的过失，且应先规定无认识（无预见）的过失，然后再以另外一款规定有明知的过失（有认识的过失）。

而且，在规定有明知的过失（有认识的过失）时，需要对其意志因素做更准确的表述。澳门刑法典第14条将有明知的过失（有认识的过失）的意志因素规定为“行为时并不接受该事实之发生”，笔者认为，这从理论上看是不准确的。尽管这样的规定也表明了行为人对构成犯罪之事实的主观否定，但却没有说明行为人持这种意志因素的原因（如内地刑法典第15条第1款规定的“轻信能够避免”、台湾地区“刑法典”第14条第2款规定的“确信不发生”等），也没有揭示行为人在行为时的实际心态（如奥地利刑法典第6条第2款规定的“不想实现与法定构成要件相适应的案件事实”等）。在犯罪人自己声称“不接受事实发生”时，司法实务中是很难辨别真伪的。因此，有必要改变澳门刑法典第14条对有明知的过失（有认识的过失）之意志因素的规定，明确地揭示行为人对事实之不发生是基于过于自信，并且也不想事实发生的实际心态。

（三）刑法上错误规范之改进

澳门刑法典对刑法上的认识错误也作出了明确的规定，即第15条“对事实情节之错误”和第16条“对不法性之错误”。

对于第15条所规定的“对事实情节之错误”，澳门刑法理论上分为四种，即罪状之事实错误、法律要素之错误、禁止的错误、事物状况之错误。有论者认为，这些规定并非完全科学，罪状之错误与法律要素之错误没有根本的区别，禁止的错误在表述上容易与不法性之错误相混淆。[2] 笔者赞同这种认识，因为澳门刑法典第15条所指之罪状、法律要素、禁止、事物状况其实都是构成犯罪之必要事实要素，并没有必要一一规定，若一一规定，也可能挂一漏万，忽略其他要素。况且，罪状本身就能够包容法条所指的其他要素。从其他国家或者地区刑法典关于事实错误的规定看，没有必要详细地列举行为人对具体事实要素的认识错误，反而可以统一地规定为“行为人对犯罪事实的认识错误”。因此，对澳门刑法典第15条“对事实情节之错误”之规定应考虑予以改进，即无须列举行为人对各事实要素的认识错误，而直接规定为“行为人对犯罪事实及其各要素有错误认识，排除行为违法性的，不负刑事责任；行为人对错误认识有过失，且法律作出规定的，按照过失犯罪处理”。

关于第16条“对不法性之错误”中的“谴责”一词，有论者认为其过于模糊，在司法实践中要依赖于法官在综合分析案情的基础上进行的理性判断，这与罪刑法定原则相悖，因而主张以行为人有无违法性认识可能来判断，即在违法性认识错误情况下，若行为人有违法性认

〔1〕 奥地利刑法典第6条具体规定：(1)根据其精神和身体状况，应当注意而未注意，因此未认识到他可能实现与法定构成要件相适应的案件事实的，是过失行为。(2)虽认识到可能实现与法定构成要件相适应的案件事实，他不想实现与法定构成要件相适应的案件事实的，同样是过失行为。

〔2〕 参见赵国强：《澳门刑法研究》，广东人民出版社2009年版，第237页。

识的可能,则不阻却故意,“得减轻处罚”;相反,则不追究行为人的刑事责任。[1] 以笔者之见,“可谴责”的用语中包含了违法性认识可能性的意思,而“违法性认识之可能”同样具有模糊性,也需要司法人员在综合分析案情的基础上进行理性的判断,与“谴责”在表达的含义上并无本质差异。因此,澳门刑法典第16条对“谴责”一词的采用并不违反罪刑法定原则。但是,澳门刑法典采用“违法性认识之可能性”要比“可谴责”更为明确、妥当。

另外,澳门刑法典第16条第2款载明,对不法性错误可谴责者,“得特别减轻刑罚”。而考察规定法律错误的其他国家或者地区的立法例,可以发现,这些国家或者地区的立法例并非都对法律认识错误可谴责者得减轻处罚(德国及我国台湾地区等规定可以减轻处罚,而奥地利等则没有对可以减轻处罚做出规定)。笔者认为,在这种情况下,行为人因自身的过错而产生法律的认识错误,应该受到谴责,而不是宽宥,而且,因可谴责的原因而对法律认识错误,并不一定严重影响行为人的故意或者过失,进而未必表明行为人的主观恶性就弱一些。此时,若适用较大幅度地减轻对犯罪人处罚的“特别减轻处罚”之规定,[2] 似乎难以符合罪责刑相适应的要求。因此,似不必将此情况作为法定从宽情节,而可交由司法人员在处理个案时酌情考虑对犯罪是否从宽处罚。

五、关于行为规范

澳门刑法典第9条从区分作为与不作为的角度对可构成犯罪之行为做出了规定,[3] 内容包括三个方面:第一,结果犯可以区分为作为犯和不作为犯;第二,不作为犯的成立要求不作为者在法律上负有必须亲身防止结果发生之义务,但未适当防止结果发生;第三,对不作为犯“得特别减轻刑罚”。应当说,澳门刑法典总则对不作为犯的规定是比较全面的。不过,比较与思考其他国家或者地区刑法典关于不作为犯的规定,可以发现,澳门刑法典的上述规定仍存在一定的不足,应予以相应的完善。

(一)对结果犯形式的作为犯之规定是否必要

根据澳门刑法典第9条的规定,构成犯罪的事实包括适当产生法定罪状包含之一定结果的作为。由于作为在范围上不限于结果犯形式,还包括举动犯、行为犯等,[4] 因而可以确定上述规定并不是要对作为的内涵做出规定,只是从结果犯的角度表明导致法定结果发生的作为也可构成犯罪。既然如此,澳门刑法典对不作为犯的规定方式就值得反思——有必要在规定不作为犯的同时也规定结果犯形式的作为犯吗?笔者认为,答案是否定的。因为澳门刑法典总则此处的规定并没有揭示作为犯的内涵,也没有通过对比结果犯形式下作为犯与不作为犯的不同表达其他的意图;而且,在其他国家或者地区刑法典关于不作为犯的立

---

〔1〕 该观点系赵国强教授、田宏杰博士之主张,载赵秉志主编:《中国内地与澳门刑法总则之比较研究》,澳门基金会2000年版,第145页。

〔2〕 澳门刑法典第67条“特别减轻处罚”规定了对不同情况下犯罪人之处罚幅度较大的减轻。

〔3〕 澳门刑法典第9条的具体规定是:“一、如一法定罪状包含一定结果在内,则事实不仅包括可适当产生该结果之作为,亦包括可适当防止该结果发生之不作为,但法律另有意图者,不在此限。二、以不作为实现一结果,仅于不作为者在法律上负有必须亲身防止该结果发生之义务时,方予处罚。三、依据上款规定予以处罚时,得特别减轻刑罚。”

〔4〕 参见赵秉志主编:《刑法新教程》,中国人民大学出版社2009年版,第122页。

法中,均没有规定结果犯形式的作为犯,如我国台湾地区刑法典第15条第1款规定"对于一定结果之发生,法律上有防止之义务,能防止而不防止者,与因积极行为发生结果者同。"因此,澳门刑法典总则在从结果犯角度界定不作为犯时,就没有必要规定结果犯形式的作为犯。

(二)应否确认不作为与作为的等同性

尽管笔者认为澳门刑法典没有必要规定结果犯形式之作为犯的构成特征,但并不否定澳门刑法典在规定不作为犯时可以提及作为犯。因为不作为犯的行为性在理论上长期以来存在争议,不纯正不作为犯与作为犯的等值性问题更是复杂,因而观点纷呈,理论上目前比较统一的认识就是肯定不作为犯尤其是不纯正不作为犯的行为性,并认为该行为性与作为犯的行为性相等同。[1] 其他国家或者地区关于不作为犯的规定,也是强调不作为犯在行为性上与作为犯的等同性。如德国刑法典第13条第1款规定,"不防止疏于刑法构成要件的结果发生的人,只有当其有依法必须保证该结果不发生的义务,且当其不作为与因作为而使法定构成要件的实现相当时,才依法受处罚。"因此,笔者认为,澳门刑法典总则在规定不作为犯时,应当强调不作为犯与作为犯在导致法定结果发生之行为性上的等同性。

(三)不作为犯得特别减轻处罚规定之考量

澳门刑法典第9条第3款规定,对不作为犯"得特别减轻刑罚"。当然,在其他国家对不作为犯的立法中也有减轻处罚的规定,如德国刑法典第13条第2款也是将不作为犯规定为法定减轻处罚情节。但这样的规定并不多见。大多数国家或者地区在规定不作为犯时并未提及从宽处罚的问题,如奥地利刑法典第2条、我国台湾地区"刑法典"第15条第1项等。而且,不作为犯在社会危害性以及犯罪人的主观恶性和人身危险性上并不一定低于作为犯,若规定为"可以减轻处罚"的犯罪情节就有可能违背罪责刑相适应原则的要求。而澳门刑法典第67条"特别减轻处罚"之规定所设定的减轻处罚之减轻幅度甚大,对不作为犯普遍适用显系不妥。因此,笔者认为,不宜将不作为犯视为法定的可以减轻处罚的犯罪情节,澳门刑法典可考虑删除其第9条第3款的规定;至于在司法实务中是否需要对不作为犯从宽处罚,则可交由司法人员综合案情来衡量。

六、结语

自澳门现行刑法典颁布生效尤其是特别行政区建立以来,澳门在政治、经济、文化领域中发生了很大的变化,澳门现行刑法典逐渐难以完全适应促进澳门特区华人社会发展和繁荣的现实需要,需要在当前之时代背景下考虑自身的改进与完善。在整个澳门刑法改革中,因为犯罪构成在刑法理论和实践中具有极为重要的意义,犯罪构成规范的改革也相应地处于基础性地位,关乎全局。因此,有必要密切关注和适当参酌中外刑法理论上关于犯罪构成立法的研究见解,比较研究世界上其他国家或地区现行刑法典总则中关于犯罪构成的具体规定,全面地分析和准确地把握澳门现行刑法典中犯罪构成规范的优劣短长,从而在澳门刑

---

〔1〕 参见赵秉志主编:《两岸刑法总论比较研究》,台湾五南图书出版公司1998年版,第323、335页。

法典改进和完善之统一理念的指导下,合理地吸纳刑法学界在犯罪构成研究中达成的共识,适当地借鉴世界上其他国家或者地区刑法典中犯罪构成立法规范的合理之处,对澳门刑法典中的犯罪构成规范扬长避短,增加对犯罪构成确有重大影响而欠缺规定的规范,修改存在不足、需要改进的规范,删除不符合通行理论和司法实务要求的规范,切实地促进犯罪构成规范的立法完善,从而促进澳门刑法的整体改革,为澳门刑事法治与时代协同进步奠定稳健的基础。

中国内地与澳门刑法中的犯罪主体之比较研究*

目　次

一、前言

犯罪主体是指实施了危害社会的行为、依据刑事法律应负刑事责任的人。它是犯罪构成的要件之一，是刑事责任基础不可缺少的组成部分。只有达到刑事责任年龄、具备刑事责任能力的行为人，才能成为刑法上的犯罪主体，因而犯罪主体以刑事责任能力和刑事责任年龄为其要素。由此所决定，对澳门与内地刑法中的犯罪主体制度进行比较研究，就必须对两地刑法中的犯罪主体范围、刑事责任年龄、刑事责任能力等问题进行深入的探讨。

二、犯罪主体的范围

由于自然人作为犯罪主体的问题，已经没有任何异议，因此，研究犯罪主体的范围，实际上也就是研究法人能否成为犯罪主体

* 原载《河南省政法管理干部学院学报》2000年第2期。

的问题。在对两地法人犯罪的有关问题进行比较研究以前,有必要先对外国刑法中的法人犯罪问题作一简要的介绍。

(一)外国法人犯罪及其刑事责任问题概况

犯罪主体的范围,是指哪些人在法律上可以成为犯罪主体。犯罪主体包括有生命的自然人,这是没有异议的,但犯罪主体是否包括现代社会生活中大量存在的法人机构或者组织?这在世界各国刑事立法和刑法理论中存在着不同的规定和主张。

大陆法系国家一般认为,法人不能成为犯罪主体。这种观点主要以法人"拟制说"为根据,认为法人本来不属于人,是法律将其拟制为人,所以法人没有刑法上所要求的人的行为意志和行为能力,因而也不存在犯罪与负刑事责任的问题。

与大陆法系在这个问题上的看法不同,英美法系的国家则倾向于认为法人可以成为犯罪主体,并应对其所犯罪行负刑事责任。这种观点主要以法人"实在说"为依据,认为法人是社会的有机体,它具有整体性的意志,是独立的具体存在,与自然人同样属于有机体的实在,其代表人以法人名义所实行的行为应视为法人的直接行为,因此,法人可以构成犯罪并应对其犯罪负刑事责任。据此,英美法系一些国家逐步创制了确认法人得为犯罪主体并追究其刑事责任的立法。例如,美国1890年通过的《谢尔曼反托拉斯法》中,载有处罚法人违反该法的犯罪行为的条款。英国在1889年的法令中更明文规定:"关于刑法之适用,苟无特别规定,法人一概予以处罚。"英国1925年及1948年的《刑事司法法》中,皆持相同的原则。美国1962年的《模范刑法典》,总结了美国半个多世纪以来关于法人犯罪的立法与实践,在第2章"刑事责任的一般原则"中,第7条专条规定了"法人和非法人团体及其代表人的表现"的内容,并把法人犯罪分为3类。其关于法人犯罪的规定,70年代以来已陆续为美国部分州的刑法典所采纳,例如,1979年新泽西州刑法典,1981年修正的纽约州刑法典等。[1] 可以说,承认法人得为犯罪主体并得处以刑罚,在英美法系国家的立法中具有一定的普遍性。

近年来,一些大陆法系国家中,也有学者提出赞同法人作为犯罪主体的主张,有的国家虽然刑法典上仍未承认法人犯罪,但在商法、行政法、经济法等非刑事法律的刑事罚则中却开始规定法人犯罪及其刑事制裁。例如,据介绍,日本1970年《关于处罚有关危害人身健康的公害犯罪的法律》明确规定:工厂、作坊不论出于其故意或过失,凡在进行生产活动时、排放损害人身健康的物质,致使公众生命或身体发生危害的,除对法人的代表、代理人以及其他从业人员判处有期徒刑或者罚金外,对法人还要按各该有关条文判处罚金。此外,日本1968年《防止大气污染法》、1968年《噪音控制法》、1970年《防止水质污染法》等法律中,都有处罚法人的规定。再如,荷兰刑法典虽然规定只有自然人才可成为犯罪主体,但其经济刑法第15条则明文规定,法人得为犯罪主体并处以刑罚;其租税刑法上也肯定这一点。[2] 而首开刑法典规定法人犯罪之先河的,却是1994年施行的法国刑法典。该法典第121－2条规定:"除国家外,法人依第121－4条至第121－7条所定之区别,且在法律或条例有规定之

〔1〕 参见《国外法学》1985年第3期,第62～63页。

〔2〕 参见林山田:《刑法通论》,台北三民书局1984年修订再版,第366～367页。

场合,对其机关或代表为其利益实施的犯罪行为负刑事责任。但是,地方行政部门及其联合团体仅对在从事可订立公共事业委托协议的活动中实施的犯罪行为负刑事责任。法人负刑事责任不排除作为一犯罪行为之正犯或共犯的自然人的刑事责任。”

关于实现法人犯罪刑事责任的方式,即法人犯罪的刑罚制度,从世界上承认法人犯罪的国家的有关立法规定看来,可以归纳为三种类型:(1)对法人犯罪,仅处罚法人中的有关自然人(如法人代表人、负责人),即由法人中的某些自然人代替法人承担刑事责任和接受刑罚处罚,在刑罚种类上既可适用财产刑,也可适用人身刑。理论上称之为“代罚制”或“转嫁制”。(2)对法人犯罪,仅处罚法人组织本身,而不处罚法人中的自然人,即由法人本身承担刑事责任和接受刑罚处罚,在刑罚种类上仅适用财产刑,主要是适用罚金刑。英美法系国家曾采用此种刑罚制度。理论上有的称之为“单罚制”。(3)对法人犯罪,既处罚法人机关中有责任的自然人(刑罚种类上包括财产刑与人身刑),同时也处罚法人(刑罚种类上限于财产刑,包括罚金)。理论上称为“两罚制”或“两罚原则”。如美国《模范刑法典》和据之修正的美国一些州的刑法典以及近年来日本经济、行政法律中的有关刑事罚则,即采此种制度。

总之,从现代各国刑法理论看,关于法人能否作为犯罪主体负刑事责任的争论长期存在,至今方兴未艾,但有一点是应当承认的,尽管在刑法典中明确规定法人可以成为犯罪主体的国家目前也就法国和中国内地1997年刑法,但用刑事手段对“法人犯罪”进行治理,却是现代刑事法治发展的一大趋势。

(二)两地刑法中的犯罪主体范围及其比较

1.澳门特区刑法中的犯罪主体范围

1996年《澳门刑法典》第10条规定:“仅自然人方负刑事责任,但另有规定者除外。”从这一条文可以看出,在法律没有特别规定的情况下,只有当有生命的人作出刑法所禁止的行为时,才可能成为犯罪主体,并承担相应的刑事责任。但是,澳门刑法典第10条在规定“仅自然人方负刑事责任”时,却又特别规定“但另有规定者除外”,有学者指出,这“并不是指在法律有特别规定的情况下,不排除法人成为犯罪主体的可能性。”[1]尽管法人能否成为犯罪主体在理论上还有分歧,但实际上,对一个国家或者地区来说,法人能否成为犯罪主体,关键还是在于该国或者该地区的刑事法律的规定。鉴于目前法人犯罪的猖獗,为了有效地惩治和预防法人犯罪,越来越多的国家和地区在自己的刑事立法中确立了法人犯罪制度,对犯罪的法人处以刑罚。因此,有学者认为,1996年《澳门刑法典》第10条中的“但书”规定,其立法宗旨显然是从维护社会经济秩序的目的出发,在特定情况下保留对法人的刑事处罚权。比如,根据澳门《妨害公共卫生及经济之违法行为之法律制度》的规定,诸如违法屠宰动物罪、持有或出售异常食品或食品添加剂罪、不法价格罪、不法囤积罪、货物欺诈罪等刑事违法行为,均可由法人构成犯罪主体;对构成上述犯罪的法人实体,法院可依法判处的主刑包括罚金和命令解散,还可科良好行为之担保、剥夺部分参与经济活动的权利、暂时或永久封闭

〔1〕 赵国强:《澳门刑法总论》,澳门基金会1998年版,第43页。

场所等附加刑。[1]

对于法人的制裁，澳门刑法理论认为，必须严格依照法律的规定。尽管很多国家和地区的刑法对法人犯罪通常都采用“双罚制”，但从澳门《妨害公共卫生及经济之违法行为之法律制度》对一部分经济犯罪的处罚来看，澳门刑法对法人犯罪实际上采用的是“单罚制”。因为该法律在一般性规定中，只指明法人可以成为犯罪主体及可适用的刑罚，却没有明确表示对导致法人犯罪的决策人物和有关的直接责任人员也可进行处罚，而且在对具体犯罪规定法定刑时，一律采用判了徒刑不能判罚金或判了罚金不能判徒刑的选科制。显然，“在这种情况下，法院若想对法人犯罪采用‘双罚制’，似乎缺乏充足的法律依据。”[2]

2. 我国内地刑法中的犯罪主体范围

对于法人犯罪，我国刑法理论尽管存在着肯定说和否定说的争论，但传统的观点过去一直认为，只有有生命的自然人才能成为犯罪主体，法人不能成为犯罪主体，其主要理由是[3]：(1)法人的社会主义性质和法律特征决定了法人不能成为犯罪主体。(2)法人不具备犯罪的主观要件，把法人作为犯罪主体，违背主客观相统一的犯罪构成原则。犯罪是人的有意识的行为，而法人是一个无生命的社会组织，它的一切活动均要通过其代表人才能得以实施，法人不可能有自然人具有的意识和意志能力，不具有犯罪的故意或过失。因而不能实施有意识的犯罪活动，当然也就不能成为犯罪主体承担刑事责任。如果法人代表擅自实施犯罪的，应由他个人承担刑事责任。(3)把法人作为犯罪主体惩罚，违背刑法罪责自负反对株连的原则。一人犯罪一人当，只处罚有罪之个人，不允许株连那些与犯人只有某种关系而未实施犯罪行为的人。如果把法人作为犯罪主体惩罚，处以财产刑，就等于宣告要该法人组织中的全体人员承担罪责，实际上就是株连，直接违背了刑法中罪责自负的刑事责任原则。(4)把法人作为犯罪主体惩罚，违背刑罚的目的。刑罚的目的是通过对罪犯的惩罚教育改造和警戒罪犯，使之不再犯罪。法人没有生命，没有意识，谈不上主观恶性，因此，对法人不可能通过适用刑罚教育和改造来实现刑罚的目的。

受这种传统观点的影响，从新中国成立到1979年刑法典颁行后的初期，刑法理论界始终一致认为法人不能成为犯罪主体而被追究刑事责任，实践中以法人名义实施犯罪的情况也较为少见。但是，自20世纪80年代以来，随着商品经济的发展，市场经济体制的不断完善，法人犯罪在市场经济的运行中不断出现。为了保证改革开放政策的顺利执行，促进市场经济健康发展，在法律上确认法人可以成为犯罪主体，已成为司法机关的当务之急。司法机关突破了传统观点，从原则上承认法人可以成为犯罪主体，并且对法人犯罪的种类和刑种逐渐明确，但最早也只是追究法人的直接责任人员的刑事责任。1985年7月8日最高人民法院和最高人民检察院《关于当前办理经济犯罪案件中具体应用法律的若干问题的解答(试行)》第2条第4项中有了法人行贿罪的规定：“国家机关、团体、企业事业单位和集体经济组

---

〔1〕 赵国强：《澳门刑法总论》，澳门基金会1998年版，第43～44页。

〔2〕 赵国强：《澳门刑法总论》，澳门基金会1998年版，第44页。

〔3〕 参见赵秉志主编：《刑法争议问题研究》（上卷），河南人民出版社1996年版，第197～198页。

织为谋取非法利益而行贿,数额较大、情节较重的,对其主管人员和直接责任人员追究行贿罪的刑事责任";第3条第3项规定法人可以成为投机倒把罪的主体:"国家机关、企业事业单位进行投机倒把活动,为本单位牟取不正当利益的……数额特别巨大,或者给国家造成重大损失的,对其主管人员和直接责任人员也应依法追究刑事责任。"这是最早关于法人可以成为犯罪主体的司法解释。但是要追究刑事责任的,仍然是主管人员和直接责任人员。在国家立法中最早规定法人可以成为犯罪主体的,是1987年1月22日通过(同年7月1日施行)的《中华人民共和国海关法》,其第47条规定:"企事业单位、国家机关、社会团体犯走私罪的,由司法机关对主管人员和直接责任人员依法追究刑事责任;对该单位判处罚金,判处没收走私货物、物品,走私运输工具和违法所得。"这个规定不仅确立了法人的犯罪主体地位,而且还明确规定对法人犯罪可以判处罚金。后来,1988年1月21日全国人大常委会颁布实施的《关于走私罪的补充规定》的第5条、第9条,又对法人犯走私罪和逃套外汇罪作了规定。1988年1月21日全国人大常委会颁布的《关于惩治贪污罪贿赂罪的补充规定》中,又规定法人可以成为受贿罪、行贿罪的主体及对其可以适用的刑罚。

到了20世纪90年代,刑法关于法人犯罪问题的立法规定,呈直线上升之势,规范法人犯罪的法规也逐步健全。从1990年到1995年,不包括行政法规的规定在内,涉及法人犯罪的单行刑事法规就有10个之多,罪名有50多个。例如,1992年9月4日全国人大常委会通过的《关于惩治偷税、抗税犯罪的补充规定》、1993年2月22日全国人大常委会通过的《关于惩治假冒注册商标犯罪的补充规定》、1995年6月30日全国人大常委会通过的《关于惩治破坏金融秩序犯罪的决定》、1995年11月30日全国人大常委会通过的《关于惩治虚开、伪造和非法出售增值税专用发票犯罪的决定》等。

从以上法律、法规的规定可以看出,立法机关对法人犯罪的规定,随着经济、政治形势的变化,经历了一个从无到有、由原则到具体的发展过程;从原则上承认法人可以成为犯罪主体,发展到法人可以成立走私罪,乃至于经济领域、商业、金融、社会管理、税收等多个领域中的多种犯罪;在适用刑罚上,从"单罚制"发展到目前普遍采用的"双罚制"。尽管如此,刑法学界对法人犯罪仍有不同认识,即使赞同法人可以成为犯罪主体的,称谓也不一致,有的主张称法人犯罪,有的主张称单位犯罪。立法机关采纳了后一主张,在1997年刑法典中,专节2个条文规定了"单位犯罪",即刑法总则第2章第4节第30条和第31条。第30条规定:"公司、企业、事业单位、机关团体实施的危害社会的行为,法律规定为单位犯罪的,应当负刑事责任。"关于法人犯罪的刑罚制度,第31条则规定:"单位犯罪的,对单位判处罚金,并对其直接负责的主管人员和其他直接责任人员判处刑罚。本法分则和其他法律另有规定的,依法规定。"即对法人犯罪一般采取"双罚原则"。至此,刑法在刑法典中第一次正式规定了单位犯罪及其处罚,成为世界上继法国之后的第二个在刑法典中规定法人犯罪的国家。

3. 两地刑法中的犯罪主体范围之比较

综上分析,澳门与内地刑法在法人(或者说单位)犯罪问题的规定上,有着许多共同之处:第一,两地对法人(单位)犯罪问题的认识,都经历了一个从否定到肯定,从无到有的过程。从过去的刑事法律完全否定法人可以成为犯罪主体,到单行刑事法律和附属法规范承认法人(单位)可以成为某些罪的犯罪主体,乃至于法人(单位)犯罪范围随着商品经济的发展与完善而逐步扩大,两地刑法几乎可以说是同步演进的。第二,两地刑法理论均主张,尽管刑事立法承认了法人(单位)的犯罪主体地位,但并不意味着法人(单位)可以成为所有犯罪的主体,法人(单位)到底可以成为哪些犯罪的主体,必须以法律的明文规定为限,除法律有法人(单位)犯罪的明文规定的以外,法人(单位)不能成为犯罪主体。两地刑法之所以如此要求,目的在于防止犯罪主体范围的随意扩大。可以说,这是两地刑法坚持罪刑法定原则所得出的必然逻辑结论。第三,对法人(单位)犯罪的处罚,两地刑法都主张适用罚金刑这一财产刑。

但是,应当看到,两地刑法尽管都有法人(单位)犯罪的规定,但在一些具体问题的规定上,两地刑事立法却表现出了不同的态度。这主要表现在:第一,澳门刑事法律尽管承认了法人的犯罪主体地位,但却仅限于附属刑法规范。内地刑法则在单行刑事法律和附属刑法规范之外,专门在刑法典中,以专节的形式对单位犯罪作出了规定。这反映出内地刑法对单位犯罪的高度重视,但这样规定是否妥当,笔者认为,有进一步研究的必要。第二,在澳门刑法所规定的犯罪主体中,与自然人相对的是法人;而在内地刑法典中却冠之以"单位犯罪"一词。众所周知,单位并不是一个法律术语,对于"单位"一词,众所周知,单位并不是一个法律术语,对于"单位"一词,可以从不同的角度、不同的层面来理解,这就容易造成理解上的歧义,不利于法治的统一。内地刑法之所以抛弃世界各国刑法一致认可的"法人",而代之以"单位"一词,其立法的出发点无非在于,防止不具有法人资格的犯罪单位借此逃避法律的制裁。应当说,内地刑法典的这一立法初衷本来无可厚非,但这样付出的代价却是对罪刑法定原则的否定和法官自由裁量权的滥用,这样的立法恐怕就有认真检讨的必要。第三,关于法人犯罪的处罚,澳门刑法目前倾向于实行单罚制。而内地刑法典对此的做法却是,对大多数单位犯罪实行双罚制,而少数单位犯罪则又采取单罚制,例如,刑法典第161条规定的提供虚假财会报告罪和第162条规定的妨害清算罪,均只规定处罚单位的主管人员和直接责任人员,对单位则不予处罚。对此,内地有学者指出:"考诸外国法人犯罪立法可以发现,对法人犯罪的处罚有一个由单罚制向双罚制演化的过程。单罚制包括转嫁制和代罚制,它们都各有其不足:代罚制在承认单位是犯罪主体的前提下要求单位的自然人承担刑事责任,显然不是罪责自负、刑止于一身,这种犯罪主体和刑罚承担者的分离势必导致罚不当罪,失去刑罚手段应有的威慑力,难收刑法遏制单位犯罪之功效。代罚制还存在这样一个危险:单位可以通过牺牲个别成员的办法来达到其犯罪图利的目的。转嫁制的限制也是显而易见的:忽视对单位中的自然人即主管人员和责任人员的处罚会助长自然人假借单位名义实施犯罪而自己逃避刑事追诉之风,体现了另一种形式的不公平;而且,正如日本学者所言,如果不同时处罚自然人行为人,那么将收不到行政取缔的实效。与之对应的双罚制是针对单罚制的弊端提出来的单位犯罪刑事处罚机制,它强调在单位犯罪的情形下,既要处罚单位组织本身,又要处罚单位里的自然人。单位刑事责任的追究方式采取双罚制是一个发展趋势……"[1]笔者认

---

[1] 周光权:《新刑法单位犯罪立法评说》,载赵秉志等编:《刑事法专论》,中国方正出版社1998年版,第665页。

为，内地学者的这一见解是十分中肯的，两地刑法在法人犯罪的处罚上都有进一步完善的必要。

三、刑事责任年龄

（一）刑事责任年龄概述

犯罪主体的刑事责任年龄，又称刑事责任年龄、责任年龄，是指法律所规定的行为人对自己实施的刑法所禁止的危害社会行为负刑事责任必须达到的年龄。[1] 它是犯罪主体必须具备的条件之一，具体有两层含义：一是规定行为人是否负刑事责任的年龄界限；二是规定如何负刑事责任。

犯罪主体须是达到法定年龄的自然人，这是由犯罪行为自身特征决定的。因为犯罪行为是由人的意志和意识决定的，是在人的思想支配和影响下实施的。而辨认和控制自己行为的能力，并非人生来就有，而是决定于行为人智力和社会知识的发展程度，因而它必然受到行为人年龄的制约。刑事立法根据人的年龄因素与责任能力的这种关系，确立了刑事责任年龄制度。可以说，达到刑事责任年龄，是自然人具备责任能力而可以成为犯罪主体的前提条件。

那么，一个人要到什么年龄才能认为达到应当负刑事责任呢？对此，近现代各国刑法的规定不尽相同，但一般都是根据本国少年儿童成长的实际情况和同犯罪作斗争的需要，根据一个人从完全不具备到部分具备、完全具备辨认和控制自己行为的能力的逐步发展过程，把刑事责任年龄划分为几个阶段。具体说来，世界各国关于刑事责任的规定，大致有以下三类模式：(1)两分制。其中又有相对两分制和绝对两分制之分。相对两分制是将刑事责任年龄分为相对无责任时期和刑事成年时期。绝对两分制是将刑事责任年龄分为绝对无责任时期和刑事成年时期。(2)三分制。其中也有两种划分方法：一是将责任年龄划分为绝对无责任年龄、减轻责任年龄和完全责任年龄三个阶段；二是将责任年龄划分为绝对无刑事责任年龄、相对无刑事责任年龄和完全刑事责任年龄三个阶段。(3)四分制。即将刑事责任年龄分为绝对无刑事责任时期、相对无刑事责任时期、减轻刑事责任和完全负刑事责任四个阶段。

（二）澳门特区刑法中的刑事责任年龄

对于澳门刑法中的刑事责任年龄规定，有学者认为是二分制，还有的学者认为是三分制。笔者认为，三分制的看法是准确的。1996年《澳门刑法典》关于刑事责任年龄的规定实际上有两条。1996年《澳门刑法典》第18条规定，“未满16岁之人，不可归责。”即不满16岁的人的任何危害社会的行为，不认为是犯罪。第66条关于“刑罚之特别减轻”规定：“一、除法律明文规定须特别减轻刑罚之情节外，如在犯罪之前或之后或在犯罪时存在明显减轻事实之不法性或行为人之罪过之情节，或明显减少刑罚之必要性之情节，法院亦须特别减轻刑罚。二、为着上款之规定之效力，尤其考虑下列情节……(f)行为人在作出事实时未满18

---

〔1〕 参见高铭暄主编：《新编中国刑法学》(上册)，中国人民大学出版社1998年版，第147页。

岁。"即是说犯罪时未满18岁的人可以减轻刑罚，而满18周岁，则要完全负刑事责任。这样，1996年《澳门刑法典》关于刑事责任年龄，实际上是分成了3个年龄段：第一，未满16岁为绝对无刑事责任年龄期，在此期间行为人实施一切危害社会的行为，都不认为是犯罪。第二，满16岁未满18岁为减轻刑事责任年龄期，根据1996年《澳门刑法典》第66条第2项(f)之规定，可以推定只要行为人在已满16岁未满18岁时犯任何罪，均可以适用"刑罚特别减轻"之规定。第三，满18岁为完全负刑事责任年龄期。由此可见，尽管澳门刑法中的减轻责任年龄时期和完全负刑事责任年龄时期，没有法律的明文规定，但它是1996年《澳门刑法典》第18条和第66条规定的必然结果。

(三)我国内地刑法中的刑事责任年龄

我国内地刑法根据其一贯坚持的对少年儿童的危害行为以教育为主、惩罚为辅的政策，从内地的政治、经济、文化教育状况、少年儿童的成长过程以及各类犯罪的实际情况等出发，并适当借鉴别国的立法经验，考虑刑法的世界发展趋势，在1997年刑法典第17条里对责任年龄作了较为集中的规定，把刑事责任年龄划分为四个年龄阶段。

1. 完全不负刑事责任年龄阶段

按照1997年刑法典第17条的规定，不满14周岁，是完全不负刑事责任年龄的阶段。一般地说，不满14周岁的人尚处于幼年时期.还不具备辨认和控制自己行为的能力，即不具备责任能力。因此法律规定，对不满14周岁的人所实施的危害社会的行为，概不追究刑事责任。但应当注意对于因不满14周岁不予刑事处罚的实施了危害社会行为的人，应依法责令其家长或监护人加以管教，也可视需要对接近14周岁，如12～13周岁的人由政府收容教养。

2. 相对负刑事责任且减轻刑事责任年龄阶段

按照1997年刑法典第17条第2款、第3款的规定，已满14周岁不满16周岁是相对负刑事责任(也称相对无刑事责任)且减轻刑事责任年龄阶段。达到这个年龄阶段的人，已经具备了一定的辨别大是大非和控制自己重大行为的能力，即对某些严重危害社会的行为具备一定的辨认和控制能力。因此，法律要求他们对自己实施的严重危害社会的行为即"故意杀人、故意伤害致人重伤或者死亡、强奸、抢劫、贩卖毒品、放火、爆炸、投毒罪"负刑事责任。根据内地刑法典第17条第3款的规定，对这个年龄段的未成年犯罪人应当从轻或者减轻处罚。此一年龄阶段的人如果实施的是上述8种犯罪以外的危害行为，并不负刑事责任，不具备犯罪主体资格。同样，对因不满16周岁而不予刑事处罚的实施了危害社会行为的未成年人，应依法责令其家长或者监护人加以管教，在必要的时候也可以由政府收容教养。

3. 对一切犯罪均负刑事责任且减轻刑事责任年龄阶段

按照1997年刑法典第17条第1款的明文规定，已满16周岁的人进入对一切犯罪均负刑事责任的年龄阶段。由于已满16周岁的未成年人的体力和智力已有相当的发展，具有了一定的社会知识，是非观念和法治观念的增长已经达到一定的程度，一般已能够根据国家法律和社会道德规范的要求来约束自己，因而他们已经具备了基本的刑法意义上的辨认和控制自己行为的能力。因此，内地刑法认定已满16周岁的人除需其他特殊要求的之外，原则上可以构成刑法中所有的犯罪，要求他们对自己实施的刑法所禁止的一切危害行为承担刑事责任。同时，根据内地刑法典第17条第3款的规定，对已满16岁不满18岁的未成年犯罪人应当从轻或者减轻处罚。

4. 完全负刑事责任年龄阶段

根据我国内地刑法典的规定，已满18岁进入完全负刑事责任年龄阶段。已满18岁属于成年人，已满18岁者不但可以构成一切犯罪，且不能因为年龄因素而减轻刑事责任。

（四）两地刑事责任年龄之比较

综上分析，澳门特区与我国内地刑法对刑事责任年龄的划分基本相同，而且关于完全负刑事责任的年龄标准，两地刑法的规定亦完全相同，均为满18周岁。但是，因为刑事政策、立法背景等诸多因素的影响，两地刑法在刑事责任年龄的其他规定上，有着较大的差异，主要有以下几点：

1. 关于绝对无刑事责任年龄阶段

澳门特区刑法的规定是不满16周岁，而我国内地刑法的规定是14周岁。笔者认为，澳门特区刑法把绝对无刑事责任年龄期比内地刑法放宽两岁的做法，似不可取。这是因为，首先，一般来讲，满14周岁的人，已是初中二三年级的学生，从其社会经济和文化程度看，都具备了一定的辨别大是大非的能力，要其对危害行为负一定的刑事责任是合乎情理的。从澳门法律的规定来看，满6岁为小学入学年龄，学制6年，小学毕业为12周岁，中学教育5年，前3年为初中，后2年或3年为高中教育。[1] 可见，满16周岁的人是已受完初中教育的高中一年级学生，对已达到高中一年级文化程度的人的危害社会的行为，还不令其负一定的刑事责任，这未免过于宽宥，也不利于少年人的教育成长，不利于预防青少年犯罪。其次，澳门刑法将绝对无刑事责任年龄规定为16周岁，引致了澳门刑法在有关年龄问题上的规定前后矛盾。澳门刑法总则第2编第3章37条第3款关于同意效力的规定，要求"同意之人必须满14岁，且在表示同意时具有评价同意之意义及其可及范围之必要辨别能力者，同意方生效力。"由此可见，澳门特区刑法也是认为年满14岁之人已具有一定的评价和辨别能力的，否则，澳门刑法典不会承认其同意具有阻却不法性的法律效力，既然如此，为什么不把刑事责任年龄也规定为满14周岁，而不是满16周岁，使刑法的规定前后协调一致呢？最后，我国内地与澳门虽然法律制度不同，但两地人员来往频繁，经贸日益增多，如果在绝对无刑事责任年龄的划分上不一致，将会给内地与澳门的人员交往和经贸往来造成障碍，也不利于澳门回归后两地区际刑事司法协助的顺利开展。

2. 关于相对负刑事责任且减轻刑事责任年龄阶段

已满14周岁不满16周岁的人，虽然具有一定的辨别是非的能力，但智力发育尚不完善，生理上尚未完全成熟，且生活阅历浅，对不少犯罪行为不具有完全辨认和控制能力。因此，对于他们所实施的危害行为，一般不追究刑事责任，而是责令他的家长或其监护人严加管教，必要时由政府收容教养。但对于严重危害社会的行为，如故意杀人罪、故意伤害致人

---

〔1〕 参见《澳门居民法律手册》，澳门立法事务办公室1994年版，第44页，第46～47页。

重伤等严重破坏社会秩序的犯罪行为的性质及其危害后果,已满 14 周岁不满 16 周岁的人是完全具有辨别能力和控制能力的,如果仍然不认为是犯罪,既不利于惩治犯罪,也不利于未成年人的健康成长。有鉴于此,内地刑法在第 17 条第 2 款中规定了相对负刑事责任且减轻刑事责任年龄阶段,笔者认为,内地刑法的这一规定是符合青少年生长发育的自然规律的,实现了刑法人权保障机能和社会保护机能的有机结合,十分科学,而澳门刑法典在这一问题上尚付阙如,不能不说是一个缺憾。

3. 关于未成年人犯罪的非刑罚的处理方法

我国内地刑法对未达刑事责任年龄,实施刑法禁止的危害社会的行为的人都规定了非刑罚的处理方法。我国内地刑法第 17 条第 4 款规定:"因不满 16 周岁不处罚的,责令他的家长或者监护人加以管教;在必要的时候,也可以由政府收容教养。"澳门特区刑法第 83 条虽然作了犯罪时因精神失常法院须命令将之收容康复场所、治疗场所或保安处分场所之规定,但对于未成年人实施的危害行为,却没有规定相应的非刑罚处理方法,在非刑罚的处理方法已经成为治理未成年人犯罪有效手段的今天,澳门特区刑法却没有关于未成年人犯罪的非刑罚处理方法的规定,未免给人以滞后于刑法发展的世界潮流之感。

四、刑事责任能力

刑事责任能力,简称责任能力,指一个人认识自己行为的性质、意义、作用和后果,并能自觉地控制自己的行为并对自己的行为负担刑事责任的能力。刑事责任能力是犯罪主体的必备要素之一。刑事责任能力包括认识能力和控制能力。所谓认识能力,又称辨认能力,是指认识某种行为的社会意义的能力。控制能力,又称意志能力,是指一个人在认识行为的社会意义的基础上,以自己的意志自由决定自己的行为指向、实施时间、地点、方式和程度的能力。认识能力是控制能力的基础,控制能力又是认识能力的进一步发展和体现,两者紧密联系,缺一不可,刑事责任能力就是认识能力和控制能力有机联系的统一整体,是行为人构成犯罪不可缺少的条件,又是行为人承担刑事责任和被适用刑罚的理论依据。

一个人的智力和社会知识在发展正常的情况下,达到一定年龄,就具备了辨认和控制自己行为的能力。达到一定年龄是责任能力的前提,但是达到一定年龄,不一定就具备责任能力。因为这种能力可能因受到精神障碍或者生理缺陷等状态的影响而丧失或者减弱。在刑法理论上,对不具备责任能力或者丧失责任能力者,称为无责任能力,对减弱责任能力者,称限制刑事责任能力。针对不同情况,各国立法例都作了相应规定。内地和澳门刑法也不例外。

(一)关于无刑事责任能力

无刑事责任能力,简称无责任能力,通常指行为人不具备或者丧失了辨认或者控制自己行为的能力。导致无责任能力的原因有两种:一种是因为行为人年幼、尚未达到刑法规定的承担刑事责任的年龄而不具备;另一种是因为行为人患有精神病而不具备或者丧失,这种情况下的无责任能力,在日本等国的刑事立法上被称为"心神丧失"。因为未达责任年龄在刑法上都另行规定,因而无责任能力实际上是狭义地专指行为人因患精神病而不具备或者丧失责任能力。现代各国刑法一般都规定,无责任能力者实施刑法所禁止的危害行为不构成犯罪,不予刑罚处罚。澳门和内地刑法也有类似的规定。

1. 澳门特区刑法中的无刑事责任能力

澳门特区刑法第 19 条是关于精神失常而丧失责任能力的规定:“一、因精神失常而于作出事实时,无能力评价该事实之不法性,或无能力根据该评价作出决定者,不可归责。二、患有非偶然之严重精神失常之人,即使其于作出事实时有明显低弱之能力评价该事实之不法性或有明显低弱能力根据该评价作出决定,得宣告为不可归责。三、行为经证实无能力受刑罚影响,可作为上款所规定之情况之参考依据。四、行为人意图作出事实,而造成精神失常者,不阻却可归责性。”根据澳门刑法典的这一规定可知,澳门刑法典关于无刑事责任能力的规定具有以下几个特征:

(1)判断行为人是否精神失常,即判断行为人是否系无责任能力者,不能由法官凭主观臆断决定,而必须按照严格的医学和心理学标准予以确定。首先,行为人患有精神病,即危害行:为必须是在“精神失常”时作出的;其次,从心理学上讲,作出事实时,行为人不能辨认行为性质(无能力评价事实之不法性),或者不能控制自己的行为而造成危害后果,即“无能力根据评价作出决定”时,属于无刑事责任能力。不仅如此,该条第 2 款还规定对于有严重精神失常病史的人虽有“低弱”的评价能力或“低弱”的作出决定的能力,在一定的条件下,也视为无刑事责任能力,即在不能控制精神失常的后果,而又不能因此而对其加以谴责时,可由法官视情况宣告为无刑事责任能力的人。所谓不能对其加以谴责者,即经证实行为人“无能力受刑罚影响”。

(2)对行为的辨别能力和控制能力只要失去其中一种能力,即可视为精神失常。这一点在澳门刑事立法上的体现十分明显,因为,该款规定在“无能力评价该事实之不法性”与“无能力根据该评价作出决定者”之间用的是“或”字,而非“和”字。[1]

(3)澳门刑法典第 83 条规定:“一、作出一符合罪状之不法事实,且依据第 19 条之规定被视为属不可归责之人,如基于其精神失常及所作事实之严重性,恐其将作出其他同样事实属有依据者,法院须命令将之收于康复场所、治疗场所或保安处分场所。”也就是说,对因精神失常而不可归责的人,为防止其再次作出危害社会的行为,法院可以对其适用收容性质的保安处分。

2. 我国内地刑法中的无刑事责任能力

我国内地刑法第 18 条规定,“精神病人在不能辨认或者不能控制自己行为的时候造成危害社会结果经法定程序鉴定确认的,不负刑事责任,但是应当责令他的家长或者监护人严加看管和医疗,在必要的时候,由政府强制医疗。”这就是因“心神丧失”而导致的无刑事责任能力的规定。

关于无责任能力的判定标准,在 20 世纪以前,由于心理学和精神医学尚不够发达,立法者对精神病与责任能力的关系的认识尚不够深入、全面,因而在刑事法律中规定精神病人无

---

〔1〕 参见赵国强:《澳门刑法总论》,澳门基金会 1998 年版,第 46 页。

责任能力时,往往仅仅根据行为人患有精神病这一事实,即判定无责任能力;单纯采用医学标准而没有考虑精神病人实施危害行为时辨认和控制自己行为的能力是否丧失。后来,随着心理学和精神医学的发达与普及,随着立法者对精神病与责任能力丧失关系认识的逐渐深化,近现代尤其是现代各国刑事立法中,对无责任能力的判定逐渐较为普遍地采用了医学标准与心理学标准相结合的方式,即判定无责任能力,一是要从医学上看行为人患有精神病,二是从心理学上看行为人在行为时因精神病而丧失辨认或者控制自己行为的能力。但在心理学标准的具体内容上,各国刑事立法的要求仍有所不同。一些国家的刑事立法,在心理学标准上要求行为人须丧失辨认能力,才可判定为无责任能力,至于仅丧失控制能力者则未予承认。但多数国家的刑事立法,在心理学标准上,规定行为人因精神病丧失辨认能力或控制能力,均可判定为无责任能力人,即不是采取丧失辨认能力或控制能力的择一说。内地刑法关于无责任能力的规定,采用的也是与现代多数国家刑事立法一致的标准,即医学标准与心理学标准相结合的方式,在心理学标准的内容上采取丧失辨认能力或者控制能力的择一说:一是医学标准,有的称生理学标准,即实施危害社会行为的人确实患有精神病,并且处于发病期而不是间歇期或者缓解期。至于何谓"精神病",内地刑法的规定过于笼统,没有具体说明。根据精神医学和司法精神病学概念,"精神病"是指由大脑机能失调引起的一类疾病,如精神分裂症、情感性精神病(又称躁狂、抑郁症,简称躁狂症)、妄想性精神病、反映性精神病、器质性精神病、病理性酒精中毒(又称病理性醉酒或病态性醉酒),还包括精神发育不全(一般指重度白痴)等。二是心理学标准,即无责任能力的人是因患精神病而丧失辨认或控制自己行为的能力,并在这种状态下实施了为刑法所禁止的危害社会的行为。刑法规定行为人因患精神病而丧失辨认能力,或者控制能力的一个方面,都应视为无责任能力,而不要求同时具备丧失辨认能力和丧失控制行为能力。

关于病理性醉酒的刑事责任,我国刑法没有明文规定,但国外司法精神病学和临床精神病医学都一致视为精神病的范畴。病理性醉酒,是指少量饮酒人,因身体异常反映而急性发作的一种酒精中毒病态。一旦发病,即产生严重的精神障碍,并伴有幻觉、错觉妄想等症状,甚至会发生盲目的暴力行为,完全丧失了辨认或者控制自己行为的能力。对病理性醉酒的人的刑事责任,国内外刑事立法一般都无明文规定,不过国外刑法理论和司法实践均持否定态度。我国司法精神病学界也是如此,但刑法学界近年来却有肯定和否定两种不同观点:(1)否定说。认为病理性醉酒人实施危害社会的行为,不负刑事责任。这是内地刑法理论中的通说。其主要理由是:第一,病理性醉酒人不具备犯罪主体条件。因为病理性醉酒人已进入无责任能力的精神病状态,并且完全丧失了辨认和控制自己行为的能力,故不具备犯罪主体的构成条件,不应负刑事责任。第二,病理性醉酒不具备犯罪的主观要件。他们在饮酒前没有犯罪的故意或过失,在醉酒时已"心神丧失",对自己行为所造成的结果,既无法预见,也不可能控制,故不应负刑事责任。第三,病理性醉酒人在醉酒时完全符合内地刑法第18条第1款规定"精神病人"不负刑事责任的特征,即不仅失去辨别自己行为的能力,也失去了控制自己行为的能力。因此不能把病理性醉酒与刑法第18条第4款规定关于生理性

"醉酒的人犯罪,应当负刑事责任"的规定等同视之,否则会扩大打击面,违背立法精神。[1] (2)肯定说。少数人认为,凡是"醉酒的人"实施的危害社会的行为,应一律负刑事责任,病理性醉酒也不例外。主要理由是:第一,病理性醉酒人在"醉"之前,是有责任能力的人,并非精神病人;第二,病理性醉酒的人所引起的"精神失常",并非不能抗拒,这种病态的引起与否,是由自己决定的,与"精神病"之不可抗拒有原则区别;第三,病理性醉酒人所以"醉",是由于行为人在醉之前主观上不防止造成的,因此,对自己在不能辨认或不能控制下所造成的危害后果,主观上有罪过;第四,刑法第18条第4款只规定"醉酒的人犯罪,应当负刑事责任",但对醉酒的原因,未加任何限制。这就明确了不论在任何精神状态下的醉酒人犯罪,都应负刑事责任的立法原则。普通醉酒人(生理性)也好,病理性醉酒人也好,都是"醉酒的人",对自己实施的犯罪行为,都应负刑事责任。[2] 笔者认为,上述否定说基本上是正确的,一般来说病理性醉酒人是无责任能力的人,但有一种例外情况,即在行为人知道自己有病理性醉酒病史,并且知道醉酒时所实施的危害行为不负刑事责任,同时还明知饮酒会再次导致病理性醉酒而危害社会不受法律追究时,应当负刑事责任。因为这已表明行为人在主观上已具备了犯罪的故意。

3. 两地刑法无责任能力之比较

综上分析,澳门特区与我国内地刑法关于无责任能力的规定,有着许多相同之处:(1)两地刑法都把"精神病"患者规定为无责任能力的人,但具体称谓不同,内地刑法中称之为"精神病",而澳门刑法中则称为"精神失常"。其次,对精神病的概念,两地刑法都没有作出明确的规定,而是靠学理解释或者司法实务来进行说明。笔者认为,两地刑法的这一做法不仅有碍于人们对刑法条文的准确理解,不利于司法实务部门的具体操作和把握,而且也是导致内地刑法学界对病理性醉酒人的刑事责任能力聚讼纷纭的根本原因所在,因而笔者认为,从罪刑法定原则明确性的要求出发,两地刑法都应对此加以改进,在刑法典中对精神病这一重要的刑法概念作出明确的说明和解释。(2)确定无责任能力的标准相同。两地对无责任能力的确定,都是将医学标准和心理学标准结合起来进行判断考察的。并且,关于无刑事责任能力的确定,并不要求行为人必须同时丧失辨认能力和控制能力,而是两者只要任何一个方面不具备,都作为无责任能力人处理。可以说,这是两地刑法充分吸收了现代医学、心理学等学科的最新研究成果而作出的选择,也是科学、合理的。(3)两地刑法都规定,对于无责任能力的精神病人,不予刑事处罚,但应当采取一定的强制措施,这样处理,既考虑到了精神病人因精神病而丧失责任能力的实际情况,充分体现了刑法的人道性,维护了传统的刑事责任原则,同时,也兼顾到了对社会秩序的维护,较好地实现了刑法的人权保障机能和社会保护机能。但与澳门刑法相比,内地1979年刑法只规定"责令他的家长或者监护人严

---

〔1〕 参见余戈止:《病理性醉酒危害行为不应负刑事责任》,载《法学季刊》1983年第1期;万春:《病理性醉酒人实施危害行为不负刑事责任》,载《司法》1985年第9期;全理其:《论刑事责任能力》,载赵秉志等编写:《全国刑法硕士论文荟萃》,中国人民公安大学出版社1989年版,第211页;赵秉志:《病理性醉酒人的危害行为与刑事责任》,载《西北政法学院学报》1989年第3期。

〔2〕 参见段贵荣、杨尚义:《醉酒人犯罪应当一律负刑事责任》,载《法学季刊》1982年第3期。

加看管或医疗”,没有规定政应有强制措施,显然是不够的。因为家长的能力有限,不可能全面执行强制措施。但1997年刑法典第18条第1款增加了此种规定:“在必要的时候,由政府强制医疗。”这就使内地在无责任能力方面的刑事立法更加完善。

但是,两地刑法在无责任能力的规定上,也有一定的差异:(1)澳门刑法不仅规定对行为人在精神失常时符合罪状的危害行为不罚,而且还对事先患有精神失常和事后患有精神失常被判处徒刑的人,在执行程序上作了特殊的规定,即法院须命令将他们收容于专门场所。这些规定,比我国内地刑法更加完善、具体,利于执法,可资借鉴。(2)对于曾经患有精神病,但被判处负有刑事责任的人,1996年《澳门刑法典》还作出了以下几种特殊的规定:第一,犯罪前已精神失常,但仍被判处刑罚的,可将其收容于专门设立的收容场所。1996年《澳门刑法典》第96条规定:“一、如行为人未被宣告为不可归责而被判处徒刑,但显示由于在犯罪时精神失常,普通场所制度将对其有害,或显示行为人将严重扰乱该制度,法院须命令将之收容于为不可归责者而设立之场所,收容时间相当于刑期。二、在造成收容之原因终了后,随即将行为人置于普通场所,时间为须被剥夺自由之剩余未服时间。”第二,犯罪后精神失常,而被判处徒刑的,须将其收容于专门收容场所。1996年《澳门刑法典》第97条规定:“如行为人在实施犯罪后出现具有第83条第1款或上条所指效果之精神失常,法院须命令将之收容于不可归责者而设立之场所,收容时间相当于刑期。”第三,犯罪后精神失常,而被判处徒刑,但又未达收容的程度的,即不具危害性的,可以暂缓执行已判之刑罚。第98条规定:“一、行为人在实施犯罪后精神失常,而该精神失常并不使之具有一种程度严重至假设行为人为不可归责者时足以将之实际收容之犯罪危险性,在此情况下,须暂缓执行已判处之徒刑,直至作为暂缓执行徒刑依据之精神失常状态终了时为止。”第四,如果发现行为人“精神失常”系伪装时,上述特殊规定则不再适用。从以上规定可以看出,澳门刑法对精神失常的人为无刑事责任能力的规定,较之内地刑法完善、详细,把司法实践中可能发生的各种情况作了规定,从而便利了执法,这是可取的。

(二)关于限制刑事责任能力

限制刑事责任能力,简称限制责任能力,又称减轻责任能力或部分责任能力。一般是指行为人因生理上、心理上的原因,在实施犯罪行为时的辨认或者控制能力有一定减弱的情况。对限制责任能力者实施犯罪的,各国刑法规定不一,都有从轻或减轻处罚的规定。例如,1907年日本刑法典第30条对心神耗弱、第40条对喑哑人规定不罚或减轻处罚;1988年修订的韩国刑法典第10条对心神障碍、第11条对喑哑人规定减轻处罚;1976年联邦德国刑法典也有对限制责任能力者(心神耗弱、喑哑人)减轻处罚的规定。这是符合罪责刑相适应原则和刑罚目的的。

各国刑事立法中所规定的限制责任能力,包括未成年人、聋哑人、盲人,以及辨认和控制行为能力有所减弱的精神病人、某些非精神病性精神障碍者等。对于精神病患者、精神障碍者的限制责任能力问题,许多国家的刑事立法都有明文规定。例如,1968年意大利刑法典第89条规定:“行为时因疾病严重减弱辨别及意思能力,而未完全丧失者,仍应对其犯罪行为负责,但得减轻其刑。”另一些国家的刑事立法,对于精神病人、精神障碍者的限制责任能力问题则未予明文规定，例如，1975 年奥地利刑法典等，就没有这方面的规定。

关于限制责任能力，1979 年的我国内地刑法典规定了三种情况：一是已满 14 岁不满 18 岁的未成年人；二是又聋又哑的人；三是盲人。而对于限制责任能力的精神障碍者的刑事责任问题，1979 年刑法典却未作明文规定。但历来的司法精神病学理论及鉴定实践，明确承认精神病人、精神障碍者的限制责任能力问题，认定重精神病的早期或者缓解期、精神发育不全、脑动脉硬化引起的精神障碍等，一般都属于限制责任能力人。我国内地的司法实践也接受司法精神病学的这一观点，对确认为限制刑事责任能力的犯罪人，一般都减轻其刑事责任，适当从宽量刑，从轻、减轻或者免除处罚。我国内地刑法学界对此尽管存在肯定说和否定说两种针锋相对的主张，但我国内地刑法学界的通说认为，此种人应对其犯罪行为承担部分刑事责任，应对这种人从轻、减轻或者免除处罚。其主要理由是，这类精神病障碍者实施危害行为时，其辨认和控制自己行为的能力并未丧失，只是有所减弱，具有部分责任能力，不能不负刑事责任；同时，从主体特点和主客观要件的关系上看，行为人的主观罪过和整个犯罪的危害程度都较完全正常的人实施同样的犯罪时轻一些。为了贯彻罪责刑相适应原则和刑罚目的，也应减轻行为人的刑事责任，对其适当予以从宽处罚，并建议在刑法修改时，有必要增加规定精神障碍者的限制责任能力的专门条款。

1997 年我国内地修改刑法典时，采纳了上述立法建议，在现行刑法典第 18 条中专款即第 3 款中增加规定了限制责任能力的精神障碍者的刑事责任问题。因此，我国内地现行刑法典明文规定的限制责任能力，共有 4 种人：

(1)已满 14 周岁不满 18 周岁的未成年人。我国内地刑法典第 17 条第 3 款规定："已满 14 周岁不满 18 周岁的人犯罪，应当从轻或者减轻处罚。"未成年人，身心正处在发育阶段，因年龄因素而缺乏辨认或控制自己行为的能力，尚不具备完全责任能力。因此对实施危害社会行为的，应当减轻其刑事责任，予以从轻或者减轻处罚。

(2)尚未完全丧失辨认或者控制能力的精神病人。我国内地刑法典第 18 条第 3 款规定："尚未完全丧失辨认或者控制自己行为能力的精神病人犯罪的，应当负刑事责任，或者减轻处罚。"

(3)又聋又哑的人。又称聋哑人，指同时丧失听觉能力和语言能力的人。聋哑人由于有生理缺陷，在受教育上有一定的局限性，智力发展，经验积累，对外界事物判断的准确性都会受到一定的影响，这势必影响他们的辨认或者控制自己行为的能力。因此我国内地刑法典第 19 条规定："又聋又哑的人或者盲人犯罪，可以从轻、减轻或者免除处罚。"聋哑人有先天和后天之分，后天聋哑又有自幼聋哑和少年或成年时期的聋哑。内地刑法只概括规定聋哑人，没有指明聋哑的时间。而刑法上的聋哑人，涉及刑事责任的大小，因此确认一个人在什么时候聋哑才是限制责任能力者，法学界有不同主张：第一种观点主张，只要是聋哑人犯罪，不论什么时候聋哑，都适用从轻、减轻或者免除处罚的规定。刑法只规定"聋哑人"，没有指明是先天还是后天聋哑。第二种观点认为，限制责任的聋哑人，是指先天聋哑或者自幼聋哑人。第三种观点认为，凡是在未成年时期以前聋哑的人，都应视为限制责任能力的人。因为一个人在未成年时期，智力发展、识别能力都未成熟，在此期间聋哑，就会影响他们的智力发展,使之难以达到像一般成年人应有的辨认和控制自己行为的能力。笔者认为,从生理学角度讲,第三种主张是正确的,但从心理学上讲,即使在成年时期聋哑,对其辨认或控制行为的能力也会有一定的影响,这是不以人们意志为转移的客观事实。因此内地刑法第19条的立法原意是对聋哑人不管其聋哑的时间,只要在犯罪时是聋哑人,一般情况下都应适用减轻或者免除处罚的规定。

(4)盲人犯罪。盲人俗称瞎子,是指丧失视觉的人。我国内地刑法典第19条规定盲人犯罪,与聋哑人一样,属于限制责任能力的人,一是应负刑事责任,二是可以从轻、减轻或者免除处罚。

对限制责任者的范围,澳门刑法未作任何规定,笔者认为,这与限制责任能力者在现实生活中客观存在的实际情况不相符合,澳门刑法的这一做法不足取,需要改进。

海峡两岸反恐立法之比较*

目　　次

一、前言

21世纪以来，恐怖主义在全球范围内迅速蔓延。这不仅对国际社会的和平与安全构成严重威胁，也影响到我国海峡两岸的稳定和发展。在中国大陆，以"东突"为代表的恐怖势力近年来制造了多起恐怖事件，造成重大人员伤亡和经济损失。2009年7月5日，在境内外"东突"势力的精心策划下，暴徒们在有着200多万人口的新疆自治区首府乌鲁木齐市大肆打砸抢烧杀，造成197人

---

* 原载《法学杂志》2010年第6期、第7期。

死亡、千余人受伤的严重后果。[1] 中国台湾地区亦非远离恐怖主义的净土，台湾位于亚太区域中心，高雄等大型港口更是重要的国际性海运、航运枢纽，很可能成为国际恐怖势力渗透、融资、发展，甚至实施恐怖活动的场所。[2] 在日益严重的恐怖主义危害面前，中国海峡两岸均加快了反恐法治建设的步伐，力求为反恐怖斗争提供更完备、更具针对性的立法保障。本文拟对海峡两岸反恐立法问题进行简要的比较与分析，并在此基础上略抒己见。

二、两岸反恐立法模式之比较

（一）我国大陆反恐立法之模式

中国大陆迄今尚未通过专门反恐法，而是由一系列法律、法规、行政规章共同发挥反恐职能，部分立法还存在特别条款。[3] 从法律文献上看，早在1950年，由中央人民政府法制委员会起草的《中华人民共和国刑法大纲草案》第四章“反革命罪”中，就曾于第41条设置“恐怖行为”的具体罪名；[4]1988年12月25日全国人大常委会法制工作委员会研拟的《中华人民共和国刑法（修改稿）》除了将“反革命罪”改为“危害国家安全罪”外，也曾考虑以第98条增设“恐怖活动罪”的具体罪名。[5] 但由于种种原因，这两部刑法草案的反恐条款均未列入刑法典中。20世纪末期，在苏联解体和全球性冷战结束的背景下，国际反恐局势变得日益严峻和复杂。为此，中国大陆在1997年的刑法典中增设了第120条组织、领导、参加恐怖组织罪，为打击境内外“东突”等恐怖势力提供了法律武器，更首次在刑法中纳入了反恐条款。与之相应，1998年最高人民法院、最高人民检察院、公安部、国家安全部、司法部、全国人大常委会法制工作委员会在《关于刑事诉讼法实施中若干问题的规定》中对涉及恐怖组织的案件设置了特别程序。在震惊全球的美国“9·11”恐怖袭击事件发生之后不久，2001年12月29日，中国大陆及时通过了《刑法修正案（三）》，该修正案包含了诸多反恐刑法之内容，不仅增设第120条之一的资助恐怖活动罪、第291条之一的投放虚假危险物质罪和编造、故意传播虚假恐怖信息罪，更对1997年刑法典的相关罪名、罪状乃至刑罚进行了完善，以加强预防和打击恐怖主义的力度。除刑事法之外，专门反恐条款还散见于1994年《外国人入境出境管理法实施细则》、1994年《国家安全法实施细则》、2006年《反洗钱法》、2007年中国人民银行《金融机构报告涉嫌恐怖融资的可疑交易管理办法》、2009年《武装警察法》等立法之中。

据有关报道，当前，中国大陆正在研究制定一部统一、系统的《反恐怖法》，国务院法制

---

〔1〕 参见《乌鲁木齐“7·5”事件台前幕后》，载《人民日报》2009年10月16日。

〔2〕 据报道，从1996年起，“基地”组织第二号人物扎瓦希里曾使用化名前往台湾地区，次数多达三次以上，停留时间最长超过一周。参见徐冰川：《拉登头号助手三顾台湾》，载《青年参考》2002年10月30日。

〔3〕 2015年12月27日，全国人大常委会通过了《中华人民共和国反恐怖主义法》，其颁行标志着我国反恐法制体系已经形成。——编者注

〔4〕 参见高铭暄、赵秉志编：《新中国刑法立法文献资料总览》（上册），中国人民公安大学出版社1998年版，第147页。

〔5〕 参见高铭暄、赵秉志编：《新中国刑法立法文献资料总览》（中册），中国人民公安大学出版社1998年版，第919页。

办和公安部已经开始了《反恐怖法》的起草工作,为预防打击和制止各种恐怖活动提供有力的法律保证。[1] 据悉,这部法的主要内容包括明确反恐的基本原则,规定反恐工作的机构及职责权限,明确规定属于恐怖犯罪的行为,同时还将明确防范恐怖犯罪应采取的措施,使司法机关和执法部门有法可依。[2] 由于《反恐怖法》事关重大,影响面相当广泛,仍属于需要抓紧研究、待条件成熟时再向国家立法机关提出的立法项目。

(二)台湾地区反恐立法之模式

我国台湾地区迄今也尚未正式颁布专门反恐规定,而是由其"刑法""刑事诉讼法""入出国及移民法""洗钱防治法""组织犯罪防治条例"等立法共同发挥着反恐职能,其中有个别立法设置了特别条款。2001 年"9·11"事件发生后,美国曾就反恐问题拜访台湾"法务部"部长,希望台湾地区能够配合联合国安理会第 1373 号决议。台湾"法务部"认为反恐问题并非司法案件性质,故请台湾"国家安全会议"研处。2002 年 10 月 18 日,台湾地区"国家安全局"建议仿效美国,针对反恐怖行动研订符合实际情况之"反恐怖行动法",建立协调、指挥、调查、情报研析及案件侦处工作机制。2002 年 10 月,台湾地区"法务部"与相关部门召开"研商制定反恐怖主义专法事宜"第一次会议,拟定"反恐怖行动法草案"共计 20 条,其后陆续召开八次会议进行审议,并就各单位所提意见报台湾"行政院"。经修改完善后,2003 年 10 月 29 日,台湾"行政院"于第 2863 次会议通过"反恐怖行动法草案",并于当年 11 月 4 日送台湾"立法院"审议。适逢"立法委员"改选,在台湾地区"立法院职权行使法"第 13 条"每届'立法委员'任期届满时,除预(决)算及人民请愿案外,尚未议决之议案,下届不予继续审议"之规定因素下,该草案没有获得通过。[3] 2007 年 3 月 21 日,台湾"行政院"再次通过反恐怖行动法草案,函送台湾"立法院"审议,因在野党疑虑,在"立法委员"和台湾地区领导人选举之际,台湾"行政院"却提"反恐怖行动法草案"函请审议恐别有目的,经表决后决定不排入台湾"立法院"报告事项之议程。[4]

(三)两岸反恐立法模式之简要评析

由此可见,中国海峡两岸当局迄今均未颁布系统、完整的反恐法,而是由其他立法的普通条款或特别条款发挥反恐职能。两岸区别是:中国大陆由刑法集中规定了反恐条款,在行政法、军事法中多为零散的规定,使反恐立法呈现出一种"以刑为主,诸法配合"的格局;[5] 而台湾地区除个别行政法条外,并没有设置专门的反恐条款,体现了以普通法律手段防治恐怖主义的理念。但值得充分肯定的是,海峡两岸在"9·11"事件后都开始迈出制定专门反恐法的步伐,这和国际社会反恐法治的发展趋势是相适应的。然而,中国大陆的反恐法尚处于调研论证阶段;台湾地区则已向社会公布了"反恐怖行动法草案",在专门反恐立法上相对

---

[1] 王斗斗:《我国反恐怖法正在制定中多方配合有效打击恐怖活动》,载《法制日报》2006 年 8 月 27 日。
[2] 参见毛剑平:《中国〈反恐怖法〉呼之欲出》,载《法制早报》2005 年 7 月 18 日。
[3] 参见李汉中:《浅述两岸反恐法制现况》,载台湾《军法专刊》第 52 卷第 3 期。
[4] 参见《防台当局借题发挥　泛蓝封杀反恐怖行动法》,载《人民网》2007 年 3 月 27 日。
[5] 参见赵秉志、杜邈:《我国反恐怖主义立法完善研讨》,载《现代法学》2006 年第 3 期。

而言走在了大陆的前面。[1] 台湾地区的该“草案”在形式上独立规定权利、义务关系，而无须依附、参照其他法律文件，属于独立式的“反恐法”；不仅明确反恐怖专门机构和部门职责，而且规定综合性的预防措施，包含了少数犯罪和刑罚条款，兼备组织、预防和制裁多重内容，属于立体防御型的“反恐法”。[2]

三、两岸反恐立法内容之比较

（一）基础概念

基础概念是反恐立法的逻辑起点，也是整个反恐怖斗争的方向所在。在海峡两岸反恐立法中，尽管法律术语存在某些形式上的差别，但本质上大体相同。

基础概念包括“恐怖活动犯罪”（《刑法》），“恐怖活动”（《刑法》《国家安全法》《外国人入境出境管理法实施细则》），“恐怖袭击事件”（《武装警察法》），“恐怖主义”“恐怖分子”（《金融机构报告涉嫌恐怖融资的可疑交易管理办法》），“恐怖组织”（《刑法》《金融机构报告涉嫌恐怖融资的可疑交易管理办法》）等六种。[3] 遗憾的是，有权机关尚未阐明上述概念的含义。值得注意的是，根据中国、俄罗斯、哈萨克斯坦、吉尔吉斯斯坦、塔吉克斯坦、乌兹别克斯坦六国2001年《打击恐怖主义、分裂主义和极端主义上海公约》的规定，“恐怖主义”是指致使平民或武装冲突情况下未积极参与军事行动的任何其他人员死亡或对其造成重大人身伤害、对物质目标造成重大损失的任何其他行为，以及组织、策划、共谋、教唆上述活动的行为，而此类行为因其性质或背景可认定为恐吓居民、破坏公共安全或强制政权机关或国际组织以实施或不实施某种行为，并且是依各方国内法应追究刑事责任的任何行为。[4] 《上海公约》对缔约国具有当然的约束力，该概念为缔约国国内法的概念认定提供了重要参考和大致方向。

我国台湾地区的“反恐怖行动法草案”开宗明义地界定了“恐怖行动”“恐怖组织”和“恐怖分子”3个概念。其“恐怖行动”的构成要素包括主观意图和客观表现：一方面，恐怖行动需基于政治、宗教、种族、思想或其他特定之信念，意图使公众心生畏惧；另一方面，恐怖行

---

〔1〕 而在我国大陆于2011年10月29日由全国人大常委会通过《关于加强反恐怖工作有关问题的决定》之后，又可以说大陆的反恐专门立法走在了台湾地区之前。

〔2〕 有关独立式的反恐法及立体防御型的反恐法之观点，可参见赵秉志主编：《国际恐怖主义犯罪及其防治对策专论》，中国人民公安大学出版社2005年版，第105～108、141～142页。

〔3〕 2003年12月15日，中国公安部公布认定恐怖组织的标准是：“（一）以暴力恐怖为手段，从事危害我国家安全，破坏社会稳定，危害人民群众生命财产安全的恐怖活动的组织（不论其总部在国内，还是在国外）。（二）具有一定的组织领导或分工体系。（三）符合上述标准，并具有下列情形之一：（1）曾组织、策划、煽动、实施或参与实施恐怖活动，或正在组织、策划、煽动、实施或参与实施恐怖活动；（2）资助、支持恐怖活动；（3）建立恐怖活动基地，或有组织招募、训练、培训恐怖分子；（4）与其他国际恐怖组织相勾结，接受其他国际恐怖组织资助、训练、培训，或参与其活动。”认定恐怖分子的具体标准是：（一）与恐怖组织发生一定的联系，在国内外从事危害我国家安全和人民群众生命财产安全的恐怖活动的人员（不论其是否加入了外国国籍）。（二）符合上述条件，同时具有下列情形之一：（1）组织、领导、参与恐怖组织的；（2）组织、策划、煽动、宣传或教唆实施恐怖活动的；（3）资助、支持恐怖组织或恐怖分子进行恐怖活动的；（4）接受上述恐怖组织或其他国际恐怖组织资助、训练、培训或参与其活动的。参见翟惠敏：《公安部公布首批“东突”恐怖组织名单》，载《法制日报》2003年12月16日。

〔4〕 参见《全国人民代表大会常务委员会关于批准〈打击恐怖主义、分裂主义和极端主义上海公约〉的决定》，载《全国人民代表大会常务委员会公报》2001年10月。

动表现为杀人,重伤害,放火,投放或引爆爆裂物,掳人,劫持供公众或私人运输之车、船、航空器或控制其行驶,干扰、破坏电子、能源或信息系统,放逸核能或放射线,投放毒物、毒气、细菌或其他有害人体健康之物质等,而且强调行动的计划性或组织性。"恐怖组织"是指3人以上,有内部管理结构,以从事恐怖行动为宗旨之组织;"恐怖分子"是指实施恐怖行动或参加、资助恐怖组织之人员。不难看出,这些概念的地位并不相同,"恐怖行动"是"反恐怖行动法草案"之核心概念,其他概念均是在此基础上衍生的。

(二)工作体制

为了快速高效地应对恐怖事件,坚决有力地打击恐怖分子,中国海峡两岸均通过立法整合相关职能部门的力量,致力于建立符合实际情况的反恐怖工作体制。

近年来,中国建立了反恐怖工作协调机制,由负责国家安全的部门以及相关部门共同采取措施防范恐怖活动,确保在遇到恐怖袭击时能够有效地予以协调。在中央层面,成立了国家反恐怖工作协调小组,在公安部成立反恐怖局并开始运转;在地方层面,各地陆续成立了反恐怖工作协调小组及其办公室,组建了反恐专门力量。[1] 相关立法既有全国人大常委会制定的法律,也有行政法规和部门规章:(1)1994年《国家安全法实施细则》规定,组织、策划或者实施危害国家安全的恐怖活动属于危害国家安全的其他破坏活动,这就为国家安全部门从事反恐怖工作提供了法律依据。(2)2006年《核出口管制条例》规定,如接受方出现核恐怖主义危险,国防科学技术工作委员会、商务部会同外交部等有关部门,有权做出中止出口有关物项或相关技术的决定,并书面通知海关执行;2007年《核两用品及相关技术出口管制条例》也授予商务部以中止、撤销已经颁发的出口许可证件的权力。(3)2007年《金融机构报告涉嫌恐怖融资的可疑交易管理办法》规定,中国人民银行及其分支机构对金融机构报告涉嫌恐怖融资的可疑交易的情况进行监督、检查。(4)2008年《对外援助成套项目管理办法(试行)》规定,商务部按成套项目管理有关规定,指导成套项目实施主体开展防范恐怖主义威胁工作。(5)2009年《武装警察法》规定,人民武装警察部队依法参加处置恐怖袭击事件,以此规范和保障人民武装警察部队履行反恐职责。

台湾地区的反恐怖工作主要是由台湾"行政院"牵头的。早在2003年,台湾"行政院"即开始设置相关专责机构,并通过"反恐怖行动法草案"作为执行工作之依据。2004年11月16日,台湾"行政院"正式颁布"反恐怖行动政策会报设置要点",由"行政院长"担任小组召集人,"秘书长"任督导官,其他各部会如"国家安全局""内政部""交通部""国防部""卫生署""经济部""财政部""法务部"等21位首长担任委员,由"行政院反恐办公室"担任秘书单位,协调、管考与整合有关反恐事项。此外,台湾"行政院"亦就个案性质的不同,设立反暴力恐怖、反生物恐怖、反毒化物恐怖等7个小组,协调不同的部门实施分工。[2] 2007年8月16日,台湾"行政院"召开国土安全政策会议,将"反恐办公室"改组为"国土安全办公室",其职能扩大为国境安全维护、灾害防救应变、基础建设防护及反恐维安等相关事宜。在

〔1〕 参见邓科:《中国反恐全方位启动》,载《南方周末》2002年11月21日第A.3版。

〔2〕 参见台湾地区"行政院反恐怖行动管控办公室":《强化危机管理,确保"国土"安全》。

机构改革方案中，台湾还考虑设立“内政及国土安全部”，以整合民政、户政、兵役、出入境及移民、警政、消防、海巡、空中勤务等多个职能。[1] 在台湾地区“反恐怖行动法草案”中，明确规定了反恐怖行动主体及其职责：一是台湾“行政院反恐怖行动小组”。为防制恐怖行动，台湾“行政院”应召集“政府”相关部门成立“行政院反恐怖行动小组”；其组织、任务及相关业务事项，由台湾“行政院”定之。恐怖行动发生或有发生之虞时，执行治安、查缉及防护等措施之各级“政府”相关部门，应受“行政院反恐怖行动小组”之指挥。恐怖行动发生或有发生之虞，而造成灾害或可能造成灾害时，各级“政府”应依灾害防救法相关规定启动灾害防救机制，并受“行政院反恐怖行动小组”之指挥。二是台湾“国家安全局”。负责统合协调反恐怖情报信息之搜集及处理，并应将国际间已认定之恐怖组织、恐怖分子，或疑为恐怖组织或恐怖分子之信息，及其他必要之情报信息，适时提供台湾“行政院反恐怖行动小组”“情治机关”及相关权责单位；各该机关或单位对台湾“国家安全局”所提供之恐怖行动情报资料应予保密，非经其同意不得公开。各“情治机关”应主动针对国内、外恐怖行动搜集相关情报资料，适时送交台湾“国家安全局”；其他“政府”机关搜获涉及恐怖行动之相关情报数据者，除依权责处理外，应即送交台湾“国家安全局”。三是台湾“国防部”。台湾“国防部”应就部队能力，适度编组整备，支持反恐怖行动。

（三）预防措施

在中国海峡两岸的反恐立法中，采取了行业防范、边境防范、人员防范和资金物品防范相结合的模式，构建了防治恐怖主义的立体格局。就专门预防措施而言，海峡两岸均集中于对涉恐资金和人员的管控方面。

中国大陆的相关立法主要涉及出入境管理和反洗钱领域。一是出入境管理。1994 年《外国人入境出境管理法实施细则》规定，被认为入境后可能进行恐怖、暴力、颠覆活动的外国人，不准入境。公安部 2007 年《普通护照和出入境通行证签发管理办法》规定，当毗邻国家的边境地区发生恐怖活动等情形的，公安部可以暂停或者终止边境地区公安机关出入境管理机构为非边境地区公民签发出入境通行证。二是反洗钱。2006 年《反洗钱法》明确规定，对涉嫌恐怖活动资金的监控适用该法，在中华人民共和国境内设立的金融机构和按照规定应当履行反洗钱义务的特定非金融机构，应当依法采取预防、监控措施，建立健全客户身份识别制度、客户身份资料和交易记录保存制度、大额交易和可疑交易报告制度，履行反洗钱义务。由于“反恐融资”是反洗钱整体工作的一个组成部分，2007 年《金融机构报告涉嫌恐怖融资的可疑交易管理办法》对相关任务进行细化：金融机构应当将涉嫌恐怖融资的可疑交易报告报其总部，由金融机构总部或者由总部指定的一个机构，在相关情况发生后的 10 个工作日内以电子方式报送中国反洗钱监测分析中心。

台湾地区的金融业发达，国际人员流动较为频繁，故有必要采取有效的预防措施。2003 年，台湾地区通过了“洗钱防治法”修正案，增设第 8 条之一的“冻结不法资金”与第 12 条之一的“没收分享”特别条款，以直接冻结恐怖分子的金融资产，与国际社会共同打击恐怖金

---

〔1〕 参见寇立研：《解密台湾“国土安全办公室”》，载《新华网》2009 年 3 月 23 日。

融犯罪。[1] 台湾地区2003年“入出国及移民法”规定，无户籍“国民”有参加暴力或恐怖组织或其活动者，应不予许可或禁止入境。侨居“国外”之“国民”兼具有外国国籍未曾于台湾地区设有户籍，有上述情况者，得不予许可或禁止入境。此外，台湾地区“反恐怖行动法草案”建构了较为完备的反恐怖预防措施：(1)截听、阻断或限制通信。为避免恐怖行动的危害，而有监察国际间已认定恐怖组织、恐怖分子之必要者，得由“国家安全局局长”核发通信监察书。(2)保存与提供电信资料。有事实疑为恐怖分子利用网路从事恐怖行动时，电信事业应依“治安机关”之要求，就特定范围之网际网路地址，保存及提供网际网路跨境连线通信记录。(3)扣留与冻结涉恐财物。有事实疑为恐怖分子所使用作为从事恐怖行动之动产、不动产或其他财产，有关部门为防制恐怖行动之发生认有必要时，得为扣留或禁止处分之命令。(4)冻结涉恐交易。有事实疑为恐怖分子利用账户、汇款、通货或其他支付工具从事恐怖行动者，有关部门得申请法院指定6个月之期间，对该笔从事恐怖行动交易之财产为禁止提款、转账、付款、交付、转让或其他相关处分之命令。

(四)应急处置

中国海峡两岸关于应急处置的立法缺乏特殊性，并非专门针对恐怖袭击或反恐怖行动所制定，其内容以管制措施和临时限制措施为主。大陆的相关立法主要包括《中华人民共和国戒严法》和《中华人民共和国突发事件应对法》等。《中华人民共和国戒严法》侧重于应对制造社会动乱、暴乱或者严重骚乱的恐怖事件，负责戒严的人民警察或军事力量有权实施新闻管制，通信、邮政、电信管制，武器、弹药、危险物品管制，临时征用等特殊措施，具有浓郁的强制色彩；《中华人民共和国突发事件应对法》则侧重于辅助性、恢复性的处置措施，涵盖了预防与应急准备、监测与预警、应急处置与救援、事后恢复与重建等内容，建立了较为完备的应对体系。

台湾地区的“反恐怖行动法草案”授予相关部门以应急处置权：一是通信管制权。为处理重大恐怖攻击事件之需要，避免人民遭受紧急危难，“国家安全局局长”得命阻断或限制相关通信。二是强制调查权。有事实疑为恐怖分子者，“治安机关”为查证其身份，于必要时得将其带往勤务处所查证。如遭抗拒时，得使用强制力。三是搜查权。有事实疑为恐怖分子置放供从事恐怖行动器物之处所，或供恐怖分子搭乘、使用之车、船、航空器或其他交通工具，“治安机关”于必要时得检查之。四是进入权。为防止恐怖行动之发生，有事实疑为恐怖分子所在之住宅、建筑物或其他处所，“治安机关”于人民之生命、身体、财产受有迫切危害之虞，非进入不能救护或防阻者，得进入检查。

(五)刑事制裁

虽然反恐法治应当包含多个法律领域，但由于恐怖主义往往表现为最严重的罪行，因而刑事法治在海峡两岸均扮演了重要的角色。相比较而言，中国大陆更为重视刑法在反恐怖治理中的作用，以刑法修正案或司法解释文件增设了专门规定：一是引入基础概念。以往，

---

[1] 参见廖万里：《我国台湾地区反恐立法要论》，载赵秉志主编：《中国反恐立法专论》，中国人民公安大学出版社2007年版，第377页。

中国大陆仅仅是通过外交声明、领导人讲话等形式对恐怖主义进行谴责,在刑法中引入"恐怖活动犯罪"等概念之后,不仅能够对恐怖主义做出政治评价,而且将其上升为独立的犯罪类型,突出了刑事违法性的特征。二是严密罪名体系。中国大陆通过增设罪名,强化了刑法在惩治恐怖活动犯罪方面的作用。除了在刑法典分则第二章"危害公共安全罪"中增设第120条组织、领导、参加恐怖组织罪和第120条之一资助恐怖活动罪两个专门罪名外,还在其他章节中规定了大量能够发挥反恐职能的罪名,如爆炸罪、洗钱罪、传播虚假恐怖信息罪、投放危险物质罪、劫持航空器罪等。三是增强处罚力度。主要表现在综合运用多种刑罚手段惩治恐怖活动犯罪,对各项罪名根据其情节、后果等规定了不同的量刑幅度,以及数罪并罚的特殊规定。四是设置特别程序。对于组织、领导、参加恐怖活动组织案件,律师提出会见犯罪嫌疑人的,侦查机关应当在5日内安排会见,从而与普通案件的48小时期限形成了差别。

台湾地区现行规定并没有专门防治恐怖主义的条款,而是由普通罪名发挥了反恐职能。这些罪名散见于其"刑法典"第7章"妨害秩序罪"、第11章"公共危险罪"、第22章"杀人罪"、第23章"伤害罪"之中。例如,台湾地区"刑法典"第151条规定了"恐吓公众罪",行为人以加害生命、身体、财产之事恐吓公众,致生危害于公安者,处2年以下有期徒刑。台湾地区还于1996年通过了"组织犯罪惩治条例",规定了发起、主持、操纵、指挥、资助犯罪组织者的刑事责任,设置了特殊的刑罚减免事由,以及举报奖励、证人保护等内容。尽管该条例主要是应对黑道犯罪和"黑金政治",但其亦能够适用于对恐怖组织的防治。[1] 此外,台湾地区"反恐怖行动法草案"不以刑事法内容为主,但也存在关于犯罪和刑罚的特别条款。该草案规定,从事恐怖行动者,处死刑、无期徒刑或10年以上有期徒刑,并且处罚该罪的未遂犯和预备犯;参加恐怖组织者,处5年以上有期徒刑,得并科新台币1亿元以下罚金;资助恐怖组织者,处1年以上7年以下有期徒刑,得并科新台币1千万以下罚金。该草案还设定了特殊刑罚减免事由,以体现刑事政策之灵活运用。例如,行为人犯该法之罪自首,并提供相关资料供调查,因而查获其他恐怖组织、恐怖分子或因而防止恐怖行动之发生者,减轻或免除其刑;于侦查或审判中自白,并因其自白而查获其他恐怖组织、恐怖分子或因而防止恐怖行动之发生者,减轻其刑。

四、两岸反恐立法发展之展望

自"9·11"事件发生后,海峡两岸均已加快了反恐立法的步伐,然而,虽经过较长时间的调研论证,两岸专门的反恐法仍均未获得通过。这表明,在预防和惩治恐怖主义这个重大课题面前,海峡两岸的法制建设还存在一些困惑和滞后。为此,笔者对海峡两岸反恐立法的发展做出如下展望:

(一)确立适度超前的立法观念,制定专门反恐法

经验立法是反恐立法的重要指导思想,它反映了立法者对反恐怖斗争的慎重态度。毕

---

〔1〕 参见黄华生:《台湾地区反黑刑事"立法"》,载《台湾研究集刊》2008年第1期。

竟,反恐法是一部动用最优势之公权力打击恐怖分子的法律,稍有不慎就可能严重损害公民权益,造成社会的动荡不安。据此,反恐立法理应建立在一些成熟经验的基础之上,稳步推进。但是,绝对的经验立法也存在很大的局限性和片面性,其直接后果就是缺乏足够的前瞻性。近年来,恐怖主义不断以新的形式呈现在世人面前,可以说,我们在反恐怖斗争中面对的都是新问题、新局面,这就需要引入适度超前的立法观念,而不是在恐怖袭击造成混乱和巨大损失后亡羊补牢。所谓适度超前,是指立法者根据恐怖主义的发展趋势和客观规律,对已经出现和将要出现的趋势进行全方位、多维性的分析研究,使已经出现和将要出现的新型恐怖活动一开始就纳入法律的打击范畴。如果过分强调"先实践后立法""先政策后立法"的传统立法模式,将立法视为对过去经验的机械表述和总结,那么立法工作就会处于被动落后状态,既不能适应反恐法治发展的需要,也不能应对恐怖主义这一非传统性的安全威胁,并造成人力、财物及时间上的较大浪费。

尽管海峡两岸均存在发挥反恐职能的法律法规,但是,除少数零散条款外,海峡两岸的专门反恐立法均几乎处于空白状态。有关部门在工作中按照分散的法律、法规来执法,而这些法律、法规已不能完全适应新形势的需要。应当说,人们对法律是否尊敬,不仅有赖于它所规定的人们行为的种类,而且取决于法律本身所采取的形式。[1] 近年来,越来越多的国家和地区树立了适度超前的立法观念,通过了专门法以促进反恐怖斗争的开展。在中国,香港特别行政区已于2002年通过了《联合国〈反恐怖主义措施〉条例》,并于2004年进行修正;澳门特别行政区也于2006年通过了《预防及遏止恐怖主义犯罪法》。为此,海峡两岸应正确地认识经验与理性的关系,使立法既植根于现实社会,又对局势发展作出科学预测,尽快制定专门反恐法,使其在保障、推动反恐怖斗争中起到重要作用。

(二)科学界定基础概念,兼顾中华特色与国际趋势

恐怖主义本身具有突出的复杂性,这就为反恐立法中的相关概念界定带来了不可避免的重大困难。鉴于对基础概念的界定难度较大,在学术界出现了一种"概念否定论"的倾向。[2] 我们认为,概念界定不仅指引着公权力在反恐怖斗争中的走向,而且能够对其予以规范和限制,因而必须予以明确。尽管国际社会没有形成统一、权威的"恐怖主义"概念,但是,不能因为在立法技术上存在困难,就否定概念界定之必要性。

就反恐立法的概念界定而言,笔者认为,应着重从两方面考虑:一方面,概念界定应从海峡两岸的实际出发,不能简单移植西方国家的相关规定。对一个概念下定义的任何企图,必须要将表示该概念的这个词的通常用法当作它的出发点。[3] 中华文明是海峡两岸永远的

---

〔1〕 参见[英]彼得·斯坦、约翰·香德:《西方社会的法律价值》,王献平译,中国人民公安大学出版社1990年版,第70页。

〔2〕 如有学者指出,从各种可能被界定为恐怖主义的行为模式来看,无论是劫机、海盗、绑架、爆炸等,在国内法或国际法中都有具体的刑法规范,因此其中所欠缺的不是对恐怖主义行为之重新定义,而是如何有效执行刑法之实践,否则可能面临定义不清,或是过度宽松,国内法及国际法不一致等问题,因而与其尝试建构一全新的恐怖主义行为定义,不如确实实践既有之法律规范。廖福特:《是共存、非冲突—欧洲理事会如何平衡打击恐怖主义与人权保障》,载台湾《月旦法学杂志》2006年第5期。

〔3〕 参见[奥]汉斯·凯尔森:《法与国家的一般理论》,沈宗灵译,中国大百科全书出版社1996年版,第4页。

纽带，海峡两岸在语言、文字等文化传统上一脉相承。“恐怖”一词在中国古已有之，《三国志·魏管辂传》中就曾记载：“此郡官舍，连有变怪，使人恐怖”，此处的“恐怖”意为“极度恐惧”。在数千年的语言演变中，“恐怖”的词意并未发生大的变化，现代汉语中“恐怖”仍是指由于受到威胁而引起的害怕心理。[1] 因此，反恐立法的概念界定既要准确体现其特殊危害性，也要符合通常的汉语习惯。另一方面，现代恐怖主义具有鲜明的国际性特征，海峡两岸的反恐立法亦不能与国际趋势相违背。综观世界主要国家和地区的反恐立法，尽管其基础概念的形式和内容虽各具特色，但也存在一定的共同之处，甚至具备某种规律性。[2] 对于发达国家成熟的立法经验，我们应予以借鉴、吸收和发扬，无论是共性内容或特色规定，都可以实际情况为标准进行选择和取舍，这既能够促进反恐法治建设，又有利于建构严密的全球反恐法网。

（三）合理创设反恐措施，注重保障公民权利

权力与权利的协调和平衡是实现反恐法治化的重要评判标准，也是实现公平、正义法律价值的重要途径。对权利保障的过分强调，必然有损反恐斗争的效率，导致公共秩序的衰落；而权力的恣意与膨胀，必然意味着对公民权利的损害。如何设计和评估各项反恐措施，是海峡两岸反恐立法面临的共性问题。

国际反恐怖斗争的经验告诉我们，当前恐怖袭击的规模和范围都已达到前所未有的程度，甚至存在使用大规模杀伤性武器的可能性。“东突”势力更是形成了跨国恐怖网络，并利用现代通信技术和运输设备，将其资金掩藏于其他国家之内而不易被侦测发觉。如果在日趋复杂的反恐局势下，还以权利保障为名弱化对社会的必要控制，将会造成不堪设想的后果。因此，必须创设迅速、有力之措施，确保反恐怖斗争的顺利开展。从纵向看，反恐措施要涵盖预防、处置、制裁、恢复等环节，避免有所疏漏；从横向看，反恐措施要兼顾人员、社团、资

---

〔1〕 参见《新华词典》，商务印书馆 1987 年版，第 478 页。

〔2〕 对 39 个国家和地区反恐法中“恐怖主义行为”概念进行量化分析，能够发现其中存在较多的共性要素。这些国家和地区分别是：美国、澳大利亚、阿塞拜疆、巴基斯坦、加拿大、哥伦比亚、丹麦、英国、埃及、菲律宾、印度、印度尼西亚、约旦、韩国、卡塔尔、吉尔吉斯斯坦、蒙古、摩洛哥、新西兰、俄罗斯、南非、塞内加尔、土耳其、突尼斯、泰国、特立尼达和多巴哥、塔吉克斯坦、乌干达、乌兹别克斯坦、乌克兰、白俄罗斯、法国、奥地利、西班牙、芬兰、新加坡，以及中国香港特别行政区、澳门特别行政区和台湾地区。

概念要素	出现频率（%）
意图恐吓公众或部分公众	82.1
意图要挟政府（国家机关）实施或不实施行为	74.4
意图要挟国际组织实施或不实施行为	35.9
实现政治、宗教、民族等目的	33.3
意图危害公共安全	33.3
意图破坏国家、社会的基本秩序	25.6
暴力手段	100
其他破坏手段	84.6
威胁手段	87.2

参见杜邈：《反恐刑法立法研究》，法律出版社 2009 年版，第 98 页。

金、信息、危险物品、情报等内容，并根据局势的不同各有侧重。

应当说，在反恐立法中突破现行法律框架，强化某些措施是必要的，这也是基于维护社会安全与稳定的考虑。但是，现代政治的理论与实践表明，权力具有自我扩张和膨胀的特性，它总是倾向于扩大自己的边界以实现更大范围内的支配。如果赋予强力部门以不受约束的权力，虽然短期内达到了快速、高效之目的，但长远看来，势必极大地损害公民的合法权利，并且也会影响整个反恐怖斗争的成效。从这个意义上看，在反恐立法中充分注意贯彻人权保障原则，理应成为打击恐怖主义的最高价值追求。据此，反恐措施的设置必须依法、合理、有效；执法人员的权力与责任必须明确和适当；相关法律条文的表述必须清晰；同时必须对相应的代价进行理性而审慎的评估，这也是反恐立法需要冷静把握的。

（四）以完善法治为契机，拓宽两岸反恐合作渠道

恐怖主义具有跨地域性之显著特征，海峡两岸亦具有反恐合作的迫切需要与广阔前景。有确凿证据表明，中国大陆2009年的新疆“7·5”事件是由“世界维吾尔大会”精心组织策划的，暴徒们以无辜平民为侵害对象，制造广泛的社会恐慌，具有鲜明的恐怖主义色彩。2009年9月25日，台湾地区宣布拒绝“世界维吾尔大会”主席热比娅入境，其理由是热比娅所处的“世界维吾尔大会”秘书长多里坤、艾沙为国际刑警组织所发布的恐怖分子，台湾地区不希望因为热比娅来台，给其带来恐怖组织阴影，因而决定依“入出国及移民法”第18条规定，外国人“有危害‘我国’利益、公共安全或公共秩序之虞”，“移民署”得禁止其入境，拒绝核发签证。[1] 尽管该事件属于个案，尚缺乏明确、稳定之反恐法基础，但也表明了恐怖主义是海峡两岸的共同敌人。

和平发展是两岸关系发展的主题，也是两岸同胞共同为之奋斗的目标，而恐怖主义无疑会对两岸的和平发展造成严重危害。我们建议，在海峡两岸的反恐立法中，应注重为多渠道的反恐合作提供法治平台，包括刑事司法协助，涉恐资金的监测、冻结，危险物品管控，海洋、大陆架平台的安全防护，恐怖组织、恐怖分子的认定乃至情报交流等。中共中央总书记胡锦涛曾经指出：“促进正式结束两岸敌对状态、达成和平协议，是‘两岸和平发展共同愿景’提出的目标，已经成为两岸双方的重要主张。两岸可以就国家尚未统一的特殊情况下的政治关系问题、建立两岸军事安全互信机制问题进行务实探讨。”[2]根据该精神，海峡两岸可以完善反恐立法为契机，加强关于反恐问题的协商。双方可以以先由初级形式开始接触，积累经验，以逐步破解难题；如双方存在分歧，可先以联合国安理会认定之恐怖组织、恐怖分子为突破口，或以国际反恐公约为蓝本，逐步扩大合作的范围。

五、结语

在现代社会中，以法治手段预防和打击恐怖主义是一种更长久、更稳妥的方式。在法治的框架下，政府能够集中力量惩治恐怖主义活动；公民的合法权利能够得到充分维护；国际

---

〔1〕 参见《台湾宣布禁热比娅入境　涉恐怖组织》，载《中国评论新闻网》2009年9月25日。

〔2〕 参见《胡锦涛就进一步推动两岸关系发展发表六点意见》，载《中国新闻网》2009年5月26日。

间能够展开富有成效的反恐刑事司法合作，进而消除恐怖主义产生的根源与土壤。当然，恐怖主义具有较强的政治和意识形态色彩，由于历史的原因，海峡两岸在许多制度上存在差异，对反恐问题的看法不尽相同。

但是，恐怖主义意图制造广泛的社会恐惧感，将无辜公民作为工具来实现其最终目的，正是对人类伦理观念和共同价值观的严重践踏。海峡两岸同根同源，对于恐怖主义这一“人类公敌”的态度是一致的。无论恐怖主义基于何种冠冕堂皇的借口，都是对人权最严重的侵害，都无法改变其反人类、反社会之特质。人道主义要求永远把人类当作一种目的而绝不是一种手段来对待，[1]这也应当成为两岸反恐立法的共同价值。

我们相信，随着两岸交流合作的日益增多，两岸反恐立法的相互借鉴和共同进步势必得到长足的发展，这不仅有利于海峡两岸的和平与稳定，更是中华民族共同促进人类社会文明的积极举措。

---

〔1〕 参见[英]米尔恩：《人的权利和人的多样性——人权哲学》，夏勇译，中国大百科全书出版社1995年版，第178～179页。

关于两岸合作惩治海上犯罪的初步研讨*

目　次

随着海峡两岸交往的不断发展,两岸合作惩治与防范台湾海峡海上犯罪的问题,正日益得到两岸当局、司法机构以及法学界的关注。本文拟对此问题作一初步探讨。

一、两岸合作惩治海上犯罪的意义

(一)两岸合作惩治海上犯罪的必要性

随着近年来海峡两岸关系的缓和与两岸交往的逐步发展,两岸渔民在台湾海峡的海上并肩作业,时常以同胞同行之情谊相互帮助救助,使联结台湾与大陆东南沿海地区的台湾海峡的气氛日趋祥和,成为两岸交往良性发展的一个组成部分。但是,一个时

---

* 原载《法学研究》1992 年第 3 期;又载《台湾法研究学刊》1992 年第 1 期;中国人民大学《复印报刊资料·法学》1992 年第 11 期转载;收入黄进、黄风主编:《区际司法协助研究》,中国政法大学出版社 1993 年版。

期以来,海峡两岸以及其他一些国家和地区的不法之徒,在台湾海峡猖狂地进行走私和抢劫渔民等犯罪活动,威胁台湾海峡的祥和气氛,侵犯两岸的人民利益与社会秩序,危害两岸交往关系的良性发展。台湾海峡走私、抢劫等海上犯罪活动的特点及其危害,给海峡两岸的有关方面提出了合作惩治海上犯罪的要求。

其一,这是有效惩治和防范海上犯罪的需要。近年来台湾海峡的海上犯罪活动,从犯罪分子看既有两岸的,又有其他国家和地区的;从犯罪实施地看既有两岸分别所辖的海域,又有两岸海域间的公海。加上两岸当局目前隔离的现状以及两岸有关方面查处海上犯罪的工作缺乏沟通和互助这些复杂的情况和原因,给海峡两岸各自单方面地查处海上犯罪活动带来很大的困难,从而影响了对海上犯罪有效的惩处与遏制。面对台湾海峡海上犯罪的复杂情况,惟有海峡两岸有关方面在达成共识的基础上,对海上犯罪共同采取查处行动,相互配合与密切合作,才能真正实现对海上犯罪有效的打击和防范。

其二,这是两岸当局切实保护两岸人民利益和两岸各自社会秩序的需要。目前台湾海峡的海上犯罪,主要表现为走私罪和抢劫罪。就海上走私犯罪的情况来看,向两岸走私的案件均有,但主要表现为台湾船只向大陆走私的案件;就海上抢劫犯罪的情况来看,两岸的渔船渔民均有被抢劫的,其中台湾渔船渔民被抢劫的案件似更突出一些。但是,在台湾海峡所发生的走私、抢劫等海上犯罪,不管犯罪实施者是此岸的、彼岸的还是其他国家和地区的,不管犯罪直接侵犯的是此岸人民、社会还是彼岸人民、社会,都应当是两岸人民和两岸当局所共同反对的;〔1〕两岸有关方面合作惩治海上犯罪,实乃两岸人民和两岸当局的共同利益之所在。

其三,这是维护和促进海峡两岸间交往关系良性发展的迫切要求。海峡两岸间由于历史的原因,彼此敌对、隔绝了近40年。两岸关系的这种不正常状况,给中华民族的繁荣昌盛和两岸人民的利益,带来了相当不利的影响。在两岸当局和民众的共同努力下,近年来两岸关系逐渐缓和,两岸人民交往逐步发展。两岸当局和各个方面没有任何理由来阻碍和损害两岸关系的良性发展。海上犯罪活动直接威胁台湾海峡祥和气氛,损害两岸人民的交往情感;两岸有关方面对海上互涉犯罪活动若予以各行其是的处理,则更有可能酿成直接严重损害两岸良性交往的政治事件。对此种危险性两岸一些有识之士已有所认识和警告,再结合到近年来台湾有关方面对"鹰王号"事件、"七·二一闽狮渔"事件、"九·四闽平渔"事件和"十·四闽连渔"事件〔2〕等的不当处理,应当说这种忧虑并非杞人忧天。鉴此,两岸有关方面也应当以两岸交往的大局为重,积极建立合作惩治海上犯罪的关系,将对海上突发性互涉犯罪事件的处理纳入司法运作渠道并予以彼此的沟通、配合与支持。

(二)两岸合作惩治海上犯罪的可行性

首先,两岸都坚持一个中国的政治立场,两岸与人民都赞同两岸已经开始并且正在逐步

---

〔1〕 我国大陆有关方面曾一再阐明反对任何海上犯罪行为和维护两岸人民利益的态度。参见《人民日报》(海外版)1991年7月23日;《法制日报》1991年9月28日。

〔2〕 参见《法制日报》1991年7月7日;1991年9月1日;1991年9月15日;1991年10月9日。

发展的交往关系。这种共同的政治立场和两岸交往的现状及其发展需要,为两岸合作惩治海上犯罪,提供了必要的基础条件。因为一国不同区域间发生的互涉犯罪问题,当然需要也可以通过双方有关方面的协商与合作解决。

其次,两岸合作惩治海上犯罪,符合两岸当局及有关方面已经表达的共同愿望。从大陆方面看,早在1990年9月,国务院台湾事务办公室发言人就在针对当时台湾海峡发生的台湾渔民被抢劫事件所发表的谈话中,申明了大陆方面关怀台湾渔民的正当权益和反对任何海上犯罪行为的立场,并提出了"和台湾有关方面合作,共同维护台湾海峡海上治安和正常秩序"的建议;1991年5月,台湾"海峡交流基金会"秘书长陈长文率团到大陆访问时,国务院台湾事务办公室又向台湾方面阐明,希望双方能建立共识,合作打击台湾海峡海上抢劫、走私等犯罪活动;1991年7月6日,海关总署发言人就同年6月13日发生的厦门海关6位关员在查缉走私船时被台湾军舰拦截带往台湾一事发表谈话时,也呼吁两岸有关方面进行合作,共同打击台湾海峡的走私活动;[1]1991年9月25日,中共中央台湾工作办公室副主任唐树备又致电台湾有关方面,建议两岸有关方面立即就合作打击台湾海峡海上走私、抢劫问题进行具体商谈。[2] 从台湾方面看,其"海基会"1991年4月25日接受"行政院大陆委员会"的委托,办理涉两岸的有关纠纷处理及犯罪防制等19项业务,犯罪防制方面即包括了走私和海盗之防制;[3]1991年6月底,台湾"行政院大陆委员会"主任委员黄昆辉表示了两岸应合力打击台湾海峡海上犯罪的意见;[4]台湾"海基会"在1991年5月和7月两次访问大陆时,也同大陆有关方面谈及了两岸合作打击海上犯罪的问题;针对1991年7月21日中共中央台湾工作办公室主任王兆国提出的两岸商谈合作打击海上犯罪的建议,台湾"行政院大陆委员会"主任委员黄昆辉、副主任委员马英九也认为是"良性回应",表示"陆委会"应作进一步研究;[5]1991年9月25日,台湾"行政院大陆委员会"与有关部门开会研商,决定成立了"两岸共同防制犯罪专案小组",并拟由该小组研拟出台方整体立场后,再授权"海基会"与大陆有关方面就两岸共同打击犯罪作初步接触。[6] 可见,两岸合作惩治海上犯罪,也是两岸当局及有关方面的共同要求。

最后,两岸合作惩治与防范海上犯罪,也符合两岸警方和司法机构协作互助关系发展的实际需要与趋势。在两岸已经开始交往的相当长一个时期里,由于台湾官方坚持不与大陆官方接触的原则,以致两岸警方和司法机构本应进行的协作互助未能进行。例如,大陆警方在拘捕到被台湾警方通缉的杀人嫌疑犯杨明宗后,曾采取多种措施与台湾警方联系遣返该犯之事而未获成功,后根据杨明宗还犯有伪造新加坡护照的罪行,通过新加坡警方的从中联系,大陆警方于1989年4月21日将杨明宗押送到新加坡,再由台湾警方由新加坡将其押回

---

〔1〕 参见《人民日报》(海外版)1991年7月8日。
〔2〕 参见《法制日报》1991年9月28日。
〔3〕 参见台湾"中央日报"1991年4月26日。
〔4〕 参见台湾《联合日报》1991年6月30日。
〔5〕 参见台湾《联合报》1991年7月22日。
〔6〕 参见台湾《联合报》1991年9月26日。

台湾受审。后来随着两岸交往的进一步发展,面对纷繁复杂的两岸互涉刑事案件两岸警方、司法机构以及有关方面均日益感到双方进行司法协作和互助的迫切需要,因而开始逐步致力于通过必要的途径和形式建立与发展协作互助关系。例如,1990年9月中旬,海峡两岸红十字会组织经过在金门商谈,就在海上互相遣返偷渡者、刑事嫌疑犯或刑事犯达成了协议。1990年10月8日,根据上述金门协议,两岸间实施了第一次海上遣返工作,将55名私自渡海入台湾的大陆居民送回到大陆。[1] 在北京盗窃334万美元汇票的吴大鹏作案后潜逃至台湾,根据上述金门协议,台湾警方于1990年10月9日将吴大鹏遣返大陆。[2] 两岸间直接遣返刑事案犯的实践,为两岸警方和司法机关合作打击刑事犯罪开辟了新的前景。

二、两岸合作惩治海上犯罪的原则

海峡两岸均为中国的组成部分,但目前海峡两岸又有着不同的政治社会制度和法律制度,因此,惩治台湾海峡的海上犯罪才需要两岸有关方面的合作;也正因为两岸的政治社会制度和法律制度不同,再考虑到两岸近40年实际隔离的状况及近年来两岸有关方面处理海上刑事案件的经验教训,为使两岸惩治海上犯罪的合作关系得以建立并正确实施,两岸有关方面须首先对此问题寻求一些基本共识,换言之,需要确立一些原则。

笔者初步考虑,以下各项可以作为两岸合作惩治海上犯罪时应注意坚持的原则:

(一)一个中国的原则

在两岸合作惩治海上犯罪的过程中坚持一个中国的原则,首先要明确,台湾海峡涉两岸的犯罪案件,是一个国家内部两个不同法域的有关方面所面临和要解决的刑事问题,而不是不同国家之间的法律问题。在此基础上,当两岸需要互相遣送海上犯罪之罪犯、嫌疑犯时,就不能采取国家间引渡罪犯的形式和途径,而应用一个国家内部不同区域间遣送罪犯的形式和途径;在两岸有关警察、司法机构查处对岸之海上罪犯时,不能将案犯作为外国人而适用涉外刑事诉讼程序,而应将之作为本国犯罪嫌疑人来适用法律程序。在此岸罪犯已受彼岸刑事制裁情况下,此岸司法机构就应当适当地考虑给彼岸的司法适用以一定程度的承认,不宜因强调“司法主权”而不理会案犯已受彼岸刑事制裁的实际情况。

(二)公正合理的原则

海峡两岸双方在合作惩治海上犯罪时,应以维护公正合理为原则,否则就会失去两岸合作打击海上犯罪的意义。所谓公正合理,就是在两岸有关机构惩治海上犯罪时,应当客观地、不带任何偏见地考虑海上犯罪行为对两岸人民与社会的危害及其惩治防范的实际需要;应当合理地划分两岸对海上犯罪管辖的范围和解决两岸间犯罪分子、犯罪嫌疑人的遣送;应当平等地维护两岸人民的正当权益;应当同样地惩处两岸的海上犯罪分子。

(三)互相协调的原则

海峡两岸的刑事司法制度和刑事法律的具体内容存有诸多的差异,两岸现阶段又各有

---

〔1〕 参见《法制日报》1991年10月9日。

〔2〕 参见《法制日报》1990年10月11日。

其本身的司法管辖区域;在台湾海峡中,除两岸各自的领海区域外,又有着公海区域。而海上犯罪活动发生的海域多种多样,犯罪发生后犯罪分子又可以进入公海或者另一方的海域,这种种复杂的情况,就给两岸合作打击海上犯罪带来了一系列的难题。因而两岸合作惩治海上犯罪活动,必须特别注意互相协商。

(四)坚持司法运作、排斥军方介入的原则

现代法治社会要求犯罪问题的司法运作,即对犯罪活动和犯罪分子的查处职能只能由警察、检察、审判等执法机构来承担,并根据刑法、依照刑事诉讼法的程序来进行两岸合作惩治海上犯罪的任务,也只能由两岸的执法机构(包括海关、警方、检控机构和审判机关)来承担,并依照法定的程序予以司法运作,而不能允许其他部门和方面介入。这是两岸有效地合作和正确地惩治海上犯罪活动的一个重要的前提条件。

从已有的实际情况看,关于两岸合作惩治海上犯罪,应当特别注意禁止军方的介入。这不但是因为查处海上犯罪系司法运作,属于有关执法机构的职能活动,因而从部门性质上看军方不应介入司法运作,不应具有缉捕犯罪分子的职能与权限;而且更是因为一个时期以来台湾军方介入查处海上两岸互涉犯罪的事实已经充分证明,军方介入这种司法运作活动的效果是很不好的。例如,台湾军方为了对付所谓的海上"抢劫",几年来,在日渐显示祥和气氛的台湾海峡常常不问是非、不分青红皂白地频繁劫持扣押大陆的渔船渔民,破坏大陆渔船设备,殴打大陆渔民。仅福建省石狮市祥芝乡祥渔村,从1989年3月到1991年7月的两年多时间里,渔船便14次遭受台湾军方袭扰,全村共有31艘渔船曾被台湾军方强行劫持至台湾,300多名渔民曾遭扣押,造成的财产损失累计300多万元。[1] 其中第14次即1991年7月21日发生的"闽狮渔"事件,尤其明显地暴露出台湾军方介入之弊端,终至酝成了一件违反事实和法律、有损两岸关系、引起两岸严重关注的冤案和事件。对此,台湾军方首先具有无可推卸之责任。[2] 又如1991年6月13日,巴拿马籍"鹰王号"船因在台湾海峡向大陆渔船卸交走私香烟,被福建厦门海关缉私艇缉获。台湾军方在接到"鹰王号"谎报遭海盗抢劫后,出动舰艇赶到,但却不作调查,偏听偏信,将"鹰王号"船和已经登临该船执行缉私任务的厦门海关9名关员一起带至台湾。[3] 这样实际上非但不是打击反而是阻碍了打击海上犯罪。再如,1991年9月4日发生的台湾军方在海上殴打、掠夺福建省平潭县"闽平渔"2004号、2005号船渔民的暴行,更是一件赤裸裸的台湾军方人员涉嫌海上抢劫犯罪的事件。[4] 还有,1991年10月4日发生的"闽连渔"事件,与"七·二一闽狮渔"事件竟如出一辙。凡此种种,足以说明,最近一个时期以来,台湾军方一再介入台湾海峡的渔事纠纷,动辄出动军舰扣押大陆渔船渔民,殴打渔民,并进而导致了台湾有关方面将一般渔事纠纷作为刑事案件处理。可以说,台湾军方介入查处海上犯罪是弊多利少的,甚至可以说是有弊无利的。

---

〔1〕 参见《人民日报》1991年8月18日。

〔2〕 参见《法制日报》1991年9月1日,1994年9月4日第2版;《光明日报》1991年9月1日;台湾"中央日报"1991年8月31日。

〔3〕 参见《人民日报》(海外版)1991年7月8日。

〔4〕 参见《法制日报》1991年9月15日;1991年9月28日。

时常遭受台湾军方非法侵袭的大陆渔民,难免民心激愤,甚至希望能在海上得到大陆军方的保护,并在遭受台湾军方侵袭时得到大陆军方的救助。这自然是一种可以理解的情感。但大陆坚持从两岸关系良性发展的大局出发,理智地处理两岸交往中的各种问题,在处理海上互涉犯罪问题时,根本没有让大陆军方介入;甚至在大陆渔船渔民乃至海关缉私人员遭受台湾军方侵袭时,也采取克制态度而不让大陆军方介入,从而有效地避免了两岸发生严重冲突。试想,如果大陆军方也如台湾军方一样介入海上互涉犯罪的查处,并且当大陆方面的海上渔船渔民遭受台湾军方侵袭时予以必要的救助,那么两岸的军方在海上难免会发生不少冲突。两岸军方一旦这样冲突起来,台湾海峡还有祥和气氛之存在吗?两岸还能有正常且不断发展的良性交往关系吗?如此审识并后顾前瞻,台湾当局是否也应约束台湾军方并禁止其介入海上互涉犯罪之查处呢?

因此,在合作查处海上犯罪问题上,两岸当局和有关方面应当建立司法运作与排斥军方介入的共识,并将此作为两岸均应坚持的一项原则来贯彻。

三、两岸合作惩治海上犯罪的协议探略

如前所述,为了有效地惩治海上犯罪,维护两岸人民的正当权益及两岸的社会秩序,促进两岸交往的良性发展,海峡两岸的有关方面需要建立合作关系,而要使两岸惩治海上犯罪的合作关系得以实际建立并良性发展,两岸有关方面或者经授权的团体、人士,就应当尽早就两岸合作惩治海上犯罪活动问题展开专门的商谈,并及时达成合作协议。

笔者初步考虑,海峡两岸惩治海上犯罪的合作协议,主要应当包含和明确以下内容:

(一)应明确两岸合作惩治海上犯罪之范围

开始交往以来,两岸互涉的刑事案件既有发生在台湾海峡海上的,又有发生在两岸陆地上的,案件种类更是形形色色,多种多样。随着两岸关系的日益改善,两岸合作惩治犯罪也必将有一个理想的广阔前景。但是在目前,两岸合作惩治犯罪范围的确定,应当首先集中于当前危害严重,突出影响两岸正常交往的海上犯罪,选择其中几种两岸具有惩治共识的犯罪进行合作惩治,以解决当前的突出矛盾和棘手问题,并且将之作为两岸合作惩治犯罪的试点,注意在此基础上总结经验教训和不断完善,为将来两岸惩治犯罪的全面合作奠定必要的基础。由此出发,分析近年来台湾海峡发生的互涉刑事案件,虽然种类多样,但走私和抢劫这两种犯罪活动最为猖獗且占很大的比重,而且这两种犯罪活动也正是两岸刑事法律均予以惩处且是作为重罪严惩的。因此,大陆有关方面多次主张两岸目前合作惩治的海上犯罪之范围应为走私罪和抢劫罪,[1]可以说这是符合目前两岸合作惩治犯罪之迫切需要的,也具有实际的可行性。

(二)应明确两岸合作惩治海上犯罪的主体

根据两岸这种合作的特殊性质及其打击对象,此项活动的主体即两岸的参加方面,在海上的侦缉、拘捕活动应由两岸经特别授权的警方、海关机构承担,要坚决排斥军方的介入;此

---

〔1〕 参见《法制日报》1991年7月22日;1991年9月28日。

后的检控、审判活动，应由依法对案件有管辖权的两岸有关检察、审判机构承担。

（三）应明确合作协调机构与管道

两岸合作惩治海上犯罪，需要有双方在协商基础上建立起来的合作协调机构与管道，这样才能将两岸的合作活动纳入正常的轨道，并保证及时以妥当的方式处理突发事件，避免和消除歧见与误会，协调双方的认识、政策与措施。

（四）应适当区分两岸惩治海上犯罪的分工范围

两岸合作惩治海上犯罪是以分工为基础的，因而分工明确和适当是必要的前提。鉴此，合作协议中应当本着一个中国和有效地惩治与防范海上犯罪的原则，考虑到两岸目前实际上属于两个法域的现状以及台湾海峡的地理特点和海上犯罪的实际状况，合情合理、合乎实际需要与可能地划分两岸有关方面惩治海上犯罪的分工范围，争取减少发生矛盾和冲突的可能性，为两岸惩治海上犯罪的良好合作创造必要的基础和条件。

（五）应明确合作的范围、方式与程序诸问题

关于目前两岸合作的范围，除前述的罪种以外，还应当包括海上犯罪情报与犯罪分子资料的交换、对海上犯罪的共同制止、对海上犯罪分子侦缉拘捕中的配合、对海上犯罪分子的相互遣送、查处海上犯罪分子的司法运作中证据材料的相互提供以及对犯罪分子判处和执行刑罚方面的相互配合等关于两岸惩治海上犯罪的合作方式与程序方面，也有系列专门而具体的问题需要在协议中加以明确。譬如，两岸有关方面在查处海上的事件和纠纷时，首先应当有一个调查了解情况和甄别事件性质的步骤，切忌将一切事件均作为海上犯罪查处的错误做法。当然，这就需要两岸进一步建立起合作处理与仲裁海上互涉渔事纠纷的关系来加以配合。

关于我国内地与香港建立刑事司法互助关系的研讨*

目　次

一、前言

自1984年中英两国政府签署《关于香港问题的联合声明》确认中国将于1997年7月1日对香港恢复行使主权，特别是自1990年4月4日中国立法机关颁布《中华人民共和国香港特别行政区基本法》（以下简称香港基本法），香港即进入回归祖国前的过渡时期。在此一时期，中国内地与香港地区的司法联系和相互协助问题即逐步得到有关方面的关注与研讨。1997年7月1日，中国政府恢复对香港行使主权，香港依据中国宪法和香港基本法而成为中国的一个特别行政区。香港回归祖国以来，香港与祖国内地间的司法互助，尤其是刑事司法互助问题更加受到两地有关方面与专家学者的重视，香港方面更由于涉两地的张子强案件

* 原载《现代法学》2000年第2、3期。

(又称大富豪案件)[1]和李育辉案件(又称德福花园命案)[2]在内地追诉与审判而倍感建立两地刑事司法互助关系之必要,香港特区政府有关负责官员与一些专家学者均予以赞同乃至呼吁。而且,据报道,香港特区政府有关机构已就两地司法协助事宜与内地有关部门开始商议。[3] 可以说,随着香港特别行政区的建立及两地交往的实际需要,将两地间建立司法互助关系的问题及时提上议事日程,尤其是把两地间建立刑事司法互助关系作为当务之急,乃势在必行,为此就亟须进行理论与实务上的研讨。

笔者早在1987年完成的博士论文《犯罪主体论》中即开始研讨中国内地与港澳台地区互涉刑事司法问题,[4]后来又相继撰写发表数篇有关论文,其中亦有专门或主要论述中国内地与香港地区互涉刑事法律问题和刑事司法协助问题之作。[5] 今天看起来,由于当时条件和研究水平的制约,笔者过去的有关研究与见解难免有不成熟、不完善乃至谬误之处。笔者希望能随着有关实践的前进和理论研究的进展而使自己的见解也不断得到深化与修正。本文在过去笔者有关研究的基础上,针对两地间建立刑事司法互助关系的一些问题予以研讨,以求商榷与教正并为有关的理论研究与实务工作提供参考意见。

二、两地建立刑事司法互助关系的根据和原则

明确中国内地与香港特别行政区之间建立刑事司法互助关系的根据,正确地界定两地间建立刑事司法关系时应当坚持的原则,决非抽象、空洞的理论命题,而是对两地刑事司法互助关系的实际建立与有效运作有着纲举目张的重要功用,因而不可不予以明辨。

(一)两地建立刑事司法互助关系的根据

两地间之所以要建立刑事司法互助关系,是因为有着政治的、法律的和实践方面的充分根据。

1. 政治根据

根据中国政府"一国两制"的方针和中国宪法、香港基本法的规定,中国内地与香港在一个中国的前提下实行不同的社会制度,作为国家主体的中国内地实行社会主义制度,作为国家一个享有高度自治权的特别行政区的香港实行资本主义制度。"一个国家,两种制度",这是中国内地与香港间最基本的政治关系和社会现实,也是两地间建立司法互助关系(当然包括刑事司法互助关系)的政治根据,或曰社会根据、基本根据。因为两地分属两种

---

〔1〕 香港居民张子强(又称"大富豪")于20世纪90年代初组成犯罪集团,疯狂在港粤两地进行绑架、抢劫、非法买卖、运输枪支、弹药、爆炸物、走私武器、弹药等犯罪活动。1998年10月,张子强案件的36名被告(18名香港居民,18名内地居民)被广州市中级人民法院依法审判,张子强等5名罪犯被判处死刑。详见《中华人民共和国最高人民法院公报》1999年第1期,第26~28页。

〔2〕 我国内地居民李育辉于1998年7月以"风水先生"的身份到香港,借"作法延寿"之名毒死5位香港居民,席卷被害人钱财并逃回内地。李育辉被广东省汕头市中级人民法院依法判处死刑。

〔3〕 参见香港律政司司长梁爱诗:《香港律师》1999年1月号,第58页;香港《文汇报》1998年11月15日,陈弘毅教授文;《法制日报》1998年12月14日,王敬文。

〔4〕 参见赵秉志:《犯罪主体论》,中国人民大学出版社1989年版,第九章,第358~386页。

〔5〕 参见赵秉志、孙力:《香港特别行政区与内地间互涉刑事法律问题研究》,载《中国法学》1993年第2期;赵秉志、赫兴旺:《中国内地与港澳特别行政区的刑事司法协助问题》,载《法学家》1995年第2期。

不同的政治、经济、法律制度且各有独立的立法权、司法权和终审权，必然会产生法治的差异和冲突，从而使司法互助关系成为必要；又由于两地同属一国，使得两地间的司法互助不但成为一国内之区际司法协助，从而有别于不同主权国家间的国际司法协助，而且也会使两地的司法互助关系易于建立和可望有效地运作。

2. 法律根据

香港基本法第95条规定："香港特别行政区可与全国其他地区的司法机关通过协商依法进行司法方面的联系和相互提供协助。"此一规定较为完整地涵盖了两地间建立司法互助关系的主体、途径（通过协商）、运作方式（依法进行）和内容（司法方面的联系和相互协助）等要素，可谓两地间建立司法互助关系（当然包括刑事司法互助关系）之基本的法律依据。

3. 实践根据

近年来，尤其是香港回归祖国以来两地间实际发生的互涉犯罪案件，以及及时、有效、合理地惩治与防范两地互涉犯罪活动，维护两地法治秩序和两地正常交往的司法实践要求，是两地间建立刑事司法互助关系的实践根据。

（二）两地建立刑事司法互助关系的原则

两地间建立刑事司法互助关系，应当坚持和遵循哪些原则？近年来我国内地学者们的探讨可谓见仁见智，异同纷呈。如有的学者提出4项原则：一国两制、国际合作、平等互利、条约义务优先；[1]有的学者提出6项原则：相互尊重、主动协助、程序为主、日常合作和定期会晤相结合，不适用"双重归罪原则"，不适用"政治犯罪不协助原则"。[2] 笔者也曾提出过6项原则："一国两制"、平等协商、尊重对方法律、适当保留公共秩序、诚信合作、合理界定管辖权。[3] 这些见解，均有其一定程度上的合理性和启迪作用。经过再度思考研讨，笔者认为，两地间建立刑事司法互助关系，应当强调坚持和必须遵循的最重要的原则有以下4项：维护国家主权的原则；平等协商和相互尊重的原则；有效地惩治犯罪的原则；合理界定管辖权的原则。下面分别予以简述。

1. 维护国家主权的原则

维护国家主权是"一国两制"方针中"一国"的要求和体现，是两地处理互涉事务的首要原则，也应当是两地建立刑事司法互助关系所坚持的首要原则。根据这一原则建立两地刑事司法互助关系，主要应当明确和贯彻以下几点：

（1）两地刑事司法互助关系的性质，是一个统一的、实行单一制（而非联邦制）国家内不同法域（不同类型的法律制度与司法区域）之间的刑事司法方面的互助协助关系，而非不同主权国家之间的国际刑事司法互助关系。因此，两地间的区际刑事司法互助关系之建立和运作，虽然可以参考借鉴国际刑事司法协助中一些成功的经验，尤其是其一些内容和技术，但不得适用国际刑事司法协助中一些带有强烈主权关系色彩和国际性质的原则与做法。

---

〔1〕 参见邵沙平：《一国两制下的区际司法协助初探》，载《法学评论》1990年第5期。

〔2〕 参见马进保：《我国区际刑事司法协助的思考》，载黄进、黄风主编：《区际司法协助研究》，中国政法大学出版社1993年版，第191～194页。

〔3〕 参见赵秉志等：《中国内地与港澳特别行政区的刑事司法协助问题研究》，载《法学家》1995年第2期。

(2)根据两地区际刑事司法互助关系的性质,在两地刑事司法互助关系之建立与运作中,负责外交事务的机构不宜介入。

(3)根据两地区际刑事司法互助关系的性质和维护国家主权与整体利益的要求,对国际刑事司法协助中一些基于维护各自国家主权的原则与惯例,不能适用于两地之区际刑事司法互助关系中:

第一,不能适用"政治犯不引渡"原则。"政治犯不引渡",是自 18 世纪开始并成为当代国际刑事司法协助中一项被普遍接受的国际惯例,几乎所有国家包括中国都在其引渡制度中予以采纳。其基本含义是:如果要求引渡的对象是政治犯或与政治犯有牵连的犯罪,被请求方可以拒绝引渡。显然,适用这一原则的目的,是为了维护本国的主权和政治制度。然而,这一原则不应当适用于中国区际刑事司法协助之中。这是因为:其一,香港特别行政区虽然实行不同于内地社会主义制度的资本主义制度,但是,两地都属于一个主权国家,维护国家的主权统一和国家安全的根本利益,乃是两地刑事法治的一项重要使命。正是基于此,中国内地 1997 年修正通过的新刑法典分则第一章规定有"危害国家安全罪";香港基本法第 23 条也载明:"香港特别行政区应自行立法禁止任何叛国、分裂国家、煽动叛乱、颠覆中央人民政府及窃取国家机密的行为。"也就是说,香港特别行政区对这些危害国家统一与安全的犯罪行为有责任予以立法禁止和刑事制裁。因此,在两地刑事司法协助中,不应当出现"政治犯"的概念,更不应当因此阻碍两地的刑事司法协助。其二,关于政治犯罪的定义和标准。政治犯罪的认定及认定权限归属等问题,由于世界各国无论是在意识形态还是在社会制度方面均存在着差异,致使这些问题在国际刑事司法协助中也一直难以解决。各国立法和国际条约对此都非常不确定,何为政治犯罪,完全任由各国自行解释。[1] 所以,即使是在国际刑事司法协助中,这一原则实际上也主要是起一个表明本国政治立场和态度的宣言式的作用,实际上很难行得通。因此,在两地区刑事司法协助中如果坚持这一原则,不仅有损国家主权的统一,而且也很难贯彻落实。故笔者认为,在两地刑事司法协助中,任何一方均不能以"政治犯不引渡"为由,拒绝向对方移交逃犯。

第二,不能适用"军事犯不引渡"原则。军事犯罪往往涉及政治、军事、宗教、种族等复杂的背景,因而对其处理时常直接或间接涉及国家的政治立场和主权问题。有鉴于此,一些国家在引渡法或国家间刑事司法协助条约中便规定了"军事犯不引渡"的内容。香港与中国内地的刑事司法协助是一国内不同法域之间的区际司法互助,自应摒弃适用于国际刑事司法协助中的"军事犯不引渡"原则。而且,根据香港基本法第 19 条第 3 款的规定:"香港特别行政区法院对国防、外交等国家行为无管辖权。"而军事犯罪侵犯国家的军事利益,案件中往往会涉及有关国防情况,因而不仅发生于我国内地的军事犯罪应由内地军事司法机构管辖,即使发生于香港的驻军人员的军职犯罪,亦应由内地军事司法机构管辖。所以,"军事犯不引渡"原则不仅不能适用于两地刑事司法协助之中,而且,香港应中国内地请求向内地移交军事犯,恰恰是香港履行维护国家主权与安全职责与义务的体现。

---

〔1〕 参见赵永琛:《国际刑法与司法协助》,法律出版社 1994 年版,第 197 页。

第三，不能适用“死刑犯不引渡”的原则。死刑存废的立法之争是现代国际社会中刑事法治领域乃至政治层面的一大争议问题。当代国际社会中废除死刑的国家和地区已达数十个，虽然尚未占压倒的优势，但减少死刑、限制死刑乃至逐步废除死刑，已成为世界范围内不可逆转的刑法改革之潮流与趋势。在一定时期，是废除死刑还是在保留死刑的前提下限制、减少死刑，乃是不同国家根据自身情况的抉择，也是“一国两制”之下不同法域的自我抉择。中国内地1997年新刑法典在保留死刑的基础上对原有死刑作了一定程度的削减与限制，总的来看死刑之罪数量还较多，还不尽如人意，但也反映了中国内地现阶段犯罪的实际情况、刑罚观念及惩治防范严重犯罪的实际需要。我们只能期待中国内地死刑立法的逐渐进步。香港在死刑问题上跟随英国，先是在保留死刑的情况下自20世纪60年代中期后未实际执行死刑，为在立法上废除死刑作了一定的实践准备；随之在英国废除死刑之后，在多数民众尚不赞成废止死刑的情况下，1993年4月21日，香港立法局以40票的多数赞成，通过了废除死刑的条例，将谋杀罪的刑罚由死刑改为终身监禁。在现代国际刑事司法协助中，立法上废止死刑的国家大多在其引渡立法或其参与的引渡条约、刑事司法协助条例中规定，对请求国依其法律可判处死刑之罪者不予引渡，但在请求国承诺不适用死刑时则可以引渡。此即“死刑犯不引渡”之原则或者惯例。在中国内地与香港建立的刑事司法互助关系中，笔者认为不应当适用“死刑犯不引渡”的原则，主要理由是：首先，这是维护“一国两制”的要求。既然两地是“一国”下之“两制”，每一方都不能独自尊大，把本地的法律制度强加于对方，通过拒绝移交案犯而否定对方的法律制度、剥夺对方的管辖权；而是要彼此承认和尊重对方的法制，维护两地“两制”的现实。其次，这也是有效地惩治犯罪、共同维护两地法治秩序与正常交往关系的需要。如果香港对内地实行“死刑犯不移交”，则不但会使内地严重犯罪分子钻两地法律差异之漏洞而视香港为重罪犯之“避风港”，影响内地的法律实施，而且也会对香港的治安秩序造成不利影响。

第四，不能适用“本地居民不移交”原则。在引渡实践中，对本国公民是否可引渡给他国的问题，各国的做法不同。以英国为代表的英美普通法系国家赞成或不反对引渡本国公民，而欧洲大陆和拉丁美洲国家则坚持本国公民不引渡原则。导致这一区别的根源除受一国引渡历史传统方面的影响外，主要在于两类国家法律所确定的刑事管辖标准不同。英美普通法系国家一向严格奉行属地刑事管辖权，对本国公民在外国的犯罪行为无管辖权，而只承认犯罪地的刑事管辖权，所以只有将本国公民引渡给犯罪地国家才能使其受到处罚，而且不损害本国的刑事管辖权。相反，欧洲大陆和拉丁美洲国家均规定和行使属人刑事管辖权，甚至将本国刑法中的全部犯罪都适用于本国公民在外国的犯罪。所以，本国公民在外国犯罪后逃回本国，且根据本国刑法也构成犯罪，如果不由本国审判而将其引渡给外国，就等于放弃了本国的刑事管辖权。[1] 中国内地历来奉行本国公民不引渡的原则；香港受英美法系的影响，并不反对引渡本地居民。笔者认为，香港回归后，本地居民不移交的做法在国际刑事司法协助中可以保留，但在两地区际刑事司法协助中则应当废止。这不仅是因为香港和

---

〔1〕 参见黄亚英：《论对本国人的引渡问题》，载《法学研究》1993年第6期。

内地同属一个国家,绝大多数居民都是中国公民,而且还因为坚持本地居民不移交从根本上违反了属地管辖原则,不利于及时、有效地打击跨法域的犯罪活动,有可能使犯罪分子借此逃避法律的制裁,从而违背了两地建立区际刑事司法协助的初衷。因此,本地居民不能成为两地刑事司法协助中一方法域拒绝向对方法域移交的理由,无论是哪一法域的居民,只要在他法域实施了犯罪,就必须移交给犯罪地法域审判。

第五,移交案犯不受"双重犯罪原则"的制约。"双重犯罪原则"是国际引渡中的重要原则,其意是指在移交罪犯时,对其据以判决之犯罪,请求国和被请求国的刑事法律均认为是犯罪,才可以引渡。世界各国之所以在引渡中采用"双重犯罪原则",其目的无非是为了维护本国的法律制度,以此来捍卫国家主权。[1] 这一原则不应当适用于内地与香港基于"一国两制"政治结构下的逃犯移交。这是因为:首先,内地与香港这种"一国两制"下移交逃犯的合作是领土与主权统一的一个国家领域之内的不同法域之间的互助合作,各法域均有打击犯罪、维护社会治安、维护法制权威的共同利益。其次,香港与内地之间移交逃犯的合作是在分别属于社会主义法系和普通法系、社会主义制度和资本主义制度的两个法域之间开展的,内地法域与香港法域之间的刑事法律制度差异很大,如果对逃犯的移交采取"双重犯罪"标准,势必会使相当一部分逃犯不能得到移交,致使内地成为香港逃犯的"天堂",而香港则成为内地逃犯的"避风港",这显然是极不利于惩治犯罪、维护社会利益的,也是各法域所不能容忍的。采用这一原则的结果无疑弊大于利。最后,有国际上通行做法可资借鉴。例如,美国、英国等对国内地区移交逃犯合作都不采用"双重犯罪"原则。

第六,移交案犯要限制适用"公共秩序保留"原则。公共秩序保留原是国际刑事司法协助与合作中的一个原则,其含义是在国际刑事司法协助中,若请求国所请求之事项有损于被请求国的主权、公共秩序以及基本法律原则时,被请求国有权拒绝提供协助合作。可见,"公共秩序保留原则"主要是针对法律冲突而言的,而中国内地与香港特别行政区作为"一国两制"这一政治架构下的两个独立的法域,法律制度上的差异较大,若在中国内地与香港特区间的刑事司法协助中全面适用"公共秩序保留原则",动辄以他法域法律与本法域法律规定不同为由而拒绝协助,那么,两地区际刑事司法协助就很难正常进行。并且,从世界各国区际司法协助的实际来看,不少国家都采用中央统一立法的模式来调整不同法域间的司法协助,实际上是不适用"公共秩序保留原则",即使作相对保留,也受到严格的限制。如英国采取统一立法模式,要求国内不同法域之间相互承认对方的诉讼程序效力,但保留一法域按最低条件审查对方诉讼行为的权力。[2] 所以,笔者认为,在两地区际司法协助过程中,对国际刑事司法协助中的"公共秩序保留"原则不能完全照搬适用,而应具体分析,限制适用。不加区别地适用"公共秩序保留原则"从而相互拒绝司法协助,不是"一国两制"的产物,而恰恰是违反了"一国两制"的精神实质,不符合香港基本法的规定。

---

〔1〕 参见赵秉志主编:《中国内地与澳门刑法分则之比较研究》,澳门基金会1999年版,第436页。

〔2〕 参见黄进、黄风主编:《区际司法协助研究》,中国政法大学出版社1993年版,第171页。

2. 平等协商,相互尊重的原则

根据香港基本法第95条规定,香港特别行政区可与全国其他地区的司法机关通过协商依法进行司法方面的联系和相互提供协助。这是在两地区际刑事司法协助中确立平等协商原则的法律依据。笔者认为,香港基本法的上述规定明确地包含了以下两层含义:

(1)与中国内地法域开展区际刑事司法协助,是香港特别行政区自治范围内的事务。香港特别行政区是一个保持原有资本主义制度和生活方式,实行高度自治,享有行政管理权、立法权、独立的司法权和终审权的地方行政区域,凡是属于本地区的行政、立法和司法事务,均由香港特别行政区依照香港基本法的规定自行处理;只要不涉及香港基本法所规定的由中央管理的事务,不抵触香港基本法关于中央和香港特别行政区关系的条款,中央不会作出干预,中央所属各部门、各省、自治区、直辖市更不得进行干预。正是基于这种高度自治地位,在刑事司法领域,香港特别行政区才有权自行制定刑事法律,我国内地司法机关才不得擅自进入香港特别行政区调查取证、抓捕犯罪嫌疑人,中国内地法院的判决才不能在香港特别行政区自然生效,国家最高司法机关的指令才不能对香港特别行政区的司法机关构成约束力;也正是基于此,为了解决涉及两法域的司法事务,香港基本法才规定须通过协商的途径。所以,与中国内地开展刑事司法协助,纯属香港特别行政区自治事务;一旦超出了香港特别行政区的自治范围,就不存在两地间协商的余地,而应由中国政府统一管辖。在建立两地刑事司法协助过程中,这是必须予以明确的。

(2)中国内地与香港作为两个独立的法域,在开展刑事司法协助时,双方的地位是完全平等的。这就意味着,各法域对本地区的司法事务享有自治权,一法域无权将自己处理司法问题的原则或观点,强加于另一法域。两个法域之间是一种平等而非隶属的关系,中国内地法域不能以中央法域自居,处于优势地位,强制管辖应由香港司法机关管辖的案件;同样,香港法域也不能以强调独立性为名,无视和排斥中国内地司法机关应有的刑事管辖权。两地在开展刑事司法协助时要本着宽容的态度,实事求是地尊重他法域的法律制度,不能因为对方法律制度与己方不同而拒绝刑事司法协助;只要是一法域依照本法域的法律所作出的合法的刑事司法行为,他法域就要承认,就要给予必要的协助,原则上不应当发生拒绝协助的情况。同样,一法域在请求他法域给予协助时,也不能将本法域的法律制度强加于他法域,或要求他法域按照本法域的法律制度作出某种刑事司法行为。在这种情况下,一旦发生法律冲突问题,各法域都有作出保留的权力。只有坚持平等协商、相互尊重的原则,内地与香港之间的区际刑事司法协助关系才能有效地建立。

3. 有效地惩治犯罪的原则

建立区际刑事司法协助的根本目的,是为了保障刑事诉讼活动的正常顺利进行,使跨越两地实施犯罪的犯罪分子得到应有的惩治,以保障各法域民众的合法权益,确保各法域社会秩序的稳定和经济发展。因此,两地区际刑事司法协助关系的建立,应当以有利于共同惩治与防范两地的尤其是两地互涉的犯罪活动,有效地维护两地社会治安为基本的出发点,防止因两地刑事管辖冲突的发生,而使犯罪分子有机可乘,尤其应当避免两地犯罪分子将对方法域作为实施犯罪活动的“天堂”“避风港”。为此,两地刑事司法协助的建立,还要贯彻有效

地惩治犯罪的原则。对此,应当注意以下三点:

(1)简便性。简便性主要是就协助程序而言。两地区际刑事司法协助是一国内部不同法域之间的司法协助,在协助程序上务必以简便为主,没有必要像国际刑事司法协助那样,将程序搞得很复杂。比如,对逃犯的移交,就无须通过复杂的司法审理程序,参照粤港两地过去移交逃犯的简便程序即可。这样,既提高了办案效率,又能够节省大量的人力、物力和财力。

(2)及时性。众所周知,为有效地惩治刑事犯罪分子,除了要有相应的法律保障外,关键还在于刑事司法活动是否及时。一旦案发,刑侦人员就应当迅速作出反应,及时收集证据,缉获犯罪嫌疑人,尽快进行检控并提交法院审理,使犯罪分子受到应有的惩治。否则,时间拖得越久,证据越不易收集,犯罪分子就越有可能逃脱法律的制裁,区际刑事司法协助的目的就有可能达不到。为此,两地在协助程序方面不仅要简便,而且要迅速、及时、果断,尽可能地提高工作效率。

(3)规范性。所谓规范性,也就是指开展两地区际刑事司法协助,要有法可依。目前,香港与中国内地之间尚无任何开展区际刑事司法协助方面的正式协议,这就使得两地区际刑事司法协助的可塑性太大,容易受人为或外界因素的影响,从而在一定程度上影响了双方刑事司法协助活动的有效开展。因此,笔者认为,两地区际刑事司法协助活动的开展,必须纳入规范化的轨道。只有规范化,才能使两地刑事司法协助的实际操作部门摆脱因无法可依而受外界各种因素影响,从而难免出现无所适从的尴尬局面;才能够迅速、及时地对他法域的刑事司法协助请求作出正确的反应,使两地区际刑事司法协助得以顺利地进行。从这一意义上说,坚持两地区际刑事司法协助的规范性,无疑是贯彻有效地惩治犯罪原则的题中应有之义。此外,由于香港基本法明确规定,香港与内地进行区际司法协助,必须在协商的基础上依法进行。而所谓依法,也就是要制定相应的规范。所以,强调两地区际刑事司法协助的规范性,也是贯彻落实香港基本法的体现。

4. 合理界定管辖权的原则

在刑事司法协助中,界定刑事管辖权是双方合作的又一重要前提。若请求方对请求事项不具有实体上和程序上的管辖权,被请求方可以拒绝提供协助。由于中国内地和香港特别行政区存在法律上的差异和刑事管辖上的冲突,在刑事司法协助中就必须界定双方分别管辖的范围。

从实体刑事管辖权上看,中国内地与香港特别行政区的管辖分工应以香港特别行政区基本法为依据。根据香港特别行政区基本法的规定,香港特别行政区的防务、外交事务由中央政府负责,除基本法附件三所列的有限的几个法律以外,其他全国性法律均不适用于香港特别行政区。就刑事方面而言,香港特别行政区对其域内犯罪具有独立的管辖权。依据这一精神,笔者认为,中国内地与香港特别行政区刑事管辖的分工应坚持以属地主义为主、以限定的属人主义为补充的原则。具体来讲,可以分为以下两类情况:

(1)关于相互派驻人员犯罪的管辖问题。根据香港特别行政区基本法的规定,中央人民政府向香港特别行政区派驻军队,[1]并在香港特别行政区内设立处理外交事务的机构;中央各部门、各省、自治区、直辖市经香港特别行政区政府同意并经中央人民政府批准,也可在香港特别行政区设立机构;而且规定,这些派驻机构的人员均需遵守所驻特别行政区的法律;香港特别行政区也可在北京设立办事机构。[2] 这些相互派驻人员的犯罪问题,可以分为两类情况界定管辖权:

第一,一方派驻人员在所驻域内利用职务犯罪的,所侵犯的主要是派驻方的利益,应依据属人的原则,由派驻方管辖。如中国内地派往香港特别行政区的公务人员贪污、受贿、泄露国家秘密的犯罪,应由中国内地有关的司法机关管辖;香港特别行政区派驻内地的公务人员利用职务犯罪的,应分别由香港特别行政区的司法机关管辖。

第二,派驻人员在所驻域内犯非职务性之罪的,主要是侵犯驻在地的利益,应依据属地原则,由犯罪地的司法机关管辖。如中国内地派驻香港特别行政区的公务人员在所驻域内犯强奸、杀人、盗窃等非职务性之罪的,应由香港特别行政区的司法机关管辖。

(2)其他人员犯罪的管辖问题。除上述互派人员利用职务犯罪适用属人管辖原则外,其他一切犯罪均应适用属地原则界定中国内地与香港特别行政区之间的刑事管辖权。具体又可分为两种情况:

第一,分裂国家、煽动叛乱、颠覆中央政府和窃取国家机密的行为,危害整个国家的利益,香港基本法规定,特别行政区应自行立法禁止此类行为。[3] "禁止"自然应包括对这类行为的刑罚惩治,否则此条规定定成虚设。对此类行为,中国内地和香港特别行政区的法律均应认为是犯罪,刑事管辖权的界定应依据属地原则解决。

第二,其他一般刑事犯罪所侵犯的主要为行为地或结果地一方的利益,双方均应充分尊重对方的刑事管辖权,依据属地原则界定管辖范围。

上述两种情况只是解决了实体法上的管辖分工,确定了司法协助的前提条件。在实践中,诉讼法管辖的冲突依然存在,如对于跨地区犯罪、国际性犯罪,危害双方的犯罪,中国内地和香港特别行政区均有管辖权,究竟由何方处理又成问题。但这类问题已属于具体的协助事项,并非是原则性问题,可以通过移送管辖、合并审理等具体协助途径予以解决,具体处理时可以确立或起诉或移送规则。

三、两地刑事司法互助关系的主体和模式

(一)两地刑事司法互助的主体

根据香港基本法规定,香港特别行政区可与全国其他地区的司法机关通过协商依法进行司法协助。从这一规定来看,区际司法协助的协商主体一方是香港特别行政区,另一方则是全国其他地区的司法机关。笔者认为,要正确判别两地区际刑事司法协助的主体,关键是

---

〔1〕 参见《中华人民共和国香港特别行政区基本法》第 14 条。
〔2〕 参见《中华人民共和国香港特别行政区基本法》第 22 条。
〔3〕 参见《中华人民共和国香港特别行政区基本法》第 14 条。

如何理解“全国其他地区的司法机关”。对此,应当注意以下两点:第一,这里的“全国其他地区”应当从法域而不是行政区域的层面上理解。因为,区际司法协助是就一个国家内部不同的法域来说的,香港基本法的上述规定作为香港与其他法域开展司法协助的法律依据,当然涵盖了香港与内地的刑事司法协助。因此,“全国其他地区”应当是指除香港以外的中国的其他三个独立的法域,即中国内地法域、澳门法域和台湾地区法域;香港与全国其他地区进行区际司法协助,也就是香港法域与中国内地法域、澳门法域和台湾地区法域进行司法协助。第二,这里的所谓“司法机关”,应当是指广义的司法机关,而不能从狭义的角度理解。因为从狭义来说,内地的司法机关只包括法院和检察院,但司法协助方面的事务显然不是法院和检察院所能包容的,如追捕和移交逃犯须有公安机关的参与,关押和移交已决犯则须有司法行政机关的参与。所以,两地区际司法协助的主体,对中国内地法域来说,不仅应当包括法院和检察院,而且也包括公安机关和司法行政机关,只有各实际相关部门协同参与,区际刑事司法协助才能真正得以开展。至于香港法域应由哪些机关参与,则要由香港特别行政区的法律作出规定,从香港特区目前的情况来看,代表香港特区政府开展区际刑事司法协助的具体部门是香港特区保安局和律政司。

(二)两地刑事司法互助的模式

近年来,内地有不少学者就中国区际刑事司法协助的模式进行了探讨,提出了各种各样的意见和方案。归纳起来看,比较具有代表性的主要有以下几种观点:

1. 中央统一立法模式

所谓“中央统一立法模式”,是指由中央立法机关根据本国情况,制定统一的相关法律,以此来协调本国内不同法域之间的区际司法协助问题。从各国开展区际司法协助的实践来看,中央统一立法模式的使用比较广泛。比如,英国、澳大利亚、苏联、瑞士、加拿大等国家,也都采用中央统一立法模式对本国的区际司法协助进行协调。基于外国的经验,我国内地有相当一部分学者倾向于用中央统一立法模式来解决中国的区际司法协助问题,认为“根据香港基本法第18条第3款规定,全国人大常委会可对列入基本法附件三的全国性法律作出增减,任何列入附件三的法律,限于关于国际、外交和其他按基本法规定不属于特别行政区自治范围的法律。按照这一规定,区际司法协助涉及全中国各个法域的利益,区际司法协助似乎应视为不属于任何特别行政区自治范围的法律。全国人大常委会在条件成熟时,可在征询各特别行政区基本法委员会和各个特别行政区政府意见的基础上制定关于中国区际司法协助的统一的法律,在全国各个法域予以实施。”[1]

2. 签订区际协议模式

根据香港基本法对中国区际司法协助所作的原则性规定,不少学者在排除了中央统一立法模式后,都一致认为,中国区际司法协助应当采用协商后签订区际司法协助协议的模式进行。[2] 但考虑到按行政区域划分中国内地有31个省、自治区和直辖市,如果要求

---

〔1〕 参见黄进、黄风主编:《区际司法协助研究》,中国政法大学出版社1993年版,第51页。

〔2〕 参见黄进、黄风主编:《区际司法协助研究》,中国政法大学出版社1993年版,第49页。

香港特别行政区分别同内地 31 个行政区域签订区际司法协助协议,显然是不现实的,也无必要。[1] 因此,在以什么方式签订协议的问题上,学者间的看法不尽一致,主要有三种不同的观点:

第一种观点认为,中国内地作为一个独立的法域,可以先由有关机关指定其中某个地方行政区域如广东省作代表,与香港特别行政区签订区际司法协助协议,其效力范围包括内地其他行政区域,有些学者将此种协议简称为"窗口协议"。这样做的好处是可以减少内地各省、自治区、直辖市分别与特别行政区谈判、签约等复杂的程序,同时也可以避免出现内地各省、自治区、直辖市与特别行政区之间签订的协议内容繁简不一、互有差异甚至互相抵触的现象。[2]

第二种观点认为,中国内地作为一个独立的法域,可以先与香港特别行政区签订区际司法协助协议,然后在协议中将内地的省、自治区和直辖市分成 4 ~ 5 个片,每片指定一个省(或自治区、直辖市)的高级人民法院作为中心机关,负责本片的区际司法协助事务;换句话说,也就是"一个协定,几个中心"。这种"分片"模式既吸取了国际上的成功经验,又尊重了中国的实际情况,发展了上述"窗口"协议模式,还符合基本法的规定。[3]

第三种观点在探讨中国内地与澳门特区间的刑事司法互助关系时认为,中国内地与澳门特区间的区际刑事司法协助应当在两法域具有代表性的综合性机构中进行,具体设想是:内地法域可设立一个官方性质的"区际司法协助委员会",中国内地由最高人民法院、最高人民检察院、公安部、司法部和国务院港澳办的代表参加,并可邀请一些专家、学者作为成员,最高人民法院院长任"区际司法协助委员会"主席,将来代表中国内地法域在区际司法协助协议上签字。同样,澳门特别行政区也相应设立官方性质的"区际司法协助委员会",由澳门特别行政区有关机关的代表及专家、学者参加,澳门特别行政区终审法院院长任"区际司法协助委员会"主席并代表澳门法域在区际司法协助协议上签字。此种模式可称为"委员会模式"。[4] 其观点也可推论适用于中国内地与香港特区间建立刑事司法互助关系。

3. 示范法模式

持这种观点者主张,解决中国的区际司法协助,可以由一个全国各法域公认的、有权威的研究机构或类似机构,先制订一项关于各法域之间进行区际司法协助的"示范法"并广泛征求意见,经有关法域签字认可时,也可对某些条款声明保留。这样做可免除各法域之间进行谈判、协商、签约的环节与辛苦,而且自由、简便,易于被各方所采纳和接受。[5]

比较上述诸种模式之建言,笔者认为"委员会模式"较好地实现了"一国两制"的要求,并且切实可行,是解决区际刑事司法协助的较好构想,其他几种模式都有其不尽合理之处。

---

[1] 参见黄进主编:《区际司法协助的理论与实务》,武汉大学出版社 1994 年版,第 118 页。

[2] 参见黄进、黄风主编:《区际司法协助研究》,中国政法大学出版社 1993 年版,第 49 页;黄进主编:《区际司法协助的理论与实务》,武汉大学出版社 1994 年版,第 187 页。

[3] 参见黄进、黄风主编:《区际司法协助研究》,中国政法大学出版社 1993 年版,第 83 页。

[4] 参见赵国强:《两地区际刑事司法协助之展望》,载赵秉志主编:《中国内地与澳门刑法分则之比较研究》,澳门基金会 1999 年版,第 423 ~ 424 页。

[5] 参见黄进、黄风主编:《区际司法协助研究》,中国政法大学出版社 1993 年版,第 63 页。

具体理由如下：

首先，关于“中央统一立法模式”。“中央统一立法模式”尽管简单、便捷，但却忽略了这样一个事实：香港是一个享有高度自治权的特别行政区，除涉及国防、外交方面的事务由中央管理以外，其他事务包括香港与全国其他法域之间的区际刑事司法协助等，均应属于香港特别行政区自治范围内的事务，而不应当由中央统一管理。正因为如此，香港基本法才会将区际司法协助和国际司法协助分开规定，并强调香港与中国其他地区之间的区际司法协助是通过协商的途径依法解决，而香港与外国之间的国际司法协助是通过中央人民政府的协助和授权予以解决。既然是协商，就表明区际司法协助不能通过中央统一立法来解决。所以，笔者认为，主张采用“中央统一立法模式”来解决中国区际司法协助的观点，有悖于“一国两制”的方针政策，不符合香港基本法的规定，因而是不可取的。

其次，关于“窗口协议”模式。这种模式的提出，主要是为了摆脱香港特别行政区与内地各个省、自治区和直辖市分别签订协议的困境，但却很难行得通。因为，前已述及，区际刑事司法协助必须以法域而不是行政区域作为立足点，而由广东一个省与香港法域签订区际刑事司法协助协议，一方面降低了香港法域的地位，违反了平等协商的原则；另一方面广东省与香港法域签订的司法协助协议，其效力只能及于广东省与香港之间的刑事司法协助；内地其他行政区域与香港不能以此为依据进行刑事司法协助。也许有人会说，这个问题可以通过由最高人民法院、最高人民检察院发出指令，要求内地其他行政区域与香港的刑事司法协助参照广东省与香港之间的司法协助协议执行即可得到妥善解决。殊不知，这种做法在内地可以行得通，但对香港特别行政区来说，则无法律依据。因为香港特别行政区享有高度的司法自治权，最高人民法院、最高人民检察院的指令对其并无法律上的约束力。所以，“窗口模式”实际上不可能从根本上解决两地的刑事司法协助问题。

再次，关于“分片”模式。分片模式避免了“窗口模式”的弊端，但实际上并无“分片”的必要。因为，“分片”的目的无非是要解决执行机关的问题，执行机关一个就已足够，何必还要设立四五个？执行机关设立的数量过多，不仅浪费人力、物力、财力而且有可能因各执行机关执行情况的不一致，破坏两地区际刑事司法协助的顺利开展。故笔者认为，这种主张也不妥当。

最后，关于“示范法模式”。提出这一模式的学者主要是参考了美国的做法，其优点是自由、简便，但其弊端也是显而易见的。首先，制定示范法的公认的、有权威的研究机构应当如何选择确定？内地法域选择确定的机构，香港法域能够认可吗？反之，香港法域选择确定的机构，又能够得到内地法域的认同吗？即使两地对这一机构的选择能够达成共识，但由于示范法只是起着一个示范性的作用，并不具有强制的约束力，那么，一旦两地对“示范法”中的某些条款作保留，区际司法协助还能够真正富有成效地开展吗？而更为关键的是，“示范法”模式实际上否定了两地通过协商的方式来解决两地区际刑事司法协助的问题，这就从根本上违背了香港基本法第93条的规定，自然不可能被采纳。

与前述诸种模式不同的是，“委员会模式”不仅严格遵循港澳基本法关于区际司法协助的规定，实现了平等协商的要求，同时考虑到了中国的客观实际情况，有利于区际司法协助在“一国两制”思想的指导下进行。所以,笔者认为,这一模式无疑是解决内地与港澳特区间的区际刑事司法协助的一条行之有效的途径。不过,从法治的要求出发,笔者认为,对“委员会模式”还应当进行适当的修正。就中国内地与香港特区间的刑事司法互助关系之建立模式而言,我们的初步设想是:在两个法域的区际刑事司法协助委员会达成区际刑事司法协助的书面协议后,中国内地法域最好由全国人大常委会制定单行刑事法律或者由最高人民法院、最高人民检察院制定司法解释,吸纳该协议的内容,使该协议的内容转变为适用于中国内地法域所有行政区域的规范性的法律文件,以增强该区际刑事司法协议的权威性,使之在内地法域能够得到更好的贯彻实施。至于香港法域,由于其本来就是一个法治高度发达的地区,因此,要使两地区际刑事司法协助委员会达成的区际刑事司法协助协议在香港法域发生法律约束力,由香港立法会通过立法的途径予以确认,则是其不可或缺的前提条件。

四、两地刑事司法互助的内容

纵观各种类型的刑事司法协助,尽管适用的原则和具体程序、规则不同,内容却均是大同小异的。根据《中华人民共和国香港特别行政区基本法》第95条的规定,中国内地与香港特别行政区的刑事司法协助的内容并无特别限制,亦即凡是可以协助的司法事项,只要双方协商同意,均在准许之列。

(一)两地可能需要进行刑事司法协助的若干情形

根据国际国内刑事司法协助的实践经验以及中国内地与香港特别行政区的特殊关系,双方可能产生刑事司法协助的情形主要有以下诸种:

1.一方居民在本区域内犯罪后逃至另一方,有管辖权的一方要求他方逮捕犯罪嫌疑人及将之遣送的协助;

2.一方居民在另一区域违反所属区域的刑法,有管辖权的一方要求犯罪嫌疑人所在方缉捕及遣送犯罪嫌疑人和调查证据的协助;

3.一方居民在另一区域违反所在区域的刑法,且已为有管辖权的一方拘捕,有管辖权的一方要求犯罪嫌疑人所属方提供行为人个人情况的协助;

4.一方居民在另一区域违反所在区域的刑法,行为人又逃回所属区域的,有管辖权的一方要求犯罪嫌疑所属方遣送犯罪嫌疑人的协助;

5.对跨区域的刑事犯罪,双方或多方进行联合侦破的协助;

6.一方居民在所属区域内违反本区域及他区域刑法而在他区域受到审判,审判方要求他方提供犯罪证据、犯罪人情况以及判决后向对方送达法律文书的协助;

7.一方居民为另一方区域内刑事案件的证人或被害人,有管辖权的一方要求证人或被害人所属方、所在方协助调查取证的协助;

8.行为人实施跨区域的犯罪行为,同时违反多方刑法,有管辖权的各方协商管辖及移送案犯和案件材料的协助;

9.数人共同违反多方刑法后分别为有管辖权的多方捕获,多方进行合并后审理及移送案件和犯罪嫌疑人的协助;

10. 一方居民在他方同时违反双方或多方刑法，有管辖权的一方在审判后将已决犯移送罪犯所属区执行刑罚的协助；

11. 其他交流犯罪情报的协助。

（二）两地目前需要进行刑事司法协助的主要事项

上述十余种情况，只是中国内地与香港特别行政区之间刑事司法协助中可能出现的具体情形；至于目前内地与香港特区间需要进行刑事司法协助的事项，可以将之归纳为以下若干项：

1. 犯罪情报交流

在“一国两制”时期，中国内地与香港特别行政区之间交往极其频繁，跨地区的犯罪也会大量增加，一方的社会治安状况必然会对另一方产生影响。因此，中国内地与香港特别行政区域互换犯罪情报和有关信息，对于共同提高两地惩治跨区域的刑事犯罪的能力，具有重要的意义。

2. 缉捕犯罪嫌疑人

在内地与香港特别行政区的刑事司法协助中，缉捕犯罪嫌疑人将是常常使用的一项重要措施。在进行此项协助时，除基于必要的公共秩序保留原则以外，双方均不得使用国际刑事司法协助中的“双重犯罪”标准作为拒绝协助的理由。在具体程序上，请求方应提出基本的事实证据和法律依据；协助方经审查认为符合协助条件的，依自己的法律在域内缉捕。若属共同缉捕，双方经协商各自在其域内缉捕。必要时，一方警务人员可经另一方同意到其区域内协助缉捕。

3. 文书的送达和调查取证

在国际刑事司法协助中，文书送达和调查取证是极为重要的内容，因此也形成了一系列的国际规则。如协助机关须为中央机关，协助的条件应遵守双重犯罪原则，非政治犯、军事犯原则，非被请求国国民原则等。毋庸置疑，在“一国两制”时期，文书的送达和调查取证也将是中国内地和香港特别行政区刑事司法协助的一个重要方面。但是，由于这种协助关系属于国内不同法域之间的协助，不能适用国际刑事司法协助中的原则，但可以根据公共秩序保留原则予以适当限制。若请求协助的事项的执行将干预被请求方正在进行的调查起诉或审判活动，被请求方也可以推迟提供协助。

从今后的实际需要分析，中国内地与香港特别行政区送达文书和调查取证的范围是相当广泛的。首先，在文书方面，包括司法文书和非司法文书。司法文书是指在刑事诉讼过程中由司法机关制作或签发的各种法律文件或文书，如传票、出庭通知、判决书、裁定书等。非司法文书则是指除上述司法文书以外的且与特定的刑事诉讼活动有关的各种书面材料，如身份证明、公证文书、信函等。由于“一国两制”后内地与香港间的区际刑事司法协助是在同一主权国家领土内进行的，故送达刑事法律文书的途径可以多种多样，可以用邮寄的方式送达，也可以由香港特别行政区的司法机关代为送达，甚至可以通过律师送达，以保障刑事诉讼的顺利进行，及时打击跨法域犯罪，维护两个法域的社会治安，促进两个地区的繁荣和稳定。其次，在调查取证方面，包括强制性的和非强制性的调查取证方式。如询问当事人、嫌疑人、罪犯、证人、鉴定人和其他诉讼参与人以及进行鉴定、检查勘验等;以及搜查、扣押物证或书证和对被告人身体进行强制检查等。对于协助调查取证的条件和范围,协助的程序和方式,所取得证据的效力,取证的费用等,要通过协商解决,重要的一条是各法域要贯彻及时、有效地打击刑事犯罪的原则,尽力协助,将跨法域的犯罪嫌疑人绳之以法。

4. 遣(移)送犯罪嫌疑人

遣(移)送犯罪嫌疑人是中国内地与香港特别行政区刑事司法协助的又一重要内容。在双方进行此项司法协助时,不得引用国际刑事司法协助中关于引渡的一些规则,如政治犯、军事犯、本国公民不引渡原则等。因为对内地与香港特别行政区来讲,不存在不同的政治犯和军事犯,这两类犯罪都是双方所应共同惩治的,没有拒绝遣(移)送的理由。至于本方居民,只要不损害己方重大利益和法律秩序,也不应成为移送的障碍。

5. 刑事案件管辖移交

只要存在管辖冲突,刑事案件的移交就不可避免。在中国内地与香港特别行政区的刑事司法协助中,刑事案件管辖的移交指两个法域的司法机关同时对某一刑事案件或者刑事案件的被告人享有管辖权,且均在掌握有证据材料准备起诉或审判的情况下,通过协商将此案统交一个司法机关处理,其他司法机关将其掌握的案件材料移交给行使管辖权的司法机关,从而便利整个案件审理的情形。管辖移交分为主动移交和被动移交两种类型。无论是哪种类型,都须以存在管辖冲突为前提,并贯彻便利诉讼的原则。至于哪些案件需要移交,如何移交,双方或多方则可以在协商中具体解决。一般情况下,以下几种情况,均可提出移交问题:

(1)犯罪嫌疑人是被请求方居民,或者以被请求方为居所地的;

(2)犯罪嫌疑人在被请求方正在接受涉及剥夺自由的审判的;

(3)被请求方正在对犯罪嫌疑人就同一犯罪或其他犯罪提起刑事诉讼的;

(4)请求方认为移交管辖有利于查清案件事实,特别是最重要的证据在被请求方的掌握之下的;

(5)被告人不能在请求方或者被请求方出庭的;

(6)从整个案情上看,由请求方或者被请求方管辖更有利于案件审理或者有利于判决执行的,等等。

6. 已决犯的移管

由于中国内地与香港特别行政区的居民均有可能在非所属方被判刑,自然就存在已决犯的移管问题。已决犯的移管在国内和国际刑事司法协助中都经常发生,其目的在于便于监狱管理和有利于服刑人的自觉改造。在"一国两制"情况下,中国内地和香港特别行政区在政治、经济、法律以及社会生活方式上存在较大差异,一方居民在另一方被判刑后,在服刑期间,管理机构和服刑人均有诸多不便,因此有必要将已决犯移交到其所属的一方服刑。内地和香港特别行政区判处的已决犯,一般分为两类:其一是一方居民违反他方刑法而被他方司法机关判处刑罚的;其二是一方居民同时违反两地刑法而在他方被判处刑罚的。很显然,移管第一类罪犯,应坚持双重犯罪的标准进行协助,若被请求方的法律认为已被判刑之人的行为根本不违反己方刑法的，就极难接受移管。移管第二类罪犯，被请求方应遵循刑事司法协助中的尊重对方法律的原则，贯彻“一事不再理”的规则，不再对行为人的同一犯罪事实重新进行审理，也不能改变移管方已作出的判决。根据这一规则，1997年修订的《中华人民共和国刑法》第10条规定的有条件承认外国刑事判决的精神[1]和香港现行只将外国判决作为一种法律事实看待的规定[2]，在中国内地与香港特别行政区的刑事司法协助中，均无适用的余地。在具体操作方面，移管双方还应就具体事项，如监管场所、代为行刑的费用、行刑结果的通报等进行妥善的协商。

7. 赃款赃物的追缴和移交

赃款赃物是刑事犯罪的重要证据，其中有一些被害人还享有请求返还的权利。在内地与香港特别行政区互涉刑事案件的审理过程中或审理完毕之后，还有一个赃款赃物的追缴和移交问题。追缴和移交赃款赃物主要是基于两种原因：一是便于诉讼，此时赃款赃物是作为证据使用；二是返还被害人，此时是为了弥补由犯罪造成的损失。一般来说，赃款赃物的移交，不得妨碍被请求方正在进行的刑事诉讼，不得违反被请求方关于特定物品的特殊规定，也不得妨碍被请求方区域内之有关人员或单位对该种款物的合法请求权。

上述七点，是中国内地与香港特别行政区目前刑事司法协助中需要进行的主要事项。其中有些项目，如交流犯罪情报、缉捕罪犯、遣送犯罪嫌疑人、委托调查取证等，实际上近年来在内地与香港间已进行了一些合作，并取得了较好的效果。这些实践为今后系统建立和逐步完善内地与香港之间的刑事司法协助关系大有助益，也为今后开拓两地新的刑事司法协助事项提供了宝贵的经验。

五、结语

中国内地与香港之间的区际刑事司法协助，既不同于国际刑事司法协助，也不同于联邦制国家不同法域之间的区际刑事司法协助，而是单一制国家内不同法域之间的刑事司法协助。而两地区际刑事司法协助关系的建立和良好运作，不仅对中国内地与香港的共同稳定发展具有重要意义，而且这种协助关系的建立，还可为中国内地与澳门地区乃至于台湾地区之间的刑事司法协助提供一个可资借鉴的模式。由于内地与香港两地区际刑事司法协助的内容繁多，政策性强，技术要求高，限于篇幅，本文仅对其中的基本理论与实务问题作了一些前瞻性探讨，至于更为深入、更为具体的问题，还有待于随着两地司法实践的发展尤其是两地区际刑事司法协助关系的建立和经验的积累，作进一步的深入研究。

---

[1] 1997年修订的《中华人民共和国刑法》第10条规定：“凡在中华人民共和国领域外犯罪，依照本法应当负刑事责任的，虽然经过外国审判，仍然可以依照本法追究，但是在外国已经受过刑罚处罚的，可以免除或者减轻处罚。”

[2] 参见黄进、黄风主编：《区际司法协助研究》，中国政法大学出版社1993年版，第44页。

中国内地与港澳特别行政区刑事管辖权合理划分论纲*

目　次

一、前言

随着中国香港特别行政区（以下简称香港特区）和中国澳门特别行政区（以下简称澳门特区）的相继建立，"一国两制三法系

---

* 原载《法学家》2002年第4期；中国人民大学《复印报刊资料·刑事法学》2002年第12期转载。

三法域”的格局已在我国形成。由此决定了我国区际刑事管辖冲突的不可避免以及解决这一冲突的必要性和艰巨性。构建一个科学、合理并且具有可操作性的中国区际刑事司法互助制度,已成为中国三地立法机关、司法实务部门以及理论界共同关注的焦点。20 世纪 90 年代末涉香港特区与内地的张子强案件(又称大富豪案件)〔1〕和李育辉案件(又称德福花园五尸命案)〔2〕的发生,使得这一问题的解决更加现实而紧迫地摆在了三地立法机关的面前,理论和实务上的深入研讨更是刻不容缓。

自中英两国政府就中国对香港恢复行使主权于 1984 年 9 月签署《关于香港问题的联合声明》之时起,笔者即对中国内地与我国港澳台地区的刑事司法协助问题产生了浓厚的兴趣,并在 1987 年完成的博士学位论文《犯罪主体论》中对这一问题作了尝试性的研究。〔3〕后来不仅一直关注并致力于这一课题的研究,陆续发表了多篇专门或主要研究这一问题的学术论文,〔4〕主持编写了相关学术论著,〔5〕而且于 1999 年 7 月 17 ~ 21 日在浙江省温州市参与主持召开了“中国区际刑法与区际刑事司法协助”专题研讨会。〔6〕 随着研究的深入和不断的反思,笔者发现,对于其中某些重要问题的研究实有进一步检讨和修正的必要,例如,关于区际刑事管辖权冲突的解决。为此笔者在近几年的教学、科研工作中,对中国内地与港澳特别行政区刑事管辖权的划分所涉及的相关理论与实务问题,结合国内外的最新研究成果,不断进行思考、梳理,不仅进一步拓展了研究的深度,而且也对自己既往一些不成熟的见解作了修正。这篇论文即是笔者近年来新的思考心得,敬请法学界同仁教正。〔7〕

二、中国区际刑事管辖权合理划分的指导思想

(一)“一国两制”是中国区际刑事管辖权合理划分的指导思想

根据中国政府提出的“一国两制”的方针和中国宪法、《中华人民共和国香港特别行政

---

〔1〕 香港居民张子强(又称“大富豪”)于 20 世纪 90 年代初组成犯罪集团,疯狂在港澳两地进行绑架,抢劫,非法买卖、运输枪支、弹药、爆炸物,走私武器、弹药等犯罪活动。1998 年 10 月,张子强案件的 36 名被告(18 名香港居民,18 名内地居民)经广州市中级人民法院依法审判,张子强等 5 名罪犯被判处死刑。详见《中华人民共和国最高人民法院公报》1999 年第 1 期,第 26 ~ 28 页。

〔2〕 1998 年 7 月 23 日在香港九龙湾德福花园的一家公寓内发现 5 名中毒死亡的妇女,其中 2 人在前些天提取约 100 万港币。香港警方为调查该案正搜寻自命为风水先生的广东省汕头市居民李育辉时,李在 1998 年 9 月 15 日被内地警方在湖北省武汉市逮捕,李承认了杀害被害人并非法占有 130 万港币的事实。香港立法委员会和法律界人士主张将李引渡回香港受审,香港政府经过权衡,最终决定不要求引渡李育辉。李育辉后被广东省汕头市中级人民法院依法判处死刑。

〔3〕 参见赵秉志:《犯罪主体论》,中国人民大学出版社 1989 年版,第九章,第 358 ~ 386 页。

〔4〕 参见赵秉志、孙力:《香港特别行政区与内地间互涉刑事法律问题研究》,载《中国法学》1993 年第 2 期;赵秉志、赫兴旺:《中国内地与港澳特别行政区的刑事司法协助问题》,载《法学家》1995 年第 2 期;赵秉志:《外向型刑法问题研究》(上卷),中国法制出版社 1997 年版。

〔5〕 参见赵秉志主编:《世纪大劫案:张子强案件及其法律思考——中国内地与香港刑事管辖权冲突问题》,中国方正出版社 2000 年 1 月;高铭暄、赵秉志主编:《中国区际刑法与刑事司法协助研究》,法律出版社、中国方正出版社 2000 年版。

〔6〕 这是我国内地首次以“中国区际刑法与区际刑事司法协助”为主题而召开的研讨会。会上,笔者就区际刑事管辖权冲突以及区际刑事司法协助问题提交了两篇论文。参见赵秉志:《关于中国内地与香港特别行政区建立刑事司法互助关系的研讨》;赵秉志、田宏杰:《中国内地与香港刑事管辖权冲突研究——由张子强案件引发的思考》。此次会议的成果经笔者组织编选,现已结集出版,参见高铭暄、赵秉志主编:《中国区际刑法与刑事司法协助研究》,法律出版社、中国方正出版社 2000 年版。

〔7〕 区际刑事司法协助制度的内容十分丰富,考虑到论文的篇幅,本文仅对其中的核心问题,即“区际刑事管辖权的合理划分”进行纲领性的研讨。至于区际刑事司法协助制度的其他内容,笔者将结合研究酌情于将来再另行撰文探讨。

区基本法》(以下简称《香港基本法》)、《中华人民共和国澳门特别行政区基本法》(以下简称《澳门基本法》)的规定,中国内地与香港、澳门在一个中国的前提下实行不同的社会制度:作为国家主体的中国内地实行社会主义制度,作为享有高度自治权的国家特别行政区的香港特别行政区和澳门实行资本主义制度。可见,正是因为"一国两制"方针的推行,才成功地促成了香港、澳门问题的圆满解决,进而建立了香港、澳门特别行政区;正是"一国两制"方针的贯彻,内地与香港特区、澳门特区才分属两种不同的政治制度、经济制度、法律制度且各有独立的立法权、司法权和终审权,进而产生了彼此法制的差异和刑事管辖权的冲突,使得三地刑事管辖权的合理划分成为必要;正是"一国两制"方针的落实,才使得三地刑事管辖权的解决有了平等协商、精诚合作的基础,从而使三地刑事管辖权的合理划分成为可能。由此决定,"一国两制"不仅是解决香港、澳门问题,实现祖国统一,指导和处理中央政府与港澳特区以及中国内地与港澳特区关系的长期国策和基本方针,而且也是解决中国内地与港澳特区刑事管辖权冲突的总体指导思想,所有解决中国区际刑事管辖权冲突的立法、措施和制度,都必须体现"一国两制"的精神。任何偏离这一根本指导思想的制度和做法,都将有损国家的主权统一,有损港、澳特区的经济发展和繁荣稳定,有损内地的改革开放和社会主义市场经济体制的健康发展。

(二)贯彻"一国两制"解决中国区际刑事管辖权合理划分的基本内涵

从字面上讲,"一国两制"是指"一个国家,两种制度",即在一个国家内部实行两种不同的社会经济制度。但一般说来,"一国两制"专指在中华人民共和国这个统一的社会主义国家里,在相当长的一段时期内,内地12亿人口的地区实行社会主义制度,允许台湾、香港和澳门三个地区实行资本主义制度,包括资本主义的政治制度、社会经济制度和生活方式。[1]实际上,作为一种科学、完整的理论,"一国两制"的内涵远非如此简单,而是博大精深。具体就刑事管辖权冲突的解决而言,"一国两制"至少包含以下两层含义:

1."一国"是实行"两制"的基本前提和重要基础

"一国两制"方针的根本目标,在于实现祖国的统一并保障和促进国内不同区域的繁荣发展。由于中国内地与港澳特区的刑事管辖权冲突是在不同的社会制度、法律制度、不同法系下产生的,加之港澳特区实行高度自治,在对内对外活动中享有许多特权。因此,在解决内地与港澳特区刑事管辖权冲突问题时,必须始终坚持国家统一和主权完整的原则。这就要求:[2]

首先,需要明确,内地与香港特区、澳门特区都是中华人民共和国领土不可分割的组成部分,港澳特区的自治权力再大,也是中央政府授予的而不是其自身所固有的。在我国,只有一个最高权力机关——全国人民代表大会及其常务委员会;只有一个最高行政机关——国务院;只有一部宪法——中华人民共和国宪法;只有一个国际法主体——中华人民共和

〔1〕 参见蓝天主编:《"一国两制"法律问题研究》(总卷),法律出版社1997年版,第18页。

〔2〕 参见赵秉志、田宏杰:《中国内地与香港刑事管辖权冲突研究——由张子强案件引发的思考》,载高铭暄、赵秉志主编:《中国区际刑法与刑事司法协助研究》,法律出版社、中国方正出版社2000年版,第182、183页。

国。港澳特区并不拥有独立的主权。因此,港澳特区在与内地解决刑事管辖权冲突时,应将维护国家主权统一置于首要地位,而不能片面强调自己的独立性,无视国家主权的统一性和整体性。

其次,需要强调,中国内地与港澳特区之间的刑事管辖权冲突是同一个主权国家范围内的不同区域间的刑事管辖冲突,没有涉外的性质,也不具有国际刑事管辖冲突的特性。因此,既不能把内地与港澳特区之间的刑事管辖权冲突混同于国家间的国际刑事管辖权冲突和区域刑事管辖权冲突,更不应把解决国际刑事管辖权冲突的一些原则和做法(例如,“政治犯、军事犯不引渡原则”“双重犯罪原则”等)适用于港澳特区与内地之间的区际刑事管辖权冲突,要避免把一个法域等同于一个独立的主权国家领域。解决中国内地与港澳特区间刑事管辖权冲突的程序和规则,也应与解决国家间的国际刑事管辖权冲突和区域刑事管辖权冲突的程序与原则有所区别。

最后,还要确定,对于在中国港澳特区两个法域生效的国际条约,只能作为该法域与外国解决刑事管辖权冲突时的依据,不能成为内地与港澳特区之间刑事管辖权冲突的解决依据。道理很简单,中国政府对香港、澳门恢复行使主权后,虽然根据香港基本法、澳门基本法的规定,有不少国际条约可以继续在香港特区、澳门特区适用,但这些条约是作为香港基本法、澳门基本法的对外关系条款而存在的,针对的是香港特区、澳门特区与外国之间的关系。所以,依据这些国际条约解决的刑事管辖冲突,毫无疑问应当属于国际刑事管辖冲突。若将其作为解决中国内地与港澳特区之间刑事管辖权冲突的法律依据,这就等于承认香港、澳门特区在与中国内地之间的区际刑事管辖权冲突中是一个独立的政治实体,这显然有违国家主权统一的原则,有违“一国”的根本要求。

2.“两制”是保障与维护“一国”的必要途径和重要策略

“一国两制”不仅要求维护国家主权的统一,而且要求在相当长的时期内,港澳特区实行的资本主义制度和内地实行的社会主义制度和平共处,并行不悖,互不干涉。这是在特殊历史时期维护祖国统一所必须采取的策略。世界上尽管“存在许多复合法域的国家,即在一个主权国家内部的不同地区存在不同的法律制度。例如,属于单一制国家的奥地利、比利时、刚果、古巴、瑞典、伊朗等,属于联邦制国家的美国、澳大利亚、巴西、印度、加拿大、瑞士等。”[1]但由于这些国家内的不同法域在政治、经济制度上是一致的,都是资本主义制度,仅仅在法律规定、法律形式上不同,因而迄今为止,世界上现有的区际刑事管辖冲突都是“一国一制”的刑事管辖权冲突;而中国内地与港澳特区之间的刑事管辖冲突则是“一国两制”框架下的刑事管辖冲突,这正是我国区际刑事管辖冲突不同于其他国家内的区际刑事管辖冲突的根本区别所在。由此决定,在解决我国内地与港澳特区刑事管辖权的冲突时,还应当注意“两制”的正确适用,既不能操之过急地采取统一三个法域刑事实体法规定的做法来解决三地的刑事管辖权冲突,又必须注意到我国内地与港澳特区的刑事管辖权冲突涉及社会主义法律体系与资本主义法律体系中的普通法法系、大陆法法系这三大法系之间的冲突。所

〔1〕 谢望原主编:《台、港、澳刑法与大陆刑法比较研究》,中国人民公安大学出版社1998年版,第583页。

以,在解决三地刑事管辖权冲突的时候,各个法域都应当本着宽容的态度,实事求是地正视三地刑事法律方面存在的差异,尊重其他法域的司法自治权,既不以法律制度上的差异作为否定对方刑事管辖权的理由,也不能将自己处理司法问题的原则或观点强加于其他法域之上。内地法域不能以中央法域自居,强制管辖应由港澳特区司法机关管辖的案件;同样,港澳特区也不能以强调独立性为名,无视和排斥内地司法机关应有的刑事管辖权。

总之,作为"一国两制"不可分割的组成部分,"一国"是"两制"得以建立的前提,也是"一国两制"这一伟大构想的核心;而"两制"则是维护"一国"的必要途径。没有"一国"则"两制"无所依存;离开"两制"则"一国"难以统一,更不必说有效的保障。两者的对立统一,体现了国家主权与国内不同区域间治权的高度有机结合,既是我国的一项长期国策,同时也贯穿于内地与港澳特区刑事管辖权冲突解决的各个环节。但这并不意味着,在解决我国区际刑事管辖冲突的任何阶段,两者都是并行不悖、等量齐观的。相反,在解决我国内地与港澳特区刑事管辖权冲突的不同环节,两者的地位和所起的作用各有侧重。具体而言,在处理兼具涉外性质的我国内地与港澳特区之间的刑事管辖权冲突时,我国内地与香港特区、澳门特区均义不容辞地负有捍卫国家主权和尊严的首要责任,以"一国"为第一要求;而在单纯涉及我国内地与港澳特区之间的刑事管辖权冲突时,则应更多地考虑"两制"的需要。

(三)贯彻"一国两制"解决中国区际刑事管辖权合理划分的派生要求

"一国两制"的基本内涵所决定,在我国内地与港澳特区刑事管辖权冲突的解决中,还必须坚持下述两个派生要求,否则,即有悖于"一国两制"的精神。

1. 禁止适用体现主权国家的管辖原则

众所周知,刑事管辖权的核心也就是指刑法的空间效力。从当今世界各国确定刑事管辖权的基本原则来看,无外乎属地原则、属人原则、保护原则、普遍管辖原则以及综合前四种原则的折中原则。其中,属地原则以地域为标准,要求凡是在本国领域内犯罪,无论是本国人还是外国人,都适用本国刑法;反之,在本国领域外犯罪,都不适用本国刑法。属人原则以人的国籍为标准,主张凡是本国人犯罪,不论是在本国领域内还是在本国领域外,都适用本国刑法。保护原则基于保护本国利益的立场,主张凡侵害本国国家或者本国公民利益的,不论犯罪人是本国人还是外国人,也不论犯罪地在本国领域内还是在本国领域之外,都适用本国刑法。至于普遍原则,则是以保护国际社会的共同利益为标准,主张凡发生本国所缔结或参加的国际条约所规定的侵害国际社会共同利益的犯罪,虽犯罪人不是本国人而是外国人,虽犯罪地不在本国领域内而在本国领域外,虽被侵犯的不是本国而是他国的公民或利益,亦要适用本国刑法。由于上述各项原则对于刑事管辖权的解决各有优劣,因而现代世界多数国家的刑法在此问题上一般都以属地原则为基础,同时兼采其他原则,此即所谓的折中原则。

显然,要解决中国内地与港澳特区刑事管辖权的冲突,就必须首先确立三地刑事管辖权的划分原则。根据香港普通法的规定,香港刑法的效力通常只及于发生在香港的犯罪行为,香港刑法一般没有域外效力。至于在香港外发生的犯罪案件,除非有个别的成文法授权,香港法院才可以行使管辖权。也就是说,香港法律对刑事案件采取的是比较严格的属地管辖原则。与香港刑法上述规定不同的是,内地现行刑法典和1996年生效实施的《澳门刑法典》均采用的是以属地原则为主,兼以属人原则、保护原则和普遍原则为辅的刑事管辖体制。为此,相当数量的学者主张以上述管辖原则中的一种或几种,作为解决我国内地与港澳特区三地间刑事管辖权冲突的基本原则。例如,有学者提出,以属地原则为基础、注重先理为优和实际控制原则,兼采属人原则,是划分三地互涉案件管辖权更为合理的规则;[1]另有学者认为,我国内地与港澳两个特别行政区刑事管辖的分工应坚持以属地主义为主,以限定的属人主义为补充的原则;[2]还有学者主张,我国从"一国两制"的角度分析,划分两地(指中国内地与澳门特区——笔者注)刑事管辖权最合适的原则莫过于属地原则。坚持属地原则的实质,也就是突出属地原则,使属人原则、保护原则和普遍管辖原则都服从属地原则;[3]也有学者认为,在一国之下的两地现行刑法(指内地刑法和香港特区刑法——笔者注)都或多(内地刑法)或少(香港刑法)地授予本地区法院对本地居民在其他地区犯罪的属人管辖权。一个地区不可能仅仅因为另一地区反对而放弃自己的属人管辖权。刑事管辖权的冲突和协调必须在平等互惠的基础上进行。[4]

上述观点,虽然具体主张各异,但有一点却是共同的,都试图从各国现行的刑事管辖权的确立原则中找到能够适用于中国内地与港澳地区刑事管辖权冲突的良方。实际上,正是这样的出发点,不仅使其在根本上有悖于"一国两制"的要求,而且也难以得到全面的贯彻落实。这是因为,属地原则、属人原则和保护原则虽然对刑事管辖权的确立标准主张各异,但却均是基于维护国家主权的立场;普遍原则则是为了维护全人类的共同利益而在特定案件上各国相互让渡国家主权才得以确立的。上述四项原则尽管出发点不同,但却无一不是基于国家主权观念而产生并存在的。可以说,离开了国家主权,上述任何一项原则也就全然失去了适用的空间和可能。中国内地与港澳特区之间的刑事管辖权冲突,显然不是基于国家之间的主权,而是由于一个主权国家内不同法域之间的高度自治权才发生的。因此,具有严格国际法意义的体现主权国家及其相互间关系的属地原则、属人原则、保护原则和普遍管辖原则这些刑事管辖原则,是不应当适用于中国国内区际刑事管辖权冲突的合理划分和确认的。

2.《中华人民共和国刑事诉讼法》之排斥适用

对于中国内地与港澳特区之间的刑事管辖权冲突,能否以《中华人民共和国刑事诉讼法》作为划分刑事管辖权的法律依据?对此,学者们是仁者见仁,智者见智。例如,对于广州市中级人民法院对张子强案件行使刑事管辖权的法律根据,广州市中级人民法院的一审判

〔1〕 参见张文、牛克乾:《试论我国内地与港澳地区互涉刑事案件管辖权的划分》,载赵秉志主编:《新千年刑法热点问题研究》(下),中国检察出版社2001年版,第664页。

〔2〕 参见叶晓颖:《论我国区际刑事司法协助的基本原则和模式》,载高铭暄、赵秉志主编:《21世纪刑法学新问题研讨》,中国人民公安大学出版社2001年版,第160页。

〔3〕 参见赵国强:《论澳门与内地刑事管辖权之划分》,载高铭暄、赵秉志主编:《中国区际刑法与刑事司法协助研究》,法律出版社、中国方正出版社2000年版,第138页。

〔4〕 参见傅华伶:《从李育辉案看刑法的属人管辖原则》,载高铭暄、赵秉志主编:《中国区际刑法与刑事司法协助研究》,法律出版社、中国方正出版社2000年版,第218、219页。

决书和广东省高级人民法院的二审判决书均认为,在于《中华人民共和国刑事诉讼法》第24条的规定。对此,我国内地著名刑法学者高铭暄教授作了进一步的解释:"《中华人民共和国刑事诉讼法》第24条规定'刑事案件由犯罪地的人民法院管辖。'按照中华人民共和国最高人民法院审判委员会1996年1月29日通过的《关于执行〈中华人民共和国刑事诉讼法〉若干问题的解释》第2条的规定:犯罪地是指犯罪行为发生地和犯罪结果发生地。这就是说,犯罪行为地或者犯罪结果发生地的法院,都可以依法审判这一案件……张子强等犯罪分子在香港所进行的绑架、抢劫金铺等犯罪都是在内地密谋、准备的,非法买卖的爆炸物是张子强出巨资指使他人在内地购买的。根据《中华人民共和国刑法》第22条的规定,为了犯罪,准备工具、制造条件的,是犯罪预备。属于犯罪行为。这样的犯罪行为发生在哪个地方,哪个地方的法院就依法对案件享有管辖权,这是没有任何问题的。毫无疑问,根据刑事诉讼法第24条的规定,本案中犯罪结果发生地的香港特别行政区法院,当然也有权管辖、审判张子强等严重犯罪分子。对这种不同地区法院都有管辖权的案件,根据刑事诉讼法第25条的规定,由最初受理的法院审判。"〔1〕我国另一刑法学者王仲兴教授也认为,我国内地司法机关对张子强案件拥有刑事管辖权具有程序法和实体法两个方面的根据:程序法方面的根据是1996年3月17日修正的《中华人民共和国刑事诉讼法》第24条规定的刑事管辖的基本原则;实体法方面的根据则是1996年3月14日修订的《中华人民共和国刑法》第6条所确立的属地管辖原则。〔2〕

上述解释是否合理?笔者在2000年撰写的一篇论文中曾明确指出,笔者赞成我国内地司法机关和我国内地学者关于我国内地法院对张子强案件拥有刑事管辖权的结论,但认为其将《中华人民共和国刑事诉讼法》第24条的规定作为这一结论的法律依据,一方面抹杀了刑事管辖权这一实体规范与刑事管辖分工这一程序概念之间的区别界限,将本应由刑事实体法规定的刑事管辖权问题与刑事程序法就已经拥有刑事管辖权的不同司法机关之间的刑事管辖分工所作的规定混为一谈;另一方面,以港澳特区基本法明确规定不能适用于港澳特区的《中华人民共和国刑事诉讼法》的有关规定来确定我国内地法院与香港法院之间的刑事管辖权冲突,则有违港澳基本法的精神。因此,以《中华人民共和国刑事诉讼法》的有关规定来解决我国内地与港澳特区之间的刑事管辖权冲突,是不够妥当的。〔3〕

3.《中华人民共和国刑法》的完善适用

《中华人民共和国刑法》是否为我国内地与港澳特区刑事管辖权冲突的划分提供了法律依据?从港澳特区基本法和我国内地现行刑法典的有关规定来看,笔者认为,答案应当是否定的。对此,应当明确的是,根据《香港基本法》附件三和《澳门基本法》附件三的规定,内地刑法中的罪刑规范虽然不能适用于香港特区、澳门特区,但作为刑事实体法规范内地刑法关于刑事管辖权的规定,却可以也应当为区际刑事管辖权的合理划分提供一个明确的法律

---

〔1〕 参见香港《文汇报》1998年11月15日。

〔2〕 参见王仲兴:《内地为何对香港居民张子强案件有刑事管辖权?》,载香港《中国法律》1999年3月号,第4页。

〔3〕 参见赵秉志、田宏杰:《中国内地与香港刑事管辖权冲突研究——由张子强案件引发的思考》,载高铭暄、赵秉志主编:《中国区际刑法与刑事司法协助研究》,法律出版社、中国方正出版社2000年版,第182、183页。

依据。而内地刑法典关于管辖原则的现有规定,显然均是以国家主权而不是内地、香港特区和澳门特区的治权为基础而设立的。对于区际刑事管辖冲突的确立原则,实事求是地说,在我国内地现行刑法典中至今仍是一个盲点。首先,从内地现行刑法典第6条的规定来看。该条规定:"凡在中华人民共和国领域内犯罪的,除法律有特别规定的以外,都适用本法。"香港和澳门本就是中华人民共和国领域不可分割的组成部分,这就是我们所说的"一国"的内涵。因而发生在港澳特区内的犯罪,也就是发生在中华人民共和国领域内的犯罪,本应适用内地刑法;但由于我国宪法和香港基本法、澳门基本法均特别明确规定,香港特区、澳门特区成立后,均实行不同于内地的政治制度和法律制度,享有高度自治的立法权和司法权。所以,港澳特区实际上是在中华人民共和国领域之内、内地法域之外的特别行政区法域;对于发生在港澳特区内的犯罪,应适用港澳特别行政区的法律的规定,而不适用内地刑法典第6条的规定。否则,就会既有违港澳特区基本法的精神,同时也与内地刑法典第6条的规定相矛盾。由此也就从根本上否定了内地刑法典第6条在解决三地刑事管辖权冲突问题中的作用。其次,从内地现行刑法典第7条的规定来看。该条规定:"中华人民共和国公民在中华人民共和国领域外犯本法规定之罪的,适用本法……"根据《中华人民共和国国籍法》的规定,凡是拥有中华人民共和国国籍的自然人,都是中华人民共和国的公民,无论这种公民是居住在实行社会主义制度的内地,还是居住在实行资本主义制度的香港、澳门特别行政区。易言之,判断"公民"的唯一标准是国籍而不是该公民的居住地。由此决定,香港特别行政区的中国居民和澳门特别行政区的公民,都属于中国公民;其在中华人民共和国领域外犯罪,虽然可以适用内地刑法典第7条,但却并不是因"两制"而发生的区际刑事管辖权冲突,而是出于维护国家主权的需要,与犯罪地国家所发生的国际刑事管辖冲突。至于中国内地刑法典第8条、第9条,也存在同样或类似的问题,容此不赘。由此看来,内地现行刑法典第6~9条的规定,主要在于确定内地刑法适用的空间效力,其目的在于主张涉及中华人民共和国主权的刑事管辖权,而不是基于我国内部不同法域之治权的刑事管辖权。所以,以内地现行刑法典的上述规定作为确认内地与港澳特区刑事管辖权冲突的法律依据,不仅有失科学,而且从根本上有悖于"一国两制"基本国策中的"一国"之要求。为此,笔者建议,在内地今后对刑法典的修订与完善中,内地立法机关应在内地刑法典现有体现主权国家及其与其他国家主权关系的刑事管辖原则几个条文之后,设专条对内地与港澳特区刑事管辖权的确立原则作出明确的规定。这既是现代罪刑法定原则的当然要求,更是我国"一国两制"方针在刑事管辖权领域的必要体现。

三、中国区际刑事管辖权合理划分的原则

基于以上分析,笔者认为,以地域原则为主,以合理、有效地惩治防范犯罪原则为辅,乃是合理划分现阶段我国内地与港澳特区刑事管辖权冲突的必然选择。

(一)地域管辖应为基本原则

所谓地域管辖原则,是指我国内地与港澳特区以各自的行政区域为界,凡是在港澳特区实施的犯罪行为依照港澳特区刑法应当受到惩治的,均应由港澳特区司法机关管辖;不管行

为人是内地居民、港澳居民抑或外国人或者无国籍人,也不管行为人逃到内地什么地方,内地有关机关都有责任协助港澳特区抓获逃犯,并迅速将其移交港澳有权机关处理。同样,凡在我国内地实施的犯罪行为,依照内地刑法应受惩罚的,均应由内地司法机关管辖;此类案件不管行为人身份如何,潜逃到港澳特区什么地方,港澳有关机关也有责任协助内地抓获逃犯,并迅速将其移交内地有权机关处理。

对此,也许有人会担心,依照地域管辖原则来解决三地刑事管辖权的冲突,是否会危及国家的主权?对于港澳特区人士来说,更为关注的则是,由内地司法机关对港澳特区的居民进行起诉、审判,是否会有损于港澳特区的司法自治?笔者认为,这些担心其实都是不必要的。主要理由在于:

1. 确立地域管辖原则是坚持"一国两制"的必然结果

众所周知,领域是指一个主权国家所及的范围,包括领陆、领水和领空;而法域作为一个特定的概念,主要指一种法律制度所实施的区域或一个法律体系的效力所涉及的范围。法域可以以主权国家为单位,一个主权国家为一个法域;也可以以主权国家内的行政区域如特别行政区、州等为单位,一个特定的行政区即为一个法域。如果一个国家内部同时存在两种以上法律制度或两个以上法律体系,我们就称其为"多法域国家"或"复合法域国家""复数法制国家"等。[1] 在单法域的国家里,领域和法域的范围是完全重合的,在同一个领域内,实行的是同一种法律制度;而在多法域的国家里,情况就不是这样了,领域的范围远远大于法域,在同一个领域的不同法域内,实行的是不同的法律制度,某一法域的法律制度只在该法域内有效,在其他法域内则不具有法律效力,尽管这些法域都属于同一国家领域之内。就我国来说,在香港和澳门回归祖国之前,我国是一个单法域国家,领域和法域是统一的;但在香港和澳门回归之后,基于"一国两制"这一政治架构,"领域"和"法域"的外延均发生了很大的变化。就领域来说,内地、香港特区和澳门特区均同属中华人民共和国领域;但就法域来看,内地和香港特区、澳门特区则分属不同的法域,分别实行不同的社会制度,包括不同的政治制度和不同的法律制度。也正因为如此,才有了中国内地与港澳特区刑事管辖权冲突的发生。不难发现,中国区际刑事管辖权的冲突,归根结底还是一国范围内不同法域之间为合理行使治权而不是捍卫国家主权所发生的冲突。由于我国法域划分的标准就是地域,所以,以地域管辖原则作为解决我国内地与港澳特区刑事管辖权冲突的基本原则,不仅不会危及国家主权,相反,在一个国家主权范围内,犯罪分子在哪个地域犯罪,就交由哪个地域的有权机关管辖,其实质也就是相互尊重对方的司法自治权,不干涉应由对方自主处理的司法事务。这无疑正是"一国两制"题中应有之义。

2. 确立坚持地域管辖原则符合香港基本法、澳门基本法的规定

根据香港基本法、澳门基本法的规定,香港特区、澳门特区均是享有包括刑事立法权在内的高度自治权的地方特别行政区域;按照本地区的刑事法律对本地区的刑事案件行使管辖权,乃是香港特区、澳门特区的自治事务。为此,香港基本法、澳门基本法均明确规定,中

---

〔1〕 参见陈正云主编:《中国刑事法律冲突论》,中国法制出版社1997年版,第117～118页。

央人民政府所属各部门、各省、自治区、直辖市均不得干预香港特区、澳门特区的自治事务；内地在香港、澳门设立的一切机构及其人员，均须遵守香港特区、澳门特区的法律；除香港、澳门原有法律制度和原则对法院审判权所作的限制外，香港特区法院、澳门特区法院对本地区所有的案件均有审判权。由此可见，坚持地域管辖原则，完全符合香港特区、澳门特区基本法的有关规定，这不仅不会损害到香港特区、澳门特区的司法自治权，相反，会有助于维护和保障香港、澳门特区的高度自治地位。

3. 坚持地域管辖原则有利于维护我国内地与港澳特区的社会稳定

尽管内地刑法与香港特区、澳门特区的刑法在具体制度的规定以及设置上存在一定的差异，但几个法域的刑事法律的基本职能却是完全相同的，那就是惩治、预防犯罪，保护居民的合法权益，维护社会稳定。而坚持地域原则，不仅有利于刑事案件的调查和取证，也可以使犯罪分子受到犯罪地法律的惩治，从而实现刑法的终极价值追求——公正治理犯罪。而我国内地与港澳特区因地域管辖原则所进行的密切协作与配合，将更加有利于对犯罪人的追捕，从而做到“法网恢恢，疏而不漏”。只有这样，才能充分维护内地与港澳特区刑事法律的严肃性和权威性，才能有效地保护内地与港澳地区居民的合法权益，才能有力地保障内地与港澳地区良好的社会秩序。

（二）合理、有效地惩治防范犯罪应为辅助性原则

正确解决我国区际刑事管辖权冲突的根本目的，是为了保障刑事诉讼活动的正常顺利进行，使跨越两地以上实施犯罪的犯罪分子得到应有的惩治，以保障各法域公众的合法权益，确保各法域社会秩序的稳定和经济发展。具体到刑事管辖冲突的解决，应当以有利于刑事诉讼证据的收集，有利于犯罪的侦查，有利于刑事诉讼活动的正常顺利进行为基本的出发点，以保证刑事犯罪分子得到及时、有效的惩治，防止因不同法域刑事管辖权冲突的发生，而使犯罪分子有机可乘。尤其应当避免犯罪分子将某一法域作为实施犯罪活动的“天堂”和“避风港”。由此决定，合理、有效地惩治防范犯罪的原则，也应成为解决内地与港澳特区刑事管辖权冲突的一项重要原则。一般而言，合理、有效地惩治防范犯罪的原则在司法实践中需要考虑的因素主要有：(1)是否便于调查取证；(2)是否便于起诉和审理；(3)是否便于移交犯罪嫌疑人；(4)是否便于看管、羁押和执行；(5)是否便于罪犯改造；(6)是否有利于降低诉讼成本等。[1]

四、中国内地与港澳地区互涉刑事案件的管辖划分

随着“一国两制三法系三法域”格局的形成以及内地与香港特区、澳门特区居民在经济、文化、贸易等各个领域内的交往日益密切，三地互涉刑事案件将越来越多，表现形式也将越来越复杂，因而如何正确解决三地互涉刑事案件的刑事管辖权，对于三地刑事司法协助制度的建立无疑具有重要的理论意义和实践价值。

---

〔1〕 参见单长宗、赵松岭、刘本荣：《试论中国内地与澳门特区刑事司法管辖权的划分》，载高铭暄、赵秉志主编：《中国区际刑法与刑事司法协助研究》，法律出版社、中国方正出版社 2000 年版，第 130 页。

（一）三地互涉刑事案件的界定

所谓三地互涉刑事案件，是指犯罪涉及中国内地、香港特区和澳门特区两地或者两地以上，案件所涉的各地域根据各自的刑事法律都对其享有管辖权的刑事案件。按照互涉因素的性质不同，有学者将区际互涉刑事案件分为三类，即人际互涉刑事案件、地际互涉刑事案件、人地交叉互涉刑事案件，其中，人际互涉刑事案件是指案件仅在一法域发生，犯罪人或者部分犯罪人具有另一法域居民身份的案件；所谓地际互涉刑事案件，是指犯罪人为同一法域居民，而犯罪行为、犯罪结果牵涉不同法域的案件；所谓人地交叉互涉案件，是指犯罪人和犯罪行为、犯罪结果均有不同法域互涉因素的案件，具体来说，是指不同法域居民相互勾结、共同实施的跨法域犯罪的案件。[1]

显然，上述三种类型之中，第一类互涉案件刑事管辖权的确定，依照地域管辖原则即可迎刃而解；第二类、第三类互涉刑事案件管辖权的确定，尽管相对较为复杂，但只要正确适用地域管辖原则和合理、有效地惩治防范犯罪原则，同样能够得到妥善、合理的解决。实际上，由于"一国两制"内容的丰富博大，以保证"一国两制"方针的贯彻落实为根本宗旨的内地与港澳特区刑事管辖权的合理划分的实务问题，远比理论上设想的要复杂得多。司法实践中，需要特别加以注意的主要有以下几种互涉刑事案件。

（二）关于跨境犯罪的管辖

所谓跨境犯罪，有广义的跨越国境、边境犯罪和狭义的仅跨越国境犯罪或者仅跨越边境犯罪之分。本文此处所指的跨境犯罪，乃是仅就其狭义而言，并且专指同一犯罪跨越中国内地、香港特区与澳门特区等不同法域的刑事案件。此类案件一般适用地域管辖原则予以解决，同时应注意分别以下情况予以具体分析。

1. 犯罪预备行为地与实行行为地分别发生在我国内地和香港、澳门特区，由于犯罪的实行行为较预备行为危害性大，能准确地反映出犯罪的性质与状况，因而这类案件宜由犯罪实行行为地之法域管辖。

2. 犯罪实行行为持续发生在我国内地和香港特区、澳门特区的，宜由主要犯罪实行行为地之法域管辖，即实行"就主不就从"的原则。

3. 犯罪行为与犯罪结果分别发生在我国内地和香港特区、澳门特区的刑事案件，在决定案件管辖权的归属上，有学者认为，犯罪结果往往较犯罪行为地更集中反映犯罪的危害性，故应由犯罪结果地行使管辖权。[2] 但多数学者认为，从取证调查的角度考虑，此类案件通常与犯罪实行行为比较密切。因此，由犯罪行为地管辖为宜。[3] 但其实，由于犯罪实行行为与犯罪结果作为一个整体本来就很难说谁危害大、谁危害小，加之立法上的犯罪又有结果

---

〔1〕 参见张文等：《论我国内地与港澳地区互涉刑事案件管辖权的划分》，载赵秉志主编：《新千年中国刑法热点问题研究》（下），中国检察出版社2001年版，第661页。

〔2〕 参见黄风、黄进主编：《区际司法协助研究》，中国政法大学出版社1993年版，第234页。

〔3〕 参见赵国强：《论澳门与内地刑事管辖权之划分》，赵秉志、田宏杰：《中国内地与香港刑事管辖权冲突研究——由张子强案件引发的思考》，载高铭暄、赵秉志主编：《中国区际刑法与刑事司法协助研究》，法律出版社、中国方正出版社2000年版，第142、186页。

犯、危险犯和行为犯之分，这就使得对于犯罪行为与犯罪结果在不同犯罪中的地位及其危害性的大小的确定更加困难。故笔者主张，对于此种情况，不宜笼统地以犯罪行为地或者犯罪结果地为据进行管辖，而应区别不同犯罪及其形态，分别采取犯罪行为地管辖或者犯罪结果地管辖。基于此，笔者建议，有必要对司法实践中常见、多发的犯罪进行系统的梳理，在我国内地与香港特区、澳门特区的刑事司法协助协议中，写明各类案件分别由行为地或结果地的法域管辖。

4. 如果犯罪行为地与犯罪结果地、预备行为地与实行行为地、主要行为地与次要行为地互相混杂，不易分清的，则应适用“合理、有效地惩治防范犯罪”的原则确定管辖权。这样处理，有利于迅速及时地收集犯罪证据查获犯罪人，及时、有效地惩治犯罪，实现诉讼经济的要求。

（三）关于数罪分涉三地的刑事案件的管辖

对此类案件的管辖，中国内地刑法学界主要有以下三种不同的观点：第一种观点主张，按照重法吸收轻法的原则来确定管辖；第二种观点认为，各地域司法机关各自对于发生在本区域内的犯罪享有管辖权，审判应当分开，而刑罚的具体执行或分开或由一地的有关司法机关合并执行；[1]第三种观点则主张，一般由主要犯罪地法院管辖，若主要犯罪地不易分清的，由实际控制地的法院管辖。[2] 笔者赞同第三种观点。这是因为：首先，法律对某一犯罪行为应受惩罚规定的轻与重，除考虑该行为本身的危害性外，与当地的历史、文化、经济状况等因素均有很大关系。香港特区、澳门特区与内地刑事法律处于不同的法律区域，内地法律对犯罪的处罚普遍较香港特区、澳门特区的刑法为重，适用重法的结果，会导致此类案件均由内地管辖，这等于剥夺了香港特区、澳门特区对此类案件的刑事管辖权，与“两制”的要求相左，有显失公允与合理之虞。故笔者认为，第一种观点的主张不妥。其次，分别审判的主张，虽然严格恪守由犯罪地管辖的原则，但在实际操作中必然遇到许多具体问题，如每案均须将案犯往返递解，且有些三地作案的刑事案件，虽然分别在三地犯有数罪，但罪与罪之间存在一定的关系，而分别审理可能会人为地割裂一系列密切相关的犯罪行为，所以，第二种观点也不尽合理。而第三种观点既避免了前述两种观点的缺陷，又符合合理、有效地惩治防范犯罪原则的要求，且操作起来简便易行，因而不失为一种比较合理的主张。

（四）关于互派人员犯罪案件的管辖

根据《中华人民共和国香港特别行政区基本法》第 13 条第 2 款、《中华人民共和国澳门特别行政区基本法》第 22 条的规定，中央各部门、各省、自治区、直辖市根据需要可以在香港、澳门特别行政区设立机构，但须征得香港特区、澳门特别行政区政府同意，并经中央批准。中华人民共和国外交部依法可以在香港特区、澳门特区设立机构处理外交事务。根据《中华人民共和国香港特别行政区驻军法》和《中华人民共和国澳门特别行政区驻军法》的

---

〔1〕 参见张晓明：《香港特别行政区与内地间的刑事法律关系展望》，载赵秉志等编：《全国刑法硕士论文荟萃》，中国人民公安大学出版社 1989 年版，第 64 页。

〔2〕 参见陈永生：《中国内地与香港刑事管辖冲突及解决》，载《山东法学》1998 年第 2 期。

规定,中央政府可以在香港、澳门特区驻军。这些机构及其人员都必须遵守全国性法律和港澳当地的法律。同样,香港特区、澳门特区也可以根据需要,在内地建立办事、联络机构,派出公务人员处理相关事务。对于这类互派人员在驻在地的犯罪,情况特殊,司法实践中也比较少见。内地有学者主张,如果这种犯罪并没有侵犯驻在地的利益和社会秩序,则可由派出地法域行使管辖权;反之,如果犯罪侵犯了驻在地的利益或扰乱了当地的社会秩序,应依属地原则由驻在地司法机关行使管辖权。[1] 笔者认为,上述观点有其合理之处,但因其忽略了互派人员身份的特殊性,因而还不够全面。考虑到此类案件的特殊性,笔者主张,此类案件不宜适用地域管辖原则,而应依照合理、有效地惩治防范犯罪原则来确定其刑事管辖权,具体内容参照《中华人民共和国澳门特别行政区驻军法》关于澳门驻军人员刑事管辖问题的规定可确定如下:互派人员在驻在地实施的职务犯罪案件,应由派出地法院或者有关的执法机关管辖;互派人员非执行职务的行为,以及侵犯驻在地的利益和社会秩序,或者其他违反驻在地法律构成犯罪的案件,应由驻在地法院以及有关的执法机关管辖,但如果认为由对方管辖更为适宜,经双方协商一致后,也可以移交对方管辖。派出地法院以及有关的执法机关管辖的互派人员职务犯罪案件,涉及的被告人中的驻在地法域的居民、互派人员以外的其他人,由驻在地法域的法院审判。互派人员被驻在地法院判处或者剥夺人身自由的刑罚或者保安处分的,依照驻在地法律的有关规定送交执行,但驻在地有关执法机关与派出地司法机关对执行的地点另行协商确定的除外。

(五)关于涉国防、外交犯罪案件的管辖

根据《中华人民共和国香港特别行政区基本法》第19条第3款、《中华人民共和国澳门特别行政区基本法》第19条第3款的规定,香港特区、澳门特区对国防、外交等国家行为无管辖权。香港特区、澳门特区在审理案件中遇到涉及国防、外交等国家行为的事实问题,应取得特区行政长官就该等问题发出的证明文件,上述文件对法院有约束力。特区行政长官在发出证明文件前,须取得中央人民政府的证明书。据此,笔者认为,外交、国防事务中包含有关涉及国防、外交等国家行为的刑事案件,对这类刑事案件,香港特区和澳门特区有关法院不能行使刑事管辖权,而宜由内地法院依法管辖。港澳特区司法机关即使在审理一般的刑事案件中遇到涉及有关国防、外交等国家行为的事实问题时,也不得擅自审理,须获得特区行政长官的证明文件,而且须受证明文件的制约。

(六)关于背叛国家、分裂国家等危害国家安全犯罪案件的管辖

《中华人民共和国香港特别行政区基本法》第23条规定:香港特别行政区应自行立法禁止任何叛国、分裂国家、煽动叛乱、颠覆中央人民政府及窃取国家机密的行为,禁止外国的政治组织或团体在香港特别行政区进行政治活动,禁止香港特别行政区的政治性组织或团体与外国的政治性组级或团体建立联系。《中华人民共和国澳门特别行政区基本法》第23条也有相同的规定。但迄今为止,香港特区和澳门特区均未在刑事法律中规定上述内容的犯罪。因而笔者主张,对于此类犯罪,目前不管发生在哪个法域,均只能由内地法院适用内地

---

[1] 参见陈永生:《中国内地与香港刑事管辖冲突及解决》,载《山东法学》1998年第2期。

刑法进行管辖。如果今后香港特区、澳门特区在其刑法中规定了上述内容的犯罪，则此类案件应由犯罪地法院管辖。详言之，由内地法院管辖的，适用内地刑法；由香港特区、澳门特区管辖的，适用香港特区、澳门特区有上述内容犯罪的刑事法律。

（七）关于港澳中国居民涉外犯罪案件的管辖

所谓港澳中国居民涉外犯罪，是指香港特区、澳门特区的中国居民在内地和香港特区、澳门特区以外的其他国家或者地区实施的犯罪，或者在其他国家、地区发生的针对香港特区、澳门特区中国居民或者香港、澳门特区利益的犯罪。显然此类案件不仅具有国际性，同时还具有区际性，因而在管辖权的确定上，更应慎重对待。对此，笔者的想法是，应当分两个层次并以不同步骤解决刑事管辖权的问题。第一个层次是正确处理中国对外关系。在此层次中，一般应当先由香港特区、澳门特区以属人原则或保护原则主张管辖权，此时港、澳特区是在“一国两制”的框架内、基于中华人民共和国中央政府的授权而以中国（香港）、中国（澳门）的名义主张和行使中国的国家管辖权；如果港澳特区基于某种原因（如港澳特区法律管辖权的限制，或港澳特区与有关国家的关系等）无法或不便主张管辖权时，内地法域应当以中华人民共和国国家的名义、以属人原则或保护原则主张管辖权。即在对外关系中，中国当然是把港澳居民作为中华人民共和国公民来对待，把港澳居民的合法权益和港澳特区的利益作为中华人民共和国的利益来保护。可见，在第一层次上即处理对外关系时，核心问题是维护中国国家的主权，而不是我国国内各法域的治权，这鲜明地体现了“一国”的要求。第二个层次是正确处理中国内部的内地与港澳特区间的区际刑事管辖的关系。由于此类案件与香港特区、澳门特区的利益和社会秩序的联系更为紧密，因而在解决对外关系时已由港澳特区主张而获得了管辖权的，自然宜由香港、澳门特区管辖；即使在解决对外关系时是由内地以国家名义主张而获得管辖权的，也应首先考虑交由港澳特区实际管辖和追诉，但如果香港特区、澳门特区放弃管辖权或者不宜管辖的，则可由内地直接行使管辖权。可见，在第二个层次即处理中国内部的区际刑事管辖关系时，体现的是合理、有效地惩治犯罪的原则，并顾及了港澳特区与内地的“两制”。

（八）关于港澳中国居民在国外实施国际犯罪后逃回国内案件的管辖

港澳特区中国居民若在中国领域外实施了国际犯罪，这些国际犯罪按照港澳特区加入的国际公约和内地缔结或参加的国际公约均为应予普遍管辖的罪行，而行为人在外国落入法网并被以普遍管辖原则予以追诉、审判的，中国内地和港澳特区均不宜再主张管辖权；问题在于，若行为人在行为后逃回中国港澳特区或内地的，如何解决其管辖权？由于此类案件不仅兼具国际性和区际性，而且行为人所实施的犯罪属国际犯罪，因而在管辖权的确定上也就更为复杂。我们认为，此类案件中中国区际管辖权的确定应视犯罪人的潜逃地域不同而有所区别。首先，需要特别明确和强调的是，对此类案件，虽然行为人实施的是国际犯罪，但不管中国港澳特区还是内地主张管辖权，都不是基于普遍管辖原则，而是基于属人原则，因为行为人是港澳中国居民，当然是中国公民，适用属人原则时当然也就排斥了普遍管辖原则适用的余地。其次，对于犯罪人逃回港澳特区的此类案件，从“一国两制”的要求出发和合理、有效地防范犯罪原则的角度考虑，宜由港澳特区行使管辖权。此时，港澳特区是基于中央人民政府的授权,代表中华人民共和国而不仅仅是港澳特区行使管辖权。对于犯罪人逃回内地的此类案件,也宜先考虑交由港澳特区行使管辖权;如果港澳特区不便管辖或由内地管辖更为有利的,才考虑由内地行使管辖权。其法理与上述第六种案件的论述略同,容此处不赘。

五、结语

总之,中国内地与港澳特区之间的刑事管辖权冲突是同一个主权国家范围内的刑事管辖冲突而没有涉外的性质,也不具有国际刑事管辖冲突的特性,因而三地刑事管辖权的确定,既不能适用主权国家和国际法意义上的管辖原则,也不能依据《中华人民共和国刑事诉讼法》的规定予以确定。由“一国两制”这一根本的指导方针所决定,中国内地与港澳特区的刑事管辖原则体系之确定,应当以地域管辖原则为主,以合理、有效地惩治防范犯罪原则为辅。作为我国内地刑事法律体系的核心,内地刑法对于中国区际刑事管辖原则的规定迄今为止仍然付之阙如,这不能不说是我国内地刑法立法上的一大缺憾。鉴于中国区际刑事管辖原则的确立对于中国区际刑事司法协助制度建立的重要意义,我国内地与港澳特区的有关机构有必要在未来的中国区际刑事司法协助协议中对此予以专门议决,并进而由三地立法机关将之在三地的刑法中予以立法化,以便为各法域司法机关就中国区际刑事管辖冲突的合理解决提供一个明确的法律依据。

当然,中国区际刑事管辖权冲突在司法实践中涉及的具体问题远不止本文所研讨的内容,本文旨在提出一个科学、可行的合理划分三地刑事管辖权的基本体系架构,而不是要将中国区际刑事管辖权冲突可能涉及的所有问题均在此予以解决。中国区际刑事管辖权冲突虽然是一个全新的课题,既无立法可依,又乏先例可循,但笔者坚信,只要我国各个法域都坚持“一国两制”的基本指导思想,本着宽容的态度,通过平等的协商,这一重要刑事法治问题的圆满解决必定指日可待。

海峡两岸共同打击犯罪问题新探讨*

目　次

一、前言

长期以来，海峡两岸通过多种方式开展合作和互助，共同依法严厉打击跨海峡两岸的犯罪活动，维护各自法域的社会安定秩序，保护海峡两岸居民的合法权益，其中具有里程碑意义的，莫过于由大陆的海峡两岸关系协会与台湾地区的财团法人海峡交流基金会于2009年4月26日在南京签订的《海峡两岸共同打击犯罪及司法互助协议》（以下简称“南京协议”）。该协议的签订和实施对海峡两岸共同打击犯罪和开展相关的司法互助，起到了巨大的推动作用。就海峡两岸共同打击犯罪部分来说，成效颇为显著。[1] 不过，我们还应该看到，关于上述两岸协议中共同打击犯

---

* 原载《江海学刊》2014年第1期；收入海峡两岸关系法学研究会编：《海峡两岸法学研究》（第4辑），九州出版社2014年版。

〔1〕 参见《两岸共同打击犯罪及司法互助协议实施4年成效显著》，载新华网，http://news.xinhuanet.com/legal/2013-06/09/c_116102386.htm，2013年6月20日访问。

罪之规定的性质,以及两岸共同打击犯罪在目前所遇到的新情况和新问题,不管是在理论上还是实务上,都还欠缺深入和全面的研究。这种状况显然不利于保障海峡两岸人民的合法权益。因而本文将结合新的情况和问题分析和研讨海峡两岸协议中共同打击犯罪之规定的不足和缺陷,并提出改进和完善的建言。

二、两岸共同打击犯罪所面临的新情况和新问题

近年来,跨越海峡两岸的犯罪呈现出一些新的情况,并相应地形成了一些新的问题。尽管具有突破性意义的《南京协议》曾经对海峡两岸共同打击犯罪的问题做出了规定,但是,该部分的规定已经表现出滞后的情形,对新情况和新问题并不能及时、有效地予以反映和应对。归纳而言,这些新情况和新问题主要表现为如下三个方面:

(一)涉外犯罪逐渐增多

不法分子跨越海峡两岸而实施的犯罪,时常会涉及其他国家或者地区的因素。例如,台湾居民何某纠集多人,将诈骗总部设立在台湾,后来到大陆地区广东省东莞市设立据点,对泰国人实施诈骗,回到台湾以合法收入名义取出骗得的财物。该犯罪团伙还吸收了不少泰国人参与其中。大陆地区公安机关查处此案,在2012年5月16日将10名泰国犯罪嫌疑人移交给了泰国警方,将何某等人遣返回台湾。[1] 但是,对于此类涉及其他国家或者地区犯罪嫌疑人或者罪犯因素的犯罪,《南京协议》并没有就海峡两岸如何共同打击作出规定。客观而言,这种情形确实非常复杂。因为海峡两岸在很多政治问题上并未达成较为一致的意见,对涉及政治因素的事项自然也不可能很快很有成效地完成沟通,难以形成相互认同的观点,自然不会将这种有涉外因素之犯罪该如何处理的问题规定于《南京协议》中。有论者认为可以将此种情形作为《南京协议》第23条所规定的“未尽事宜”,[2]但还有待于进一步研究。现在来看,《南京协议》对此未作明确的规定,因而无法为海峡两岸司法机关共同打击此类有涉外因素的犯罪提供明确的法律依据,可能会给不法分子留下法律空子。

(二)分裂国家的犯罪时有出现

不可否认,海峡两岸的政治制度目前存在较大的差异,但双方在各自的法律制度中都认可并规定了“一个中国”的原则。如台湾方面的“台湾地区与大陆地区人民关系条例”第2条明确指出,“大陆地区指台湾地区以外之‘中华民国’领土”。大陆方面于2005年3月14日颁布实施的《反分裂法》第2条指出,“世界上只有一个中国,大陆和台湾同属一个中国,中国的主权和领土完整不容分割。维护国家主权和领土完整是包括台湾同胞在内的全中国人民的共同义务。”而对于破坏国家统一、分裂国家的危害行为及其惩治,海峡两岸都在刑法典中做出了规定。如我国刑法典第103条就规定了分裂国家罪、煽动分裂国家罪;台湾地区“刑法典”第100条规定了内乱罪。[3] 可见,尽管海峡两岸对“一个中国”的具体内涵有不同

---

[1] 参见《台湾男子东莞设点诈骗泰国用户》,载《深圳特区报》2012年9月6日。

[2] 参见黄晓亮:《论国际视野中的海峡两岸反洗钱刑事司法互助问题》,载《刑法论丛》2013年第2卷,第400页。

[3] 台湾地区“刑法典”第100条规定,意图破坏国体,窃据国土,或以非法之方法变更国宪,颠覆政府,而以强暴或胁迫着手实行者,处7年以上有期徒刑;首谋者,处无期徒刑。预备犯前项之罪者,处6月以上5年以下有期徒刑。

认识,但在通过刑事法来防止分裂中国方面却有着显著的共同点,即将分裂中国的行为规定为犯罪,对煽动犯或者预备犯也予以处罚。然而,对于某些不法分子公然分裂中国的行为或者言论(如前几年达赖喇嘛到台湾访问,宣言西藏独立),海峡两岸司法机关还没有就如何共同打击进行过磋商。即便台湾地区有关部门考虑禁止分裂中国的不法分子(如热比娅)入台,但遗憾的是,其并未从海峡两岸,甚至本岸刑法关于分裂国家之规定的角度予以分析和考量。这种情形显然不利于从刑事法治的角度全面维护国家的统一,彻底落实"一个中国"的基本原则。

(三)刑事犯罪的侵害范围日益扩大

《南京协议》第4条"合作范围"就海峡两岸共同打击之犯罪的范围做出了明确的规定。从司法实践的具体情况看,双方也取得了显著的成果。有论者曾指出,《南京协议》生效实施后一年多,海峡两岸治安单位就破获电信、网络诈骗集团130多个,抓获犯罪嫌疑人1700多人。[1] 而国务院台湾事务办公室发言人范丽青于2013年6月9日也指出,两岸警方联合侦破上万起电信诈骗案件,抓获犯罪嫌疑人4700多名;联手破获一批重大毒品犯罪案件,大陆警方缴获各类毒品1720多公斤;大陆方面遣返台通缉犯288人,台湾警方向大陆遣返4名逃犯。从上述资料看,近年来,跨越海峡两岸的刑事犯罪主要表现为诈骗犯罪、毒品犯罪。而实际上,海峡两岸跨境犯罪在类型上不断增多,很多是《南京协议》并未明确列举出来的犯罪,如赌博犯罪、侵犯知识产权犯罪、以六合彩形式进行的非法经营犯罪、侵犯个人信息或者资讯的犯罪、跨境发放高利贷以及非法追债犯罪、黑社会犯罪或者黑社会性质组织犯罪等。[2] 这些犯罪侵犯的社会关系范围不断扩大,影响到海峡两岸民众生产生活的方方面面,亟待海峡两岸法律机关以更为明确的方针积极合作,严厉打击。

三、两岸"共同打击犯罪"之规定的性质与不足

《南京协议》未能全面反映和有效地应对上述新情况和新问题,既与该协议签订的时代背景有关,又受制于该协议第二章"共同打击犯罪"之具体内容的局限性。因而分析该协议第二章之规定的性质和不足,能为有效应对上述新情况和新问题提供有益的思路。

(一)两岸"共同打击犯罪"之规定的性质界定

《南京协议》第二章"共同打击犯罪"对海峡两岸共同打击犯罪事宜作出了规定。该部分共有三个条文,即第4条至第6条。第4条为"合作范围",确立了海峡两岸共同打击犯罪的合作范围:其第1款规定了双重犯罪原则;第2款依据第1款确立之原则具体列举了双方商定着重打击之犯罪的范围;第3款则对第1款的规定作了补充,即规定了双重犯罪原则的例外情况。第5条为"协助侦查",但内容其实并不限于"协助侦查",具体还包括犯罪情资的交换、协助缉捕或遣返刑事犯或者犯罪嫌疑人、合作共同侦查刑事案件等内容。第6条规定的是"人员遣返",对刑事犯、犯罪嫌疑人的遣返做出了规定。有论者指出,第6条在金门

---

〔1〕 参见彭维学:《两岸关系和平发展的现状与远景》,载《时事报告》2011年第1期。

〔2〕 参见黄少雄:《海峡两岸及港、澳地区警务合作》,载《人民检察》2008年第19期。

协议基础上,因应形势作出了更为妥当的规定。[1]

尽管《南京协议》将上述内容置于"共同打击犯罪"的标题之下,但客观而言,"共同打击犯罪"的标题本身其实不能准确地界定这些内容的刑事法性质。例如,虽然第4条的标题冠之以"合作范围",但该条的第1款确立了海峡两岸双方共同打击犯罪的双重犯罪原则,而第3款则规定了双重犯罪原则的例外情况;其实,双重犯罪原则是刑事司法协助或者互助的一项基础性原则,虽与有关方面共同打击犯罪有密切关系,但更多地适用于引渡(逃犯移交或者人员遣返)、刑事诉讼移转、被判刑人移管(罪犯接返)等涉及罪犯或者犯罪嫌疑人人身自由的场合。[2] 再来看第5条和第6条所规定的内容。第5条"协助侦查"、第6条"人员遣返"针对的是海峡两岸刑事警察机关在刑事诉讼侦查阶段的合作活动,是刑事司法协助或者互助中常见的警务合作形式。有论者据此认为,两岸警方已经建构了遣返移交、热线联络、应急处突、对口协作等相对成熟的合作机制。[3] 因而从《南京协议》第二章的具体内容来看,该章的标题其实在内容上更多地反映了海峡两岸共同打击犯罪的共识与决心,但并未明确地揭示本章具体条文之规定在刑事法律上的性质。

至于《南京协议》第二章条文所规定内容的法律性质,需要在分析该章各个条文内容的基础上来确定。如前所述,第4条规定了双重犯罪原则,划定了海峡两岸共同打击犯罪的范围;而第5条、第6条的规定本身就是警务合作的常见形式。而有论者曾明确指出,互通犯罪情报、预审合作、协助缉捕并移交案犯、刑事诉讼法移管等措施是中国区际刑事司法协助的主要形式。[4] 因而《南京协议》第二章的规定属于该论者所述的中国区际刑事司法协助的形式,与该协议第三章多个条文[如第9条"罪赃移交"、第11条"罪犯接返(移管)"]具有相同的性质,都是属于海峡两岸刑事司法互助的内容。对此,笔者曾经从整体上分析认为,《南京协议》不仅将过去《金门协议》中所确定之刑事司法互助的主要形式予以继承,肯定了在司法实践中已经存在的互助合作形式,而且还扩张了两岸刑事司法互助的形式,涉及刑事诉讼程序和刑罚执行诸多方面,在总体上显著地扩展了海峡两岸刑事司法合作的范围。[5]

(二)两岸"共同打击犯罪"之规定的不足

1. 两岸"共同打击犯罪"之规定的性质未予明示

从表面看,《南京协议》第二章规定的刑事法性质似乎与前述不能有效应对新情况的问题没有直接的联系。但在笔者看来,依据《南京协议》不能有效应对前述新情况和新问题,肇始于《南京协议》第二章的法律性质未被明示这一根本问题。笔者此前在研究《南京协议》的论文中曾明确地指出,该协议并不是纯粹的刑事司法互助协议,也不是纯粹的民事司法互助协议,而是将刑事与民事司法互助事宜同时规定于一起,在形式上具有混合

---

〔1〕 参见时延安:《海峡两岸刑事合作新时代的来临》,载《法制日报》2009年5月20日。

〔2〕 参见苏彩霞:《我国区际刑事司法协助适用"双重犯罪原则"新论》,载《政治与法律》2009年第6期。

〔3〕 参见熊一新、吴仲柱:《海峡两岸警务合作机制研究》,载《公安研究》2010年第11期。

〔4〕 参见吕岩峰、李海滢:《中国区际刑事司法协助初论》,吉林人民出版社2007年版,第78页。

〔5〕 参见赵秉志、黄晓亮:《论中国区际刑事司法合作法律机制的构建》,载《江海学刊》2011年第10期。

性的协议。[1] 但是,刑事司法互助与民事司法互助有着不同的性质和内容。海峡两岸警务机关在刑事诉讼侦查阶段的多种合作活动,不能像文书送达、调查取证等措施一样,既可能发生于刑事司法互助,又可能发生于民事司法互助中。因而《南京协议》不得不将警务合作从一般性的司法互助中分离出来,单独地作出规定。而在单独规定的情况下,第二章的内容显然具有刑事法的性质,第三章的各个条文则非常明确和典型地规定了刑事和民事司法互助的各种举措,因而第二章在标题上势必要区别于第三章的标题"司法互助",而这就掩盖了第二章之规定的法律性质。如果不被《南京协议》第二章的标题所迷惑,准确地把握该章内容的法律性质,就能明白,在警务合作的范围内若严格遵守"双重犯罪"原则的规定,就不能缩手缩脚,不合理地限定惩处犯罪的范围。

2. "合作范围"的规定模式可能会造成合作方面的误解

除了"共同打击犯罪"一章之法律性质未被明示的不足之外,第 4 条"合作范围"的规定模式也为不能有效应对新情况和新问题埋下了伏笔。根据第 4 条第 1 款规定,海峡两岸同意"采取措施共同打击双方均认为涉嫌犯罪的行为",即对于所有同时违反海峡两岸刑法典而成立犯罪的危害行为,海峡两岸均可采取措施,进行刑事司法合作,对行为人给予刑事制裁。对此,有论者也指出,第 1 款确定了双重犯罪的原则,即将"双方均认为涉嫌犯罪的行为"作为共同打击的对象范围。[2] 但是,除了第 1 款之外,第 2 款又以拉清单的形式明确地列举了"着重打击"的犯罪的范围。那么,该如何理解第 2 款与第 1 款的关系呢?有论者认为,这一做法借鉴了引渡制度中"可引渡之罪"的列举式标准,即具体列举出可移交之罪的罪名。[3] 但是,笔者不同意这种看法,因为第 2 款是对第 1 款的补充说明,第 2 款只是划定海峡两岸重点关注和打击的犯罪类型及具体犯罪罪名,并非对海峡两岸共同打击犯罪的范围作出限定。换言之,第 2 款在实际上并不具有划定共同打击犯罪之范围的功能,因为根据第 1 款的规定,只要某种危害行为符合双重犯罪原则从而符合海峡两岸刑事法的规定,海峡两岸司法机关就要开展合作,共同予以打击。因此,属于第 2 款之外的犯罪,只要符合双重犯罪的原则,自然属于海峡两岸共同打击的对象。但是,在第 1 款之外再规定第 2 款的模式却可能会造成误解,即对于不在该款清单中的其他严重犯罪,进行"协助侦查"的被请求方可能会以罪名不在清单列举范围的理由而拒绝请求方关于合作的要求。[4] 而且,未被列入第 2 款范围的有关犯罪(如组织卖淫、侵犯知识产权等),所造成的危害和对海峡两岸居民合法权益的侵害,也可能大于已经列出的某些犯罪。有论者就此也指出,是否应未雨绸缪,相

---

[1] 参见赵秉志、黄晓亮:《论中国区际刑事司法合作法律机制的构建》,载《江海学刊》2011 年第 10 期。

[2] 参见陈雷、王君祥:《论〈两岸司法互助协议的基本特点〉》,载赵秉志主编:《腐败犯罪的惩治与司法合作》,北京师范大学出版社 2013 年版,第 301 页。

[3] 参见陈雷、王君祥:《论两岸司法互助协议的基本特点》,载赵秉志主编:《腐败犯罪的惩治与司法合作》,北京师范大学出版社 2013 年版,第 301 页。

[4] 参见陈雷、王君祥:《论两岸司法互助协议的基本特点》,载赵秉志主编:《腐败犯罪的惩治与司法合作》,北京师范大学出版社 2013 年版,第 301 页。

应地调整两岸合作打击犯罪的范围,值得斟酌。[1]

3. 对涉及其他国家或者地区的因素未涉及

如前所述,对于涉及其他国家或者地区的跨越海峡两岸犯罪如何开展刑事司法互助的问题,在《南京协议》中找不到只言片语。就该协议第二章而言,关于海峡两岸如何共同打击涉及其他国家或者地区的海峡两岸跨境犯罪的问题,在内容上同样也是付之阙如。而在司法实践中,海峡两岸的司法机关都遇到了这方面的问题,并依照己方的规定单方面地处理涉外因素。这样一来,当前的做法就不能纳入海峡两岸刑事司法合作的法律机制中,既不符合海峡两岸共同建构和不断促进刑事司法合作的法律精神,也不利于维护海峡两岸人民的合法权益和保障有关犯罪嫌疑人的合法权益。[2]

当然,这里需要特别指出,上述“其他地区”并不包括中国香港特区和澳门特区。因为对于香港特区、澳门特区与台湾地区之间的各种政治、经济和法律关系,不管是大陆还是台湾,都有明确的规定。国务院于 1995 年 6 月 22 日宣布了《中央人民政府处理“九七”后香港涉台问题的基本原则和政策》,于 1999 年 1 月 15 日宣布了《中央人民政府处理“九九”后澳门涉台问题的基本原则和政策》,而且,香港特区、澳门特区的基本法也都作了相应的规定。这在台湾地区的相关规定中也有反映。即台湾地区于 1997 年 4 月 2 日发布的“香港澳门关系条例”具体规定:“台湾地区与香港、澳门司法之相互协助,得依互惠原则处理。”尽管海峡两岸上述规定在精神上存在一定的区别,但都不否认香港、澳门是中国的一部分。而该如何确定四个法域间的警务合作关系,则是需要另外研究的重大课题。

四、两岸“共同打击犯罪”之规定的改进与完善

为了及时、全面地反映和有效地应对海峡两岸共同打击犯罪过程中出现的新情况和新问题,笔者认为,海峡两岸刑事法律界和相关部门有必要从法律适用和规范制定的层面考虑《南京协议》中“共同打击犯罪”之规定的改进与完善问题。这里需要指出,早在《南京协议》于 2009 年 6 月生效实施后一个多月的时候,笔者就曾专门撰文研究该协议,提出了未来修改完善的建议。[3] 在该协议生效实施四年多后回头再看,笔者在上述论文中所作的分析和所提出的建议,对于促进海峡两岸刑事司法互助活动仍具有相当的参考价值。不过,笔者在此不再赘述在前述论文中所提出的建议,而是结合《南京协议》实施四年多来的有关实践经验,提出新的看法和认识,供海峡两岸刑事法律界的先进和同仁参考。

(一)明确规定两岸共同打击犯罪的刑事政策

自 2005 年以来,海峡两岸的刑事政策都有重大的转向,而且,各自的转向有着一定的趋

---

[1] 参见戴世瑛:《两岸关于“制售假冒伪劣商品”的刑事惩治与共同打击犯罪》,载《刑法评论》2012 年第 2 卷,法律出版社 2012 年版,第 55 页。

[2] 参见黄晓亮:《论国际视野中的海峡两岸反洗钱刑事司法互助问题》,载《刑法论丛》2013 年第 2 卷,法律出版社 2013 年版,第 400 页。

[3] 笔者曾经与北师大刑科院黄晓亮副教授合作,向 2009 年 7 月 9 日在福州召开的首届海峡两岸司法实务研讨会,提交了题为《论中国区际刑事司法合作法律机制的构建——以〈海峡两岸共同打击犯罪及司法互助协议〉为切入点》的论文,全面分析了《南京协议》的价值和意义、缺陷和不足以及改进和完善的途径。会后,我们对此文进行了认真的修改补充,将该文发表于《江海学刊》2011 年第 10 期。

同性,即都注重合理调整惩处犯罪的"宽严"尺度。就台湾地区而言,有论者指出,台湾地区"立法院"于2005年1月修订通过的"刑法典",全面、充分地贯彻了"宽严并进"的刑事政策。[1] 在笔者看来,这其实也是确立了"宽严并进"刑事政策作为刑法立法指导理念的地位。而中央政法机关2004年起逐步将"宽严相济"确立为刑事法律活动的基本刑事政策,"宽严相济基本刑事政策"深刻地影响到大陆地区的刑法立法、司法和执法活动。[2]

但遗憾的是,均主张合理把握惩处犯罪之宽严尺度的海峡两岸刑事政策,却并未在《南京协议》中得到反映,因而是否在两岸共同打击犯罪过程中贯彻"宽严并进"或者"宽严相济"之刑事政策,就成为悬而未决的问题。有论者认为,《南京协议》中"共同打击犯罪"之规定体现了"全面合作、重点打击"的原则,该原则似乎可以成为海峡两岸共同打击犯罪的政策。[3] 而在笔者看来,该原则与上述海峡两岸各自秉承却具有异曲同工之处的宽严结合刑事政策,在内涵和指导意义上还有很大的差别,因为"全面合作、重点打击"的原则可能会给一方就非重点打击之犯罪拒绝或者拖延有关合作措施提供潜在的借口;而宽严结合的刑事政策则不会留下这种可能性;相反,其要求海峡两岸打击所有符合双重犯罪原则的犯罪,不必列举所谓的重点打击对象,只不过是在刑事处罚的宽严上做到"合理地区别对待"。所以,笔者认为,海峡两岸有必要认真研究如何在共同打击犯罪中贯彻宽严结合的刑事政策,并考虑如何以适当的方式在相关的文件中作出明确的规定。据此分析,海峡两岸可在司法实践中不必过分强调《南京协议》第4条第2款的适用,从而也充分注意应对前述司法实践中出现的新情况和新问题。

(二)在两岸共同打击犯罪中排除"互惠原则"的适用

台湾地区某检察机关曾在处理台湾某公司控告有关网站或者商户贩卖侵犯大陆地区有关企业著作权的案件时,在处分不起诉的有关文书中认为,两岸保障著作权的法令应具备"互惠"的精神,即在大陆地区如不构成犯罪,台湾地区也不需要起诉论究刑责;台湾地区音乐在大陆地区遭到违法下载,也未见大陆地区启动刑事处罚。[4] 对于该检察机关关于共同打击犯罪须遵循"互惠原则"的认识,笔者并不赞同;相反,笔者认为,海峡两岸在共同打击犯罪的活动中,应自觉地排除"互惠原则"的适用,坚持平等地适用本法域的刑事法。具体理由有如下几点:

(1)在海峡两岸共同打击犯罪活动中主张"互惠原则",不符合"一个中国"的原则。通常而言,"互惠原则"源于不同国家对主权行使的相互礼让,因而在国际司法协助活动中被确立为一项重要的原则,多用于民事司法互助活动。即便如此,该原则毕竟是出自国家利害考虑或报复观念,不利于人民权益保障,故晚近各国已有限制或排除该原则的趋势。而刑事

---

〔1〕 参见卢建平、周建军:《"宽严并进"刑事政策在台湾地区的实践》,载《南昌大学学报(人文社会科学版)》2007年第1期。

〔2〕 参见张军、赵秉志主编:《宽严相济刑事政策司法解读》,中国法制出版社2011年版,第3~11页。

〔3〕 参见陈雷、王君祥:《论两岸司法互助协议的基本特点》,载赵秉志主编:《腐败犯罪的惩治与司法合作》,北京师范大学出版社2013年版,第301页。

〔4〕 转引自戴世瑛:《两岸关于"制售假冒伪劣商品"的刑事惩治与共同打击犯罪》,载《刑法评论》2012年第2卷,第56页。

司法协助或者互助活动已经很少适用该原则。即便是合作各方考虑已方实际利益,也通常以其他法律原则来规定,而摒弃将“互惠原则”作为法律原则的做法。[1]

(2)在共同打击犯罪活动中主张“互惠原则”已经落后于时代,不符合现代刑事法治精神的要求。上述台湾地区检察机关所提出之“互惠精神”,源自于台湾地区此前发布之“台湾地区与大陆地区人民关系条例”第78条的规定。[2] 依据此规定,若台湾地区人民的著作权在大陆地区未得到同等的刑法保护,则对于大陆地区人民著作权在台湾地区遭受侵犯的情形,台湾地区司法机关也不予以刑事追究。这可能就会造成执法完全不平等的两种现象:第一,若一不法分子同时侵犯大陆地区居民和台湾地区居民的著作权,因台湾地区居民著作权在大陆未得到同等刑法保护,台湾地区司法机关仅对该不法分子侵犯台湾地区居民著作权之行为给予刑事追究,对侵犯大陆地区居民著作权的行为予以放纵;第二,不同不法分子分别侵犯大陆地区居民和台湾地区居民的著作权,因台湾地区居民著作权在大陆未得到同等刑法保护,因而台湾地区司法机关仅对侵犯台湾地区居民著作权的不法分子追究刑事责任,对侵犯大陆地区居民著作权的不法分子则不追刑事责任。这显然与台湾地区司法机关的法定职责不相符合,也与台湾地区建构并发展刑事法治的社会理念相背离。[3] 反观大陆地区,司法机关坚持尊重刑法典第4条确立的平等适用刑法原则,并不因为台湾地区是否对被侵犯著作权的大陆居民给予同等诉讼权利而区别对待,只要台湾地区居民在大陆被侵犯著作权的情形符合刑法典关于侵犯知识产权犯罪的规定,就会对不法分子追究刑事责任,相反,即便是大陆地区的居民,若其著作权被侵害的情况不符合刑法典第217条、第218条的规定,那么,也不会对侵权人追究刑事责任。

(3)《南京协议》并未将“互惠原则”确立为海峡两岸共同打击犯罪所必须遵循的法律原则。具体而言,其第二章“共同打击犯罪”部分所确立的原则主要有第4条第1款规定的“双重犯罪原则”,第6条第1款规定的人员遣返“人道、安全、迅速、便利原则”和第3款规定的“重大关切利益等特殊情形”原则。而该协议其他部分规定“互惠原则”,或者是适用于民事司法互助活动(第10条),或者适用于保障被判刑人合法权益的刑事司法互助活动(第11条),都与维护海峡两岸居民之合法权益有密切关系,在本质上是对海峡两岸居民予以互惠,并非在履行公务机关之职责上实现司法权上的互惠。因而海峡两岸任何一方对于在本地区发生之符合本地区刑法典规定之要件的刑事违法行为,应当履行职责,追究不法行为人之刑事责任,不必过分地计较已方居民在对方地区受侵害之行为是否受到刑法保护的问题。

(4)“双重犯罪原则”在内涵上与“互惠原则”有着根本的区别。“双重犯罪原则”已经

---

〔1〕 参见戴世瑛:《谈“喜羊羊”著作权遭侵在台不起诉案》,载华夏经纬网,http://www.huaxia.com/tslj/jjsp/2012/06/2872616.html#,2013年6月20日访问。

〔2〕 台湾地区此前发布之“台湾地区与大陆地区人民关系条例”第78条具体规定,大陆地区人民之著作权如在台湾地区遭受侵害,应以台湾地区人民是否可在大陆地区享有同等诉讼权利而定。

〔3〕 对于此问题,笔者曾在近20年前作了初步的分析,当时即认为,“台湾地区与大陆地区人民关系条例”第78条对我国大陆地区居民著作权之司法保护的“对等规定”是一种歧视性的待遇。具体参见赵秉志:《评析台湾“两岸人民关系条例”中的刑事规范》,载《政法论坛》1994年第2~3期。遗憾的是,该条款的规定至今并未被修改或者废止,且仍被台湾地区有关司法机关援引适用。

被赋予保障人权的价值和功能,[1]就共同打击犯罪而言,其能够起到严格要求司法机关恪守罪刑法定原则的作用,防止司法机关在刑事法的规定之外擅自动用刑罚权,不当地侵犯有关人员的人权。因而在共同打击犯罪方面,协助的被请求方仅应考虑被请求协助之危害行为是否符合本法域刑法之规定而构成犯罪的问题,不需考虑协助是否为本法域带来相应利益的问题。更何况,为了维护重大公共利益和社会秩序,对仅构成一方刑法规定之犯罪的情形,《南京协议》第4条第3款还规定了"双重犯罪原则"适用的例外。但是,"互惠原则"除了维护本法域司法权的独立地位、为本法域司法权行使争取更多便利之外,不具有"双重犯罪原则"的前述功能,反而让本法域的司法机关过多考虑本法域利益而不当地限制打击犯罪的范围,既不利于维护本法域的公共利益和法律秩序,也不能有效地应对前述新情况和新问题,不利于促进海峡两岸刑事司法互助活动的发展。

(三)调整和改进"协助侦查"措施

如前所述,《南京协议》第二章的标题掩盖了该章之下第5条和第6条的真实性质。除此之外,这两个条文的规定还有其他不足之处,尤其是第5条的内容还是有些单薄,有着较大的改进和完善空间。从因应前述新情况和新问题的角度,笔者尝试分析如下:

(1)将第5条中"必要时合作协查、侦办"的规定明晰化。根据第5条的规定,海峡两岸司法机关"必要时合作协查、侦办"刑事犯罪案件,但是,何为"必要时"?"如何协查、侦办"?一方参与另一方之案件"协查、侦办"有何种法律身份?这些问题却在《南京协议》中没有任何反映。这使得上述"必要时合作协查、侦办"的规定有可能被虚置。因而海峡两岸司法机关在共同打击犯罪的合作活动中,有必要参照第6条的规定,考虑将第5条之上述规定予以具体化,以形成可操作的工作机制。

(2)考虑增加其他形式的协助侦查措施,如侦查转移,即一方中断对犯罪嫌疑人的侦查活动,请求或者经请求决定转由另一方来继续进行侦查活动;再如查封、冻结,即一方协助另一方查封、冻结犯罪嫌疑人用于犯罪活动的财产、在犯罪活动中得到的财产等。

(3)增加规定证据审查的原则。海峡两岸尽管都是奉行成文法的法文化传统,颁行刑法典和刑事诉讼法典,但在刑事诉讼证据的审查上却有不同的规则。对于一方侦查取得的证据,另一方是否接受以及如何审查,关系到共同打击犯罪的效果。而对于一方非法或者不当取得的证据,另一方接受后能否用于后续的刑事诉讼活动,在司法实践中给海峡两岸有关机关造成了相当大的困惑。遗憾的是,这些问题并未反映于《南京协议》中。尽管海峡两岸在规定证据审查的具体规则方面取得一致意见尚存在很大的困难,但是,双方就证据审查问题规定均认可的原则,则相对简易一些。

五、结语

"法有限而情无穷"。已经生效的《南京协议》尽管在司法实践中对海峡两岸共同打击犯罪和刑事司法互助发挥了巨大的作用,但也存在相当的不足,对现实生活中出现的新情况

[1] 参见苏彩霞:《我国区际刑事司法协助适用"双重犯罪原则"新论》,载《政治与法律》2009年第6期。

和新问题已难以全面地反映和有效地应对。客观地承认并理性地对待该问题,决定了我们采取何种有效的方式对之予以解决。当然,解决该问题,并不意味着原来签订《南京协议》的海峡两岸关系协会与海峡交流基金会要重新签署一份同类性质的协议。其实,海峡两岸的"业务主管部门"(《南京协议》第2条)完全可以在工作会晤、人员互访、业务培训中讨论包括上述问题在内的各种新情况和新问题,以合作备忘录或者共同商定的工作操作规程等方式来弥补《南京协议》的不足之处,从而逐步形成全面落实和贯彻《南京协议》的法律机制,为将来成熟时机签订专门的两岸刑事司法互助协议不断地创造条件。

附录一　赵秉志：当代中国刑法学的领军人物

赵秉志（1956.6—　），男，河南南阳人，1987年中国人民大学法律系刑法专业博士生毕业，系新中国培养的首届刑法学博士。

一、个人经历

郑州大学法学学士（1981），中国人民大学刑法专业法学硕士（1984）和法学博士（1987），美国杜克大学法学院访问学者（1990—1991）。1987—2005年在中国人民大学任教，曾任中国人民大学法律系副主任、法学院副院长、教授、博士生导师。创建国家重点研究基地中国人民刑事法律科学研究中心并曾任该中心第一、二届主任（1999—2005）。2005年8月加盟北师大创建刑事法律科学研究院并担任院长，2006年4月主持创建北师大法学院并兼任院长（2016年10月卸任）。现任北京师范大学刑事法律科学研究院院长、教育部长江学者特聘教授、博士生导师，兼任G20反腐败追逃追赃研究中心学术委员会主任，北师大国际反腐败教育与研究中心主任，北师大死刑研究国际中心主任，北师大刑科院反恐怖法治研究中心主任。

主要社会兼职有：中国法学会常务理事暨学术委员会委员，中国刑法学研究会会长，国际刑法学协会副主席暨中国分会主席，国务院学位委员会学科评议组法学组成员，国家社科基金规划办法学学科组成员，全国人大常委会法制工作委员会立法专家顾问，最高人民法院特邀咨询员（2003—2014），最高人民检察院专家咨询委员会委员，公安部法律顾问，教育部法学学科教学指导委员会副主任委员，司法部社区矫正工作特邀专家，最高人民法院司法案例研究院首批首席研究员，中国法学会法学教育研究会副会长，中国法学会审判理论研究会副会长，中国预防青少年犯罪研究会副会长，海峡两岸关系法学研究会常务理事，北京市法学会副会长，北京市法学会刑法学研究会名誉会长等。

二、主要贡献

(一)人才培养

作为新中国首届刑法学博士,赵秉志师承我国刑法学界泰斗高铭暄教授,并将老一辈的刑法理论发扬光大,教书育人,桃李芬芳,为法学人才的培养做出了显著贡献。任教近30年来,赵秉志教授指导培养近70位博士(其中有22位已经成为教授、15位成为博士生导师)、近30位博士后、200多位法学硕士和法律硕士,他们大多已成长为我国法治建设的中坚力量。其中有"长江学者特聘教授"(1人)、"全国十大杰出青年法学家"(2人)、"全国优秀博士论文"获得者(1人),他们的学术成就在法学界得到广泛认可,在政界和法律实务界也不乏闪亮人物,其中有些现在是中央政法机关或港澳特区的重要官员,有些担任了高等法律院校、研究机构的负责人,他们在领导岗位上发挥着重要作用。

(二)学术研究

赵秉志教授长期关注重大现实法治问题,坚持以理论联系实际的方法研究刑法问题,主要研究方向为中国刑法学、中国区际刑法学、国际刑法学、外国刑法学、比较刑法学等。其关于刑法改革、刑事政策、犯罪构成、犯罪主体、犯罪停止形态、死刑改革、恐怖活动犯罪、财产犯罪、腐败犯罪、侵犯知识产权犯罪、环境犯罪、中国区际刑法等领域的研究,都较为领先和深入,有广泛而重要的学术影响和实务影响,为我国刑事法治的发展和刑法学研究的繁荣做出了重要贡献。现已出版个人著作和文集25本,主编、合著(译)专业书籍300余种,在《中国社会科学》《法学研究》《中国法学》等国内外报刊发表论文800余篇,主持国家级、部委级暨中外合作等各类科研项目50余项,科研成果暨个人获得各种奖励70余项。

(三)学术体制创新

赵秉志教授带领学术团队以全球化的视野、开放的心态、勇于创新的理念积极学习与借鉴国际知名刑事法研究机构的运作模式,开拓了我国刑事法学研究的新体制。他创建了刑事法学领域全国首家具有独立性、实体性、综合性的高层次人才培养和学术研究单位——北京师范大学刑事法律科学研究院,创造性地将在刑事法学界受到广泛认同的刑事一体化思想引入刑科院学科建设与发展规划中;同时,受学校委托,他在北京师范大学原法律系的基础上主持创建了北京师范大学法学院,创造性地探索和完善了在一校一个法学学科框架下法学两院(刑科院与法学院)分工合作、相得益彰的崭新体制和经验,努力探索了一条刑科院(旨在占领学术制高点的高层次的专门研究机构)与法学院(学科完备、功能齐全的高等法学教研机构)相互支持、协调发展的学术道路,经过十余年的不懈努力,建成了国内领先并日益与国际知名刑事法研究机构看齐的中国刑事法学研究重镇,并且促进了北师大法学学科整体的跨越式发展,为我国法学教育事业尤其是刑事法学事业的进步做出了重要贡献。

(四)促进刑事法治

作为当代中国著名的刑法学家,赵秉志教授密切关注社会的发展动态,以使命感和担当精神,为国家的法治建设献计献策。1988年到1997年间,赵秉志教授应邀担任全国人大常委会法工委刑法修改小组成员,全程参加了1997年刑法典的修改研拟工作,此后受邀作为专家长期参与了国家立法机关历次刑法修正和刑法立法解释的研拟工作;他还长期参与最高司法机关司法解释创制、疑难案件的咨询工作,为我国的刑法立法、司法解释的出台以及刑事司法的进步贡献良多。此外,赵秉志教授还身体力行地参与司法实践。他从1985年起开始兼职从事律师职业,在30余年的执业生涯中,他代理过百余起各类刑事案件,为维护当事人权益、促进司法公正做出了应有的贡献。1995 年 12 月他因作为新疆克拉玛伊 1994 年“12・8”大火案被害方首席代理律师的成功代理，被司法部通令表彰，并被北京市司法局记三等功；2001 年 8 月和 10 月，赵秉志教授以刑事法学者以及曾担任过福建远华特大走私系列案件两名被告人辩护律师的身份飞赴加拿大温哥华市出席赖昌星难民资格聆讯案作证，在加拿大法庭上客观介绍中国刑事法治的实际情况，澄清西方对我国司法状况的误解和一些人的有意歪曲，其作证获得了加拿大法庭的认可与充分肯定，从而有力地维护了国家的法治利益；2014 年 6 月和 9 月，为引渡涉嫌重大走私犯罪的主犯黄海勇，应秘鲁政府邀请，赵秉志教授作为专家证人两次赴秘鲁和巴拉圭，就中国的刑事司法制度、引渡制度等问题，到在巴拉圭首都亚松森最高法院开庭的美洲人权法院巡回法庭上出庭作证，为这起“新中国最复杂引渡案件”的成功引渡做出了重要贡献。

（五）领导中国刑法学研究会

中国法学会刑法学研究会暨 2015 年在民政部登记改制的中国刑法学研究会，是我国唯一的全国性刑法学术团体，业务上受中国法学会的指导。赵秉志教授 2001 年当选为中国法学会刑法学研究会会长、2011 年当选为改制中的中国刑法学研究会会长至今。在中国法学会的正确领导下，在各方面的关怀和支持下，赵秉志教授团结全国刑法理论界和实务界的广大同仁，以刑法学研究会为平台，通过举办国内、区际和国际性学术会议、编辑会刊文集、推进组织建设、参与国家刑法立法和司法等活动，加强国内外学术交流，为推动我国刑法立法、刑事司法和刑法理论的繁荣发展做出了重要贡献。刑法学研究会因而在国家立法机关、司法机关和刑法学界具有广泛而重要的学术影响。

（六）推动中国刑法学走向世界

赵秉志教授以开放的心态和开阔的视野，一向注重外向型刑法学的研究，并有多项论著发表。作为国际刑法学协会副主席暨中国分会主席和中国刑法学研究会会长，他注意积极加强与国际社会刑法学界的沟通和交往，努力推动中国刑法学走向世界，促进中外刑法学界的学术交流与合作。同时，赵秉志教授以他所在的工作单位——北师大刑科院为平台，始终坚持面向国际之发展战略，积极提升国际化程度，在对外交流合作领域取得了显著成绩，促进了中国刑法学国际化的步伐。北师大刑科院相继加入联合国预防犯罪与刑事司法网络、国际反腐败学院联盟，并成为联合国反恐怖主义委员会执行局签约的学术合作单位。G20 反腐败追逃追赃研究中心亦以北师大刑科院为依托而于 2016 年成立。同时，北师大刑科院还与国外、境外学术单位签订正式学术交流与合作协议，主办系列性的国际、区际学术会议，在国际刑法学协会、国际犯罪学会、国际社会防卫学会等国际刑事法学术组织中代表中国担当多项领导职务，努力构建常设性、网络化的国际交流机制，并开始在一定程度上参与和影响国际刑事法公约、宣言、决议等国际法律规则的制定或修改。在赵秉志教授的带领下，北师大刑科院正目光远大、脚踏实地地努力建成中外刑事法学术交流中心。

三、所获荣誉

1991 年 1 月获国家教委和国务院学位委员会“做出突出贡献的中国博士学位获得者”称号；1992 年其个人专著《犯罪主体论》荣获国家教委“高等学校出版社优秀学术专著”特等奖；1993 年 10 月起享受国务院“政府特殊津贴”；1993 年 12 月入选《中国当代教育家辞典》；1995 年被北京市评选为首批中青年学术带头人而纳入“百人工程”；1995 年 12 月荣获中国法学会首届“全国十大杰出青年法学家”称号；1997 年 12 被国家人事部评选纳入“百千万人

才工程第一、二层次人选”;1997 年 12 月获中宣部、全国人大内司委、团中央、国家教委、司法部“中国保护未成年人优秀公民”称号;1998 年其主编教材《新刑法教程》荣获北京市“第五届哲学社会科学优秀成果”一等奖;1999 年被教育部评选为中青年学术带头人而纳入“跨世纪优秀人才培养计划”;2001 年被北京市评选纳入“新世纪社科理论人才百人工程”;2003 年其主编专著《海峡两岸刑法总论比较研究》获“司法部法学教材和法学优秀科研成果”一等奖暨“吴玉章人文社会科学奖科研成果”一等奖;2006 年被教育部评定为“长江学者特聘教授”;2009 年 4 月首批纳入《当代中国法学名家》;2013 年 2 月其著作《刑法问题新思考(四卷本)》获北京市第十二届哲学社会科学优秀成果奖一等奖;2013 年 3 月,其论文《和谐社会构建与宽严相济刑事政策的贯彻》获教育部第六届高等学校科学研究优秀成果一等奖。此外,其他多项科研成果还获得省部级、院校等的奖励。

四、代表性作品

独著:《犯罪主体论》(中国人民大学出版社);《犯罪未遂的理论与实践》(中国人民大学出版社);《犯罪未遂形态研究》(中国人民大学出版社);《侵犯财产罪》(中国人民公安大学出版社);《改革开放中的刑法理论与实务》(吉林人民出版社);《刑法研究系列》(5 卷,中国法制出版社);《死刑改革探索》(法律出版社);《赵秉志刑法学文集》(4 卷,法律出版社);《现代刑法问题新思考》(4 卷,北京大学出版社);《刑法立法研究》(中国人民大学出版社);《死刑改革之路》(中国人民大学出版社);《当代刑法问题》(中国人民大学出版社);《当代刑法问题新思考》(中国法制出版社)等。

合著:《刑法学原理》(3 卷,中国人民大学出版社);《新中国刑法学研究 60 年》(中国人民大学出版社);《中国刑法立法之演进》(法律出版社);《中国反恐法治问题研究》(中国人民公安大学出版社);《外国反恐法比较研究》(中国人民公安大学出版社);《环境犯罪比较研究》(法律出版社);《侵犯知识产权犯罪比较研究》(法律出版社);《刑法最新立法争议问题研究》(江苏人民出版社)等。

主编:《刑法新教程》(第 1 ~ 4 版)(中国人民大学出版社);《刑法学通论》(高等教育出版社);《当代刑法学》(中国政法大学出版社);《外国刑法原理(大陆法系)》(中国人民大学出版社);《外国刑法各论(大陆法系)》(中国人民大学出版社);《英美刑法学》(第 1 ~ 2 版,中国人民大学出版社、科学出版社);《新编国际刑法学》(中国人民大学出版社);《妨害司法活动罪研究》(中国人民公安大学出版社);《刑法争议问题研究》(上下卷,河南人民出版社);《中国刑法实用》(河南人民出版社);《暴力犯罪死刑适用标准研究》(北京师范大学出版社);《惩治恐怖主义犯罪理论与立法》(中国人民公安大学出版社);《海峡两岸刑法总论比较研究》(上下册,中国人民大学出版社);《海峡两岸刑法各论比较研究》(上下册,中国人民大学出版社);《香港刑法学》(河南人民出版社);《中国内地与澳门刑法之比较研究》(中国方正出版社);《毒品犯罪研究》(中国人民大学出版社);《刑法修正案(八)理解与适用》(中国法制出版社);《〈中华人民共和国刑法修正案(九)〉的理解与适用》(中国法制出版社);《〈联合国打击跨国有组织犯罪公约〉与中国的贯彻研究》(北京师范大学出版社)等。

(本文原载《今日中国》杂志“中国法治建设特刊”《法治中国建设回顾与展望——影响中国法治建设进程的百位法学家》,收入本书时略有补充与订正)

附录二　赵秉志教授主要作品目录
（1983～2016）

目　　次

一、书籍[1]

（一）个人专著暨文集

1.《犯罪未遂的理论与实践》，中国人民大学出版社1987年4月版。

2.《犯罪主体论》，中国人民大学出版社1989年9月版。

3.《改革开放中的刑法理论与实务》，吉林人民出版社1994年9月版。

4.《刑法总论问题研究》（刑法研究系列·1），中国法制出版社1996年7月版。

5.《刑法各论问题研究》（刑法研究系列·2），中国法制出版社1996年10月版。

6.《刑法改革问题研究》（刑法研究系列·3，国家社会科学基金项目），中国法制出版社1996年12月版。

7.《外向型刑法问题研究》（刑法研究系列·4）（上卷：台港澳地区刑法问题暨中国区际刑法问题，国家教委博士点项目成果），中国法制出版社1997年4月版。

---

〔1〕本目录收入的书籍包括专著、著作、文集、教材暨教学用书、翻译书籍以及部分工具书、资料书；考试辅导类书籍和部分工具书、资料书等未予收入。

8.《外向型刑法问题研究》(刑法研究系列·4)(下卷:国际刑法问题暨外国刑法和比较刑法问题),中国法制出版社1997年4月版。

9.《侵犯财产罪》,中国人民公安大学出版社1999年1月版。

10.《侵犯财产罪》(修订版),中国人民公安大学出版社2003年5月版。

11.《刑法基本理论专题研究》,法律出版社2005年9月版。

12.《刑法总则问题专论》(赵秉志刑法学文集Ⅰ),法律出版社2004年5月版。

13.《刑法分则问题专论》(赵秉志刑法学文集Ⅱ),法律出版社2004年5月版。

14.《中国区际刑法专论》(赵秉志刑法学文集Ⅲ),法律出版社2004年5月版。

15.《比较刑法暨国际刑法专论》(赵秉志刑法学文集Ⅳ),法律出版社2004年5月版。

16.《死刑改革探索》,法律出版社2006年12月版。

17.《犯罪未遂形态研究》(第2版),中国人民大学出版社2008年1月版。

18.《刑法基本问题》(现代刑法问题新思考·第1卷),北京大学出版社2010年1月版。

19.《罪刑总论问题》(现代刑法问题新思考·第2卷),北京大学出版社2010年1月版。

20.《罪刑各论问题》(现代刑法问题新思考·第3卷),北京大学出版社2010年1月版。

21.《外向刑法问题》(现代刑法问题新思考·第4卷),北京大学出版社2010年1月版。

22.《刑法立法研究》(赵秉志刑法研究·社会变迁与刑法发展系列),中国人民大学出版社2014年9月版。

23.《死刑改革之路》(赵秉志刑法研究·社会变迁与刑法发展系列),中国人民大学出版社2014年9月版。

24.《当代刑法问题》(赵秉志刑法研究·社会变迁与刑法发展系列),中国人民大学出版社2014年10月版。

25.《当代刑法问题新思考》,中国法制出版社2015年12月版。

(二)主编、副主编、主持编著的著作暨文集

1.《律师实务的理论与实践》,孔庆云主编,赵秉志、王利明副主编,中国人民公安大学出版社1987年12月版。

2.《刑法修改研究综述》,赵秉志主编,中国人民公安大学出版社1990年7月版。

3.《全国刑法硕士论文荟萃(1981届—1988届)》,赵秉志主持编著,中国人民公安大学出版社1989年3月版。

4.《刑法运用问题探讨》,杨敦先主编,赵秉志副主编,法律出版社1992年8月版。

5.《海峡两岸交往中的法律问题》,曾宪义、郭平坦主编,赵秉志、郑秦副主编,河南人民出版社1992年9月版。

6.《毒品犯罪研究》(北京市社会科学理论著作基金资助项目),赵秉志主编,中国人民大学出版社1993年7月版。

7.《改革开放与刑法发展》,杨敦先、曹子丹主编,赵秉志、陈兴良副主编,中国检察出版社1993年8月版。

8.《刑法新探索》,赵秉志主编,群众出版社1993年9月版。

9.《妨害司法活动罪研究》(国家法学青年社会科学基金项目),赵秉志主编,中国人民公安大学出版社1994年10月版。

10.《经济犯罪与侵犯人身权利犯罪研究》(中法刑法合作研究项目成果之一),高铭暄、[法]米海依尔·戴尔马斯-马蒂主编,赵秉志、卢建平副主编,中国人民公安大学出版社1995年9月版;法国巴黎1995年法文版。

11.《经济犯罪与侵犯人身权利犯罪的国际化及其对策》(中法刑法合作研究项目成果之二),高铭

暄、[法]米海依尔·戴尔马斯-马蒂主编,赵秉志、卢建平副主编,中国人民公安大学出版社 1996 年 9 月版;法国巴黎 1996 年法文版。

12.《刑法争议问题研究》(上、下卷),赵秉志主编,河南人民出版社 1996 年 10 月版。

13.《刑法完善专题研究》(国家社会科学基金项目),王作富主编,赵秉志副主编,中央广播电视大学出版社 1996 年 5 月版。

14.《刑法案例评析》,赵秉志主编,法律出版社 1996 年 8 月版。

15.《香港刑法纲要》(中英文本),[英]罗德立丛书主编,赵秉志中文主编,北京大学出版社 1996 年 10 月版。

16.《中国大陆特别刑法要论》(两岸法律丛书),赵秉志主编,台湾中庸出版社 1996 年 10 月版。

17.《中国特别刑法研究》(国家教委"八五"博士点项目),赵秉志主编,中国人民公安大学出版社 1997 年 1 月版。

18.《香港法律制度》,赵秉志主编,中国人民公安大学出版社 1997 年 1 月版。

19.《刑法修改建议文集》,高铭暄主编,赵秉志、胡云腾副主编,中国人民公安大学出版社 1997 年 2 月版。

20.《新刑法全书》,赵秉志主编,中国人民公安大学出版社 1997 年 3 月版。

21.《中国刑法典的修改与适用》,赵秉志主编,航天出版社 1997 年 4 月版。

22.《新刑法典释义与应用》,赵秉志主编,吉林人民出版社 1997 年 5 月版。

23.《香港刑法学》(香港法律丛书),赵秉志主编,河南人民出版社 1997 年 7 月版。

24.《新刑法典的创制》,赵秉志主编,法律出版社 1997 年 7 月版。

25.《澳门法律问题》,赵秉志、[葡]高德志主编,中国人民公安大学出版社 1997 年 7 月版。

26.《刑法国际指导原则研究》(中法刑法合作研究项目成果之三),高铭暄、[法]米海依尔·戴尔玛斯-马蒂主编,赵秉志、卢建平副主编,中国人民公安大学出版社 1998 年 1 月版,法国巴黎 1997 年法文版。

27.《现代世界毒品犯罪及其惩治》,赵秉志主编,中国人民公安大学出版社 1997 年 11 月版。

28.《毒品犯罪惩治与防范全书》,邱创教主编,赵秉志等副主编,中国法制出版社 1998 年 1 月版。

29.《新旧刑法比较与统一罪名理解与适用》,赵秉志主编,中国经济出版社 1998 年 2 月版。

30.《中国刑法》(中国法丛书·2),赵秉志主编,三联书店(香港)有限公司 1998 年 4 月版。

31.《侵犯财产罪研究》(北京市哲学社会科学百人工程项目成果),赵秉志主编,中国法制出版社 1998 年 4 月版。

32.《两岸刑法总论之比较研究》,赵秉志主编,台湾五南图书出版公司 1998 年 9 月版。

33.《扰乱公共秩序罪》(赵秉志总主编"新刑法典分则实用丛书"),赵秉志主编,中国人民公安大学出版社 1999 年 1 月版。

34.《中国内地与澳门刑法分则之比较研究》(澳门基金会资助项目),赵秉志主编,澳门基金会 1999 年 1 月版。

35.《贪污贿赂及相关犯罪认定处理》,赵秉志主编,中国方正出版社 1999 年 3 月版。

36.《疑难刑事问题司法对策》(第 1~10 集),赵秉志主编,吉林人民出版社 1999 年 6 月、10 月版。

37.《疑难刑事问题司法对策》(上、中、下卷),赵秉志主编,吉林人民出版社 1999 年 10 月版。

38.《海峡两岸刑法总论比较研究》(上、下卷,霍英东教育基金会项目),赵秉志主编,中国人民公安大学出版社 1999 年 7 月版。

39.《侵犯知识产权犯罪研究》,赵秉志主编,中国方正出版社 1999 年 8 月版。

40.《贪污贿赂的惩治与防范》,赵秉志主编,海南出版社 1999 年 8 月版。

41.《香港刑法要论》,赵秉志主编,三联书店(香港)有限公司 1999 年 12 月版。

42.《妨害司法罪》(赵秉志总主编"新刑法典分则实用丛书"),赵秉志主编,中国人民公安大学出版社 1999 年 9 月版。

43.《世纪大劫案:张子强案件及其法律思考——中国内地与香港刑事管辖权冲突问题》,赵秉志主编,中国方正出版社 2000 年 1 月版。

44.《中国内地与澳门刑法总则之比较研究》(澳门基金会资助项目),赵秉志主编,澳门基金会 2000 年 4 月版。

45.《中国区际刑法与刑事司法协助研究》,高铭暄、赵秉志主编,法律出版社、中国方正出版社 2000 年 5 月联合出版。

46.《新中国刑法学五十年》(上、中、下册),高铭暄、赵秉志主编,中国方正出版社 2000 年 8 月版。

47.《破坏金融管理秩序犯罪疑难问题司法对策》,赵秉志主编,吉林人民出版社 2000 年 8 月版。

48.《金融犯罪界限认定司法对策》,赵秉志主编,吉林人民出版社 2000 年 8 月版。

49.《侵犯财产罪疑难问题司法对策》,赵秉志主编,吉林人民出版社 2000 年 8 月版。

50.《渎职犯罪疑难问题司法对策》,赵秉志主编,吉林人民出版社 2000 年 8 月版。

51.《侵犯知识产权疑难问题司法对策》,赵秉志主编,吉林人民出版社 2000 年 8 月版。

52.《妨害司法罪疑难问题司法对策》,赵秉志主编,吉林人民出版社 2000 年 8 月版。

53.《毒品犯罪疑难问题司法对策》,赵秉志、于志刚主编,吉林人民出版社 2000 年 8 月版。

54.《刑法相邻罪名界定与运用》(上、下),赵秉志主编,吉林人民出版社 2000 年 10 月版。

55.《中国内地与澳门刑法之比较研究》,赵秉志主编,中国方正出版社 2000 年 10 月版。

56.《刑法学研究精品集锦》[中国法学会刑法学研究会"海南杯"世纪优秀论文(1984～1999)学术文集],高铭暄主编,赵秉志、胡云腾执行主编,法律出版社 2000 年 11 月版。

57.《犯罪停止形态适用中的疑难问题研究》,赵秉志主编,吉林人民出版社 2001 年 1 月版。

58.《侵犯人身权利犯罪疑难问题司法对策》,赵秉志主编,吉林人民出版社 2001 年 1 月版。

59.《金融诈骗罪新论》,赵秉志主编,人民法院出版社 2001 年 2 月版。

60.《当代新型犯罪司法实务全书》(四卷本),赵秉志主编,吉林人民出版社 2001 年 2 月版。

61.《过失犯罪的基础理论》(第 7 次中日刑事法学术研讨会论文集),高铭暄、赵秉志主编,法律出版社 2002 年 7 月版。

62.《中国刑法案例与学理研究》(9 册,美国福特基金会资助项目,司法官培训教材),赵秉志主编,法律出版社 2001 年 4 月版。

63.《21 世纪刑法学新问题研讨》,高铭暄、赵秉志主编,中国人民公安大学出版社 2001 年 9 月版。

64.《当代国际刑法的理论与实践》,高铭暄、赵秉志主编,吉林人民出版社 2001 年 6 月版。

65.《新千年刑法热点问题研究与适用》(上、下册),赵秉志主编,中国检察出版社 2001 年 6 月版。

66.《中国刑法实用》,赵秉志主编,河南人民出版社 2001 年 9 月版。

67.《海峡两岸刑法各论比较研究》(上、下卷,霍英东教育基金会项目),赵秉志主编,中国人民大学出版社 2001 年 9 月版。

68.《刑事法实务疑难问题探索》,赵秉志主编,人民法院出版社 2002 年 7 月版。

69.《国际刑法与国际犯罪专题探索》,赵秉志、陈弘毅主编,中国人民公安大学出版社 2002 年 12 月版。

70.《刑法热点疑难问题探讨——中国法学会刑法学研究会 2001 年学术研讨会论文集》(上、下册),高铭暄、马克昌主编,赵秉志执行主编,中国人民公安大学出版社 2002 年 10 月版。

71.《欧盟刑事司法协助研究暨相关文献中英文本》(中欧高教合作项目成果),赵秉志主编,中国人民公安大学出版社 2002 年 12 月版。

72.《刑事法治发展研究报告》(2002 年卷·首卷),赵秉志主编,中国人民公安大学出版社 2002 年 12 月版。

73.《刑法基础理论探索》(“当代刑法理论探索”第一卷,国家社会科学基金项目成果),赵秉志主编,法律出版社2003年1月版。

74.《犯罪总论问题探索》(“当代刑法理论探索”第二卷,国家社会科学基金项目成果),赵秉志主编,法律出版社2003年1月版。

75.《刑罚总论问题探索》(“当代刑法理论探索”第三卷,国家社会科学基金项目成果),赵秉志主编,法律出版社2003年1月版。

76.《国际区际刑法问题探索》(“当代刑法理论探索”第四卷,国家社会科学基金项目成果),赵秉志主编,法律出版社2003年1月版。

77.《中国区际刑事司法协助探索》,赵秉志、何超明主编,中国人民公安大学出版社2003年3月版。

78.《扰乱公共秩序罪》,赵秉志主编,中国人民公安大学出版社2003年1月版。

79.《酷刑遏制论》,赵秉志主编,中国人民公安大学出版社2003年7月版。

80.《刑法解释问题研究》(中国刑法学年会文集·2003年度,第一卷),赵秉志、张军主编,中国人民公安大学出版社2003年10月版。

81.《刑法实务问题研究》(中国刑法学年会文集·2003年度,第二卷),赵秉志、张军主编,中国人民公安大学出版社2003年10月版。

82.《中国刑事法学》(首卷),赵秉志主编,中国人民公安大学出版社2003年10月版。

83.《国际刑事法院专论》,赵秉志主编,人民法院出版社2003年10月版。

84.《刑事法治发展研究报告》(2003年卷,上、下册),赵秉志主编,中国人民公安大学出版社2003年12月版。

85.《现代刑事法治问题探索》(高铭暄教授、王作富教授联袂执教50周年暨75华诞文集,三卷本),编委会主任,法律出版社2004年1月版。

86.《中国废止死刑之路探索——以现阶段非暴力犯罪废止死刑为视角》(中英文对照本),赵秉志主编,中国人民公安大学出版社2004年3月版。

87.《主客观相统一:刑法现代化的坐标——以奸淫幼女型强奸罪为视角》,赵秉志主编,中国人民公安大学出版社2004年4月版。

88.《单位犯罪比较研究》(赵秉志总主编“当代新型犯罪比较研究”第1卷,国家重点研究基地重大项目成果),赵秉志主编,法律出版社2004年6月版。

89.《金融犯罪比较研究》(赵秉志总主编“当代新型犯罪比较研究”第4卷,国家重点研究基地重大项目成果),赵秉志、[加]杨诚主编,法律出版社2004年6月版。

90.《刑法时评》(首卷·2003年卷),赵秉志主编,中国人民公安大学出版社2004年6月版。

91.《中国刑法案例与学理研究》(第1卷:刑法总则),赵秉志主编,法律出版社2004年9月版。

92.《中国刑法案例与学理研究》(第2卷:危害国家安全罪、危害公共安全罪、危害国防利益罪、军人违反职责罪),赵秉志主编,法律出版社2004年9月版。

93.《中国刑法案例与学理研究》(第3卷:破坏社会主义市场经济秩序),赵秉志主编,法律出版社2004年9月版。

94.《中国刑法案例与学理研究》(第4卷:侵犯公民人身权利罪),赵秉志主编,法律出版社2004年9月版。

95.《中国刑法案例与学理研究》(第5卷:妨害社会管理秩序罪),赵秉志主编,法律出版社2004年9月版。

96.《中国刑法案例与学理研究》(第6卷:贪污贿赂、渎职罪),赵秉志主编,法律出版社2004年9月版。

97.《被判刑人移管国际暨区域合作》,赵秉志、黄风主编,中国人民公安大学出版社 2004 年 11 月版。

98.《死刑正当程序之探讨——死刑的正当程序学术研讨会文集》,赵秉志、邱兴隆主编,中国人民公安大学出版社 2004 年 12 月版。

99.《惩治恐怖主义犯罪理论与立法》(国家社科基金项目中期成果),赵秉志主编,中国人民公安大学出版社 2005 年 3 月版。

100.《中国区际刑法问题专论》(司法部法治建设与法学理论研究部级课题成果之一),赵秉志主编,中国人民公安大学出版社 2005 年 3 月版。

101.《国际恐怖主义犯罪及其防治对策专论》(国家社科基金项目最终成果),赵秉志主编,中国人民公安大学出版社 2005 年 5 月版。

102.《刑事政策专题探讨》,赵秉志主编,中国人民公安大学出版社 2005 年 5 月版。

103.《刑法时评》(2004 年卷),赵秉志主编,中国人民公安大学出版社 2005 年 5 月版。

104.《刑事法治发展研究报告》(2004 年卷),赵秉志主编,中国人民公安大学出版社 2005 年 7 月版。

105.《中韩刑法基本问题研讨——"首届中韩刑法学术研讨会"学术文集》,赵秉志主编,中国人民公安大学出版社 2005 年 7 月版。

106.《中日经济犯罪比较研究》(第 9 次中日刑事法学术研讨会论文集),高铭暄、赵秉志主编,法律出版社 2005 年 8 月版。

107.《国际刑事法院:中国面临的抉择》,高铭暄、赵秉志主编,中国人民公安大学出版社 2005 年 8 月版。

108.《中韩刑事制裁的新动向——"第二届中韩刑法学术研讨会"学术文集》,赵秉志主编,中国人民公安大学出版社 2005 年 10 月版。

109.《死刑制度之现实考察与完善建言》,赵秉志主编,中国人民公安大学出版社 2006 年 1 月版。

110.《刑事法治发展研究报告》(2005 ~ 2006 年卷),赵秉志主编,中国人民公安大学出版社 2006 年 8 月版。

111.《和谐社会的刑事法治》(上卷:刑事政策与刑罚改革研究)(中国刑法学年会文集 · 2006 年度),赵秉志主编,中国人民公安大学出版社 2006 年 10 月版。

112.《和谐社会的刑事法治》(下卷:商业贿赂犯罪研究)(中国刑法学年会文集 · 2006 年度),赵秉志主编,中国人民公安大学出版社 2006 年 10 月版。

113.《中韩国际刑事司法协助及相关犯罪研究——"第三届中韩刑法学术研讨会"学术文集》,赵秉志主编,中国人民公安大学出版社 2006 年 11 月版。

114.《中国知识产权的刑事法保护及对欧盟经验的借鉴》(中国——欧盟小项目便捷基金项目成果),赵秉志主编,法律出版社 2006 年 12 月版。

115.《中国反恐立法专论》,赵秉志主编,中国人民公安大学出版社 2007 年 1 月版。

116.《中美死刑制度现状与改革比较研究》(美国律师协会资助项目),[美]Jerome A. Cohen、赵秉志主编,中国人民公安大学出版社 2007 年 4 月版。

117.《刑法学研究精品集锦Ⅱ——中国法学会刑法学研究会 2000 - 2005 年年会优秀论文集》,赵秉志主编,法律出版社 2007 年 8 月版。

118.《刑法解释研究》(中国法学会研究项目),赵秉志主编,北京大学出版社 2007 年 8 月版。

119.《全球化时代的刑法变革——国际社会的经验及其对中国的启示》,赵秉志主编,中国人民公安大学出版社 2007 年 9 月版。

120.《和谐社会与中国现代刑法建设——新刑法典颁行十周年纪念文集》,赵秉志、郎胜主编,北京大学出版社2007年9月版。

121.《死刑改革研究报告》,赵秉志主编,法律出版社2007年10月版。

122.《财产刑执行的调查与研究》(最高人民法院重点调研课题系列丛书),朱和庆、赵秉志主编,人民法院出版社2007年11月版。

123.《中国刑法典型案例研究(第一卷):刑法总则》(案例评析系列),赵秉志主编,北京大学出版社2008年1月版。

124.《中国刑法典型案例研究(第二卷):危害公共安全与妨害社会管理秩序犯罪》(案例评析系列),赵秉志主编,北京大学出版社2008年1月版。

125.《中国刑法典型案例研究(第三卷):破坏市场经济秩序犯罪》(案例评析系列),赵秉志主编,北京大学出版社2008年1月版。

126.《中国刑法典型案例研究(第四卷):侵犯公民基本权利犯罪》(案例评析系列),赵秉志主编,北京大学出版社2008年1月版。

127.《中国刑法典型案例研究(第五卷):贪污贿赂与渎职犯罪》,赵秉志主编,北京大学出版社2008年1月版。

128.《刑事法治发展研究报告(2006—2007年卷)》,赵秉志主编,中国人民公安大学出版社2008年1月版。

129.《中国疑难刑事名案法理研究》(第一卷),赵秉志主编,北京大学出版社2008年1月版。

130.《中国疑难刑事名案法理研究》(第二卷),赵秉志主编,北京大学出版社2008年1月版。

131.《中国疑难刑事名案法理研究》(第三卷),赵秉志主编,北京大学出版社2008年1月版。

132.《中国劳动教养制度的检讨与改革》(加拿大刑法改革与刑事政策国际中心资助项目),赵秉志、[加]杨诚主编,中国人民公安大学出版社2008年7月版。

133.《侵犯著作权犯罪研究》(商业软件联盟支持项目),中国人民公安大学出版社2008年7月版。

134.《中韩经济刑法比较研究——"第四届中韩刑法学术研讨会"学术文集》,赵秉志、张军主编,中国人民公安大学出版社2008年7月版。

135.《改革开放30年刑法学研究精品集锦》,赵秉志主编,中国法制出版社2008年10月版。

136.《反腐败法治建设的国际视野——〈联合国反腐败公约〉与中国刑事法治协调完善研究》,赵秉志主编,法律出版社2008年8月版。

137.《中国疑难刑事名案法理研究(第四卷)·许霆案件的法理争鸣》,赵秉志主编,北京大学出版社2008年12月版。

138.《犯罪总论比较研究》(司法部法治建设与法学理论研究部级科研项目成果之一),高铭暄、赵秉志主编,北京大学出版社2008年12月版。

139.《刑罚总论比较研究》(司法部法治建设与法学理论研究部级科研项目成果之二),高铭暄、赵秉志主编,北京大学出版社2008年12月版。

140.《死刑司法控制论及其替代措施》,赵秉志主编,法律出版社2008年12月版。

141.《刑事法治发展研究报告》(2007—2008年卷),赵秉志主编,中国人民公安大学出版社2009年1月版。

142.《参阅案例研究(刑事卷)》(第一辑),赵秉志、叶晓颖主编,中国法制出版社2009年1月版。

143.《宽严相济刑事政策与和谐社会构建》,赵秉志、种松志、韩豫宛主编,中国法制出版社2009年3月版。

144.《刑法修正案最新理解适用》,赵秉志主编,中国法制出版社2009年4月版。

145.《死刑个案实证研究》,赵秉志主编,中国法制出版社2009年6月版。

146.《死刑立法改革专题研究》,赵秉志、[加]威廉·沙巴斯主编,中国法制出版社2009年7月版。

147.《刑法学各论研究述评》(1978—2008),赵秉志主编,北京师范大学出版社 2009 年 7 月版。

148.《新中国刑法 60 年巡礼》(上卷:历程暨反思),赵秉志、陈忠林、阮齐林主编,中国人民公安大学出版社 2009 年 8 月版。

149.《新中国刑法 60 年巡礼》[下卷:聚焦《刑法修正案(七)》],赵秉志、陈忠林、阮齐林主编,中国人民公安大学出版社 2009 年 8 月版。

150.《刑法学总论研究评述》(1978—2008),赵秉志主编,北京师范大学出版社 2009 年 9 月版。

151.《联合国打击跨国有组织犯罪公约与中国的贯彻研究》(加拿大刑法改革与刑事政策国际中心资助项目),赵秉志、[加]杨诚主编,北京师范大学出版社 2009 年 9 月版。

152.《联合国公约在刑事法治领域的贯彻实施》,赵秉志主编,中国人民公安大学出版社 2010 年 1 月版。

153.《中国区际刑事司法协助新探》,赵秉志主编,中国人民公安大学出版社 2010 年 1 月版。

154.《海峡两岸司法实务热点问题研究》(上、下),马新岚主编,赵秉志、汤鸿沛、张化林副主编,人民法院出版社 2010 年 6 月版。

155.《贪污贿赂犯罪的惩治与防范》,赵秉志主编,中国人民公安大学出版社 2010 年 7 月版。

156.《当代刑事科学探索》(上、下),赵秉志主编,北京大学出版社 2010 年 8 月版。

157.《中国疑难刑事名案法理研究》(第 5 卷),赵秉志主编,北京大学出版社 2011 年 1 月版。

158.《中国疑难刑事名案法理研究》(第 6 卷),赵秉志主编,北京大学出版社 2011 年 1 月版。

159.《刑法修正案(七)专题研究》赵秉志主编,北京师范大学出版社 2011 年 1 月版。

160.《环境犯罪及其立法完善研究——从比较法的角度》(国家环境保护部委托课题),赵秉志主编,北京师范大学出版社 2011 年 1 月版。

161.《死刑改革的中国实践》(中英文对照本)(中欧合作项目“中国死刑制度改革研究”最终成果之一),赵秉志主编,中国法制出版社 2011 年 4 月版。

162.《死刑改革的域外经验》(中英文对照本)(中欧合作项目“中国死刑制度改革研究”最终成果之一),赵秉志主编,中国法制出版社 2011 年 4 月版。

163.《死刑适用标准研究》(中英文对照本)(中欧合作项目“中国死刑制度改革研究”最终成果之一),赵秉志主编,中国法制出版社 2011 年 4 月版。

164.《现代法学问题思考》,赵秉志主编,北京师范大学出版社 2011 年 4 月版。

165.《京师法学名家讲坛》,赵秉志主编,北京师范大学出版社 2011 年 4 月版。

166.《宽严相济刑事政策司法解读》,张军、赵秉志主编,中国法制出版社 2011 年 4 月版。

167.《参阅案例研究(刑事卷)》(第二辑),周继业、张屹、赵秉志主编,中国法制出版社 2011 年 4 月版。

168.《社会经济稳定的刑事司法保障》,赵秉志主编,北京师范大学出版社 2011 年 4 月版。

169.《刑事司法热点问题研讨》,赵秉志主编,北京师范大学出版社 2011 年 8 月版。

170.《〈刑法修正案(八)〉理解与适用》,赵秉志主编,中国法制出版社 2011 年 5 月版。

171.《〈联合国反腐败公约〉在中国的贯彻》,赵秉志、[加]杨诚主编,法律出版社 2011 年 11 月版。

172.《刑法学研究精品集锦Ⅲ》(第三届中国法学马克昌杯优秀刑法 2006 - 2011 获奖论文集,上下卷),赵秉志主编,北京师范大学出版社 2012 年 9 月版。

173.《国际化背景下知识产权的刑事法保护》,赵秉志主编,中国人民公安大学出版社 2011 年 8 月版。

174.《赃款赃物跨境移交、私营贿赂及毒品犯罪研究——第三届中国区际刑事法论坛论文集》,赵秉志、赵国强主编,社会科学文献出版社、澳门基金会 2011 年 12 月版。

175.《经济领域中诈骗犯罪司法疑难问题》,赵秉志主编,北京师范大学出版社 2012 年 5 月版。

176.《刑罚体系结构的改革与完善》(第二届海峡两岸刑事法学术研讨会文集),赵秉志主编,北京师范大学出版社 2012 年 7 月版。

177.《刑事法时评》(第 4 卷),赵秉志主编,中国法制出版社 2012 年 8 月版。

178.《刑法与宪法之协调发展》(全国刑法学术年会文集 · 2012 年度,两卷),赵秉志、张军主编,中国人民公安大学出版社 2012 年 9 月版。

179.《腐败犯罪的惩治与司法合作》,赵秉志主编,北京师范大学出版社 2013 年 5 月版。

180.《当代刑事法学新思潮——高铭暄教授王作富教授 85 华诞暨联袂执教 60 周年恭贺文集》(上、下册),赵秉志主编,北京大学出版社 2013 年 5 月版。

181.《高铭暄刑法思想述评》,赵秉志主编,北京师范大学出版社 2013 年 5 月版。

182.《制售假冒伪劣商品犯罪的惩防对策》,赵秉志主编,北京师范大学出版社 2013 年 7 月版。

183.《社区矫正法(专家意见稿)》,赵秉志主编,中国法制出版社 2013 年 10 月版。

184.《刑事法治发展研究报告(2010—2011 年卷)》,赵秉志主编,中国人民公安大学出版社 2012 年 1 月版。

185.《刑事法治发展研究报告(2011—2012 年卷)》,赵秉志主编,中国人民公安大学出版社 2013 年 1 月版。

186.《防治金融欺诈——基于刑事一体化的研究》(北京市哲学社会科学"十一五"规划项目),赵秉志主编,中国法制出版社 2014 年 1 月版。

187.《未成年人犯罪刑事实体法问题研究》(教育部哲学社会科学研究重大课题攻关项目),赵秉志主编,北京师范大学出版社 2014 年 4 月版。

188.《暴力犯罪死刑适用标准研究》(国家哲学社会科学成果文库,司法部 2008 年度国家法治建设与法学理论研究部级课题成果),赵秉志主编,北京师范大学出版社 2014 年 4 月版。

189.《腐败犯罪的惩治与预防》,赵秉志主编,北京师范大学出版社 2014 年 8 月版。

190.《刑法学的使命》(全国刑法学术年会文集 · 2014 年度,上、下册),赵秉志、张军、郎胜主编,中国人民公安大学出版社 2014 年 9 月版。

191.《中国刑法学研究会学术研究 30 年》,赵秉志主编,法律出版社 2014 年 9 月版。

192.《刑事法治发展报告(2012—2013 年卷)》,赵秉志主编,中国人民公安大学出版社 2014 年 8 月版。

193.《宽严相济刑事政策在死刑适用中的贯彻研究》,赵秉志主编,中国法制出版社 2015 年 1 月版。

194.《寻衅滋事的罪与罚》,赵秉志主编,北京大学出版社 2015 年 1 月版。

195.《全国刑法学优秀博士学位论文荟萃(2010—2012)》,赵秉志主编,中国人民公安大学出版社 2014 年 9 月版。

196.《当代刑事法学新探索——北师大刑科院教师刑事法论文荟萃》,赵秉志主编,法律出版社 2015 年 7 月版。

197.《刑事法学新声——京师刑事法博士学位论文荟萃》,赵秉志主编,法律出版社 2015 年 8 月版。

198.《刑事疑案的法理思考——〈刑事法判解研究〉案例精选》,赵秉志主编,人民法院出版社 2015 年 8 月版。

199.《走向科学的刑事法学(刑科院建院 10 周年国际合作伙伴祝贺文集)》,赵秉志主编,法律出版社 2015 年 8 月版。

200.《新形势下贿赂犯罪司法疑难问题》,赵秉志主编,清华大学出版社 2015 年 8 月版。

201.《当代刑罚制度改革研究》,赵秉志主编,清华大学出版社 2015 年 8 月版。

202.《危害食品药品安全犯罪的防治对策》,赵秉志主编,清华大学出版社2015年8月版。

203.《中国资深刑法学家》,赵秉志主编,法律出版社2015年9月版。

204.《中华人民共和国〈刑法修正案(九)〉理解与适用》,赵秉志主编,中国法制出版社2016年1月版。

205.《中韩恐怖主义犯罪的惩治与防范》(“第十三届中韩刑法学术研讨会”学术文集),赵秉志主编,法律出版社2016年1月版。

206.《刑事法治发展研究报告(2013—2014卷)》,赵秉志主编,法律出版社2016年1月版。

207.《中国刑法改革与适用研究》(2016年全国刑法学术年会文集,上、下卷),赵秉志、莫洪宪、齐文远主编,中国人民公安大学出版社2016年10月版。

208.《危害国家安全罪暨相关犯罪的法律适用》(国家安全部委托项目),赵秉志主编,中国法制出版社2016年4月版。

209.《法学新论》(北师大法学院教师法学论文荟萃)(上、下卷),赵秉志主编,中国法制出版社2016年4月版。

(三)合著、参编、合编的著作暨文集

1.《新中国刑法学研究综述(1949—1985)》,高铭暄主编,赵秉志参加编著,河南人民出版社1986年11月版。

2.《中国刑法适用》,王作富主编,赵秉志参加编著,中国人民公安大学出版社1987年11月版。

3.《新中国刑法的理论与实践》,高铭暄、王作富主编,赵秉志参加撰著,河北人民出版社1988年2月版。

4.《侵犯财产罪新论》,金凯主编,赵秉志参加撰著,知识出版社1988年6月版。

5.《中国刑法的运用与完善》,赵秉志、张智辉、王勇合著,法律出版社1989年4月版。

6.《刑法发展与司法完善》,杨敦先、赵秉志、王勇编,中国人民公安大学出版社1989年9月版。

7.《法律调整新论》,董成美、赵秉志、王利明著,中国人民大学出版社1990年3月版。

8.《刑法发展与司法完善(续编)》,杨敦先、赵秉志、周其华、赵国强主编,吉林大学出版社1990年5月版。

9.《换脑筋》,于光远主编,赵秉志为该书“政法编”主持人之一暨作者,社会科学文献出版社1993年8月版。

10.《反贪污贿赂国际惯例》,赵秉志、叶峰、徐海法、李希慧编著,海南出版社1993年11月版。

11.《跨国跨地区犯罪惩治国际惯例》,赵秉志、钱毅、赫兴旺编著,海南出版社1993年11月版。

12.《刑事诉讼法》(赵秉志总主编“大陆六法精要·4”),赵秉志、王新清、甄贞合著,台湾月旦出版社1993年12月版。

13.《刑法》(赵秉志总主编“大陆六法精要·3”),高铭暄、赵秉志、鲍遂献合著,台湾月旦出版社1994年2月版。

14.《刑法学原理(第一卷)》(国家哲学社会科学“七五”规划重点项目),高铭暄主编,赵秉志参加撰著,中国人民大学出版社1993年12月版。

15.《刑法学原理(第二卷)》(国家哲学社会科学“七五”规划重点项目),高铭暄主编,赵秉志参加撰著,中国人民大学出版社1993年12月版。

16.《大陆刑法的改革与趋势》,赵秉志、鲍遂献著,中国台湾中庸出版社1994年6月版。

17.《精神疾病患者刑事责任能力和医疗监护措施》(国家社会科学基金“七五”重点项目),林准主编,赵秉志参与撰著,人民法院出版社1996年3月版。

18.《跨国跨地区犯罪的惩治与防范》,赵秉志、钱毅、赫兴旺著,中国方正出版社1996年12月版。

19.《“一国两制”法律问题研究(香港卷)》(国家社会科学研究基金项目),蓝天主编,赵秉志为第二篇刑事法主编,法律出版社 1997 年 6 月版。

20.《毒品犯罪》(赵秉志总主编"新刑法典分则实用丛书"),赵秉志、于志刚著,中国人民公安大学出版社 1998 年 7 月版。

21.《新刑法典罪名及司法解释要义》,赵秉志、吴大华著,中国人民公安大学出版社 1998 年 10 月版。

22.《中国法学争鸣实录》,郭道晖等主编,赵秉志参与撰著,湖南人民出版社 1998 年 12 月版。

23.《新中国刑法学研究历程》,高铭暄、赵秉志编著,中国人民公安大学出版社 1999 年 2 月版。

24.《跨国跨地区犯罪的惩治》,赵秉志、钱毅、赫兴旺编著,海南出版社 1999 年 8 月版。

25.《毒品犯罪》(赵秉志总主编"新刑法典分则实用丛书"修订版),赵秉志、于志刚著,中国人民公安大学出版社 2003 年 1 月版。

26.《妨害司法罪》(赵秉志总主编"新刑法典分则实用丛书"修订版),赵秉志、田宏杰、于志刚著,中国人民公安大学出版社 2003 年 3 月版。

27.《侵犯知识产权犯罪比较研究》(赵秉志总主编"当代新型犯罪比较研究"第 5 卷,国家重点研究基地重大项目成果),赵秉志、田宏杰著,法律出版社 2004 年 6 月版。

28.《计算机犯罪比较研究》(赵秉志总主编"当代新型犯罪比较研究"第 6 卷,国家重点研究基地重大项目成果),赵秉志、于志刚著,法律出版社 2004 年 6 月版。

29.《环境犯罪比较研究》(赵秉志总主编"当代新型犯罪比较研究"第 10 卷,国家重点研究基地重大项目成果),赵秉志、王秀梅、杜澎著,法律出版社 2004 年 6 月版。

30.《香港特区国际刑事司法制度研究》,赵秉志、黄芳编著,中国人民公安大学出版社 2004 年 10 月版。

31.《国际刑法总论问题专题整理》,赵秉志、周露露编著,中国人民公安大学出版社 2007 年 4 月版。

32.《刑法哲学专题整理》,赵秉志、魏昌东编著,中国人民公安大学出版社 2007 年 5 月版。

33.《中国刑法立法之演进》(中英文对照本),高铭暄、赵秉志著,法律出版社 2007 年 6 月版。

34.《刑法问题对谈录》,赵秉志、肖中华、左坚卫著,北京大学出版社 2007 年 7 月版。

35.《中国区际刑法专题整理》,赵秉志、黄晓亮编著,中国人民公安大学出版社 2009 年 1 月版。

36.《量刑情节与量刑方法专题整理》,赵秉志、彭新林编著,中国人民公安大学出版社 2009 年 9 月版。

37.《外国反恐法比较研究》(国家反恐怖软科学课题成果),赵秉志、杜邈、康海军著,中国人民公安大学出版社 2009 年 9 月版。

38.《新中国刑法学研究 60 年》,高铭暄、赵秉志编著,中国人民大学出版社 2009 年 9 月版。

39.《穿越迷雾:死刑问题新观察》(中欧合作项目"中国死刑制度改革研究"之阶段性成果),赵秉志、黄晓亮、魏昌东、王东阳编著,中国法制出版社 2009 年 10 月版。

40.《刑事大案要案中的法理智慧》,赵秉志、袁彬、吴飞飞、钱小平著,中国法制出版社 2011 年 2 月版。

41.《刑罚消灭制度专题整理》,赵秉志、彭新林、张伟珂编著,中国人民公安大学出版社 2011 年 8 月版。

42.《薄熙来案件的罪与罚》,赵秉志、彭新林编著,台湾新学林出版股份有限公司 2015 年 3 月版。

43.《赖昌星案件的罪与罚》,赵秉志、张磊编著,台湾新学林出版股份有限公司 2015 年 3 月版。

44.《寻衅滋事罪专题整理》,赵秉志、彭新林编著,中国人民公安大学出版社 2016 年 4 月版。

45.《刑法最新立法争议问题研究》,赵秉志、袁彬著,江苏人民出版社 2016 年 11 月版。

46.《中国反腐败新观察》,赵秉志、彭新林等著,江苏人民出版社、江苏凤凰美术出版社 2016 年 11

月版。

(四)主编、副主编、合编的教材暨教学用书

1.《刑法学通论》(高等学校法学教材),赵秉志、吴振兴主编,高等教育出版社 1993 年 6 月版。

2.《刑法学》(中央广播电视大学教材),高铭暄主编,赵秉志副主编,中央广播电视大学出版社 1993 年 10 月版。

3.《刑法原理与实务》(全国高等教育自学考试教材 · 律师专业),高铭暄主编,赵秉志副主编,高等教育出版社 1996 年 3 月版。

4.《刑法案例评析》(中华全国律师函授中心教学参考书),赵秉志主编,法律出版社 1996 年 8 月版。

5.《刑法学》(全国高等教育自学考试教材),高铭暄主编,赵秉志参加编著,北京大学出版社 1989 年 10 月版。

6.《现代刑法学》,赵秉志、鲍遂献著,湖南师范大学出版社 1995 年 6 月版。

7.《现代刑事诉讼法学》,赵秉志、王新清、甄贞著,湖南师范大学出版社 1995 年 6 月版。

8.《新编刑法简明教程》(国务院军转干办公室组织编写),赵秉志主编,中国人事出版社 1997 年 6 月版。

9.《刑法学》(补充教材),赵秉志主编,中央广播电视大学出版社 1997 年 8 月版。

10.《新刑法教程》,赵秉志主编,中国人民大学出版社 1997 年 9 月版。

11.《刑法学》(新编本,全国高等教育自学考试教材 · 法律专业),高铭暄主编,赵秉志副主编,北京大学出版社 1998 年 9 月版。

12.《新编中国刑法学》(上、下册,普通高等教育"九五"国家级重点教材),高铭暄主编,赵秉志副主编,中国人民大学出版社 1998 年 12 月版。

13.《刑法学》(现代法学教材,上下编),高铭暄、马克昌主编,赵秉志执行主编,中国法制出版社 1999 年 1 月版。

14.《中国刑法》(中国法海外推荐教材),赵秉志主编,法律出版社 1999 年 3 月版。

15.《刑法》(全国成人高等教育规划教材),赵秉志主编,高等教育出版社 1999 年 6 月版。

16.《刑法学》(中央广播电视大学法律专业主干课教材),赵秉志主编,中央广播电视大学出版社 1999 年 12 月版。

17.《刑法学》(全国高等教育自学考试指定教材 · 法律专业),高铭暄主编,赵秉志副主编,北京大学出版社 2000 年 1 月第 2 版。

18.《外国刑法原理》(大陆法系)(21 世纪法学系列教材),赵秉志主编,中国人民大学出版社 2000 年 8 月版。

19.《刑法学》(全国高等学校法学专业核心课程教材),高铭暄、马克昌主编,赵秉志执行主编,北京大学出版社与高等教育出版社 2000 年 10 月版。

20.《刑法新教程》,赵秉志主编,中国人民大学出版社 2001 年 2 月第 2 版。

21.《刑法原理与实务》(全国高等教育自学考试指定教材 · 律师专业本科段),高铭暄主编,赵秉志副主编,高等教育出版社 2002 年版。

22.《刑法专论》(研究生教学用书,上编),高铭暄主编,赵秉志参加撰著,中国人民大学出版社 2002 年 10 月版。

23.《刑法教学案例》(高等院校教学案例丛书),赵秉志主编,法律出版社 2003 年 1 月版。

24.《刑法学》(同等学力人员申请法学硕士学位考试教材),赵秉志主编,中国法制出版社 2003 年 3 月版。

25.《刑法学》(上册 · 刑法总论)(教育部人才培养模式改革和开放教育试点法学教材),赵秉志主

编,中央广播电视大学出版社 2003 年 7 月版。

26.《刑法学》(下册·刑法各论)(教育部人才培养模式改革和开放教育试点法学教材),赵秉志主编,中央广播电视大学出版社 2003 年 7 月版。

27.《刑法教学案例》(高等院校法学案例丛书),赵秉志主编,法律出版社 2003 年 10 月版。

28.《新编国际刑法学》(21 世纪法学系列教材),赵秉志主编,中国人民大学出版社 2004 年 6 月版。

29.《英美刑法学》(21 世纪法学系列教材),赵秉志主编,中国人民大学出版社 2004 年 11 月版。

30.《刑法学》(普通高等教育"十五"国家级规划教材),高铭暄、马克昌主编,赵秉志执行主编,北京大学出版社、高等教育出版社 2005 年 8 月第 2 版。

31.《外国刑法各论(大陆法系)》(21 世纪法学系列教材),赵秉志主编,中国人民大学出版社 2006 年 1 月版。

32.《刑法专论》(教育部学位管理与教育司推荐研究生教学用书),高铭暄主编,赵秉志参加撰著,高等教育出版社 2006 年 4 月第 2 版。

33.《刑法教学参考书》(21 世纪法学系列教材,核心课教学参考书),赵秉志主编,中国人民大学出版社 2006 年 11 月版。

34.《刑法》(全国成人高等教育规划教材),赵秉志主编,高等教育出版社 2007 年 1 月第 2 版。

35.《刑法学》(普通高等教育"十一五"国家级规划教材),高铭暄、马克昌主编,赵秉志执行主编,北京大学出版社、高等教育出版社 2007 年 1 月第 3 版。

36.《刑法学》(现代法学教材),高铭暄、马克昌主编,赵秉志执行主编,中国法制出版社 2007 年 4 月第 2 版。

37.《刑法总论》(现代刑事法学系列教材·国家级精品课程教材),赵秉志主编,中国人民大学出版社 2007 年 8 月版。

38.《刑法教学案例》(高等院校法学案例丛书),赵秉志主编,法律出版社 2007 年 10 月版。

39.《刑法总论》(京师法学案例讲堂·3),赵秉志主编,中国法制出版社 2008 年 11 月版。

40.《刑法总论案例分析》,赵秉志主编,中国人民大学出版社 2009 年 9 月版。

41.《刑法学》,赵秉志、鲍遂献、曾粤兴、王志祥著,北京师范大学出版社 2010 年 6 月版。

42.《刑法学》(新世纪高等学校教材,北京市高等教育精品教材立项项目),赵秉志、鲍遂献、曾粤兴、王志祥著,北京师范大学出版社 2010 年 9 月第 2 版。

43.《当代刑法学》,赵秉志主编,中国政法大学出版社 2009 年 4 月版。

44.《刑法新教程》(现代刑事法系列教材),赵秉志主编,中国人民大学出版社 2009 年 11 月第 3 版。

45.《刑法总则要论》(法学研究生精品教材),赵秉志主编,中国法制出版社 2010 年 1 月版。

46.《刑法分则要论》(法学研究生精品教材),赵秉志主编,中国法制出版社 2010 年 1 月版。

47.《刑法学》(普通高等教育"十一五"国家级规划教材),高铭暄、马克昌主编,赵秉志执行主编,北京大学出版社、高等教育出版社 2010 年 1 月第 4 版。

48.《英美刑法学》(第 2 版),赵秉志主编,科学出版社 2010 年 7 月版。

49.《刑法学》(普通高等教育"十一五"国家级规划教材),高铭暄、马克昌主编,赵秉志执行主编,北京大学出版社、高等教育出版社 2011 年 8 月第 5 版。

50.《刑法总论》(第 2 版)(现代刑事法学系列教材·国家级精品课程教材),赵秉志主编,中国人民大学出版社 2012 年 8 月版。

51.《刑法》(高等学校本科教材),赵秉志主编,高等教育出版社 2012 年 9 月版。

52.《刑法新教程》(第 4 版),赵秉志主编,中国人民大学出版社 2012 年 9 月版。

53.《现代法治理念》(大学公共课系列教材),赵秉志主编,北京师范大学出版社 2012 年 12 月版。

54.《刑法学》(上册 · 刑法总论)(国家开放大学教材),赵秉志主编,中央广播电视大学出版社 2013 年 12 月版。

55.《刑法学》(下册 · 刑法总论)(国家开放大学教材),赵秉志主编,中央广播电视大学出版社 2013 年 12 月版。

56.《刑法学》(普通高等教育"十一五"国家级规划教材),高铭暄、马克昌主编,赵秉志执行主编,北京大学出版社、高等教育出版社 2014 年 7 月第 6 版。

57.《刑法总论》(第 3 版)(现代刑事法学系列教材 · 国家级精品课程教材),赵秉志主编,中国人民大学出版社 2016 年 1 月版。

58.《刑法各论》(第 3 版)(现代刑事法学系列教材 · 国家级精品课程教材),赵秉志、李希慧主编,中国人民大学出版社 2016 年 7 月版。

59.《刑法学》(普通高等教育"十一五"国家级规划教材),高铭暄、马克昌主编,赵秉志执行主编,北京大学出版社、高等教育出版社 2016 年 1 月第 7 版。

(五)翻译书籍

1.《新犯罪学》,[美]昆尼、威尔德曼著,陈兴良、周振想、张智辉、赵秉志译,中国国际广播出版社 1988 年 4 月版。

2.《英国刑法导论》,[英]鲁珀特 · 克罗斯、菲利普 · A. 琼斯著,理查德 · 卡德修订,赵秉志等译,中国人民大学出版社 1991 年 3 月版。

3.《现代世界死刑概况》,赵秉志等译,中国人民大学出版社 1992 年 8 月版。

4.《中国审判案例要览 · 刑事审判卷》,赵秉志为刑法学科负责编委,Butterworths Asia(巴特奥尔兹亚洲出版社)1995 年英文版。

5.《香港刑法》,赵秉志主持翻译,北京大学出版社 1996 年 1 月版。

6.《香港刑事诉讼程序法》,赵秉志主持翻译,北京大学出版社 1996 年 10 月版。

7.《香港刑法纲要》(中英文对照,比较法研究丛书),[英]罗德立丛书主编,赵秉志中文主编,北京大学出版社 1996 年 10 月版。

8.《香港刑事诉讼程序法纲要》(中英文对照,比较法研究丛书),[英]罗德立丛书主编,赵秉志中文主编,北京大学出版社 1997 年 6 月版。

9.《批准与执行国际刑事法院罗马规约手册》(中英文对照)(加拿大人权与民主发展国际中心、加拿大刑法改革与刑事政策国际中心支持项目),赵秉志、王秀梅译,中信出版社 2002 年 10 月版。

10.《"9 · 11"委员会报告》,赵秉志、王志祥、王文华等译,中国人民公安大学出版社 2004 年 9 月版。

11.《世纪"9 · 11"——(美国"9 · 11"委员会报告)精华中译本》,赵秉志、熊正、苗苗编译,中国人民公安大学出版社 2005 年 1 月版。

12.《越南刑法典》,米良译,赵秉志等专业审校,中国人民公安大学出版社 2005 年 2 月版。

13.《第 17 届国际刑法学大会文献汇编》(中外文本),赵秉志、卢建平主持编辑,中国人民公安大学出版社 2005 年 3 月版。

14.《美军虐囚报告》,赵秉志、王志祥、郭理蓉等译,中国人民公安大学出版社 2005 年 6 月版。

15. Selected Edition of China Law Report(1991—2004)(中国审判案例要览选译,1999—2004),中文版总主编肖扬,英文版主编梁美芬,赵秉志为中文版编辑部副主编暨刑法学科主编、英文版刑法学科主持编委,Isino Law Holding Ltd. ,人民法院出版社、中国人民大学出版社 2005 年 8 月版。

16.《韩国刑法总论》,[韩]李在祥著,[韩]韩相敦译,赵秉志为专业审校人之一,中国人民公安大学出版社 2005 年 8 月版。

17.《加拿大反恐法案及国际反恐公约的执行》,赵秉志、王秀梅、王水明译,中国人民公安大学出版社2007年9月版。

18.《外国最新反恐法选编》,赵秉志等编译,中国法制出版社2008年3月版。

19.《国际刑法大会决议》(中英文对照),赵秉志、卢建平、王志祥主译,中国法制出版社2011年4月版。

(六)参编的部分工具书、资料书

1.《中国刑法词典》,赵秉志任编委暨撰稿人,学林出版社1989年6月版。

2.《刑法学大辞书》,杨春洗等主编,赵秉志参加撰写,南京大学出版社1990年12月版。

3.《中华法学大辞典·刑法学卷》(国家"八五"重点图书),高铭暄等主编,赵秉志担任"中国刑法总则"主编、"港澳台刑法"主编,中国检察出版社1996年2月版。

4.《大陆法规精编》,蔡墩铭、高铭暄、赵秉志主编,台湾五南图书出版公司1996年5月版。

5.《新中国刑法立法文献资料总览》(上、中、下册),高铭暄、赵秉志编,中国人民公安大学出版社1998年2月版。

6.《中华人民共和国公安法律法规规章全集》(三卷本),赵秉志、鲍遂献主编,中国检察出版社1999年1月版。

7.《国际刑事审判规章汇编》,赵秉志、王秀梅编,中国人民公安大学出版社2003年4月版。

8.《〈联合国反腐败公约〉暨相关重要文献资料》,赵秉志、王志祥、郭理蓉编,中国人民公安大学出版社2004年1月版。

9.《新中国刑法立法资料精选》,高铭暄、赵秉志编,法律出版社2007年6月版。

10.《中国大百科全书·法学》(修订版),高铭暄为刑法学科主编、赵秉志为刑法学科主要作者之一,中国大百科全书出版社2006年1月版。

11.《中国刑法规范与立法资料精选》(第2版),高铭暄、赵秉志编,法律出版社2013年11月版。

12.《新中国刑法立法文献资料总览》(第2版),高铭暄、赵秉志编,中国人民公安大学出版社2015年8月版。

13.《〈月旦法学〉刑事法判例研究汇编》,赵秉志主编,北京大学出版社2016年7月版。

14.《中国近代刑法立法文献汇编》赵秉志、陈志军编,法律出版社2016年12月版。

二、论文与译文〔1〕

(一)论文

Ⅰ.1983年～1989年

1.《对法院直接受理的两类案件的理解》

赵秉志,《法学》1983年第2期;收入茅彭年主编:《刑事诉讼法教学参考资料选编》,中国政法大学出版社1989年6月版。

2.《简析罗伯斯比尔的刑法思想》

赵秉志,《北京政法学院学报》1983年第2期。

3.《试论传授犯罪方法罪》

赵秉志,《法学杂志》1983年第6期;收入中国人民大学法律系刑法教研室、资料室1984年4月编印:《中华人民共和国刑法(分则)论文集》;中国政法大学图书馆、刑法教研室1984年10月编印:《论文选编》(第三辑:分则);杨毅编:《刑法学参考资料》(下册),中央广播电视大学出版社1985年6月版。

〔1〕 本目录仅收录了作者的论文和译文,文章类(包括报纸文章、杂志短文、综述、述评、随笔等约600余篇)未收录。

4.《谈谈犯罪的动机和目的》

赵秉志,《河南司法》1983 年第 5 期。

5.《放弃重复侵害行为应属犯罪中止》

赵秉志,《法学季刊》1984 年第 1 期;收入武汉大学法律系刑法教研室 1985 年 7 月编印:《刑法论文选(一)》。

6.《区分越狱罪和脱逃罪的标志》

赵秉志,《法学》1984 年第 7 期;收入武汉大学法律系刑法教研室 1985 年 7 月编印:《刑法论文选(二)》。

7.《试论故意伤害罪的特殊形式》

赵秉志,《法学杂志》1984 年第 5 期;收入武汉大学法律系刑法教研室 1985 年 7 月编印:《刑法论文选(二)》。

8.《扰乱社会秩序罪的主体应只限于首要分子》

赵秉志,《法学季刊》1984 年第 4 期。

9.《情节作为构成要件的犯罪的阶段分析》

赵秉志,《北京律师》1985 年第 1 期。

10.《试论抢劫罪既遂与未遂相区别的标准》

赵秉志,《浙江法学》1985 年第 2 期。

11.《简析死缓期满如何处理的立法与实践》

赵秉志,《司法》1985 年第 5 期。

12.《试析盗窃罪"数额较大"的实践与立法》

赵秉志,《法学》1985 年第 5 期。

13.《贝卡里亚关于犯罪的若干思想》

赵秉志,《社会科学》1985 年第 6 期;中国人民大学《复印报刊资料·法律》1985 年第 7 期转载。

14.《论两种犯罪未遂》

赵秉志,《江海学刊》1985 年第 3 期;中国人民大学《复印报刊资料·法律》1985 年第 7 期转载。

15.《论盗窃罪的既遂未遂问题》

赵秉志,《西北政法学院学报》1985 年第 3 期;收入杨毅编:《刑法学参考资料》(下册),中央广播电视大学出版社 1988 年 6 月版;唐大森主编:《刑法学论文专辑》(各论部分),安徽大学法律系 1988 年 5 月印。

16.《反革命罪也有既遂未遂之分》

赵秉志,《法学季刊》1985 年第 3 期;此文被日本札幌大学法学部铃木敬夫教授译为日文,载《北海学园大学法学研究》第 29 卷第 1 号(1993 年);收入铃木敬夫编译:《中国的死刑制度与劳动改造》(日文)一书,日本成文堂 1994 年 8 月版。

17.《我国刑法中犯罪未遂的处罚原则》

赵秉志,《法学研究》1985 年第 4 期;收入高铭暄等编:《刑法学参考资料》,中央广播电视大学出版社 1994 年 10 月版。

18.《再论放弃重复侵害行为的性质》

赵秉志,《法制园林》1985 年第 2 期。

19.《论我国刑法中的能犯未遂与不能犯未遂》

赵秉志,《法学杂志》1985 年第 4 期。

20.《略论缓刑中的减刑制度》

赵秉志,《人民司法》1985年第9期。

21.《简论间接故意犯罪有无犯罪未遂》

赵秉志,《司法》1985年第9期。

22.《论犯罪动机对故意罪定罪量刑的意义》

赵秉志,《河南法学》1985年第3期。

23.《外国刑法中的犯罪未遂》

赵秉志,《国外法学》1985年第6期;收入唐大森主编:《刑法学论文专辑》(总论部分),安徽大学法律系1988年5月印。

24.《论共同实行犯的犯罪未遂问题》

赵秉志,《河北法学》1985年第6期。

25.《论缓刑的撤销条件及其适用》

赵秉志,《法学杂志》1986年第1期。

26.《简论犯罪直接故意与间接故意的划分》

赵秉志,《江海学刊》(经济社会版)1986年第2期。

27.《论犯罪分子意志以外的原因》

赵秉志,《法学研究》1986年第3期。

28.《简论刑法中的扩张解释》

赵秉志,《人民司法》1986年第3期。

29.《试析强奸未遂与流氓罪、流氓行为的区别》

赵秉志,《学员之家(法律版)》1986年第4－5期。

30.《故意伤害罪的未遂初探》

赵秉志,《法学》1986年第8期。

31.《加强刑事司法 保卫和促进改革》

赵秉志,《政法学刊》1986年第4期。

32.《略论单行刑事法律与刑法的发展完善》

赵秉志,《法律学习与研究》1986年第2期;又载《法学季刊》1987年第4期;中国人民大学《复印报刊资料·法学》1987年第11期转载。

33.《中国封建刑法中的犯罪未遂问题初探》

赵秉志,《中州学刊》1987年第1期。

34.《析抢劫罪犯罪预备的特征》

赵秉志,《法学杂志》1987年第1期。

35.《从律师辩护看刑事司法中的一些问题》

赵秉志,《北京律师》1987年第1期。

36.《论贪污罪的司法及立法的完善》

王作富、赵秉志,《法学评论》1987年第2期;收入王作富主编:《刑法学参考资料》,中国人民大学出版社1988年12月版。

37.《论教唆犯的犯罪未遂问题》

赵秉志,《河南法学》1987年第1期。

38.《浅谈强行侵占非法财物案件的定罪问题》

赵秉志,《人民检察》1987年第5期。

39.《简析抢劫枪支、弹药、爆炸物案件的定罪问题》

赵秉志,《司法》1987 年第 5 期。

40.《略论抢夺罪的几个问题》

赵秉志,《中南政法学院学报》1987 年第 2 期;中国人民大学《复印报刊资料 · 法学》1987 年第 10 期转载。

41.《传授犯罪方法罪构成方面的问题研讨》

赵秉志,《政法论坛》1987 年第 3 期。

42.《财物数额与抢劫罪定罪的关系》

赵秉志,《北京律师》1987 年第 3 期。

43.《抢劫中故意杀人的定罪问题》

赵秉志,《法学研究》1987 年第 4 期;收入王作富主编:《刑法学参考资料》,中国人民大学出版社 1988 年 12 月版;高铭暄等编:《刑法学参考资料》,中央广播电视大学出版社 1994 年 10 月版。

44.《简析抢劫与盗窃等相互转化案件的定罪问题》

赵秉志,《浙江法学》1987 年第 4 期。

45.《论盗伐、滥伐林木罪》

赵秉志,载中国法学会刑法学研究会等编:《经济体制改革与打击经济犯罪》,上海社会科学院出版社 1987 年 8 月版。

46.《略论抢劫罪的犯罪手段行为》

赵秉志,《政法论丛》1987 年第 3 期。

47.《略述抢劫罪的历史沿革》

赵秉志,《政法学刊》1987 年第 3 期。

48.《论我国刑法中对未成年人犯罪不适用死刑的原则》

赵秉志,《法学学刊》1987 年第 4 期。

49.《我国刑法中关于无刑事责任幼年人的规定及其适用》

赵秉志,《河南法学》1987 年第 4 期。

50.《试论抢劫罪中止状态的特征》

赵秉志,《北京律师》1987 年第 6 期。

51.《简论刑事诉讼终止的立法与实践》

赵秉志、王新清,《法学杂志》1987 年第 6 期。

52.《论非刑事法律中的刑法规范》

王勇、赵秉志,《法学评论》1988 年第 1 期。

53.《谈谈抢劫罪的加重构成》

赵秉志,《人民司法》1988 年第 1 期。

54.《简析脱逃罪未遂与既遂的区别标准》

赵秉志,《特殊园丁》1988 年第 1 期。

55.《我国刑法中的最低责任年龄不应降低》

赵秉志,《政治与法律》1988 年第 1 期。

56.《论我国刑法的最高司法解释》

赵秉志、王勇,《法学研究》1988 年第 1 期;收入唐大森主编:《刑法学论文专辑》(总论部分),安徽大学法律系 1988 年 5 月印。

57.《论非刑事法律中刑法规范的立法原则及其发展前景》

赵秉志,《政法论坛》1988 年第 1 期;中国人民大学《复印报刊资料 · 法学》1988 年第 4 期转载。

58.《略探几种因素与量刑的关系》

赵秉志,《法学内参》1988 年第 1 期。

59.《论老年人犯罪的刑事责任问题》

赵秉志,《法律学习与研究》1988 年第 2 期。

60.《论精神障碍对刑事诉讼和刑罚执行的影响》

赵秉志,《政法论丛》1989 年第 1 期。

61.《略述邓小平同志关于刑事立法的思想》

赵秉志,《法学杂志》1988 年第 3 期;中国人民大学《复印报刊资料 · 法学》1988 年第 8 期转载。

62.《外国刑法中的抢劫罪》

赵秉志、王勇,《国外法学》1988 年第 3 期。

63.《论少数民族公民的刑事责任问题》

赵秉志,《中国法学》1988 年第 5 期。

64.《病理性醉酒人的危害行为与刑事责任》

赵秉志,《西北政法学院学报》1988 年第 3 期。

65.《试探中国刑法史上年龄对刑事责任的影响》

赵秉志,《政法论丛》1988 年第 3 期。

66.《关于说不清合法来源即可定罪的商榷》

赵秉志,《法律学习与研究》1988 年第 5 期;中国人民大学《复印报刊资料 · 法学》1989 年第 1 期转载。

67.《认定挪用公款罪的几个界限》

赵秉志,《北京律师》1988 年第 5 期。

68.《略探"一国两制"时期港澳台人犯罪的刑事责任》

赵秉志,《法学杂志》1988 年第 6 期;中国人民大学《复印报刊资料 · 法学》1989 年第 3 期转载。

69.《关于完善犯罪主体立法的若干建议》

赵秉志,《法学研究动态》1988 年第 18 期。

70.《略论我国现阶段的刑法调整亟需变革》

赵秉志,《河南法学》1988 年第 4 期。

71.《简析主体特定身份对量刑的意义》

赵秉志,《北京律师》1988 年第 2 期。

72.《略论犯罪主体对刑事责任实现的意义》

赵秉志,《政法学刊》1988 年第 2 期。

73.《略论邓小平同志的刑事政策思想》

赵秉志,《政法学报》1988 年第 4 期。

74.《关于完善我国刑法典体系和结构的研讨》

赵秉志,《中国社会科学》1989 年第 4 期;中国人民大学《复印报刊资料 · 法学》1989 年第 8 期转载;此文上篇被收入高铭暄、赵秉志主编:《新中国刑法学五十年》,中国方正出版社 2000 年 8 月版;收入赵秉志主编:《刑法新探索》,群众出版社 1993 年 9 月版;全文上下篇分别成文并略加修改后收入梁美芬、卢永鸿编:《中国法制改革》,(香港)广角镜出版社有限公司 1994 年 3 月版。

75.《中国刑事立法十年的回顾和展望》

高铭暄、赵秉志、王勇,《中国法学》1989 年第 2 期;中国人民大学《复印报刊资料 · 法学》1989 年第 7 期转载;本文又以《大陆刑法立法十年的回顾与展望》为题刊载于中国台湾《万国法律》第 43 期(1989

年 2 月)、第 44 期(1989 年 4 月)。

76.《论中国海峡两岸交往中的刑法问题》

赵秉志,美国哥伦比亚大学法学院编:《中国法研究学刊》(英文版)1989 年秋季号。

77.《谈“海峡两岸关系条例”(草案)中的刑事法律问题》

赵秉志,《瞭望周刊》(海外版)1989 年第 16 期。

78.《论现阶段港澳台人犯罪的刑事责任问题》

赵秉志,《法学评论》1989 年第 2 期;中国人民大学《复印报刊资料·法学》1989 年第 7 期转载。

79.《现阶段我国刑法学如何发展论略》

赵秉志,《法律科学》1989 年第 2 期;中国人民大学《复印报刊资料·法学》1989 年第 4 期转载。

80.《关于法人不应成为犯罪主体的思考》

赵秉志,《法学研究》1989 年第 5 期。

81.《涉台刑事法律问题研讨》

赵秉志,《中南政法学院学报》1989 年第 4 期;中国人民大学《复印报刊资料·法学》1989 年第 4 期转载;收入中国律师杂志社编:《海峡两岸律师学者对话录》,中国政法大学出版社 1989 年 10 月版。

82.《我国海峡两岸刑法总则问题的比较研究》

赵秉志、王勇,《中国法学》1989 年第 6 期;本文又以“海峡两岸刑法总则问题的比较研究”为题刊载于中国台湾《万国法律》第 48 期(1989 年 12 月)、第 49 期(1990 年 2 月)。

83.《略论我国刑罚制度的完善》

赵秉志,《河南法学》1989 年第 3 期。

84.《论我国刑法中对未成年人犯罪从宽处罚的原则》

赵秉志,《政法论坛》1989 年第 1 期。

85.《关于我国生理醉酒人刑事责任问题的研讨》

赵秉志,《法学研究》1989 年第 1 期。

86.《试论现阶段涉台刑事法律问题的处理》

赵秉志,《台声》1989 年第 3 期。

87.《关于完善刑法总则的几个问题》

赵秉志、王勇,《法学》1989 年第 2 期;中国人民大学《复印报刊资料·法学》1989 年第 7 期转载。

88.《论主体特定身份与共同犯罪》

赵秉志,《中南政法学院学报》1989 年第 2 期;此文被收入高铭暄等编:《刑法学参考资料》,中央广播电视大学出版社 1994 年 10 月版。

89.《“暂行条例(草案)”所涉刑事法律问题评析》

赵秉志,《台湾“法律”研究》1989 年试刊(1989 年 7 月)。

90.《挪用公款罪研究》

赵秉志,《中国律师》1989 年第 3 期;收入杨敦先等编:《刑法发展与司法完善》,中国人民公安大学出版社 1989 年 9 月版;高铭暄等编:《刑法学参考资料》,中央广播电视大学出版社 1994 年 10 月版。

91.《完善刑法典分则体系结构的基本设想》

赵秉志,《法学研究》1989 年第 2 期。

92.《关于完善精神障碍人和生理醉酒人刑事责任立法的建议》

赵秉志,《浙江法学》1989 年第 2 期。

93.《试论刑法典立法技术的完善问题》

赵秉志,《法学杂志》1989 年第 3 期。

94.《论改善和强化刑事司法的原则》

赵秉志,《政法学刊》1989 年第 2 期;此文经修改充实载入中国高级法官培训中心、全国法院干部业余法律大学编:《首届学术讨论会论文选》,人民法院出版社 1990 年 6 月版。

95.《论犯罪主体在犯罪构成中的地位和作用》

赵秉志,《法律学习与研究》1989 年第 4 期。

96.《我国刑法典分则完善探略》

赵秉志,《河北法学》1989 年第 3 期;又载《法治通讯》1989 年创刊号;中国人民大学《复印报刊资料 · 法学》1989 年第 12 期转载。

97.《犯罪主体不同不能适用类推》

赵秉志,《人民检察》1989 年第 10 期;收入最高人民检察院《人民检察》编辑部编:《论法 析案 释疑》,吉林人民出版社 1990 年 10 月版。

98.《略论刑法的立法解释》

赵秉志,《电大法学》1989 年第 8 期。

Ⅱ.1990 年~1999 年

99.《单位投机倒把犯罪案件中的刑事责任问题》

高铭暄、赵秉志、赵国强,《中国法学》1990 年第 2 期。

100.《关于全面修订中国大陆刑法典的基本构思》

赵秉志,中国台湾文化大学《华冈法粹》第 19、20 期合刊(1990 年 2 月)。

101.《论对刑事立法原意的把握》

赵秉志、王勇,《政法论坛》1990 年第 3 期。

102.《略论刑事责任基本问题》

赵秉志,《学习与辅导》1990 年第 2 期。

103.《试析制造、运输、贩卖毒品罪的定罪与量刑》

赵秉志、杨正根,《学习与辅导》1990 年第 5 期。

104.《论刑法典自身完善的方式》

赵秉志,《法学杂志》1990 年第 4 期;中国人民大学《复印报刊资料 · 法学》1990 年第 10 期转载。

105.《廉政建设与刑事立法的完善》

赵秉志、余欣喜,《法学评论》1990 年第 4 期;中国人民大学《复印报刊资料 · 法学》1990 年第 8 期转载。

106.《中国现行刑法修改研究概论》

赵秉志,《法律学习与研究》1990 年第 4 期;中国人民大学《复印报刊资料 · 法学》1990 年第 10 期转载。

107.《论犯罪既遂的概念和类型》

赵秉志,《法学学刊》1990 年第 4 期;中国人民大学《复印报刊资料 · 法学》1991 年第 4 期转载。

108.《关于死刑存废及其发展趋势的思考》

赵秉志,《法律科学》1991 年第 1 期;中国人民大学《复印报刊资料 · 法学》1991 年第 5 期转载;收入高铭暄等编:《刑法学参考资料》,中央广播电视大学出版社 1994 年 10 月版。

109.《关于贿赂罪的比较研究》

高铭暄、赵秉志、余欣喜,《法学研究》1991 年第 2 期;《检察研究》1990 年第 6 期转载;收入杨敦先等编:《廉政建设与刑法功能》,法律出版社 1991 年 5 月版;高铭暄等编《刑法学参考资料》,中央广播电视大学出版社 1994 年 10 月版。

110.《论故意犯罪的未完成形态负刑事责任的依据》

赵秉志,《政法学刊》1991 年第 5 期;中国人民大学《复印报刊资料·法学》1991 年第 7 期转载。

111.《台湾"刑法"及其修改趋势概览》

赵秉志、余欣喜,《政法论坛》1991 年第 6 期。

112.《增设非法经商罪是加强廉政建设的重要步骤》

赵秉志、余欣喜,《政府法制》1991 年第 1 期。

113.《海峡两岸刑法罪种研析》

赵秉志、余欣喜,《法学杂志》1991 年第 6 期。

114.《台湾现行刑事诉讼制度概览》

赵秉志等,《审判研究》1991 年第 1-2 期。

115.《我国海峡两岸刑法典分则的比较研究》

赵秉志、王勇,《中国法学》1991 年第 3 期;本文又以"海峡两岸刑法分则的比较研究"为题刊载于中国台湾《万国法律》第 55 期(1991 年 2 月)、第 56 期(1991 年 4 月)、第 57 期(1991 年 6 月)。

116.《论故意犯罪停止形态的性质》

赵秉志,《河南法学》1991 年第 1 期。

117.《论犯罪预备的概念和特征》

赵秉志,《北京律师》1991 年第 1 期。

118.《略论我国刑事立法的完善》

高铭暄、赵秉志、王勇,载中国法学会编:《十年法制论丛》,法律出版社 1991 年 8 月版。

119.《关于两岸合作惩治海上犯罪的初步研讨》

赵秉志,《法学研究》1992 年第 3 期;又载《台湾法研究学刊》1992 年第 1 期;中国人民大学《复印报刊资料·法学》1992 年第 11 期转载;收入黄进、黄风主编:《区际司法协助研究》,中国政法大学出版社 1993 年版。

120.《海峡两岸互涉刑事法律问题的宏观探讨》

高铭暄、赵秉志,《法律学习与研究》1992 年第 1 期;中国人民大学《复印报刊资料·法学》1992 年第 12 期转载。

121.《论毒品犯罪的罪名与刑罚适用》

高铭暄、赵秉志、李希慧,《中国法学》1992 年第 3 期;中国人民大学《复印报刊资料·法学》1992 年第 9 期转载;收入杨敦先主编:《刑法运用问题探讨》,法律出版社 1992 年 8 月版;高铭暄等编:《刑法学参考资料》,中央广播电视大学出版社 1994 年 10 月版。

122.《试述犯罪中止形态的特征和类型》

赵秉志,《法学天地》1992 年第 2 期。

123.《淫秽物品犯罪的定罪问题研讨》

赵秉志、陈治民,《法律科学》1992 年第 3 期。

124.《诽谤罪若干疑难问题研讨》

赵秉志、李志增,《法学评论》1992 年第 3 期;中国人民大学《复印报刊资料·法学》1992 年第 11 期转载。

125.《试论犯罪过程中的停止形态存在的范围》

赵秉志,《河南审判》1992 年第 2 期。

126.《故意犯罪停止形态犯的处罚原则概论》

赵秉志,《四川审判》1992 年第 3 期。

127.《完善经济刑事法律分则规范的研讨》

赵秉志、赫兴旺,《政法学刊》1992 年第 2 期。

128.《敲诈勒索罪构成特征问题研究》

赵秉志、尹文健,《审判实践》1992 年第 3 期。

129.《我国刑法的经济功能》

赵秉志、李志增,《法学杂志》1992 年第 1 期;中国人民大学《复印报刊资料 · 法学》1992 年第 5 期转载。

130.《论完善大陆刑事立法的根据、原则和方式》

赵秉志,中国台湾文化大学《华冈法粹》第 21 期(1992 年 7 月)。

131.《关于经济刑事法律宏观完善的若干问题》

赵秉志、赫兴旺,《中国人民大学学报》1992 年第 4 期;中国人民大学《复印报刊资料 · 法学》1993 年第 2 期转载。

132.《略谈我国改造罪犯基本原则确立的根据》

赵秉志,《法律学习与研究》1992 年第 4 期。

133.《简评台湾"两岸关系条例"中的刑事规范》

赵秉志,《法律学习与研究》1992 年第 4 期;又载香港《文汇报》1992 年 7 月 17－19 日。

134.《论毒品犯罪构成的一般特征》

赵秉志、李希慧,《云南法学》1992 年第 3 期。

135.《"能人经济犯罪"的司法对策》

赵秉志、吴宝林,《法学》1992 年第 10 期;《当代检察官》1993 年第 1 期转载。

136.《关于完善刑法第 92 条的研讨》

赵秉志、颜茂昆,《法学与实践》1992 年第 6 期。

137.《简论惩治劫机犯罪的有关法律问题》

赵秉志、王定,《当代法学》1992 年第 3 期。

138.《现代各国死刑概览》

赵秉志、赫兴旺,《河北法学》1992 年第 6 期。

139.《关于我国刑法中应增设妨害监管秩序罪的研讨》

赵秉志、李志增,《公安大学学报》1992 年第 4 期。

140.《论如何区分经济活动中罪与非罪的界限》

赵秉志、李希慧,《法律适用》1993 年第 1 期;《山西检察》1993 年第 2 期转载;《安徽监察》1993 年第 3 期转载;收入高铭暄等编:《刑法学参考资料》,中央广播电视大学出版社 1994 年 10 月版。

141.《论强化刑事法制的民主性》

赵秉志、颜茂昆,《法学》1993 年第 4 期。

142.《台湾现阶段毒品犯罪的特点及其综合防范》

赵秉志,《青少年犯罪研究》1993 年第 3－4 期。

143.《台湾"刑法典"中的毒品犯罪及其修改趋势》

赵秉志,《政法论坛》1993 年第 2 期。

144.《论国际刑法中的毒品犯罪》

赵秉志、孙力,载云南省高级人民法院编:《惩治毒品犯罪理论与实践》,中国政法大学出版社 1993 年 9 月版。

145.《台湾单行禁毒"刑法"中的毒品犯罪及其惩治》

赵秉志,《台湾法研究学刊》1993 年第 2 期;收入云南省高级人民法院编:《惩治毒品犯罪理论与实践》,中国政法大学出版社 1993 年 9 月版。

146.《香港特别行政区与内地间互涉刑事法律问题研究》

赵秉志、孙力,《中国法学》1993 年第 2 期;中国人民大学《复印报刊资料 · 法学》1993 年第 7 期转载;本文又以"一九九七年后香港与内地间互涉刑事法律问题研究"为题刊载于中国台湾《华冈法粹》第 22 期(1994 年 10 月);收入黄进、黄风主编:《区际司法协助研究》,中国政法大学出版社 1993 年版。

147.《国际禁毒立法概览》

赵秉志、孙力,《法学杂志》1993 年第 3 期。

148.《国外及港台法律中行贿罪的认定及其惩治》

赵秉志、李希慧,《法律适用》1993 年第 6 期。

149.《几种新型犯罪问题的研讨》

赵秉志、鲍遂献,《人民检察》1993 年第 6 期;收入高铭暄等编:《刑法学参考资料》,中央广播电视大学出版社 1994 年 10 月版。

150.《市场经济与刑法观念更新》

赵秉志、鲍遂献,《政治与法律》1993 年第 4 期;中国人民大学《复印报刊资料 · 法学》1993 年第 11 期转载。

151.《我国刑法改革若干热点问题论略》

赵秉志、鲍遂献,《河北法学》1993 年第 4 期;中国人民大学《复印报刊资料 · 法学》1994 年第 1 期转载。

152.《大陆当前新型经济犯罪及其刑法调整》

赵秉志、鲍遂献,中国台湾《大陆风》杂志 1993 年第 9 期。

153.《大陆刑法改革的现状与趋势》

赵秉志、鲍遂献,中国台湾《大陆风》杂志 1993 年第 10 期。

154.《大陆晚近惩治经济犯罪单行刑法要论》

赵秉志、鲍遂献,中国台湾《大陆风》杂志 1993 年第 11 – 12 期。

155.《妨害税收犯罪新立法研析》

赵秉志、刘佳雁,《当代法学》1993 年第 3 – 4 期。

156.《外国及港台法律中受贿罪的比较研究》

赵秉志、李希慧,《法律科学》1993 年第 6 期。

157.《略论危害海上航行安全犯罪的惩治和防范》

赵秉志、赫兴旺,《中外法学》1993 年第 6 期。

158.《关于完善刑事司法解释的研讨》

赵秉杰、李希慧,《检察理论研究》1993 年第 4 期。

159.《外国和港台法律中贪污犯罪的认定及惩治》

赵秉志、李希慧,《中央检察官管理学院学报》1993 年第 3 – 4 期。

160.《论跨国跨地区犯罪及其惩治原则》

赵秉志、钱毅,《法学家》1993 年第 5 – 6 期。

161.《外国和港台法律中受贿罪的刑罚裁量一考》

赵秉志、李希慧,《法学与实践》1993 年第 6 期。

162.《关于两岸刑事诉讼法的比较研究》

赵秉志、王新清,《法治论丛》1993 年第 6 期、1994 年第 1 期。

163.《略论国际贩毒及其惩治与防范》

赵秉志、赫兴旺,《河北法学》1993 年第 6 期。

164.《论〈关于惩治生产、销售伪劣商品犯罪的决定〉》

赵秉志、鲍遂献,《人民检察》1993 年第 12 期;收入高铭暄等编:《刑法学参考资料》,中央广播电视大学出版社 1994 年 10 月版。

165.《晚近刑事立法中内外法条关系研讨》

高铭暄、赵秉志、鲍遂献,《法学研究》1994 年第 1 期;中国人民大学《复印报刊资料·法学》1994 年第 4 期转载;收入高铭暄等编:《刑法学参考资料》,中央广播电视大学出版社 1994 年 10 月版。

166.《中国未成年人刑事保护及其完善》

赵秉志、赫兴旺,《青少年犯罪研究》1994 年第 2 期。

167.《危害国际航空罪的惩治与防范》

赵秉志、赫兴旺,《法商研究》1994 年第 2 期。

168.《论刑法观念的更新和变革》

赵秉志、鲍遂献,《中国法学》1994 年第 2 期;收入高铭暄等编:《刑法参考资料》,中央广播电视大学出版社 1994 年 10 月版;李双元主编:《现代法学论集》,湖南师范大学出版社 1995 年 5 月版。

169.《窝赃、销赃罪的主客观特征研讨》

赵秉志、赫兴旺;《武汉检察》1994 年第 2 期。

170.《评析台湾"两岸人民关系条例"中的刑事规范》

赵秉志,《政法论坛》1994 年第 2－3 期;中国人民大学《复印报刊资料·法学》1994 年第 9 期转载。

171.《"刑法总论"中的若干疑难问题》

赵秉志、鲍遂献,《电大文科园地》1994 年第 2－3 期。

172.《妨害司法活动罪研究》

赵秉志、孙力,《法律科学》1994 年第 3 期。

173.《略论法人犯罪案件的实际难题和司法对策》

赵秉志,《中国律师》1994 年第 7 期。

174.《论限制责任能力精神障碍人犯罪案件的处理及完善》

赵秉志,《法律适用》1994 年第 8 期。

175.《论如何正确认定犯罪实行行为的着手与否》

赵秉志,《浦东审判》1994 年第 3 期。

176.《如何正确处理跨年龄段的未成年人犯罪的案件》

赵秉志,《法学杂志》1994 年第 5 期。

177.《台湾"刑法典"中的妨害司法活动罪研析》

赵秉志、颜茂昆,《台湾法研究学刊》1994 年第 5 期。

178.《海峡两岸刑法中妨害司法活动犯罪之比较》

赵秉志、颜茂昆,《法学家》1994 年第 6 期;又载《南京大学法律评论》1994 年秋季号。

179.《台湾妨害司法活动罪的立法修改趋向》

赵秉志、颜茂昆,《现代法学》1994 年第 5 期。

180.《台湾"特别刑法"中的妨害司法活动犯罪要览》

赵秉志、颜茂昆,《河北法学》1994 年第 5 期。

181.《海峡两岸侵害商标犯罪立法之比较》

赵秉志、刘志伟,《法学评论》1994 年第 5 期。

182.《中国刑法改革的现状与走向》

赵秉志、鲍遂献,《天津社会科学》1994 年第 5 期;此文又以“中国大陆刑法改革的现状与走向”为题,载于香港城市大学法学院《中国法与比较法研究》第 1 卷(1995 年 7 月);收入李双元主编:《现代法学论集》,湖南师范大学出版社 1995 年 5 月版。

183.《刑事责任基本理论问题研讨》

赵秉志,《中央政法管理干部学院学报》1995 年第 1 期;中国人民大学《复印报刊资料 · 法学》1995 年第 3 期转载。

184.《论市场经济体制下的贿赂犯罪及防范对策》

赵秉志、肖中华,《河北法学》1995 年第 1 期。

185.《试析金融计算机犯罪的方式和原因》

赵秉志、刘建,《公安大学学报》1995 年第 1 期。

186.《中国侵犯人身权利犯罪及其惩治与防范概论》

赵秉志、赫兴旺,《法学学刊》1995 年第 1 期。

187.《刑讯逼供罪比较研究》

赵秉志、赫兴旺,《法制与社会发展》1995 年第 1 - 2 期;收入马克昌、丁慕英主编:《刑法的修改与完善》,人民法院出版社 1995 年 6 月版。

188.《略论罪刑法定原则立法化的价值》

赵秉志,《法学》1995 年第 3 期;《华东政法学院学报》2002 年第 6 期转载;收入华东政法学院司法研究中心 2002 年 10 月编印:《罪刑法定原则与我国刑事司法研讨文集》。

189.《中国内地与港澳特别行政区的刑事司法协助问题研究》

赵秉志、赫兴旺,《法学家》1995 年第 2 期;收入赵秉志、[葡]高德志主编:《澳门法律问题》,中国人民公安大学出版社 1997 年 7 月版。

190.《香港毒品犯罪及其惩治防范》

赵秉志、肖中华,《人民检察》1995 年第 7 - 9 期。

191.《应当改善和强化刑事司法的原则》

赵秉志,《山东法学》1995 年第 3 期。

192.《略论犯罪分子意志内外原因的认定问题》

赵秉志,《法学学刊》1995 年第 3 期。

193.《简论我国刑法典分则体系结构的完善》

赵秉志,《中国法学》1995 年第 5 期。

194.《论中国公职人员财产申报制度及其完善》

赵秉志、赫兴旺,《政法论坛》1995 年第 5 期;又载《法学评论》1996 年增刊;日本《中国研究》月刊 1996 年 7 月号;收入第七届国际反贪污大会组委会秘书处学术部编:《反贪污与社会的稳定和发展——第七届国际反贪污大会文集》,红旗出版社 1996 年 9 月版。被日本齐藤修译成日文收入其著的《渎职防止的研究》一书,日本神户商科大学经济研究所 1996 年 1 月印行。

195.《故意犯罪停止形态研究》

赵秉志,载梁宝俭主编:《刑事审判理论与实践》,中国人事出版社 1995 年 7 月版。

196.《试析保险诈骗罪》

赵秉志、肖中华,《中国律师》1995 年第 11 期。

197.《中国现行法制概要》

赵秉志、赫兴旺,澳门政府杂志《行政》1995 年第 4 期。

198.《关于完善刑法典分则体系结构的新思考》

赵秉志,《法律科学》1996年第1期;中国人民大学《复印报刊资料·刑事法学》1996年第4期转载;杨春洗、高格主编:《我国当前经济犯罪研究》,北京大学出版社1996年9月版;陈宝树等主编:《市场经济与刑法完善》,中国人民公安大学出版社1996年12月版;高铭暄主编:《刑法学研究精品集锦》,法律出版社2000年11月版。

199.《精神障碍者的刑事责任能力:对规范的比较考察》

赵秉志、黄京平,《比较法研究》1996年第1期;中国人民大学《复印报刊资料·刑事法学》1996年第9期转载。

200.《马来西亚现行刑法典概要》

赵秉志、肖中华,《法制与社会发展》1996年第2期;中国人民大学《复印报刊资料·刑事法学》1996年第8期转载。

201.《亚洲国家和地区受贿罪立法的比较研究》

赵秉志、黎全阳、颜茂昆,《法学评论》1996年第2期;中国人民大学《复印报刊资料·刑事法学》1996年第6期转载;收入第七届国际反贪污大会组委会秘书处学术部编:《反贪污与社会的稳定和发展——第七届国际反贪污大会文集》,红旗出版社1996年9月版。

202.《海峡两岸刑法中犯罪过失的立法比较》

赵秉志、刘志伟,《台湾法研究学刊》1996年第2期。

203.《海峡两岸犯罪过失中注意能力和注意义务问题的比较研究》

赵秉志、刘志伟,《中央政法管理干部学院学报》1996年第3期;中国人民大学《复印报刊资料·刑事法学》1997年第1期转载。

204.《刑法修改中的宏观问题研讨》

赵秉志,《法学研究》1996年第3期。

205.《香港刑法述论》

赵秉志、杨正根,《南京大学法律评论》1996年春季号、秋季号;又载台湾《刑事法杂志》1996年第5期。

206.《刑法修改中类推制度存废之争的研讨》

赵秉志、肖中华,《法学家》1996年第4期;中国人民大学《复印报刊资料·刑事法学》1996年第11期转载。

207.《侵占财物犯罪立法完善之探讨》

赵秉志、肖中华,《人民检察》1996年第8期。

208.《关于侵犯公民人身权利犯罪立法完善之探讨》

赵秉志、肖中华,《检察理论研究》1996年第4期。

209.《关于侵犯公民民主权利罪和侵犯公民劳动权利罪立法完善的构想》

赵秉志、赫兴旺、肖中华,《现代法学》1996年第4期。

210.《关于完善妨碍司法活动罪立法的研讨》

赵秉志、赫兴旺、肖中华,《政法论坛》1996年第4期;中国人民大学《复印报刊资料·刑事法学》1997年第1期转载。

211.《中国刑法修改若干问题研究》

赵秉志、赫兴旺、颜茂昆、肖中华,《法学研究》1996年第5期;《中国律师》1997年第2期摘要转载;本文又以“中国大陆刑法改革与完善基本问题研究”为题,载于台湾《刑事法杂志》1996年第6期—1997年第2期。

212.《论刑法修改中罪刑法定原则的立法化》

赵秉志、肖中华,《中国人民大学学报》1996 年第 6 期;中国人民大学《复印报刊资料 · 刑事法学》1997 年第 1 期转载。

213.《澳门新刑法典述评》

赵秉志、肖中华,载南京师范大学法制现代化研究中心编:《法制现代化研究》第 2 卷,南京师范大学出版社 1996 年 10 月版;收入赵秉志、[葡]高德志主编:《澳门法律问题》,中国人民公安大学出版社 1997 年 7 月版。

214.《中国大陆新刑事诉讼法典述评》

赵秉志、甄贞,台湾文化大学《华冈法粹》第 24 期(1996 年 10 月)。

215.《论特别刑法与刑法典的修改》

赵秉志、赫兴旺,《中国法学》1996 年第 4 期。

216.《改善和强化刑事司法应贯彻的原则》

赵秉志,《法学》1996 年第 10 期。

217.《论罪刑法定原则的立法化》

赵秉志、肖中华,载高铭暄主编:《刑法修改建议文集》,中国人民大学出版社 1997 年版;《凉山检察》1997 年第 1 期。

218.《澳门新刑法典基本原则之探讨》

赵秉志、肖中华,《法律科学》1997 年第 1 期;中国人民大学《复印报刊资料 · 刑事法学》1997 年第 4 期转载;又译成葡文,载澳门大学《法律学院学报》1997 年第 1 期;收入赵秉志、[葡]高德志主编:《澳门法律问题》,中国人民公安大学出版社 1997 年 7 月版。

219.《适应市场经济 完善刑事立法》

赵秉志、肖中华,《政治与法律》1997 年第 1 期。

220.《中国大陆特别刑法之基本问题》

赵秉志,台湾政治大学《东亚季刊》第 28 卷第 1 期(1997 年 1 月)。

221.《论刑法典总则的改革与进展》

赵秉志、赫兴旺,《中国法学》1997 年第 2 期;中国人民大学《复印报刊资料 · 刑事法学》1997 年第 5 期转载;《刑法问题与争鸣》1999 年第 1 辑转载。

222.《中国刑法修改中死刑的立法完善》

赵秉志,载《西原春夫先生古稀祝贺论文集》,中国法律出版社和日本成文堂 1997 年 2 月联合出版。

223.《论刑法基本原则的确立》

赵秉志、肖中华,《检察理论研究》1997 年第 3 期。

224.《我国刑法典修改概要》

赵秉志,《当代审判》1997 年第 3 期。

225.《论我国刑事管辖权体制的发展》

赵秉志、刘远,《法律与监督》1997 年第 3 期。

226.《刑法修改的主要内容及简要评价》

赵秉志、赫兴旺,《广东法学》1997 年第 3 – 4 期合刊。

227.《刑法典修改的主要内容述评》

赵秉志、赫兴旺,《法学学刊》1997 年第 2 – 4 期。

228.《论有组织犯罪》

赵秉志、赫兴旺,《法学前沿》第1辑,法律出版社1997年9月版。

229.《关于新刑法的基本原则》

赵秉志等,《公安研究》1997年第4期。

230.《跨国跨地区有组织犯罪及其惩治与防范》

赵秉志、赫兴旺,《政法论坛》1997年第4期;《高等学校文科学报文摘》1998年第1期摘登。

231.《一部跨世纪的新刑法典》

赵秉志,载杨仁忠等主编:《刑事法律与监狱实践》,中国物价出版社1997年9月版。

232.《试论当代中国刑事立法的完善》

赵秉志、肖中华,载薛君度、公丕祥主编:《法制现代化与中国经济发展》,南京师范大学出版社1997年12月版。

233.《新刑法典的重大发展及其总体评价》

赵秉志、赫兴旺,《法律适用》1997年第5期。

234.《相约自杀案件的刑事责任》

赵秉志,《人民公安》1997年第21期。

235.《海峡两岸犯罪中止形态比较研究》

赵秉志,《法制与社会发展》1997年第5期;中国人民大学《复印报刊资料·刑事法学》1998年第1期转载。

236.《中国大陆新刑法典要览》

赵秉志,台湾《月旦法学》1997年第6期。

237.《中国新刑法典的修订与分则的重要进展》

赵秉志、赫兴旺,《吉林大学社会科学学报》1997年第6期。

238.《论死刑的立法控制》

赵秉志、肖中华,《中国法学》1998年第1期;中国人民大学《复印报刊资料·刑事法学》1998年第5期转载。

239.《高铭暄教授刑法学术思想述要》

赵秉志、鲍遂献、肖中华,载中国人民大学法学院刑法专业组织编写:《刑事法专论》,中国方正出版社1998年1月版。

240.《犯罪主体论》

赵秉志,载中国人民大学法学院刑法专业组织编写:《刑事法专论》,中国方正出版社1998年1月版。

241.《犯罪未遂的理论与实践》

赵秉志,载中国人民大学法学院刑法专业组织编写:《刑事法专论》,中国方正出版社1998年1月版。

242.《略谈刑事司法改革的意义和原则》

赵秉志,《法学家》1998年第2期,中国人民大学《复印报刊资料·诉讼法学·司法制度》1998年第10期转载。

243.《论中国刑法的最新改革》

赵秉志、肖中华,《现代法学》1998年第2期;《广东法学》1998年第3期转载;又载日本《中国研究》1998年3月春季号;《高等学校文科学报文摘》1998年第4期摘登;收入姚申主编:《学术中国》(社会科学卷1984－2014),上海人民出版社2015年12月版。

244.《对妨害民事诉讼行为刑事制裁之探讨》

赵秉志、王新清,《河北法学》1998 年第 2 期;收入杨舆龄主编:《强制执行法争议问题研究》,台湾五南图书出版社公司 1998 年 2 月版。

245.《试论计算机犯罪》

赵秉志、于志刚,《刑法论丛》第 1 卷(1998 年 5 月)。

246.《刑法共同指导原则研究》

高铭暄、赵秉志等,《刑法论丛》第 1 卷(1998 年 5 月)。

247.《论刑法的基本原则》

赵秉志、肖中华,载马长生等主编:《法治问题研究》,法律出版社 1998 年 6 月版。

248.《海峡两岸犯罪主体构成要件的比较研究》

赵秉志、赵明军,载马长生等主编:《法治问题研究》,法律出版社 1998 年 6 月版。

249.《中国新刑法典的改革》

赵秉志等,法国《比较刑法学杂志》(法文版)1998 年第 3 期。

250.《国际环境犯罪与国家刑事责任的承担》

赵秉志、王秀梅,《法学》1998 年第 4 期。

251.《罪刑法定原则的确立历程》

赵秉志、肖中华,《河北法学》1998 年第 3 期;中国人民大学《复印报刊资料 · 刑事法学》1998 年第 9 期转载;收入郭道晖等主编:《中国当代法学争鸣实录》,湖南人民出版社 1998 年 12 月版。

252.《依法治国要切实贯彻罪刑法定原则》

赵秉志,《人民公安》1998 年第 7 期;又载《广东法学》1998 年第 5 – 6 期。

253.《改革进步的中国大陆新刑法典》

赵秉志,台湾《万国法律》1998 年第 8 期。

254.《海峡两岸生命刑之比较研究》

赵秉志、杨正根,台湾《刑事法杂志》1998 年第 4 期。

255.《医疗事故罪构成要件研究》

赵秉志、曾朝晖,《法学家》1998 年第 5 期;中国人民大学《复印报刊资料 · 刑事法学》1999 年第 1 期转载。

256.《刑法改革与人权保障》

赵秉志、谢望原,《中国刑事法杂志》1998 年第 5 期;中国人民大学《复印报刊资料 · 刑事法学》1998 年第 12 期转载。

257.《论计算机犯罪的定义》

赵秉志、于志刚,《现代法学》1998 年第 5 期。

258.《死刑的限制与扩张之争》

赵秉志、肖中华,《法学》1998 年第 10 期;收入郭道晖等主编:《中国当代法学争鸣实录》,湖南人民出版社 1998 年 12 月版。

259.《海峡两岸法人犯罪立法的比较研究》

赵秉志、刘志伟,《河北法学》1998 年第 4 – 5 期;中国人民大学《复印报刊资料 · 刑事法学》1998 年第 12 期转载。

260.《关于新旧刑法的选择适用问题》

赵秉志,《法学前沿》第 2 辑,法律出版社 1998 年 9 月版。

261.《正当防卫立法的进展与缺憾》

赵秉志、肖中华,《法学》1998 年第 12 期;收入郭道晖等主编:《中国当代法学争鸣实录》,湖南人民出版社 1998 年 12 月版;《刑法问题与争鸣》2000 年第 2 辑转载。

262.《论死刑缓期执行制度的司法适用》

赵秉志、肖中华,《华东政法学院学报》1998 年创刊号。

263.《论中国大陆的刑法改革与人权保障》

赵秉志,台湾《东海法学研究》第 13 期(1998 年 12 月)。

264.《我国新刑法典的改革与重要进展》

赵秉志等,《中国考试》1998 年增刊。

265.《我国与大陆法系犯罪构成理论的宏观比较》

赵秉志、肖中华,《浙江社会科学》1999 年第 2 期;中国人民大学《复印报刊资料·刑事法学》1999 年第 5 期转载。

266.《论侵占罪的犯罪对象》

赵秉志、于志刚,《政治与法律》1999 年第 2 期;中国人民大学《复印报刊资料·刑事法学》1999 年第 6 期转载。

267.《论我国新刑法典对有组织犯罪的惩治》

赵秉志、于志刚,《法商研究》1999 年第 2 期;中国人民大学《复印报刊资料·刑事法学》1999 年第 3 期转载。

268.《合同诈骗犯罪目的之分析与认定》

赵秉志、于志刚,《黑龙江政法管理干部学院学报》1999 年第 2 期。

269.《中国金融欺诈犯罪的特征及其法律惩治》

赵秉志、于志刚,《河北法学》1999 年第 2 期。

270.《论非法侵入计算机信息系统罪》

赵秉志、于志刚,《法学研究》1999 年第 2 期;《安徽律师》1999 年第 4 期摘要转载。

271.《关于共同犯罪问题的理解与适用》

赵秉志、陈一榕,《中国刑事法杂志》1999 年第 2 期。

272.《海峡两岸环境犯罪之比较研究》

赵秉志、王秀梅,台湾《刑事法杂志》1999 年第 2 期。

273.《海峡两岸精神障碍者刑事责任能力之比较研究》

赵秉志、刘志伟,《刑法论丛》第 2 卷(1999 年 2 月)。

274.《论扰乱公共秩序罪的基本问题》

赵秉志、刘志伟,《政法论坛》1999 年第 2 期。

275.《论教唆犯的未遂》

赵秉志、魏东,《法学家》1999 年第 3 期;中国人民大学《复印报刊资料.刑事法学》2000 年第 2 期转载。

276.《现代环境刑法之演进与定位》

赵秉志、王秀梅,《天津市政法管理干部学院学报》1999 年第 3 期。

277.《犯罪构成与阻却责任事由关系论》

赵秉志、肖中华,《现代法学》1999 年第 4 期;中国人民大学《复印报刊资料·刑事法学》2000 年第 3 期转载。

278.《刑法基本原则的法条设置与现实差距》

赵秉志、于志刚,《法学》1999 年第 10 期;中国人民大学《复印报刊资料·刑事法学》2000 年第 1 期转载;收入张文显主编:《中国刑法学精萃》(2001 年卷),机械工业出版社 2001 年版。

279.《海峡两岸专利犯罪有关问题的比较研究》

赵秉志、田宏杰,《湖南省政法管理干部学院学报》1999 年第 5 期。

280.《论罪责刑相适应原则》

赵秉志、于志刚,《郑州大学学报》(哲学社会科学版)1999 年第 5 期。

281.《论国家工作人员范围的界定》

赵秉志、于志刚、孙勤,《法律科学》1999 年第 5 期;中国人民大学《复印报刊资料 · 刑事法学》1999 年第 11 期转载;收入《刑法问题与争鸣》1999 年第 1 辑。

282.《中国内地与香港刑事管辖权冲突研究——由张子强案引发的思考》

赵秉志、田宏杰,《法学家》1999 年第 6 期;收入赵秉志主编:《世纪大劫案:张子强案件及其法律思考——中国内地与香港刑事管辖权冲突问题》,中国方正出版社 2000 年 1 月版。

283.《特殊防卫权问题研究》

赵秉志、田宏杰,《法制与社会发展》1999 年第 6 期。

284.《海峡两岸职务侵占罪比较研究》

赵秉志、田宏杰,《政法论坛》1999 年第 6 期。

285.《澳门地区的毒品犯罪及其惩治防范》

赵秉志、吴大华,《河南省政法管理干部学院学报》1999 年第 6 期。

286.《大陆与澳门地区刑法中妨害司法活动犯罪之比较》

赵秉志、于志刚,苏州大学《东吴法学》1999 年号。

287.《论盗窃罪数额的认定问题》

赵秉志、吴大华,《法律适用》1999 年第 11 – 12 期。

288.《大陆法系国家环境刑法探究》

赵秉志、王秀梅,《南京大学法律评论》1999 年秋季号。

289.《海峡两岸抢劫罪比较研究》

赵秉志、田宏杰,《刑法论丛》第 3 卷(1999 年 12 月)。

Ⅲ. 2000 年 ~ 2009 年

290.《海峡两岸诈骗罪比较研究》

赵秉志、田宏杰,《浙江大学法律评论》2000 年卷。

291.《各国侵占犯罪立法比较研究》

赵秉志、刘志伟,《中国刑事法杂志》2000 年第 2 期;中国人民大学《复印报刊资料 · 刑事法学》2000 年第 5 期转载。

292.《面向 21 世纪的中国刑事法学》

赵秉志,《中国人民大学学报》2000 年第 6 期。

293.《刑事司法正义论》

赵秉志、田宏杰,《中国刑事法杂志》2000 年第 6 期;中国人民大学《复印报刊资料 · 刑事法学》2001 年第 2 期转载。

294.《论运输毒品罪和非法持有毒品罪之立法旨趣与隐患》

赵秉志、肖中华,《法学》2000 年第 2 期;《中国人民大学》(校报)2000 年 9 月 5 日摘登。

295.《中国内地与澳门刑事立法之宏观比较》

赵秉志、田宏杰,《政治与法律》2000 年第 1 期;《中国人民大学》(校报)2000 年 6 月 15 日摘登。

296.《强制猥亵、侮辱妇女若干争议问题评析》

赵秉志、许成磊,《公安研究与实践》2000 年创刊号。

297.《论侵占犯罪立法的完善》

赵秉志、刘志伟,《法学》2000年第12期。

298.《盗窃信用卡并使用行为的定性分析与司法适用》

赵秉志、许成磊,《浙江社会科学》2000年第6期。

299.《中国内地与澳门刑法中的犯罪主体之比较研究》

赵秉志,《河南省政府管理干部学院学报》2000年第2期。

300.《金融诈骗罪认定中的几个基本问题》

赵秉志,《广州检察》2000年第4期。

301.《论我国刑法分则中的特别自首制度》

赵秉志、于志刚,《人民检察》2000年第3期;《中国人民大学》(校报)2000年6月5日摘登。

302.《中国内地与澳门刑法中共同犯罪制度之比较研究》

赵秉志、于志刚,《中国法学》2000年第1期。

303.《交通肇事罪逃逸致人死亡问题研究》

赵秉志、田宏杰,《人民检察》2000年第1期;中国人民大学《复印报刊资料·刑事法学》2000年第4期转载。

304.《海峡两岸刑法中妨害公务罪的比较研究》

赵秉志、刘志伟,《四川大学学报》2000年专刊。

305.《犯罪过失理论若干争议问题研究》

赵秉志、刘志伟,《法学家》2000年第5期。

306.《论大陆法系刑法中的既遂犯与未遂犯》

赵秉志、陈一榕,《河北法学》2000年第4-5期;中国人民大学《复印报刊资料·刑事法学》2000年第12期转载。

307.《关于祖国大陆与香港建立刑事司法互助关系的研讨》

赵秉志,《现代法学》2000年第2、3期。

308.《新中国刑法学研究50年之回顾与前瞻》

高铭暄、赵秉志,《刑法论丛》第4卷(2000年9月);又载高铭暄、赵秉志主编:《新中国刑法学五十年》,中国方正出版社2000年8月版;收入《与时俱进的中国法学》,中国法制出版社2001年版。

309.《海峡两岸环境刑法与环境犯罪比较研究》

赵秉志、王秀梅,《刑法论丛》第4卷(2000年9月)。

310.《金融诈骗罪司法认定的若干重点疑难问题研讨》

赵秉志、许成磊,《刑事司法指南》2000年第4辑。

311.《试论〈刑法修正案〉》

赵秉志、蒋熙辉,载张艾清等主编:《贵州法学论坛》(首届文集),贵州人民出版社2000年12月版。

312.《走向21世纪的中国刑法学应当注意解决的几个问题》

赵秉志,载《与时俱进的中国法学》,中国法制出版社2001年版。

313.《正当防卫理论若干争议问题研究》

赵秉志、刘志伟,《法律科学》2001年第2期;收入《弘扬刑事法》(陈焕生先生八秩华诞论文集),台湾德恭法律事务所2001年初版。

314.《论追诉时效的停止制度》

赵秉志、于志刚,《法学评论》2001年第2期。

315.《未成年人犯罪的刑事责任问题研究》

赵秉志,《山东公安专科学校学报》2001 年第 2－4 期。

316.《传承与超越:现代化视野中的中国刑法传统考察》

赵秉志、田宏杰,《政法论坛》2001 年第 5 期;收入赵相林主编:《聚焦法学热点》,法律出版社 2002 年 5 月版。

317.《精神障碍与刑事责任问题研究》

赵秉志,《云南大学学报(法学版)》2001 年第 2－3 期。

318.《恶意透支型信用卡诈骗犯罪问题研究》

赵秉志、许成磊,《法制与社会发展》2001 年第 3 期;中国人民大学《复印报刊资料·刑事法学》2001 年第 10 期转载。

319.《毛泽东死刑思想研究》

赵秉志,《法学家》2001 年第 4 期。

320.《关于律师刑事责任两个热点问题的研讨》

赵秉志、时延安,《中国律师》2001 年第 7 期。

321.《教育设施重大安全事故罪客观要件中的疑难问题研讨》

赵秉志、刘志伟,《法商研究》2001 年第 1 期。

322.《论信用证诈骗罪的认定》

赵秉志,《市场与法》2001 年第 3 期。

323.《精神障碍者犯罪之刑事责任若干问题研究》

赵秉志、刘志伟,《山东公安专科学校学报(山东公安丛刊)》2001 年第 1 期;中国人民大学《复印报刊资料·刑事法学》2001 年第 6 期转载。

324.《计算机犯罪及其立法和理论之回应》

赵秉志、于志刚,《中国法学》2001 年第 1 期;《网络安全》2001 年第 3－4 期转载;收入赵秉志主编:《新千年刑法热点问题研究与适用》(上册),中国检察出版社 2001 年 7 月版。

325.《论"以非法占有为目的"是信用证诈骗罪的必备要件》

赵秉志、周加海,《人民检察》,2001 年第 3 期;中国人民大学《复印报刊资料·刑事法学》2001 年第 6 期转载;收入赵秉志主编:《新千年刑法热点问题研究与适用》(下册),中国检察出版社 2001 年 7 月版;高铭暄、赵秉志主编:《21 世纪刑法学新问题研讨》,中国人民公安大学出版社 2001 年 9 月版。

326.《对"严打"中几个法律关系的思考》

赵秉志,《人民检察》2001 年第 9 期;又载《政法工作情况——调研专刊》第 11 期(2001 年 7 月)。

327.《论战争罪之内涵及其刑事责任主体》

赵秉志、王秀梅,《河北法学》2001 年第 2 期;中国人民大学《复印报刊资料·国际法学》2001 年第 3 期转载。

328.《论金融诈骗罪的概念和构成特征》

赵秉志,《国家检察官学院学报》2001 年第 1 期;收入高铭暄、赵秉志主编:《21 世纪刑法学新问题研讨》,中国人民公安大学出版社 2001 年 9 月版。

329.《海峡两岸盗窃罪比较研究》

赵秉志、田宏杰,载高铭暄、赵秉志主编:《21 世纪刑法学新问题研讨》,中国人民公安大学出版社 2001 年 9 月版。

330.《判例的运用与现代刑事司法的发展趋势》

赵秉志、田宏杰,《中国刑事法杂志》2001 年第 2 期;中国人民大学《复印报刊资料·诉讼法学、司法制度》2001 年第 6 期转载。

331.《台湾地区“刑法典”分则的特点及其完善趋势》

赵秉志、于志刚,《河南省政法管理学院学报》2001 年第 2 期。

332.《侵占罪疑难实务问题》

赵秉志、周加海,《现代法学》2001 年第 5 期;中国人民大学《复印报刊资料·刑事法学》2002 年第 3 期转载。

333.《中国刑法中死缓制度的法理研析》

赵秉志、时延安,《中国司法评论》2001 年第 1 期。

334.《生产、销售伪劣商品罪若干疑难问题研究》

赵秉志、许成磊,《法律应用研究》2001 年第 2 期。

335.《论〈澳门刑法典〉中的累犯制度》

赵秉志、于志刚,载米健等主编:《澳门论学》第 1 辑,法律出版社 2001 年版。

336.《贿赂罪共同犯罪问题研究》

赵秉志、许成磊,《国家检察官学院学报》2002 年第 1 期;中国人民大学《复印报刊资料·刑事法学》2002 年第 5 期转载;经修改充实收入赵秉志主编:《刑事法实务疑难问题探索》,人民法院出版社 2002 年 7 月版。

337.《过失犯罪的基础理论问题探讨——以注意能力和注意义务为中心》

赵秉志、刘志伟,《澳门检察》2002 年第 3 辑。

338.《国际恐怖主义犯罪及其惩治理念》

赵秉志、王秀梅,《江海学刊》2002 年第 4 期;又载《刑法评论》2002 年第 1 卷;收入《“严打”中的法律与政策适用》(第三届全国检察理论研究年会论文集),中国检察出版社 2002 年版。

339.《“严打”中刑法基本原则的贯彻》

赵秉志,《当代检察官》2002 年第 2 期。

340.《论黑社会性质组织犯罪的司法认定》

赵秉志、肖中华,《楚天检察》2002 年第 2 期;收入高铭暄、马克昌主编:《刑法热点疑难问题探讨》,中国人民公安大学出版社 2002 年 10 月版。

341.《董必武刑事法治思想研究》

赵秉志、时延安,《吉林大学社会科学学报》2002 年第 2 期;收入高铭暄、马克昌主编:《刑法热点疑难问题探讨》,中国人民公安大学出版社 2002 年 10 月版;又载孙琬钟等主编:《董必武法学思想研究文集》(第 2 辑),人民法院出版社 2003 年 8 月版,孙琬钟主编:《董必武法学思想研究精选文集》(上),人民法院出版社 2015 年 8 月版。

342.《论惩治国际恐怖主义犯罪的基本问题》

赵秉志、王秀梅,《铁道警官高等专科学校学报》2002 年第 1 期。

343.《侵犯注册商标权犯罪问题研究》

赵秉志、许成磊,《法律科学》2002 年第 3 期;收入赵秉志主编:《刑事法实务疑难问题探索》,人民法院出版社 2002 年 7 月版。

344.《论制售假冒伪劣商品犯罪的刑法抗制》

赵秉志,《河南省政法管理干部学院学报》2002 年第 2 期;中国人民大学《复印报刊资料·刑事法学》2002 年第 7 期转载;收入《审判丛刊》2002 年第 2 期。

345.《刑法适用疑难问题两人谈》

赵秉志、肖中华,《刑事司法指南》2002 年第 2 辑。

346.《中国内地与香港特别行政区正当防卫制度之比较研究》

赵秉志、罗沛隆,《刑法论丛》第5卷(2002年1月)。

347.《法条竞合及法条适用原则》

赵秉志、肖中华,《华东刑事司法评论》第1卷(2002年2月)。

348.《关于挪用公款罪法律解释的思考和建议》

赵秉志,《刑事法判解研究》2002年第1辑。

349.《关于黑社会性质的组织犯罪司法解释的若干思考》

赵秉志,《刑事法判解研究》2002年第1辑。

350.《中国内地与港澳特别行政区刑事管辖权合理划分论纲》

赵秉志,《法学家》2002年第4期;中国人民大学《复印报刊资料·刑事法学》2002年第12期转载;收入中国人民大学刑事法律科学研究中心组织编写:《现代刑事法治问题探索》(第一卷),法律出版社2004年1月版。

351.《中国网络犯罪与刑事立法》

赵秉志、卢建平、张新平,载张智辉主编:《国际刑法问题研究》,中国方正出版社2002年10月版。

352.《试论网络共同犯罪》

赵秉志、张新平,《政法论坛》2002年第5期;中国人民大学《复印报刊资料·刑事法学》2003年第2期。

353.《刑法总则适用疑难五题二人谈》

赵秉志、肖中华,《刑法评论》第1卷(2002年11月)。

354.《〈惩治恐怖主义的欧洲公约〉研究——兼与其他制止恐怖主义的国际公约比较》

赵秉志、王志祥、郭理蓉,《刑法评论》第1卷(2002年11月);收入赵秉志主编:《惩治恐怖主义犯罪理论与立法》,中国人民公安大学出版社2005年3月版。

355.《毒品犯罪司法实务疑难问题研讨》

赵秉志,载赵秉志主编:《刑事法实务疑难问题探索》,人民法院出版社2002年7月版。

356.《刑事司法解释研究》

赵秉志、田宏杰,载赵秉志主编:《刑事法实务疑难问题探索》,人民法院出版社2002年7月版。

357.《金融诈骗罪司法认定疑难问题研究》

赵秉志、许成磊,载赵秉志主编:《刑事法治发展研究报告》(2002年卷·首卷),中国人民公安大学出版社2002年12月版。

358.《律师刑事责任问题研究》

赵秉志、时延安,载赵秉志主编:《刑事法治发展研究报告》(2002年卷·首卷),中国人民公安大学出版社2002年12月版。

359.《国际恐怖主义犯罪及其法律对策》

赵秉志、王秀梅,载赵秉志主编:《刑事法治发展研究报告》(2002年卷·首卷),中国人民公安大学出版社2002年12月版。

360.《特别关注:律师的刑事责任问题》

赵秉志、时延安,《律师与法制》2003年第5期。

361.《试论刑法立法解释的效力问题》

赵秉志、杨丹,《审判研究》2003年第1辑。

362.《"严打"斗争中刑法适用若干问题研究》

赵秉志、许成磊,《广州审判》2002年第2期;收入山东省法学会主编:《"严打"政策法律问题》,中国检察出版社2003年1月版。

363.《略论中国内地刑法中的危害国家安全罪——以港、澳特别行政区基本法第 23 条为视野》

赵秉志、时延安,《河南政法管理干部学院学报》2003 年第 1 期。

364.《关于自首制度司法解释的评析》

赵秉志、周加海,《刑事法判解研究》2003 年第 1－2 辑。

365.《具有多个从宽情节岂能因"严打"便顶格处刑》

赵秉志、阴建峰,《刑事法判解研究》2003 年第 1 辑。

366.《放纵制售伪劣商品犯罪行为罪的司法疑难问题探讨》

赵秉志、许成磊,《刑事法判解研究》2003 年第 1 辑。

367.《贿赂罪共同犯罪问题研究》

赵秉志、姜伟、许成磊、侯亚辉,载《中国检察》第 1 卷(2001 年最高人民检察院重点课题汇编),中国检察出版社 2003 年 3 月版。

368.《试论大陆法系国家刑法中针对国家存立的犯罪》

赵秉志、时延安,载《江海学刊》2003 年第 2 期。

369.《满目青山夕照明——高铭暄教授刑法思想述略》

赵秉志、王秀梅、杜澎,《高校理论战线》2003 年第 2 期。

370.《关于交通肇事、绑架、贪污犯罪司法疑难问题的对话》

赵秉志、肖中华,《华东刑事司法评论》第 3 卷(2003 年 4 月)。

371.《香港特别行政区与外国移交被判刑人制度研究》

赵秉志、黄芳,《中国法学》2003 年第 2 期。

372.《"非典"防治时期相关犯罪的司法适用研究》

赵秉志、刘志伟、许成磊、时延安,《刑事司法指南》2003 年第 2 辑。

373.《关于渎职罪认定中的共性问题的对话》

赵秉志、肖中华,载《惩治与预防渎职侵权犯罪指南》,中国民主法制出版社 2003 年 6 月版。

374.《论内地与港澳特区刑事管辖权的合理划分》

赵秉志,《中国法律》(香港)2003 年第 3 期。

375.《试论奸淫幼女型强奸罪的"明知"与"自愿"问题》

赵秉志、时延安,《刑事法判解研究》2003 年第 3 辑。

376.《刑法解释方法研究》

赵秉志、曾粤兴,《刑事法判解研究》2003 年第 3 辑;收入赵秉志、张军主编:《中国刑法学年会文集(2003 年度)·第一卷:刑法解释问题研究》,中国人民公安大学出版社 2003 年 10 月版。

377.《刑法学理解释的基本问题》

赵秉志、黄晓亮,载赵秉志、张军主编:《中国刑法学年会文集(2003 年度)·第一卷:刑法解释问题研究》,中国人民公安大学出版社 2003 年 10 月版。

378.《试论刑法立法解释的效力问题》

赵秉志、杨丹,载赵秉志、张军主编:《中国刑法学年会文集(2003 年度)·第一卷:刑法解释问题研究》,中国人民公安大学出版社 2003 年 10 月版。

379.《论黑社会性质组织的成立要件》

赵秉志、许成磊,载陈明华、郎胜、吴振兴主编:《刑法热点问题与西部地区犯罪研究》,中国政法大学出版社 2003 年 8 月版。

380.《香港与外国刑事司法合作制度研究》

赵秉志、黄芳,台湾《刑事法杂志》2003 年第 5－6 期。

381.《现实刑事责任阻却事由探讨》

赵秉志、赵辉,《河南师范大学学报》2003 年第 5 期;中国人民大学《复印报刊资料 · 刑事法学》2004 年第 2 期转载。

382.《论中国刑法典中的国际刑法规范》

赵秉志、黄芳,载赵秉志主编:《国际刑事法院专论》,人民法院出版社 2003 年 10 月版。

383.《论惩治恐怖活动犯罪与中国国内立法》

赵秉志、阴建峰,载赵秉志主编:《国际刑事法院专论》,人民法院出版社 2003 年 10 月版。

384.《国际刑事法院及其相关问题研究》

高铭暄、赵秉志、王秀梅,载赵秉志主编:《国际刑事法院专论》,人民法院出版社 2003 年 10 月版。

385.《中国的网络犯罪与刑事立法》

赵秉志等,载韩国比较刑事法学会编印:《比较刑事法研究》(韩文版)2003 年第 2 期特辑号。

386.《财产罪总论问题探究》

赵秉志,载顾肖荣主编:《经济犯罪 1》,上海人民出版社 2003 年 11 月版;收入[日]西原春夫编:《日中比较经济犯罪》,日本成文堂 2004 年 8 月日文版。

387.《从章俊理案论非法行医罪的有关法理问题》

赵秉志,载王工、张赞宁主编:《非法行医罪与"三章"系列案》,东南大学出版社 2003 年 11 月版。

388.《短期自由刑改革方式比较研究》

赵秉志、陈志军,载《人民司法》编辑部编:《当代刑罚价值研究》,法律出版社 2003 年 11 月版。

389.《论惩治恐怖活动犯罪的国际国内立法》

赵秉志、阴建峰,《法制与社会发展》2003 年第 6 期;收入公安部反恐局 2004 年 12 月编印:《全国反恐怖研讨会论文集》(上册)。

390.《论黑社会性质组织的成立条件——以司法解释和立法解释为视角》

赵秉志、许成磊,《刑法评论》第 2 卷(2003 年 9 月)。

391.《〈移交被判刑人公约〉及其附加议定书研究》

赵秉志、杜启新、郭泽强,《刑法论丛》第 7 卷(2003 年 9 月)。

392.《当代世界主要缓刑类型比较研究》

赵秉志、左坚卫,《刑法论丛》第 7 卷(2003 年 9 月)。

393.《欧盟成员国间引渡制度研究》

赵秉志、黄芳,《刑法论丛》第 7 卷(2003 年 9 月)。

394.《刑法立法解释探讨》

赵秉志、杨丹,载赵秉志主编:《刑事法治发展研究报告》(2003 年卷,上册),中国人民公安大学出版社 2003 年 12 月版。

395.《我国累犯实务疑难问题研究》

赵秉志、苏彩霞,载赵秉志主编:《刑事法治发展研究报告》(2003 年卷,上册),中国人民公安大学出版社 2003 年 12 月版。

396.《我国缓刑制度的完善问题探讨》

赵秉志、左坚卫,载赵秉志主编:《刑事法治发展研究报告》(2003 年卷,上册),中国人民公安大学出版社 2003 年 12 月版。

397.《正确解决中国区际刑事管辖权冲突之制度构想》

赵秉志、时延安,载赵秉志主编:《刑事法治发展研究报告》(2003 年卷,上册),中国人民公安大学出版社2003年12月版。

398.《中国劳动教养制度司法化改革方案》

赵秉志、陈志军、万云峰、廖万里,载赵秉志主编:《刑事法治发展研究报告》(2003年卷,上册),中国人民公安大学出版社2003年12月版。

399.《刑法中恐怖组织的界定问题研究》

赵秉志,蒋娜,载赵秉志主编:《刑事法治发展研究报告》(2003年卷,下册),中国人民公安大学出版社2003年12月版。

400.《侵犯知识产权罪比较研究》

赵秉志、田宏杰,载赵秉志主编:《刑事法治发展研究报告》(2003年卷,下册),中国人民公安大学出版社2003年12月版。

401.《试论网络犯罪若干基本问题》

赵秉志、张新平,载赵秉志主编:《刑事法治发展研究报告》(2003年卷,下册),中国人民公安大学出版社2003年12月版。

402.《论犯罪构成要件的逻辑顺序》

赵秉志,《政法论坛》2003年第6期;收入张文显主编:《中国法学精萃(2004年卷)》,中国法制出版社编:《刑法论文选萃》,中国法制出版社2004年12月版。

403.《社会危害性与刑事违法性的矛盾及其解决》

赵秉志、陈志军,《法学研究》2003年第6期;收入张文显主编:《中国法学精萃》(2004年卷)。

404.《论准自首的认定》

赵秉志、周加海,《南都学坛》2003年第6期;中国人民大学《复印报刊资料·刑事法学》2004年第1期转载;收入《人民司法》编辑部编:《当代刑罚价值研究》,法律出版社2003年11月版。

405.《论国际刑事法院管辖的战争罪》

赵秉志、王秀梅,《河南政法干部管理学院学报》2003年第6期;收入赵秉志主编:《国际刑事法院专论》,人民法院出版社2003年10月版。

406.《论我国短期自由刑问题的应对方案》

赵秉志、陈志军,《人民司法》2003年第8期;中国人民大学《复印报刊资料·刑事法学》2003年第11期转载;收入《人民司法》编辑部编:《当代刑罚价值研究》,法律出版社2003年11月版。

407.《合理解决民营企业"原罪"问题:兼顾社会发展的需要和法治原则的贯彻》

赵秉志、阴建峰,《刑法时评》2004年卷,中国人民公安大学出版社2005年5月版。

408.《关于中国逐步废止非暴力犯罪死刑的研讨》

赵秉志,《刑法评论》第3卷(2004年1月)。

409.《从中国死刑政策看非暴力犯罪死刑的逐步废止问题》

赵秉志,《刑法评论》第3卷(2004年1月)。

410.《共犯与身份问题研究》

赵秉志,《中国法学》2004年第1期;又载《澳门检察》第5期(2004年12月)。

411.《刑罚价值理论比较研究》

赵秉志、陈志军,《法学评论》2004年第1期;中国人民大学《复印报刊资料·刑事法学》2004年第4期转载;收入张文显主编:《中国法学精萃》(2005年卷)。

412.《伊拉克战争涉及的国际法和国际刑法问题》

赵秉志、王秀梅,《河北法学》2004年第1期。

413.《对严格责任制度的考察——兼评最高人民法院〔2003〕4号司法解释》

赵秉志、黄俊平,《刑事法判解研究》2004 年第 1 辑。

414.《论越权刑法解释》

赵秉志、陈志军,《法学家》2004 年第 2 期;中国人民大学《复印报刊资料 · 刑事法学》2004 年第 8 期转载。

415.《非法吸收公众存款罪探讨》

赵秉志、万云峰,《人民司法》2004 年第 2 期。

416.《非法拘禁罪构成中若干问题研讨》

赵秉志、阴建峰,《河南省政法管理干部学院学报》2004 年第 2 期。

417.《刑讯逼供罪中“致人伤残、死亡”的理解与认定》

赵秉志、许成磊,《河南省政法管理干部学院学报》2004 年第 2 期;中国人民大学《复印报刊资料 · 刑事法学》2004 年第 6 期转载。

418.《黑社会性质犯罪疑难问题研究》

赵秉志,《刑事法判解研究》2004 年第 2 辑;经修改收入赵秉志主编:《社会经济稳定的刑事司法保障》,北京师范大学出版社 2011 年 4 月版。

419.《刑法总论中的争议问题研究》

赵秉志,《华东刑事司法评论》第 7 - 8 卷(2004 年 7 月、2006 年 2 月)。

420.《积极应对突发公共卫生相关犯罪的重要司法举措——最高司法机关有关司法解释解读》

赵秉志、卢建平、孙平,法国法文版《法苑荟萃》(Gazette du Palais)2004 年第 7 期。

421.《死刑存废的政策分析与我国的选择》

赵秉志、郭理蓉,《法学》2004 年第 4 期。

422.《论合同诈骗罪的本质及其界限问题》

赵秉志、黄晓亮,《刑事法判解研究》2004 年第 4 辑。

423.《当代中国刑法中的人权保护》

赵秉志,《中共中央党校学报》2004 年第 4 期、2005 年第 1 期。

424.《慎用死刑的程序保障——对我国现行死刑复核制度的检讨及完善建言》

赵秉志、时延安,《现代法学》2004 年第 4 期;收入陈兴良、胡云腾主编:《中国刑法学年会文集(2004 年度) · 第一卷:死刑问题研究》(上册),中国人民公安大学出版社 2004 年 9 月版;赵秉志、邱兴隆主编:《死刑正当程序之探讨》,中国人民公安大学出版社 2004 年 12 月版。

425.《正确解决中国区际刑事管辖权冲突之制度构想》

赵秉志,时延安,《刑法论丛》第 8 卷(2004 年 12 月)。

426. Cybercrime and Criminal Legislation in China: National Report of China(《中国的网络犯罪与刑事立法:中国国家报告》)

赵秉志、卢建平, Computer Crimes, Cyber - terrorism, Child Pornography and Financial Crimes, ANT. N. SAKKOULAS PUBLISHERS, ATHENS - KOMOTINI 2004。

427.《论经济犯罪死刑案件数额认定之正当程序》

赵秉志、万云峰,《人民司法》2005 年第 1 期。

428.《论我国经济犯罪死刑的限制及废止》

赵秉志、万云峰,《刑法评论》第 6 卷(2005 年 1 月)。

429.《中国逐步废止死刑论纲》

赵秉志,《法学》2005 年第 1 期;中国人民大学《复印报刊资料 · 刑事法学》2005 年第 4 期转载;哈工大《法律之光》2005年春季号转载;《高等学校文科学报文摘》2005年第2期转载。

430.《论中国非暴力犯罪死刑的逐步废止》

赵秉志,《政法论坛》2005年第1期;又载陈兴良、胡云腾主编:《中国刑法学年会文集(2004年度)·第一卷:死刑问题研究》(上册),中国人民公安大学出版社2004年9月版;收入赵秉志主编:《刑法学研究精品集锦Ⅱ—中国法学会刑法学研究会2000-2005年年会优秀论文集》,法律出版社2007年8月版。

431.《中国逐步废止死刑之新思考》

赵秉志,《中国监狱学刊》2005年第1期。

432.《中国逐步废止死刑论要》

赵秉志,《公民与法》2005年1月号。

433.《邓小平同志刑事法律思想研究》

赵秉志,《南都学坛》2005年第1期;中国人民大学《复印报刊资料·邓小平理论、三个代表重要思想》2005年第5期转载。

434.《死刑不引渡原则探讨》

赵秉志,《政治与法律》2005年第1期。

435.《关于我国刑事法治与〈联合国反腐败公约〉协调的几点初步探讨》

赵秉志,《法学杂志》2005年第1期。

436.《非法拘禁罪行为构造研析》

赵秉志、阴建峰,《河北法学》2005年第1期;中国人民大学《复印报刊资料·刑事法学》2005年第5期转载。

437.《侵犯商业秘密罪中"给权利人造成重大损失"之认定》

赵秉志、姜伟华,《刑事法判解研究》2005年第1辑。

438.《中国刑法哲学的产生和发展》

赵秉志、魏昌东,《法制与社会发展》2005年第2期。

439.《关于分阶段逐步废止中国死刑的构想》

赵秉志,《郑州大学学报(哲学社会科学版)》2005年第5期;中国人民大学《复印报刊资料·刑事法学》2005年第11期转载;《中国检察官》2006年第6期转载。

440.《国际恐怖主义犯罪的界定与应对措施》

赵秉志、魏东等,载赵秉志主编:《刑事政策专题探讨》,中国人民公安大学出版社2005年5月版。

441.《美军虐囚事件中的国际刑法问题》

赵秉志、王秀梅,《法学》2005年第5期;收入赵秉志等译:《美军虐囚报告》,中国人民公安大学出版社2005年6月版。

442.《试论非法行医罪的立法完善——以非法鉴定胎儿性别和人工终止妊娠行为为视角》

赵秉志、左坚卫,《人民检察》2005年第5期;中国人民大学《复印报刊资料·刑事法学》2005年第6期转载。

443.《论普遍管辖原则的确立依据》

赵秉志、黄俊平,《社会科学战线》2005年第3期。

444.《证券内幕交易犯罪若干问题比较研究》

赵秉志、陈志军,《比较法研究》2005年第3期。

445.《人权保障是当代刑法之鲜明主题》

赵秉志,《刑法评论》第7卷(2005年6月)。

446.《论中国遏制恐怖活动犯罪的法治对策》

赵秉志,《刑法评论》第7卷(2005年6月)。

447.《刑法学研究方法论要》

赵秉志、曾粤兴,《刑法评论》第7卷(2005年6月)。

448.《中国刑法总论主要争议问题述评》

赵秉志,载赵秉志主编:《中韩刑法基本问题研讨——“首届中韩刑法学术研讨会”学术文集》,中国人民公安大学出版社2005年7月版。

449.《中国逐步废止死刑之建言——以废止非暴力死刑为中心》

赵秉志,载赵秉志主编:《刑事法治发展研究报告》(2004年卷),法律出版社2005年7月版。

450.《死刑核准权收回最高人民法院后制度之完善建言》

高铭暄、赵秉志、时延安,载赵秉志主编:《刑事法治发展研究报告》(2004年卷),法律出版社2005年7月版。

451.《中国废除金融犯罪死刑研究》

赵秉志、刘远、刘福谦,载赵秉志主编:《刑事法治发展研究报告》(2004年卷),法律出版社2005年7月版。

452.《从实践到理论:我国税收犯罪死刑废止问题研究》

赵秉志、黄京平、彭辅顺、万云峰,载赵秉志主编:《刑事法治发展研究报告》(2004年卷),法律出版社2005年7月版。

453.《普遍管辖原则及其完善》

赵秉志、黄俊平,载赵秉志主编:《刑事法治发展研究报告》(2004年卷),法律出版社2005年7月版。

454.《刑法司法解释改革若干问题研究》

赵秉志、陈志军,载赵秉志主编:《刑事法治发展研究报告》(2004年卷),法律出版社2005年7月版。

455.《妨害公司企业管理秩序犯罪立法完善研究》

赵秉志、时延安、庄劲、黄晓亮,载赵秉志主编:《刑事法治发展研究报告》(2004年卷),法律出版社2005年7月版。

456.《龚建平受贿案的法理研究》

赵秉志、赵辉,《刑事法判解研究》2005年第3辑。

457.《自首制度中的时间界限研究——柴国利等特大杀人抢劫杀人案》

赵秉志、孔静,《刑事法判解研究》2005年第3辑。

458.《“情人型”暨“家庭型”共同受贿研究——以成克杰受贿案为视角》

赵秉志、刘云辉,《刑事法判解研究》2005年第4辑。

459.《论弱势群体的刑法保护——由孙志刚案引发的思考》

赵秉志、杜邈,《中州学刊》2005年第5期;中国人民大学《复印报刊资料·刑事法学》2005年第12期转载。

460.《论网络犯罪之法律属性》

赵秉志、张新平,《信息网络安全》2005年第6期。

461.《论中国死刑核准制度的改革》

赵秉志、时延安,《刑法评论》第8卷(2005年12月)。

462.《突发公共卫生事件相关犯罪刑法适用研究——以“非典”事件及相关司法解释为中心》

赵秉志、刘志伟、时延安、许成磊,载赵秉志主编:《刑事法判解研究》2005年第2－4辑。

463.《当代中国刑法哲学研究述评》

赵秉志、魏昌东,载《中国法学》2006年第1期。

464.《全球化时代中国刑法改革中的人权保障》

赵秉志,《吉林大学社会科学学报》2006年第1期;收入赵秉志主编:《全球化时代的刑法变革——国际社会的经验及其对中国的启示》,中国人民公安大学出版社2007年9月版。

465.《现代刑事法治是和谐社会的基本保障》

赵秉志,《中国特色社会主义研究》2006年第1期;收入北京市社会科学界联合会、北京师范大学编:《前沿 创新 发展——学术前沿论坛十周年纪念文集(2001—2010)》,北京师范大学出版社2011年12月版。

466.《我国税收犯罪死刑问题的实证考察——以增值税专用发票犯罪为中心》

赵秉志、万云峰,载赵秉志主编:《死刑制度之现实考察与完善建言》,中国人民公安大学出版社2006年1月版;收入赵秉志主编:《死刑改革的中国实践》,中国法制出版社2011年4月版。

467.《和谐社会呼唤现代赦免制度》

赵秉志、阴建峰,《法学》2006年第2期。

468.《国际刑事法院的公正性与有效性研析》

赵秉志、周露露,载高铭暄、赵秉志主编:《国际刑事法院:中国面临的抉择》,中国人民公安大学出版社2005年8月版;又载《国际刑法评论》第1卷,中国人民公安大学出版社2006年5月版。

469.《论中国刑事司法中的人权保障》

赵秉志,《北京师范大学学报》(哲社版)2006年第3期;又载韩国比较刑事法学会编印:《比较刑事法杂志》(韩文版)2006年第1期(2006年7月)。

470.《恐怖组织认定模式之研究》

赵秉志、杜邈,《现代法学》2006年第3期。

471.《我国反恐怖主义立法完善研讨》

赵秉志、杜邈,《法律科学》2006年第3期。

472.《论商业贿赂的认定及处理》

赵秉志,《国家检察官学院学报》2006年第3期。

473.《试论商业贿赂的认定》

赵秉志,载赵秉志主编:《和谐社会的刑事法治(下卷:商业贿赂犯罪研究)》,中国人民公安大学出版社2006年10月版;收入赵秉志主编:《刑法学研究精品集锦Ⅲ——第三届中国法学会“马克昌杯”优秀刑法论文(2006－2011)获奖论文集》(下册),北京师范大学出版社2012年9月版。

474.《我国刑法中走私犯罪的特征及其惩治》

赵秉志、王东阳,《南都学坛》2006年第3期;《高等学校文科学术文摘》2006年第4期摘要。

475.《中国死刑控制的程序困惑及其出路》

赵秉志、王超,《中国刑事法杂志》2006年第3期。

476.《着重防范、兼顾惩治——中国〈反洗钱法(草案)〉的简要解读》

赵秉志,《中国法律》(香港)2006年第4期。

477.《商业行贿犯罪中“谋取不正当利益”的认定与修改》

赵秉志,《人民检察》2006年第13期。

478.《死刑适用若干问题研究》

赵秉志、宋伟岩,《刑事司法指南》2006年第2集(2006年5月)。

479.《略论刑法的机能》

赵秉志,《北京联合大学学报(人文社会科学版)》2006年第2期。

480.《略论最高人民法院收回死刑核准权之目标与原则》

赵秉志,《刑法评论》2006年第2卷。

481.《非法行医罪主观要件的认定——以章某等非法行医案为例》

赵秉志、左坚卫,《刑事法判解研究》2006年第2辑。

482.《中法两国法人犯罪比较研究》

赵秉志、郑延谱,《刑法论丛》第10卷(2006年5月)。

483.《中国刑事司法改革的发展方向——以人权保障为视角》

赵秉志,载韩国比较刑事法学会编印:《比较刑事法研究》(韩文版,2006年特别卷)。

484.《简论"以人为本"与刑法的完善》

赵秉志,《刑法评论》2006年第3卷。

485.《市政建设领域商业贿赂犯罪的认定及治理对策》

赵秉志、左坚卫,《上海城市管理职业技术学院学报》2006年第5期。

486.《大陆法系刑法理论略述》

赵秉志,《北京联合大学学报(人文社会科学版)》2006年第3期、2007年第1期;中国人民大学《复印报刊资料·刑事法学》2007年第1期转载。

487.《简论财产刑执行中的权益保障》

赵秉志、王东阳,《甘肃政法学院学报》2006年第3期。

488.《关于完善我国侵犯著作权犯罪立法的几点建言——TRIPs协议与我国著作权犯罪立法之比较》

赵秉志,《深圳大学学报》2006年第5期;《新华文摘》2007年第1期摘要。

489.《中国大陆地区侵犯知识产权违法犯罪的现状、原因及对策思考》

赵秉志、张远煌,《欧洲法律与经济评论》2005年7-8期合刊,全法中国法律与经济协会(巴黎)2006年5月编印;又载(法国)《国际比较法评论》(法文版)2007年第2期;收入吴汉东主编:《中国知识产权蓝皮书》,北京大学出版社2007年2月版。

490.《略论知识产权刑事司法解释中的数额》

赵秉志、阴建峰,《欧洲法律与经济评论》2005年7-8期合刊,全法中国法律与经济协会(巴黎)2006年5月编印。

491.《侵犯注册商标权犯罪问题研究》

赵秉志,《欧洲法律与经济评论》2005年7-8期合刊,全法中国法律与经济协会(巴黎)2006年5月编印。

492.《海峡两岸商标犯罪比较研究》

高铭暄、赵秉志,《欧洲法律与经济评论》2005年7-8期合刊,全法中国法律与经济协会(巴黎)2006年5月编印。

493.《中国行政刑法的立法缺憾与改进》

赵秉志、郑延谱,《河北法学》2006年第8期。

494.《五种常见多发犯罪之立法完善研究——以死刑适用标准的立法完善为重点》

赵秉志、刘志伟等,载赵秉志主编:《刑事法治发展研究报告》(2005-2006年卷),中国人民公安大学出版社2006年8月版。

495.《论非暴力犯罪死刑的司法控制》

赵秉志、张远煌,载赵秉志主编:《刑事法治发展研究报告》(2005-2006年卷),中国人民公安大学出版社2006年8月版。

496.《暴力犯罪死刑的司法适用》

赵秉志、黄晓亮,载赵秉志主编:《刑事法治发展研究报告》(2005-2006年卷),中国人民公安大学出版社2006年8月版。

497.《当前我国经济犯罪限制死刑适用之思考》

赵秉志、万云峰,载赵秉志主编:《刑事法治发展研究报告》(2005-2006年卷),中国人民公安大学出版社2006年8月版。

498.《死刑司法的程序控制及其改革探讨》

赵秉志、马松建,载赵秉志主编:《刑事法治发展研究报告》(2005-2006年卷),中国人民公安大学出版社2006年8月版。

499.《恐怖主义犯罪相关术语界定》

赵秉志、王秀梅、阴建峰等,载赵秉志主编:《刑事法治发展研究报告》(2005-2006年卷),中国人民公安大学出版社2006年8月版。

500.《涉外、涉港澳台恐怖活动的法律适用》

赵秉志、时延安等,载赵秉志主编:《刑事法治发展研究报告》(2005-2006年卷),中国人民公安大学出版社2006年8月版。

501.《中国当代基本刑事政策视野内的刑事法律完善》

赵秉志、廖万里,载赵秉志主编:《刑事法治发展研究报告》(2005-2006年卷),中国人民公安大学出版社2006年8月版。

502.《现代赦免制度之重构方略》

赵秉志、阴建峰,载赵秉志主编:《刑事法治发展研究报告》(2005-2006年卷),中国人民公安大学出版社2006年8月版。

503.《打击行贿需从修改刑法入手》

赵秉志、黎伟华,《民主与法制》2006年第21期。

504.《俄罗斯与中亚诸国反恐怖主义法述评》

赵秉志、杜邈,《法学评论》2007年第1期;中国人民大学《复印报刊资料·刑事法学》2007年第3期转载。

505.《论贿赂外国公职人员、国际组织官员罪》

赵秉志、杜邈,《中国刑事法杂志》2007年第1期;中国人民大学《复印报刊资料·刑事法学》2007年第1期转载;收入《国际刑法评论》第2卷,中国人民公安大学出版社2007年1月版。

506.《国际社会惩治商业贿赂犯罪的立法经验及借鉴》

赵秉志,《华东政法学院学报》2007年第1期;中国人民大学《复印报刊资料·刑事法学》2007年第3期转载。

507.《宽严相济刑事政策视野中的中国刑事司法》

赵秉志,《南昌大学学报(人文社会科学版)》2007年第1期;中国人民大学《复印报刊资料·刑事法学》2007年第1期转载;收入卢建平主编:《刑事政策评论》2006年第1卷(2007年3月)。

508.《国家安全的强势保护与人权保障的极度旁落——〈2006年美国军事审判委员会法令〉的解读与评释》

赵秉志、赵书鸿,《法学》2007年第2期;中国人民大学《复印报刊资料·刑事法学》2007年第6期转载。

509.《死刑改革研究与时代发展——我的相关学术经历暨反思》

赵秉志,载《京师法律评论》第1卷,北京师范大学出版社2007年4月版。

510.《我国现阶段死刑制度改革的难点及对策——从刑事实体法视角的考察》

赵秉志,《中国法学》2007年第2期;中国人民大学《复印报刊资料·刑事法学》2007年第3期转载;又载《厦门大学法律评论》2007年上卷(总第13辑);收入最高人民法院2007年编印:《刑事审判法官培训讲义》;赵秉志主编:《改革开放30年刑法学研究精品集锦》,中国法制出版社2008年10月版。

511.《关于国际刑事法院对非缔约国刑事管辖权问题的研析》

赵秉志、王秀梅,载赵秉志主编:《全球化时代的刑法变革——国际社会的经验及其对中国的启示》,中国人民公安大学出版社2007年9月版。

512.《刑法应取消侵犯著作权犯罪中"以营利为目的"的主观要素》

赵秉志,《中国版权》2007年第5期。

513.《略论国际刑事法院的量刑制度》

赵秉志、赵晨光,《河北法学》2007年第5期;中国人民大学《复印报刊资料·刑事法学》2007年第11期转载。

514.《论中国刑法哲学的发展方向》

赵秉志、魏昌东,《政治与法律》2007年第6期;收入孙育玮主编:《法理学与部门法哲学理论研究》,上海人民出版社2008年版。

515.《积极促进刑法立法的改革与完善——纪念97刑法典颁行十周年感言》

赵秉志,《法学》2007年第9期;又载《刑法评论》2008年第1卷;收入赵秉志、郎胜主编:《和谐社会与中国现代刑法建设》,北京大学出版社2007年版。

516.《实践中的新刑法十年——对六大类典型案件的观察与思考》

赵秉志、袁彬、彭新林,载《法制资讯》2007年第10期。

517.《高铭暄教授刑法立法思想要览》

赵秉志、彭凤莲,载赵秉志、郎胜主编:《和谐社会与中国现代刑法建设》,北京大学出版社2007年9月版。

518.《中国死刑制度改革的现状和展望》

赵秉志,《河北法学》2007年第12期;收入中国人民大学刑事法律科学研究中心编:《刑事法学的当代展开》,中国检察出版社2008年1月版。

519.《论死刑观念变革的影响因素》

赵秉志,王东阳,载韩国刑事法学会编印:《韩国比较刑事法研究》(韩文版,2007年第2期,2007年12月);中文版载《审判前沿研究》2007年第1辑,上海人民出版社2007年11月版。

520.《现代死刑运用制度比较研究》

赵秉志、许成磊,《刑法论丛》第11卷(2007年7月)。

521.《切实减少与逐步废止死刑之立法对策研究》

赵秉志、刘志伟、阴建峰等,载赵秉志主编:《死刑改革研究报告》,法律出版社2007年10月版。

522.《我国死刑赦免制度建构研究》

赵秉志、阴建峰,载赵秉志主编:《死刑改革研究报告》,法律出版社2007年10月版。

523.《以科学发展观引领刑事法治建设》

赵秉志,《民主与法制》2007年第22期。

524.《废止死刑之门——未成年人不判死刑原则及其在中国的确立与延伸》

赵秉志、姚建龙,《河北法学》2008年第2期。

525.《和谐社会构建与宽严相济刑事政策的贯彻》

赵秉志,《吉林大学学报(社会科学版)》2008年第1期;《新华文摘》2008年第9期转载;收入康均心、郑青主编:《和谐社会的刑事法治建设》,武汉大学出版社2008年版;又载百名法学家百场报告会组委会办公室编:《法治百家谈》(第2辑),中国长安出版社2008年版。

526.《美国刑法中的死刑限制措施探析》

赵秉志、郑延谱,《江海学刊》2008年第1期。

527.《论未成年人犯罪前科应予消灭——一个社会学角度的分析》

赵秉志、廖万里,《法学论坛》2008年第1期。

528.《中国古代死刑观念论要》

赵秉志、王东阳,《南都学坛》2008年第1期;收入赵秉志主编:《中韩经济刑法比较研究——"第五届中韩刑法学术研讨"会学术文集》,中国人民公安大学出版社2008年7月版。

529.《中国侵犯著作权犯罪调研报告》

赵秉志、刘志伟、袁彬,载赵秉志主编:《侵犯著作权犯罪研究》,中国人民大学出版社2008年7月版。

530.《论犯罪实行行为着手的含义》

赵秉志,《东方法学》2008年第1期。

531.《我国实施〈联合国反腐败公约〉刑事政策调整问题研究》

赵秉志、黄风等,载赵秉志主编:《刑事法治发展研究报告》(2006—2007年卷),中国人民公安大学出版社2008年1月版。

532.《关于我国社区矫正立法若干问题的建议》

赵秉志、刘志伟等,载赵秉志主编:《刑事法治发展研究报告》(2006—2007年卷),中国人民公安大学出版社2008年1月版。

533.《侵犯著作权犯罪立法完善研究》

赵秉志、刘志伟、阴建峰等,载赵秉志主编:《刑事法治发展研究报告》(2006—2007年卷),中国人民公安大学出版社2008年1月版。

534.《非法鉴定胎儿性别与人工终止妊娠行为犯罪化研究》

赵秉志、左坚卫,载赵秉志主编:《刑事法治发展研究报告》(2006—2007年卷),中国人民公安大学出版社2008年1月版。

535.《论加重构成犯与犯罪未遂问题》

赵秉志,《京师法律评论》第2卷,北京师范大学出版社2008年4月版。

536.《宽严相济刑事政策与刑法解释关系论》

赵秉志,《河南政法管理干部学院学报》2008年第2期。

537.《〈联合国反腐败公约〉在中国刑事立法中的转化模式评析》

魏昌东、赵秉志,《南京大学学报》2008年第2期。

538.《中美两国死刑制度之立法原因比较》

赵秉志、郑延谱,《现代法学》2008年第2期;收入赵秉志主编:《死刑改革的域外经验》(中英文对照本),中国法制出版社2011年4月版。

539.《反恐立法模式的理性选择》

赵秉志、杜邈,《法学》2008年第3期。

540.《在联合国法律框架内进行反恐斗争》

赵秉志、杜邈,《法学杂志》2008年第3期。

541.《寻租型职务犯罪的衍生机理和控制对策》

赵秉志、魏昌东,《人民检察》2008年第3期;收入姜明安、蒲杰夫主编:《论法治反腐》,法律出版社2008年12月版。

542.《当代中国刑罚制度改革论纲》

赵秉志,《中国法学》2008年第3期;收入陈泽宪主编:《刑事法前沿》(第四卷),中国人民公安大学出版社2008年1月版。

543.《侵犯虚拟财产的刑法规制研究》

赵秉志、阴建峰,《法律科学》2008年第4期。

544.《论原因自由行为中实行行为的着手问题》

赵秉志,《法学杂志》2008年第5期。

545.《中国惩治恐怖主义犯罪的刑事司法对策》

赵秉志、杜邈,《北京师范大学学报》2008年第5期。

546.《公众舆论与量刑政策》

赵秉志、赵书鸿,《法制与社会发展》2008年第6期。

547.《我国惩治恐怖活动犯罪的刑法立法经验考察》

赵秉志、杜邈,《华东政法学院学报》2008年第6期。

548.《关于许霆案件的法理问题思考》

赵秉志、彭新林,《刑法论丛》第14卷(2008年6月版)。

549.《论不能犯与不能犯未遂问题》

赵秉志,《北方法学》2008年第7期。

550.《国际知识产权刑法保护的发展趋势》

赵秉志、刘科,《政治与法律》2008年第7期。

551.《刑事裁判不确定性现象解读》

赵秉志、张心向,《法学》2008年第8期。

552.《不作为共犯研究》

赵秉志、许成磊,《中国刑事法杂志》2008年9月号。

553.《中国死刑替代措施要论》

赵秉志,《学术交流》2008年第9期。

554.《追究"台独"首要分子分裂国家罪问题研究——兼述我国处理战犯和有关国家处理类似问题的实践》

赵秉志、卢建平、黄风等,载中共中央台湾工作办公室暨国务院台湾事务办公室法规局2008年1月编印:《涉台法律问题研究》(7)。

555.《改革开放30年的我国刑法立法》

赵秉志、王俊平,《河北法学》2008年第11期;收入郎胜主编:《改革开放30年刑事法治研究》,中国人民公安大学出版社2008年9月版。

556.《世界范围内知识产权刑法保护的发展趋势》

赵秉志、刘科,载卢建平、翁跃强主编:《全球化时代知识产权犯罪及其防治》,北京师范大学出版社2008年12月版。

557.《新中国政治决策层死刑思想的变迁》

赵秉志、王东阳,载[美]杰罗姆·柯恩、赵秉志主编:《死刑司法控制论及其替代措施》,法律出版社2008年12月版。

558.《美国死刑制度考察报告》

赵秉志、王秀梅,载[美]杰罗姆·柯恩、赵秉志主编:《死刑司法控制论及其替代措施》,法律出版社 2008 年 12 月版。

559.《澳门刑事司法协助制度及其完善》

赵秉志、徐京辉,《刑法论丛》第 16 卷(2008 年 12 月)。

560.《当代刑事法治重大现实问题研讨》

赵秉志,《中共中央党校报告选》2008 年第 12 期。

561.《中国刑法 30 年——以典型案例为视角》

赵秉志、彭新林,《民主与法制》2008 年第 16 - 17 期;《中外文摘》2008 年第 22 期转载;《新文化报》2008 年 11 月 5 日、11 月 18 日转载。

562.《当代刑事法治重大现实问题研讨》

赵秉志,《中共中央党校报告选》2008 年第 12 期。

563.《贯彻宽严相济刑事政策之问题及对策研究》

赵秉志、阴建峰等,中央政法委员会委托课题暨中国法学会重点研究课题结项报告,载赵秉志主编:《刑事法治发展研究报告(2007 - 2008 年卷)》,中国人民公安大学出版社 2009 年 1 月版。

564.《刑法适应性的立法机制》

赵秉志、周少华,载赵秉志主编:《刑事法治发展研究报告(2007 - 2008 年卷)》,中国人民公安大学出版社 2009 年 1 月版。

565.《完善死刑立法控制的宪政思考》

赵秉志、雷建斌,载赵秉志主编:《刑事法治发展研究报告(2007 - 2008 年卷)》,中国人民公安大学出版社 2009 年 1 月版。

566.《论民意与我国死刑的适用》

赵秉志、何荣功,载赵秉志主编:《刑事法治发展研究报告(2007 - 2008 年卷)》,中国人民公安大学出版社 2009 年 1 月版。

567.《论故意杀人罪死刑的司法控制》

赵秉志、阴建峰,载赵秉志主编:《刑事法治发展研究报告(2007 - 2008 年卷)》,中国人民公安大学出版社 2009 年 1 月版;收入赵秉志主编:《死刑适用问题》,中国法制出版社 2011 年 4 月版。

568.《香港惩治黑社会有组织犯罪的刑事司法合作研究》

赵秉志、陈沛林,载赵秉志主编:《刑事法治发展研究报告(2007 - 2008 年卷)》,中国人民公安大学出版社 2009 年 1 月版。

569.《香港与内地惩处偷渡犯罪比较研究》

赵秉志、陈咏梅,载赵秉志主编:《刑事法治发展研究报告(2007 - 2008 年卷)》,中国人民公安大学出版社 2009 年 1 月版。

570.《交通肇事罪之"逃逸"解析及应用》

赵秉志、冯江菊,载赵秉志、叶晓颖主编:《参阅案例研究》(刑事卷),中国法制出版社 2009 年 1 月版。

571.《打击错误归责问题研究》

赵秉志、冯江菊,载赵秉志、叶晓颖主编:《参阅案例研究》(刑事卷),中国法制出版社 2009 年 1 月版。

572.《受贿罪的既遂认定》

赵秉志、李运才,载赵秉志、叶晓颖主编:《参阅案例研究》(刑事卷),中国法制出版社 2009 年 1

月版。

573.《政协工作人员受贿问题探析》

赵秉志、李运才，载赵秉志、叶晓颖主编：《参阅案例研究》（刑事卷），中国法制出版社 2009 年 1 月版。

574.《业务过失犯罪处罚问题研究》

赵秉志、李慧织，载《当代法学》2009 年第 1 期；收入郎胜等主编：《刑法实践热点问题探索》，中国人民公安大学出版社 2008 年 11 月版。

575.《中国刑法学研究的现状与未来》

赵秉志，《学术交流》2009 年第 1 期；收入《首届中国法学名家论坛学术论文集（上）》，北京大学出版社 2011 年 2 月版。

576.《中国反腐败刑事法治国际化论纲》

赵秉志，《江海学刊》2009 年第 1 期；经修改补充后，又以"中国反腐败刑事法治领域中的国际合作"为题，载于《国家检察官学院学报》2010 年第 5 期。

577.《改革开放 30 年刑法立法基本问题述评》

赵秉志、王燕玲，《法学杂志》2009 年第 2、3 期。

578.《我国死刑制度改革的路径与步骤》

赵秉志、彭新林，《法学》2009 年第 2 期。

579.《贯彻宽严相济刑事政策宏观问题论要》

赵秉志，载赵秉志等主编：《宽严相济刑事政策与和谐社会构建》，中国法制出版社 2009 年 3 月版。

580.《试论新中国四代政治决策层的死刑思想》

赵秉志、王东阳，《京师法律评论》第 3 卷，北京师范大学出版社 2009 年 4 月版。

581.《死刑个案实证研究报告》

赵秉志、阴建峰等，载赵秉志主编：《死刑个案实证研究》，中国法制出版社 2009 年 6 月版。

582.《改革开放 30 年我国刑法建设的成就及展望》

赵秉志，《北京师范大学学报（社会科学版）》2009 年第 2 期。

583.《我国刑事立法领域的若干重大现实问题探讨》

赵秉志，《求是学刊》2009 年第 2 期；《新华文摘》2009 年第 17 期转载；收入《韬奋钟声——华东政法大学讲演集》，北京大学出版社 2009 年 12 月版。

584.《改革开放 30 年的刑法学研究》

高铭暄、赵秉志，《中国刑事法杂志》2009 年第 3 期。

585.《数码环境下香港著作权刑法保护的立法完善探讨》

赵秉志、汤显明，《刑法论丛》2009 年第 1 卷。

586.《我国刑事司法领域若干重大现实问题探讨》

赵秉志，《南都学坛》2009 年第 2 期；中国人民大学《复印报刊资料·刑事法学》2009 年第 8 期转载；收入江平、许章润等编：《中国如何炼成软实力》，中国法制出版社 2009 年 8 月版。

587.《改革开放 30 年的国际刑法学研究》

赵秉志、张磊，《河南政法管理干部学院学报》2009 年第 3 期；《高等学校文科学术文摘》2009 年第 4 期转载。

588.《中国犯罪构成理论的发展历程与未来展望》

赵秉志、王志祥，《刑法论丛》2009 年第 3 卷。

589.《毒品犯罪死刑的限制与废止》

赵秉志、李云才,载赵秉志、[加]威廉·沙巴斯主编:《死刑立法改革专题研究》,中国法制出版社2009年7月版。

590.《〈刑法修正案(七)〉的宏观问题研讨》

赵秉志,《华东政法大学学报》2009年第3期。

591.《新中国成立60周年之际实行特赦的时代价值与构想》

高铭暄、赵秉志、阴建峰,《法学》2009年第5期。

592.《环境犯罪刑法立法完善研究》

赵秉志,《中国环境法治》(2008年卷),法律出版社2009年6月版。

593.《港澳特区间〈关于移交被判刑人的安排〉之考察与启示》

赵秉志、黄晓亮,《法学论坛》2009年第4期。

594.《中国短期内能否废止死刑问题要论》

赵秉志,《法学杂志》2009年第8期。

595.《新中国刑法立法60年之观察——以影响刑法立法的客观范畴为视角》

赵秉志、阴建峰,载赵秉志等主编:《新中国刑法60年巡礼(上卷:历程暨反思)》,中国人民公安大学出版社2009年8月版。

596. "Outline of reforming China's penal system"(《当代中国刑罚制度改革论纲》)

赵秉志,载"Frontiers of Law in China"(《中国法前沿》英文版),高等教育出版社2009年9月版。

597.《醉酒驾车致人死伤案件的法理思考》

赵秉志,载《人民法院案例选》(第8辑),中国法制出版社2009年10月版。

598.《宽严相济刑事政策及其贯彻的基本问题》

赵秉志,《人民检察》2009年第17期。

599.《法官角色视野下的裁判理性》

赵秉志、张心向,《法律科学》2009年第5期,中国人民大学《复印报刊资料·法理学、法史学》2010年第1期转载。

600.《绑架罪要点问题新论》

赵秉志、钱小平,载赵秉志等主编:《新中国刑法60年巡礼》,中国人民公安大学出版社2009年8月版;又载《京师法律评论》第4卷(2010年3月)。

601.《我国内地与港澳特区之间被判刑人移管机制构建探讨》

赵秉志,《环球法律评论》2009年第5期;收入张宪初等主编:《两岸四地法律发展与互动》,(香港)中国评论学术出版社2009年11月版。

602.《"严重危害社会秩序和国家利益"的范围如何确定——对刑法典第246条第2款但书规定的理解》

赵秉志、彭新林,《法学评论》2009年第5期;《中国检察官》2009年第12期转载。

603.《论刑法在反恐怖斗争中的功能与局限》

赵秉志、杜邈,《政治与法律》2009年第11期。

604.《我国未成年人刑事司法解释的发展与完善》

赵秉志,《青少年犯罪问题》2009年第6期。

605.《"酒驾"危害行为的刑法立法对策》

赵秉志、张磊,《法学杂志》2009年第12期。

606. On Limiting and Abolishing the Death Penalty for Economic Crimes in China

赵秉志、万云峰,载 Chinese Sociology Anthropology SUMMER 2009/VOL. 41, No. 4, P14_41。

607.《中国内地、香港特区暨美国贿赂犯罪刑事法律之比较》

赵秉志、刘科,《特区法坛》2009 年第 6 期;收入香港廉政公署 2009 年 4 月编印:《“廉政建设研究中心开幕礼暨研讨会”论文集》;收入海南省高级人民法院 2010 年 10 月编印:《特区法坛优秀论文选(第 2 辑:2008 - 2010)》。

608.《绑架罪争议问题研究》

赵秉志、钱小平,载韩国比较刑事法学会编辑出版:《刑事法比较研究》(韩文)2009 年秋季卷。

609.《关于外国人犯罪的刑事管辖权研究》

赵秉志、杜邈:《刑法论丛》2009 年第 4 卷。

Ⅳ. 2010 年 ~ 2016 年

610.《论中国死刑存废问题中的国家决策与民意之关系》

赵秉志、周国良,载赵秉志主编:《刑事法治发展研究报告(2008—2009 年卷)》,中国人民公安大学出版社 2010 年 1 月版。

611.《中国当前死刑制度改革若干热点问题探讨》

赵秉志、黄晓亮,载赵秉志主编:《刑事法治发展研究报告(2008—2009 年卷)》,中国人民公安大学出版社 2010 年 1 月版。

612.《关于“酒驾肇事”案件刑法对策的初步研究》

赵秉志、袁彬、黄晓亮、张磊,载赵秉志主编:《刑事法治发展研究报告》(2008—2009 年卷),中国人民公安大学出版社 2010 年 1 月版。

613.《2009 年我国十大典型刑事案件评析》

赵秉志、钱小平,《刑事法判解研究》2010 年第 1 辑。

614.《诈骗行为的认定及单位诈骗的处理——物美集团原董事长张文中诈骗案法理研究》

赵秉志、左坚卫,《刑事法判解研究》2010 年第 1 辑。

615.《“酒驾肇事”案件的刑法对策》

赵秉志、袁彬等,彭东主编:《刑事司法指南》总第 42 期,法律出版社 2010 年 7 月版。

616.《我国偷渡犯罪的立法完善》

赵秉志、汤海军,载赵秉志主编:《刑事法治发展研究报告(2008—2009 年卷)》,中国人民公安大学出版社 2010 年 1 月版。

617.《中国环境犯罪刑法立法缺陷及其改进研究》

赵秉志、李山河,载赵秉志主编:《刑事法治发展研究报告(2008—2009 年卷)》,中国人民公安大学出版社 2010 年 1 月版。

618.《劳动教养制度改革的方向与方案》

赵秉志,《法学研究》2010 年第 1 期。

619.《国家刑事责任的理论依据与司法认定》

赵秉志、蒋娜,《政法论坛》2010 年第 2 期。

620.《我国未成年人犯罪刑事立法的发展与完善》

赵秉志、袁彬,《中国刑事法杂志》2010 年第 3 期。

621.《雇凶杀人案件中的死刑适用问题研究》

赵秉志、何荣功,《法商研究》2010 年第 2 期;《检察时空》2010 年第 2 期转载。

622.《论全球化时代的中国死刑制度改革——面临的挑战与对策》

赵秉志,《吉林大学社会科学学报》2010 年第 2 期;又载台湾《检协会讯》第 54 期(2010 年 6 月)。

623.《海峡两岸反恐立法之比较》

赵秉志,《法学杂志》2010年第6-7期。

624.《论内地与香港特区间刑事诉讼转移制度的构建》

赵秉志、黄晓亮,《现代法学》2010年第3期。

625.《侵犯网络数据安全犯罪研究》

赵秉志、张新平,《信息网络安全》2010年第6期。

626.《论犯罪动机与死刑的限制适用》

赵秉志、彭新林,《学术交流》2010年第7期。

627.《贪污贿赂犯罪死刑的司法控制——以刑事实体法控制为视角》

赵秉志、李慧织,《人民检察》2010年第15期。

628.《论中国区际刑事司法合作法律机制的构建》

赵秉志,载马新岚主编:《海峡两岸司法实务热点问题研究》(上),人民法院出版社2010年6月版。

629.《中国死刑案件审判的热点问题——以刑事实体法为考察视角》

赵秉志,《刑法论丛》2010年第2卷。

630.《试析案发前退赃交赃情节与受贿罪的定罪量刑》

赵秉志、黄晓亮,载赵秉志主编:《贪污贿赂犯罪的惩治与防范》,中国人民公安大学出版社2010年7月版。

631.《当代中国重大刑事法治事件评析》

赵秉志,《刑法论丛》2010年第3卷;又载《中共中央党校报告选》2011年第1期;部分内容载中共中央组织部干部教育局编:《干部选学大讲堂》第1辑,党建读物出版社2012年5月版。

632.《中国现阶段死刑制度改革论要》

赵秉志,载赵秉志主编:《当代刑事科学探索》(上),北京大学出版社2010年8月版。

633.《论犯罪人一贯表现与死刑的限制适用》

赵秉志、彭新林,载陈泽宪主编:《刑事法前沿》(第5卷),中国人民公安大学出版社2010年8月版。

634.《论澳门刑法典中犯罪构成规范的完善》

赵秉志,载《中国刑事法杂志》2010年第9期。

635.《论毒品共同犯罪的死刑限制》

赵秉志、李运才,《南都学坛》2010年第5期;又载陈泽宪等主编:《刑法理论与实务热点聚焦(下卷)——中国刑法学年会文集(2010年度)》,中国人民公安大学出版社2010年9月版。

636.《论新中国刑法立法的客观影响因素》

赵秉志、阴建峰,《南开学报》2010年第4期。

637.《论民事赔偿与死刑的限制适用》

赵秉志、彭新林,《中国法学》2010年第5期。

638.《论毒品犯罪的死刑限制——基于主观明知要件认定的视角》

赵秉志、李运才,《中南民族大学学报》2010年第5期。

639.《论特殊群体从宽制度的完善——以〈中华人民共和国刑法修正案(八)(草案)〉为视角》

赵秉志、袁彬,《法学杂志》2010年第12期;《中国检察官》2011年第7期转载。

640.《当代中国刑法体系的形成与完善》

赵秉志,《河南大学学报》2010年第6期;《新华文摘》2011年第5期转载;收入李林主编:《依法治国与法律体系形成》,中国法制出版社2010年10月版。

641.《略论宽严相济刑事政策视野中的黑社会性质组织犯罪》

赵秉志、郑延谱,《甘肃政法学院学报》2010 年第 6 期;收入赵秉志主编:《刑事司法热点问题研讨》,北京师范大学出版社 2011 年 8 月版。

642.《论当前刑法改革中的酌定减轻处罚权》

赵秉志、刘媛媛,《法学》2010 年第 12 期;收入陈泽宪主编:《刑事法前沿》(第 6 卷),中国人民公安大学出版社 2012 年 3 月版。

643.《〈刑法修正案(八)(草案)〉热点问题研讨》

赵秉志,载《刑法论丛》2010 年第 4 卷;收入《京师法学名家讲坛》第 1 辑,北京师范大学出版社 2011 年 4 月版。

644.《论网络诽谤的刑法问题》

赵秉志、赵远,载韩国比较刑事法学会编:《比较刑事法研究》(韩文版,2010 年 12 月)。

645.《关于取消组织卖淫罪、集资诈骗罪死刑的立法建议》

高铭暄、赵秉志等,载赵秉志主编:《刑事法治发展研究报告(2009—2010 年卷)》,中国人民公安大学出版社 2011 年 1 月版。

646.《故意杀人罪的死刑限制适用》

赵秉志、马晓炜,载赵秉志主编:《刑事法治发展研究报告(2009—2010 年卷)》,中国人民公安大学出版社 2011 年 1 月版。

647.《毒品犯罪中的量刑情节认定与死刑限制》

赵秉志、李运才,载赵秉志主编:《刑事法治发展研究报告(2009—2010 年卷)》,中国人民公安大学出版社 2011 年 1 月版。

648.《贪污贿赂犯罪死刑的立法控制》

赵秉志、李慧织,载赵秉志主编:《刑事法治发展研究报告(2009—2010 年卷)》,中国人民公安大学出版社 2011 年 1 月版。

649.《侵犯商业秘密罪立法完善研究》

赵秉志、刘志伟、刘科,载赵秉志主编:《刑事法治发展研究报告(2009—2010 年卷)》,中国人民公安大学出版社 2011 年 1 月版。

650.《酌定量刑情节限制死刑适用的发展性思考》

赵秉志、彭新林,载赵秉志主编:《刑事法治发展研究报告(2009—2010 年卷)》,中国人民公安大学出版社 2011 年 1 月版。

651.《我国未成年人犯罪刑事立法、司法的发展与完善》

赵秉志,载赵秉志主编:《刑事法治发展研究报告(2009—2010 年卷)》,中国人民公安大学出版社 2011 年 1 月版。

652.《中国刑法学科调查报告—“十一五”期间刑法学科发展与“十二五”展望》

赵秉志、袁彬,载赵秉志主编:《刑事法治发展研究报告(2009—2010 年卷)》,中国人民公安大学出版社 2011 年 1 月版。

653.《关于“追究联合国官员和特派专家刑事责任”问题的论证意见》

赵秉志、黄风等,载赵秉志主编:《刑事法治发展研究报告(2009—2010 年卷)》,中国人民公安大学出版社 2011 年 1 月版。

654.《孙伟铭以危险方法危害公共安全案法理研究》

赵秉志、刘媛媛,载赵秉志主编,《中国疑难刑事名案法理研究》(第五卷),北京大学出版社 2011 年 1 月版。

655.《张文中诈骗案法理研究》

赵秉志、左坚卫,载赵秉志主编:《中国疑难刑事名案法理研究》(第六卷),北京大学出版社 2011 年 1 月版。

656.《中国刑法改革新思考——以〈刑法修正案(八)(草案)〉为主要视角》

赵秉志,《北京师范大学学报(社会科学版)》2011 年第 1 期;收入赵秉志主编:《现代法学问题思考》,北京师范大学出版社 2011 年 4 月版。

657.《关于重庆"打黑除恶"的法理思考》

赵秉志、彭新林,《山东警察学院学报》2011 年第 1 期。

658.《论中国区际刑事司法合作机制的构建——以〈海峡两岸打击共同犯罪及司法互助协议〉》

赵秉志、黄晓亮,《江海学刊》2011 年第 2 期。

659.《无罪推定的迷失与刑讯逼供的为祸——赵作海故意杀人案法理研究》

赵秉志、张伟珂,《刑事法判解研究》2010 年第 2 辑(2011 年 4 月版)。

660.《2010 年我国十大典型刑事案件评析》

赵秉志、袁彬、张伟珂,《刑事法判解研究》2010 年第 3 辑(2011 年 4 月版)。

661.《财产性利益应是诈骗罪的对象——以时建锋"天价逃费案"为视角》

赵秉志、袁彬,《刑事法判解研究》2010 年第 3 辑(2011 年 4 月版)。

662.《盗窃空白支票并使用之行为定性》

赵秉志、刘媛媛,《刑事法判解研究》2010 年第 4 辑(2011 年 7 月)。

663.《盗窃网络虚拟财产案件定性》

赵秉志、袁慧,《刑事法判解研究》2010 年第 4 辑(2011 年 7 月)。

664.《将收取的保险费用用于个人构成职务侵占罪》

赵秉志、王君,《刑事法判解研究》2010 年第 4 辑(2011 年 7 月)。

665.《试论对初犯、偶犯的从宽处罚》

赵秉志、彭新林,《刑事法判解研究》2010 年第 4 辑(2011 年 7 月)。

666.《绑架罪的若干争议问题》

赵秉志,载郭书原主编:《当代名家法治纵横谈》,中国检察出版社 2011 年 7 月版。

667.《中国区际追赃问题研究》

赵秉志、黄晓亮,《京师法律评论》第 5 卷,北京师范大学出版社 2011 年 4 月版;收入赵秉志、赵国强主编:《赃款赃物跨境移交、私营贿赂及毒品犯罪研究——第三届中国区际刑事法论坛论文集》,社会科学文献出版社、澳门基金会 2011 年 12 月版。

668.《〈刑法修正案(八)〉宏观问题探讨》

赵秉志,《法治研究》2011 年第 5 期。

669.《关于〈刑法修正案(八)〉罪名问题的意见》

高铭暄、赵秉志、袁彬,《人民检察》2011 年第 6 期。

670.《刑讯逼供罪若干问题研究——以赵作海故意杀人冤案为视角》

赵秉志、张伟珂,《南都学坛》2011 年第 3 期。

671.《当代世界死刑发展趋势及其对中国的启迪》

赵秉志、王水明,载赵秉志主编:《死刑改革的中国实践》,中国法制出版社 2011 年 4 月版。

672.《危险驾驶罪的研析与思考》

赵秉志、赵远,《政治与法律》2011 年第 8 期;又载朱孝清等主编:《社会管理创新与刑法变革》(下卷),中国人民公安大学出版社 2011 年 10 月版。

673.《略论我国〈刑法〉新增设的人体器官犯罪》

赵秉志,《法学杂志》2011 年第 9 期。

674.《"醉驾入刑"热点问题探讨》

赵秉志、袁彬,《刑法论丛》2011 年第 3 卷。

675.《〈刑法修正案(八)〉观察与思考》

赵秉志,《刑法评论》2011 年第 1 卷。

676.《文化模式与犯罪构成》

赵秉志、彭文华,《法学研究》2011 年第 5 期。

677.《当代中国死刑改革的进展与趋势》

赵秉志,《法学》2011 年第 11 期;收入赵秉志主编:《刑罚体系结构的改革与完善》,北京师范大学出版社 2012 年 7 月版。

678.《论酌定量刑情节在限制死刑适用中的作用》

赵秉志、彭新林,《中国刑事法杂志》2011 年第 12 期。

679.《关于中国现阶段慎用死刑的思考》

赵秉志,《中国法学》2011 年第 6 期;《法制资讯》2012 年第 5 期摘要转载;收入田明海主编:《首届中国法律实施高端论坛论文集》,法律出版社 2012 年 12 月版;北京大学法学院刑事法学科群编:《刑法体系与刑事改革——储槐植教授八十华诞贺岁集》,北京大学出版社 2013 年 1 月版。

680.《社会危害性理论之当代中国命运》

赵秉志、陈志军,《法学家》2011 年第 6 期。

681.《国内首例同性侵害的定性》

赵秉志、徐啸宇,《刑事法判解研究》2011 年第 1 辑(2011 年 12 月)。

682.《共同犯罪人协助抓捕型立功的司法认定》

赵秉志、张伟珂,《刑事法判解研究》2011 年第 2 辑(2011 年 12 月)。

683.《当代中国环境犯罪刑法立法及其完善研究》

赵秉志、陈璐,《现代法学》2011 年第 6 期。

684.《少年司法的理念与运作》

赵秉志、姚建龙,载赵秉志主编:《刑事法治发展研究报告(2010—2011 年卷)》,中国人民公安大学出版社 2012 年 1 月版。

685.《故意伤害罪死刑限制与废止研究》

赵秉志、陈超,载赵秉志主编:《刑事法治发展研究报告(2010—2011 年卷)》,中国人民公安大学出版社 2012 年 1 月版。

686.《我国台湾地区死刑变革及其对祖国大陆的启示》

赵秉志、钱小平,载赵秉志主编:《刑事法治发展研究报告(2010——2011 年卷)》,中国人民公安大学出版社 2012 年 1 月版。

687.《论内地与香港特别行政区间刑事诉讼转移制度的构建》

赵秉志、黄晓亮,载赵秉志主编:《刑事法治发展研究报告(2010—2011 年卷)》,中国人民公安大学出版社 2012 年 1 月版。

688.《关于设立伪造、变造私文罪的立法构想》

赵秉志、袁彬、赵路,载赵秉志主编:《刑事法治发展研究报告(2010—2011 年卷)》,中国人民公安大学出版社 2012 年 1 月版。

689.《中国刑法的百年变革——纪念辛亥革命一百周年》

赵秉志,《政法论坛》2012 年第 1 期;收入赵秉志主编:《当代刑事法学新思潮——高铭暄教授、王作富教授八十五华诞暨联袂执教六十周年恭贺文集》(上卷),北京大学出版社 2013 年 5 月版;赵秉志主编:《刑事法治》,社会科学文献出版社 2016 年 3 月版。

690.《中国惩治有组织犯罪的立法演进及其前瞻》

赵秉志、张伟珂,《学海》2012 年第 1 期。

691.《中国死刑制度改革前景展望》

赵秉志,《中国法律》(香港)2012 年第 1 期。

692.《我国死刑适用若干重大现实问题研讨——以李昌奎案及其争议为主要视角》

赵秉志、彭新林,《当代法学》2012 年第 3 期;《审判丛刊》2012 年第 6 期转载。

693.《CPTED 理论的历史梳理及中外对比》

赵秉志、金翼翔,《青少年犯罪问题》2012 年第 3 期。

694.《我国当前惩治高官腐败犯罪的法理思考》

赵秉志、彭新林,《东方法学》2012 年第 2 期;收入田明海主编:《首届中国法律实施高端论坛论文集》,法律出版社 2012 年 12 月版。

695.《拒不支付劳动报酬罪立法研究》

赵秉志、张伟珂,《南开学报(哲学社会科学版)》2012 年第 2 期;收入朱孝清等主编:《社会管理创新与刑法变革》(上卷),中国人民公安大学出版社 2011 年 10 月版。

696.《刑罚轻缓化的世界背景与中国实践》

赵秉志、金翼翔,《法律适用》2012 年第 5 期。

697.《论新刑事诉讼法对未成年人刑事诉讼制度的完善》

赵秉志、王鹏翔,《预防青少年犯罪研究》2012 年第 5 期。

698.《醉驾入刑诸问题新探讨》

赵秉志、袁彬,《法学杂志》2012 年第 8 期;《新华月报》2012 年 12 月上半月号转载。

699.《精神发育迟滞人犯罪相关问题探讨》

赵秉志、原佳丽,《刑事法判解研究》2011 年第 4 辑(2012 年 9 月)。

700.《2011 年十大典型刑事案件聚焦》

赵秉志、张伟珂,《刑事法判解研究》2011 年第 4 辑(2012 年 9 月)。

701.《论宪法发展与刑法进步》

赵秉志、袁彬,《法学杂志》2012 年第 10 期;收入赵秉志、张军主编:《刑法与宪法之协调发展》(上卷),中国人民公安大学出版社 2012 年 9 月版。

702.《不纯正不作为犯的等价性探析》

赵秉志、王鹏祥,《河北法学》2012 年第 10 期。

703.《刑事裁判功利性现象研究——兼论刑法规范的司法适用》

赵秉志、张心向,《刑法论丛》2012 年第 3 卷。

704.《海盗罪的国际刑法规制》

赵秉志、原佳丽,《南都学坛》2012 年第 6 期。

705.《诉讼诈骗新论》

赵秉志、张伟珂,《甘肃社会科学》2012 年第 6 期;收入赵秉志主编:《经济领域中诈骗犯罪司法疑难问题》,北京师范大学出版社 2012 年 5 月版。

706.《我国惩治恐怖活动犯罪制度细化的合理性分析》

赵秉志、杜邈,《法学》2012 年第 12 期。

707.《论聚众斗殴与正当防卫的界限》

赵秉志、张伟珂,《刑法与刑事司法》2012 年第 1 卷。

708.《论德国传统量刑理论中刑罚预防目的的边缘化》

赵秉志、赵书鸿,《江海学刊》2013 年第 1 期。

709.《论内地与澳门刑事司法互助机制的构建》

赵秉志、黄晓亮,《澳门研究》2013 年第 1 期。

710.《关于虐待罪立法完善问题的研讨》

徐文文、赵秉志,《法治研究》2013 年第 3 期。

711.《中国刑法的修改完善论纲》

赵秉志、阴建峰等,《刑法论丛》2012 年第 4 卷。

712.《刑法中国家工作人员概念完善研究》

赵秉志、刘志洪,载赵秉志主编:《刑事法治发展研究报告》(2011—2012 年卷),中国人民公安大学出版社 2013 年 1 月版。

713.《当代国际死刑废止趋势及其影响因素研究》

赵秉志、王水明,载赵秉志主编:《刑事法治发展研究报告》(2011—2012 年卷),中国人民公安大学出版社 2013 年 1 月版。

714.《对死刑控制与中国刑罚制度改革的发展性思考》

赵秉志、于靖民,载赵秉志主编:《刑事法治发展研究报告》(2011—2012 年卷),中国人民公安大学出版社 2013 年 1 月版。

715.《食品危险的刑法规制研究》

赵秉志、刘媛媛,载赵秉志主编:《刑事法治发展研究报告》(2011—2012 年卷),中国人民公安大学出版社 2013 年 1 月版。

716.《"醉驾入刑"的司法问题及其对策研究》

赵秉志、袁彬,载赵秉志主编:《刑事法治发展研究报告》(2011—2012 年卷),中国人民公安大学出版社 2013 年 1 月版。

717.《论我国宪法指导下刑法理念的更新》

赵秉志、王鹏翔,《河北法学》2013 年第 4 期;又载赵秉志、张军主编:《刑法与宪法之协调发展》,中国人民公安大学出版社 2012 年 9 月版;又载万春主编:《侦查监督指南》2012 年第 2 辑,中国检察出版社 2012 年 12 月版。

718.《论德国量刑基础中的行为人罪责——对其不确定性的规范性检验》

赵秉志、赵书鸿,《京师法律评论》第 7 卷,北京师范大学出版社 2013 年 4 月版。

719.《论环境污染的刑法治理:理念更新与立法完善》

赵秉志、冯军,《法治研究》2013 年第 4 期。

720.《论"当场击毙"的正当性要件》

赵秉志、张伟珂,《警察法学》2013 年第 1 期。

721.《论中国毒品犯罪死刑的逐步废止》

赵秉志、阴建峰,《法学杂志》2013 年第 5 期。

722.《论我国反腐败刑事法治的完善》

赵秉志,载《当代法学》2013 年第 3 期;收入香港廉政公署 2013 年 2 月编印:《香港及内地廉政建设与管理》论坛文集。

723.《晚近中国大陆死刑制度演进之观察》

赵秉志,《南都学坛》2013 年第 3 期。

724.《中国死刑改革之路径探索》

赵秉志、王鹏翔,《中州学刊》2013 年第 6 期。

725.《论中国刑事司法政策的现状及趋势——以三起典型死刑案件为切入点》

赵秉志、袁彬,《中国法学》(英文版)2013 年第 2 期;中文版载《刑法论丛》2013 年第 2 卷。

726.《略论死刑的民意引导——以慎用死刑为视角》

赵秉志、张伟珂,《国家检察官学院学报》2013 年第 4 期;中国人民大学《复印报刊资料·刑事法学》2013 年第 10 期转载。

727.《论国际人权法规范对当代中国死刑改革的促进作用》

赵秉志、苗苗,《吉林大学社会科学学报》2013 年第 4 期。

728.《当代国际死刑废止趋势及其影响因素研究》

赵秉志、王水明,《中南民族大学学报》2013 年第 4 期。

729.《冤错案件防范中司法理念的变革》

赵秉志,载《人民检察》2013 年第 17 期。

730.《中国大陆刑法改革的进展与趋势》

赵秉志,《海峡两岸法学研究》第 1 辑,九州出版社 2013 年 8 月版。

731.《刑法与相关部门法关系的调适》

赵秉志、袁彬,《法学》2013 年第 9 期;部分内容载于《中国法律》(香港)2013 年第 4 期;收入陈泽宪等主编:《当代中国的社会转型与刑法调整》,中国人民公安大学出版社 2013 年 10 月版。

732.《90 年来历届国际刑法大会决议的基本精神》

赵秉志、周振杰,《北京师范大学学报(社会科学版)》2013 年第 6 期。

733.《论暴力犯罪死刑适用标准的合理确定》

赵秉志,《人民检察》2013 年 12 月第 23 期。

734.《冤错案件防治问题研究——以近年来典型冤错案件为视角》

赵秉志,《特区法坛》2013 年第 10、11、12 期,2014 年第 1 期;又载彭东主编:《刑事司法指南》(总第 56 集),法律出版社 2013 年 12 月版。

735.《常熟农民工聚众斗殴案法理研究》

赵秉志、张伟珂,《刑事法判解研究》2012 年第 4 辑(2013 年 12 月)。

736.《死刑改革新思考》

赵秉志,《环球法律评论》2014 年第 1 期;部分观点收录于《检察日报》2014 年 4 月 22 日第 3 版。

737.《当代中国死刑改革争议问题论要》

赵秉志,《法律科学》2014 年第 1 期;部分观点转载于《中国检察官》2014 年第 15 期;收入陈泽宪主编:《死刑改革的多重视角与具体路径》,中国民主法制出版社 2014 年 6 月版。

738.《海峡两岸共同打击犯罪问题新探讨》

赵秉志,《江海学刊》2014 年第 1 期;收入海峡两岸关系法学研究会编:《海峡两岸法学研究》(第 4 辑),九州出版社 2014 年 12 月版。

739.《公民个人信息刑法保护问题研究》

赵秉志,《华东政法大学学报》2014 年第 1 期。

740.《危害食品安全犯罪定性问题研究——以河南特大"瘦肉精"案件为主要样本》

赵秉志,《河南大学学报》2014 年第 1 期;部分观点收录于中国法学会内刊《食品安全法治》。

741.《海峡两岸跨境经济犯罪防治问题研究》

赵秉志,《南都学坛》2014 年第 1 期。

742.《诽谤地方党政领导人不宜认定为“严重危害社会秩序和国家利益”》

赵秉志、彭新林,载《东莞社会与发展》2014 年第 1 卷。

743.《2013 年十大典型刑事案件评析》

赵秉志,《人民检察》2014 年第 2 期。

744.《侵犯知识产权罪的立法完善问题研究》

赵秉志、刘志伟等,《刑法评论》2013 年第 2 卷。

745.《运用移民遣返措施追捕外逃涉腐犯罪嫌疑人之路径与难点》

赵秉志、商浩文,《江西社会科学》2014 年第 2 期;收入陈泽宪主编:《当代中国的社会转型与刑法调整》,中国人民公安大学出版社 2013 年 10 月版。

746.《薄熙来案件的法理研究(上、下)》

赵秉志,《法学杂志》2014 年第 3、4 期;又载《刑事法判解研究》2013 年第 3－4 辑(2014 年 8 月、2014 年 10 月)。

747.《我国内地特别刑法立法之演变及其对澳门特区的启示》

赵秉志,《政法论丛》2014 年第 2 期。

748.《中国反腐败刑事法治的若干重大现实问题研究》

赵秉志,《法学评论》2014 年第 3 期;《新华文摘》2014 年“全面推进依法治国专刊”全文转载;收入刘仁文主编:《反腐败的刑事法治保障》,社会科学文献出版社 2016 年 10 月版;李如林主编:《检察智库成果》第 1 辑,中国检察出版社 2017 年 1 月版。

749.《再论我国死刑改革的争议问题》

赵秉志,《法学》2014 年第 5 期;部分内容收录于中国法学会法律信息部暨国家司法文明协同创新中心编:《司法改革内刊》2015 年第 1 期。

750.《我国犯罪构成理论体系之完善》

贾济东、赵秉志,《法商研究》2014 年第 3 期。

751.《抢劫罪与敲诈勒索罪之界分》

赵秉志、刘春阳,《人民检察》2014 年 8 月上旬刊。

752.《论我国编造、传播虚假信息的刑法规制》

赵秉志、徐文文,《当代法学》2014 年第 5 期;《中国检察官》2015 年第 2 期转载。

753.《我国公众的传统死刑心理及其理性引导研究》

赵秉志、张伟珂,载赵秉志主编:《刑事法治发展研究报告》(2012—2013 年卷),中国人民公安大学出版社 2014 年 8 月版。

754.《法定量刑情节与死刑适用关系论纲》

赵秉志、任能能,载赵秉志主编《刑事法治发展研究报告》(2012—2013 年卷),中国人民公安大学出版社 2014 年 8 月版。

755.《当代中国冤错案件防治问题研究——以近年来典型冤错案件为视角》

赵秉志,载赵秉志主编《刑事法治发展研究报告》(2012—2013 年卷),中国人民公安大学出版社 2014 年 8 月版。

756.《论我国金融反恐合作的法律应对》

赵秉志、王剑波,载赵秉志主编:《刑事法治发展研究报告》(2012—2013 年卷),中国人民公安大学出版社 2014 年 8 月版。

757.《行贿罪法治完善问题研究》

赵秉志、董桂文,载赵秉志主编:《刑事法治发展研究报告》(2012—2013 年卷),中国人民公安大学出版社 2014 年 8 月版。

758.《论我国内地与澳门特别行政区刑事司法互助机制的构建》

赵秉志、黄晓亮,载《刑事法治发展研究报告》(2012—2013 年卷),中国人民公安大学出版社 2014 年 8 月版。

759.《我国境外追逃中的移民遣返措施研讨——以赖昌星遣返案为视角》

赵秉志、商浩文,载赵秉志主编:《刑事法治发展研究报告》(2012—2013 年卷),中国人民公安大学出版社 2014 年 8 月版。

760.《论我国恐怖活动犯罪刑法制裁体系及其完善》

赵秉志、商浩文,《新疆警察学院学报》2015 年第 1 期;收入赵秉志、张军、郎胜主编:《现代刑法学使命》(上卷),中国人民公安大学出版社 2014 年 9 月版。

761.《人格障碍、行为模式及犯罪环境与死刑适用》

赵秉志、马玺镇,《刑事法判解研究》2013 年第 4 辑(2014 年 10 月)。

762.《简论严格限制民营企业家集资诈骗罪的死刑适用》

赵秉志,《河南大学学报(社会科学版)》2014 年第 6 期。

763.《努力开创中国刑事法治发展新局面》

赵秉志,《中国高校社会科学》2014 年第 6 期。

764.《当代中国刑法法典化研究》

赵秉志,《法学研究》2014 年第 6 期。

765.《社会关注的案例推动法治创新——我国重大刑事法治事件对推进刑事法治的作用》

赵秉志,《紫光阁》2014 年第 11 期。

766.《民营企业家集资诈骗罪:问题与思考》

赵秉志、徐文文,《法学杂志》2014 年第 12 期。

767.《当代中国公司犯罪争议问题研讨》

赵秉志、侯帅,《现代法学》2014 年第 4 期;又载韩国比较刑事法学会编印:《刑事法比较研究》(韩文版)2014 年秋季卷。

768.《赖昌星案件法律问题研究》

赵秉志、张磊,《政法论坛》2014 年第 4 期。

769.《台湾地区区际刑事法制的反思与借鉴》

赵秉志、黄晓亮,载海峡两岸关系法学研究会编:《海峡两岸法学研究(第 3 辑)》,九州出版社 2014 年 8 月版。

770.《胡士泰等侵犯商业秘密案法理研究》

赵秉志、邵成举,《刑事法判解研究》2014 年第 1 辑(2015 年 1 月)。

771.《中国死刑立法改革新思考——以〈刑法修正案(九)(草案)〉为主要视角》

赵秉志,《吉林大学社会科学学报》2015 年第 1 期;中国人民大学《复印报刊资料·刑事法学》2015 年第 4 期转载;收入李永升、朱建华主编:《历史变革中的刑法新思维》,法律出版社 2015 年 6 月版。

772.《论妨害司法罪的立法完善——以〈刑法修正案(九)(草案)〉的相关修法为主要视角》

赵秉志、商浩文,《法律适用》2015 年第 1 期。

773.《论恐怖活动犯罪的刑事司法困境及其应对》

赵秉志、商浩文,《楚天法学》2015 年第 1 期;《西藏检察》2015 年第 2 期转载。

774.《贪污受贿犯罪定罪量刑标准问题研究》

赵秉志,《中国法学》2015 年第 1 期;《中国检察》2015 年第 4 期(上)摘登;收入赵秉志主编:《法学新论:北师大法学院教师法学论文荟萃》,中国法制出版社 2016 年 4 月版;《西藏检察》2015 年第 3 期转载。

775.《遏制刑讯逼供的域外法治经验及其启示》

赵秉志、彭新林,《江海学刊》2015 年第 1 期;《新华文摘》2015 年第 9 期摘编。

776.《暴力犯罪死刑适用实体标准的统一化研究》

赵秉志,载赵秉志主编:《宽严相济刑事政策在死刑适用中的贯彻研究》,中国法制出版社 2015 年 1 月版。

777.《以刑事个案推进刑事法治——2014 年十大典型刑事案件评析》

赵秉志、商浩文,《人民检察》2015 年第 2 期。

778.《中国内地家暴犯罪的罪与罚——以最高人民法院公布的四起家暴刑事典型案件为视角》

赵秉志、郭雅婷,《法学杂志》2015 年第 4 期。

779.《酌定量刑情节限制死刑适用的路径》

赵秉志、彭新林,《检察工作实践与理论研究》2015 年第 1 期。

780.《我国死刑限制适用的刑法问题探讨》

赵秉志,《刑法论丛》2015 年第 1 卷。

781.《中国刑法的演进及其时代特色》

赵秉志,《南都学坛》2015 年第 2 期;《高等学校文科学术文摘》2015 年第 3 期转载。

782.《论劳动教养制度的废止与刑法调整》

赵秉志、商浩文,《法律科学》2015 年第 3 期。

783.《俄罗斯刑法理论研究的新贡献——〈俄罗斯犯罪构成理论研究评价〉》

赵秉志,《西伯利亚研究》2015 年第 3 期。

784.《关于〈刑法修正案(八)(草案)〉(二次审议稿)第 15、16 条规定的建言》

高铭暄、赵秉志,载高铭暄、赵秉志编:《新中国刑法立法文献资料总览》(第 2 版),中国人民公安大学出版社 2015 年 6 月版。

785.《〈关于办理侵犯知识产权刑事案件适用法律若干问题的意见(征求意见稿)〉的研究意见》

赵秉志、刘科,载高铭暄、赵秉志编:《新中国刑法立法文献资料总览》(第 2 版),中国人民公安大学出版社 2015 年 6 月版。

786.《对女性"以暴制暴"行为的刑法学思考》

赵秉志、原佳丽,《人民检察》2015 年 7 月(上半月刊)。

787.《习近平反腐倡廉思想研究》

赵秉志、彭新林,《北京师范大学学报(社会科学版)》2015 年第 5 期;部分内容收入李少平等主编:《法治中国与刑法发展》(上卷),中国人民公安大学出版社 2015 年 9 月版。

788.《完善贪污受贿犯罪定罪量刑标准的思考和建议》

赵秉志,《刑法论丛》2015 年第 2 卷。

789.《中国死刑观念变革》

赵秉志,(香港)《中国法律》(中英文对照版)2015 年第 3 期。

790.《关于〈中华人民共和国刑法修正案(九)〉新增及修改罪名的意见》

赵秉志、刘志伟、袁彬,《法学杂志》2015 年第 10 期。

791.《中国刑法立法改革的新思维——以〈刑法修正案(九)〉为中心》

赵秉志、袁彬,《法学》2015 年第 10 期。

792.《中国修法取消 9 种死刑罪名》

赵秉志、阴建峰,《紫荆》2015 年 10 月号。

793.《中国刑法的最新修正》

赵秉志,《法治研究》2015 年第 6 期。

794.《〈刑法修正案(九)〉修法争议问题研讨》

赵秉志,《刑法论丛》2015 年第 4 卷。

795.《修法特点与缺憾:〈刑法修正案(九)〉简评》

赵秉志、赵远,《求索》2016 年第 1 期。

796.《〈刑法修正案(九)〉死刑改革的观察与思考》

赵秉志、徐文文,《法律适用》2016 年第 1 期。

797.《中国刑法立法改革的新思维——以〈刑法修正案(九)〉为中心》

赵秉志、袁彬,《中国检察官》2016 年第 1 期。

798.《论中国贪污受贿犯罪死刑的立法控制及其废止——以〈刑法修正案(九)〉为视角》

赵秉志,《现代法学》2016 年第 1 期;《社会科学文摘》2016 年第 4 期转载。

799.《酌定量刑情节与死刑裁量》

赵秉志、彭新林,载赵秉志主编:《刑事法治发展研究报告》(2013—2014 年卷),中国人民公安大学出版社 2016 年 1 月版。

800.《关于完善扰乱无线电通讯管理秩序罪的立法建议》

赵秉志、袁彬等,载赵秉志主编:《刑事法治发展研究报告》(2013—2014 年卷),中国人民公安大学出版社 2016 年 1 月版。

801.《关于通过刑法解释按照非法采矿罪严惩非法采矿活动的建议》

赵秉志、张远煌等,载赵秉志主编:《刑事法治发展研究报告》(2013—2014 年卷),中国人民公安大学出版社 2016 年 1 月版。

802.《关于增设"非法占有水域罪"的立法建议》

赵秉志、张远煌等,载赵秉志主编:《刑事法治发展研究报告》(2013—2014 年卷),中国人民公安大学出版社 2016 年 1 月版。

803.《关于加大防逃追逃追赃力度 加强反腐败国际合作工作的若干建议》

高铭暄、赵秉志等,载赵秉志主编:《刑事法治发展研究报告》(2013—2014 年卷),中国人民公安大学出版社 2016 年 1 月版。

804.《中华人民共和国社区矫正法(专家建议稿)》

赵秉志、吴宗宪等,载赵秉志主编:《刑事法治发展研究报告》(2013—2014 年卷),中国人民公安大学出版社 2016 年 1 月版。

805.《惩治外国恐怖主义战斗人员的国际与国内刑事立法研究》

周振杰、赵秉志,《吉林大学社会科学学报》2016 年第 2 期。

806.《传统与现代:死刑改革与公众"人道"观念的转变》

赵秉志、张伟珂,《当代法学》2016 年第 2 期。

807.《死缓制度立法完善问题研究》

赵秉志、常凯,《南都学坛(人文社会科学学报)》2016 年第 2 期。

808.《略谈最新司法解释中贪污受贿犯罪的定罪量刑标准》
赵秉志,《四川律师》2016 年第 3 期。
809.《正当防卫时间要件疑难问题研究》
赵秉志、黄静野,《京师法律评论》第 10 卷,北京师范大学出版社 2016 年 4 月版。
810.《中国反恐刑法的新进展及其思考——〈刑法修正案(九)〉相关内容评述》
赵秉志、杜邈,《山东社会科学》2016 年第 3 期;主要内容收入赵秉志主编:《中韩恐怖主义犯罪的惩治与防范——"第十三届中韩刑法学术研讨会"学术文集》,法律出版社 2016 年版。
811.《健全完善规制食药犯罪的刑事法律体系》
赵秉志,《现代世界警察》2016 年第 8 期。
812.《贪污受贿犯罪死刑适用标准研讨》
赵秉志,《中国审判》2016 年第 10 期。
813.《必要性与有限性:论刑法对经济欺诈的理性介入》
赵秉志、赵书鸿,载路军主编:《经济欺诈行为的刑法介入限度问题研究》,辽宁大学出版社 2016 年 12 月版。
814.《中国大陆惩治危害食品安全犯罪之实证考察与检讨——以危害食品安全犯罪构成要件司法适用类型整理为视角》
赵秉志、张心向,《澳门法学》2016 年第 2 期。
815.《略谈周永康案件的罪与罚》
赵秉志,《法学杂志》2016 年第 10 期。
816.《〈反恐怖主义法〉与反恐刑法衔接不足之探讨》
赵秉志、牛忠志,载赵秉志、莫洪宪、齐文远主编:《中国刑法改革与适用研究》(上卷),中国人民公安大学出版社 2016 年 10 月版。
817.《台湾地区死刑废除运动的困境及建议——以港澳地区死刑废除经验为借鉴》
赵秉志、黄耀佳,《刑法论丛》2016 年第 1 卷。
818.《关于进一步推动我国境外追逃工作的几点思考》
赵秉志,《刑法评论》2016 年第 1 卷。
819.《中国内地刑法的最新发展——从立法体系化科学化的角度》
赵秉志、赵远,《澳门法学》2016 年第 1 期。
820.《编造、故意传播虚假恐怖信息典型案件法理研究》
赵秉志、王焱,《法律适用》2016 年第 13 期。
821.《论行贿罪从宽处罚制度的司法适用》
赵秉志,《人民检察》2016 年第 12 - 13 期合刊。
(二)译文
1.《英国刑事犯罪的特征》
赵秉志译,《世界法学》1986 年第 3 期。
2.《环境污染的刑法控制》
赵秉志等译,《法学译丛》1992 年第 2 期。
3.《英国刑法的新走向——法典化》
赵秉志、党剑军编译,《中央检察官管理学院学报》1995 年第 3 期。
4.《国际社会反腐败焦点——泰国检察官谈腐败及遏制对策》
赵秉志、田宏杰译,《国家行政学院学报》2000 年第 1 期。

5.《国际刑事法院的批准与执行》

赵秉志、王秀梅译,《河南省政法管理干部学院学报》2002 年第 3 期。

6.《欧盟成员国间引渡公约》

赵秉志、王志祥译,《刑法论丛》第 7 卷,法律出版社 2003 年 9 月版。

7.《欧盟成员国间简易引渡程序公约》

赵秉志、杜启新译,《刑法论丛》第 7 卷,法律出版社 2003 年 9 月版。

8.《欧洲引渡公约附加议定书》

赵秉志、王志祥译,《刑法论丛》第 7 卷,法律出版社 2003 年 9 月版。

9.《欧洲引渡公约第二附加议定书》

赵秉志、王志祥译,《刑法论丛》,法律出版社 2003 年 9 月版。

10.《全球性审判的讨论:建立常设国际刑事法院概论》

[加]丹尼尔·C. 普瑞芳廷著,赵秉志、王秀梅译,载赵秉志主编:《国际刑事法院专论》,人民法院出版社 2003 年 10 月版。

11.《加拿大危害人类罪和战争罪法》

赵秉志、王秀梅译,《刑法评论》第 6 卷(2005 年 1 月)。

12.《论加拿大新反恐法》

[加]肯特·罗彻著,周露露、郑延谱译,赵秉志审校,载赵秉志主编:《惩治恐怖主义犯罪理论与立法》,中国人民公安大学出版社 2005 年 3 月版。

13.《"9·11"事件改变了一切吗?》

[加]肯特·罗彻著,李山河、刘涛译,赵秉志审校,中国人民公安大学出版社 2005 年 3 月版。

14.《当代普遍管辖权的实践——分歧与发展》

[美]钱德拉·莱克哈·斯里拉姆著,赵秉志、王秀梅、杜澎译,《刑法论丛》第 9 卷,法律出版社 2005 年 4 月版。

15.《非洲联盟预防和惩治腐败公约》

赵秉志、王水明译,《中国刑事法杂志》2007 年第 4 期。

16.《国际刑事司法正在回归:德国新国际刑法典》

[德]格哈德·韦勒、弗洛里安·耶斯贝格尔著,赵秉志、范红旗译,《刑法论丛》2009 年第 3 卷。

17.《废止死刑:从全球视角看中国》

[英]罗吉尔·胡德著,苗苗、赵远译,赵秉志审校,《刑法论丛》2010 年第 2 卷。

附录三　赵秉志教授指导的博士名录（截至2016年）

1. 赫兴旺(1993.9～1996.7在读,1998年6月通过答辩)
博士论文:海峡两岸刑罚基础理论比较研究
现任:中国人民大学法学院教授

2. 杨正根(1994.9～1997.7在读,1997年6月通过答辩)
博士论文:海峡两岸刑罚种类比较研究
现任:广东省民族宗教事务委员会党组副书记、副主任

3. 刘志伟(1995.9～1998.7在读,1998年6月通过答辩)
博士论文:侵占犯罪研究
现任:北京师范大学刑事法律科学研究院副院长、教授、博士生导师

4. 吴大华(1996.9～1999.7在读,1999年6月通过答辩)
博士论文:盗窃罪研究
现任:贵州省社会科学院院长、教授、博士生导师

5. 肖中华(1996.9～1999.7在读,1999年6月通过答辩)
博士论文:犯罪构成论
现任:中国人民大学法学院教授、博士生导师

6. 田宏杰(1997.9～2000.7在读,2000年6月通过答辩)
博士论文:中国刑法现代化研究(全国百篇优秀博士学位论文)
现任:中国人民大学教师教学发展中心主任、法学院教授、博士生导师

7. 陈一榕(1997.9～2000.7在读,2000年6月通过答辩)
博士论文:引渡原则研究
现任:北京邮电大学文法学院副教授

8. 于志刚(1998.9～2001.7在读,2001年6月通过答辩)
博士论文:刑罚消灭制度研究
现任:中国政法大学副校长、教育部长江学者特聘教授、博士生导师

9. 魏　东(1998.9～2001.7在读,2001年6月通过答辩)
博士论文:教唆犯研究
现任:四川大学法学院教授、博士生导师

10. 戴世瑛(1998.9～2001.7在读,2004年6月通过答辩)
博士论文:假释制度比较研究
现任:台湾地区执业律师

11. 左坚卫(1999.9～2002.7在读,2002年6月通过答辩)
博士论文:缓刑制度比较研究
现任:北京师范大学法学院刑法学教研中心主任、教授、博士生导师

12. 苏彩霞(1999.9～2002.7在读,2002年6月通过答辩)
博士论文:累犯制度比较研究
现任:中南财经政法大学刑事司法学院教授、博士生导师

13. 周加海(1999.9～2002.7在读,2002年6月通过答辩)
博士论文:自首制度研究
现任:最高人民法院研究室副主任、高级法官

14. 时延安(2000.9～2003.7在读,2003年6月通过答辩)
博士论文:中国区际刑事管辖权冲突及其解决研究
现任:中国人民大学法学院副院长、教授、博士生导师

15. 许成磊(2000.9～2003.7在读,2003年6月通过答辩)
博士论文:不纯正不作为犯比较研究
现任:公安部治安局处长、警官

16. 盖新琦(2000.9～2003.7在读,2006年6月通过答辩)
博士论文:创新应对战争犯罪策略的几个问题
身份:解放军直属军事法院前任院长、高级法官、大校

17. 曾粤兴(2001.9～2004.7在读,2004年6月通过答辩)
博士论文:刑法学方法的一般理论
现任:昆明理工大学法学院院长、教授、博士生导师

18. 陈志军(2001.9～2004.7在读,2004年6月通过答辩)
博士论文:刑法司法解释研究
现任:中国人民公安大学法学院教授、博士生导师

19. 黄俊平(2001.9～2004.7在读,2004年6月通过答辩)
博士论文:普遍管辖原则研究

现任:美国加州检察长办公室法律助理

20. 胡陆生(2001.9~2004.7 在读,2004 年 6 月通过答辩)
博士论文:中国刑法国际化研究
现任:暨南大学法学院副教授

21. 徐京辉(澳门)(2001.9~2004.7 在读,2007 年 6 月通过答辩)
博士论文:澳门刑事司法协助制度研究
现任:澳门特别行政区检察院助理检察长、检察官

22. 阴建峰(2002.9~2005.7 在读,2005 年 6 月通过答辩)
博士论文:现代赦免制度论衡
现任:北京师范大学刑事法律科学研究院副院长、教授、博士生导师

23. 韩晓峰(2002.9~2005.7 在读,2005 年 6 月通过答辩)
博士论文:重刑化思想及其遏制问题研究
现任:最高人民检察院侦查监督厅副厅长、高级检察官

24. 万云峰(2002.9~2005.7 在读,2005 年 6 月通过答辩)
博士论文:经济犯罪限制与废止死刑研究
现任:广州市越秀区人民法院院长、高级法官

25. 廖万里(2002.9~2005.7 在读,2005 年 6 月通过答辩)
博士论文:中国当代基本刑事政策研究
现任:中共中央办公厅处长

26. 张远煌(2003.9~2006.7 在读,2006 年 6 月通过答辩)
博士论文:非暴力犯罪废止死刑研究
现任:北京师范大学刑事法律科学研究院党总支书记、教授、博士生导师

27. 黄晓亮(2003.9~2006.7 在读,2006 年 6 月通过答辩)
博士论文:暴力犯罪死刑问题研究
现任:北京师范大学刑事法律科学研究院教授

28. 马松建(2003.9~2006.7 在读,2006 年 6 月通过答辩)
博士论文:死刑司法控制论
现任:郑州大学法学院副院长、教授、博士生导师

29. 雷建斌(2003.9~2006.7 在读,2008 年 6 月通过答辩)
博士论文:死刑立法控制论
现任:全国人大常委会法制工作委员会刑法室副主任

30. 陈咏梅(香港)(2003.9～2006.7 在读,2008 年 6 月通过答辩)
博士论文:香港偷渡犯罪研究
身份:香港特别行政区出入境管理处原助理处长

31. 郑延谱(2004.9～2007.7 在读,2007 年 6 月通过答辩)
博士论文:中美死刑制度比较研究
现任:北京师范大学法学院教授、博士生导师

32. 周露露(2004.9～2007.7 在读,2007 年 6 月通过答辩)
博士论文:国际刑法基本原则研究
现任:外交部驻香港特别行政区特派员公署条法部主任、参赞

33. 王东阳(2004.9～2007.7 在读,2007 年 6 月通过答辩)
博士论文:中国死刑观念及其变革研究
现任:河南省政法委执法监督处副处长

34. 谭绍木(2004.9～2007.7 在读,2007 年 6 月通过答辩)
博士论文:现代刑事司法理念研究
现任:江西省南昌市人大常委会副主任

35. 汤显明(香港)(2004.9～2007.7 在读,2008 年 6 月通过答辩)
博士论文:侵犯著作权犯罪研究——以中国香港地区为主要视角
现任:全国政协委员、香港特别行政区廉政公署原专员

36. 石　磊(澳门)(2004.9～2007.7 在读,2008 年 6 月通过答辩)
博士论文:澳门贿赂犯罪研究
现任:澳门特别行政区廉政公署首席调查主任

37. 陈沛林(香港)(2004.9～2007.7 在读,2008 年 6 月通过答辩)
博士论文:香港黑社会有组织犯罪的刑事法惩治研究
身份:香港特别行政区警务处原高级督察

38. 杜　邈(2005.9～2008.7 在读,2008 年 6 月通过答辩)
博士论文:反恐刑法立法研究
现任:北京市人民检察院第二分院副处长、检察官

39. 周少华(2005.9～2008.7 在读,2008 年 6 月通过答辩)
博士论文:变动社会中刑法之适应性问题研究
现任:西安交通大学法学院刑事法律与社会治理研究所所长、教授、博士生导师

40. 周国良(2005.9～2008.7 在读,2009 年 6 月通过答辩)
博士论文:中国死刑存废中的民意与国家决策的关系研究

现任:国家海关总署缉私局警官

41. 赵书鸿(2005.9~2008.7在读,2010年6月通过答辩)
博士论文:论行为等比性量刑——作为沟通行为严重性与刑罚严厉性的量刑理论
现任:北京师范大学刑事法律科学研究院副教授

42. 王水明(2005.9~2008.7在读,2012年6月通过答辩)
博士论文:国际死刑演变及其对中国的启示
现任:华南师范大学法学院教授

43. 汤海军(2006.9~2009.7在读,2009年6月通过答辩)
博士论文:中国偷渡犯罪研究
现任:河南省郑州市公安局出入境管理处副处长、警官

44. 郭竹梅(2006.9~2009.7在读,2009年6月通过答辩,与张智辉合作指导)
博士论文:受贿罪新型暨疑难问题研究——以相关司法解释为重点
现任:最高人民检察院公诉厅三处副处长、检察官

45. 张朱博(2006.9~2009.7在读,2010年6月通过答辩)
博士论文:绑架罪研究
现任:北京师范大学生命科学学院分党委书记、研究员

46. 马晓炜(2006.9~2009.7在读,2010年6月通过答辩)
博士论文:故意杀人罪死刑限制与废止研究
现任:北京英舜律师事务所律师

47. 王　锐(2006.9~2009.7在读,2010年6月通过答辩,与张智辉教授合作指导)
博士论文:知识产权刑法保护研究
现任:北京市海淀区人民检察院宣传处处长、检察官

48. 吴　丹(2006.9~2009.7在读,2009年6月通过答辩,与顾肖荣教授合作指导)
博士论文:金融机构及其工作人员犯罪研究
现任:中国刑事警察学院经济犯罪侦查系教授

49. 彭新林(2007.9~2010.7在读,2010年6月通过答辩)
博士论文:酌定量刑情节限制死刑适用研究
现任:北京师范大学刑事法律科学研究院中国刑法学研究所副所长、副教授

50. 李慧织(2007.9~2010.7在读,2010年6月通过答辩)
博士论文:贪污贿赂犯罪死刑限制与废止研究
现任:郑州市人民检察院公诉二处处长、检察官

51. 李运才(2007.9～2010.7在读,2010年6月通过答辩)
博士论文:毒品犯罪死刑限制与废止研究
现任:贵州师范大学廉政文化理论研究中心常务副主任、法学院教授

52. 吴林生(2007.9～2010在读,2010年6月通过答辩,与张智辉教授合作指导)
博士论文:刑法实质解释论
现任:郑州大学法学院副教授

53. 何仕景(2007.9～2010.7在读,2014年12月通过答辩)
博士论文:侵犯商标权犯罪研究——以中国香港特区为主要视角
现任:香港特别行政区海关助理关长

54. 陈　超(2008.9～2011.7在读,2011年6月通过答辩)
博士论文:故意伤害罪死刑限制废止研究
现任:广东高级人民法院副院长、高级法官

55. 钱小平(2008.9～2011.7在读,2011年6月通过答辩)
博士论文:台湾地区死刑适用制度研究
现任:东南大学法学院副教授

56. 刘志洪(2009.9～2012.7在读,2012年6月通过答辩)
博士论文:刑法中国家工作人员基本问题研究
现任:北方工业大学法学院副教授

57. 刘媛媛(2009.9～2012.7在读,2012年6月通过答辩)
博士论文:现代刑法中的危险问题研究
现任:天津商业大学法学院副教授

58. 于靖民(2009.9～2012.7在读,2012年6月通过答辩)
博士论文:死刑控制背景下的中国刑罚制度改革
现任:北京市第三中级人民法院刑一庭庭长助理、法官

59. 任能能(2010.9～2013.7在读,2013年6月通过答辩)
博士论文:法定量刑情节限制死刑适用问题研究
现任:最高人民法院刑事审判第五庭法官

60. 张伟珂(2010.9～2013.7在读,2013年6月通过答辩)
博士论文:论中国死刑改革视野下的死刑民意引导
现任:中国人民公安大学警务实战训练部讲师

61. 郭雅婷(2010.9～2013.7在读,2016年12月通过答辩)
博士论文:家庭暴力犯罪研究——以刑法规制为主要视角

现任:北京师范大学刑事法律科学研究院党总支副书记

62. 王鹏翔(2011.9～2014.7在读,2014年6月通过答辩)
博士论文:当代中国死刑适用标准研究——以司法限制适用为重点
现任:河南师范大学法学院院长、教授

63. 金翼祥(2011.9～2014.7在读,2014年6月通过答辩)
博士论文:当代中国刑罚本质论纲
现任:上海政法学院刑事司法学院讲师

64. 陈　晨(2012.9～2015.7在读,2015年6月通过答辩)
博士论文:司法腐败犯罪研究
现任:北京市丰台区人民检察院检察官

65. 侯　帅(2012.9～2015.7在读,2015年6月通过答辩)
博士论文:危险驾驶罪疑难问题研究
现任:天津市高级人民法院法官

66. 商浩文(2013.9～2016.7在读,2016年6月通过答辩)
博士论文:当代中国贪污受贿犯罪定罪量刑标准研究
现任:中央财经大学法学院讲师

67. 徐文文(2013.9～2016.7在读,2016年6月通过答辩)
博士论文:当代中国死刑政策研究
现任:最高人民法院司法案例研究院研究人员

图书在版编目(CIP)数据

大变革时代的中国刑法问题研究:赵秉志自选集/赵秉志著.—北京:法律出版社,2017
ISBN 978-7-5197-0875-7

Ⅰ.①大… Ⅱ.①赵… Ⅲ.①刑法—研究—中国 Ⅳ.①D924.04

中国版本图书馆CIP数据核字(2017)第112061号

大变革时代的中国刑法问题研究
——赵秉志自选集
DA BIANGE SHIDAI DE ZHONGGUO XINGFA WENTI YANJIU
—ZHAO BINGZHI ZIXUANJI

赵秉志 著

策划编辑 张 岩
责任编辑 张 岩
装帧设计 李 瞻

出版 法律出版社
总发行 中国法律图书有限公司
经销 新华书店
印刷 北京京华虎彩印刷有限公司
责任校对 杨锦华
责任印制 张建伟

编辑统筹 独立项目策划部
开本 787毫米×1092毫米 1/16
印张 53.75
字数 1030千
版本 2017年4月第1版
印次 2017年4月第1次印刷

法律出版社/北京市丰台区莲花池西里7号(100073)
网址/www.lawpress.com.cn
投稿邮箱/info@lawpress.com.cn
举报维权邮箱/jbwq@lawpress.com.cn
销售热线/010-63939792
咨询电话/010-63939796

中国法律图书有限公司/北京市丰台区莲花池西里7号(100073)
全国各地中法图分、子公司销售电话:
统一销售客服/400-660-6393
第一法律书店/010-63939781/9782
西安分公司/029-85330678
重庆分公司/023-67453036
上海分公司/021-62071639/1636
深圳分公司/0755-83072995

书号:ISBN 978-7-5197-0875-7
定价:188.00元